Supersite

There's more to your textbook...online.

Get better grades and more support any time you need it with your **Promenades** Supersite.

- Your instructor's assignments and messages
- Video and audio programs
- Online tests
- Extra practice
- Reference materials
- And so much more!

Go to vhlcentral.com and get started!

This text was packaged with an access code to the **Promenades, 3rd Edition** Supersite.
A code can only be used once, is not transferable, and cannot be resold after it is used.
If the code is missing, visit **vistahigherlearning.com/store** to purchase a code.

THIRD EDITION

PROMENADES

à travers le monde francophone

James G. Mitchell
Cheryl Tano

Boston, Massachusetts

Publisher: José A. Blanco
Editorial Development: Judith Bach, Deborah Coffey, Emily Bates, Juliana París
Project Management: Brady Chin, Cécile Engeln, Sally Giangrande
Rights Management: Ashley Dos Santos, Jorgensen Fernandez
Technology Production: Fabián Montoya, Paola Ríos Schaaf
Design: Radoslav Mateev, Gabriel Noreña, Andrés Vanegas
Production: Manuela Arango, Sergio Arias, Oscar Díez

Student Text ISBN: 978-1-68004-997-8
Instructor's Annotated Edition ISBN: 978-1-68005-008-0

Library of Congress Control Number: 2016947898

2 3 4 5 6 7 8 9 TC 21 20 19 18 17

Printed in Canada.

TO THE STUDENT

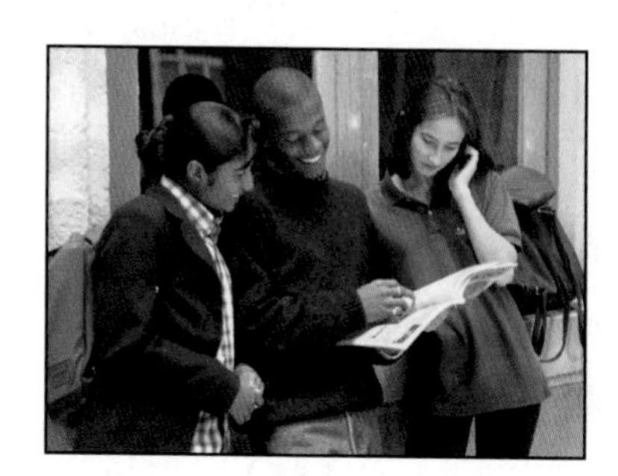

Welcome to **PROMENADES**, Third Edition, a unique introductory French program from Vista Higher Learning. In French, the word **promenades** means *strolls*. The major strands in **PROMENADES**, Second Edition, are strolls planned to help you learn French and explore the cultures of the French-speaking world in the most user-friendly way possible. In light of this goal, here are some of the features you will encounter in **PROMENADES**, Third Edition.

- A unique, easy-to-navigate design built around color-coded strands that appear either completely on one page or on two facing pages
- Abundant illustrations, photos, charts, graphs, diagrams, and other graphic elements, all created or chosen to help you learn
- Integration of a specially shot video, in each lesson of every unit of the student text
- Clear, concise grammar explanations, which support you as you work through the practice activities
- Practical, high-frequency vocabulary for use in real-life situations
- Ample guided vocabulary and grammar exercises to give you a solid foundation for communicating in French
- An emphasis on communicative interactions with a classmate, small groups, the whole class, and your instructor
- Systematic development of reading and writing skills, incorporating learning strategies and a process approach
- A rich, contemporary cultural presentation of the everyday life of French speakers and the diverse cultures of the countries and areas of the entire French-speaking world
- Exciting integration of culture and multimedia, through TV commercials and a short film thematically linked to each unit
- A full set of completely integrated print and technology ancillaries to make learning French easier
- Built-in correlation of all ancillaries, right down to the page numbers

PROMENADES, Third Edition, has 13 units with two lessons (A and B) in each unit, followed by an end-of-unit **Savoir-faire** strand and a list of active vocabulary. To familiarize yourself with the textbook's organization, features, and ancillary package, turn to page xii and take a stroll through the **PROMENADES at-a-Glance** section.

TABLE OF CONTENTS

TABLE OF CONTENTS

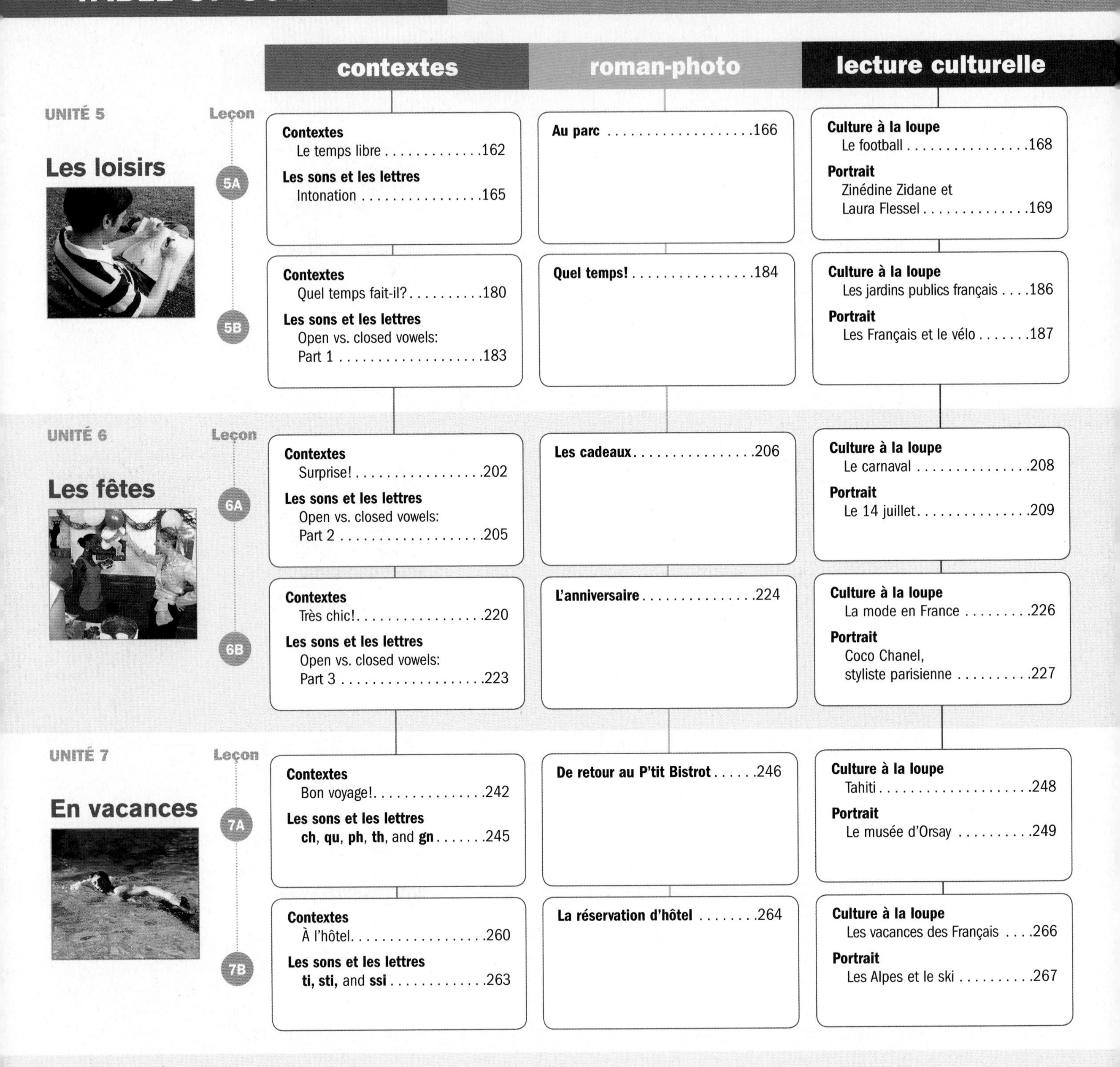

structures	synthèse	savoir-faire

TABLE OF CONTENTS

structures	synthèse	savoir-faire
8A.1 Adverbs. . . . . .290 8A.2 The **imparfait** 294	**Révision** . . . . .298 **Le Zapping:** *Vivre à la ferme* 299	
8B.1 The **passé composé** vs. the **imparfait**. . . . . .308 8B.2 The verbs **savoir** and **connaître**. 312	**Révision** . . . . .316 **Écriture:** *Écrire une histoire*. 317	**Panorama:** *Paris, Les Pays de la Loire et le Centre* 322
9A.1 The verb **venir** and the **passé récent**. . . . . .330 9A.2 The verbs **devoir**, **vouloir**, **pouvoir** 334	**Révision** . . . . .338 **Le Zapping:** *Le far breton* 339	
9B.1 Comparatives and superlatives of adjectives and adverbs . . . . .348 9B.2 Double object pronouns . . .352	**Révision** . . . . .356 **Écriture:** *Écrire une critique*. 357	**Panorama:** *La Normandie et la Bretagne* 358
10A.1 Reflexive verbs . . . . .370 10A.2 Reflexives: **Sens idiomatique** 374	**Révision** . . . . .378 **Le Zapping:** *S'aimer mieux* 379	
10B.1 The **passé composé** of reflexive verbs . . . . .388 10B.2 The pronouns **y** and **en**. . . .392	**Révision** . . . . .396 **Écriture:** *Écrire une lettre* 397	**Panorama:** *Aquitaine, Midi-Pyrénées et Languedoc-Roussillon* 398

TABLE OF CONTENTS

Appendices

structures	synthèse	savoir-faire
11A.1 Prepositions with the infinitive. . . . . .410 11A.2 Reciprocal reflexives 414	**Révision** . . . . .418 **Le Zapping:** *Le smartphone musical*. 419	
11B.1 **Le conditionnel** . . . . .428 11B.2 Uses of **le conditionnel; Si** clauses . . .432	**Révision** . . . . .436 **Écriture:** *Écrire une dissertation*. 437	**Panorama:** *Provence-Alpes-Côte d'Azur et Rhône-Alpes* 444
12A.1 **Voir**, **recevoir**, and **apercevoir** . . . . .450 12A.2 Negative/affirmative expressions 454	**Révision** . . . . .458 **Le Zapping:** *Qui de nous deux (court-métrage)*. 459	
12B.1 **Le futur simple** . . . . .468 12B.2 Relative pronouns **qui**, **que**, **dont**, **où** 472	**Révision** . . . . .476 **Écriture:** *Faire la description d'un nouveau commerce* 477	**Panorama:** *L'Alsace et la Lorraine...* 484
13A.1 The interrogative pronoun **lequel** and demonstrative pronouns . . . . .494 13A.2 The subjunctive: Part 1 498	**Révision** . . . . .502 **Le Zapping:** *Des poules pour l'environnement*. 503	
13B.1 The subjunctive: Part 2 . . .512 13B.2 The subjunctive: Part 3 . . .516	**Révision** . . . . .520 **Écriture:** *Écrire une lettre ou un article* 521	**Panorama:** *La Bourgogne et la Franche-Comté...* 526

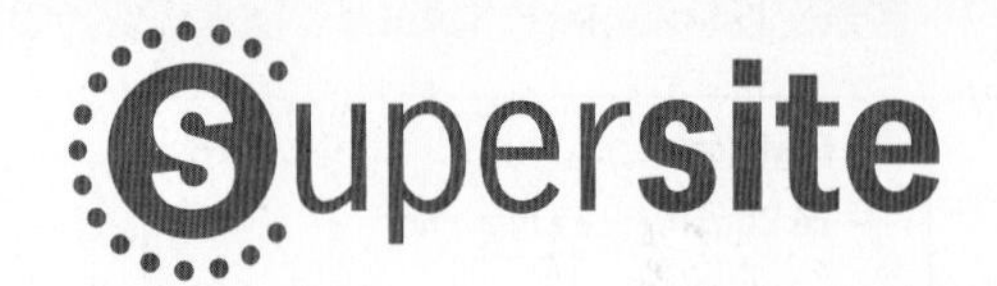

Each section of your textbook comes with activities on the **PROMENADES** Supersite, many of which are auto-graded for immediate feedback. Plus, the Supersite is iPad®-friendly*, so it can be accessed on the go! Visit **vhlcentral.com** to explore this wealth of exciting resources.

CONTEXTES	• Audio recordings of all vocabulary items • Audio for **Contextes** listening activity • Image-based vocabulary activity • Textbook and extra practice activities • Chat activities for conversational skill-building and oral practice • Audio recording of **Les sons et les lettres** presentation • Record and compare audio activities
ROMAN-PHOTO	• Streaming video of **Roman-photo** episodes, with instructor-managed options for subtitles and transcripts in French and English • Textbook and extra practice activities
LECTURE CULTURELLE	• **Culture à la loupe** reading • Streaming video of **Flash culture** episodes, with instructor-managed options for subtitles and transcripts in French and English • Keywords and support for **Sur Internet** • Textbook and extra practice activities
STRUCTURES	• Grammar presentations • Interactive grammar tutorials with related activities • Textbook and extra practice activities • Chat activities for conversational skill-building and oral practice
SYNTHÈSE	• Chat activities for conversational skill-building and oral practice • Streaming of **Le zapping** videos • Composition engine for **Écriture** • Textbook and extra practice activities
SAVOIR-FAIRE	• Interactive map • **Sur Internet** research activity • Textbook and extra practice activities • Audio sync **Lecture** readings in Unit 12 and Unit 13
VOCABULAIRE	• Vocabulary list with audio • Customizable study lists

Plus! Also found on the Supersite:

- All textbook and lab audio MP3 files
- Communication center for instructor notifications and feedback
- Live Chat tool for video chat, audio chat, and instant messaging without leaving your browser
- A single gradebook for all Supersite activities
- WebSAM online Student Activities Manual
- **vText** online, interactive student edition with access to Supersite activities, audio, and video

Supersite features vary by access level. Visit **vistahigherlearning.com** to explore which Supersite level is right for you.

* Students must use a computer for audio recording and select presentations and tools that require Flash or Shockwave.

STUDENT ANCILLARIES

- **Student Activities Manual (SAM)**
- **Workbook/Video Manual**
  The Workbook activities provide additional practice of the vocabulary and grammar in each textbook lesson and the cultural information in each unit's **Panorama** section. The Video Manual includes pre-viewing, viewing, and post-viewing activities for the **Roman-photo** and **Flash culture** videos. The Lab Manual contains activities for each textbook lesson that build listening comprehension, speaking, and pronunciation skills in French.
- **Lab Program MP3s***
  The Lab Program MP3s provide the recordings to be used in conjunction with the activities in the Lab Manual.
- **Textbook MP3s***
  The Textbook MP3s contain the recordings for the listening activities in **Contextes, Les sons et les lettres**, and **Vocabulaire** sections.
- **Roman-photo***
  The **Roman-photo** video includes instructor-controlled French and English subtitles for every episode.
- **WebSAM (Online Workbook/Video Manual/Lab Manual)**
  Incorporating the **Roman-photo** and **Flash culture** videos, as well as the complete Lab Program, this component delivers the Workbook, Video Manual, and Lab Manual online with automatic scoring. Instructors have access to classroom management and gradebook tools that allow in-depth tracking of students' scores.
- **PROMENADES, Third Edition, Supersite**
  Your passcode to the Supersite (vhlcentral.com) gives you access to a wide variety of activities for each strand of every lesson of the student text; auto-graded exercises for extra practice of vocabulary, grammar, video, and cultural content; reference tools; the **Le Zapping** videos; the complete Video Program; the Textbook MP3s; and the Lab Program MP3s.
- **vText Virtual Interactive Text**
  Provides the entire student edition textbook with note-taking and highlighting capabilities. It is fully integrated with Supersite and other online resources.

**Available on the Supersite*

ICONS & RESSOURCES BOXES

ICONS

These icons in the Third Edition of **PROMENADES** alert you to the type of activity or section involved.

Icons legend			
	Listening activity/section		**Additional content found on the Supersite: audio, video, and presentations**
	Activity also on the Supersite		**Chat activity**
	Pair activity		**Information Gap activity**
	Group activity		**Feuille d'activités**

- The Information Gap activities and those involving **Feuilles d'activités** (**activity sheets**) require handouts that your instructor will give you.
- The listening icon appears in **Contextes**, **Les sons et les lettres**, **À l'écoute**, and **Vocabulaire** sections.

RESSOURCES BOXES

Ressources boxes let you know exactly which print and technology ancillaries you can use to reinforce and expand on every section of every lesson in your textbook. They even include page numbers when applicable.

Ressources boxes legend			
WB pp. 29–30	**Workbook**		**PROMENADES, Third Edition, Supersite**
LM p. 17	**Lab Manual**		
VM pp. 219–220	**Video Manual**		

UNIT OPENERS

outline the content and features of each unit.

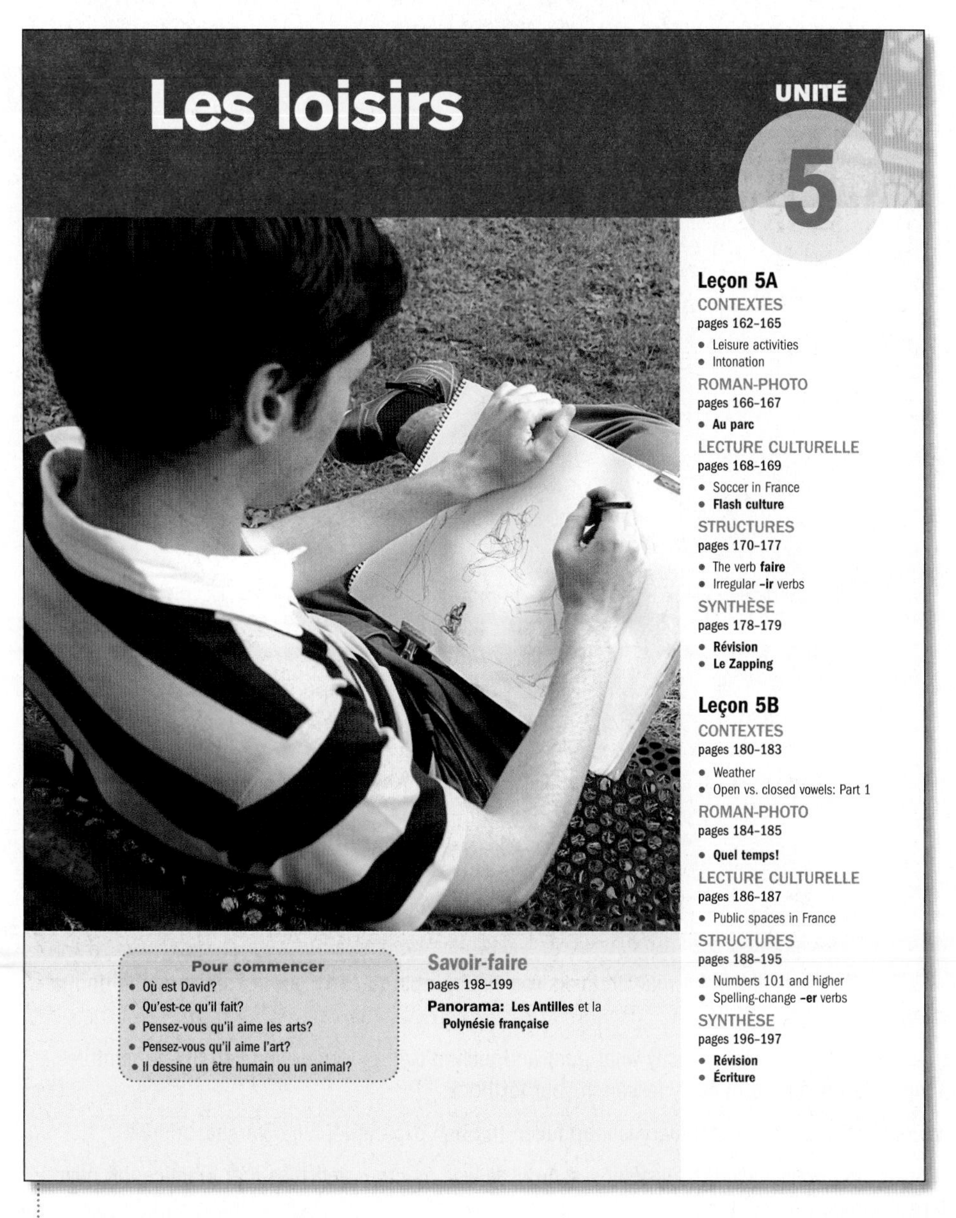

Pour commencer activities jump-start the units, allowing you to use the French you know to talk about the photos.

Content thumbnails break down each unit into its two lessons (A and B) and one **Savoir-faire** section, giving you an at-a-glance summary of the vocabulary, grammar, cultural topics, and language skills on which you will focus.

Supersite

Supersite resources are available for every section of the unit at **vhlcentral.com.** Icons show you which textbook activities are also available online, and where additional practice activities are available. The description next to the icon indicates what additional resources are available for each section: videos, audio recordings, readings, presentations, and more!

Supersite features vary by access level. Visit **vistahigherlearning.com** to explore which Supersite level is right for you.

CONTEXTES

presents and practices vocabulary in meaningful contexts.

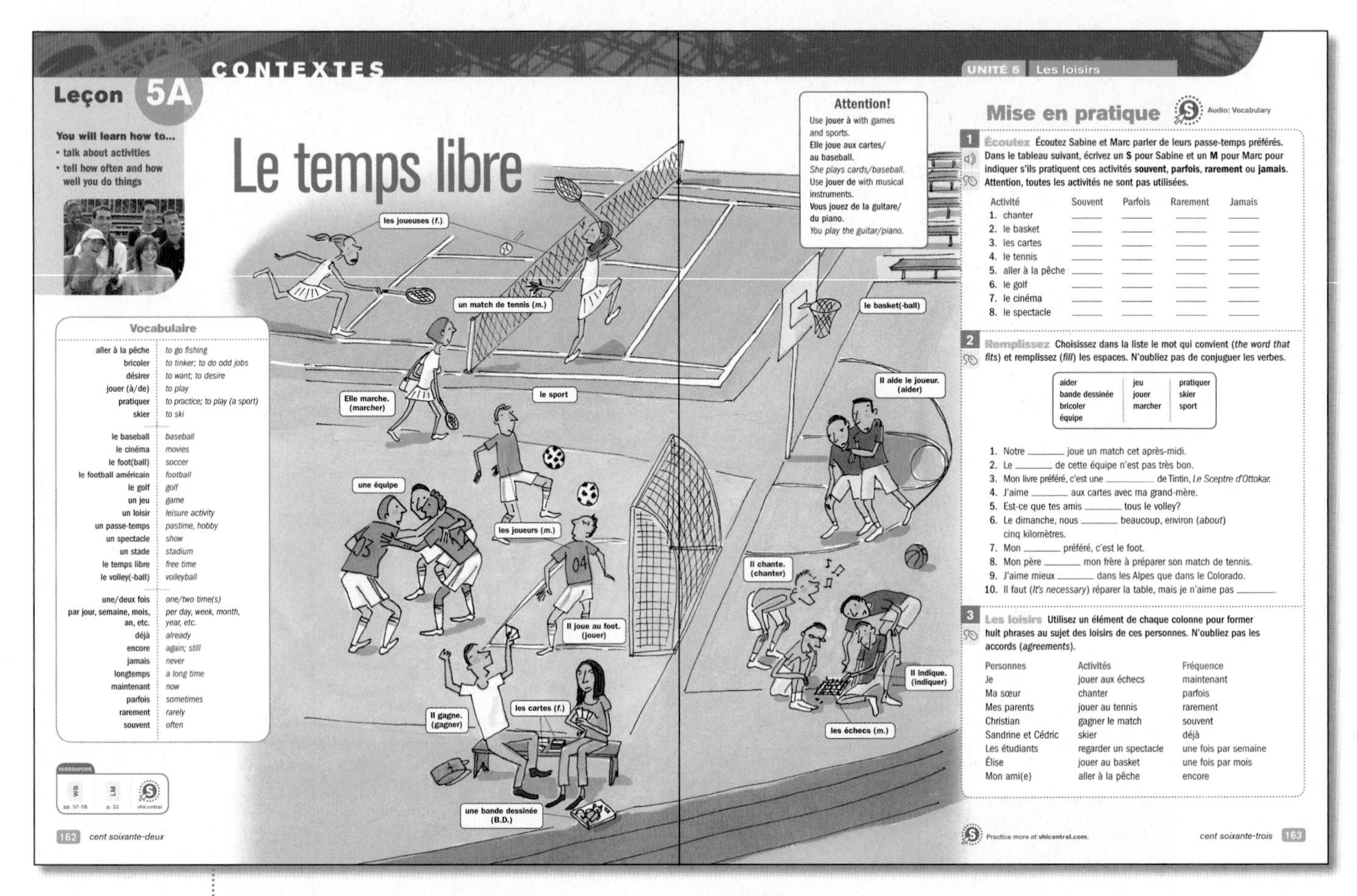

CONTEXTES

Leçon 5A

You will learn how to...
• talk about activities
• tell how often and how well you do things

Le temps libre

Vocabulaire

aller à la pêche	*to go fishing*
bricoler	*to tinker; to do odd jobs*
désirer	*to want; to desire*
jouer (à/de)	*to play*
pratiquer	*to practice; to play (a sport)*
skier	*to ski*
le baseball	*baseball*
le cinéma	*movies*
le foot(ball)	*soccer*
le football américain	*football*
le golf	*golf*
un jeu	*game*
un loisir	*leisure activity*
un passe-temps	*pastime, hobby*
un spectacle	*show*
un stade	*stadium*
le temps libre	*free time*
le volley(-ball)	*volleyball*
une/deux fois	*one/two time(s)*
par jour, semaine, mois, an, etc.	*per day, week, month, year, etc.*
déjà	*already*
encore	*again; still*
jamais	*never*
longtemps	*a long time*
maintenant	*now*
parfois	*sometimes*
rarement	*rarely*
souvent	*often*

Attention!
Use **jouer à** with games and sports.
Elle joue aux cartes/au baseball.
She plays cards/baseball.
Use **jouer de** with musical instruments.
Vous jouez de la guitare/du piano.
You play the guitar/piano.

UNITÉ 5 Les loisirs

Mise en pratique

Audio: Vocabulary

1 Écoutez Écoutez Sabine et Marc parler de leurs passe-temps préférés. Dans le tableau suivant, écrivez un **S** pour Sabine et un **M** pour Marc pour indiquer s'ils pratiquent ces activités **souvent**, **parfois**, **rarement** ou **jamais**. Attention, toutes les activités ne sont pas utilisées.

Activité	Souvent	Parfois	Rarement	Jamais
1. chanter				
2. le basket				
3. les cartes				
4. le tennis				
5. aller à la pêche				
6. le golf				
7. le cinéma				
8. le spectacle				

2 Remplissez Choisissez dans la liste le mot qui convient (*the word that fits*) et remplissez (*fill*) les espaces. N'oubliez pas de conjuguer les verbes.

aider, bande dessinée, bricoler, équipe, jeu, jouer, marcher, pratiquer, skier, sport

1. Notre ______ joue un match cet après-midi.
2. Le ______ de cette équipe n'est pas très bon.
3. Mon livre préféré, c'est une ______ de Tintin, *Le Sceptre d'Ottokar*.
4. J'aime ______ aux cartes avec ma grand-mère.
5. Est-ce que tes amis ______ tous le volley?
6. Le dimanche, nous ______ beaucoup, environ (*about*) cinq kilomètres.
7. Mon ______ préféré, c'est le foot.
8. Mon père ______ mon frère à préparer son match de tennis.
9. J'aime mieux ______ dans les Alpes que dans le Colorado.
10. Il faut (*It's necessary*) réparer la table, mais je n'aime pas ______.

3 Les loisirs Utilisez un élément de chaque colonne pour former huit phrases au sujet des loisirs de ces personnes. N'oubliez pas les accords (*agreements*).

Personnes	Activités	Fréquence
Je	jouer aux échecs	maintenant
Ma sœur	chanter	parfois
Mes parents	jouer au tennis	rarement
Christian	gagner le match	souvent
Sandrine et Cédric	skier	déjà
Les étudiants	regarder un spectacle	une fois par semaine
Élise	jouer au basket	une fois par mois
Mon ami(e)	aller à la pêche	encore

Practice more at vhlcentral.com.

162 cent soixante-deux

cent soixante-trois 163

Communicative goals highlight the real-life tasks you will be able to carry out in French by the end of each lesson.

Ressources boxes let you know exactly what print and technology ancillaries you can use to reinforce and expand on every strand of every lesson in your textbook.

Illustrations High-frequency vocabulary is introduced through expansive, full-color illustrations.

Mise en pratique always includes a listening activity, as well as other activities that practice the new vocabulary in meaningful contexts.

Vocabulaire boxes call out other important theme-related vocabulary in easy-to-reference French-English lists.

Supersite

- Audio recordings of all vocabulary items
- Audio for **Contextes** listening activity
- Textbook activities
- Additional activities for extra practice

Supersite features vary by access level. Visit **vistahigherlearning.com** to explore which Supersite level is right for you.

CONTEXTES

has a page devoted to communication activities. **Les sons et les lettres** presents the rules of French pronunciation and spelling.

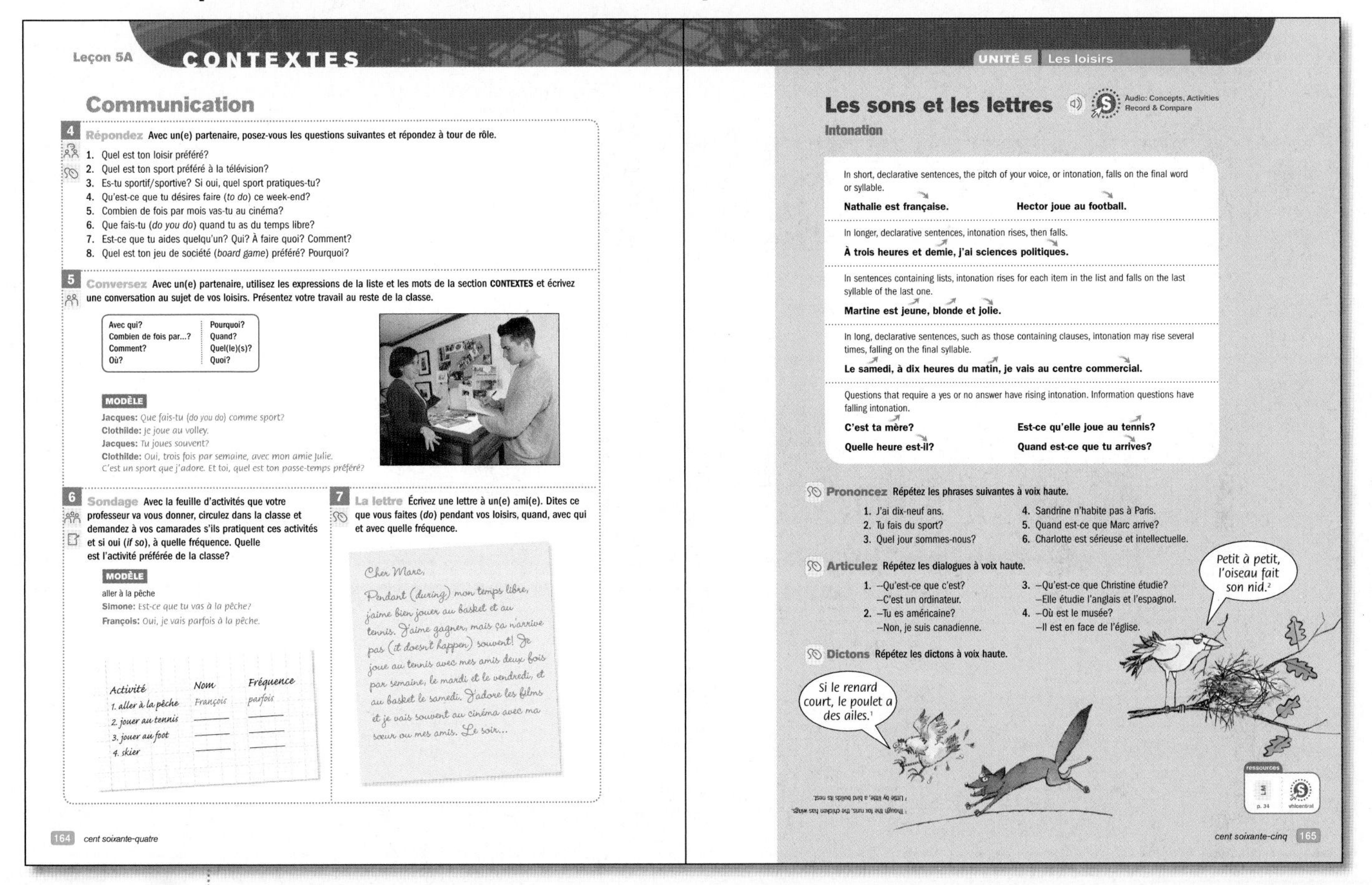

Communication

4 Répondez Avec un(e) partenaire, posez-vous les questions suivantes et répondez à tour de rôle.

1. Quel est ton loisir préféré?
2. Quel est ton sport préféré à la télévision?
3. Es-tu sportif/sportive? Si oui, quel sport pratiques-tu?
4. Qu'est-ce que tu désires faire (*to do*) ce week-end?
5. Combien de fois par mois vas-tu au cinéma?
6. Que fais-tu (*do you do*) quand tu as du temps libre?
7. Est-ce que tu aides quelqu'un? Qui? À faire quoi? Comment?
8. Quel est ton jeu de société (*board game*) préféré? Pourquoi?

5 Conversez Avec un(e) partenaire, utilisez les expressions de la liste et les mots de la section **CONTEXTES** et écrivez une conversation au sujet de vos loisirs. Présentez votre travail au reste de la classe.

Avec qui?	Pourquoi?
Combien de fois par...?	Quand?
Comment?	Quel(le)(s)?
Où?	Quoi?

MODÈLE

Jacques: *Que fais-tu (do you do) comme sport?*
Clothilde: *Je joue au volley.*
Jacques: *Tu joues souvent?*
Clothilde: *Oui, trois fois par semaine, avec mon amie Julie. C'est un sport que j'adore. Et toi, quel est ton passe-temps préféré?*

6 Sondage Avec la feuille d'activités que votre professeur va vous donner, circulez dans la classe et demandez à vos camarades s'ils pratiquent ces activités et si oui (*if so*), à quelle fréquence. Quelle est l'activité préférée de la classe?

MODÈLE

aller à la pêche
Simone: *Est-ce que tu vas à la pêche?*
François: *Oui, je vais parfois à la pêche.*

Activité	Nom	Fréquence
1. aller à la pêche	François	parfois
2. jouer au tennis	______	______
3. jouer au foot	______	______
4. skier	______	______

7 La lettre Écrivez une lettre à un(e) ami(e). Dites ce que vous faites (*do*) pendant vos loisirs, quand, avec qui et avec quelle fréquence.

Cher Marc,
Pendant (during) mon temps libre, j'aime bien jouer au basket et au tennis. J'aime gagner, mais ça n'arrive pas (it doesn't happen) souvent! Je joue au tennis avec mes amis deux fois par semaine, le mardi et le vendredi, et au basket le samedi. J'adore les films et je vais souvent au cinéma avec ma sœur ou mes amis. Le soir...

Les sons et les lettres

Audio: Concepts, Activities Record & Compare

Intonation

In short, declarative sentences, the pitch of your voice, or intonation, falls on the final word or syllable.

Nathalie est française. **Hector joue au football.**

In longer, declarative sentences, intonation rises, then falls.

À trois heures et demie, j'ai sciences politiques.

In sentences containing lists, intonation rises for each item in the list and falls on the last syllable of the last one.

Martine est jeune, blonde et jolie.

In long, declarative sentences, such as those containing clauses, intonation may rise several times, falling on the final syllable.

Le samedi, à dix heures du matin, je vais au centre commercial.

Questions that require a yes or no answer have rising intonation. Information questions have falling intonation.

C'est ta mère? **Est-ce qu'elle joue au tennis?**
Quelle heure est-il? **Quand est-ce que tu arrives?**

Prononcez Répétez les phrases suivantes à voix haute.

1. J'ai dix-neuf ans.
2. Tu fais du sport?
3. Quel jour sommes-nous?
4. Sandrine n'habite pas à Paris.
5. Quand est-ce que Marc arrive?
6. Charlotte est sérieuse et intellectuelle.

Articulez Répétez les dialogues à voix haute.

1. –Qu'est-ce que c'est?
   –C'est un ordinateur.
2. –Tu es américaine?
   –Non, je suis canadienne.
3. –Qu'est-ce que Christine étudie?
   –Elle étudie l'anglais et l'espagnol.
4. –Où est le musée?
   –Il est en face de l'église.

Dictons Répétez les dictons à voix haute.

[1] Though the fox runs, the chicken has wings.
[2] Little by little, a bird builds its nest.

ressources
LM p. 34
vhlcentral

Communication activities allow you to use the vocabulary creatively in interactions with a partner, a small group, or the entire class.

Coup de main provides handy, on-the-spot information that helps you complete the activities.

The audio icon at the top of the page indicates when an explanation and activities are recorded for convenient use in or outside of class.

Explanation Rules and tips to help you learn French pronunciation and spelling are presented clearly with abundant model words and phrases.

Practice Pronunciation and spelling practice is provided at the word and sentence levels. The final activity features illustrated sayings and proverbs so you can practice the pronunciation or spelling point in an entertaining cultural context.

Supersite

- Chat activities for conversational skill-building and oral practice
- Audio recording of **Les sons et les lettres** presentation
- Record and compare audio activities

Supersite features vary by access level. Visit **vistahigherlearning.com** to explore which Supersite level is right for you.

ROMAN-PHOTO

tells the story of a group of students living in Aix-en-Provence, France.

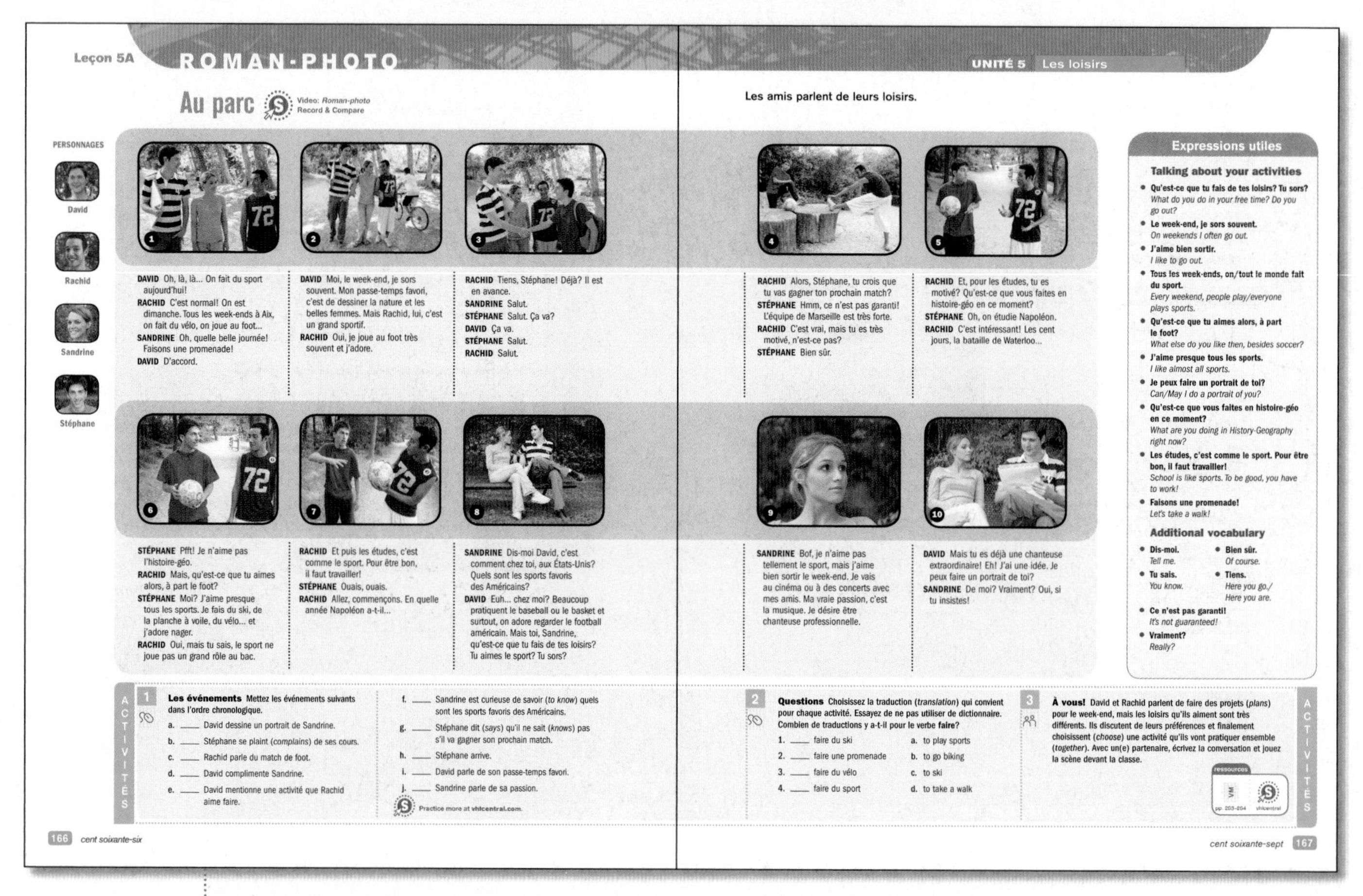

Leçon 5A

ROMAN-PHOTO

Au parc

Video: *Roman-photo*
Record & Compare

PERSONNAGES

David

Rachid

Sandrine

Stéphane

1 **DAVID** Oh, là, là... On fait du sport aujourd'hui!
RACHID C'est normal! On est dimanche. Tous les week-ends à Aix, on fait du vélo, on joue au foot...
SANDRINE Oh, quelle belle journée! Faisons une promenade!
DAVID D'accord.

2 **DAVID** Moi, le week-end, je sors souvent. Mon passe-temps favori, c'est de dessiner la nature et les belles femmes. Mais Rachid, lui, c'est un grand sportif.
RACHID Oui, je joue au foot très souvent et j'adore.

3 **RACHID** Tiens, Stéphane! Déjà? Il est en avance.
SANDRINE Salut.
STÉPHANE Salut. Ça va?
DAVID Ça va.
STÉPHANE Salut.
RACHID Salut.

6 **STÉPHANE** Pfft! Je n'aime pas l'histoire-géo.
RACHID Mais, qu'est-ce que tu aimes alors, à part le foot?
STÉPHANE Moi? J'aime presque tous les sports. Je fais du ski, de la planche à voile, du vélo... et j'adore nager.
RACHID Oui, mais tu sais, le sport ne joue pas un grand rôle au bac.

7 **RACHID** Et puis les études, c'est comme le sport. Pour être bon, il faut travailler!
STÉPHANE Ouais, ouais.
RACHID Allez, commençons. En quelle année Napoléon a-t-il...

8 **SANDRINE** Dis-moi David, c'est comment chez toi, aux États-Unis? Quels sont les sports favoris des Américains?
DAVID Euh... chez moi? Beaucoup pratiquent le baseball ou le basket et surtout, on adore regarder le football américain. Mais toi, Sandrine, qu'est-ce que tu fais de tes loisirs? Tu aimes le sport? Tu sors?

ACTIVITÉS

1 Les événements Mettez les événements suivants dans l'ordre chronologique.

a. ____ David dessine un portrait de Sandrine.
b. ____ Stéphane se plaint (*complains*) de ses cours.
c. ____ Rachid parle du match de foot.
d. ____ David complimente Sandrine.
e. ____ David mentionne une activité que Rachid aime faire.
f. ____ Sandrine est curieuse de savoir (*to know*) quels sont les sports favoris des Américains.
g. ____ Stéphane dit (*says*) qu'il ne sait (*knows*) pas s'il va gagner son prochain match.
h. ____ Stéphane arrive.
i. ____ David parle de son passe-temps favori.
j. ____ Sandrine parle de sa passion.

Practice more at **vhlcentral.com**.

166 *cent soixante-six*

UNITÉ 5 Les loisirs

Les amis parlent de leurs loisirs.

4 **RACHID** Alors, Stéphane, tu crois que tu vas gagner ton prochain match?
STÉPHANE Hmm, ce n'est pas garanti! L'équipe de Marseille est très forte.
RACHID C'est vrai, mais tu es très motivé, n'est-ce pas?
STÉPHANE Bien sûr.

5 **RACHID** Et, pour les études, tu es motivé? Qu'est-ce que vous faites en histoire-géo en ce moment?
STÉPHANE Oh, on étudie Napoléon.
RACHID C'est intéressant! Les cent jours, la bataille de Waterloo...

9 **SANDRINE** Bof, je n'aime pas tellement le sport, mais j'aime bien sortir le week-end. Je vais au cinéma ou à des concerts avec mes amis. Ma vraie passion, c'est la musique. Je désire être chanteuse professionnelle.

10 **DAVID** Mais tu es déjà une chanteuse extraordinaire! Eh! J'ai une idée. Je peux faire un portrait de toi?
SANDRINE De moi? Vraiment? Oui, si tu insistes!

Expressions utiles

Talking about your activities

- **Qu'est-ce que tu fais de tes loisirs? Tu sors?**
  What do you do in your free time? Do you go out?
- **Le week-end, je sors souvent.**
  On weekends I often go out.
- **J'aime bien sortir.**
  I like to go out.
- **Tous les week-ends, on/tout le monde fait du sport.**
  Every weekend, people play/everyone plays sports.
- **Qu'est-ce que tu aimes alors, à part le foot?**
  What else do you like then, besides soccer?
- **J'aime presque tous les sports.**
  I like almost all sports.
- **Je peux faire un portrait de toi?**
  Can/May I do a portrait of you?
- **Qu'est-ce que vous faites en histoire-géo en ce moment?**
  What are you doing in History-Geography right now?
- **Les études, c'est comme le sport. Pour être bon, il faut travailler!**
  School is like sports. To be good, you have to work!
- **Faisons une promenade!**
  Let's take a walk!

Additional vocabulary

- **Dis-moi.** *Tell me.*
- **Bien sûr.** *Of course.*
- **Tu sais.** *You know.*
- **Tiens.** *Here you go./Here you are.*
- **Ce n'est pas garanti!** *It's not guaranteed!*
- **Vraiment?** *Really?*

2 Questions Choisissez la traduction (*translation*) qui convient pour chaque activité. Essayez de ne pas utiliser de dictionnaire. Combien de traductions y a-t-il pour le verbe **faire**?

1. ____ faire du ski — a. to play sports
2. ____ faire une promenade — b. to go biking
3. ____ faire du vélo — c. to ski
4. ____ faire du sport — d. to take a walk

3 À vous! David et Rachid parlent de faire des projets (*plans*) pour le week-end, mais les loisirs qu'ils aiment sont très différents. Ils discutent de leurs préférences et finalement choisissent (*choose*) une activité qu'ils vont pratiquer ensemble (*together*). Avec un(e) partenaire, écrivez la conversation et jouez la scène devant la classe.

ressources
VM pp. 203–204
vhlcentral

ACTIVITÉS

cent soixante-sept 167

Personnages The photo-based conversations take place among a cast of recurring characters—four college students, their landlady (who owns the café downstairs), and her teenage son.

***Roman-photo* video episodes** The **Roman-photo** episode appears in the **Roman-photo** part of the Video Program.

Conversations The conversations reinforce vocabulary from **Contextes**. They also preview structures from the upcoming **Structures** section in context and in a comprehensible way.

Expressions utiles organizes new, active words and expressions by language function so you can focus on using them for real-life, practical purposes.

Supersite

- Streaming video of the **Roman-photo**
- End-of-video **Reprise** section where key vocabulary and grammar from the episode are called out
- Record and compare activities
- Textbook activities
- Additional activities for extra practice

Supersite features vary by access level. Visit **vistahigherlearning.com** to explore which Supersite level is right for you.

LECTURE CULTURELLE

explores cultural themes introduced in **CONTEXTES** and **ROMAN-PHOTO**.

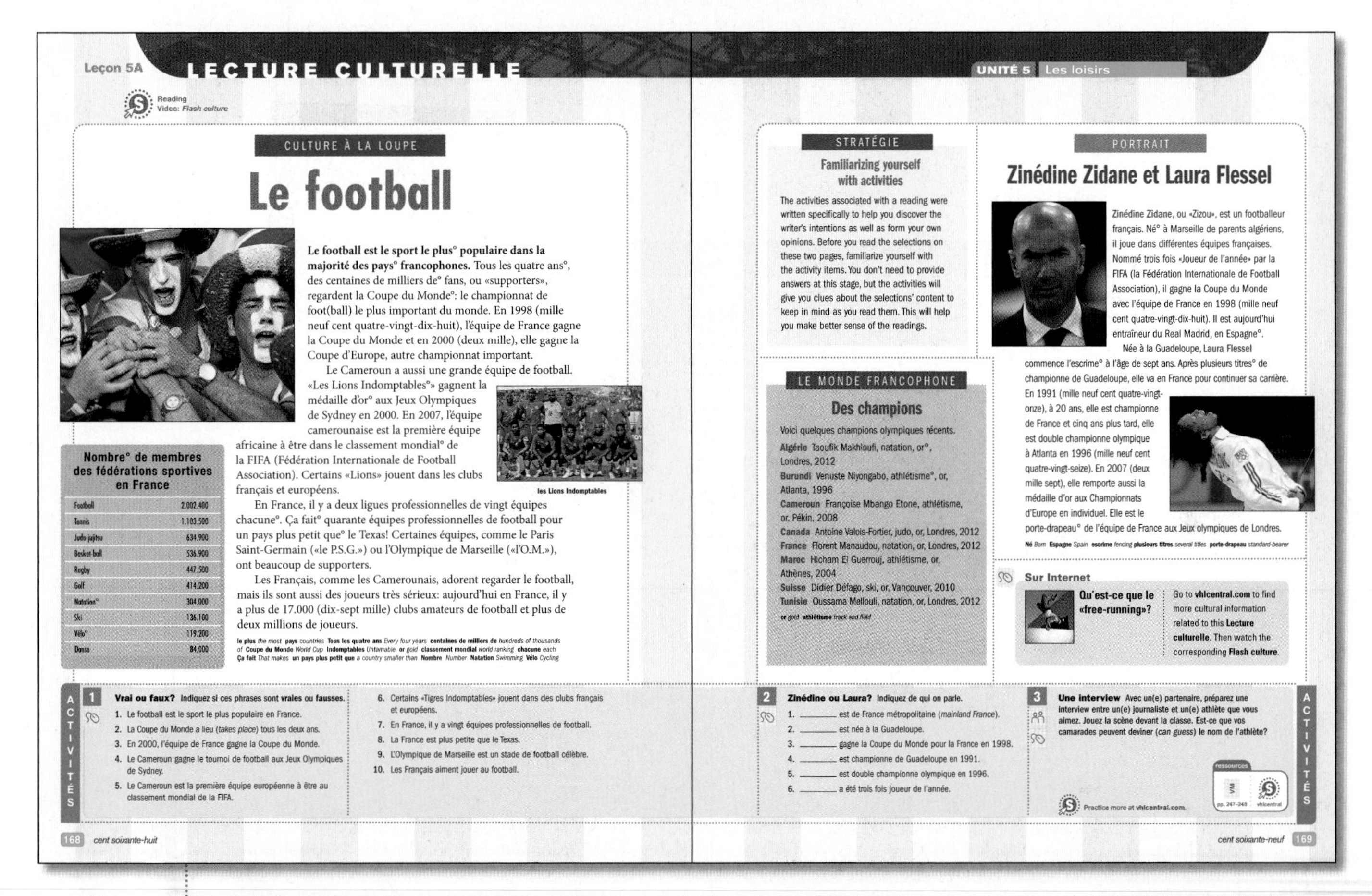

Leçon 5A **LECTURE CULTURELLE** UNITÉ 5 Les loisirs

Reading
Video: *Flash culture*

CULTURE À LA LOUPE

Le football

Le football est le sport le plus° populaire dans la majorité des pays° francophones. Tous les quatre ans°, des centaines de milliers de° fans, ou «supporters», regardent la Coupe du Monde°: le championnat de foot(ball) le plus important du monde. En 1998 (mille neuf cent quatre-vingt-dix-huit), l'équipe de France gagne la Coupe du Monde et en 2000 (deux mille), elle gagne la Coupe d'Europe, autre championnat important.

Le Cameroun a aussi une grande équipe de football. «Les Lions Indomptables°» gagnent la médaille d'or° aux Jeux Olympiques de Sydney en 2000. En 2007, l'équipe camerounaise est la première équipe africaine à être dans le classement mondial° de la FIFA (Fédération Internationale de Football Association). Certains «Lions» jouent dans les clubs français et européens.

les Lions Indomptables

En France, il y a deux ligues professionnelles de vingt équipes chacune°. Ça fait° quarante équipes professionnelles de football pour un pays plus petit que° le Texas! Certaines équipes, comme le Paris Saint-Germain («le P.S.G.») ou l'Olympique de Marseille («l'O.M.»), ont beaucoup de supporters.

Les Français, comme les Camerounais, adorent regarder le football, mais ils sont aussi des joueurs très sérieux: aujourd'hui en France, il y a plus de 17.000 (dix-sept mille) clubs amateurs de football et plus de deux millions de joueurs.

le plus *the most* **pays** *countries* **Tous les quatre ans** *Every four years* **centaines de milliers de** *hundreds of thousands of* **Coupe du Monde** *World Cup* **Indomptables** *Untamable* **or** *gold* **classement mondial** *world ranking* **chacune** *each* **Ça fait** *That makes* **un pays plus petit que** *a country smaller than* **Nombre** *Number* **Natation** *Swimming* **Vélo** *Cycling*

Nombre° de membres des fédérations sportives en France

Football	2.002.400
Tennis	1.103.500
Judo-jujitsu	634.900
Basket-ball	536.900
Rugby	447.500
Golf	414.200
Natation°	304.000
Ski	136.100
Vélo°	119.200
Danse	84.000

STRATÉGIE

Familiarizing yourself with activities

The activities associated with a reading were written specifically to help you discover the writer's intentions as well as form your own opinions. Before you read the selections on these two pages, familiarize yourself with the activity items. You don't need to provide answers at this stage, but the activities will give you clues about the selections' content to keep in mind as you read them. This will help you make better sense of the readings.

LE MONDE FRANCOPHONE

Des champions

Voici quelques champions olympiques récents.

Algérie Taoufik Makhloufi, natation, or°, Londres, 2012
Burundi Venuste Niyongabo, athlétisme°, or, Atlanta, 1996
Cameroun Françoise Mbango Etone, athlétisme, or, Pékin, 2008
Canada Antoine Valois-Fortier, judo, or, Londres, 2012
France Florent Manaudou, natation, or, Londres, 2012
Maroc Hicham El Guerrouj, athlétisme, or, Athènes, 2004
Suisse Didier Défago, ski, or, Vancouver, 2010
Tunisie Oussama Mellouli, natation, or, Londres, 2012

or *gold* **athlétisme** *track and field*

PORTRAIT

Zinédine Zidane et Laura Flessel

Zinédine Zidane, ou «Zizou», est un footballeur français. Né° à Marseille de parents algériens, il joue dans différentes équipes françaises. Nommé trois fois «Joueur de l'année» par la FIFA (la Fédération Internationale de Football Association), il gagne la Coupe du Monde avec l'équipe de France en 1998 (mille neuf cent quatre-vingt-dix-huit). Il est aujourd'hui entraîneur du Real Madrid, en Espagne°.

Née à la Guadeloupe, Laura Flessel commence l'escrime° à l'âge de sept ans. Après plusieurs titres° de championne de Guadeloupe, elle va en France pour continuer sa carrière. En 1991 (mille neuf cent quatre-vingt-onze), à 20 ans, elle est championne de France et cinq ans plus tard, elle est double championne olympique à Atlanta en 1996 (mille neuf cent quatre-vingt-seize). En 2007 (deux mille sept), elle remporte aussi la médaille d'or aux Championnats d'Europe en individuel. Elle est le porte-drapeau° de l'équipe de France aux Jeux olympiques de Londres.

Né *Born* **Espagne** *Spain* **escrime** *fencing* **plusieurs titres** *several titles* **porte-drapeau** *standard-bearer*

Sur Internet

Qu'est-ce que le «free-running»?

Go to **vhlcentral.com** to find more cultural information related to this **Lecture culturelle**. Then watch the corresponding **Flash culture**.

ACTIVITÉS

1 Vrai ou faux? Indiquez si ces phrases sont **vraies** ou **fausses**.

1. Le football est le sport le plus populaire en France.
2. La Coupe du Monde a lieu (*takes place*) tous les deux ans.
3. En 2000, l'équipe de France gagne la Coupe du Monde.
4. Le Cameroun gagne le tournoi de football aux Jeux Olympiques de Sydney.
5. Le Cameroun est la première équipe européenne à être au classement mondial de la FIFA.
6. Certains «Tigres Indomptables» jouent dans des clubs français et européens.
7. En France, il y a vingt équipes professionnelles de football.
8. La France est plus petite que le Texas.
9. L'Olympique de Marseille est un stade de football célèbre.
10. Les Français aiment jouer au football.

2 Zinédine ou Laura? Indiquez de qui on parle.

1. ________ est de France métropolitaine (*mainland France*).
2. ________ est née à la Guadeloupe.
3. ________ gagne la Coupe du Monde pour la France en 1998.
4. ________ est championne de Guadeloupe en 1991.
5. ________ est double championne olympique en 1996.
6. ________ a été trois fois joueur de l'année.

3 Une interview Avec un(e) partenaire, préparez une interview entre un(e) journaliste et un(e) athlète que vous aimez. Jouez la scène devant la classe. Est-ce que vos camarades peuvent deviner (*can guess*) le nom de l'athlète?

ressources: VM pp. 247–248; vhlcentral

Practice more at **vhlcentral.com**.

168 *cent soixante-huit* — *cent soixante-neuf* 169

Culture à la loupe presents a main, in-depth reading about the lesson's cultural theme. Full-color photos bring to life important aspects of the topic, while charts with statistics and/or intriguing facts support and extend the information.

Stratégie boxes offer different helpful techniques that you can use to improve your reading skills.

Le monde francophone puts the spotlight on the people, places, and traditions of the countries and areas of the French-speaking world.

Portrait profiles people, places, and events throughout the French-speaking world, highlighting their importance, accomplishments, and/or contributions to the cultures of the French-speaking people and the global community.

Supersite

- Main cultural reading
- ***Flash culture*** streaming video (one per unit)
- **Sur Internet** research activity
- Textbook activities
- Additional activities for extra practice

Supersite features vary by access level. Visit **vistahigherlearning.com** to explore which Supersite level is right for you.

STRUCTURES

presents French grammar in a graphic-intensive format.

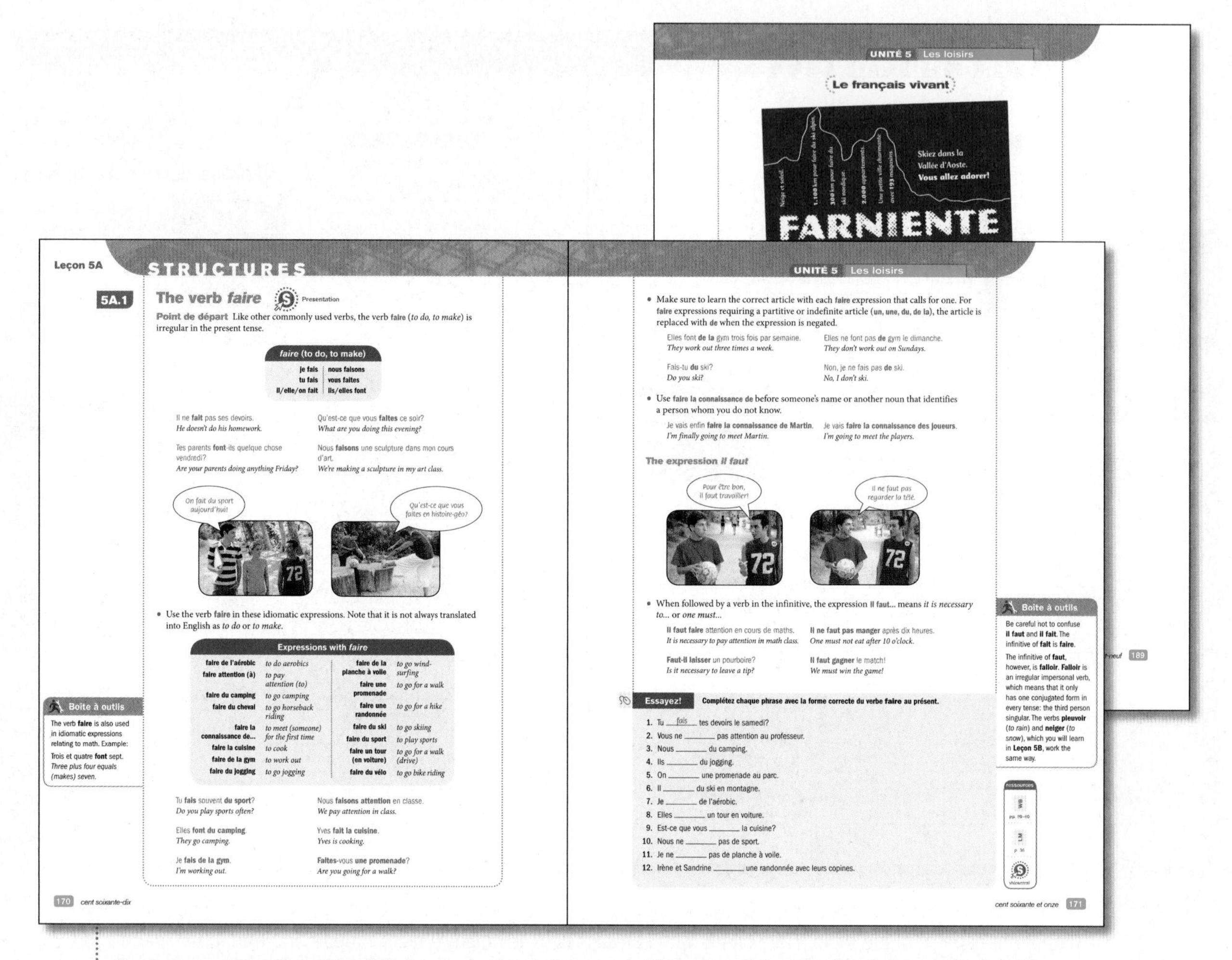
UNITÉ 5 Les loisirs

Le français vivant

Leçon 5A

STRUCTURES

5A.1 **The verb *faire*** Presentation

Point de départ Like other commonly used verbs, the verb **faire** (*to do, to make*) is irregular in the present tense.

faire (to do, to make)	
je fais	nous faisons
tu fais	vous faites
il/elle/on fait	ils/elles font

Il ne **fait** pas ses devoirs.
He doesn't do his homework.

Qu'est-ce que vous **faites** ce soir?
What are you doing this evening?

Tes parents **font**-ils quelque chose vendredi?
Are your parents doing anything Friday?

Nous **faisons** une sculpture dans mon cours d'art.
We're making a sculpture in my art class.

- Use the verb **faire** in these idiomatic expressions. Note that it is not always translated into English as *to do* or *to make*.

Expressions with *faire*			
faire de l'aérobic	to do aerobics	faire de la planche à voile	to go wind-surfing
faire attention (à)	to pay attention (to)	faire une promenade	to go for a walk
faire du camping	to go camping	faire une randonnée	to go for a hike
faire du cheval	to go horseback riding	faire du ski	to go skiing
faire la connaissance de...	to meet (someone) for the first time	faire du sport	to play sports
faire la cuisine	to cook	faire un tour (en voiture)	to go for a walk (drive)
faire de la gym	to work out	faire du vélo	to go bike riding
faire du jogging	to go jogging		

Boîte à outils
The verb **faire** is also used in idiomatic expressions relating to math. Example:
Trois et quatre **font** sept.
Three plus four equals (makes) seven.

Tu **fais** souvent **du sport**?
Do you play sports often?

Nous **faisons attention** en classe.
We pay attention in class.

Elles **font du camping**.
They go camping.

Yves **fait la cuisine**.
Yves is cooking.

Je **fais de la gym**.
I'm working out.

Faites-vous **une promenade**?
Are you going for a walk?

170 *cent soixante-dix*

UNITÉ 5 Les loisirs

- Make sure to learn the correct article with each **faire** expression that calls for one. For **faire** expressions requiring a partitive or indefinite article (**un, une, du, de la**), the article is replaced with **de** when the expression is negated.

Elles font **de la** gym trois fois par semaine.
They work out three times a week.

Elles ne font pas **de** gym le dimanche.
They don't work out on Sundays.

Fais-tu **du** ski?
Do you ski?

Non, je ne fais pas **de** ski.
No, I don't ski.

- Use **faire la connaissance de** before someone's name or another noun that identifies a person whom you do not know.

Je vais enfin **faire la connaissance de Martin**.
I'm finally going to meet Martin.

Je vais **faire la connaissance des joueurs**.
I'm going to meet the players.

The expression *Il faut*

- When followed by a verb in the infinitive, the expression **Il faut...** means *it is necessary to...* or *one must...*

Il faut faire attention en cours de maths.
It is necessary to pay attention in math class.

Il ne faut pas manger après dix heures.
One must not eat after 10 o'clock.

Faut-il laisser un pourboire?
Is it necessary to leave a tip?

Il faut gagner le match!
We must win the game!

Boîte à outils
Be careful not to confuse **il faut** and **il fait**. The infinitive of **fait** is **faire**.
The infinitive of **faut**, however, is **falloir**. **Falloir** is an irregular impersonal verb, which means that it only has one conjugated form in every tense: the third person singular. The verbs **pleuvoir** (*to rain*) and **neiger** (*to snow*), which you will learn in **Leçon 5B**, work the same way.

Essayez! **Complétez chaque phrase avec la forme correcte du verbe faire au présent.**

1. Tu __fais__ tes devoirs le samedi?
2. Vous ne ______ pas attention au professeur.
3. Nous ______ du camping.
4. Ils ______ du jogging.
5. On ______ une promenade au parc.
6. Il ______ du ski en montagne.
7. Je ______ de l'aérobic.
8. Elles ______ un tour en voiture.
9. Est-ce que vous ______ la cuisine?
10. Nous ne ______ pas de sport.
11. Je ne ______ pas de planche à voile.
12. Irène et Sandrine ______ une randonnée avec leurs copines.

ressources
WB pp. 59–60
LM p. 36
vhlcentral

cent soixante et onze 171

Grammar explanations Two full pages are devoted to most grammar points, allowing for presentations that are thorough and intuitive.

Le français vivant pages appear with select grammar points and feature a print ad for a product related to the lesson's theme.

Graphic-intensive design Photos from the **PROMENADES**, Third Edition, Video Program consistently integrate the lesson's video episode and **Roman-photo** strand with the grammar explanations. Additional photos, drawings, and graphic devices liven up activities and heighten visual interest.

Sidebars The **À noter** sidebars cross-reference related grammar content in both previous and upcoming lessons. The **Boîte à outils** sidebars alert you to other important aspects of the grammar point.

Essayez! offers you your first practice of each new grammar point. It gets you working with the grammar point right away in simple, easy-to-understand formats.

Supersite

- Grammar presentation
- Interactive, animated grammar tutorials with related activities
- **Essayez!** activities with auto-grading

Supersite features vary by access level. Visit **vistahigherlearning.com** to explore which Supersite level is right for you.

STRUCTURES

provides directed and communicative practice.

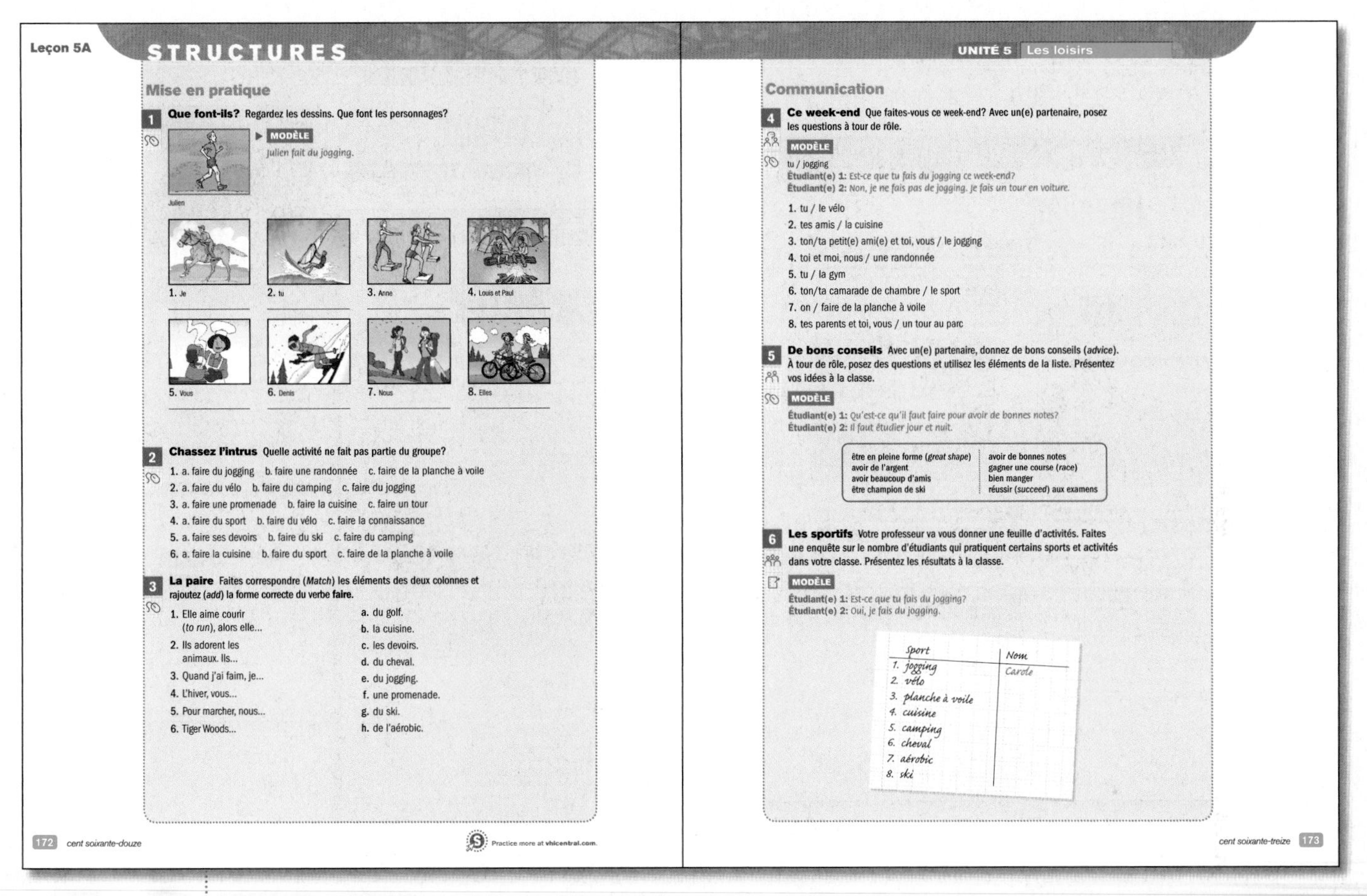

Leçon 5A

STRUCTURES

Mise en pratique

1 Que font-ils? Regardez les dessins. Que font les personnages?

MODÈLE

Julien fait du jogging.

Julien

1. Je
2. tu
3. Anne
4. Louis et Paul
5. Vous
6. Denis
7. Nous
8. Elles

2 Chassez l'intrus Quelle activité ne fait pas partie du groupe?

1. a. faire du jogging b. faire une randonnée c. faire de la planche à voile
2. a. faire du vélo b. faire du camping c. faire du jogging
3. a. faire une promenade b. faire la cuisine c. faire un tour
4. a. faire du sport b. faire du vélo c. faire la connaissance
5. a. faire ses devoirs b. faire du ski c. faire du camping
6. a. faire la cuisine b. faire du sport c. faire de la planche à voile

3 La paire Faites correspondre (*Match*) les éléments des deux colonnes et rajoutez (*add*) la forme correcte du verbe **faire**.

1. Elle aime courir (*to run*), alors elle...
2. Ils adorent les animaux. Ils...
3. Quand j'ai faim, je...
4. L'hiver, vous...
5. Pour marcher, nous...
6. Tiger Woods...

a. du golf.
b. la cuisine.
c. les devoirs.
d. du cheval.
e. du jogging.
f. une promenade.
g. du ski.
h. de l'aérobic.

172 cent soixante-douze

Practice more at vhlcentral.com.

UNITÉ 5 Les loisirs

Communication

4 Ce week-end Que faites-vous ce week-end? Avec un(e) partenaire, posez les questions à tour de rôle.

MODÈLE

tu / jogging

Étudiant(e) 1: Est-ce que tu fais du jogging ce week-end?

Étudiant(e) 2: Non, je ne fais pas de jogging. Je fais un tour en voiture.

1. tu / le vélo
2. tes amis / la cuisine
3. ton/ta petit(e) ami(e) et toi, vous / le jogging
4. toi et moi, nous / une randonnée
5. tu / la gym
6. ton/ta camarade de chambre / le sport
7. on / faire de la planche à voile
8. tes parents et toi, vous / un tour au parc

5 De bons conseils Avec un(e) partenaire, donnez de bons conseils (*advice*). À tour de rôle, posez des questions et utilisez les éléments de la liste. Présentez vos idées à la classe.

MODÈLE

Étudiant(e) 1: Qu'est-ce qu'il faut faire pour avoir de bonnes notes?

Étudiant(e) 2: Il faut étudier jour et nuit.

être en pleine forme (*great shape*)	avoir de bonnes notes
avoir de l'argent	gagner une course (*race*)
avoir beaucoup d'amis	bien manger
être champion de ski	réussir (*succeed*) aux examens

6 Les sportifs Votre professeur va vous donner une feuille d'activités. Faites une enquête sur le nombre d'étudiants qui pratiquent certains sports et activités dans votre classe. Présentez les résultats à la classe.

MODÈLE

Étudiant(e) 1: Est-ce que tu fais du jogging?

Étudiant(e) 2: Oui, je fais du jogging.

Sport	Nom
1. jogging	Carole
2. vélo	
3. planche à voile	
4. cuisine	
5. camping	
6. cheval	
7. aérobic	
8. ski	

cent soixante-treize 173

Grammar activities Two full pages are devoted to grammar activities, allowing for more practice and better transitions between activities.

Mise en pratique activities provide a wide range of guided exercises in contexts that combine current and previously learned vocabulary with the current grammar point.

Additional activities The Activity Pack provides additional discrete and communicative practice for every grammar point. It also includes handouts for the **Feuilles d'activités** and information gap activities presented in the textbook. Your instructor will distribute these handouts for review and extra practice.

Communication activities offer opportunities for creative expression using the lesson's grammar and vocabulary. You do these activities with a partner, in small groups, or with the whole class.

Supersite

- Textbook activities
- Additional activities for extra practice
- Chat activities for conversational skill-building and oral practice

Supersite features vary by access level. Visit **vistahigherlearning.com** to explore which Supersite level is right for you.

SYNTHÈSE

pulls the lesson together with cumulative practice in **Révision** and wraps up with **Le Zapping** and **Écriture** features.

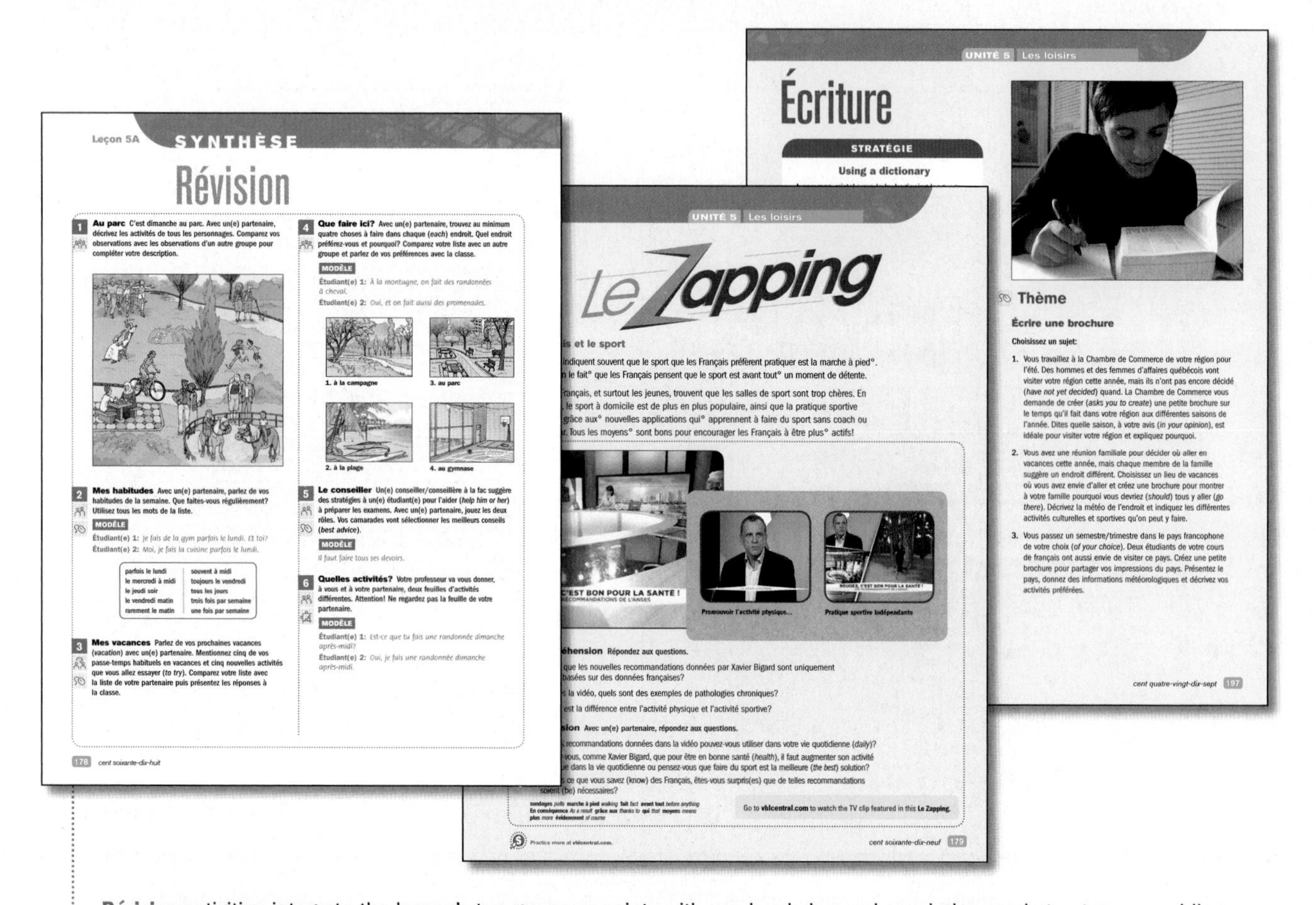

Leçon 5A SYNTHÈSE

Révision

1 Au parc C'est dimanche au parc. Avec un(e) partenaire, décrivez les activités de tous les personnages. Comparez vos observations avec les observations d'un autre groupe pour compléter votre description.

2 Mes habitudes Avec un(e) partenaire, parlez de vos habitudes de la semaine. Que faites-vous régulièrement? Utilisez tous les mots de la liste.

MODÈLE

Étudiant(e) 1: *Je fais de la gym parfois le lundi. Et toi?*
Étudiant(e) 2: *Moi, je fais la cuisine parfois le lundi.*

parfois le lundi	souvent à midi
le mercredi à midi	toujours le vendredi
le jeudi soir	tous les jours
le vendredi matin	trois fois par semaine
rarement le matin	une fois par semaine

3 Mes vacances Parlez de vos prochaines vacances (*vacation*) avec un(e) partenaire. Mentionnez cinq de vos passe-temps habituels en vacances et cinq nouvelles activités que vous allez essayer (*to try*). Comparez votre liste avec la liste de votre partenaire puis présentez les réponses à la classe.

4 Que faire ici? Avec un(e) partenaire, trouvez au minimum quatre choses à faire dans chaque (*each*) endroit. Quel endroit préférez-vous et pourquoi? Comparez votre liste avec un autre groupe et parlez de vos préférences avec la classe.

MODÈLE

Étudiant(e) 1: *À la montagne, on fait des randonnées à cheval.*
Étudiant(e) 2: *Oui, et on fait aussi des promenades.*

1. à la campagne
2. à la plage
3. au parc
4. au gymnase

5 Le conseiller Un(e) conseiller/conseillère à la fac suggère des stratégies à un(e) étudiant(e) pour l'aider (*help him or her*) à préparer les examens. Avec un(e) partenaire, jouez les deux rôles. Vos camarades vont sélectionner les meilleurs conseils (*best advice*).

MODÈLE

Il faut faire tous ses devoirs.

6 Quelles activités? Votre professeur va vous donner, à vous et à votre partenaire, deux feuilles d'activités différentes. Attention! Ne regardez pas la feuille de votre partenaire.

MODÈLE

Étudiant(e) 1: *Est-ce que tu fais une randonnée dimanche après-midi?*
Étudiant(e) 2: *Oui, je fais une randonnée dimanche après-midi.*

178 cent soixante-dix-huit

UNITÉ 5 Les loisirs

Le Zapping

...is et le sport

...indiquent souvent que le sport que les Français préfèrent pratiquer est la marche à pied°. ...n le fait° que les Français pensent que le sport est avant tout° un moment de détente.

...rançais, et surtout les jeunes, trouvent que les salles de sport sont trop chères. En ..., le sport à domicile est de plus en plus populaire, ainsi que la pratique sportive ... grâce aux° nouvelles applications qui° apprennent à faire du sport sans coach ou ...r. Tous les moyens° sont bons pour encourager les Français à être plus° actifs!

Promouvoir l'activité physique...

Pratique sportive indépendante

...éhension Répondez aux questions.

... que les nouvelles recommandations données par Xavier Bigard sont uniquement basées sur des données françaises?

...s la vidéo, quels sont des exemples de pathologies chroniques?

... est la différence entre l'activité physique et l'activité sportive?

...sion Avec un(e) partenaire, répondez aux questions.

...s recommandations données dans la vidéo pouvez-vous utiliser dans votre vie quotidienne (*daily*)?

...-vous, comme Xavier Bigard, que pour être en bonne santé (*health*), il faut augmenter son activité ...e dans la vie quotidienne ou pensez-vous que faire du sport est la meilleure (*the best*) solution?

...s ce que vous savez (know) des Français, êtes-vous surpris(es) que de telles recommandations soient (be) nécessaires?

sondages *polls* **marche à pied** *walking* **fait** *fact* **avant tout** *before anything* **En conséquence** *As a result* **grâce aux** *thanks to* **qui** *that* **moyens** *means* **plus** *more* **évidemment** *of course*

Go to **vhlcentral.com** to watch the TV clip featured in this **Le Zapping.**

Practice more at vhlcentral.com.

cent soixante-dix-neuf 179

UNITÉ 5 Les loisirs

Écriture

STRATÉGIE

Using a dictionary

Thème

Écrire une brochure

Choisissez un sujet:

1. Vous travaillez à la Chambre de Commerce de votre région pour l'été. Des hommes et des femmes d'affaires québécois vont visiter votre région cette année, mais ils n'ont pas encore décidé (*have not yet decided*) quand. La Chambre de Commerce vous demande de créer (*asks you to create*) une petite brochure sur le temps qu'il fait dans votre région aux différentes saisons de l'année. Dites quelle saison, à votre avis (*in your opinion*), est idéale pour visiter votre région et expliquez pourquoi.
2. Vous avez une réunion familiale pour décider où aller en vacances cette année, mais chaque membre de la famille suggère un endroit différent. Choisissez un lieu de vacances où vous avez envie d'aller et créez une brochure pour montrer à votre famille pourquoi vous devriez (*should*) tous y aller (*go there*). Décrivez la météo de l'endroit et indiquez les différentes activités culturelles et sportives qu'on peut y faire.
3. Vous passez un semestre/trimestre dans le pays francophone de votre choix (*of your choice*). Deux étudiants de votre cours de français ont aussi envie de visiter ce pays. Créez une petite brochure pour partager vos impressions du pays. Présentez le pays, donnez des informations météorologiques et décrivez vos activités préférées.

cent quatre-vingt-dix-sept 197

Révision activities integrate the lesson's two grammar points with previously learned vocabulary and structures, providing consistent, built-in review as you progress through the text.

Pair and group icons call out the communicative nature of the activities. Situations, role-plays, games, personal questions, interviews, and surveys are just some of the types of activities that you will engage in.

Information gap activities engage you and a partner in problem-solving situations. You and your partner each have only half of the information you need, so you must work together to accomplish the task at hand.

Supersite

- Chat activities for conversational skill-building and oral practice
- Textbook and extra practice activities

Supersite features vary by access level. Visit **vistahigherlearning.com** to explore which Supersite level is right for you.

SYNTHÈSE

Le Zapping and **Écriture**

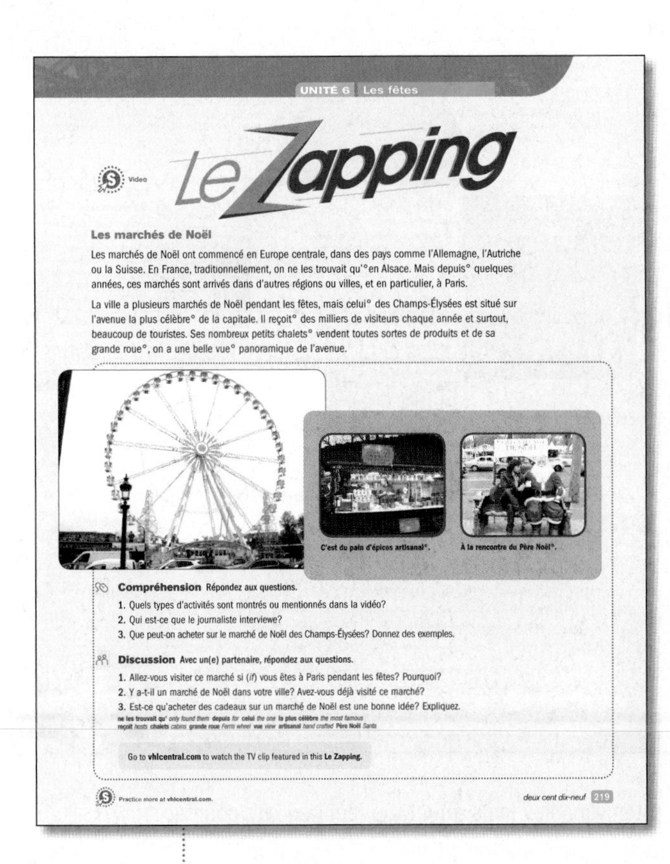

UNITÉ 6 Les fêtes

Video

Le Zapping

Les marchés de Noël

Les marchés de Noël ont commencé en Europe centrale, dans des pays comme l'Allemagne, l'Autriche ou la Suisse. En France, traditionnellement, on ne les trouvait qu'°en Alsace. Mais depuis° quelques années, ces marchés sont arrivés dans d'autres régions ou villes, et en particulier, à Paris.

La ville a plusieurs marchés de Noël pendant les fêtes, mais celui° des Champs-Élysées est situé sur l'avenue la plus célèbre° de la capitale. Il reçoit° des milliers de visiteurs chaque année et surtout, beaucoup de touristes. Ses nombreux petits chalets° vendent toutes sortes de produits et de sa grande roue°, on a une belle vue° panoramique de l'avenue.

C'est du pain d'épices artisanal°.

À la rencontre du Père Noël°.

Compréhension Répondez aux questions.

1. Quels types d'activités sont montrés ou mentionnés dans la vidéo?
2. Qui est-ce que le journaliste interviewe?
3. Que peut-on acheter sur le marché de Noël des Champs-Élysées? Donnez des exemples.

Discussion Avec un(e) partenaire, répondez aux questions.

1. Allez-vous visiter ce marché si (*if*) vous êtes à Paris pendant les fêtes? Pourquoi?
2. Y a-t-il un marché de Noël dans votre ville? Avez-vous déjà visité ce marché?
3. Est-ce qu'acheter des cadeaux sur un marché de Noël est une bonne idée? Expliquez.

ne les trouvait qu' *only found them* **depuis** *for* **celui** *the one* **la plus célèbre** *the most famous* **reçoit** *hosts* **chalets** *cabins* **grande roue** *Ferris wheel* **vue** *view* **artisanal** *hand crafted* **Père Noël** *Santa*

Go to **vhlcentral.com** to watch the TV clip featured in this **Le Zapping**.

Practice more at **vhlcentral.com**.

deux cent dix-neuf 219

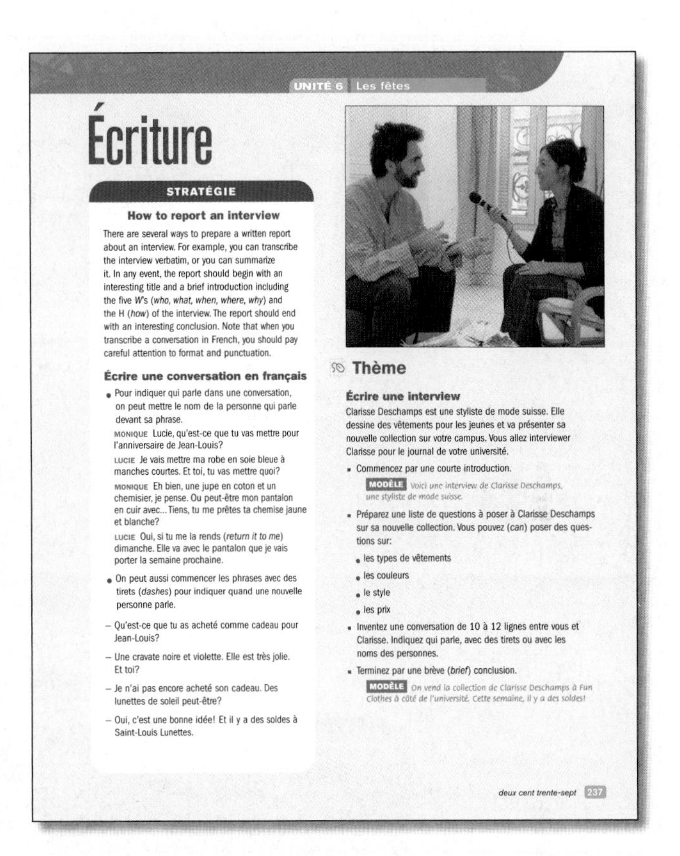

UNITÉ 6 Les fêtes

Écriture

STRATÉGIE

How to report an interview

There are several ways to prepare a written report about an interview. For example, you can transcribe the interview verbatim, or you can summarize it. In any event, the report should begin with an interesting title and a brief introduction including the five W's (*who, what, when, where, why*) and the H (*how*) of the interview. The report should end with an interesting conclusion. Note that when you transcribe a conversation in French, you should pay careful attention to format and punctuation.

Écrire une conversation en français

- Pour indiquer qui parle dans une conversation, on peut mettre le nom de la personne qui parle devant sa phrase.

  MONIQUE Lucie, qu'est-ce que tu vas mettre pour l'anniversaire de Jean-Louis?

  LUCIE Je vais mettre ma robe en soie bleue à manches courtes. Et toi, tu vas mettre quoi?

  MONIQUE Eh bien, une jupe en coton et un chemisier, je pense. Ou peut-être mon pantalon en cuir avec... Tiens, tu me prêtes ta chemise jaune et blanche?

  LUCIE Oui, si tu me la rends (*return it to me*) dimanche. Elle va avec le pantalon que je vais porter la semaine prochaine.

- On peut aussi commencer les phrases avec des tirets (*dashes*) pour indiquer quand une nouvelle personne parle.

– Qu'est-ce que tu as acheté comme cadeau pour Jean-Louis?

– Une cravate noire et violette. Elle est très jolie. Et toi?

– Je n'ai pas encore acheté son cadeau. Des lunettes de soleil peut-être?

– Oui, c'est une bonne idée! Et il y a des soldes à Saint-Louis Lunettes.

Thème

Écrire une interview

Clarisse Deschamps est une styliste de mode suisse. Elle dessine des vêtements pour les jeunes et va présenter sa nouvelle collection sur votre campus. Vous allez interviewer Clarisse pour le journal de votre université.

- Commencez par une courte introduction.

  MODÈLE *Voici une interview de Clarisse Deschamps, une styliste de mode suisse.*

- Préparez une liste de questions à poser à Clarisse Deschamps sur sa nouvelle collection. Vous pouvez (*can*) poser des questions sur:
  - les types de vêtements
  - les couleurs
  - le style
  - les prix
- Inventez une conversation de 10 à 12 lignes entre vous et Clarisse. Indiquez qui parle, avec des tirets ou avec les noms des personnes.
- Terminez par une brève (*brief*) conclusion.

  MODÈLE *On vend la collection de Clarisse Deschamps à Fun Clothes à côté de l'université. Cette semaine, il y a des soldes!*

deux cent trente-sept 237

Le Zapping features television clips in French—commercials, news reports, a student orientation video, a recipe, a tourism spot, and a short film—supported by background information, images, and activities to help you understand and check your comprehension.

Stratégie provides useful strategies that prepare you for the writing task presented in Thème.

Thème describes the writing topic and includes suggestions for approaching it.

Supersite

- Streaming video of **Le Zapping**
- Composition engine
- Textbook and extra practice activities

Supersite features vary by access level. Visit **vistahigherlearning.com** to explore which Supersite level is right for you.

SAVOIR-FAIRE

Panorama presents the French-speaking world.

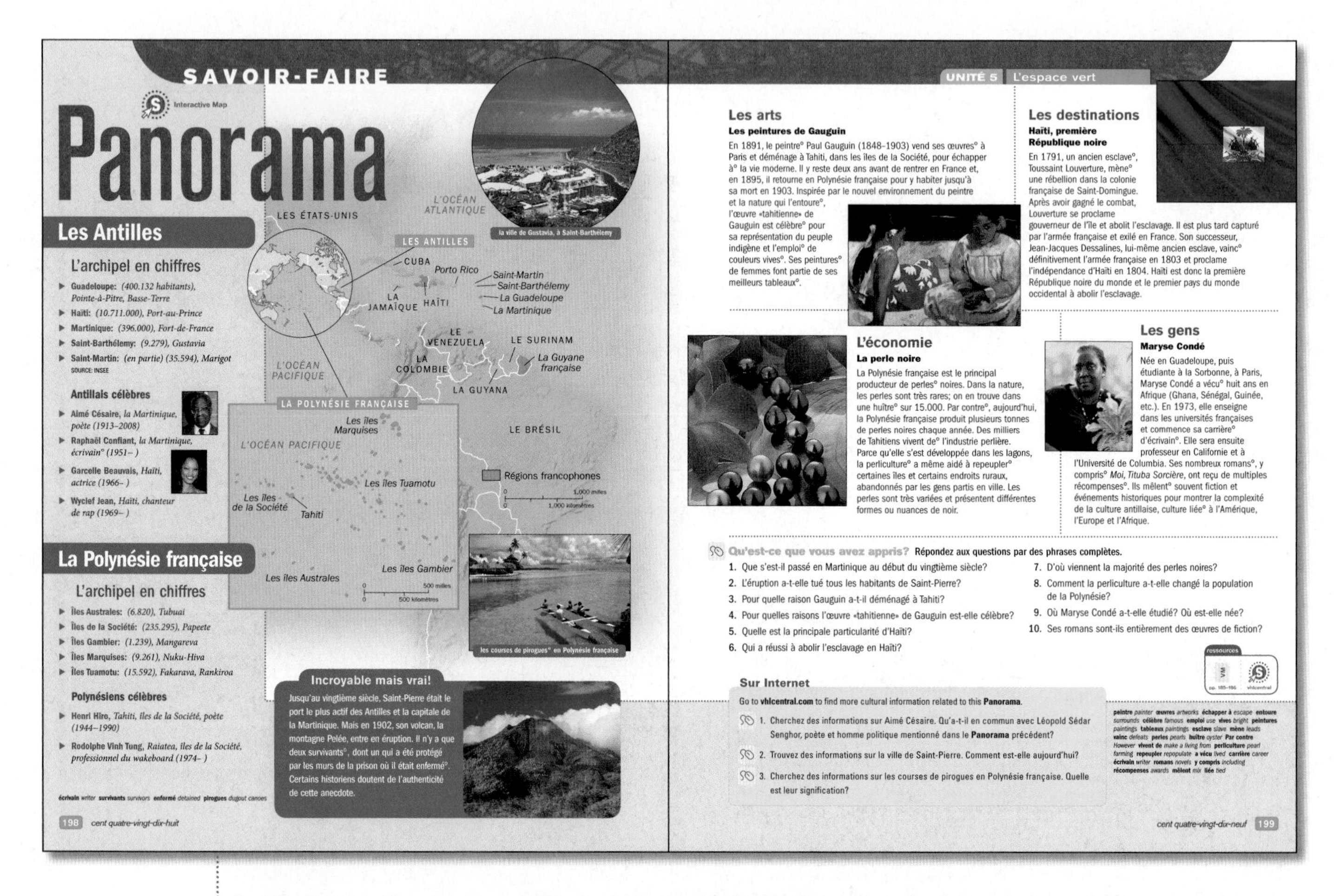

SAVOIR-FAIRE

Interactive Map

Panorama

Les Antilles

L'archipel en chiffres

- **Guadeloupe:** *(400.132 habitants), Pointe-à-Pitre, Basse-Terre*
- **Haïti:** *(10.711.000), Port-au-Prince*
- **Martinique:** *(396.000), Fort-de-France*
- **Saint-Barthélemy:** *(9.279), Gustavia*
- **Saint-Martin:** *(en partie) (35.594), Marigot*

SOURCE: INSEE

Antillais célèbres

- **Aimé Césaire**, *la Martinique, poète (1913–2008)*
- **Raphaël Confiant**, *la Martinique, écrivain° (1951–)*
- **Garcelle Beauvais**, *Haïti, actrice (1966–)*
- **Wyclef Jean**, *Haïti, chanteur de rap (1969–)*

La Polynésie française

L'archipel en chiffres

- **Îles Australes:** *(6.820), Tubuai*
- **Îles de la Société:** *(235.295), Papeete*
- **Îles Gambier:** *(1.239), Mangareva*
- **Îles Marquises:** *(9.261), Nuku-Hiva*
- **Îles Tuamotu:** *(15.592), Fakarava, Rankiroa*

Polynésiens célèbres

- **Henri Hiro**, *Tahiti, îles de la Société, poète (1944–1990)*
- **Rodolphe Vinh Tung**, *Raiatea, îles de la Société, professionnel du wakeboard (1974–)*

écrivain *writer* **survivants** *survivors* **enfermé** *detained* **pirogues** *dugout canoes*

la ville de Gustavia, à Saint-Barthélemy

les courses de pirogues° en Polynésie française

Incroyable mais vrai!

Jusqu'au vingtième siècle, Saint-Pierre était le port le plus actif des Antilles et la capitale de la Martinique. Mais en 1902, son volcan, la montagne Pelée, entre en éruption. Il n'y a que deux survivants°, dont un qui a été protégé par les murs de la prison où il était enfermé°. Certains historiens doutent de l'authenticité de cette anecdote.

198 *cent quatre-vingt-dix-huit*

UNITÉ 5 L'espace vert

Les arts

Les peintures de Gauguin

En 1891, le peintre° Paul Gauguin (1848-1903) vend ses œuvres° à Paris et déménage à Tahiti, dans les îles de la Société, pour échapper à° la vie moderne. Il y reste deux ans avant de rentrer en France et, en 1895, il retourne en Polynésie française pour y habiter jusqu'à sa mort en 1903. Inspirée par le nouvel environnement du peintre et la nature qui l'entoure°, l'œuvre «tahitienne» de Gauguin est célèbre° pour sa représentation du peuple indigène et l'emploi° de couleurs vives°. Ses peintures° de femmes font partie de ses meilleurs tableaux°.

Les destinations

Haïti, première République noire

En 1791, un ancien esclave°, Toussaint Louverture, mène° une rébellion dans la colonie française de Saint-Domingue. Après avoir gagné le combat, Louverture se proclame gouverneur de l'île et abolit l'esclavage. Il est plus tard capturé par l'armée française et exilé en France. Son successeur, Jean-Jacques Dessalines, lui-même ancien esclave, vainc° définitivement l'armée française en 1803 et proclame l'indépendance d'Haïti en 1804. Haïti est donc la première République noire du monde et le premier pays du monde occidental à abolir l'esclavage.

L'économie

La perle noire

La Polynésie française est le principal producteur de perles° noires. Dans la nature, les perles sont très rares; on en trouve dans une huître° sur 15.000. Par contre°, aujourd'hui, la Polynésie française produit plusieurs tonnes de perles noires chaque année. Des milliers de Tahitiens vivent de° l'industrie perlière. Parce qu'elle s'est développée dans les lagons, la perliculture° a même aidé à repeupler° certaines îles et certains endroits ruraux, abandonnés par les gens partis en ville. Les perles sont très variées et présentent différentes formes ou nuances de noir.

Les gens

Maryse Condé

Née en Guadeloupe, puis étudiante à la Sorbonne, à Paris, Maryse Condé a vécu° huit ans en Afrique (Ghana, Sénégal, Guinée, etc.). En 1973, elle enseigne dans les universités françaises et commence sa carrière° d'écrivain°. Elle sera ensuite professeur en Californie et à l'Université de Columbia. Ses nombreux romans°, y compris° *Moi, Tituba Sorcière*, ont reçu de multiples récompenses°. Ils mêlent° souvent fiction et événements historiques pour montrer la complexité de la culture antillaise, culture liée° à l'Amérique, l'Europe et l'Afrique.

Qu'est-ce que vous avez appris? Répondez aux questions par des phrases complètes.

1. Que s'est-il passé en Martinique au début du vingtième siècle?
2. L'éruption a-t-elle tué tous les habitants de Saint-Pierre?
3. Pour quelle raison Gauguin a-t-il déménagé à Tahiti?
4. Pour quelles raisons l'œuvre «tahitienne» de Gauguin est-elle célèbre?
5. Quelle est la principale particularité d'Haïti?
6. Qui a réussi à abolir l'esclavage en Haïti?
7. D'où viennent la majorité des perles noires?
8. Comment la perliculture a-t-elle changé la population de la Polynésie?
9. Où Maryse Condé a-t-elle étudié? Où est-elle née?
10. Ses romans sont-ils entièrement des œuvres de fiction?

ressources: VM pp. 185–186; vhlcentral

Sur Internet

Go to **vhlcentral.com** to find more cultural information related to this **Panorama**.

1. Cherchez des informations sur Aimé Césaire. Qu'a-t-il en commun avec Léopold Sédar Senghor, poète et homme politique mentionné dans le **Panorama** précédent?
2. Trouvez des informations sur la ville de Saint-Pierre. Comment est-elle aujourd'hui?
3. Cherchez des informations sur les courses de pirogues en Polynésie française. Quelle est leur signification?

peintre *painter* **œuvres** *artworks* **échapper à** *escape* **entoure** *surrounds* **célèbre** *famous* **emploi** *use* **vives** *bright* **peintures** *paintings* **tableaux** *paintings* **esclave** *slave* **mène** *leads* **vainc** *defeats* **perles** *pearls* **huître** *oyster* **Par contre** *However* **vivent de** *make a living from* **perliculture** *pearl farming* **repeupler** *repopulate* **a vécu** *lived* **carrière** *career* **écrivain** *writer* **romans** *novels* **y compris** *including* **récompenses** *awards* **mêlent** *mix* **liée** *tied*

cent quatre-vingt-dix-neuf 199

La ville/Le pays/La région en chiffres provides interesting key facts about the featured city, country, or region.

Incroyable mais vrai! highlights an intriguing fact about the featured place or its people.

Maps point out major cities, rivers, and other geographical features and situate the featured place in the context of its immediate surroundings and the world.

Qu'est-ce que vous avez appris? exercises check your understanding of key ideas, and **ressources** boxes reference the two pages of additional activities in the **PROMENADES** Workbook.

Readings A series of brief paragraphs explores different facets of the featured location's culture such as history, landmarks, fine art, literature, and aspects of everyday life.

Supersite

- Interactive map
- **Sur Internet** research activity
- Textbook activities
- Additional activities for extra practice

Supersite features vary by access level. Visit **vistahigherlearning.com** to explore which Supersite level is right for you.

SAVOIR-FAIRE

Lecture, found in the book's last two units, develops reading skills in the context of the unit's theme.

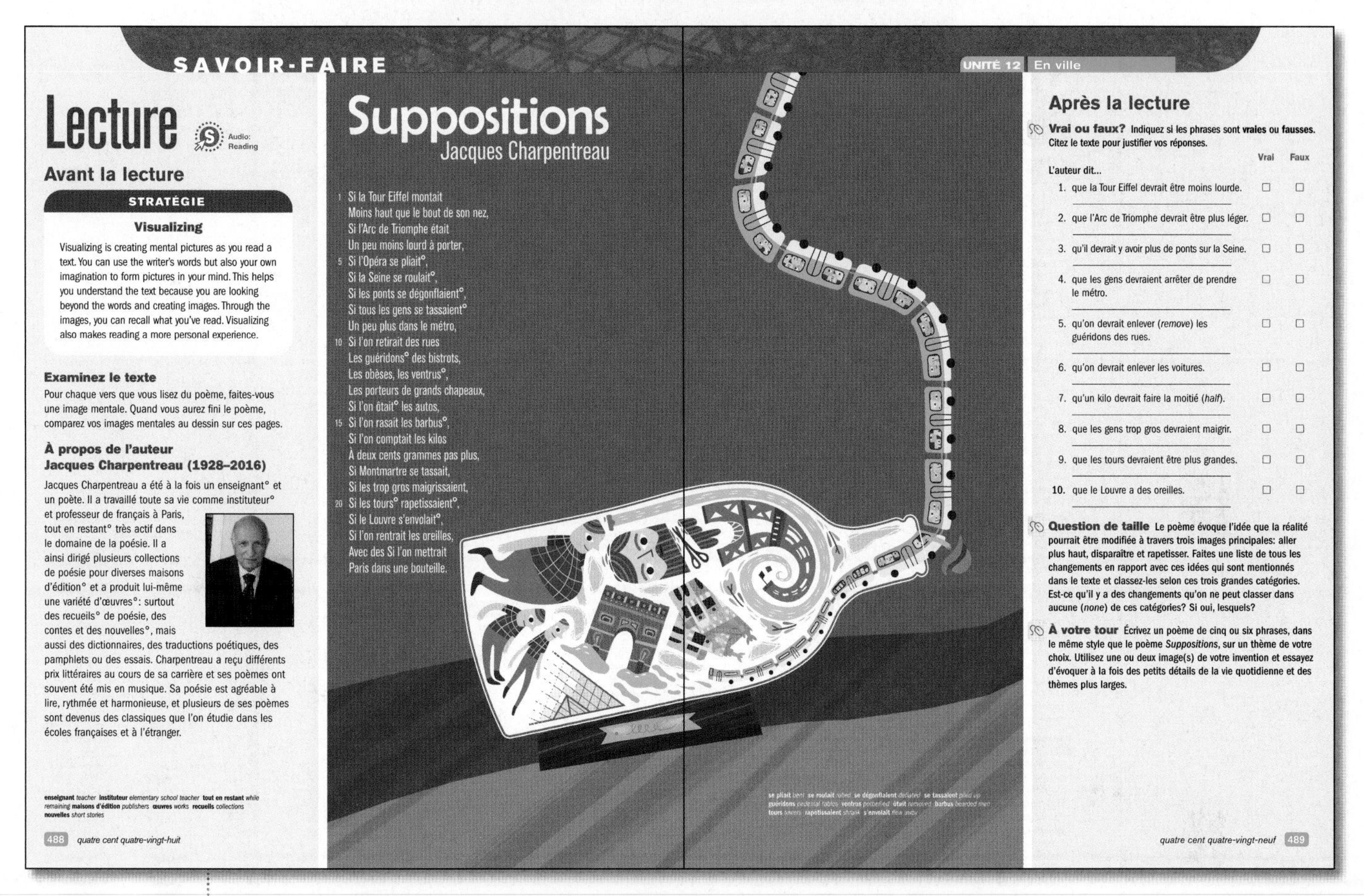

SAVOIR-FAIRE

UNITÉ 12 En ville

Lecture

Audio: Reading

Avant la lecture

STRATÉGIE

Visualizing

Visualizing is creating mental pictures as you read a text. You can use the writer's words but also your own imagination to form pictures in your mind. This helps you understand the text because you are looking beyond the words and creating images. Through the images, you can recall what you've read. Visualizing also makes reading a more personal experience.

Examinez le texte

Pour chaque vers que vous lisez du poème, faites-vous une image mentale. Quand vous aurez fini le poème, comparez vos images mentales au dessin sur ces pages.

À propos de l'auteur
Jacques Charpentreau (1928–2016)

Jacques Charpentreau a été à la fois un enseignant° et un poète. Il a travaillé toute sa vie comme instituteur° et professeur de français à Paris, tout en restant° très actif dans le domaine de la poésie. Il a ainsi dirigé plusieurs collections de poésie pour diverses maisons d'édition° et a produit lui-même une variété d'œuvres°: surtout des recueils° de poésie, des contes et des nouvelles°, mais aussi des dictionnaires, des traductions poétiques, des pamphlets ou des essais. Charpentreau a reçu différents prix littéraires au cours de sa carrière et ses poèmes ont souvent été mis en musique. Sa poésie est agréable à lire, rythmée et harmonieuse, et plusieurs de ses poèmes sont devenus des classiques que l'on étudie dans les écoles françaises et à l'étranger.

enseignant *teacher* **instituteur** *elementary school teacher* **tout en restant** *while remaining* **maisons d'édition** *publishers* **œuvres** *works* **recueils** *collections* **nouvelles** *short stories*

488 *quatre cent quatre-vingt-huit*

Suppositions

Jacques Charpentreau

1 Si la Tour Eiffel montait
Moins haut que le bout de son nez,
Si l'Arc de Triomphe était
Un peu moins lourd à porter,
5 Si l'Opéra se pliait°,
Si la Seine se roulait°,
Si les ponts se dégonflaient°,
Si tous les gens se tassaient°
Un peu plus dans le métro,
10 Si l'on retirait des rues
Les guéridons° des bistrots,
Les obèses, les ventrus°,
Les porteurs de grands chapeaux,
Si l'on ôtait° les autos,
15 Si l'on rasait les barbus°,
Si l'on comptait les kilos
À deux cents grammes pas plus,
Si Montmartre se tassait,
Si les trop gros maigrissaient,
20 Si les tours° rapetissaient°,
Si le Louvre s'envolait°,
Si l'on rentrait les oreilles,
Avec des Si l'on mettrait
Paris dans une bouteille.

se pliait *bent* **se roulait** *rolled* **se dégonflaient** *deflated* **se tassaient** *piled up* **guéridons** *pedestal tables* **ventrus** *potbellied* **ôtait** *removed* **barbus** *bearded men* **tours** *towers* **rapetissaient** *shrank* **s'envolait** *flew away*

Après la lecture

Vrai ou faux? Indiquez si les phrases sont **vraies** ou **fausses**. Citez le texte pour justifier vos réponses.

L'auteur dit...

	Vrai	Faux
1. que la Tour Eiffel devrait être moins lourde.	☐	☐
2. que l'Arc de Triomphe devrait être plus léger.	☐	☐
3. qu'il devrait y avoir plus de ponts sur la Seine.	☐	☐
4. que les gens devraient arrêter de prendre le métro.	☐	☐
5. qu'on devrait enlever (*remove*) les guéridons des rues.	☐	☐
6. qu'on devrait enlever les voitures.	☐	☐
7. qu'un kilo devrait faire la moitié (*half*).	☐	☐
8. que les gens trop gros devraient maigrir.	☐	☐
9. que les tours devraient être plus grandes.	☐	☐
10. que le Louvre a des oreilles.	☐	☐

Question de taille Le poème évoque l'idée que la réalité pourrait être modifiée à travers trois images principales: aller plus haut, disparaître et rapetisser. Faites une liste de tous les changements en rapport avec ces idées qui sont mentionnés dans le texte et classez-les selon ces trois grandes catégories. Est-ce qu'il y a des changements qu'on ne peut classer dans aucune (*none*) de ces catégories? Si oui, lesquels?

À votre tour Écrivez un poème de cinq ou six phrases, dans le même style que le poème *Suppositions*, sur un thème de votre choix. Utilisez une ou deux image(s) de votre invention et essayez d'évoquer à la fois des petits détails de la vie quotidienne et des thèmes plus larges.

quatre cent quatre-vingt-neuf 489

Readings of literary pieces, presented at the end of the last two units, are directly tied to the unit theme and recycle vocabulary and grammar you have learned.

Avant la lecture presents valuable reading strategies and pre-reading activities that strengthen your reading abilities in French.

Après la lecture includes post-reading activities that check your comprehension of the reading.

Supersite

- Textbook activities
- Additional activities for extra practice
- Audio sync readings in Unit 12 and Unit 13

Supersite features vary by access level. Visit **vistahigherlearning.com** to explore which Supersite level is right for you.

VOCABULAIRE

summarizes all the active vocabulary of the unit.

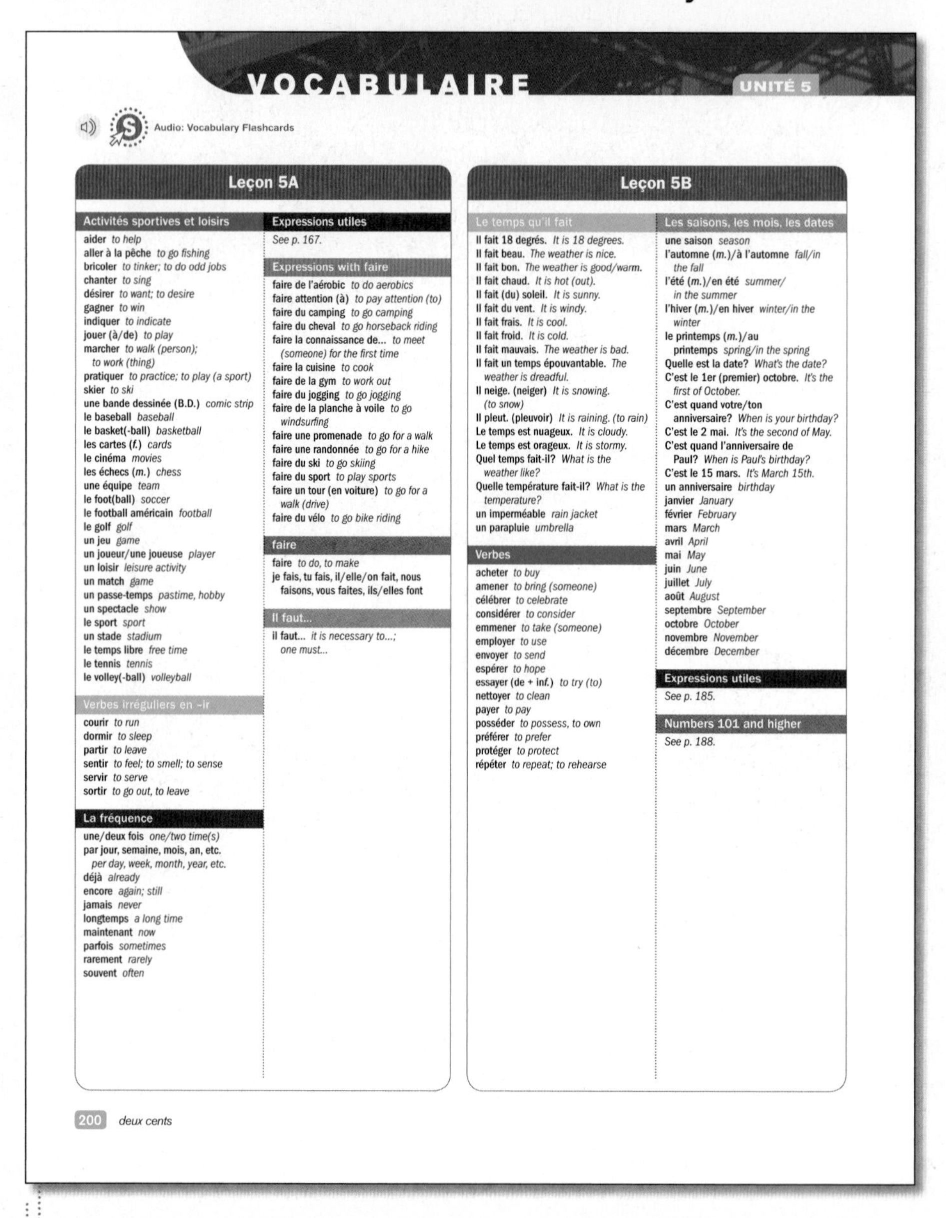

VOCABULAIRE

UNITÉ 5

Audio: Vocabulary Flashcards

Leçon 5A

Activités sportives et loisirs

aider *to help*
aller à la pêche *to go fishing*
bricoler *to tinker; to do odd jobs*
chanter *to sing*
désirer *to want; to desire*
gagner *to win*
indiquer *to indicate*
jouer (à/de) *to play*
marcher *to walk (person); to work (thing)*
pratiquer *to practice; to play (a sport)*
skier *to ski*
une bande dessinée (B.D.) *comic strip*
le baseball *baseball*
le basket(-ball) *basketball*
les cartes (f.) *cards*
le cinéma *movies*
les échecs (m.) *chess*
une équipe *team*
le foot(ball) *soccer*
le football américain *football*
le golf *golf*
un jeu *game*
un joueur/une joueuse *player*
un loisir *leisure activity*
un match *game*
un passe-temps *pastime, hobby*
un spectacle *show*
le sport *sport*
un stade *stadium*
le temps libre *free time*
le tennis *tennis*
le volley(-ball) *volleyball*

Verbes irréguliers en -ir

courir *to run*
dormir *to sleep*
partir *to leave*
sentir *to feel; to smell; to sense*
servir *to serve*
sortir *to go out, to leave*

La fréquence

une/deux fois *one/two time(s)*
par jour, semaine, mois, an, etc. *per day, week, month, year, etc.*
déjà *already*
encore *again; still*
jamais *never*
longtemps *a long time*
maintenant *now*
parfois *sometimes*
rarement *rarely*
souvent *often*

Expressions utiles

See p. 167.

Expressions with faire

faire de l'aérobic *to do aerobics*
faire attention (à) *to pay attention (to)*
faire du camping *to go camping*
faire du cheval *to go horseback riding*
faire la connaissance de... *to meet (someone) for the first time*
faire la cuisine *to cook*
faire de la gym *to work out*
faire du jogging *to go jogging*
faire de la planche à voile *to go windsurfing*
faire une promenade *to go for a walk*
faire une randonnée *to go for a hike*
faire du ski *to go skiing*
faire du sport *to play sports*
faire un tour (en voiture) *to go for a walk (drive)*
faire du vélo *to go bike riding*

faire

faire *to do, to make*
je fais, tu fais, il/elle/on fait, nous faisons, vous faites, ils/elles font

Il faut...

il faut... *it is necessary to...; one must...*

Leçon 5B

Le temps qu'il fait

Il fait 18 degrés. *It is 18 degrees.*
Il fait beau. *The weather is nice.*
Il fait bon. *The weather is good/warm.*
Il fait chaud. *It is hot (out).*
Il fait (du) soleil. *It is sunny.*
Il fait du vent. *It is windy.*
Il fait frais. *It is cool.*
Il fait froid. *It is cold.*
Il fait mauvais. *The weather is bad.*
Il fait un temps épouvantable. *The weather is dreadful.*
Il neige. (neiger) *It is snowing. (to snow)*
Il pleut. (pleuvoir) *It is raining. (to rain)*
Le temps est nuageux. *It is cloudy.*
Le temps est orageux. *It is stormy.*
Quel temps fait-il? *What is the weather like?*
Quelle température fait-il? *What is the temperature?*
un imperméable *rain jacket*
un parapluie *umbrella*

Verbes

acheter *to buy*
amener *to bring (someone)*
célébrer *to celebrate*
considérer *to consider*
emmener *to take (someone)*
employer *to use*
envoyer *to send*
espérer *to hope*
essayer (de + inf.) *to try (to)*
nettoyer *to clean*
payer *to pay*
posséder *to possess, to own*
préférer *to prefer*
protéger *to protect*
répéter *to repeat; to rehearse*

Les saisons, les mois, les dates

une saison *season*
l'automne (m.)/à l'automne *fall/in the fall*
l'été (m.)/en été *summer/in the summer*
l'hiver (m.)/en hiver *winter/in the winter*
le printemps (m.)/au printemps *spring/in the spring*
Quelle est la date? *What's the date?*
C'est le 1er (premier) octobre. *It's the first of October.*
C'est quand votre/ton anniversaire? *When is your birthday?*
C'est le 2 mai. *It's the second of May.*
C'est quand l'anniversaire de Paul? *When is Paul's birthday?*
C'est le 15 mars. *It's March 15th.*
un anniversaire *birthday*
janvier *January*
février *February*
mars *March*
avril *April*
mai *May*
juin *June*
juillet *July*
août *August*
septembre *September*
octobre *October*
novembre *November*
décembre *December*

Expressions utiles

See p. 185.

Numbers 101 and higher

See p. 188.

200 *deux cents*

Vocabulary Active vocabulary from the unit is brought together, grouped by lesson into easy-to-study thematic lists.

Supersite

- Audio recordings of all vocabulary items
- Customizable study lists

Supersite features vary by access level. Visit **vistahigherlearning.com** to explore which Supersite level is right for you.

THE *ROMAN-PHOTO* EPISODES

Fully integrated with your textbook, the **PROMENADES**, Third Edition, Video Program, contains twenty-six dramatic episodes, one for each lesson of the text. The episodes present the adventures of four college students who are studying in the south of France at the **Université Aix-Marseille**. They live in apartments above **Le P'tit Bistrot**, a café owned by their landlady, Valérie Forestier. The video tells their story and the story of Madame Forestier and her teenage son, Stéphane.

The **Roman-photo** strand in each textbook lesson is an abbreviated version of the dramatic episode featured in the video. Therefore, each **Roman-photo** strand can be done before or after viewing the corresponding video episode, or as a stand-alone section.

As you watch each video episode, you will first see a live segment in which the characters interact using vocabulary and grammar you are studying. As the video progresses, the live segments carefully combine new vocabulary and grammar with previously taught language. You will then see a **Reprise** segment that summarizes the key language functions and/or grammar points used in the dramatic episode.

THE CAST

Here are the main characters you will meet when you watch the PROMENADES, Third Edition, Video:

Of Senegalese heritage
Amina Mbaye

From Washington, D.C.
David Duchesne

From Paris
Sandrine Aubry

From Aix-en-Provence
Valérie Forestier

Of Algerian heritage
Rachid Khalil

And, also from Aix-en-Provence
Stéphane Forestier

THE *FLASH CULTURE* SEGMENTS

For one lesson of each unit, a **Flash culture** segment allows you to experience the sights and sounds of France, the French-speaking world, and the daily life of French speakers. Each segment is two to three minutes long and is correlated to your textbook in the **Sur Internet** box in **Lecture culturelle.**

Hosted by the **PROMENADES** narrators, Csilla and Benjamin, these segments transport you to a variety of venues: schools, parks, public squares, cafés, stores, cinemas, outdoor markets, city streets, festivals, and more. They also incorporate mini-interviews with French speakers in various walks of life.

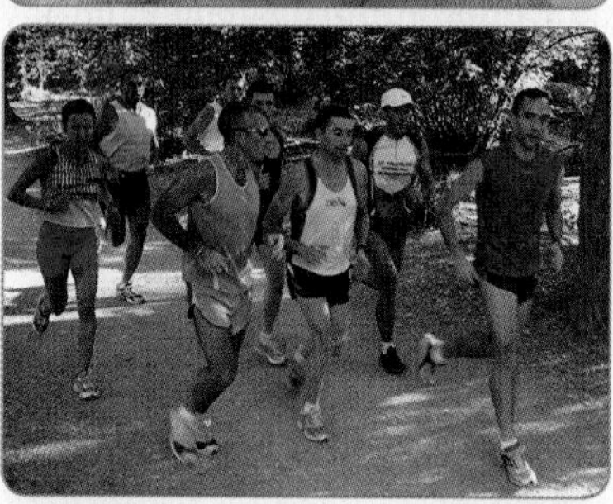

The footage was filmed to capture rich, vibrant images that will expand your cultural perspectives with information directly related to the content of your textbook. In addition, the narrations were carefully written to reflect the vocabulary and grammar covered in **PROMENADES**, Third Edition.

vText provides an interactive textbook that links directly with Supersite practice activities, audio, and video. Plus, all online resources are located on one platform so you can complete assignments and access resources quickly and conveniently.

- Links on the vText page to all mouse-icon textbook activities, audio, and video
- Note-taking capabilities for students
- Easy navigation with searchable table of contents and page number browsing
- Access to all Supersite resources
- iPad®-friendly* for on-the-go access!

* Students must use a computer for audio recording and select presentations and tools that require Flash or Shockwave.

ACKNOWLEDGMENTS

On behalf of its authors and editors, Vista Higher Learning expresses its sincere appreciation to the instructors nationwide who reviewed materials from **PROMENADES**, Second Edition. Their input and suggestions were vitally helpful in forming and shaping the Third Edition in its final, published form.

Reviewers

Morgane Agarwal
Lebanon Valley College, PA

Karen FitzGerald Albers
University of Nebraska Omaha, NE

Amy J. Allen
Lebanon Valley College, PA

Savanna Alliband-McGrew
Las Positas College, CA

Eileen M. Angelini
Canisius College, NY

D. Arnaud
City and MiraCosta Colleges, CA

Andrew Aquino-Cutcher
Harold Washington College, IL

Jody L. Ballah
University of Cincinnati Blue Ash, OH

Eric Baxter
Madison Area Technical College, WI

Dr. Alisa Belanger
Rutgers University–Camden, NJ

Didier Bertrand
Indiana University–Purdue University Indianapolis, IN

Dr. Deborah Beyer
University of Wisconsin Oshkosh, WI

Carolyn P. Bilby
Bellevue College, WA

C. Henrik Borgstrom, PhD
Niagara University, NY

Inès Bucknam
Modesto Junior College, CA

Elizabeth Bull
Northern Virginia Community College, VA

Dr. Kim Carter-Cram
Boise State University, ID

Virginie Cassidy
University of Wisconsin–La Crosse, WI

Samira Chater
Valencia College, FL

Nichole Cherry
New York University, NY

Amy Clay
University of Wisconsin–Madison, WI

Hervé M. Corbé, PhD
Youngstown State University, OH

Isabelle Corneaux
George Fox University, OR

Ray Cornelius
Daytona State College, FL

Julianne Curtis
Helena College University of Montana, MT

Daniel D'Arpa
Mercer County Community College, NJ

Dr. Richard DCamp
University of Wisconsin–Oshkosh, WI

Frédéric Deloizy
Harrisburg Area Community College, PA

Dr. Saralyn DeSmet
Wesleyan College, GA

Vicki De Vries
Calvin College, MI

Aurea Diab
Dillard University, LA

Donna Duchow
San Diego Mesa College, CA

Carmen Durrani
Concord University, WV

Andrzej Dziedzic
University of Wisconsin, WI

Wade Edwards
Longwood University, VA

Norman S. Ellman
Rutgers University–Camden, NJ

Donna Eskridge
York College of Pennsylvania, PA

Karen Fowler
Valencia College, East Campus, FL

Karen Francisco
Chaffey College, CA

Laura L. Franklin
Northern Virginia Community College, VA

Kerwin Friebel
Muskegon Community College, MI

Edwige Gamache, PhD
Menlo School, CA

Carolyn Gascoigne, PhD
University of Nebraska at Omaha, NE

Hasmik Gharaghazaryan
Richland College, TX

Sahar Samy Ghattas
Horry-Georgetown Technical College, SC

Julia Grawemeyer, MFS
Otterbein University, OH

Jere T. Groover
Valencia College, FL

Kwaku A. Gyasi
University of Alabama in Huntsville, AL

Mary Haight
Madison Area Technical College, WI

Erin Hippolyte
Fairmont State University, WV

Dr. Dominique M. Hitchcock
Norco College, CA

Jennifer Hollandbeck
Indiana University–Purdue University Indianapolis, IN

Hilaire Ifasso
Eastfield College, TX

Maria Ippolito
Cardinal Newman High School, FL

Julie Johnson
Binghamton University, NY

Christina T. Kauk
Santa Rosa Junior College, CA

Anne V. Lair
University of Utah, UT

Kathryn Lauten
Indiana University–Purdue University Indianapolis, IN

Catherine Lefebvre
Citrus College, CA

Dr. F. Leveziel
University of South Florida St. Petersburg, FL

B. D. Lewshenia
Santiago Canyon and Fullerton Colleges, CA

Dr. Erich Lichtscheidl, MA
Montgomery County Community College, PA

Laurence Lhoest
San Diego City College, CA

Rose-Marie Lodi
California State University, Chico, CA

Kathryn Lorenz
University of Cincinnati, OH

Katherine Lydon
Edgewood College, WI

Chantal Maher
Palomar College, CA

Jack Marcus
Gannon University, PA

JoseFrancisco Mazenett PhD
Delaware County Community College, DE

Mihai Miroiu, PhD
Elmira College, NY

Shawn Morrison
College of Charleston, SC

Abeer Nabulsi
Fullerton College, CA

Sarah Nelson
University of Idaho, ID

Barara Nissman-Cohen
Elizabethtown College, PA

Linda W. Nodjimbadem
University of Texas at El Paso, TX

Eva Norling
Bellevue College, WA

Dr. Thérèse-Sophie O'Connell
Jacksonville University, FL

Kory Olson
Stockton University, NJ

Dr. Juliette Parnell
University of Nebraska at Omaha, NE

Gloria Pastorino
Farleigh Dickinson University, NJ

Philippe Patto
San Diego City College, CA

Anne Poncet-Montange
Tufts University, MA

Sarah Pouzet
Hawaii Pacific University, HI

Theresa Prior
Bucks County Community College, PA

Sudarsan Rangarajan
University of Alaska Anchorage, AK

Valérie Rasmussen
University of Texas at El Paso, TX

Dr. Gay Rawson
Concordia College, MN

Hilary C. Raymond
Virginia Commonwealth University, VA

Levilson C. Reis
Otterbein University, OH

Peggy Rocha
San Joaquin Delta College, CA

S. J. Schinleber, PhD
North Shore Country Day School, IL

Dr. Terri Schroth
Aurora University, IL

Irene Shifman
New York University School of Professional Studies, NY

Lisa Signori
College of Charleston, SC

Mary Skemp
Madison College, WI

Michael J. Smith, DML
Norfolk State University, VA

Victoria S. Steinberg
University of Tennessee at Chattanooga, TN

P. Stoepker
Valencia College, West Campus, FL

Carmen Swoffer-Penna
Binghamton University, NY

HT
Concordia College, ND

Karen Taylor
Morehead State University, KY

Selma Tipura
Irvine Valley College, CA

Maria G. Traub, DML
Neumann University, PA

Jennifer L. Tusing
Wor-Wic Community College, MD

Dr. Peter Vakunta
University of Indianapolis, IN

Ying Wang
Pace University, NY

Tory L. Waterman
Jones College Prep, IL

Catherine S. Webster, PhD
University of Central Oklahoma, OK

Mary Weil
Coastal Carolina University, SC

Dr. Catherine L. White
University of Cincinnati, OH

James R. Wilson
Madison Area Technical College, WI

Alexander-Pierre Wolpe
Ohlone College, CA

Trésor Yoassi
Northern Illinois University, IL

Britt Marie Zeidler
University of Wisconsin–Madison, WI

Salut!

UNITÉ 1

Pour commencer

- What are these young women saying?
  a. Excusez-moi. b. Bonjour! c. Merci.
- How many women are there in the photo?
  a. une b. deux c. trois
- What do you think is an appropriate title for either of these women?
  a. Monsieur b. Madame c. Mademoiselle

Leçon 1A

You will learn how to...
- greet people in French
- say good-bye

Ça va?

GEORGES Ça va, Henri?
HENRI Oui, ça va très bien, merci. Et vous, comment allez-vous?
GEORGES Je vais bien, merci.

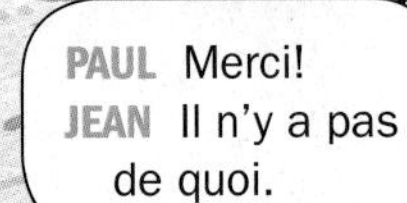

Vocabulaire

Bonsoir.	*Good evening.; Hello.*
À bientôt.	*See you soon.*
À demain.	*See you tomorrow.*
Bonne journée!	*Have a good day!*
Au revoir.	*Good-bye.*
Comme ci, comme ça.	*So-so.*
Je vais bien/mal.	*I am doing well/badly.*
Moi aussi.	*Me too.*
Comment t'appelles-tu? (*fam.*)	*What is your name?*
Je vous/te présente... (*form./fam.*)	*I would like to introduce (name) to you.*
De rien.	*You're welcome.*
Excusez-moi. (*form.*)	*Excuse me.*
Excuse-moi. (*fam.*)	*Excuse me.*
Merci beaucoup.	*Thanks a lot.*
Pardon.	*Pardon (me).*
S'il vous/te plaît. (*form./fam.*)	*Please.*
Je vous en prie. (*form.*)	*Please.; You're welcome.*
Monsieur (M.)	*Sir (Mr.)*
Madame (Mme)	*Ma'am (Mrs.)*
Mademoiselle (Mlle)	*Miss*
ici	*here*
là	*there*
là-bas	*over there*

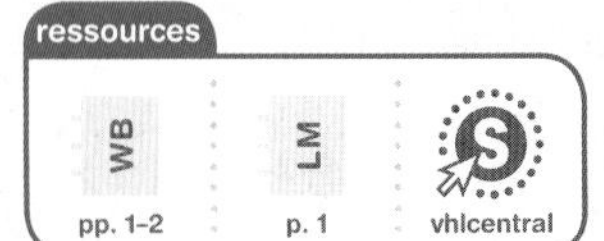

Attention!

In French, people can be addressed formally or informally. Use the **tu/toi** forms with close friends or someone younger than you. Use the **vous** forms with groups, a boss, someone older than you, or someone you do not know.

MARC Bonjour, je m'appelle Marc, et vous, comment vous appelez-vous?
ANNIE Je m'appelle Annie.
MARC Enchanté.

SOPHIE Bonjour, Catherine!
CATHERINE Salut, Sophie!
SOPHIE Ça va?
CATHERINE Oui, ça va bien, merci. Et toi, comment vas-tu?
SOPHIE Pas mal.

Mise en pratique

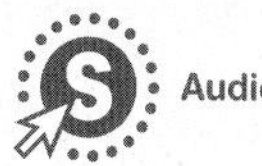
Audio: Vocabulary

1 **Écoutez** **Listen to each of these questions or statements and select the most appropriate response.**

1. Enchanté.	☐	Je m'appelle Thérèse.	☐
2. Merci beaucoup.	☐	Je vous en prie.	☐
3. Comme ci, comme ça.	☐	De rien.	☐
4. Bonsoir, Madame.	☐	Moi aussi.	☐
5. Enchanté.	☐	Et toi?	☐
6. Bonjour.	☐	À demain.	☐
7. Pas mal.	☐	Pardon.	☐
8. Il n'y a pas de quoi.	☐	Moi aussi.	☐
9. Enchanté.	☐	Très bien. Et vous?	☐
10. À bientôt.	☐	Mal.	☐

2 **Chassez l'intrus** **Circle the word or expression that does not belong.**

1. a. Bonjour.
   b. Bonsoir.
   c. Salut.
   d. Pardon.
2. a. Bien.
   b. Très bien.
   c. De rien.
   d. Comme ci, comme ça.
3. a. À bientôt.
   b. À demain.
   c. À tout à l'heure.
   d. Enchanté.
4. a. Comment allez-vous?
   b. Comment vous appelez-vous?
   c. Ça va?
   d. Comment vas-tu?
5. a. Pas mal.
   b. Excuse-moi.
   c. Je vous en prie.
   d. Il n'y a pas de quoi.
6. a. Comment vous appelez-vous?
   b. Je vous présente Dominique.
   c. Enchanté.
   d. Comment allez-vous?
7. a. Pas mal.
   b. Très bien.
   c. Mal.
   d. Et vous?
8. a. Comment allez-vous?
   b. Comment vous appelez-vous?
   c. Et toi?
   d. Je vous en prie.

3 **Conversez** **Madeleine is introducing her classmate Khaled to Libby, an American exchange student. Complete their conversation, using a different expression from CONTEXTES in each blank.**

MADELEINE (1) ______________!
KHALED Salut, Madeleine. (2) ______________?
MADELEINE Pas mal. (3) ______________?
KHALED (4) ______________, merci.
MADELEINE (5) ______________ Libby. Elle est de (*She is from*) Boston.
KHALED (6) ______________, Libby. (7) ______________ Khaled.
(8) ______________?
LIBBY (9) ______________, merci.
KHALED Oh, là, là. Je vais rater (*I am going to miss*) le bus. À bientôt.
MADELEINE (10) ______________.
LIBBY (11) ______________.

Communication

4 Conversez With a partner, complete these conversations. Then act them out.

Conversation 1 Salut! Je m'appelle François. Et toi, comment t'appelles-tu?

____

Ça va?

____

Conversation 2 ______________________________

Comme ci, comme ça. Et vous?

____

À demain, alors (*then*).

____

Conversation 3 Bonsoir, je vous présente Mademoiselle Barnard.

____

Enchanté(e).

____

Très bien, merci. Et vous?

____

5 C'est à vous! How would you greet these people, ask them for their names, and ask them how they are doing? With a partner, write a short dialogue for each item and act them out. Pay attention to the use of **tu** and **vous**.

1. Madame Colombier

2. Mademoiselle Estèves

3. Monsieur Marchand

4. Marie, Guillaume et Geneviève

6 Présentations Form groups of three. Introduce yourself, and ask your partners their names and how they are doing. Then, join another group and take turns introducing your partners.

MODÈLE

Étudiant(e) 1: *Bonjour. Je m'appelle Fatima. Et vous?*
Étudiant(e) 2: *Je m'appelle Fabienne.*
Étudiant(e) 3: *Et moi, je m'appelle Antoine. Ça va?*
Étudiant(e) 1: *Ça va bien, merci. Et toi?*
Étudiant(e) 3: *Comme ci, comme ça.*

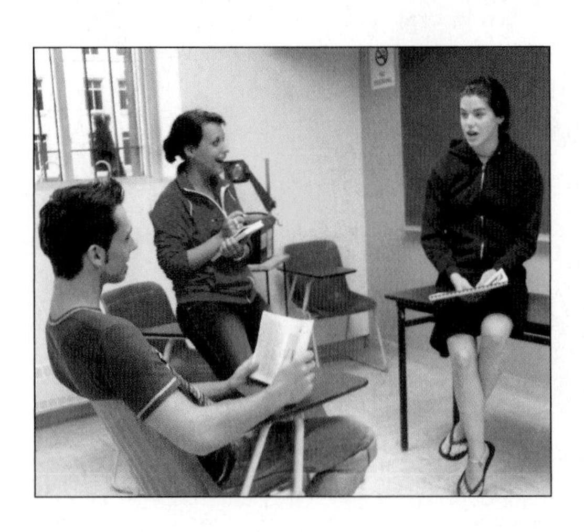

Les sons et les lettres

The French alphabet

The French alphabet is made up of the same 26 letters as the English alphabet. While they look the same, some letters are pronounced differently. Here is the French name of each letter.

lettre	exemple	lettre	exemple	lettre	exemple
a (a)	**adresse**	**j** (ji)	**justice**	**s** (esse)	**spécial**
b (bé)	**banane**	**k** (ka)	**kilomètre**	**t** (té)	**table**
c (cé)	**carotte**	**l** (elle)	**lion**	**u** (u)	**unique**
d (dé)	**dessert**	**m** (emme)	**mariage**	**v** (vé)	**vidéo**
e (e)	**euro**	**n** (enne)	**nature**	**w** (double vé)	**wagon**
f (effe)	**fragile**	**o** (o)	**olive**	**x** (iks)	**xylophone**
g (gé)	**genre**	**p** (pé)	**personne**	**y** (i grec)	**yoga**
h (hache)	**héritage**	**q** (ku)	**quiche**	**z** (zède)	**zéro**
i (i)	**innocent**	**r** (erre)	**radio**		

Notice that some letters in French words have accents. You'll learn how they influence pronunciation in later lessons. Whenever you spell a word in French, include the name of the accent after the letter.

accent	nom	exemple	orthographe
´	*accent aigu*	**identité**	*I-D-E-N-T-I-T-E-accent aigu*
`	*accent grave*	**problème**	*P-R-O-B-L-E-accent grave-M-E*
^	*accent circonflexe*	**hôpital**	*H-O-accent circonflexe-P-I-T-A-L*
¨	*tréma*	**naïve**	*N-A-I-tréma-V-E*
¸	*cédille*	**ça**	*C-cédille-A*

L'alphabet Practice saying the French alphabet and example words aloud.

Ça s'écrit comment? Spell these words aloud in French. For double letters, use **deux: ss=deux s.**

1. judo	5. existe	9. musique	13. différence
2. yacht	6. clown	10. favorite	14. intelligent
3. forêt	7. numéro	11. kangourou	15. dictionnaire
4. zèbre	8. français	12. parachute	16. alphabet

Dictons Practice reading these sayings aloud.

Tout est bien qui finit bien.[2]

1 Great boast, small roast.
2 All's well that ends well.

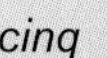

Au café

Video: *Roman-photo*
Record & Compare

PERSONNAGES

Amina

David

Monsieur Hulot

Michèle

Rachid

Sandrine

Stéphane

Valérie

Au kiosque...

SANDRINE Bonjour, Monsieur Hulot!

M. HULOT Bonjour, Mademoiselle Aubry! Comment allez-vous?

SANDRINE Très bien, merci! Et vous?

M. HULOT Euh, ça va. Voici 45 (quarante-cinq) centimes. Bonne journée!

SANDRINE Merci, au revoir!

À la terrasse du café...

AMINA Salut!

SANDRINE Bonjour, Amina. Ça va?

AMINA Ben... ça va. Et toi?

SANDRINE Oui, je vais bien, merci.

AMINA Regarde! Voilà Rachid et... un ami?

RACHID Bonjour!

AMINA ET SANDRINE Salut!

RACHID Je vous présente un ami, David Duchesne.

SANDRINE Je m'appelle Sandrine.

DAVID Enchanté.

STÉPHANE Oh, non! Madame Richard! Le professeur de français!

DAVID Il y a un problème?

STÉPHANE Oui! L'examen de français! Présentez-vous, je vous en prie!

VALÉRIE Oh... l'examen de français! Oui, merci, merci, Madame Richard, merci beaucoup! De rien, au revoir!

ACTIVITÉS

1 **Vrai ou faux?** Choose whether each statement is vrai or faux.

1. Sandrine va (*is doing*) bien.
2. Sandrine et Amina sont (*are*) amies.
3. David est français.
4. David est de Washington.
5. Rachid présente son frère (*his brother*) David à Sandrine et Amina.
6. Stéphane est étudiant à l'université.
7. Il y a un problème avec l'examen de sciences politiques.
8. Amina, Rachid et Sandrine sont (*are*) à Paris.
9. Michèle est au P'tit Bistrot.
10. Madame Richard est le professeur de Stéphane.
11. Madame Forestier va mal.
12. Rachid a (*has*) cours de français dans 30 minutes.

Practice more at **vhlcentral.com**.

Les étudiants se retrouvent (*meet*) au café.

DAVID Et toi..., comment t'appelles-tu?
AMINA Je m'appelle Amina.
RACHID David est un étudiant américain. Il est de Washington, la capitale des États-Unis.
AMINA Ah, oui! Bienvenue à Aix-en-Provence.
RACHID Bon..., à tout à l'heure.
SANDRINE À bientôt, David.

À l'intérieur (inside) *du café...*
MICHÈLE Allô. Le P'tit Bistrot. Oui, un moment, s'il vous plaît. Madame Forestier! Le lycée de Stéphane.
VALÉRIE Allô. Oui. Bonjour, Madame Richard. Oui. Oui. Stéphane? Il y a un problème au lycée?

RACHID Bonjour, Madame Forestier. Comment allez-vous?
VALÉRIE Ah, ça va mal.
RACHID Oui? Moi, je vais bien. Je vous présente David Duchesne, étudiant américain de Washington.

DAVID Bonjour, Madame. Enchanté!
RACHID Ah, j'ai cours de sciences politiques dans 30 (trente) minutes. Au revoir, Madame Forestier. À tout à l'heure, David.

Expressions utiles

Introductions

- **David est un étudiant américain. Il est de Washington.**
  David is an American student. He's from Washington.
- **Présentez-vous, je vous en prie!**
  Introduce yourselves, please!
- **Il/Elle s'appelle...**
  His/Her name is...
- **Bienvenue à Aix-en-Provence.**
  Welcome to Aix-en-Provence.

Speaking on the telephone

- **Allô.**
  Hello.
- **Un moment, s'il vous plaît.**
  One moment, please.

Additional vocabulary

- **Regarde! Voilà Rachid et... un ami?**
  Look! There's Rachid and... a friend?
- **J'ai cours de sciences politiques dans 30 (trente) minutes.**
  I have Political Science class in thirty minutes.
- **Il y a un problème au lycée?**
  Is there a problem at the high school?
- **Il y a...**
  There is/are...
- **Il/Elle est**
  He/She is...
- **Voici...**
  Here's...
- **Voilà...**
  There's...
- **euh**
  um
- **bon**
  well; good
- **centimes**
  cents

2 Complétez Fill in the blanks with the words from the list. Refer to the video scenes as necessary.

ai	est
bienvenue	voici
capitale	

1. __________ à Aix-en-Provence.
2. Il est de Washington, la __________ des États-Unis.
3. __________ 45 (quarante-cinq) centimes. Bonne journée!
4. J'__________ cours de sciences politiques.
5. David __________ un étudiant américain.

3 Conversez In groups of three, write a conversation where you introduce an exchange student to a friend. Be prepared to present your conversation to the class.

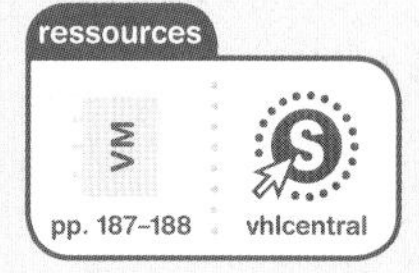

ACTIVITÉS

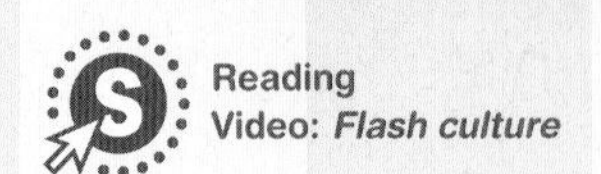

CULTURE À LA LOUPE

La poignée de main ou la bise?

French friends and relatives usually exchange a kiss (la bise) on alternating cheeks whenever they meet and again when they say good-bye. Friends of friends may also kiss when introduced, even though they have just met. This is particularly true among students and young adults. It is not unusual for men of the same family to exchange **la bise**; otherwise, men generally greet one another with a handshake (**la poignée de main**). As the map shows, the number of kisses varies from place to place in France. In some regions, two kisses (one on each cheek) is the standard while in others, people may exchange as many as four kisses. Whatever the number, each kiss is accompanied by a slight kissing sound.

Unless they are also friends, business acquaintances and co-workers usually shake hands each time they meet and do so again upon leaving. A French handshake is brief and firm, with a single downward motion.

Coup de main

If you are not sure whether you should shake hands or kiss someone, or if you don't know which side to start on, you can always follow the other person's lead. When in doubt, start on your right.

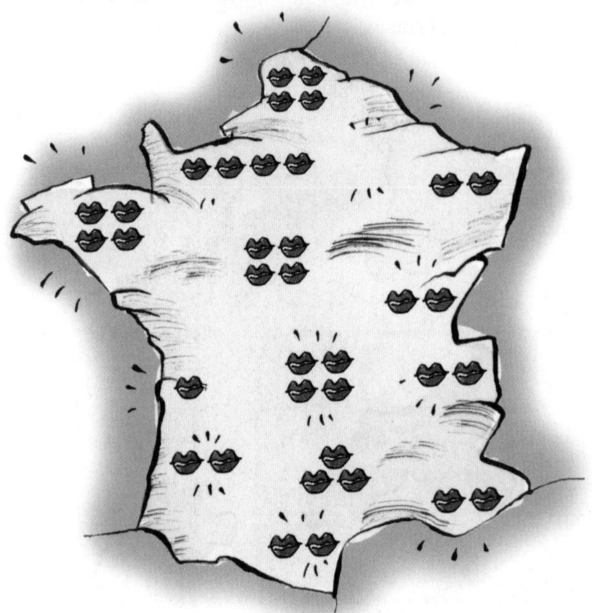

Combien de° bises?

Combien de *How many*

ACTIVITÉS

1 **Vrai ou faux?** Indicate whether each statement is **vrai** or **faux**. Correct any false statements.

1. In northwestern France, giving four kisses is common.
2. Business acquaintances usually kiss one another on the cheek.
3. French people may give someone they've just met **la bise**.
4. **Bises** exchanged between French men at a family gathering are common.
5. In a business setting, French people often shake hands when they meet each day and again when they leave.
6. When shaking hands, French people prefer a long and soft handshake.
7. The number of kisses given can vary from one region to another.
8. It is customary for kisses to be given silently.

STRATÉGIE

Approaching a reading

When you first approach a reading, examine elements such as titles, photos, and tables, and ask yourself how they support the text. Look at the readings on these two facing pages and answer these questions on a separate sheet of paper:

- What information about the readings do the photos convey?
- What might the word **bises** mean?

LE MONDE FRANCOPHONE

Les bonnes manières

In the francophone world, making an effort to speak in French is important. Respecting cultural norms and using polite expressions, such as **excusez-moi**, **s' il vous plaît**, and **merci**, goes a long way when conversing with locals.

Dos and don'ts in the francophone world:

France Always greet shopkeepers upon entering a store and say good-bye upon leaving.

Cambodia Greet others traditionally with your palms together and raised in front of you.

French Polynesia/Tahiti Shake hands with everyone in a room, unless the group is large.

Viêt-Nam Remove your hat in the presence of older people and monks to show respect.

Ivory Coast Avoid making eye contact, as it is considered rude to stare.

PORTRAIT

Aix-en-Provence: ville d'eau, ville d'art°

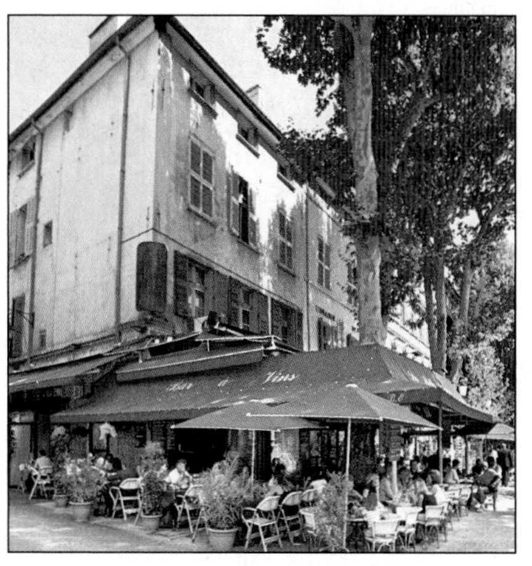

Aix-en-Provence is a vibrant university town that welcomes international students. Its main boulevard, **le cours Mirabeau**, is great for people-watching or just relaxing at a sidewalk café. One can see many beautiful fountains, traditional and ethnic restaurants, and the daily vegetable and flower market among the winding, narrow streets of **la vieille ville** (*old town*).

Aix is also renowned for its dedication to the arts, hosting numerous cultural festivals every year such as **le Festival International d'Art Lyrique**, **Aix en Musique**, and **Danse à Aix**. For centuries, artists have been drawn to Provence for its natural beauty and the unique quality of light there. Paul Cézanne, artist and native son of Provence, spent his days painting the surrounding countryside.

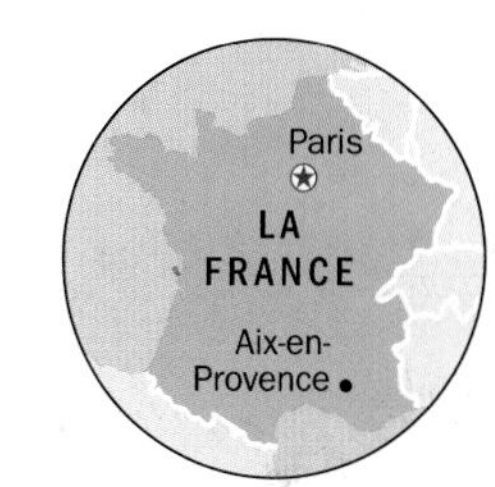

ville d'eau, ville d'art *city of water, city of art*

Sur Internet

What behaviors are socially unacceptable in French-speaking countries?

Go to **vhlcentral.com** for more information related to this **Lecture culturelle**. Then watch the corresponding **Flash culture**.

ACTIVITÉS

2 **Les bonnes manières** In which places might these behaviors be particularly offensive?

1. making direct eye contact
2. greeting someone with a **bise** when introduced
3. wearing a hat in the presence of older people
4. failing to greet a salesperson
5. failing to greet everyone in a room

3 **À vous** With a partner, practice meeting and greeting people in French in various social situations.

1. Your good friend from Provence introduces you to her close friend.
2. You walk into your neighborhood bakery.
3. You arrive for an interview with a prospective employer.

Practice more at **vhlcentral.com**.

1A.1

Nouns and articles

Point de départ A noun designates a person, place, or thing. As in English, nouns in French have number (singular or plural). However, French nouns also have gender (masculine or feminine).

masculine singular	masculine plural	feminine singular	feminine plural
le café	**les cafés**	**la bibliothèque**	**les bibliothèques**
the café	*the cafés*	*the library*	*the libraries*

- Nouns that designate a male are usually masculine. Nouns that designate a female are usually feminine.

masculine		feminine	
l'acteur	*the actor*	**l'actrice**	*the actress*
l'ami	*the (male) friend*	**l'amie**	*the (female) friend*
le chanteur	*the (male) singer*	**la chanteuse**	*the (female) singer*
l'étudiant	*the (male) student*	**l'étudiante**	*the (female) student*
le petit ami	*the boyfriend*	**la petite amie**	*the girlfriend*

- Some nouns can designate either a male or a female regardless of their grammatical gender; in other words, whether the word itself is masculine or feminine.

un professeur
a (male or female) professor

une personne
a (male or female) person

- Nouns for objects that have no natural gender can be either masculine or feminine.

masculine		feminine	
le bureau	*the office; desk*	**la chose**	*the thing*
le lycée	*the high school*	**la différence**	*the difference*
l'examen	*the test, exam*	**la faculté**	*the faculty*
l'objet	*the object*	**la littérature**	*literature*
l'ordinateur	*the computer*	**la sociologie**	*sociology*
le problème	*the problem*	**l'université**	*the university*

- You can usually form the plural of a noun by adding **-s**.

	singular		plural	
typical masculine noun	**l'objet**	*the object*	**les objets**	*the objects*
typical feminine noun	**la télévision**	*the television*	**les télévisions**	*the televisions*

- However, in the case of words that end in **-eau** in the singular, add **-x** to the end to form the plural. For most nouns ending in **-al**, drop the **-al** and add **-aux**.

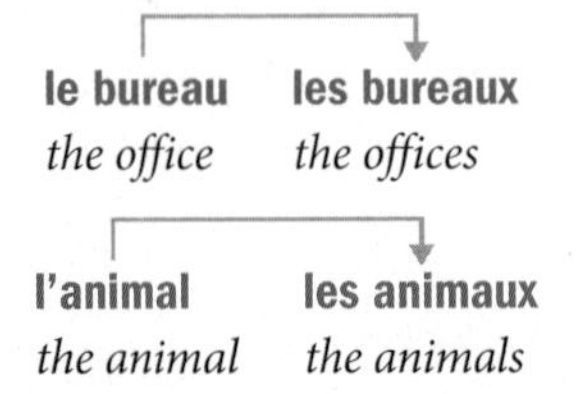

le bureau → **les bureaux**
the office — *the offices*

l'animal → **les animaux**
the animal — *the animals*

> **Boîte à outils**
>
> As you learn new nouns, study them with their corresponding articles. This will help you remember their gender.

> **Boîte à outils**
>
> The final **–s** in the plural form of a noun is not pronounced. Therefore **ami** and **amis** sound the same. You can determine whether the word you're hearing is singular or plural by the article that comes before it.

- When you have a group composed of males and females, use the masculine plural noun to refer to it.

les amis *the (male and female) friends*	**les étudiants** *the (male and female) students*

- The English definite article *the* never varies with number or gender of the noun it modifies. However, in French the definite article takes four different forms depending on the gender and number of the noun that it accompanies **le, la, l'** or **les**.

	singular noun beginning with a consonant		singular noun beginning with a vowel sound		plural noun	
masculine	**le tableau**	*the painting/ blackboard*	**l'ami**	*the (male) friend*	**les cafés**	*the cafés*
feminine	**la librairie**	*the bookstore*	**l'université**	*the university*	**les télévisions**	*the televisions*

- In English, the singular indefinite article is *a/an*, and the plural indefinite article is *some*. In French, the singular indefinite articles are **un** and **une**, and the plural indefinite article is **des**. Unlike in English, the indefinite article **des** cannot be omitted in French.

	singular		plural	
masculine	**un instrument**	*an instrument*	**des instruments**	*(some) instruments*
feminine	**une table**	*a table*	**des tables**	*(some) tables*

Il y a **un ordinateur** ici. *There's a computer here.*	Il y a **des ordinateurs** ici. *There are (some) computers here.*
Il y a **une université** ici. *There's a university here.*	Il y a **des universités** ici. *There are (some) universities here.*

- Use **c'est** followed by a singular article and noun or **ce sont** followed by a plural article and noun to identify people and objects.

Qu'est-ce que **c'est**? *What is that?*	**C'est** une librairie. *It's a bookstore.*	**Ce sont** des bureaux. *They're offices.*

Boîte à outils

In English, you sometimes omit the definite article when making general statements.

I love French.

Literature is difficult.

In French, you must always use the definite article in such cases.

J'adore le français.

La littérature est difficile.

Essayez!

Select the correct article for each noun.

le, la, l' ou les?

1. ___le___ café
2. ________ bibliothèque
3. ________ acteur
4. ________ amie
5. ________ problèmes
6. ________ lycée
7. ________ examens
8. ________ littérature

un, une ou des?

1. ___un___ bureau
2. ________ différence
3. ________ objet
4. ________ amis
5. ________ amies
6. ________ université
7. ________ ordinateur
8. ________ tableaux

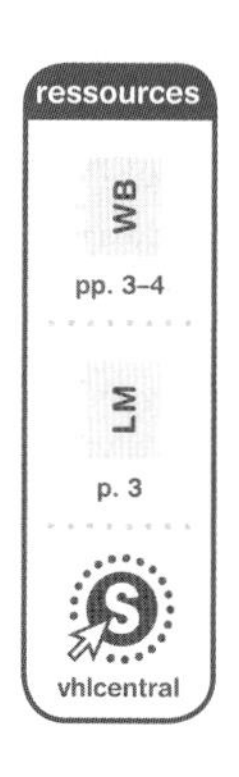

Mise en pratique

1 **Les singuliers et les pluriels** Make the singular nouns plural, and vice versa.

1. l'actrice
2. les lycées
3. les différences
4. la chose
5. le bureau
6. le café
7. les librairies
8. la faculté
9. les acteurs
10. l'ami
11. l'université
12. les tableaux
13. le problème
14. les bibliothèques

2 **L'université** Complete the sentences with an appropriate word from the list. Don't forget to provide the missing articles.

bibliothèque	examen	ordinateurs	sociologie
bureau	faculté	petit ami	

1. À (a) ____________, les tableaux et (b) ____________ sont (*are*) modernes.
2. Marc, c'est (c) ____________ de (*of*) Marie. Marc étudie (*studies*) la littérature.
3. Marie étudie (d) ____________. Elle (*She*) est à (e) ____________ de l'université.
4. Sylvie étudie pour (*for*) (f) ____________ de français.

3 **Les mots** Find ten words (**mots**) hidden in this word jumble. Then, provide the corresponding indefinite articles.

G	N	I	O	R	Z	Y	M	I	P	X	L	R	W
E	B	U	R	E	A	U	X	U	J	V	C	B	N
C	A	F	B	S	M	V	B	G	H	M	N	I	P
A	N	R	Y	E	I	H	K	B	E	F	K	V	F
J	G	O	S	T	E	J	B	O	B	E	G	D	D
E	K	E	L	H	N	U	Q	R	V	F	D	B	M
G	W	F	G	E	R	E	S	D	C	N	U	H	E
P	S	V	B	C	H	O	S	I	U	K	H	S	C
U	Q	K	S	I	Y	M	F	N	A	D	O	X	R
A	B	V	Z	R	I	V	V	A	J	H	W	I	J
E	I	W	Q	L	P	W	J	T	C	P	Y	E	Y
L	I	B	R	A	I	R	I	E	D	U	E	K	L
B	D	O	I	B	S	S	E	U	C	H	L	D	Y
A	Y	P	E	P	J	C	N	R	L	S	G	T	C
T	D	G	A	E	S	Y	L	S	V	C	A	F	E
S	I	J	E	M	X	K	P	Z	A	A	S	O	E
R	I	A	R	B	I	L	A	D	S	F	H	C	W

Communication

4 **Qu'est-ce que c'est?** In pairs, take turns identifying each image.

▶ **MODÈLE**

Étudiant(e) 1: *Qu'est-ce que c'est?*

Étudiant(e) 2: *C'est un ordinateur.*

1. ____________

2. ____________

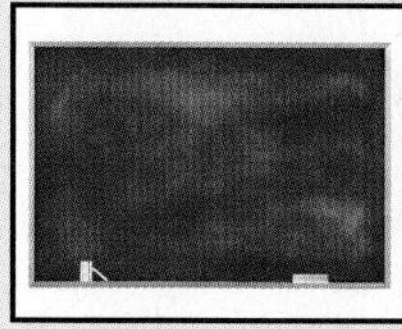

3. ____________

4. ____________

5. ____________

6. ____________

5 **Identifiez** In pairs, take turns providing a category for each item.

MODÈLE

Michigan, UCLA, Rutgers, Duke
Ce sont des universités.

1. saxophone
2. Ross, Rachel, Joey, Monica, Chandler, Phoebe
3. SAT
4. Library of Congress
5. Sharon Stone, Debra Messing, Catherine Deneuve
6. Céline Dion, Bruce Springsteen

6  **Le français** Your partner gets French words mixed up. Correct your partner as he or she points to various people and objects in the illustration and names them. When you're done, switch roles.

MODÈLE

Étudiant(e) 1: *C'est une personne.*

Étudiant(e) 2: *Non, c'est un objet.*

7 **Pictogrammes** In groups of four, someone draws a person, object, or concept for the others to guess. Whoever guesses correctly draws next. Continue until everyone has drawn at least once.

1A.2 Numbers 0–60

Presentation

Point de départ Numbers in French follow patterns, as they do in English. First, learn the numbers **0–30**. The patterns they follow will help you learn the numbers **31–60**.

Numbers 0–30

0–10		11–20		21–30	
0	**zéro**				
1	**un**	**11**	**onze**	**21**	**vingt et un**
2	**deux**	**12**	**douze**	**22**	**vingt-deux**
3	**trois**	**13**	**treize**	**23**	**vingt-trois**
4	**quatre**	**14**	**quatorze**	**24**	**vingt-quatre**
5	**cinq**	**15**	**quinze**	**25**	**vingt-cinq**
6	**six**	**16**	**seize**	**26**	**vingt-six**
7	**sept**	**17**	**dix-sept**	**27**	**vingt-sept**
8	**huit**	**18**	**dix-huit**	**28**	**vingt-huit**
9	**neuf**	**19**	**dix-neuf**	**29**	**vingt-neuf**
10	**dix**	**20**	**vingt**	**30**	**trente**

- When counting a series of numbers, use **un** for *one*.

  un, deux, trois, quatre...
  one, two, three, four...

- When *one* is followed by a noun, use **un** or **une** depending on whether the noun is masculine or feminine.

  un objet
  an/one object

  une télévision
  a/one television

- Note that the number **21** (**vingt et un**) follows a different pattern than the numbers **22–30**. When **vingt et un** precedes a feminine noun, add **-e** to the end of it: **vingt et une**.

  vingt et un objets
  twenty-one objects

  vingt et une choses
  twenty-one things

- Notice that the numbers **31–39**, **41–49**, and **51–59** follow the same pattern as the numbers **21–29**.

Numbers 0–30

31–34		35–38		39, 40, 50, 60	
31	**trente et un**	**35**	**trente-cinq**	**39**	**trente-neuf**
32	**trente-deux**	**36**	**trente-six**	**40**	**quarante**
33	**trente-trois**	**37**	**trente-sept**	**50**	**cinquante**
34	**trente-quatre**	**38**	**trente-huit**	**60**	**soixante**

- As with the number **21**, to indicate a count of **31**, **41**, or **51** for a feminine noun, change the **un** to **une**.

  trente et **un** objets
  thirty-one objects

  trente et **une** choses
  thirty-one things

  cinquante et **un** objets
  fifty-one objects

  cinquante et **une** choses
  fifty-one things

- Use **il y a** to say *there is* or *there are* in French. This expression doesn't change, even if the noun that follows it is plural.

Il y a un ordinateur dans le bureau.
There is a computer in the office.

Il y a des tables dans le café.
There are tables in the café.

Il y a une table dans le café.
There is one table in the café.

Il y a dix-huit objets sur le bureau.
There are eighteen objects on the desk.

- In most cases, the indefinite article (**un**, **une**, or **des**) is used with **il y a**, rather than the definite article (**le**, **la**, **l'**, or **les**).

Il y a un professeur de biologie américain.
There's an American biology professor.

Il y a des étudiants français et anglais.
There are French and English students.

- Use the expression **il n'y a pas de/d'** followed by a noun to express *there isn't a...* or *there aren't any....* Note that no article (definite or indefinite) is used in this case. Use **de** before a consonant sound and **d'** before a vowel sound.

before a consonant

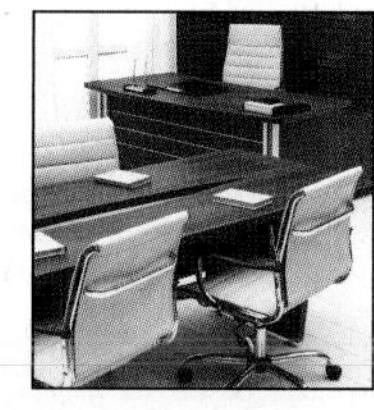

before a vowel sound

Il n'y a pas de tables dans le café.
There aren't any tables in the café.

Il n'y a pas d'ordinateur dans le bureau.
There isn't a computer in the office.

- Use **combien de/d'** to ask how many of something there are.

Il y a **combien de tables**?
How many tables are there?

Il y a **combien d'ordinateurs**?
How many computers are there?

Il y a **combien de librairies**?
How many bookstores are there?

Il y a **combien d'étudiants**?
How many students are there?

Essayez!

Write out or say the French word for each number below.

1. 15 quinze
2. 6 ____
3. 22 ____
4. 5 ____
5. 12 ____
6. 8 ____
7. 30 ____
8. 21 ____
9. 1 ____
10. 17 ____
11. 44 ____
12. 14 ____
13. 38 ____
14. 56 ____
15. 19 ____

ressources
WB pp. 5–6
LM p. 4
vhlcentral

STRUCTURES

Mise en pratique

1 **Logique** Provide the number that completes each series. Then, write out the number in French.

MODÈLE

2, 4, __6__, 8, 10; __six__

1. 9, 12, ______, 18, 21; ____________
2. 15, 20, ______, 30, 35; ____________
3. 2, 9, ______, 23, 30; ____________
4. 0, 10, 20, ______, 40; ____________
5. 15, ______, 19, 21, 23; ____________
6. 29, 26, ______, 20, 17; ____________
7. 2, 5, 9, ______, 20, 27; ____________
8. 30, 22, 16, 12, ______; ____________

2 **Il y a combien de...?** Provide the number that you associate with these pairs of words.

lettres: l'alphabet vingt-six

1. mois (*months*): année (*year*)
2. états (*states*): USA
3. semaines (*weeks*): année
4. jours (*days*): octobre
5. âge: le vote
6. Noël: décembre

3 **Numéros de téléphone** Your roommate left behind a list of phone numbers to call today. Now he or she calls you and asks you to read them off. (Note that French phone numbers are read as double, not single, digits.)

MODÈLE

Le bureau, c'est le zéro un, vingt-trois, quarante-cinq, vingt-six, dix-neuf.

1. *bureau:* 01.23.45.26.19
2. *bibliothèque:* 01.47.15.54.17
3. *café:* 01.41.38.16.29
4. *librairie:* 01.10.13.60.23
5. *faculté:* 01.58.36.14.12

Communication

4 **Contradiction** Thierry is describing the new Internet café in the neighborhood, but Paul is in a bad mood and contradicts everything he says. In pairs, act out the roles using words from the list. Be sure to pay attention to whether the word is singular (use **un/une**) or plural (use **des**).

MODÈLE

Étudiant(e) 1: *Dans (In) le café, il y a des tables.*
Étudiant(e) 2: *Non, il n'y a pas de tables.*

actrices	professeurs
bureau	tableau
étudiants	tables
ordinateur	télévision

5 **Sur le campus** Nathalie's inquisitive best friend wants to know everything about her new campus. In pairs, take turns acting out the roles.

MODÈLE

bibliothèques: 3
Étudiant(e) 1: *Il y a combien de bibliothèques?*
Étudiant(e) 2: *Il y a trois bibliothèques.*

1. professeurs de littérature: 22
2. étudiants dans (*in*) la classe de français: 15
3. télévision dans la classe de sociologie: 0
4. ordinateurs dans le café: 8
5. employés dans la librairie: 51
6. tables dans le café: 21
7. tableaux dans la bibliothèque: 47
8. personne dans le bureau: 1

6 **Choses et personnes** In groups of three, make a list of ten things or people that you see or don't see in the classroom. Use **il y a** and **il n'y a pas de**, and specify the number of items you can find. Then, compare your list with that of another group.

MODÈLE

Étudiant(e) 1: *Il y a un étudiant français.*
Étudiant(e) 2: *Il n'y a pas de télévision.*
Étudiant(e) 3: *Il y a...*

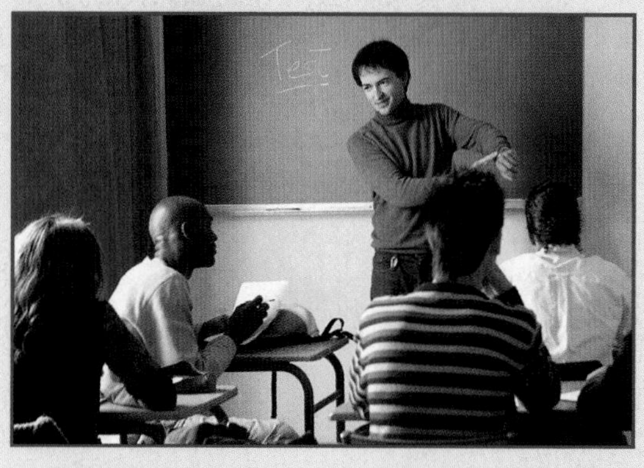

Révision

1 Des lettres In pairs, take turns choosing nouns. One partner chooses only masculine nouns, while the other chooses only feminine. Slowly spell each noun for your partner, who will guess the word. Find out who can give the quickest answers.

2 Le pendu In groups of four, play hangman **(le pendu)**. Form two teams of two partners each. Take turns choosing a French word or expression you learned in this lesson for the other team to guess. Continue to play until your team guesses at least one word or expression from each category.

1. un nom féminin
2. un nom masculin
3. un nombre entre (*number between*) 0 et 30
4. un nombre entre 31 et 60
5. une expression

3 C'est... Ce sont... Doug is spending a week in Paris with his French e-mail pal, Marc. As Doug points out what he sees, Marc corrects him sometimes. In pairs, act out the roles. Doug should be right half the time.

MODÈLE

Étudiant(e) 1: *C'est une bibliothèque?*
Étudiant(e) 2: *Non, c'est une librairie.*

1. ____________

4. ____________

2. ____________

5. ____________

3. ____________

6. ____________

4 Les présentations In pairs, introduce yourselves. Together, meet another pair. One person per pair should introduce him or herself and his or her partner. Use the items from the list in your conversations. Switch roles until you have met all of the other pairs in the class.

ami	étudiant
c'est	petit(e) ami(e)
ce sont	professeur

5 S'il te plaît You are new on campus and ask another student for help finding these places. He or she gives you the building **(le bâtiment)** and room **(la salle)** number and you thank him or her. Then, switch roles and repeat with another place from the list.

MODÈLE

Étudiant(e) 1: *Pardon... l'examen de sociologie, s'il te plaît?*
Étudiant(e) 2: *Ah oui... le bâtiment E, la salle dix-sept.*
Étudiant(e) 1: *Merci beaucoup!*
Étudiant(e) 2: *De rien.*

Bibliothèque d'anglais	Bâtiment C Salle 11
Bureau de Mme Girard	Bâtiment A Salle 35
Bureau de M. Brachet	Bâtiment J Salle 42
Café	Bâtiment H Salle 59
Littérature française	Bâtiment B Salle 46
Examen de littérature	Bâtiment E Salle 24
Examen de sociologie	Bâtiment E Salle 17
Salle de télévision	Bâtiment F Salle 33
Salle des ordinateurs	Bâtiment D Salle 40

6 Mots mélangés You and a partner each have half the words of a wordsearch **(des mots mélangés)**. Pick a number and a letter and say them to your partner, who must tell you if he or she has a letter in the corresponding space. Do not look at each other's worksheets.

Video

Attention au sucre°!

In 2001, the INPES or **Institut national de prévention et d'éducation pour la santé°** in France started a program to educate the public about good nutrition and a healthy lifestyle. Their website, **manger-bouger°.fr,** explains how we can all become healthier eaters and why we should exercise more. One of their campaigns also raises public awareness about eating excess fat, salt, or sugar. To get the message across, the ads present foods that are rich in one of these ingredients in a new and surprising context. This particular commercial starts when two friends meet in a coffee shop. Focus on the words and phrases you are already familiar with—how the friends greet each other and how they order from the waiter—and on their body language to understand the gist of the scene.

Oui, et toi?

Tu veux° du sucre?

 **Compréhension** Answer these questions.

1. Which definite and indefinite articles did you hear in the ad? Provide at least two examples.
2. How many coffees did these friends order?

 **Discussion** In groups of three, discuss the answers to these questions. Use as much French as you can.

1. What does the waiter bring with the coffees? What does the ketchup stand for? Can you explain why?
2. Beside the ketchup, what else seems out of place in this scene?
3. Would you say that these two women are close friends? Justify your opinion.

sucre *sugar* **santé** *health* **manger-bouger** *eat-move* **veux** *want*

Go to **vhlcentral.com** to watch the TV clip featured in this **Le Zapping**.

Practice more at **vhlcentral.com**.

Leçon 1B

You will learn how to...
- identify yourself and others
- talk about items in the classroom

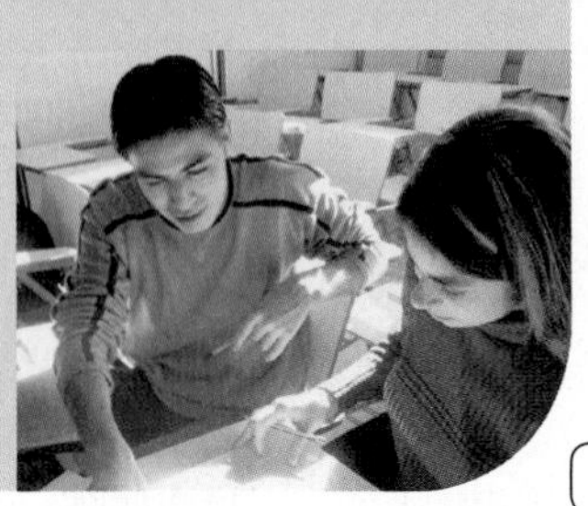

En classe

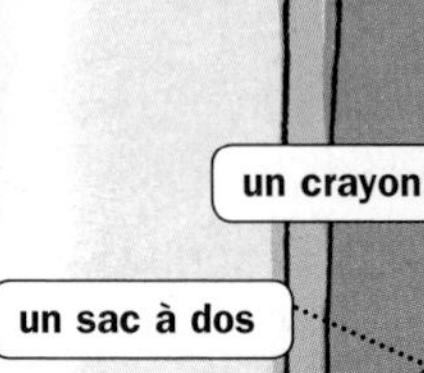

Vocabulaire

Qui est-ce?	*Who is it?*
Quoi?	*What?*
une calculatrice	*calculator*
une montre	*watch*
une porte	*door*
un résultat	*result*
une salle de classe	*classroom*
un(e) camarade de chambre	*roommate*
un(e) camarade de classe	*classmate*
une classe	*class (group of students)*
un copain/ une copine (*fam.*)	*friend*
un(e) élève	*pupil, student*
une femme	*woman*
une fille	*girl*
un garçon	*boy*
un homme	*man*

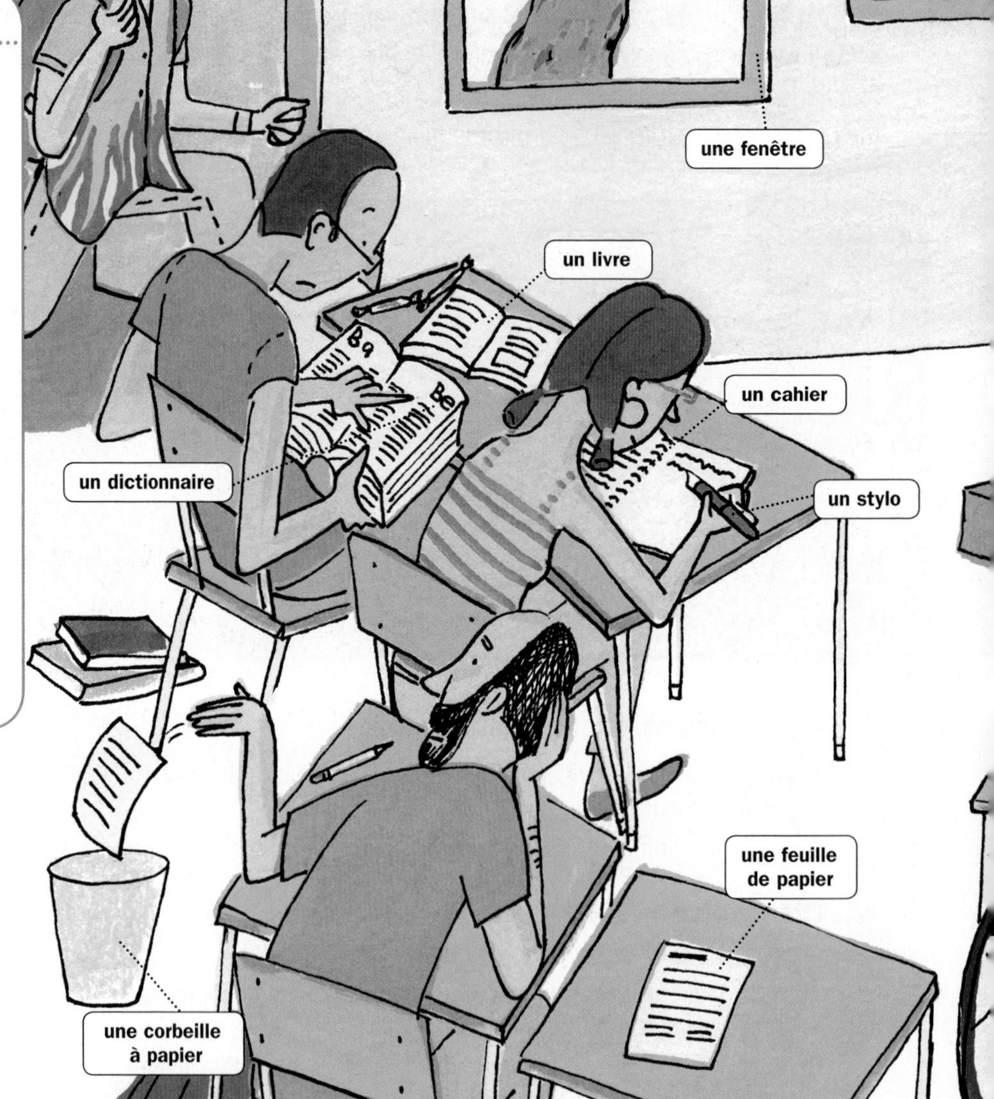

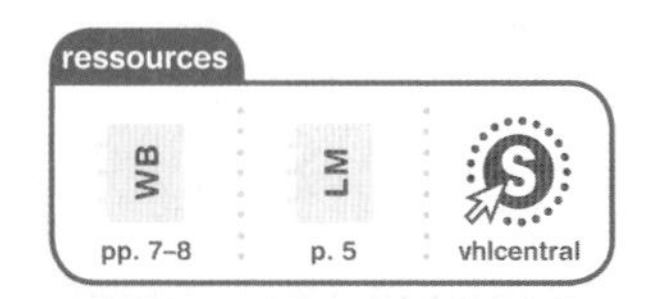

Mise en pratique

1 **Écoutez** Listen to Madame Arnaud as she describes her French classroom, then check the items she mentions.

1. une porte	☐	6. vingt-quatre cahiers	☐
2. un professeur	☐	7. une calculatrice	☐
3. une feuille de papier	☐	8. vingt-sept chaises	☐
4. un dictionnaire	☐	9. une corbeille à papier	☐
5. une carte	☐	10. un stylo	☐

2 **Chassez l'intrus** Circle the word that does not belong.

1. étudiants, élèves, professeur
2. un stylo, un crayon, un cahier
3. un livre, un dictionnaire, un stylo
4. un homme, un crayon, un garçon
5. une copine, une carte, une femme
6. une porte, une fenêtre, une chaise
7. une chaise, un professeur, une fenêtre
8. un crayon, une feuille de papier, un cahier
9. une calculatrice, une montre, une copine
10. une fille, un sac à dos, un garçon

3 **C'est...** Work with a partner to identify the items you see in the image.

MODÈLE

Étudiant(e) 1: *Qu'est-ce que c'est?*
Étudiant(e) 2: *C'est un tableau.*

1. ______________	7. ______________
2. ______________	8. ______________
3. ______________	9. ______________
4. ______________	10. ______________
5. ______________	11. ______________
6. ______________	12. ______________

Communication

4 **Qu'est-ce qu'il y a dans mon sac à dos?** Make a list of six different items that you have in your backpack, then work with a partner to compare your answers.

Dans mon (*my*) sac à dos, il y a

1. ____________________
2. ____________________
3. ____________________
4. ____________________
5. ____________________
6. ____________________

Dans le sac à dos de ______ *nom* ______, il y a

1. ____________________
2. ____________________
3. ____________________
4. ____________________
5. ____________________
6. ____________________

5 **Qu'est-ce que c'est?** Point to eight different items around the classroom and ask a classmate to identify them. Write your partner's responses in the spaces provided below.

MODÈLE

Étudiant(e) 1: *Qu'est-ce que c'est?*
Étudiant(e) 2: *C'est un stylo.*

1. ____________________
2. ____________________
3. ____________________
4. ____________________
5. ____________________
6. ____________________
7. ____________________
8. ____________________

6 **Sept différences** Your instructor will give you and a partner two different drawings of a classroom. Do not look at each other's worksheets. Find seven differences between your picture and your partner's by asking each other questions and describing what you see.

MODÈLE

Étudiant(e) 1: *Il y a une fenêtre dans ma (my) salle de classe.*
Étudiant(e) 2: *Oh! Il n'y a pas de fenêtre dans ma salle de classe.*

7 **Pictogrammes** As a class, play pictionary.

- Take turns going to the board and drawing words you learned on pp. 20–21.
- The person drawing may not speak and may not write any letters or numbers.
- The person who guesses correctly in French what the **grand(e) artiste** is drawing will go next.
- Your instructor will time each turn and tell you if your time runs out.

Les sons et les lettres

Audio: Concepts, Activities
Record & Compare

Silent letters

Final consonants of French words are usually silent.

français **sport** **vous** **salut**

An unaccented **-e** (or **-es**) at the end of a word is silent, but the preceding consonant *is* pronounced.

française **américaine** **oranges** **japonaises**

The consonants **-c**, **-r**, **-f**, and **-l** are usually pronounced at the ends of words. To remember these exceptions, think of the consonants in the word **careful**.

parc	**bonjour**	**actif**	**animal**
lac	**professeur**	**naïf**	**mal**

Prononcez Practice saying these words aloud.

1. traditionnel
2. étudiante
3. généreuse
4. téléphones
5. chocolat
6. Monsieur
7. journalistes
8. hôtel
9. sac
10. concert
11. timide
12. sénégalais
13. objet
14. normal
15. importante

Articulez Practice saying these sentences aloud.

1. Au revoir, Paul. À plus tard!
2. Je vais très bien. Et vous, Monsieur Dubois?
3. Qu'est-ce que c'est? C'est une calculatrice.
4. Il y a un ordinateur, une table et une chaise.
5. Frédéric et Chantal, je vous présente Michel et Éric.
6. Voici un sac à dos, des crayons et des feuilles de papier.

Dictons Practice reading these sayings aloud.

ressources
LM p. 6
vhlcentral

1 Better late than never.
2 No sooner said than done.

Les copains

Video: *Roman-photo*
Record & Compare

PERSONNAGES

Amina

David

Michèle

Stéphane

Touriste

Valérie

À la terrasse du café...

VALÉRIE Alors, un croissant, une crêpe et trois cafés.

TOURISTE Merci, Madame.

VALÉRIE Ah, vous êtes... américain?

TOURISTE Um, non, je suis anglais. Il est canadien et elle est italienne.

VALÉRIE Moi, je suis française.

À l'intérieur du café...

VALÉRIE Stéphane!!!

STÉPHANE Quoi?! Qu'est-ce que c'est?

VALÉRIE Qu'est-ce que c'est! Qu'est-ce que c'est! Une feuille de papier! C'est l'examen de maths! Qu'est-ce que c'est?

STÉPHANE Oui, euh, les maths, c'est difficile.

VALÉRIE Stéphane, tu es intelligent, mais tu n'es pas brillant! En classe, on fait attention au professeur, au cahier et au livre! Pas aux fenêtres. Et. Pas. Aux. Filles!

STÉPHANE Oh, oh, ça va!!

À la table d'Amina et de David...

DAVID Et Rachid, mon colocataire? Comment est-il?

AMINA Il est agréable et très poli... plutôt réservé mais c'est un étudiant brillant. Il est d'origine algérienne.

DAVID Et toi, Amina. Tu es de quelle origine?

AMINA D'origine sénégalaise.

DAVID Et Sandrine?

AMINA Sandrine? Elle est française.

DAVID Mais non... Comment est-elle?

AMINA Bon, elle est chanteuse, alors elle est un peu égoïste. Mais elle est très sociable. Et charmante. Mais attention! Elle est avec Pascal.

DAVID Pfft, Pascal, Pascal...

ACTIVITÉS

1 Identifiez Indicate which character would make each statement: Amina (**A**), David (**D**), Michèle (**M**), Sandrine (**S**), Stéphane (**St**), or Valérie (**V**).

1. Les maths, c'est difficile.
2. En classe, on fait attention au professeur!
3. Michèle, les trois cafés sont pour les trois touristes.
4. Ah, Madame, du calme!
5. Ma mère est très impatiente!
6. J'ai (*I have*) de la famille au Sénégal.
7. Je suis une grande chanteuse!
8. Mon colocataire est très poli et intelligent.
9. Pfft, Pascal, Pascal...
10. Attention, David! Sandrine est avec Pascal.

Practice more at **vhlcentral.com**.

Amina, David et Stéphane passent la matinée (*spend the morning*) au café.

Au bar...

VALÉRIE Le croissant, c'est pour l'Anglais, et la crêpe, c'est pour l'Italienne.

MICHÈLE Mais, Madame. Ça va? Qu'est-ce qu'il y a?

VALÉRIE Ben, c'est Stéphane. Des résultats d'examens, des professeurs... des problèmes!

MICHÈLE Ah, Madame, du calme! Je suis optimiste. C'est un garçon intelligent. Et vous, êtes-vous une femme patiente?

VALÉRIE Oui... oui, je suis patiente. Mais le Canadien, l'Anglais et l'Italienne sont impatients. Allez! Vite!

VALÉRIE Alors, ça va bien?

AMINA Ah, oui, merci.

DAVID Amina est une fille élégante et sincère.

VALÉRIE Oui! Elle est charmante.

DAVID Et Rachid, comment est-il?

VALÉRIE Oh! Rachid! C'est un ange! Il est intelligent, poli et modeste. Un excellent camarade de chambre.

DAVID Et Sandrine? Comment est-elle?

VALÉRIE Sandrine?! Oh, là, là. Non, non, non. Elle est avec Pascal.

Expressions utiles

Describing people

- **Vous êtes/Tu es américain?**
  You're American?
- **Je suis anglais. Il est canadien et elle est italienne.**
  I'm English. He's Canadian, and she's Italian.
- **Et Rachid, mon colocataire? Comment est-il?**
  And Rachid, my roommate (in an apartment)? What's he like?
- **Il est agréable et très poli... plutôt réservé mais c'est un étudiant brillant.**
  He's nice and very polite... rather reserved, but a brilliant student.
- **Tu es de quelle origine?**
  (Of) What heritage are you?
- **Je suis d'origine algérienne/sénégalaise.**
  I'm of Algerian/Senegalese heritage.
- **Elle est avec Pascal.**
  She's with (dating) Pascal.
- **Rachid! C'est un ange!**
  Rachid! He's an angel!

Asking questions

- **Ça va? Qu'est-ce qu'il y a?**
  Are you OK? What is it?/What's wrong?

Additional vocabulary

- **Ah, Madame, du calme!**
  Oh, ma'am, calm down!
- **On fait attention à...**
  One pays attention to...
- **Mais attention!**
  But watch out!
- **Allez! Vite!**
  Go! Quickly!
- **Mais non...**
  Of course not...
- **alors**
  so
- **mais**
  but
- **un peu**
  a little

2 Complétez Use words from the list to describe these people in French. Refer to the video scenes and a dictionary as necessary.

1. Michèle always looks on the bright side. ____________
2. Rachid gets great grades. ____________
3. Amina is very honest. ____________
4. Sandrine thinks about herself a lot. ____________
5. Sandrine has a lot of friends. ____________

égoïste
intelligent
optimiste
sincère
sociable

3 Conversez In pairs, choose the words from this list you would use to describe yourselves. What personality traits do you have in common? Be prepared to share your answers with the class.

brillant	modeste
charmant	optimiste
égoïste	patient
élégant	sincère
intelligent	sociable

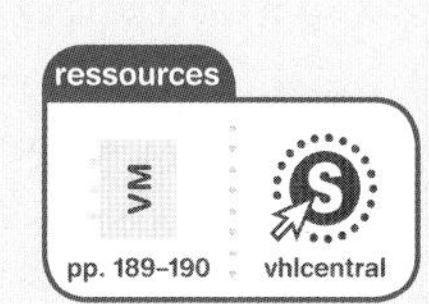

ACTIVITÉS

CULTURE À LA LOUPE

Qu'est-ce qu'un Français typique?

What is your idea of a typical Frenchman? Do you picture a man wearing a **béret**? How about French women? Are they all fashionable and stylish? Do you picture what is shown in these photos? While real French people fitting one aspect or another of these cultural stereotypes do exist, rarely do you find individuals who fit all aspects.

France is a multicultural society with no single, national ethnicity. While the majority of French people are of Celtic or Latin descent, France has significant North and West African (e.g., Algeria, Morocco, Senegal) and Indo-Chinese (e.g., Vietnam, Laos, Cambodia) populations as well. Long a **terre d'accueil**°, France today has over eleven million foreigners and immigrants. Even as France has maintained a strong concept of its culture through the preservation of its language, history, and traditions, French culture has been enriched by the contributions of its immigrant populations. Each region of the country also has its own traditions, folklore, and, often, its own language. Regional languages, such as Provençal, Breton, and Basque, are still spoken in some areas, but the official language is, of course, French.

terre d'accueil *a land welcoming of newcomers*

Immigrants in France, by country of birth

COUNTRY NAME	NUMBER OF PEOPLE
Other European countries	811,421
Algeria	748,034
Morocco	692,923
Sub-Saharan Africa	655,460
Portugal	599,333
Other Asian countries	447,149
Italy	292,592
Spain	245,077
Turkey	248,159
Tunisia	251,220
Cambodia, Laos, Vietnam	127,641
UK	152,786

ACTIVITÉS

1 **Vrai ou faux?** Indicate whether each statement is **vrai** or **faux**. Correct any false statements.

1. Cultural stereotypes are generally true for most people in France.
2. People in France no longer speak regional languages.
3. Many immigrants from North Africa live in France.
4. More immigrants in France come from Portugal than from Morocco.
5. Algerians and Moroccans represent the largest immigrant populations in France.
6. Immigrant cultures have little impact on French culture.
7. Because of immigration, France is losing its cultural identity.
8. French culture differs from region to region.
9. Most French people are of Anglo-Saxon heritage.
10. For many years, France has received immigrants from many countries.

STRATÉGIE

Recognizing cognates

Cognates are words that share similar meanings and spellings in two or more languages. These words not only look alike, but they also mean the same thing in French and English: **actif** *active*, **fantastique** *fantastic*, **sociologie** *sociology*. When reading in French, it's helpful to look for cognates and use them to guess the meaning of what you read. Make a list of the cognates you recognize in the **Le monde francophone** selection below, along with their English equivalents.

PORTRAIT

Superdupont

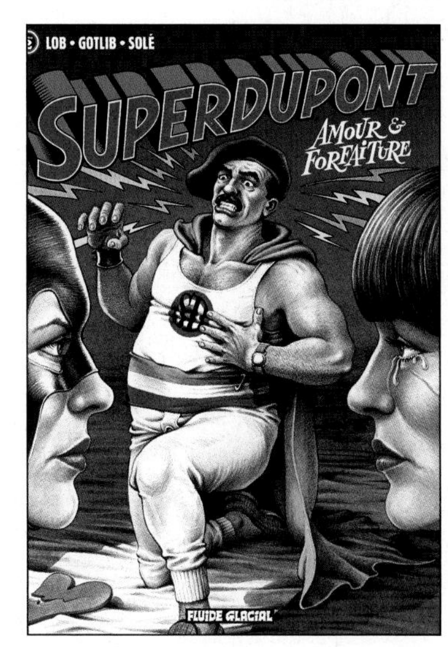

Superdupont is an ultra-French superhero in a popular comic strip parodying French nationalism. The protector of all things French, he battles the secret enemy organization **Anti-France**, whose agents speak **anti-français**, a mixture of English, Spanish, Italian, Russian, and German. ***Superdupont*** embodies just about every French stereotype imaginable. For example, the name Dupont, much like Smith in the United States, is extremely common in France. In addition to his **béret** and moustache, he wears a blue, white, and red belt around his waist representing **le drapeau français** (*the French flag*). Physically, he is overweight and has a red nose–signs that he appreciates rich French food and wine. Finally, on his arm is **un coq** (*a rooster*), the national symbol of France. The Latin word for rooster (*gallus*) also means "inhabitant of Gaul," as France used to be called.

LE MONDE FRANCOPHONE

Les langues

Many francophone countries are multilingual, some with several official languages.

Switzerland German, French, Italian, and Romansh are all official languages. German is spoken by about 64% of the population and French by about 23%. Italian and Romansh speakers together account for about 8% of the country's population.

Belgium There are three official languages: French, Dutch, and German. Wallon, the local variety of French, is used by one-third of the population. Flemish, spoken primarily in the north, is used by roughly two-thirds of Belgians.

Morocco Classical Arabic is the official language, but most people speak the Moroccan dialect of Arabic. Berber is spoken by about 15 million people, and French remains Morocco's unofficial third language.

Sur Internet

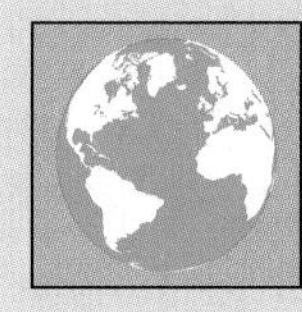

What countries are former French colonies?

Go to **vhlcentral.com** to find more cultural information related to this **Lecture culturelle**.

ACTIVITÉS

2 Complétez Provide responses to these questions.

1. France is often symbolized by this bird: ____________.
2. ____________ are the colors of the French flag.
3. France was once named ____________.
4. There are ____________ official languages in Switzerland.
5. In Belgium, ____________ is spoken by 60% of the population.

3 Et les Américains? What might a comic-book character based on a "typical American" be like? With a partner, brainstorm a list of stereotypes to create a profile for such a character. Compare the profile you create with your classmates'. Do they fairly represent Americans? Why or why not?

1B.1 Subject pronouns and the verb *être*

Point de départ In French, as in English, the subject of a verb is the person or thing that carries out the action. The verb expresses the action itself.

SUBJECT ⟷	VERB
Le professeur	**parle français.**
The professor	*speaks French.*

Subject pronouns

- Subject pronouns replace a noun that is the subject of a verb.

SUBJECT PRONOUN ⟷	VERB
Il	**parle français.**
He	*speaks French.*

Boîte à outils

In English, you sometimes use the pronoun *it* to replace certain nouns.

The exam is long.

It is long.

In French, there is no equivalent neuter pronoun. You must use **il** or **elle** depending on the gender of the noun it is replacing.

L'examen est long.

Il est long.

French subject pronouns

	singular		plural	
first person	**je**	*I*	**nous**	*we*
second person	**tu**	*you*	**vous**	*you*
third person	**il**	*he/it (masc.)*	**ils**	*they (masc.)*
	elle	*she/it (fem.)*	**elles**	*they (fem.)*
	on	*one*		

- Subject pronouns in French show number (singular vs. plural) and gender (masculine vs. feminine). When a subject consists of both males and females, use the masculine form of the pronoun to replace it.

Rémy et Marie dansent très bien.
Ils dansent très bien.
They dance very well.

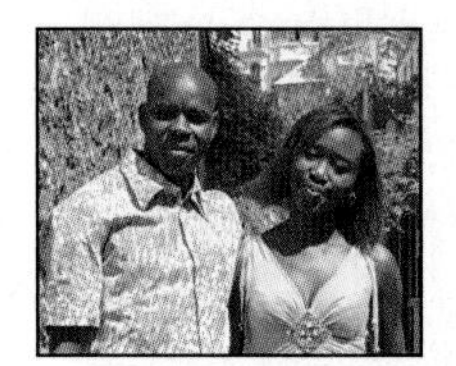

M. et Mme Diop sont de Dakar.
Ils sont de Dakar.
They are from Dakar.

- Use **tu** for informal address and **vous** for formal. **Vous** is also the plural form of *you*, both informal and formal.

Comment vas-**tu**?
How's it going?

Comment allez-**vous**?
How are you?

Comment t'appelles-**tu**?
What's your name?

Comment vous appelez-**vous**?
What is/What are your name(s)?

- The subject pronoun **on** refers to people in general, just as the English subject pronouns *one*, *they*, or *you* sometimes do. **On** can also mean *we* in a casual style. **On** always takes the same verb form as **il** and **elle**.

En France, **on** parle français.
In France, they speak French.

On est au café.
We are at the coffee shop.

The verb *être*

- **Être** (*to be*) is an irregular verb; its conjugation (set of forms for different subjects) does not follow a pattern. The form **être** is called the infinitive; it does not correspond to any particular subject.

être **(to be)**			
je suis	*I am*	**nous sommes**	*we are*
tu es	*you are*	**vous êtes**	*you are*
il/elle est	*he/she/it is*	**ils/elles sont**	*they are*
on est	*one is*		

- Note that the **-s** of the subject pronoun **vous** is pronounced as an English *z* in the phrase **vous êtes**.

Vous êtes à Paris.
You are in Paris.

Vous êtes M. Leclerc? Enchantée.
Are you Mr. Leclerc? Pleased to meet you.

C'est and *il/elle* est

- Use **c'est** or its plural form **ce sont** plus a noun to identify who or what someone or something is. Remember to use an article before the noun.

C'est un téléphone.
That's a phone.

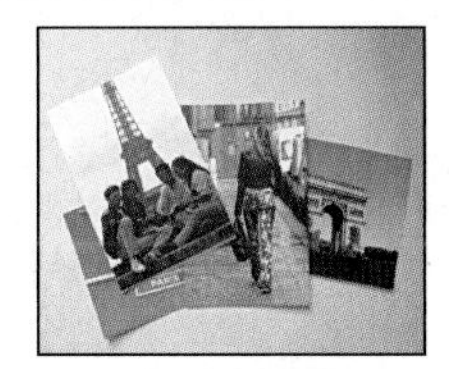

Ce sont des photos.
Those are pictures.

- When the expressions **c'est** and **ce sont** are followed by proper names, don't use an article before the names.

C'est Amina.
That's Amina.

Ce sont Amélie et Anne.
That's Amélie and Anne.

- Use **il/elle est** and **ils/elles sont** to refer to someone or something previously mentioned.

La bibliothèque? **Elle est** moderne.
The library? It's modern.

Nathalie et Félix? **Ils sont** intelligents.
Nathalie and Félix? They are intelligent.

- Use the phrases **il/elle est** and **ils/elles sont** to tell someone's profession. Note that in French, you do not use the article before the profession.

Voilà M. Richard. **Il est** acteur.
There's Mr. Richard. He's an actor.

Elles sont chanteuses.
They are singers.

Boîte à outils

Use **c'est** or **ce sont** instead of **il/elle est** and **ils/elles sont** when you have an adjective qualifying the noun that follows:

C'est un professeur intelligent.
He is an intelligent professor.

Ce sont des actrices élégantes.
Those are elegant actresses.

Essayez!

Fill in the blanks with the correct forms of the verb *être*.

1. Je ___suis___ ici.
2. Ils ________ intelligents.
3. Tu ________ étudiante.
4. Nous ________ à Québec.
5. Vous ________ Mme Lacroix?
6. Marie ________ chanteuse.

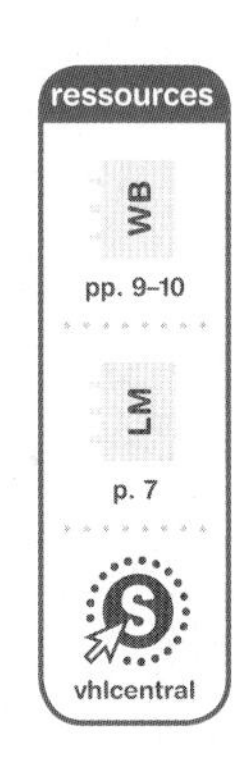

STRUCTURES

Mise en pratique

1 **Pascal répète** Pascal repeats everything his older sister Odile says. Give his response after each statement, using subject pronouns.

MODÈLE

Chantal est étudiante.
Elle est étudiante.

1. Les professeurs sont en Tunisie.
2. Mon (*My*) petit ami Charles n'est pas ici.
3. Moi, je suis chanteuse.
4. Nadège et moi, nous sommes à l'université.
5. Tu es un ami.
6. L'ordinateur est dans (*in*) la chambre.
7. Claude et Charles sont là.
8. Lucien et toi (*you*), vous êtes copains.

2 **Où sont-ils?** Thérèse wants to know where all her friends are. Tell her by completing the sentences with the appropriate subject pronouns and the correct forms of **être**.

MODÈLE

Sylvie / au café
Elle est au café.

1. Georges / à la faculté de médecine
2. Marie et moi / dans (*in*) la salle de classe
3. Christine et Anne / à la bibliothèque
4. Richard et Vincent / là-bas
5. Véronique, Marc et Anne / à la librairie
6. Jeanne / au bureau
7. Hugo et Isabelle / au lycée
8. Martin / au bureau

3 **Identifiez** Describe these photos using **c'est**, **ce sont**, **il/elle est**, or **ils/elles sont**.

1. ____________ un acteur.

2. ____________ ici.

3. ____________ copines.

4. ____________ chanteuse.

5. ____________ là.

6. ____________ des montres.

Communication

4 **Assemblez** In pairs, take turns using the verb **être** to combine elements from both columns. Talk about yourselves and people you know.

A	B
Singulier:	
Je	agréable
Tu	d'origine française
Mon (*My*, masc.) prof	difficile
Mon/Ma (*My*, fem.) camarade de chambre	étudiant(e)
Mon cours	sincère
	sociable
______	______
Pluriel:	
Nous	agréables
Mes (*My*) profs	copains/copines
Mes camarades de chambre	difficiles
Mes cours	étudiant(e)s
	sincères

5 **Qui est-ce?** In pairs, identify who or what is in each picture. If possible, use **il/elle est** or **ils/elles sont** to add something else about each person or place.

▶ **MODÈLE**

C'est Céline Dion. Elle est chanteuse.

1. ______________

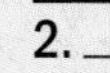

2. ______________

3. ______________

4. ______________

5. ______________

6. ______________

6 **On est comment?** In pairs, take turns describing these famous people using the phrases **C'est, Ce sont, Il/Elle est**, or **Ils/Elles sont** and words from the box. You can also use negative phrases to describe them.

professeur(s)	actrice(s)	chanteuse(s)
chanteur(s)	adorable(s)	élégant(e)
pessimiste(s)	timide(s)	acteur(s)

1. Justin Bieber
2. Rihanna et Gwen Stefani
3. Barack Obama
4. Johnny Depp
5. Lucille Ball et Desi Arnaz
6. Meryl Streep

7 **Enchanté** You and your roommate are in a campus bookstore. You run into one of his or her classmates, whom you've never met. In a brief conversation, introduce yourselves, ask how you are, and say something about yourselves using a form of **être**.

1B.2

Adjective agreement

Presentation

Point de départ Adjectives are words that describe people, places, and things. In French, adjectives are often used with the verb **être** to point out the qualities of nouns or pronouns.

- Many adjectives in French are cognates; that is, they have the same or similar spellings and meanings in French and English.

Cognate descriptive adjectives

agréable	*pleasant*	**intelligent(e)**	*intelligent*
amusant(e)	*fun*	**intéressant(e)**	*interesting*
brillant(e)	*brilliant*	**occupé(e)**	*busy*
charmant(e)	*charming*	**optimiste**	*optimistic*
désagréable	*unpleasant*	**patient(e)**	*patient*
différent(e)	*different*	**pessimiste**	*pessimistic*
difficile	*difficult*	**poli(e)**	*polite*
égoïste	*selfish*	**réservé(e)**	*reserved*
élégant(e)	*elegant*	**sincère**	*sincere*
impatient(e)	*impatient*	**sociable**	*sociable*
important(e)	*important*	**sympathique (sympa)**	*nice*
indépendant(e)	*independent*	**timide**	*shy*

- In French, most adjectives agree in number and gender with the nouns they describe. Most adjectives form the feminine by adding a silent **-e** (no accent) to the end of the masculine form. Adding a silent **-s** to the end of masculine and feminine forms gives you the plural forms of both.

	masculine	feminine
singular	*patient*	*patiente*
plural	*patients*	*patientes*

Henri est **élégant.** — *Henri is elegant.*
Claire et Lise sont **élégantes.** — *Claire and Lise are elegant.*

- If the masculine form of the adjective already ends in an unaccented **-e**, do not add another one for the feminine form.

MASCULINE SINGULAR	NO CHANGE	FEMININE SINGULAR
optimiste	⟷	**optimiste**

Boîte à outils

Use the masculine plural form of an adjective to describe a group composed of masculine and feminine nouns: **Henri et Patricia sont élégants.**

- French adjectives are usually placed after the noun they modify when they don't directly follow a form of **être**.

Ce sont des **étudiantes brillantes.** *They're brilliant students.*	Bernard est un homme **agréable et poli.** *Bernard is a pleasant and polite man.*

- Here are some adjectives of nationality. Note that the **-n** of adjectives that end in **-ien** doubles before the final **-e** of the feminine form: **algérienne**, **canadienne**, **italienne**, **vietnamienne**.

Adjectives of nationality

algérien(ne)	*Algerian*	**japonais(e)**	*Japanese*
allemand(e)	*German*	**marocain(e)**	*Moroccan*
anglais(e)	*English*	**martiniquais(e)**	*from Martinique*
américain(e)	*American*	**mexicain(e)**	*Mexican*
canadien(ne)	*Canadian*	**québécois(e)**	*from Quebec*
espagnol(e)	*Spanish*	**sénégalais(e)**	*Senegalese*
français(e)	*French*	**suisse**	*Swiss*
italien(ne)	*Italian*	**vietnamien(ne)**	*Vietnamese*

- The first letter of adjectives of nationality is not capitalized.

Il est américain.

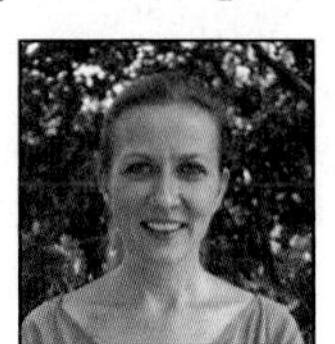

Elle est française.

- An adjective whose masculine singular form already ends in **-s** keeps the identical form in the masculine plural.

Pierre est **un ami sénégalais.** *Pierre is a Senegalese friend.*	Pierre et Yves sont **des amis sénégalais.** *Pierre and Yves are Senegalese friends.*

- To ask someone's nationality or heritage, use **Quelle est ta/votre nationalité?** or **Tu es/Vous êtes de quelle origine?**

Quelle est votre nationalité? *What is your nationality?*	**Je suis de nationalité canadienne.** *I'm Canadian.*
Tu es de quelle origine? *What is your heritage?*	**Je suis d'origine italienne.** *I'm of Italian heritage.*

Essayez! **Write in the correct forms of the adjectives.**

1. Marc est ___timide___ (timide).
2. Ils sont __________ (anglais).
3. Elle adore la littérature __________ (français).
4. Ce sont des actrices __________ (suisse).
5. Marie n'est pas __________ (mexicain).
6. Les actrices sont __________ (impatient).
7. Elles sont __________ (réservé).
8. Il y a des universités __________ (important).
9. Christelle est __________ (amusant).
10. Les étudiants sont __________ (poli) en cours.
11. Mme Castillion est très __________ (occupé).
12. Luc et moi, nous sommes __________ (sincère).

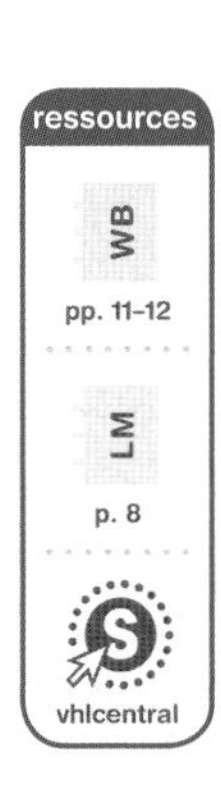

Mise en pratique

1 **Nous aussi!** Jean-Paul is bragging about himself, but his younger sisters Stéphanie and Gisèle believe they possess the same attributes. Provide their responses.

MODÈLE

Je suis amusant.
Nous aussi, nous sommes amusantes.

1. Je suis intelligent. ______________________
2. Je suis sincère. ______________________
3. Je suis élégant. ______________________
4. Je suis patient. ______________________
5. Je suis sociable. ______________________
6. Je suis poli. ______________________
7. Je suis charmant. ______________________
8. Je suis optimiste. ______________________

2 **Les nationalités** You are with a group of students from all over the world. Indicate their nationalities according to the cities they come from.

MODÈLE

Monique est de (*from*) Paris.
Elle est française.

1. Les amies Fumiko et Keiko sont de Tokyo.
2. Hans est de Berlin.
3. Juan et Pablo sont de Guadalajara.
4. Wendy est de Londres.
5. Jared est de San Francisco.
6. Francesca est de Rome.
7. Aboud et Moustafa sont de Casablanca.
8. Jean-Pierre et Mario sont de Québec.

3 **Voilà Mme...** Your parents are having a party and you point out different people to your friend. Use one of the adjectives you just learned each time.

MODÈLE

Voilà M. Duval. Il est sénégalais.
C'est un ami.

Communication

4 

Interview You are looking for a roommate and interview someone to see what he or she is like. In pairs, play both roles. Are you compatible roommates?

MODÈLE

pessimiste
Étudiant(e) 1: *Tu es pessimiste?*
Étudiant(e) 2: *Non, je suis optimiste.*

1. impatient
2. modeste
3. timide
4. sincère
5. égoïste
6. sociable
7. indépendant
8. amusant

5  

Ils sont comment? In pairs, take turns describing each item below. Tell your partner whether you agree (**C'est vrai**) or disagree (**C'est faux**) with the descriptions.

MODÈLE

Johnny Depp
Étudiant(e) 1: *C'est un acteur désagréable.*
Étudiant(e) 2: *C'est faux. Il est charmant.*

1. Beyoncé et Céline Dion
2. les étudiants de Harvard
3. Usher
4. la classe de français
5. le président des États-Unis (*United States*)
6. Tom Hanks et Gérard Depardieu
7. le prof de français
8. Steven Spielberg
9. notre (*our*) université
10. Kate Winslet et Julia Roberts

6

Au café You and two classmates are talking about your new bosses (**patrons**), each of whom is very different from the other two. In groups of three, create a dialogue in which you greet one another and describe your bosses.

Révision

1 Festival francophone With a partner, choose two characters from the list and act out a conversation between them. The people are meeting for the first time at a francophone festival. Then, change characters and repeat.

Angélique, Sénégal

Abdel, Algérie

Laurent, Martinique

Sylvain, Suisse

Hélène, Canada

Daniel, France

Mai, Viêt-Nam

Nora, Maroc

2 Tu ou vous? How would the conversations between the characters in **Activité 1** differ if they were all 19-year-old students at a university orientation? Write out what you would have said differently. Then, exchange papers with a new partner and make corrections. Return the paper to your partner and act out the conversation using a different character from last time.

3 En commun In pairs, tell your partner the name of a friend. Use adjectives to say what you both (**tous les deux**) have in common. Then, share with the class what you learned about your partner and his or her friend.

MODÈLE

Charles est un ami. Nous sommes tous les deux amusants. Nous sommes patients aussi.

4 Comment es-tu? Your instructor will give you a worksheet. Survey as many classmates as possible to ask if they would use the adjectives listed to describe themselves. Then, decide which two students in the class are most similar.

MODÈLE

Étudiant(e) 1: *Tu es timide?*
Étudiant(e) 2: *Non. Je suis sociable.*

Adjectifs	Nom
1. timide	Éric
2. impatient (e)	
3. optimiste	
4. réservé (e)	
5. charmant (e)	
6. poli (e)	
7. agréable	
8. amusant (e)	

5 Mes camarades de classe Write a brief description of the students in your French class. What are their names? What are their personalities like? What is their heritage? Use all the French you have learned so far. Your paragraph should be at least eight sentences long. Remember, be complimentary!

6 Les descriptions Your instructor will give you one set of drawings of eight people and a different set to your partner. Each person in your drawings has something in common with a person in your partner's drawings. Find out what it is without looking at your partner's sheet.

MODÈLE

Étudiant(e) 1: *Jean est à la bibliothèque.*
Étudiant(e) 2: *Gina est à la bibliothèque.*
Étudiant(e) 1: *Jean et Gina sont à la bibliothèque.*

Écriture

STRATÉGIE

Writing in French

Why do we write? All writing has a purpose. For example, we may write a poem to reveal our innermost feelings, a letter to share information, or an essay to persuade others to accept a point of view. People are not born proficient writers, however. Writing requires time, thought, effort, and a lot of practice. Here are some tips to help you write more effectively in French.

DO

- **Try to write your ideas in French**
- **Try to make an outline of your ideas**
- **Decide what the purpose of your writing will be**
- **Use the grammar and vocabulary that you know**
- **Use your textbook for examples of style, format, and expressions in French**
- **Use your imagination and creativity to make your writing more interesting**
- **Put yourself in your reader's place to determine if your writing is interesting**

AVOID

- **Translating your ideas from English to French**
- **Simply repeating what is in the textbook or on a web page**
- **Using a bilingual dictionary until you have learned how to use one effectively**

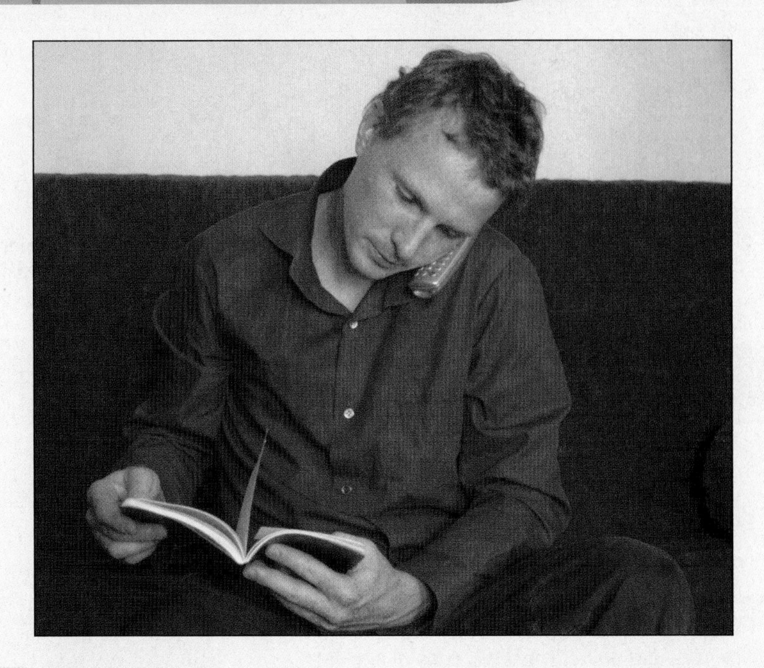

Thème

Faites une liste!

Imagine that several French-speaking students will be spending a year at your school. You've been asked to put together a list of people and places that might be useful and of interest to them. Your list should include:

- Your name, address, phone number(s) (home and/or mobile), and e-mail address
- The names of two or three other students in your French class, their addresses, phone numbers, and e-mail addresses
- Your French teacher's name, office and/or mobile phone number(s), e-mail address, as well as his or her office hours
- Your school library's phone number and hours
- The names, addresses, and phone numbers of three places near your school where students like to go (a bookstore, a coffee shop or restaurant, a theater, a skate park, etc.)

NOM: *Madame Smith (professeur de français)*
ADRESSE: *McNeil University*
NUMÉRO DE TÉLÉPHONE: *645-3458 (bureau)*
NUMÉRO DE PORTABLE: *919-0040*
ADRESSE E-MAIL: *absmith@yahoo.com*
NOTES: *Heures de bureau: 8h00–9h00*

NOM: *Skate World*
ADRESSE: *8970 McNeil Road*
NUMÉRO DE TÉLÉPHONE: *658-0349*
NUMÉRO DE PORTABLE: –
ADRESSE E-MAIL: *skate@skateworld.com*
NOTES: —

Panorama

Le monde francophone

Les pays en chiffres°

- **Nombre de pays° où le français est langue° officielle:** *29*
- **Nombre de pays où le français est parlé°:** *plus de° 60*
- **Nombre de francophones dans le monde°:** *274.000.000 (deux cent soixante-quatorze millions)*

SOURCE: Organisation internationale de la Francophonie

Villes capitales

- **Algérie:** *Alger*
- **Cameroun:** *Yaoundé*
- **France:** *Paris*
- **Guinée:** *Conakry*
- **Haïti:** *Port-au-Prince*
- **Laos:** *Vientiane*
- **Mali:** *Bamako*
- **Rwanda:** *Kigali*
- **Seychelles:** *Victoria*
- **Suisse:** *Berne*

Francophones célèbres

- **Marie Curie,** *Pologne, scientifique, prix Nobel en chimie et physique (1867–1934)*
- **René Magritte,** *Belgique, peintre° (1898–1967)*
- **Ousmane Sembène,** *Sénégal, cinéaste° et écrivain° (1923–2007)*
- **Jean Reno,** *Maroc, acteur (1948–)*
- **Céline Dion,** *Québec, chanteuse° (1968–)*

- **Marie-José Pérec,** *Guadeloupe, coureuse° olympique (1968–)*

Heiva°, Papeete, Tahiti

la mosquée de la plage d'Ouakam, Dakar, Sénégal

Incroyable mais vrai!

La langue française est une des rares langues à être parlées sur° cinq continents. C'est aussi la langue officielle de beaucoup d'organisations internationales comme° l'OTAN°, les Nations unies, l'Union européenne, et aussi des Jeux° Olympiques! Le français est la deuxième° langue enseignée° dans le monde, après l'anglais.

chiffres *numbers* **pays** *countries* **langue** *language* **parlé** *spoken* **plus de** *more than* **monde** *world* **peintre** *painter* **cinéaste** *filmmaker* **écrivain** *writer* **chanteuse** *singer* **coureuse** *runner* **sur** *on* **comme** *such as* **l'OTAN** *NATO* **Jeux** *Games* **deuxième** *second* **enseignée** *taught* **Heiva** *an annual Tahitian festival*

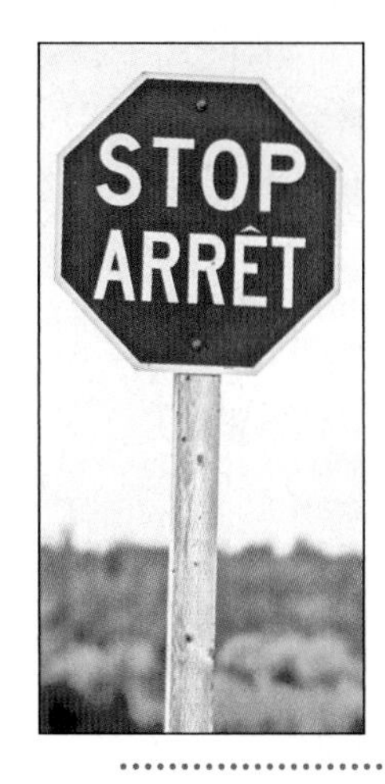

La société

Le français au Québec

Au Québec, province du Canada, le français est la langue officielle, parlée par° 82% (quatre-vingt-deux pour cent) de la population. Les Québécois, pour° préserver l'usage de la langue, ont° une loi° qui oblige l'affichage° en français dans les lieux° publics. Le français est aussi la langue co-officielle du Canada: les employés du gouvernement doivent° être bilingues.

Les gens

Les francophones d'Algérie

Depuis° 1830 (mille huit cent trente), date de l'acquisition de l'Algérie par la France, l'influence culturelle française y° est très importante. À présent ancienne° colonie, l'Algérie est un des plus grands° pays francophones au monde. L'arabe est la langue officielle, mais le français est la deuxième langue parlée et est compris° par la majorité de la population algérienne.

Les destinations

La Louisiane

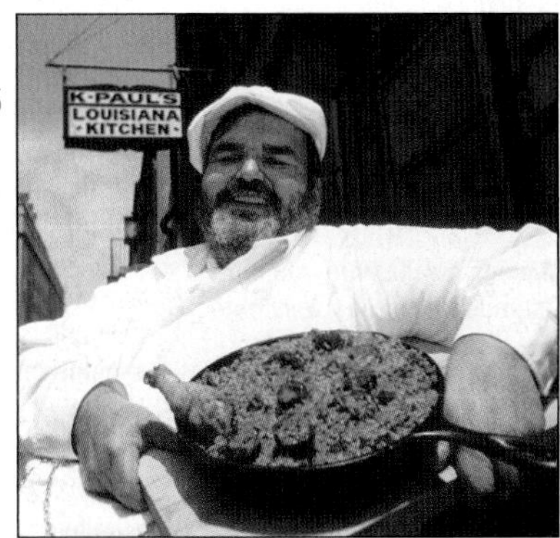

Ce territoire au sud° des États-Unis a été nommé° «Louisiane» en l'honneur du Roi° de France Louis XIV. En 1803 (mille huit cent trois), Napoléon Bonaparte vend° la colonie aux États-Unis pour 15 millions de dollars, pour empêcher° son acquisition par les Britanniques. Aujourd'hui° en Louisiane, 200.000 (deux cent mille) personnes parlent° le français cajun. La Louisiane est connue° pour sa° cuisine cajun, comme° le jambalaya, ici sur° la photo avec le chef Paul Prudhomme, qui était très célèbre pour ses livres de cuisine cajun et qui est mort en 2015.

Les traditions

La Journée internationale de la Francophonie

Chaque année°, l'Organisation internationale de la Francophonie (O.I.F.) coordonne la Journée internationale de la Francophonie. Dans plus de° 100 (cent) pays et sur cinq continents, on célèbre la langue française et la diversité culturelle francophone avec des festivals de musique, de gastronomie, de théâtre, de danse et de cinéma. Le rôle principal de l'O.I.F. est la promotion de la langue française et la défense de la diversité culturelle et linguistique du monde francophone.

Qu'est-ce que vous avez appris? Complete the sentences.

1. __________ est un cinéaste africain.
2. __________ de personnes parlent français dans le monde.
3. __________ est responsable de la promotion de la diversité culturelle francophone.
4. Les employés du gouvernement du Canada parlent __________.
5. En Algérie, la langue officielle est __________.
6. Une majorité d'Algériens comprend (*understands*) __________.
7. Le nom «Louisiane» vient du (comes from the) nom de __________.
8. Plus de 100 pays célèbrent __________.
9. Le français est parlé sur __________ continents.
10. En 1803, Napoléon Bonaparte vend __________ aux États-Unis.

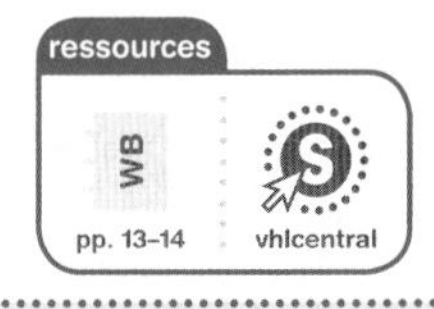

Sur Internet

Go to **vhlcentral.com** for more information related to this **Panorama**.

1. Les États-Unis célèbrent la Journée internationale de la Francophonie. Faites (*Make*) une liste de trois événements (*events*) et dites (*say*) où ils ont lieu (*take place*).
2. Trouvez des informations sur un(e) chanteur/chanteuse francophone célèbre aux États-Unis. Citez (*Cite*) trois titres de chanson (*song titles*).

parlée par *spoken by* **pour** *in order to* **ont** *have* **loi** *law* **affichage** *posting* **lieux** *places* **doivent** *must* **Depuis** *Since* **y** *there* **ancienne** *former* **un des plus grands** *one of the largest* **compris** *understood* **au sud** *in the South* **a été nommé** *was named* **Roi** *King* **vend** *sells* **empêcher** *to prevent* **Aujourd'hui** *Today* **parlent** *speak* **connue** *known* **sa** *its* **comme** *such as* **sur** *in* **Chaque année** *Each year* **Dans plus de** *In more than*

Audio: Vocabulary Flashcards

Leçon 1A

Le campus

une bibliothèque *library*
un café *café*
une faculté *university; faculty*
une librairie *bookstore*
un lycée *high school*
une université *university*
une différence *difference*
un examen *exam, test*
la littérature *literature*
un problème *problem*
la sociologie *sociology*
un bureau *desk; office*
un ordinateur *computer*
une table *table*
un tableau *blackboard; painting*
la télévision *television*
une chose *thing*
un instrument *instrument*
un objet *object*

Les personnes

un(e) ami(e) *friend*
un(e) étudiant(e) *student*
un(e) petit(e) ami(e) *boyfriend/ girlfriend*
une personne *person*
un acteur/une actrice *actor*
un chanteur/une chanteuse *singer*
un professeur *teacher, professor*

Les présentations

Comment vous appelez-vous? (*form.*) *What is your name?*
Comment t'appelles-tu? (*fam.*) *What is your name?*
Enchanté(e). *Delighted.*
Et vous/toi? (*form./fam.*) *And you?*
Je m'appelle... *My name is...*
Je vous/te présente... (*form./fam.*) *I would like to introduce (name) to you.*

Identifier

c'est/ce sont *it's/they are*
Combien...? *How much/many...?*
ici *here*
là *there*
là-bas *over there*
Il y a... *There is/are...*
Qu'est-ce que c'est? *What is it?*
voici *here is/are*
voilà *there is/are*

Bonjour et au revoir

À bientôt. *See you soon.*
À demain. *See you tomorrow.*
À plus tard. *See you later.*
À tout à l'heure. *See you later.*
Au revoir. *Good-bye.*
Bonne journée! *Have a good day!*
Bonjour. *Good morning.; Hello.*
Bonsoir. *Good evening.; Hello.*
Salut! *Hi!; Bye!*

Comment ça va?

Ça va? *What's up?; How are things?*
Comment allez-vous? (*form.*) *How are you?*
Comment vas-tu? (*fam.*) *How are you?*
Comme ci, comme ça. *So-so.*
Je vais bien/mal. *I am doing well/ badly.*
Moi aussi. *Me too.*
Pas mal. *Not badly.*
Très bien. *Very well.*

Expressions de politesse

De rien. *You're welcome.*
Excusez-moi. (*form.*) *Excuse me.*
Excuse-moi. (*fam.*) *Excuse me.*
Il n'y a pas de quoi. *It's nothing ; You're welcome.*
Je vous en prie. (*form.*) *Please.; You're welcome.*
Merci beaucoup. *Thank you very much.*
Monsieur (M.) *Sir (Mr.)*
Madame (Mme) *Ma'am (Mrs.)*
Mademoiselle (Mlle) *Miss*
Pardon. *Pardon (me).*
S'il vous/te plaît. (*form./fam.*) *Please.*

Expressions utiles

See p. 7.

Numbers 0-60

See p. 14.

Leçon 1B

Le campus

une salle de classe *classroom*
un dictionnaire *dictionary*
un livre *book*
un résultat *result*
une carte *map*
une chaise *chair*
une fenêtre *window*
une horloge *clock*
une porte *door*
un cahier *notebook*
une calculatrice *calculator*
une corbeille (à papier) *wastebasket*
un crayon *pencil*
une feuille de papier *sheet of paper*
une montre *watch*
un sac à dos *backpack*
un stylo *pen*

Les personnes

un(e) camarade de chambre *roommate*
un(e) camarade de classe *classmate*
une classe *class (group of students)*
un copain/une copine (*fam.*) *friend*
un(e) élève *pupil, student*
une femme *woman*
une fille *girl*
un garçon *boy*
un homme *man*

Identifier

Qui est-ce? *Who is it?*
Quoi? *What?*

Expressions utiles

See p. 25.

Subject pronouns

je *I*
tu *you*
il *he/it (masc.)*
elle *she/it (fem.)*
on *one*
nous *we*
vous *you*
ils *they (masc.)*
elles *they (fem.)*

Être

je suis *I am*
tu es *you are*
il/elle est *he/she/it is*
on est *one is*
nous sommes *we are*
vous êtes *you are*
ils/elles sont *they are*

Descriptive adjectives

agréable *pleasant*
amusant(e) *fun*
brillant(e) *brilliant*
charmant(e) *charming*
désagréable *unpleasant*
différent(e) *different*
difficile *difficult*
égoïste *selfish*
élégante(e) *elegant*
impatient(e) *impatient*
important(e) *important*
indépendant(e) *independent*
intelligent(e) *intelligent*
intéressant(e) *interesting*
occupé(e) *busy*
optimiste *optimistic*
patient(e) *patient*
pessimiste *pessimistic*
poli(e) *polite*
réservé(e) *reserved*
sincère *sincere*
sociable *sociable*
sympathique (sympa) *nice*
timide *shy*

Adjectives of nationality

algérien(ne) *Algerian*
allemand(e) *German*
américain(e) *American*
anglais(e) *English*
canadien(ne) *Canadian*
espagnol(e) *Spanish*
français(e) *French*
italien(ne) *Italian*
japonais(e) *Japanese*
marocain(e) *Moroccan*
martiniquais(e) *from Martinique*
mexicain(e) *Mexican*
québécois(e) *from Quebec*
sénégalais(e) *Senegalese*
suisse *Swiss*
vietnamien(ne) *Vietnamese*

À la fac

UNITÉ 2

Pour commencer

- What object is on the table?
  a. une montre b. un stylo c. un tableau
- What is Rachid looking at?
  a. un cahier b. un ordinateur c. un livre
- How does Rachid look in this photo?
  a. intelligent b. sociable c. égoïste
- Which word describes what he is doing?
  a. arriver b. voyager c. étudier

Leçon 2A

You will learn how to...
- talk about your classes
- ask questions and express negation

Les cours

Vocabulaire

J'aime bien...	*I like...*
Je n'aime pas tellement...	*I don't like... very much*
être reçu(e) à un examen	*to pass an exam*
l'art (*m.*)	*art*
la chimie	*chemistry*
le droit	*law*
l'éducation physique (*f.*)	*physical education*
la géographie	*geography*
la gestion	*business administration*
les lettres (*f.*)	*humanities*
la philosophie	*philosophy*
les sciences (politiques / po) (*f.*)	*(political) science*
une bourse	*scholarship, grant*
un cours	*class, course*
un devoir; les devoirs	*homework*
un diplôme	*diploma, degree*
l'école (*f.*)	*school*
les études (supérieures) (*f.*)	*(higher) education; studies*
le gymnase	*gymnasium*
une note	*grade*
un restaurant universitaire (un resto U)	*university cafeteria*
difficile	*difficult*
facile	*easy*
inutile	*useless*
utile	*useful*
surtout	*especially; above all*

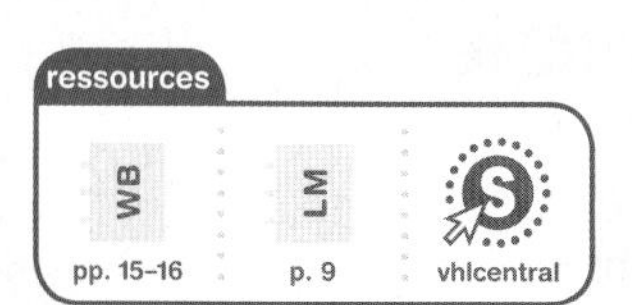

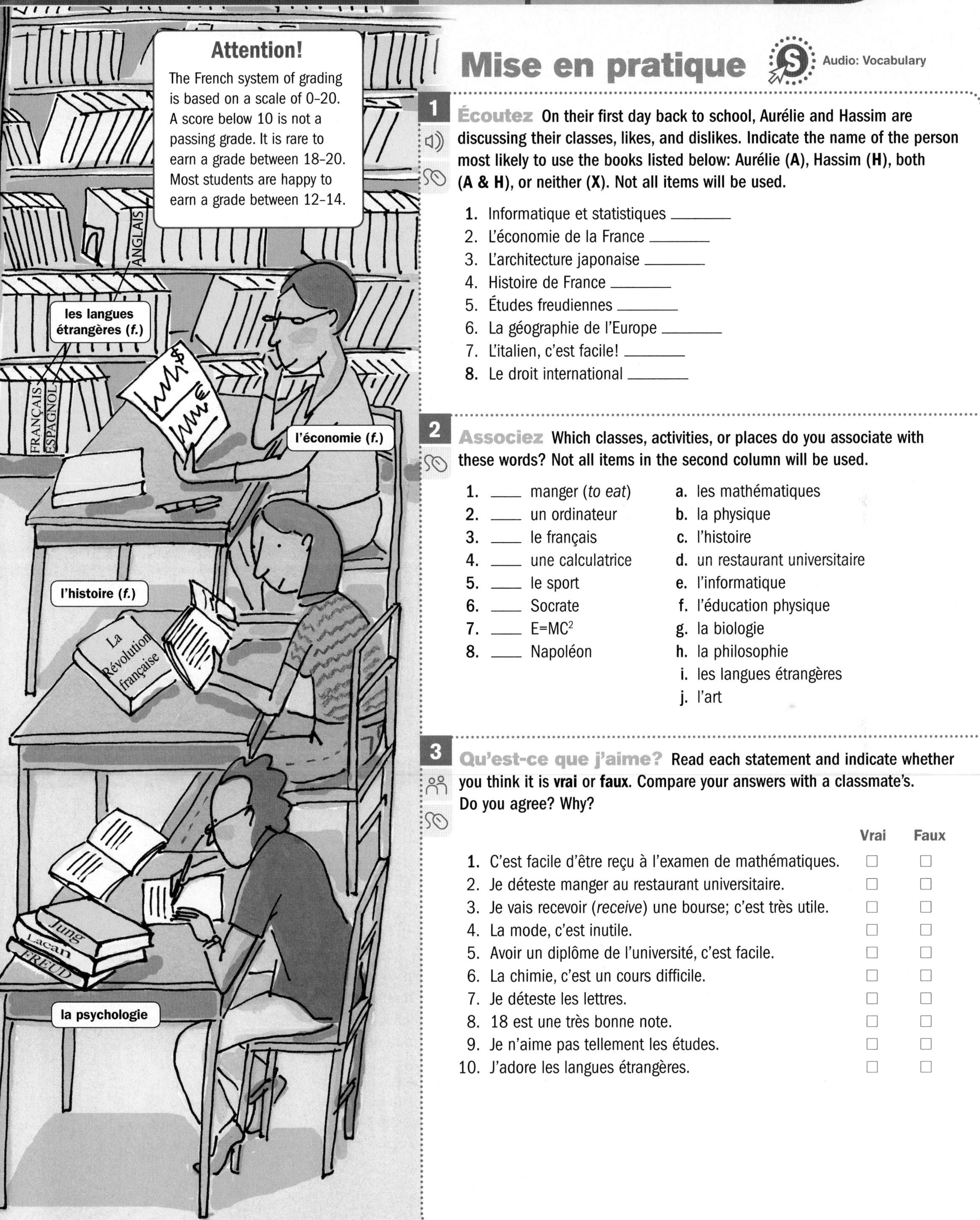

Attention!

The French system of grading is based on a scale of 0–20. A score below 10 is not a passing grade. It is rare to earn a grade between 18–20. Most students are happy to earn a grade between 12–14.

Mise en pratique

Audio: Vocabulary

1 Écoutez **On their first day back to school, Aurélie and Hassim are discussing their classes, likes, and dislikes. Indicate the name of the person most likely to use the books listed below: Aurélie (A), Hassim (H), both (A & H), or neither (X). Not all items will be used.**

1. Informatique et statistiques ________
2. L'économie de la France ________
3. L'architecture japonaise ________
4. Histoire de France ________
5. Études freudiennes ________
6. La géographie de l'Europe ________
7. L'italien, c'est facile! ________
8. Le droit international ________

2 Associez **Which classes, activities, or places do you associate with these words? Not all items in the second column will be used.**

1. ____ manger (*to eat*)	a. les mathématiques
2. ____ un ordinateur	b. la physique
3. ____ le français	c. l'histoire
4. ____ une calculatrice	d. un restaurant universitaire
5. ____ le sport	e. l'informatique
6. ____ Socrate	f. l'éducation physique
7. ____ $E=MC^2$	g. la biologie
8. ____ Napoléon	h. la philosophie
	i. les langues étrangères
	j. l'art

3 Qu'est-ce que j'aime? **Read each statement and indicate whether you think it is vrai or faux. Compare your answers with a classmate's. Do you agree? Why?**

	Vrai	Faux
1. C'est facile d'être reçu à l'examen de mathématiques.	☐	☐
2. Je déteste manger au restaurant universitaire.	☐	☐
3. Je vais recevoir (*receive*) une bourse; c'est très utile.	☐	☐
4. La mode, c'est inutile.	☐	☐
5. Avoir un diplôme de l'université, c'est facile.	☐	☐
6. La chimie, c'est un cours difficile.	☐	☐
7. Je déteste les lettres.	☐	☐
8. 18 est une très bonne note.	☐	☐
9. Je n'aime pas tellement les études.	☐	☐
10. J'adore les langues étrangères.	☐	☐

Practice more at **vhlcentral.com**.

Communication

4 **Conversez** In pairs, fill in the blanks according to your own situations. Then, act out the conversation for the class.

Étudiant(e) A: _______________, comment ça va?
Étudiant(e) B: _______________. Et toi?
Étudiant(e) A: _______________, merci.
Étudiant(e) B: Est-ce que tu aimes le cours de _______________?
Étudiant(e) A: J'adore le cours de _______________.
Étudiant(e) B: Moi aussi. Tu aimes _________________?
Étudiant(e) A: Non, j'aime mieux (*better*) _________________.
Étudiant(e) B: Bon, à bientôt.
Étudiant(e) A: À _________________.

5 **Qu'est-ce que c'est?** Write a caption for each image, stating where the students are and how they feel about their classes. Then, work with a partner, taking turns to read your captions and guess which image he or she is referring to.

MODÈLE

C'est le cours de français.
Le français, c'est facile.

1. ______________________________
2. ______________________________
3. ______________________________

4. ______________________________
5. ______________________________
6. ______________________________

6 **Vous êtes...** Imagine what subjects these celebrities liked and disliked as students. In pairs, take turns playing the role of each one and guessing the answer.

MODÈLE

Étudiant(e) 1: *J'aime la physique et la chimie, mais je n'aime pas tellement les cours d'économie.*
Étudiant(e) 2: *Vous êtes Albert Einstein!*

- Albert Einstein
- Louis Pasteur
- Barack Obama
- Bill Clinton
- Christian Dior
- Le docteur Phil
- Bill Gates
- Frank Lloyd Wright

7 **Sondage** Your instructor will give you a worksheet to conduct a survey (**un sondage**). Go around the room to find people that study the subjects listed. Ask what your classmates think about their subjects. Keep a record of their answers to discuss with the class.

MODÈLE

Étudiant(e) 1: *Jean, est-ce que tu étudies (do you study) le droit?*
Étudiant(e) 2: *Oui. J'aime bien le droit. C'est un cours utile.*

Les sons et les lettres  

Audio: Concepts, Activities
Record & Compare

Liaisons

In French, the final sound of a word sometimes links with the first letter of the following word. Consonants at the end of French words are generally silent but are usually pronounced when the word that follows begins with a vowel sound. This linking of sounds is called a liaison.

À tout à l'heure! **Comment allez-vous?**

An **s** or an **x** in a liaison sounds like the letter **z**.

les étudiants **trois élèves** **six élèves** **deux hommes**

Always make a liaison between a subject pronoun and a verb that begins with a vowel sound; always make a liaison between an article and a noun that begins with a vowel sound.

nous aimons **ils ont** **un étudiant** **les ordinateurs**

Always make a liaison between **est** (a form of **être**) and a word that begins with a vowel or a vowel sound. Never make a liaison with the final consonant of a proper name.

Robert est anglais. **Paris est exceptionnelle.**

Never make a liaison with the conjunction **et** (*and*).

Carole et Hélène **Jacques et Antoinette**

Never make a liaison between a singular noun and an adjective that follows it.

un cours horrible **un instrument élégant**

Prononcez Practice saying these words and expressions aloud.

1. un examen
2. des étudiants
3. les hôtels
4. dix acteurs
5. Paul et Yvette
6. cours important
7. des informations
8. les études
9. deux hommes
10. Bernard aime
11. chocolat italien
12. Louis est

Articulez Practice saying these sentences aloud.

1. Nous aimons les arts.
2. Albert habite à Paris.
3. C'est un objet intéressant.
4. Sylvie est avec Anne.
5. Ils adorent les deux universités.

Dictons Practice reading these sayings aloud.

[1] Friends of our friends are our friends.
[2] An uninvited guest must bring his own chair.

Trop de devoirs!

Video: *Roman-photo*
Record & Compare

PERSONNAGES

Amina

Antoine

David

Rachid

Sandrine

Stéphane

ANTOINE Je déteste le cours de sciences po.

RACHID Oh? Mais pourquoi? Je n'aime pas tellement le prof, Monsieur Dupré, mais c'est un cours intéressant et utile!

ANTOINE Tu crois? Moi, je pense que c'est très difficile, et il y a beaucoup de devoirs. Avec Dupré, je travaille, mais je n'ai pas de bons résultats.

RACHID Si on est optimiste et si on travaille, on est reçu à l'examen.

ANTOINE Toi, oui, mais pas moi! Toi, tu es un étudiant brillant! Mais moi, les études, oh, là, là.

DAVID Eh! Rachid! Oh! Est-ce que tu oublies ton coloc?

RACHID Pas du tout, pas du tout. Antoine, voilà, je te présente David, mon colocataire américain.

DAVID Nous partageons un des appartements du P'tit Bistrot.

ANTOINE Le P'tit Bistrot? Sympa!

SANDRINE Salut! Alors, ça va l'université française?

DAVID Bien, oui. C'est différent de l'université américaine, mais c'est intéressant.

AMINA Tu aimes les cours?

DAVID J'aime bien les cours de littérature et d'histoire françaises. Demain on étudie *Les Trois Mousquetaires* d'Alexandre Dumas.

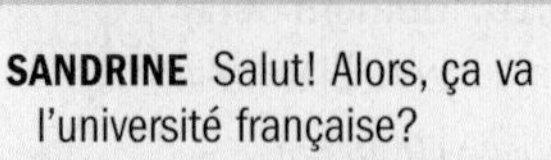

SANDRINE J'adore Dumas. Mon livre préféré, c'est *Le Comte de Monte-Cristo*.

RACHID Sandrine! S'il te plaît! *Le Comte de Monte-Cristo*?

SANDRINE Pourquoi pas? Je suis chanteuse, mais j'adore les classiques de la littérature.

DAVID Donne-moi le sac à dos, Sandrine.

Au P'tit Bistrot...

RACHID Moi, j'aime le cours de sciences po, mais Antoine n'aime pas Dupré. Il pense qu'il donne trop de devoirs.

ACTIVITÉS

1 **Vrai ou faux?** Choose whether each statement is vrai or faux.

1. Rachid et Antoine n'aiment pas le professeur Dupré.
2. Antoine aime bien le cours de sciences po.
3. Rachid et Antoine partagent (*share*) un appartement.
4. David et Rachid cherchent (*look for*) Amina et Sandrine après (*after*) les cours.
5. Le livre préféré de Sandrine est *Le Comte de Monte-Cristo*.
6. L'université française est très différente de l'université américaine.
7. Stéphane aime la chimie.
8. Monsieur Dupré est professeur de maths.
9. Antoine a (*has*) beaucoup de devoirs.
10. Stéphane adore l'anglais.

Practice more at **vhlcentral.com**.

Antoine, David, Rachid et Stéphane parlent (*talk*) de leurs (*their*) cours.

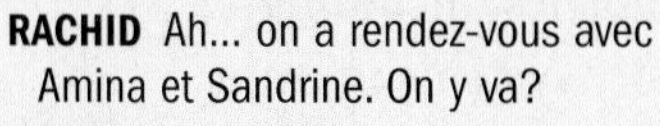

RACHID Ah... on a rendez-vous avec Amina et Sandrine. On y va?

DAVID Ah, oui, bon, ben, salut, Antoine!

ANTOINE Salut, David. À demain, Rachid!

SANDRINE Bon, Pascal, au revoir, chéri.

RACHID Bonjour, chérie. Comme j'adore parler avec toi au téléphone! Comme j'adore penser à toi!

STÉPHANE Dupré? Ha! C'est Madame Richard, mon prof de français. Elle, elle donne trop de devoirs.

AMINA Bonjour, comment ça va?

STÉPHANE Plutôt mal. Je n'aime pas Madame Richard. Je déteste les maths. La chimie n'est pas intéressante. L'histoire-géo, c'est l'horreur. Les études, c'est le désastre!

DAVID Le français, les maths, la chimie, l'histoire-géo... mais on n'étudie pas les langues étrangères au lycée en France?

STÉPHANE Si, malheureusement! Moi, j'étudie l'anglais. C'est une langue très désagréable! Oh, non, non, ha, ha, c'est une blague, ha, ha. L'anglais, j'adore l'anglais. C'est une langue charmante....

Expressions utiles

Talking about classes

- **Tu aimes les cours?**
  Do you like the classes?
- **Antoine n'aime pas Dupré.**
  Antoine doesn't like Dupré.
- **Il pense qu'il donne trop de devoirs.**
  He thinks he gives too much homework.
- **Tu crois? Mais pourquoi?**
  You think? But why?
- **Avec Dupré, je travaille, mais je n'ai pas de bons résultats.**
  With Dupré, I work, but I don't get good results (grades).
- **Demain on étudie *Les Trois Mousquetaires*.**
  Tomorrow we're studying The Three Musketeers.
- **C'est mon livre préféré.**
  It's my favorite book.

Additional vocabulary

- **On a rendez-vous.**
  We have a meeting.
- **Comme j'adore...**
  How I love...
- **parler au téléphone**
  to talk on the phone
- **C'est une blague.**
  It's a joke.
- **Si, malheureusement!**
  Yes, unfortunately!
- **On y va?**
  Let's go?
- **Eh!**
  Hey!
- **pas du tout**
  not at all
- **chéri(e)**
  darling

ACTIVITÉS

2 **Complétez** Match the people in the second column with the verbs in the first. Refer to a dictionary, the dialogue, and the video stills as necessary. Use each option once.

1. ____ travailler
2. ____ partager
3. ____ oublier
4. ____ étudier
5. ____ donner

a. Sandrine is very forgetful.
b. Rachid is very studious.
c. David can't afford his own apartment.
d. Amina is very generous.
e. Stéphane needs to get good grades.

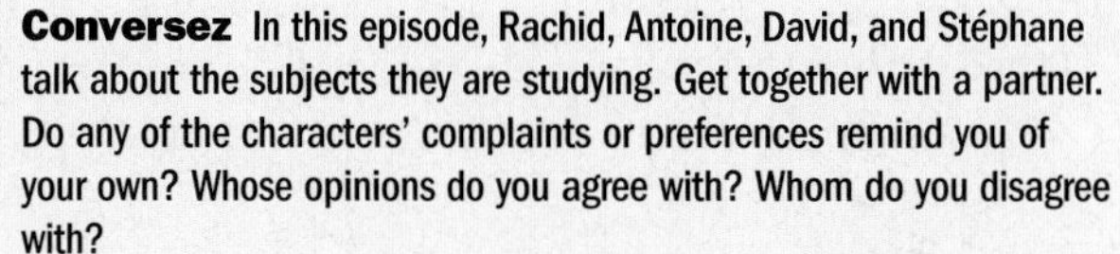

3 **Conversez** In this episode, Rachid, Antoine, David, and Stéphane talk about the subjects they are studying. Get together with a partner. Do any of the characters' complaints or preferences remind you of your own? Whose opinions do you agree with? Whom do you disagree with?

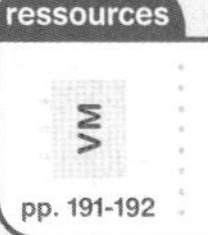

Reading
Video: *Flash culture*

CULTURE À LA LOUPE

À l'université

French students who pass le bac° may continue on to study in a university. By American standards, university tuition is low. In 1999, 29 European countries, including France, decided to reform their university systems in order to create a more uniform European system. France began implementing these reforms in 2005. As a result, French students' degrees (**diplômes**) are now accepted in most European countries. It is also easier for French students to study in other European countries for a semester, and for other European students to study in France, because studies are now organized by semesters.

Students are awarded a **Licence°** after six semesters (usually three years). If they continue their studies, they can earn a **Master°** after the fifth year and then proceed to a **Doctorat°**. If students choose technical studies, they receive a **BTS (Brevet de Technicien Supérieur)** after two years.

In addition to universities, France has an extremely competitive, elite branch of higher education called **les grandes écoles°**. These schools train most of the high-level administrators, scientists, businesspeople, and engineers in the country. There are about 300 of them, including **ENA** (**École Nationale d'Administration**), **HEC** (**Hautes° Études Commerciales**), and **IEP** (**Institut d'Études Politiques, «Sciences Po»**).

Some French universities are city-based, lacking campuses and offering few extra-curricular activities like organized sports. Others boast both a more defined campus and a great number of student **associations**. Many students live with their families, but others live in a **résidence universitaire,** or in an apartment.

Les étudiants en France	
Universités	56,1%
Sections de Techniciens Supérieurs	10,3%
Autres Écoles ou Formations	8,3%
Écoles Paramédicales et Sociales	5,4%
Instituts Universitaires de Technologie	4,7%
Formation d'Ingénieurs	5,7%
Classes Préparatoires aux Grandes Écoles	3,8%
Instituts Universitaires de Formation de Maîtres°	5,3%
Écoles de Commerce°	5,4%

SOURCE: Ministère de l'Éducation nationale

bac *exit exam taken after high school* **Licence** *the equivalent of a Bachelor's degree* **Master** *Master's degree* **Doctorat** *Ph.D.* **grandes écoles** *competitive, prestigious university-level schools* **Hautes** *High* **Formation de Maîtres** *teacher training* **Écoles de Commerce** *business schools*

ACTIVITÉS

1 Vrai ou faux? Indicate whether each statement is **vrai** or **faux**. Correct the false statements.

1. French university students can earn a **Licence** after only three years of study.
2. It takes five years to earn a **BTS**.
3. Entry into the **grandes écoles** is not competitive.
4. The **grandes écoles** train high-level engineers.
5. Some French universities lack campuses.
6. Extra-curricular activities are uncommon in some French universities.
7. All French students live at home with their families.
8. Most French students choose not to attend university.
9. More French students study business than engineering.
10. Some French students are studying for a teaching degree.

Practice more at **vhlcentral.com**.

STRATÉGIE

Personal experiences

New words and concepts in French won't catch you off guard if you associate them with something you've experienced personally. Use what you infer about a reading's topic from studying the photos, titles, and captions on the page, and consider your own experiences in that area. Later, as you read the selection carefully and understand the topic better, continue making associations drawn from personal experiences.

PORTRAIT

L'Université Laval

Un cours de français au Québec, ça vous dit?° Avec le programme «Français pour non-francophones», les étudiants étrangers peuvent apprendre° le français. Fondée° au XVIIe (dix-septième) siècle° à Québec, l'Université Laval est l'université francophone la plus ancienne° du continent américain. Les études offertes sont diverses et d'excellente qualité: les sciences humaines, la littérature, la musique, la foresterie, les technologies, les sciences. Laval est un grand centre universitaire canadien pour la recherche° scientifique. Il existe même° un astéroïde dans le système solaire qui porte le nom de° l'université!

ça vous dit? *what do you think?* **peuvent apprendre** *can learn* **Fondée** *Founded* **siècle** *century* **la plus ancienne** *the oldest* **recherche** *research* **même** *even* **porte le nom de** *is named after*

Coup de main

In French, a superscript -e following a numeral tells you that it is an ordinal number. It is the equivalent of a -th after a numeral in English: **4**e (quatrième) = *4th*.

LE MONDE FRANCOPHONE

Des universités francophones

Voici quelques-unes° des universités du monde francophone où vous pouvez étudier°.

En Belgique Université Libre de Bruxelles

En Côte d'Ivoire Université d'Abobo-Adjamé

En France Université de Paris

Au Maroc Université Mohammed V Souissi à Rabat

En Polynésie française Université de la Polynésie française, à Faa'a, à Tahiti

Au Québec Université de Montréal

Au Sénégal Université Cheikh Anta Diop de Dakar

En Suisse Université de Genève

En Tunisie Université Libre de Tunis

quelques-unes *some* **où vous pouvez étudier** *where you can study*

Sur Internet

Quelles (*What*) sont les caractéristiques d'un campus universitaire en France?

Go to **vhlcentral.com** to find more cultural information related to this **Lecture Culturelle.** Then watch the corresponding **Flash culture.**

ACTIVITÉS

2 Vrai ou faux? Indicate whether each statement is **vrai** or **faux.**

1. Les étudiants étrangers peuvent étudier le français à l'Université Laval.
2. L'Université Laval est l'université francophone la plus ancienne du monde (*world*).
3. Laval offre une grande diversité de cours.
4. Laval est un grand centre universitaire de recherche artistique.
5. Une planète porte le nom de l'université.

3 Les cours Research two of the universities mentioned in **Le monde francophone** and make a list in French of at least five courses taught at each. You may search in your library or online.

Practice more at **vhlcentral.com.**

STRUCTURES

2A.1 Present tense of regular *-er* verbs

- The infinitives of most French verbs end in **-er**. To form the present tense of regular **-er** verbs, drop the **-er** from the infinitive and add the corresponding endings for the different subject pronouns. This chart demonstrates how to conjugate regular **-er** verbs.

parler (to speak)			
je parle	*I speak*	**nous parlons**	*we speak*
tu parles	*you speak*	**vous parlez**	*you speak*
il/elle/on parle	*he/she/it/one speaks*	**ils/elles parlent**	*they speak*

- Here are some other verbs that are conjugated the same way as **parler**.

Common *-er* verbs			
adorer	*to love; to adore*	**habiter (à)**	*to live (in)*
aimer	*to like; to love*	**manger**	*to eat*
aimer mieux	*to prefer (to like better)*	**oublier**	*to forget*
arriver	*to arrive*	**partager**	*to share*
chercher	*to look for*	**penser (que/qu'...)**	*to think (that...)*
commencer	*to begin, to start*	**regarder**	*to look (at)*
dessiner	*to draw; to design*	**rencontrer**	*to meet*
détester	*to hate*	**retrouver**	*to meet up with; to find (again)*
donner	*to give*	**travailler**	*to work*
étudier	*to study*	**voyager**	*to travel*

- Note that **je** becomes **j'** when it appears before a verb that begins with a vowel sound.

  J'habite à Bruxelles.
  I live in Brussels.

  J'étudie la psychologie.
  I study psychology.

- With the verbs **adorer**, **aimer**, and **détester**, use the definite article before a noun to tell what someone loves, likes, prefers, or hates.

  J'aime mieux **l'**art.
  I prefer art.

  Marine déteste **les** devoirs.
  Marine hates homework.

- Use infinitive forms after the verbs **adorer**, **aimer**, and **détester** to say that you like (or hate, etc.) to do something. Only the first verb should be conjugated.

  Ils **adorent travailler** ici.
  They love to work here.

  Ils **détestent étudier** ensemble.
  They hate to study together.

- The present tense in French can be translated in different ways in English. The English equivalent for a sentence depends on its context.

  Éric et Nadine **étudient** le droit.
  Éric and Nadine study law.
  Éric and Nadine are studying law.
  Éric and Nadine do study law.

  Nous **travaillons** à Paris.
  We work in Paris.
  We are working in Paris.
  We do work in Paris.

- Sometimes the present tense can be used to indicate an event in the near future, in which case it can be translated using *will* in English.

  Je **retrouve** le professeur demain.
  I will meet up with the professor tomorrow.

  Elles **arrivent** à Dijon demain.
  They will arrive in Dijon tomorrow.

Boîte à outils

To express yourself with greater accuracy, use these adverbs: **assez** (*enough*), **d'habitude** (*usually*), **de temps en temps** (*from time to time*), **parfois** (*sometimes*), **quelquefois** (*sometimes*), **rarement** (*rarely*), **souvent** (*often*), **toujours** (*always*).

- Verbs ending in **-ger** (**manger**, **partager**, **voyager**) and **-cer** (**commencer**) have a spelling change in the **nous** form. All the other forms are the same as regular **-er** verbs.

manger	commencer
je mange	**je commence**
tu manges	**tu commences**
il/elle/on mange	**il/elle/on commence**
nous mangeons	**nous commençons**
vous mangez	**vous commencez**
ils/elles mangent	**ils/elles commencent**

Nous **voyageons** avec une amie.
We are traveling with a friend.

Nous **commençons** les devoirs.
We are starting the homework.

- Unlike the English *to look for,* the French **chercher** requires no preposition before the noun that follows it.

Nous **cherchons les stylos**.
We are looking for the pens.

Vous **cherchez la montre**?
Are you looking for the watch?

Boîte à outils

The spelling change in the **nous** form is made in order to maintain the same sound that the **c** and the **g** make in the infinitives **commencer** and **manger.**

Essayez! **Complete the sentences with the correct present tense forms of the verbs.**

1. Je *parle* (parler) français en classe.
2. Nous ________ (habiter) près de (*near*) l'université.
3. Ils ________ (aimer) le cours de sciences politiques.
4. Vous ________ (manger) en classe?!
5. Le cours ________ (commencer) à huit heures (*at eight o'clock*).
6. Marie-Claire ________ (chercher) un stylo.
7. Nous ________ (partager) un crayon en cours de maths.
8. Tu ________ (étudier) l'économie.
9. Les élèves ________ (voyager) en France.
10. Nous ________ (adorer) le prof d'anglais.
11. Je ________ (rencontrer) Laure parfois au gymnase.
12. Tu ________ (donner) des cours de musique?

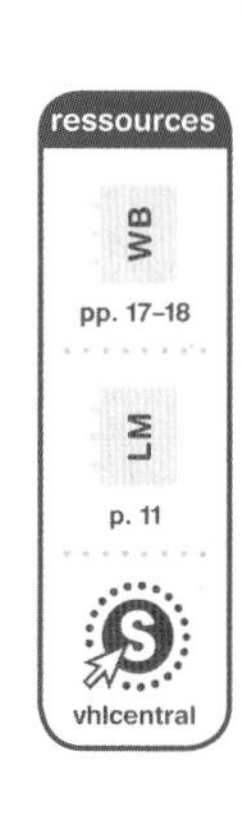

STRUCTURES

Mise en pratique

1 Complétez Complete the conversation with the correct forms of the verbs.

ARTHUR Tu (1) __________ (parler) bien français!

OLIVIER Mon colocataire Marc et moi, nous (2) __________ (retrouver) un professeur de français et nous (3) __________ (étudier) ensemble. Et toi, tu (4) __________ (travailler)?

ARTHUR Non, j' (5) __________ (étudier) l'art et l'économie. Je (6) __________ (dessiner) bien et j' (7) __________ (aimer) beaucoup l'art moderne. Marc et toi, vous (8) __________ (habiter) à Paris?

2 Phrases Form sentences using the words provided. Conjugate the verbs and add any necessary words.

1. je / oublier / devoir de littérature
2. nous / commencer / études supérieures
3. vous / rencontrer / amis / à / fac
4. Hélène / détester / travailler
5. tu / chercher / cours / facile
6. élèves / arriver / avec / dictionnaires

3 Après l'école Say what Stéphanie and her friends are doing after (**après**) school.

▶ **MODÈLE**

Nathalie cherche un livre.

1. André ______ à la bibliothèque.
2. Édouard ______ Caroline au café.
3. Jérôme et moi, nous ______.
4. Julien et Audrey ______ avec Simon.
5. Robin et toi, vous ______ avec la classe.
6. Je ______.

4 Le verbe logique Complete the following sentences logically with the correct form of an **-er** verb.

1. La gestion, c'est très difficile. Je __________ !
2. Qu'est-ce que tu __________ dans le sac à dos?
3. Nous __________ souvent au resto U.
4. Tristan et Irène __________ toujours les clés (*keys*).
5. Le film __________ dans dix minutes.
6. Yves et toi, vous __________ que Martine est charmante?
7. M. et Mme Legrand __________ à Paris.
8. On n'aime pas __________ la télévision.

Communication

5 **Activités** In pairs, tell your partner which of these activities you and your roommate both do. Then, share your partner's answers with the class. Later, get together with a second partner and report to the class again.

MODÈLE

Étudiant(e) 1: *Nous parlons au téléphone, nous...*
Étudiant(e) 2: *Nous partageons un appartement, nous...*
Étudiant(e) 1: *Ils/Elles partagent un appartment, ils/elles...*
Étudiant(e) 2: *Ils/Elles parlent au téléphone, ils/elles...*

manger au resto U
partager un appartement
retrouver des amis au café
travailler
étudier une langue étrangère
commencer les devoirs
arriver en classe
voyager

6 **Les études** In pairs, take turns asking your partner if he or she likes one academic subject or another. If you don't like a subject, mention one you do like. Then, use **tous** (*m.*)/**toutes** (*f.*) **les deux** (*both of us*) to tell the class what subjects both of you like or hate.

MODÈLE

Étudiant(e) 1: *Tu aimes la chimie?*
Étudiant(e) 2: *Non, je déteste la chimie. J'aime mieux les langues.*
Étudiant(e) 1: *Moi aussi... Nous adorons tous/toutes les deux les langues.*

7 **Un sondage** In groups of three, survey your partners to find out how frequently they do certain activities. First, prepare a chart with a list of eight activities. Then take turns asking your partners how often they do each one, and record each person's response.

MODÈLE

Étudiant(e) 1: *Moi, je dessine rarement. Et toi?*
Étudiant(e) 2: *Moi aussi, je dessine rarement.*
Étudiant(e) 3: *Moi, je dessine parfois.*

Activité	souvent	parfois	rarement
dessiner		Sara	David Clara
voyager	Clara David Sara		

8 **Adorer, aimer, détester** In groups of four, ask each other if you like to do these activities. Then, use adjectives to tell why you like them or not and say whether you do them often (**souvent**), sometimes (**parfois**), or rarely (**rarement**).

MODÈLE

Étudiant(e) 1: *Tu aimes voyager?*
Étudiant(e) 2: *Oui, j'adore voyager. C'est amusant! Je voyage souvent.*
Étudiant(e) 3: *Moi, je déteste voyager. C'est désagréable! Je voyage rarement.*

dessiner
étudier le week-end
manger au restaurant
oublier les devoirs
parler avec les professeurs
partager un appartement
retrouver des amis
travailler à la bibliothèque
voyager

2A.2

Forming questions and expressing negation

Point de départ You have already learned how to make statements about yourself and others. Now you will learn how to ask questions, which are important for gathering information, and how to make statements and questions negative.

Presentation

Forming questions

Boîte à outils

Note the statements that correspond to the questions on the right:

Vous habitez à Bordeaux.

Tu aimes le cours de français.

- There are four principal ways to ask a question in French. The first and simplest way to ask a question when speaking is to make a statement but with rising intonation. In writing, simply put a question mark at the end. This method is considered informal.

Vous habitez à Bordeaux?	**Tu aimes le cours de français?**
You live in Bordeaux?	*You like French class?*

- A second way is to place the phrase **Est-ce que...** directly before a statement. This turns it into a question. If the next word begins with a vowel sound, use **Est-ce qu'**. Questions with **est-ce que** are somewhat formal.

Est-ce que vous parlez français?	**Est-ce qu'**il aime dessiner?
Do you speak French?	*Does he like to draw?*

- A third way is to end a statement with a tag question, such as **n'est-ce pas?** (*isn't that right?*) or **d'accord?** (*OK?*). This method can be formal or informal.

Nous mangeons à midi, **n'est-ce pas**?	On commence à deux heures, **d'accord**?
We eat at noon, don't we?	*We're starting at two o'clock, OK?*

Boîte à outils

Note the statements that correspond to the questions on the right:

Vous parlez français.

Il mange à midi.

Elle est étudiante.

- A fourth way is to invert the order of the subject pronoun and the verb and place a hyphen between them. If the verb ends in a vowel and the subject pronoun begins with one (e.g., **il**, **elle**, or **on**), insert **-t-** between the verb and the pronoun to make pronunciation easier. Inversion is considered more formal.

Parlez-vous français?	**Mange-t-il** à midi?	**Est-elle** étudiante?
Do you speak French?	*Does he eat at noon?*	*Is she a student?*

Boîte à outils

Note the statements that correspond to the questions on the right:

Le professeur parle français.

Nina arrive demain.

Les étudiants mangent au resto U.

Rachid et toi, vous étudiez l'économie.

- If the subject is a noun rather than a pronoun, place the noun at the beginning of the question followed by the inverted verb and pronoun.

Le professeur parle-t-il français?	**Nina arrive-t-elle** demain?
Does the professor speak French?	*Does Nina arrive tomorrow?*
Les étudiants mangent-ils au resto U?	**Rachid et toi étudiez-vous** l'économie?
Do the students eat at the university?	*Do you and Rachid study Economics?*

- The inverted form of **il y a** is **y a-t-il**. **C'est** becomes **est-ce**.

Y a-t-il une horloge dans la classe?	**Est-ce** le professeur de lettres?
Is there a clock in the class?	*Is he the humanities professor?*

- Use **pourquoi** to ask *why?* Use **parce que** (**parce qu'** before a vowel sound) to answer *because.*

Pourquoi retrouves-tu Sophie ici?	**Parce qu'**elle habite près d'ici.
Why are you meeting Sophie here?	*Because she lives near here.*

Boîte à outils

You can use any question word before **est-ce que**. Example: **Que** as in **Qu'est-ce que c'est?**

- You can use **est-ce que** after **pourquoi** to form a question. With **est-ce que**, you don't use inversion.

Pourquoi détestes-tu la chimie?	**Pourquoi est-ce que** tu détestes la chimie?
Why do you hate Chemistry?	*Why do you hate Chemistry?*

Expressing negation

- To make a sentence negative in French, place **ne** (**n'** before a vowel sound) before the conjugated verb and **pas** after it.

  Je **ne dessine pas** bien.
  I don't draw well.

  Elles **n'étudient pas** la chimie.
  They don't study chemistry.

- In the construction [*conjugated verb + infinitive*], **ne** (**n'**) comes before the conjugated verb and **pas** after it.

  Abdel **n'aime pas étudier**.
  Abdel doesn't like to study.

  Vous **ne détestez pas travailler**?
  You don't hate to work?

- In questions with inversion, place **ne** before the inversion and **pas** after it.

  Abdel **n'aime-t-il pas** étudier?
  Doesn't Abdel like to study?

  Ne détestez-vous pas travailler?
  Don't you hate to work?

- Use these expressions to respond to a statement or a question that requires a *yes* or *no* answer.

Expressions of agreement and disagreement

oui	*yes*	**(mais) non**	*no (but of course not)*
bien sûr	*of course*	**pas du tout**	*not at all*
moi/toi non plus	*me/you neither*	**peut-être**	*maybe, perhaps*

Vous mangez souvent au resto U?
Do you eat often in the cafeteria?

Non, pas du tout.
No, not at all.

- Use **si** instead of **oui** to contradict a negative question.

  Parles-tu à Daniel?
  Are you talking to Daniel?

  Oui.
  Yes.

  Ne parles-tu pas à Daniel?
  Aren't you talking to Daniel?

  Si!
  Yes (I am)!

Note the affirmative statements that correspond to the negative ones on the left:

Je dessine bien.

Elles étudient la chimie.

Essayez! Make questions out of these statements. Use **est-ce que/qu'** in items 1–6 and inversion in 7–12.

	Statement	Question
1.	Vous mangez au resto U.	Est-ce que vous mangez au resto U?
2.	Ils adorent les devoirs.	______
3.	La biologie est difficile.	______
4.	Tu travailles.	______
5.	Elles cherchent le prof.	______
6.	Aude voyage beaucoup.	______
7.	Vous arrivez demain.	Arrivez-vous demain?
8.	L'étudiante oublie le livre.	______
9.	La physique est utile.	______
10.	Il y a deux salles de classe.	______
11.	Ils n'habitent pas à Québec.	______
12.	C'est le professeur de gestion.	______

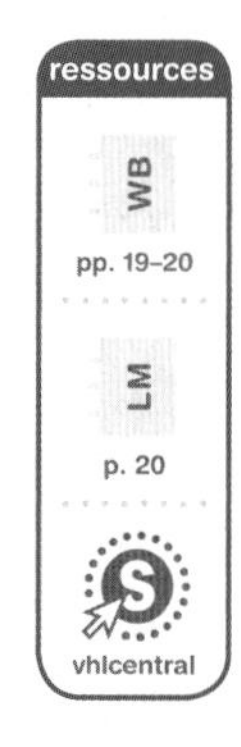

STRUCTURES

Mise en pratique

1 **L'inversion** Restate the questions using inversion.

1. Est-ce que vous parlez espagnol?
2. Est-ce qu'il étudie à Paris?
3. Est-ce qu'ils voyagent avec des amis?
4. Est-ce que tu aimes les cours de langues?
5. Est-ce que le professeur parle anglais?
6. Est-ce que les étudiants aiment dessiner?

2 **Les questions** Ask the questions that correspond to the answers. Use **est-ce que/qu'** and inversion for each item.

MODÈLE

Nous habitons sur le campus.
Est-ce que vous habitez sur le campus? / Habitez-vous sur le campus?

1. Il mange au resto U.
2. J'oublie les examens.
3. François déteste les maths.
4. Nous adorons voyager.
5. Les cours ne commencent pas demain.
6. Les étudiantes arrivent en classe.

3 **Complétez** Complete the conversation with the correct questions for the answers given. Act it out with a partner.

MYLÈNE Salut, Arnaud. Ça va?

ARNAUD Oui, ça va. Alors (*So*)... (1) ______________

MYLÈNE J'adore le cours de sciences po, mais je déteste l'informatique.

ARNAUD (2) ______________________________

MYLÈNE Parce que le prof est très strict.

ARNAUD (3) ______________________________

MYLÈNE Oui, il y a des étudiants sympathiques... Et demain? (4) ______________

ARNAUD Peut-être, mais demain je retrouve aussi Dominique.

MYLÈNE (5) ____________________

ARNAUD Pas du tout!

Communication

4 **Au café** In pairs, take turns asking each other questions about the drawing. Use verbs from the list.

MODÈLE

Étudiant(e) 1: *Monsieur Laurent parle à Madame Martin, n'est-ce pas?*
Étudiant(e) 2: *Mais non. Il déteste parler!*

arriver	dessiner	manger	partager
chercher	étudier	oublier	rencontrer

5 **Questions** You and your partner want to get to know each other better. Take turns asking each other questions. Modify or add elements as needed.

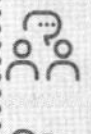

MODÈLE aimer / l'art

Étudiant(e) 1: *Est-ce que tu aimes l'art?*
Étudiant(e) 2: *Oui, j'adore l'art.*

1. habiter / à l'université
2. étudier / avec / amis
3. penser qu'il y a / cours / intéressant / à la fac
4. cours de sciences / être / facile
5. aimer mieux / biologie / ou / physique
6. retrouver / copains / au resto U

6 **Confirmez** In groups of three, confirm whether the statements are true of your school. Correct any untrue statements by making them negative.

MODÈLE

Les profs sont désagréables.
Pas du tout, les profs ne sont pas désagréables.

1. Les cours d'informatique sont inutiles.
2. Il y a des étudiants de nationalité allemande.
3. Nous mangeons une cuisine excellente au resto U.
4. Tous (*All*) les étudiants habitent sur le campus.
5. Les cours de chimie sont faciles.
6. Nous travaillons pour obtenir un diplôme.

Révision

1 **Des styles différents** In pairs, compare these two very different classes. Then, tell your partner which class you prefer and why.

2 **Les activités** In pairs, discuss whether these expressions apply to both of you. React to every answer you hear.

MODÈLE

Étudiant(e) 1: *Est-ce que tu étudies le week-end?*
Étudiant(e) 2: *Non! Je n'aime pas travailler le week-end.*
Étudiant(e) 1: *Moi non plus. J'aime mieux travailler le soir.*

1. adorer le resto U
2. être reçu(e) à un examen difficile
3. étudier au café
4. manger souvent (*often*) des sushis
5. oublier les devoirs
6. parler espagnol
7. travailler le soir à la bibliothèque
8. voyager souvent

3 **Le campus** In pairs, prepare ten questions inspired by the list and what you know about your campus. Together, survey as many classmates as possible to find out what they like and dislike on campus.

MODÈLE

Étudiant(e) 1: *Est-ce que tu aimes travailler à la bibliothèque?*
Étudiant(e) 2: *Non, pas trop. Je travaille plutôt au café.*

bibliothèque	étudiant	resto U
bureau	gymnase	salle de classe
cours	librairie	salle d'ordinateurs

4 **Pourquoi?** Survey as many classmates as possible to find out if they like these academic subjects and why. Ask what adjectives they would pick to describe them. Tally the most popular answers for each subject.

MODÈLE

Étudiant(e) 1: *Est-ce que tu aimes la philosophie?*
Étudiant(e) 2: *Pas tellement.*
Étudiant(e) 1: *Pourquoi?*
Étudiant(e) 2: *Parce que c'est trop difficile.*

1. la biologie	a. agréable
2. la chimie	b. amusant
3. l'histoire de l'art	c. désagréable
4. l'économie	d. difficile
5. la gestion	e. facile
6. les langues	f. important
7. les mathématiques	g. inutile
8. la psychologie	h. utile

5 **Les conversations** In pairs, act out a short conversation between the people shown in each drawing. They should greet each other, describe what they are doing, and discuss their likes or dislikes. Choose your favorite skit and role-play it for another pair.

MODÈLE

Étudiant(e) 1: *Bonjour, Aurélie.*
Étudiant(e) 2: *Salut! Tu travailles, n'est-ce pas?*

6 **Les portraits** Your instructor will give you and a partner a set of drawings showing the likes and dislikes of eight people. Discuss each person's tastes. Do not look at each other's worksheet.

MODÈLE

Étudiant(e) 1: *Sarah n'aime pas travailler.*
Étudiant(e) 2: *Mais elle adore manger.*

À vos marques, prêts°... étudiez!

The University of Moncton was founded in 1963 and is the largest French-speaking university in Canada outside Quebec. Its three campuses of Edmunston, Moncton, and Shippagan are located in New Brunswick. Students come from the local francophone region of Acadia, from other Canadian provinces, and from countries around the world such as Guinea, Haiti, and Morocco.

The mission of the University of Moncton is not only to foster the academic development of these students but also to offer them a nurturing environment that will encourage their personal and social growth.

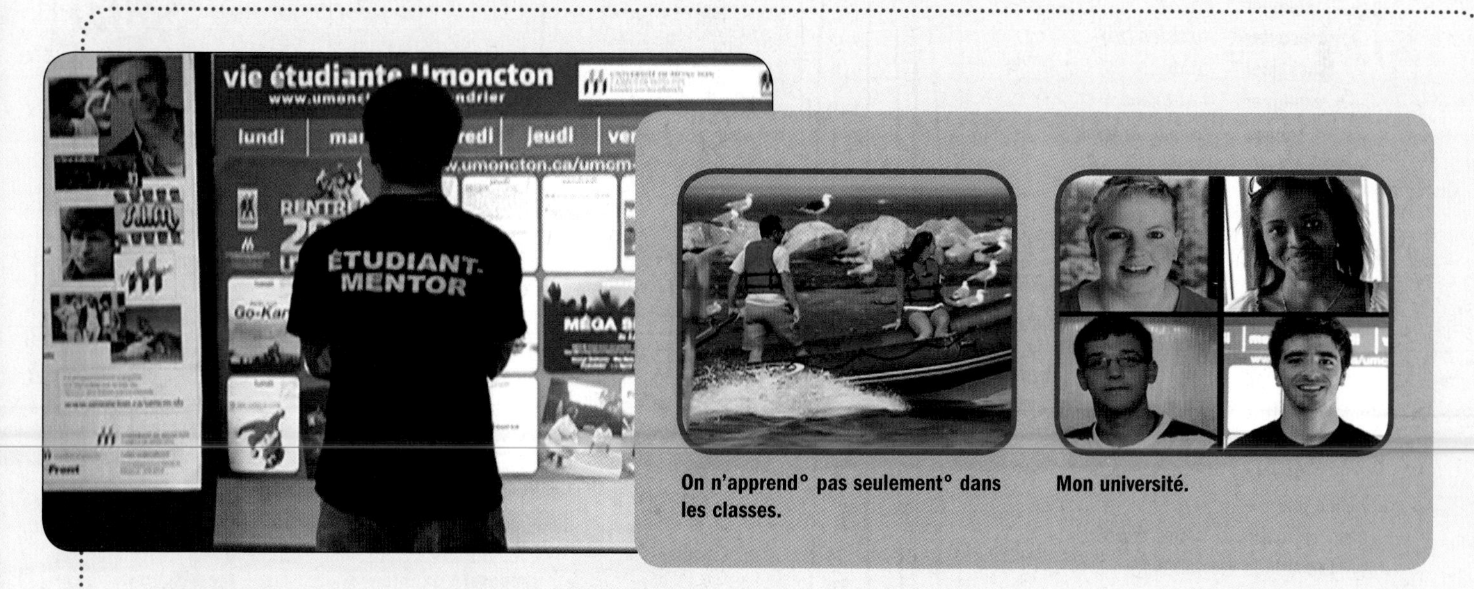

On n'apprend° pas seulement° dans les classes.

Mon université.

Compréhension Answer these questions.

1. What are the three kinds of activities offered at the University of Moncton?
2. Give examples of each type of activity.
3. Where does learning take place at the University of Moncton?
4. Do students receive a lot of attention from their professors? Explain.

Discussion In pairs, discuss the answers to these questions.

1. What are the University of Moncton's strengths?
2. Would you like to study there? Explain.

À vos marques, prêts *Ready, set* **apprend** *learn* **seulement** *only*

Go to **vhlcentral.com** to watch the TV clip featured in this **Le Zapping**.

Practice more at **vhlcentral.com**.

Leçon 2B

You will learn how to...
- say when things happen
- discuss your schedule

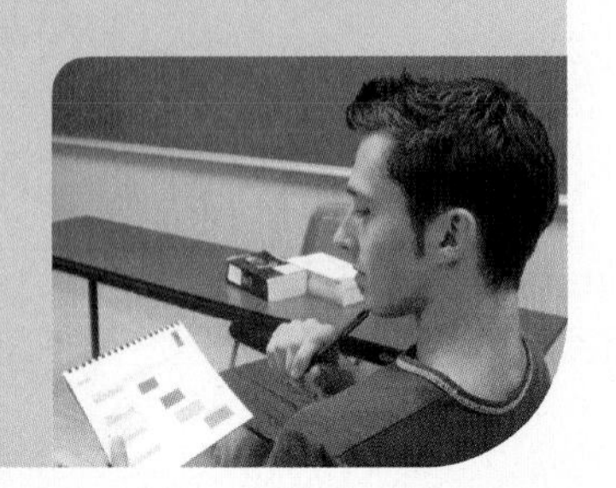

Une semaine à la fac

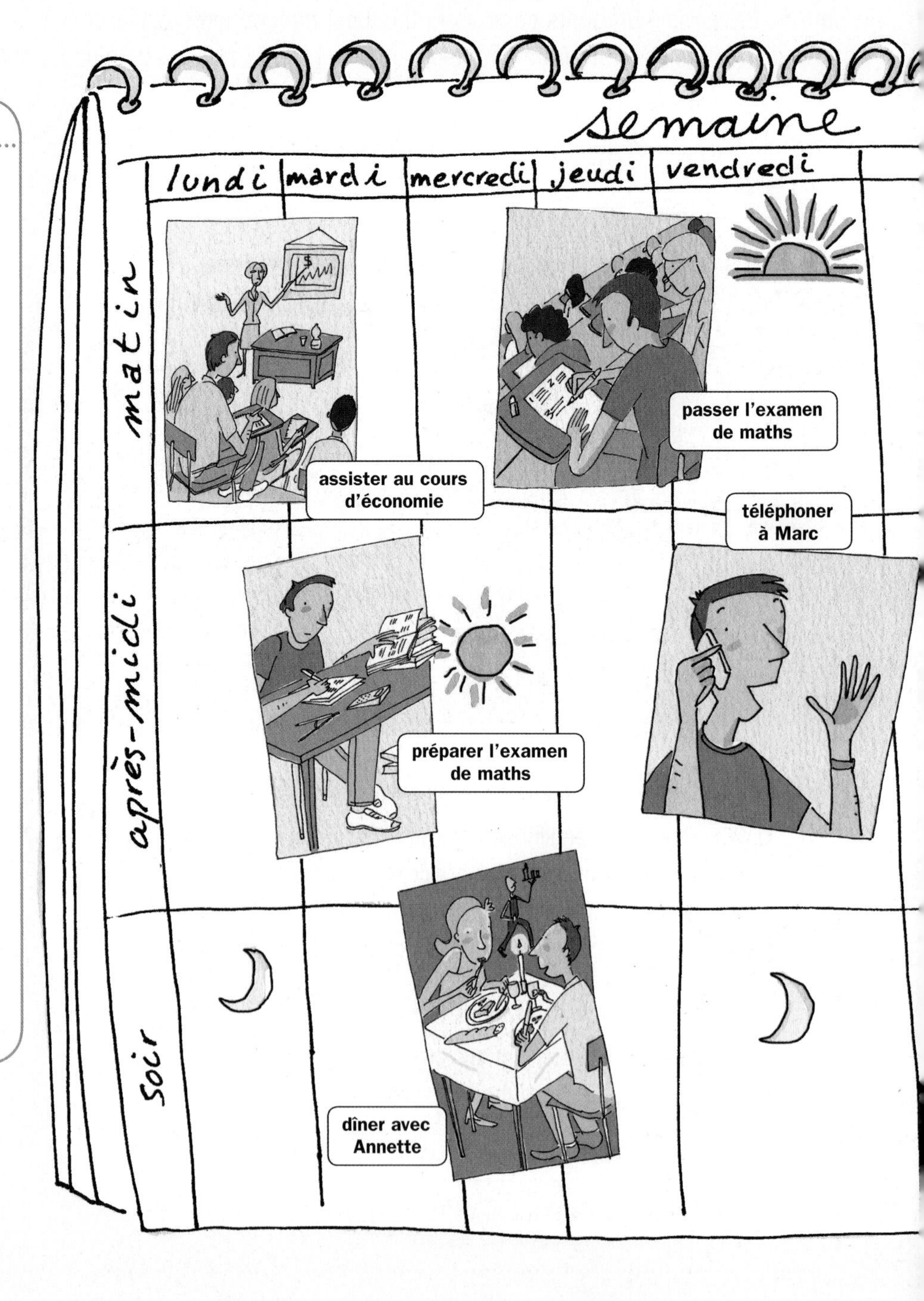

Vocabulaire

demander	*to ask*
échouer	*to fail*
écouter	*to listen (to)*
enseigner	*to teach*
expliquer	*to explain*
trouver	*to find; to think*
Quel jour sommes-nous?	*What day is it?*
un an	*year*
une/cette année	*one/this year*
après	*after*
après-demain	*day after tomorrow*
un/cet après-midi	*a/this afternoon*
aujourd'hui	*today*
demain (matin/ après-midi/soir)	*tomorrow (morning/ afternoon/evening)*
un jour	*day*
une journée	*day*
un/ce matin	*a/this morning*
la matinée	*morning*
un mois/ce mois-ci	*month/this month*
une/cette nuit	*a/this night*
une/cette semaine	*a/this week*
un/ce soir	*an/this evening*
une soirée	*evening*
un/le/ce week-end	*a/the/this weekend*
dernier/dernière	*last*
premier/première	*first*
prochain(e)	*next*

ressources

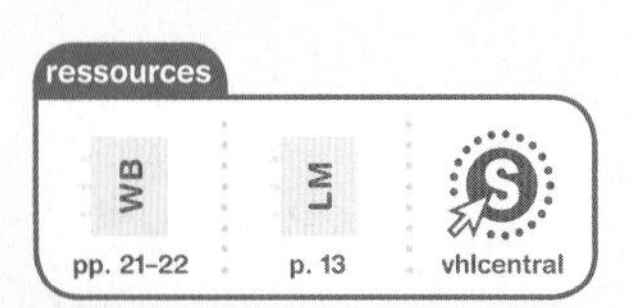

Mise en pratique

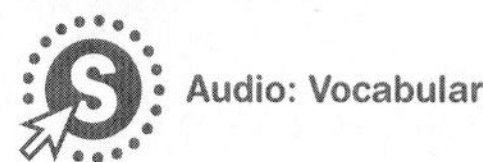

Attention!

Use the masculine definite article **le** + [*day of the week*] when an activity is done on a weekly basis. Omit **le** when it is done on a specific day.

Le prof enseigne le lundi.
The professor teaches on Mondays.

Je passe un examen lundi.
I'm taking a test on Monday.

samedi | dimanche

visiter Paris avec Annette

rentrer à la maison

1 Écoutez You will hear Lorraine describing her schedule. Listen carefully and indicate whether the statements are **vrai** or **faux**.

	Vrai	Faux
1. Lorraine étudie à l'université le soir.	☐	☐
2. Elle trouve le cours de mathématiques facile.	☐	☐
3. Elle étudie le week-end.	☐	☐
4. Lorraine étudie la chimie le mardi et le jeudi matin.	☐	☐
5. Le professeur de mathématiques explique bien.	☐	☐
6. Lorraine regarde la télévision, écoute de la musique ou téléphone à Claire et Anne le soir.	☐	☐
7. Lorraine travaille dans (*in*) une librairie.	☐	☐
8. Elle étudie l'histoire le mardi et le jeudi matin.	☐	☐
9. Lorraine adore dîner avec sa famille le week-end.	☐	☐
10. Lorraine rentre à la maison le soir.	☐	☐

2 La classe de Mme Arnaud Complete this paragraph by selecting the correct verb from the list below. Make sure to conjugate the verb. Some verbs will not be used.

demander	expliquer	rentrer
écouter	passer un examen	travailler
enseigner	préparer	trouver
étudier	regarder	visiter

Madame Arnaud (1) ______________ à l'université. Elle (2) ______________ un cours de français. Elle (3) ______________ les verbes et la grammaire aux étudiants. Le vendredi, en classe, les étudiants (4) ______________ une vidéo en français ou (*or*) (5) ______________ de la musique française. Ce week-end, ils (6) ______________ pour (*for*) (7) ______________ un examen très difficile lundi matin. Je (8) ______________ beaucoup pour ce cours, mais mes (*my*) amis et moi, nous (9) ______________ la classe sympa.

3 Quel jour sommes-nous? Complete each statement with the correct day of the week.

1. Aujourd'hui, c'est ______________.
2. Demain, c'est ______________.
3. Après-demain, c'est ______________.
4. Le week-end, c'est le ______________.
5. Le premier jour de la semaine en France, c'est le ______________.
6. Les jours du cours de français sont ______________.
7. Mon (*My*) jour préféré de la semaine, c'est le ______________.
8. Je travaille à la bibliothèque le ______________.

Communication

4  

Conversez Interview a classmate.

1. Quel jour sommes-nous?
2. Quand est le prochain cours de français?
3. Quand rentres-tu à la maison? Demain soir? Après-demain?
4. Est-ce que tu prépares un examen cette année?
5. Est-ce que tu écoutes la radio? Quel genre de musique aimes-tu?
6. Quand téléphones-tu à des amis?
7. Est-ce que tu regardes la télévision le matin, l'après-midi ou (*or*) le soir?
8. Est-ce que tu dînes dans un restaurant ce mois-ci?

5 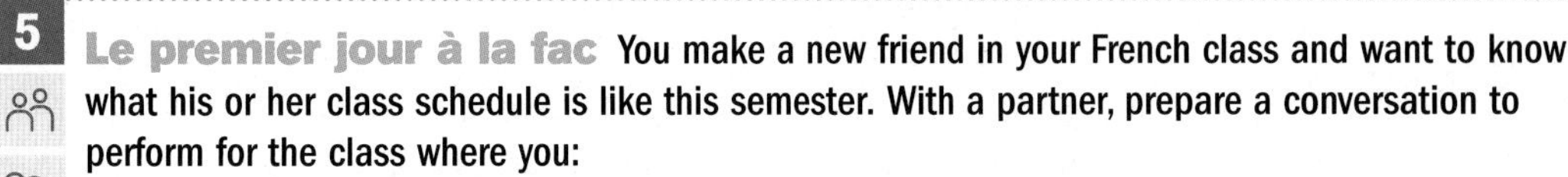 

Le premier jour à la fac You make a new friend in your French class and want to know what his or her class schedule is like this semester. With a partner, prepare a conversation to perform for the class where you:

- ask his or her name
- ask what classes he or she is taking
- ask on which days of the week he or she has class
- ask at which times of day (morning, afternoon, or evening) he or she has class

6 **Bataille navale** Your instructor will give you a worksheet. Choose four spaces on your chart and mark them with a battleship. In pairs, formulate questions by using the subjects in the first column and the verbs in the first row to find out where your partner has placed his or her battleships. Whoever "sinks" the most battleships wins.

MODÈLE

Étudiant(e) 1: Est-ce que Luc et Sabine travaillent le week-end?

Étudiant(e) 2: Oui, ils travaillent le week-end. (*if you marked that square*)

Non, ils ne travaillent pas le week-end. (*if you didn't mark that square*)

	enseigner	travailler
Marie		
Luc et Sabine		(battleship)

7 **Le week-end** Fill out the schedule below with your typical weekend activities. Use the verbs you know. Compare your schedule with a classmate's, and talk about the different activities that you do and when. Be prepared to discuss your results with the class.

	Moi	Nom
Le vendredi soir		
Le samedi matin		
Le samedi après-midi		
Le samedi soir		
Le dimanche matin		
Le dimanche après-midi		
Le dimanche soir		

Les sons et les lettres 

Audio: Concepts, Activities
Record & Compare

The letter r

The French **r** is very different from the English *r*. In English, an *r* is pronounced in the middle and toward the front of the mouth. The French **r** is pronounced in the throat.

You have seen that an **-er** at the end of a word is usually pronounced **-ay**, as in the English word *way*, but without the glide sound.

chanter **manger** **expliquer** **aimer**

In most other circumstances, the French **r** has a very different sound. Pronunciation of the French **r** varies according to its position in a word. Note the different ways the **r** is pronounced in these words.

rivière **littérature** **ordinateur** **devoir**

If an **r** falls between two vowels or before a vowel, it is pronounced with slightly more friction.

rare **garage** **Europe** **rose**

An **r** sound before a consonant or at the end of a word is pronounced with slightly less friction.

porte **bourse** **adore** **jour**

Prononcez Practice saying the following words aloud.

1. crayon
2. professeur
3. plaisir
4. différent
5. terrible
6. architecture
7. trouver
8. restaurant
9. rentrer
10. regarder
11. lettres
12. réservé
13. être
14. dernière
15. arriver
16. après

Articulez Practice saying the following sentences aloud.

1. Au revoir, Professeur Colbert!
2. Rose arrive en retard mardi.
3. Mercredi, c'est le dernier jour des cours.
4. Robert et Roger adorent écouter la radio.
5. La corbeille à papier, c'est quarante-quatre euros!
6. Les parents de Richard sont brillants et très agréables.

Dictons Practice reading these sayings aloud.

Quand le renard prêche, gare aux oies.[2]

Qui ne risque rien n'a rien.[1]

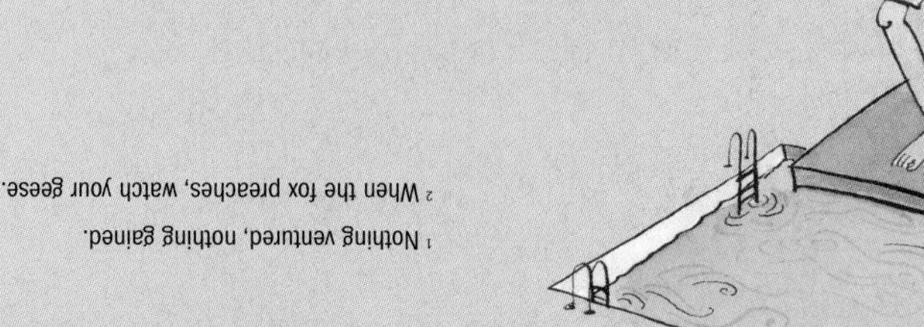

[1] Nothing ventured, nothing gained.
[2] When the fox preaches, watch your geese.

ROMAN-PHOTO

On trouve une solution.

PERSONNAGES

Amina

Astrid

David

Rachid

Sandrine

Stéphane

À la terrasse du café...

RACHID Alors, on a rendez-vous avec David demain à cinq heures moins le quart, pour rentrer chez nous.

SANDRINE Aujourd'hui, c'est mercredi. Demain... jeudi. Le mardi et le jeudi j'ai cours de chant de trois heures vingt à quatre heures et demie. C'est parfait!

AMINA Pas de problème. J'ai cours de stylisme...

AMINA Salut, Astrid!

ASTRID Bonjour.

RACHID Astrid, je te présente David, mon (*my*) coloc américain.

DAVID Alors, cette année, tu as des cours très difficiles, n'est-ce pas?

ASTRID Oui? Pourquoi?

DAVID Ben, Stéphane pense que les cours sont très difficiles.

ASTRID Ouais, Stéphane, il assiste au cours mais... il ne fait pas ses (*his*) devoirs et il n'écoute pas les profs. Cette année est très importante, parce que nous avons le bac...

DAVID Ah, le bac...

Au parc...

ASTRID Stéphane! Quelle heure est-il? Tu n'as pas de montre?

STÉPHANE Oh, Astrid, excuse-moi! Le mercredi, je travaille avec Astrid au café sur le cours de maths...

ASTRID Et le mercredi après-midi, il oublie! Tu n'as pas peur du bac, toi!

STÉPHANE Tu as tort, j'ai très peur du bac! Mais je n'ai pas envie de passer mes (*my*) journées, mes soirées et mes week-ends avec des livres!

ASTRID Je suis d'accord avec toi, Stéphane! J'ai envie de passer les week-ends avec mes copains... des copains qui n'oublient pas les rendez-vous!

RACHID Écoute, Stéphane, tu as des problèmes avec ta (*your*) mère, avec Astrid aussi.

STÉPHANE Oui, et j'ai d'énormes problèmes au lycée. Je déteste le bac.

RACHID Il n'est pas tard pour commencer à travailler pour être reçu au bac.

STÉPHANE Tu crois, Rachid?

ACTIVITÉS

1 **Vrai ou faux?** Choose whether each statement is vrai or faux.

1. Le mardi et le mercredi, Sandrine a (*has*) cours de chant.
2. Le jeudi, Amina a cours de stylisme.
3. Astrid pense que le bac est impossible.
4. La famille de David est allemande.
5. Le mercredi, Stéphane travaille avec Astrid au café sur le cours de maths.
6. Stéphane a beaucoup de problèmes.
7. Rachid est optimiste.
8. Stéphane dîne chez Rachid samedi.
9. Le sport est très important pour Stéphane.
10. Astrid est fâchée (*angry*) contre Stéphane.

Practice more at **vhlcentral.com**.

Les amis organisent des rendez-vous.

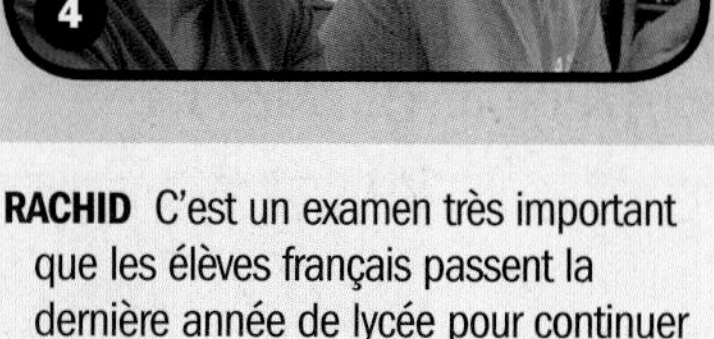

RACHID C'est un examen très important que les élèves français passent la dernière année de lycée pour continuer en études supérieures.

DAVID Euh, n'oublie pas, je suis de famille française.

ASTRID Oui, et c'est difficile, mais ce n'est pas impossible. Stéphane trouve que les études ne sont pas intéressantes. Le sport, oui, mais pas les études.

RACHID Le sport? Tu cherches Stéphane, n'est-ce pas? On trouve Stéphane au parc! Allons-y, Astrid.

ASTRID D'accord. À demain!

RACHID Oui. Mais le sport, c'est la dernière des priorités. Écoute, dimanche prochain, tu dînes chez moi et on trouve une solution.

STÉPHANE Rachid, tu n'as pas envie de donner des cours à un lycéen nul comme moi!

RACHID Mais si, j'ai très envie d'enseigner les maths...

STÉPHANE Bon, j'accepte. Merci, Rachid. C'est sympa.

RACHID De rien. À plus tard!

Expressions utiles

Talking about your schedule

- **Alors, on a rendez-vous demain à cinq heures moins le quart pour rentrer chez nous.**
  So, we're meeting tomorrow at quarter to five to go home (our home).
- **J'ai cours de chant de trois heures vingt à quatre heures et demie.**
  I have voice (singing) class from three-twenty to four-thirty.
- **J'ai cours de stylisme de deux heures à quatre heures vingt.**
  I have fashion design class from two o'clock to four-twenty.
- **Quelle heure est-il?**
  What time is it?
- **Tu n'as pas de montre?**
  You don't have a watch?

Talking about school

- **Nous avons le bac.**
  We have the **bac**.
- **Il ne fait pas ses devoirs.**
  He doesn't do his homework.
- **Tu n'as pas peur du bac!**
  You're not afraid of the **bac**!
- **Tu as tort, j'ai très peur du bac!**
  You're wrong, I'm very afraid of the **bac**!
- **Je suis d'accord avec toi.**
  I agree with you.
- **J'ai d'énormes problèmes.**
  I have big/enormous problems.
- **Tu n'as pas envie de donner des cours à un(e) lycéen(ne) nul(le) comme moi.**
  You don't want to teach a high school student as bad as myself.

Useful expressions

- **C'est parfait!**
  That's perfect!
- **Allons-y!**
  Let's go!
- **D'accord.**
  OK, all right.
- **Ouais.**
  Yeah.
- **C'est sympa.**
  That's nice/fun.

ACTIVITÉS

2 Répondez Answer these questions. Refer to the video scenes and a dictionary as necessary. You do not have to answer in complete sentences.

1. Où est-ce que tu as envie de voyager?
2. Est-ce que tu as peur de quelque chose? De quoi?
3. Qu'est-ce que tu dis (*say*) quand tu as tort?

3 À vous! With a partner, describe someone you know whose personality, likes, or dislikes resemble those of Rachid or Stéphane.

MODÈLE

Paul est comme (like) Rachid... il est sérieux.

CULTURE À LA LOUPE

Les cours universitaires

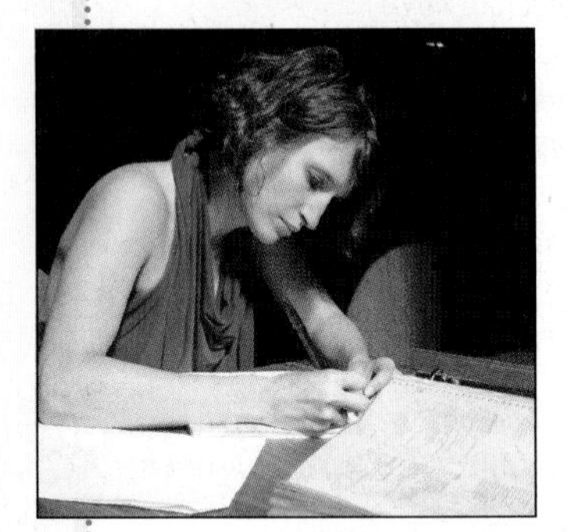

French university courses often consist of lectures in large halls called amphithéâtres. Some also include discussion-based sessions with fewer students. Other than in the **grandes écoles** and specialized schools, class attendance is not mandatory in most universities. Students are motivated to attend by their desire to pass. Course grades may be based upon only one or two exams or term papers, so students generally take their studies seriously. They often form study groups to discuss the lectures and share class notes. This practice encourages open exchange of ideas and debate, a tradition that continues well past university life in France.

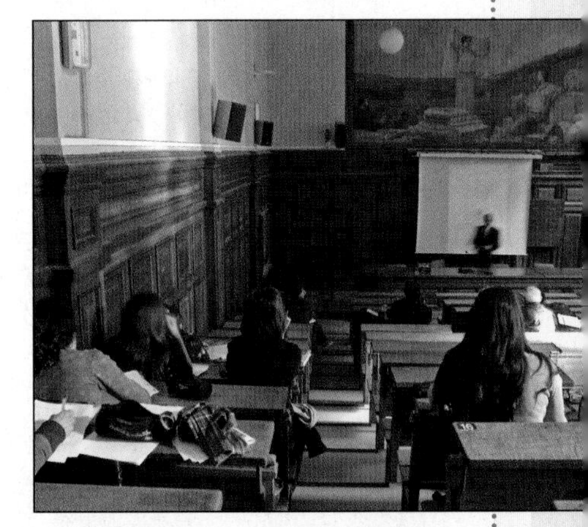

The start of classes each year is known as the **rentrée universitaire** and takes place at the beginning of October. The academic year is divided into two semesters. Four to six classes each semester is typical.

Students take exams throughout the semester, a practice known as **contrôle continu°**. At final exams in May or June, they can retake other exams they might have failed during that year or the preceding year. French grades range from 0–20, rather than from 0–100. Scores over 17 or 18 are rare and even the best students do not expect to score consistently in the near-perfect range. A grade of 10 is a passing grade, and is therefore not the equivalent of a 50 in the American system. If you plan to study abroad for credit, ask the foreign institution to provide your school with grade equivalents.

contrôle continu *continuous assessment*

Système français de notation

NOTE FRANÇAISE	NOTE AMÉRICAINE	%	NOTE FRANÇAISE	NOTE AMÉRICAINE	%
0	F	0	11	A-	85
2	F	3	12	A	90
3	F	8	13	A	93
4	F	18	14	A+	96
5	F	28	15	A+	99
6	F	38	16	A+	99.5
7	D-	50	17	A+	99.7
8	C-	60	18	A+	99.9
9	B-	70	19	A+	99.99
10	B	78	20	A+	over 99.99

Coup de main

To read decimal places in French, use the French word **virgule** (*comma*) where you would normally say *point* in English. To say *percent*, use **pour cent.**

60,4% soixante virgule quatre pour cent
sixty point four percent

ACTIVITÉS

1 **Vrai ou faux?** Indicate whether each statement is **vrai** or **faux.** Correct the false statements.

1. Class attendance is optional in some French universities.
2. Final course grades are usually based on several exam grades and class participation.
3. The French university system discourages note sharing.
4. The French grading system is similar to the American system.
5. The **rentrée universitaire** happens each year in August.
6. A grade of 11 is not a passing grade.
7. The academic year in France is typically divided into trimesters.
8. Scores of 18 or 19 are very rare.
9. French students typically take three classes each semester.
10. The final exams in May or June are called the **contrôle continu.**

STRATÉGIE

False cognates

In **Leçon 1B**, you learned that cognates can help you read French. However, beware of false cognates (**les faux amis**). For example, **librairie** means *bookstore*, not *library*. **Coin** means *corner*, not *coin*. In the **Portrait** selection, you'll find several instances of the verb **passer**. Although **passer** can mean *to pass*, it is a false cognate in the context of this reading. In pairs, guess what **passer** means in this context.

PORTRAIT

Le bac

MINISTÈRE DE L'ÉDUCATION NATIONALE ET DE LA CULTURE

DIPLÔME DU BACCALAURÉAT
DE L'ENSEIGNEMENT DU SECOND DEGRÉ

Au lycée, les élèves ont des cours communs, comme le français, l'histoire et les maths, et aussi un choix° de spécialisation. À la fin° du lycée, à l'âge de dix-sept ou dix-huit ans, les jeunes Français passent un examen très important: le baccalauréat. Le bac est nécessaire pour continuer des études supérieures.

Les lycéens° passent des bacs différents: le bac L (littéraire), le bac ES (économique et social) et le bac S (scientifique) sont des bacs généraux. Il y a aussi des bacs techniques et des bacs technologiques, comme° le bac STI (sciences et technologies industrielles) ou le bac SMS (sciences et techniques médico-sociales). Il y a même° un bac technique de la musique et de la danse et un bac hôtellerie°! Entre 70 (soixante-dix) et 80 (quatre-vingts) pour cent des élèves passent le bac avec succès.

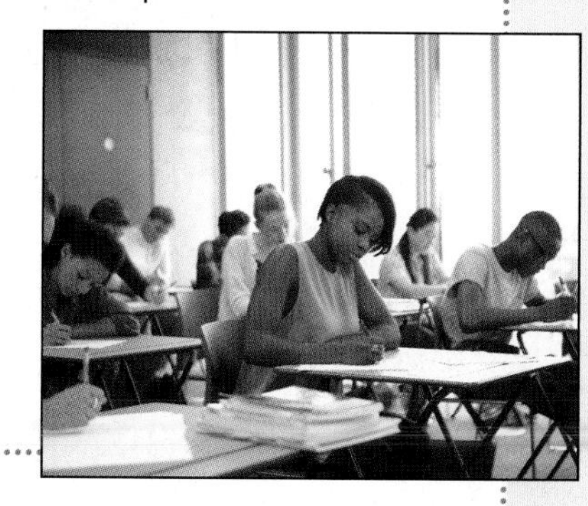

choix *choice* **À la fin** *At the end* **lycéens** *high school students* **comme** *such as* **même** *even* **hôtellerie** *hotel trade*

LE MONDE FRANCOPHONE

Le français langue étrangère

Voici quelques° écoles du monde francophone où vous pouvez aller° pour étudier le français.

En Belgique Université de Liège

En France Université de Franche-Comté–Centre de linguistique appliquée, Université de Grenoble, Université de Paris IV-Sorbonne

À la Martinique Institut Supérieur d'Études Francophones, à Schoelcher

En Nouvelle-Calédonie Centre de Rencontres et d'Échanges Internationaux du Pacifique, à Nouméa

Au Québec Université Laval, Université de Montréal

Aux îles Saint-Pierre et Miquelon Le FrancoForum, à Saint-Pierre

En Suisse Université Populaire de Lausanne, Université de Neuchâtel

quelques *some* **pouvez aller** *can go*

Sur Internet

Où avez-vous envie d'étudier?

Go to **vhlcentral.com** to find more cultural information related to this **Lecture culturelle.**

ACTIVITÉS

2 **Quel bac?** Which **bac** best fits the following interests?

1. le ballet
2. la littérature
3. la médecine
4. le tourisme
5. la technologie
6. le piano et la flûte

3 **Et les cours?** In French, name two courses you might take in preparation for each of these baccalauréat exams.

1. un bac L
2. un bac SMS
3. un bac ES
4. un bac STI

Practice more at **vhlcentral.com.**

STRUCTURES

2B.1 Present tense of *avoir*

Presentation

Point de départ The verb **avoir** (*to have*) is used frequently. You will have to memorize each of its present tense forms because they are irregular.

Present tense of *avoir*

j'ai	*I have*	**nous avons**	*we have*
tu as	*you have*	**vous avez**	*you have*
il/elle/on a	*he/she/it/one has*	**ils/elles ont**	*they have*

- Liaison is required between the final consonants of **on**, **nous**, **vous**, **ils**, and **elles** and the first vowel of forms of **avoir** that follow them. When the final consonant is an **-s**, pronounce it as a z before the verb forms.

On a un prof sympa.
We have a nice professor.

Nous avons un cours d'art.
We have an art class.

Vous avez deux stylos.
You have two pens.

Elles ont un examen de psychologie.
They have a Psychology exam.

- Keep in mind that an indefinite article, whether singular or plural, usually becomes **de/d'** after a negation.

J'ai **un** cours difficile.
I have a difficult class.

Je n'ai pas **de** cours difficile.
I do not have a difficult class.

Il a **des** examens.
He has exams.

Il n'a pas **d'**examens.
He does not have exams.

- The verb **avoir** is used in certain idiomatic or set expressions where English generally uses *to be* or *to feel.*

Expressions with *avoir*			
avoir... ans	*to be... years old*	**avoir froid**	*to be cold*
avoir besoin (de)	*to need*	**avoir honte (de)**	*to be ashamed (of)*
avoir de la chance	*to be lucky*	**avoir l'air**	*to look like, to seem*
avoir chaud	*to be hot*	**avoir peur (de)**	*to be afraid (of)*
avoir envie (de)	*to feel like*	**avoir raison**	*to be right*
		avoir sommeil	*to be sleepy*
		avoir tort	*to be wrong*

Il a chaud.

Ils ont froid.

Elle a sommeil.

Il a de la chance.

- The expressions **avoir besoin de**, **avoir honte de**, **avoir peur de**, and **avoir envie de** can be followed by either a noun or a verb.

J'**ai besoin d'**une calculatrice.
I need a calculator.

J'**ai besoin d'**étudier.
I need to study.

Laure **a peur des** serpents.
Laure is afraid of snakes.

Laure **a peur de** parler au professeur.
Laure is afraid to talk to the professor.

Boîte à outils

In the expression **avoir l'air** + [*adjective*], the adjective does not change to agree with the subject. It is always masculine singular, because it agrees with **air**. Examples:

Elle a l'air charmant.
She looks charming.

Ils ont l'air content.
They look happy.

Essayez!

Complete the sentences with the correct forms of avoir.

1. La température est de 35 degrés Celsius. Nous ___avons___ chaud.
2. En Alaska, en décembre, vous _____ froid.
3. Martine écoute la radio et elle _____ envie de danser.
4. Ils _____ besoin d'une calculatrice pour le devoir.
5. Est-ce que tu _____ peur des insectes?
6. Sébastien pense que je travaille aujourd'hui. Il _____ raison.
7. J' _____ cours d'économie le lundi et le mercredi.
8. Mes amis voyagent beaucoup. Ils _____ de la chance.
9. Mohammed _____ deux cousins à Marseille.
10. Vous _____ un grand appartement.

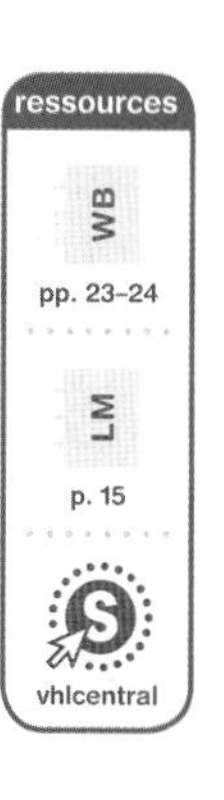

STRUCTURES

Mise en pratique

1 **On a...** Use the correct forms of **avoir** to form questions from these elements. Use inversion and provide an affirmative or negative answer as indicated.

MODÈLE

tu / bourse (oui)
As-tu une bourse? Oui, j'ai une bourse.

1. nous / dictionnaire (oui)
2. Luc / diplôme (non)
3. elles / montres (non)
4. vous / copains (oui)
5. Thérèse / téléphone (oui)
6. Charles et Jacques / calculatrice (non)
7. on / examen (non)
8. tu / livres de français (non)

2 **C'est évident** Describe these people using expressions with **avoir**.

1. J' __________ étudier.

2. Vous __________.

3. Tu __________.

4. Elles __________.

3 **Assemblez** Use the verb avoir and combine elements from the two columns to create sentences about yourself, your class, and your school. Make any necessary changes or additions.

A	B
Je	cours utiles
L'université	bourses importantes
Les profs	professeurs brillants
Mon (*My*) petit ami	ami(e) mexicain(e) / anglais(e) / canadien(ne) / vietnamien(ne)
Ma (*My*) petite amie	étudiants intéressants
Nous	resto U agréable
	école de droit

Communication

4 Besoins Your instructor will give you a worksheet. Ask different classmates if they need to do these activities. Find at least one person to answer **Oui** and at least one to answer **Non** for each item.

MODÈLE

regarder la télé
Étudiant(e) 1: *Tu as besoin de regarder la télé?*
Étudiant(e) 2: *Oui, j'ai besoin de regarder la télé.*
Étudiant(e) 3: *Non, je n'ai pas besoin de regarder la télé.*

Activités	*Oui*	*Non*
1. regarder la télé	Anne	Louis
2. étudier ce soir		
3. passer un examen cette semaine		
4. trouver un cours d'informatique		
5. travailler à la bibliothèque		
6. commencer un devoir important		
7. téléphoner à un(e) copain/copine ce week-end		
8. parler avec le professeur		

5 C'est vrai? Interview a classmate by transforming each of these statements into a question. Be prepared to report the results of your interview to the class.

MODÈLE J'ai deux ordinateurs.
Étudiant(e) 1: *Tu as deux ordinateurs?*
Étudiant(e) 2: *Non, je n'ai pas deux ordinateurs.*

1. J'ai peur des examens.
2. J'ai vingt et un ans.
3. J'ai envie de visiter Montréal.
4. J'ai un cours de biologie.
5. J'ai sommeil le lundi matin.
6. J'ai un(e) petit(e) ami(e) égoïste.

6 Interview You are talking to the campus housing advisor. Answer his or her questions. In pairs, practice the scene and role-play it for the class.

1. Qu'est-ce que (*What*) vous étudiez?
2. Est-ce que vous avez d'excellentes notes?
3. Est-ce que vous avez envie de partager la chambre?
4. Est-ce que vous mangez au resto U?
5. Est-ce que vous avez un ordinateur?
6. Est-ce que vous retrouvez des amis à la fac?
7. Est-ce que vous écoutez de la musique?
8. Est-ce que vous avez des cours le matin?
9. Est-ce que vous aimez habiter sur le campus?

2B.2 Telling time

Presentation

Point de départ Use the verb **être** with numbers to tell time.

- There are two ways to ask what time it is.

Quelle heure est-il?	**Quelle heure avez-vous / as-tu?**
What time is it?	*What time do you have?*

- Use **heures** by itself to express time on the hour. Use **une heure** for one o'clock.

Il est **six heures**.

Il est **une heure**.

- Express time from the hour to the half-hour by stating the number of minutes it is past the hour.

Il est quatre heures **cinq**.

Il est onze heures **vingt**.

- Use **et quart** to say that it is fifteen minutes past the hour. Use **et demie** to say that it is thirty minutes past the hour.

Il est une heure **et quart**.

Il est sept heures **et demie**.

- To express time from the half hour to the hour, subtract the number of minutes or the portion of an hour from the next hour.

Il est trois heures **moins dix**.

Il est une heure **moins le quart**.

- To express at what time something happens, use the preposition **à**.

Céline travaille **à sept heures moins vingt.**	On passe un examen **à une heure**.
Céline works at 6:40.	*We take a test at one o'clock.*

Boîte à outils

In English, you often leave out the word *o'clock* when telling time. You might say "The class starts at eleven" or "I arrive at seven." In French, however, you must always include the word **heure(s)**.

- In French, the hour and minutes are separated by the letter **h**, which stands for **heure**, whereas in English a colon is used.

  3:25 = **3h25** 11:10 = **11h10** 5:15 = **5h15**

- **Liaison** occurs between numbers and the word **heure(s)**. Final **-s** and **-x** in **deux**, **trois**, **six**, and **dix** are pronounced like a z. The final **-f** of **neuf** is pronounced like a *v*.

  Il est **deux heures**.
  It's two o'clock.

  Il est **neuf heures** et quart.
  It's 9:15.

- You do not usually make a **liaison** between the verb form **est** and a following number that starts with a vowel sound.

  Il **est onze** heures.
  It's eleven o'clock.

  Il **est une** heure vingt.
  It's 1:20.

  Il **est huit** heures et demie.
  It's 8:30.

À quelle heure?	*(At) what time/ when?*	**midi**	*noon*
de l'après-midi	*in the afternoon*	**minuit**	*midnight*
du matin	*in the morning*	**pile**	*sharp, on the dot*
du soir	*in the evening*	**presque**	*almost*
en avance	*early*	**tard**	*late*
en retard	*late*	**tôt**	*early*
		vers	*about*

Il est **minuit** à Paris.
It's midnight in Paris.

Il est six heures **du soir** à New York.
It's six o'clock in the evening in New York.

- The 24-hour clock is often used to express official time. Departure times, movie times, and store hours are expressed in this fashion. Only numbers are used to tell time this way. Expressions like **et demie**, **moins le quart**, etc. are not used.

  Le train arrive à **dix-sept heures six**.
  The train arrives at 5:06 p.m.

  Le film est à **vingt-deux heures trente-sept**.
  The film is at 10:37 p.m.

Boîte à outils

In French, there are no words for *a.m.* and *p.m.* You can use **du matin** for *a.m.*, **de l'après-midi** from noon until about 6 p.m., and **du soir** from about 6 p.m. until midnight. When you use the 24-hour clock, it becomes obvious whether you're referring to *a.m.* or *p.m.*

À noter

As you learned in **Leçon 1A**, when you say 21, 31, 41, etc. in French, the *one* agrees with the gender of the noun that follows. Therefore, **21h00** is **vingt et une heures**.

Essayez!

Complete the sentences by writing out the correct times according to the cues.

1. (1:00 a.m.) Il est <u>une heure</u> du matin.
2. (2:50 a.m.) Il est __________ du matin.
3. (8:30 p.m.) Il est __________ du soir.
4. (10:08 a.m.) Il est __________ du matin.
5. (7:15 p.m.) Il est __________ du soir.
6. (12:00 p.m.) Il est __________ .
7. (4:05 p.m.) Il est __________ de l'après-midi.
8. (4:45 a.m.) Il est __________ du matin.
9. (3:20 a.m.) Il est __________ du matin.
10. (12:00 a.m.) Il est __________.

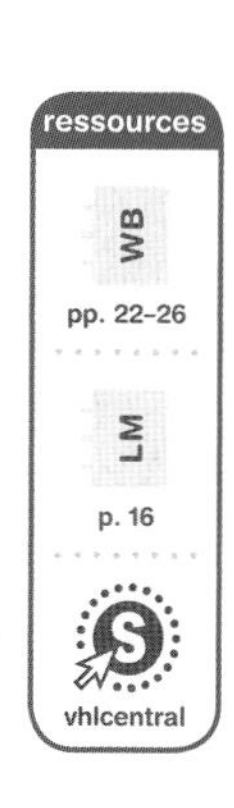

STRUCTURES

Mise en pratique

1  **Quelle heure est-il?** Give the time shown on each clock or watch.

MODÈLE

Il est quatre heures et quart de l'après-midi.

1. ______ 2. ______ 3. ______ 4. ______

5. ______ 6. ______ 7. ______ 8. ______

2  **À quelle heure?** Find out when you and your friends are going to do certain things.

MODÈLE

À quelle heure est-ce qu'on étudie? (about 8 p.m.)
On étudie vers huit heures du soir.

À quelle heure...

1. ...est-ce qu'on arrive au café? (at 10:30 a.m.)
2. ...est-ce que vous parlez avec le professeur? (at noon)
3. ...est-ce que tu travailles? (late, at 11:15 p.m.)
4. ...est-ce qu'on regarde la télé? (at 9:00 p.m.)
5. ...est-ce que Marlène et Nadine mangent? (around 1:45 p.m.)
6. ...est-ce que le cours commence? (very early, at 8:20 a.m.)

3  **Départ à...** Tell what each of these times would be on a 24-hour clock.

MODÈLE

Il est trois heures vingt de l'après-midi.
Il est quinze heures vingt.

1. Il est dix heures et demie du soir.
2. Il est deux heures de l'après-midi.
3. Il est huit heures et quart du soir.
4. Il est minuit moins le quart.
5. Il est six heures vingt-cinq du soir.
6. Il est trois heures moins cinq du matin.
7. Il est six heures moins le quart de l'après-midi.
8. Il est une heure et quart de l'après-midi.
9. Il est neuf heures dix du soir.
10. Il est sept heures quarante du soir.

Communication

4 **Télémonde** Look at this French TV guide. In pairs, ask questions about program start times.

MODÈLE

Étudiant(e) 1: *À quelle heure commence Télé-ciné sur Antenne 4?*
Étudiant(e) 2: *Télé-ciné commence à dix heures dix du soir.*

dessins animés	***cartoons***
feuilleton télévisé	***soap opera***
film policier	***detective film***
informations	***news***
jeu télévisé	***game show***

VENDREDI		
Antenne 2	**Antenne 4**	**Antenne 5**
15h30 Pomme d'Api (dessins animés) **17h35** Reportage spécial: le sport dans les lycées **20h15** La famille Menet (feuilleton télévisé) **21h35** Télé-ciné: L'inspecteur Duval (film policier)	**14h00** Football: match France-Italie **19h45** Les informations **20h30** Concert: orchestre de Nice **22h10** Télé-ciné: Une chose difficile (comédie dramatique)	**18h25** Montréal: une ville à visiter **19h30** Des chiffres et des lettres (jeu télévisé) **21h05** Reportage spécial: les Sénégalais **22h05** Les informations

5 **Où es-tu?** In pairs, take turns asking where (**où**) your partner usually is on these days at these times. Choose from the places listed.

au lit (*bed*)	**chez mes (*at my*) parents**
au resto U	**chez mes copains**
à la bibliothèque	**chez mon (*my*) petit ami**
en ville (*town*)	**chez ma (*my*) petite amie**
au parc	
en cours	

1. Le samedi: à 8h00 du matin; à midi; à minuit
2. En semaine: à 9h00 du matin; à 3h00 de l'après-midi; à 7h00 du soir
3. Le dimanche: à 4h00 de l'après-midi; à 6h30 du soir; à 10h00 du soir
4. Le vendredi: à 11h00 du matin; à 5h00 de l'après-midi; à 11h00 du soir

6 **Le suspect** A student on campus is a suspect in a crime. You and a partner are detectives. Keeping a log of the student's activities, use the 24-hour clock to say what he or she is doing when.

MODÈLE

À vingt-deux heures trente-trois, il parle au téléphone.

Révision

1 **J'ai besoin de...** In pairs, take turns saying which items you need. Your partner will guess why you need them. How many times did each of you guess correctly?

MODÈLE

Étudiant(e) 1: *J'ai besoin d'un cahier et d'un dictionnaire pour demain.*
Étudiant(e) 2: *Est-ce que tu as un cours de français?*
Étudiant(e) 1: *Non. J'ai un examen d'anglais.*

un cahier	un livre de physique
une calculatrice	une montre
une carte	un ordinateur
un dictionnaire	un stylo
une feuille de papier	un téléphone

2 **À l'université française** To complete your degree, you need two language classes, a science class, and an elective. Take turns deciding what classes you need or want to take. Your partner will tell you the days and times so you can set up your schedule.

MODÈLE

Étudiant(e) 1: *J'ai besoin d'un cours de maths, peut-être «Initiation aux maths».*
Étudiant(e) 2: *C'est le mardi et le jeudi après-midi, de deux heures à trois heures et demie.*
Étudiant(e) 1: *J'ai aussi besoin d'un cours de langue...*

Les cours	Jours et heures
Allemand	mardi, jeudi; 14h00-15h30
Biologie II	mardi, jeudi; 9h00-10h30
Chimie générale	lundi, mercredi; 11h00-12h30
Espagnol	lundi, mercredi; 11h00-12h30
Gestion	mercredi; 13h00-14h30
Histoire des États-Unis	jeudi; 12h15-14h15
Initiation à la physique	lundi, mercredi; 12h00-13h30
Initiation aux maths	mardi, jeudi; 14h00-15h30
Italien	lundi, mercredi; 12h00-13h30
Japonais	mardi, jeudi; 9h00-10h30
Les philosophes grecs	lundi; 15h15-16h45
Littérature moderne	mardi; 10h15-11h15

3 **Les cours** Your partner will tell you what classes he or she is currently taking. Make a list, including the times and days of the week. Then, talk to as many classmates as you can, and find at least two students who take at least two of the same classes as your partner.

4 **On y va?** Walk around the room and find at least one classmate who feels like doing each of these activities with you. For every affirmative answer, record the name of your classmate and agree on a time and date. Do not speak to the same classmate twice.

MODÈLE

Étudiant(e) 1: *Tu as envie de retrouver des amis avec moi?*
Étudiant(e) 2: *Oui, pourquoi pas? Samedi, à huit heures du soir, peut-être?*
Étudiant(e) 1: *D'accord!*

chercher un café sympa	regarder la télé française
dîner au resto U	retrouver des amis
écouter de la musique	travailler à la bibliothèque
étudier le français cette semaine	visiter un musée

5 **Au téléphone** Two high school friends are attending different universities. In pairs, imagine a conversation where they discuss the time, their classes, and likes or dislikes about campus life. Then, role-play the conversation for the class and vote for the best skit.

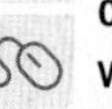

MODÈLE

Étudiant(e) 1: *J'ai cours de chimie à dix heures et demie.*
Étudiant(e) 2: *Je n'ai pas de cours de chimie cette année.*
Étudiant(e) 1: *N'aimes-tu pas les sciences?*
Étudiant(e) 2: *Si, mais...*

6 **La semaine de Patrick** Your instructor will give you and a partner different incomplete pages from Patrick's day planner. Do not look at each other's worksheet.

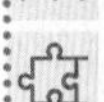

MODÈLE

Étudiant(e) 1: *Lundi matin, Patrick a cours de géographie à dix heures et demie.*
Étudiant(e) 2: *Lundi, il a cours de sciences po à deux heures de l'après-midi.*

Écriture

STRATÉGIE

Brainstorming

In the early stages of writing, brainstorming can help you generate ideas on a specific topic. You should spend ten to fifteen minutes brainstorming and jotting down any ideas about the topic that occur to you. Whenever possible, try to write down your ideas in French. Express your ideas in single words or phrases, and jot them down in any order. While brainstorming, do not worry about whether your ideas are good or bad. Selecting and organizing ideas should be the second stage of your writing. Remember that the more ideas you write down while you are brainstorming, the more options you will have to choose from later when you start to organize your ideas.

J'aime
danser
voyager
regarder la télévision
le cours de français
le cours de psychologie

Je n'aime pas
chanter
dessiner
travailler
le cours de chimie
le cours de biologie

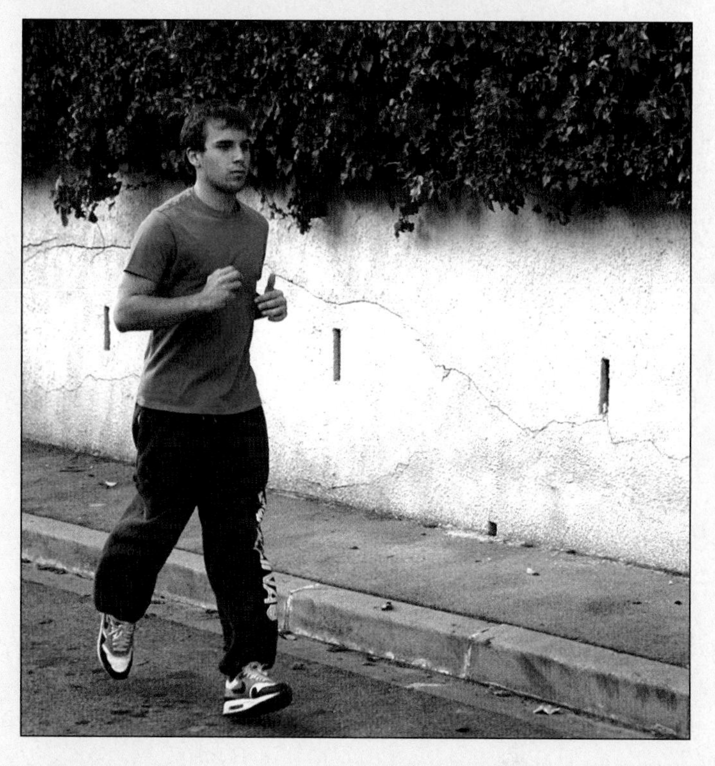

Thème

Une description personnelle

Write a description of yourself to post on a web site in order to find a francophone e-pal. Your description should include:

- your name and where you are from
- the name of your university and where it is located
- the courses you are currently taking and your opinion of each one
- some of your likes and dislikes
- where you work if you have a job
- any other information you would like to include

Bonjour!

Je m'appelle Xavier Dupré. Je suis québécois, mais j'étudie le droit à l'université de Lyon, en France. J'aime...

Panorama

La France

Le pays en chiffres

- **Superficie:** *549.000 km²* *(cinq cent quarante-neuf mille kilomètres carrés°)*
- **Population:** *64.395.000 (soixante-quatre millions trois cent quatre-vingt-quinze mille)*
  SOURCE: Population Division, UN Secrétariat
- **Industries principales:** *agro-alimentaires°, assurance°, banques, énergie, produits pharmaceutiques, produits de luxe, télécommunications, tourisme, transports*

  La France est le pays° le plus° visité du monde° avec plus de° 83 millions de touristes chaque° année. Son histoire, sa culture et ses monuments–plus de 43.000 (quarante-trois mille)–et musées–plus de 1.200 (mille deux cents)–attirent° des touristes d'Europe et de partout° dans le monde.
- **Villes principales:** *Paris, Lille, Lyon, Marseille, Toulouse*
- **Monnaie°:** *l'euro*

  La France est un pays membre de l'Union européenne et, en 2002, l'euro a remplacé° le franc français comme° monnaie nationale.

Français célèbres

- **Jeanne d'Arc,** *héroïne française (1412–1431)*
- **Émile Zola,** *écrivain° (1840–1902)*
- **Pierre-Auguste Renoir,** *peintre° (1841–1919)*
- **Claude Debussy,** *compositeur et musicien (1862–1918)*
- **Camille Claudel,** *sculptrice (1864–1943)*
- **Claudie André-Deshays,** *médecin, première astronaute française (1957–)*

carrés *square* **agro-alimentaires** *food processing* **assurance** *insurance* **pays** *country* **le plus** *the most* **monde** *world* **plus de** *more than* **chaque** *each* **attirent** *attract* **partout** *everywhere* **Monnaie** *Currency* **a remplacé** *replaced* **comme** *as* **écrivain** *writer* **peintre** *painter* **élus à vie** *elected for life* **Depuis** *Since* **mots** *words* **courrier** *mail* **pont** *bridge*

un bateau-mouche sur la Seine

le château de Chenonceau

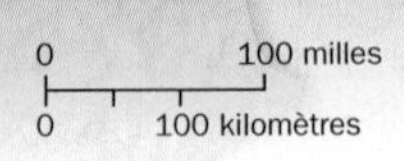

le pont° du Gard

Incroyable mais vrai!

Être «immortel», c'est réguler et défendre le bon usage du français! Les Académiciens de l'Académie française sont élus à vie° et s'appellent les «Immortels». Depuis° 1635 (mille six cent trente-cinq), ils décident de l'orthographe correcte des mots° et publient un dictionnaire. Attention, c'est «courrier° électronique», pas «e-mail»!

La géographie

L'Hexagone

Surnommé «l'Hexagone» à cause de° sa forme géométrique, le territoire français a trois fronts maritimes: l'océan Atlantique, la mer° Méditerranée et la Manche°; et trois frontières° naturelles: les Pyrénées, les Ardennes et les Alpes et le Jura. À l'intérieur du pays°, le Massif central et les Vosges ponctuent° un relief composé de vastes plaines et de forêts. La Loire, la Seine, la Garonne, le Rhin et le Rhône sont les fleuves° principaux de l'Hexagone.

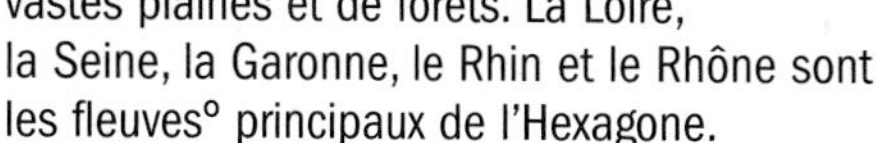

La technologie

Le Train à Grande Vitesse

Le chemin de fer° existe en France depuis° 1827 (mille huit cent vingt-sept). Aujourd'hui, la SNCF (Société nationale des chemins de fer français) offre la possibilité aux voyageurs de se déplacer° dans tout° le pays et propose des tarifs° avantageux aux étudiants et aux moins de 25 ans°. Le TGV (Train à Grande Vitesse°) roule° à plus de 300 (trois cents) km/h (kilomètres/heure) et emmène° même° les voyageurs jusqu'à° Londres et Bruxelles.

Les arts

Le cinéma, le 7e art!

L'invention du cinématographe par les frères° Lumière en 1895 (mille huit cent quatre-vingt-quinze) marque le début° du «7e (septième) art». Le cinéma français donne naissance° aux prestigieux César° en 1976 (mille neuf cent soixante-seize), à des cinéastes talentueux comme° Jean Renoir, François Truffaut et Luc Besson, et à des acteurs mémorables comme Brigitte Bardot, Catherine Deneuve, Olivier Martinez et Audrey Tautou.

L'économie

L'industrie

Avec la richesse de la culture française, il est facile d'oublier que l'économie en France n'est pas limitée à l'artisanat°, à la gastronomie ou à la haute couture°. En fait°, la France est une véritable puissance° industrielle et se classe° parmi° les économies les plus° importantes du monde. Ses° activités dans des secteurs comme la construction automobile (par exemple, Peugeot, Citroën, Renault), l'industrie aérospatiale (avec Airbus) et l'énergie nucléaire (avec Électricité de France) sont considérables.

Qu'est-ce que vous avez appris? Complete these sentences.

1. __________ est une sculptrice française.
2. Les Académiciens sont élus __________.
3. Le mot correct en français pour «e-mail», c'est __________.
4. À cause de sa forme, la France s'appelle aussi __________.
5. La __________ offre la possibilité de voyager dans tout le pays.
6. Avec le __________, on voyage de Paris à Londres.
7. Les __________ sont les inventeurs du cinéma.
8. __________ est un grand cinéaste français.
9. La France est une grande puissance __________.
10. Électricité de France produit (*produces*) __________.

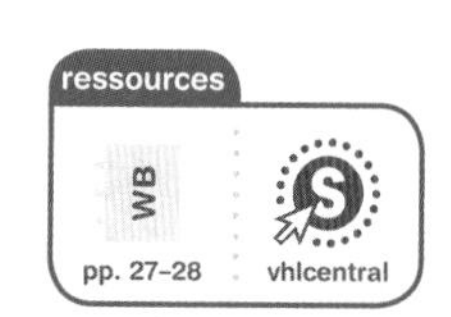

Sur Internet

Go to **vhlcentral.com** to find more cultural information related to this **Panorama**.

1. Cherchez des informations sur l'Académie française. Faites (*Make*) une liste de mots ajoutés à la dernière édition du dictionnaire de l'Académie française.
2. Cherchez des informations sur l'actrice Catherine Deneuve. Quand a-t-elle commencé (*did she begin*) sa (*her*) carrière? Trouvez ses (*her*) trois derniers films.

à cause de *because of* **mer** *sea* **Manche** *English Channel* **frontières** *borders* **pays** *country* **ponctuent** *punctuate* **fleuves** *rivers* **chemin de fer** *railroad* **depuis** *since* **se déplacer** *travel* **dans tout** *throughout* **tarifs** *fares* **moins de 25 ans** *people under 25* **Train à Grande Vitesse** *high speed train* **roule** *rolls, travels* **emmène** *takes* **même** *even* **jusqu'à** *to* **frères** *brothers* **début** *beginning* **donne naissance** *gives birth* **César** *equivalent of the Oscars in France* **comme** *such as* **artisanat** *craft industry* **haute couture** *high fashion* **En fait** *In fact* **puissance** *power* **se classe** *ranks* **parmi** *among* **les plus** *the most* **Ses** *Its*

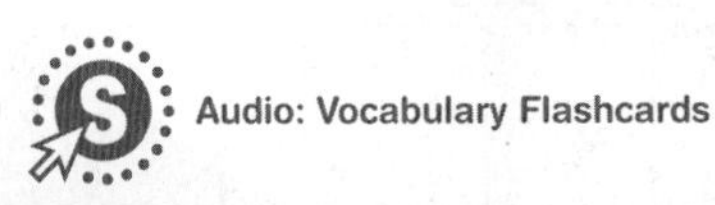
Audio: Vocabulary Flashcards

Leçon 2A

Verbes

adorer *to love; to adore*
aimer *to like; to love*
aimer mieux *to prefer*
arriver *to arrive*
chercher *to look for*
commencer *to begin, to start*
dessiner *to draw; to design*
détester *to hate*
donner *to give*
étudier *to study*
habiter (à) *to live (in)*
manger *to eat*
oublier *to forget*
parler (au téléphone) *to speak (on the phone)*
partager *to share*
penser (que/qu') *to think (that)*
regarder *to look (at), to watch*
rencontrer *to meet*
retrouver *to meet up with; to find (again)*
travailler *to work*
voyager *to travel*

Vocabulaire supplémentaire

J'adore... *I love...*
J'aime bien... *I like...*
Je n'aime pas tellement... *I don't like... very much.*
Je déteste... *I hate...*
être reçu(e) à un examen *to pass an exam*

Des questions et des opinions

bien sûr *of course*
d'accord *OK, all right*
Est-ce que/qu'...? *Question phrase*
(mais) non *no (but of course not)*
moi/toi non plus *me/you neither*
ne... pas *no, not*
n'est-ce pas? *isn't that right?*
oui/si *yes*
parce que *because*
pas du tout *not at all*
peut-être *maybe, perhaps*
Pourquoi? *Why?*

L'université

l'architecture (*f.*) *architecture*
l'art (*m.*) *art*
la biologie *biology*
la chimie *chemistry*
le droit *law*
l'économie (*f.*) *economics*
l'éducation physique (*f.*) *physical education*
la géographie *geography*
la gestion *business administration*
l'histoire (*f.*) *history*
l'informatique (*f.*) *computer science*
les langues (étrangères) (*f.*) *(foreign) languages*
les lettres (*f.*) *humanities*
les mathématiques (maths) (*f.*) *mathematics*
la philosophie *philosophy*
la physique *physics*
la psychologie *psychology*
les sciences (politiques/po) (*f.*) *(political) science*
le stylisme de mode (*m.*) *fashion design*
une bourse *scholarhip, grant*
un cours *class, course*
un devoir; les devoirs *homework*
un diplôme *diploma, degree*
l'école (*f.*) *school*
les études (supérieures) (*f.*) *(higher) education; studies*
le gymnase *gymnasium*
une note *grade*
un restaurant universitaire (un resto U) *university cafeteria*

Adjectifs et adverbes

difficile *difficult*
facile *easy*
inutile *useless*
utile *useful*
surtout *especially; above all*

Expressions utiles

See p. 47.

Leçon 2B

L'université

assister à *to attend*
demander *to ask*
dîner *to have dinner*
échouer *to fail*
écouter *to listen (to)*
enseigner *to teach*
expliquer *to explain*
passer un examen *to take an exam*
préparer *to prepare (for)*
rentrer (à la maison) *to return (home)*
téléphoner à *to telephone*
trouver *to find; to think*
visiter *to visit (a place)*

Expressions de temps

Quel jour sommes-nous? *What day is it?*
un an *a year*
une/cette année *one/this year*
après *after*
après-demain *day after tomorrow*
un/cet après-midi *an/this afternoon*
aujourd'hui *today*
demain (matin/après-midi/soir) *tomorrow (morning/afternoon/evening)*
un jour *a day*
une journée *a day*
(le) lundi, mardi, mercredi, jeudi, vendredi, samedi, dimanche *(on) Monday(s), Tuesday(s), Wednesday(s), Thursday(s), Friday(s), Saturday(s), Sunday(s)*
un/ce matin *a/this morning*
la matinée *morning*
un mois/ce mois-ci *a month/this month*
une/cette nuit *a/this night*
une/cette semaine *a/this week*
un/ce soir *an/this evening*
une soirée *an evening*
un/le/ce week-end *a/the/this weekend*
dernier/dernière *last*
premier/première *first*
prochain(e) *next*

Expressions avec avoir

avoir *to have*
avoir... ans *to be... years old*
avoir besoin (de) *to need*
avoir chaud *to be hot*
avoir de la chance *to be lucky*
avoir envie (de) *to feel like*
avoir froid *to be cold*
avoir honte (de) *to be ashamed (of)*
avoir l'air *to look like, to seem*
avoir peur (de) *to be afraid (of)*
avoir raison *to be right*
avoir sommeil *to be sleepy*
avoir tort *to be wrong*

Expressions utiles

See p. 65.

Telling time

Quelle heure est-il? *What time is it?*
Quelle heure avez-vous/as-tu? *What time do you have?*
Il est... heures. *It is... o'clock.*
une heure *one o'clock*
et quart *fifteen minutes past the hour*
et demie *thirty minutes past the hour*
moins dix *ten minutes before the hour*
Moins le quart *fifteen minutes before the hour*
À quelle heure? *(At) what time/when?*
de l'après-midi *in the afternoon*
du matin *in the morning*
du soir *in the evening*
en avance *early*
en retard *late*
midi *noon*
minuit *midnight*
pile *sharp, on the dot*
presque *almost*
tard *late*
tôt *early*
vers *about*

La famille et les copains

UNITÉ **3**

Pour commencer
- Combien de personnes y a-t-il?
- Où sont ces personnes?
- Que font-elles?
- Ont-elles l'air agréables ou désagréables?

Leçon 3A

You will learn how to...
- discuss family, friends, and pets
- express ownership

La famille de Marie Laval

Vocabulaire

divorcer	*to divorce*
épouser	*to marry*
aîné(e)	*elder*
cadet(te)	*younger*
un beau-frère	*brother-in-law*
un beau-père	*father-in-law; stepfather*
une belle-mère	*mother-in-law; stepmother*
un demi-frère	*half-brother; stepbrother*
une demi-sœur	*half-sister; stepsister*
les enfants (*m., f.*)	*children*
un(e) époux/épouse	*husband/wife*
une famille	*family*
une femme	*wife; woman*
une fille	*daughter; girl*
les grands-parents (*m.*)	*grandparents*
les parents (*m.*)	*parents*
un(e) voisin(e)	*neighbor*
un chat	*cat*
un oiseau	*bird*
un poisson	*fish*
célibataire	*single*
divorcé(e)	*divorced*
fiancé(e)	*engaged*
marié(e)	*married*
séparé(e)	*separated*
veuf/veuve	*widowed*

Luc Garneau

mon grand-père (*my grandfather*)

Sophie Garneau

ma tante (*aunt*), femme (*wife*) de Marc

Marc Garneau

mon oncle (*uncle*), fils (*son*) de Luc et d'Hélène

Jean Garneau

mon cousin, petit-fils (*grandson*) de Luc et d'Hélène frère (*brother*) d'Isabelle et de Virginie

Isabelle Garneau

ma cousine, sœur (*sister*) de Jean et de Virginie, petite-fille (*granddaughter*) de Luc et d'Hélène

Virginie Garneau

ma cousine, sœur de Jean et d'Isabelle, petite-fille de Luc et d'Hélène

Bambou

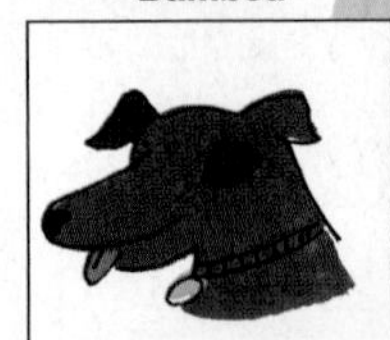

le chien (*dog*) de mes (*my*) cousins

ressources

WB pp. 29–30 | LM p. 17 | vhlcentral

Hélène Garneau

ma grand-mère
(*my grandmother*)

Juliette Laval

ma mère (*mother*),
fille (*daughter*) de
Luc et d'Hélène

Robert Laval

mon père (*father*),
mari (*husband*)
de Juliette

Véronique Laval

ma belle-sœur
(*sister-in-law*)

Guillaume Laval

mon frère
(*brother*)

Marie Laval

Marie Laval,
fille de Juliette
et de Robert

Matthieu Laval

mon neveu
(*nephew*)

Émilie Laval

ma nièce
(*niece*)

petits-enfants (*grandchildren*)
de mes parents

Mise en pratique

Audio: Vocabulary

1 Écoutez

Listen to each statement made by Marie Laval, and then indicate whether it is vrai or faux, based on her family tree.

	Vrai	Faux		Vrai	Faux
1.	☐	☐	6.	☐	☐
2.	☐	☐	7.	☐	☐
3.	☐	☐	8.	☐	☐
4.	☐	☐	9.	☐	☐
5.	☐	☐	10.	☐	☐

2 Qui est-ce?

Match the definition in the first list with the correct item from the second list. Not all the items will be used.

1. ____ le frère de ma cousine
2. ____ le père de mon cousin
3. ____ le mari de ma grand-mère
4. ____ le fils de mon frère
5. ____ la fille de mon grand-père
6. ____ le fils de ma mère
7. ____ la fille de mon fils
8. ____ le fils de ma belle-mère

a. mon grand-père
b. ma sœur
c. ma tante
d. mon cousin
e. mon neveu
f. mon demi-frère
g. mon oncle
h. ma petite-fille
i. mon frère

3 Choisissez

Fill in the blank by selecting the most appropriate answer.

1. Voici le frère de mon père. C'est mon ____________ (oncle, neveu, fiancé).
2. Voici la mère de ma cousine. C'est ma ____________ (grand-mère, voisine, tante).
3. Voici la petite-fille de ma grand-mère. C'est ma ____________ (cousine, nièce, épouse).
4. Voici le père de ma mère. C'est mon ____________ (grand-père, oncle, cousin).
5. Voici le fils de mon père, mais ce n'est pas le fils de ma mère. C'est mon ____________ (petit-fils, demi-frère, voisin).
6. Voici ma nièce. C'est la ____________ (cousine, fille, petite-fille) de ma mère.
7. Voici la mère de ma tante. C'est ma ____________ (cousine, grand-mère, nièce).
8. Voici la sœur de mon oncle. C'est ma ____________ (tante, belle-mère, belle-sœur).
9. Voici la fille de ma mère, mais pas de mon père. C'est ma ____________ (belle-sœur, demi-sœur, sœur).
10. Voici le mari de ma mère, mais ce n'est pas mon père. C'est mon ____________ (beau-frère, grand-père, beau-père).

Communication

4 **L'arbre généalogique** With a classmate, identify the members of the family by asking questions about how each member is related to Anne Durand.

MODÈLE

Étudiant(e) 1: *Qui est Louis Durand?*
Étudiant(e) 2: *C'est le grand-père d'Anne.*

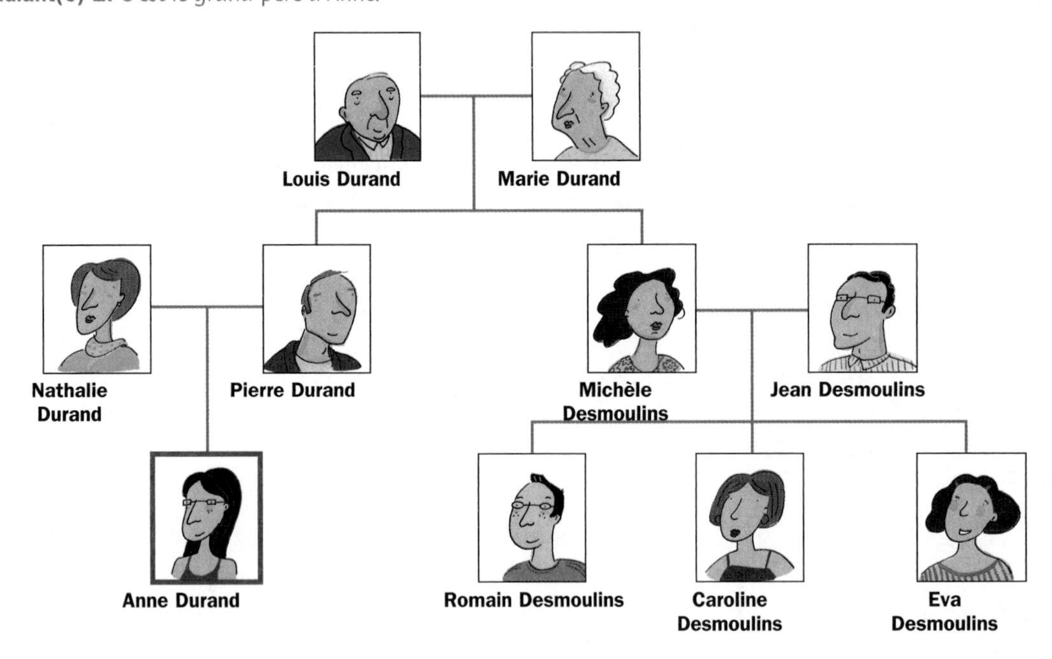

5 **Entrevue** With a classmate, take turns asking each other these questions.

1. Combien de personnes y a-t-il dans ta famille?
2. Comment s'appellent tes parents?
3. As-tu des frères ou des sœurs?
4. Combien de cousins/cousines as-tu? Comment s'appellent-ils/elles? Où habitent-ils/elles?
5. Quel(le) (*Which*) est ton cousin préféré/ta cousine préférée?
6. As-tu des neveux/des nièces?
7. Comment s'appellent tes grands-parents? Où habitent-ils?
8. Combien de petits-enfants ont tes grands-parents?

Coup de main

Use these words to help you complete this activity.

ton *your (m.)* → **mon** *my (m.)*
ta *your (f.)* → **ma** *my (f.)*
tes *your (pl.)* → **mes** *my (pl.)*

6 **Qui suis-je?** Your instructor will give you a worksheet. Walk around the class and ask your classmates questions about their families. When a classmate gives one of the answers on the worksheet, write his or her name in the corresponding space. Be prepared to discuss the results with the class.

MODÈLE Je suis marié(e).

Paul: *Est-ce que tu es mariée?*
Jacqueline: *Oui, je suis mariée.* (You write "Jacqueline".)/ *Non, je ne suis pas mariée.* (You ask another classmate.)

Les sons et les lettres

Audio: Concepts, Activities
Record & Compare

L'accent aigu and l'accent grave

In French, diacritical marks (*accents*) are an essential part of a word's spelling. They indicate how vowels are pronounced or distinguish between words with similar spellings but different meanings. **L'accent aigu** (´) appears only over the vowel **e**. It indicates that the **e** is pronounced similarly to the vowel *a* in the English word *cake*, but shorter and crisper. The French **é** lacks the *y* glide heard in English words like *day* and *late*.

étudier	**réservé**	**élégant**	**téléphone**

L'accent aigu also signals some similarities between French words and English words. Often, an **e** with **l'accent aigu** at the beginning of a French word marks the place where the letter *s* would appear at the beginning of the English equivalent.

éponge	**épouse**	**état**	**étudiante**
sponge	*spouse*	*state*	*student*

L'accent grave (`) over the vowel **e** indicates that the **e** is pronounced like the vowel *e* in the English word *pet*.

très	**après**	**mère**	**nièce**

Although **l'accent grave** does not change the pronunciation of the vowels **a** or **u**, it distinguishes words that have a similar spelling but different meanings.

la	**là**	**ou**	**où**
the	*there*	*or*	*where*

Prononcez Practice saying these words aloud.

1. agréable
2. sincère
3. voilà
4. faculté
5. frère
6. à
7. déjà
8. éléphant
9. lycée
10. poème
11. là
12. élève

Articulez Practice saying these sentences aloud.

1. À tout à l'heure!
2. Thérèse, je te présente Michèle.
3. Hélène est très sérieuse et réservée.
4. Voilà mon père, Frédéric et ma mère, Ségolène.
5. Tu préfères étudier à la fac demain après-midi?

Dictons Practice reading these sayings aloud.

[1] Like father, like son.
[2] For an old mule, a golden bit.

ressources
LM p. 18
vhlcentral

L'album de photos

PERSONNAGES

Amina

Michèle

Stéphane

Valérie

MICHÈLE Mais, qui c'est? C'est ta sœur? Tes parents?
AMINA C'est mon ami Cyberhomme.
MICHÈLE Comment est-il? Est-ce qu'il est beau? Il a les yeux de quelle couleur? Marron ou bleue? Et ses cheveux? Ils sont blonds ou châtains?
AMINA Je ne sais pas.
MICHÈLE Toi, tu es timide.

VALÉRIE Stéphane, tu as dix-sept ans. Cette année, tu passes le bac, mais tu ne travailles pas!
STÉPHANE Écoute, ce n'est pas vrai, je déteste mes cours, mais je travaille beaucoup. Regarde, mon cahier de chimie, mes livres de français, ma calculatrice pour le cours de maths, mon dictionnaire anglais-français...

STÉPHANE Oh, et qu'est-ce que c'est? Ah, oui, les photos de tante Françoise.
VALÉRIE Des photos? Mais où?
STÉPHANE Ici! Amina, on peut regarder des photos de ma tante sur ton ordinateur, s'il te plaît?

AMINA Ah, et ça, c'est toute la famille, n'est-ce pas?
VALÉRIE Oui, ça c'est Henri, sa femme Françoise et leurs enfants: le fils aîné Bernard, et puis son frère Charles, sa sœur Sophie et leur chien Socrate.
STÉPHANE J'aime bien Socrate. Il est vieux, mais il est amusant!

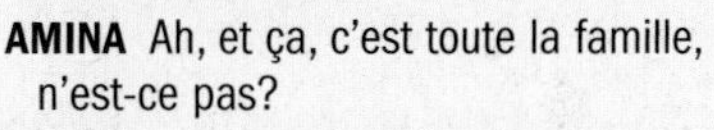

VALÉRIE Ah! Et Bernard, il a son bac aussi et sa mère est très heureuse.
STÉPHANE Moi, j'ai envie d'habiter avec oncle Henri et tante Françoise. Comme ça, pas de problème pour le bac!

STÉPHANE Pardon, maman. Je suis très heureux ici avec toi. Ah, au fait, Rachid travaille avec moi pour préparer le bac.
VALÉRIE Ah, bon? Rachid est très intelligent... un étudiant sérieux.

ACTIVITÉS

1

Vrai ou faux? Are the sentences **vrai** or **faux**?

1. Amina communique avec sa (*her*) tante par ordinateur.
2. Stéphane n'aime pas ses (*his*) cours au lycée.
3. Ils regardent des photos de vacances.
4. Henri est le frère aîné de Valérie.
5. Bernard est le cousin de Stéphane.
6. Charles a déjà son bac.
7. La tante de Stéphane s'appelle Françoise.
8. Stéphane travaille avec Amina pour préparer le bac.
9. Socrate est le fils d'Henri et de Françoise.
10. Rachid n'est pas un bon étudiant.

Practice more at **vhlcentral.com**.

Stéphane et Valérie regardent des photos de famille avec Amina.

À la table d'Amina...

AMINA Alors, voilà vos photos. Qui est-ce?

VALÉRIE Oh, c'est Henri, mon frère aîné!

AMINA Quel âge a-t-il?

VALÉRIE Il a cinquante ans. Il est très sociable et c'est un très bon père.

VALÉRIE Ah! Et ça c'est ma nièce Sophie et mon neveu Charles! Regarde, Stéphane, tes cousins!

STÉPHANE Je n'aime pas Charles. Il est tellement sérieux.

VALÉRIE Il est peut-être trop sérieux, mais, lui, il a son bac!

AMINA Et Sophie, qu'elle est jolie!

VALÉRIE ... et elle a déjà son bac.

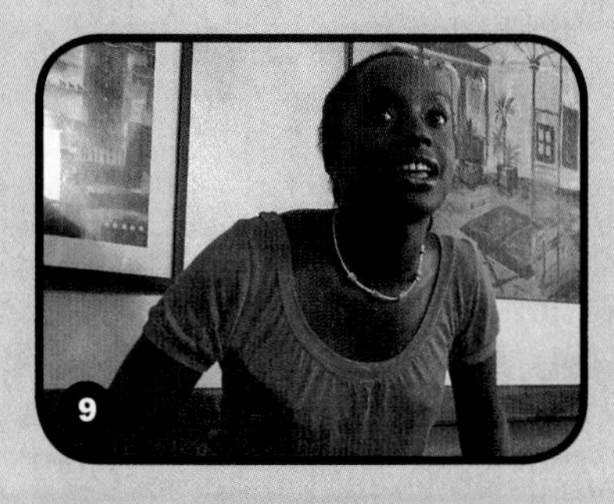

AMINA Ça oui, préparer le bac avec Rachid, c'est une idée géniale!

VALÉRIE Oui, c'est vrai. En théorie, c'est une excellente idée. Mais tu prépares le bac avec Rachid, hein? Pas le prochain match de foot!

Expressions utiles

Talking about your family

- **C'est ta sœur? Tes parents?**
  Is that your sister? Your parents?
- **C'est mon ami.**
  That's my friend.
- **Ça c'est Henri, sa femme Françoise et leurs enfants.**
  That's Henri, his wife Françoise, and their kids.

Describing people

- **Il a les yeux de quelle couleur? Marron ou bleue?**
  What color are his eyes? Brown or blue?
- **Il a les yeux bleus.**
  He has blue eyes.
- **Et ses cheveux? Ils sont blonds ou châtains? Frisés ou raides?**
  And his hair? Is it blond or brown? Curly or straight?
- **Il a les cheveux châtains et frisés.**
  He has curly brown hair.

Additional vocabulary

- **On peut regarder des photos de ma tante sur ton ordinateur?**
  Can/May we look at some photos from my aunt on your computer?
- **C'est toute la famille, n'est-ce pas?**
  That's the whole family, right?
- **Je ne sais pas (encore).**
  I (still) don't know.
- **Alors...**
  So...
- **vrai**
  true
- **une photo(graphie)**
  a photo(graph)
- **une idée**
  an idea
- **peut-être**
  maybe
- **au fait**
  by the way
- **Hein?**
  Alright?
- **déjà**
  already

2 **Vocabulaire** Describe how Stéphane would be on the occasions listed. Refer to a dictionary as necessary.

1. on his 87th birthday ___________
2. after finding 20€ ___________
3. while taking the bac ___________
4. after getting a good grade ___________
5. after dressing for a party ___________

beau
heureux
sérieux
vieux

3 **Conversez** In pairs, describe which member of your family is most like Stéphane. How are they alike? Do they both like sports? Do they take similar classes? How do they like school? What are their personalities like? Be prepared to describe your partner's "Stéphane" to the class.

ressources

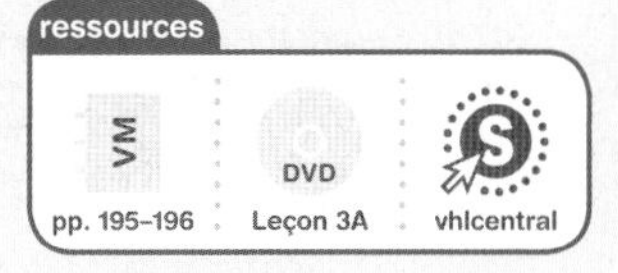

ACTIVITÉS

Reading
Video: *Flash culture*

CULTURE À LA LOUPE

La famille en France

Comment est la famille française? Est-elle différente de la famille américaine? La majorité des Français sont-ils mariés, divorcés ou célibataires?

Il n'y a pas de réponse simple à ces questions. Les familles françaises sont très diverses. Le mariage est toujours° très populaire: la majorité des hommes et des femmes sont mariés. Mais attention! Les nombres° de personnes divorcées et de personnes célibataires augmentent chaque° année.

La structure familiale traditionnelle existe toujours en France, mais il y a des structures moins traditionnelles, comme les familles monoparentales, où° l'unique parent est divorcé, séparé ou veuf. Il y a aussi des familles recomposées qui combinent deux familles, avec un beau-père, une belle-mère, des demi-frères ou des demi-sœurs. Certains couples choisissent° le Pacte Civil de Solidarité (PACS), qui offre certains droits° et protections aux couples non-mariés. Depuis 2013, la France autorise également le mariage homosexuel.

Géographiquement, les membres d'une famille d'immigrés peuvent° habiter près ou loin° les uns des autres°. Mais en général, ils préfèrent habiter les uns près des autres parce que l'intégration est parfois° difficile. Il existe aussi des familles d'immigrés séparées entre° la France et le pays d'origine.

Alors, oubliez les stéréotypes des familles en France. Elles sont grandes et petites, traditionnelles et non-conventionnelles; elles changent et sont toujours les mêmes°.

toujours *still* **nombres** *numbers* **chaque** *each* **où** *where* **choisissent** *choose* **droits** *rights* **peuvent** *can* **près ou loin** *near or far* **les uns des autres** *from one another* **parfois** *sometimes* **entre** *between* **mêmes** *same* **tranche** *bracket*

Coup de main

Remember to read decimal places in **French** using the French word **virgule** (*comma*) where you would normally say *point* in English. To say *per-cent*, use **pour cent**.

64,3% soixante-quatre virgule trois pour cent

sixty-four point three percent

La situation familiale des Français
(par tranche° d'âge)

ÂGE	CÉLIBATAIRE	EN COUPLE SANS ENFANTS	EN COUPLE AVEC ENFANTS	PARENT D'UNE FAMILLE MONOPARENTALE
< 25 ans	8%	3,5%	1,3%	0,4%
25–29 ans	1,9%	16,8%	49,4%	5,9%
30–44 ans	17%	17%	54%	9,4%
45–59 ans	23%	54%	17,9%	3,9%
> 60 ans	38%	54,3%	4,7%	2,9%

SOURCE: Institut national de la statistique et des études économiques INSEE

ACTIVITÉS

1 **Complétez** Provide logical answers.

1. Si on regarde la population française d'aujourd'hui, on observe que les familles françaises sont très ________.
2. Le ________ est toujours très populaire en France.
3. La majorité des hommes et des femmes sont ________.
4. Le nombre de Français qui sont ________ augmente.
5. Dans les familles ________, l'unique parent est divorcé, séparé ou veuf.
6. Il y a des familles qui combinent ________ familles.
7. Le ________ offre certains droits et protections aux couples qui ne sont pas mariés.
8. Les immigrés aiment ________ les uns près des autres.
9. La France ________ le mariage homosexuel depuis 2013.
10. Les familles changent et sont toujours ________.

STRATÉGIE

Predicting content from visuals

When you read in French, look for visual clues, such as photos and illustrations, that will orient you to the content and purpose of the reading. Some visuals summarize data in a way that is easy to comprehend; these include bar graphs, lists of percentages, and other diagrams. Look at the visual elements of the **Culture à la loupe** selection and make a list of ideas about its content. Then, compare your list with a classmate's. Are your lists the same or different?

LE MONDE FRANCOPHONE

Les fêtes et la famille

Les États-Unis ont quelques fêtes° en commun avec le monde francophone, mais les dates et les traditions de ces fêtes diffèrent d'un pays° à l'autre°. Voici deux fêtes associées à la famille.

La Fête des mères

En France le dernier° dimanche de mai ou le premier° dimanche de juin
En Belgique le deuxième° dimanche de mai
À l'île Maurice le dernier dimanche de mai
Au Canada le deuxième dimanche de mai

La Fête des pères

En France le troisième° dimanche de juin
En Belgique le deuxième dimanche de juin
Au Canada le troisième dimanche de juin

quelques fêtes *some holidays* **pays** *country* **autre** *other* **dernier** *last* **premier** *first* **deuxième** *second* **troisième** *third*

PORTRAIT

Les Noah

Dans° la famille Noah, le sport est héréditaire. À chacun son° sport: pour° Yannick, né° en France, c'est le tennis; pour son père, Zacharie, né à Yaoundé, au Cameroun, c'est le football°; pour son fils, Joakim, né aux États-Unis, c'est le basket-ball. Yannick est champion junior à Wimbledon en 1977 et participe aux championnats° du Grand Chelem° dans les années 1980. Son fils, Joakim, est un joueur° de basket-ball aux États-Unis. Il gagne° le *Final Four NCAA* en 2006 et en 2007 avec les Florida Gators. Il est aujourd'hui joueur professionnel avec les Chicago Bulls. Le sport est dans le sang° chez les Noah!

Dans *In* **À chacun son** *To each his* **pour** *for* **né** *born* **football** *soccer* **championnats** *championships* **Chelem** *Slam* **joueur** *player* **gagne** *wins* **sang** *blood*

Sur Internet

Yannick Noah: célébrité du tennis et... de la chanson?°

Tennis star and... singing sensation?

Go to **vhlcentral.com** to find more cultural information related to this **Lecture culturelle**, then watch the corresponding **Flash culture**.

ACTIVITÉS

2 **Vrai ou faux?** Indicate if these statements are **vrai** or **faux**. Correct the false statements.

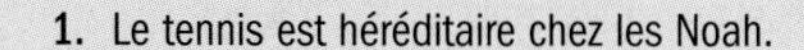

1. Le tennis est héréditaire chez les Noah.
2. Zacharie Noah est né au Cameroun.
3. Zacharie Noah était (*was*) un joueur de basket-ball.
4. Yannick gagne à l'US Open.
5. Joakim joue (*plays*) pour les Lakers.
6. Au Canada, la Fête des mères est en mai.

3 **À vous...** With a partner, write six sentences describing another famous family whose members all share a common field or profession. Be prepared to share them with your classmates.

Practice more at **vhlcentral.com**.

3A.1 Descriptive adjectives

Point de départ As you learned in **Leçon 1B**, adjectives describe people, places, and things. In French, unlike English, the forms of most adjectives will vary depending on whether the nouns they describe are masculine or feminine, singular or plural. Furthermore, French adjectives are usually placed after the noun they modify when they don't directly follow a form of **être**.

SINGULAR MASCULINE NOUN ⟷ SINGULAR MASCULINE ADJECTIVE

Le **père** est **américain**.
The father is American.

PLURAL MASCULINE NOUN ⟷ PLURAL MASCULINE ADJECTIVE

As-tu des **cours** **faciles**?
Do you have easy classes?

- You've already learned several adjectives of nationality and some adjectives to describe your classes. Here are some adjectives used to describe physical characteristics.

Adjectives of physical description

bleu(e)	*blue*	**joli(e)**	*pretty*
blond(e)	*blond*	**laid(e)**	*ugly*
brun(e)	*dark (hair)*	**marron**	*brown (not for hair)*
châtain	*brown (hair)*	**noir(e)**	*black*
court(e)	*short*	**petit(e)**	*small, short (stature)*
grand(e)	*tall, big*	**raide**	*straight (hair)*
jeune	*young*	**vert(e)**	*green*

- Notice that, in the examples below, the adjectives agree in gender (masculine or feminine) and number (singular or plural) with the subjects. Generally add **-e** to make an adjective feminine. If an adjective already ends in an unaccented **-e,** add nothing. To make an adjective plural, generally add **-s.** If an adjective already ends in an **-s,** add nothing.

Elles sont **blondes** et **petites**.
They are blond and short.

L'examen est **long**.
The exam is long.

Je n'aime pas **les cheveux raides**.
I don't like straight hair.

Les tableaux sont **laids**.
The paintings are ugly.

- Use the expression **de taille moyenne** to describe someone or something of medium size.

Victor est un homme **de taille moyenne**.
Victor is a man of medium height.

C'est une université **de taille moyenne**.
It's a medium-sized university.

- The adjective **marron** is invariable; in other words, it does not agree in gender and number with the noun it modifies. The adjective **châtain** is almost exclusively used to describe hair color.

Mon neveu a les **yeux marron**.
My nephew has brown eyes.

Ma nièce a les **cheveux châtains**.
My niece has brown hair.

Some irregular adjectives

masculine singular	feminine singular	masculine plural	feminine plural	
beau	**belle**	**beaux**	**belles**	*beautiful; handsome*
bon	**bonne**	**bons**	**bonnes**	*good; kind*
fier	**fière**	**fiers**	**fières**	*proud*
gros	**grosse**	**gros**	**grosses**	*fat*
heureux	**heureuse**	**heureux**	**heureuses**	*happy*
intellectuel	**intellectuelle**	**intellectuels**	**intellectuelles**	*intellectual*
long	**longue**	**longs**	**longues**	*long*
naïf	**naïve**	**naïfs**	**naïves**	*naive*
roux	**rousse**	**roux**	**rousses**	*red-haired*
vieux	**vieille**	**vieux**	**vieilles**	*old*

À noter

In **Leçon 1B,** you learned that if the masculine singular form of an adjective already ends in **-s (sénégalais),** you don't add another one to form the plural. The same is also true for words that end in **-x (roux, vieux).**

- The forms of the adjective **nouveau** (*new*) follow the same pattern as those of **beau**.

MASCULINE PLURAL
J'ai trois **nouveaux** stylos.
I have three new pens.

FEMININE SINGULAR
Tu aimes la **nouvelle** horloge?
Do you like the new clock?

- Other adjectives that follow the pattern of **heureux** are **curieux** (*curious*), **malheureux** (*unhappy*), **nerveux** (*nervous*), and **sérieux** (*serious*).

Position of certain adjectives

- Certain adjectives are usually placed *before* the noun they modify. These include: **beau**, **bon**, **grand**, **gros**, **jeune**, **joli**, **long**, **nouveau**, **petit**, and **vieux**.

J'aime bien les **grandes familles**.
I like large families.

Joël est un **vieux copain**.
Joël is an old friend.

- Other adjectives that are also generally placed before a noun are: **mauvais(e)** (*bad*), **pauvre** (*poor* as in *unfortunate*), **vrai(e)** (*true, real*).

Ça, c'est un **pauvre** homme.
That is an unfortunate man.

C'est une **vraie** catastrophe!
This is a real disaster!

Boîte à outils

When **pauvre** and **vrai(e)** are placed after the noun, they have a slightly different meaning: **pauvre** means *poor* as in *not rich*, and **vrai(e)** means *true*.

Ça, c'est un homme **pauvre**.
That is a poor man.

C'est une histoire **vraie**.
This is a true story.

- When placed before a *masculine singular noun that begins with a vowel sound,* these adjectives have a special form.

beau	**bel**	un **bel** appartement
vieux	**vieil**	un **vieil** homme
nouveau	**nouvel**	un **nouvel** ami

- The plural indefinite article **des** changes to **de** when the adjective comes before the noun.

ADJECTIVE BEFORE NOUN
J'habite avec **de bons amis**.
I live with good friends.

ADJECTIVE AFTER NOUN
J'habite avec **des amis sympathiques**.
I live with nice friends.

Essayez! **Provide all four forms of the adjectives.**

1. grand *grand, grande, grands, grandes*
2. nerveux ________________
3. roux ________________
4. bleu ________________
5. naïf ________________
6. gros ________________
7. long ________________
8. fier ________________

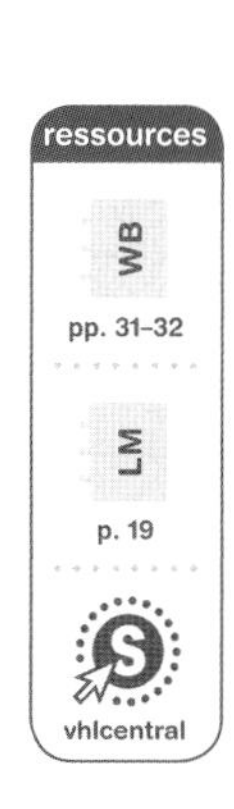

STRUCTURES

Mise en pratique

1 **Ressemblances** Family members often look and behave alike. Describe them.

MODÈLE

Caroline est intelligente. Elle a un frère.
Il est intelligent aussi.

1. Jean est curieux. Il a une sœur.
2. Carole est blonde. Elle a un cousin.
3. Albert est gros. Il a trois tantes.
4. Sylvie est fière et heureuse. Elle a un fils.
5. Christophe est vieux. Il a une demi-sœur.
6. Martin est laid. Il a une petite-fille.
7. Sophie est intellectuelle. Elle a deux grands-pères.
8. Céline est naïve. Elle a deux frères.
9. Anne est belle. Elle a cinq neveux.
10. Anissa est rousse. Elle a un mari.

2 **Une femme heureuse** Complete these sentences about Christine. Remember: some adjectives precede and some follow the nouns they modify.

MODÈLE

Christine / avoir / trois enfants (beau)
Christine a trois beaux enfants.

1. Elle / avoir / des amis (sympathique)
____
2. Elle / habiter / dans un appartement (nouveau)
____
3. Son *(Her)* mari / avoir / un travail (bon)
____
4. Ses *(Her)* filles / être / des étudiantes (sérieux)
____
5. Christine / être / une femme (heureux)
____
6. Son mari / être / un homme (beau)
____
7. Elle / avoir / des collègues amusant(e)s
____
8. Sa *(Her)* secrétaire / être / une fille (jeune/intellectuel)
____
9. Elle / avoir / des chiens (bon)
____
10. Ses voisins / être (poli)
____

Communication

3 **Descriptions** In pairs, take turns describing these people and things using the expressions **C'est** or **Ce sont.**

MODÈLE

C'est un cours difficile.

1. _______________

2. _______________

3. _______________

4. _______________

5. _______________

6. _______________

4 **Comparaisons** In pairs, take turns comparing these brothers and their sister. Make as many comparisons as possible, then share them with the class to see which pair is most perceptive.

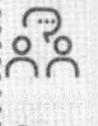

MODÈLE

Géraldine et Jean-Paul sont grands mais Tristan est petit.

Jean-Paul **Tristan** **Géraldine**

5 **Qui est-ce?** Choose the name of a classmate. Your partner must guess the person by asking up to 10 **oui** or **non** questions. Then, switch roles.

MODÈLE

Étudiant(e) 1: *C'est un homme?*
Étudiant(e) 2: *Oui.*
Étudiant(e) 1: *Il est de taille moyenne?*
Étudiant(e) 2: *Non.*

6 **Les bons copains** Interview two classmates to learn about one of their friends, using these questions. Your partners' answers will incorporate descriptive adjectives. Be prepared to report to the class what you learned.

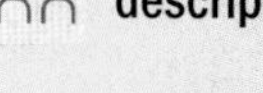

- Est-ce que tu as un(e) bon(ne) copain/copine?
- Comment est-ce qu'il/elle s'appelle?
- Quel âge est-ce qu'il/elle a?
- Comment est-ce qu'il/elle est?
- Il/Elle est de quelle origine?
- Quels cours est-ce qu'il/elle aime?
- Quels cours est-ce qu'il/elle déteste?

3A.2 Possessive adjectives

Boîte à outils

In **Contextes**, you learned a few possessive adjectives with family vocabulary: **mon grand-père**, **ma sœur**, **mes cousins**.

Point de départ In both English and French, possessive adjectives express ownership or possession.

Possessive adjectives

masculine singular	feminine singular	plural	
mon	**ma**	**mes**	*my*
ton	**ta**	**tes**	*your (fam. and sing.)*
son	**sa**	**ses**	*his, her, its*
notre	**notre**	**nos**	*our*
votre	**votre**	**vos**	*your (form. or pl.)*
leur	**leur**	**leurs**	*their*

- Possessive adjectives are always placed before the nouns they modify.

C'est **ton** père?
Is that your father?

Non, c'est **mon** oncle.
No, that's my uncle.

Voici **notre** mère.
Here's our mother.

Ce sont **tes** livres?
Are these your books?

- In French, unlike English, possessive adjectives agree in gender and number with the nouns they modify.

mon frère *my brother*	**ma** sœur *my sister*	**mes** grands-parents *my grandparents*
ton chat *your cat*	**ta** nièce *your niece*	**tes** chiens *your dogs*

- Note that the forms **notre**, **votre**, and **leur** are the same for both masculine and feminine nouns. They only change to indicate whether the noun is singular or plural.

notre neveu *our nephew*	**notre** famille *our family*	**nos** enfants *our children*
leur cousin *their cousin*	**leur** cousine *their cousin*	**leurs** cousins *their cousins*

- The masculine singular forms **mon**, **ton**, and **son** are used with all singular nouns that begin with a vowel *even if they are feminine.*

mon amie *my friend*	**ton** école *your school*	**son** histoire *his story*

Boîte à outils

You already know that there are two ways to express *you* in French: **tu** (informal and singular) and **vous** (formal or plural). Remember that the possessive adjective must always correspond to the form of *you* that is used.

Tu parles à **tes** amis?

Vous parlez à **vos** amis?

- In English, the owner's gender is indicated by the use of the possessive adjectives *his* or *her*. In French however, the choice of **son**, **sa**, and **ses** depends on the gender and number of the noun possessed, *not* the gender and number of the owner.

  son frère = *his/her brother* **sa** sœur = *his/her sister* **ses** parents = *his/her parents*

  Context will usually help to clarify the meaning of the possessive adjective.

  J'aime **Nadine** mais je n'aime pas **son** frère.
  I like Nadine but I don't like her brother.

  Rémy et **son** frère sont trop sérieux.
  Rémy and his brother are too serious.

Possession with *de*

- In English, you use *'s* to express relationships or ownership. In French, use **de (d')** + [*the noun or proper name*] instead.

  C'est le petit ami **d'Élisabeth**.
  That's Élisabeth's boyfriend.

  C'est le petit ami **de ma sœur**.
  That's my sister's boyfriend.

  Tu aimes la cousine **de Thierry**?
  Do you like Thierry's cousin?

  J'ai l'adresse **de ses parents**.
  I have his parents' address.

- When the preposition **de** is followed by the definite articles **le** and **les**, they contract to form **du** and **des**, respectively. There is no contraction when **de** is followed by **la** and **l'**.

  de + le ▶ **du** **de + les** ▶ **des**

  L'opinion **du** grand-père est importante.
  The grandfather's opinion is important.

  La fille **des** voisins a les cheveux châtains.
  The neighbors' daughter has brown hair.

  Le nom **de l'**oiseau, c'est Lulu.
  The bird's name is Lulu.

  J'ai le nouvel album **de la** chanteuse française.
  I have the French singer's new album.

Essayez! **Provide the appropriate form of each possessive adjective.**

mon, ma, mes
1. ___mon___ livre
2. ________ librairie
3. ________ professeurs

ton, ta, tes
4. ________ ordinateurs
5. ________ télévision
6. ________ stylo

son, sa, ses
7. ________ table
8. ________ problèmes
9. ________ école

notre, nos
10. ________ cahier
11. ________ études
12. ________ bourse

votre, vos
13. ________ soirées
14. ________ resto U
15. ________ devoirs

leur, leurs
16. ________ résultat
17. ________ classe
18. ________ notes

ressources
WB pp. 33–34
LM p. 20
vhlcentral

STRUCTURES

Mise en pratique

1 Complétez Complete the sentences with the correct possessive adjectives.

MODÈLE

Karine et Léo, vous avez ___vos___ (*your*) stylos?

1. ________ (*My*) sœur est très patiente.
2. Marc et Julien adorent ________ (*their*) cours de philosophie et de maths.
3. Nadine et Gisèle, qui est ________ (*your*) amie?
4. C'est une belle photo de ________ (*their*) grand-mère.
5. Nous voyageons en France avec ________ (*our*) enfants.
6. Est-ce que tu travailles beaucoup sur ________ (*your*) ordinateur?
7. ________ (*Her*) cousins habitent à Paris.

2 Identifiez Identify the owner(s) of each object.

Sophie

MODÈLE

Ce sont les cahiers de Sophie.

Christophe

1. ____________

Paul

2. ____________

Stéphanie

3. ____________

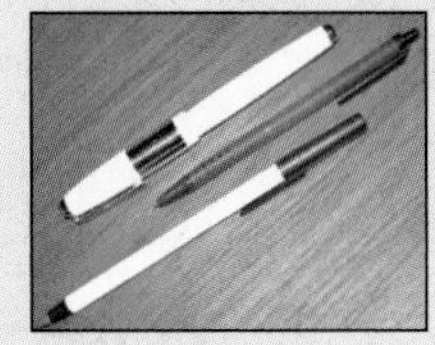

Georgette

4. ____________

Jacqueline

5. ____________

Christine

6. ____________

3 Qui est-ce? Look at the Mercier family tree and explain the relationships between these people.

MODÈLE

Hubert → Marie et Fabien

C'est leur père.

1. Marie → Guy
2. Agnès et Hubert → Thomas et Mégane
3. Thomas et Daniel → Yvette
4. Fabien → Guy
5. Claire → Thomas et Daniel
6. Thomas → Marie

Hubert Agnès

Yvette Fabien Marie Guy

Thomas Lucie Daniel Mégane Claire

Communication

4 **Ma famille** Use these cues to interview as many classmates as you can to learn about their family members. Then, tell the class what you found out.

MODÈLE

mère / parler / espagnol
Étudiant(e) 1: *Est-ce que ta mère parle espagnol?*
Étudiant(e) 2: *Oui, ma mère parle espagnol.*

1. sœur / travailler / en Californie
   ____
2. frère / être / célibataire
   ____
3. cousins / avoir / un chien
   ____
4. cousin / voyager / beaucoup
   ____
5. père / adorer / les ordinateurs
   ____
6. parents / être / divorcés
   ____
7. tante / avoir / les yeux marron
   ____
8. grands-parents / habiter / en Floride
   ____

5 **Tu connais?** In pairs, take turns telling your partner if someone among your family or friends has these characteristics. Be sure to use a possessive adjective or **de** in your responses.

MODÈLE

français
Mes cousins sont français.

1. naïf
2. beau
3. petit
4. sympathique
5. optimiste
6. grand
7. blond
8. mauvais
9. curieux
10. vieux
11. roux
12. intellectuel

6 **Portrait de famille** In groups of three, take turns describing your family. Listen carefully to your partners' descriptions without taking notes. After everyone has spoken, two of you describe the other's family to see how well you remember.

MODÈLE

Étudiant(e) 1: *Sa mère est sociable.*
Étudiant(e) 2: *Sa mère est blonde.*
Étudiant(e) 3: *Mais non! Ma mère est timide et elle a les cheveux châtains.*

Révision

1 Expliquez In pairs, take turns randomly calling out one person from column A and one from column B. Your partner will explain how they are related.

MODÈLE

Étudiant(e) 1: *ta sœur et ta mère*
Étudiant(e) 2: *Ma sœur est la fille de ma mère.*

A	B
1. sœur	**a.** cousine
2. tante	**b.** mère
3. cousins	**c.** grand-père
4. demi-frère	**d.** neveu
5. père	**e.** oncle

2 Les yeux de ma mère List five physical (hair, eyes, and height) or personality traits that you share with other members of your family. Be specific. Then, in pairs, compare your lists. Take notes so you can present your partner's list to the class.

MODÈLE

Étudiant(e) 1: *J'ai les yeux bleus de mon père et je suis fier/fière comme mon grand-père.*
Étudiant(e) 2: *Moi, je suis impatient(e) comme ma mère.*

3 Les familles célèbres In groups of four, play a guessing game. Imagine that you belong to one of these famous families or a famous family of your choice. Start describing your new family to your partners. The first person who guesses which family you are describing and where you fit in is the winner. He or she should describe another family.

La famille Addams
La famille Jolie-Pitt
La famille Kennedy
La famille Windsor
La famille Simpson

4 La famille idéale Survey your classmates. Ask them to describe their ideal family. Record their answers. Then, in pairs, compare your results.

MODÈLE

Étudiant(e) 1: *Comment est ta famille idéale?*
Étudiant(e) 2: *Ma famille idéale est petite, avec deux enfants et beaucoup de chiens et de chats.*

5 Le casting A casting director is on the phone with an agent to find actors for a new comedy about a strange family. In pairs, act out their conversation and find an actor to play each character.

MODÈLE

Étudiant(e) 1: *Pour la mère, il y a Émilie. Elle est rousse et elle a les cheveux courts.*
Étudiant(e) 2: *Ah, non. La mère est brune et elle a les cheveux longs. Avez-vous une actrice brune?*

La famille

Les acteurs et les actrices

6 Les différences Your instructor will give you and a partner each a drawing of a family. Find the six differences between your picture and your partner's.

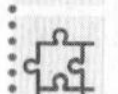

MODÈLE

Étudiant(e) 1: *La mère est blonde.*
Étudiant(e) 2: *Non, la mère est brune.*

Pages d'Or

The **Pages d'Or** (*Golden Pages*) of Belgium comprise a range of services whose objective is to connect businesses with potential customers. Technology is the principal means by which the **Pages d'Or** are today reaching a wider customer base, as the traditional printed telephone book is no longer their only product. The **Pages d'Or** also offer a range of technology products for allowing consumers to quickly find the businesses available for the services they need. These products include the **Pages d'Or** website, as well as listings on CD-ROM, DVD-ROM, and via digital television.

Pages d'Or
www.pagesdor.be

—Papa, combien tu m'aimes?

—Pour toi, je décrocherais° la Lune°.

Compréhension Answer these questions.

1. Qui (*Who*) sont les deux personnes dans la publicité (*ad*)?
2. Pourquoi l'homme téléphone-t-il pour obtenir une grue (*crane*)?
3. Comment trouve-t-il le numéro de téléphone?

Discussion In groups of three, discuss the answers to these questions.

1. Pourquoi est-il facile de trouver un numéro de téléphone aujourd'hui? Comment le faites-vous?
2. Employez le vocabulaire de cette leçon pour décrire les parents idéaux.

décrocherais *would take down* **Lune** *moon*

Go to **vhlcentral.com** to watch the TV clip featured in this **Le Zapping**.

Leçon 3B

You will learn how to...
- describe people
- describe locations

Comment sont-ils?

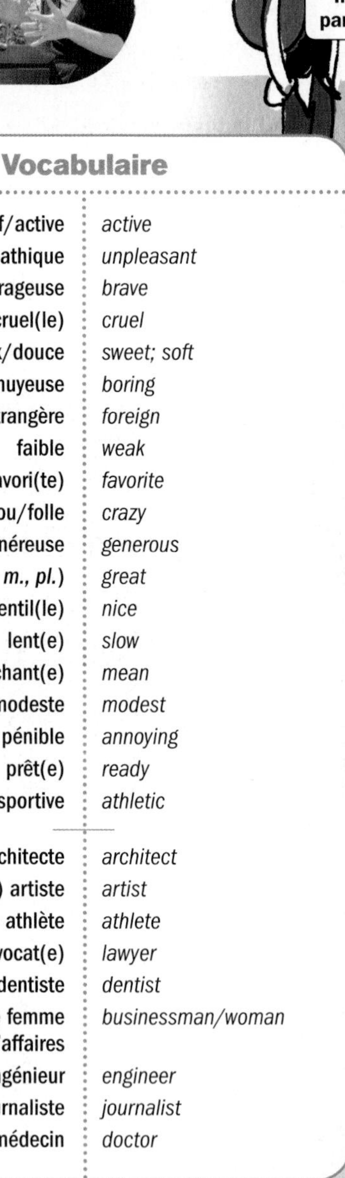

Vocabulaire

actif/active	*active*
antipathique	*unpleasant*
courageux/courageuse	*brave*
cruel(le)	*cruel*
doux/douce	*sweet; soft*
ennuyeux/ennuyeuse	*boring*
étranger/étrangère	*foreign*
faible	*weak*
favori(te)	*favorite*
fou/folle	*crazy*
généreux/généreuse	*generous*
génial(e) (géniaux *m., pl.*)	*great*
gentil(le)	*nice*
lent(e)	*slow*
méchant(e)	*mean*
modeste	*modest*
pénible	*annoying*
prêt(e)	*ready*
sportif/sportive	*athletic*
un(e) architecte	*architect*
un(e) artiste	*artist*
un(e) athlète	*athlete*
un(e) avocat(e)	*lawyer*
un(e) dentiste	*dentist*
un homme/une femme d'affaires	*businessman/woman*
un ingénieur	*engineer*
un(e) journaliste	*journalist*
un médecin	*doctor*

ressources

WB	LM	vhlcentral
pp. 35–36	p. 21	

la coiffeuse
(coiffeur *m.*)

Il est drôle.

Mise en pratique

1 **Écoutez** You will hear descriptions of three people. Listen carefully and indicate whether the statements about them are **vrai** or **faux**.

Nora

Ahmed

Françoise

	Vrai	Faux
1. L'architecte aime le sport.	☐	☐
2. L'artiste est paresseuse.	☐	☐
3. L'artiste aime son travail.	☐	☐
4. Ahmed est médecin.	☐	☐
5. Françoise est gentille.	☐	☐
6. Nora est avocate.	☐	☐
7. Nora habite au Québec.	☐	☐
8. Ahmed est travailleur.	☐	☐
9. Françoise est mère de famille.	☐	☐
10. Ahmed habite avec sa femme.	☐	☐

2 **Les contraires** Complete each sentence with the opposite adjective.

1. Ma grand-mère n'est pas cruelle, elle est ________.
2. Mon frère n'est pas travailleur, il est ________.
3. Mes cousines ne sont pas faibles, elles sont ________.
4. Ma tante n'est pas drôle, elle est ________.
5. Mon oncle n'est pas lent, il est ________.
6. Ma famille et moi, nous ne sommes pas antipathiques, nous sommes ________.
7. Mes parents ne sont pas méchants, ils sont ________.
8. Mon oncle n'est pas heureux, il est ________.

3 **Les célébrités** Match these famous people with their professions. Not all of the professions will be used.

____	1. Donald Trump	a. médecin
____	2. Claude Monet	b. journaliste
____	3. Paul Mitchell	c. musicien(ne)
____	4. Dr. Phil C. McGraw	d. coiffeur/coiffeuse
____	5. Serena Williams	e. artiste
____	6. Barbara Walters	f. architecte
____	7. Beethoven	g. avocat(e)
____	8. Johnny Cochran	h. homme/femme d'affaires
		i. athlète
		j. dentiste

Communication

4  **Les professions** In pairs, say what the true professions of these people are. Alternate reading and answering the questions.

MODÈLE

Étudiant(e) 1: *Est-ce que Sabine et Sarah sont femmes d'affaires?*
Étudiant(e) 2: *Non, elles sont avocates.*

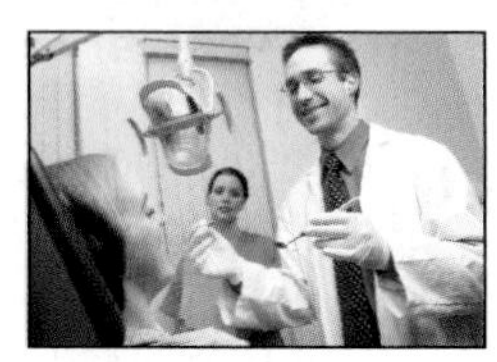

1. Est-ce que Louis est athlète?

2. Est-ce que Jean est professeur?

3. Est-ce que Juliette est ingénieur?

4. Est-ce que Charles est médecin?

5. Est-ce que Pauline est musicienne?

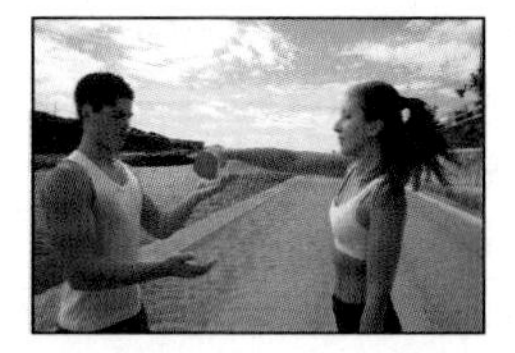

6. Est-ce que Jacques et Brigitte sont avocats?

7. Est-ce qu'Édouard est dentiste?

8. Est-ce que Martine et Sophie sont propriétaires?

5  **Conversez** Interview a classmate. When asked **pourquoi**, answer with **parce que** (*because*).

1. Quel âge ont tes parents? Comment sont-ils?
2. Y a-t-il un(e) avocat(e) dans ta famille? Qui (*Who*)?
3. Qui est ton/ta cousin(e) préféré(e)? Pourquoi?
4. Qui n'est pas ton/ta cousin(e) préféré(e)? Pourquoi?
5. As-tu des animaux familiers (*pets*)? Quel est ton animal familier favori? Pourquoi?
6. Qui est ton professeur préféré? Pourquoi?
7. Qui est gentil dans la classe? Pourquoi?
8. Quelles professions aimes-tu? Pourquoi?

6 **Quelle surprise!** You run into your French instructor ten years after you graduated and want to know what his or her life is like today. With a partner, prepare a conversation where you:

- greet each other
- ask each other's ages
- ask what each other's professions are
- ask about marital status and for a description of your significant others
- ask each other if you have children, and if so, describe them

7 **Les petites annonces** Write a **petite annonce** (*personal ad*) where you describe yourself and your ideal boyfriend or girlfriend. Include details such as profession, age, physical characteristics, and personality. Your instructor will post the ads. In groups, take turns guessing who wrote them.

Les sons et les lettres

Audio: Concepts, Activities
Record & Compare

L'accent circonflexe, la cédille, and le tréma

L'accent circonflexe (^) can appear over any vowel.

aîné	**drôle**	**diplôme**	**pâté**

L'accent circonflexe indicates that a letter, frequently an **s**, has been dropped from an older spelling. For this reason, **l'accent circonflexe** can be used to identify similarities between French and English words.

hospital → hôpital **forest → forêt**

L'accent circonflexe is also used to distinguish between words with similar spellings but different meanings.

mûr	**mur**	**sûr**	**sur**
ripe	*wall*	*sure*	*on*

La cédille (¸) is only used with the letter **c**. It is always pronounced with a soft **c** sound, like the s in the English word *yes*. Use a **cédille** to retain the soft **c** sound before an **a**, **o**, or **u**. Before an **e** or an **i**, the letter **c** is always soft, so a **cédille** is not necessary.

garçon	**français**	**ça**	**leçon**

Le tréma (¨) is used to indicate that two vowel sounds are pronounced separately. It is always placed over the second vowel.

égoïste	**naïve**	**Noël**	**Haïti**

Prononcez Practice saying these words aloud.

1. naïf
2. reçu
3. châtain
4. âge
5. français
6. fenêtre
7. théâtre
8. garçon
9. égoïste
10. château

Articulez Practice saying these sentences aloud.

1. Comment ça va?
2. Comme ci, comme ça.
3. Vous êtes française, Madame?
4. C'est un garçon cruel et égoïste.
5. J'ai besoin d'être reçu à l'examen.
6. Caroline, ma sœur aînée, est très drôle.

Dictons Practice reading these sayings aloud.

1 There's no such thing as "can't". (lit. Impossible is not French.)
2 The more things change, the more they stay the same.

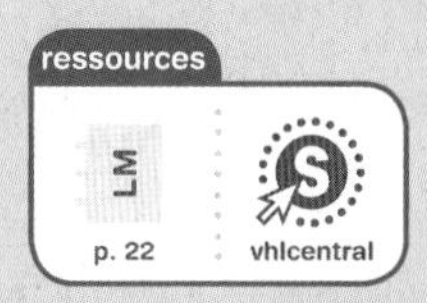

On travaille chez moi!

PERSONNAGES

Amina

David

Rachid

Sandrine

Stéphane

Valérie

SANDRINE Alors, Rachid, où est David?

*Un téléphone portable sonne (*a cell phone rings*)...*

VALÉRIE Allô.

RACHID Allô.

AMINA Allô.

SANDRINE C'est Pascal! Je ne trouve pas mon téléphone!

AMINA Il n'est pas dans ton sac à dos?

SANDRINE Non!

RACHID Ben, il est sous tes cahiers.

SANDRINE Non plus!

AMINA Il est peut-être derrière ton livre... ou à gauche.

SANDRINE Mais non! Pas derrière! Pas à gauche! Pas à droite! Et pas devant!

RACHID Non! Il est là... sur la table. Mais non! La table à côté de la porte.

SANDRINE Ce n'est pas vrai! Ce n'est pas Pascal! Numéro de téléphone 06.62.70.94.87. Mais qui est-ce?

DAVID Sandrine? Elle est au café?

RACHID Oui... pourquoi?

DAVID Ben, j'ai besoin d'un bon café, oui, d'un café très fort. D'un espresso! À plus tard!

RACHID Tu sais, David, lui aussi, est pénible. Il parle de Sandrine. Sandrine, Sandrine, Sandrine.

RACHID ET STÉPHANE C'est barbant!

STÉPHANE C'est ta famille? C'est où?

RACHID En Algérie, l'année dernière chez mes grands-parents. Le reste de ma famille – mes parents, mes sœurs et mon frère, habitent à Marseille.

STÉPHANE C'est ton père, là?

RACHID Oui. Il est médecin. Il travaille beaucoup.

RACHID Et là, c'est ma mère. Elle, elle est avocate. Elle est très active... et très travailleuse aussi.

ACTIVITÉS

1 Identifiez Indicate which character would make each statement. The names may be used more than once. Write **D** for David, **R** for Rachid, **S** for Sandrine, and **St** for Stéphane.

1. J'ai envie d'être architecte. ________
2. Numéro de téléphone 06.62.70.94.87. ________
3. David est un colocataire pénible. ________
4. Stéphane! Tu n'es pas drôle! ________
5. Que c'est ennuyeux! ________
6. On travaille chez moi! ________
7. Sandrine, elle est tellement pénible. ________
8. Sandrine? Elle est au café? ________
9. J'ai besoin d'un café très fort. ________
10. C'est pour ça qu'on prépare le bac. ________

Practice more at **vhlcentral.com.**

Sandrine perd (*loses*) son téléphone.
Rachid aide Stéphane à préparer le bac.

STÉPHANE Qui est-ce? C'est moi!

SANDRINE Stéphane! Tu n'es pas drôle!

AMINA Oui, Stéphane. C'est cruel.

STÉPHANE C'est génial...

RACHID Bon, tu es prêt? On travaille chez moi!

À l'appartement de Rachid et de David...

STÉPHANE Sandrine, elle est tellement pénible. Elle parle de Pascal, elle téléphone à Pascal... Pascal, Pascal, Pascal! Que c'est ennuyeux!

RACHID Moi aussi, j'en ai marre.

STÉPHANE Avocate? Moi, j'ai envie d'être architecte.

RACHID Architecte? Alors, c'est pour ça qu'on prépare le bac.

Rachid et Stéphane au travail...

RACHID Allez, si *x* égale 83 et *y* égale 90, la réponse c'est...

STÉPHANE Euh... 100?

RACHID Oui! Bravo!

Expressions utiles

Making complaints

- **Sandrine, elle est tellement pénible.**
  Sandrine is such a pain.
- **J'en ai marre.**
  I'm fed up.
- **Tu sais, David, lui aussi, est pénible.**
  You know, David's a pain, too.
- **C'est barbant!/C'est la barbe!**
  What a drag!

Reading numbers

- **Numéro de téléphone 06.62.70.94.87 (zéro six, soixante-deux, soixante-dix, quatre-vingt-quatorze, quatre-vingt-sept).**
  Phone number 06.62.70.94.87.
- **Si *x* égale 83 (quatre-vingt-trois) et *y* égale 90 (quatre-vingt-dix)...**
  If x equals 83 and y equals 90...
- **La réponse, c'est 100 (cent).**
  The answer is 100.

Expressing location

- **Où est le téléphone de Sandrine?**
  Where is Sandrine's telephone?
- **Il n'est pas dans son sac à dos.**
  It's not in her backpack.
- **Il est sous ses cahiers.**
  It's under her notebooks.
- **Il est derrière son livre, pas devant.**
  It's behind her book, not in front.
- **Il est à droite ou à gauche?**
  Is it to the right or to the left?
- **Il est sur la table à côté de la porte.**
  It's on the table next to the door.

2 **Vocabulaire** Refer to the video stills and dialogues to match these people and objects with their locations.

____ 1. sur la table	a. le téléphone de Sandrine
____ 2. pas sous les cahiers	b. Sandrine
____ 3. devant Rachid	c. l'ordinateur de Rachid
____ 4. au café	d. la famille de Rachid
____ 5. à côté de la porte	e. le café de Rachid
____ 6. en Algérie	f. la table

3  **Écrivez** In pairs, write a brief description in French of one of the video characters. Do not mention the character's name. Describe his or her personality traits, physical characteristics, and career path. Be prepared to read your description aloud to your classmates, who will guess the identity of the character.

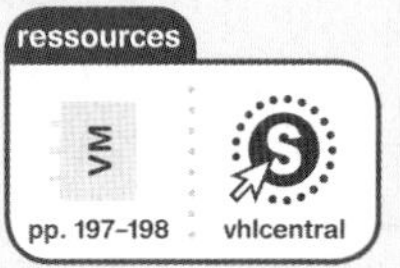

ACTIVITÉS

Reading

CULTURE À LA LOUPE

L'amitié

Pour les Français, l'amitié est une valeur sûre. En effet, plus de 95% d'entre eux estiment° que l'amitié est importante pour leur équilibre personnel°, et les amis sont considérés par beaucoup comme une deuxième famille.

Quand on demande aux Français de décrire leurs amis, ils sont nombreux à dire que ceux-ci leur ressemblent. On les choisit selon son milieu°, ses valeurs, sa culture ou son mode de vie°.

Pour les Français, l'amitié ne doit pas être confondue° avec le copinage. Les copains, ce sont des gens que l'on voit de temps en temps, avec lesquels on passe un bon moment, mais qu'on ne considère pas comme des intimes. Il peut s'agir de relations professionnelles ou de personnes qu'on fréquente° dans le cadre d'une activité commune: clubs sportifs, associations, etc. Quant aux° «vrais» amis, les Français disent en avoir seulement entre cinq et six.

Pour 6 Français sur 10, le facteur le plus important en amitié est la notion d'entraide°: on est prêt à presque tout pour aider ses amis. Viennent ensuite la fidélité et la communication. Mais attention, même si on se confie à ses amis en cas de problèmes, les amis ne sont pas là pour servir de psychologues.

Les Français considèrent aussi que l'amitié prend du temps et qu'elle est fragile. En effet, l'éloignement° et le manque de temps° peuvent lui nuire°. Mais c'est la trahison° que les Français jugent comme la première cause responsable de la fin d'une amitié.

estiment *consider* **équilibre personnel** *personal well-being* **milieu** *backgound, social standing* **mode de vie** *lifestyle* **confondue** *confused* **fréquente** *see* **Quant aux** *As for* **entraide** *mutual assistance* **éloignement** *distance* **manque de temps** *lack of time* **nuire** *to be detrimental* **trahison** *disloyalty*

Coup de main

To ask *what is* or *what are*, you can use **quel** and a form of the verb **être**. The different forms of **quel** agree in gender and number with the nouns to which they refer:

Quel / Quelle est...?
What is...?

Quels / Quelles sont...?
What are...?

ACTIVITÉS

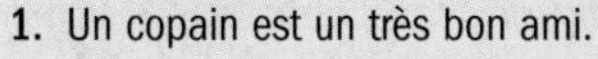

1 **Vrai ou faux?** Are these statements **vrai** or **faux**?

1. Un copain est un très bon ami.
2. En général, les Français ont des amis très différents d'eux.
3. Les Français ont plus d'amis que de copains.
4. Un ami est une personne avec qui on a une relation très solide.
5. Les Français pensent qu'on doit toujours aider ses amis.
6. Un ami vous écoute quand vous avez un problème.
7. Pour les Français, rester amis est toujours facile.
8. Il est bon de parler de tous ses problèmes à ses amis.
9. Les Français pensent que les amis sont comme une deuxième famille.
10. Une trahison peut détruire une amitié.

STRATÉGIE

Reading once through without stopping

While you might read something once in your native language and understand most of it, you might not achieve the same result from one read-through of a text in a foreign language. Reading a selection in French once through without stopping is still important, because it familiarizes you with the text's structure, introduces you to its vocabulary, and helps you get the gist of the reading. Instead of focusing on what you're missing, keep reading until you reach the end.

PORTRAIT

Les Depardieu

Gérard

Les Depardieu sont une famille d'acteurs français. Gérard, le père, est l'acteur le plus célèbre° de France. Lauréat° de deux Césars°, un pour *Le Dernier Métro*° et l'autre° pour *Cyrano de Bergerac*, et d'un Golden Globe pour le film américain *Green Card*, il joue depuis trente ans° et a tourné dans° plus de 120 (cent vingt) films. Guillaume, son fils, a une carrière fulgurante° avant de décéder° prématurément à l'âge de 37 ans. Il a joué° dans beaucoup de films, y compris° *Tous les matins du monde*° avec son père. Julie, la fille de Gérard Depardieu, a déjà° deux Césars et a joué avec son père dans *Le Comte de Monte-Cristo*.

Guillaume

le plus célèbre *most famous* **Lauréat** *Winner* **Césars** *César awards (the equivalent of the Oscars in France)* ***Le Dernier Métro*** *The Last Metro* **l'autre** *the other* **il joue depuis trente ans** *he has been acting for thirty years* **a tourné dans** *has been in* **fulgurante** *dazzling* **avant de décéder** *before he passed away* **a joué** *acted* **y compris** *including* ***Tous les matins du monde*** *All the Mornings of the World* **déjà** *already*

Julie

LE MONDE FRANCOPHONE

Le mariage: Qu'est-ce qui est différent?

En France Les mariages sont toujours à la mairie°, en général le samedi après-midi. Beaucoup de couples vont° à l'église° juste après. Il y a un grand dîner le soir. Tous les amis et la famille sont invités.

En Belgique Les homosexuels ont le droit° de se marier depuis° 2004. Ils peuvent° aussi adopter des enfants légalement depuis 2006.

En Suisse Il n'y a pas de *bridesmaids* comme aux États-Unis mais il y a deux témoins°. En Suisse romande, la partie francophone du pays°, les traditions pour le mariage sont assez° similaires aux traditions en France.

mairie *city hall* **vont** *go* **église** *church* **droit** *right* **depuis** *since* **peuvent** *can* **témoins** *witnesses* **pays** *country* **assez** *rather*

Sur Internet

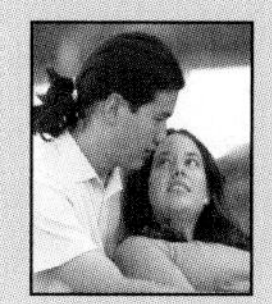

Quand ils sortent (*go out*), où vont (*go*) les jeunes couples français?

Go to **vhlcentral.com** to find more cultural information related to this **Lecture culturelle**.

ACTIVITÉS

2 Les Depardieu Complete these statements with the correct information.

1. Gérard Depardieu a joué dans plus de _______________ films.
2. Guillaume était (*was*) _______________ de Gérard Depardieu.
3. Julie est _______________ de Gérard Depardieu.
4. Julie joue avec Gérard dans _______________.
5. Guillaume joue avec Gérard dans _______________.
6. Julie a déjà _______________ Césars.

3 Comment sont-ils? Look at the photos of the Depardieu family. With a partner, take turns describing each person in detail in French. How old do you think they are? What do you think their personalities are like? Do you see any family resemblances?

Practice more at **vhlcentral.com**.

3B.1 Numbers 61–100

Boîte à outils

Study tip: To say numbers **70–99**, remember the arithmetic behind them. For example, **quatre-vingt-douze (92)** is **4 (quatre)** x **20 (vingt)** + **12 (douze)**.

À noter

Numbers 101 and greater are presented in **Leçon 5B**.

Numbers 61–100

61–69	80–89
61 soixante et un	**80** quatre-vingts
62 soixante-deux	**81** quatre-vingt-un
63 soixante-trois	**82** quatre-vingt-deux
64 soixante-quatre	**83** quatre-vingt-trois
65 soixante-cinq	**84** quatre-vingt-quatre
66 soixante-six	**85** quatre-vingt-cinq
67 soixante-sept	**86** quatre-vingt-six
68 soixante-huit	**87** quatre-vingt-sept
69 soixante-neuf	**88** quatre-vingt-huit
	89 quatre-vingt-neuf
70–79	**90–100**
70 soixante-dix	**90** quatre-vingt-dix
71 soixante et onze	**91** quatre-vingt-onze
72 soixante-douze	**92** quatre-vingt-douze
73 soixante-treize	**93** quatre-vingt-treize
74 soixante-quatorze	**94** quatre-vingt-quatorze
75 soixante-quinze	**95** quatre-vingt-quinze
76 soixante-seize	**96** quatre-vingt-seize
77 soixante-dix-sept	**97** quatre-vingt-dix-sept
78 soixante-dix-huit	**98** quatre-vingt-dix-huit
79 soixante-dix-neuf	**99** quatre-vingt-dix-neuf
	100 cent

- Numbers that end in the digit **1** are not usually hyphenated. They use the conjunction **et** instead.

  trente et un — cinquante et un — soixante et un

- Note that **81** and **91** are exceptions:

  quatre-vingt-un — quatre-vingt-onze

- The number **quatre-vingts** ends in **-s**, but there is no **-s** when it is followed by another number.

  quatre-vingts — quatre-vingt-cinq — quatre-vingt-dix-huit

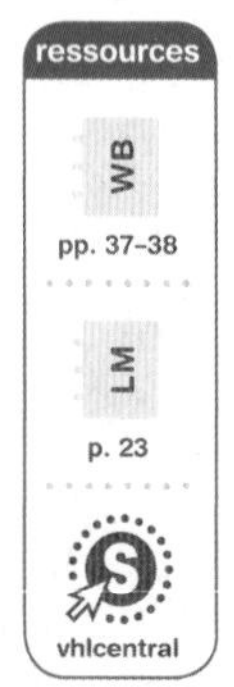

Essayez!

What are these numbers in French?

1. 67 *soixante-sept*
2. 75 ______
3. 99 ______
4. 70 ______
5. 82 ______
6. 91 ______
7. 66 ______
8. 87 ______
9. 52 ______
10. 60 ______

Le français vivant

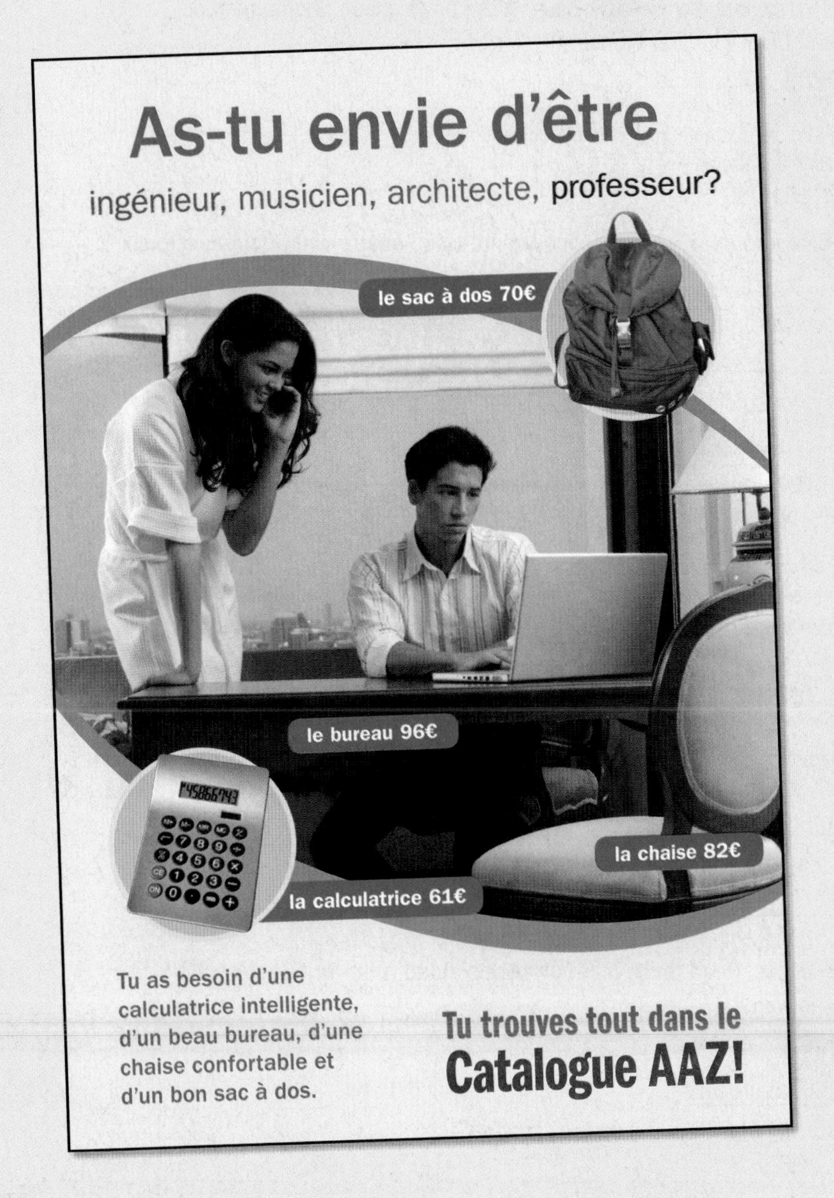

Identifiez Scan this catalogue page, and identify the instances where the numbers 61–100 are used.

Questions

1. Qui sont les personnes sur la photo?
2. Où est-ce qu'elles habitent?
3. Qu'est-ce qu'elles ont dans leur maison?
4. Quels autres *(other)* objets trouve-t-on dans le Catalogue AAZ? (Imaginez.)
5. Quels sont leurs prix *(prices)*?

STRUCTURES

Mise en pratique

1 **Les numéros de téléphone** Write down these phone numbers, then read them aloud in French.

MODÈLE

C'est le zéro un, quarante-trois, soixante-quinze, quatre-vingt-trois, seize.
01.43.75.83.16

1. C'est le zéro deux, soixante-cinq, trente-trois, quatre-vingt-quinze, zéro six.
   ____
2. C'est le zéro un, quatre-vingt-dix-neuf, soixante-quatorze, quinze, vingt-cinq.
   ____
3. C'est le zéro cinq, soixante-cinq, onze, zéro huit, quatre-vingts.
   ____
4. C'est le zéro trois, quatre-vingt-dix-sept, soixante-dix-neuf, cinquante-quatre, vingt-sept.
   ____
5. C'est le zéro quatre, quatre-vingt-cinq, soixante-neuf, quatre-vingt-dix-neuf, quatre-vingt-onze.
   ____
6. C'est le zéro un, vingt-quatre, quatre-vingt-trois, zéro un, quatre-vingt-neuf.
   ____
7. C'est le zéro deux, quarante et un, soixante et onze, douze, soixante.
   ____
8. C'est le zéro quatre, cinquante-huit, zéro neuf, quatre-vingt-dix-sept, treize.
   ____

2 **Les maths** Read these math problems aloud, then write out each answer in words.

MODÈLE

65 + 3 = *soixante-huit*
Soixante-cinq plus trois font (equals) soixante-huit.

1. 70 + 15 = ______________
2. 82 + 10 = ______________
3. 76 + 3 = ______________
4. 88 + 12 = ______________
5. 40 + 27 = ______________
6. 67 + 6 = ______________
7. 43 + 54 = ______________
8. 78 + 5 = ______________
9. 70 + 20 = ______________
10. 64 + 16 = ______________

3 **Comptez** Read the following numbers aloud in French, then follow the pattern to provide the missing numbers.

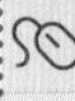

1. 60, 62, 64, ... 80
2. 76, 80, 84, ... 100
3. 10, 20, 30, ... 90
4. 81, 83, 85, ... 99
5. 62, 63, 65, 68, ... 98
6. 55, 57, 59, ... 73
7. 100, 95, 90, ... 60
8. 99, 96, 93, ... 69

Communication

4 Questions indiscrètes With a partner, take turns asking how old these people are.

MODÈLE

Étudiant(e) 1: *Madame Hubert a quel âge?*
Étudiant(e) 2: *Elle a 70 ans.*

5 Qui est-ce? Interview as many classmates as you can in five minutes to find out the name, relationship, and age of their oldest family member. Identify the student with the oldest family member to the class.

MODÈLE

Étudiant(e) 1: *Qui est le plus vieux (the oldest) dans ta famille?*
Étudiant(e) 2: *C'est ma tante Julie. Elle a soixante-dix ans.*

6 Fournitures scolaires Take turns playing the role of a store employee ordering the school supplies **(fournitures scolaires)** below. Tell how many of each item you need. Your partner will write down the number of items ordered. Switch roles when you're done.

Étudiant(e) 1: *Vous avez besoin de combien de crayons?*
Étudiant(e) 2: *J'ai besoin de soixante-dix crayons.*

1. ____________ 2. ____________ 3. ____________ 4. ____________

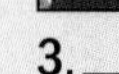

5. ____________ 6. ____________ 7. ____________ 8. ____________

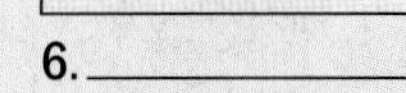

3B.2 Prepositions of location and disjunctive pronouns

Point de départ You have already learned expressions in French containing prepositions like **à**, **de**, and **en**. Prepositions of location describe the location of something or someone in relation to something or someone else.

- Use the preposition **à** before the name of any city to express *in*, *to*. The preposition that accompanies the name of a country varies, but you can use **en** in many cases.

Il étudie **à Nice**.
He studies in Nice.

Je voyage **en France** et **en Belgique**.
I'm traveling in France and Belgium.

À noter

In **Leçon 7A**, you will learn more names of countries and their corresponding prepositions.

Prepositions of location

à côté de	*next to*	**en face de**	*facing, across from*
à droite de	*to the right of*	**entre**	*between*
à gauche de	*to the left of*	**loin de**	*far from*
dans	*in*	**par**	*by*
derrière	*behind*	**près de**	*close to, near*
devant	*in front of*	**sous**	*under*
en	*in*	**sur**	*on*

- Use the forms **du, de la, de l'** and **des** in prepositional expressions when they are appropriate.

Le resto U est **à côté du** gymnase.
The cafeteria is next to the gym.

Mes grands-parents habitent **près des** Alpes.
My grandparents live near the Alps.

Ils sont **devant** la bibliothèque.
They are in front of the library.

L'université est **à droite de** l'hôtel.
The university is to the right of the hotel.

- You can further modify prepositions of location by using intensifiers such as **tout** (*very, really*) and **juste** (*just, right*).

Ma sœur habite **juste en face de** l'université.
My sister lives right across from the university.

Le lycée est **juste derrière** son appartement.
The high school is just behind his apartment.

Jules et Alain travaillent **tout près de** la fac.
Jules and Alain work really close to campus.

La librairie est **tout à côté du** café.
The bookstore is right next to the café.

- *You may use a preposition without the word* **de** *if it is not followed by a noun.*

Ma sœur habite **juste à côté**.
My sister lives right next door.

Elle travaille **tout près**.
She works really close by.

Boîte à outils

You can also use the prepositions **derrière** and **devant** without a following noun.

Le chien habite derrière.
The dog lives out back.

However, a noun must always follow the prepositions **dans**, **en**, **entre**, **par**, **sous**, and **sur**.

Il n'est pas sous les cahiers.

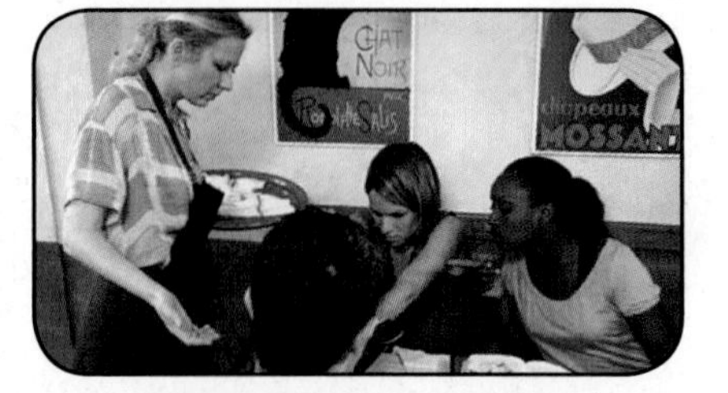

Pas derrière! Pas à droite!

- The preposition **chez** has no exact English equivalent. It expresses the idea of *at* or *to someone's house* or *place*.

Louise n'aime pas étudier **chez Arnaud** parce qu'il parle beaucoup.
Louise doesn't like studying at Arnaud's because he talks a lot.

Ce matin, elle n'étudie pas parce qu'elle est **chez sa cousine**.
This morning she's not studying because she's at her cousin's.

- *The preposition* **chez** is also used to express the idea of *at* or *to a professional's office* or *business*.

chez le docteur
at the doctor's

chez la coiffeuse
to the hairdresser's

- When you want to use a pronoun that refers to a person after any type of preposition, you don't use a subject pronoun. Instead, you use what are called disjunctive pronouns.

Disjunctive pronouns

singular		plural	
je →	**moi**	**nous** →	**nous**
tu →	**toi**	**vous** →	**vous**
il →	**lui**	**ils** →	**eux**
elle →	**elle**	**elles** →	**elles**

Maryse travaille **à côté de moi**.
Maryse is working next to me.

Est-ce qu'il y a un coiffeur près de **chez vous**?
Is there a hairdresser near where you live?

Nous pensons **à toi**.
We're thinking about you.

Voilà ma cousine Lise, **devant nous**.
There's my cousin Lise, in front of us.

Tu as besoin **d'elle** aujourd'hui?
Do you need her today?

Vous n'avez pas peur **d'eux**.
You're not afraid of them.

Essayez! **Complete each sentence with the equivalent of the expression in parentheses.**

1. La librairie est derrière (*behind*) le resto U.
2. J'habite ________ (*close to*) leur lycée.
3. Le laboratoire est ________ (*next to*) ma résidence.
4. Tu retournes ________ (*to the house of*) tes parents ce week-end?
5. La fenêtre est ________ (*across from*) la porte.
6. Mon sac à dos est ________ (*under*) la chaise.
7. Ses crayons sont ________ (*on*) la table.
8. Votre ordinateur est ________ (*in*) la corbeille!
9. Il n'y a pas de secrets ________ (*between*) amis.
10. Le professeur est ________ (*in front of*) les étudiants.

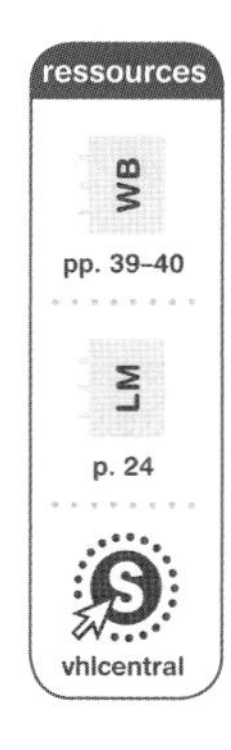

STRUCTURES

Mise en pratique

1 Où est ma montre? Claude has lost her watch. Choose the appropriate prepositions to complete her friend Pauline's questions.

MODÈLE

Elle est (*à gauche du* / entre le) livre?

1. Elle est (sur / entre) le bureau?
2. Elle est (par / derrière) la télévision?
3. Elle est (entre / dans) le lit et la table?
4. Elle est (en / sous) la chaise?
5. Elle est (sur / à côté de) la fenêtre?
6. Elle est (près du / entre le) sac à dos?
7. Elle est (devant / sur) la porte?
8. Elle est (dans / sous) la corbeille?

2 Complétez Look at the drawing, and complete these sentences with the appropriate prepositions.

MODÈLE

Nous sommes *chez* nos cousins.

1. Nous sommes ______ la maison de notre tante.
2. Michel est ______ Béatrice.
3. ______ Jasmine et Laure, il y a le petit cousin, Adrien.
4. Béatrice est ______ Jasmine.
5. Jasmine est tout ______ Béatrice.
6. Michel est ______ Laure.
7. Un oiseau est ______ la maison.
8. Laure est ______ Adrien.

3 Où est-on? Tell where these people, animals, and things are in relation to each other. Replace the second noun or pronoun with the appropriate disjunctive pronoun.

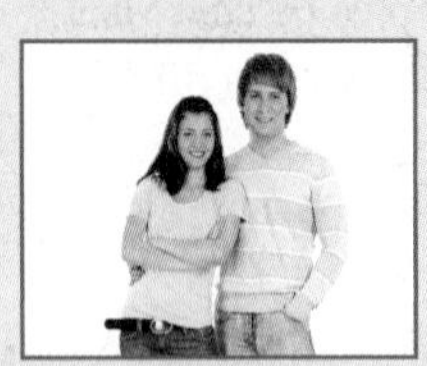

MODÈLE

Alex / Anne

Alex est à droite d'elle.

1. ______________

2. ______________

3. ______________

4. ______________

5. ______________

6. ______________

1. l'oiseau / je
2. le chien / Gabrielle et Emma
3. le monument / tu
4. l'ordinateur / Ousmane
5. Mme Fleury / Max et Élodie
6. les enfants / la grand-mère

Communication

4 **Où est l'objet?** In pairs, take turns asking where these items are in the classroom. Use prepositions of location.

MODÈLE la carte

Étudiant(e) 1: *Où est la carte?*
Étudiant(e) 2: *Elle est devant la classe.*

1. l'horloge
2. l'ordinateur
3. le tableau
4. la fenêtre
5. le bureau du professeur
6. ton livre de français
7. la corbeille
8. la porte

5 **Qui est-ce?** Choose someone in the room. The rest of the class will guess whom you chose by asking yes/no questions that use prepositions of location.

MODÈLE

Est-ce qu'il/elle est derrière Dominique?
Est-ce qu'il/elle est entre Jean-Pierre et Suzanne?

6 **S'il vous plaît...?** A tourist stops someone on the street to ask where certain places are located. In pairs, play these roles using the map to locate the places.

MODÈLE

Étudiant(e) 1: *La banque, s'il vous plaît?*
Étudiant(e) 2: *Elle est en face de l'hôpital.*

1. le cinéma Ambassadeur
2. le restaurant Chez Marlène
3. la librairie Antoine
4. le lycée Camus
5. l'hôtel Royal
6. le café de la Place

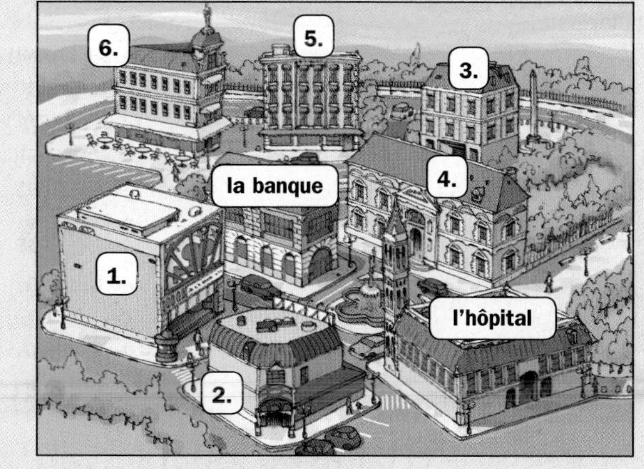

7 **Ma ville** In pairs, take turns telling your partner where the places below are located in your town or neighborhood. You may use your campus as a reference point. Correct your partner when you disagree.

MODÈLE

la banque
La banque est tout près de la fac.

1. le café
2. la librairie
3. l'université
4. le gymnase
5. l'hôtel
6. la bibliothèque
7. l'hôpital
8. le restaurant italien

Révision

1 Le basket These basketball rivals are competing for the title. In pairs, predict the missing playoff scores. Then, compare your predictions with those of another pair. Be prepared to share your predictions with the class.

1. Ohio State 76, Michigan ________
2. Florida ________, Florida State 84
3. Stanford ________, UCLA 79
4. Purdue 81, Indiana ________
5. Duke 100, Virginia ________
6. Kansas 95, Colorado ________
7. Texas ________, Oklahoma 88
8. Kentucky 98, Tennessee ________

2 La famille d'Édouard In pairs, take turns guessing where Édouard's family members are in the photo using prepositions to describe their locations. Compare your answers with those of another pair.

MODÈLE

Son père est derrière sa mère.

3 À la fac In pairs, take turns describing the location of a building (**un bâtiment**) on your campus. Your partner must guess which building you are describing in three tries. Keep score to determine the winner after several rounds.

MODÈLE

Étudiant(e) 1: *C'est un bâtiment entre la bibliothèque et Sherman Hall.*
Étudiant(e) 2: *C'est le resto U?*
Étudiant(e) 1: *C'est ça!*

4 C'est quel numéro? What courses would you take if you were studying at a French university? Take turns deciding and having your partner give you the phone number for enrollment information.

MODÈLE

Étudiant(e) 1: *Je cherche un cours de philosophie.*
Étudiant(e) 2: *C'est le zéro quatre...*

Architecture	04.76.65.74.92
Biologie	04.76.72.63.85
Chimie	04.76.84.79.64
Littérature anglaise	04.76.99.90.82
Mathématiques	04.76.86.66.93
Philosophie	04.76.75.99.80
Psychologie	04.76.61.88.91
Sciences politiques	04.76.68.96.81
Sociologie	04.76.70.83.97

5 À la librairie In pairs, role-play a conversation between a customer at a campus bookstore and a clerk who points out where supplies are located. Then, switch roles. Each turn, the customer picks four items from the list. Use the drawing to find the supplies.

des cahiers	un dictionnaire
une calculatrice	un iPhone®
une carte	du papier
des crayons	un sac à dos

MODÈLE

Étudiant(e) 1: *Je cherche des stylos.*
Étudiant(e) 2: *Ils sont à côté des cahiers.*

6 Trouvez Your instructor will give you and your partner each a drawing of a family picnic. Ask each other questions to find out where all of the family members are located.

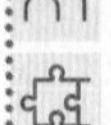

MODÈLE

Étudiant(e) 1: *Qui est à côté du père?*
Étudiant(e) 2: *Le neveu est à côté du père.*

Écriture

STRATÉGIE

Using idea maps

How do you organize ideas for a first draft? Often, the organization of ideas represents the most challenging part of the writing process. Idea maps are useful for organizing pertinent information. Here is an example of an idea map you can use when writing.

SCHÉMA D'IDÉES

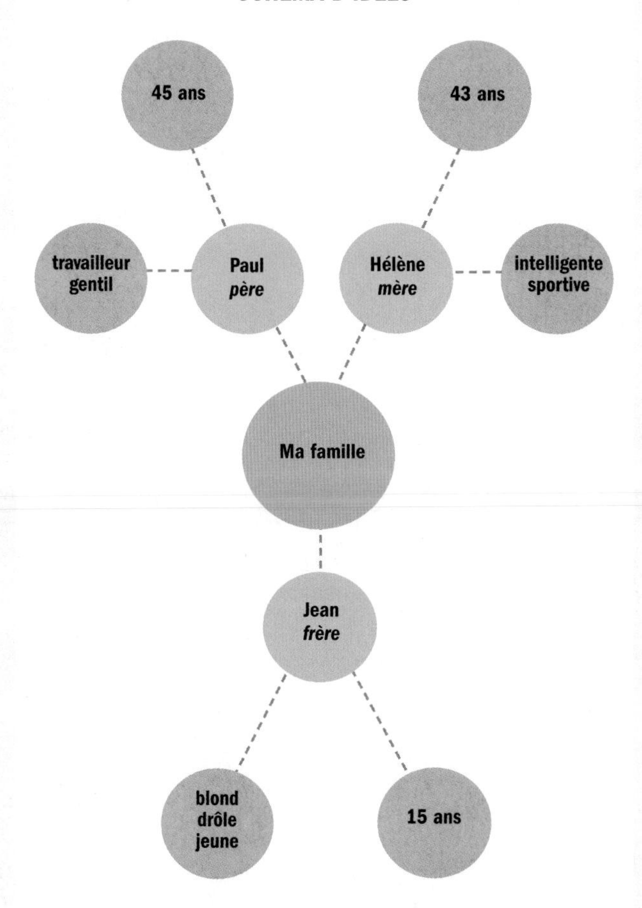

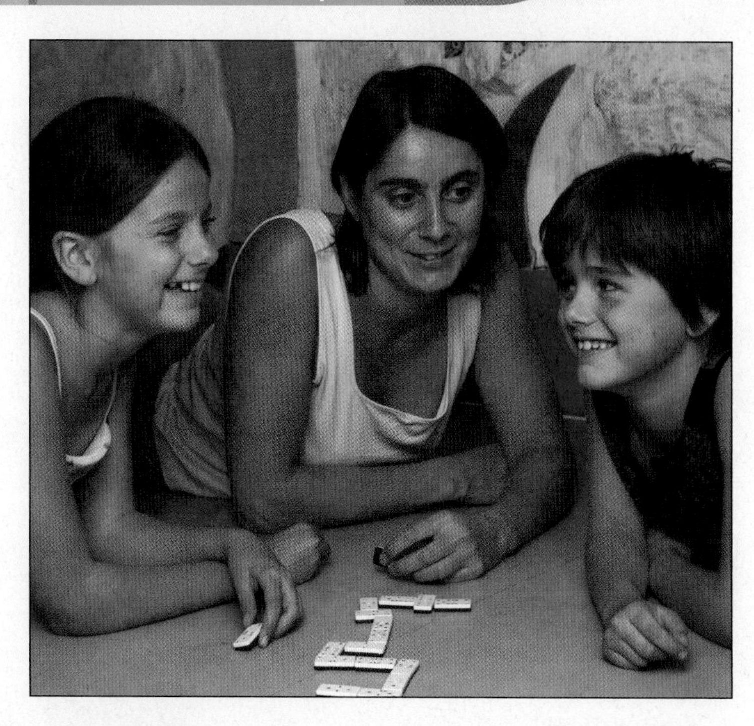

Thème

Écrivez une lettre

A friend you met in a chat room for French speakers wants to know about your family. Using some of the verbs and adjectives you learned in this lesson, write a brief letter describing your family or an imaginary family, including:

- Names and relationships
- Physical characteristics
- Hobbies and interests

Here are some useful expressions for letter writing in French:

Salutations

Cher Fabien,	*Dear Fabien,*
Chère Joëlle,	*Dear Joëlle,*

Asking for a response

Réponds-moi vite.	*Write back soon.*
Donne-moi de tes nouvelles.	*Tell me your news.*

Closings

Grosses bises!	*Big kisses!*
Je t'embrasse!	*Kisses!*
Bisous!	*Kisses!*
À bientôt!	*See you soon!*
Amitiés,	*In friendship,*
Cordialement,	*Cordially,*
À plus (tard),	*Until later,*

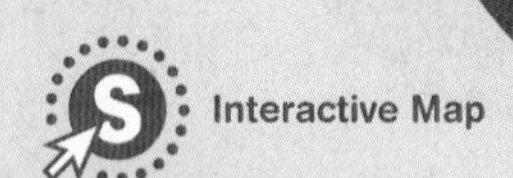

Panorama

Bruges

La Belgique

Le pays en chiffres

- **Superficie:** *30.528 km²*
- **Population:** *11.299.000*
  SOURCE: Population Division, UN Secretariat
- **Industries principales:** *agroalimentaire°, chimie, textile*
- **Ville capitale:** *Bruxelles*
- **Monnaie:** *l'euro*
- **Langues:** *français, flamand°*

Environ° 60% de la population belge parle flamand et habite dans la partie nord°. Le français est parlé surtout dans le sud°, par environ 40% des Belges.

La Suisse

Le pays en chiffres

- **Superficie:** *41.285 km²*
- **Population:** *8.299.000*
  SOURCE: Population Division, UN Secretariat
- **Industries principales:** *activités financières, agroalimentaire°, horlogerie°*
- **Ville capitale:** *Berne*
- **Monnaie:** *le franc suisse*
- **Langues:** *allemand, français, italien, romanche*

L' allemand, le français et l'italien sont les langues officielles. Le romanche, langue d'origine latine, est parlé dans l'est° du pays.

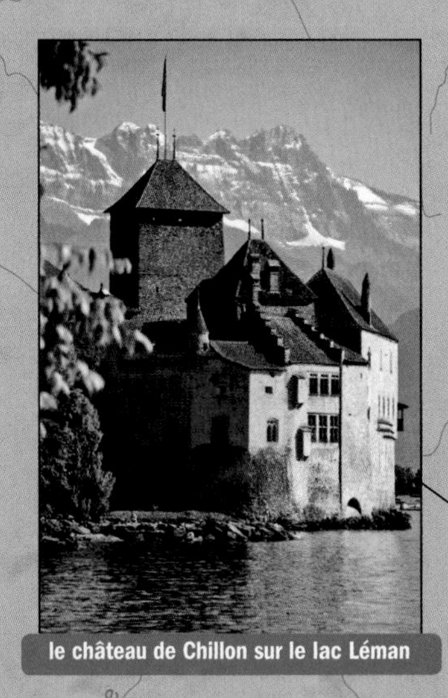
le château de Chillon sur le lac Léman

Personnages célèbres

- **Jean-Luc Godard,** *Suisse, cinéaste (1930–)*
- **Amélie Nothomb,** *Belgique, écrivaine (1966–)*

agroalimentaire *food processing*
horlogerie *watch and clock making*
est *east* **flamand** *Flemish* **Environ** *About*
nord *north* **sud** *south*

Incroyable mais vrai!

La Suisse n'a pas connu de guerres° depuis le 16e siècle! Battue° par la France en 1515, elle signe une paix° perpétuelle avec ce pays et inaugure donc sa période de neutralité. Ce statut° est reconnu par les autres pays européens en 1815 et, depuis, la Suisse ne peut participer à aucune guerre ni° être membre d'alliances militaires comme l'OTAN°.

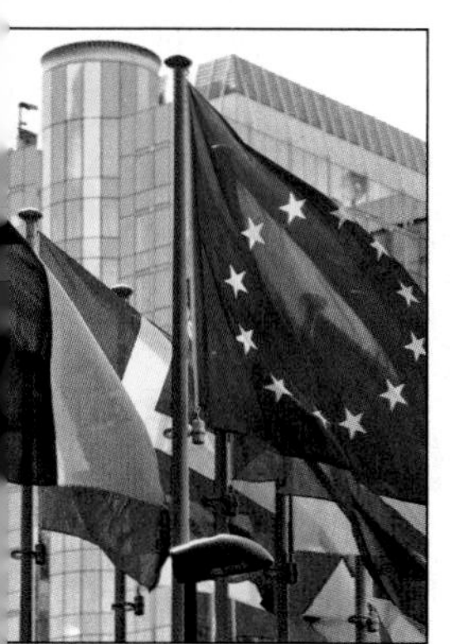

Les destinations

Bruxelles, capitale de l'Europe

Fondée au septième siècle, la ville de Bruxelles a été choisie en 1958, en partie pour sa situation géographique centrale, comme siège° de la C.E.E.° Aujourd'hui, elle reste encore le siège de l'Union européenne (l'U.E.), lieu central des institutions et des décisions européennes. On y trouve le Parlement européen, organe législatif de l'U.E., et depuis 1967, le siège de l'OTAN°. Bruxelles est une ville très cosmopolite, avec un grand nombre d'habitants étrangers. Elle est aussi touristique, renommée pour sa Grand-Place, ses nombreux chocolatiers et la grande qualité de sa cuisine.

Les traditions

La bande dessinée

Les dessinateurs° de bandes dessinées (BD) sont très nombreux en Belgique. À Bruxelles, il y a de nombreuses peintures murales° et statues de BD. Le dessinateur Peyo est devenu célèbre avec la création des Schtroumpfs° en 1958, mais le père de la BD belge est Hergé, dessinateur qui a créé Tintin et Milou en 1929. Tintin est un reporter qui a des aventures partout dans° le monde. En 1953, il devient le premier homme, avant Neil Armstrong, à marcher sur la Lune° dans *On a marché sur la Lune*. La BD de Tintin est traduite en 45 langues.

L'économie

Des montres et des banques

L'économie suisse se caractérise par la présence de grandes entreprises° multinationales et par son secteur financier. Les multinationales sont particulièrement actives dans le domaine des banques, des assurances, de l'agroalimentaire (Nestlé), de l'industrie pharmaceutique et de l'horlogerie (Longines, Rolex, Swatch). Cinquante pour cent de la production mondiale° d'articles° d'horlogerie viennent de Suisse. Le franc suisse est une des monnaies les plus stables du monde et les banques suisses ont la réputation de bien gérer° les fortunes de leurs clients.

Les gens

Jean-Jacques Rousseau (1712–1778)

Né à Genève, Jean-Jacques Rousseau a passé sa vie entre la France et la Suisse. Vagabond et autodidacte°, Rousseau est devenu écrivain, philosophe, théoricien politique et musicien. Il a comme principe° que l'homme naît bon et que c'est la société qui le corrompt°. Défenseur de la tolérance religieuse et de la liberté de pensée, les idées de Rousseau, exprimées° principalement dans son œuvre° *Du contrat social*, se retrouvent° dans la Révolution française. À la fin de sa vie, il écrit *Les Confessions*, son autobiographie, un genre nouveau pour l'époque°.

Qu'est-ce que vous avez appris? Répondez aux questions par des phrases complètes.

1. Quelles sont les langues officielles de la Suisse?
2. Quels sont les secteurs importants de l'économie suisse?
3. Quel est le principe fondamental de la philosophie de Rousseau?
4. Quel événement a été influencé par les idées de Rousseau?
5. Quelle est la langue la plus parlée en Belgique?
6. Pourquoi Bruxelles a-t-elle été choisie comme capitale de l'Europe?
7. Quelles institutions importantes trouve-t-on à Bruxelles?
8. Qui est le père de la bande dessinée belge?
9. Qui est allé sur la Lune avant Armstrong?
10. Quelle bande dessinée a été créée (*created*) par Peyo?

ressources WB pp. 41–42 vhlcentral

Sur Internet

Go to **vhlcentral.com** to find more cultural information related to this **Panorama**.

1. Cherchez plus d'informations sur les œuvres de Rousseau. Quelles autres œuvres a-t-il écrites?
2. Quels sont les noms de trois autres personnages de bandes dessinées belges?
3. Cherchez des informations sur la ville de Bruges. Combien de kilomètres de canaux (*canals*) y a-t-il?

entreprises *companies* **mondiale** *worldwide* **articles** *products* **gérer** *manage* **autodidacte** *self-taught* **comme principe** *as a principle* **corrompt** *corrupts* **exprimées** *expressed* **œuvre** *work* **se retrouvent** *are found* **époque** *time* **siège** *headquarters (lit. seat)* **C.E.E** *European Economic Community (predecessor of the European Union)* **OTAN** *NATO* **dessinateurs** *artists* **peintures murales** *murals* **Schtroumpfs** *Smurfs* **partout dans** *all over* **Lune** *moon*

Audio: Vocabulary Flashcards

Leçon 3A

La famille

aîné(e) *elder*
cadet(te) *younger*
un beau-frère *brother-in-law*
un beau-père *father-in-law; stepfather*
une belle-mère *mother-in-law; stepmother*
une belle-sœur *sister-in-law*
un(e) cousin(e) *cousin*
un demi-frère *half-brother; stepbrother*
une demi-sœur *half-sister; stepsister*
les enfants (*m.*, *f.*) *children*
un époux/une épouse *husband/wife*
une famille *family*
une femme *wife; woman*
une fille *daughter; girl*
un fils *son*
un frère *brother*
une grand-mère *grandmother*
un grand-père *grandfather*
les grands-parents (*m.*) *grandparents*
un mari *husband*
une mère *mother*
un neveu *nephew*
une nièce *niece*
un oncle *uncle*
les parents (*m.*) *parents*
un père *father*
une petite-fille *granddaughter*
un petit-fils *grandson*
les petits-enfants (*m.*) *grandchildren*
une sœur *sister*
une tante *aunt*
un chat *cat*
un chien *dog*
un oiseau *bird*
un poisson *fish*

Adjectifs descriptifs

bleu(e) *blue*
blond(e) *blond*
brun(e) *dark (hair)*
court(e) *short*
frisé(e) *curly*
grand(e) *big; tall*
jeune *young*
joli(e) *pretty*
laid(e) *ugly*
mauvais(e) *bad*
noir(e) *black*
pauvre *poor; unfortunate*
petit(e) *small, short (stature)*
raide *straight (hair)*
vert(e) *green*
vrai(e) *true; real*
de taille moyenne *medium-sized*

Vocabulaire supplémentaire

divorcer *to divorce*
épouser *to marry*
célibataire *single*
divorcé(e) *divorced*
fiancé(e) *engaged*
marié(e) *married*
séparé(e) *separated*
veuf/veuve *widowed*
un(e) voisin(e) *neighbor*

Adjectifs irréguliers

beau/belle *beautiful; handsome*
bon(ne) *kind; good*
châtain *brown (hair)*
curieux/curieuse *curious*
fier/fière *proud*
gros(se) *fat*
intellectuel(le) *intellectual*
long(ue) *long*
(mal)heureux/(mal)heureuse *(un)happy*
marron *brown (not for hair)*
naïf/naïve *naive*
nerveux/nerveuse *nervous*
nouveau/nouvelle *new*
roux/rousse *red-haired*
sérieux/sérieuse *serious*
vieux/vieille *old*

Expressions utiles

See p. 87.

Possessive adjetives

mon, ma, mes *my*
ton, ta, tes *your (fam. and sing.)*
son, sa, ses *his, her, its*
notre, notre, nos *our*
votre, votre, vos *your (form. or pl.)*
leur, leur, leurs *their*

Leçon 3B

Adjectifs descriptifs

antipathique *unpleasant*
drôle *funny*
faible *weak*
fatigué(e) *tired*
fort(e) *strong*
génial(e) (géniaux *m.*, pl.) *great*
lent(e) *slow*
méchant(e) *mean*
modeste *modest*
pénible *annoying*
prêt(e) *ready*
rapide *fast*
triste *sad*

Professions et occupations

un(e) architecte *architect*
un(e) artiste *artist*
un(e) athlète *athlete*
un(e) avocat(e) *lawyer*
un coiffeur/une coiffeuse *hairdresser*
un(e) dentiste *dentist*
un homme/une femme d'affaires *businessman/woman*
un ingénieur *engineer*
un(e) journaliste *journalist*
un médecin *doctor*
un(e) musicien(ne) *musician*
un(e) propriétaire *owner; landlord/lady*

Adjectifs irréguliers

actif/active *active*
courageux/courageuse *brave*
cruel(le) *cruel*
discret/discrète *discreet; unassuming*
doux/douce *sweet; soft*
ennuyeux/ennuyeuse *boring*
étranger/étrangère *foreign*
favori(te) *favorite*
fou/folle *crazy*
généreux/généreuse *generous*
gentil(le) *nice*
inquiet/inquiète *worried*
jaloux/jalouse *jealous*
paresseux/paresseuse *lazy*
sportif/sportive *athletic*
travailleur/travailleuse *hard-working*

Expressions utiles

See p. 105.

Numbers 61–100

See p. 108.

Disjunctive pronouns

See p. 113.

Prepositions of location

à côté de *next to*
à droite de *to the right of*
à gauche de *to the left of*
dans *in*
derrière *behind*
devant *in front of*
en *in*
en face de *facing, across from*
entre *between*
loin de *far from*
par *by*
près de *close to, near*
sous *under*
sur *on*

Au café

UNITÉ 4

Leçon 4A

Leçon 4B

Savoir-faire

Pour commencer

- Quelle heure est-il?
  a. 7h00 du matin b. midi c. minuit
- Qu'est-ce que Sandrine et Amina ont envie de faire (*do*)?
  a. manger b. partager c. échouer
- Où sont-elles?
  a. dans un café b. au cinéma
  c. chez elles

Leçon 4A

You will learn how to...
- say where you are going
- say what you are going to do

Où allons-nous?

Vocabulaire

danser	*to dance*
explorer	*to explore*
fréquenter	*to frequent; to visit*
inviter	*to invite*
nager	*to swim*
patiner	*to skate*
une banlieue	*suburbs*
une boîte (de nuit)	*nightclub*
un bureau	*office; desk*
un centre commercial	*shopping center, mall*
un centre-ville	*city/town center, downtown*
un cinéma (ciné)	*movie theater, movies*
un endroit	*place*
un grand magasin	*department store*
un gymnase	*gym*
un hôpital	*hospital*
un lieu	*place*
un magasin	*store*
un marché	*market*
un musée	*museum*
un parc	*park*
une piscine	*pool*
un restaurant	*restaurant*
une ville	*city, town*

ressources

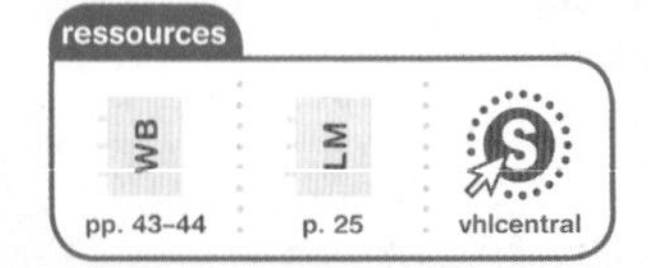

Attention!

Remember that nouns that end in **-al** have an irregular plural. Replace **-al** with **-aux**.
un hôpital → deux hôpitaux

À (*to, at*) before **le** or **les** makes these contractions:
à + le = au   **à + les = aux**
À does NOT contract with **l'** or **la**.

Mise en pratique

Audio: Vocabulary

1 **Écoutez** Jamila parle de sa journée à son amie Samira. Écoutez la conversation et mettez (*put*) les lieux listés dans l'ordre chronologique. Il y a deux lieux en trop (*extra*).

____ a. à l'hôpital
____ b. à la maison
____ c. à la piscine
____ d. au centre commercial
____ e. au cinéma
____ f. à l'église
____ g. au musée
____ h. au bureau
____ i. au parc
____ j. au restaurant

Coup de main

Note that the French **Je vais à...** is the equivalent of the English *I am going to...*

2 **Associez** Quels lieux associez-vous à ces activités?

1. nager ____________
2. danser ____________
3. dîner ____________
4. travailler ____________
5. habiter ____________
6. épouser ____________
7. regarder un film ____________
8. acheter des fruits ____________

3 **Logique ou illogique** Lisez chaque phrase et déterminez si l'action est **logique** ou **illogique**. Corrigez si nécessaire.

	Logique	Illogique
1. Maurice invite Delphine à l'épicerie. ____________	☐	☐
2. Caroline et Aurélie bavardent au marché. ____________	☐	☐
3. Nous déjeunons à l'épicerie. ____________	☐	☐
4. Ils dépensent beaucoup d'argent au centre commercial. ____________	☐	☐
5. Vous explorez une ville. ____________	☐	☐
6. Vous escaladez (*climb*) une montagne. ____________	☐	☐
7. J'habite en banlieue. ____________	☐	☐
8. Tu danses dans un marché. ____________	☐	☐

Communication

4 **Conversez** Avec un(e) partenaire, échangez vos opinions sur ces activités. Utilisez un élément de chaque colonne dans vos réponses.

MODÈLE

Étudiant(e) 1: *Moi, j'adore bavarder au restaurant, mais je déteste parler au musée.*
Étudiant(e) 2: *Moi aussi, j'adore bavarder au restaurant. Je ne déteste pas parler au musée, mais j'aime mieux bavarder au parc.*

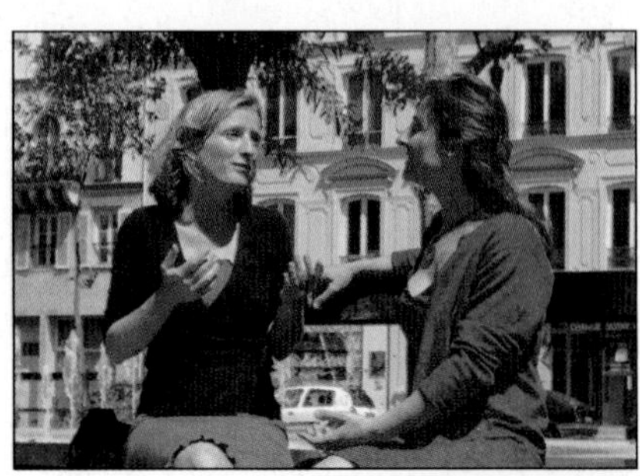

Opinion	Activité	Lieu
adorer	bavarder	au bureau
aimer (mieux)	danser	au centre commercial
ne pas tellement aimer	déjeuner	au centre-ville
détester	dépenser de l'argent	au cinéma
	étudier	au gymnase
	inviter	au musée
	nager	au parc
	parler	à la piscine
	patiner	au restaurant

5 **La journée d'Anne** Votre professeur va vous donner, à vous et à votre partenaire, une feuille partielle d'activités. À tour de rôle, posez-vous des questions pour compléter vos feuilles. Utilisez le vocabulaire de la leçon. Attention! Ne regardez pas la feuille de votre partenaire.

MODÈLE

Étudiant(e) 1: *À 7h30, Anne quitte la maison. Qu'est-ce qu'elle fait ensuite (do next)?*
Étudiant(e) 2: *À 8h00, elle...*

Anne

6 **Une lettre** Écrivez une lettre à un(e) ami(e) dans laquelle (*in which*) vous décrivez vos activités de la semaine. Utilisez les expressions suivantes.

bavarder	passer chez quelqu'un
déjeuner	travailler
dépenser de l'argent	quitter la maison
étudier	un centre commercial
manger au restaurant	une boîte de nuit

Cher Paul,

Comment vas-tu? Moi, tout va bien. Je suis très actif/active à l'université. Je travaille beaucoup et j'ai beaucoup d'amis. En général, le samedi à midi, je déjeune au restaurant Le Lion d'Or avec mes copains. L'après-midi, je bavarde avec mes amis...

Les sons et les lettres

Audio: Concepts, Activities
Record & Compare

Oral vowels

French has two basic kinds of vowel sounds: oral vowels, the subject of this discussion, and nasal vowels, presented in **Leçon 4B**. Oral vowels are produced by releasing air through the mouth. The pronunciation of French vowels is consistent and predictable.

In short words (usually two-letter words), **e** is pronounced similarly to the *a* in the English word *about*.

le **que** **ce** **de**

The letter **a** alone is pronounced like the *a* in *father*.

la **ça** **ma** **ta**

The letter **i** by itself and the letter **y** are pronounced like the vowel sound in the word *bee*.

ici **livre** **stylo** **lycée**

The letter combination **ou** sounds like the vowel sound in the English word *who*.

vous **nous** **oublier** **écouter**

The French **u** sound does not exist in English. To produce this sound, say *ee* with your lips rounded.

tu **du** **une** **étudier**

Prononcez Répétez les mots suivants à voix haute.

1. je
2. chat
3. fou
4. ville
5. utile
6. place
7. jour
8. triste
9. mari
10. active
11. Sylvie
12. rapide
13. gymnase
14. antipathique
15. calculatrice
16. piscine

Articulez Répétez les phrases suivantes à voix haute.

1. Salut, Luc. Ça va?
2. La philosophie est difficile.
3. Brigitte est une actrice fantastique.
4. Suzanne va à son cours de physique.
5. Tu trouves le cours de maths facile?
6. Viviane a une bourse universitaire.

Dictons Répétez les dictons à voix haute.

[1] He who steps out of line loses his place.
[2] The more the merrier.

ressources

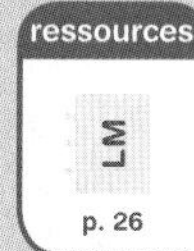

Star du cinéma

PERSONNAGES

Amina

David

Pascal

Sandrine

1

À l'épicerie...

DAVID Juliette Binoche? Pas possible! Je vais chercher Sandrine!

2

Au café...

PASCAL Alors chérie, tu vas faire quoi de ton week-end?

SANDRINE Euh, demain je vais déjeuner au centre-ville.

PASCAL Bon... et quand est-ce que tu vas rentrer?

SANDRINE Euh, je ne sais pas. Pourquoi?

3

PASCAL Pour rien. Et demain soir, tu vas danser?

SANDRINE Ça dépend. Je vais passer chez Amina pour bavarder avec elle.

PASCAL Combien d'amis as-tu à Aix-en-Provence?

SANDRINE Oh, Pascal...

PASCAL Bon, moi, je vais continuer à penser à toi jour et nuit.

6

DAVID Mais l'actrice! Juliette Binoche!

SANDRINE Allons-y! Vite! C'est une de mes actrices préférées! J'adore le film *Chocolat*!

AMINA Et comme elle est chic! C'est une vraie star!

DAVID Elle est à l'épicerie! Ce n'est pas loin d'ici!

7

Dans la rue...

AMINA Mais elle est où, cette épicerie? Nous allons explorer toute la ville pour rencontrer Juliette Binoche?

SANDRINE C'est là, l'épicerie Pierre Dubois à côté du cinéma?

DAVID Mais non, elle n'est pas à l'épicerie Pierre Dubois, elle est à l'épicerie près de l'église, en face du parc.

8

AMINA Et combien d'églises est-ce qu'il y a à Aix?

SANDRINE Il n'y a pas d'église en face du parc!

DAVID Bon, hum, l'église sur la place.

AMINA D'accord, et ton église sur la place, elle est ici au centre-ville ou en banlieue?

ACTIVITÉS

1 

Vrai ou faux? Indiquez pour chaque phrase si l'affirmation est **vraie** ou **fausse** et corrigez si nécessaire.

1. David va chercher Pascal.
2. Sandrine va déjeuner au centre-ville.
3. Pascal va passer chez Amina.
4. Pascal va continuer à penser à Sandrine jour et nuit.
5. Pascal va bien.
6. Juliette Binoche est l'actrice préférée de Sandrine.
7. L'épicerie est loin du café.
8. L'épicerie Pierre Dubois est à côté de l'église.
9. Il n'y a pas d'église en face du parc.
10. Juliette Binoche fréquente le P'tit Bistrot.

Practice more at **vhlcentral.com.**

David et les filles à la recherche de (*in search of*) leur actrice préférée.

SANDRINE Oui. Génial. Au revoir, Pascal.
AMINA Salut Sandrine. Comment va Pascal?
SANDRINE Il va bien mais il adore bavarder.

DAVID Elle est là, elle est là!
SANDRINE Mais, qui est là?
AMINA Et c'est où, «là»?
DAVID Juliette Binoche! Mais non, pas ici!
SANDRINE ET AMINA Quoi? Qui? Où?

Devant l'épicerie...
DAVID C'est elle, là! Hé, JULIETTE!
AMINA Oh, elle est belle!
SANDRINE Elle est jolie, élégante!
AMINA Elle est... petite?
DAVID Elle, elle... est... vieille?!?

AMINA Ce n'est pas du tout Juliette Binoche!
SANDRINE David, tu es complètement fou! Juliette Binoche, au centre-ville d'Aix?
AMINA Pourquoi est-ce qu'elle ne fréquente pas le P'tit Bistrot?

Expressions utiles

Talking about your plans

- **Tu vas faire quoi de ton week-end?**
  What are you doing this weekend?
- **Je vais déjeuner au centre-ville.**
  I'm going to have lunch downtown.
- **Quand est-ce que tu vas rentrer?**
  When are you coming back?
- **Je ne sais pas.**
  I don't know.
- **Je vais passer chez Amina.**
  I am going to stop by Amina's (house).
- **Nous allons explorer toute la ville.**
  We're going to explore the whole city.

Additional vocabulary

- **C'est une de mes actrices préférées.**
  She's one of my favorite actresses.
- **Comme elle est chic!**
  She is so chic!
- **Ce n'est pas loin d'ici!**
  It's not far from here!
- **Ce n'est pas du tout...**
  It's not... at all.
- **Ça dépend.**
  It depends.
- **Pour rien.**
  No reason.
- **Vite!**
  Quick!, Hurry!

ACTIVITÉS

2 **Questions** À l'aide (*the help*) d'un dictionnaire, choisissez le bon mot pour chaque question.

1. (Avec qui, Quoi) Sandrine parle-t-elle au téléphone?
2. (Où, Parce que) Sandrine va-t-elle déjeuner?
3. (Qui, Pourquoi) Pascal demande-t-il à Sandrine quand elle va rentrer?
4. (Combien, Comment) d'amis Sandrine a-t-elle?
5 (Combien, À qui) Amina demande-t-elle comment va Pascal?
6. (Quand, Où) est Juliette Binoche?

3  **Écrivez** Pensez à votre acteur ou actrice préféré(e) et préparez un paragraphe où vous décrivez son apparence, sa personnalité et sa carrière. Comment est-il/elle? Dans quel(s) (*which*) film(s) joue-t-il/elle? Si un jour vous rencontrez cet acteur/cette actrice, qu'est-ce que vous allez lui dire (*say to him or her*)?

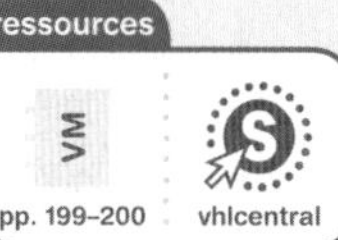

Reading

CULTURE À LA LOUPE

Les passe-temps

Comment est-ce que les jeunes occupent leur temps libre° en France?
Si la télévision a été pendant longtemps un des passe-temps préféré, aujourd'hui près de° 60% (pour cent) des jeunes disent être plus attachés à° leur *smartphone*. En effet, ils sont 68% à ne jamais sortir sans leur portable, et ils veulent être connectés partout°. Les médias jouent donc un rôle très important dans leur vie, surtout les réseaux sociaux° qu'ils utilisent pour communiquer avec leurs amis et leurs proches°. Les portables sont aussi considérés très pratiques pour télécharger° et écouter de la musique, surfer sur Internet, jouer à des jeux° vidéo ou regarder des films.

Les activités culturelles, en particulier le cinéma, sont aussi très appréciées: en moyenne°, les jeunes y° vont une fois° par semaine. Ils aiment également° la littérature et l'art: presque° 50% visitent des musées ou des monuments historiques chaque année et plus de° 40% vont au théâtre ou à des concerts. Un jeune sur cinq° joue d'un instrument de musique ou chante°, et environ 20% d'entre eux° pratiquent une activité artistique, comme la danse, le théâtre, la sculpture, le dessin° ou la peinture°. La photographie et la vidéo sont aussi très appréciées.

Quant à° la pratique sportive, elle concerne près de 90% des jeunes Français, qui font partie de clubs ou s'entraînent entre copains.

Beaucoup de jeunes Français sont aussi membres de la Maison des Jeunes et de la Culture (MJC) de leur ville. Les MJC proposent des activités culturelles, sportives et des cours et ateliers° dans de nombreux domaines.

Et bien sûr, comme tous les jeunes, ils aiment aussi tout simplement se détendre° et bavarder avec des amis, le plus souvent dans un des nombreux cafés du centre-ville.

Les activités culturelles des Français
(% des Français qui les° pratiquent)

le dessin	7%
l'écriture°	4%
la peinture	4%
le piano	3%
autre instrument de musique	3%
la danse	2%
la guitare	2%
la sculpture	1%
le théâtre	1%

temps libre *free time* **près de** *close to* **attachés à** *fond of* **partout** *everywhere* **réseaux sociaux** *social networks* **proches** *people close to them* **télécharger** *download* **jeux** *games* **en moyenne** *on average* **y** *there* **fois** *time* **également** *also* **presque** *almost* **plus de** *more than* **Un... sur cinq** *One . . . in five* **chante** *sings* **d'entre eux** *of them* **dessin** *drawing* **peinture** *painting* **Quant à** *As for* **ateliers** *workshops* **se detendre** *relax* **les** *them* **écriture** *writing*

ACTIVITÉS

1 Vrai ou faux? Indiquez si les phrases sont **vraies** ou **fausses**.

1. Les portables sont rarement utilisés pour écouter de la musique.
2. Les jeunes Français n'utilisent pas Internet.
3. Les musées sont des lieux appréciés pour les loisirs.
4. Les réseaux sociaux ne sont pas très utilisés pour communiquer entre amis.
5. Les jeunes Français n'aiment pas pratiquer d'activités artistiques.
6. Le sport n'est pas important dans la vie des jeunes.
7. Les jeunes Français regardent moins la télévision aujourd'hui.
8. L'instrument de musique le plus (*the most*) populaire en France est le piano.
9. Plus de (*More*) gens pratiquent la peinture que la sculpture.
10. Dans les MJC, on peut faire une grande variété d'activités.

STRATÉGIE

Scanning

Scanning involves glancing over a text in search of specific information. For example, you can scan a document to identify its format, to find cognates, to locate visual clues about its content, or to find specific facts. Scanning allows you to learn a great deal about a text without having to read it word for word. Scan the **Portrait** selection and, in pairs, make a list of the cognates you find.

PORTRAIT

Le parc Astérix

Situé° à 30 kilomètres de Paris, en Picardie, le parc Astérix est le premier parc à thème français. Le parc d'attractions°, ouvert° en 1989, est basé sur la bande dessinée° française, *Astérix le Gaulois.* Création de René Goscinny et d'Albert Uderzo, Astérix est un guerrier gaulois° qui lutte° contre l'invasion des Romains. Au parc Astérix, il y a des montagnes russes°, des petits trains et des spectacles, tous° basés sur les aventures d'Astérix et de son meilleur ami, Obélix. Une des attractions, *Le Tonnerre° de Zeus*, est la plus grande° montagne russe en bois° d'Europe.

Situé *Located* **parc d'attractions** *amusement park* **ouvert** *opened* **bande dessinée** *comic strip* **guerrier gaulois** *Gallic warrior* **lutte** *fights* **montagnes russes** *roller coasters* **tous** *all* **Tonnerre** *Thunder* **la plus grande** *the largest* **en bois** *wooden*

Albert Uderzo

LE MONDE FRANCOPHONE

Où passer le temps

Voici quelques endroits typiques où les jeunes francophones aiment se restaurer° et passer du temps.

En Afrique de l'Ouest

Le maquis Commun dans beaucoup de pays° d'Afrique de l'Ouest°, le maquis est un restaurant où on peut manger à bas prix°. Situé en ville ou en bord de route°, le maquis est typiquement en plein air°.

Au Sénégal

Le tangana Le terme «tang» signifie «chaud» en wolof, une des langues nationales du Sénégal. Le tangana est un lieu populaire pour se restaurer. On trouve souvent les tanganas au coin de la rue°, en plein air, avec des tables et des bancs°.

se restaurer *have something to eat* **pays** *countries* **l'Ouest** *West* **à bas prix** *inexpensively* **en bord de route** *on the side of the road* **en plein air** *outdoors* **coin de la rue** *street corner* **bancs** *benches*

Sur Internet

Comment sont les parcs d'attractions dans les autres pays francophones?

Use the Web to find more cultural information related to this **Lecture culturelle**.

ACTIVITÉS

2 Compréhension Complétez les phrases.

1. Le parc Astérix est basé sur *Astérix le Gaulois*, une __________.
2. Astérix le Gaulois est une __________ de René Goscinny et d'Albert Uderzo.
3. Le parc Astérix est près de la ville de __________.
4. Astérix est un __________ gaulois.
5. On mange à bas prix dans un __________.
6. Au Sénégal, on parle aussi le __________.

3 Vos activités préférées Posez des questions à trois ou quatre de vos camarades de classe à propos de leurs activités favorites. Comparez vos résultats avec ceux (*those*) d'un autre groupe.

Practice more at **vhlcentral.com.**

STRUCTURES

4A.1 The verb *aller*

Point de départ In **Leçon 1A**, you saw a form of the verb **aller** (*to go*) in the expression **ça va**. Now you will use this verb, first, to talk about going places and, second, to express actions that take place in the immediate future.

aller			
je vais	*I go*	**nous allons**	*we go*
tu vas	*you go*	**vous allez**	*you go*
il/elle/on va	*he/she/it/one goes*	**ils/elles vont**	*they go*

- The verb **aller** is irregular. Only the **nous** and **vous** forms resemble the infinitive.

Tu **vas** souvent au cinéma?
Do you go to the movies often?

Je **vais** à la piscine.
I'm going to the pool.

Nous **allons** au marché le samedi.
We go to the market on Saturdays.

Vous **allez** au parc?
Are you going to the park?

- **Aller** can also be used with another verb to tell what is going to happen. This construction is called **le futur proche** (*the immediate future*). Conjugate **aller** in the present tense and place the other verb's infinitive form directly after it.

Nous **allons déjeuner** sur la terrasse.
We're going to eat lunch on the terrace.

Je **vais partager** la pizza avec ma copine.
I'm going to share the pizza with my friend.

Marc et Julie **vont explorer** le centre-ville.
Marc and Julie are going to explore downtown.

Elles **vont retrouver** Guillaume à la boîte de nuit.
They're going to meet Guillaume at the nightclub.

- To negate an expression in **le futur proche**, place **ne/n'** before the conjugated form of **aller** and **pas** after it.

Je **ne vais pas** oublier la date.
I'm not going to forget the date.

Tu **ne vas pas** manger au café?
Aren't you going to eat at the café?

Nous **n'allons pas** quitter la maison.
We're not going to leave the house.

Ousmane **ne va pas** retrouver Salima au parc.
Ousmane is not going to meet Salima at the park.

- Note that **le futur proche** can be used with the infinitive of **aller** to mean *going to go (somewhere).*

Elle **va aller** à la piscine.
She's going to go to the pool.

Vous **allez aller** au gymnase ce soir?
Are you going to go to the gym tonight?

À noter

In **Leçon 2A**, you learned how to form questions with inversion when you have a conjugated verb + infinitive. Follow the same pattern for **le futur proche**. Example: **Théo va-t-il déjeuner à midi?**

The preposition à

- The preposition **à** can be translated in various ways in English: *to, in, at*. When followed by the definite article **le** or **les**, the preposition **à** and the definite article contract into one word.

à + le ▶ **au**

Nous allons **au** magasin.
We're going to the store.

à + les ▶ **aux**

Ils parlent **aux** profs.
They speak to the professors.

- The preposition **à** does not contract with **la** or **l'**.

à + la ▶ **à la**

Je rentre **à la** maison.
I'm going back home.

à + l' ▶ **à l'**

Il va **à l'**épicerie.
He's going to the grocery store.

- The preposition **à** often indicates a physical location, as with **aller à** and **habiter à**. However, it can have other meanings depending on the verb used.

Verbs with the preposition *à*

commencer à + [*infinitive*]	*to start (doing something)*	**penser à**	*to think about*
parler à	*to talk to*	**téléphoner à**	*to phone (someone)*

Elle va **parler au** professeur.
She's going to talk to the professor.

Il **commence à travailler** demain.
He starts working tomorrow.

- In general, **à** is used to mean *at* or *in*, whereas **dans** is used to mean *inside* or *within*. When learning a place name in French, learn the preposition that accompanies it.

Prepositions with place names

à la maison	*at home*	**dans la maison**	*inside the house*
à Paris	*in Paris*	**dans Paris**	*within Paris*
en ville	*in town*	**dans la ville**	*within the town*
sur la place	*in the square*	**à/sur la terrasse**	*on the terrace*

Tu travailles **à la maison**?
Are you working at home?

On mange **dans la maison**.
We'll eat inside the house.

Essayez! **Utilisez la forme correcte du verbe aller.**

1. Comment ça ___va___?
2. Tu ________ à la piscine pour nager.
3. Ils ________ au centre-ville.
4. Nous ________ bavarder au café.
5. Vous ________ aller au restaurant ce soir?
6. Elle ________ aller à l'église dimanche matin.
7. Ce soir, je ________ danser en boîte.
8. On ne ________ pas passer par l'épicerie cet après-midi.

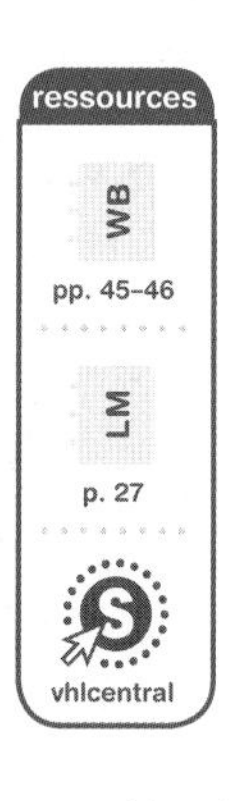

Mise en pratique

1 **Questions parentales** Votre père est très curieux. Trouvez les questions qu'il pose.

MODÈLE

tes frères / piscine
Tes frères vont à la piscine?

1. tu / cinéma / ce soir ______________________________
2. tes amis et toi, vous / boîte ______________________________
3. ta mère et moi, nous / ville / vendredi ______________________________
4. ta petite amie / souvent / marché ______________________________
5. je / musée / avec toi / demain ______________________________
6. tes amis / parc ______________________________
7. on / église / dimanche ______________________________
8. ta petite amie et toi, vous / parfois / gymnase ______________________________

2 **Samedi prochain** Voici ce que (*what*) vous et vos amis faites (*are doing*) aujourd'hui. Indiquez que vous allez faire les mêmes (*same*) choses samedi prochain.

MODÈLE

Je nage.
Samedi prochain aussi, je vais nager.

1. Paul bavarde avec ses copains. ______________________________
2. Nous dansons. ______________________________
3. Je dépense de l'argent dans un magasin. ______________________________
4. Luc et Sylvie déjeunent au restaurant. ______________________________
5. Vous explorez le centre-ville. ______________________________
6. Tu patines. ______________________________
7. Amélie nage à la piscine. ______________________________
8. Lucas et Sabrina téléphonent à leurs grands-parents. ______________________________

3 **Où vont-ils?** Avec un(e) partenaire, indiquez où vont les personnages.

Henri

MODÈLE

Henri va au cinéma.

1. tu

2. nous

3. Paul et Luc

4. vous

The preposition à

- The preposition **à** can be translated in various ways in English: *to*, *in*, *at*. When followed by the definite article **le** or **les**, the preposition **à** and the definite article contract into one word.

à + le ▶ **au**

Nous allons **au** magasin.
We're going to the store.

à + les ▶ **aux**

Ils parlent **aux** profs.
They speak to the professors.

- The preposition **à** does not contract with **la** or **l'**.

à + la ▶ **à la**

Je rentre **à la** maison.
I'm going back home.

à + l' ▶ **à l'**

Il va **à l'**épicerie.
He's going to the grocery store.

- The preposition **à** often indicates a physical location, as with **aller à** and **habiter à**. However, it can have other meanings depending on the verb used.

Verbs with the preposition *à*

commencer à + [*infinitive*]	*to start (doing something)*	**penser à**	*to think about*
parler à	*to talk to*	**téléphoner à**	*to phone (someone)*

Elle va **parler au** professeur.
She's going to talk to the professor.

Il **commence à travailler** demain.
He starts working tomorrow.

- In general, **à** is used to mean *at* or *in*, whereas **dans** is used to mean *inside* or *within*. When learning a place name in French, learn the preposition that accompanies it.

Prepositions with place names

à la maison	*at home*	**dans la maison**	*inside the house*
à Paris	*in Paris*	**dans Paris**	*within Paris*
en ville	*in town*	**dans la ville**	*within the town*
sur la place	*in the square*	**à/sur la terrasse**	*on the terrace*

Tu travailles **à la maison**?
Are you working at home?

On mange **dans la maison**.
We'll eat inside the house.

Essayez! Utilisez la forme correcte du verbe **aller**.

1. Comment ça ___va___?
2. Tu ________ à la piscine pour nager.
3. Ils ________ au centre-ville.
4. Nous ________ bavarder au café.
5. Vous ________ aller au restaurant ce soir?
6. Elle ________ aller à l'église dimanche matin.
7. Ce soir, je ________ danser en boîte.
8. On ne ________ pas passer par l'épicerie cet après-midi.

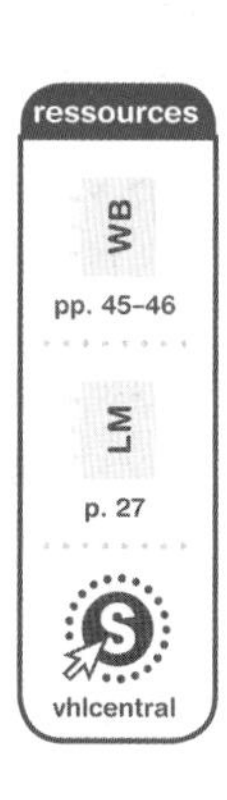

STRUCTURES

Mise en pratique

1 **Questions parentales** Votre père est très curieux. Trouvez les questions qu'il pose.

MODÈLE

tes frères / piscine
Tes frères vont à la piscine?

1. tu / cinéma / ce soir ____________________
2. tes amis et toi, vous / boîte ____________________
3. ta mère et moi, nous / ville / vendredi ____________________
4. ta petite amie / souvent / marché ____________________
5. je / musée / avec toi / demain ____________________
6. tes amis / parc ____________________
7. on / église / dimanche ____________________
8. ta petite amie et toi, vous / parfois / gymnase ____________________

2 **Samedi prochain** Voici ce que (*what*) vous et vos amis faites (*are doing*) aujourd'hui. Indiquez que vous allez faire les mêmes (*same*) choses samedi prochain.

MODÈLE

Je nage.
Samedi prochain aussi, je vais nager.

1. Paul bavarde avec ses copains. ____________________
2. Nous dansons. ____________________
3. Je dépense de l'argent dans un magasin. ____________________
4. Luc et Sylvie déjeunent au restaurant. ____________________
5. Vous explorez le centre-ville. ____________________
6. Tu patines. ____________________
7. Amélie nage à la piscine. ____________________
8. Lucas et Sabrina téléphonent à leurs grands-parents. ____________________

3 **Où vont-ils?** Avec un(e) partenaire, indiquez où vont les personnages.

Henri

▶ **MODÈLE**

Henri va au cinéma.

1. tu

2. nous

3. Paul et Luc

4. vous

Communication

4 **Activités du week-end** Avec un(e) partenaire, assemblez les éléments des colonnes pour poser des questions. Rajoutez (*Add*) d'autres éléments utiles.

MODÈLE

Étudiant(e) 1: *Est-ce que tu vas déjeuner aves tes copains?*
Étudiant(e) 2: *Oui, je vais déjeuner avec mes copains.*

A	B	C	D
ta sœur	aller	voyager	professeur
vous		aller	cinéma
tes copains		déjeuner	boîte de nuit
nous		bavarder	piscine
tu		nager	centre commercial
ton petit ami		danser	café
ta petite amie		parler	parents
tes grands-parents		inviter	copains
		téléphoner	petit(e) ami(e)
		visiter	camarades de classe
		patiner	musée
			cousin(e)s

5 **Le grand voyage** Vous avez gagné (*have won*) un voyage. Par groupes de trois, expliquez à vos camarades ce que vous allez faire pendant (*during*) le voyage. Vos camarades vont deviner (*to guess*) où vous allez.

MODÈLE

Étudiant(e) 1: *Je vais visiter le musée du Louvre.*
Étudiant(e) 2: *Est-ce que tu vas aller à Paris?*

6 **À Deauville** Votre professeur va vous donner, à vous et à votre partenaire, un plan (*map*) de Deauville. Attention! Ne regardez pas la feuille de votre partenaire.

MODÈLE

Étudiant(e) 1: *Où va Simon?*
Étudiant(e) 2: *Il va au kiosque.*

4A.2

Interrogative words

Point de départ In **Leçon 2A**, you learned four ways to formulate yes or no questions in French. However, many questions seek information that can't be provided by a simple yes or no answer.

- Use these words with **est-ce que** or inversion.

Interrogative words			
à quelle heure?	*at what time?*	**quand?**	*when?*
combien (de)?	*how many?; how much?*	**que/qu'...?**	*what?*
		quel(le)(s)?	*which?; what?*
comment?	*how?; what?*	**(à/avec/pour)**	*(to/with/for)*
où?	*where?*	**qui?**	*who(m)?*
pourquoi?	*why?*	**quoi?**	*what?*

À qui est-ce que tu penses?
Whom are you thinking about?

Combien de villes **y a-t-il** en Suisse?
How many cities are there in Switzerland?

Pourquoi est-ce que tu danses?
Why are you dancing?

Que vas-tu manger?
What are you going to eat?

- When the question word **qui** (*who*) is the subject of a sentence, it is followed directly by a verb. The verb in this case is always in the third person singular form.

Qui invite Patrice à dîner?
Who is inviting Patrice to dinner?

Qui n'aime pas danser?
Who doesn't like to dance?

- When the question word **qui** (*whom*) is the object of a sentence, it is followed by **est-ce que** or inversion.

Qui est-ce que tu regardes?
Whom are you looking at?

Qui regardes-tu?

- Although **quand?** and **à quelle heure?** can be translated as *when?* in English, they are not interchangeable in French. Use **quand** to talk about a day or date, and **à quelle heure** to talk about a specific time of day.

Quand est-ce que le cours commence?
When does the class start?

À quelle heure est-ce qu'il commence?
At what time does it begin?

Il commence **le lundi 28 août**.
It starts Monday, August 28.

Il commence **à dix heures et demie.**
It starts at 10:30.

- Another way to formulate questions with most interrogative words is by placing them after a verb. This kind of formulation is very informal but very common.

Tu t'appelles **comment**?
What's your name?

Tu habites **où**?
Where do you live?

- Note that **quoi?** (*what?*) must immediately follow a preposition in order to be used with **est-ce que** or **inversion**. If no preposition is necessary, place **quoi** after the verb.

À quoi pensez-vous?
What are you thinking about?

Elle étudie **quoi**?
What does she study?

De quoi est-ce qu'il parle?
What is he talking about?

Tu regardes **quoi**?
What are you looking at?

Boîte à outils

If a question word is followed immediately by the verb **être**, you don't use **est-ce que**.

Où est mon sac à dos?
Where is my backpack?

Comment est ta petite amie?
What is your girlfriend like?

À noter

Refer to **Structures 2A.2** to review how to answer a question with **pourquoi** using **parce que/qu'**.

- Use **Comment?** or **Pardon?** to indicate that you don't understand what's being said. You may also use **Quoi?** but only in informal situations with friends.

Vous allez voyager cette année?
Are you going to travel this year?

Comment?
I beg your pardon?

The interrogative adjective *quel(le)(s)*

- The interrogative adjective **quel** means *what* or *which*. The form of **quel** varies in gender and number with the noun it modifies.

The interrogative adjective *quel(le)(s)*

	singular		plural	
masculine	**Quel**	*restaurant?*	**Quels**	*cours?*
feminine	**Quelle**	*montre?*	**Quelles**	*filles?*

Quel restaurant aimes-tu?
Which restaurant do you like?

Quels cours commencent à dix heures?
What classes start at ten o'clock?

Quelle montre a-t-il?
What watch does he have?

Quelles filles vont à la boîte de nuit?
Which girls are going to the nightclub?

- **Qu'est-ce que** and **quel** both mean *what*, but they are used differently. Use a form of **quel** to ask *What is/are... ?* if you want to know specific information about a noun. **Quel(le)(s)** may be followed directly by a form of **être** and a noun, in which case the form of **quel(le)(s)** agrees with that noun.

Quel est ton numéro de téléphone?
What is your phone number?

Quels sont tes problèmes?
What are your problems?

Quelles amies invites-tu?
What friends are you inviting?

Quel étudiant est intelligent?
What student is intelligent?

- Use **qu'est-ce que** in most other cases.

Qu'est-ce que tu vas manger?
What are you going to eat?

Qu'est-ce que Sandrine étudie?
What is Sandrine studying?

Boîte à outils

You can also use a form of **quel** as an exclamation.

Quel beau garçon!
What a handsome boy!

Quelles grandes maisons!
What big houses!

Essayez! **Donnez les mots (*words*) interrogatifs.**

1. Comment allez-vous?
2. ________ est-ce que vous allez faire après le cours?
3. Le cours de français commence à ________ heure?
4. ________ est-ce que tu ne travailles pas?
5. Avec ________ est-ce qu'on va au cinéma ce soir?
6. ________ d'étudiants y a-t-il dans la salle de classe?
7. ________ musées vas-tu visiter?
8. ________ est-ce que tes parents arrivent?
9. ________ n'aime pas voyager?
10. ________ est-ce qu'on dîne ce soir?

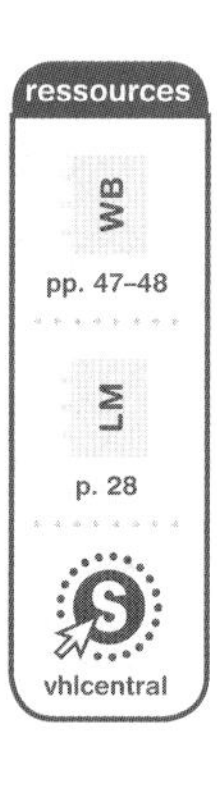

STRUCTURES

Mise en pratique

1 **Le français familier** Utilisez l'inversion pour reformuler les questions.

MODÈLE

Tu t'appelles comment?
Comment t'appelles-tu?

1. Tu habites où? ____________________
2. Le film commence à quelle heure? ____________________
3. Il est quelle heure? ____________________
4. Tu as combien de frères? ____________________
5. Le prof parle quand? ____________________
6. Vous aimez quoi? ____________________
7. Elle téléphone à qui? ____________________
8. Il étudie comment? ____________________
9. Il y a combien d'enfants? ____________________
10. Elle aime qui? ____________________

2 **La paire** Trouvez la paire et formez des phrases complètes. Utilisez chaque (*each*) option une seule fois (*only once*).

1. À quelle heure	a. est-ce que tu regardes?
2. Comment	b. habitent-ils?
3. Combien de	c. est-ce que tu habites dans le centre-ville?
4. Avec qui	d. est-ce que le cours commence?
5. Où	e. heure est-il?
6. Pourquoi	f. vous appelez-vous?
7. Qu'	g. villes est-ce qu'il y a aux États-Unis?
8. Quelle	h. parlez-vous?

3 **La question** Vous avez les réponses. Quelles sont les questions?

MODÈLE

Il est midi.
Quelle heure est-il?

1. Les cours commencent à huit heures. ____________________
2. Stéphanie habite à Paris. ____________________
3. Julien danse avec Caroline. ____________________
4. Elle s'appelle Julie. ____________________
5. Laetitia a deux chiens. ____________________
6. Elle déjeune dans ce restaurant parce qu'il est à côté de son bureau. ____________________
7. Nous allons bien, merci. ____________________
8. Je vais au marché mardi. ____________________
9. Simon aime danser. ____________________
10. Brigitte pense à ses études. ____________________

Communication

4 **Questions et réponses** À tour de rôle, posez une question à un(e) partenaire au sujet de chaque (*each*) thème de la liste. Posez une seconde question basée sur sa réponse.

MODÈLE

Étudiant(e) 1: *Où est-ce que tu habites?*
Étudiant(e) 2: *J'habite chez mes parents.*
Étudiant(e) 1: *Pourquoi est-ce que tu habites chez tes parents?*

Thèmes

- où vous habitez
- ce que vous faites le week-end
- à qui vous téléphonez
- combien de frères et sœurs vous avez
- les endroits que vous fréquentez avec vos copains
- comment sont vos camarades de classe
- quels cours vous aimez

5 **La montagne** Par groupes de quatre, lisez (*read*) avec attention la lettre de Céline. Fermez votre livre. Une personne du groupe va poser une question basée sur l'information donnée. La personne qui répond pose une autre question au groupe, etc.

Bonjour. Je m'appelle Céline. J'ai 20 ans. Je suis grande, mince et sportive. J'habite à Grenoble dans une maison agréable. Je suis étudiante à l'université. J'adore la montagne.

Tous les week-ends, je vais skier à Chamrousse avec mes trois amis Alain, Catherine et Pascal. Nous skions de midi à cinq heures. À six heures, nous prenons un chocolat chaud à la terrasse d'un café ou nous allons manger des crêpes dans un restaurant. Nous rencontrons souvent d'autres étudiants et nous allons en boîte tous ensemble.

6 **Le week-end** Avec un(e) partenaire, posez-vous des questions pour savoir (*know*) où vous allez aller ce (*this*) week-end. Utilisez **le futur proche**. Posez beaucoup de questions pour avoir tous les détails sur les projets (*plans*) de votre partenaire.

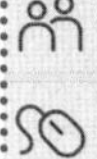

MODÈLE

Étudiant(e) 1: *Où est-ce que tu vas aller samedi?*
Étudiant(e) 2: *Je vais aller au centre commercial.*
Étudiant(e) 1: *Avec qui?*

Révision

1 En ville Par groupes de trois, interviewez vos camarades. Où allez-vous en ville? Quand vos camarades mentionnent un endroit de la liste, demandez des détails (quand? avec qui? pourquoi? etc.). Présentez les réponses à la classe.

le café	le musée
le centre commercial	le parc
le cinéma	la piscine
le marché	le restaurant

2 La semaine prochaine Voici votre agenda (*day planner*). Parlez de votre semaine avec un(e) partenaire. Mentionnez trois activités associées au travail, trois d'un autre type, et deux activités à faire en groupe.

MODÈLE

Lundi je vais préparer un examen, mais samedi je vais danser en boîte.

	L	M	M	J	V	S	D
8h30							
9h00							
9h30							
10h00							
10h30							
11h00							
11h30							
12h00							
12h30							

3 Le week-end Par groupes de trois, posez-vous des questions sur vos projets pour le week-end prochain. Donnez des détails. Mentionnez aussi des activités qu'on fait avec des amis.

MODÈLE

Étudiant(e) 1: *Quels projets avez-vous pour ce week-end?*
Étudiant(e) 2: *Nous allons aller au marché samedi.*
Étudiant(e) 3: *Et nous allons aller au café dimanche.*

4 Ma ville À tour de rôle, vous invitez votre partenaire dans votre ville d'origine pour une visite d'une semaine. Proposez des activités variées et préparez une liste. Ensuite (*Then*), comparez vos projets avec ceux (*those*) d'un autre groupe.

MODÈLE

Étudiant(e) 1: *Samedi, on va au centre-ville.*
Étudiant(e) 2: *Nous allons dépenser de l'argent!*

5 Où passer un long week-end? Vous et votre partenaire avez la possibilité de passer un long week-end à Montréal ou à La Nouvelle-Orléans, mais vous préférez chacun(e) (*each one*) une ville différente. Jouez la conversation pour la classe.

MODÈLE

Étudiant(e) 1: *À Montréal, on va visiter les sites!*
Étudiant(e) 2: *Oui, mais à La Nouvelle-Orléans, on va danser dans les boîtes cajuns!*

Montréal

- le Jardin botanique
- le Musée des Beaux-Arts
- le Parc du Mont-Royal
- le Vieux-Montréal

La Nouvelle-Orléans

- le Café du Monde
- la Cathédrale Saint-Louis
- la route des plantations
- le Vieux Carré (quartier français)

6 La semaine de Martine Votre professeur va vous donner, à vous et à votre partenaire, des informations sur la semaine de Martine. Attention! Ne regardez pas la feuille de votre partenaire.

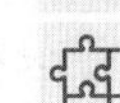

MODÈLE

Lundi matin, Martine va dessiner au parc.

Video

Du pain à la française

En France, il est possible de commencer une formation en boulangerie° et pâtisserie° à l'âge de 14 ans. Pour devenir boulanger-pâtissier, on doit passer un diplôme appelé «Certificat d'aptitude professionnelle», ou CAP, après, en moyenne, deux ans d'études.

Une boulangerie typique ouvre tôt le matin° et vend° du pain frais et des viennoiseries, comme par exemple, des croissants. Pour le repas° de midi, beaucoup de boulangers offrent aussi des plats de restauration rapide, comme des sandwichs, de la pizza ou des quiches. Les pâtisseries sont spécialisées dans la fabrication des gâteaux°, et parfois, des glaces° ou des chocolats.

Je voudrais° enseigner la fabrication française du pain.

... en ce moment c'est là-bas que ça se passe.

Compréhension Répondez aux questions.

1. D'où sont les étudiants dans la vidéo?
2. D'après la vidéo, combien d'étudiants y a-t-il chaque (*each*) année dans cette école de boulangerie?
3. À quoi est-ce que l'homme dans son bureau compare l'art de vivre à la française?

Discussion Avec un(e) partenaire, répondez aux questions.

1. Est-ce qu'il y a une boulangerie dans votre ville? Quels autres magasins existent dans votre ville? Quelles activités peut-on faire (*do*) là-bas?
2. Quand les Français vont en ville le matin, ils cherchent le pain, le journal, et leurs amis. Quand vous allez en ville, quels endroits fréquentez-vous? Pourquoi?

boulangerie *bakery* **pâtisserie** *pastry shop* **tôt le matin** *early in the morning* **vend** *sells* **repas** *meal* **gâteaux** *cakes* **glaces** *ice cream* **voudrais** *would like*

Go to **vhlcentral.com** to watch the TV clip featured in this **Le Zapping**.

Practice more at **vhlcentral.com**.

You will learn how to...
- order food and beverages
- ask for your check

J'ai faim!

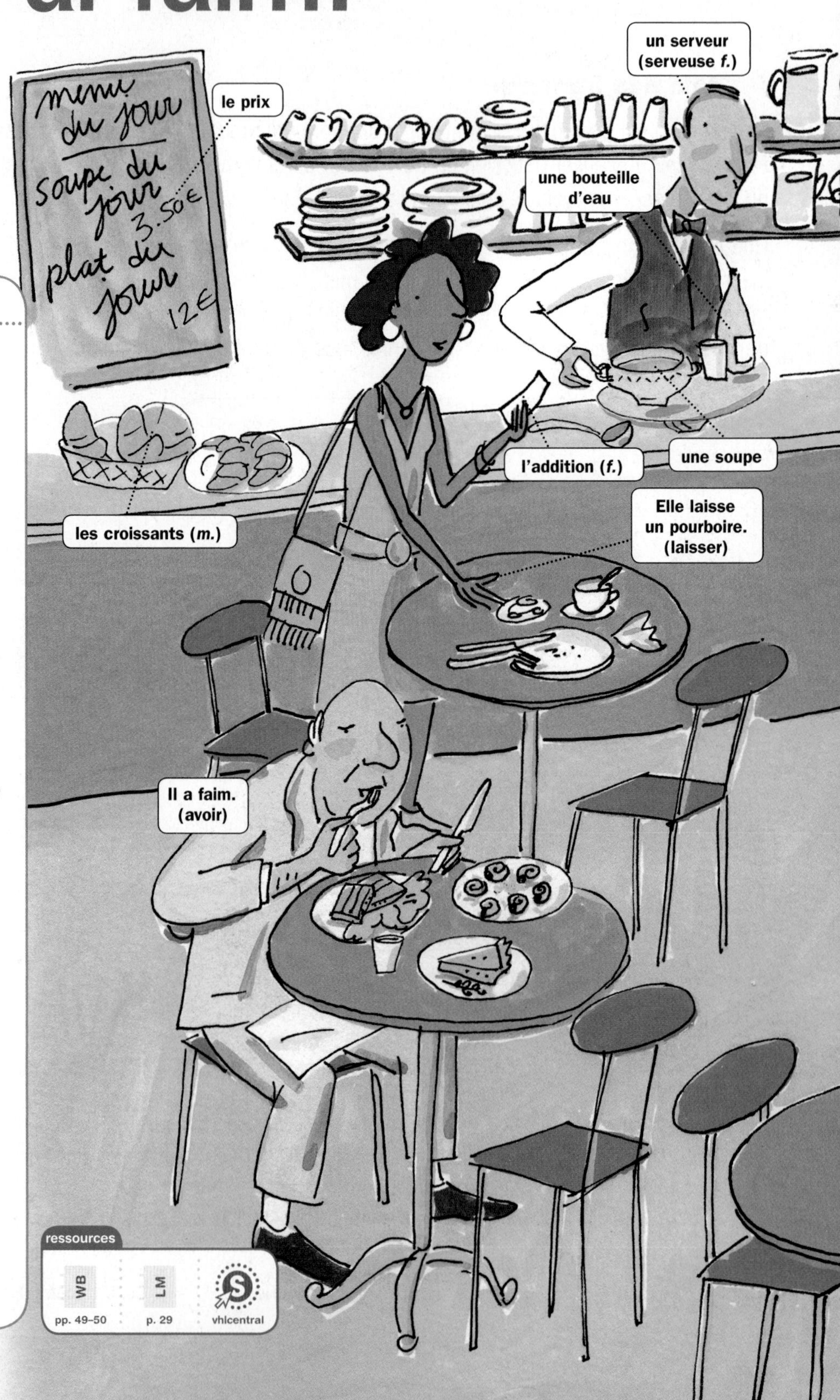

Vocabulaire

apporter l'addition	*to bring the check/bill*
coûter	*to cost*
Combien coûte(nt)...?	*How much is/are...?*
une baguette	*baguette (long, thin loaf of bread)*
le beurre	*butter*
des frites (*f.*)	*French fries*
un fromage	*cheese*
le jambon	*ham*
un pain (de campagne)	*(country-style) bread*
un sandwich	*sandwich*
une boisson (gazeuse)	*(soft/carbonated) drink/ beverage*
un chocolat (chaud)	*(hot) chocolate*
une eau (minérale)	*(mineral) water*
un jus (d'orange, de pomme, etc.)	*(orange, apple, etc.) juice*
le lait	*milk*
une limonade	*lemon soda*
un thé (glacé)	*(iced) tea*
(pas) assez (de)	*(not) enough (of)*
beaucoup (de)	*a lot (of)*
d'autres	*others*
un morceau (de)	*piece, bit (of)*
un peu (plus/moins) (de)	*a little (more/less) (of)*
plusieurs	*several*
quelque chose	*something; anything*
quelques	*some*
tous (*m. pl.*)	*all*
tout (*m. sing.*)	*all*
tout (tous) le/les (*m.*)	*all the*
toute(s) la/les (*f.*)	*all the*
trop (de)	*too many/much (of)*
un verre (de)	*glass (of)*

ressources

WB pp. 49–50 | LM p. 29 | vhlcentral

Attention!

To read prices in French, say the number of euros (**euros**) followed by the number of cents (**centimes**). French decimals are marked with a comma, not a period.
8,10€ = huit euros dix (centimes)

Mise en pratique

1 Écoutez **Écoutez la conversation entre André et le serveur du café Gide, et décidez si les phrases sont vraies ou fausses.**

	Vrai	Faux
1. André n'a pas très soif.	☐	☐
2. André n'a pas faim.	☐	☐
3. Au café, on peut commander (*one may order*) un jus d'orange, une limonade, un café ou une boisson gazeuse.	☐	☐
4. André commande un sandwich au jambon avec du fromage.	☐	☐
5. André commande un chocolat chaud.	☐	☐
6. André déteste le lait et le sucre.	☐	☐
7. André n'a pas beaucoup d'argent.	☐	☐
8. André ne laisse pas de pourboire.	☐	☐

2 Chassez l'intrus **Trouvez le mot qui ne va pas avec les autres.**

1. un croissant, le pain, le fromage, une baguette
2. une limonade, un jus de pomme, un jus d'orange, le beurre
3. des frites, un sandwich, le sucre, le jambon
4. le jambon, un éclair, un croissant, une baguette
5. l'eau, la boisson, l'eau minérale, la soupe
6. l'addition, un chocolat, le pourboire, coûter
7. apporter, d'autres, plusieurs, quelques
8. un morceau, une bouteille, un verre, une tasse

3 Reliez **Reliez (*Connect*) correctement les expressions de quantité suivantes aux produits de la liste.**

un morceau de	une bouteille de
un verre de	une tasse de

MODÈLE

un morceau de baguette

1. ____________ eau
2. ____________ quiche
3. ____________ fromage
4. ____________ chocolat chaud
5. ____________ café
6. ____________ jus de pomme
7. ____________ thé
8. ____________ limonade

Communication

4 **Combien coûte...?** Regardez la carte et, à tour de rôle, demandez à votre partenaire combien coûte chaque chose. Répondez par des phrases complètes.

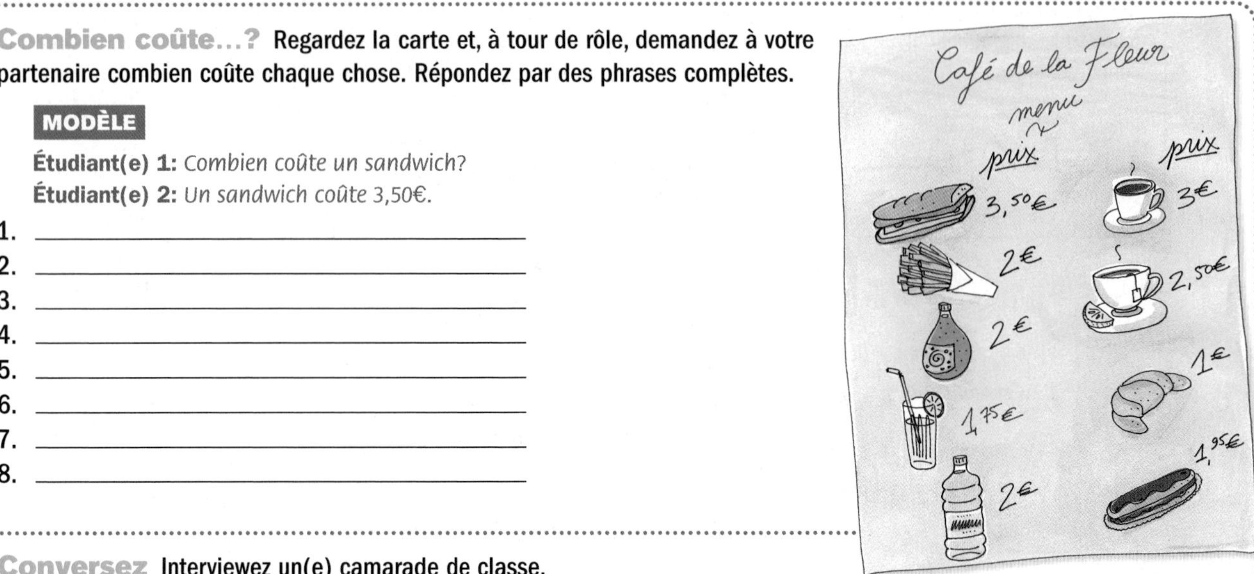

MODÈLE

Étudiant(e) 1: *Combien coûte un sandwich?*
Étudiant(e) 2: *Un sandwich coûte 3,50€.*

1. ____________________
2. ____________________
3. ____________________
4. ____________________
5. ____________________
6. ____________________
7. ____________________
8. ____________________

5 **Conversez** Interviewez un(e) camarade de classe.

1. Qu'est-ce que tu aimes boire (*drink*) quand tu as soif? Quand tu as froid? Quand tu as chaud?
2. Quand tu as faim, est-ce que tu manges au resto U? Qu'est-ce que tu aimes manger?
3. Est-ce que tu aimes le café ou le thé? Combien de tasses est-ce que tu aimes boire par jour?
4. Comment est-ce que tu aimes le café? Avec du lait? Avec du sucre? Noir (*black*)?
5. Comment est-ce que tu aimes le thé? Avec du lait? Avec du sucre? Nature (*plain*)?
6. Dans ta famille, qui aime le thé? Et le café?
7. Quand tu manges dans un restaurant, est-ce que tu laisses un pourboire au serveur/à la serveuse?
8. Quand tu manges avec ta famille ou avec tes amis dans un restaurant, qui paie (*pays*) l'addition?

6 **Au café** Choisissez deux partenaires et écrivez une conversation entre deux client(e)s dans un café et leur serveur/serveuse. Préparez-vous à jouer (*perform*) la scène devant la classe.

Client(e)s

- Demandez des détails sur le menu et les prix.
- Choisissez des boissons et des plats (*dishes*).
- Demandez l'addition.

Serveur/Serveuse

- Parlez du menu et répondez aux questions.
- Apportez les plats et l'addition.

Coup de main

Vous désirez?
What can I get you?

Je voudrais...
I would like...

C'est combien?
How much is it/this/that?

7 **Sept différences** Votre professeur va vous donner, à vous et à votre partenaire, deux feuilles d'activités différentes. Attention! Ne regardez pas la feuille de votre partenaire.

MODÈLE

Étudiant(e) 1: *J'ai deux tasses de café.*
Étudiant(e) 2: *Moi, j'ai une tasse de thé!*

Les sons et les lettres

Nasal vowels

When vowels are followed by an **m** or an **n** in a single syllable, they usually become nasal vowels. Nasal vowels are produced by pushing air through both the mouth and the nose.

The nasal vowel sound you hear in **français** is usually spelled **an** or **en**.

an	français	enchanté	enfant

The nasal vowel sound you hear in **bien** may be spelled **en**, **in**, **im**, **ain**, or **aim**. The nasal vowel sound you hear in **brun** may be spelled **un** or **um**.

examen	américain	lundi	parfum

The nasal vowel sound you hear in **bon** is spelled **on** or **om**.

ton	allons	combien	oncle

When **m** or **n** is followed by a vowel sound, the preceding vowel is not nasal.

image	inutile	ami	amour

Prononcez Répétez les mots suivants à voix haute.

1. blond
2. dans
3. faim
4. entre
5. garçon
6. avant
7. maison
8. cinéma
9. quelqu'un
10. différent
11. amusant
12. télévision
13. impatient
14. rencontrer
15. informatique
16. comment

Articulez Répétez les phrases suivantes à voix haute.

1. Mes parents ont cinquante ans.
2. Tu prends une limonade, Martin?
3. Le Printemps est un grand magasin.
4. Lucien va prendre le train à Montauban.
5. Pardon, Monsieur, l'addition s'il vous plaît!
6. Jean-François a les cheveux bruns et les yeux marron.

Dictons Répétez les dictons à voix haute.

N'allonge pas ton bras au-delà de ta manche.[2]

[1] Appetite comes from eating.
[2] Don't bite off more than you can chew. (lit. Don't stretch your arm out farther than your sleeve.)

ressources

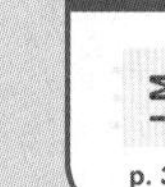

LM p. 30 | vhlcentral

L'heure du déjeuner

PERSONNAGES

Amina

David

Michèle

Rachid

Sandrine

Valérie

1

Près du café...

AMINA J'ai très faim. J'ai envie de manger un sandwich.

SANDRINE Moi aussi, j'ai faim, et puis j'ai soif. J'ai envie d'une bonne boisson. Eh, les garçons, on va au café?

2

RACHID Moi, je rentre à l'appartement étudier pour un examen de sciences po. David, tu vas au café avec les filles?

DAVID Non, je rentre avec toi. J'ai envie de dessiner un peu.

AMINA Bon, alors, à tout à l'heure.

3

Au café...

VALÉRIE Bonjour, les filles! Alors, ça va, les études?

AMINA Bof, ça va. Qu'est-ce qu'il y a de bon à manger aujourd'hui?

VALÉRIE Et bien, j'ai une soupe de poisson maison délicieuse! Il y a aussi des sandwichs jambon-fromage, des frites... Et, comme d'habitude, j'ai des éclairs, euh...

6

VALÉRIE Et pour toi, Amina?

AMINA Hmm... Pour moi, un sandwich jambon-fromage avec des frites.

VALÉRIE Très bien, et je vous apporte du pain tout de suite.

SANDRINE ET AMINA Merci!

7

Au bar...

VALÉRIE Alors, pour la table d'Amina et Sandrine, une soupe du jour, un sandwich au fromage... Pour la table sept, une limonade, un café, un jus d'orange et trois croissants.

MICHÈLE D'accord! Je prépare ça tout de suite. Mais Madame Forestier, j'ai un problème avec l'addition de la table huit.

8

VALÉRIE Ah, bon?

MICHÈLE Le monsieur ne comprend pas pourquoi ça coûte onze euros cinquante. Je ne comprends pas non plus. Regardez.

VALÉRIE Ah, non! Avec tout le travail que nous avons cet après-midi, des problèmes d'addition aussi?!

ACTIVITÉS

1 Identifiez Trouvez à qui correspond chacune (*each*) des phrases suivantes. Écrivez **A** pour Amina, **D** pour David, **M** pour Michèle, **R** pour Rachid, **S** pour Sandrine et **V** pour Valérie.

1. _____ Je ne comprends pas non plus.
2. _____ Vous prenez du jus d'orange uniquement le matin.
3. _____ Tu bois de l'eau aussi?
4. _____ Je prépare ça tout de suite.
5. _____ Je ne bois pas de limonade.
6. _____ Je vais apprendre à préparer des éclairs.
7. _____ J'ai envie de dessiner un peu.
8. _____ Je vous apporte du pain tout de suite.
9. _____ Moi, je rentre à l'appartement étudier pour un examen de sciences po.
10. _____ Qu'est-ce qu'il y a de bon à manger aujourd'hui?

Practice more at **vhlcentral.com**.

Amina et Sandrine déjeunent au café.

4

5

SANDRINE Oh, Madame Forestier, j'adore! Un jour, je vais apprendre à préparer des éclairs. Et une bonne soupe maison. Et beaucoup d'autres choses.

AMINA Mais pas aujourd'hui. J'ai trop faim!

SANDRINE Alors, je prends la soupe et un sandwich au fromage.

VALÉRIE Et comme boisson?

SANDRINE Une bouteille d'eau minérale, s'il vous plaît. Tu bois de l'eau aussi? Avec deux verres, alors.

9

10

VALÉRIE Ah, ça y est! Je comprends! La boisson gazeuse coûte un euro vingt-cinq, pas un euro soixante-quinze. C'est noté, Michèle?

MICHÈLE Merci, Madame Forestier. Excusez-moi. Je vais expliquer ça au monsieur. Et voilà, tout est prêt pour la table d'Amina et Sandrine.

VALÉRIE Merci, Michèle.

À la table des filles...

VALÉRIE Voilà, une limonade, un café, un jus d'orange et trois croissants.

AMINA Oh? Mais Madame Forestier, je ne bois pas de limonade!

VALÉRIE Et vous prenez du jus d'orange uniquement le matin, n'est-ce pas? Ah! Excusez-moi, les filles!

Expressions utiles

Talking about food

- **Moi aussi, j'ai faim, et puis j'ai soif.**
  Me too, I am hungry, and I am thirsty as well.
- **J'ai envie d'une bonne boisson.**
  I feel like having a nice drink.
- **Qu'est-ce qu'il y a de bon à manger aujourd'hui?**
  What looks good on the menu today?
- **Une soupe de poisson maison délicieuse.**
  A delicious homemade fish soup.
- **Je vais apprendre à préparer des éclairs.**
  I am going to learn (how) to prepare/make éclairs.
- **Je prends la soupe.**
  I'll have the soup.
- **Tu bois de l'eau aussi?**
  Are you drinking water too?
- **Vous prenez du jus d'orange uniquement le matin.**
  You only have orange juice in the morning.

Additional vocabulary

- **On va au café?**
  Shall we go to the café?
- **Bof, ça va.**
  So-so.
- **comme d'habitude**
  as usual
- **Le monsieur ne comprend pas pourquoi ça coûte onze euros cinquante.**
  The gentleman doesn't understand why this costs 11,50€.
- **Je ne comprends pas non plus.**
  I don't understand either.
- **Je prépare ça tout de suite.**
  I am going to prepare this right away.
- **Ça y est! Je comprends!**
  That's it! I get it!
- **C'est noté?**
  Understood?/Got it?
- **Tout est prêt.**
  Everything is ready.

ACTIVITÉS

2 Mettez dans l'ordre Numérotez les phrases suivantes dans l'ordre correspondant à l'histoire.

a. ____ Michèle a un problème avec l'addition.
b. ____ Amina prend (*gets*) un sandwich jambon-fromage.
c. ____ Sandrine dit qu'elle (*says that she*) a soif.
d. ____ Rachid rentre à l'appartement.
e. ____ Valérie va chercher du pain.
f. ____ Tout est prêt pour la table d'Amina et Sandrine.

3 Conversez Au moment où Valérie apporte le plateau (*tray*) de la table sept à Sandrine et Amina, Michèle apporte le plateau de Sandrine et Amina à la table sept. Avec trois partenaires, écrivez la conversation entre Michèle et les client(e)s et jouez-la devant la classe.

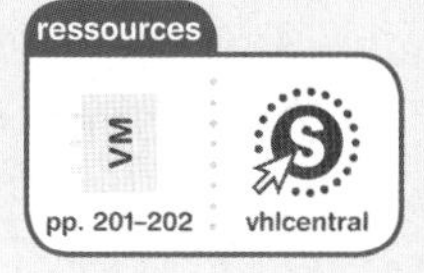

CULTURE À LA LOUPE

Le café français

Le premier café français, le Procope, a ouvert° ses portes à Paris en 1686. C'était° un lieu° pour boire du café, qui était une boisson exotique à l'époque°. On pouvait° aussi manger un sorbet dans des tasses en porcelaine. Benjamin Franklin et Napoléon Bonaparte fréquentaient° le Procope.

Le café est une partie importante de la culture française. Les Français adorent passer du temps° à la terrasse des cafés. C'est un des symboles de l'art de vivre° à la française.

On peut aller au café à tout moment de la journée: le matin, pour prendre un café et un croissant en lisant le journal, le midi pour déjeuner entre collègues, et le soir après le travail pour boire un verre et se détendre° avec des amis. Les étudiants aussi se retrouvent souvent° au café, près de leur lycée ou de leur faculté, pour étudier ou pour prendre un verre.

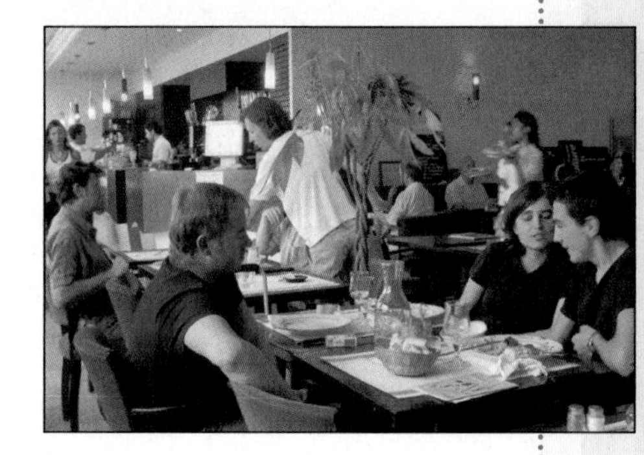

Il y a de très célèbres° cafés à Paris: «Les Deux Magots» ou «Café de Flore» par exemple, dans le quartier° de Saint-Germain. Ils sont connus° parce que c'était le rendez-vous des intellectuels et des écrivains°, comme Jean-Paul Sartre, Simone de Beauvoir et Albert Camus, après la Deuxième Guerre mondiale°.

a ouvert *opened* **C'était** *It was* **lieu** *place* **à l'époque** *at the time* **pouvait** *could* **fréquentaient** *used to frequent* **passer du temps** *spending time* **vivre** *living* **se détendre** *to relax* **souvent** *often* **célèbres** *famous* **quartier** *neighborhood* **connus** *known* **écrivains** *writers* **Deuxième Guerre mondiale** *World War II*

ACTIVITÉS

1 Vrai ou faux? Indiquez si les phrases sont **vraies** ou **fausses**.

1. Le premier café parisien date de 1686.
2. Le café était une boisson courante (*common*) aux années 1600.
3. Napoléon Bonaparte et Benjamin Franklin sont d'anciens clients du Procope.
4. Le café est une partie importante de la culture française.
5. Les Français évitent (*avoid*) les terrasses des cafés.
6. Le matin, les Français prennent du jambon et du fromage.
7. Les Français mangent rarement au café à midi.
8. Les étudiants se retrouvent souvent avec leurs amis au café.
9. "Les Deux Magots" et le "Café de Flore" sont deux cafés célèbres à Paris.
10. Les intellectuels français fréquentent les cafés après la Première Guerre mondiale.

STRATÉGIE

Key words

Key words are important words that give you a good idea of the reading's focus, which can help you understand subtler points. Always look out for key words, no matter how many times you've read a selection, because your interpretation of the text's meaning can change over time. A word or expression that occurs several times in a reading is almost certainly a key word. So are words that appear in the title or a photo caption, especially if you see them again in the text.

PORTRAIT

Les cafés nord-africains

Comme en France, les cafés ont une grande importance culturelle en Afrique du Nord. C'est le lieu où les amis se rencontrent pour discuter° ou pour jouer aux cartes° ou aux dominos. Les cafés offrent° une variété de boissons, mais ils n'offrent pas d'alcool. La boisson typique, au café comme à la maison, est le thé à la menthe°. Il a peu de caféine, mais il a des vertus énergisantes et il favorise la digestion. En général, ce sont les hommes qui le° préparent. C'est la boisson qu'on vous sert° quand vous êtes invité, et ce n'est pas poli de refuser!

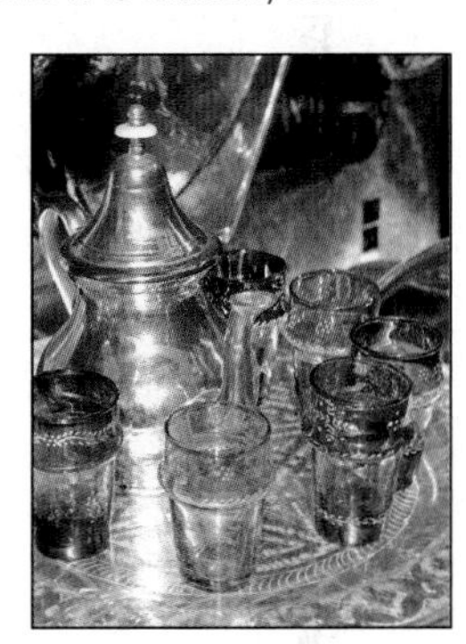

pour discuter *to chat* **jouer aux cartes** *play cards* **offrent** *offer* **menthe** *mint* **le** *it* **on vous sert** *you are served*

LE MONDE FRANCOPHONE

Des spécialités à grignoter°

Voici quelques spécialités à grignoter dans les pays et régions francophones.

En Afrique du Nord la merguez (saucisse épicée°) et le makroud (pâtisserie° au miel° et aux dattes)

En Côte d'Ivoire l'aloco (bananes plantains frites°)

En France le pan-bagnat (sandwich avec de la salade, des tomates, des œufs durs° et du thon°) et les crêpes (pâte° cuite° composée de farine° et de lait, de forme ronde)

À la Martinique les accras de morue° (beignets° à la morue)

Au Québec la poutine (frites avec du fromage fondu° et de la sauce)

Au Sénégal le chawarma (de la viande°, des oignons et des tomates dans du pain pita)

grignoter *snack on* **saucisse épicée** *spicy sausage* **pâtisserie** *pastry* **miel** *honey* **frites** *fried* **œufs durs** *hard-boiled eggs* **thon** *tuna* **pâte** *batter* **cuite** *cooked* **farine** *flour* **morue** *cod* **beignets** *fritters* **fondu** *melted* **viande** *meat*

Sur Internet

Comment est-ce qu'on prépare le thé à la menthe au Maghreb?

Go to **vhlcentral.com** to find more cultural information related to this **Lecture culturelle**. Then watch the corresponding **Flash culture**.

2 Compréhension Complétez les phrases.

1. Jouer aux __________ dans les cafés d'Afrique du Nord est une chose normale.
2. On ne peut pas y boire de/d' __________.
3. Les hommes préparent __________ dans les pays d'Afrique du Nord.
4. Il n'est pas poli de __________ une tasse de thé en Afrique du Nord.
5. Si vous aimez les frites, vous allez aimer __________ au Québec.

3 Un café francophone Un(e) ami(e) a envie de créer un café francophone. Par groupes de quatre, préparez une liste de suggestions pour aider votre ami(e): noms pour le café, idées (*ideas*) pour le menu, prix, heures, etc. Indiquez où le café va être situé et qui va fréquenter ce café.

Practice more at **vhlcentral.com**.

ACTIVITÉS

STRUCTURES

4B.1 The verbs *prendre* and *boire*

 Presentation

Point de départ The verbs **prendre** (*to take, to have food or drink*) and **boire** (*to drink*), like **être**, **avoir**, and **aller**, are irregular.

prendre			
je prends	*I take*	**nous prenons**	*we take*
tu prends	*you take*	**vous prenez**	*you take*
il/elle/on prend	*he/she/it/one takes*	**ils/elles prennent**	*they take*

Brigitte **prend** le métro le soir.
Brigitte takes the subway in the evening.

Nous **prenons** un café chez moi.
We are having a coffee at my house.

- The forms of the verbs **apprendre** (*to learn*) and **comprendre** (*to understand*) follow the same pattern as that of **prendre**.

Tu ne **comprends** pas l'espagnol?
Don't you understand Spanish?

Elles **apprennent** beaucoup.
They're learning a lot.

Boîte à outils

You can use the construction **apprendre à** + [*infinitive*] to mean *to learn to do something*. Example: J'**apprends à** nager. *I'm learning to swim.*

boire			
je bois	*I drink*	**nous buvons**	*we drink*
tu bois	*you drink*	**vous buvez**	*you drink*
il/elle/on boit	*he/she/it/one drinks*	**ils/elles boivent**	*they drink*

Ton père **boit** un jus d'orange.
Your father is drinking an orange juice.

Vous **buvez** un chocolat chaud, M. Dion?
Are you drinking hot chocolate, Mr. Dion?

Essayez! **Utilisez la forme correcte du verbe entre parenthèses.**

1. Ma sœur ___prend___ (prendre) une salade au déjeuner.
2. Tes parents ____________ (prendre) un taxi ce soir?
3. Tu ____________ (boire) une eau minérale?
4. Si vous êtes fatigués, vous ____________ (boire) un café.
5. Je vais ____________ (apprendre) à parler japonais.
6. Vous ____________ (apprendre) très vite (*fast*) les leçons.
7. Est-ce que les enfants ____________ (boire) du lait?
8. Nous ne ____________ (comprendre) pas le professeur.
9. Je ____________ (comprendre) ton problème.

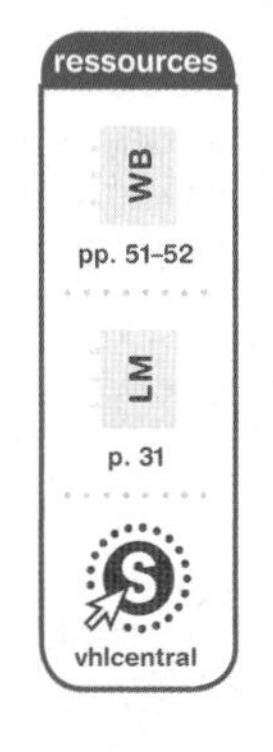

Le français vivant

Questions Avec un(e) partenaire, regardez la publicité (*ad*) et répondez aux questions.

1. Quelles formes des verbes **prendre** et **boire** trouvez-vous dans la pub?
2. D'où vient (*comes*) cette eau minérale?
3. Combien coûte une bouteille d'eau minérale?
4. Selon (*According to*) la pub, pourquoi l'eau minérale est-elle bonne?
5. Buvez-vous de l'eau minérale? Pourquoi? Achetez-vous (*Do you buy*) des eaux minérales au supermarché? Lesquelles?
6. Avez-vous soif quand vous regardez la pub? Que buvez-vous quand vous avez soif?
7. Trouve-t-on des marques (brands) d'eaux minérales françaises dans les supermarchés américains? Quelles marques trouve-t-on?

Mise en pratique

1 À la bibliothèque Un groupe d'amis parle des livres qu'ils empruntent (*borrow*) à la bibliothèque. Complétez leurs phrases.

MODÈLE

je / livre de sciences po
Je prends un livre de sciences po.

1. nous / livre de psychologie ________________
2. moi, je / livres d'histoire ________________
3. Micheline / deux livres sur le sport ________________
4. vous / romans (*novels*) de Stendhal ________________
5. tu / ne / pas / livre ________________
6. Marc et Abdel / livres d'art ________________

2 Au restaurant Alain est au restaurant avec toute sa famille. Il note les préférences de tout le monde. Complétez ses phrases.

MODÈLE

Oncle Lucien aime bien le café. (prendre)
Il prend un café.

1. Marie-Hélène et papa adorent le thé. (prendre) ________________
2. Tu adores le chocolat chaud. (boire) ________________
3. Vous aimez bien le jus de pomme. (prendre) ________________
4. Mes nièces aiment la limonade. (boire) ________________
5. Tu aimes les boissons gazeuses. (prendre) ________________
6. Vous adorez le café. (boire) ________________
7. Ma tante et moi, nous aimons l'eau minérale. (boire) ________________
8. Ma sœur adore le jus d'orange. (boire) ________________
9. J'aime le café. (prendre) ________________
10. Mon petit neveu adore le lait froid. (boire) ________________

3 Les langues étrangères Avec un(e) partenaire, regardez les images et indiquez les langues étrangères parlées par (*spoken by*) les étudiants.

Julie / espagnol

MODÈLE

Étudiant(e) 1: *Julie apprend l'espagnol?*
Étudiant(e) 2: *Non, mais elle comprend l'anglais.*

1. vous / français

2. tes cousins / anglais

3. Nicole / italien

4. nous / japonais

Communication

4 Questions Avec un(e) partenaire, posez-vous des questions en utilisant un élément de chaque (*each*) colonne. Si vous donnez une réponse négative, elle doit (*must*) correspondre à la réalité.

Étudiant(e) 1: *Est-ce que tu apprends l'italien cette année?*
Étudiant(e) 2: *Non, mais j'apprends le français.*

A	B	C
apprendre	dessiner	aujourd'hui
boire	parler japonais	cette année
comprendre	un café	cette semaine
prendre	un cahier	en classe
	les devoirs	à la fac
	l'italien	à la librairie
	un Orangina	au resto U
	les femmes	
	les hommes	
	le professeur	

5 Échanges Posez les questions à un(e) partenaire.

1. Qu'est-ce que tu bois quand tu as très soif?
2. Qu'est-ce que tu apprends à la fac?
3. Quelles langues est-ce que tes parents comprennent?
4. Est-ce que tu bois beaucoup de café? Pourquoi?
5. Qu'est-ce que tu prends pour aller en cours?
6. Quelle langue est-ce que ton/ta camarade de chambre apprend?
7. Où est-ce que tu prends tes repas (*meals*)?
8. Qu'est-ce que tu bois le matin? À midi? Le soir?

6 Les préférences Avec un(e) partenaire, discutez de ce que vous et votre famille aimez prendre et boire d'habitude (*usually*) au restaurant.

MODÈLE

Étudiant(e) 1: *D'habitude, qu'est-ce que tu prends au café?*
Étudiant(e) 2: *D'habitude, je prends un sandwich au jambon.*
Étudiant(e) 1: *Et que bois-tu?*

7 Un ami et sa famille Vous êtes au supermarché. Un ami va passer le week-end chez vous avec sa femme, ses deux petits garçons et sa belle-mère. Avec un(e) partenaire, imaginez ce qu'ils vont boire et prendre.

Au supermarché, j'ai besoin de...
—deux bouteilles d'eau minérale

4B.2

Partitives

Presentation

À noter

The partitives follow the same pattern of contraction as the possessive **de** + [*definite article*] you learned in **Structures 3A.2: du, de la, de l'**.

- Use partitive articles in French to express *some* or *any*. To form the partitive, use the preposition **de** followed by a definite article. Although the words *some* and *any* are often omitted in English, the partitive must always be used in French.

masculine singular	feminine singular	singular noun beginning with a vowel
du thé	**de la** limonade	**de l'**eau

Je bois **du** thé chaud.
I drink (some) hot tea.

Tu bois **de la** limonade?
Are you drinking (any) lemon soda?

Elle prend **de l'**eau?
Is she having (some) water?

- Note that partitive articles are only used with non-count nouns (nouns whose quantity cannot be expressed by a number).

PARTITIVE ARTICLE / NON-COUNT NOUN
Tu prends **du** pain tous les jours.
You have (some) bread every day.

INDEFINITE ARTICLE / COUNT NOUN
Tu prends **une** banane, aussi.
You have a banana, too.

Boîte à outils

Partitives are used to say that you want *some* of an item, whereas indefinite articles are used to say that you want *a whole item* or *several whole items*.
Tu prends de la pizza?
(part of a whole pizza)
Tu prends une pizza?
(a whole pizza)

- The article **des** also means *some*, but it is the plural form of the indefinite article, not the partitive.

PARTITIVE ARTICLE
Vous prenez **de la limonade**.
You're having (some) lemon soda.

INDEFINITE ARTICLE
Nous prenons **des croissants**.
We're having (some) croissants.

- As with the indefinite articles, the partitives **du**, **de la** and **de l'** also become **de** (meaning *not any*) in a negative sentence.

Est-ce qu'il y a **du** lait?
Is there (any) milk?

Non, il n'y a pas **de** lait.
No, there isn't (any) milk.

Prends-tu **de la** soupe?
Will you have (some) soup?

Non, je ne prends pas **de** soupe.
No, I'm not having (any) soup.

Essayez! Complétez les phrases. Choisissez le partitif, l'article indéfini ou **de/d'**.

1. Samira boit *de l'/une* eau minérale tous les soirs.
2. Son frère mange ________ éclairs.
3. Est-ce qu'il y a ________ sucre pour le café?
4. Il y a ________ kilo de sucre sur la table.
5. Non, merci, je ne prends pas ________ frites.
6. Nous buvons ________ limonade.
7. Je vais prendre ________ bouteille de coca.
8. Tu bois ________ jus de pomme avec ton déjeuner?
9. Nous n'avons pas ________ pain à la maison.
10. Mes cousines ne boivent pas ________ boissons gazeuses.

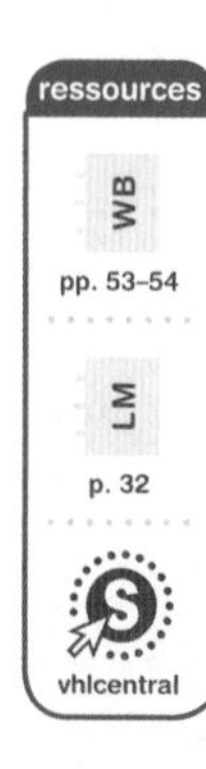

Le français vivant

Mangez du pain. Prenez une baguette et du beurre. Le matin, du pain avec du café ou du chocolat chaud. À midi, un morceau de pain pour un sandwich, avec du jambon et du fromage. Le soir, du pain avec de la soupe. **Vive le pain!**

Savourez le pain. **C'est si bon!**

0,87€

0,87€

1€

2,50€

Identifiez Regardez la publicité (*ad*) et trouvez les articles partitifs et les articles indéfinis.

Questions Avec un(e) partenaire, répondez aux questions.

1. Selon (***According to***) la pub, quand et avec quoi mange-t-on du pain?
2. Mangez-vous souvent (***often***) du pain? Quand?
3. Avec quoi mangez-vous du pain?
4. Combien coûte le pain dans votre supermarché?
5. Est-ce que la pub vous donne envie de manger du pain? Pourquoi?
6. À votre avis (***opinion***), les Américains mangent-ils beaucoup de pain, comme (***like***) les Français?

Mise en pratique

1 **Au café** Indiquez l'article correct.

MODÈLE

Prenez-vous _du/un_ thé glacé?

1. Avez-vous ______ lait froid?
2. Je voudrais ______ baguette, s'il vous plaît.
3. Elle prend ______ croissant.
4. Nous ne prenons pas ______ sucre dans le café.
5. Tu ne laisses pas ______ pourboire?
6. Vous mangez ______ frites.
7. Zeina commande ______ boisson gazeuse.
8. Voici ______ eau minérale.
9. Nous mangeons ______ pain.
10. Je ne prends pas ______ fromage.
11. Philippe et Serge boivent ______ jus de pomme.
12. Vous ne prenez pas ______ éclairs?

2 **Des suggestions** Laurent est au café avec des amis et il fait (*makes*) des suggestions. Que suggère-t-il?

▶ **MODÈLE**

On prend du jus d'orange?

1. ______________

2. ______________

3. ______________

4. ______________

3 **Mauvais appétit** Gérard est difficile. Sa petite amie prépare le dîner, mais il refuse toutes ses suggestions. Avec un(e) partenaire, jouez (*play*) les deux rôles.

MODÈLE

Étudiant(e) 1: *Je vais préparer du jambon.*
Étudiant(e) 2: *Mais, je ne mange pas de jambon!*

dessert (m.)	omelette (*f.*)	pain	sandwich
frites	hamburgers	pizza (*f.*)	soupe

Communication

4 **Au menu** Vous allez dans un petit café où il y a peu de choix. Vous demandez au serveur/à la serveuse s'il/si elle a d'autres options. Avec un(e) partenaire, jouez (*play*) les deux rôles.

CAFÉ "LE BON PRIX"

Soupe à l'oignon .... *7€*
Sandwich fromage .... *4€*
Frites maison .... *5€*
Eau minérale .... *3,50€*
Jus de pomme .... *4,50€*

MODÈLE

Étudiant(e) 1: *Vous avez du chocolat chaud?*
Étudiant(e) 2: *Non, je n'ai pas de chocolat chaud, mais j'ai...*

5 **Je bois, je prends** Votre professeur va vous donner une feuille d'activités. Circulez dans la classe pour demander à vos camarades s'ils prennent rarement, une fois (*once*) par semaine ou tous les jours la boisson ou le plat (*dish*) indiqués. Écrivez (*Write*) les noms sur la feuille, puis présentez vos réponses à la classe.

MODÈLE

Étudiant(e) 1: *Est-ce que tu bois du café?*
Étudiant(e) 2: *Oui, je bois du café une fois par semaine. Et toi?*

Boisson ou plat	rarement	une fois par semaine	tous les jours
1. café		Didier	
2. fromage			
3. thé			
4. soupe			
5. chocolat chaud			
6. jambon			

6 **Après les cours** Vous retrouvez des amis au café. Par groupes de quatre, jouez (*play*) les rôles d'un(e) serveur/serveuse et de trois clients. Utilisez les mots de la liste et présentez la scène à la classe.

addition	chocolat chaud	frites
avoir faim	coûter	prix
avoir soif	croissant	sandwich
boisson	eau minérale	soupe
éclair	jambon	limonade

Révision

1 Ils aiment apprendre Vous demandez à Sylvie et à Jérôme pourquoi ils aiment apprendre. Un(e) partenaire va poser des questions et l'autre partenaire va jouer les rôles de Jérôme et de Sylvie.

MODÈLE

Étudiant(e) 1: *Pourquoi est-ce que tu apprends à travailler sur l'ordinateur?*
Étudiant(e) 2: *J'apprends parce que j'aime les ordinateurs.*

1.

4.

2.

5.

3.

6.

2 Quelle boisson? Interviewez un(e) partenaire. Que boit-on dans ces circonstances? Ensuite (*Then*), posez les questions à un(e) partenaire différent(e). Présentez la comparaison à la classe.

1. au café
2. au cinéma
3. en classe
4. le dimanche matin
5. le matin très tôt
6. quand il/elle passe des examens
7. quand il/elle a très soif
8. quand il/elle étudie toute la nuit

3 Notre café Vous et votre partenaire allez ouvrir (*open*) un café français. Sélectionnez le nom du café et huit boissons pour le menu. Pour chaque (*each*) boisson, inventez deux prix, un pour le comptoir (*bar*) et un pour la terrasse. Comparez votre café au café d'un autre groupe.

4 La terrasse du café Avec un(e) partenaire, observez les deux dessins et trouvez au minimum quatre différences. Comparez votre liste à la liste d'un autre groupe.

MODÈLE

Étudiant(e) 1: *Mylène prend une limonade.*
Étudiant(e) 2: *Mylène prend de la soupe.*

5 Elle prend... Vous êtes dans un café avec cinq membres de votre famille. Quelles boissons et quels plats (*dishes*) de la liste prennent-ils? Parlez avec un(e) partenaire. Les membres de sa famille prennent-ils les mêmes (*same*) choses?

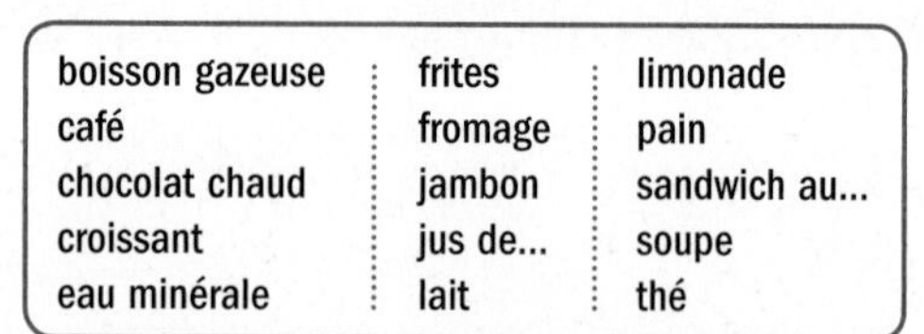

boisson gazeuse	frites	limonade
café	fromage	pain
chocolat chaud	jambon	sandwich au...
croissant	jus de...	soupe
eau minérale	lait	thé

6 La famille Arnal au café Votre professeur va vous donner, à vous et à votre partenaire, des photos de la famille Arnal. Attention! Ne regardez pas la feuille de votre partenaire.

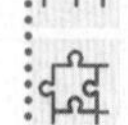

MODÈLE

Étudiant(e) 1: *Qui prend un sandwich?*
Étudiant(e) 2: *La grand-mère prend un sandwich.*

Écriture

STRATÉGIE

Adding details

How can you make your writing more informative or more interesting? You can add details by answering the "W" questions: Who? What? When? Where? Why? The answers to these questions will provide useful and interesting details that can be incorporated into your writing. You can use the same strategy when writing in French. Here are some useful question words that you have already learned:

(À/Avec) Qui?	**À quelle heure?**
Quoi?	**Où?**
Quand?	**Pourquoi?**

Compare these two sentences.

Je vais aller nager.

Aujourd'hui, à quatre heures, je vais aller nager à la piscine du parc avec mon ami Paul, parce que nous avons chaud.

While both sentences give the same basic information (the writer is going to go swimming), the second, with its details, is much more informative.

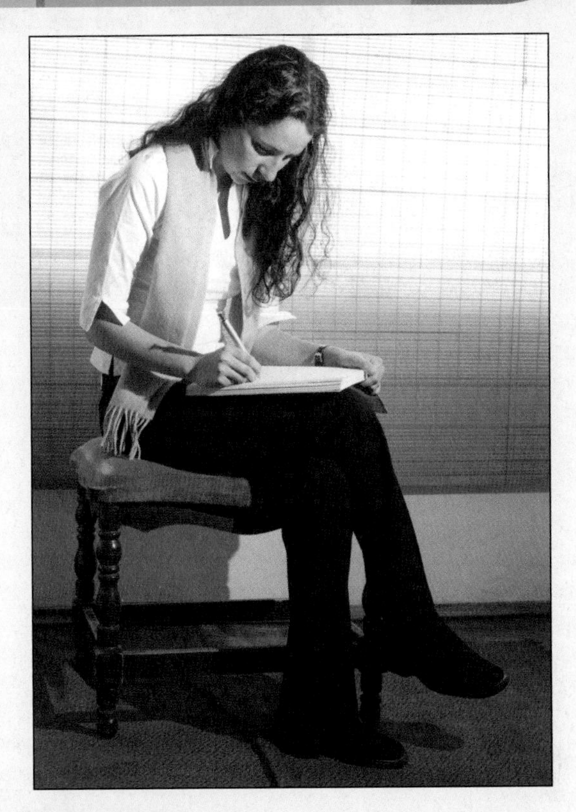

Thème

Un petit mot

Vous passez un an en France et vous vivez (*are living*) dans une famille d'accueil (*host family*). C'est samedi, et vous allez passer la journée en ville avec des amis. Écrivez un petit mot (*note*) pour informer votre famille de vos projets (*plans*) pour la journée. Faites une liste de cinq activités et répondez aux questions suggérées par les pronoms interrogatifs (**qui? quoi? quand? où? pourquoi?**) pour donner une description détaillée.

Chère famille,
Aujourd'hui, je vais visiter la ville avec Xavier et Laurent, deux étudiants belges de l'université.

Interactive Map

SAVOIR-FAIRE

Panorama

un traîneau à chiens°

Le Québec

La province en chiffres

- **Superficie:** *1.540.680 km²*
- **Population:** *8.263.600*
  SOURCE: Statistique Canada
- **Industries principales:** *agriculture, exploitation forestière°, hydroélectricité, industrie du bois (papier), minerai° (fer°, cuivre°, or°)*
- **Villes principales:** *Montréal, Québec, Trois-Rivières*
- **Langues:** *anglais, français*

Le français parlé par les Québécois a une histoire très intéressante. La population française qui s'installe° au Québec en 1608 est composée en majorité de Français du nord-ouest de la France. Ils parlent tous leur langue régionale, comme le normand ou le breton. Beaucoup d'entre eux parlent aussi le français de la cour du roi°, langue qui devient la langue commune de tous les Québécois. Assez isolés du reste du monde francophone et ardents défenseurs de leur langue, les Québécois continuent à parler un français considéré plus pur même° que celui° des Français.

- **Monnaie:** *le dollar canadien*

LE CANADA

Kangiqsujuaq
Inukjuak
Région francophone
LA BAIE D'HUDSON
LA MER DU LABRADOR
LE QUÉBEC
TERRE-NEUVE-ET-LABRADOR
Chisasibi
Labrador City
La Tabatière

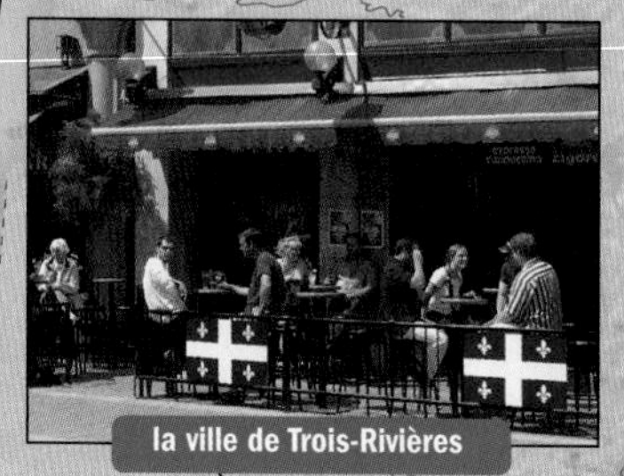
la ville de Trois-Rivières

le Saint-Laurent
L'ÎLE-DU-PRINCE-ÉDOUARD
Québec
Trois-Rivières
LE NOUVEAU-BRUNSWICK
L'ONTARIO
Montréal
Ottawa
LA NOUVELLE-ÉCOSSE
Toronto
le lac Ontario
LES ÉTATS-UNIS

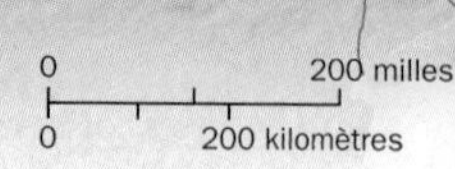

le Stade olympique, Montréal

L'OCÉAN ATLANTIQUE

Québécois célèbres

- **Justin Trudeau,** *premier ministre du Canada (1971-)*
- **Céline Dion,** *chanteuse (1968-)*
- **Guy Laliberté,** *fondateur du Cirque du Soleil (1959-)*
- **Leonard Cohen,** *poète, romancier, chanteur (1934-)*

- **Julie Payette,** *astronaute (1963–)*
- **Georges St-Pierre,** *pratiquant d'arts martiaux mixtes (1981-)*

exploitation forestière *forestry* **minerai** *ore* **fer** *iron* **cuivre** *copper* **or** *gold* **s'installe** *settles* **cour du roi** *king's court* **même** *even* **celui** *that* **traîneau à chiens** *dogsled* **loger** *house* **Bonhomme** *Snowman (mascot of the carnival)* **de haut** *high* **de profondeur** *deep*

Incroyable mais vrai!

Chaque année, pour le carnaval d'hiver de la ville de Québec, 15 personnes travaillent pendant deux mois à la construction d'un immense palais de glace pour loger° le Bonhomme° Carnaval. L'architecture et la taille du palais changent chaque année, mais il mesure parfois jusqu'à 50 mètres de long, 20 m de haut° et 20 m de profondeur°.

La société

Un Québec indépendant

Pour des raisons politiques, économiques et culturelles, un grand nombre de Québécois, surtout les francophones, luttent°, depuis les années soixante, pour un Québec indépendant du Canada. Ils forment le mouvement souverainiste° et font des efforts pour conserver l'identité culturelle *québécoise*. Ces Canadiens français ont pris le nom de québécois pour montrer leur «nationalisme». Les séparatistes ont perdu deux référendums en 1980 et en 1995, mais aujourd'hui, l'indépendance est une idée toujours d'actualité°.

Les destinations

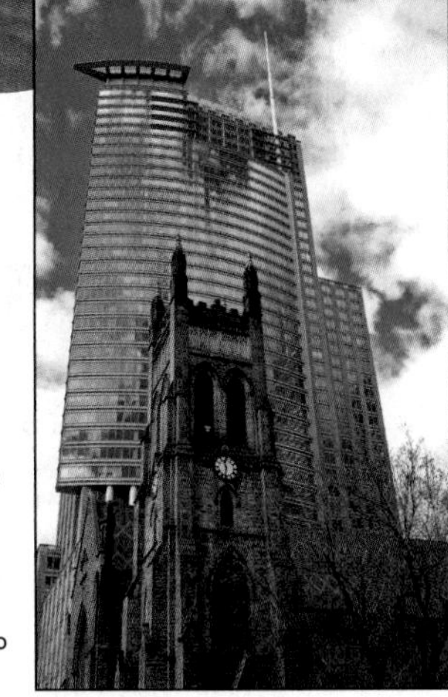

Montréal

Montréal, deuxième ville francophone du monde après Paris, est située sur une île° du fleuve° Saint-Laurent et présente une ambiance américano-européenne. Elle a été fondée° en 1642 et a, à la fois, l'énergie d'un centre urbain moderne et le charme d'une vieille ville de style européen. Ville cosmopolite et largement bilingue de 1,8 million d'habitants, elle attire° beaucoup de touristes et accueille° de nombreux étudiants dans ses quatre universités. La majorité des Montréalais, 65,7%, est de langue maternelle française; 12,5% parlent l'anglais et 21,8% une autre langue. Pourtant°, 51,9% de la population montréalaise peuvent communiquer en français et en anglais.

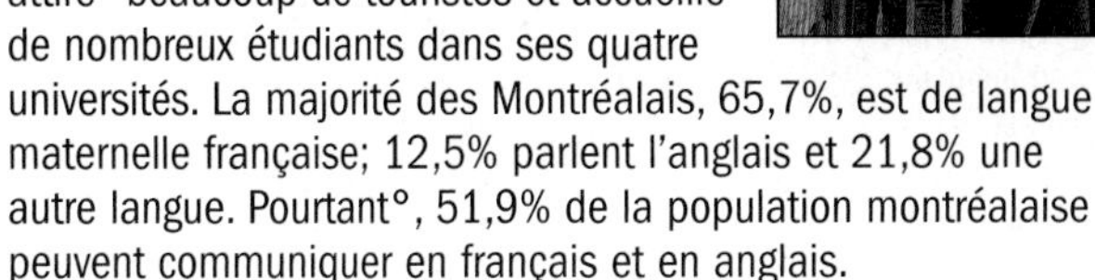

La musique

Le festival de jazz de Montréal

Le Festival International de Jazz de Montréal est parmi° les plus prestigieux du monde. Avec 1.000 concerts, dont plus de 600 donnés gratuitement en plein air°, le festival attire 3.000 artistes de 30 pays, et près de 2 millions de spectateurs. Le centre-ville, fermé à la circulation, se transforme en un village musical. De grands noms internationaux comme Miles Davis, Ella Fitzgerald, Dizzy Gillespie ou Pat Metheny sont venus au festival, ainsi que° des jazzmen locaux.

L'histoire

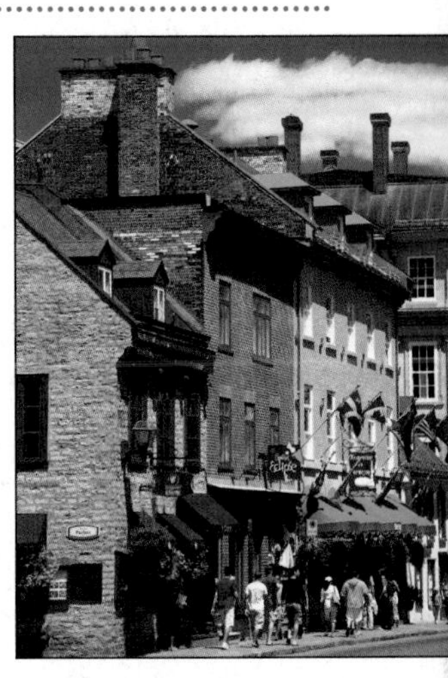

La ville de Québec

Capitale de la province de Québec, la ville de Québec est la seule ville d'Amérique du Nord qui a conservé ses fortifications. Fondée par l'explorateur français Samuel de Champlain en 1608, Québec est située sur un rocher°, au bord du° fleuve Saint-Laurent. Elle est connue en particulier pour sa vieille ville, son carnaval d'hiver et le château Frontenac. Les plaines d'Abraham, où les Britanniques ont vaincu° les Français en 1759 pour prendre le contrôle du Canada, servent aujourd'hui de vaste parc public. De nombreux étudiants de l'Université Laval profitent° du charme de cette ville francophone.

Qu'est-ce que vous avez appris? Répondez aux questions par des phrases complètes.

1. Quelle était la deuxième langue de beaucoup de Français quand ils sont arrivés au Québec?
2. Quel est le nom d'une chanteuse québécoise célèbre?
3. Combien de temps et combien de personnes sont nécessaires à la construction du palais de glace?
4. Le palais est-il identique pour chaque carnaval?
5. Que désire le mouvement souverainiste pour le Québec?
6. Quelles sont les deux langues principales parlées à Montréal?
7. Pourquoi le centre-ville de Montréal est-il fermé pour le festival de jazz?
8. Y a-t-il seulement de grandes stars du jazz au festival?
9. Où se situe la ville de Québec?
10. Qui a fondé la ville de Québec?

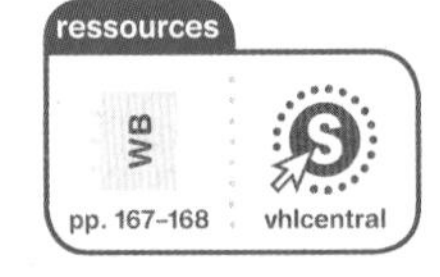

Sur Internet

Go to **vhlcentral.com** to find more cultural information related to this **Panorama**.

1. Quelles sont quelques-unes des expressions qui sont particulières au français des Québécois?
2. Quels sont les autres grands festivals du Québec? Quand ont-ils lieu?
3. Cherchez plus d'informations sur le carnaval d'hiver de Québec. Le palais de glace a-t-il toujours été fait de glace?

luttent *fight* **souverainiste** *in support of sovereignty for Quebec* **d'actualité** *current, relevant* **île** *island* **fleuve** *river* **fondée** *founded* **attire** *attracts* **accueille** *welcomes* **Pourtant** *However* **parmi** *among* **en plein air** *outdoors* **ainsi que** *as well as* **rocher** *rock* **au bord du** *on the banks of the* **ont vaincu** *defeated* **profitent** *take advantage of, benefit from*

Audio: Vocabulary Flashcards

Leçon 4A

Dans la ville

une boîte (de nuit) *nightclub*
un bureau *office; desk*
un centre commercial *shopping center, mall*
un cinéma (ciné) *movie theater, movies*
une église *church*
une épicerie *grocery store*
un grand magasin *department store*
un gymnase *gym*
un hôpital *hospital*
un kiosque *kiosk*
un magasin *store*
une maison *house*
un marché *market*
un musée *museum*
un parc *park*
une piscine *pool*
une place *square; place*
un restaurant *restaurant*
une terrasse de café *café terrace/ outdoor seating*
une banlieue *suburbs*
un centre-ville *city/town center, downtown*
un endroit *place*
un lieu *place*
une montagne *mountain*
une ville *city, town*

Les questions

à quelle heure? *at what time?*
à qui? *to whom?*
avec qui? *with whom?*
combien (de)? *how many?; how much?*
comment? *how?; what?*
où? *where?*
parce que *because*
pour qui? *for whom?*
pourquoi? *why?*
quand? *when?*
quel(le)(s)? *which?; what?*
que/qu'...? *what?*
qui? *who?; whom?*
quoi? *what?*

Activités

bavarder *to chat*
danser *to dance*
déjeuner *to eat lunch*
dépenser de l'argent (*m.*) *to spend money*
explorer *to explore*
fréquenter *to frequent; to visit*
inviter *to invite*
nager *to swim*
passer chez quelqu'un *to stop by someone's house*
patiner *to skate*
quitter la maison *to leave the house*

Verbes

aller *to go*

Expressions utiles

See p. 127.

Prepositions

À [+ definite article] *to, in, at*
dans *inside; within*
commencer à + [infinitive] *to start (doing something)*
parler à *to talk to*
penser à *to think about*
téléphoner à *to phone (someone)*
à la maison *at home*
à Paris *in Paris*
en ville *in town*
sur la place *in the square*
dans la maison *inside the house*
dans Paris *within Paris*
dans la ville *within the town*
à/sur la terrasse *on the terrace*

Leçon 4B

À table

avoir faim *to be hungry*
avoir soif *to be thirsty*
manger quelque chose *to eat something*
une baguette *baguette (long, thin loaf of bread)*
le beurre *butter*
un croissant *croissant (flaky, crescent-shaped roll)*
un éclair *éclair (pastry filled with cream)*
des frites (f.) *French fries*
un fromage *cheese*
le jambon *ham*
un pain (de campagne) *(country-style) bread*
un sandwich *sandwich*
une soupe *soup*
le sucre *sugar*
une boisson (gazeuse) *(soft/ carbonated) drink/beverage*
un café *coffee*
un chocolat (chaud) *(hot) chocolate*
une eau (minérale) *(mineral) water*
un jus (d'orange, de pomme, etc.) *(orange, apple, etc.) juice*
le lait *milk*
une limonade *lemon soda*
un thé (glacé) *(iced) tea*

Expressions de quantité

(pas) assez (de) *(not) enough (of)*
beaucoup (de) *a lot (of)*
d'autres *others*
une bouteille (de) *bottle (of)*
un morceau (de) *piece, bit (of)*
un peu (plus/moins) (de) *little (more/less) (of)*
plusieurs *several*
quelque chose *something; anything*
quelques *some*
une tasse (de) *cup (of)*
tous (*m. pl.*) *all*
tout (*m. sing.*) *all*
tout (tous) le/les (*m.*) *all the*
toute(s) la/les (*f.*) *all the*
trop (de) *too many/much (of)*
un verre (de) *glass (of)*

Au café

apporter l'addition (*f.*) *to bring the check/bill*
coûter *to cost*
laisser un pourboire *to leave a tip*
Combien coûte(nt)...? *How much is/are...?*
un prix *price*
un serveur/une serveuse *server*

Verbes

apprendre *to learn*
boire *to drink*
comprendre *to understand*
prendre *to take; to have*

Expressions utiles

See p. 145.

Partitives

de + [definite article] *some, any*
un(e)(s) *some, any*

Les loisirs

UNITÉ

5

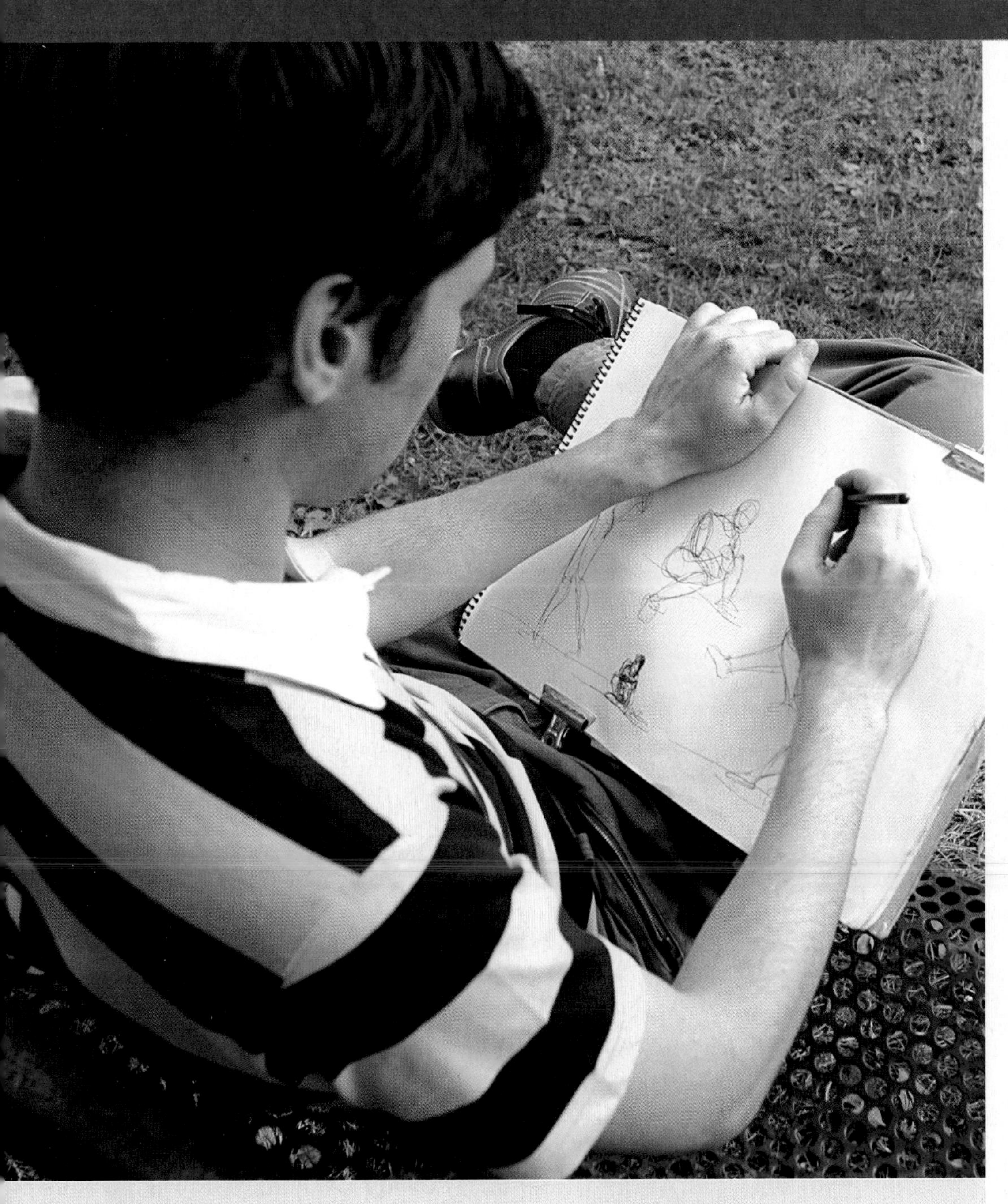

Pour commencer

- Où est David?
- Qu'est-ce qu'il fait?
- Pensez-vous qu'il aime les arts?
- Pensez-vous qu'il aime l'art?
- Il dessine un être humain ou un animal?

Leçon 5A

You will learn how to...
- talk about activities
- tell how often and how well you do things

Le temps libre

les joueuses (*f.*)

un match de tennis (*m.*)

Elle marche. (marcher)

le sport

une équipe

les joueurs (*m.*)

Il joue au foot. (jouer)

Il gagne. (gagner)

les cartes (*f.*)

une bande dessinée (B.D.)

Vocabulaire

aller à la pêche	*to go fishing*
bricoler	*to tinker; to do odd jobs*
désirer	*to want; to desire*
jouer (à/de)	*to play*
pratiquer	*to practice; to play (a sport)*
skier	*to ski*
le baseball	*baseball*
le cinéma	*movies*
le foot(ball)	*soccer*
le football américain	*football*
le golf	*golf*
un jeu	*game*
un loisir	*leisure activity*
un passe-temps	*pastime, hobby*
un spectacle	*show*
un stade	*stadium*
le temps libre	*free time*
le volley(-ball)	*volleyball*
une/deux fois	*one/two time(s)*
par jour, semaine, mois, an, etc.	*per day, week, month, year, etc.*
déjà	*already*
encore	*again; still*
jamais	*never*
longtemps	*a long time*
maintenant	*now*
parfois	*sometimes*
rarement	*rarely*
souvent	*often*

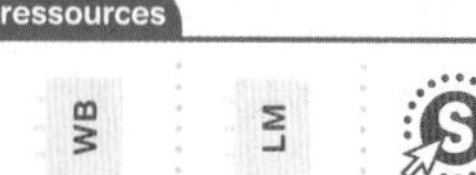

Attention!

Use **jouer à** with games and sports.
Elle joue aux cartes/ au baseball.
She plays cards/baseball.
Use **jouer de** with musical instruments.
Vous jouez de la guitare/ du piano.
You play the guitar/piano.

Mise en pratique

1 Écoutez Écoutez Sabine et Marc parler de leurs passe-temps préférés. Dans le tableau suivant, écrivez un **S** pour Sabine et un **M** pour Marc pour indiquer s'ils pratiquent ces activités **souvent**, **parfois**, **rarement** ou **jamais**. Attention, toutes les activités ne sont pas utilisées.

Activité	Souvent	Parfois	Rarement	Jamais
1. chanter	______	______	______	______
2. le basket	______	______	______	______
3. les cartes	______	______	______	______
4. le tennis	______	______	______	______
5. aller à la pêche	______	______	______	______
6. le golf	______	______	______	______
7. le cinéma	______	______	______	______
8. le spectacle	______	______	______	______

2 Remplissez Choisissez dans la liste le mot qui convient (*the word that fits*) et remplissez (*fill*) les espaces. N'oubliez pas de conjuguer les verbes.

aider	jeu	pratiquer
bande dessinée	jouer	skier
bricoler	marcher	sport
équipe		

1. Notre ________ joue un match cet après-midi.
2. Le ________ de cette équipe n'est pas très bon.
3. Mon livre préféré, c'est une ____________ de Tintin, *Le Sceptre d'Ottokar.*
4. J'aime ________ aux cartes avec ma grand-mère.
5. Est-ce que tes amis ________ tous le volley?
6. Le dimanche, nous ________ beaucoup, environ (*about*) cinq kilomètres.
7. Mon ________ préféré, c'est le foot.
8. Mon père ________ mon frère à préparer son match de tennis.
9. J'aime mieux ________ dans les Alpes que dans le Colorado.
10. Il faut (*It's necessary*) réparer la table, mais je n'aime pas ________.

3 Les loisirs Utilisez un élément de chaque colonne pour former huit phrases au sujet des loisirs de ces personnes. N'oubliez pas les accords (*agreements*).

Personnes	Activités	Fréquence
Je	jouer aux échecs	maintenant
Ma sœur	chanter	parfois
Mes parents	jouer au tennis	rarement
Christian	gagner le match	souvent
Sandrine et Cédric	skier	déjà
Les étudiants	regarder un spectacle	une fois par semaine
Élise	jouer au basket	une fois par mois
Mon ami(e)	aller à la pêche	encore

Communication

4 Répondez Avec un(e) partenaire, posez-vous les questions suivantes et répondez à tour de rôle.

1. Quel est ton loisir préféré?
2. Quel est ton sport préféré à la télévision?
3. Es-tu sportif/sportive? Si oui, quel sport pratiques-tu?
4. Qu'est-ce que tu désires faire (*to do*) ce week-end?
5. Combien de fois par mois vas-tu au cinéma?
6. Que fais-tu (*do you do*) quand tu as du temps libre?
7. Est-ce que tu aides quelqu'un? Qui? À faire quoi? Comment?
8. Quel est ton jeu de société (*board game*) préféré? Pourquoi?

5 Conversez Avec un(e) partenaire, utilisez les expressions de la liste et les mots de la section **CONTEXTES** et écrivez une conversation au sujet de vos loisirs. Présentez votre travail au reste de la classe.

Avec qui?	Pourquoi?
Combien de fois par...?	Quand?
Comment?	Quel(le)(s)?
Où?	Quoi?

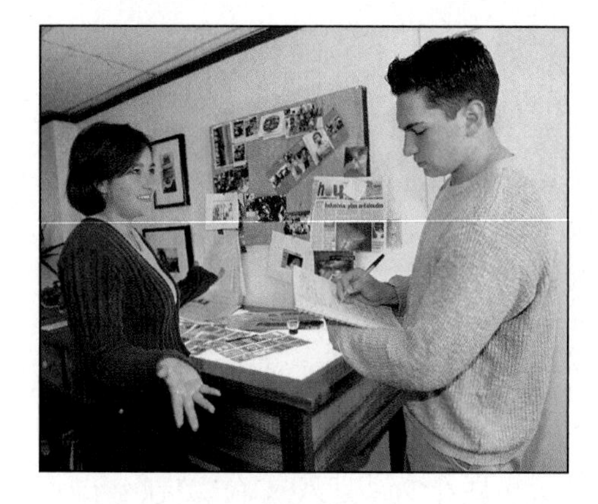

MODÈLE

Jacques: *Que fais-tu (do you do) comme sport?*
Clothilde: *Je joue au volley.*
Jacques: *Tu joues souvent?*
Clothilde: *Oui, trois fois par semaine, avec mon amie Julie. C'est un sport que j'adore. Et toi, quel est ton passe-temps préféré?*

6 Sondage Avec la feuille d'activités que votre professeur va vous donner, circulez dans la classe et demandez à vos camarades s'ils pratiquent ces activités et si oui (*if so*), à quelle fréquence. Quelle est l'activité préférée de la classe?

MODÈLE

aller à la pêche
Simone: *Est-ce que tu vas à la pêche?*
François: *Oui, je vais parfois à la pêche.*

Activité	Nom	Fréquence
1. aller à la pêche	François	parfois
2. jouer au tennis	______	______
3. jouer au foot	______	______
4. skier	______	______

7 La lettre Écrivez une lettre à un(e) ami(e). Dites ce que vous faites (*do*) pendant vos loisirs, quand, avec qui et avec quelle fréquence.

Cher Marc,

Pendant (during) mon temps libre, j'aime bien jouer au basket et au tennis. J'aime gagner, mais ça n'arrive pas (it doesn't happen) souvent! Je joue au tennis avec mes amis deux fois par semaine, le mardi et le vendredi, et au basket le samedi. J'adore les films et je vais souvent au cinéma avec ma sœur ou mes amis. Le soir...

Les sons et les lettres  

Audio: Concepts, Activities
Record & Compare

Intonation

In short, declarative sentences, the pitch of your voice, or intonation, falls on the final word or syllable.

Nathalie est française. **Hector joue au football.**

In longer, declarative sentences, intonation rises, then falls.

À trois heures et demie, j'ai sciences politiques.

In sentences containing lists, intonation rises for each item in the list and falls on the last syllable of the last one.

Martine est jeune, blonde et jolie.

In long, declarative sentences, such as those containing clauses, intonation may rise several times, falling on the final syllable.

Le samedi, à dix heures du matin, je vais au centre commercial.

Questions that require a yes or no answer have rising intonation. Information questions have falling intonation.

C'est ta mère? **Est-ce qu'elle joue au tennis?**

Quelle heure est-il? **Quand est-ce que tu arrives?**

Prononcez Répétez les phrases suivantes à voix haute.

1. J'ai dix-neuf ans.
2. Tu fais du sport?
3. Quel jour sommes-nous?
4. Sandrine n'habite pas à Paris.
5. Quand est-ce que Marc arrive?
6. Charlotte est sérieuse et intellectuelle.

Articulez Répétez les dialogues à voix haute.

1. –Qu'est-ce que c'est?
   –C'est un ordinateur.
2. –Tu es américaine?
   –Non, je suis canadienne.
3. –Qu'est-ce que Christine étudie?
   –Elle étudie l'anglais et l'espagnol.
4. –Où est le musée?
   –Il est en face de l'église.

Dictons Répétez les dictons à voix haute.

Si le renard court, le poulet a des ailes.[1]

[1] Though the fox runs, the chicken has wings.
[2] Little by little, a bird builds its nest.

Au parc

Video: *Roman-photo*
Record & Compare

PERSONNAGES

David

Rachid

Sandrine

Stéphane

DAVID Oh, là, là... On fait du sport aujourd'hui!

RACHID C'est normal! On est dimanche. Tous les week-ends à Aix, on fait du vélo, on joue au foot...

SANDRINE Oh, quelle belle journée! Faisons une promenade!

DAVID D'accord.

DAVID Moi, le week-end, je sors souvent. Mon passe-temps favori, c'est de dessiner la nature et les belles femmes. Mais Rachid, lui, c'est un grand sportif.

RACHID Oui, je joue au foot très souvent et j'adore.

RACHID Tiens, Stéphane! Déjà? Il est en avance.

SANDRINE Salut.

STÉPHANE Salut. Ça va?

DAVID Ça va.

STÉPHANE Salut.

RACHID Salut.

STÉPHANE Pfft! Je n'aime pas l'histoire-géo.

RACHID Mais, qu'est-ce que tu aimes alors, à part le foot?

STÉPHANE Moi? J'aime presque tous les sports. Je fais du ski, de la planche à voile, du vélo... et j'adore nager.

RACHID Oui, mais tu sais, le sport ne joue pas un grand rôle au bac.

RACHID Et puis les études, c'est comme le sport. Pour être bon, il faut travailler!

STÉPHANE Ouais, ouais.

RACHID Allez, commençons. En quelle année Napoléon a-t-il...

SANDRINE Dis-moi David, c'est comment chez toi, aux États-Unis? Quels sont les sports favoris des Américains?

DAVID Euh... chez moi? Beaucoup pratiquent le baseball ou le basket et surtout, on adore regarder le football américain. Mais toi, Sandrine, qu'est-ce que tu fais de tes loisirs? Tu aimes le sport? Tu sors?

ACTIVITÉS

1 Les événements Mettez les événements suivants dans l'ordre chronologique.

a. ____ David dessine un portrait de Sandrine.

b. ____ Stéphane se plaint (*complains*) de ses cours.

c. ____ Rachid parle du match de foot.

d. ____ David complimente Sandrine.

e. ____ David mentionne une activité que Rachid aime faire.

f. ____ Sandrine est curieuse de savoir (*to know*) quels sont les sports favoris des Américains.

g. ____ Stéphane dit (*says*) qu'il ne sait (*knows*) pas s'il va gagner son prochain match.

h. ____ Stéphane arrive.

i. ____ David parle de son passe-temps favori.

j. ____ Sandrine parle de sa passion.

Practice more at **vhlcentral.com**.

Les amis parlent de leurs loisirs.

4

5

RACHID Alors, Stéphane, tu crois que tu vas gagner ton prochain match?
STÉPHANE Hmm, ce n'est pas garanti! L'équipe de Marseille est très forte.
RACHID C'est vrai, mais tu es très motivé, n'est-ce pas?
STÉPHANE Bien sûr.

RACHID Et, pour les études, tu es motivé? Qu'est-ce que vous faites en histoire-géo en ce moment?
STÉPHANE Oh, on étudie Napoléon.
RACHID C'est intéressant! Les cent jours, la bataille de Waterloo...

9

10

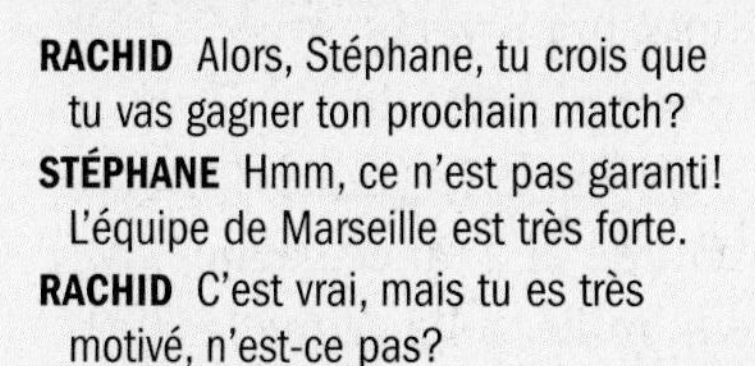

SANDRINE Bof, je n'aime pas tellement le sport, mais j'aime bien sortir le week-end. Je vais au cinéma ou à des concerts avec mes amis. Ma vraie passion, c'est la musique. Je désire être chanteuse professionnelle.

DAVID Mais tu es déjà une chanteuse extraordinaire! Eh! J'ai une idée. Je peux faire un portrait de toi?
SANDRINE De moi? Vraiment? Oui, si tu insistes!

Expressions utiles

Talking about your activities

- **Qu'est-ce que tu fais de tes loisirs? Tu sors?**
  What do you do in your free time? Do you go out?
- **Le week-end, je sors souvent.**
  On weekends I often go out.
- **J'aime bien sortir.**
  I like to go out.
- **Tous les week-ends, on/tout le monde fait du sport.**
  Every weekend, people play/everyone plays sports.
- **Qu'est-ce que tu aimes alors, à part le foot?**
  What else do you like then, besides soccer?
- **J'aime presque tous les sports.**
  I like almost all sports.
- **Je peux faire un portrait de toi?**
  Can/May I do a portrait of you?
- **Qu'est-ce que vous faites en histoire-géo en ce moment?**
  What are you doing in History-Geography right now?
- **Les études, c'est comme le sport. Pour être bon, il faut travailler!**
  School is like sports. To be good, you have to work!
- **Faisons une promenade!**
  Let's take a walk!

Additional vocabulary

- **Dis-moi.**
  Tell me.
- **Bien sûr.**
  Of course.
- **Tu sais.**
  You know.
- **Tiens.**
  Here you go./Here you are.
- **Ce n'est pas garanti!**
  It's not guaranteed!
- **Vraiment?**
  Really?

2 **Questions** Choisissez la traduction (*translation*) qui convient pour chaque activité. Essayez de ne pas utiliser de dictionnaire. Combien de traductions y a-t-il pour le verbe **faire**?

1.	____ faire du ski	a.	to play sports
2.	____ faire une promenade	b.	to go biking
3.	____ faire du vélo	c.	to ski
4.	____ faire du sport	d.	to take a walk

3 **À vous!** David et Rachid parlent de faire des projets (*plans*) pour le week-end, mais les loisirs qu'ils aiment sont très différents. Ils discutent de leurs préférences et finalement choisissent (*choose*) une activité qu'ils vont pratiquer ensemble (*together*). Avec un(e) partenaire, écrivez la conversation et jouez la scène devant la classe.

ACTIVITÉS

Reading
Video: *Flash culture*

CULTURE À LA LOUPE

Le football

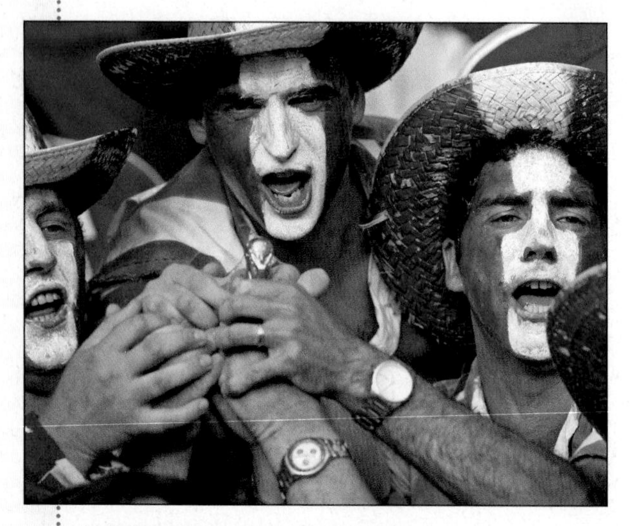

Le football est le sport le plus° populaire dans la majorité des pays° francophones. Tous les quatre ans°, des centaines de milliers de° fans, ou «supporters», regardent la Coupe du Monde°: le championnat de foot(ball) le plus important du monde. En 1998 (mille neuf cent quatre-vingt-dix-huit), l'équipe de France gagne la Coupe du Monde et en 2000 (deux mille), elle gagne la Coupe d'Europe, autre championnat important.

Le Cameroun a aussi une grande équipe de football. «Les Lions Indomptables°» gagnent la médaille d'or° aux Jeux Olympiques de Sydney en 2000. En 2007, l'équipe camerounaise est la première équipe africaine à être dans le classement mondial° de la FIFA (Fédération Internationale de Football Association). Certains «Lions» jouent dans les clubs français et européens.

les Lions Indomptables

En France, il y a deux ligues professionnelles de vingt équipes chacune°. Ça fait° quarante équipes professionnelles de football pour un pays plus petit que° le Texas! Certaines équipes, comme le Paris Saint-Germain («le P.S.G.») ou l'Olympique de Marseille («l'O.M.»), ont beaucoup de supporters.

Les Français, comme les Camerounais, adorent regarder le football, mais ils sont aussi des joueurs très sérieux: aujourd'hui en France, il y a plus de 17.000 (dix-sept mille) clubs amateurs de football et plus de deux millions de joueurs.

le plus *the most* **pays** *countries* **Tous les quatre ans** *Every four years* **centaines de milliers de** *hundreds of thousands of* **Coupe du Monde** *World Cup* **Indomptables** *Untamable* **or** *gold* **classement mondial** *world ranking* **chacune** *each* **Ça fait** *That makes* **un pays plus petit que** *a country smaller than* **Nombre** *Number* **Natation** *Swimming* **Vélo** *Cycling*

Nombre° de membres des fédérations sportives en France

Football	2.002.400
Tennis	1.103.500
Judo-jujitsu	634.900
Basket-ball	536.900
Rugby	447.500
Golf	414.200
Natation°	304.000
Ski	136.100
Vélo°	119.200
Danse	84.000

ACTIVITÉS

1 Vrai ou faux? Indiquez si ces phrases sont vraies ou fausses.

1. Le football est le sport le plus populaire en France.
2. La Coupe du Monde a lieu (*takes place*) tous les deux ans.
3. En 2000, l'équipe de France gagne la Coupe du Monde.
4. Le Cameroun gagne le tournoi de football aux Jeux Olympiques de Sydney.
5. Le Cameroun est la première équipe européenne à être au classement mondial de la FIFA.
6. Certains «Tigres Indomptables» jouent dans des clubs français et européens.
7. En France, il y a vingt équipes professionnelles de football.
8. La France est plus petite que le Texas.
9. L'Olympique de Marseille est un stade de football célèbre.
10. Les Français aiment jouer au football.

STRATÉGIE

Familiarizing yourself with activities

The activities associated with a reading were written specifically to help you discover the writer's intentions as well as form your own opinions. Before you read the selections on these two pages, familiarize yourself with the activity items. You don't need to provide answers at this stage, but the activities will give you clues about the selections' content to keep in mind as you read them. This will help you make better sense of the readings.

LE MONDE FRANCOPHONE

Des champions

Voici quelques champions olympiques récents.

Algérie Taoufik Makhloufi, natation, or°, Londres, 2012
Burundi Venuste Niyongabo, athlétisme°, or, Atlanta, 1996
Cameroun Françoise Mbango Etone, athlétisme, or, Pékin, 2008
Canada Antoine Valois-Fortier, judo, or, Londres, 2012
France Florent Manaudou, natation, or, Londres, 2012
Maroc Hicham El Guerrouj, athlétisme, or, Athènes, 2004
Suisse Didier Défago, ski, or, Vancouver, 2010
Tunisie Oussama Mellouli, natation, or, Londres, 2012

or *gold* **athlétisme** *track and field*

PORTRAIT

Zinédine Zidane et Laura Flessel

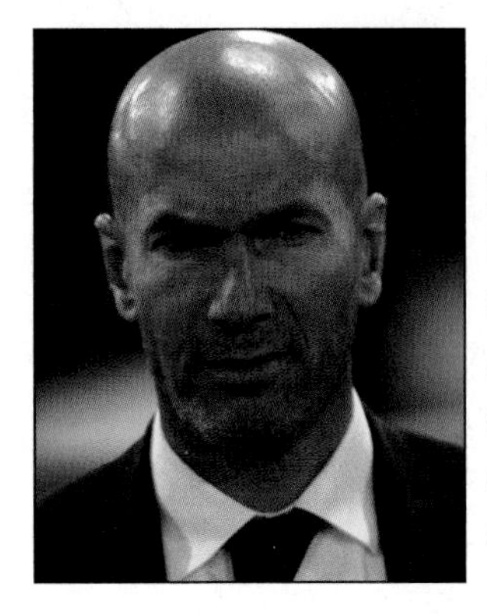

Zinédine Zidane, ou «Zizou», est un footballeur français. Né° à Marseille de parents algériens, il joue dans différentes équipes françaises. Nommé trois fois «Joueur de l'année» par la FIFA (la Fédération Internationale de Football Association), il gagne la Coupe du Monde avec l'équipe de France en 1998 (mille neuf cent quatre-vingt-dix-huit). Il est aujourd'hui entraîneur du Real Madrid, en Espagne°.

Née à la Guadeloupe, **Laura Flessel** commence l'escrime° à l'âge de sept ans. Après plusieurs titres° de championne de Guadeloupe, elle va en France pour continuer sa carrière. En 1991 (mille neuf cent quatre-vingt-onze), à 20 ans, elle est championne de France et cinq ans plus tard, elle est double championne olympique à Atlanta en 1996 (mille neuf cent quatre-vingt-seize). En 2007 (deux mille sept), elle remporte aussi la médaille d'or aux Championnats d'Europe en individuel. Elle est le porte-drapeau° de l'équipe de France aux Jeux olympiques de Londres.

Né *Born* **Espagne** *Spain* **escrime** *fencing* **plusieurs titres** *several titles* **porte-drapeau** *standard-bearer*

Sur Internet

Qu'est-ce que le «free-running»?

Go to **vhlcentral.com** to find more cultural information related to this **Lecture culturelle**. Then watch the corresponding **Flash culture**.

ACTIVITÉS

2 **Zinédine ou Laura?** Indiquez de qui on parle.

1. ________ est de France métropolitaine (*mainland France*).
2. ________ est née à la Guadeloupe.
3. ________ gagne la Coupe du Monde pour la France en 1998.
4. ________ est championne de Guadeloupe en 1991.
5. ________ est double championne olympique en 1996.
6. ________ a été trois fois joueur de l'année.

3 **Une interview** Avec un(e) partenaire, préparez une interview entre un(e) journaliste et un(e) athlète que vous aimez. Jouez la scène devant la classe. Est-ce que vos camarades peuvent deviner (*can guess*) le nom de l'athlète?

Practice more at **vhlcentral.com**.

5A.1 The verb *faire*

Point de départ Like other commonly used verbs, the verb **faire** (*to do, to make*) is irregular in the present tense.

faire (to do, to make)	
je fais	nous faisons
tu fais	vous faites
il/elle/on fait	ils/elles font

Il ne **fait** pas ses devoirs.
He doesn't do his homework.

Qu'est-ce que vous **faites** ce soir?
What are you doing this evening?

Tes parents **font**-ils quelque chose vendredi?
Are your parents doing anything Friday?

Nous **faisons** une sculpture dans mon cours d'art.
We're making a sculpture in my art class.

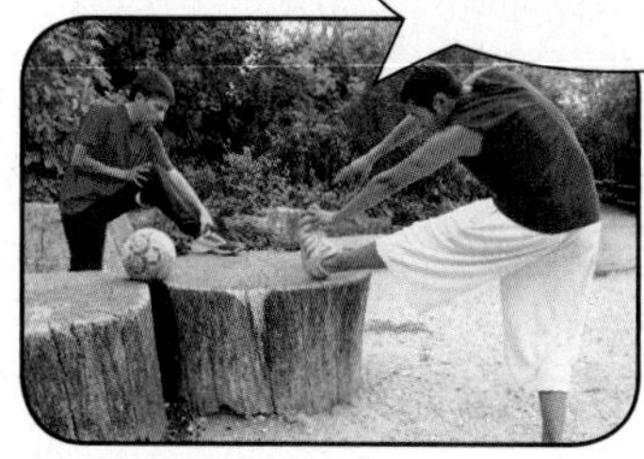

- Use the verb **faire** in these idiomatic expressions. Note that it is not always translated into English as *to do* or *to make*.

Expressions with *faire*			
faire de l'aérobic	*to do aerobics*	faire de la planche à voile	*to go wind-surfing*
faire attention (à)	*to pay attention (to)*	faire une promenade	*to go for a walk*
faire du camping	*to go camping*	faire une randonnée	*to go for a hike*
faire du cheval	*to go horseback riding*	faire du ski	*to go skiing*
faire la connaissance de...	*to meet (someone) for the first time*	faire du sport	*to play sports*
faire la cuisine	*to cook*	faire un tour (en voiture)	*to go for a walk (drive)*
faire de la gym	*to work out*	faire du vélo	*to go bike riding*
faire du jogging	*to go jogging*		

Tu **fais** souvent **du sport**?
Do you play sports often?

Nous **faisons attention** en classe.
We pay attention in class.

Elles **font du camping**.
They go camping.

Yves **fait la cuisine**.
Yves is cooking.

Je **fais de la gym**.
I'm working out.

Faites-vous **une promenade**?
Are you going for a walk?

Boîte à outils

The verb **faire** is also used in idiomatic expressions relating to math. Example:

Trois et quatre **font** sept.
Three plus four equals (makes) seven.

- Make sure to learn the correct article with each **faire** expression that calls for one. For **faire** expressions requiring a partitive or indefinite article (**un, une, du, de la**), the article is replaced with **de** when the expression is negated.

Elles font **de la** gym trois fois par semaine.
They work out three times a week.

Elles ne font pas **de** gym le dimanche.
They don't work out on Sundays.

Fais-tu **du** ski?
Do you ski?

Non, je ne fais pas **de** ski.
No, I don't ski.

- Use **faire la connaissance de** before someone's name or another noun that identifies a person whom you do not know.

Je vais enfin **faire la connaissance de Martin**.
I'm finally going to meet Martin.

Je vais **faire la connaissance des joueurs**.
I'm going to meet the players.

The expression *il faut*

- When followed by a verb in the infinitive, the expression **il faut...** means *it is necessary to...* or *one must...*

Il faut faire attention en cours de maths.
It is necessary to pay attention in math class.

Il ne faut pas manger après dix heures.
One must not eat after 10 o'clock.

Faut-il laisser un pourboire?
Is it necessary to leave a tip?

Il faut gagner le match!
We must win the game!

Boîte à outils

Be careful not to confuse **il faut** and **il fait**. The infinitive of **fait** is **faire**.

The infinitive of **faut**, however, is **falloir**. **Falloir** is an irregular impersonal verb, which means that it only has one conjugated form in every tense: the third person singular. The verbs **pleuvoir** (*to rain*) and **neiger** (*to snow*), which you will learn in **Leçon 5B**, work the same way.

Essayez! **Complétez chaque phrase avec la forme correcte du verbe faire au présent.**

1. Tu ___fais___ tes devoirs le samedi?
2. Vous ne ________ pas attention au professeur.
3. Nous ________ du camping.
4. Ils ________ du jogging.
5. On ________ une promenade au parc.
6. Il ________ du ski en montagne.
7. Je ________ de l'aérobic.
8. Elles ________ un tour en voiture.
9. Est-ce que vous ________ la cuisine?
10. Nous ne ________ pas de sport.
11. Je ne ________ pas de planche à voile.
12. Irène et Sandrine ________ une randonnée avec leurs copines.

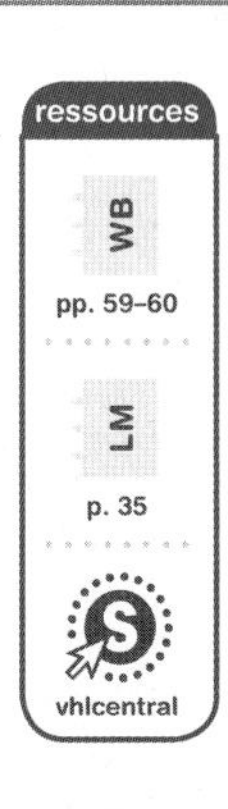

Mise en pratique

1 **Que font-ils?** Regardez les dessins. Que font les personnages?

Julien

▶ **MODÈLE**

Julien fait du jogging.

1. Je ___

2. tu ___

3. Anne ___

4. Louis et Paul ___

5. Vous ___

6. Denis ___

7. Nous ___

8. Elles ___

2 **Chassez l'intrus** Quelle activité ne fait pas partie du groupe?

1. a. faire du jogging b. faire une randonnée c. faire de la planche à voile
2. a. faire du vélo b. faire du camping c. faire du jogging
3. a. faire une promenade b. faire la cuisine c. faire un tour
4. a. faire du sport b. faire du vélo c. faire la connaissance
5. a. faire ses devoirs b. faire du ski c. faire du camping
6. a. faire la cuisine b. faire du sport c. faire de la planche à voile

3 **La paire** Faites correspondre (*Match*) les éléments des deux colonnes et rajoutez (*add*) la forme correcte du verbe **faire**.

1. Elle aime courir (*to run*), alors elle...
2. Ils adorent les animaux. Ils...
3. Quand j'ai faim, je...
4. L'hiver, vous...
5. Pour marcher, nous...
6. Tiger Woods...

a. du golf.
b. la cuisine.
c. les devoirs.
d. du cheval.
e. du jogging.
f. une promenade.
g. du ski.
h. de l'aérobic.

Communication

4 **Ce week-end** Que faites-vous ce week-end? Avec un(e) partenaire, posez les questions à tour de rôle.

MODÈLE

tu / jogging
Étudiant(e) 1: *Est-ce que tu fais du jogging ce week-end?*
Étudiant(e) 2: *Non, je ne fais pas de jogging. Je fais un tour en voiture.*

1. tu / le vélo
2. tes amis / la cuisine
3. ton/ta petit(e) ami(e) et toi, vous / le jogging
4. toi et moi, nous / une randonnée
5. tu / la gym
6. ton/ta camarade de chambre / le sport
7. on / faire de la planche à voile
8. tes parents et toi, vous / un tour au parc

5 **De bons conseils** Avec un(e) partenaire, donnez de bons conseils (*advice*). À tour de rôle, posez des questions et utilisez les éléments de la liste. Présentez vos idées à la classe.

MODÈLE

Étudiant(e) 1: *Qu'est-ce qu'il faut faire pour avoir de bonnes notes?*
Étudiant(e) 2: *Il faut étudier jour et nuit.*

être en pleine forme (*great shape*)	avoir de bonnes notes
avoir de l'argent	gagner une course (*race*)
avoir beaucoup d'amis	bien manger
être champion de ski	réussir (*succeed*) aux examens

6 **Les sportifs** Votre professeur va vous donner une feuille d'activités. Faites une enquête sur le nombre d'étudiants qui pratiquent certains sports et activités dans votre classe. Présentez les résultats à la classe.

MODÈLE

Étudiant(e) 1: *Est-ce que tu fais du jogging?*
Étudiant(e) 2: *Oui, je fais du jogging.*

Sport	Nom
1. jogging	Carole
2. vélo	
3. planche à voile	
4. cuisine	
5. camping	
6. cheval	
7. aérobic	
8. ski	

5A.2 Irregular *-ir* verbs

Point de départ You are familiar with the class of French verbs whose infinitives end in **-er**. The infinitives of a second class of French verbs end in **-ir**. Some of the most commonly used verbs in this class are irregular.

- **Sortir** is used to express leaving a room or a building. It also expresses the idea of going out, as with friends or on a date.

sortir	
je sors	nous sortons
tu sors	vous sortez
il/elle/on sort	ils/elles sortent

Tu **sors** souvent avec tes copains?
Do you go out often with your friends?

Quand **sortez**-vous?
When are you going out?

Mon frère n'aime pas **sortir** avec Chloé.
My brother doesn't like to go out with Chloé.

Mes parents ne **sortent** pas lundi.
My parents aren't going out Monday.

- Use the preposition **de** after **sortir** when the place someone is leaving is mentioned.

L'étudiant **sort de** la salle de classe.
The student leaves the classroom.

Nous **sortons du** restaurant vers vingt heures.
We're leaving the restaurant around 8:00 p.m.

- **Partir** is generally used to say someone is leaving a large place such as a city, country, or region. Often, a form of **partir** is accompanied by the preposition **pour** and the name of a destination to say *to leave for (a place)*.

partir	
je pars	nous partons
tu pars	vous partez
il/elle/on part	ils/elles partent

Je **pars pour** l'Algérie.
I'm leaving for Algeria.

Ils **partent pour** Genève demain.
They're leaving for Geneva tomorrow.

À quelle heure **partez**-vous?
At what time are you leaving?

Nous **partons** à midi.
We're leaving at noon.

À noter

Most *regular* French verbs that end in **-ir** are not commonly used in everyday speech. The *irregular* **-ir** verbs are presented here before the regular ones, because you will use them more frequently in conversation. Regular **-ir** verbs follow a different conjugation pattern and will be presented in **Leçon 7B**.

Boîte à outils

As you learned in **Leçon 4A**, **quitter** is used to say that someone leaves a place or another person: **Tu quittes Montréal?** (*Are you leaving Montreal?*)

Other irregular *-ir* verbs

	dormir *(to sleep)*	servir *(to serve)*	sentir *(to feel)*	courir *(to run)*
je	**dors**	**sers**	**sens**	**cours**
tu	**dors**	**sers**	**sens**	**cours**
il/elle/on	**dort**	**sert**	**sent**	**court**
nous	**dormons**	**servons**	**sentons**	**courons**
vous	**dormez**	**servez**	**sentez**	**courez**
ils/elles	**dorment**	**servent**	**sentent**	**courent**

Elles **dorment** jusqu'à midi.
They sleep until noon.

Vous **courez** vite!
You run fast!

Je **sers** du fromage à la fête.
I'm serving cheese at the party.

Nous **servons** du thé glacé.
We are serving iced tea.

- **Sentir** can mean *to feel, to smell,* or *to sense.*

Je **sens** que l'examen va être difficile.
I sense that the exam is going to be difficult.

Ça **sent** bon!
That smells good!

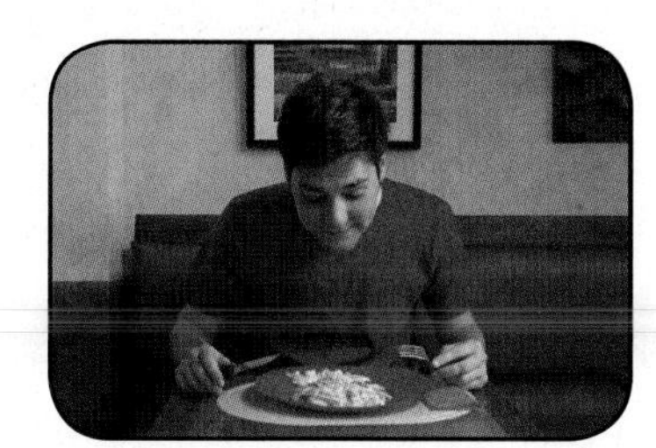

Vous **sentez** le café?
Do you smell the coffee?

Ils **sentent** sa présence.
They feel his presence.

Essayez! **Complétez les phrases avec la forme correcte du verbe.**

1. Nous _sortons_ (sortir) vers neuf heures.
2. Je ________ (servir) des boissons gazeuses aux invités.
3. Tu ________ (partir) quand pour le Canada?
4. Nous ne ________ (dormir) pas en cours.
5. Ils ________ (courir) pour attraper (*to catch*) le bus.
6. Tu manges des oignons? Ça ________ (sentir) mauvais.
7. Vous ________ (sortir) avec des copains ce soir.
8. Elle ________ (partir) pour Dijon ce week-end.

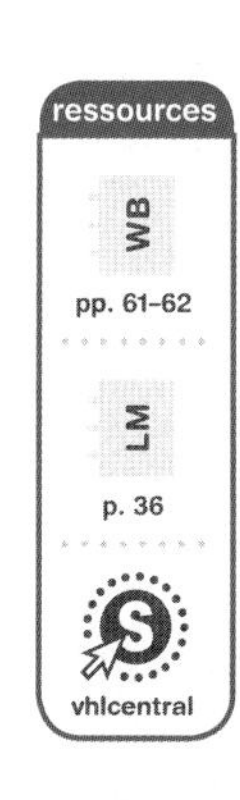

STRUCTURES

Mise en pratique

1 **Choisissez** Monique et ses amis aiment bien sortir. Choisissez la forme correcte des verbes **partir** ou **sortir** pour compléter la description de leurs activités.

1. Samedi soir, je ________ avec mes copains.
2. Mes copines Magali et Anissa ________ pour New York.
3. Nous ________ du cinéma.
4. Nicolas ________ pour Dakar vers dix heures du soir.
5. À minuit, vous ________ pour la boîte.
6. Je ________ pour le Maroc dans une semaine.
7. Tu ________ avec ton petit ami ce week-end.
8. Olivier et Bernard ________ tard du bureau.
9. Lucien et moi, nous ________ pour l'Algérie.
10. Thomas ________ du stade à deux heures de l'après-midi.

2 **Vos habitudes** Utilisez les éléments des colonnes pour décrire (*describe*) les habitudes de votre famille et de vos amis.

A	B	C
je	(ne pas) courir	jusqu'à (*until*) midi
mon frère	(ne pas) dormir	tous les week-ends
ma sœur	(ne pas) partir	tous les jours
mes parents	(ne pas) sortir	souvent
mes cousins		rarement
mon petit ami		jamais
ma petite amie		une (deux, etc.) fois par jour/semaine
mes copains		?
?		

3 **La question** Vincent parle au téléphone avec sa mère. Vous entendez (*hear*) ses réponses, mais pas les questions. Avec un(e) partenaire, reconstruisez la conversation.

MODÈLE

Comment vas-tu? Ça va bien, merci.

1. ______________ Oui, je sors ce soir.
2. ______________ Je sors avec Marc et Audrey.
3. ______________ Nous partons à six heures.
4. ______________ Oui, nous allons jouer au tennis.
5. ______________ Après, nous allons au restaurant.
6. ______________ Nous sortons du restaurant à neuf heures.
7. ______________ Marc et Audrey partent pour Nice le week-end prochain.
8. ______________ Non. Moi, je pars dans deux semaines.

Communication

4 **Descriptions** Avec un(e) partenaire, complétez les phrases avec la forme correcte d'un verbe de la liste.

1. Véronique /  / tard
2. je /  / sandwichs
3. les enfants /  / le chocolat chaud
4. nous /  / souvent
5. tu / / de l'hôpital
6. vous /  / pour la France demain

5 **Indiscrétions** Votre partenaire est curieux/curieuse et désire savoir (*to know*) ce que vous faites chez vous. Répondez à ses questions.

1. Jusqu'à (*Until*) quelle heure dors-tu le week-end?
2. Dors-tu pendant (*during*) les cours à la fac? Pendant quels cours? Pourquoi?
3. À quelle heure sors-tu le samedi soir?
4. Avec qui sors-tu le samedi soir?
5. Est-ce que tu sors souvent avec des copains pendant la semaine?
6. Que sers-tu quand tu as des invités à la maison?
7. Pars-tu bientôt en vacances (*vacation*)? Où?

6 **Dispute** Laëtitia est très active. Son petit ami Bertrand ne sort pas beaucoup, alors ils ont souvent des disputes. Avec un(e) partenaire, jouez les deux rôles. Utilisez les mots et les expressions de la liste.

dormir	partir
faire des promenades	un passe-temps
faire un tour (en voiture)	sentir
par semaine	sortir
	rarement
	souvent

Révision

1 **Au parc** C'est dimanche au parc. Avec un(e) partenaire, décrivez les activités de tous les personnages. Comparez vos observations avec les observations d'un autre groupe pour compléter votre description.

2  **Mes habitudes** Avec un(e) partenaire, parlez de vos habitudes de la semaine. Que faites-vous régulièrement? Utilisez tous les mots de la liste.

MODÈLE

Étudiant(e) 1: *Je fais de la gym parfois le lundi. Et toi?*
Étudiant(e) 2: *Moi, je fais la cuisine parfois le lundi.*

parfois le lundi	souvent à midi
le mercredi à midi	toujours le vendredi
le jeudi soir	tous les jours
le vendredi matin	trois fois par semaine
rarement le matin	une fois par semaine

3 **Mes vacances** Parlez de vos prochaines vacances (*vacation*) avec un(e) partenaire. Mentionnez cinq de vos passe-temps habituels en vacances et cinq nouvelles activités que vous allez essayer (*to try*). Comparez votre liste avec la liste de votre partenaire puis présentez les réponses à la classe.

4 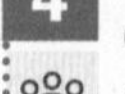 **Que faire ici?** Avec un(e) partenaire, trouvez au minimum quatre choses à faire dans chaque (*each*) endroit. Quel endroit préférez-vous et pourquoi? Comparez votre liste avec un autre groupe et parlez de vos préférences avec la classe.

MODÈLE

Étudiant(e) 1: *À la montagne, on fait des randonnées à cheval.*

Étudiant(e) 2: *Oui, et on fait aussi des promenades.*

1. à la campagne

3. au parc

2. à la plage

4. au gymnase

5 **Le conseiller** Un(e) conseiller/conseillère à la fac suggère des stratégies à un(e) étudiant(e) pour l'aider (*help him or her*) à préparer les examens. Avec un(e) partenaire, jouez les deux rôles. Vos camarades vont sélectionner les meilleurs conseils (*best advice*).

MODÈLE

Il faut faire tous ses devoirs.

6 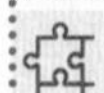 **Quelles activités?** Votre professeur va vous donner, à vous et à votre partenaire, deux feuilles d'activités différentes. Attention! Ne regardez pas la feuille de votre partenaire.

MODÈLE

Étudiant(e) 1: *Est-ce que tu fais une randonnée dimanche après-midi?*

Étudiant(e) 2: *Oui, je fais une randonnée dimanche après-midi.*

Video

Les Français et le sport

Les sondages° indiquent souvent que le sport que les Français préfèrent pratiquer est la marche à pied°. Cela illustre bien le fait° que les Français pensent que le sport est avant tout° un moment de détente.

Beaucoup de Français, et surtout les jeunes, trouvent que les salles de sport sont trop chères. En conséquence°, le sport à domicile est de plus en plus populaire, ainsi que la pratique sportive indépendante, grâce aux° nouvelles applications qui° apprennent à faire du sport sans coach ou sans professeur. Tous les moyens° sont bons pour encourager les Français à être plus° actifs!

Promouvoir l'activité physique...

Pratique sportive indépendante

Compréhension Répondez aux questions.

1. Est-ce que les nouvelles recommandations données par Xavier Bigard sont uniquement (*only*) basées sur des données françaises?
2. D'après la vidéo, quels sont des exemples de pathologies chroniques?
3. Quelle est la différence entre l'activité physique et l'activité sportive?

Discussion Avec un(e) partenaire, répondez aux questions.

1. Quelles recommandations données dans la vidéo pouvez-vous utiliser dans votre vie quotidienne (*daily*)?
2. Pensez-vous, comme Xavier Bigard, que pour être en bonne santé (*health*), il faut augmenter son activité physique dans la vie quotidienne ou pensez-vous que faire du sport est la meilleure (*the best*) solution?
3. D'après ce que vous savez (know) des Français, êtes-vous surpris(es) que de telles recommandations soient (be) nécessaires?

sondages *polls* **marche à pied** *walking* **fait** *fact* **avant tout** *before anything* **En conséquence** *As a result* **grâce aux** *thanks to* **qui** *that* **moyens** *means* **plus** *more* **évidemment** *of course*

Go to **vhlcentral.com** to watch the TV clip featured in this **Le Zapping.**

Leçon 5B

You will learn how to...

- talk about seasons and the date
- discuss the weather

Quel temps fait-il?

Vocabulaire

Il fait 18 degrés.	*It is 18 degrees.*
Il fait beau.	*The weather is nice.*
Il fait bon.	*The weather is good/warm.*
Il fait mauvais.	*The weather is bad.*
Il fait un temps épouvantable.	*The weather is dreadful.*
Le temps est orageux.	*It is stormy.*
Quel temps fait-il?	*What is the weather like?*
Quelle température fait-il?	*What is the temperature?*
une saison	*season*
à l'automne	*in the fall*
en été	*in the summer*
en hiver	*in the winter*
au printemps	*in the spring*
Quelle est la date?	*What's the date?*
C'est le 1er (premier) octobre.	*It's the first of October.*
C'est quand votre/ton anniversaire?	*When is your birthday?*
C'est le 2 mai.	*It's the second of May.*
C'est quand l'anniversaire de Paul?	*When is Paul's birthday?*
C'est le 15 mars.	*It's March 15th.*
un anniversaire	*birthday*

ressources

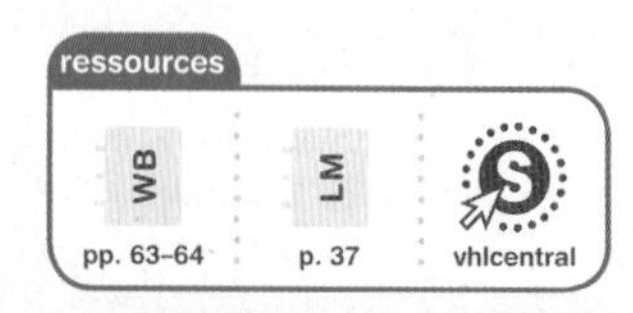

Attention!

In France and in most of the francophone world, temperature is given in Celsius. Convert from Celsius to Fahrenheit with this formula: F = (C x 1.8) + 32. Convert from Fahrenheit to Celsius with this formula: C = (F – 32) x 0.56.
11°C = 52°F 78°F = 26°C

Le printemps: mars, avril, mai

L'automne: septembre, octobre, novembre

Mise en pratique

1 Écoutez **Écoutez le bulletin météorologique et indiquez si les phrases suivantes sont vraies ou fausses.**

	Vrai	Faux
1. C'est l'été.	☐	☐
2. Le printemps commence le 21 mars.	☐	☐
3. Il fait 11 degrés vendredi.	☐	☐
4. Il fait du vent vendredi.	☐	☐
5. Il va faire soleil samedi.	☐	☐
6. Il faut utiliser le parapluie et l'imperméable vendredi.	☐	☐
7. Il va faire un temps épouvantable dimanche.	☐	☐
8. Il ne va pas faire chaud samedi.	☐	☐

2 Les fêtes et les jours fériés **Indiquez la date et la saison de chaque jour férié.**

	Date	Saison
1. la fête nationale française	______	______
2. l'indépendance des États-Unis	______	______
3. la Saint-Patrick	______	______
4. Noël	______	______
5. la Saint-Valentin	______	______
6. le Nouvel An	______	______
7. Halloween	______	______
8. l'anniversaire de Washington	______	______

3 Quel temps fait-il? **Répondez aux questions suivantes par des phrases complètes.**

1. Quel temps fait-il en été?
2. Quel temps fait-il à l'automne?
3. Quel temps fait-il au printemps?
4. Quel temps fait-il en hiver?
5. Où est-ce qu'il neige souvent?
6. Quel est votre mois préféré de l'année? Pourquoi?
7. Quand est-ce qu'il pleut où vous habitez?
8. Quand est-ce que le temps y (*there*) est orageux?

Communication

4 **Conversez** Interviewez un(e) camarade de classe.

1. C'est quand ton anniversaire? C'est quand l'anniversaire de ton père? Et de ta mère?
2. En quelle saison est ton anniversaire? Quel temps fait-il?
3. Quelle est ta saison préférée? Pourquoi? Quelles activités aimes-tu pratiquer?
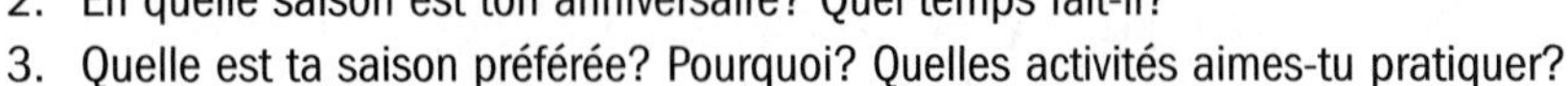
4. En quelles saisons utilises-tu un parapluie et un imperméable? Pourquoi?
5. À quel moment de l'année es-tu en vacances? Précise les mois. Pendant (*During*) quels mois de l'année préfères-tu voyager? Pourquoi?
6. À quelle période de l'année étudies-tu? Précise les mois.
7. Quelle saison détestes-tu le plus (*the most*)? Pourquoi?
8. Quand tu vas au café en janvier, qu'est-ce que tu bois? En juillet? En septembre?

5 **Une lettre** Vous avez un(e) correspondant(e) (*pen pal*) en France qui veut (*wants*) vous rendre visite (*to visit you*). Écrivez une lettre à votre ami(e) où vous décrivez le temps qu'il fait à chaque saison et les activités que vous pouvez (*can*) pratiquer ensemble (*together*). Comparez votre lettre avec la lettre d'un(e) camarade de classe.

Cher Thomas,

Ici à Boston, il fait très froid en hiver et il neige souvent. Est-ce que tu aimes la neige? Moi, j'adore parce que je fais du ski tous les week-ends. Et toi, tu fais du ski? ...

6 **Quel temps fait-il en France?** Votre professeur va vous donner, à vous et à votre partenaire, deux feuilles d'activités différentes. Attention! Ne regardez pas la feuille de votre partenaire.

Étudiant(e) 1: *Quel temps fait-il à Paris?*
Étudiant(e) 2: *À Paris, le temps est nuageux et la température est de dix degrés.*

7 **La météo** Préparez avec un(e) camarade de classe une présentation où vous:

- mentionnez le jour, la date et la saison.
- présentez la météo d'une ville francophone.
- présentez les prévisions météo (*weather forecasts*) pour le reste de la semaine.
- montrez (*show*) une affiche pour illustrer votre présentation.

La météo d'Haïti en juillet – Port-au-Prince

samedi 23	dimanche 24	lundi 25
27°C	35°C	37°C
soleil	nuageux	orageux

Aujourd'hui samedi, c'est le 23 juillet. C'est l'été et il fait soleil...

Les sons et les lettres

Open vs. closed vowels: Part 1

You have already learned that **é** is pronounced like the vowel *a* in the English word *cake*. This is a closed **e** sound.

étudiant **agréable** **nationalité** **enchanté**

The letter combinations **-er** and **-ez** at the end of a word are pronounced the same way, as is the vowel sound in single-syllable words ending in **-es**.

travailler **avez** **mes** **les**

The vowels spelled **è** and **ê** are pronounced like the vowel in the English word *pet*, as is an **e** followed by a double consonant. These are open **e** sounds.

répète **première** **pêche** **italienne**

The vowel sound in *pet* may also be spelled **et**, **ai**, or **ei**.

secret **français** **fait** **seize**

Compare these pairs of words. To make the vowel sound in *cake*, your mouth should be slightly more closed than when you make the vowel sound in *pet*.

mes mais **ces cette** **théâtre thème**

Prononcez Répétez les mots suivants à voix haute.

1. thé
2. lait
3. belle
4. été
5. neige
6. aider
7. degrés
8. anglais
9. cassette
10. discret
11. treize
12. mauvais

Articulez Répétez les phrases suivantes à voix haute.

1. Hélène est très discrète.
2. Céleste achète un vélo laid.
3. Il neige souvent en février et en décembre.
4. Désirée est canadienne; elle n'est pas française.

Dictons Répétez les dictons à voix haute.

Qui sème le vent récolte la tempête.[2]

[1] An offense admitted is half pardoned.
[2] You reap what you sow. (lit. He who sows the wind reaps a storm.)

Quel temps!

PERSONNAGES

David

Rachid

Sandrine

Stéphane

Au parc...

RACHID Napoléon établit le Premier Empire en quelle année?

STÉPHANE Euh... mille huit cent quatre?

RACHID Exact! On est au mois de novembre et il fait toujours chaud.

STÉPHANE Oui, il fait bon!... dix-neuf, dix-huit degrés!

RACHID Et on a chaud aussi parce qu'on court.

STÉPHANE Bon, allez, je rentre faire mes devoirs d'histoire-géo.

RACHID Et moi, je rentre boire une grande bouteille d'eau.

RACHID À demain, Stéph! Et n'oublie pas: le cours du jeudi avec ton professeur, Monsieur Rachid Kahlid, commence à dix-huit heures, pas à dix-huit heures vingt!

STÉPHANE Pas de problème! Merci et à demain!

SANDRINE Et puis, en juillet, le Tour de France commence. J'aime bien le regarder à la télévision. Et après, c'est mon anniversaire, le 20. Cette année, je fête mes vingt et un ans. Tous les ans, pour célébrer mon anniversaire, j'invite mes amis et je prépare une super soirée. J'adore faire la cuisine, c'est une vraie passion!

DAVID Ah, oui?

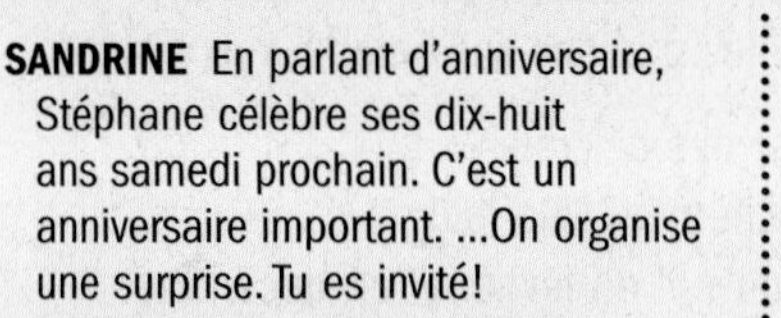

SANDRINE En parlant d'anniversaire, Stéphane célèbre ses dix-huit ans samedi prochain. C'est un anniversaire important. ...On organise une surprise. Tu es invité!

DAVID Hmm, c'est très gentil, mais... Tu essaies de ne pas parler deux minutes, s'il te plaît? Parfait!

SANDRINE Pascal! Qu'est-ce que tu fais aujourd'hui? Il fait beau à Paris?

DAVID Encore un peu de patience! Allez, encore dix secondes... Voilà!

ACTIVITÉS

1 

Qui? **Identifiez les personnages pour chaque phrase. Écrivez S pour Sandrine, St pour Stéphane, R pour Rachid et D pour David.**

1. Cette personne aime faire la cuisine.
2. Cette personne sort quand il fait froid.
3. Cette personne aime le Tour de France.
4. Cette personne n'aime pas la pluie.
5. Cette personne va boire de l'eau.
6. Ces personnes ont rendez-vous tous les jeudis.
7. Cette personne fête son anniversaire en janvier.
8. Ces personnes célèbrent un joli portrait.
9. Cette personne fête ses dix-huit ans samedi prochain.
10. Cette personne prépare des crêpes pour le dîner.

Practice more at **vhlcentral.com**.

Les anniversaires à travers (*through*) les saisons.

4

5

À l'appartement de David et de Rachid...

SANDRINE C'est quand, ton anniversaire?

DAVID Qui, moi? Oh, c'est le quinze janvier.

SANDRINE Il neige en janvier, à Washington?

DAVID Parfois... et il pleut souvent à l'automne et en hiver.

SANDRINE Je déteste la pluie. C'est pénible. Qu'est-ce que tu aimes faire quand il pleut, toi?

DAVID Oh, beaucoup de choses! Dessiner, écouter de la musique. J'aime tellement la nature, je sors même quand il fait très froid.

SANDRINE Moi, je préfère l'été. Il fait chaud. On fait des promenades.

9

10

RACHID Oh là, là, j'ai soif! Mais... qu'est-ce que vous faites, tous les deux?

DAVID Oh, rien! Je fais juste un portrait de Sandrine.

RACHID Bravo, c'est pas mal du tout! Hmm, mais quelque chose ne va pas, David. Sandrine n'a pas de téléphone dans la main!

SANDRINE Oh, Rachid, ça suffit! C'est vrai, tu as vraiment du talent, David. Pourquoi ne pas célébrer mon joli portrait? Vous avez faim, les garçons?

RACHID ET DAVID Oui!

SANDRINE Je prépare le dîner. Vous aimez les crêpes ou vous préférez une omelette?

RACHID ET DAVID Des crêpes... Miam!

Expressions utiles

Talking about birthdays

- **Cette année, je fête mes vingt et un ans.**
  This year, I'm celebrating my twenty-first birthday.
- **Pour célébrer mon anniversaire, je prépare une super soirée.**
  To celebrate my birthday, I'm planning a great party.
- **Stéphane célèbre ses dix-huit ans samedi prochain.**
  Stéphane is celebrating his eighteenth birthday next Saturday.
- **On organise une surprise.**
  We are planning a surprise.

Talking about hopes and preferences

- **Tu essaies de ne pas parler deux minutes, s'il te plaît?**
  Could you try not to talk for two minutes, please?
- **J'aime tellement la nature, je sors même quand il fait très froid.**
  I like nature so much, I go out even when it's very cold.
- **Moi, je préfère l'été.**
  Me, I prefer summer.
- **Vous aimez les crêpes ou vous préférez une omelette?**
  Do you like crêpes or do you prefer an omelette?

Additional vocabulary

- **encore un peu**
  a little more
- **Quelque chose ne va pas.**
  Something's not right/working.
- **main**
  hand
- **Ça suffit!**
  That's enough!
- **Miam!**
  Yum!

2 **Faux!** Toutes ces phrases contiennent une information qui est fausse. Corrigez chaque phrase.

1. Stéphane a dix-huit ans.
2. David et Rachid préfèrent une omelette.
3. Il fait froid et il pleut.
4. On n'organise rien (*anything*) pour l'anniversaire de Stéphane.
5. L'anniversaire de Stéphane est au printemps.
6. Rachid et Stéphane ont froid.

3  **Conversez** Parlez avec vos camarades de classe pour découvrir (*find out*) qui a l'anniversaire le plus proche du vôtre (*closest to yours*). Qui est-ce? Quand est son anniversaire? En quelle saison? Quel mois? En général, quel temps fait-il le jour de son anniversaire?

CULTURE À LA LOUPE

Les jardins publics français

le jardin du Luxembourg

Dans toutes les villes françaises, la plupart° du temps au centre-ville, on trouve des jardins° publics. Les jardins à la française ou jardins classiques sont très célèbres° depuis° le 17e (dix-septième) siècle°. Les jardins de Versailles, créés° pour Louis XIV, le roi° Soleil, vont être copiés par toutes les cours° d'Europe. Dans le jardin à la française, l'ordre et la symétrie dominent: Il faut dompter° la nature «sauvage». La perspective et l'harmonie donnent une notion de grandeur absolue. De façon° très symbolique, la géométrie présente un monde° ordré où le contrôle règne°. Il y a beaucoup de châteaux qui ont de très beaux jardins.

À Paris, le jardin des Tuileries et le jardin du Luxembourg sont deux jardins publics de style classique. Il y a des parterres de fleurs° extraordinaires avec de savants° agencements° de couleurs. Dans les deux jardins, il n'y a pas de bancs° mais des chaises, où on peut° se reposer tranquillement à l'endroit de son choix, sous un arbre° ou près d'un bassin°. Il y a aussi deux grands parcs à côté de Paris: le bois° de Vincennes, qui a un zoo, et le bois de Boulogne, qui a un parc d'attractions° pour les enfants.

En général, les villes de France sont très fleuries°. Il y a même° des concours° pour la ville la plus° fleurie. Le concours des villes et villages fleuris a lieu° depuis 1959. Il est organisé pour promouvoir° le développement des espaces verts dans les villes.

la plupart *most* **jardins** *gardens, parks* **célèbres** *famous* **depuis** *since* **siècle** *century* **créés** *created* **roi** *king* **cours** *courts* **dompter** *to tame* **façon** *way* **monde** *world* **règne** *reigns* **parterres de fleurs** *flower beds* **savants** *clever* **agencements** *schemes* **bancs** *benches* **peut** *can* **arbre** *tree* **bassin** *fountain, pond* **bois** *forest, wooded park* **parc d'attractions** *amusement park* **fleuries** *decorated with flowers* **même** *even* **concours** *competitions* **la plus** *the most* **a lieu** *takes place* **promouvoir** *to promote* **superficie** *area* **entrées** *entrances* **cascade** *waterfall* **de haut** *high* **ferme** *farm* **hippodromes** *racetracks*

Le bois de Vincennes et le bois de Boulogne

VINCENNES	BOULOGNE
• une superficie° totale de 995 hectares	• une superficie totale de 863 hectares
• un zoo de 14,5 hectares	• cinq entrées°
• 19 km de sentiers pour les promenades à cheval et à vélo	• 95 km d'allées
• 32 km d'allées pour le jogging	• une cascade° de 10 mètres de large° et 14 mètres de haut°
• la Ferme° de Paris, une ferme de 5 hectares	• deux hippodromes°

Coup de main

In France and elsewhere, units of measurement are different than those used in the United States.

1 hectare = *2.47 acres*

1 kilomètre = *0.62 mile*

1 mètre = *approximately 1 yard (3 feet)*

ACTIVITÉS

1 Répondez Répondez aux questions par des phrases complètes.

1. Où trouve-t-on, en général, des jardins publics?
2. Les jardins de Versailles sont créés pour quel roi?
3. Qu'est-ce qui domine dans le jardin à la française?
4. Quelle est la fonction de la perspective et de l'harmonie?
5. Qu'est-ce qu'il y a dans le jardin des Tuileries?
6. Que peut-on faire au jardin du Luxembourg grâce (*thanks*) aux chaises?
7. Quels deux grands parcs y a-t-il à côté de Paris?
8. Que peut-on faire au bois de Vincennes?
9. Comment les villes françaises sont-elles en général?
10. Pourquoi les concours sont-ils organisés?

STRATÉGIE

Skimming

Skimming involves quickly reading through a text to absorb its general meaning. Reading quickly in this way allows you to understand the main ideas without having to read word for word. You can skim a text as a preliminary step before an in-depth reading, as when reading once through without stopping. You can also skim an individual paragraph or section at any stage of the reading process to remind yourself of how it fits into the selection as a whole.

LE MONDE FRANCOPHONE

Des parcs publics

Voici quelques parcs publics du monde francophone.

Bruxelles, Belgique
le bois de la Cambre 123 hectares, un lac° avec une île° au centre

Casablanca, Maroc
le parc de la Ligue Arabe des palmiers°, un parc d'attractions pour enfants, des cafés et restaurants

Québec, Canada
le parc des Champs de Batailles («Plaines d'Abraham») 107 hectares, 6.000 arbres°

Tunis, Tunisie
le parc du Belvédère 110 hectares, un zoo de 12 hectares, 230.000 arbres (80 espèces° différentes), situé° sur une colline°

lac *lake* **île** *island* **palmiers** *palm trees* **arbres** *trees* **espèces** *species* **situé** *located* **colline** *hill*

PORTRAIT

Les Français et le vélo

Tous les étés, la course° cycliste du Tour de France attire° un grand nombre de spectateurs, Français et étrangers, surtout lors de° son arrivée sur les Champs-Élysées, à Paris. C'est le grand événement° sportif de l'année pour les amoureux du cyclisme. Les Français adorent aussi faire du vélo pendant° leur temps libre. Beaucoup de clubs organisent des randonnées en vélo de course° le week-end. Pour les personnes qui préfèrent le vélo tout terrain (VTT)°, il y a des sentiers° adaptés dans les parcs régionaux et nationaux. Certaines agences de voyages proposent aussi des vacances «vélo» en France ou à l'étranger°.

course *race* **attire** *attracts* **lors de** *at the time of* **événement** *event* **pendant** *during* **vélo de course** *road bike* **vélo tout terrain (VTT)** *mountain biking* **sentiers** *paths* **à l'étranger** *abroad*

le Tour de France sur les Champs-Élysées

Sur Internet

Qu'est-ce que Jacques Anquetil, Eddy Merckx et Bernard Hinault ont en commun?

Go to **vhlcentral.com** to find more cultural information related to this **Lecture culturelle**.

ACTIVITÉS

2  **Vrai ou faux?** Indiquez si les phrases sont vraies ou fausses. Corrigez les phrases fausses.

1. Les Français ne font pas de vélo.
2. Les membres de clubs de vélo font des promenades le week-end.
3. Les agences de voyages offrent des vacances «vélo».
4. On utilise un VTT quand on fait du vélo sur la route.
5. Le Tour de France arrive sur les Champs-Élysées à Paris.

3   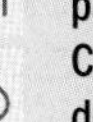 **Les parcs publics** Avec un(e) partenaire, parlez des parcs publics du monde francophone. Quel temps fait-il dans les parcs pendant (*during*) les différentes saisons de l'année? Choisissez un parc et décrivez-le à vos camarades. Peuvent-ils deviner (*Can they guess*) de quel parc vous parlez?

 Practice more at **vhlcentral.com**.

5B.1 Numbers 101 and higher

Numbers 101 and higher

101	cent un	800	huit cents
125	cent vingt-cinq	900	neuf cents
198	cent quatre-vingt-dix-huit	1.000	mille
200	deux cents	1.100	mille cent
245	deux cent quarante-cinq	2.000	deux mille
300	trois cents	5.000	cinq mille
400	quatre cents	100.000	cent mille
500	cinq cents	550.000	cinq cent cinquante mille
600	six cents	1.000.000	un million
700	sept cents	8.000.000	huit millions

- Note that French uses a period, rather than a comma, to indicate thousands and millions.
- In multiples of one hundred, the word **cent** takes a final **-s**. However, if it is followed by another number, **cent** drops the **-s**.

J'ai **quatre cents** bandes dessinées.
I have 400 comic books.

but

Il y a **deux cent cinquante** jours de soleil.
There are 250 sunny days.

Il y a **cinq cents** animaux dans le zoo.
There are 500 animals in the zoo.

but

Nous allons inviter **trois cent trente-huit** personnes.
We're going to invite 338 people.

- The number **un** is not used before the word **mille** to mean *a/one thousand*. It is used, however, before **million** to say *a/one million*.

Mille personnes habitent le village.
One thousand people live in the village.

but

Un million de personnes habitent la région.
One million people live in the region.

- **Mille**, unlike **cent** and **million**, is invariable. It never takes an **-s**.

Aimez-vous *Les* **Mille** *et Une Nuits*?
Do you like "The Thousand and One Nights"?

Onze mille étudiants sont inscrits.
Eleven thousand students are registered.

- Before a noun, **million** and **millions** are followed by **de/d'**.

Un million de personnes sont en vacances.
One million people are on vacation.

Il y a **seize millions d'habitants** dans la capitale.
There are 16,000,000 inhabitants in the capital.

À noter

As you learned in **Leçon 3B**, **cent** does *not* take the number **un** before it to mean *one hundred*.

Essayez! Écrivez les nombres en toutes lettres. (***Write out the numbers.***)

1. 10.000 dix mille
2. 620 ____________
3. 365 ____________
4. 42.000 ____________
5. 1.392.000 ____________
6. 171 ____________
7. 200.000.000 ____________
8. 480 ____________
9. 1.789 ____________
10. 400 ____________
11. 8.000.000 ____________
12. 5.053 ____________

ressources
WB pp. 65–66
LM p. 39
vhlcentral

Le français vivant

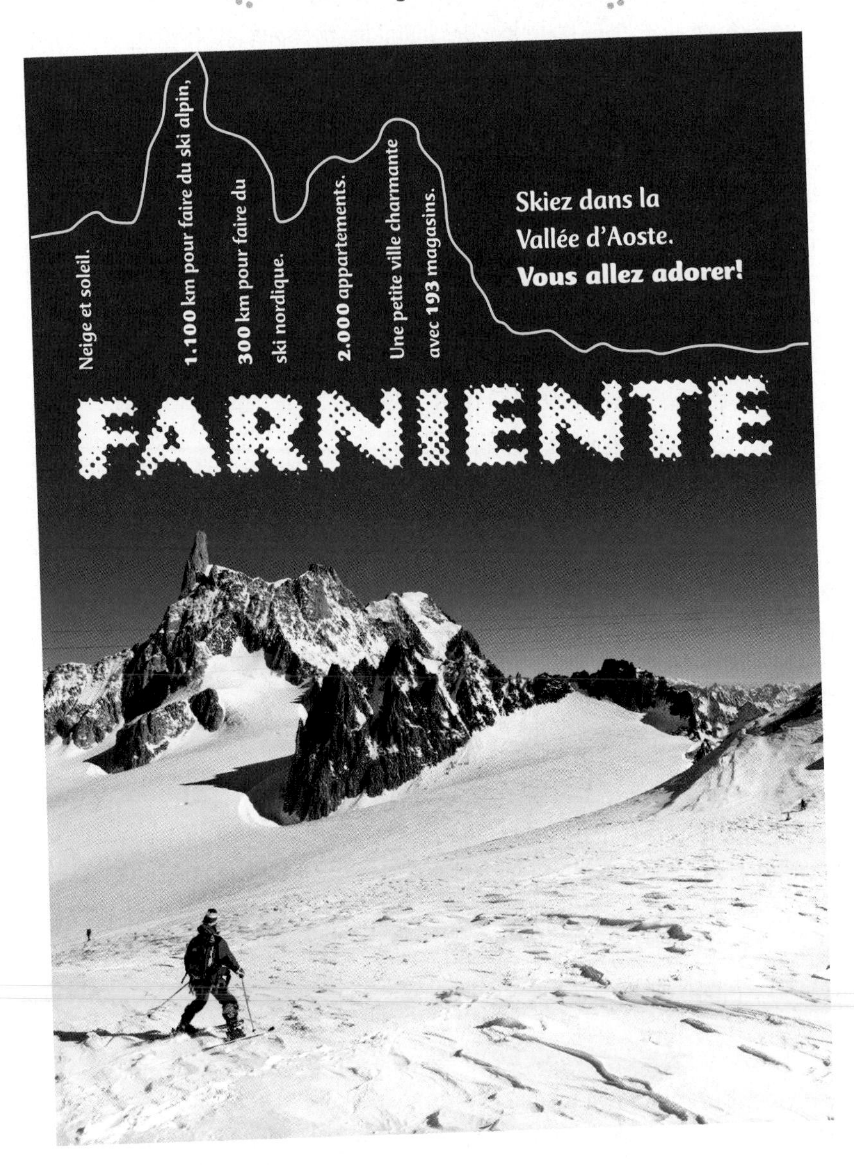

Questions Avec un(e) partenaire, regardez la publicité (*ad*) et répondez aux questions. Écrivez les nombres en toutes lettres. (*Write out the numbers.*)

1. En quelle saison est-ce qu'on va dans la Vallée d'Aoste?
2. Combien de kilomètres y a-t-il pour faire du ski alpin? Pour faire du ski nordique?
3. Combien d'appartements y a-t-il dans la ville? Combien de magasins?
4. Quelles autres activités sportives pratique-t-on, à votre avis (*in your opinion*), dans la Vallée d'Aoste?
5. Faites-vous du ski? Avez-vous envie de faire du ski dans la Vallée d'Aoste? Pourquoi?
6. Avec votre partenaire, préparez votre propre (*own*) pub pour une station de ski. Utilisez cette pub comme modèle.

STRUCTURES

Mise en pratique

1 **Quelle adresse?** Vous allez distribuer des journaux (*newspapers*) et vous téléphonez aux clients pour avoir leur adresse. Écrivez les adresses.

MODÈLE

cent deux, rue Lafayette
102, rue Lafayette

1. deux cent cinquante-deux, rue de Bretagne ________________
2. quatre cents, avenue Malbon ________________
3. cent soixante-dix-sept, rue Jeanne d'Arc ________________
4. cinq cent quarante-six, boulevard St. Marc ________________
5. six cent quatre-vingt-huit, avenue des Gaulois ________________
6. trois cent quatre-vingt-douze, boulevard Micheline ________________
7. cent vingt-cinq, rue des Pierres ________________
8. trois cent quatre, avenue St. Germain ________________

2 **Faisons des calculs** Faites les additions et écrivez les réponses.

MODÈLE

200 + 300 =
Deux cents plus trois cents font cinq cents.

1. 5.000 + 3.000 = ________________
2. 650 + 750 = ________________
3. 2.000.000 + 3.000.000 = ________________
4. 4.400 + 3.600 = ________________
5. 155 + 310 = ________________
6. 7.000 + 3.000 = ________________
7. 9.000.000 + 2.000.000 = ________________
8. 1.250 + 2.250 = ________________

3 **Combien d'habitants?** À tour de rôle, demandez à votre partenaire combien d'habitants il y a dans chaque ville d'après (*according to*) les statistiques.

MODÈLE

Dijon: 153.813
Étudiant(e) 1: *Combien d'habitants y a-t-il à Dijon?*
Étudiant(e) 2: *Il y a cent cinquante-trois mille huit cent treize habitants.*

1. Toulouse: 398.423 ________________
2. Abidjan: 2.877.948 ________________
3. Lyon: 453.187 ________________
4. Québec: 510.559 ________________
5. Marseille: 807.071 ________________
6. Papeete: 26.181 ________________
7. Dakar: 2.476.400 ________________
8. Nice: 344.460 ________________

Communication

4 **Quand?** Avec un(e) partenaire, regardez les dates et dites quand ces événements ont lieu (*take place*).

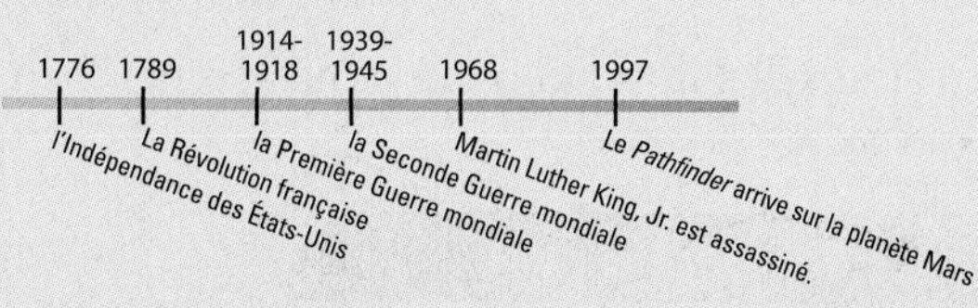

1. Le *Pathfinder* arrive sur la planète Mars. ________________
2. La Première Guerre mondiale commence. ________________
3. La Seconde Guerre mondiale prend fin (*ends*). ________________
4. L'Amérique déclare son indépendance. ________________
5. Martin Luther King, Jr. est assassiné. ________________
6. La Première Guerre Mondiale prend fin. ________________
7. La Révolution française a lieu (*takes place*). ________________
8. La Seconde Guerre mondiale commence. ________________

5 **Combien ça coûte?** Vous regardez un catalogue avec un(e) ami(e). À tour de rôle, demandez à votre partenaire le prix des choses.

MODÈLE

Étudiant(e) 1: *Combien coûte l'ordinateur?*
Étudiant(e) 2: *Il coûte mille huit cents euros.*

1.

2.

3.

4.

6 **Dépensez de l'argent** Vous et votre partenaire avez 100.000€. Décidez quels articles de la liste vous allez prendre. Expliquez vos choix à la classe.

MODÈLE

Étudiant(e) 1: *On prend un rendez-vous avec Brad Pitt parce que c'est mon acteur favori.*
Étudiant(e) 2: *Alors, nous avons encore (still) 50.000 euros. Prenons les 5 jours à Paris pour pratiquer le français.*

un ordinateur... 2.000€
un rendez-vous avec Brad Pitt... 50.000€
un rendez-vous avec Madonna... 50.000€
5 jours à Paris... 8.500€
un séjour ski en Suisse... 4.200€
une montre 6.800€

des vacances à Tahiti... 7.000€
un vélo... 1.000€
une voiture de luxe... 80.000€
un dîner avec Justin Bieber... 45.000€
un jour de shopping... 10.000€
un bateau (*boat*)... 52.000€

5B.2 Spelling-change -*er* verbs

Point de départ Some **-er** verbs, though regular with respect to their verb endings, have spelling changes that occur in the verb stem (what remains after the **-er** is dropped).

- Most infinitives whose next-to-last syllable contains an **e** (no accent) change this letter to **è** in all forms except **nous** and **vous**.

acheter (to buy)	
j'achète	nous achetons
tu achètes	vous achetez
il/elle/on achète	ils/elles achètent

Où est-ce que tu **achètes** des skis?
Where do you buy skis?

Ils **achètent** beaucoup sur Internet.
They buy a lot on the Internet.

Achetez-vous une nouvelle maison?
Are you buying a new house?

Je n'**achète** pas de lait.
I'm not buying any milk.

- Infinitives whose next-to-last syllable contains an **é** change this letter to **è** in all forms except **nous** and **vous**.

espérer (to hope)	
j'espère	nous espérons
tu espères	vous espérez
il/elle/on espère	ils/elles espèrent

Elle **espère** arriver tôt aujourd'hui.
She hopes to arrive early today.

Nos profs **espèrent** avoir de bons étudiants en classe.
Our professors hope to have good students in class.

Espérez-vous faire la connaissance de Joël?
Do you hope to meet Joël?

J'**espère** avoir de bonnes notes.
I hope to have good grades.

Boîte à outils

Use a conjugated form of **espérer** + [*infinitive*] to mean *to hope to do something*.

Tu **espères jouer** au golf samedi.
You hope to play golf on Saturday.

- Infinitives ending in **-yer** change **y** to **i** in all forms except **nous** and **vous**.

envoyer (to send)	
j'envoie	nous envoyons
tu envoies	vous envoyez
il/elle/on envoie	ils/elles envoient

J'**envoie** une lettre.
I'm sending a letter.

Tes amis **envoient** un e-mail.
Your friends send an e-mail.

Nous **envoyons** des bandes dessinées aux enfants.
We're sending the children comic books.

Salima **envoie** un message à ses parents.
Salima is sending a message to her parents.

Elle achète quelque chose.

Ils répètent.

- The change of **y** to **i** is optional in verbs whose infinitives end in **-ayer**.

Je **paie** avec une carte de crédit. *I pay with a credit card.*	Comment est-ce que tu **payes**? *How do you pay?*

Other spelling change *-er* verbs

like *espérer*		like *acheter*	
célébrer	*to celebrate*	**amener**	*to bring (someone)*
considérer	*to consider*	**emmener**	*to take (someone)*
posséder	*to possess, to own*	**like *envoyer***	
préférer	*to prefer*	**employer**	*to use*
protéger	*to protect*	**essayer (de + [*inf.*])**	*to try (to)*
répéter	*to repeat; to rehearse*	**nettoyer**	*to clean*
		payer	*to pay*

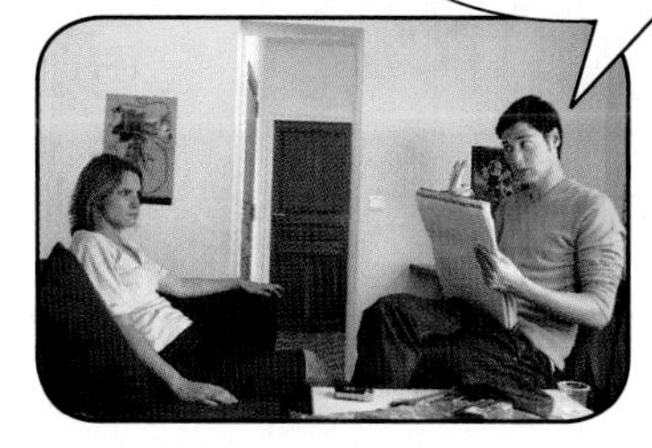

- Note that the **nous** and **vous** forms of the verbs presented in this section have no spelling changes.

Vous **achetez** des sandwichs aussi. *You're buying sandwiches, too.*	Nous **espérons** partir à huit heures. *We hope to leave at 8 o'clock.*
Nous **envoyons** les enfants à l'école. *We're sending the children to school.*	Vous **payez** avec une carte de crédit. *You pay with a credit card.*

Boîte à outils

Amener is used when you are bringing someone to the place where you are.

J'**amène** ma nièce chez moi.
I'm bringing my niece home.

Emmener is used when you are taking someone to a different location from where you are.

J'**emmène** ma grand-mère à l'hôpital.
I'm taking my grandmother to the hospital.

À noter

You learned in **Leçon 4A** that the verb **apporter** also means *to bring*. Use **apporter** instead of **amener** when you are bringing an object instead of a person or animal.

Qui **apporte** les cartes?
Who's bringing the cards?

Essayez!

Complétez les phrases avec la forme correcte du verbe.

1. Les bibliothèques emploient (employer) beaucoup d'étudiants.
2. Vous ________ (répéter) les phrases en français.
3. Nous ________ (payer) assez pour les livres.
4. Mon camarade de chambre ne ________ (nettoyer) pas son bureau.
5. Est-ce que tu ________ (espérer) gagner?
6. Vous ________ (essayer) parfois d'arriver à l'heure.
7. Tu ________ (préférer) prendre du thé ou du café?
8. Elle ________ (emmener) sa mère au cinéma.
9. On ________ (célébrer) une occasion spéciale.
10. Les parents ________ (protéger) leurs enfants?

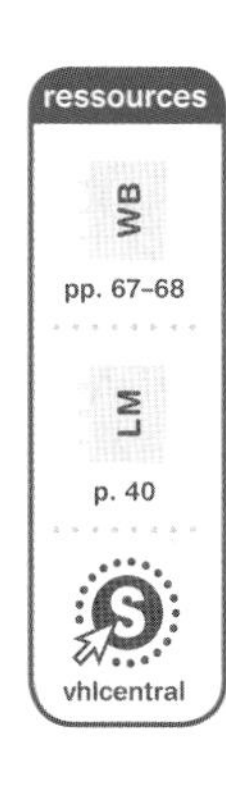

STRUCTURES

Mise en pratique

1 **Passe-temps** Chaque membre de la famille Desrosiers a son passe-temps préféré. Utilisez les éléments pour dire comment ils préparent leur week-end.

MODÈLE

Tante Manon fait une randonnée. (acheter / sandwichs)
Elle achète des sandwichs.

1. Nous faisons du vélo. (essayer / vélo) ____________
2. Christiane aime chanter. (répéter) ______
3. Les filles jouent au foot. (espérer / gagner) ____________
4. Vous allez à la pêche. (emmener / enfants) ______________
5. Papa fait un tour en voiture. (nettoyer / voiture) _________
6. Mes frères font du camping. (préférer / partir tôt) ___________
7. Ma petite sœur va à la piscine. (essayer de / plonger) ___________
8. Mon grand-père aime la montagne. (préférer / faire une randonnée) ________________
9. J'adore les chevaux. (espérer / faire du cheval) _____________
10. Mes parents vont faire un dessert. (acheter / fruits) ___________

2 **Que font-ils?** Dites ce que font les personnages.

acheter

MODÈLE

Il achète une baguette.

1. envoyer

2. payer

3. répéter

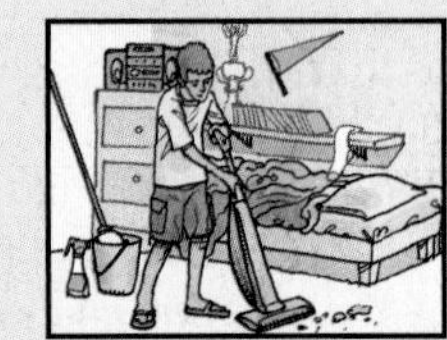

4. nettoyer

3 **Invitation au cinéma** Avec un(e) partenaire, jouez les rôles de Halouk et de Thomas. Ensuite, présentez la scène à la classe.

THOMAS J'ai envie d'aller au cinéma.

HALOUK Bonne idée. Nous (1) ________ (emmener, protéger) Véronique avec nous?

THOMAS J' (2) ________ (acheter, espérer) qu'elle a du temps libre.

HALOUK Peut-être, mais j' (3) ________ (envoyer, payer) des e-mails tous les jours et elle ne répond pas.

THOMAS Parce que son ordinateur ne fonctionne pas. Elle (4) ________ (essayer, préférer) parler au téléphone.

HALOUK D'accord. Alors toi, tu (5) ________ (acheter, répéter) les tickets au cinéma et moi, je vais chercher Véronique.

Communication

4 **Quand?** À tour de rôle, posez des questions à un(e) partenaire.

1. Qu'est-ce que tu achètes tous les jours?
2. Qu'est-ce que tu achètes tous les mois?
3. Quand tu sors avec ton/ta petit(e) ami(e), qui paie?
4. Est-ce que toi et ton/ta camarade de chambre partagez les frais *(expenses)*? Qui paie quoi?
5. Est-ce que tu possèdes une voiture?
6. Qui nettoie ta chambre?
7. À qui est-ce que tu envoies des e-mails?
8. Qu'est-ce que tu espères faire cet été?
9. Qu'est-ce que tu préfères faire le vendredi soir?
10. Quand tu vas en boîte de nuit, est-ce que tu emmènes quelqu'un? Qui?
11. Est-ce que ta famille célèbre une occasion spéciale cet (*this*) été? Quand?
12. Aimes-tu essayer une nouvelle cuisine?

5 **Réponses affirmatives** Votre professeur va vous donner une feuille d'activités. Trouvez au moins deux camarades de classe qui répondent oui à chaque question. Et si vous aussi, vous répondez oui aux questions, écrivez votre nom.

MODÈLE

Étudiant(e) 1: *Est-ce que tu achètes tes livres sur Internet?*
Étudiant(e) 2: *Oui, j'achète mes livres sur Internet.*

Questions	*Noms*
1. acheter ses livres sur Internet	*Virginie, Éric*
2. posséder un ordinateur	
3. envoyer des lettres à ses grands-parents	
4. célébrer une occasion spéciale demain	

6 **E-mail à l'oncle Marcel** Xavier va écrire un e-mail à son oncle pour raconter *(to tell)* ses activités de la semaine prochaine. Il prépare une liste des choses qu'il veut dire *(wants to say)*. Avec un(e) partenaire, écrivez son e-mail.

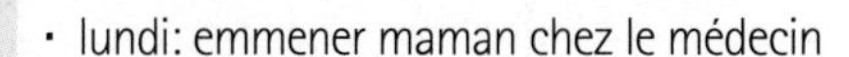

- lundi: emmener maman chez le médecin
- mercredi: fac envoyer notes
- jeudi: répéter rôle Roméo et Juliette
- vendredi: célébrer anniversaire papa
- vendredi: essayer faire gym
- samedi: parents acheter voiture

Révision

1 Le basket Avec un(e) partenaire, utilisez les verbes de la liste pour compléter le paragraphe.

acheter	considérer	envoyer	essayer	préférer
amener	employer	espérer	payer	répéter

Je m'appelle Stéphanie et je joue au basket. J' (1) ________ toujours (*always*) mes parents avec moi aux matchs le samedi. Ils (2) ________ que les filles sont de très bonnes joueuses. Mes parents font aussi du sport. Ma mère fait du vélo et mon père (3) ________ gagner son prochain match de foot! Le vendredi matin, j' (4) ________ un e-mail à ma mère pour lui rappeler (*remind her of*) le match. Mais elle n'oublie jamais! Ils n' (5) ________ pas de tickets pour les matchs, parce que les parents des joueurs ne (6) ________ pas. Nous (7) ________ toujours d'arriver une demi-heure à l'avance, parce que maman et papa (8) ________ s'asseoir (*to sit*) tout près du terrain (*court*). Ils sont tellement fiers!

2 Que font-ils? Avec un(e) partenaire, parlez des activités des personnages et écrivez une phrase par illustration.

1. ________

2. ________

3. ________

4. ________

5. ________

6. ________

3 Où partir? Avec un(e) partenaire, choisissez cinq endroits intéressants à visiter et où il fait le temps indiqué sur la liste. Ensuite, répondez aux questions.

Il fait chaud.	Il fait soleil.	Il fait du vent.	Il neige.	Il pleut.

1. Où essayez-vous d'aller cet été? Pourquoi?
2. Où préférez-vous partir cet hiver? Pourquoi?
3. Quelle est la première destination que vous espérez visiter? La dernière? Pourquoi?
4. Qui emmenez-vous avec vous? Pourquoi?

4 J'achète Vous allez payer un voyage aux membres de votre famille et à vos amis. À tour de rôle, choisissez un voyage et donnez à votre partenaire la liste des personnes qui partent. Votre partenaire va vous donner le prix à payer.

MODÈLE

Étudiant(e) 1: *J'achète un voyage de dix jours dans les Pays de la Loire à ma cousine Pauline et à mon frère Alexandre.*
Étudiant(e) 2: *D'accord. Tu paies deux mille cinq cent soixante-deux euros.*

Voyages	Prix par personne	Commission
Dix jours dans les Pays de la Loire	1.250	62
Deux semaines de camping	660	35
Sept jours au soleil en hiver	2.100	78
Trois jours à Paris en avril	500	55
Trois mois en Europe en été	10.400	47
Un week-end à Nice en septembre	350	80
Une semaine à la montagne en juin	990	66
Une semaine à la neige	1.800	73

5 La vente aux enchères Par groupes de quatre, organisez une vente aux enchères (*auction*) pour vendre les affaires (*things*) du professeur. À tour de rôle, un(e) étudiant(e) joue le rôle du/de la vendeur/vendeuse et les autres étudiants jouent le rôle des enchérisseurs (*bidders*). Vous avez 5.000 euros et toutes les enchères (*bids*) commencent à cent euros.

MODÈLE

Étudiant(e) 1: *J'ai le cahier du professeur. Qui paie cent euros?*
Étudiant(e) 2: *Moi, je paie cent euros.*
Étudiant(e) 1: *Qui paie cent cinquante euros?*

6 À la bibliothèque Votre professeur va vous donner, à vous et à votre partenaire, deux feuilles d'activités différentes. Attention! Ne regardez pas la feuille de votre partenaire.

MODÈLE

Étudiant(e) 1: *Est-ce que tu as le livre «Candide»?*
Étudiant(e) 2: *Oui, son numéro de référence est P, Q, deux cent soixante-six, cent quarante-sept, cent dix.*

Écriture

STRATÉGIE

Using a dictionary

A common mistake made by beginning language learners is to embrace the dictionary as the ultimate resource for reading, writing, and speaking. While it is true that the dictionary is a useful tool that can provide valuable information about vocabulary, using the dictionary correctly requires that you understand the elements of each entry.

If you glance at a French-English dictionary, you will notice that its format is similar to that of an English dictionary. The word is listed first, usually followed by its pronunciation. Then come the definitions, organized by parts of speech. Sometimes, the most frequently used meanings are listed first.

To find the best word for your needs, you should refer to the abbreviations and the explanatory notes that appear next to the entries. For example, imagine that you are writing about your pastimes. You want to write *I want to buy a new racket for my match tomorrow*, but you don't know the French word for *racket*.

In the dictionary, you might find an entry like this one:

racket n 1. boucan; 2. raquette (sport)

The abbreviation key at the front of the dictionary says that *n* corresponds to **nom** (*noun*). Then, the first word you see is **boucan**. The definition of **boucan** is *noise* or *racket,* so **boucan** is probably not the word you want. The second word is **raquette**, followed by the word *sport*, which indicates that it is related to **sports**. This detail indicates that the word **raquette** is the best choice for your needs.

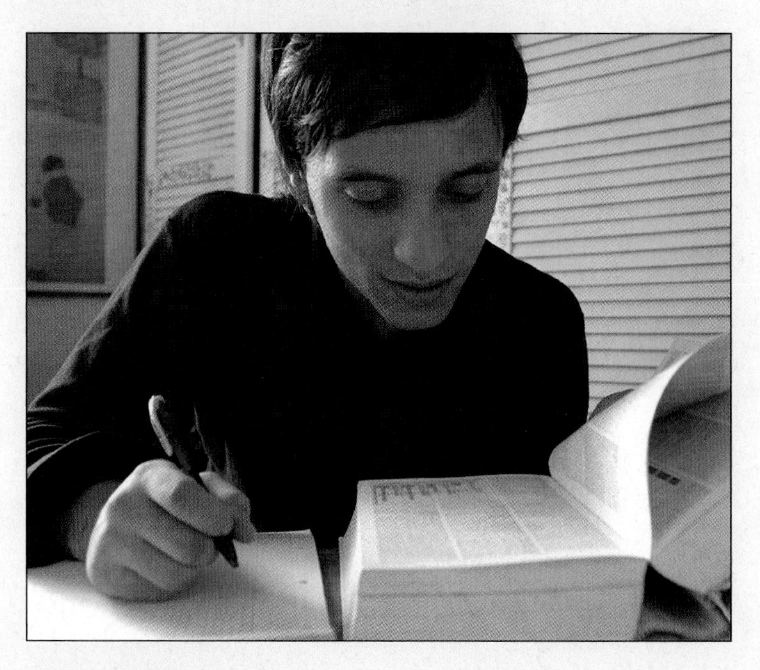

Thème

Écrire une brochure

Choisissez un sujet:

1. Vous travaillez à la Chambre de Commerce de votre région pour l'été. Des hommes et des femmes d'affaires québécois vont visiter votre région cette année, mais ils n'ont pas encore décidé (*have not yet decided*) quand. La Chambre de Commerce vous demande de créer (*asks you to create*) une petite brochure sur le temps qu'il fait dans votre région aux différentes saisons de l'année. Dites quelle saison, à votre avis (*in your opinion*), est idéale pour visiter votre région et expliquez pourquoi.
2. Vous avez une réunion familiale pour décider où aller en vacances cette année, mais chaque membre de la famille suggère un endroit différent. Choisissez un lieu de vacances où vous avez envie d'aller et créez une brochure pour montrer à votre famille pourquoi vous devriez (*should*) tous y aller (*go there*). Décrivez la météo de l'endroit et indiquez les différentes activités culturelles et sportives qu'on peut y faire.
3. Vous passez un semestre/trimestre dans le pays francophone de votre choix (*of your choice*). Deux étudiants de votre cours de français ont aussi envie de visiter ce pays. Créez une petite brochure pour partager vos impressions du pays. Présentez le pays, donnez des informations météorologiques et décrivez vos activités préférées.

Interactive Map

Panorama

Les Antilles

L'archipel en chiffres

- **Guadeloupe:** *(400.132 habitants), Pointe-à-Pitre, Basse-Terre*
- **Haïti:** *(10.711.000), Port-au-Prince*
- **Martinique:** *(396.000), Fort-de-France*
- **Saint-Barthélemy:** *(9.279), Gustavia*
- **Saint-Martin:** *(en partie) (35.594), Marigot*

SOURCE: INSEE

Antillais célèbres

- **Aimé Césaire,** *la Martinique, poète (1913–2008)*
- **Raphaël Confiant,** *la Martinique, écrivain° (1951–)*
- **Garcelle Beauvais,** *Haïti, actrice (1966–)*
- **Wyclef Jean,** *Haïti, chanteur de rap (1969–)*

la ville de Gustavia, à Saint-Barthélemy

La Polynésie française

L'archipel en chiffres

- **Îles Australes:** *(6.820), Tubuai*
- **Îles de la Société:** *(235.295), Papeete*
- **Îles Gambier:** *(1.239), Mangareva*
- **Îles Marquises:** *(9.261), Nuku-Hiva*
- **Îles Tuamotu:** *(15.592), Fakarava, Rankiroa*

Polynésiens célèbres

- **Henri Hiro,** *Tahiti, îles de la Société, poète (1944–1990)*
- **Rodolphe Vinh Tung,** *Raiatea, îles de la Société, professionnel du wakeboard (1974–)*

les courses de pirogues° en Polynésie française

Incroyable mais vrai!

Jusqu'au vingtième siècle, Saint-Pierre était le port le plus actif des Antilles et la capitale de la Martinique. Mais en 1902, son volcan, la montagne Pelée, entre en éruption. Il n'y a que deux survivants°, dont un qui a été protégé par les murs de la prison où il était enfermé°. Certains historiens doutent de l'authenticité de cette anecdote.

écrivain *writer* **survivants** *survivors* **enfermé** *detained* **pirogues** *dugout canoes*

Les arts

Les peintures de Gauguin

En 1891, le peintre° Paul Gauguin (1848–1903) vend ses œuvres° à Paris et déménage à Tahiti, dans les îles de la Société, pour échapper à° la vie moderne. Il y reste deux ans avant de rentrer en France et, en 1895, il retourne en Polynésie française pour y habiter jusqu'à sa mort en 1903. Inspirée par le nouvel environnement du peintre et la nature qui l'entoure°, l'œuvre «tahitienne» de Gauguin est célèbre° pour sa représentation du peuple indigène et l'emploi° de couleurs vives°. Ses peintures° de femmes font partie de ses meilleurs tableaux°.

Les destinations

Haïti, première République noire

En 1791, un ancien esclave°, Toussaint Louverture, mène° une rébellion dans la colonie française de Saint-Domingue. Après avoir gagné le combat, Louverture se proclame gouverneur de l'île et abolit l'esclavage. Il est plus tard capturé par l'armée française et exilé en France. Son successeur, Jean-Jacques Dessalines, lui-même ancien esclave, vainc° définitivement l'armée française en 1803 et proclame l'indépendance d'Haïti en 1804. Haïti est donc la première République noire du monde et le premier pays du monde occidental à abolir l'esclavage.

L'économie

La perle noire

La Polynésie française est le principal producteur de perles° noires. Dans la nature, les perles sont très rares; on en trouve dans une huître° sur 15.000. Par contre°, aujourd'hui, la Polynésie française produit plusieurs tonnes de perles noires chaque année. Des milliers de Tahitiens vivent de° l'industrie perlière. Parce qu'elle s'est développée dans les lagons, la perliculture° a même aidé à repeupler° certaines îles et certains endroits ruraux, abandonnés par les gens partis en ville. Les perles sont très variées et présentent différentes formes ou nuances de noir.

Les gens

Maryse Condé

Née en Guadeloupe, puis étudiante à la Sorbonne, à Paris, Maryse Condé a vécu° huit ans en Afrique (Ghana, Sénégal, Guinée, etc.). En 1973, elle enseigne dans les universités françaises et commence sa carrière° d'écrivain°. Elle sera ensuite professeur en Californie et à l'Université de Columbia. Ses nombreux romans°, y compris° *Moi, Tituba Sorcière*, ont reçu de multiples récompenses°. Ils mêlent° souvent fiction et événements historiques pour montrer la complexité de la culture antillaise, culture liée° à l'Amérique, l'Europe et l'Afrique.

Qu'est-ce que vous avez appris? Répondez aux questions par des phrases complètes.

1. Que s'est-il passé en Martinique au début du vingtième siècle?
2. L'éruption a-t-elle tué tous les habitants de Saint-Pierre?
3. Pour quelle raison Gauguin a-t-il déménagé à Tahiti?
4. Pour quelles raisons l'œuvre «tahitienne» de Gauguin est-elle célèbre?
5. Quelle est la principale particularité d'Haïti?
6. Qui a réussi à abolir l'esclavage en Haïti?
7. D'où viennent la majorité des perles noires?
8. Comment la perliculture a-t-elle changé la population de la Polynésie?
9. Où Maryse Condé a-t-elle étudié? Où est-elle née?
10. Ses romans sont-ils entièrement des œuvres de fiction?

ressources
VM pp. 185–186 | vhlcentral

Sur Internet

Go to **vhlcentral.com** to find more cultural information related to this **Panorama**.

1. Cherchez des informations sur Aimé Césaire. Qu'a-t-il en commun avec Léopold Sédar Senghor, poète et homme politique mentionné dans le **Panorama** précédent?
2. Trouvez des informations sur la ville de Saint-Pierre. Comment est-elle aujourd'hui?
3. Cherchez des informations sur les courses de pirogues en Polynésie française. Quelle est leur signification?

peintre *painter* **œuvres** *artworks* **échapper à** *escape* **entoure** *surrounds* **célèbre** *famous* **emploi** *use* **vives** *bright* **peintures** *paintings* **tableaux** *paintings* **esclave** *slave* **mène** *leads* **vainc** *defeats* **perles** *pearls* **huître** *oyster* **Par contre** *However* **vivent de** *make a living from* **perliculture** *pearl farming* **repeupler** *repopulate* **a vécu** *lived* **carrière** *career* **écrivain** *writer* **romans** *novels* **y compris** *including* **récompenses** *awards* **mêlent** *mix* **liée** *tied*

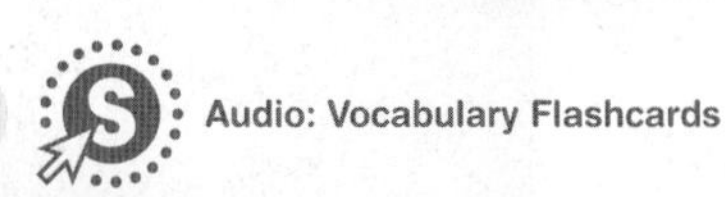
Audio: Vocabulary Flashcards

Leçon 5A

Activités sportives et loisirs

aider *to help*
aller à la pêche *to go fishing*
bricoler *to tinker; to do odd jobs*
chanter *to sing*
désirer *to want; to desire*
gagner *to win*
indiquer *to indicate*
jouer (à/de) *to play*
marcher *to walk (person); to work (thing)*
pratiquer *to practice; to play (a sport)*
skier *to ski*
une bande dessinée (B.D.) *comic strip*
le baseball *baseball*
le basket(-ball) *basketball*
les cartes (*f.*) *cards*
le cinéma *movies*
les échecs (*m.*) *chess*
une équipe *team*
le foot(ball) *soccer*
le football américain *football*
le golf *golf*
un jeu *game*
un joueur/une joueuse *player*
un loisir *leisure activity*
un match *game*
un passe-temps *pastime, hobby*
un spectacle *show*
le sport *sport*
un stade *stadium*
le temps libre *free time*
le tennis *tennis*
le volley(-ball) *volleyball*

Verbes irréguliers en -ir

courir *to run*
dormir *to sleep*
partir *to leave*
sentir *to feel; to smell; to sense*
servir *to serve*
sortir *to go out, to leave*

La fréquence

une/deux fois *one/two time(s)*
par jour, semaine, mois, an, etc. *per day, week, month, year, etc.*
déjà *already*
encore *again; still*
jamais *never*
longtemps *a long time*
maintenant *now*
parfois *sometimes*
rarement *rarely*
souvent *often*

Expressions utiles

See p. 167.

Expressions with faire

faire de l'aérobic *to do aerobics*
faire attention (à) *to pay attention (to)*
faire du camping *to go camping*
faire du cheval *to go horseback riding*
faire la connaissance de... *to meet (someone) for the first time*
faire la cuisine *to cook*
faire de la gym *to work out*
faire du jogging *to go jogging*
faire de la planche à voile *to go windsurfing*
faire une promenade *to go for a walk*
faire une randonnée *to go for a hike*
faire du ski *to go skiing*
faire du sport *to play sports*
faire un tour (en voiture) *to go for a walk (drive)*
faire du vélo *to go bike riding*

faire

faire *to do, to make*
je fais, tu fais, il/elle/on fait, nous faisons, vous faites, ils/elles font

Il faut...

il faut... *it is necessary to...; one must...*

Leçon 5B

Le temps qu'il fait

Il fait 18 degrés. *It is 18 degrees.*
Il fait beau. *The weather is nice.*
Il fait bon. *The weather is good/warm.*
Il fait chaud. *It is hot (out).*
Il fait (du) soleil. *It is sunny.*
Il fait du vent. *It is windy.*
Il fait frais. *It is cool.*
Il fait froid. *It is cold.*
Il fait mauvais. *The weather is bad.*
Il fait un temps épouvantable. *The weather is dreadful.*
Il neige. (neiger) *It is snowing. (to snow)*
Il pleut. (pleuvoir) *It is raining. (to rain)*
Le temps est nuageux. *It is cloudy.*
Le temps est orageux. *It is stormy.*
Quel temps fait-il? *What is the weather like?*
Quelle température fait-il? *What is the temperature?*
un imperméable *rain jacket*
un parapluie *umbrella*

Verbes

acheter *to buy*
amener *to bring (someone)*
célébrer *to celebrate*
considérer *to consider*
emmener *to take (someone)*
employer *to use*
envoyer *to send*
espérer *to hope*
essayer (de + inf.) *to try (to)*
nettoyer *to clean*
payer *to pay*
posséder *to possess, to own*
préférer *to prefer*
protéger *to protect*
répéter *to repeat; to rehearse*

Les saisons, les mois, les dates

une saison *season*
l'automne (*m.*)/à l'automne *fall/in the fall*
l'été (*m.*)/en été *summer/in the summer*
l'hiver (*m.*)/en hiver *winter/in the winter*
le printemps (*m.*)/au printemps *spring/in the spring*
Quelle est la date? *What's the date?*
C'est le 1er (premier) octobre. *It's the first of October.*
C'est quand votre/ton anniversaire? *When is your birthday?*
C'est le 2 mai. *It's the second of May.*
C'est quand l'anniversaire de Paul? *When is Paul's birthday?*
C'est le 15 mars. *It's March 15th.*
un anniversaire *birthday*
janvier *January*
février *February*
mars *March*
avril *April*
mai *May*
juin *June*
juillet *July*
août *August*
septembre *September*
octobre *October*
novembre *November*
décembre *December*

Expressions utiles

See p. 185.

Numbers 101 and higher

See p. 188.

Les fêtes

UNITÉ

6

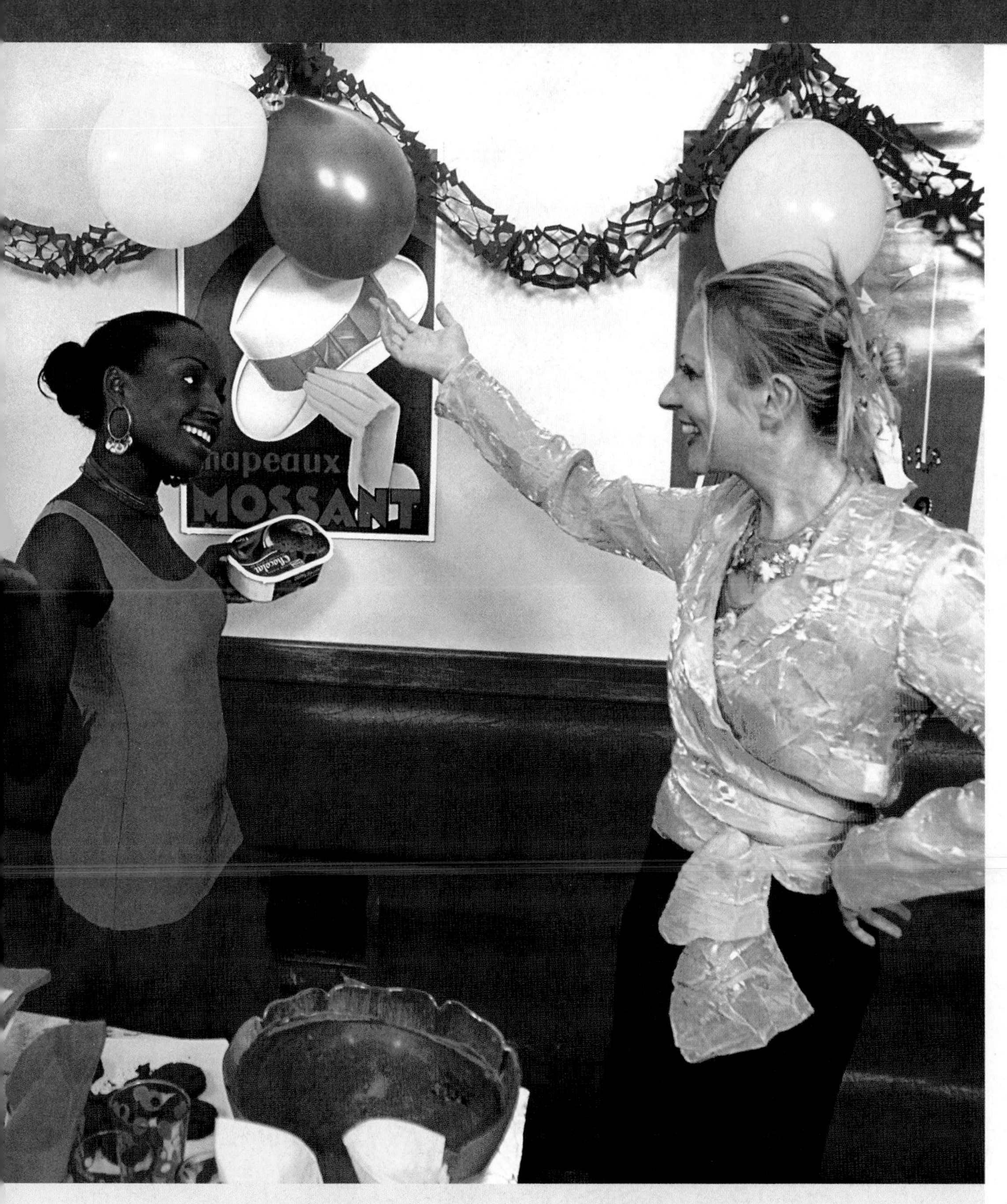

Pour commencer
- Qui est la propriétaire sur la photo?
- Qu'est-ce qu'Amina et Valérie vont faire?
- Qu'est-ce qu'elles vont manger, du jambon ou un dessert?
- De quelle couleur est le tee-shirt d'Amina, orange ou violet?

Leçon 6A

You will learn how to...

- talk about celebrations
- talk about the stages of life

Vocabulaire

faire la fête	*to party*
faire une surprise (à quelqu'un)	*to surprise (someone)*
fêter	*to celebrate*
organiser une fête	*to plan a party*
une fête	*party; celebration*
un jour férié	*holiday*
une bière	*beer*
le vin	*wine*
une amitié	*friendship*
un amour	*love*
le bonheur	*happiness*
un(e) fiancé(e)	*fiancé; fiancée*
des jeunes mariés (m.)	*newlyweds*
un rendez-vous	*date; appointment*
l'adolescence (f.)	*adolescence*
l'âge adulte (m.)	*adulthood*
un divorce	*divorce*
l'enfance (f.)	*childhood*
une étape	*stage*
l'état civil (m.)	*marital status*
la jeunesse	*youth*
un mariage	*marriage; wedding*
la mort	*death*
la naissance	*birth*
la vie	*life*
la vieillesse	*old age*
prendre sa retraite	*to retire*
tomber amoureux/amoureuse	*to fall in love*
ensemble	*together*

ressources

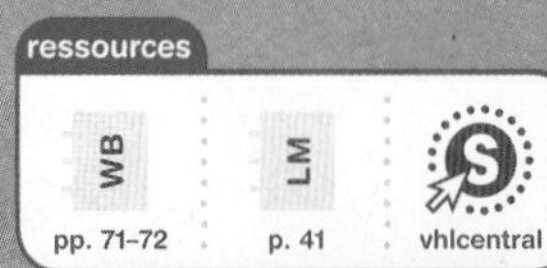

BON ANNIVERSAIRE, MARC!

la surprise

le couple

le cadeau

Mise en pratique

1 **Écoutez** **Écoutez la conversation entre Anne et Nathalie. Indiquez si les affirmations sont vraies ou fausses.**

	Vrai	Faux
1. Jean-Marc va prendre sa retraite dans six mois.	☐	☐
2. Nathalie a l'idée d'organiser une fête pour Jean-Marc.	☐	☐
3. Anne et Nathalie essaient de trouver un cadeau original.	☐	☐
4. Anne va acheter un gâteau.	☐	☐
5. Nathalie va apporter de la glace.	☐	☐
6. La fête est une surprise.	☐	☐
7. Nathalie va envoyer les invitations par e-mail.	☐	☐
8. La fête va avoir lieu (*take place*) dans le bureau d'Anne.	☐	☐
9. Elles ont besoin de beaucoup de décorations.	☐	☐
10. Tout le monde va donner des idées pour le cadeau.	☐	☐

2 **Chassez l'intrus** **Indiquez le mot ou l'expression qui n'appartient pas (*doesn't belong*) à la liste.**

1. l'amour, tomber amoureux, un fiancé, un divorce
2. un mariage, un couple, un jour férié, un fiancé
3. un biscuit, une bière, un dessert, un gâteau
4. une glace, une bière, le champagne, le vin
5. la vieillesse, la naissance, l'enfance, la jeunesse
6. faire la fête, un hôte, des invités, une étape
7. fêter, un cadeau, la vie, une surprise
8. l'état civil, la naissance, la mort, l'adolescence

3 **Associez** **Faites correspondre les éléments de la colonne de gauche avec les définitions de la colonne de droite. Notez que tous les éléments ne sont pas utilisés. Ensuite (*Then*), avec un(e) partenaire, donnez votre propre définition de quatre de ces éléments. Votre partenaire doit deviner (*must guess*) de quoi vous parlez.**

1. ____ la naissance
2. ____ l'enfance
3. ____ l'adolescence
4. ____ l'âge adulte
5. ____ tomber amoureux
6. ____ un jour férié
7. ____ le mariage
8. ____ le divorce
9. ____ prendre sa retraite
10. ____ la mort

a. C'est une date importante, comme le 4 juillet aux États-Unis.
b. C'est la fin de l'étape prénatale.
c. C'est l'étape de la vie pendant laquelle (*during which*) on va au lycée.
d. C'est un événement très triste.
e. C'est faire une rencontre romantique comme dans un conte de fées (*fairy tale*).
f. C'est le futur probable d'un couple qui se dispute (*fights*) tout le temps.
g. C'est un jour de bonheur et de célébration de l'amour.
h. C'est quand une personne décide de ne plus travailler.

Communication

4 **Le mot juste** **Remplissez les espaces avec le mot illustré. Faites les accords nécessaires. Ensuite (*Then*), avec un(e) partenaire, créez (*create*) une phrase dans laquelle (*for which*) vous illustrez trois mots de CONTEXTES. Échangez votre phrase avec celle d'un autre groupe et résolvez le rébus (*puzzle*).**

1. Caroline est une amie d' ________ . Je vais lui faire une ________ samedi. C'est son anniversaire.
2. Marc et Sophie sont inséparables. Ils sont toujours ________ . C'est le bonheur et le grand ________ .
3. Le ________ rouge va bien avec les viandes rouges alors que le ________ va mieux avec les ________ .
4. Les ________ ont beaucoup de ________ .
5. La ________ de ma sœur est un grand ________ pour mes parents.

5 **C'est la fête!** **Vous avez terminé (*have finished*) les examens de fin d'année et vouz allez faire la fête! Avec un(e) partenaire, écrivez une conversation au sujet de la préparation de cette fête. N'oubliez pas de répondre aux questions suivantes. Ensuite (*Then*), jouez (*act out*) votre dialogue devant la classe.**

1. Quand et où allez-vous organiser la fête?
2. Qui vont être les invités?
3. Qui est l'hôte?
4. Qu'allez-vous manger? Qu'allez-vous boire?
5. Qui va apporter quoi?
6. Qui est responsable de la musique? De la décoration?
7. Qu'allez-vous faire pendant (*during*) la fête?
8. Qui va nettoyer après?

6 **Sept différences** **Votre professeur va vous donner, à vous et à votre partenaire, deux feuilles d'activités différentes. À tour de rôle, posez-vous des questions pour trouver les sept différences entre les illustrations de l'anniversaire des jumeaux (*twins*) Boniface. Attention! Ne regardez pas la feuille de votre partenaire.**

MODÈLE

Étudiant(e) 1: *Sur mon image, il y a trois cadeaux. Combien de cadeaux y a-t-il sur ton image?*
Étudiant(e) 2: *Sur mon image, il y a quatre cadeaux.*

Les sons et les lettres

Open vs. closed vowels: Part 2

The letter combinations **au** and **eau** are pronounced like the vowel sound in the English word *coat*, but without the glide heard in English. These are closed **o** sounds.

chaud **aussi** **beaucoup** **tableau**

When the letter **o** is followed by a consonant sound, it is usually pronounced like the vowel in the English word *raw*. This is an open **o** sound.

homme **téléphone** **ordinateur** **orange**

When the letter **o** occurs as the last sound of a word or is followed by a *z* sound, such as a single **s** between two vowels, it is usually pronounced with the closed **o** sound.

trop **héros** **rose** **chose**

When the letter **o** has an **accent circonflexe**, it is usually pronounced with the closed **o** sound.

drôle **bientôt** **pôle** **côté**

Prononcez Répétez les mots suivants à voix haute.

1. rôle
2. porte
3. dos
4. chaud
5. prose
6. gros
7. oiseau
8. encore
9. mauvais
10. nouveau
11. restaurant
12. bibliothèque

Articulez Répétez les phrases suivantes à voix haute.

1. À l'automne, on n'a pas trop chaud.
2. Aurélie a une bonne note en biologie.
3. Votre colocataire est d'origine japonaise?
4. Sophie aime beaucoup l'informatique et la psychologie.
5. Nos copains mangent au restaurant marocain aujourd'hui.
6. Comme cadeau, Robert et Corinne vont préparer un gâteau.

Dictons Répétez les dictons à voix haute.

[1] Shiny and new.
[2] Fortune comes while you sleep.

Les cadeaux

Video: *Roman-photo*
Record & Compare

PERSONNAGES

Amina

Astrid

Rachid

Sandrine

Valérie

Vendeuse

À l'appartement de Sandrine...

SANDRINE Allô, Pascal? Tu m'as téléphoné? Écoute, je suis très occupée là. Je prépare un gâteau d'anniversaire pour Stéphane... Il a dix-huit ans aujourd'hui... On organise une fête surprise au P'tit Bistrot.

SANDRINE J'ai fait une mousse au chocolat, comme pour ton anniversaire. Stéphane adore ça! J'ai aussi préparé des biscuits que David aime bien.

SANDRINE Quoi? David!... Mais non, il n'est pas marié. C'est un bon copain, c'est tout!... Désolée, je n'ai pas le temps de discuter. À bientôt.

RACHID Écoute, Astrid. Il faut trouver un cadeau... un *vrai* cadeau d'anniversaire.

ASTRID Excusez-moi, Madame. Combien coûte cette montre, s'il vous plaît?

VENDEUSE Quarante euros.

ASTRID Que penses-tu de cette montre, Rachid?

RACHID Bonne idée.

VENDEUSE Je fais un paquet cadeau?

ASTRID Oui, merci.

RACHID Eh, Astrid, il faut y aller!

VENDEUSE Et voilà dix euros. Merci, Mademoiselle, bonne fin de journée.

Au café...

VALÉRIE Ah, vous voilà! Astrid, aide-nous avec les décorations, s'il te plaît. La fête commence à six heures. Sandrine a tout préparé.

ASTRID Quelle heure est-il? Zut, déjà? En tout cas, on a trouvé des cadeaux.

RACHID Je vais chercher Stéphane.

ACTIVITÉS

1 Vrai ou faux? Indiquez si les affirmations suivantes sont vraies ou fausses.

1. Sandrine prépare un gâteau d'anniversaire pour Stéphane.
2. Sandrine est désolée parce qu'elle n'a pas le temps de discuter avec Rachid.
3. Rachid ne comprend pas la blague.
4. Pour aider Sandrine, Valérie va apporter les desserts.
5. Rachid et Astrid trouvent un cadeau pour Valérie.
6. Rachid n'aime pas l'idée de la montre pour Stéphane.
7. La fête d'anniversaire surprise pour Stéphane commence à huit heures.
8. Sandrine va chercher Stéphane.
9. Amina a apporté de la glace au chocolat.
10. Les parents d'Amina vont passer l'été en France.

Practice more at **vhlcentral.com**.

Tout le monde prépare la surprise pour Stéphane.

VALÉRIE Oh là là! Tu as fait tout ça pour Stéphane?!
SANDRINE Oh, ce n'est pas grand-chose.
VALÉRIE Tu es un ange! Stéphane va bientôt arriver. Je t'aide à apporter ces desserts?
SANDRINE Oh, merci, c'est gentil.

Dans un magasin...
ASTRID Eh Rachid, j'ai eu une idée géniale... Des cadeaux parfaits pour Stéphane. Regarde! Ce matin, j'ai acheté cette calculatrice et ces livres.
RACHID Mais enfin, Astrid, Stéphane n'aime pas les livres.
ASTRID Oh Rachid, tu ne comprends rien, c'est une blague.

AMINA Bonjour! Désolée, je suis en retard!
VALÉRIE Ce n'est pas grave. Tu es toute belle ce soir!

AMINA Vous trouvez? J'ai acheté ce cadeau pour Stéphane. Et j'ai apporté de la glace au chocolat aussi.
VALÉRIE Oh, merci! Il faut aider Astrid avec les décorations.
ASTRID Salut, Amina. Ça va?
AMINA Oui, super. Mes parents ont téléphoné du Sénégal ce matin! Ils vont passer l'été ici. C'est le bonheur!

Expressions utiles

Talking about celebrations

- **J'ai fait une mousse au chocolat, comme pour ton anniversaire.**
  I made a chocolate mousse, (just) like for your birthday.
- **J'ai aussi préparé des biscuits que David aime bien.**
  I also made cookies that David likes.
- **Je fais un paquet cadeau?**
  Shall I wrap the present?
- **En tout cas, on a trouvé des cadeaux.**
  In any case, we found some presents.
- **Et j'ai apporté de la glace au chocolat.**
  And I brought some chocolate ice cream.

Talking about the past

- **Tu m'as téléphoné?**
  Did you call me?
- **Tu as fait tout ça pour Stéphane?!**
  You did all that for Stéphane?!
- **J'ai eu une idée géniale.**
  I had a great idea.
- **Sandrine a tout préparé.**
  Sandrine prepared everything.

Pointing out things

- **Je t'aide à apporter ces desserts?**
  Can I help you bring these desserts?
- **J'ai acheté cette calculatrice et ces livres.**
  I bought this calculator and these books.
- **J'ai acheté ce cadeau pour Stéphane.**
  I bought this present for Stéphane.

Additional vocabulary

- **Ce n'est pas grave.**
  It's okay./No problem.
- **Tu ne comprends rien.**
  You don't understand a thing.
- **désolé(e)**
  sorry
- **discuter**
  to talk
- **zut**
  darn

2 

Le bon mot Choisissez entre ce (*m.*), cette (*f.*) et ces (*pl.*) pour compléter les phrases. Utilisez un dictionnaire. Attention, les phrases ne sont pas identiques aux dialogues!

1. Je t'aide à apporter _____ gâteau?
2. Ce matin, j'ai acheté _____ calculatrices et _____ livre.
3. Rachid ne comprend pas _____ blague.
4. Combien coûtent _____ montres?
5. À quelle heure commence _____ classe?

3 

Imaginez Avec un(e) partenaire, imaginez qu'Amina est dans un grand magasin et qu'elle téléphone à Madame Forestier pour l'aider à choisir le cadeau idéal pour Stéphane. Amina propose et décrit plusieurs choses et Madame Forestier donne son avis (*opinion*) sur chacune d'entre elles (*each of them*).

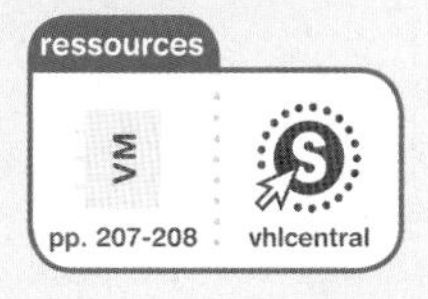

ACTIVITÉS

Reading
Video: *Flash culture*

CULTURE À LA LOUPE

Le carnaval

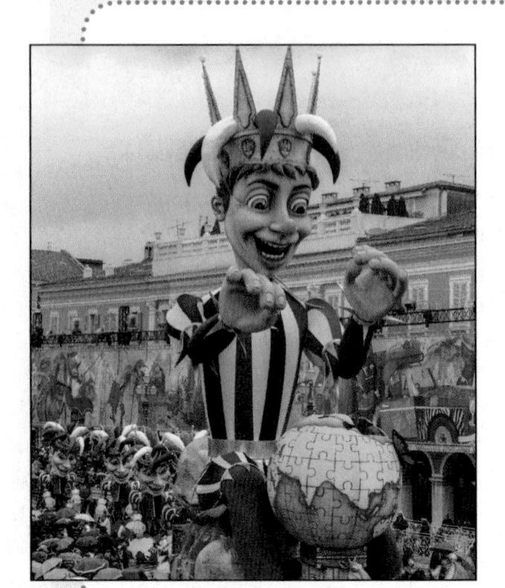

le roi du carnaval de Nice

Tous les ans, beaucoup de pays° et de régions francophones célèbrent le carnaval. Cette tradition est l'occasion de fêter la fin° de l'hiver et l'arrivée° du printemps. En général, la période de fête commence la semaine avant le Carême° et se termine° le jour du Mardi gras. Le carnaval demande très souvent des mois de préparation. La ville organise des défilés° de musique, de masques, de costumes et de chars fleuris°. La fête finit souvent par la crémation du roi° Carnaval, personnage de papier qui représente le carnaval et l'hiver.

le carnaval de Québec

Certaines villes et certaines régions sont réputées° pour leur carnaval: Nice, en France, la ville de Québec, au Canada, La Nouvelle-Orléans, aux États-Unis et la Martinique. Chaque ville a ses traditions particulières. La ville de Nice, lieu du plus grand carnaval français, organise une grande bataille de fleurs° où des jeunes, sur des chars, envoient des milliers° de fleurs aux spectateurs. À Québec, le climat intense transforme le carnaval en une célébration de l'hiver. Le symbole officiel de la fête est le «Bonhomme» (de neige°) et les gens font du ski, de la pêche sous la glace ou des courses de traîneaux à chiens°. À la Martinique, le carnaval continue jusqu'au° mercredi des Cendres°, à minuit: les gens, tout en noir° et blanc°, regardent la crémation de Vaval, le roi Carnaval. Le carnaval de La Nouvelle-Orléans est célébré avec de nombreux bals° et défilés costumés. Ses couleurs officielles sont l'or°, le vert et le violet.

pays *countries* **fin** *end* **arrivée** *arrival* **Carême** *Lent* **se termine** *ends* **défilés** *parades* **chars fleuris** *floats decorated with flowers* **roi** *king* **réputées** *famous* **bataille de fleurs** *flower battle* **milliers** *thousands* **«Bonhomme» (de neige)** *snowman* **courses de traîneaux à chiens** *dogsled races* **jusqu'au** *until* **mercredi des Cendres** *Ash Wednesday* **noir** *black* **blanc** *white* **bals** *balls (dances)* **or** *gold* **choisit** *chooses* **reine** *queen* **a eu lieu** *took place* **pendant** *during*

Le carnaval en chiffres

Martinique	Chaque ville choisit° une reine°.
Nice	La première bataille de fleurs a eu lieu° en 1876. On envoie entre 80.000 et 100.000 fleurs aux spectateurs.
La Nouvelle-Orléans	Il y a plus de 70 défilés pendant° le carnaval.
la ville de Québec	Le premier carnaval a eu lieu en 1894.

ACTIVITÉS

1  

Compréhension Répondez par des phrases complètes.

1. En général, quel est le dernier jour du carnaval?
2. Dans quelle ville des États-Unis est-ce qu'on célèbre le carnaval?
3. Où a lieu le plus grand carnaval français?
4. Qu'est-ce que les jeunes envoient aux spectateurs du carnaval de Nice?
5. Quel est le symbole officiel du carnaval de Québec?
6. Que fait-on pendant (*during*) le carnaval de Québec?
7. Qu'est-ce qui est différent au carnaval de la Martinique?
8. Qui est Vaval?
9. Comment est-ce qu'on célèbre le carnaval à La Nouvelle-Orléans?
10. Quelles sont les couleurs officielles du carnaval de La Nouvelle-Orléans?

STRATÉGIE

Recognizing word families

Recognizing how words are related to one another can help you guess their meaning, improving comprehension of a reading selection. The related words often belong to different parts of speech. For example, **fête** (*party*) is a noun, and **fêter** (*to celebrate*) is a verb. Both words in this pair are in the same word family. List at least two other pairs of related words from the selections in this **Lecture culturelle**.

PORTRAIT

Le 14 juillet

Le 14 juillet 1789, sous le règne° de Louis XVI, les Français se sont rebellés contre° la monarchie et ont pris° la Bastille, une forteresse utilisée comme prison. Cette date est très importante dans l'histoire de France parce qu'elle représente le début de la Révolution. Le 14 juillet symbolise la fondation de la République française et a donc° été sélectionné comme date de la Fête nationale. Tous les ans, il y a un grand défilé° militaire sur les Champs-Élysées, la plus grande° avenue parisienne. Partout° en France, les gens assistent à des défilés et à des fêtes dans les rues°. Le soir, il y a de nombreux bals populaires° où les Français dansent et célèbrent cette date historique. À minuit, on assiste aux feux d'artifices° traditionnels.

règne *reign* **se sont rebellés contre** *rebelled against* **ont pris** *stormed* **donc** *therefore* **défilé** *parade* **la plus grande** *the largest* **Partout** *Everywhere* **rues** *streets* **bals populaires** *street dances* **feux d'artifices** *fireworks*

LE MONDE FRANCOPHONE

Fêtes et festivals

Voici d'autres fêtes et festivals francophones.

En Côte d'Ivoire

La fête des Ignames (plusieurs dates) On célèbre la fin° de la récolte° des ignames°, une ressource très importante pour les Ivoiriens.

Au Maroc

La fête du Trône (le 30 juillet) Tout le pays honore le roi° avec des parades et des spectacles.

À la Martinique/À la Guadeloupe

La fête des Cuisinières (en août) Les femmes défilent° en costumes traditionnels et présentent des spécialités locales qu'elles ont préparées pour la fête.

Dans de nombreux pays

L'Aïd el-Fitr C'est la fête musulmane° de la rupture du jeûne° à la fin du Ramadan.

fin *end* **récolte** *harvest* **ignames** *yams* **roi** *king* **défilent** *parade* **musulmane** *Muslim* **jeûne** *fast*

Sur Internet

Qu'est-ce que c'est, la fête des Rois?

Go to **vhlcentral.com** to find more cultural information related to this **Lecture culturelle**. Then watch the corresponding **Flash culture**.

ACTIVITÉS

2   **Les fêtes** Complétez les phrases.

1. Le 14 juillet 1789, c'est la date ________.
2. Aujourd'hui, le 14 juillet, c'est la ________.
3. En France, le soir du 14 juillet, il y a ________.
4. À plusieurs dates, les Ivoiriens fêtent ________.
5. Au Maroc, il y a un festival au mois de ________.
6. Dans les pays musulmans, l'Aïd el-Fitr célèbre ________.

3   **Faisons la fête ensemble!** Vous êtes en vacances dans un pays francophone et vous invitez un(e) ami(e) à aller à une fête ou à un festival francophone avec vous. Expliquez à votre partenaire ce que vous allez faire. Votre partenaire va vous poser des questions.

Practice more at **vhlcentral.com**.

6A.1

Demonstrative adjectives

Point de départ To identify or point out a noun with the French equivalent of *this/these* or *that/those*, you use a demonstrative adjective before the noun. In French, the form of the demonstrative adjective depends on the gender and number of the noun that it goes with.

Demonstrative adjectives

	singular		plural
	Before consonant	Before vowel sound	
masculine	**ce** café	**cet** éclair	**ces** cafés, **ces** éclairs
feminine	**cette** surprise	**cette** amie	**ces** surprises, **ces** amies

Ce copain organise une fête.
This friend is planning a party.

Cette glace est excellente.
This ice cream is excellent.

Cet hôpital est trop loin du centre-ville.
That hospital is too far from downtown.

Je préfère **ces** cadeaux.
I prefer those gifts.

- Although the forms of **ce** can refer to a noun that is near *(this/these)* and one that is far *(that/those)*, the meaning will usually be clear from context.

Ce dessert est délicieux.
This dessert is delicious.

Ils vont aimer **cette** surprise.
They're going to like this surprise.

Joël préfère **cet** éclair.
Joël prefers that éclair.

Ces glaçons sont pour la limonade.
Those ice cubes are for the lemon soda.

La maison Julien

Pour toutes ces occasions...
pour célébrer tout ce bonheur...
nous pensons à tous les détails.

- To make it especially clear that you're referring to something near versus something far, add **-ci** or **-là**, respectively, to the noun following the demonstrative adjective.

ce couple-**ci**
this couple (here)

ces biscuits-**ci**
these cookies (here)

cette invitée-**là**
that guest (there)

ces bières-**là**
those beers (there)

- Use **-ci** and **-là** in the same sentence to contrast similar items.

On prend **cette glace-ci**, pas **cette glace-là**.
We'll have this ice cream, not that ice cream.

Tu achètes **ce fromage-ci** ou **ce fromage-là?**
Are you buying this cheese or that cheese?

J'aime **ce** cadeau-**ci** mais je préfère **ce** cadeau-**là**.
I like this gift, but I prefer that gift.

Nous achetons **ces** bonbons-ci et Isabelle achète **ce** gâteau-**là**.
We're buying these candies, and Isabelle is buying that cake.

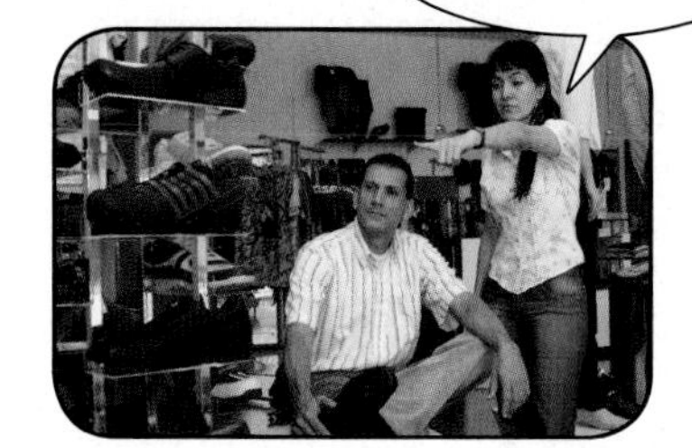

Essayez! **Complétez les phrases avec la forme correcte de l'adjectif démonstratif.**

1. ___Cette___ glace au chocolat est très bonne!
2. Qu'est-ce que tu penses de ________ cadeau?
3. ________ homme-là est l'hôte de la fête.
4. Tu préfères ________ biscuits-ci ou ________ biscuits-là?
5. Vous aimez mieux ________ dessert-ci ou ________ dessert-là?
6. ________ année-ci, on va fêter l'anniversaire de mariage de nos parents en famille.
7. Tu achètes ________ éclair-là.
8. Vous achetez ________ montre?
9. ________ surprise va être géniale!
10. ________ invité-là est antipathique.
11. Ma mère fait ________ gâteaux pour mon anniversaire.
12. ________ champagne coûte 100 euros.
13. ________ divorce est très difficile pour les enfants.

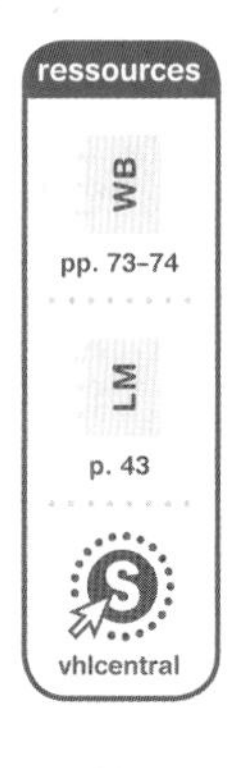

STRUCTURES

Mise en pratique

1 **Remplacez** Remplacez les noms au singulier par des noms au pluriel et vice versa. Faites tous les autres changements nécessaires.

MODÈLE

J'aime mieux ce dessert.
J'aime mieux ces desserts.

1. Ces glaces au chocolat sont délicieuses.
2. Ce gâteau est énorme.
3. Ces biscuits ne sont pas bons.
4. Ces invitées sont gentilles.
5. Ces hôtes parlent japonais.
6. Cette bière est allemande.
7. Maman achète ces imperméables pour Julie.
8. Ces bonbons sont délicieux.

2 **Monsieur Parfait** Juste avant la fête, l'hôte fait le tour de la salle et donne son opinion. Complétez ce texte avec **ce, cette ou ces.**

Mmm! (1) ___________ champagne est parfait. Ah! (2) ___________ gâteaux sont magnifiques, (3) ___________ biscuits sont délicieux et j'adore (4) ___________ glace. Beurk! (5) ___________ bonbons sont originaux, mais pas très bons. Ouvrez (*Open*) (6) ___________ bouteille. (7) ___________ café sur (8) ___________ table sent très bon. (9) ___________ bière n'est pas froide! (10) ___________ tableau n'est pas droit (*straight*)! Oh là là! Arrangez (11) ___________ chaises autour de (*around*) (12) ___________ trois tables!

3 **Magazine** Vous regardez un vieux magazine. Complétez les phrases.

▶ **MODÈLE**

Ce cheval est très grand.

1. ______ au chocolat et ______ sont délicieux.

2. ______ aime beaucoup ______.

3. __________ sont très heureux.

4. __________ va prendre sa retraite.

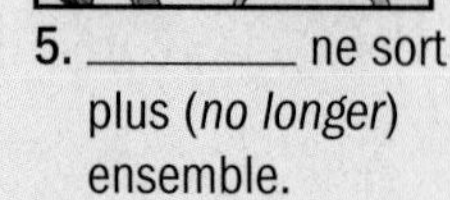

5. __________ ne sort plus (*no longer*) ensemble.

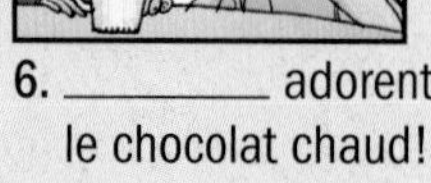

6. __________ adorent le chocolat chaud!

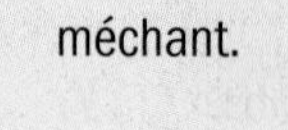

7. __________ est très méchant.

8. __________ est absolument super!

Communication

4 **Comparez** Avec un(e) partenaire, regardez les illustrations. À tour de rôle, comparez les personnages et les objets.

MODÈLE

Étudiant(e) 1: *Comment sont ces hommes?*
Étudiant(e) 2: *Cet homme-ci est petit et cet homme-là est grand.*

1.

2.

3.

4.

5 **Préférences** Demandez à votre partenaire ses préférences, puis donnez votre opinion. Employez des adjectifs démonstratifs et présentez vos réponses à la classe.

MODÈLE

Étudiant(e) 1: *Quel film est-ce que tu aimes?*
Étudiant(e) 2: *J'aime bien Casablanca.*
Étudiant(e) 1: *Moi, je n'aime pas du tout ce vieux film.*

acteur/actrice	passe-temps
chanteur/chanteuse	restaurant
dessert	saison
film	sport
magasin	ville
?	?

6 **Invitation** Vous organisez une fête et vous êtes au supermarché avec un(e) ami(e). Vous n'êtes pas d'accord sur ce que (*what*) vous allez acheter. Avec un(e) partenaire, jouez les rôles.

MODÈLE

Étudiant(e) 1: *On achète cette glace-ci?*
Étudiant(e) 2: *Je n'aime pas cette glace-ci. Je préfère cette glace-là!*
Étudiant(e) 1: *Mais cette glace-là coûte dix euros!*
Étudiant(e) 2: *D'accord! On prend cette glace-ci.*

7 **Quelle fête!** Vous êtes à la fête d'un(e) ami(e) et il y a des personnes célèbres (*famous*). Avec un(e) partenaire, faites une liste des célébrités présentes et puis parlez d'elles. Employez des adjectifs démonstratifs.

MODÈLE

Étudiant(e) 1: *Qui est cet homme-ci?*
Étudiant(e) 2: *Ça, c'est Justin Timberlake. Il est sympa, mais cet homme-là est vraiment génial.*
Étudiant(e) 1: *Oui, c'est...*

STRUCTURES

6A.2 The *passé composé* with *avoir*

Presentation

Point de départ In order to talk about events in the past, French uses two principal tenses: the **passé composé** and the imperfect. In this lesson, you will learn how to form the **passé composé**, which is used to express actions or states completed in the past. You will learn about the imperfect in **Leçon 8A**.

- The **passé composé** is composed of two parts: the *auxiliary verb* (present tense of **avoir** or **être**) and the *past participle* of the main verb. Most verbs in French take **avoir** as the auxiliary verb in the **passé composé**.

AUXILIARY VERB / PAST PARTICIPLE

Nous **avons fêté**.
We celebrated / have celebrated.

- The past participle of a regular **-er** verb is formed by replacing the **-er** ending of the infinitive with **-é**.

infinitive		past participle
fêt**er**	▶	fêt**é**
oubli**er**		oubli**é**
cherch**er**		cherch**é**

- Most regular **-er** verbs are conjugated in the **passé composé** as shown below for the verb **parler**.

Boîte à outils

The **passé composé** has three English equivalents. Example: **Nous avons mangé.** = *We ate. We did eat. We have eaten.*

The *passé composé*

j'ai parlé	*I spoke/have spoken*	**nous avons parlé**	*we spoke/ have spoken*
tu as parlé	*you spoke/ have spoken*	**vous avez parlé**	*you spoke/ have spoken*
il/elle/on a parlé	*he/she/it/one spoke/ has spoken*	**ils/elles ont parlé**	*they spoke/ have spoken*

Nous **avons parlé** à l'hôtesse.
We spoke to the hostess.

J'**ai oublié** mes devoirs.
I forgot my homework.

- To make a verb negative in the **passé composé**, place **ne/n'** and **pas** around the conjugated form of **avoir**.

On **n'**a **pas** fêté mon anniversaire.
We didn't celebrate my birthday.

Elles **n'**ont **pas** acheté de biscuits hier?
They didn't buy any cookies yesterday?

- To ask questions using inversion in the **passé composé**, invert the subject pronoun and the conjugated form of **avoir**. Note that this does not apply to other types of question formation.

Avez-vous fêté votre anniversaire?
Did you celebrate your birthday?

Est-ce qu'elles **ont acheté** des biscuits?
Did they buy any cookies?

Luc **a-t-il** aimé son cadeau?
Did Luc like his gift?

Est-ce que tu **as essayé** ce vin?
Have you tried this wine?

- The adverbs **hier** (*yesterday*) and **avant-hier** (*the day before yesterday*) are used often with the **passé composé**.

Hier, Marie **a retrouvé** ses amis au stade.
Marie met her friends at the stadium yesterday.

Ses parents **ont téléphoné** avant-hier.
Her parents called the day before yesterday.

- Place the adverbs **déjà**, **encore**, **bien**, **mal**, and **beaucoup** between the auxiliary verb or **pas** and the past participle.

Tu as **déjà** mangé ta part de gâteau.
You already ate your piece of cake.

Elle n'a pas **encore** visité notre ville.
She hasn't visited our town yet.

Les filles ont **beaucoup** travaillé.
The girls worked a lot.

Je n'ai pas **bien** joué hier.
I didn't play well yesterday.

- The past participles of spelling-change **-er** verbs have no spelling changes.

Laurent a-t-il **acheté** le champagne?
Did Laurent buy the champagne?

Vous avez **envoyé** des bonbons.
You sent candy.

- The past participle of most **-ir** verbs is formed by replacing the **-ir** ending with **-i**.

Sylvie a **dormi** jusqu'à dix heures.
Sylvie slept until 10 o'clock.

Avez-vous **senti** ce bouquet?
Did you smell this bouquet?

- The past participles of many common verbs are irregular. Learn these on a case-by-case basis.

Some irregular past participles

Infinitive	Past participle	Infinitive	Past participle
apprendre	appris	être	été
avoir	eu	faire	fait
boire	bu	pleuvoir	plu
comprendre	compris	prendre	pris
courir	couru	surprendre	surpris

Boîte à outils

Some verbs, like **aller**, **sortir**, and **tomber**, use **être** instead of **avoir** to form the **passé composé**. You will learn more about these verbs in **Leçon 7A**.

Nous avons **bu** du vin.
We drank wine.

Ils ont **été** très en retard.
They were very late.

A-t-il **plu** samedi?
Did it rain Saturday?

Mes sœurs ont **fait** un gâteau au chocolat.
My sisters made a chocolate cake.

- The **passé composé** of **il faut** is **il a fallu**; that of **il y a** is **il y a eu**.

Il a fallu passer par le supermarché.
It was necessary to stop by the supermarket.

Il y a eu deux fêtes hier soir.
There were two parties last night.

Essayez! **Indiquez les formes du passé composé des verbes.**

1. j' *ai commencé, ai payé, ai bavardé* (commencer, payer, bavarder)
2. tu ______________ (servir, comprendre, donner)
3. on ______________ (parler, avoir, dormir)
4. nous ______________ (adorer, faire, amener)
5. vous ______________ (prendre, employer, courir)
6. elles ______________ (espérer, boire, apprendre)
7. il ______________ (avoir, regarder, sentir)
8. vous ______________ (essayer, préférer, surprendre)
9. ils ______________ (organiser, être, nettoyer)

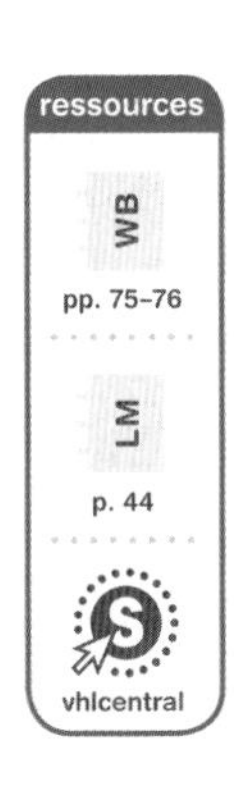

STRUCTURES

Mise en pratique

1 **Qu'est-ce qu'ils ont fait?** Laurent parle de son week-end en ville avec sa famille. Complétez ses phrases avec le **passé composé** du verbe correct.

1. Nous __________ (nager, manger) des escargots.
2. Papa __________ (acheter, apprendre) une nouvelle montre.
3. J' __________ (prendre, oublier) une glace à la terrasse d'un café.
4. Vous __________ (enseigner, essayer) un nouveau restaurant.
5. Mes parents __________ (dessiner, célébrer) leur anniversaire de mariage.
6. Ils __________ (fréquenter, faire) une promenade.
7. Ma sœur __________ (boire, nettoyer) un chocolat chaud.
8. Le soir, nous __________ (écouter, avoir) sommeil.

2 **Pas encore** Un copain pose des questions pénibles. Écrivez ses questions puis donnez des réponses négatives.

MODÈLE

inviter vos amis (vous)
Vous avez déjà invité vos amis? Non, nous n'avons pas encore invité nos amis.

1. écouter mon CD (tu)
2. faire ses devoirs (Matthieu)
3. courir dans le parc (elles)
4. parler aux profs (tu)
5. apprendre les verbes irréguliers (André)
6. être à la piscine (Marie et Lise)
7. emmener Yassim au cinéma (vous)
8. avoir le temps d'étudier (tu)

3 **Vendredi soir** Vous et votre partenaire avez assisté à une fête vendredi soir. Parlez de la fête à tour de rôle. Qu'est-ce que les invités ont fait? Quelle a été l'occasion?

Practice more at vhlcentral.com.

Communication

4 **La semaine** À tour de rôle, assemblez les éléments des colonnes pour raconter (*to tell*) à votre partenaire ce que (*what*) tout le monde (*everyone*) a fait cette semaine.

A	B	C
je	acheter	bonbons
Luc	apprendre	café
mon prof	boire	cartes
Sylvie	enseigner	l'espagnol
mes parents	étudier	famille
mes copains et moi	faire	foot
tu	jouer	glace
vous	manger	jogging
?	parler	les maths
	prendre	promenade
	regarder	vélo
	?	?

5 **L'été dernier** Vous avez passé l'été dernier avec deux amis, mais vos souvenirs (*memories*) diffèrent. Par groupes de trois, utilisez les expressions de la liste et imaginez le dialogue.

MODÈLE

Étudiant(e) 1: *Nous avons fait du cheval tous les matins.*
Étudiant(e) 2: *Mais non! Moi, j'ai fait du cheval. Vous deux, vous avez fait du jogging.*
Étudiant(e) 3: *Je n'ai pas fait de jogging. J'ai dormi!*

acheter	essayer	faire une promenade
courir	faire du cheval	jouer au foot
dormir	faire du jogging	jouer aux cartes
emmener	faire la fête	manger

6 **Qu'est-ce que tu as fait?** Avec un(e) partenaire, posez-vous les questions à tour de rôle. Ensuite, présentez vos réponses à la classe.

1. As-tu fait la fête samedi dernier? Où? Avec qui?
2. Est-ce que tu as célébré une occasion importante cette année? Quelle occasion?
3. As-tu organisé une fête? Pour qui?
4. Qui est-ce que tu as invité à ta dernière fête?
5. Qu'est-ce que tu as fait pour fêter ton dernier anniversaire?
6. Est-ce que tu as préparé quelque chose à manger pour une fête ou un dîner? Quoi?

7 **Ma fête** Votre partenaire a organisé une fête le week-end dernier. Posez sept questions pour avoir plus de détails sur la fête. Ensuite, alternez les rôles.

MODÈLE

Étudiant(e) 1: *Pour qui est-ce que tu as organisé la fête samedi dernier?*
Étudiant(e) 2: *Pour ma sœur.*

Révision

1 L'année dernière et cette année Décrivez vos dernières fêtes du jour d'Action de Grâces (*Thanksgiving*) à votre partenaire. Utilisez les verbes de la liste. Parlez aussi de vos projets (*plans*) pour le prochain jour d'Action de Grâces.

MODÈLE

Étudiant(e) 1: *L'année dernière, nous avons fêté le jour d'Action de Grâces chez mes grands-parents. Cette année, je vais manger au restaurant avec mes parents.*

Étudiant(e) 2: *Moi, j'ai fait la fête avec mes amis l'année dernière. Cette année, je vais visiter New York avec ma sœur.*

acheter	dormir	manger	regarder
boire	faire	prendre	téléphoner
donner	fêter	préparer	visiter

2 Ce musée, cette ville Faites par écrit (*Write*) une liste de cinq lieux (villes, musées, restaurants, etc.) que vous avez visités. Avec un(e) partenaire, comparez vos listes. Utilisez des adjectifs démonstratifs dans vos phrases.

MODÈLE

Étudiant(e) 1: *Ah, tu as visité Bruxelles. Moi aussi, j'ai visité cette ville. Elle est charmante.*

Étudiant(e) 2: *Tu as mangé au restaurant La Douce France. Je n'aime pas du tout ce restaurant!*

3 La fête Vous et votre partenaire avez préparé une fête avec vos amis. Vous avez acheté des cadeaux, des boissons et des snacks. À tour de rôle, parlez de ce qu'il y a sur l'illustration.

MODÈLE

Étudiant(e) 1: *J'aime bien ces biscuits-là.*

Étudiant(e) 2: *Moi, j'ai apporté cette glace-ci.*

4 Enquête Qu'est-ce que vos camarades ont fait de différent dans leur vie? Votre professeur va vous donner une feuille d'activités. Parlez à vos camarades pour trouver une personne différente pour chaque expérience, puis écrivez son nom.

MODÈLE

Étudiant(e) 1: *As-tu parlé à un acteur?*

Étudiant(e) 2: *Oui! Une fois, j'ai parlé à Bruce Willis!*

Expérience	*Nom*
1. parler à un(e) acteur/actrice	*Julien*
2. passer une nuit entière sans dormir	
3. dépenser plus de $100 pour de la musique en une fois	
4. faire la fête un lundi soir	
5. courir cinq kilomètres ou plus	
6. surprendre un(e) ami(e) pour son anniversaire	

5 Conversez Avec un(e) partenaire, préparez une conversation où un(e) copain/copine demande à un(e) autre copain/copine les détails d'un dîner romantique du week-end dernier. N'oubliez pas de mentionner dans la conversation:

- où ils ont mangé
- les thèmes de la conversation
- qui a payé
- qui a parlé de quoi
- la date du prochain rendez-vous

6 Magali fait la fête Votre professeur va vous donner, à vous et à votre partenaire, deux feuilles d'activités différentes. Attention! Ne regardez pas la feuille de votre partenaire.

MODÈLE

Étudiant(e) 1: *Magali a parlé avec un homme. Cet homme n'a pas l'air intéressant du tout!*

Étudiant(e) 2: *Après,...*

Video

Les marchés de Noël

Les marchés de Noël ont commencé en Europe centrale, dans des pays comme l'Allemagne, l'Autriche ou la Suisse. En France, traditionnellement, on ne les trouvait qu'° en Alsace. Mais depuis° quelques années, ces marchés sont arrivés dans d'autres régions ou villes, et en particulier, à Paris.

La ville a plusieurs marchés de Noël pendant les fêtes, mais celui° des Champs-Élysées est situé sur l'avenue la plus célèbre° de la capitale. Il reçoit° des milliers de visiteurs chaque année et surtout, beaucoup de touristes. Ses nombreux petits chalets° vendent toutes sortes de produits et de sa grande roue°, on a une belle vue° panoramique de l'avenue.

C'est du pain d'épices artisanal°.

À la rencontre du Père Noël°.

Compréhension Répondez aux questions.

1. Quels types d'activités sont montrés ou mentionnés dans la vidéo?
2. Qui est-ce que le journaliste interviewe?
3. Que peut-on acheter sur le marché de Noël des Champs-Élysées? Donnez des exemples.

Discussion Avec un(e) partenaire, répondez aux questions.

1. Allez-vous visiter ce marché si (*if*) vous êtes à Paris pendant les fêtes? Pourquoi?
2. Y a-t-il un marché de Noël dans votre ville? Avez-vous déjà visité ce marché?
3. Est-ce qu'acheter des cadeaux sur un marché de Noël est une bonne idée? Expliquez.

ne les trouvait qu' *only found them* **depuis** *for* **celui** *the one* **la plus célèbre** *the most famous*
reçoit *hosts* **chalets** *cabins* **grande roue** *Ferris wheel* **vue** *view* **artisanal** *hand crafted* **Père Noël** *Santa*

Go to **vhlcentral.com** to watch the TV clip featured in this **Le Zapping.**

Leçon 6B

You will learn how to...
- describe clothing
- offer and accept gifts

Très chic!

Vocabulaire

aller avec	*to go with*
un anorak	*ski jacket, parka*
une chaussette	*sock*
une chemise (à manches courtes/longues)	*shirt (short-/long-sleeved)*
un chemisier	*blouse*
un gant	*glove*
un jean	*jeans*
une jupe	*skirt*
un manteau	*coat*
un pantalon	*pants*
un pull	*sweater*
un sous-vêtement	*underwear*
une taille	*clothing size*
un tailleur	*(woman's) suit; tailor*
un tee-shirt	*tee shirt*
un vendeur/une vendeuse	*salesman/saleswoman*
des vêtements (*m.*)	*clothing*
De quelle couleur...?	*In what color...?*
des soldes (*m.*)	*sales*
chaque	*each*
large	*loose; big*
serré(e)	*tight*

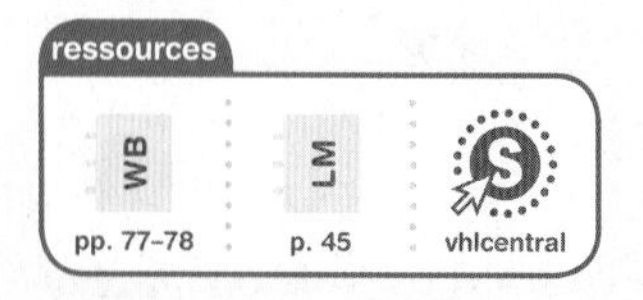

Attention!

Note that the adjectives **orange** and **marron** are invariable; they do not vary in gender or number to match the noun they modify.

J'aime l'anorak orange.

Il porte des chaussures marron.

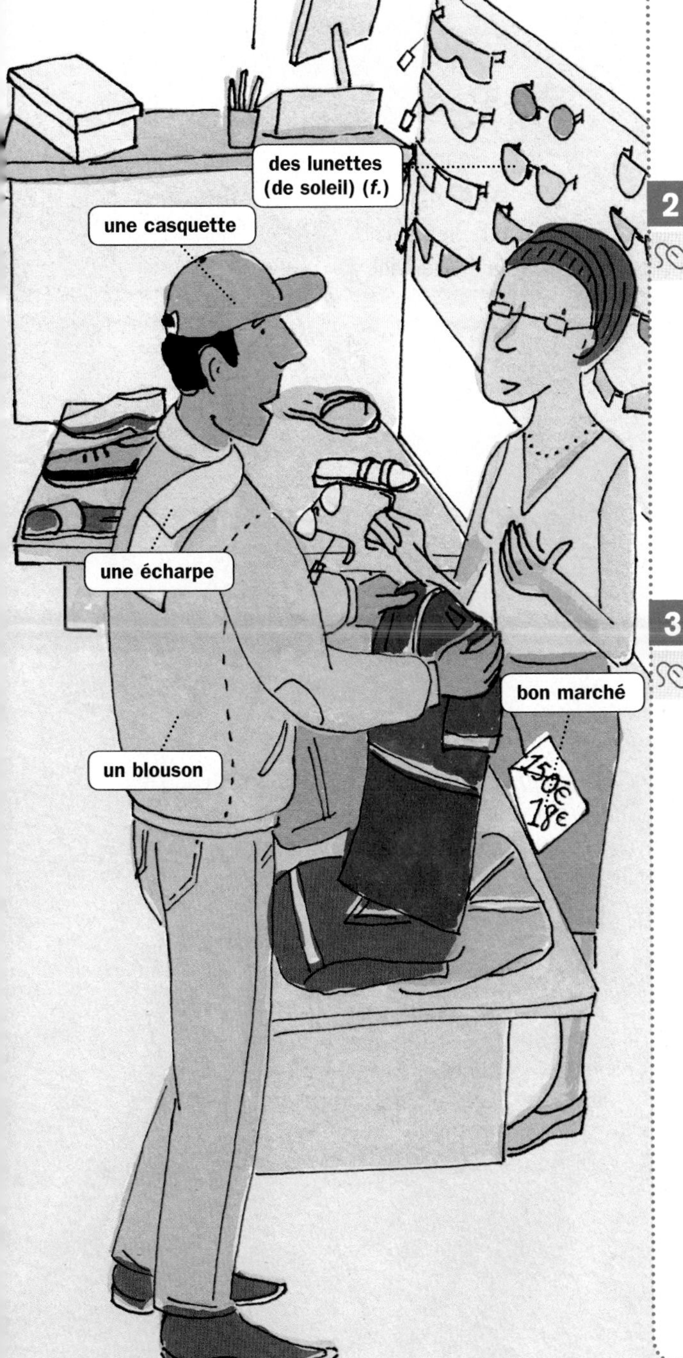

Mise en pratique

Audio: Vocabulary

1 **Écoutez** Guillaume prépare ses vacances d'hiver (*winter vacation*). Indiquez quels vêtements il va acheter pour son voyage.

	Oui	Non
1. des baskets	☐	☐
2. un maillot de bain	☐	☐
3. des chemises	☐	☐
4. un pantalon noir	☐	☐
5. un manteau	☐	☐
6. un anorak	☐	☐
7. un jean	☐	☐
8. un short	☐	☐
9. un pull	☐	☐
10. une robe	☐	☐

Guillaume

2 **Les vêtements** Chassez l'intrus et choisissez le mot qui ne va pas avec les autres.

1. des baskets, une cravate, une chaussure
2. un jean, un pantalon, une jupe
3. un tailleur, un costume, un short
4. des lunettes, un chemisier, une chemise
5. un tee-shirt, un pull, un anorak
6. une casquette, une ceinture, un chapeau
7. un sous-vêtement, une chaussette, un sac à main
8. une jupe, une robe, une écharpe

3 **De quelle couleur?** Indiquez de quelle(s) couleur(s) sont les choses suivantes.

MODÈLE

l'océan
Il est bleu.
la statue de la Liberté
Elle est grise.

1. le drapeau français ______________
2. les dollars américains ______________
3. les pommes (*apples*) ______________
4. le soleil ______________
5. la nuit ______________
6. le zèbre ______________
7. la neige ______________
8. les oranges ______________
9. le vin ______________
10. les bananes ______________

Communication

4 **Qu'est-ce qu'ils portent?** Avec un(e) camarade de classe, regardez les images et, à tour de rôle, décrivez ce que les personnages portent.

MODÈLE

Elle porte un maillot de bain rouge.

1.

2.

3.

4.

5 **On fait du shopping** Choisissez deux partenaires et préparez une conversation. Deux client(e)s et un vendeur/une vendeuse sont dans un grand magasin; les client(e)s sont invité(e)s à un événement très chic, mais ils ou elles ne veulent pas (*don't want*) dépenser beaucoup d'argent.

Client(e)s

- Décrivez l'événement auquel (*to which*) vous êtes invité(e)s.
- Parlez des vêtements que vous cherchez, de vos couleurs préférées, de votre taille. Trouvez-vous le vêtement trop large, trop serré, etc.?
- Demandez les prix et dites si vous trouvez que c'est cher, bon marché, etc.

Vendeur/Vendeuse

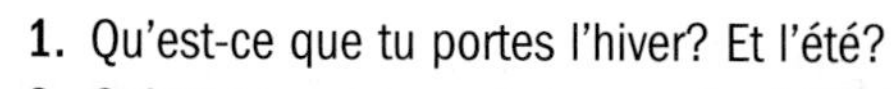

- Demandez les tailles, préférences, etc. des client(e)s.
- Répondez à toutes les questions de vos client(e)s.
- Suggérez des vêtements appropriés.

Coup de main

To compare French and American sizes, see the chart on p. 226.

6 **Conversez** Interviewez un(e) camarade de classe.

1. Qu'est-ce que tu portes l'hiver? Et l'été?
2. Qu'est-ce que tu portes pour aller à l'université?
3. Qu'est-ce que tu portes pour aller à la plage (*beach*)?
4. Qu'est-ce que tu portes pour faire une randonnée?
5. Qu'est-ce que tu portes pour aller en boîte de nuit?
6. Qu'est-ce que tu portes pour un entretien d'embauche (*job interview*)?
7. Quelle est ta couleur préférée? Pourquoi?
8. Qu'est-ce que tu portes pour aller dans un restaurant très élégant?
9. Où est-ce que tu achètes tes vêtements? Pourquoi?
10. Est-ce que tu prêtes (*lend*) tes vêtements à tes ami(e)s?

7 **Défilé de mode** Votre classe a organisé un défilé de mode (*fashion show*). Votre partenaire est mannequin (*model*) et vous représentez la marque (*brand*) de vêtements. Pendant que votre partenaire défile, vous décrivez à la classe les vêtements qu'il ou elle porte. Après, échangez les rôles.

MODÈLE

Et voici la charmante Julie, qui porte les modèles de la dernière collection H&M: une chemise à manches courtes et un pantalon noir, ensemble idéal pour aller en boîte de nuit. Ses chaussures blanches vont parfaitement avec l'ensemble. Cette collection H&M est très à la mode et très bon marché.

Les sons et les lettres

Audio: Concepts, Activities
Record & Compare

Open vs. closed vowels: Part 3

The letter combination **eu** can be pronounced two different ways, open and closed. Compare the pronunciation of the vowel sounds in these words.

heure **meilleur** **cheveux** **neveu**

When **eu** is the last sound of a syllable, it has a closed vowel sound, sort of like the vowel sound in the English word *full*. While this exact sound does not exist in English, you can make the closed **eu** sound by saying **é** with your lips rounded.

deux **bleu** **peu** **mieux**

When **eu** is followed by a *z* sound, such as a single **s** between two vowels, it is usually pronounced with the closed **eu** sound.

chanteuse **généreuse** **sérieuse** **curieuse**

When **eu** is followed by a pronounced consonant, it has a more open sound. The open **eu** sound does not exist in English. To pronounce it, say **è** with your lips only slightly rounded.

peur **jeune** **chanteur** **beurre**

The letter combination **œu** is usually pronounced with an open **eu** sound.

sœur **bœuf** **œuf** **cœur**

Prononcez Répétez les mots suivants à voix haute.

1. leur
2. veuve
3. neuf
4. vieux
5. curieux
6. acteur
7. monsieur
8. coiffeuse
9. ordinateur
10. tailleur
11. vendeuse
12. couleur

Articulez Répétez les phrases suivantes à voix haute.

1. Le professeur Heudier a soixante-deux ans.
2. Est-ce que Matthieu est jeune ou vieux?
3. Monsieur Eustache est un chanteur fabuleux.
4. Eugène a les yeux bleus et les cheveux bruns.

Dictons Répétez les dictons à voix haute.

Les conseilleurs ne sont pas les payeurs.[2]

Qui vole un œuf, vole un bœuf.[1]

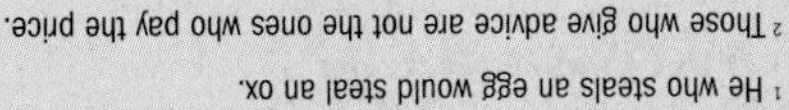

[1] He who steals an egg would steal an ox.
[2] Those who give advice are not the ones who pay the price.

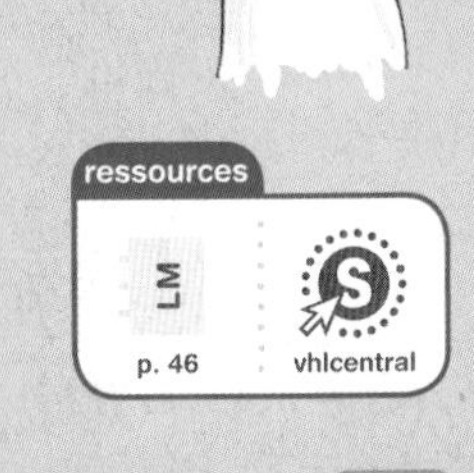

ROMAN-PHOTO

L'anniversaire

Video: *Roman-photo*
Record & Compare

PERSONNAGES

Amina

Astrid

Rachid

Sandrine

Stéphane

Valérie

1

Au café...

VALÉRIE, SANDRINE, AMINA, ASTRID ET RACHID Surprise! Joyeux anniversaire, STÉPHANE!

STÉPHANE Alors là, je suis agréablement surpris!

VALÉRIE Bon anniversaire, mon chéri!

SANDRINE On a organisé cette surprise ensemble...

2

VALÉRIE Pas du tout! C'est Sandrine qui a presque tout préparé.

SANDRINE Oh, je n'ai fait que les desserts et ton gâteau d'anniversaire.

STÉPHANE Tu es un ange.

RACHID Bon anniversaire, Stéphane. Tu sais, à ton âge, il ne faut pas perdre son temps, alors cette année, tu travailles sérieusement, c'est promis?

STÉPHANE Oui, oui.

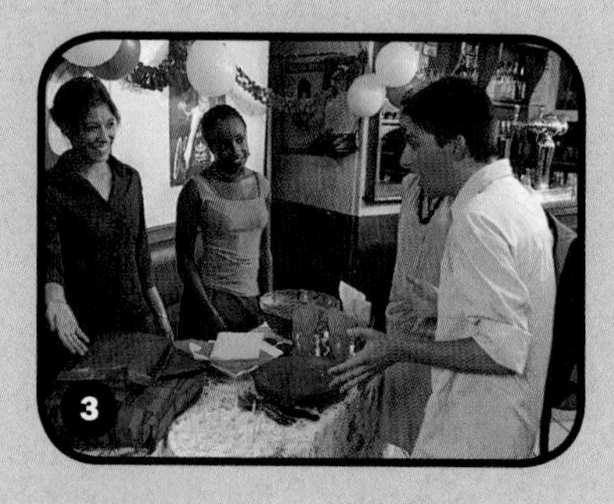

3

AMINA Rachid a raison. Dix-huit ans, c'est une étape importante dans la vie! Il faut fêter ça.

ASTRID Joyeux anniversaire, Stéphane.

STÉPHANE Oh, et en plus, vous m'avez apporté des cadeaux!

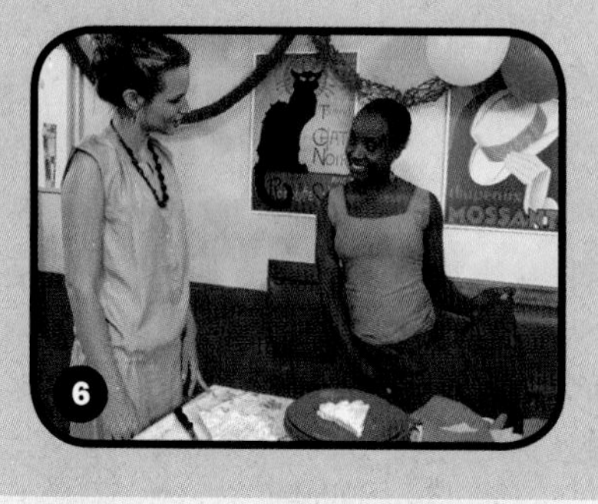

6

AMINA Oui. J'ai tout fait moi-même: ce tee-shirt, cette jupe et j'ai acheté ces chaussures.

SANDRINE Tu es une véritable artiste, Amina! Ta jupe est très originale! J'adore!

AMINA J'ai une idée. Tu me prêtes ta robe grise samedi et je te prête ma jupe. D'accord?

SANDRINE Bonne idée!

7

STÉPHANE Eh! C'est super cool, ce blouson en cuir noir. Avec des gants en plus! Merci, maman!

AMINA Ces gants vont très bien avec le blouson! Très à la mode!

STÉPHANE Tu trouves?

8

RACHID Tiens, Stéphane.

STÉPHANE Mais qu'est-ce que c'est? Des livres?

RACHID Oui, la littérature, c'est important pour la culture générale!

VALÉRIE Tu as raison, Rachid.

STÉPHANE Euh oui... euh... c'est gentil... euh... merci, Rachid.

ACTIVITÉS

1 Vrai ou faux? Indiquez si les affirmations suivantes sont **vraies** ou **fausses**. Corrigez les phrases fausses.

1. David ne veut pas (*doesn't want*) aller à la fête.
2. Sandrine porte une jupe bleue.
3. Amina a fait sa jupe elle-même (*herself*).
4. La jupe d'Amina est en soie.
5. Valérie donne un blouson en cuir et une ceinture à Stéphane.
6. Sandrine n'aime pas partager ses vêtements.
7. Pour Amina, 18 ans, c'est une étape importante.
8. Sandrine n'a rien fait (*didn't do anything*) pour la fête.
9. Rachid donne des livres de littérature à Stéphane.
10. Stéphane pense que ses amis sont drôles.

Practice more at **vhlcentral.com**.

Les amis fêtent l'anniversaire de Stéphane.

SANDRINE Ah au fait, David est désolé de ne pas être là. Ce week-end, il visite Paris avec ses parents. Mais il pense à toi.
STÉPHANE Je comprends tout à fait. Les parents de David sont de Washington, n'est-ce pas?
SANDRINE Oui, c'est ça.

AMINA Merci, Sandrine. Je trouve que tu es très élégante dans cette robe grise! La couleur te va très bien.
SANDRINE Vraiment? Et toi, tu es très chic. C'est du coton?
AMINA Non, de la soie.
SANDRINE Cet ensemble, c'est une de tes créations, n'est-ce pas?

STÉPHANE Une calculatrice rose... pour moi?
ASTRID Oui, c'est pour t'aider à répondre à toutes les questions en maths et avec le sourire.
STÉPHANE Euh, merci beaucoup! C'est très... utile.
ASTRID Attends! Il y a encore un cadeau pour toi...

STÉPHANE Ouah, cette montre est géniale, merci!
ASTRID Tu as aimé notre petite blague? Nous, on a bien ri.
RACHID Eh Stéphane! Tu as vraiment aimé tes livres et ta calculatrice?
STÉPHANE Ouais, vous deux, ce que vous êtes drôles.

Expressions utiles

Talking about your clothes

- **Et toi, tu es très chic. C'est du coton/de la soie?**
  And you, you're very chic. Is that cotton/silk?
- **J'ai tout fait moi-même.**
  I did/made everything myself.
- **La couleur te va très bien.**
  The color really suits you.
- **Tu es une véritable artiste! Ta jupe est très originale!**
  You're a true artist! Your skirt is very original!
- **Tu me prêtes ta robe grise samedi et je te prête ma jupe.**
  You lend me your gray dress Saturday and I'll lend you my skirt.
- **C'est super cool, ce blouson en cuir/laine/velours noir(e). Avec des gants en plus!**
  This black leather/wool/velvet jacket is really cool. With gloves as well!

Additional vocabulary

- **Vous m'avez apporté des cadeaux!**
  You brought me presents!
- **Tu sais, à ton âge, il ne faut pas perdre son temps.**
  You know, at your age, one shouldn't waste time.
- **C'est pour t'aider à répondre à toutes les questions en maths et avec le sourire.**
  It's to help you solve all the math problems with a smile.
- **agréablement surpris(e)**
  pleasantly surprised
- **C'est promis?**
  Promise?
- **Il pense à toi.**
  He's thinking of you.
- **tout à fait**
  absolutely
- **Vraiment?**
  Really?
- **véritable**
  true, genuine
- **Pour moi?**
  For me?
- **Attends!**
  Wait!
- **On a bien ri.**
  We had a good laugh.

ACTIVITÉS

2 Identifiez Indiquez qui a dit (*said*) les phrases suivantes: Valérie (V), Sandrine (S), Amina (A), Astrid (As), Rachid (R) ou Stéphane (St).

____ 1. Tu es une véritable artiste.
____ 2. On a bien ri.
____ 3. Très à la mode.
____ 4. Je comprends tout à fait.
____ 5. C'est Sandrine qui a presque tout préparé.
____ 6. C'est promis?

3  **À vous!** Ce sont les soldes. Sandrine, David et Amina vont dans un magasin pour acheter des vêtements. Ils essaient différentes choses, donnent leurs avis (*opinions*) et parlent de leurs préférences, des prix et des matières (*fabrics*). Avec deux partenaires, écrivez la conversation et jouez la scène devant la classe.

ressources

pp. 209–210
vhlcentral

CULTURE À LA LOUPE

La mode en France

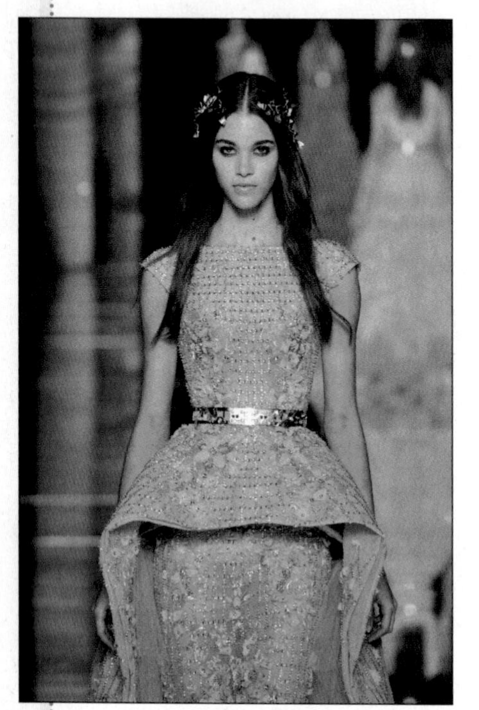

Pour la majorité des Français, la mode est un moyen° d'expression. Les jeunes adorent les marques°, surtout les marques américaines. Avoir un *sweatshirt* de style américain est considéré comme très chic. C'est pareil° pour les chaussures. Bien sûr, les styles varient beaucoup. Il y a le style bourgeois, par exemple, plus classique avec la prédominance de la couleur bleu marine°. Il y a aussi le style «baba cool», c'est-à-dire° *hippie*.

Les marques coûtent cher, mais en France il y a encore beaucoup de boutiques indépendantes où les vêtements ne sont pas nécessairement plus chers. Souvent les vendeurs et les vendeuses sont aussi propriétaires du magasin. Ils encouragent donc° plus les clients à acheter. Mais il y a aussi beaucoup de chaînes françaises comme Lacoste, Bensimon et Kooples. Et les chaînes américaines sont de plus en plus présentes dans les villes. Les Français achètent également° des vêtements dans les hypermarchés°, comme Auchan ou Carrefour, et dans les centres commerciaux.

L'anthropologue américain Lawrence Wylie a écrit° sur les différences entre les vêtements français et américains. Les Américains portent des vêtements plus amples et plus confortables. Pour les Français, l'aspect esthétique est plus important que le confort. Les femmes mettent des baskets uniquement pour faire du sport. Les costumes français sont plus serrés et plus près du corps° et les épaules° sont en général plus étroites°.

moyen *means* **marques** *brand names* **pareil** *the same* **marine** *navy* **c'est-à-dire** *in other words* **donc** *therefore* **également** *also* **hypermarchés** *large supermarkets* **a écrit** *wrote* **corps** *body* **épaules** *shoulders* **étroites** *narrow*

Coup de main

Comparaison des tailles°

FEMMES						
France	36	38	40	42	44	46
USA	6	8	10	12	14	16
HOMMES (PANTALONS)						
France	36	38	40	42	44	46
USA	26	28	30	32	34	36

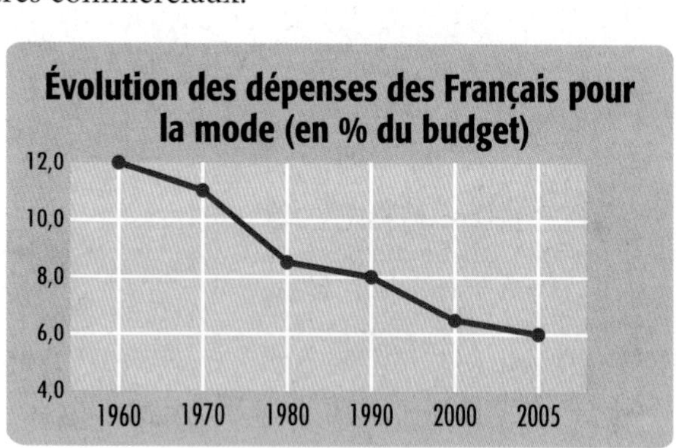

ACTIVITÉS

1 **Vrai ou faux?** Indiquez si les phrases sont **vraies** ou **fausses**. Corrigez les phrases fausses.

1. Pour beaucoup de Français, la mode est un moyen d'expression.
2. Un *sweatshirt* de style américain est considéré comme du mauvais goût (taste).
3. La couleur bleu marine prédomine dans le style bourgeois.
4. En France les boutiques indépendantes sont rares.
5. Les vendeurs et les vendeuses des boutiques indépendantes sont souvent aussi propriétaires.
6. Lacoste, Bensimon et The Kooples sont des chaînes françaises.
7. Il est possible d'acheter des vêtements dans les hypermarchés.
8. Lawrence Wylie a écrit sur la mode italienne.
9. Les Français portent des vêtements plus amples et plus confortables.
10. Les costumes français sont très larges.

STRATÉGIE

Predicting content from titles

Predicting content from the title will help you increase your reading comprehension in French. We can usually predict the content of a newspaper article from its title, for example. More often than not, we decide whether to read the article based on its title. In pairs, read the titles of the selections in this **Lecture culturelle**, and try to guess what they are about.

PORTRAIT

Coco Chanel, styliste parisienne

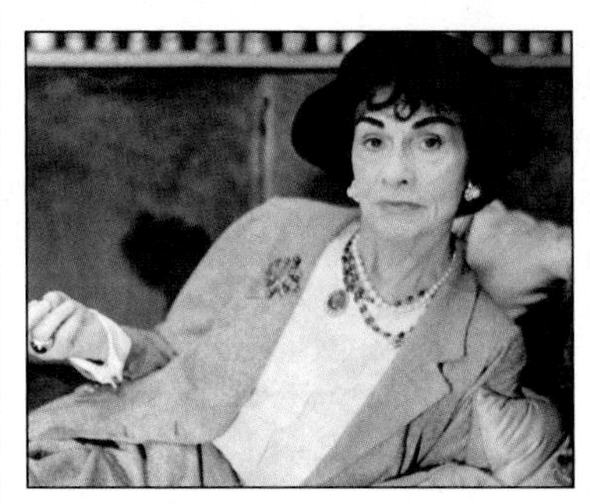

«La mode se démode°, le style jamais.»

—Coco Chanel

Coco Chanel (1883–1971) est considérée comme étant° l'icône du parfum et de la mode du vingtième siècle°. Dans les années 1910, elle a l'idée audacieuse° d'intégrer la mode «à la garçonne» dans ses créations: les lignes féminines empruntent aux° éléments de la mode masculine. C'est la naissance du fameux tailleur Chanel. Pour «Mademoiselle Chanel», l'important dans la mode, c'est que les vêtements permettent de bouger°; ils doivent° être simples et confortables. Son invention de «la petite robe noire» illustre l'esprit° classique et élégant de ses collections. De nombreuses célébrités ont immortalisé le nom de Chanel: Jacqueline Kennedy avec le tailleur et Marilyn Monroe avec le parfum No. 5, par exemple.

se démode *goes out of fashion* **étant** *being* **vingtième siècle** *twentieth century* **idée audacieuse** *daring idea* **empruntent aux** *borrow from* **bouger** *move* **doivent** *have to* **esprit** *spirit*

LE MONDE FRANCOPHONE

Vêtements et tissus

Voici quelques vêtements et tissus traditionnels du monde francophone.

En Afrique centrale et de l'ouest

Le boubou tunique plus ou moins° longue et souvent très colorée portée par les hommes et les femmes

Les batiks tissus° traditionnels très colorés

En Afrique du Nord

La djellaba longue tunique à capuche° portée par les hommes et les femmes

Le kaftan sorte de djellaba portée à la maison

À la Martinique

Le madras tissu typique aux couleurs vives

À Tahiti

Le paréo morceau° de tissu attaché au-dessus de la poitrine° ou à la taille°

plus ou moins *more or less* **tissus** *fabrics* **à capuche** *hooded* **morceau** *piece* **poitrine** *chest* **taille** *waist*

Sur Internet

Combien de couturiers présentent leurs collections dans les défilés de mode, à Paris, chaque hiver?

Go to **vhlcentral.com** to find more cultural information related to this **Lecture culturelle**.

2 **Coco Chanel** Complétez les phrases.

1. Coco Chanel était (*was*) ______________.
2. Le style Chanel est inspiré de ______________.
3. Les vêtements Chanel sont ______________.
4. Jacqueline Kennedy portait souvent des __________ Chanel.
5. D'après «Mademoiselle Chanel», il est très important de pouvoir (*to be able to*) ________ dans ses vêtements.
6. C'est Coco Chanel qui a inventé ______________.

3 **Le «relookage»** Vous êtes conseillers/conseillères en image (*image consultants*), spécialisé(e)s dans le «relookage». Votre nouveau/nouvelle client(e), une célébrité, vous demande de l'aider à sélectionner un nouveau style. Discutez de ce nouveau look avec un(e) partenaire.

Practice more at **vhlcentral.com**.

ACTIVITÉS

6B.1

Indirect object pronouns

À noter

In French, *direct* object pronouns follow special rules, which is why you are learning about *indirect* object pronouns first. You will learn about direct object pronouns in **Leçon 7A**.

- An indirect object expresses *to whom* or *for whom* an action is done. An indirect object pronoun replaces an indirect object noun. Look for the preposition **à** followed by a name or noun referring to a person or animal. In the example below, the indirect object answers this question: **À qui parle Gisèle?** (*To whom does Gisèle speak?*)

SUBJECT	VERB	INDIRECT OBJECT NOUN
Gisèle	**parle**	**à sa mère.**
Gisèle	*speaks*	*to her mother.*

Indirect object pronouns

me	*to/for me*	**nous**	*to/for us*
te	*to/for you*	**vous**	*to/for you*
lui	*to/for him/her*	**leur**	*to/for them*

- Indirect object pronouns replace indirect object nouns and the prepositions that precede them.

Gisèle parle **à sa mère.** → Gisèle **lui** parle.
Gisèle speaks to her mother. → *Gisèle speaks to her.*

J'envoie des cadeaux **à mes nièces**. → Je **leur** envoie des cadeaux.
I send gifts to my nieces. → *I send them gifts.*

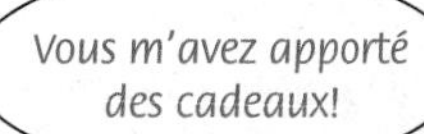

Boîte à outils

In French, the indirect object pronouns can *only* refer to animate nouns like people or animals.

- The indirect object pronoun usually precedes the conjugated verb.

Antoine, je **te** parle.
Antoine, I'm speaking to you.

Notre père **nous** a envoyé un poème.
Our father sent us a poem.

Boîte à outils

When you have a question using inversion, follow the same rules outlined on this page for the placement of the indirect object pronoun.

Lui parles-tu?
Lui as-tu parlé?
Vas-tu lui parler?

- In a negative statement, place the indirect object pronoun between **ne** and the conjugated verb.

Antoine, je **ne te parle** pas de ça.
Antoine, I'm not speaking to you about that.

Notre père **ne nous a** pas envoyé de poème.
Our father didn't send us a poem.

- When an infinitive follows a conjugated verb, the indirect object pronoun precedes the infinitive.

Nous allons **lui donner** la cravate.
We're going to give him the tie.

Ils espèrent **vous prêter** le costume.
They hope to lend you the suit.

- In the **passé composé**, the indirect object pronoun comes before the auxiliary verb **avoir**.

Tu **lui** as parlé?
Did you speak to her?

Non, je ne **lui** ai pas parlé.
No, I didn't speak to her.

Verbs used with indirect object pronouns			
demander à	*to ask, to request*	**parler à**	*to speak to*
donner à	*to give to*	**poser une question à**	*to pose/ ask a question (to)*
envoyer à	*to send to*	**prêter à**	*to lend to*
montrer à	*to show to*	**téléphoner à**	*to phone, to call*

- The indirect object pronouns **me** and **te** become **m'** and **t'** before a verb beginning with a vowel sound.

Ton petit ami **t'**envoie des e-mails.
Your boyfriend sends you e-mails.

Isabelle **m'**a prêté son sac à main.
Isabelle lent me her handbag.

M'a-t-il acheté ce pull?
Did he buy me this sweater?

Elles ne **t'**ont pas téléphoné hier?
Didn't they call you yesterday?

Disjunctive pronouns

- Disjunctive pronouns can be used alone or in phrases without a verb.

Qui prend du café?
Who's having coffee?

Moi!
Me!

Eux aussi?
Them, too?

- Disjunctive pronouns emphasize the person to whom they refer.

Moi, je porte souvent une casquette.
Me, I often wear a cap.

Mon frère, **lui**, il déteste les casquettes.
My brother, him, he hates caps.

- To say *myself*, *ourselves*, etc., add **-même(s)** after the disjunctive pronoun.

Tu fais ça **toi-même**?
Are you doing that yourself?

Ils organisent la fête **eux-mêmes**.
They're planning the party themselves.

- In the case of a few French verbs and expressions, you do not use the indirect object pronoun although the verb may be followed by **à** and a person or animal. Instead, use the disjunctive pronoun. One such expression is **penser à**.

Il **pense** souvent **à** ses grands-parents, n'est-ce pas?
He often thinks about his grandparents, doesn't he?

DISJUNCTIVE PRONOUN
Oui, il **pense** souvent **à** eux.
Yes, he often thinks about them.

À noter

In **Leçon 3B**, you learned to use disjunctive pronouns (**moi, toi, lui, elle, nous, vous, eux, elles**) after prepositions: **J'ai une écharpe pour ton frère/pour lui.** (*I have a scarf for your brother/for him.*)

Essayez!

Complétez les phrases avec le pronom d'objet indirect approprié.

1. Tu ___nous___ montres tes photos? (*us*)
2. Luc, je ________ donne ma nouvelle adresse. (*you, fam.*)
3. Vous ________ posez de bonnes questions. (*me*)
4. Nous ________ avons demandé. (*them*)
5. On ________ achète une nouvelle robe. (*you, form.*)
6. Ses parents ________ ont acheté un tailleur. (*her*)
7. Je vais ________ téléphoner à dix heures. (*him*)
8. Elle va ________ prêter sa jupe. (*me*)
9. Je ________ envoie des vêtements. (*you, plural*)
10. Est-ce que tu ________ as apporté ces chaussures? (*them*)
11. Il ne ________ donne pas son anorak? (*you, fam.*)
12. Nous ne ________ parlons pas! (*them*)

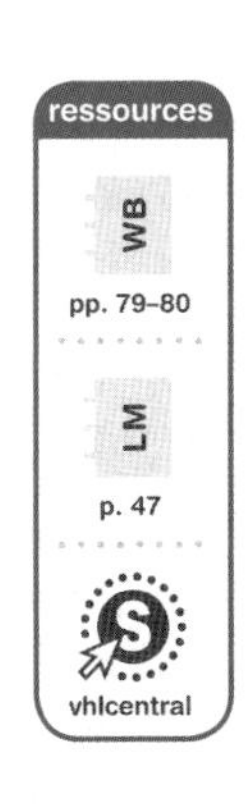

STRUCTURES

Mise en pratique

1 **Complétez** Corinne fait du shopping avec sa copine Célia. Trouvez le bon pronom d'objet indirect ou disjonctif pour compléter ses phrases.

1. Je ______ achète des baskets. (à mes cousins)
2. Je ______ prends une ceinture. (à toi, Célia)
3. Nous ______ achetons une jupe. (à notre copine Christelle)
4. Célia ______ prend des lunettes de soleil. (à ma mère et à moi)
5. Je ______ achète des gants. (à ta mère et à toi, Célia)
6. Célia ______ achète un pantalon. (à moi)
7. Et, c'est l'anniversaire de Magalie demain. Tu penses à ______, j'espère! (à Magalie)

2 **Dialogues** Complétez les dialogues.

1. **M. SAUNIER** Tu m'as posé une question, chérie?
   MME SAUNIER Oui. Je ______ ai demandé l'heure.
2. **CLIENT** Je cherche un beau pull.
   VENDEUSE Je vais ______ montrer ce pull noir.
3. **VALÉRIE** Tu as l'air triste. Tu penses à ton petit ami?
   MÉGHANE Oui, je pense à ______.
4. **PROF 1** Mes étudiants ont passé l'examen.
   PROF 2 Tu ______ envoies les résultats?
5. **MÈRE** Qu'est-ce que vous allez faire?
   ENFANTS On va aller au cinéma. Tu ______ donnes de l'argent?
6. **PIERRE** Tu ______ téléphones ce soir?
   CHARLOTTE D'accord. Je te téléphone.
7. **GÉRARD** Christophe a oublié son pull. Il a froid!
   VALENTIN Je ______ prête mon blouson.
8. **MÈRE** Tu ne penses pas à Théo et Sophie?
   PÈRE Mais si, je pense souvent à ______.

3 **Assemblez** Avec un(e) partenaire, assemblez les éléments pour comparer vos familles et vos amis.

MODÈLE

Étudiant(e) 1: *Mon père me prête souvent sa voiture.*
Étudiant(e) 2: *Mon père, lui, il nous prête de l'argent.*

A	B	C
je	acheter	argent
tu	apporter	biscuits
mon père	envoyer	cadeaux
ma mère	expliquer	devoirs
mon frère	faire	e-mails
ma sœur	montrer	problèmes
mon/ma petit(e) ami(e)	parler	vêtements
mes copains	payer	voiture
?	prêter	?
	?	

Communication

4 

Qu'allez-vous faire? Avec un(e) partenaire, dites ce que vous allez faire dans ces situations. Employez les verbes de la liste et présentez vos réponses à la classe.

MODÈLE

Un ami a soif.
On va lui donner de l'eau.

acheter	montrer
apporter	parler
demander	poser des questions
donner	préparer
envoyer	prêter
faire	téléphoner

1. Une personne âgée a froid.
2. Des touristes sont perdus (*lost*).
3. Un homme est sans abri (*homeless*).
4. Votre tante est à l'hôpital.
5. Des amis vous invitent à manger chez eux.
6. Vos nièces ont faim.
7. Votre petit(e) ami(e) fête son anniversaire.
8. Votre meilleur(e) (*best*) ami(e) a des problèmes.
9. Vous ne comprenez pas le prof.
10. Vos parents voyagent en France pendant (*for*) un mois.

5 

Les cadeaux de l'année dernière Par groupes de trois, parlez des cadeaux que vous avez achetés à votre famille et à vos amis l'année dernière. Que vous ont-ils acheté? Présentez vos réponses à la classe.

MODÈLE

Étudiant(e) 1: *Qu'est-ce que tu as acheté à ta mère?*
Étudiant(e) 2: *Je lui ai acheté un ordinateur.*
Étudiant(e) 3: *Ma copine Dominique m'a donné une montre.*

6

Au grand magasin Par groupes de trois, jouez les rôles de deux client(e)s et d'un(e) vendeur/vendeuse. Les client(e)s cherchent des vêtements pour faire des cadeaux. Ils parlent de ce qu'ils (*what they*) cherchent et le/la vendeur/vendeuse leur fait des suggestions.

6B.2 Regular and irregular *-re* verbs

Point de départ You've already seen infinitives that end in **-er** and **-ir**. The infinitive forms of a third group of French verbs end in **-re**.

- Many **-re** verbs, such as **attendre** (*to wait*), follow a regular pattern of conjugation, as shown below.

attendre	
j'attends	**nous attendons**
tu attends	**vous attendez**
il/elle/on attend	**ils/elles attendent**

Tu **attends** devant le café?
Are you waiting in front of the café?

Où **attendez**-vous?
Where are you waiting?

Nous **attendons** dans le magasin.
We're waiting in the store.

Il faut **attendre** dans la bibliothèque.
One must wait in the library.

- The verb **attendre** means *to wait* or *to wait for*. Unlike English, it does not require a preposition.

Marc **attend le bus**.
Marc is waiting for the bus.

Il **attend** ses parents à l'école.
He's waiting for his parents at school.

Ils **attendent Robert**.
They're waiting for Robert.

J'**attends** les soldes.
I'm waiting for a sale.

Other regular *-re* verbs			
descendre	*to go down; to take down*	**rendre (à)**	*to give back, to return (to)*
entendre	*to hear*	**rendre visite (à)**	*to visit someone*
perdre (son temps)	*to waste (one's time)*	**répondre (à)**	*to respond, to answer (to)*
		vendre	*to sell*

- To form the past participle of regular **-re** verbs, drop the **-re** from the infinitive and add **-u**.

Les étudiants ont **vendu** leurs livres.
The students sold their books.

J'ai **répondu** à ton e-mail.
I answered your e-mail.

Il a **entendu** arriver la voiture de sa femme.
He heard his wife's car arrive.

Nous avons **perdu** patience.
We lost patience.

- **Rendre visite à** means *to visit a person*, while **visiter** means *to visit a place*.

Tu **rends visite à ta grand-mère** le lundi.
You visit your grandmother on Mondays.

Avez-vous **rendu visite à vos cousins**?
Did you visit your cousins?

Cécile va **visiter le musée** aujourd'hui.
Cécile is going to visit the museum today.

Nous **avons visité Rome** l'année dernière.
We visited Rome last year.

- Some verbs whose infinitives end in **-re** are irregular.

Irregular *-re* verbs

	conduire *(to drive)*	**mettre** *(to put (on))*	**rire** *(to laugh)*
je	**conduis**	**mets**	**ris**
tu	**conduis**	**mets**	**ris**
il/elle/on	**conduit**	**met**	**rit**
nous	**conduisons**	**mettons**	**rions**
vous	**conduisez**	**mettez**	**riez**
ils/elles	**conduisent**	**mettent**	**rient**

Je **conduis** la voiture.
I'm driving the car.

Thérèse **met** ses gants.
Thérèse puts on her gloves.

Elles **rient** pendant le spectacle.
They laugh during the show.

Other irregular *-re* verbs

like ***conduire***	
construire	*to build, to construct*
détruire	*to destroy*
produire	*to produce*
réduire	*to reduce*
traduire	*to translate*

like ***mettre***	
permettre	*to allow*
promettre	*to promise*

like ***rire***	
sourire	*to smile*

- The past participle of the verb **mettre** is **mis**. Verbs derived from **mettre** (**permettre**, **promettre**) follow the same pattern: **permis**, **promis**.

Où est-ce que tu **as mis** mes lunettes de soleil?
Where did you put my sunglasses?

Je lui **ai promis** de faire la cuisine.
I promised her that I'd cook.

- The past participle of **conduire** is **conduit**. Verbs like it follow the same pattern: **construire → construit**; **détruire → détruit**; **produire → produit**; **réduire → réduit**; **traduire → traduit**.

- The past participle of **rire** is **ri**. The past participle of **sourire** is **souri**.

Boîte à outils

The French verbs **permettre** and **promettre** are followed by the preposition **à** and an indirect object to express *to allow someone* or *to promise someone*: **permettre à quelqu'un** and **promettre à quelqu'un**.

Leur avez-vous permis de commencer à dix heures?
Did you allow them to start at 10 o'clock?

Je lui promets de ne pas partir.
I promise him I won't leave.

Essayez!

Complétez les phrases avec la forme correcte du présent du verbe.

1. Ils attendent (attendre) l'arrivée du train.
2. Nous ________ (répondre) aux questions du professeur.
3. Je ________ (sourire) quand je suis heureuse.
4. Si on ________ (construire) trop, on ________ (détruire) la nature.
5. Quand il fait froid, vous ________ (mettre) un pull.
6. Est-ce que les étudiants ________ (entendre) le professeur?
7. Keiko ________ (conduire) sa voiture ce week-end.
8. Si le café n'est pas bon, je ________ (mettre) du sucre (*sugar*).

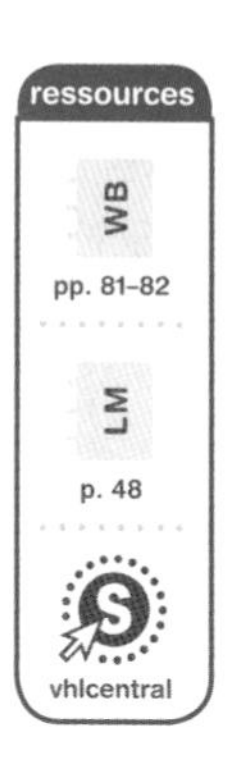

Mise en pratique

1 **Qui fait quoi?** Quelles phrases vont avec les illustrations?

1. 2. 3. 4.

_____ a. Martin attend ses copains.
_____ b. Nous rendons visite à notre grand-mère.
_____ c. Vous vendez de jolis vêtements.
_____ d. Je ris en regardant un film.

2 **Les clients difficiles** Henri et Gilbert travaillent pour un grand magasin. Complétez leur conversation.

GILBERT Tu n'as pas encore mangé?

HENRI Non, j' (1) __________ (attendre) Jean-Michel.

GILBERT Il ne (2) __________ (descendre) pas tout de suite. Il (3) __________ (perdre) son temps avec un client difficile. Il (4) __________ (mettre) des cravates, des costumes, des chaussures...

HENRI Nous ne (5) __________ (vendre) pas souvent à des clients comme ça.

GILBERT C'est vrai. Ils (6) __________ (promettre) d'acheter quelque chose, puis ils partent les mains vides (*empty*).

3 **Au centre commercial** Daniel et ses copains ont passé (*spent*) la journée au centre commercial hier. Utilisez les éléments donnés pour faire des phrases complètes. Ajoutez d'autres éléments nécessaires.

1. Omar et moi / conduire / centre commercial
2. Guillaume / attendre / dix minutes / devant / cinéma
3. Hervé et Thérèse / vendre / pulls
4. Lise / perdre / sac à main
5. tu / mettre / robe / bleu
6. Sandrine et toi / ne pas répondre / vendeur

4 **La journée de Béatrice** Hier, Béatrice a fait une liste des choses à faire. Avec un(e) partenaire, utilisez les verbes de la liste au passé composé pour dire (*to say*) tout ce qu'elle a fait.

attendre	mettre
conduire	rendre visite
entendre	traduire

1. devoir d'espagnol
2. mon nouveau CD
3. e-mail de Sébastien
4. tante Albertine
5. gants dans mon sac
6. vieille voiture

Communication

5 **Fréquence** Employez les verbes de la liste et d'autres verbes pour dire (*to tell*) à un(e) partenaire ce que (*what*) vous faites tous les jours, une fois par mois et une fois par an. Alternez les rôles.

MODÈLE

Étudiant(e) 1: *J'attends mes copains au resto U tous les jours.*
Étudiant(e) 2: *Moi, je rends visite à mes grands-parents une fois par mois.*

attendre	perdre
conduire	rendre
entendre	répondre
mettre	sourire

6 **Les charades** Par groupes de quatre, jouez aux charades. Chaque étudiant(e) pense à une phrase différente avec un des verbes en **-re**. La première personne qui devine (*guesses*) propose la prochaine charade.

7 **Questions personnelles** Avec un(e) partenaire, posez-vous ces questions à tour de rôle.

1. Réponds-tu tout de suite (*immediately*) à tes e-mails?
2. As-tu promis à tes parents de faire quelque chose? Quoi?
3. Que mets-tu quand tu vas à un mariage? Pour aller à l'école? Pour sortir avec des copains?
4. Tes parents te permettent-ils de sortir tard pendant la semaine?
5. Conduis-tu la voiture de tes parents? Comment conduis-tu?
6. À qui rends-tu visite pendant les vacances?
7. Quelle est la dernière fois que tu as beaucoup ri? Avec qui?
8. As-tu déjà vendu quelque chose sur Internet? Quoi?

8 **La journée des vendeuses** Votre professeur va vous donner, à vous et à votre partenaire, une série d'illustrations qui montrent la journée d'Aude et d'Aurélie. Attention! Ne regardez pas la feuille de votre partenaire.

MODÈLE

Étudiant(e) 1: *Le matin, elles ont conduit pour aller au magasin.*
Étudiant(e) 2: *Après,...*

Révision

1 **Je leur téléphone** Par groupes de quatre, interviewez vos camarades. Comment entrent-ils en contact avec les personnes de la liste? Préparez dix questions avec un verbe et une personne de la liste. Écrivez les réponses.

MODÈLE

Étudiant(e) 1: *Est-ce que tu parles souvent à ton frère?*
Étudiant(e) 2: *Oui, je lui parle le lundi.*

verbes	personnes
donner un cadeau	copain ou copine d'enfance
envoyer une carte/un e-mail	cousin ou cousine
parler	grands-parents
rendre visite	petit(e) ami(e)
téléphoner	sœur ou frère

2 **Mes e-mails** Ces personnes vous envoient des e-mails. Que faites-vous? Vous ne répondez pas, vous attendez quelques jours, vous leur téléphonez? Par groupes de trois, comparez vos réactions.

MODÈLE

Étudiant(e) 1: *Ma mère m'envoie un e-mail tous les jours.*
Étudiant(e) 2: *Tu lui réponds tout de suite?*
Étudiant(e) 3: *Tu préfères lui téléphoner?*

1. un e-mail anonyme
2. un e-mail d'un(e) camarade de classe
3. un e-mail d'un professeur
4. un e-mail d'un(e) ami(e) d'enfance
5. un e-mail d'un(e) ex-petit(e) ami(e)
6. un e-mail de vos parents

3 **Une liste** Des membres de votre famille ou des amis vous ont donné ou acheté des vêtements que vous n'aimez pas du tout. Faites une liste de quatre ou cinq de ces vêtements. Comparez votre liste à la liste d'un(e) camarade.

MODÈLE

Étudiant(e) 1: *Ma sœur m'a donné une écharpe verte très laide et mon père m'a acheté des chaussettes marron trop petites!*
Étudiant(e) 2: *L'année dernière, mon petit ami m'a donné...*

4 **Quoi mettre?** Vous et votre partenaire allez faire des choses différentes: l'un(e) va fêter la retraite de ses grands-parents à Tahiti, l'autre va skier dans les Alpes. Qu'allez-vous porter? Demandez des vêtements à votre partenaire si vous n'aimez pas tous les vêtements de votre ensemble.

MODÈLE

Étudiant(e) 1: *Est-ce que tu me prêtes ton blouson jaune?*
Étudiant(e) 2: *Ah non, j'ai besoin de ce blouson. Tu me prêtes ton pantalon?*

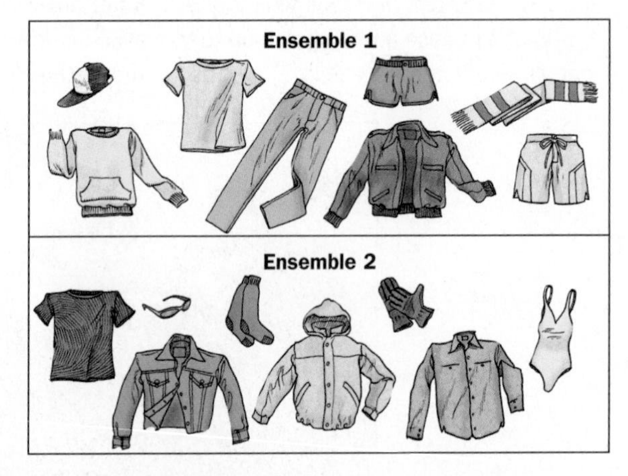

5 **S'il te plaît** Votre ami(e) a acheté un nouveau vêtement que vous aimez beaucoup. Vous essayez de convaincre (*to convince*) cet(te) ami(e) de vous prêter ce vêtement. Préparez un dialogue avec un(e) partenaire où vous employez tous les verbes. Jouez la scène pour la classe.

aller avec	montrer
aller bien	prêter
donner	promettre
mettre	rendre

6 **Bon anniversaire, Nicolas!** Votre professeur va vous donner, à vous et à votre partenaire, deux feuilles d'activités différentes. Attention! Ne regardez pas la feuille de votre partenaire.

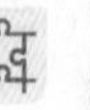

MODÈLE

Étudiant(e) 1: *Les amis de Nicolas lui téléphonent.*
Étudiant(e) 2: *Ensuite,...*

Écriture

STRATÉGIE

How to report an interview

There are several ways to prepare a written report about an interview. For example, you can transcribe the interview verbatim, or you can summarize it. In any event, the report should begin with an interesting title and a brief introduction including the five *W*'s (*who, what, when, where, why*) and the H (*how*) of the interview. The report should end with an interesting conclusion. Note that when you transcribe a conversation in French, you should pay careful attention to format and punctuation.

Écrire une conversation en français

- Pour indiquer qui parle dans une conversation, on peut mettre le nom de la personne qui parle devant sa phrase.

  MONIQUE Lucie, qu'est-ce que tu vas mettre pour l'anniversaire de Jean-Louis?

  LUCIE Je vais mettre ma robe en soie bleue à manches courtes. Et toi, tu vas mettre quoi?

  MONIQUE Eh bien, une jupe en coton et un chemisier, je pense. Ou peut-être mon pantalon en cuir avec... Tiens, tu me prêtes ta chemise jaune et blanche?

  LUCIE Oui, si tu me la rends (*return it to me*) dimanche. Elle va avec le pantalon que je vais porter la semaine prochaine.

- On peut aussi commencer les phrases avec des tirets (*dashes*) pour indiquer quand une nouvelle personne parle.

– Qu'est-ce que tu as acheté comme cadeau pour Jean-Louis?

– Une cravate noire et violette. Elle est très jolie. Et toi?

– Je n'ai pas encore acheté son cadeau. Des lunettes de soleil peut-être?

– Oui, c'est une bonne idée! Et il y a des soldes à Saint-Louis Lunettes.

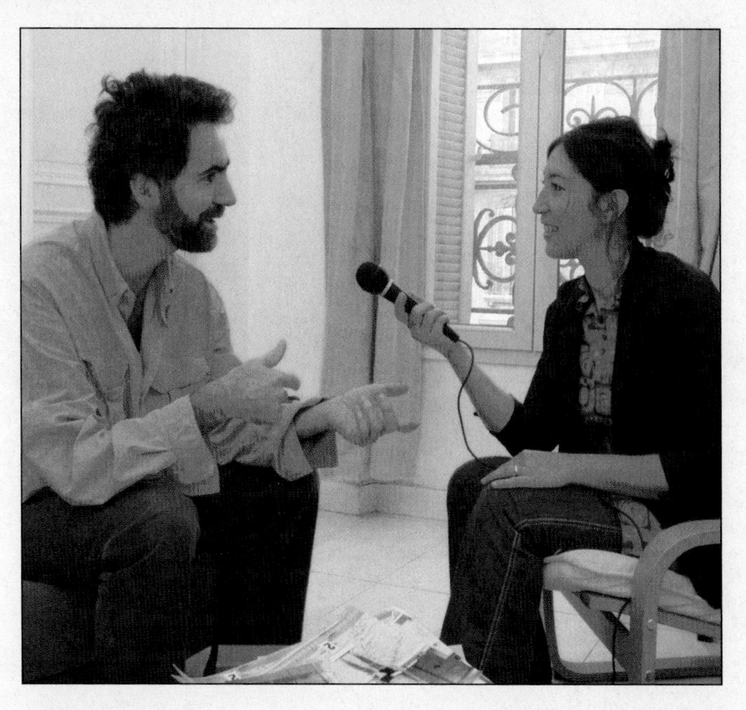

Thème

Écrire une interview

Clarisse Deschamps est une styliste de mode suisse. Elle dessine des vêtements pour les jeunes et va présenter sa nouvelle collection sur votre campus. Vous allez interviewer Clarisse pour le journal de votre université.

- Commencez par une courte introduction.

  MODÈLE *Voici une interview de Clarisse Deschamps, une styliste de mode suisse.*

- Préparez une liste de questions à poser à Clarisse Deschamps sur sa nouvelle collection. Vous pouvez (*can*) poser des questions sur:
  - les types de vêtements
  - les couleurs
  - le style
  - les prix
- Inventez une conversation de 10 à 12 lignes entre vous et Clarisse. Indiquez qui parle, avec des tirets ou avec les noms des personnes.
- Terminez par une brève (*brief*) conclusion.

  MODÈLE *On vend la collection de Clarisse Deschamps à Fun Clothes à côté de l'université. Cette semaine, il y a des soldes!*

Interactive Map

Panorama

L'Afrique de l'Ouest

La région en chiffres

- **Bénin:** *(10.880.000 habitants), Porto Novo*
- **Burkina-Faso:** *(18.106.000), Ouagadougou*
- **Côte d'Ivoire:** *(22.702.000), Yamoussoukro*
- **Guinée:** *(12.609.000), Conakry*
- **Mali:** *(17.600.000), Bamako*
- **Mauritanie:** *(4.068.000), Nouakchott*
- **Niger:** *(19.899.000), Niamey*
- **Sénégal:** *(15.129.000), Dakar*
- **Togo:** *(7.305.000), Lomé*

SOURCE: Population Division, UN Secretariat

Les peuples d'Afrique de l'Ouest ont une histoire commune. Au néolithique, ils y cultivent le millet et le sorgo. Puis, des empires centralisés y apparaissent au VIIIe siècle. Au XVIe siècle, la région connaît le commerce triangulaire, puis après 1885, la colonisation par la France. Les états modernes d'Afrique de l'Ouest naissent au XXe siècle.

Personnages célèbres

- **Malouma Mint El Meidah**, *Mauritanie, sénatrice et artiste (1960–)*

- **Didier Drogba**, *Côte d'Ivoire, footballeur (1978–)*

- **Angélique Kidjo**, *Bénin, chanteuse (1960–)*

un marché en Afrique

LA TUNISIE
LE MAROC
L'ALGÉRIE
LE SAHARA OCCIDENTAL
LA LYBIE
LE SAHARA
LA MAURITANIE
Nouakchott
LE MALI
LE NIGER
LE TCHAD
LE SÉNÉGAL
Dakar
LA GAMBIE
LE BURKINA-FASO
Niamey
LE SOUDAN
Bamako
Ouagadougou
LA GUINÉE
Conakry
LA GUINÉE-BISSAU
LE GHANA
LE BÉNIN
LE NIGÉRIA
Lomé
Porto Novo
Yamoussoukro
LA SIERRA LEONE
LA CÔTE D'IVOIRE
LE TOGO
LE CAMEROUN
LA RÉPUBLIQUE CENTRAFRICAINE
LE LIBÉRIA
LE GOLFE DE GUINÉE
LA GUINÉE ÉQUATORIALE
LE GABON
LE CONGO
L'OUGANDA
LE RWANDA
L'OCÉAN ATLANTIQUE
LA RÉPUBLIQUE DÉMOCRATIQUE DU CONGO
LA TANZANIE
LE BURUNDI
L'ANGOLA
LA ZAMBIE

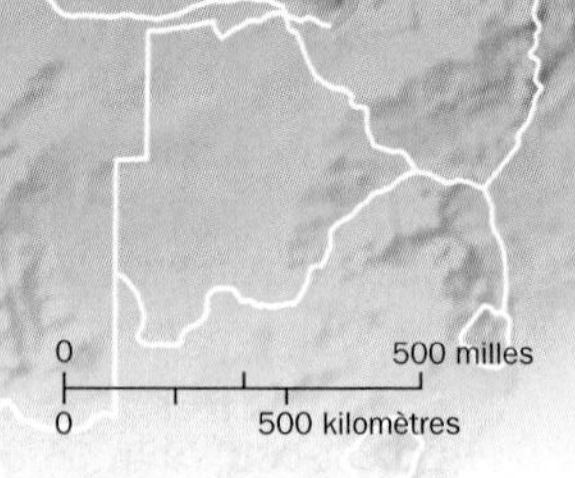

0 500 milles
0 500 kilomètres

la ville d'Abidjan

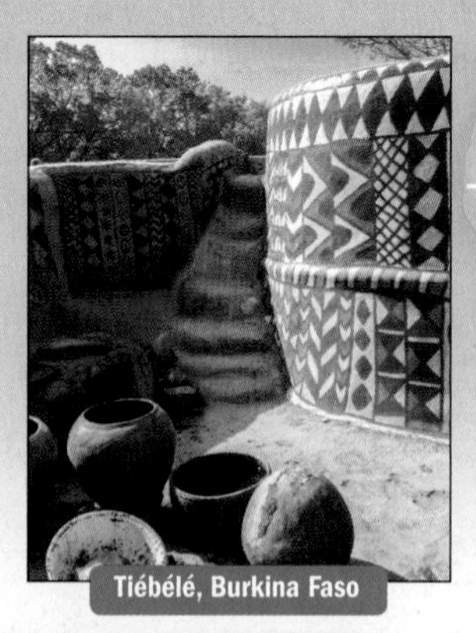

Tiébélé, Burkina Faso

Incroyable mais vrai!

La capitale du Bénin, Porto Novo, est connue comme° la «Ville aux trois noms». En effet°, elle est aussi appelée Adjatche, dans la langue Yoruba, et Hogbonou, dans la langue Goun. L'utilisation de ces trois noms différents reflète le côté° multiculturel de la ville.

connue comme *known as* **En effet** *Indeed* **côté** *aspect*

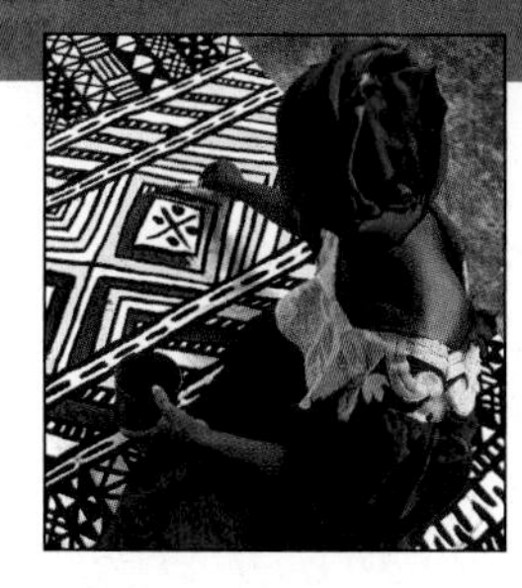

Les traditions

Le tissu bogolan du Mali

Le bogolan est une tradition originaire du Mali, du Burkina Faso et de Guinée. En bambara, une langue du Mali, bogo signifie «terre°» et lan, «avec». Ce tissu° en coton est fait à la main° et teint° deux fois, suivant une technique fascinante qui demande beaucoup de temps. En premier, le tissu est trempé° dans une teinture° faite avec des feuilles d'arbre écrasées° et bouillies dans de l'eau. Cela lui donne une couleur jaunâtre°. Ensuite, des motifs décoratifs sont peints° avec une préparation à base de terre. Cette terre est récoltée dans les rivières° et a besoin d'être fermentée pendant plusieurs mois avant de pouvoir être utilisée. Pour finir, on lave° le tissu, et le jaune des parties qui n'ont pas été teintes à la terre disparaît°.

La musique

Le reggae ivoirien

Alpha Blondy

La Côte d'Ivoire est un des pays d'Afrique où le reggae africain est le plus développé°. Ce type de reggae se distingue du reggae jamaïcain par les instruments de musique utilisés et les thèmes abordés°. En effet, les musiciens ivoiriens utilisent beaucoup d'instruments traditionnels d'Afrique de l'Ouest dans leurs musiques et les thèmes de leurs chansons° sont souvent très politiques. Alpha Blondy, par exemple, un chanteur célèbre dans le monde entier, fait des commentaires sociopolitiques dans beaucoup de ses chansons. Le chanteur Tiken Jah Fakoly critique souvent la politique occidentale et les gouvernants africains, et Ismaël Isaac dénonce les ventes d'armes° dans le monde. Le reggae ivoirien est chanté en français, en anglais et dans des langues africaines.

Les gens

Bineta Diop, la «vice-présidente» des femmes (Sénégal) (1950–)

Bineta Diop a appris de sa mère, Maréma Lo, une militante féministe pour le parti de Léopold Sédar Senghor au Sénégal, l'importance de la cause féminine, et elle dédie sa vie professionnelle à cette cause. En 1996, elle fonde une ONG° à Genève, Femmes Africa Solidarité, pour essayer d'encourager la solidarité entre femmes. Avec l'aide d'importantes avocates africaines, elle crée aussi un protocole pour les droits° de la femme qui naîtra° au Mozambique en 2003. Depuis janvier 2014, elle est l'envoyée spéciale pour les femmes, la paix et la sécurité à la Commission de l'Union Africaine, l'organisation principale des pays d'Afrique. Pas étonnant donc que le magazine *Times* la° nomme en 2011 l'une des cent personnalités les plus influentes au monde°!

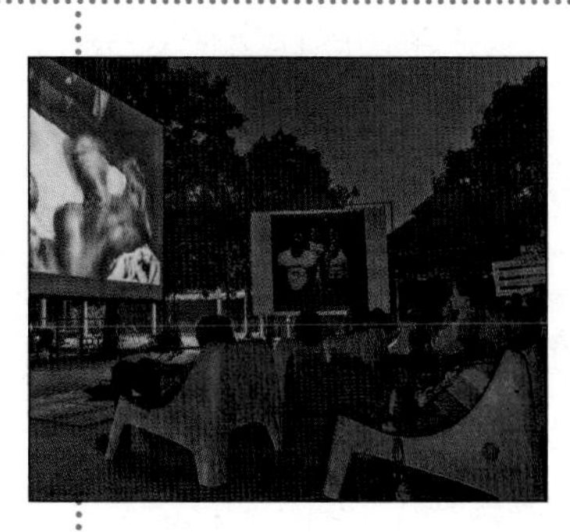

Les arts

Le FESPACO

Le FESPACO (Festival panafricain du cinéma et de la télévision à Ouagadougou), créé en 1969 pour favoriser la promotion du cinéma africain, est le plus grand° festival de cinéma africain du monde, et c'est un événement culturel important en Afrique. Il a lieu au Burkina Faso tous les deux ans. Vingt films et vingt courts métrages° africains sont présentés en compétition officielle. Le FESPACO est aussi une fête très populaire, avec une cérémonie d'ouverture à laquelle assistent 40.000 spectateurs et des stars de la musique africaine. Ces dernières années, le festival s'est maintenu malgré° des difficultés politiques dans le pays et la menace° du virus Ebola. Il s'est aussi modernisé, avec par exemple, l'entrée en compétition de films numériques.

Qu'est-ce que vous avez appris? Répondez aux questions par des phrases complètes.

1. Qui est Didier Drogba?
2. Quelle est la particularité de Porto Novo, la capitale du Bénin?
3. Que signifie «bogolan» en bambara?
4. Avec quoi est-ce qu'on teint le bogolan?
5. Qu'est-ce qui distingue le reggae de Côte d'Ivoire du reggae jamaïcain?
6. Dans quelle langue est-ce qu'on chante le reggae en Côte d'Ivoire?
7. Qu'est-ce que Bineta Diop fonde à Genève en 1996?
8. Que fait Bineta Diop depuis janvier 2014?
9. Comment s'appelle le plus grand festival de cinéma africain?
10. Combien de films sont en compétition officielle au FESPACO?

ressources

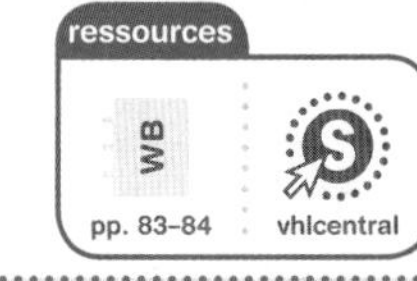

Sur Internet

Go to **vhlcentral.com** to find more cultural information related to this **Panorama**.

1. Trouvez des exemples de tissu bogolan. Aimez-vous ces tissus? Pourquoi ou pourquoi pas?
2. Écoutez des chansons de reggae ivoirien en français. Quels sont leurs thèmes?
3. Cherchez plus d'informations sur les films présentés au FESPACO. Est-ce qu'il y a un film que vous aimeriez voir (*would like to see*)? Lequel et pourquoi?

terre *dirt* **tissu** *fabric* **fait à la main** *handmade* **teint** *dyed* **est trempé** *is soaked* **teinture** *dye* **feuilles d'arbre écrasées** *crushed tree leaves* **jaunâtre** *yellowish* **peints** *painted* **rivières** *rivers* **lave** *washes* **disparaît** *disappears* **le plus développé** *the most developed* **abordés** *dealt with* **chansons** *songs* **ventes d'armes** *arms trade* **ONG** *NGO* **droits** *rights* **naîtra** *will be born* **la** *her* **personnalités les plus influentes au monde** *most influential personalities in the world* **le plus grand** *the largest* **courts métrages** *short films* **malgré** *despite* **menace** *threat*

Interactive Map

Panorama

L'Afrique centrale

La région en chiffres

- **Burundi:** *(11.179.000 habitants), Bujumbura*
- **Cameroun:** *(23.344.000), Yaoundé*
- **Congo:** *(4.620.000), Brazzaville*
- **Gabon:** *(1.725.000), Libreville*
- **République centrafricaine:** *(4.900.000), Bangui*
- **République démocratique du Congo (RDC):** *(77.267.000), Kinshasa*
- **Rwanda:** *(11.610.000), Kigali*
- **Tchad:** *(14.037.000), N'Djamena*

SOURCE: Population Division, UN Secretariat

Les premières traces humaines en Afrique centrale datent de plus de 100.000 ans. De grands empires centralisés apparaissent ensuite et pratiquent l'agriculture. La civilisation Sao, l'un des plus importants empires, perdure jusqu'au XVIe siècle. Puis, la région est dominée par la culture des Bakongo, jusqu'en 1885, date à laquelle la colonisation européenne commence.

Maisons obus en Cameroun

la place des Artistes à Kinshasa

Personnages célèbres

- **Françoise Mbango-Etone**, *Cameroun, athlète olympique (1976–)*

- **Sonia Rolland**, *Rwanda, actrice et réalisatrice (1981–)*

- **Samuel Eto'o**, *Cameroun, footballeur (1981–)*

Incroyable mais vrai!

Où se trouve le paradis des hippopotames sur Terre°? Dans les rivières° du plus ancien° parc d'Afrique, le parc national des Virunga, en République démocratique du Congo. En plus de° ses 20.000 hippopotames, le parc abrite une biodiversité exceptionnelle due à la variété de ses paysages°, dominés par les deux volcans les plus actifs° du continent.

Terre *Earth* **plus ancien** *oldest* **En plus de** *On top of* **paysages** *landscapes* **les plus actifs** *the most active*

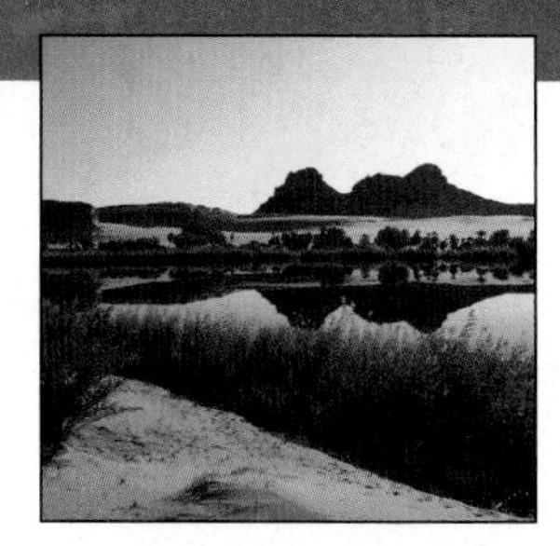

Les destinations

Lacs d'Ounianga, Tchad

Au nord-est du Tchad, les lacs d'Ounianga occupent un large site composé de dix-huit lacs interconnectés sur 62.808 hectares. L'originalité de ce site? Ces lacs sont dans le Sahara, une région désertique et très aride, où il ne tombe que° deux millimètres d'eau par an et où l'eau s'évapore° constamment avec la chaleur°. Pourtant°, les lacs ne s'assèchent pas°. Ce phénomène est possible grâce à° une importante nappe phréatique souterraine°. Le contraste entre le désert et les lacs produit une mosaïque de couleurs: le vert des roseaux°, le bleu de l'eau, le brun du sable°... Avec le vent, la végétation ondule° à la surface des lacs, comme de véritables «vagues° d'eau flottant dans le désert».

Les traditions

Les masques du Gabon

Les masques gabonais exposés° aujourd'hui dans les musées européens ont inspiré de grands artistes du vingtième siècle, comme Matisse et Picasso. Pourtant, ces masques ne sont pas à l'origine de simples décorations ou objets d'art. Ce sont des objets rituels, utilisés par les différents groupes ethniques et sociétés initiatiques du Gabon. Chaque° société produit ses propres° masques; ils ont donc des formes très variées. Les masques sont le plus souvent° portés par les hommes, dans des cérémonies et rituels de groupe. Leurs matériaux et apparences sont donc très symboliques. Ils sont surtout faits de bois°, mais aussi de plumes°, de raphia° ou de peaux°, et ils ont des formes anthropomorphiques, zoomorphiques ou abstraites.

Les gens

La SAPE

Costumes de grands couturiers°, couleurs vives°, chaussures de marque°, sophistication et élégance, voici qui résume la SAPE, ou Société des Ambianceurs et des Personnes Élégantes. Ce concept a fait son apparition au début du XXe siècle à Brazzaville, la capitale du Congo. Aujourd'hui, la «sapologie», science de la sape°, est même plus qu'un simple mouvement de mode vestimentaire°. C'est une véritable philosophie de vie qui prône° le respect et la tolérance. En effet, les sapeurs doivent non seulement être impeccablement bien habillés en toute occasion, mais ils doivent aussi avoir un comportement irréprochable° où racisme et violence n'ont pas leur place. Et même si Brazzaville reste la capitale incontestée° de la sape, on trouve aujourd'hui des sapeurs sur tous les continents, et les grandes marques de mode n'hésitent plus à s'inspirer de ce style haut en couleurs.

Les activités sportives

Course de l'espoir°, Cameroun

La course de l'espoir est un événement sportif célèbre au Cameroun. Cette course existe depuis 1973 et a lieu près du Mont Cameroun, dans le sud-ouest du pays. Pendant la course, les participants, hommes et femmes, font l'ascension de ce mont, aller et retour, sur 42 kilomètres. À près de 4.070 mètres, le Mont Cameroun est un des plus hauts° points de la région et un de ses volcans les plus actifs. La course de l'espoir est donc très difficile, parce que c'est une épreuve de vitesse°, d'endurance et d'alpinisme°! Les meilleurs° temps sont d'environ quatre heures trente pour les hommes et d'un peu plus de cinq heures pour les femmes. La course est organisée par la Fédération camerounaise d'athlétisme, en février chaque année, et en 2016, jusqu'à° 512 athlètes ont pris le départ.

Qu'est-ce que vous avez appris? Répondez aux questions par des phrases complètes.

1. Qui est Françoise Mbango-Etone?
2. Où est le paradis des hippopotames sur Terre?
3. Combien y a-t-il de lacs dans la région d'Ounianga?
4. Qu'est-ce qui crée une mosaïque de couleurs dans cette région?
5. Quels artistes ont été inspirés par les masques du Gabon?
6. Qui porte ces masques en général?
7. Où et quand est-ce que la SAPE a été créée?
8. Pourquoi peut-on dire que la «sapologie» est plus qu'un simple mouvement de mode?
9. Combien de kilomètres la course de l'espoir fait-elle?
10. Pourquoi est-ce que cette course est difficile?

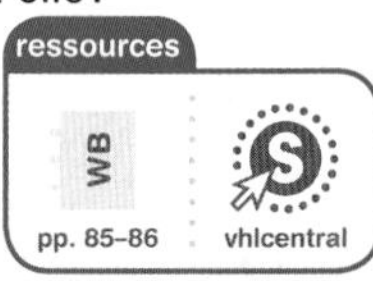

Sur Internet

Go to **vhlcentral.com** to find more cultural information related to this **Panorama**.

1. Est-ce qu'il y a d'autres endroits sur Terre où on trouve des lacs dans le désert? Faites des recherches pour en trouver un exemple et comparez ce lieu aux lacs d'Ounianga.
2. Trouvez des exemples de masques du Gabon. Aimez-vous leurs styles? Pourquoi ou pourquoi pas?
3. Cherchez plus d'informations sur le Mont Cameroun. Pourquoi ce volcan est-il intéressant?

où il ne tombe que *where it only falls* **s'évapore** *evaporates* **chaleur** *heat* **Pourtant** *However* **ne s'assèchent pas** *don't dry out* **grâce à** *thanks to* **nappe phréatique souterraine** *underground ground water* **roseaux** *reeds* **sable** *sand* **ondule** *moves, waves* **vagues** *waves* **exposés** *exhibited* **Chaque** *Each* **propres** *own* **le plus souvent** *most often* **bois** *wood* **plumes** *feathers* **raphia** *raffia* **peaux** *skins* **couturiers** *designers* **vives** *bright* **marque** *brand* **sape** *clothing* **mode vestimentaire** *fashion* **prône** *advocates* **comportement irréprochable** *flawless behavior* **incontestée** *unquestioned* **Course de l'espoir** *Hope race* **des plus hauts** *highest* **épreuve de vitesse** *speed test* **alpinisme** *mountaineering* **Les meilleurs** *The best* **jusqu'à** *up to*

Audio: Vocabulary Flashcards

Leçon 6A

Les fêtes

faire la fête *to party*
faire une surprise (à quelqu'un) *to surprise (someone)*
fêter *to celebrate*
organiser une fête *to plan a party*
une bière *beer*
un biscuit *cookie*
un bonbon *candy*
le champagne *champagne*
un dessert *dessert*
un gâteau *cake*
la glace *ice cream*
un glaçon *ice cube*
le vin *wine*
un cadeau *present, gift*
une fête *party; celebration*
un hôte/une hôtesse *host(ess)*
un(e) invité(e) *guest*
un jour férié *holiday*
une surprise *surprise*

Périodes de la vie

l'adolescence (*f.*) *adolescence*
l'âge adulte (*m.*) *adulthood*
un divorce *divorce*
l'enfance (*f.*) *childhood*
une étape *stage*
l'état civil (*m.*) *marital status*
la jeunesse *youth*
un mariage *marriage; wedding*
la mort *death*
la naissance *birth*
la vie *life*
la vieillesse *old age*
prendre sa retraite *to retire*
tomber amoureux/amoureuse *to fall in love*
avant-hier *the day before yesterday*
hier *yesterday*

Les relations

une amitié *friendship*
un amour *love*
le bonheur *happiness*
un couple *couple*
un(e) fiancé(e) *fiancé; fiancée*
des jeunes mariés (*m.*) *newlyweds*
un rendez-vous *date; appointment*
ensemble *together*

Expressions utiles

See p. 207.

Demonstrative adjectives

ce(t)(te)/ces *this/these; that/those*
...-ci *...here*
...-là *...there*

Leçon 6B

Les vêtements

aller avec *to go with*
porter *to wear*
un anorak *ski jacket, parka*
des baskets (*f.*) *sneakers, tennis shoes*
un blouson *jacket*
une casquette *(baseball) cap*
une ceinture *belt*
un chapeau *hat*
une chaussette *sock*
une chaussure *shoe*
une chemise (à manches courtes/longues) *shirt (short-/long-sleeved)*
un chemisier *blouse*
un costume *(man's) suit*
une cravate *tie*
une écharpe *scarf*
un gant *glove*
un jean *jeans*
une jupe *skirt*
des lunettes (de soleil) (*f.*) *(sun)glasses*
un maillot de bain *swimsuit, bathing suit*
un manteau *coat*
un pantalon *pants*
un pull *sweater*
une robe *dress*
un sac à main *purse, handbag*
un short *shorts*
un sous-vêtement *underwear*
une taille *clothing size*
un tailleur *(woman's) suit; tailor*
un tee-shirt *tee shirt*
des vêtements (*m.*) *clothing*
des soldes (*m.*) *sales*
un vendeur/une vendeuse *salesman/saleswoman*
bon marché *inexpensive*
chaque *each*
cher/chère *expensive*
large *loose; big*
serré(e) *tight*

Les couleurs

De quelle couleur...? *In what color...?*
blanc(he) *white*
bleu(e) *blue*
gris(e) *gray*
jaune *yellow*
marron *brown*
noir(e) *black*
orange *orange*
rose *pink*
rouge *red*
vert(e) *green*
violet(te) *purple; violet*

Verbes en -re

attendre *to wait*
conduire *to drive*
construire *to build; to construct*
descendre *to go down; to take down*
détruire *to destroy*
entendre *to hear*
mettre *to put (on); to place*
perdre (son temps) *to waste (one's time)*
permettre *to allow*
produire *to produce*
promettre *to promise*
réduire *to reduce*
rendre (à) *to give back; to return (to)*
rendre visite (à) *to visit someone*
répondre (à) *to respond, to answer (to)*
rire *to laugh*
sourire *to smile*
traduire *to translate*
vendre *to sell*

Expressions utiles

See p. 225.

Indirect object pronouns

me *to/for me*
te *to/for you*
lui *to/for him/her*
nous *to/for us*
vous *to/for you*
leur *to/for them*

Disjunctive pronouns

moi *me*
toi *you*
lui/elle *him/her*
nous *us*
vous *you*
eux/elles *them*
moi-même *myself*
toi-même *yourself*
lui-/elle-même *him-/herself*
nous-mêmes *ourselves*
vous-même(s) *yourself/(yourselves)*
eux-/elles-mêmes *themselves*

En vacances

UNITÉ

7

Leçon 7A

Leçon 7B

Pour commencer

- Indiquez les couleurs qu'on voit (*sees*) sur la photo.
- On est en été ou en hiver?
- Quel(s) vêtement(s) Stéphane porte-t-il?
- Quelle(s) activité(s) Stéphane peut-il pratiquer là où il se trouve?

Savoir-faire

Leçon 7A

You will learn how to...
- describe trips you have taken
- tell where you went

Bon voyage!

Vocabulaire

faire du shopping	*to go shopping*
faire un séjour	*to spend time (somewhere)*
partir en vacances	*to go on vacation*
prendre un train (un taxi, un (auto)bus, un bateau)	*to take a train (taxi, bus, boat)*
rouler en voiture	*to ride in a car*
un aéroport	*airport*
un arrêt d'autobus (de bus)	*bus stop*
un billet aller-retour	*round-trip ticket*
un billet (d'avion, de train)	*(plane/train) ticket*
un (jour de) congé	*day(s) off*
une douane	*customs*
une gare (routière)	*train station (bus station)*
une station (de métro)	*(subway) station*
une station de ski	*ski resort*
un ticket (de bus, de métro)	*(bus/subway) ticket*
des vacances (*f.*)	*vacation*
un vol	*flight*
à l'étranger	*abroad, overseas*
la campagne	*country(side)*
une capitale	*capital*
un pays	*country*
(en/l') Allemagne (*f.*)	*(to, in) Germany*
(en/l') Angleterre (*f.*)	*(to, in) England*
(en/la) Belgique (belge)	*(to, in) Belgium (Belgian)*
(au/le) Brésil (brésilien(ne))	*(to, in) Brazil (Brazilian)*
(en/la) Chine (chinois(e))	*(to, in) China (Chinese)*
(en/l') Espagne (*f.*)	*(to, in) Spain*
(en/l') Irlande (irlandais(e)) (*f.*)	*(to, in) Ireland (Irish)*
(en/l') Italie (*f.*)	*(to, in) Italy*
(au/le) Japon	*(to, in) Japan*
(en/la) Suisse	*(to, in) Switzerland*

ressources
WB pp. 85–86 | LM p. 49 | vhlcentral

Mise en pratique

1 Écoutez **Écoutez Cédric et Nathalie parler de leurs vacances. Ensuite (*Then*), complétez les phrases avec un mot ou une expression de la section CONTEXTES. Notez que toutes les options ne sont pas utilisées.**

1. ____ Nathalie va partir...
2. ____ Nathalie a déjà...
3. ____ Nathalie va peut-être...
4. ____ La famille de Cédric...
5. ____ Paul pense que l'Espagne est...
6. ____ Pour Cédric, les plages du Brésil...
7. ____ Un jour, Cédric va faire...
8. ____ Nathalie va utiliser...

a. sont idéales pour bronzer.
b. son billet d'avion.
c. le plan de Paris de Cédric.
d. la capitale du Mexique.
e. le tour du monde.
f. à l'étranger.
g. n'a pas encore décidé entre l'Espagne, le Mexique et le Brésil.
h. un pays superbe.
i. conduire Nathalie à l'aéroport.
j. faire un séjour en Italie.

2 Chassez l'intrus **Indiquez le mot ou l'expression qui ne convient pas.**

1. faire un séjour, partir en vacances, un jour de congé, une station de ski
2. un aéroport, une station de métro, une arrivée, une gare routière
3. une douane, un départ, une arrivée, une sortie
4. le monde, un pays, le journal, une capitale
5. la campagne, la mer, la plage, des gens
6. prendre un bus, un arrêt de bus, utiliser un plan, une gare routière
7. bronzer, prendre un avion, un vol, un aéroport
8. prendre un taxi, rouler en voiture, un vol, une gare routière

3 Les vacances **Justine va partir en vacances demain. Complétez le paragraphe avec les mots et expressions de la liste. Notez que toutes les options ne sont pas utilisées.**

aller-retour	faire ma valise	sortie
une arrivée	pays	station
faire un séjour	plage	taxi
faire du shopping	prendre un bus	vol

Demain, je pars en vacances. Je vais (1) ____________ avec mon frère à l'île Maurice, une petite île (*island*) tropicale dans l'océan Indien. Nous allons (2) ____________ pour l'aéroport à 7h. Mon frère veut (*wants*) prendre un (3) ____________, mais moi, je pense qu'il faut économiser parce que j'ai envie de (4) ____________ au marché et dans les boutiques de Port-Louis, la capitale. Le (5) ____________ est à 10h. Nous n'avons pas besoin de visa pour le voyage; pour entrer dans le (6) ____________, il faut seulement montrer un passeport et un billet (7) ____________. J'ai acheté un nouveau maillot de bain pour aller à la (8) ____________. Et maintenant, je vais (9) ____________!

Communication

4 **Répondez** Avec un(e) partenaire, posez-vous les questions suivantes et répondez-y à tour de rôle.

1. Où pars-tu en vacances cette année? Quand?
2. Quand fais-tu tes valises? Avec combien de valises voyages-tu?
3. Préfères-tu la mer, la campagne ou les stations de ski?
4. Comment vas-tu à l'aéroport? Prends-tu l'autobus? Le métro?
5. Quelles sont tes vacances préférées?
6. Quand utilises-tu un plan?
7. Quel est ton pays favori? Pourquoi?
8. Dans quel(s) pays as-tu envie de voyager?

5 **Décrivez** Avec un(e) partenaire, écrivez une description des images. Donnez autant de (*as many*) détails que possible. Ensuite (*Then*), lisez vos descriptions à un autre groupe. L'autre groupe doit deviner (*must guess*) quelle image vous décrivez.

1.

2.

3.

4.

5.

6.

6 **Conversez** Votre professeur va vous donner, à vous et à votre partenaire, une feuille d'activités. Vous avez décidé de partir en voyage ensemble dans une région francophone. L'un(e) de vous a fait des recherches sur Internet et a trouvé trois possibilités de voyages. Travaillez à deux pour finaliser votre choix. Attention! Ne regardez pas la feuille de votre partenaire.

7 **Un voyage** Vous allez faire un voyage en Europe et rendre visite à votre cousin, Jean-Marc, qui étudie en Belgique. Écrivez-lui une lettre et utilisez les mots de la liste.

un aéroport	la France
la Belgique	prendre un taxi
un billet	la Suisse
faire un séjour	un vol
faire les valises	un voyage

- Parlez des détails de votre départ.
- Expliquez votre tour d'Europe.
- Organisez votre arrivée en Belgique.
- Parlez de ce que vous allez faire ensemble.

Les sons et les lettres

ch, qu, ph, th, and gn

The letter combination **ch** is usually pronounced like the English *sh*, as in the word *shoe*.

chat **chien** **chose** **enchanté**

In words borrowed from other languages, the pronunciation of **ch** may be irregular. For example, in words of Greek origin, **ch** is pronounced **k**.

psychologie **technologie** **archaïque** **archéologie**

The letter combination **qu** is almost always pronounced like the letter **k**.

quand **pratiquer** **kiosque** **quelle**

The letter combination **ph** is pronounced like an **f**.

téléphone **photo** **prophète** **géographie**

The letter combination **th** is pronounced like the letter **t**. English *th* sounds, as in the words *this* and *with*, never occur in French.

thé **athlète** **bibliothèque** **sympathique**

The letter combination **gn** is pronounced like the sound in the middle of the English word *onion*.

montagne **espagnol** **gagner** **Allemagne**

Prononcez Répétez les mots suivants à voix haute.

1. thé
2. quart
3. chose
4. question
5. cheveux
6. parce que
7. champagne
8. casquette
9. philosophie
10. fréquenter
11. photographie
12. sympathique

Articulez Répétez les phrases suivantes à voix haute.

1. Quentin est martiniquais ou québécois?
2. Quelqu'un explique la question à Joseph.
3. Pourquoi est-ce que Philippe est inquiet?
4. Ignace prend une photo de la montagne.
5. Monique fréquente un café en Belgique.
6. Théo étudie la physique.

Dictons Répétez les dictons à voix haute.

N'éveillez pas le chat qui dort.[2]

La vache la première au pré lèche la rosée.[1]

ressources
LM p. 50 | vhlcentral

[1] The early bird gets the worm. (lit. The first cow at the pasture licks the dew.)
[2] Let sleeping dogs lie. (lit. Don't wake a sleeping cat.)

De retour au P'tit Bistrot

PERSONNAGES

David

Rachid

Sandrine

Stéphane

À la gare...

RACHID Tu as fait bon voyage?

DAVID Salut! Excellent, merci.

RACHID Tu es parti pour Paris avec une valise et te voici avec ces énormes sacs en plus!

DAVID Mes parents et moi sommes allés aux Galeries Lafayette. On a acheté des vêtements et des trucs pour l'appartement aussi.

RACHID Ah ouais?

DAVID Mes parents sont arrivés des États-Unis jeudi soir. Ils ont pris une chambre dans un bel hôtel, tout près de la tour Eiffel.

RACHID Génial!

DAVID Moi, je suis arrivé à la gare vendredi soir. Et nous sommes allés dîner dans une excellente brasserie. Mmm!

DAVID Samedi, on a pris un bateau-mouche sur la Seine. J'ai visité un musée différent chaque jour: le musée du Louvre, le musée d'Orsay...

RACHID En résumé, tu as passé de bonnes vacances dans la capitale... Bon, on y va?

DAVID Ah, euh, oui, allons-y!

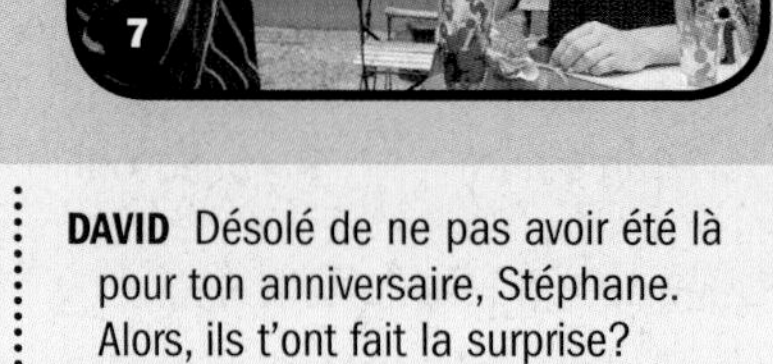

STÉPHANE Pour moi, les vacances idéales, c'est un voyage à Tahiti. Ahhh... la plage, et moi en maillot de bain avec des lunettes de soleil... et les filles en bikini!

DAVID Au fait, je n'ai pas oublié ton anniversaire.

STÉPHANE Ouah! Super, ces lunettes de soleil! Merci, David, c'est gentil.

DAVID Désolé de ne pas avoir été là pour ton anniversaire, Stéphane. Alors, ils t'ont fait la surprise?

STÉPHANE Oui, et quelle belle surprise! J'ai reçu des cadeaux trop cool. Et le gâteau de Sandrine, je l'ai adoré.

DAVID Ah, Sandrine... elle est adorable... Euh, Stéphane, tu m'excuses une minute?

DAVID Coucou! Je suis de retour!

SANDRINE Oh! Salut, David. Alors, tu as aimé Paris?

DAVID Oui! J'ai fait plein de choses... de vraies petites vacances! On a fait...

ACTIVITÉS

1 Les événements Mettez les événements suivants dans l'ordre chronologique.

____ a. Rachid va chercher David.

____ b. Stéphane parle de son anniversaire.

____ c. Sandrine va faire une réservation.

____ d. David donne un cadeau à Stéphane.

____ e. Rachid mentionne que David a beaucoup de sacs.

____ f. Stéphane met les lunettes de soleil.

____ g. Stéphane décrit (*describes*) ses vacances idéales.

____ h. David parle avec Sandrine.

____ i. Sandrine pense à ses vacances.

____ j. Rachid et David repartent en voiture.

Practice more at **vhlcentral.com.**

David parle de ses vacances.

STÉPHANE Alors, ces vacances? Tu as fait un bon séjour?
DAVID Oui, formidable!
STÉPHANE Alors, vous êtes restés combien de temps à Paris?
DAVID Quatre jours. Ce n'est pas très long, mais on a visité pas mal d'endroits.
STÉPHANE Comment est-ce que vous avez visité la ville? En voiture?

DAVID En voiture!? Tu es fou! On a pris le métro, comme tout le monde.
STÉPHANE Tes parents n'aiment pas conduire?
DAVID Si, à la campagne, mais pas en ville, surtout une ville comme Paris. On a visité les monuments, les musées...
STÉPHANE Et Monsieur l'artiste a aimé les musées de Paris?
DAVID Je les ai adorés!

SANDRINE Oh! Des vacances!
DAVID Oui... Des vacances? Qu'est-ce qu'il y a?
SANDRINE Je vais à Albertville pour les vacances d'hiver. On va faire du ski!

SANDRINE Est-ce que tu skies?
DAVID Un peu, oui...
SANDRINE Désolée, je dois partir. J'ai une réservation à faire! Rendez-vous ici demain, David. D'accord? Ciao!

Expressions utiles

Talking about vacations

- **Tu es parti pour Paris avec une valise et te voici avec ces énormes sacs en plus!**
  You left for Paris with one suitcase and here you are with these huge extra bags!
- **Nous sommes allés aux Galeries Lafayette.**
  We went to the Galeries Lafayette.
- **On a acheté des trucs pour l'appartement aussi.**
  We also bought some things for the apartment.
- **Moi, je suis arrivé à la gare vendredi soir et nous sommes allés dîner.**
  I got to/arrived at the train station Friday night and we went to dinner.
- **On a pris un bateau-mouche sur la Seine.**
  We took a sightseeing boat on the Seine.
- **Vous êtes restés combien de temps à Paris?**
  How long did you stay in Paris?
- **On a pris le métro, comme tout le monde.**
  We took the subway, like everyone else.
- **J'ai fait plein de choses.**
  I did a lot of things.
- **Les musées de Paris, je les ai adorés!**
  The museums in Paris, I loved them!

Additional vocabulary

- **Alors, ils t'ont fait la surprise?**
  So, they surprised you?
- **J'ai reçu des cadeaux trop cool.**
  I got the coolest gifts.
- **Le gâteau, je l'ai adoré.**
  The cake, I loved it.
- **Tu m'excuses une minute?**
  Would you excuse me a minute?
- **Oui, formidable!**
  Yes, wonderful!
- **Qu'est-ce qu'il y a?**
  What's the matter?
- **Désolé(e), je dois partir.**
  Sorry, I have to leave.

2  **Questions** Répondez aux questions suivantes.

1. David est parti pour Paris avec combien de valises? À son retour (*Upon his return*), est-ce qu'il a le même nombre de bagages?
2. Qu'est-ce que David a fait pendant ses vacances?
3. Qu'est-ce que David donne à Stéphane comme cadeau d'anniversaire? Stéphane aime-t-il le cadeau?
4. Quelles sont les vacances idéales de Stéphane?
5. Qu'est-ce que Sandrine va faire pendant ses vacances d'hiver?

3  **Écrivez** Imaginez: vous êtes David, Stéphane ou Sandrine et vous allez en vacances à Paris, Tahiti ou Albertville. Écrivez un e-mail à Madame Forestier. Quel temps fait-il? Où est-ce que vous dormez? Quels vêtements est-ce que vous avez apportés? Qu'est-ce que vous faites chaque jour?

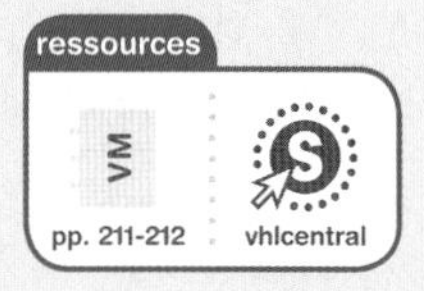

ACTIVITÉS

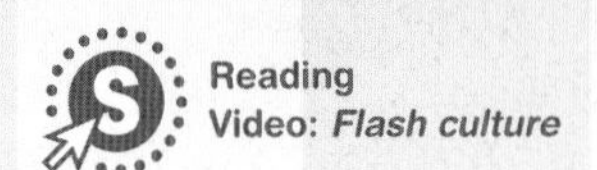

CULTURE À LA LOUPE

Tahiti

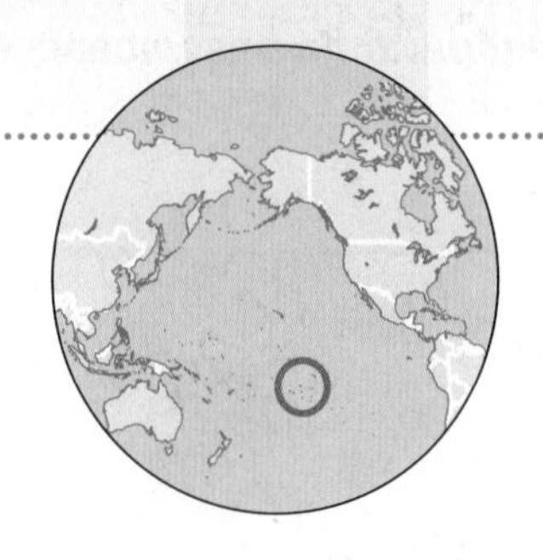

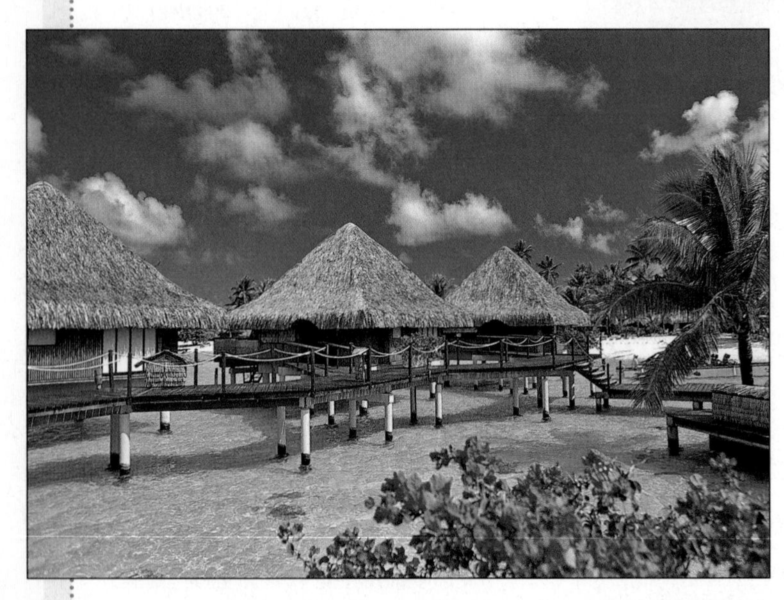

Tahiti, dans le sud° de l'océan Pacifique, est la plus grande île° de la Polynésie française. Elle devient° un protectorat français en 1842, puis° une colonie française en 1880. Depuis 1959, elle fait partie de la collectivité d'outre-mer° de Polynésie française. Les langues officielles de Tahiti sont le français et le tahitien.

Le tourisme est une activité très importante pour l'île. Ses hôtels de luxe et leurs fameux bungalows sur l'eau accueillent° près de 170.000 visiteurs par an. Les touristes apprécient Tahiti pour son climat chaud, ses superbes plages et sa culture riche en traditions. À Tahiti, il y a la possibilité de faire toutes sortes d'activités aquatiques comme du bateau, de la pêche, de la planche à voile ou de la plongée°. On peut aussi faire des randonnées en montagne ou explorer les nombreux lagons bleus de l'île. Si on n'a pas envie de faire de sport, on peut se relaxer dans un spa, bronzer à la plage ou se promener° sur l'île. Papeete, capitale de la Polynésie française et ville principale de Tahiti, offre de bons restaurants, des boîtes de nuit, des boutiques variées et un marché.

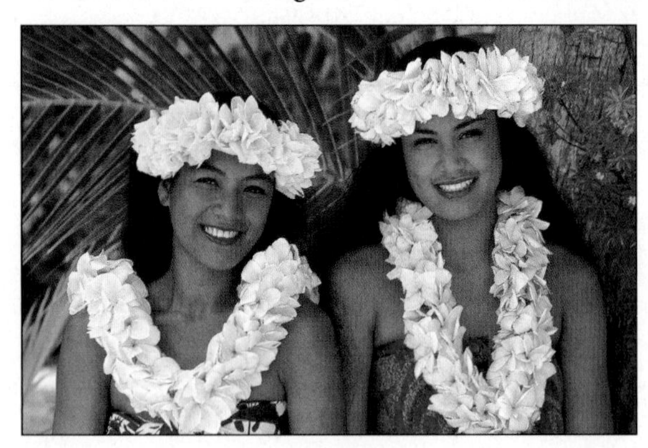

sud *south* **la plus grande île** *the largest island* **devient** *becomes* **puis** *then* **collectivité d'outre-mer** *overseas territory* **accueillent** *welcome* **plongée** *scuba diving* **se promener** *go for a walk*

Coup de main

Si introduces a hypothesis. It may come at the beginning or in the middle of a sentence.

si + [*subject*] + [*verb*] + [*subject*] + [*verb*]

Si on n'a pas envie de faire de sport, on peut se relaxer dans un spa.

[*subject*] + [*verb*] + **si** + [*subject*] + [*verb*]

On peut se relaxer dans un spa si on n'a pas envie de faire de sport.

ACTIVITÉS

1 

Répondez Répondez aux questions par des phrases complètes.

1. Où est Tahiti?
2. Quand est-ce que Tahiti devient une colonie française?
3. De quoi fait partie Tahiti?
4. Quelles langues parle-t-on à Tahiti?
5. Quelle particularité ont les hôtels de luxe à Tahiti?
6. Combien de personnes visitent Tahiti chaque année?
7. Pourquoi est-ce que les touristes aiment visiter Tahiti?
8. Quelles sont deux activités sportives que les touristes aiment faire à Tahiti?
9. Comment s'appelle la ville principale de Tahiti?
10. Où va-t-on à Papeete pour acheter un cadeau pour un ami?

STRATÉGIE

Breaking up the reading

Once you have finished the preliminary reading activities such as examining the visuals and skimming, you are ready for an in-depth reading. Here again, the goal is not to understand everything. Consider the divisions of the text (for example, the stanzas in a poem or paragraphs in a short story), and use them to break up the selection. During a close reading, smaller blocks of text will make the experience feel more manageable.

PORTRAIT

Le musée d'Orsay

Le musée d'Orsay est un des musées parisiens les plus° visités. Le lieu n'a pourtant° pas toujours été un musée. À l'origine, ce bâtiment° est une gare, construite par l'architecte Victor Laloux et inaugurée en 1900 à l'occasion de l'Exposition universelle. Les voies° de la gare d'Orsay deviennent° trop courtes et en 1939, on décide de limiter le service aux trains de banlieue. Plus tard, la gare sert de décor à des films, comme *Le Procès* de Kafka adapté par Orson Welles, puis° de théâtre et de salle de ventes aux enchères°. En 1986, le bâtiment est transformé en musée. Il est principalement dédié° à l'art du dix-neuvième siècle°, avec une collection magnifique d'art impressionniste.

***Danseuses en bleu*, Edgar Degas**

les plus *the most* **pourtant** *however* **bâtiment** *building* **voies** *tracks* **deviennent** *become* **puis** *then* **ventes aux enchères** *auction* **principalement dédié** *mainly dedicated* **siècle** *century*

LE MONDE FRANCOPHONE

Les transports

Voici quelques faits insolites° dans les transports.

Au Canada Inauguré en 1966, le métro de Montréal est le premier du monde à rouler° sur des pneus° plutôt que° sur des roues° en métal. Chaque station a été conçue° par un architecte différent.

En France L'Eurotunnel (le tunnel sous la Manche°) permet aux trains Eurostar de transporter des voyageurs et des marchandises entre la France et l'Angleterre.

En Mauritanie Le train du désert, en Mauritanie, en Afrique, est peut-être le train de marchandises le plus long° du monde. Long de 2,5 km en général, le train fait six voyages chaque jour du Sahara à la côte ouest°. C'est un voyage de plus de 600 km qui dure° 12 heures. Un des seuls moyens° de transport dans la région, ce train est aussi un train de voyageurs.

faits insolites *unusual facts* **rouler** *ride* **pneus** *tires* **plutôt que** *rather than* **roues** *wheels* **conçue** *designed* **Manche** *English Channel* **le plus long** *the longest* **côte ouest** *west coast* **dure** *lasts* **seuls moyens** *only means*

Sur Internet

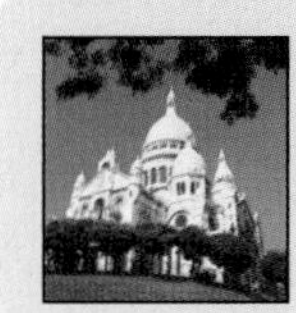

Qu'est-ce que le funiculaire de Montmartre?

Go to **vhlcentral.com** to find more cultural information related to this **Lecture culturelle**. Then watch the corresponding **Flash culture**.

ACTIVITÉS

2 

Vrai ou faux? Indiquez si les phrases sont **vraies** ou **fausses**. Corrigez les phrases fausses.

1. Le musée d'Orsay a été un théâtre.
2. Le musée d'Orsay a été une station de métro.
3. Le musée d'Orsay est dédié à la sculpture moderne.
4. Il y a un tunnel entre la France et la Guyane française.
5. Le métro de Montréal roule sur des roues en métal.
6. Le train du désert transporte aussi des voyageurs.

3 

Comment voyager? Vous allez passer deux semaines en France. Vous avez envie de visiter Paris et deux autres régions. Par petits groupes, parlez des moyens (*means*) de transport que vous allez utiliser pendant votre voyage. Expliquez vos choix (*choices*).

Practice more at **vhlcentral.com**.

STRUCTURES

7A.1 The *passé composé* with être

Point de départ In **Leçon 6A**, you learned to form the **passé composé** with **avoir**. Some verbs, however, form the **passé composé** with **être**. Many such verbs involve motion. You have already learned a few of them: **aller, arriver, descendre, partir, sortir, passer, rentrer,** and **tomber**.

- To form the **passé composé** of these verbs, use a present-tense form of the auxiliary verb **être** and the past participle of the verb that expresses the action.

	PRESENT TENSE	PAST PARTICIPLE		PRESENT TENSE	PAST PARTICIPLE
Je	**suis**	**allé.**	**Il**	**est**	**sorti.**

- The past participles of verbs conjugated with **être** agree with their subjects in number and gender.

The *passé composé*

je suis allé(e)	*I went/have gone*	**nous sommes allé(e)s**	*we went/have gone*
tu es allé(e)	*you went/have gone*	**vous êtes allé(e)(s)**	*you went/have gone*
il/on est allé	*he/it/one went/has gone*	**ils sont allés**	*they went/have gone*
elle est allée	*she/it went/has gone*	**elles sont allées**	*they went/have gone*

Charles, tu **es allé** à Montréal?
Charles, did you go to Montreal?

Florence **est partie** en vacances.
Florence left on vacation.

Mes frères **sont rentrés**.
My brothers came back.

Elles **sont arrivées** hier soir.
They arrived last night.

- To make a verb negative in the **passé composé**, place **ne/n'** and **pas** around the auxiliary verb, in this case, **être**.

Marie-Thérèse **n'est pas sortie**?
Marie-Thérèse didn't go out?

Nous **ne sommes pas allées** à la plage.
We didn't go to the beach.

Je **ne suis pas passé** chez mon amie.
I didn't drop by my friend's house.

Tu **n'es pas rentré** à la maison hier.
You didn't come home yesterday.

- Here is a list of verbs that take **être** in the **passé composé**, including ones you already know and some new ones.

Verbs that take *être* in the *passé composé*

aller		**passer**	
arriver		**rentrer**	
partir		**sortir**	
descendre		**tomber**	
entrer	*to enter*	**rester**	*to stay*
monter	*to go up; to get in/on*	**retourner**	*to return*
mourir	*to die*	**naître**	*to be born*

À noter

The verb **venir** (*to come*) also takes **être** in the **passé composé**. You will learn this verb in **Leçon 9A**.

- These verbs have irregular past participles in the **passé composé**.

naître ▸ **né**

Mes parents **sont nés** en 1958 à Paris.
My parents were born in 1958 in Paris.

mourir ▸ **mort**

Ma grand-mère **est morte** l'année dernière.
My grandmother died last year.

- Note that the verb **passer** takes **être** when it means *to pass by*, but it takes **avoir** when it means *to spend time.*

Maryse **est passée** à la douane.
Maryse passed through customs.

Maryse **a passé** trois jours à la campagne.
Maryse spent three days in the country.

- The verb **sortir** takes **être** in the **passé composé** when it means *to go out* or *to leave*, but it takes **avoir** when it means *to take someone or something out.*

Elle **est sortie** de chez elle.
She left her house.

Elle **a sorti** la voiture du garage.
She took the car out of the garage.

- To form a question using inversion in the **passé composé**, invert the subject pronoun and the conjugated form of **être**.

Est-elle restée à l'hôtel Aquabella?
Did she stay at the Hotel Aquabella?

Êtes-vous arrivée ce matin, Madame Roch?
Did you arrive this morning, Mrs. Roch?

- In affirmative statements, place short adverbs such as **déjà**, **encore**, **bien**, **mal**, and **beaucoup** between the auxiliary verb **être** and the past participle. In negative statements, place these adverbs after **pas**.

Elle **est déjà rentrée** de vacances?
She already came back from vacation?

Nous **ne sommes pas encore arrivés** à Lyon.
We haven't arrived in Lyons yet.

Essayez! **Choisissez le participe passé approprié.**

1. Vous êtes (nés/né) en 1959, Monsieur?
2. Les élèves sont (partis/parti) le 2 juin.
3. Les filles sont (rentrées/rentrés) de vacances.
4. Simone de Beauvoir est-elle (mort/morte) en 1986?
5. Mes frères sont (sortis/sortie).
6. Paul n'est pas (resté/restée) chez sa grand-mère.
7. Tu es (arrivés/arrivée) avant dix heures, Sophie.
8. Jacqueline a (passée/passé) une semaine en Suisse.

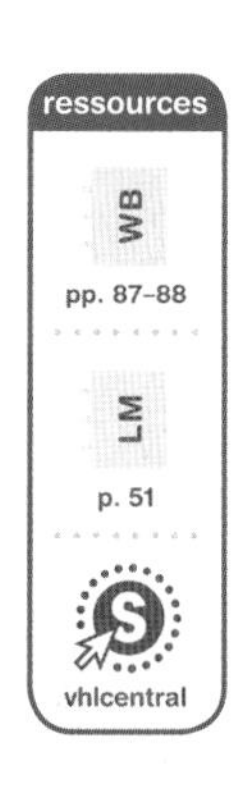

Mise en pratique

1 **Un week-end sympa** Carole raconte son week-end à Paris. Complétez l'histoire avec les formes correctes des verbes au passé composé.

Thomas et moi, nous (1) ____________ (partir) de Lyon samedi et nous (2) ____________ (arriver) à Paris à onze heures. Nous (3) ____________ (passer) à l'hôtel et puis je (4) ____________ (aller) au Louvre. En route, je (5) ____________ (tomber) sur un vieil ami, et nous (6) ____________ (aller) prendre un café. Ensuite, je (7) ____________ (entrer) dans le musée. Samedi soir, Thomas et moi (8) ____________ (monter) au sommet de la tour Eiffel et après nous (9) ____________ (sortir) en boîte. Dimanche, nous (10) ____________ (retourner) au Louvre. Alors aujourd'hui, je suis fatiguée.

2 **La routine** Voici ce que Nadia et Éric font aujourd'hui. Dites qu'ils ont fait les mêmes activités samedi dernier.

1. Ils vont au parc.
2. Nadia fait du cheval.
3. Éric passe une heure à la bibliothèque.
4. Nadia sort avec ses amis.
5. Ils rentrent tard le soir.
6. Ils jouent au golf.

3 **Dimanche dernier** Dites ce que (*what*) ces personnes ont fait dimanche dernier. Utilisez les verbes de la liste.

Laure

MODÈLE

Laure est allée à la piscine.

aller	rentrer
arriver	rester
monter	sortir

1. je ____________
2. tu ____________
3. nous ____________
4. Pamela et Caroline ____________

4 **L'accident** Le mois dernier, Djénaba et Safiatou sont allées au Sénégal. Avec un(e) partenaire, complétez les phrases au passé composé. Ensuite, mettez-les dans l'ordre chronologique.

_____ a. les filles / partir pour Dakar en avion
_____ b. Djénaba / tomber de vélo
_____ c. elles / aller faire du vélo dimanche matin
_____ d. elles / arriver à Dakar tard le soir
_____ e. elles / rester à l'hôtel Sofitel
_____ f. elle / aller à l'hôpital

Communication

5 Les vacances de printemps Avec un(e) partenaire, parlez de vos dernières vacances de printemps. Répondez à toutes ses questions.

MODÈLE

quand / partir
Étudiant(e) 1: *Quand es-tu parti(e)?*
Étudiant(e) 2: *Je suis parti(e) vendredi soir.*

1. où / aller
2. avec qui / partir
3. comment / voyager
4. à quelle heure / arriver
5. où / dormir
6. combien de temps / rester
7. que / visiter
8. sortir / souvent le soir
9. que / acheter
10. quand / rentrer

6 Enquête Votre professeur va vous donner une feuille d'activités. Circulez dans la classe et demandez à différents camarades s'ils ont fait ces choses récemment (*recently*). Présentez les résultats de votre enquête à la classe.

MODÈLE

Étudiant(e) 1: *Es-tu allé(e) au musée récemment?*
Étudiant(e) 2: *Oui, je suis allé(e) au musée jeudi dernier.*

Questions	*Nom*
1. aller au musée	*François*
2. passer chez ses amis	
3. sortir en boîte	
4. rester à la maison pour écouter de la musique	
5. partir en week-end avec un copain	
6. monter en avion	

7 À l'aéroport Par groupes de quatre, parlez d'une mauvaise expérience dans un aéroport. À tour de rôle, racontez (*tell*) vos aventures et posez le plus (*most*) de questions possible. Utilisez les expressions de la liste et d'autres aussi.

MODÈLE

Étudiant(e) 1: *Quand je suis rentré(e) de la Martinique, j'ai attendu trois heures à la douane.*
Étudiant(e) 2: *Quelle horreur! Pourquoi?*

aller	passer
arriver	perdre
attendre	plan
avion	prendre un avion
billet (aller-retour)	sortir
douane	tomber
gens	valise
partir	vol

7A.2 Direct object pronouns

Presentation

Point de départ In **Leçon 6B**, you learned about indirect objects. You are now going to learn about direct objects.

DIRECT OBJECT — INDIRECT OBJECT

J'ai donné **un cadeau** **à ma sœur**.
I gave a gift to my sister.

Boîte à outils

Some French verbs do not take a preposition although their English equivalents do: **écouter** (*to listen to*), **chercher** (*to look for*) and **attendre** (*to wait for*). In deciding whether an object is direct or indirect, always check if the French verb takes the preposition **à**.

- A direct object is a noun that follows a verb and answers the question *what* or *whom*. Note that a direct object receives the action of a verb directly and an indirect object receives the action of a verb indirectly. While indirect objects are frequently preceded by the preposition **à**, no preposition is needed before a direct object.

DIRECT OBJECT
J'emmène **mes parents**.
I'm taking my parents.

but

INDIRECT OBJECT
Je parle **à** **mes parents**.
I'm speaking to my parents.

Direct object pronouns

singular		plural	
me/m'	*me*	**nous**	*us*
te/t'	*you*	**vous**	*you*
le/la/l'	*him/her/it*	**les**	*them*

Boîte à outils

Unlike indirect object pronouns, direct object pronouns can replace a person, a place, or a thing.

- You can use a direct object pronoun in the place of a direct object noun.

Tu fais **les valises**?
Are you packing the suitcases?
→ Tu **les** fais?
Are you packing them?

Ils retrouvent **Luc** à la gare.
They're meeting Luc at the train station.
→ Ils **le** retrouvent à la gare.
They're meeting him at the train station.

Tu visites souvent **la Belgique**?
Do you visit Belgium often?
→ Tu **la** visites souvent?
Do you visit there often?

- Place a direct object pronoun before the conjugated verb. In the **passé composé**, place a direct object pronoun before the conjugated form of the auxiliary verb **avoir**.

Les langues? Laurent et Xavier **les** étudient.
Languages? Laurent and Xavier study them.

Les étudiants **vous** ont entendu.
The students heard you.

M'attendez-vous à l'aéroport?
Are you waiting for me at the airport?

Et Daniel? **L'**as-tu retrouvé au cinéma?
And Daniel? Did you meet him at the movies?

- In a negative statement, place the direct object pronoun between **ne/n'** and the conjugated verb.

Le chinois? Je **ne le parle pas**. *Chinese? I don't speak it.*	Elle **ne l'a pas** pris à 14 heures? *She didn't take it at 2 o'clock?*

- When an infinitive follows a conjugated verb, the direct object pronoun precedes the infinitive.

Marcel va **nous écouter**. *Marcel is going to listen to us.*	Tu ne préfères pas **la porter** demain? *Don't you prefer to wear it tomorrow?*

- When a direct object pronoun is used with the **passé composé**, the past participle must agree with it in both gender and number.

J'ai mis **la valise** dans la voiture ce matin. *I put the suitcase in the car this morning.*	▶	Je **l'**ai **mise** dans la voiture ce matin. *I put it in the car this morning.*
J'ai attendu **les filles** à la gare. *I waited for the girls at the train station.*	▶	Je **les** ai **attendues** à la gare. *I waited for them at the train station.*
Nous avons pris **le bus** hier. *We took the bus yesterday.*	▶	Nous **l'**avons **pris** hier. *We took it yesterday.*

- When the gender of the direct object pronoun is ambiguous, the past participle agreement will indicate the gender of the direct object to which it refers.

Mes copains ne **m'**ont pas **trouvée**. (**trouvée** indicates that **m'** refers to a female.) *My friends didn't find me.*	Mon père **nous** a **entendus**. (**entendus** indicates that **nous** refers to at least two males or a mixed group of males and females.) *My father heard us.*

Boîte à outils

The direct object pronoun **vous** can refer to several people or to one person (formal address). Therefore, the past participle can be masculine singular or plural or feminine singular or plural. Examples:

M. Bruel, je vous ai cherché dans le bureau.

Mme Diop, je vous ai cherchée dans le parc.

Les enfants, je vous ai cherchés dans le gymnase.

Les filles, je vous ai cherchées dans la chambre.

Essayez!

Répondez aux questions en remplaçant l'objet direct par un pronom d'objet direct.

1. Thierry prend le train? Oui, il ____le____ prend.
2. Tu attends ta mère? Oui, je __________ attends.
3. Vous entendez Olivier et Vincent? Oui, on __________ entend.
4. Le professeur te cherche? Oui, il __________ cherche.
5. Barbara et Caroline retrouvent Linda? Oui, elles __________ retrouvent.
6. Vous m'invitez? Oui, nous __________ invitons.
7. Tu nous comprends? Oui, je __________ comprends.
8. Elles regardent la mer? Oui, elles __________ regardent.
9. Chloé aime la musique classique? Oui, elle __________ aime.
10. Vous avez regardé le film *Chacun cherche son chat*? Oui, nous __________ avons regardé.

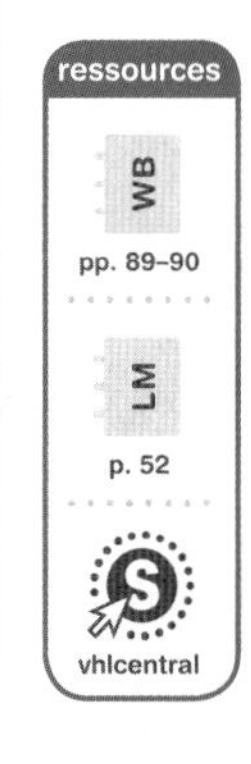

STRUCTURES

Mise en pratique

1 **À l'aéroport** Jules est à l'aéroport et il parle à sa mère. Choisissez le pronom d'objet direct approprié pour compléter ses phrases.

1. Ton CD préféré? Marie (le, la, l') écoute.
2. Le plan? Les Cartier (la, les, le) regardent.
3. Notre amie? Roger et Emma (l', le, la) cherchent.
4. Le journal français? Papa (la, l', le) achète.
5. Nos billets? Coralie (le, l', les) a pris.

2 **On fait beaucoup de choses** Dites ce que (*what*) ces gens font le week-end. Employez des pronoms d'objet direct.

Dominique / ce CD

▶ **MODÈLE**

Il l'écoute.

1. Benoît / ses films

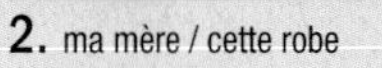

2. ma mère / cette robe

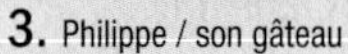

3. Philippe / son gâteau

4. Stéphanie et Marc / ces lunettes

3 **À la plage** La famille de Dalila a passé une semaine à la mer. Dalila parle de ce que (*what*) chaque membre de sa famille a fait. Employez des pronoms d'objet direct.

MODÈLE

J'ai conduit Ahmed à la plage. *Je l'ai conduit à la plage.*

1. Mon père a acheté le journal tous les matins.
2. Ma sœur a retrouvé son petit ami au café.
3. Mes parents ont emmené les enfants au cinéma.
4. Mon frère a invité sa fiancée au restaurant.
5. Anissa a porté ses lunettes de soleil.
6. Noah a pris les cartes.

4 **Des doutes** Julien et sa petite amie Caroline sont au café. Il est inquiet et lui pose des questions sur leurs vacances avec ses parents. Avec un(e) partenaire, jouez les deux rôles. Ensuite, présentez la scène à la classe.

1. Tes parents m'invitent au bord de la mer?
2. Tes parents vont m'écouter?
3. Tu vas m'attendre à l'aéroport?
4. Ton frère va nous emmener sur son bateau?
5. Tu penses que ta famille va m'aimer?
6. Tu m'adores?

Communication

5 **Le départ** Clémentine va partir au Cameroun chez sa correspondante (*pen pal*) Léa. Sa mère veut (*wants*) être sûre qu'elle est prête, mais Clémentine n'a encore rien (*nothing*) fait. Avec un(e) partenaire, jouez leur conversation en utilisant les phrases de la liste.

MODÈLE

Étudiant(e) 1: *Tu as acheté le cadeau pour ton amie?*
Étudiant(e) 2: *Non, je ne l'ai pas encore acheté.*
Étudiant(e) 1: *Quand vas-tu l'acheter?*
Étudiant(e) 2: *Je vais l'acheter cet après-midi.*

acheter ton billet d'avion	faire tes valises
avoir l'adresse de Léa	finir ton shopping
chercher un maillot de bain	prendre tes lunettes
choisir le cadeau de Léa	préparer tes vêtements
confirmer l'heure de l'arrivée	trouver ton passeport

6 **À Tahiti** Imaginez que vous alliez partir à Tahiti. Avec un(e) partenaire, posez-vous ces questions. Il/Elle vous répond en utilisant le pronom d'objet direct approprié. Ensuite, alternez les rôles.

MODÈLE

Est-ce que tu prends le bus pour aller à la plage?
Non, je ne le prends pas.

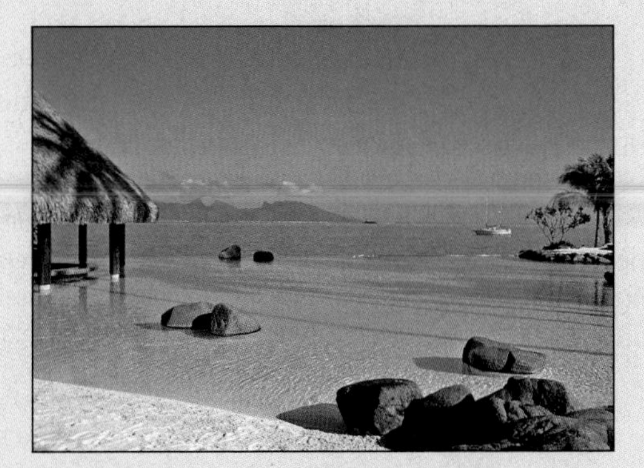

1. Aimes-tu la mer?
2. Est-ce que tu prends l'avion?
3. Qui va t'attendre à l'aéroport?
4. Quand as-tu fait tes valises?
5. Est-ce que tu as acheté ton maillot de bain?
6. Est-ce que tu prends ton appareil photo?
7. Où as-tu acheté tes vêtements?
8. As-tu déjà choisi ton hôtel à Tahiti?
9. Est-ce que tu as réservé ta chambre d'hôtel?
10. Tu vas regarder la télévision tahitienne?
11. Vas-tu essayer les plats typiques de Tahiti?
12. As-tu regardé le plan de Tahiti?

Révision

1 Il y a dix minutes Avec un(e) partenaire, décrivez ce qui s'est passé (*what happened*) dans cette scène il y a dix minutes. Utilisez les verbes de la liste pour faire des phrases. Ensuite, comparez vos phrases avec les phrases d'un autre groupe.

MODÈLE

Étudiant(e) 1: *Il y a dix minutes, M. Hamid est parti.*
Étudiant(e) 2: *Il y a dix minutes,...*

aller	partir
arriver	rentrer
descendre	sortir
monter	tomber

2 Qui aime quoi? Votre professeur va vous donner une feuille d'activités. Circulez dans la classe pour trouver un(e) camarade différent(e) qui aime ou qui n'aime pas chaque lieu de la liste.

MODÈLE

Étudiant(e) 1: *Est-ce que tu aimes les aéroports?*
Étudiant(e) 2: *Je ne les aime pas du tout, je les déteste.*

3 Les pays étrangers Par groupes de quatre, interviewez vos camarades. Dans quels pays étrangers sont-ils déjà allés? Dans quelles villes? Comparez vos destinations puis présentez toutes les réponses à la classe. N'oubliez pas de demander:

- quand vos camarades sont parti(e)s
- où ils/elles sont allé(e)s
- où ils/elles ont dormi
- combien de temps ils/elles ont passé là-bas

4 La valise Sandra et Jean sont partis en vacances. Voici leur valise. Avec un(e) partenaire, faites une description écrite (*written*) de leurs vacances. Où sont-ils allés? Comment sont-ils partis?

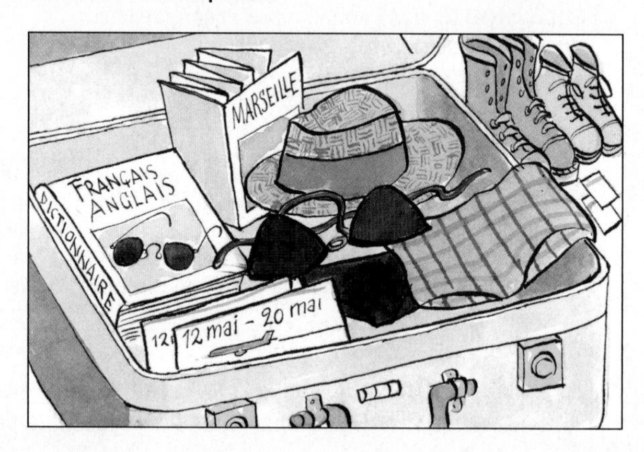

5 Un long week-end Avec un(e) partenaire, préparez huit questions sur le dernier long week-end. Utilisez les verbes de la liste. Ensuite, par groupes de quatre, répondez à toutes les questions.

MODÈLE

Étudiant(e) 1: *Où es-tu allé(e) vendredi soir?*
Étudiant(e) 2: *Vendredi soir je suis resté(e) chez moi. Mais samedi je suis sorti(e)!*

aller	sortir
arriver	rentrer
partir	rester
passer	retourner

6 Mireille et les Girard Votre professeur va vous donner, à vous et à votre partenaire, une feuille sur le week-end de Mireille et de la famille Girard. Attention! Ne regardez pas la feuille de votre partenaire.

MODÈLE

Étudiant(e) 1: *Qu'est-ce que Mireille a fait vendredi soir?*
Étudiant(e) 2: *Elle est allée au cinéma.*

Video

Bruges : une balade figée° dans le temps sous des airs printaniers°.

Bruges est une des grandes villes de Flandre, la région qui° correspond à la partie nord de la Belgique. C'est une ville d'histoire qui est inscrite° trois fois sur la liste du Patrimoine mondial de l'Unesco°: pour son centre-ville historique, qui date de l'époque médiévale, pour son béguinage° et pour son beffroi°.

En Belgique, les béguinages ont été établis par des communautés religieuses de femmes, les Béguines, et ils existent dans la plupart des villes de Flandre. Le premier beffroi de Bruges est une construction qui apparaît en 1240 et qui servait° de halles au marché, en particulier pour le commerce de la laine°, mais ce beffroi avait aussi des fonctions administratives.

Aujourd'hui, il en reste encore quatre.

Au bord de l'eau.

Compréhension Répondez aux questions.

1. Où est la ville de Bruges?
2. À quelle saison de l'année est-ce qu'on visite Bruges dans cette vidéo?
3. De quand date le centre-ville historique de Bruges?

Discussion Avec un(e) partenaire, répondez aux questions.

1. Comment faut-il visiter Bruges quand on est un touriste? Quels sont les moyens de transport préférés? Pourquoi, à votre avis?
2. Est-ce que Bruges est une ville romantique, d'après vous? Expliquez.
3. Quelles autres villes du monde ont des canaux? Quels sont les avantages et les inconvénients d'habiter dans une ville qui a des canaux, comme Bruges?

figée *frozen* **printaniers** *springtime* **qui** *that* **inscrite** *registered*
Patrimoine mondial de l'Unesco *Unesco World Heritage*
béguinage *architectural complex housing a community of nuns*
beffroi *church bell tower* **servait** *was used for* **laine** *wool*

Go to **vhlcentral.com** to watch the TV clip featured in this **Le Zapping**.

Leçon 7B

You will learn how to...
- make hotel reservations
- give instructions

À l'hôtel

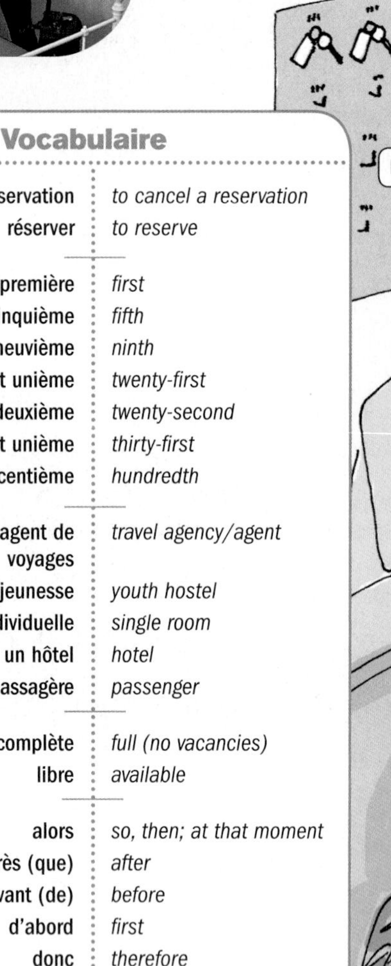

Vocabulaire

annuler une réservation	*to cancel a reservation*
réserver	*to reserve*
premier/première	*first*
cinquième	*fifth*
neuvième	*ninth*
vingt et unième	*twenty-first*
vingt-deuxième	*twenty-second*
trente et unième	*thirty-first*
centième	*hundredth*
une agence/un agent de voyages	*travel agency/agent*
une auberge de jeunesse	*youth hostel*
une chambre individuelle	*single room*
un hôtel	*hotel*
un passager/une passagère	*passenger*
complet/complète	*full (no vacancies)*
libre	*available*
alors	*so, then; at that moment*
après (que)	*after*
avant (de)	*before*
d'abord	*first*
donc	*therefore*
enfin	*finally, at last*
ensuite	*then, next*
finalement	*finally*
pendant (que)	*during, while*
puis	*then*
tout à coup	*suddenly*
tout de suite	*right away*

ressources
WB pp. 91–92
LM p. 53
vhlcentral

Attention!

In French, form ordinal numbers by placing **-ième** at the end of the cardinal number. If the cardinal number ends in an **-e**, drop it before adding **-ième**. Note the spelling changes in **cinquième** and **neuvième**. Also note that the French word for *first*, **premier/première** (1er/1ère), is an exception.

onze → **onzième** (11e)
vingt → **vingtième** (20e)

Mise en pratique

Audio: Vocabulary

1 **Écoutez** Écoutez la conversation entre Mme Renoir et un hôtelier et décidez si les phrases sont **vraies** ou **fausses**.

	Vrai	Faux
1. Mme Renoir est à l'agence de voyages.	☐	☐
2. Mme Renoir a fait une réservation.	☐	☐
3. Mme Renoir prend la chambre au cinquième étage.	☐	☐
4. Il y a un ascenseur dans l'hôtel.	☐	☐
5. Mme Renoir a réservé une chambre à deux lits.	☐	☐
6. La cliente s'appelle Margot Renoir.	☐	☐
7. L' hôtel a des chambres libres.	☐	☐
8. L' hôtelier donne à Mme Renoir la clé de la chambre 27.	☐	☐

2 **Hôtel Paradis** Virginie téléphone à l'hôtel Paradis pour faire une réservation. Mettez les phrases dans l'ordre chronologique.

a. ____ Finalement, il me demande le numéro de ma carte de crédit (*credit card*) pour finaliser la réservation.

b. ____ Pendant la conversation, je demande une chambre individuelle au troisième étage.

c. ____ D'abord, j'appelle l'hôtel Paradis pour faire une réservation.

d. ____ Je ne veux (*want*) pas dormir au rez-de-chaussée, donc je demande une chambre au deuxième étage.

e. ____ Ensuite, l'hôtel me rappelle (*calls me back*) pour annoncer qu'il n'y a plus de chambre libre au troisième étage, donc ma première réservation est annulée.

f. ____ C'est alors que l'hôtelier me donne une chambre au deuxième étage à côté de l'ascenseur.

3 **Complétez** Remplissez les espaces avec le nombre ordinal qui convient (*fits*).

MODÈLE

B est la *deuxième* lettre de l'alphabet.

1. Décembre est le ________ mois de l'année.
2. Mercredi est le ________ jour de la semaine.
3. Aux États-Unis, le rez-de-chaussée est le ________ étage.
4. Ma classe de français est au ________ étage.
5. Octobre est le ________ mois de l'année.
6. Z est la ________ lettre de l'alphabet.
7. Samedi est le ________ jour de la semaine.
8. Je suis le/la ________ enfant dans ma famille.
9. Mon prénom (*first name*) commence avec la ________ lettre de l'alphabet.
10. La fête nationale américaine est le ________ jour du mois de juillet.

Communication

4 **Conversez** Imaginez que vous prenez des vacances idéales dans un hôtel. Interviewez un(e) camarade de classe.

1. Quelles sont les dates de ton séjour?
2. Où vas-tu? Dans quel pays, région ou ville? Vas-tu à la plage, à la campagne, etc.?
3. À quel hôtel descends-tu (*do you stay*)?
4. Qui fait la réservation?
5. Comment est l'hôtel? Est-ce que l'hôtel a un ascenseur, une piscine, etc.?
6. À quel étage est ta chambre?
7. Combien de lits a ta chambre?
8. Laisses-tu ton passeport à la réception?

5 **Notre réservation** Travaillez avec deux partenaires pour préparer une présentation où deux touristes font une réservation dans un hôtel francophone ou une auberge de jeunesse. N'oubliez pas d'ajouter (*add*) les informations de la liste.

- le nom de l'hôtel
- le type de chambre(s)
- l'étage
- le nombre de lits
- les dates
- le prix

6 **Mon hôtel** Vous allez ouvrir (*open*) votre propre hôtel. Avec trois partenaires, créez un poster pour le promouvoir (*promote*) avec les informations de la liste et présentez votre hôtel au reste de la classe. Votre professeur va ensuite donner à chaque groupe un budget. Avec ce budget, vous allez faire la réservation à l'hôtel qui convient le mieux (*best suits*) à votre groupe.

- le nom de votre hôtel
- le nombre d'étoiles (*stars*)
- les services offerts
- le prix pour une nuit

★ une étoile	★★ deux étoiles	★★★ trois étoiles	★★★★ quatre étoiles	★★★★★ cinq étoiles

7 **Votre dernière réservation** Écrivez un paragraphe où vous décrivez (*describe*) ce que vous avez fait la dernière fois que vous avez réservé une chambre. Utilisez au moins cinq des mots de la liste. Échangez et comparez votre paragraphe avec un(e) camarade de classe.

alors	d'abord	puis
après (que)	donc	tout à coup
avant (de)	enfin	tout de suite

Les sons et les lettres

Audio: Concepts, Activities
Record & Compare

ti, sti, and ssi

The letters **ti** followed by a consonant are pronounced like the English word *tea*, but without the puff released in the English pronunciation.

actif **petit** **tigre** **utiles**

When the letter combination **ti** is followed by a vowel sound, it is often pronounced like the sound linking the English words *miss you*.

dictionnaire **patient** **initial** **addition**

Regardless of whether it is followed by a consonant or a vowel, the letter combination **sti** is pronounced *stee*, as in the English word *steep*.

gestion **question** **Sébastien** **artistique**

The letter combination **ssi** followed by another vowel or a consonant is usually pronounced like the sound linking the English words *miss you*.

passion **expression** **mission** **profession**

Words that end in **-sion** or **-tion** are often cognates with English words, but they are pronounced quite differently. In French, these words are never pronounced with a *sh* sound.

compression **nation** **attention** **addition**

Prononcez Répétez les mots suivants à voix haute.

1. artiste
2. mission
3. réservation
4. impatient
5. position
6. initiative
7. possession
8. nationalité
9. compassion
10. possible

Articulez Répétez les phrases suivantes à voix haute.

1. L'addition, s'il vous plaît.
2. Christine est optimiste et active.
3. Elle a fait une bonne première impression.
4. Laëtitia est impatiente parce qu'elle est fatiguée.
5. Tu cherches des expressions idiomatiques dans le dictionnaire.

Dictons Répétez les dictons à voix haute.

[1] Discussion brings light.
[2] The exception proves the rule.

La réservation d'hôtel

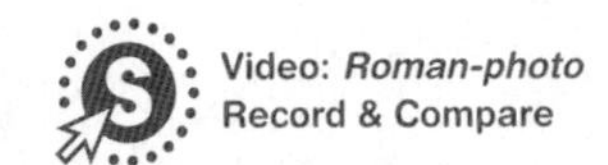

PERSONNAGES

Agent de voyages

Amina

Pascal

Sandrine

À l'agence de voyages...

SANDRINE J'ai besoin d'une réservation d'hôtel, s'il vous plaît. C'est pour les vacances de Noël.

AGENT Où allez-vous? En Italie?

SANDRINE Nous allons à Albertville.

AGENT Et c'est pour combien de personnes?

SANDRINE Nous sommes deux, mais il nous faut deux chambres individuelles.

AGENT Très bien. Quelles sont les dates du séjour, Mademoiselle?

SANDRINE Alors, le 25, c'est Noël donc je fête en famille. Disons du 26 décembre au 2 janvier.

AGENT Ce n'est pas possible à Albertville, mais à Megève j'ai deux chambres à l'hôtel Le Vieux Moulin pour 143 euros par personne. Ou alors à l'hôtel Le Mont Blanc pour 171 euros par personne.

SANDRINE Oh non, mais Megève, ce n'est pas Albertville... et ces prix! C'est vraiment trop cher.

AGENT C'est la saison, Mademoiselle. Les hôtels les moins chers sont déjà complets.

SANDRINE Oh là là. Je ne sais pas quoi faire... J'ai besoin de réfléchir. Merci, Monsieur. Au revoir!

AGENT Au revoir, Mademoiselle.

Chez Sandrine...

SANDRINE Oui, Pascal. Amina nous a trouvé une auberge à Albertville. C'est génial, non? En plus, c'est pas cher!

PASCAL Euh, en fait... Albertville, maintenant c'est impossible.

SANDRINE Qu'est-ce que tu dis?

PASCAL C'est que... j'ai du travail.

SANDRINE Du travail! Mais c'est Noël! On ne travaille pas à Noël! Et Amina a déjà tout réservé... Oh! C'est pas vrai!

PASCAL (*à lui-même*) Elle n'est pas très heureuse maintenant, mais quelle surprise en perspective!

Un peu plus tard...

AMINA On a réussi, Sandrine! La réservation est faite. Tu as de la chance! Mais, qu'est-ce qu'il y a?

SANDRINE Tu es super gentille, Amina, mais Pascal a annulé pour Noël. Il dit qu'il a du travail... Lui et moi, c'est fini. Tu as fait beaucoup d'efforts pour faire la réservation, je suis désolée.

ACTIVITÉS

1 **Vrai ou faux?** Indiquez si les affirmations suivantes sont vraies ou fausses.

1. Sandrine fait une réservation à l'agence de voyages.
2. Pascal dit un mensonge (*lie*).
3. Amina fait une réservation à l'hôtel Le Mont Blanc.
4. Il faut annuler la réservation à l'auberge de la Costaroche.
5. Amina est fâchée (*angry*) contre Sandrine.
6. Pascal est fâché contre Sandrine.
7. Sandrine est fâchée contre Pascal.
8. Sandrine a envie de voyager le 25 décembre.
9. Cent soixante et onze euros, c'est beaucoup d'argent pour Sandrine.
10. Il y a beaucoup de touristes à Albertville en décembre.

Practice more at **vhlcentral.com**.

Sandrine essaie d'organiser son voyage.

Au P'tit Bistrot...

SANDRINE Amina, je n'ai pas réussi à faire une réservation pour Albertville. Tu peux m'aider?

AMINA C'est que... je suis connectée avec Cyberhomme.

SANDRINE Avec qui?

AMINA J'écris un e-mail à... Bon, je t'explique plus tard. Dis-moi, comment est-ce que je peux t'aider?

Un peu plus tard...

AMINA Bon, alors... Sandrine m'a demandé de trouver un hôtel pas cher à Albertville. Pas facile à Noël... Je vais essayer... Voilà! L'auberge de la Costaroche... 39 euros la nuit pour une chambre individuelle. L'hôtel n'est pas complet et il y a deux chambres libres. Quelle chance cette Sandrine! Bon, nom... Sandrine Aubry...

AMINA Bon, la réservation, ce n'est pas un problème. Mais toi, Sandrine, c'est évident, ça ne va pas.

SANDRINE C'est vrai. Mais, alors, c'est qui, ce «Cyberhomme»?

AMINA Oh, c'est juste un ami virtuel. On correspond sur Internet, c'est tout. Ce soir, c'est son dixième message!

SANDRINE Lis-le-moi!

AMINA Euh non, c'est personnel...

SANDRINE Alors, dis-moi comment il est!

AMINA D'accord... Il est étudiant, sportif mais sérieux. Très intellectuel.

SANDRINE S'il te plaît, écris-lui: «Sandrine cherche aussi un cyberhomme»!

Expressions utiles

Getting help

- **Je ne sais pas quoi faire... J'ai besoin de réfléchir.**
  I don't know what to do... I have to think.
- **Je n'ai pas réussi à faire une réservation pour Albertville.**
  I didn't manage to make a reservation for Albertville.
- **Tu peux m'aider?**
  Can you help me?
- **Dis-moi, comment est-ce que je peux t'aider?**
  Tell me, how can I help you?
- **Qu'est-ce que tu dis?**
  What are you saying/did you say?
- **On a réussi.**
  We succeeded./We got it.
- **S'il te plaît, écris-lui.**
  Please, write to him.

Additional vocabulary

- **C'est trop tard?**
  Is it too late?
- **Disons...**
  Let's say...
- **La réservation est faite.**
  The reservation has been made.
- **C'est fini.**
  It's over.
- **Je suis connectée avec...**
  I am online with...
- **Lis-le-moi.**
  Read it to me.
- **Il dit que...**
  He says that...
- **les moins chers**
  the least expensive
- **en fait**
  in fact

2 Questions Répondez aux questions suivantes.

1. Pourquoi est-il difficile de faire une réservation pour Albertville?
2. Pourquoi est-ce que Sandrine ne veut pas (*doesn't want*) aller à l'hôtel Le Vieux Moulin?
3. Pourquoi est-ce que Pascal ne peut pas (*can't*) aller à Albertville?
4. Qui est Cyberhomme?
5. À votre avis (*In your opinion*), Sandrine va-t-elle rester (*stay*) avec Pascal?

3 Devinez Inventez-vous une identité virtuelle. Écrivez un paragraphe dans lequel (*in which*) vous vous décrivez, vous et vos occupations (*activities*) préférées. Donnez votre nom d'internaute (*cybername*). Votre professeur va afficher (*post*) vos messages. Devinez (*Guess*) quelle description correspond à quel(le) camarade de classe.

ACTIVITÉS

CULTURE À LA LOUPE

Les vacances des Français

une plage à Biarritz, en France

En 1936, les Français obtiennent° leurs premiers congés payés: deux semaines par an. En 1956, les congés payés passent à trois semaines, puis à quatre en 1969, et enfin à cinq semaines en 1982. Aujourd'hui, ce sont les Français qui ont le plus de vacances en Europe. Pendant longtemps, les Français prennent un mois de congés l'été, en août, et beaucoup d'entreprises°, de bureaux et de magasins ferment° tout le mois (la fermeture annuelle). Aujourd'hui, les Français ont tendance à prendre des vacances plus courtes (sept jours en moyenne°) mais plus souvent. Quant aux° destinations de vacances, 87,9% (pour cent) des Français restent en France. S'ils partent à l'étranger, leurs destinations préférées sont l'Espagne, l'Afrique et l'Italie. Environ° 46% des Français vont à la mer, 30% vont à la campagne, 25% vont en ville et 19% vont à la montagne.

Ce sont les personnes âgées et les agriculteurs° qui partent le moins souvent en vacances et les étudiants qui voyagent le plus, parce qu'ils ont beaucoup de congés. Pour eux, les cours commencent en septembre ou octobre avec la rentrée des classes. Puis, il y a deux semaines de vacances plusieurs fois dans l'année: les vacances de la Toussaint en octobre-novembre, les vacances de Noël en décembre-janvier, les vacances d'hiver en février-mars et les vacances de printemps en avril-mai. L'été, les étudiants ont les grandes vacances de juin jusqu'à° la rentrée.

obtiennent *obtain* **entreprises** *companies* **ferment** *close* **en moyenne** *on average* **Quant aux** *As for* **Environ** *Around* **agriculteurs** *farmers* **jusqu'à** *until*

Les destinations de vacances des Français aujourd'hui

PAYS / CONTINENT	SÉJOURS (EN %)
France	87,9
Espagne	3,5
Italie	2,1
Amérique	1,9
Afrique	1,5
Portugal	1,2
Allemagne	0,7
Royaume-Uni	0,7
Grèce	0,5

Coup de main

To form the superlative of nouns, use **le plus (de)** + [*noun*] to say *the most* and **le moins (de)** + [*noun*] to say *the least*.

Les étudiants ont le plus de congés.

Les personnes âgées prennent le moins de congés.

ACTIVITÉS

1 Complétez Complétez les phrases.

1. C'est en 1936 que les Français obtiennent leurs premiers ___________.
2. Depuis (*Since*) 1982, les Français ont ___________ de congés payés.
3. Pendant longtemps, les Français prennent leurs vacances au mois ___________.
4. Pendant ___________, beaucoup de magasins sont fermés.
5. ___________ est la destination de vacances préférée de 87,9% des Français.
6. Les destinations étrangères préférées des Français sont ___________.
7. Le lieu de séjour favori des Français est ___________.
8. ___________ ne partent pas souvent en vacances.
9. Ce sont ___________ qui ont le plus de vacances.
10. Les étudiants ont ___________ plusieurs fois par an.

STRATÉGIE

Guessing meaning from context

As you read in French, you will often see words you have not learned. You can guess what they mean by looking at familiar words around them. You can also make assumptions about unknown words based on other details that you have understood in the selection. Context clues such as a theme, a person's actions, or a place can all shed light on a word's meaning. Always try to guess meaning from context before resorting to an English translation.

LE MONDE FRANCOPHONE

Des vacances francophones

Si vous voulez° partir en vacances et pratiquer le français, vous pouvez° aller en France, bien sûr, mais il y a aussi beaucoup d'autres destinations.

Près des États-Unis

En hiver, dans les Antilles, il y a la Guadeloupe et la Martinique. Ces deux îles° tropicales sont des départements français. Leurs habitants ont donc des passeports français.

Dans l'océan Pacifique

De la Côte Ouest des États-Unis, au sud° de Hawaï, vous pouvez aller dans les îles de la Polynésie française: les îles Marquises; les îles du Vent, avec Tahiti; les îles Tuamotu. Au total il y a 118 îles, dont° 67 sont habitées°.

voulez *want* **pouvez** *can* **îles** *islands* **sud** *south* **dont** *of which* **habitées** *inhabited*

PORTRAIT

Les Alpes et le ski

Près de 48% des Français partent à la montagne pour deux semaines en moyenne° pendant les vacances d'hiver. Soixante-dix pour cent d'entre eux° choisissent° une station de ski des Alpes françaises. La chaîne° des Alpes est la plus grande chaîne de montagnes d'Europe. Elle fait plus de 1.000 km de long et va de la Méditerranée à l'Autriche°. Plusieurs pays la partagent: entre autres° la France, la Suisse, l'Allemagne et l'Italie. Le Mont-Blanc, le sommet° le plus haut° d'Europe occidentale°, est à 4.808 mètres d'altitude. On trouve d'excellentes pistes° de ski dans les Alpes, comme à Chamonix, Tignes, Val d'Isère et aux Trois Vallées.

en moyenne *on average* **d'entre eux** *of them* **choisissent** *choose* **chaîne** *range* **l'Autriche** *Austria* **entre autres** *among others* **sommet** *peak* **le plus haut** *the highest* **occidentale** *Western* **pistes** *trails*

Sur Internet

Chaque année, depuis (*since*) 1982, plus de 4 millions de Français utilisent des Chèques-Vacances pour payer leurs vacances. Qu'est-ce que c'est, un Chèque-Vacances?

Go to **vhlcentral.com** to find more cultural information related to this **Lecture culturelle**.

2 **Répondez** Répondez aux questions par des phrases complètes.

1. Quel pourcentage des Français partent à la montagne en hiver?
2. Des Français qui vont à la montagne en hiver, combien choisissent les Alpes?
3. Qu'est-ce que c'est, les Alpes?
4. Quel est le sommet le plus haut d'Europe occidentale?
5. Quelles îles des Antilles sont françaises?

3 **À l'agence de voyages** Vous travaillez dans une agence de voyages en France. Votre partenaire, un(e) client(e), va vous parler des activités et du climat qu'il/elle aime. Faites quelques suggestions de destinations. Votre client(e) va vous poser des questions sur les différents voyages que vous suggérez.

Practice more at **vhlcentral.com**.

ACTIVITÉS

7B.1 Regular -*ir* verbs

Presentation

Point de départ In **Leçon 5A**, you learned several irregular **-ir** verbs. Some **-ir** verbs, like **finir** (*to finish*), are regular in their conjugation.

finir	
je finis	**nous finissons**
tu finis	**vous finissez**
il/elle/on finit	**ils/elles finissent**

Je **finis** mes devoirs.
I finish my homework.

Alain et Chloé **finissent** de manger.
Alain and Chloé finish eating.

- Here are some other verbs that follow the same pattern as **finir**.

Other regular -*ir* verbs			
choisir	*to choose*	**réfléchir (à)**	*to think (about), to reflect (on)*
grossir	*to gain weight*	**réussir (à)**	*to succeed in (doing something)*
maigrir	*to lose weight*		

Marc **grossit** pendant les vacances.
Marc gains weight during vacation.

Elles **réussissent** à trouver un hôtel au centre-ville.
They succeed in finding a hotel downtown.

Tu **choisis** ta chambre.
You choose your room.

Vous **réfléchissez** à ma question?
Are you thinking about my question?

- To form the past participle of regular **-ir** verbs, drop the **-r** from the infinitive.

M. Leroy **a** beaucoup **maigri.**
Mr. Leroy lost a lot of weight.

Vous **avez choisi** une chambre?
Did you choose a room?

Boîte à outils

Use the construction **finir de** + [*infinitive*] and **choisir de** + [*infinitive*] to mean *to finish doing* and *to choose to do something*.

Je **finis de manger** et puis tu m'aides.

I'll finish eating and then you help me.

Nous **choisissons de rester** à l'hôtel demain.

We choose to stay at the hotel tomorrow.

Essayez!

Complétez les phrases.

1. Si tu manges de la salade, tu ___maigris___ (maigrir).
2. Il __________ (réussir) tous ses projets.
3. Vous __________ (finir) vos devoirs?
4. Lundi prochain nous __________ (finir) le livre.
5. Les enfants __________ (grossir).
6. Vous __________ (choisir) quel magazine?
7. Son jean est trop grand parce qu'il __________ (maigrir).
8. Je __________ (réfléchir) beaucoup à ce problème.

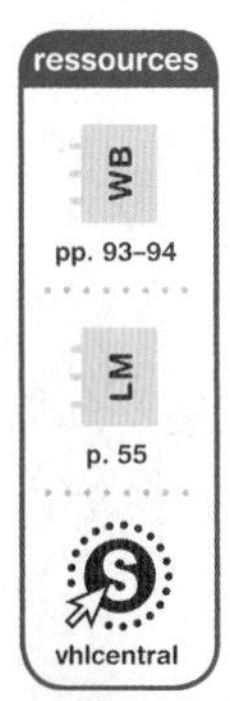

Le français vivant

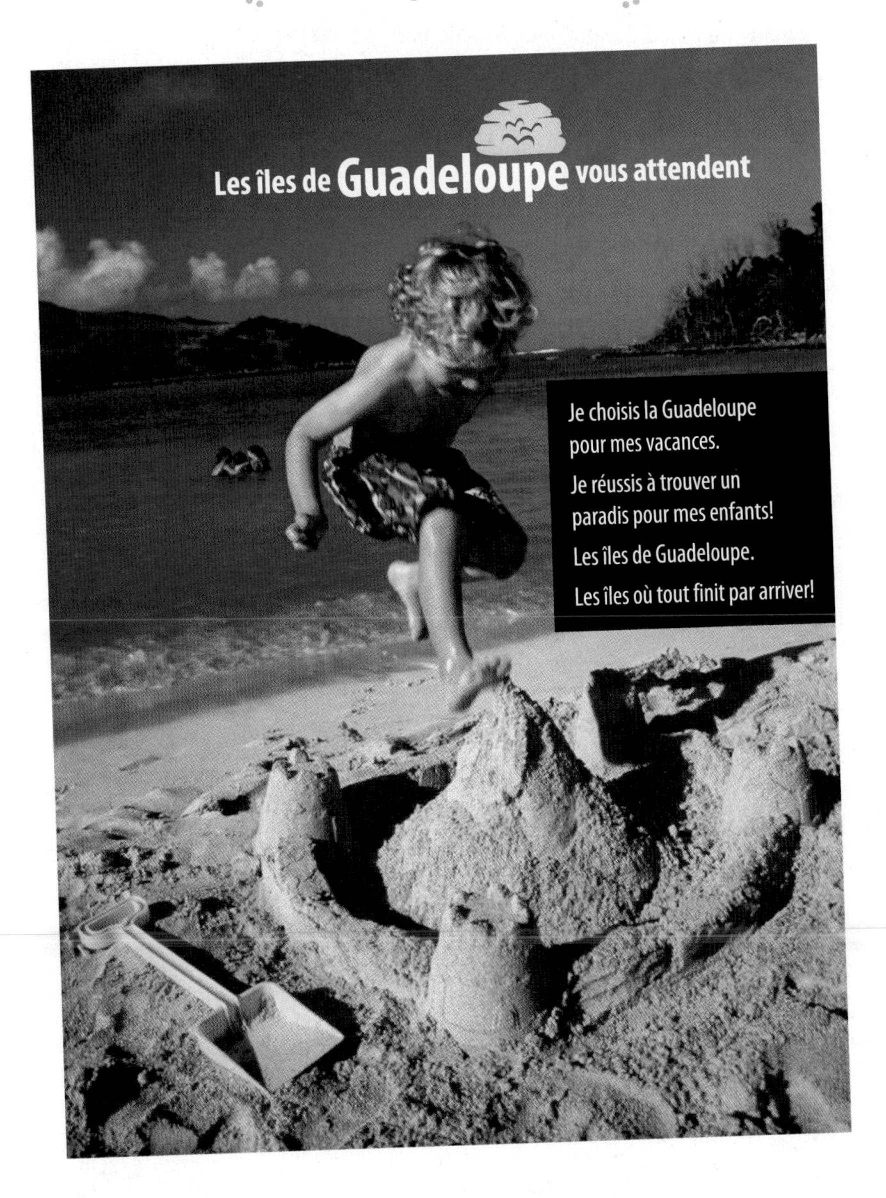

Identifiez Regardez la publicité (*ad*) et trouvez les formes des verbes en **-ir**.

Répondez Par groupes de trois, répondez aux questions.

1. Qui parle dans la pub?
2. Que vend-on dans la pub?
3. Où sont les îles de Guadeloupe? Regardez sur une carte si vous ne savez (*know*) pas.
4. Pourquoi choisit-on de passer ses vacances à la Guadeloupe?
5. Avez-vous passé des vacances dans un endroit comme la Guadeloupe? Où?

STRUCTURES

Mise en pratique

1 Notre voyage **Complétez le dialogue avec le présent des verbes.**

FRÉDÉRIQUE L'agence de voyages (1) __________ (finir) d'organiser notre séjour aujourd'hui, n'est-ce pas?

MARC Oui, et elle (2) __________ (choisir) aussi notre hôtel.

LINDA Avez-vous assez d'argent? Est-ce que vous (3) __________ (réfléchir) un peu à ça?

MARC Bien sûr, nous (4) __________ (réfléchir) à ça!

FRÉDÉRIQUE Moi, je (5) __________ (réussir) toujours à dépenser tout mon argent.

LINDA Eh bien moi, je ne dépense pas d'argent pour manger. Je (6) __________ (maigrir) quand je vais à l'étranger.

MARC Moi, je (7) __________ (grossir) quand je voyage parce que je mange trop.

LINDA Est-ce que vous (8) __________ (finir) tous vos devoirs avant de voyager?

FRÉDÉRIQUE Moi, je les (9) __________ (finir) rarement!

MARC Et moi, je (10) __________ (choisir) de les finir.

2 On fait quoi? **Complétez les phrases avec la forme correcte d'un verbe en -ir.**

1. Nous __________ nos devoirs avant le dîner.
2. Ursula __________ les vêtements qu'elle va porter à l'école.
3. Eva et Léo __________ à faire un gâteau.
4. Omar __________ à ses problèmes d'argent.
5. Yves et toi, vous allez à la gym parce que vous __________ cet été.
6. Josiane, tu manges une salade parce que tu essaies de __________?

3 On part! **Saïda a préparé une liste de choses qu'elle et ses copines doivent (*must*) faire avant leur voyage. Dites qui a déjà fait quoi.**

	moi	*Leyla*	*Patricia*
1. *finir les réservations* Leyla a déjà fini les réservations.		✓	
2. *réfléchir aux vêtements qu'on va prendre*		✓	✓
3. *maigrir*	✓		
4. *choisir une chambre au rez-de-chaussée*	✓		✓
5. *réussir à trouver un maillot de bain*	✓	✓	✓
6. *choisir une camarade de chambre*			✓

Communication

4 Ça, c'est moi! Avec un(e) partenaire, complétez les phrases suivantes pour parler de vous-même.

1. Je ne finis jamais (de)...
2. Je grossis quand...
3. Je maigris quand...
4. Au restaurant, je choisis souvent...
5. Je réfléchis quelquefois (*sometimes*) à...
6. Je réussis toujours (à)...

5 Assemblez Avec un(e) partenaire, assemblez les éléments des trois colonnes pour créer des phrases. Attention! Quelques verbes sont irréguliers.

A	B	C
je	choisir	copains/copines
tu	finir	cours pour l'année prochaine
le prof	grossir	importante décision
mon frère	maigrir	devoirs
mes parents	partir	manger (peu, beaucoup, trop)
ma sœur	réfléchir (à)	restaurant
mon/ma petit(e) ami(e)	réussir	vacances
mon/ma camarade de chambre	sortir	vêtements
?	?	voyage
		?

6 Votre vie à la fac Posez ces questions à un(e) partenaire puis présentez vos réponses à la classe.

1. As-tu beaucoup réfléchi avant de choisir cette université? Pourquoi l'as-tu choisie?
2. Comment est-ce que tu as choisi ton/ta camarade de chambre?
3. Pendant ce semestre, dans quel cours as-tu le mieux (*best*) réussi?
4. En général, est-ce que tu réussis aux examens de français? Comment les trouves-tu?
5. Est-ce que tu maigris ou grossis à la fac? Pourquoi?
6. À quelle heure est-ce que tes cours finissent le vendredi? Que fais-tu après les cours?
7. Que font tes parents pour toi quand tu réussis tes examens?
8. Quand fais-tu tes devoirs? Est-ce que tu as déjà fini tes devoirs pour aujourd'hui?

7 Libres Vous partez en vacances avec un(e) ami(e). Vous avez des opinions très différentes. L'un(e) préfère la plage et l'autre préfère la campagne. Mettez-vous d'accord et prenez des décisions. Où allez-vous? Qu'est-ce que vous apportez? Où descendez-vous? Préparez un dialogue, puis jouez la scène pour la classe. Utilisez les verbes de la page précédente.

7B.2

The *impératif*

Presentation

Point de départ The **impératif** is the form of a verb that is used to give commands or to offer directions, hints, and suggestions. With command forms, *you do not use subject pronouns.*

Boîte à outils

In French, unlike English, the command form changes depending on the person to whom it is addressed.

- Form the **tu** command of **-er** verbs by dropping the **-s** from the present tense form. Note that **aller** also follows this pattern.

Réserve deux chambres.
Reserve two rooms.

Travaille bien.
Work well.

Va au marché.
Go to the market.

- The **nous** and **vous** command forms of **-er** verbs are the same as the present tense forms.

Nettoyez votre chambre.
Clean your room.

Mangeons au restaurant ce soir.
Let's eat out tonight.

- For **-ir** verbs, **-re** verbs, and most irregular verbs, the command forms are identical to the present tense forms.

Finis la salade.
Finish the salad.

Attendez dix minutes.
Wait ten minutes.

Faisons du yoga.
Let's do some yoga.

- To make a command negative, place **ne** before the verb and **pas** after it.

Ne regarde pas la télé.
Don't watch TV.

Ne vendons pas la maison.
Let's not sell the house.

Ne finissez pas le jus d'orange.
Don't finish the orange juice.

The *impératif* of *avoir* and *être*

	avoir	être
(tu)	aie	sois
(nous)	ayons	soyons
(vous)	ayez	soyez

- The forms of **avoir** and **être** in the **impératif** are irregular.

Aie confiance.
Have confidence.

Soyons optimistes!
Let's be optimistic!

N'ayons pas peur.
Let's not be afraid.

Ne sois pas impatient!
Don't be impatient!

- An object pronoun can be added to the end of an affirmative command. Use a hyphen to separate them. Use **moi** and **toi** for the first- and second-person object pronouns.

Permettez-moi de vous aider.
Allow me to help you.

Achète le dictionnaire et **utilise-le.**
Buy the dictionary and use it.

- In negative commands, place object pronouns between **ne** and the verb. Use **me** and **te** for the first- and second-person object pronouns.

Ne **me montre** pas les réponses.
Don't show me the answers.

Ma photo! Ne **la touchez** pas.
My picture! Don't touch it.

Ne **lui donne** pas les bonbons.
Don't give her the candy.

Ne **leur téléphonez** pas.
Don't phone them.

À noter

You will learn more about how to use **toi** and **te** with commands when you study reflexive verbs in **Leçon 10A**.

The verbs *dire, lire,* and *écrire*

dire, lire, écrire			
	dire (*to say*)	**lire** (*to read*)	**écrire** (*to write*)
je/j'	**dis**	**lis**	**écris**
tu	**dis**	**lis**	**écris**
il/elle/on	**dit**	**lit**	**écrit**
nous	**disons**	**lisons**	**écrivons**
vous	**dites**	**lisez**	**écrivez**
ils/elles	**disent**	**lisent**	**écrivent**

J'écris un e-mail à...

Elle m'**écrit.**
She writes to me.

Ne **dis** pas ton secret.
Don't tell your secret.

Lisez cet e-mail.
Read that e-mail.

- The verb **décrire** (*to describe*) is conjugated like **écrire**.

Elle **décrit** l'accident.
She's describing the accident.

Ils **décrivent** leurs vacances.
They describe their vacation.

- The past participles of **dire**, **écrire**, and **décrire**, respectively, are **dit**, **écrit**, and **décrit**. The past participle of **lire** is **lu**.

Ils l'**ont dit**.
They said it.

Tu l'**as écrit**.
You wrote it.

Nous l'**avons lu**.
We read it.

Essayez! **Employez l'impératif pour compléter ces phrases.**

1. Envoie (envoyer: tu) cette lettre.
2. Ne __________ (quitter: nous) pas la maison ce soir.
3. __________ (attendre: vous) à l'aéroport.
4. Sébastien, __________ (aller: tu) à la bibliothèque.
5. Christine et Serena, ne __________ (être: vous) pas impatientes.
6. __________ (décrire: vous) votre famille.
7. Ne __________ (perdre: nous) pas de temps.
8. Chérie, n' __________ (avoir: tu) pas peur.
9. __________ (prendre: vous) des fraises.
10. __________ (écrire: tu) ton devoir pour demain.
11. Ne me __________ (dire: vous) pas comment le film finit!
12. __________ (lire: tu) ce livre.
13. __________ (apprendre: tu) une nouvelle langue.
14. __________ (mettre: nous) un anorak.

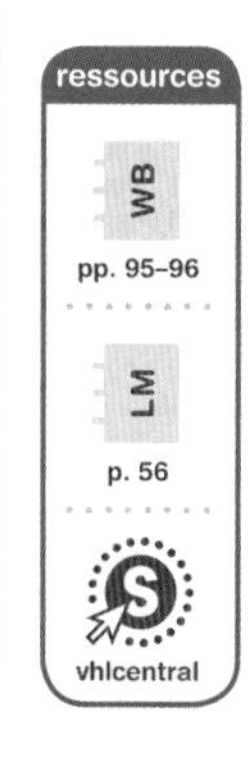

Mise en pratique

1 Dites à... Mettez les verbes à l'impératif.

MODÈLE

Dites à votre petite sœur de nettoyer sa chambre.
Nettoie ta chambre.

Dites à votre petite sœur...

1. d'aller à l'école.
2. de ne pas regarder la télé.
3. de vous attendre.

Dites à vos camarades de chambre...

4. de ne pas mettre la radio.
5. d'être gentils.
6. de réfléchir avant de parler.

2 Écoutez Marilyne et Nicole sont des adolescentes difficiles. Leur mère leur demande de faire le contraire de ce qu'elles (*what they*) proposent.

MODÈLE

Nous allons regarder la télé.
Ne la regardez pas.

1. Nous allons téléphoner à nos copines.
2. Je ne vais pas parler à mon prof.
3. Nous n'allons pas lire ce livre.
4. Nous n'allons pas faire nos devoirs.
5. Je vais acheter cette nouvelle jupe.
6. Je ne vais pas écrire à mes grands-parents.

3 Que dites-vous? Que dites-vous à ces personnes? Avec un(e) partenaire, employez des verbes à l'impératif.

MODÈLE

Ne dormez pas tard.

1.

2.

3.

4.

Communication

4 **Fais-le** Dites à un(e) camarade de classe de faire certaines choses. Ensuite, changez de rôle. Utilisez ces verbes ou d'autres.

MODÈLE

donner
Charles, donne-moi un crayon.

chanter	écrire
danser	essayer
décrire	faire
dessiner	lire
dire	nettoyer
donner	regarder

5 **Un voyage aux États-Unis** Un(e) étudiant(e) français(e) visite les États-Unis. Avec un(e) partenaire, suggérez des activités dans ces villes.

MODÈLE

À New York, va à la statue de la Liberté.

villes	verbes utiles
Boston	acheter
Chicago	aller
Los Angeles	faire
Miami	manger
New York	prendre
San Francisco	regarder
Washington, D.C.	réserver
	rester
	visiter

6 **Mme Réponsatout** Vous téléphonez à l'émission (*show*) de Madame Réponsatout, qui donne des conseils (*advice*) au public. Avec un(e) partenaire, imaginez les dialogues pour les problèmes de la liste. Employez des verbes à l'impératif et alternez les rôles.

MODÈLE

Étudiant(e) 1: *J'ai un problème d'argent.*
Étudiant(e) 2: *N'achetez pas de vêtements chers.*

- un problème d'argent
- un problème sentimental (*romantic*)
- où aller en vacances
- un(e) camarade de chambre pénible
- mauvaises notes à tous les cours
- un professeur difficile
- quoi faire après mes études
- un problème de poids (*weight*)

Révision

1 **Oui ou non?** Votre professeur va vous donner une feuille d'activités. Circulez dans la classe pour trouver deux camarades différent(e)s pour chaque situation, l'un(e) qui dit oui et l'autre qui dit non. Écrivez leur nom.

MODÈLE

Étudiant(e) 1: *Est-ce que tu écris des e-mails à tes grands-parents?*
Étudiant(e) 2: *Oui, je leur écris des e-mails parfois.*

Situation	Oui	Non
1. écrire des e-mails à ses grands-parents	Lionel	
2. dire la vérité (truth) dans toutes les circonstances		
3. grossir en été		
4. lire le journal tous les matins		
5. maigrir en hiver		
6. réussir à faire la fête tous les week-ends		

2 **Faites attention** Vous êtes médecin. Quels conseils (*advice*) donnez-vous à ces personnes? Employez des verbes à l'impératif. Ensuite, comparez vos suggestions aux suggestions de deux camarades.

Quels conseils donnez-vous à une personne...

1. fatiguée?
2. nerveuse?
3. sans énergie?
4. faible?
5. trop grosse?
6. trop mince?

3 **Apprenons le français** Vous et votre partenaire cherchez à progresser en français. Trouvez huit idées d'activités à faire en français et utilisez des verbes à l'impératif avec des pronoms d'objet direct ou indirect. Ensuite, comparez votre liste avec la liste d'un autre groupe.

MODÈLE

Étudiant(e) 1: *Regardons le dernier film de Catherine Deneuve.*

Étudiant(e) 2: *Oui, regardons-le.*

4 **Des solutions** Parlez de ces problèmes avec un(e) partenaire. Un(e) étudiant(e) présente les problèmes de la colonne A et l'autre les problèmes de la colonne B. Employez des impératifs pour répondre aux problèmes et alternez les rôles.

MODÈLE J'ai perdu mon cahier de français.
Étudiant(e) 1: *J'ai perdu mon cahier de français.*
Étudiant(e) 2: *Nettoie ta chambre et puis cherche-le.*

A	B
1. Je ne trouve pas de billet aller-retour pour la Guadeloupe.	**1.** Mon/Ma petit(e) ami(e) est allé(e) à une fête avec une autre personne.
2. Demain c'est l'anniversaire de ma mère et je n'ai pas son cadeau.	**2.** Je n'ai pas acheté de billet de train pour aller à Genève demain.
3. Je n'ai pas d'argent pour payer l'addition.	**3.** Il est 11h00 du matin, mais j'ai déjà faim.
4. L'avion est parti sans moi.	**4.** Il neige et j'ai très froid.

5 **La publicité** Par groupes de trois, créez le texte d'une publicité pour le magazine *Mer et soleil*. Décidez quel endroit l'illustration représente, puis employez des verbes à l'impératif pour attirer (*to attract*) des touristes. Ensuite, présentez votre pub (ad) à la classe.

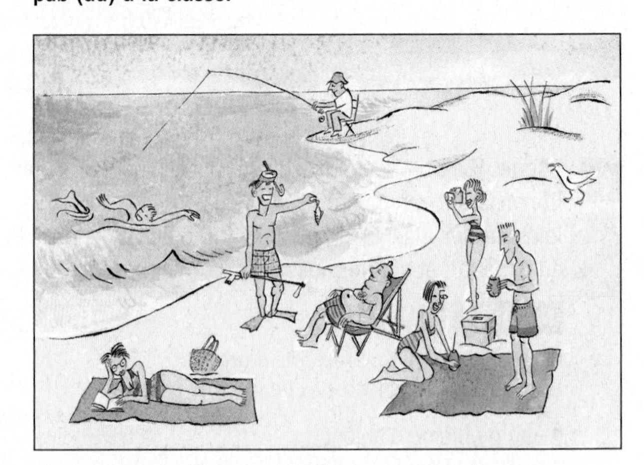

6 **Un week-end en vacances** Votre professeur va vous donner, à vous et à votre partenaire, une feuille de dessins sur le week-end de M. et Mme Bardot et de leur fille Alexandra. Attention! Ne regardez pas la feuille de votre partenaire.

MODÈLE

Étudiant(e) 1: *D'abord, ils sont arrivés à l'hôtel.*
Étudiant(e) 2: *Après, ...*

Écriture

STRATÉGIE

Making an outline

When we write to share information, an outline can serve to separate topics and subtopics, providing a framework for presenting the data. Consider the following excerpt from an outline of a tourist brochure.

I. Itinéraire et description du voyage
 A. Jour 1
  1. ville: Ajaccio
  2. visites: visite de la ville à pied
  3. activités: dîner
 B. Jour 2
  1. ville: Bonifacio
  2. visites: la ville de Bonifacio
  3. activités: promenade en bateau, dîner
II. Description des hôtels et des transports
 A. Hôtels
 B. Transports

Schéma d'idées

Idea maps can be used to create outlines. The major sections of an idea map correspond to the Roman numerals in an outline. The minor sections correspond to the outline's capital letters, and so on. Consider the idea map that led to the outline above.

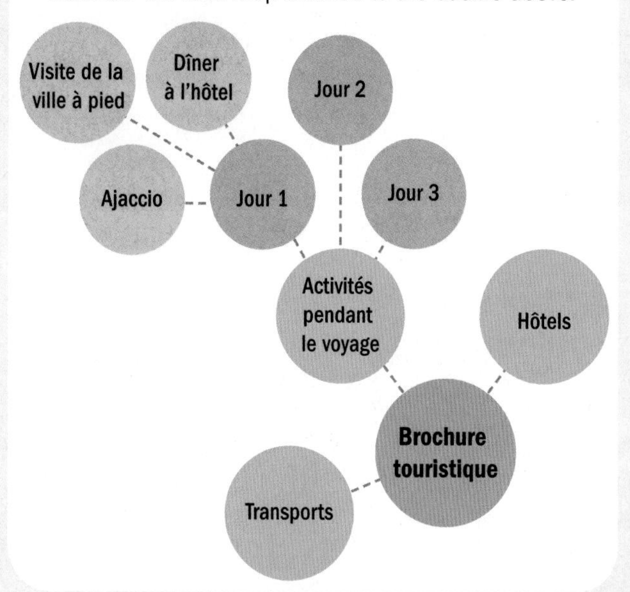

Thème

Créez une brochure

Vous allez préparer une brochure pour un voyage organisé que vous avez fait ou que vous avez envie de faire dans un pays francophone. Utilisez un schéma d'idées pour vous aider. Voici des exemples d'informations que votre brochure peut (*can*) donner.

- le pays et la ville
- le nombre de jours
- la date et l'heure du départ et du retour
- les transports utilisés (train, avion,...) et le lieu de départ (aéroport JFK, gare de Lyon...)
- le temps qu'il va probablement faire et quelques suggestions de vêtements à emporter (*take along*)
- où on va dormir (hôtel, auberge de jeunesse, camping...)
- où on va manger (restaurant, café, pique-nique dans un parc...)
- les visites culturelles (monuments, musées...)
- les autres activités au programme (explorer la ville, aller au marché, faire du sport...)
- le prix du voyage par personne

Interactive Map

Panorama

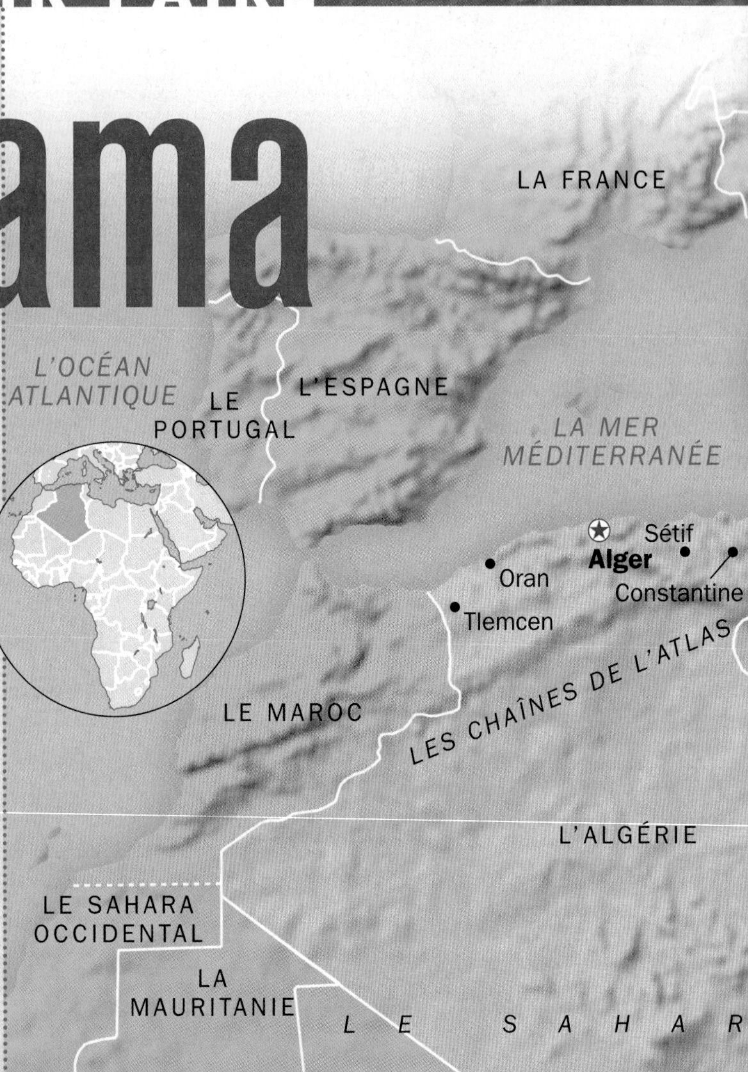

L'Algérie

Le pays en chiffres

- **Superficie:** *2.381.741 km²*
- **Population:** *39.447.000*
  SOURCE: Population Division, UN Secretariat
- **Industries principales:** *agriculture, gaz naturel, acier et métallurgie, pétrole°*
- **Ville capitale:** *Alger*
- **Monnaie:** *dinar algérien*
- **Langues:** *arabe, français*

L'Algérie est un paradoxe francophone. Environ la moitié des Algériens parlent français. C'est donc le second plus grand pays francophone du monde, après la France. Cependant, pour des raisons historiques datant de l'époque de la colonisation, l'Algérie n'a pas souhaité rejoindre l'Organisation internationale de la Francophonie.

Personnages célèbres

- **Mohamed Fellag,** *acteur, humoriste (1950–)*

- **Khaled,** *chanteur (1960–)*

- **Albert Camus,** *écrivain (1913–1960)*

- **Hélène Cixous,** *écrivaine (1937–)*

pétrole *oil* **renard** *fox* **pèse** *weighs* **chat** *cat* **oreilles** *ears* **sable** *sand*

LA FRANCE
L'OCÉAN ATLANTIQUE
LE PORTUGAL
L'ESPAGNE
LA MER MÉDITERRANÉE
Sétif
Alger
Oran
Constantine
Tlemcen
LES CHAÎNES DE L'ATLAS
LA TUNISIE
LE MAROC
L'ALGÉRIE
LA LYBI
LE SAHARA OCCIDENTAL
LA MAURITANIE
L E S A H A R A
LE MALI

Le Theatre d'Oran

Algeria Sahara Desert

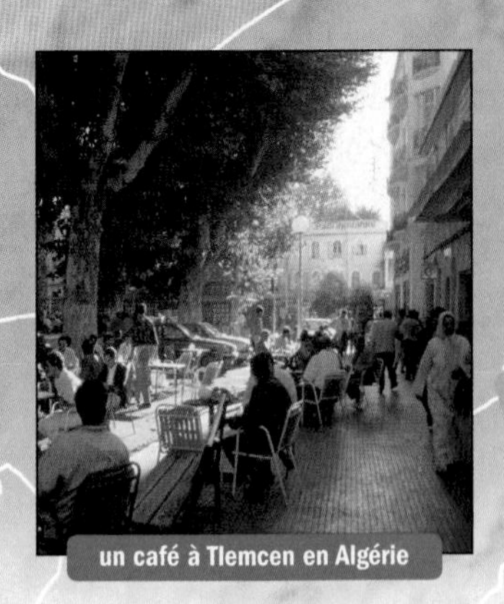

un café à Tlemcen en Algérie

Incroyable mais vrai!

Le fennec est un petit renard° des déserts d'Afrique du Nord: il mesure environ 20 centimètres et pèse° moins de deux kilogrammes, ce qui est plus petit qu'un chat°! Le fennec a de très longues oreilles° et une fourrure blanche et beige, comme le sable°. C'est l'animal symbolique de l'Algérie et la mascotte de son équipe de football.

Les arts

Assia Djebar (1936-2015)

Lauréate de nombreux prix littéraires et cinématographiques, Assia Djebar fait partie des écrivains et cinéastes algériens les plus talentueux. Dans ses œuvres°, Djebar présente le point de vue° féminin avec l'intention de donner une voix° aux femmes algériennes. *La Soif*, son premier roman°, sort en 1957. C'est plus tard, pendant qu'elle enseigne l'histoire à l'université d'Alger, qu'elle devient cinéaste et sort son premier film, *La Nouba des femmes du Mont Chenoua*, en 1979. Le film reçoit le prix de la critique internationale au festival du film de Venise. En 2005, Assia Djebar devient le premier écrivain du Maghreb, homme ou femme, à être élue° à l'Académie française.

La gastronomie

Le couscous

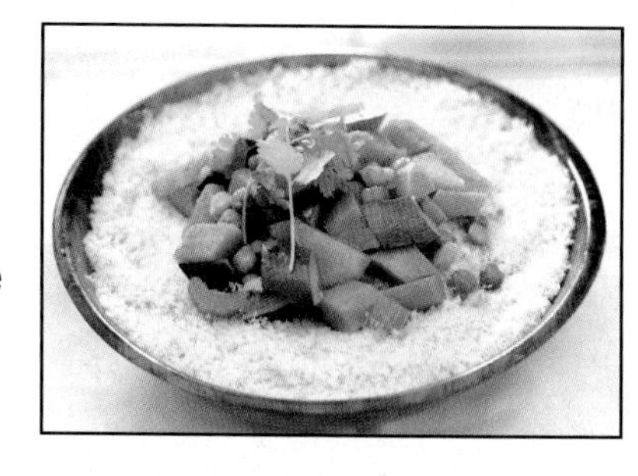

Le couscous est sans doute le plat d'origine berbère le plus populaire dans le monde. Le mot «couscous» désigne à la fois la semoule de blé dur° qui forme la base du plat et la préparation elle-même. Traditionnellement, on prépare le couscous dans un couscoussier: les légumes et la viande cuisent à feu doux° dans la partie inférieure et produisent de la vapeur pour la cuisson° de la semoule placée au-dessus. Il existe de nombreuses variantes de coucous. Toutes ont des légumes, mais peuvent être aussi accompagnées de différentes viandes ou de poisson. Le couscous se mange salé ou sucré, froid ou chaud. C'est l'un des trois plats préférés des Français!

Les destinations

La Casbah d'Alger

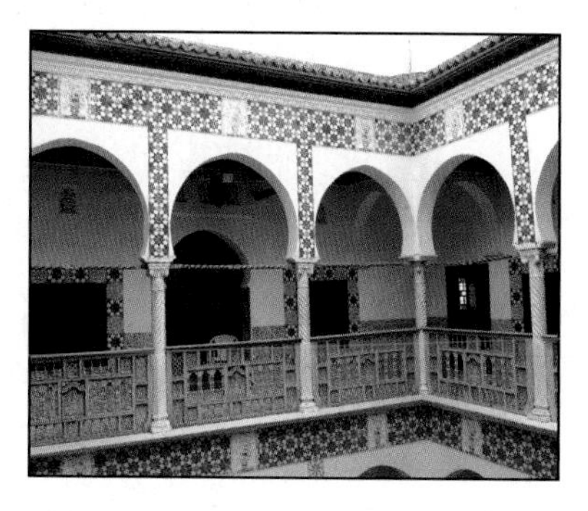

La Casbah d'Alger est le quartier historique au centre de la ville d'Alger, la capitale de l'Algérie. Elle comprend la médina, ou vieille ville, et une citadelle. L'ensemble est construit sur une colline° qui domine la mer Méditerranée et forme un panorama majestueux et bien gardé. Les rues étroites et sinueuses° de la Casbah ne permettent pas la circulation des voitures et la couleur blanche de ses maisons est devenue le symbole de la ville d'Alger. L'origine de la Casbah remonte à l'époque antique et aux Phéniciens, mais la Casbah occupe toujours une place importante dans la culture et la société algériennes modernes. C'est un port d'entrée pour les migrants ruraux et un des foyers° de la culture populaire algérienne. La Casbah est classée au patrimoine mondial de l'Unesco depuis 1992.

Les gens

Les Touareg, peuple du désert

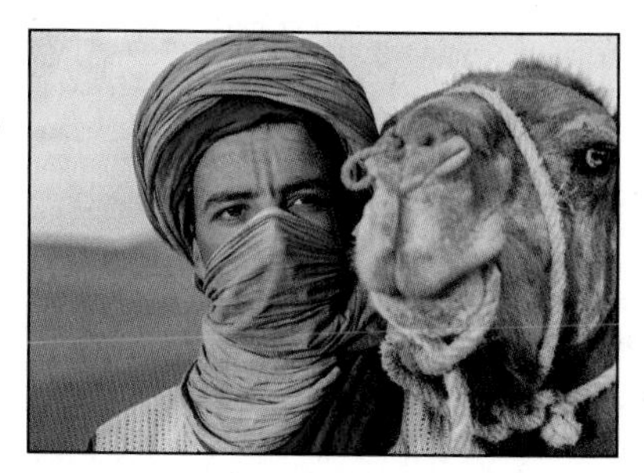

Les Touareg sont un peuple du désert qui vit dans cinq pays africains différents. Leur territoire s'appelle «tinariwen», ce qui veut dire «les déserts», et leur mode de vie est traditionnellement nomade, c'est-à-dire qu'ils se déplacent avec les saisons et ne vivent pas toujours au même endroit. Pendant la saison des pluies, en été, ils emmènent leurs troupeaux dans les prairies° au sud du Sahara. À la saison sèche°, ils vont dans les endroits qui ont des ressources en eau permanentes et des arbres°. Les Touareg sont aussi surnommés les «hommes bleus», car ils portent souvent un turban de cette couleur qui déteint° sur leur peau°.

Qu'est-ce que vous avez appris? Répondez aux questions par des phrases complètes.

1. Quel animal symbolise l'Algérie?
2. Qui est le premier écrivain du Maghreb élu à l'Académie française?
3. Quelle est l'intention principale d'Assia Djebar dans ses œuvres?
4. Dans quoi est-ce qu'on prépare le couscous?
5. Est-ce que le couscous est un plat populaire en France?
6. Comment est-ce qu'on mange le couscous?
7. Qu'est-ce que la médina à Alger?
8. De quelle couleur sont les maisons de la Casbah d'Alger?
9. Comment s'appelle le territoire des Touareg?
10. Comment est-ce qu'on surnomme les Touareg?

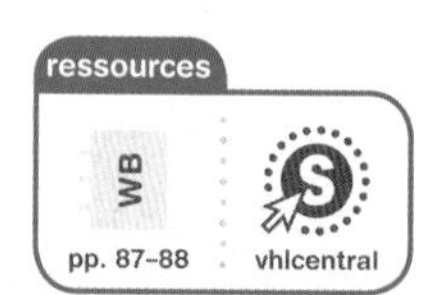

Sur Internet

Go to **vhlcentral.com** to find more cultural information related to this **Panorama**.

1. Trouvez une recette de couscous. Quelle est la liste des ingrédients et quelles sont les étapes de sa préparation?
2. Cherchez des informations sur le raï, un genre de musique qui vient d'Algérie. Trouvez une ou deux chanson(s) de raï. Est-ce que vous aimez ce style de musique? Pourquoi?
3. Trouvez des photos de la Casbah d'Alger. Comment sont son architecture et le style de ses maisons?

œuvres *works* **point de vue** *viewpoint* **voix** *voice* **roman** *novel* **à être élue** *to be elected* **semoule de blé dur** *hard wheat semolina* **cuisent à feux doux** *cook gently* **cuisson** *cooking* **colline** *hill* **étroites et sinueuses** *narrow and winding* **foyers** *centers* **prairies** *meadows* **sèche** *dry* **arbres** *trees* **déteint** *rubs off* **peau** *skin*

Interactive Map

Panorama

Marché de Douz

Le Maroc

Le pays en chiffres

- **Superficie:** *710.850 km²*
- **Population:** *34.378.000*
- **Industries principales:** *agriculture, tourisme*
- **Ville capitale:** *Rabat*
- **Monnaie:** *dirham*
- **Langues:** *arabe, français*

La Tunisie

Le pays en chiffres

- **Superficie:** *163.610 km²*
- **Population:** *11.254.000*
- **Industries principales:** *agriculture, tourisme*
- **Ville capitale:** *Tunis*
- **Monnaie:** *dinar tunisien*
- **Langues:** *arabe, français*

Personnages célèbres

- **Juliette Smaja-Zerah,** *Tunisie, première avocate de Tunisie (1890–1973)*
-  **Nezha Chekrouni,** *Maroc, politicienne (1955–)*
-  **Hicham El Guerrouj,** *Maroc, athlète (1974–)*
-  **Albert Memmi,** *Tunisie, écrivain (1920–)*

Tour Hassan, Rabat

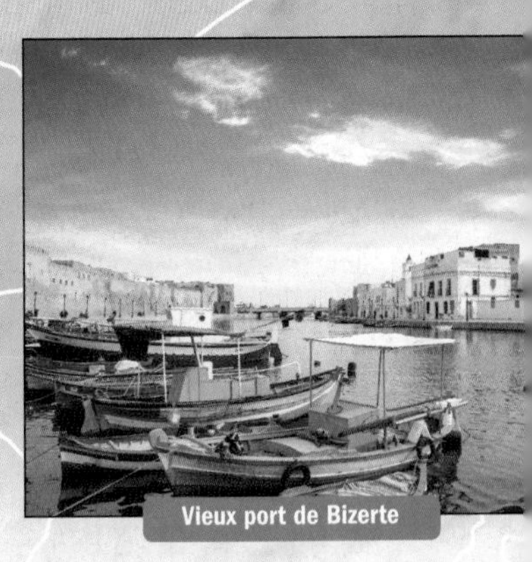
Vieux port de Bizerte

Incroyable mais vrai!

La ville de Casablanca est associée à un grand classique du cinéma américain des années 1940, avec Humphrey Bogart et Ingrid Bergman. Pourtant°, ce film a été tourné° à 6.000 kilomètres de là, dans les studios d'Hollywood, et pas du tout à Casablanca! Cette ville est aujourd'hui la plus grande métropole du Maghreb et un des plus importants centres urbains d'Afrique.

Pourtant *Yet* **tourné** *shot*

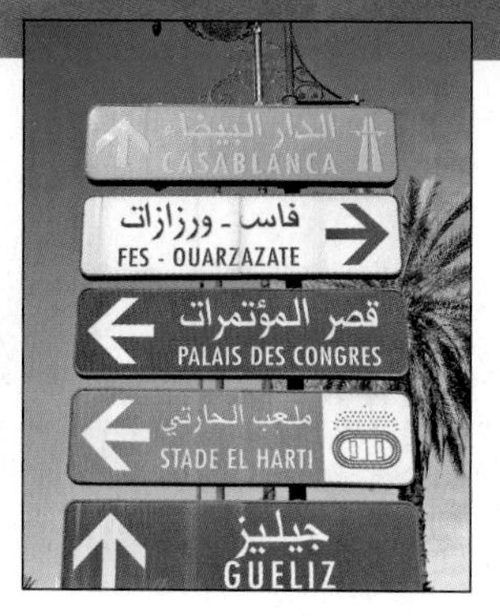

Les régions

Le Maghreb

La région du Maghreb, en Afrique du Nord, est composée du Maroc, de l'Algérie et de la Tunisie. Envahis° aux VIIe et VIIIe siècles par les Arabes, les trois pays deviennent plus tard des colonies françaises avant de retrouver leur indépendance dans les années 1950–1960. La population du Maghreb est composée d'Arabes, d'Européens et de Berbères, les premiers habitants de l'Afrique du Nord. Le Grand Maghreb inclut ces trois pays, plus la Libye et la Mauritanie. En 1989, les cinq pays ont formé l'Union du Maghreb Arabe dans l'espoir° de créer une union politique et économique. Mais le projet a été ralenti° par des tensions entre l'Algérie et le Maroc à propos du Sahara occidental°.

Les gens

Gad Elmaleh

Né à Casablanca, Gad Elmaleh a commencé sa carrière d'humoriste° et d'acteur en France, après avoir fait des études de sciences politiques à Montréal. Il écrit et joue ses spectacles°, dans lesquels il incarne des personnages hilarants, dont plusieurs sont devenus des personnages cultes connus° de tous les Français. Ainsi, Chouchou, un personnage de travesti° romantique, a inspiré un film du même nom sorti en 2002 et vu par 4 millions de spectateurs°. La carrière cinématographique de Gad Elmaleh comprend° aussi des films avec Steven Spielberg et Woody Allen. En 2015, il joue à New York *Oh My Gad*, un spectacle écrit en anglais, à la suite duquel° les médias américains le décrivent comme le Jerry Seinfeld français.

Les destinations

Site archéologique de Carthage

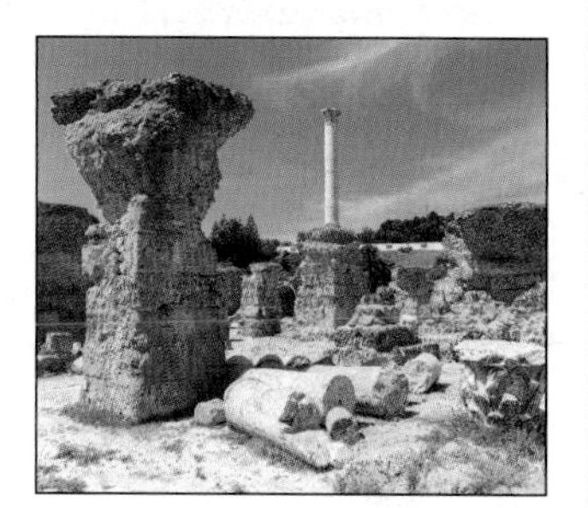

«Il faut détruire Carthage!», une phrase célèbre prononcée par Caton l'Ancien devant le Sénat romain, est aujourd'hui le synonyme de l'idée d'acharnement°. Située sur la côte de la Tunisie actuelle, Carthage était°, dans l'Antiquité, une ville phénicienne qui menaçait° la puissance maritime, économique et militaire de Rome. Après trois guerres et un siège de quatre ans, Rome réussit enfin à atteindre son objectif et à détruire la ville. Les restes de cette époque antique dite «punique» sont dispersés à travers la Carthage moderne et forment un grand site archéologique fragmenté. Ce site est classé au patrimoine mondial de l'Unesco depuis 1989, mais il est aujourd'hui menacé par les constructions et le développement urbain.

Les traditions

Les hammams

Inventés par les Romains et adoptés par les Arabes, les hammams, ou «bains turcs», sont très nombreux et populaires en Afrique du Nord. Ce sont des bains de vapeur° composés de plusieurs pièces—souvent trois—où la chaleur est plus ou moins forte. L'architecture des hammams varie d'un endroit à un autre, mais ces bains de vapeur servent tous de lieux où se laver et de centres sociaux très importants dans la culture régionale. Les gens s'y réunissent aux grandes occasions de la vie, comme pour les mariages et les naissances, et y vont aussi de manière habituelle pour se détendre et bavarder entre amis.

Qu'est-ce que vous avez appris? **Répondez aux questions par des phrases complètes.**

1. Où a été tourné le film *Casablanca*?
2. Quels sont les trois pays principaux du Maghreb?
3. De quels groupes ethniques est composée la population du Maghreb?
4. Où est né Gad Elmaleh?
5. À qui est-ce que les médias américains comparent Gad Elmaleh?
6. Quelle est la phrase célèbre prononcée par Caton devant le Sénat romain?
7. À quelle culture la ville de Carthage est-elle associée pendant l'Antiquité?
8. Où sont les restes de la ville antique de Carthage?
9. Qui a inventé les hammams?
10. Combien de pièces les hammams ont-ils en général?

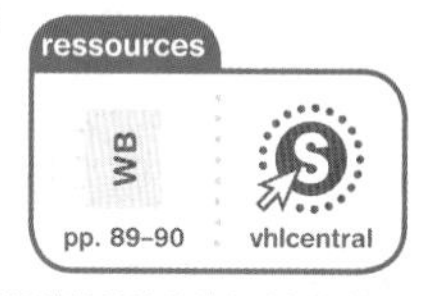

Sur Internet

Go to **vhlcentral.com** to find more cultural information related to this **Panorama**.

1. Carthage a plusieurs sites archéologiques célèbres à visiter, comme les thermes d'Antonin, le théâtre ou l'amphithéâtre. Lequel de ces lieux vous intéresse le plus et pourquoi?
2. Quel est le but de l'association L'Mdina Wel Rabtine à Tunis et quelles initiatives propose-t-elle pour sauver les hammams de la ville?
3. Qui sont les Berbères et quelle influence ont-ils eue sur l'histoire du Maghreb?

Envahis *Invaded* **espoir** *hope* **ralenti** *slowed down* **occidental** *Western* **humoriste** *comedian* **spectacles** *shows* **connus** *known* **travesti** *transvestite* **spectateurs** *audience* **comprend** *includes* **à la suite duquel** *after which* **acharnement** *relentlessness* **était** *was* **menaçait** *was threatening* **bains de vapeur** *steam baths*

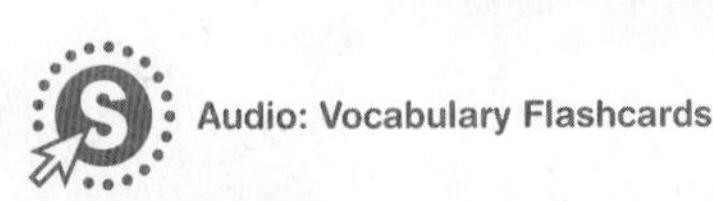
Audio: Vocabulary Flashcards

Leçon 7A

Partir en voyage

un aéroport *airport*
un arrêt d'autobus (de bus) *bus stop*
une arrivée *arrival*
un avion *plane*
un billet aller-retour *round-trip ticket*
un billet (d'avion, de train) *(plane, train) ticket*
un départ *departure*
une douane *customs*
une gare (routière) *train station (bus station)*
une sortie *exit*
une station (de métro) *(subway) station*
une station de ski *ski resort*
un ticket de bus, de métro *bus, subway ticket*
un vol *flight*
un voyage *trip*
à l'étranger *abroad, overseas*
la campagne *country(side)*
une capitale *capital*
des gens (*m.*) *people*
le monde *world*
un pays *country*

Les pays

(en/l') Allemagne (*f.*) *(to, in) Germany*
(en/l') Angleterre (*f.*) *(to, in) England*
(en/la) Belgique (belge) *(to, in) Belgium (Belgian)*
(au/le) Brésil (brésilien(ne)) *(to, in) Brazil (Brazilian)*
(au/le) Canada *(to, in) Canada*
(en/la) Chine (chinois(e)) *(to, in) China (Chinese)*
(en/l') Espagne (*f.*) *(to, in) Spain*
(aux/les) États-Unis (*m.*) *(to, in) the United States*
(en/la) France *(to, in) France*
(en/l') Irlande (*f.*) (irlandais(e)) *(to, in) Ireland (Irish)*
(en/l') Italie (*f.*) *(to, in) Italy*
(au/le) Japon *(to, in) Japan*
(au/le) Mexique *(to, in) Mexico*
(en/la) Suisse *(to, in) Switzerland*

Les vacances

bronzer *to tan*
faire du shopping *to go shopping*
faire les valises *to pack one's bags*
faire un séjour *to spend time (somewhere)*
partir en vacances *to go on vacation*
prendre un train (un avion, un taxi, un (auto)bus, un bateau) *to take a train (plane, taxi, bus, boat)*
rouler en voiture *to ride in a car*
utiliser un plan *to use/read a map*
un (jour de) congé *day(s) off*
le journal *newspaper*
la mer *sea*
une plage *beach*
des vacances (*f.*) *vacation*

Verbes

aller *to go*
arriver *to arrive*
descendre *to go/take down*
entrer *to enter*
monter *to go/come up; to get in/on*
mourir *to die*
naître *to be born*
partir *to leave*
passer *to pass by; to spend time*
rentrer *to return*
rester *to stay*
retourner *to return*
sortir *to go out*
tomber (sur quelqu'un) *to fall (to run into somebody)*

Expressions utiles

See pp. 247.

Direct object pronouns

me/m' *me*
te/t' *you*
le/la/l' *him/her/it*
nous *us*
vous *you*
les *them*

Leçon 7B

Adverbes et locutions de temps

alors *so, then; at that moment*
après (que) *after*
avant (de) *before*
d'abord *first*
donc *therefore*
enfin *finally, at last*
ensuite *then, next*
finalement *finally*
pendant (que) *during, while*
puis *then*
tout à coup *suddenly*
tout de suite *right away*

Faire une réservation

annuler *to cancel*
une réservation *a reservation*
réserver *to reserve*
une agence/un agent de voyages *travel agency/agent*
un ascenseur *elevator*
une auberge de jeunesse *youth hostel*
une chambre individuelle *single room*
une clé *key*
un(e) client(e) *client; guest*
un étage *floor*
un hôtel *hotel*
un hôtelier/une hotelière *hotel keeper*
un lit *bed*
un passager/une passagère *passenger*
un passeport *passport*
la réception *reception desk*
le rez-de-chaussée *ground floor*
complet/complète *full (no vacancies)*
libre *available*

Verbes réguliers en -ir

choisir *to choose*
finir *to finish*
grossir *to gain weight*
maigrir *to lose weight*
réfléchir (à) *to think (about), to reflect (on)*
réussir (à) *to succeed in (doing something)*

Verbes irréguliers

décrire *to describe*
dire *to say*
écrire *to write*
lire *to read*

Expressions utiles

See pp. 265.

Ordinal numbers

premier/première *first*
deuxième *second*
troisième *third*
quatrième *fourth*
cinquième *fifth*
neuvième *ninth*
onzième *eleventh*
vingtième *twentieth*
vingt et unième *twenty-first*
vingt-deuxième *twenty-second*
trente et unième *thirty-first*
centième *hundredth*

Chez nous

UNITÉ **8**

Pour commencer

- Est-ce que David et Rachid sont dans la cuisine ou dans le salon?
- Qu'est-ce qu'il n'y a pas sur la photo?
  a. un canapé b. une table c. une télévision
- Que font David et Rachid?

Leçon 8A

You will learn how to...
- describe your home
- talk about habitual past actions

La maison

Vocabulaire

déménager	*to move out*
emménager	*to move in*
louer	*to rent*
un appartement	*apartment*
une cave	*basement, cellar*
une cuisine	*kitchen*
un escalier	*staircase*
un immeuble	*building*
un jardin	*garden; yard*
un logement	*housing*
un loyer	*rent*
une pièce	*room*
un quartier	*area, neighborhood*
une résidence	*residence*
une salle à manger	*dining room*
un salon	*formal living/sitting room*
un studio	*studio (apartment)*
une armoire	*armoire, wardrobe*
une douche	*shower*
un lavabo	*bathroom sink*
un meuble	*piece of furniture*
un placard	*closet, cupboard*
un tiroir	*drawer*

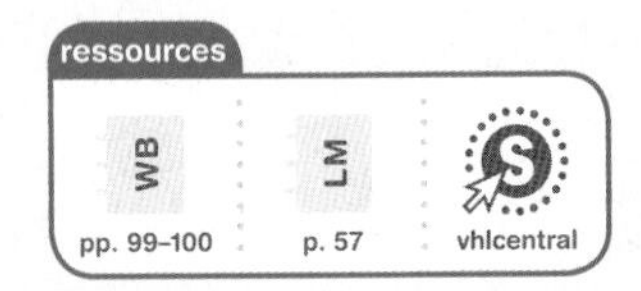

Mise en pratique

Audio: Vocabulary

1 Écoutez **Patrice cherche un appartement. Écoutez sa conversation téléphonique et dites si les affirmations sont vraies ou fausses.**

	Vrai	Faux
1. Madame Dautry est la propriétaire de l'appartement.	☐	☐
2. L'appartement est au 24, rue Pasteur.	☐	☐
3. L'appartement est au cinquième étage.	☐	☐
4. L'appartement est dans un vieil immeuble.	☐	☐
5. L'appartement n'a pas de balcon, mais il a un garage.	☐	☐
6. Il y a une baignoire dans la salle de bains.	☐	☐
7. Les toilettes ne sont pas dans la salle de bains.	☐	☐
8. L'appartement est un studio.	☐	☐
9. Le loyer est de 490€.	☐	☐
10. Patrice va emménager tout de suite.	☐	☐

2 Chassez l'intrus **Indiquez le mot ou l'expression qui ne convient pas (*that doesn't belong*).**

1. un appartement, un quartier, un logement, un studio
2. une baignoire, une douche, un sous-sol, un lavabo
3. un salon, une salle à manger, une salle de séjour, un jardin
4. un meuble, un canapé, une armoire, une affiche
5. un placard, un balcon, un jardin, un garage
6. une chambre, une cuisine, un rideau, une pièce
7. un meuble, une commode, un couloir, un tiroir
8. un mur, un tapis, une fenêtre, une affiche

3 Définitions **Lisez les définitions et trouvez les mots ou expressions de CONTEXTES qui correspondent. Ensuite, avec un(e) partenaire, donnez votre propre définition de cinq mots ou expressions. Rejoignez un autre groupe et lisez vos définitions. L'autre groupe doit deviner (*must guess*) de quoi vous parlez.**

1. C'est ce que (*what*) vous payez chaque mois quand vous n'êtes pas propriétaire de votre appartement. ______________
2. Vous passez par ici pour aller d'une pièce à une autre. ______________
3. C'est le fait de (*act of*) partir de votre appartement. ______________
4. C'est là que vous mettez vos livres. ______________
5. En général, il y en a quatre dans une pièce et ils sont entre les pièces de votre appartement. ______________
6. C'est ce que vous utilisez pour lire le soir. ______________
7. C'est là que vous mettez votre voiture. ______________
8. C'est ce que vous utilisez pour aller du premier étage au deuxième étage d'un immeuble. ______________
9. Quand vous avez des invités, c'est la pièce dans laquelle (*in which*) vous dînez. ______________
10. En général, il est sur le sol (*floor*) d'une pièce. ______________

Practice more at vhlcentral.com.

Communication

4 **Répondez** À tour de rôle avec un(e) partenaire, posez-vous les questions suivantes et répondez-y.

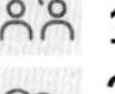

1. Où est-ce que tu habites?
2. Quelle est la taille de ton appartement ou de ta maison? Combien de pièces y a-t-il?
3. Quand as-tu emménagé?
4. Est-ce que tu as un jardin? Un garage?
5. Combien de placards as-tu? Où sont-ils?
6. Quels meubles as-tu? Comment sont-ils?
7. Quel meuble est-ce que tu voudrais (*would like*) avoir dans ton appartement? (Répondez: Je voudrais...)
8. Qu'est-ce que tu détestes au sujet de ton appartement?

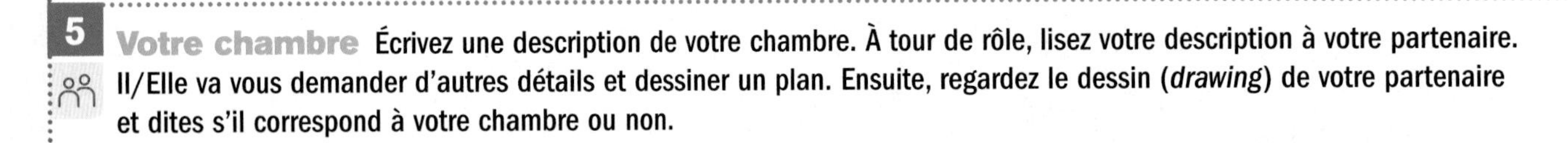

5 **Votre chambre** Écrivez une description de votre chambre. À tour de rôle, lisez votre description à votre partenaire. Il/Elle va vous demander d'autres détails et dessiner un plan. Ensuite, regardez le dessin (*drawing*) de votre partenaire et dites s'il correspond à votre chambre ou non.

6 **Sept différences** Votre professeur va vous donner, à vous et à votre partenaire, deux feuilles d'activités différentes. Il y a sept différences entre les deux images. Comparez vos dessins et faites une liste de ces différences. Quel est le groupe le plus rapide (*the quickest*) de la classe? Attention! Ne regardez pas la feuille de votre partenaire.

MODÈLE

Étudiant(e) 1: *Dans mon appartement, il y a un lit. Il y a une lampe à côté du lit.*
Étudiant(e) 2: *Dans mon appartement aussi, il y a un lit, mais il n'y a pas de lampe.*

7 **La décoration** Formez un groupe de trois. L'un de vous est un décorateur d'intérieur qui a rendez-vous avec deux clients pour redécorer leur maison. Les clients sont très difficiles. Imaginez votre conversation et jouez la scène devant la classe. Utilisez les mots de la liste.

un canapé	un fauteuil
une chambre	un meuble
une cuisine	un mur
un escalier	un placard
une étagère	un tapis

Les sons et les lettres

Audio: Concepts, Activities
Record & Compare

s and ss

You've already learned that an **s** at the end of a word is usually silent.

lavabos **copains** **vas** **placards**

An **s** at the beginning of a word, before a consonant, or after a pronounced consonant is pronounced like the s in the English word *set*.

soir **salon** **studio** **absolument**

A double **s** is pronounced like the ss in the English word *kiss*.

grosse **assez** **intéressant** **rousse**

An **s** at the end of a word is often pronounced when the following word begins with a vowel sound. An **s** in a liaison sounds like a *z*, like the *s* in the English word *rose*.

très élégant **trois hommes**

The other instance where the French **s** has a *z* sound is when there is a single **s** between two vowels within the same word. The **s** is pronounced like the *s* in the English word *music*.

musée **amusant** **oiseau** **besoin**

These words look alike, but have different meanings. Compare the pronunciations of each word pair.

poison **poisson** **désert** **dessert**

Prononcez Répétez les mots suivants à voix haute.

1. sac
2. triste
3. suisse
4. chose
5. bourse
6. passer
7. surprise
8. assister
9. magasin
10. expressions
11. sénégalaise
12. sérieusement

Articulez Répétez les phrases suivantes à voix haute.

1. Le spectacle est très amusant et la chanteuse est superbe.
2. Est-ce que vous habitez dans une résidence universitaire?
3. De temps en temps, Suzanne assiste à l'inauguration d'expositions au musée.
4. Heureusement, mes professeurs sont sympathiques, sociables et très sincères.

Les oiseaux de même plumage s'assemblent sur le même rivage.[2]

Dictons Répétez les dictons à voix haute.

Si jeunesse savait, si vieillesse pouvait.[1]

[1] Youth is wasted on the young. (lit. If only youth knew, if only old age could.)
[2] Birds of a feather flock together.

La visite surprise

PERSONNAGES

David

Pascal

Rachid

Sandrine

En ville, Pascal fait tomber (drops) *ses fleurs.*

PASCAL Aïe!

RACHID Tenez. (*Il aide Pascal.*)

PASCAL Oh, merci.

RACHID Aïe!

PASCAL Oh pardon, je suis vraiment désolé!

RACHID Ce n'est rien.

PASCAL Bonne journée!

Chez Sandrine...

RACHID Eh, salut, David! Dis donc, ce n'est pas un logement d'étudiants ici! C'est grand chez toi! Tu ne déménages pas, finalement?

DAVID Heureusement, Sandrine a décidé de rester.

SANDRINE Oui, je suis bien dans cet appartement. Seulement les loyers sont très chers au centre-ville.

RACHID Oui, malheureusement! Tu as combien de pièces?

SANDRINE Il y a trois pièces: le salon, la salle à manger, ma chambre. Bien sûr il y a une cuisine et j'ai aussi une grande salle de bains. Je te fais visiter?

SANDRINE Et voici ma chambre.

RACHID Elle est belle!

SANDRINE Oui... j'aime le vert.

RACHID Dis, c'est vrai, Sandrine, ta salle de bains est vraiment grande.

DAVID Oui! Et elle a un beau miroir au-dessus du lavabo et une baignoire!

RACHID Chez nous, on a seulement une douche.

SANDRINE Moi, je préfère les douches en fait.

Le téléphone sonne (rings).

RACHID Comparé à cet appartement, le nôtre c'est une cave! Pas de décorations, juste des affiches, un canapé, des étagères et mon bureau.

DAVID C'est vrai. On n'a même pas de rideaux.

ACTIVITÉS

1 **Vrai ou faux?** Indiquez si les affirmations suivantes sont **vraies** ou **fausses**.

1. C'est la première fois que Rachid visite l'appartement.
2. Sandrine ne déménage pas.
3. Les loyers au centre-ville ne sont pas chers.
4. Sandrine invite parfois ses amis à dîner chez elle.
5. Rachid préfère son appartement à l'appartement de Sandrine.
6. Chez les garçons, il y a une baignoire et des rideaux.
7. Quand Pascal arrive, Sandrine est contente (*pleased*).
8. Pascal doit (*must*) travailler ce week-end.

Practice more at **vhlcentral.com**.

Pascal arrive à Aix-en-Provence.

SANDRINE Voici la salle à manger.
RACHID Ça, c'est une pièce très importante pour nous, les invités.

SANDRINE Et puis, la cuisine.
RACHID Une pièce très importante pour Sandrine...
DAVID Évidemment!

SANDRINE Mais Pascal... je pensais que tu avais du travail... Quoi? Tu es ici, maintenant? C'est une blague!
PASCAL Mais ma chérie, ne sois pas fâchée, c'était une surprise...

SANDRINE Une surprise! Nous deux, c'est fini! D'abord, tu me dis que les vacances avec moi, c'est impossible et ensuite tu arrives à Aix sans me téléphoner!
PASCAL Bon, si c'est comme ça, reste où tu es. Ne descends pas. Moi, je m'en vais. Voilà tes fleurs. Tu parles d'une surprise!

Expressions utiles

Talking about your home

- **Tu ne déménages pas, finalement?**
  You're not moving after all?
- **Heureusement, Sandrine a décidé de rester.**
  Fortunately, Sandrine decided to stay.
- **Seulement, les loyers sont très chers au centre-ville.**
  However, rent is very expensive downtown.
- **Je te fais visiter?**
  Shall I give you a tour?
- **Ta salle de bains est vraiment grande.**
  Your bathroom is really big.
- **Elle a un beau miroir au-dessus du lavabo.**
  She has a nice mirror above the sink.
- **Chez nous, on a seulement une douche.**
  At our place, we only have a shower.

Additional vocabulary

- **Aïe!**
  Ouch!
- **Tenez.**
  Here.
- **Évidemment!**
  Evidently!
- **Oui, malheureusement!**
  Yes, unfortunately!
- **Je pensais que tu avais du travail.**
  I thought you had to work.
- **Mais ma chérie, ne sois pas fâchée, c'était une surprise.**
  But sweetie, don't be mad, it was a surprise.
- **sans**
  without
- **Moi, je m'en vais.**
  I'm leaving/getting out of here.

2 **Quel appartement?** Indiquez si les objets suivants sont dans l'appartement de Sandrine **(S)** ou dans l'appartement de David et Rachid **(D & R)**.

1. baignoire
2. balcon
3. rideaux
4. canapé
5. trois pièces
6. étagères
7. miroir
8. affiches

3  **Conversez** Sandrine décide que son loyer est vraiment trop cher. Elle cherche un appartement à partager avec Amina. Avec deux partenaires, écrivez leur conversation avec un agent immobilier (*real estate agent*). Elles décrivent l'endroit idéal, le prix et les meubles qu'elles préfèrent. L'agent décrit plusieurs possibilités.

ACTIVITÉS

CULTURE À LA LOUPE

Le logement en France

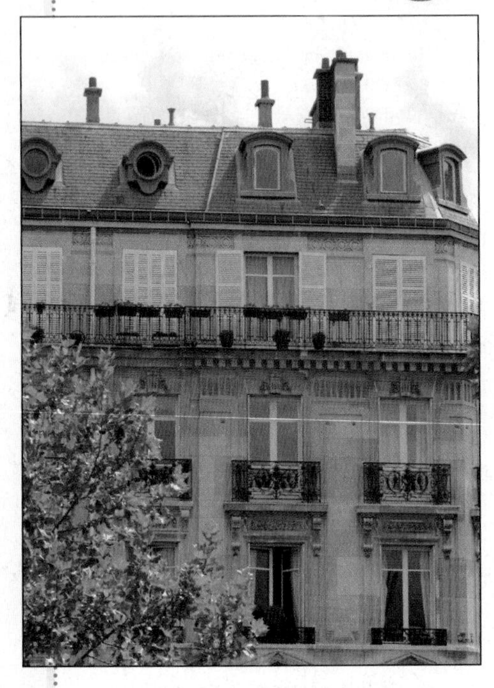

Il y a différents types de logements. En ville, on habite dans une maison ou un appartement. À la campagne, on peut° habiter dans une villa, un château, un chalet ou un mas° provençal.

Vous avez peut-être remarqué° dans un film français qu'il y a une grande diversité de style d'habitation°. En effet°, le style et l'architecture varient d'une région à l'autre, souvent en raison° du climat et des matériaux disponibles°. Dans le Nord°, les maisons sont traditionnellement en briques° avec des toits en ardoise°. Dans l'Est°, en Alsace-Lorraine, il y a de vieilles maisons à colombages° avec des parties de mur en bois°. Dans le Sud°, il y a des villas de style méditerranéen avec des toits en tuiles° rouges et des mas provençaux (de vieilles maisons en pierre°). Dans les Alpes, en Savoie, les chalets sont en bois avec de grands balcons très fleuris°, comme en Suisse. Les maisons traditionnelles de l'Ouest° ont des toits en chaume°. Toutes les maisons françaises ont des volets° et les fenêtres sont assez différentes aussi des fenêtres aux États-Unis. Très souvent il n'y a pas de moustiquaire°, même° dans le sud de la France où il fait très chaud en été.

En France les trois quarts des gens habitent en ville. Beaucoup habitent dans la banlieue, où il y a beaucoup de grands immeubles mais aussi de petits pavillons individuels (maisons avec de petits jardins). Dans les centres-villes et dans les banlieues, il y a des HLM. Ce sont des habitations à loyer modéré°. Les HLM sont construits par l'État. Ce sont souvent des logements réservés aux familles qui ont moins d'argent.

peut *can* **mas** *farmhouse* **remarqué** *noticed* **habitation** *dwelling* **En effet** *Indeed* **en raison du** *due to the* **disponibles** *available* **Nord** *North* **en briques** *made of bricks* **toits en ardoise** *slate roofs* **Est** *East* **à colombages** *half-timbered* **en bois** *made of wood* **Sud** *South* **en tuiles** *made of tiles* **en pierre** *made of stone* **fleuris** *full of flowers* **Ouest** *West* **en chaume** *thatched* **volets** *shutters* **moustiquaire** *window screen* **même** *even* **habitations à loyer modéré** *low-cost government housing*

Coup de main

Here are some terms commonly used in statistics.

un quart = *one quarter*
un tiers = *one third*
la moitié = *half*
la plupart de = *most of*
un sur cinq = *one in five*

ACTIVITÉS

1 **Vrai ou faux?** Indiquez si les phrases sont **vraies** ou **fausses**. Corrigez les phrases fausses.

1. Les maisons sont similaires dans les différentes régions françaises.
2. Dans le Nord les maisons sont traditionnellement en briques.
3. En Alsace-Lorraine il y a des chalets.
4. Dans les Alpes il y a des mas provençaux.
5. Les mas provençaux sont des maisons en bois.
6. Toutes les maisons francaises ont des volets.
7. Les maisons françaises n'ont pas toujours des moustiquaires.
8. La plupart (*majority*) des Français habite à la campagne.
9. Le pavillon individuel est une sorte de grand immeuble.
10. Les millionnaires habitent dans des HLM.

STRATÉGIE

Using glosses

Glosses are the translations of unfamiliar words in a text. In **Lecture culturelle**, they appear at the bottom of the selections. Most of the readings that you will encounter here contain glosses. The glossed words are generally those whose meanings are not easily guessed from context and are there to help you. However, try to guess the meaning of unfamiliar words from context first, and use the glosses only to confirm your guess or if you are truly stumped.

PORTRAIT

Le château Frontenac

Le château Frontenac est un hôtel de luxe et un des plus beaux° sites touristiques de la ville de Québec. Construit entre la fin° du XIXe siècle et le début° du XXe siècle sur le Cap Diamant, dans le quartier du Vieux-Québec, le château offre une vue° spectaculaire sur la ville. Aujourd'hui, avec ses 618 chambres sur 18 étages, son restaurant gastronomique, sa piscine et son centre sportif, le château Frontenac est classé parmi° les 500 meilleurs° hôtels du monde.

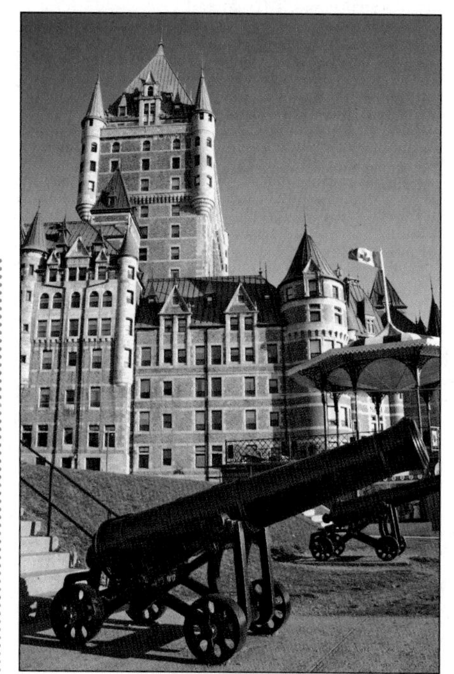

un des plus beaux *one of the most beautiful* **fin** *end* **début** *beginning* **vue** *view* **classé parmi** *ranked among* **meilleurs** *best*

LE MONDE FRANCOPHONE

L'architecture

Voici quelques exemples d'habitations traditionnelles.

En Afrique centrale et de l'Ouest des maisons construites sur pilotis°, avec un grenier à riz°

En Afrique du Nord des maisons en pisé (de la terre° rouge mélangée° avec de la paille°) construites autour d'un patio central et avec, souvent, une terrasse sur le toit°

Aux Antilles des maisons en bois de toutes les couleurs avec des toits en métal

En Polynésie française des bungalows, construits sur pilotis ou sur le sol, souvent en bambou avec des toits en paille ou en feuilles de cocotier°

Au Viêt-nam des maisons sur pilotis construites sur des lacs, des rivières ou simplement au-dessus du sol°

pilotis *stilts* **grenier à riz** *rice granary* **terre** *clay* **mélangée** *mixed* **paille** *straw* **toit** *roof* **feuilles de cocotier** *coconut palm leaves* **au-dessus du sol** *off the ground*

Sur Internet

Qu'est-ce qu'une pendaison de crémaillère? D'où vient cette expression?

Go to **vhlcentral.com** to find more cultural information related to this **Lecture culturelle**. Then watch the corresponding **Flash culture.**

ACTIVITÉS

2 **Répondez** Répondez aux questions, d'après les informations données dans les textes.

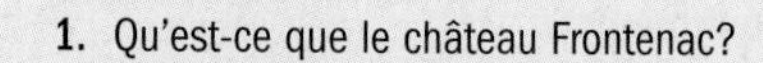

1. Qu'est-ce que le château Frontenac?
2. À quel siècle a commencé la construction du château Frontenac?
3. Dans quel quartier de la ville de Québec le trouve-t-on?
4. Où trouve-t-on les maisons sur pilotis?
5. Quelles sont les caractéristiques des maisons d'Afrique du Nord?

3 **Une année en France** Vous allez habiter en France. Votre partenaire est agent immobilier (*real estate*). Expliquez-lui le type de logement que vous recherchez. Il/Elle va vous donner des renseignements sur les logements disponibles (*available*). Posez des questions pour avoir plus de détails. Voici quelques mots utiles: **le bail** (*lease*), **la caution** (*security deposit*), **les charges (f.)** (*basic utilities*), **le chauffage** (*heating*), **l'électricité (f.)** (*electricity*).

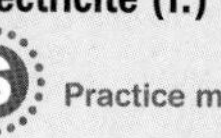

Practice more at **vhlcentral.com.**

STRUCTURES

8A.1 Adverbs

Point de départ Adverbs describe how, when, and where actions take place. They modify verbs, adjectives, and even other adverbs. You've already learned some adverbs such as **bien**, **déjà**, **surtout**, and **très**.

- To form an adverb from an adjective that ends in a consonant, take the feminine singular form and add **-ment**. This ending is equivalent to the English *-ly*.

masc. sing. adjective	fem. sing. adjective	adverb	
actif	**active**	**activement**	*actively*
franc	**franche**	**franchement**	*frankly, honestly*
heureux	**heureuse**	**heureusement**	*fortunately*
malheureux	**malheureuse**	**malheureusement**	*unfortunately*

Elle parle **nerveusement**.
She speaks nervously.

Il n'est pas passé **dernièrement**.
He hasn't passed by lately.

Malheureusement, il ne va pas être là.
Unfortunately, he is not going to be there.

Les étudiants travaillent **sérieusement**.
The students work seriously.

- If the masculine singular form of an adjective already ends in a vowel, do not use the feminine form. Just add **-ment** to the end of the masculine form.

masc. sing. adjective	adverb	
absolu	**absolument**	*absolutely*
vrai	**vraiment**	*really*

Martin répond **poliment**.
Martin answers politely.

Ils louent **facilement** l'appartement.
They rent the apartment easily.

J'ai **vraiment** sommeil aujourd'hui.
I'm really sleepy today.

Le musée est **absolument** magnifique.
The museum is absolutely magnificent.

- To form an adverb from an adjective that ends in **-ant** or **-ent** in the masculine singular, replace the ending with **-amment** or **-emment**, respectively. Both endings are pronounced identically.

masc. sing. adjective	adverb	
constant	**constamment**	*constantly*
courant	**couramment**	*fluently*
différent	**différemment**	*differently*
évident	**évidemment**	*obviously*

Les élèves lisent **patiemment**.
The pupils are reading patiently.

Je préfère travailler **indépendamment**.
I prefer to work independently.

Elle parle **couramment** français.
She speaks French fluently.

Vous pensez **différemment**.
You think differently.

- The exception to the previous rule is the adjective **lent**. Its adverb is **lentement** (*slowly*).

Mon grand-père marche un peu **lentement**.
My grandfather walks a bit slowly.

Parlez **lentement**, s'il vous plaît.
Speak slowly, please.

- Some adverbs are irregular.

masculine singular adjective	adverb	
bon	**bien**	*well*
gentil	**gentiment**	*nicely*
mauvais	**mal**	*badly*
petit	**peu**	*little*

Son français est bon; il le parle **bien**.
His French is good; he speaks it well.

Leurs devoirs sont mauvais; ils écrivent **mal**.
Their homework is bad; they write badly.

- Although the adverb **rapidement** can be formed from the adjective **rapide**, you can also use the adverb **vite** to say *fast*.

Bérénice habite déjà ici?
Is Bérénice already living here?

Oui, elle a **vite** déménagé.
Yes, she moved fast.

Tu ne comprends pas M. Bellay?
Don't you understand Mr. Bellay?

Non, il parle trop **rapidement.**
No, he speaks too quickly.

- You've learned **jamais**, **parfois**, **rarement**, and **souvent**. Here are three more adverbs of frequency: **de temps en temps** *(from time to time)*, **en général** *(in general)*, and **quelquefois** *(sometimes)*.

Elle visite la capitale **de temps en temps**.
She visits the capital from time to time.

En général, les Parisiens n'ont pas de garage.
In general, Parisians don't have garages.

- Place an adverb that modifies an adjective or another adverb before the word it modifies.

La pièce est **assez** grande.
The room is pretty large.

Ils font **très** vite les rénovations.
They're remodeling very quickly.

- Place an adverb that modifies a verb immediately after the verb.

Elle parle **bien** le français?
Does she speak French well?

Ils déménagent **constamment**.
They move constantly.

- In the **passé composé**, place short adverbs before the past participle.

Ils ont **vite** emménagé.
They moved in quickly.

but

Ils ont gagné **facilement**.
They won easily.

Vous avez **bien** joué hier.
You played well yesterday.

but

Elle a parlé **franchement**.
She spoke frankly.

Boîte à outils

Adverbs of frequency, such as **de temps en temps, en général, quelquefois,** and **aujourd'hui**, are often placed at the beginning or end of a sentence.

À noter

See **Leçon 6A**, p. 215, for a review of the placement of short adverbs with the **passé composé.**

Essayez!

Donnez les adverbes qui correspondent à ces adjectifs.

1. complet *complètement*
2. sérieux ____________
3. séparé ____________
4. constant ____________
5. mauvais ____________
6. actif ____________
7. impatient ____________
8. bon ____________
9. franc ____________
10. difficile ____________
11. vrai ____________
12. gentil ____________

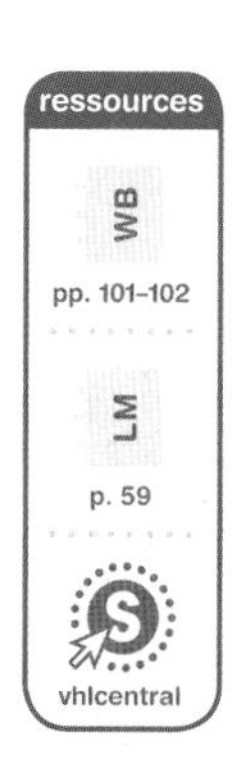

STRUCTURES

Mise en pratique

1 **Assemblez** Trouvez l'adverbe opposé.

_____ 1. gentiment	a. rarement
_____ 2. bien	b. faiblement
_____ 3. lentement	c. impatiemment
_____ 4. patiemment	d. mal
_____ 5. fréquemment	e. méchamment
_____ 6. fortement	f. vite

2 **Ma maison** Béatrice décrit sa maison. Complétez les phrases avec les adverbes qui correspondent aux adjectifs.

MODÈLE

Il y a *évidemment* (évident) un salon et une salle à manger.

Ma maison est (1) _________ (bon) construite et elle est (2) _________ (élégant) décorée. La cuisine est à côté de la salle à manger et je peux (*can*) (3) _________ (facile) avoir des amis à la maison. (4) _________ (Malheureux), je n'ai qu'une salle de bains. (5) _________ (Franc), ce n'est pas important parce que j'habite seule et j'aime (6) _________ (vrai) ma maison comme ça. (7) _________ (Heureux), je n'ai pas envie de déménager (8) _________ (rapide)!

3 **On le fait comment?** Décrivez comment Gilles et ses amis font ces actions. Employez l'adverbe logique correspondant à un des adjectifs.

1. Marc et Marie dessinent. (bon, gentil)
2. J'attends mon ami. (rapide, impatient)
3. Ousmane court. (fréquent, intelligent)
4. Tu conduis ta voiture. (fort, prudent)
5. Salima écoute le prof. (courant, attentif)

4 **Chez nous** Avec un(e) partenaire, assemblez les éléments des colonnes pour décrire à tour de rôle votre maison et ce que (*what*) vous faites chez vous.

MODÈLE

Étudiant(e) 1: *Notre cuisine est équipée intelligemment.*
Étudiant(e) 2: *Chez moi, mon père fait la cuisine constamment.*

A	B	C
chambre	déménager	brillamment
cuisine	être arrangé(e)	constamment
je	être décoré(e)	élégamment
meuble	être équipé(e)	gentiment
parents	être rénové(e)	intelligemment
placard	faire la cuisine	patiemment
salle de bains	nettoyer	rapidement
salon	travailler	utilement

Communication

5 **À l'université** Vous désirez mieux connaître (*know better*) la vie universitaire. Répondez aux questions de votre partenaire avec les adverbes de la liste ou d'autres.

attentivement	lentement	rapidement
bien	mal	rarement
difficilement	parfois	sérieusement
élégamment	patiemment	souvent
facilement	prudemment	quelquefois

1. Quand vas-tu à l'université?
2. Comment étudies-tu en général?
3. Quand tes amis et toi étudiez-vous ensemble?
4. Comment les étudiants écoutent-ils leur prof?
5. Comment ton prof de français parle-t-il?
6. Comment conduis-tu quand tu vas à la fac?
7. Quand ton/ta camarade de chambre fait-il/elle du sport?
8. Tes amis et toi, allez-vous souvent au cinéma?
9. Tes amis et toi, mangez-vous toujours (*always*) au resto U?
10. Comment as-tu décoré ta chambre?

6 **Fréquences** Votre professeur va vous donner une feuille d'activités. Circulez dans la classe et demandez à vos camarades à quelle fréquence ils/elles font ces choses. Trouvez une personne différente pour chaque réponse, puis présentez-les à la classe.

MODÈLE

Étudiant(e) 1: *À quelle fréquence nettoies-tu ta chambre?*
Étudiant(e) 2: *Je nettoie ma chambre fréquemment.*

7 **Notre classe** Par groupes de quatre, choisissez les camarades de votre classe qui correspondent à ces descriptions. Trouvez le plus (*most*) de personnes possible.

Qui dans la classe...

1. ... bavarde constamment avec ses voisins?
2. ... parle bien français?
3. ... chante bien?
4. ... apprend facilement les langues?
5. ... écoute attentivement le prof?
6. ... travaille sérieusement après les cours?
7. ... aime beaucoup les maths?
8. ... travaille trop?
9. ... dessine souvent pendant le cours?
10. ... dort parfois pendant le cours?
11. ... oublie fréquemment ses devoirs?
12. ... mange rarement au resto U?

8A.2

The *imparfait*

Point de départ You've learned how the **passé composé** can express past actions. Now you'll learn another past tense, the **imparfait** *(imperfect)*.

- The **imparfait** can be translated into English in several ways.

Hakim **déménageait** souvent quand il était petit.
Hakim moved often when he was little.
Hakim used to move often when he was little.
Hakim was moving often when he was little.

Nina **chantait** sous la douche tous les matins.
Nina sang in the shower every morning.
Nina used to sing in the shower every morning.
Nina was singing in the shower every morning.

- The **imparfait** is used to talk about actions that took place repeatedly or habitually during an unspecified period of time.

Je **passais** l'hiver à Lausanne.
I was spending the winters in Lausanne.

Vous m'**écriviez** tous les jours.
You used to write to me every day.

Nous **achetions** des fleurs au marché.
We used to buy flowers at the market.

Il **vendait** des meubles.
He used to sell furniture.

À noter

You'll learn to distinguish the **imparfait** from the **passé composé** in **Leçon 8B**.

Boîte à outils

Note that the forms ending in **-ais**, **-ait**, and **-aient** are all pronounced identically. An easy way to avoid confusion while writing these forms is by remembering that the **je** and **tu** forms never end in a **-t**.

- The **imparfait** is a simple tense, which means that it does not require an auxiliary verb. To form the **imparfait**, drop the **-ons** ending from the **nous** form of the present tense and replace it with these endings.

The *imparfait*

	parler (parl~~ons~~)	finir (finiss~~ons~~)	vendre (vend~~ons~~)	boire (buv~~ons~~)
je	parlais	finissais	vendais	buvais
tu	parlais	finissais	vendais	buvais
il/elle/on	parlait	finissait	vendait	buvait
nous	parlions	finissions	vendions	buvions
vous	parliez	finissiez	vendiez	buviez
ils/elles	parlaient	finissaient	vendaient	buvaient

- Verbs whose infinitives end in **-ger** add an **e** before all endings of the **imparfait** except in the **nous** and **vous** forms. Verbs whose infinitives end in **-cer** change **c** to **ç** before all endings except in the **nous** and **vous** forms.

tu **déménageais** *but* nous **déménagions**

les invités **commençaient** *but* vous **commenciez**

Mes parents **voyageaient** parfois en Afrique.
My parents used to travel sometimes to Africa.

Vous **mangiez** tous des pâtes le soir?
Did you all eat pasta in the evening?

À quelle heure **commençait** l'école?
At what time did school start?

Nous **commencions** notre journée à huit heures.
We used to start our day at 8 o'clock.

- Note that the **nous** and **vous** forms of infinitives ending in **-ier** contain a double **i** in the **imparfait**.

Vous **skiiez** dans les Alpes en janvier.
You used to ski in the Alps in January.

Nous **étudiions** parfois jusqu'à minuit.
We studied until midnight sometimes.

- The **imparfait** is used for description, often with the verb **être**, which is irregular in this tense.

The *imparfait* of être

j'étais	**nous étions**
tu étais	**vous étiez**
il/elle/on était	**ils/elles étaient**

La cuisine **était** à côté du salon.
The kitchen was next to the living room.

Les toilettes **étaient** au rez-de-chaussée.
The restrooms were on the ground floor.

Étiez-vous heureux avec Francine?
Were you happy with Francine?

Nous **étions** dans le jardin.
We were in the garden.

- Note the imperfect forms of these expressions.

Il pleuvait chaque matin.
It rained each morning.

Il neigeait parfois au printemps.
It snowed sometimes in the spring.

Il y avait deux lits et une lampe.
There were two beds and a lamp.

Il fallait payer le loyer.
It was necessary to pay rent.

Essayez! **Choisissez la réponse correcte pour compléter les phrases.**

1. Muriel (louait/louais) un appartement en ville.
2. Rodrigue (partageait /partagiez) une chambre avec un autre étudiant.
3. Nous (payait/payions) notre loyer une fois par mois.
4. Il y (avait /était) des balcons au premier étage.
5. Vous (mangeait/mangiez) chez Arnaud le samedi.
6. Je n'(avais/étais) pas peur du chien.
7. Il (neigeait /fallait) mettre le chauffage (*heat*) quand il (faisaient/faisait) froid.
8. Qu'est-ce que tu (faisait/ faisais) dans le couloir?
9. Vous (aimiez /aimaient) beaucoup le quartier?
10. Nous (étaient/étions) trois dans le petit studio.
11. Rémy et Nathalie (louait/louaient) leur appartement.
12. Il (avais/pleuvait) constamment en juillet.

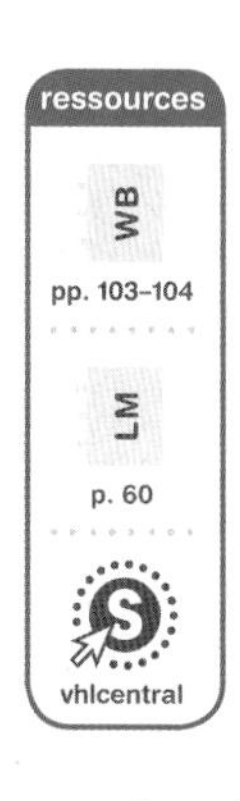

Mise en pratique

1 Nos déménagements La famille d'Emmanuel déménageait souvent quand il était petit. Complétez son histoire en mettant les verbes à l'imparfait.

Quand j'étais jeune, mon père (1) __________ (travailler) pour une société canadienne et nous (2) __________ (déménager) souvent. Quand nous (3) __________ (emménager), je (4) __________ (décorer) les murs de ma nouvelle chambre. Ma petite sœur (5) __________ (détester) déménager. Elle (6) __________ (dire) qu'elle (7) __________ (perdre) tous ses amis et que ce n' (8) __________ (être) pas juste!

2 Rien n'a changé Laurent parle de l'école à son grand-père, qui lui explique que les choses n'ont pas changé. Employez l'imparfait pour transformer les phrases de Laurent et donner les phrases de son grand-père.

Laurent: Les cours commencent à 7h30. Je prends le bus pour aller à l'école. J'ai beaucoup d'amis. Mes copains et moi, nous mangeons à midi. Mon dernier cours finit à 16h00. Mon école est très sympa et je l'adore!

Grand-père: Les cours...

____

____

3 Le samedi Dites ce que (*what*) ces personnes faisaient habituellement le samedi.

MODÈLE

Paul dormait.

Paul

1. je ______
2. ils ______
3. vous ______
4. tu ______

4 Maintenant et avant Qu'est-ce qu'Emmanuel et sa famille font différemment aujourd'hui? Avec un(e) partenaire, écrivez des phrases à l'imparfait et trouvez les adverbes opposés.

MODÈLE

beaucoup travailler (je)

Maintenant je travaille beaucoup, mais avant je travaillais peu.

1. rarement déménager (je)
2. facilement louer une grande maison (nous)
3. souvent nettoyer ton studio (tu)
4. parfois acheter des meubles (mes parents)
5. vite conduire (vous)
6. patiemment attendre son anniversaire (ma sœur)

Communication

5 **Quand tu avais seize ans** À tour de rôle, posez ces questions à votre partenaire pour savoir (*to know*) les détails de sa vie quand il/elle avait seize ans.

1. Où habitais-tu?
2. Est-ce que tu conduisais déjà une voiture?
3. Où est-ce que ta famille et toi alliez en vacances?
4. Pendant combien de temps partiez-vous en vacances?
5. Est-ce que tes amis et toi, vous sortiez tard le soir?
6. Que faisaient tes parents le week-end?
7. Quels sports pratiquais-tu?
8. Quel genre de musique écoutais-tu?
9. Comment était ton école?
10. Aimais-tu l'école? Pourquoi?

6 **La chambre de Rafik** Voici la chambre de Rafik quand il était adolescent. Avec un(e) partenaire, employez des verbes à l'imparfait pour comparer la chambre de Rafik avec votre chambre quand vous aviez son âge.

MODÈLE

Étudiant(e) 1: *Je n'avais pas de salle de bains à côté de ma chambre. Et toi?*
Étudiant(e) 2: *Moi, je partageais la salle de bains avec ma sœur.*

7 **Chez les grands-parents** Quand vous étiez petit(e), vous passiez toujours les vacances à la campagne chez vos grands-parents. À tour de rôle, décrivez à votre partenaire une journée typique de vacances.

MODÈLE

Notre journée commençait très tôt le matin. Mémé préparait du pain...

8 **Une énigme** La nuit dernière, quelqu'un est entré dans le bureau de votre professeur et a emporté (*took away*) l'examen de français. Vous devez (*must*) trouver qui. Qu'est-ce que vos camarades de classe faisaient hier soir? Relisez vos notes et dites qui est le voleur (*thief*). Ensuite, présentez vos conclusions à la classe.

Révision

1 Mes affaires Vous cherchez vos affaires (*belongings*). À tour de rôle, demandez de l'aide à votre partenaire. Où étaient-elles la dernière fois? Utilisez l'illustration pour les trouver.

MODÈLE

Étudiant(e) 1: *Je cherche mes baskets. Où sont-elles?*

Étudiant(e) 2: *Tu n'as pas cherché sur l'étagère? Elles étaient sur l'étagère.*

baskets	ordinateur
casquette	parapluie
journal	pull
livre	sac à dos

2 Les anniversaires Avec un(e) partenaire, préparez huit questions pour apprendre comment vos camarades de classe célébraient leur anniversaire quand ils étaient enfants. Employez l'imparfait et des adverbes dans vos questions, puis posez-les à un autre groupe.

MODÈLE

Étudiant(e) 1: *Que faisais-tu avant pour ton anniversaire?*

Étudiant(e) 2: *Quand j'étais petit, mes parents organisaient souvent une fête.*

3 Sports et loisirs Votre professeur va vous donner une feuille d'activités. Circulez dans la classe et demandez à vos camarades s'ils pratiquaient ces activités avant d'entrer à la fac. Trouvez une personne différente qui dit oui pour chaque activité. Présentez les réponses à la classe.

MODÈLE

Étudiant(e) 1: *Est-ce que tu faisais souvent du jogging avant d'entrer à la fac?*

Étudiant(e) 2: *Oui, je courais souvent le matin.*

4 Avant et après Voici la chambre d'Annette avant et après une visite de sa mère. Comment était sa chambre à l'origine? Avec un(e) partenaire, décrivez la pièce à tour de rôle et cherchez les différences entre les deux illustrations.

MODÈLE

Avant, la lampe était à côté de l'ordinateur. Maintenant, elle est à côté du canapé.

5 Mes mauvaises habitudes Vous aviez de mauvaises habitudes, mais vous les avez changées. Maintenant, vous parlez avec votre ancien(ne) patron(ne) (*former boss*) pour essayer de récupérer l'emploi que vous avez perdu. Avec un(e) partenaire, préparez la conversation.

MODÈLE

Étudiant(e) 1: *Impossible de vous employer! Vous dormiez tout le temps.*

Étudiant(e) 2: *Je dormais souvent, mais je travaillais aussi. Cette fois, je vais travailler sérieusement.*

6 Nous cherchons une maison Votre professeur va vous donner, à vous et à votre partenaire, une feuille d'information sur quatre maisons à louer. Attention! Ne regardez pas la feuille de votre partenaire.

MODÈLE

Étudiant(e) 1: *Malheureusement, la première maison avait un très petit balcon.*

Étudiant(e) 2: *Mais heureusement, elle avait deux salles de bains.*

Video

Vivre à la ferme

Campus Vert est une association originale créée par trois agriculteurs° en 1995. L'idée est de réunir deux mondes très différents: celui des étudiants et celui des agriculteurs. Les agriculteurs utilisent un des bâtiments de leur ferme pour aménager° des studios étudiants propres, déjà meublés et beaucoup moins chers qu'en ville.

Le plus souvent, ces logements ont leur propre° accès. L'offre inclut des petits plus, comme des équipements de loisirs, par exemple, un vélo, ou un espace garage pour les voitures. Les étudiants peuvent aussi parfois goûter° aux produits de la ferme ou gagner un peu d'argent en aidant° aux travaux de la ferme.

Ils sont 130 agriculteurs à héberger° des étudiants en France.

Patrick est agriculteur.

Compréhension Répondez aux questions.

1. Comment est l'appartement de Rémi à la ferme? Vieux ou neuf? Vide ou meublé?
2. Combien coûte le loyer de Rémi à la ferme? Combien coûterait le même appartement en ville?
3. Pourquoi est-ce que Rémi aime vivre à la ferme?

Discussion Avec un(e) partenaire, répondez aux questions.

1. Avez-vous déjà habité dans une ferme ou à la campagne? Si oui, donnez des détails. Sinon, dites si vous avez envie de faire cette expérience, et pourquoi ou pourquoi pas.
2. Est-ce que vous pensez que vivre à la ferme, quand on est étudiant, est une bonne idée? Expliquez.
3. Y a-t-il des endroits originaux où créer des logements pour étudiants près de votre université? Lesquels?

agriculteurs *farmers* **aménager** *convert* **propre** *own* **goûter** *taste* **en aidant** *by helping* **héberger** *house*

Go to **vhlcentral.com** to watch the TV clip featured in this Le Zapping.

Practice more at **vhlcentral.com**.

Leçon 8B

You will learn how to...
- talk about chores
- talk about appliances

Les tâches ménagères

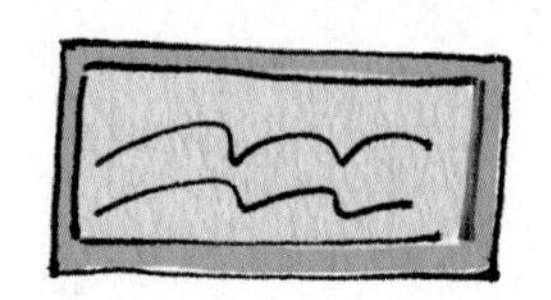

un évier

un four à micro-ondes

Elle fait le lit.

un oreiller

Il fait la vaisselle.

les draps (*m.*)

un congélateur

une cuisinière

une couverture

Elle balaie. (balayer)

un frigo

un balai

le linge

Vocabulaire

débarrasser la table	*to clear the table*
enlever/faire la poussière	*to dust*
essuyer la vaisselle/ la table	*to dry the dishes/ to wipe the table*
faire la lessive	*to do the laundry*
faire le ménage	*to do the housework*
laver	*to wash*
mettre la table	*to set the table*
passer l'aspirateur	*to vacuum*
ranger	*to tidy up; to put away*
salir	*to soil, to make dirty*
sortir la/les poubelle(s)	*to take out the trash*
propre	*clean*
sale	*dirty*
un appareil électrique/ ménager	*electrical/household appliance*
une cafetière	*coffeemaker*
un grille-pain	*toaster*
un lave-linge	*washing machine*
un lave-vaisselle	*dishwasher*
un sèche-linge	*clothes dryer*
une tâche ménagère	*household chore*

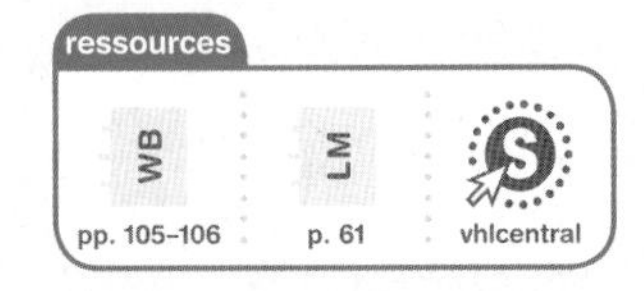

Il sort la poubelle.

un fer à repasser

Il repassse.
(repasser)

Mise en pratique

1 Écoutez

Écoutez la conversation téléphonique (*phone call*) entre Édouard, un étudiant, et un psychologue à la radio. Ensuite, indiquez les tâches ménagères que faisaient Édouard et Paul au début du semestre.

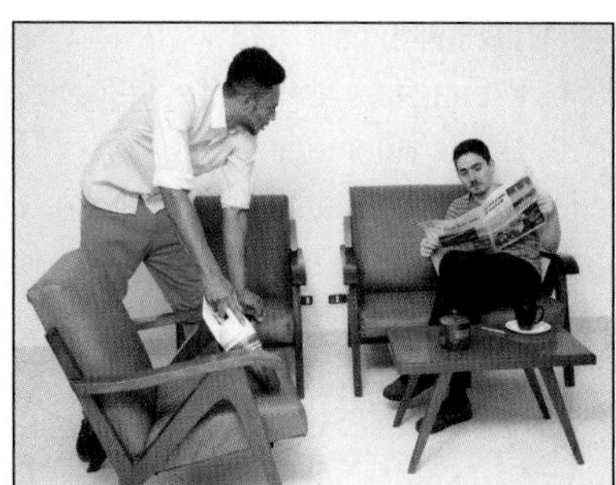

	Édouard	Paul
1. Il faisait la cuisine.	☐	☐
2. Il faisait les lits.	☐	☐
3. Il passait l'aspirateur.	☐	☐
4. Il sortait la poubelle.	☐	☐
5. Il balayait.	☐	☐
6. Il faisait la lessive.	☐	☐
7. Il faisait la vaisselle.	☐	☐
8. Il nettoyait le frigo.	☐	☐

2 On fait le ménage

Complétez les phrases suivantes avec le bon mot pour faire une phrase logique.

1. On balaie avec ________.
2. On repasse le linge avec ________.
3. On fait la lessive avec ________.
4. On lave la vaisselle avec ________.
5. On prépare le café avec ________.
6. On sèche la lessive avec ________.
7. On met la glace dans ________.
8. Pour faire le lit, on doit arranger ________, ________ et ________.

3 Les tâches ménagères

Avec un(e) partenaire, indiquez quelles tâches ménagères vous faites dans chaque pièce ou partie de votre logement. Il y a plus d'une réponse possible.

1. La chambre: ________
2. La cuisine: ________
3. La salle de bains: ________
4. La salle à manger: ________
5. La salle de séjour: ________
6. Le garage: ________
7. Le jardin: ________
8. L'escalier: ________

Communication

4 **Conversez** Interviewez un(e) camarade de classe.

1. Qui fait la vaisselle chez toi?
2. Qui fait la lessive chez toi?
3. Fais-tu ton lit tous les jours?
4. Quelles tâches ménagères as-tu faites le week-end dernier?
5. Repasses-tu tous tes vêtements?
6. Quelles tâches ménagères détestes-tu faire?
7. Quels appareils électriques as-tu chez toi?
8. Ranges-tu souvent ta chambre?

5 **Camarade de chambre** Vous cherchez un(e) camarade de chambre pour habiter dans une résidence universitaire et deux personnes ont répondu à votre petite annonce (*ad*) dans le journal. Travaillez avec deux camarades de classe et préparez un dialogue dans lequel (*in which*) vous:

- parlez des tâches ménagères que vous détestez/aimez faire.
- parlez des responsabilités de votre nouveau/nouvelle camarade de chambre.
- parlez de vos passions et de vos habitudes.
- décidez quelle est la personne qui vous convient le mieux (*suits you the best*).

6 **Qui fait quoi?** Votre professeur va vous donner une feuille d'activités. Dites si vous faites les tâches indiquées en écrivant **Oui** ou **Non** dans la première colonne. Ensuite, posez des questions à vos camarades de classe; écrivez leur nom dans la deuxième colonne quand ils répondent **Oui.** Présentez vos réponses à la classe.

MODÈLE

mettre la table pour prendre le petit-déjeuner
Étudiant(e) 1: *Est-ce que tu mets la table pour prendre le petit-déjeuner?*
Étudiant(e) 2: *Oui, je mets la table chaque matin./ Non, je prends le petit-déjeuner au resto U, donc je ne mets pas la table.*

Activités	Moi	Mes camarades de classe
1. mettre la table pour prendre le petit-déjeuner		
2. passer l'aspirateur tous les jours		
3. salir ses vêtements quand on mange		
4. nettoyer les toilettes		
5. balayer la cuisine		
6. débarrasser la table après le dîner		
7. enlever souvent la poussière sur son ordinateur		
8. laver les vitres (*windows*)		

7 **Écrivez** L'appartement de Martine est un désastre: la cuisine est sale et comme vous pouvez (*can*) l'imaginer, le reste de l'appartement est encore pire (*worse*). Préparez un paragraphe où vous décrivez les problèmes que vous voyez (*see*) et que vous imaginez. Ensuite, écrivez la liste des tâches que Martine va faire pour tout nettoyer.

Les sons et les lettres

Audio: Concepts, Activities
Record & Compare

Semi-vowels

French has three semi-vowels. Semi-vowels are sounds that are produced in much the same way as vowels, but also have many properties in common with consonants. Semi-vowels are also sometimes referred to as *glides* because they glide from or into the vowel they accompany.

hier **chien** **soif** **nuit**

The semi-vowel that occurs in the word **bien** is very much like the *y* in the English word *yes*. It is usually spelled with an **i** or a **y** (pronounced *ee*), then glides into the following sound. This semi-vowel sound may also be spelled **ll** after an **i**.

nation **balayer** **bien** **brillant**

The semi-vowel that occurs in the word **soif** is like the *w* in the English word *was*. It usually begins with **o** or **ou**, then glides into the following vowel.

trois **froid** **oui** **Louis**

The third semi-vowel sound occurs in the word **nuit**. It is spelled with the vowel **u**, as in the French word **tu**, then glides into the following sound.

lui **suis** **cruel** **intellectuel**

Prononcez Répétez les mots suivants à voix haute.

1. oui
2. taille
3. suisse
4. fille
5. mois
6. cruel
7. minuit
8. jouer
9. cuisine
10. juillet
11. échouer
12. croissant

Articulez Répétez les phrases suivantes à voix haute.

1. Voici trois poissons noirs.
2. Louis et sa famille sont suisses.
3. Parfois, Grégoire fait de la cuisine chinoise.
4. Aujourd'hui, Matthieu et Damien vont travailler.
5. Françoise a besoin de faire ses devoirs d'histoire.
6. La fille de Monsieur Poirot va conduire pour la première fois.

Vouloir, c'est pouvoir.[2]

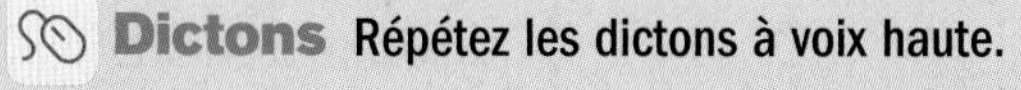

Dictons Répétez les dictons à voix haute.

[1] All cats are gray in the dark.
[2] Where there's a will, there's a way.

La vie sans Pascal

Video: *Roman-photo*
Record & Compare

PERSONNAGES

Amina

Michèle

Sandrine

Stéphane

Valérie

Au P'tit Bistrot...

MICHÈLE Tout va bien, Amina?

AMINA Oui, ça va, merci. (*Au téléphone*) Allô?... Qu'est-ce qu'il y a Sandrine?... Non, je ne le savais pas, mais franchement, ça ne me surprend pas... Écoute, j'arrive chez toi dans quinze minutes, d'accord? ... À tout à l'heure!

MICHÈLE Je débarrasse la table?

AMINA Oui, merci et apporte-moi l'addition, s'il te plaît.

MICHÈLE Tout de suite.

VALÉRIE Tu as fait ton lit ce matin?

STÉPHANE Oui, maman.

VALÉRIE Est-ce que tu as rangé ta chambre?

STÉPHANE Euh... oui, ce matin pendant que tu faisais la lessive.

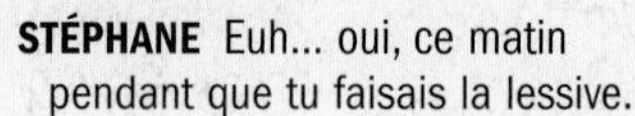

Chez Sandrine...

SANDRINE Salut, Amina! Merci d'être venue.

AMINA Mmmm. Qu'est-ce qui sent si bon?

SANDRINE Il y a des biscuits au chocolat dans le four.

AMINA Oh, est-ce que tu les préparais quand tu m'as téléphoné?

SANDRINE Tu as soif?

AMINA Un peu, oui.

SANDRINE Sers-toi, j'ai des jus de fruits au frigo.

Sandrine casse (breaks) une assiette.

SANDRINE Et zut!

AMINA Ça va, Sandrine?

SANDRINE Oui, oui... passe-moi le balai, s'il te plaît.

AMINA N'oublie pas de balayer sous la cuisinière.

SANDRINE Je sais! Excuse-moi, Amina. Comme je t'ai dit au téléphone, Pascal et moi, c'est fini.

ACTIVITÉS

1 

Questions **Répondez aux questions suivantes par des phrases complètes.**

1. Avec qui Amina parle-t-elle au téléphone?
2. Comment va Sandrine aujourd'hui? Pourquoi?
3. Est-ce que Stéphane a fait toutes ses tâches ménagères?
4. Qu'est-ce que Sandrine préparait quand elle a téléphoné à Amina?
5. Amina a faim et a soif. À votre avis (*opinion*), qu'est-ce qu'elle va prendre?
6. Pourquoi Amina n'est-elle pas fâchée (*angry*) contre Sandrine?
7. Pourquoi Amina pense-t-elle que Sandrine aimerait (*would like*) un petit ami américain?
8. Sandrine pense qu'Amina devrait (*should*) rencontrer Cyberhomme, mais Amina pense que ce n'est pas une bonne idée. À votre avis, qui a raison?

Practice more at **vhlcentral.com**.

Amina console Sandrine.

4

VALÉRIE Hmm... et la vaisselle? Tu as fait la vaisselle?
STÉPHANE Non, pas encore, mais...
MICHÈLE Il me faut l'addition pour Amina.
VALÉRIE Stéphane, tu dois faire la vaisselle avant de sortir.
STÉPHANE Bon ça va, j'y vais!

5

VALÉRIE Ah Michèle, il faut sortir les poubelles pour ce soir!
MICHÈLE Oui, comptez sur moi, Madame Forestier.
VALÉRIE Très bien! Moi, je rentre, il est l'heure de préparer le dîner.

9

SANDRINE Il était tellement pénible. Bref je suis de mauvaise humeur aujourd'hui.
AMINA Ne t'en fais pas, je comprends.
SANDRINE Toi, tu as de la chance.
AMINA Pourquoi tu dis ça?
SANDRINE Tu as ton Cyberhomme. Tu vas le rencontrer un de ces jours?
AMINA Oh... Je ne sais pas si c'est une bonne idée.

10

SANDRINE Pourquoi pas?
AMINA Sandrine, il faut être prudent dans la vie, je ne le connais pas vraiment, tu sais.
SANDRINE Comme d'habitude, tu as raison. Mais finalement, un cyberhomme c'est peut-être mieux qu'un petit ami. Ou alors un petit ami artistique, charmant et beau garçon.
AMINA Et américain?

Expressions utiles

Talking about what you know

- **Je ne le savais pas, mais franchement, ça ne me surprend pas.**
  I didn't know that, but frankly, I'm not surprised.
- **Je sais!**
  I know!
- **Je ne sais pas si c'est une bonne idée.**
  I don't know if that's a good idea.
- **Je ne le connais pas vraiment, tu sais.**
  I don't really know him, you know.

Additional vocabulary

- **Comptez sur moi.**
  Count on me.
- **Ne t'en fais pas.**
  Don't worry about it.
- **J'y vais!**
  I'm going there!/I'm on my way!
- **pas encore**
  not yet
- **tu dois**
  you must
- **être de bonne/mauvaise humeur**
  to be in a good/bad mood

ACTIVITÉS

2 **Le ménage** Indiquez qui a fait ou va faire les tâches ménagères suivantes: Michèle (**M**), Stéphane (**St**), Valérie (**V**), Sandrine (**S**), Amina (**A**) ou personne (*no one*) (**P**).

1. sortir la poubelle
2. balayer
3. passer l'aspirateur
4. faire la vaisselle
5. faire le lit
6. débarrasser la table
7. faire la lessive
8. ranger sa chambre

3  **Écrivez** Vous avez gagné un pari (*bet*) avec votre colocataire et, par conséquent, il/elle doit faire (*must do*) toutes les tâches ménagères que vous lui indiquez pendant un mois. Faites une liste de dix tâches minimum. Pour chaque tâche, précisez la pièce du logement et combien de fois par semaine il/elle doit l'exécuter.

Reading

CULTURE À LA LOUPE

L'intérieur des logements

L'intérieur des maisons et des appartements français est assez° différent de celui des Américains. Quand on entre dans un vieil immeuble en France, on est dans un hall° où il y a des boîtes aux lettres°. Ensuite, il y a souvent une deuxième porte. Celle-ci conduit à° l'escalier. Il n'y a pas souvent d'ascenseur, mais s'il y en a un°, en général, il est très petit et il est au milieu de° l'escalier. Le hall de l'immeuble peut aussi avoir une porte qui donne sur une cour° ou un jardin, souvent derrière le bâtiment°.

À l'intérieur des logements, les pièces sont en général plus petites que° les pièces américaines, surtout les cuisines et les salles de bains. Dans la cuisine, on trouve tous les appareils ménagers nécessaires (cuisinière, four, four à micro-ondes, frigo), mais ils sont plus petits qu'aux États-Unis. Les lave-vaisselle sont assez rares dans les appartements et plus communs dans les maisons. On a souvent une seule° salle de bains et les toilettes sont en général dans une autre petite pièce séparée°. Les lave-linge sont aussi assez petits et on les trouve dans la cuisine ou dans la salle de bains. Dans les chambres en France il n'y a pas de grands placards et les vêtements sont rangés la plupart° du temps dans une armoire. Les fenêtres s'ouvrent° sur l'intérieur, un peu comme des portes.

assez *rather* **hall** *entryway* **boîtes aux lettres** *mailboxes* **conduit à** *leads to* **s'il y en a un** *if there is one* **au milieu de** *in the middle of* **cour** *courtyard* **bâtiment** *building* **plus petites que** *smaller than* **une seule** *only one* **séparée** *separate* **la plupart** *most* **s'ouvrent** *open*

Combien de logements ont ces appareils ménagers?

Réfrigérateur	99,8%
Cuisinière/Four	96,4%
Lave-linge	95,6%
Congélateur	91,2%
Four à micro-ondes	88,3%
Lave-vaisselle	57,1%
Sèche-linge	28,7%

Coup de main

Demonstrative pronouns help to avoid repetition.

	S.	P.
M.	**celui**	**ceux**
F.	**celle**	**celles**

Ce lit est grand, mais le lit de Monique est petit.

Ce lit est grand, mais celui de Monique est petit.

ACTIVITÉS

1 Complétez Complétez chaque phrase logiquement.

1. Dans le hall d'un immeuble français, on trouve...
2. Au milieu de l'escalier, dans les vieux immeubles français,...
3. Derrière les vieux immeubles, on trouve souvent...
4. Les cuisines et les salles de bains françaises sont...
5. Dans les appartements français, il est assez rare d'avoir...
6. Les logements français ont souvent une seule...
7. En France, les toilettes sont souvent...
8. Les Français rangent souvent leurs vêtements dans une armoire parce qu'ils...
9. On trouve souvent le lave-linge...

STRATÉGIE

Visualizing

As you read a text in French, pick a good stopping point and close your eyes. Try to picture an image in your mind's eye of the information that you have understood up to that point. Doing so might call to mind other visual details that you associate with those explicitly mentioned in the text. As you read the **Culture à la loupe** selection on the previous page, try to visualize the inside of a typical French home.

LE MONDE FRANCOPHONE

Architecture moderne et ancienne

Architecte suisse

Le Corbusier Originaire du canton de Neuchâtel, il est l'un des principaux représentants du mouvement moderne au début° du 20e siècle. Il est connu° pour être l'inventeur de l'unité d'habitation°, concept sur les logements collectifs qui rassemblent dans un même lieu garderie° d'enfants, piscine, écoles, commerces et lieux de rencontre. Il est naturalisé français en 1930.

Architecture du Maroc

Les riads, mot° qui à l'origine signifie «jardins» en arabe, sont de superbes habitations anciennes° construites pour préserver la fraîcheur°. On les trouve au cœur° des ruelles° de la médina (quartier historique).
Les kasbah, bâtisses° de terre° dans le Sud marocain, ce sont des exemples d'un art typiquement berbère et rural.

début *beginning* **connu** *known* **unité d'habitation** *housing unit* **garderie** *nursery school* **mot** *word* **anciennes** *old* **fraîcheur** *coolness* **cœur** *heart* **ruelles** *alleyways* **bâtisses** *dwellings* **terre** *earth*

PORTRAIT

Le Vieux Carré

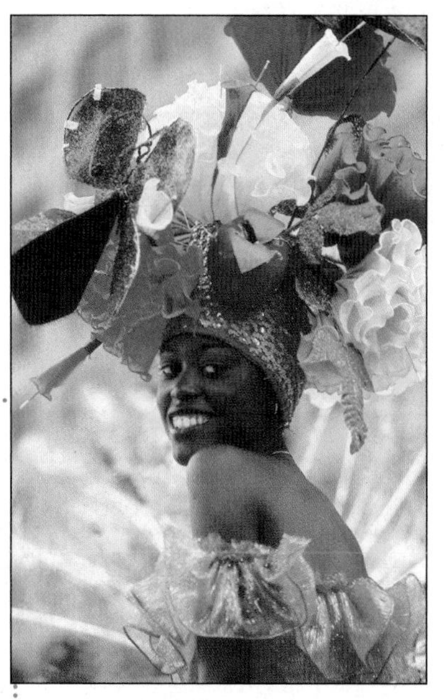

Le Vieux Carré, aussi appelé le Quartier Français, est le centre historique de La Nouvelle-Orléans. Il a conservé le souvenir° des époques° coloniales du 18e siècle°. La culture française est toujours présente avec des noms de rues° français comme *Toulouse* ou *Chartres*, qui sont de grandes villes françaises. Cependant° le style architectural n'est pas français; il est espagnol. Les maisons avec les beaux balcons sont l'héritage de l'occupation espagnole de la deuxième moitié° du 18e siècle.

Mardi gras, en février, est la fête la plus populaire de La Nouvelle-Orléans, qui est aussi très connue° pour son festival de jazz, en avril.

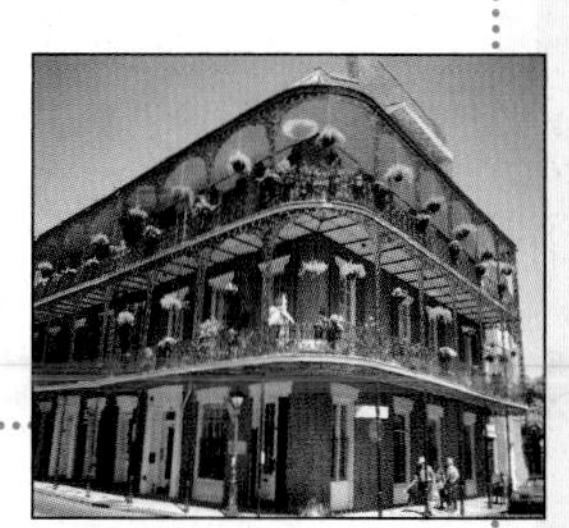

souvenir *memory* **époques** *times* **siècle** *century* **noms de rues** *street names* **Cependant** *However* **moitié** *half* **connue** *known*

Sur Internet

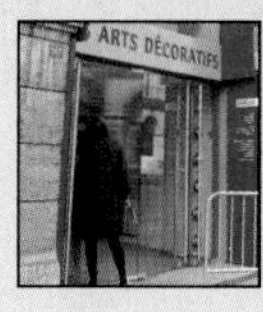

Qu'est-ce qu'on peut voir (*see*) au musée des Arts décoratifs de Paris?

Go to **vhlcentral.com** to find more cultural information related to this **Lecture culturelle**.

ACTIVITÉS

2 Complétez Complétez les phrases.

1. Le Vieux Carré est aussi appelé ____________.
2. ______ et ______ sont deux noms de rues français à La Nouvelle-Orléans.
3. Le style architectural du Vieux Carré n'est pas français mais ______.
4. La Nouvelle-Orléans est connue pour son festival de ______.
5. Le Corbusier est l'inventeur de ____________.
6. On trouve les riads parmi (*among*) les ruelles de ______.

3 C'est le désordre! Vos parents viennent vous rendre visite ce soir et c'est le désordre dans tout l'appartement. Avec un(e) partenaire, inventez une conversation où vous lui donnez cinq ordres pour nettoyer avant l'arrivée de vos parents. Jouez la scène devant la classe.

Practice more at **vhlcentral.com**.

8B.1 The *passé composé* vs. the *imparfait*

Presentation

Boîte à outils

Since the **passé composé** and **imparfait** convey different meanings, it is important to recognize the correct tense when you hear it. Also be sure to practice the pronunciation of each tense in order to make the distinction clear when speaking. Example: **je travaillais** vs. **j'ai travaillé**.

Point de départ Although the **passé composé** and the **imparfait** are both past tenses, they have very distinct uses and are not interchangeable. The choice between these two tenses depends on the context and on the point of view of the speaker.

Uses of the *passé composé*	
To express actions that started and ended in the past and are viewed by the speaker as completed	J'**ai balayé** l'escalier deux fois. *I swept the stairs twice.* Elle **a lavé** la vaisselle après le dîner. *She washed the dishes after dinner.*
To express the beginning or end of a past action	Le film **a commencé** à huit heures. *The movie began at 8 o'clock.* Ils **ont fini** leurs devoirs hier. *They finished their homework yesterday.*
To narrate a series of past actions or events	Nous **avons fait** les lits, nous **avons rangé** les chambres et nous **avons passé** l'aspirateur. *We made the beds, tidied up the rooms, and vacuumed.*

Uses of the *imparfait*	
To describe an ongoing past action with no reference to its beginning or end	Vous **faisiez** la lessive très tôt. *You were doing laundry very early.* Tu **attendais** dans le café? *Were you waiting in the café?*
To express habitual past actions and events	On **débarrassait** toujours la table à neuf heures. *We always cleared the table at 9 o'clock.* Nous **allions** souvent à la plage. *We used to go to the beach often.*
To describe mental, physical, and emotional states or conditions	Mon ami **avait** faim et il **avait** envie de manger quelque chose. *My friend was hungry and felt like eating something.*

- When the **passé composé** and the **imparfait** occur in the same sentence, the action in the **passé composé** often interrupts the ongoing action in the **imparfait**.

Vous **dormiez** et tout d'un coup, il a **téléphoné**.
You were sleeping, and all of a sudden he phoned.

Notre père **repassait** le linge quand vous **êtes arrivées**.
Our father was ironing when you arrived.

- Sometimes the use of the **imparfait** and the **passé composé** in the same sentence expresses a cause and effect.

J'**avais** faim, donc j'**ai mangé** quelque chose.
I was hungry so I ate something.

Elle **a dormi** parce qu'elle **avait** sommeil.
She slept because she was sleepy.

- The **passé composé** and the **imparfait** are often used together to narrate. The **imparfait** provides the background description, such as time, weather, and location. The **passé composé** indicates the specific events foregrounded in the story.

Il **était** deux heures et il **faisait** chaud. Les étudiants **attendaient** impatiemment les vacances d'été. Le prof **est entré** dans la salle pour leur donner les résultats...
It was 2 o'clock and it was hot. The students were waiting impatiently for their summer vacation. The professor came into the classroom to give them the results...

J'**avais** peur parce que j'**étais** seul dans la maison. Mes parents **dînaient** au restaurant avec des amis et le quartier **était** désert. Soudain, j'**ai entendu** quelque chose...
I was afraid because I was alone in the house. My parents were having dinner at a restaurant with some friends and the neighborhood was deserted. Suddenly, I heard something...

- Certain adverbs often indicate a particular past tense.

Expressions that signal a past tense

passé composé		imparfait	
soudain	*suddenly*	**autrefois**	*in the past*
tout d'un coup	*all of a sudden*	**d'habitude**	*usually*
une (deux, etc.) fois	*once (twice, etc.)*	**parfois**	*sometimes*
		souvent	*often*
		toujours	*always*
		tous les jours	*every day*

Essayez! **Donnez les formes correctes des verbes.**

passé composé

1. commencer (il) il a commencé
2. acheter (tu) ________
3. boire (nous) ________
4. apprendre (ils) ________
5. répondre (je) ________
6. sortir (il) ________
7. descendre (elles) ________
8. être (vous) ________

imparfait

1. jouer (nous) nous jouions
2. être (tu) ________
3. prendre (elles) ________
4. avoir (vous) ________
5. conduire (il) ________
6. falloir (il) ________
7. boire (je) ________
8. étudier (nous) ________

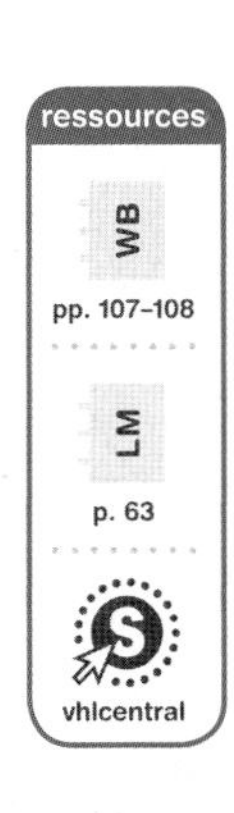

STRUCTURES

Mise en pratique

1 **Le week-end dernier** Qu'est-ce que la famille Tran a fait le week-end dernier?

MODÈLE nous / passer le week-end / chez des amis
Nous avons passé le week-end chez des amis.

1. faire / beau / quand / nous / arriver
2. nous / être / fatigué / mais content
3. Audrey et son amie / aller / à la piscine
4. moi, je / décider de / dormir un peu
5. samedi soir / pleuvoir / quand / nous / sortir / cinéma
6. nous / rire / beaucoup / parce que / film / être / amusant
7. minuit / nous / rentrer / chez nous
8. Lanh / regarder / télé / quand / nous / arriver
9. dimanche matin / nous / passer / chez des amis
10. nous / passer / cinq heures / chez eux
11. ce / être / très / sympa

2 **Une surprise désagréable** Récemment, Benoît a fait un séjour à Strasbourg avec un collègue. Complétez ses phrases avec l'imparfait ou le passé composé.

Ce matin, il (1) ____________ (faire) chaud. J' (2) ____________ (être) content de partir pour Strasbourg. Je (3) ____________ (partir) pour la gare, où j' (4) ____________ (retrouver) Émile. Le train (5) ____________ (arriver) à Strasbourg à midi. Nous (6) ____________ (commencer) notre promenade en ville. Nous (7) ____________ (avoir) besoin d'un plan. J' (8) ____________ (chercher) mon portefeuille (*wallet*), mais il (9) ____________ (être) toujours dans le train! Émile et moi, nous (10) ____________ (courir) à la gare!

3 **Qu'est-ce qu'ils faisaient quand...?** Que faisaient ces personnes au moment de l'interruption?

débarrasser / arriver

MODÈLE
Papa débarrassait la table quand mon frère est arrivé.

1. sortir / dire
____
____

2. passer / tomber
____
____

3. faire / partir
____
____

4. laver / commencer
____
____

Communication

4 **Situations** Avec un(e) partenaire, parlez de ces situations en utilisant le passé composé ou l'imparfait. Comparez vos réponses, puis présentez-les à la classe.

MODÈLE

Le premier jour de cours...
Étudiant(e) 1: *Le premier jour de cours, j'étais tellement nerveux/nerveuse que j'ai oublié mes livres.*
Étudiant(e) 2: *Moi, j'étais nerveux/nerveuse aussi, alors j'ai quitté ma résidence très tôt.*

1. Quand j'étais petit(e),...
2. L'été dernier,...
3. Hier soir, mon/ma petit(e) ami(e)...
4. Hier, le professeur...
5. La semaine dernière, mon/ma camarade de chambre...
6. Ce matin, au resto U,...
7. Quand j'étais au lycée,...
8. La dernière fois que j'étais en vacances,...

5 **Votre premier/première petit(e) ami(e)** Posez ces questions à un(e) partenaire. Ajoutez (*Add*) d'autres questions si vous le voulez (*want*).

1. Qui a été ton/ta premier/première petit(e) ami(e)?
2. Quel âge avais-tu quand tu as fait sa connaissance?
3. Comment était-il/elle?
4. Est-ce que tu as fait la connaissance de sa famille?
5. Pendant combien de temps avez-vous été ensemble?
6. Où alliez-vous quand vous sortiez?
7. Aviez-vous les mêmes (*same*) centres d'intérêt?
8. Pourquoi avez-vous arrêté (*stopped*) de sortir ensemble?

6 **Dialogue** Jean-Michel, qui a seize ans, est sorti avec des amis hier soir. Quand il est rentré à trois heures du matin, sa mère était furieuse parce que ce n'était pas la première fois qu'il rentrait tard. Avec un(e) partenaire, préparez le dialogue entre Jean-Michel et sa mère.

MODÈLE

Étudiant(e) 1: *Que faisais-tu à minuit?*
Étudiant(e) 2: *Mes copains et moi, nous sommes allés manger une pizza...*

7 **Un crime** Vous avez été témoin (*witness*) d'un crime dans votre quartier et la police vous pose beaucoup de questions. Avec un(e) partenaire et à tour de rôle, jouez le détective et le témoin.

MODÈLE

Étudiant(e) 1: *Où étiez-vous vers huit heures hier soir?*
Étudiant(e) 2: *Chez moi.*
Étudiant(e) 1: *Avez-vous vu quelque chose?*

8B.2 The verbs *savoir* and *connaître*

Point de départ **Savoir** and **connaître** both mean *to know*. The choice of verb in French depends on the context in which it is being used.

savoir* and *connaître

	savoir	connaître
je	sais	connais
tu	sais	connais
il/elle/on	sait	connaît
nous	savons	connaissons
vous	savez	connaissez
ils/elles	savent	connaissent

Boîte à outils

The verb **connaître** is never followed by an infinitive. Always use the construction **savoir** + [*infinitive*] to mean *to know how to do something.*

- **Savoir** means *to know facts* or *to know how to do something.*

Sait-elle chanter?
Does she know how to sing?

Ils ne **savent** pas qu'il est parti.
They don't know that he left.

- **Connaître** means *to know* or *be familiar with a person, place, or thing.*

Vous **connaissez** le prof.
You know the professor.

Tu **connais** ce quartier?
Do you know that neighborhood?

Nous **connaissons** bien Paris.
We know Paris well.

Je ne **connais** pas ce magasin.
I don't know this store.

- In the **passé composé**, **savoir** and **connaître** have special connotations. **Savoir** in the **passé composé** means *found out*. **Connaître** in the **passé composé** means *met* (*for the first time*). Their past participles, respectively, are **su** and **connu**.

J'**ai su** qu'il y avait une fête.
I found out there was a party.

Nous l'**avons connu** à la fac.
We met him at the university.

- **Reconnaître** means *to recognize*. It follows the same conjugation patterns as **connaître**.

Mes profs de lycée me **reconnaissent** encore.
My high school teachers still recognize me.

Nous **avons reconnu** vos enfants à la soirée.
We recognized your children at the party.

Essayez! **Complétez les phrases avec les formes correctes des verbes savoir et connaître.**

1. Je ________ de bons restaurants.
2. Ils ne ________ pas parler allemand.
3. Vous ________ faire du cheval?
4. Tu ________ une bonne coiffeuse?
5. Nous ne ________ pas Jacques.
6. Claudette ________ jouer aux échecs.
7. Laure et Béatrice ________ -elles tes cousins?
8. Nous ________ que vous n'aimez pas faire le ménage.

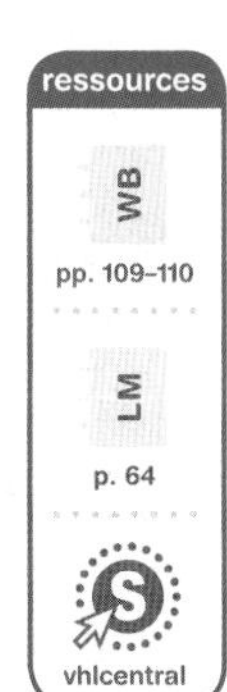

Le français vivant

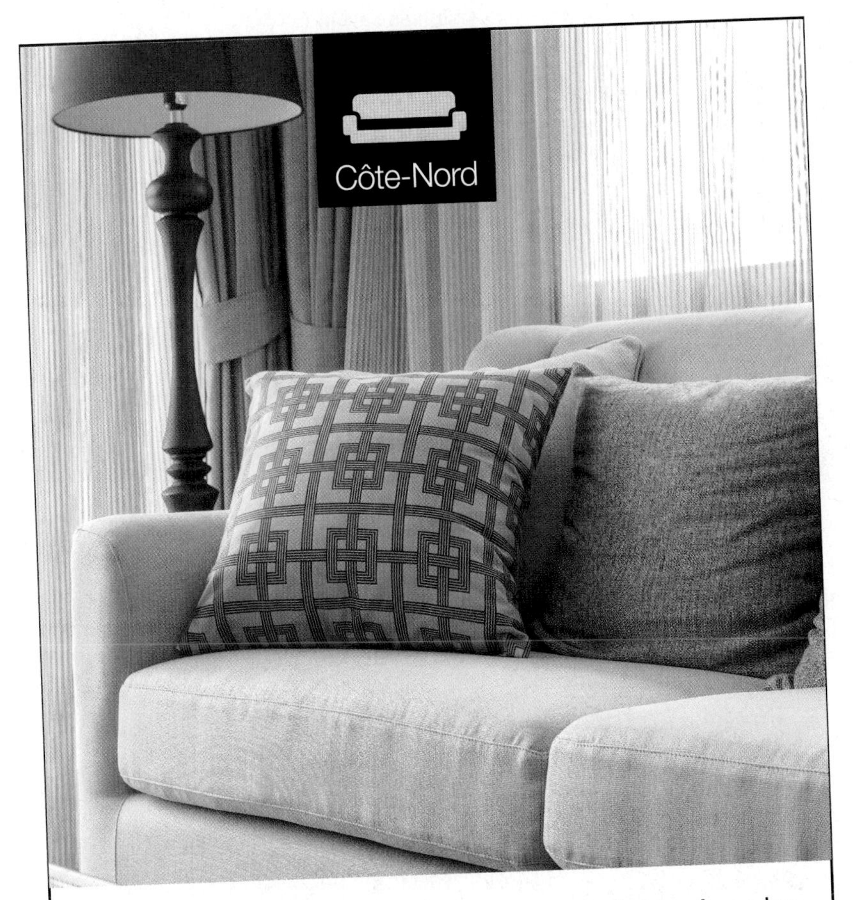

Identifiez Regardez la publicité (*ad*) et répondez à ces questions.

1. Quelles formes des verbes **savoir** et **connaître** avez-vous trouvées dans la pub?
2. Identifiez les objets sur la photo qui correspondent au vocabulaire de l'Unité 8.

Répondez Par groupes de trois, répondez aux questions.

1. Aimez-vous être chez vous? Pourquoi?
2. Vos meubles vous donnent-ils envie de rester chez vous? Pourquoi?
3. Un meuble apporte-t-il vraiment du confort et de la joie?
4. Avez-vous envie d'habiter dans une maison comme celle-ci (*this one*)? Pourquoi?
5. Y a-t-il une pièce que vous préférez dans votre maison? Laquelle? (*Which one?*)
6. Connaissez-vous un bon magasin de meubles dans votre ville? Lequel? (*Which one?*) Pourquoi est-il bon?

Mise en pratique

1 Les passe-temps Qu'est-ce que ces personnes savent faire?

Patrick

▶ **MODÈLE**

Patrick sait skier.

1. Halima ______

2. vous ______

3. tu ______

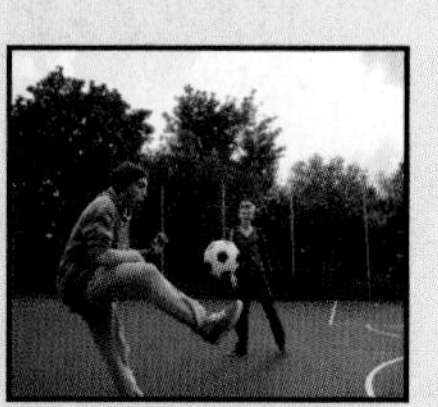

4. nous ______

2 Dialogues brefs Complétez les conversations avec le présent du verbe **savoir** ou **connaître.**

1. Marie ______ faire la cuisine?
   Oui, mais elle ne ______ pas beaucoup de recettes (*recipes*).
2. Vous ______ les parents de François?
   Non, je ______ seulement sa cousine.
3. Tes enfants ______ nager dans la mer.
   Et mon fils aîné ______ toutes les espèces de poissons.
4. Je ______ que le train arrive à trois heures.
   Est-ce que tu ______ à quelle heure il part?
5. Vous ______ le numéro de téléphone de Dorian?
   Oui, je le ______.
6. Nous ______ bien la musique arabe.
   Ah, bon? Tu ______ qu'il y a un concert de raï en ville demain?

3 Assemblez Assemblez les éléments des colonnes pour construire des phrases.

MODÈLE *Je sais parler une langue étrangère.*

A	B	C
Gérard Depardieu	(ne pas) connaître	des célébrités
Oprah	(ne pas) savoir	faire la cuisine
je		jouer dans un film
ton/ta camarade de chambre		Julia Roberts
		parler une langue étrangère

Communication

4 **Enquête** Votre professeur va vous donner une feuille d'activités. Circulez dans la classe pour trouver au moins une personne différente qui répond oui à chaque question.

Sujet	*Nom*
1. Sais-tu faire une mousse au chocolat?	Jacqueline
2. Connais-tu New York?	
3. Connais-tu le nom des sénateurs de cet état (state)?	
4. Connais-tu quelqu'un qui habite en Californie?	

5 **Je sais faire** Votre célébrité préférée cherche un(e) assistant(e) mais il y a deux candidats pour le poste. Par groupes de trois, jouez la scène. Chaque (*Each*) candidat essaie de montrer toutes les choses qu'il/elle sait faire.

MODÈLE

Étudiant(e) 1: *Alors, vous savez faire la vaisselle?*
Étudiant(e) 2: *Je sais faire la vaisselle, et je sais faire la cuisine aussi.*
Étudiant(e) 3: *Moi, je sais faire la cuisine, mais il/elle ne sait pas passer l'aspirateur.*

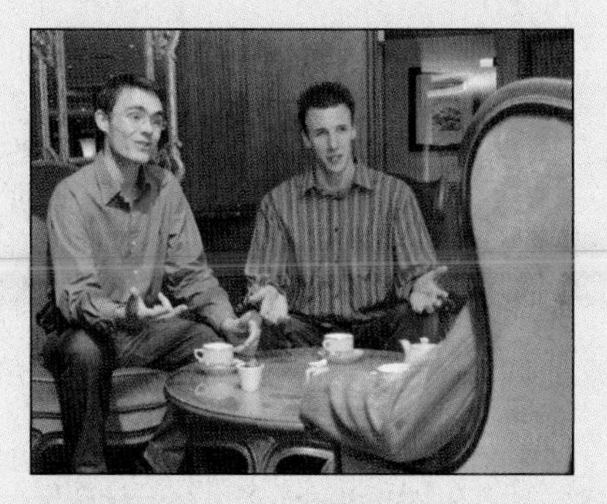

6 **Questions** À tour de rôle, posez ces questions à un(e) partenaire. Ensuite, présentez vos réponses à la classe.

1. Quel bon restaurant connais-tu près d'ici? Est-ce que tu y (*there*) manges souvent?
2. Dans ta famille, qui sait chanter le mieux (*best*)?
3. Connais-tu l'Europe? Quelles villes connais-tu?
4. Reconnais-tu toutes les chansons (*songs*) que tu entends à la radio?
5. Tes parents savent-ils utiliser Internet? Le font-ils bien?
6. Connais-tu un(e) acteur/actrice célèbre? Une autre personne célèbre?
7. Ton/Ta meilleur(e) (*best*) ami(e) sait-il/elle écouter quand tu lui racontes (*tell*) tes problèmes?
8. Connais-tu la date d'anniversaire de tous les membres de ta famille et de tous tes amis? Donne des exemples.
9. Connais-tu des films français? Lesquels (*Which ones*)? Les aimes-tu? Pourquoi?
10. Sais-tu parler une langue étrangère? Laquelle? (*Which one*)?

Révision

1 Un grand dîner Émilie et son mari Vincent ont invité des amis à dîner ce soir. Qu'ont-ils fait cet après-midi pour préparer la soirée? Que vont-ils faire ce soir après le départ des invités? Conversez avec un(e) partenaire.

MODÈLE

Étudiant(e) 1: *Cet après-midi, Émilie et Vincent ont mis la table.*

Étudiant(e) 2: *Ce soir, ils vont faire la vaisselle.*

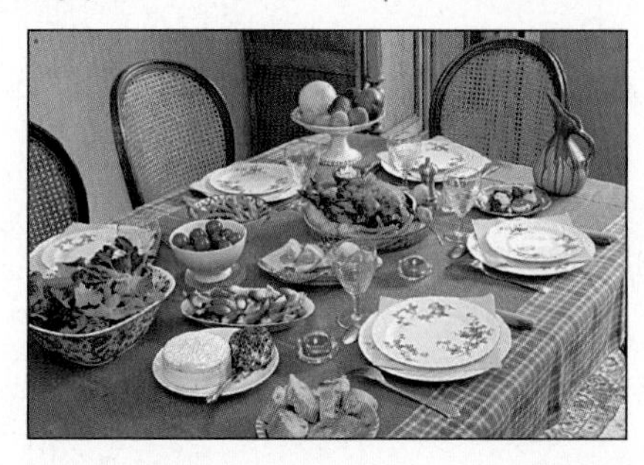

2 Mes connaissances Votre professeur va vous donner une feuille d'activités. Interviewez vos camarades. Pour chaque activité, trouvez un(e) camarade différent(e) qui dit oui.

Étudiant(e) 1: *Connais-tu une personne qui aime faire le ménage?*

Étudiant(e) 2: *Oui, autrefois mon père aimait bien faire le ménage.*

Activité	Nom
1. ne pas faire souvent la vaisselle	
2. aimer faire le ménage	Farid
3. dormir avec une couverture en été	
4. faire son lit tous les jours	
5. repasser rarement ses vêtements	

3 Qui faisait le ménage? Par groupes de trois, interviewez vos camarades. Qui faisait le ménage à la maison quand ils habitaient encore chez leurs parents? Préparez des questions avec ces expressions et comparez vos réponses.

balayer	mettre et débarrasser la table
faire la lessive	passer l'aspirateur
faire le lit	ranger
faire la vaisselle	repasser le linge

4 Soudain! Tout était calme quand soudain... Avec un(e) partenaire, choisissez l'une des deux photos et écrivez un texte de dix phrases. Faites cinq phrases pour décrire la photo et cinq autres pour raconter (*to tell*) un événement qui s'est passé soudainement (*that suddenly happened*). Employez des adverbes et soyez imaginatifs/imaginatives.

5 J'ai appris... Qu'avez-vous appris ou qui connaissez-vous depuis que (*since*) vous êtes à la fac? Avec un(e) partenaire, faites une liste de cinq choses et de cinq personnes. À chaque fois, utilisez un imparfait et un passé composé dans vos explications.

MODÈLE

Étudiant(e) 1: *Avant, je ne savais pas comment dire bonjour en français, et puis j'ai commencé ce cours, et maintenant, je sais le dire.*

Étudiant(e) 2: *Avant, je ne connaissais pas tous les pays francophones, et maintenant, je les connais.*

6 Élise fait sa lessive Votre professeur va vous donner, à vous et à votre partenaire, une feuille avec des dessins représentant Élise et sa journée d'hier. Attention! Ne regardez pas la feuille de votre partenaire.

MODÈLE

Étudiant(e) 1: *Hier matin, Élise avait besoin de faire sa lessive.*

Étudiant(e) 2: *Mais, elle...*

Écriture

STRATÉGIE

Mastering the simple past tenses

In French, when you write about events that occurred in the past, you need to know when to use the **passé composé** and when to use the **imparfait**. A good understanding of the uses of each tense will make it much easier to determine which one to use as you write.

Look at the following summary of the uses of the **passé composé** and the **imparfait**. Write your own example sentence for each of the rules described.

Passé composé vs. imparfait

Passé composé

1. Actions viewed as completed

 ____

2. Beginning or end of past actions

 ____

3. Series of past actions

 ____

Imparfait

1. Ongoing past actions

 ____

2. Habitual past actions

 ____

3. Mental, physical, and emotional states and characteristics of the past

 ____

With a partner, compare your example sentences. Use the sentences as a guide to help you decide which tense to use as you are writing a story about something that happened in the past.

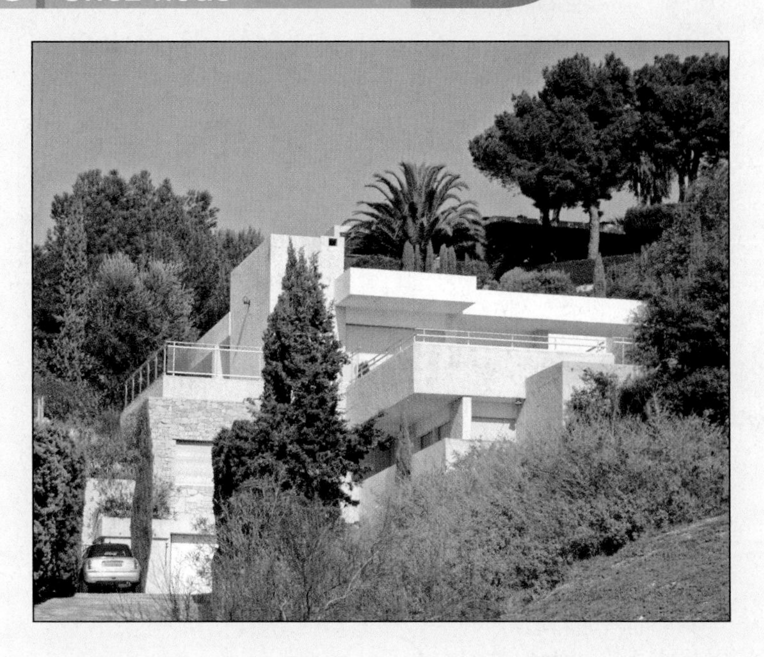

Thème

Écrire une histoire

Quand vous étiez petit(e), vous habitiez dans la maison ou l'appartement de vos rêves (*of your dreams*). Décrivez cette maison ou cet appartement. Écrivez sur la ville où vous habitiez et sur votre quartier. Décrivez les différentes pièces, les meubles et les objets décoratifs. Parlez aussi de votre pièce préférée et de ce que (*what*) vous aimiez faire dans cette pièce. Ensuite, imaginez qu'il y ait eu (*was*) un vol (*robbery*) dans cette maison ou dans cet appartement. Décrivez ce qui est arrivé (*what happened*). Attention à l'utilisation du passé composé et de l'imparfait!

Coup de main

Here are some terms that you may find useful in your narration.

le voleur	*thief*
cassé(e)	*broken*
j'ai vu	*I saw*
manquer	*to be missing*

Quand j'étais petit(e), j'habitais dans un château, en France. Le château était dans un joli quartier, dans une petite ville près de Paris. Il y avait un grand jardin, avec beaucoup d'animaux. Il y avait douze pièces...

Ma pièce préférée était la cuisine parce que j'aimais faire la cuisine et j'aidais souvent ma mère...

Un jour, je suis rentré(e) de...

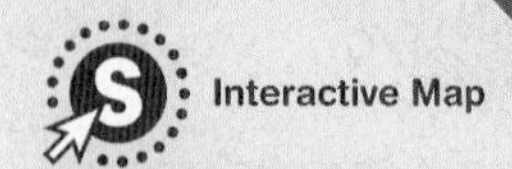

Panorama

Paris

La ville en chiffres

- **Superficie:** *105 km² (cent cinq kilomètres carrés°)*
- **Population:** *plus de° 9.828.000 (neuf millions huit cent vingt-huit mille)*
  SOURCE: Population Division, UN Secretariat

Paris est la capitale de la France. On a l'impression que Paris est une grande ville—et c'est vrai si on compte° ses environs°. Néanmoins°, elle mesure moins de° 10 kilomètres de l'est à l'ouest°, ainsi° on peut visiter la ville très facilement à pied°. Paris est divisée en 20 arrondissements°. Chaque° arrondissement a son propre maire° et son propre caractère.

- **Industries principales:** *haute couture, finances, transports, technologie, tourisme*
- **Musées°:** *plus de 150 (cent cinquante): le musée du Louvre, le musée d'Orsay, le centre Georges Pompidou et le musée Rodin*

Parisiens célèbres

- **Victor Hugo,** *écrivain° et activiste (1802–1885)*
- **Charles Baudelaire,** *poète (1821–1867)*
- **Auguste Rodin,** *sculpteur (1840–1917)*
- **Jean-Paul Sartre,** *philosophe (1905–1980)*
- **Simone de Beauvoir,** *écrivain (1908–1986)*
- **Édith Piaf,** *chanteuse (1915–1963)*
- **Emmanuelle Béart,** *actrice (1965–)*

carrés *square* **plus de** *more than* **si on compte** *if one counts* **environs** *surrounding areas* **Néanmoins** *Nevertheless* **moins de** *less than* **de l'est à l'ouest** *from east to west* **ainsi** *thus* **à pied** *on foot* **arrondissements** *districts* **Chaque** *Each* **son propre maire** *its own mayor* **Musées** *Museums* **écrivain** *writer* **rues** *streets* **reposent** *lie; rest* **provenant** *from* **repos** *rest*

l'Arc de Triomphe

l'opéra Garnier

une terrasse de café

Incroyable mais vrai!

Sous les rues° de Paris, il y a une autre ville: les catacombes. Ici reposent° les squelettes d'environ 7.000.000 (sept millions) de personnes provenant° d'anciens cimetières de Paris et de ses environs. Plus de 100.000 (cent mille) touristes par an visitent cette ville de repos° éternel.

Les monuments

La tour Eiffel

La tour Eiffel a été construite° en 1889 (mille huit cent quatre-vingt-neuf) pour l'Exposition universelle, à l'occasion du centenaire° de la Révolution française. Elle mesure 324 (trois cent vingt-quatre) mètres de haut et pèse° 10.100 (dix mille cent) tonnes. La tour attire plus de° 6.000.000 (six millions) de visiteurs par an°.

Les gens

Paris-Plages

Pour les Parisiens qui ne voyagent pas pendant l'été°, la ville de Paris a créé° Paris-Plages pour apporter la plage° aux Parisiens! Inauguré en 2001 et installé sur les quais° de la Seine, Paris-Plages a trois kilomètres de sable et d'herbe°, et plein d'activités° comme la natation° et le volley. Plus de 3.000.000 (trois millions) de personnes visitent Paris-Plages en juillet et août chaque° année.

Les musées

Le musée du Louvre

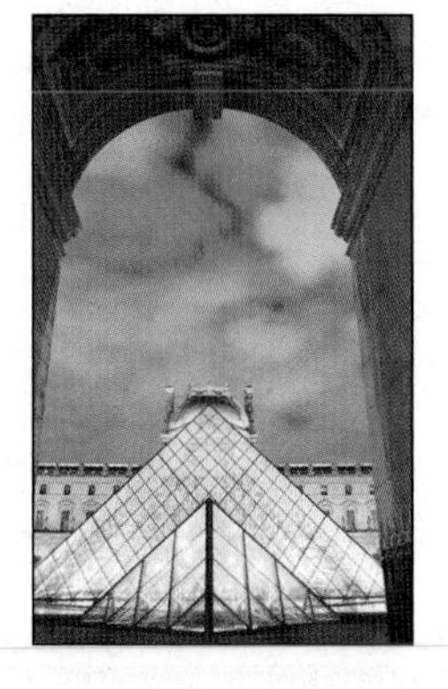

Ancien° palais royal, le Louvre est aujourd'hui un des plus grands musées du monde° avec sa vaste collection de peintures°, de sculptures et d'antiquités orientales, égyptiennes, grecques et romaines. L'œuvre° la plus célèbre de la collection est *La Joconde*° de Léonard de Vinci. La pyramide de verre°, créée par l'architecte américain I.M. Pei, marque l'entrée° principale du musée.

Les transports

Le métro

L'architecte Hector Guimard a commencé à réaliser° des entrées du métro de Paris en 1898 (mille huit cent quatre-vingt-dix-huit). Ces entrées sont construites dans le style Art Nouveau: en forme de plantes et de fleurs°. Le métro est aujourd'hui un système très efficace° qui permet aux passagers de traverser° Paris rapidement.

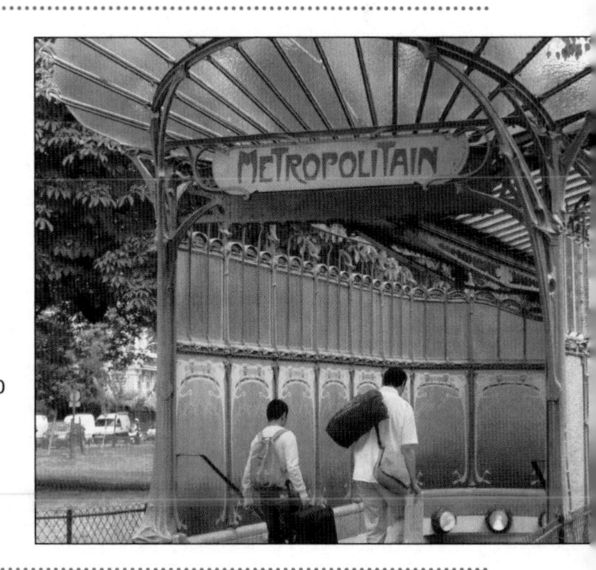

Qu'est-ce que vous avez appris? Complétez les phrases.

1. La ville de Paris est divisée en vingt ________.
2. Chaque arrondissement a ses propres ________ et ________.
3. Charles Baudelaire est le nom d'un ________ français.
4. Édith Piaf est une ________ française.
5. Plus de 100.000 personnes par an visitent ________ sous les rues de Paris.
6. La tour Eiffel mesure ________ mètres de haut.
7. En 2001, la ville de Paris a créé ________ sur les quais de la Seine.
8. Le musée du Louvre est un ancien ________.
9. ________ est une création de I.M. Pei.
10. Certaines entrées du métro sont de style ________.

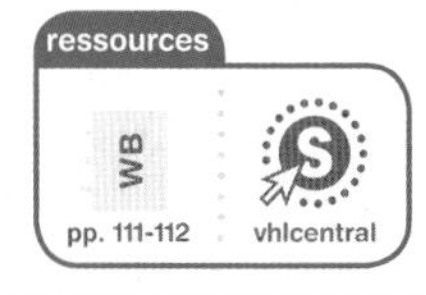

Sur Internet

Go to **vhlcentral.com** to find more cultural information related to this **Panorama**.

1. Quels sont les monuments les plus importants à Paris? Qu'est-ce qu'on peut faire (*can one do*) dans la ville?
2. Trouvez des informations sur un des musées de Paris.
3. Faites des recherches sur la vie (*Research the life*) d'un(e) Parisien(ne) célèbre.
4. Cherchez un plan du métro de Paris et trouvez comment aller (*to go*) du Louvre à la tour Eiffel.

construite *built* **centenaire** *centennial* **pèse** *weighs* **attire plus de** *attracts more than* **par an** *per year* **pendant l'été** *during the summer* **a créé** *created* **apporter la plage** *bring the beach* **quais** *banks* **de sable et d'herbe** *of sand and grass* **plein d'activités** *lots of activities* **natation** *swimming* **chaque** *each* **Ancien** *Former* **monde** *world* **peintures** *paintings* **L'œuvre** *The work (of art)* ***La Joconde*** *The Mona Lisa* **verre** *glass* **entrée** *entrance* **a commencé à réaliser** *began to create* **fleurs** *flowers* **efficace** *efficient* **traverser** *to cross*

Interactive Map

Panorama

Les Pays de la Loire

La région en chiffres

- **Superficie:** *32.082 km^2°*
- **Population:** *3.689.465*
  SOURCE: INSEE
- **Industries principales:** *aéronautique, agriculture, informatique, tourisme, viticulture°*
- **Villes principales:** *Angers, Laval, Le Mans, Nantes, Saint-Nazaire*

Personnages célèbres

- **Claire Bretécher,** *dessinatrice de bandes dessinées (1940–)*
- **Léon Bollée,** *inventeur d'automobiles (1870–1913)*
- **Jules Verne,** *écrivain° (1828–1905)*

Le Centre

La région en chiffres

- **Superficie:** *39.151 km^2*
- **Population:** *2.556.835*
- **Industrie principale:** *tourisme*
- **Villes principales:** *Bourges, Chartres, Orléans, Tours, Vierzon*

Personnages célèbres

- **Honoré de Balzac,** *écrivain (1799–1850)*
- **George Sand,** *écrivaine (1804–1876)*
- **Gérard Depardieu,** *acteur (1948–)*

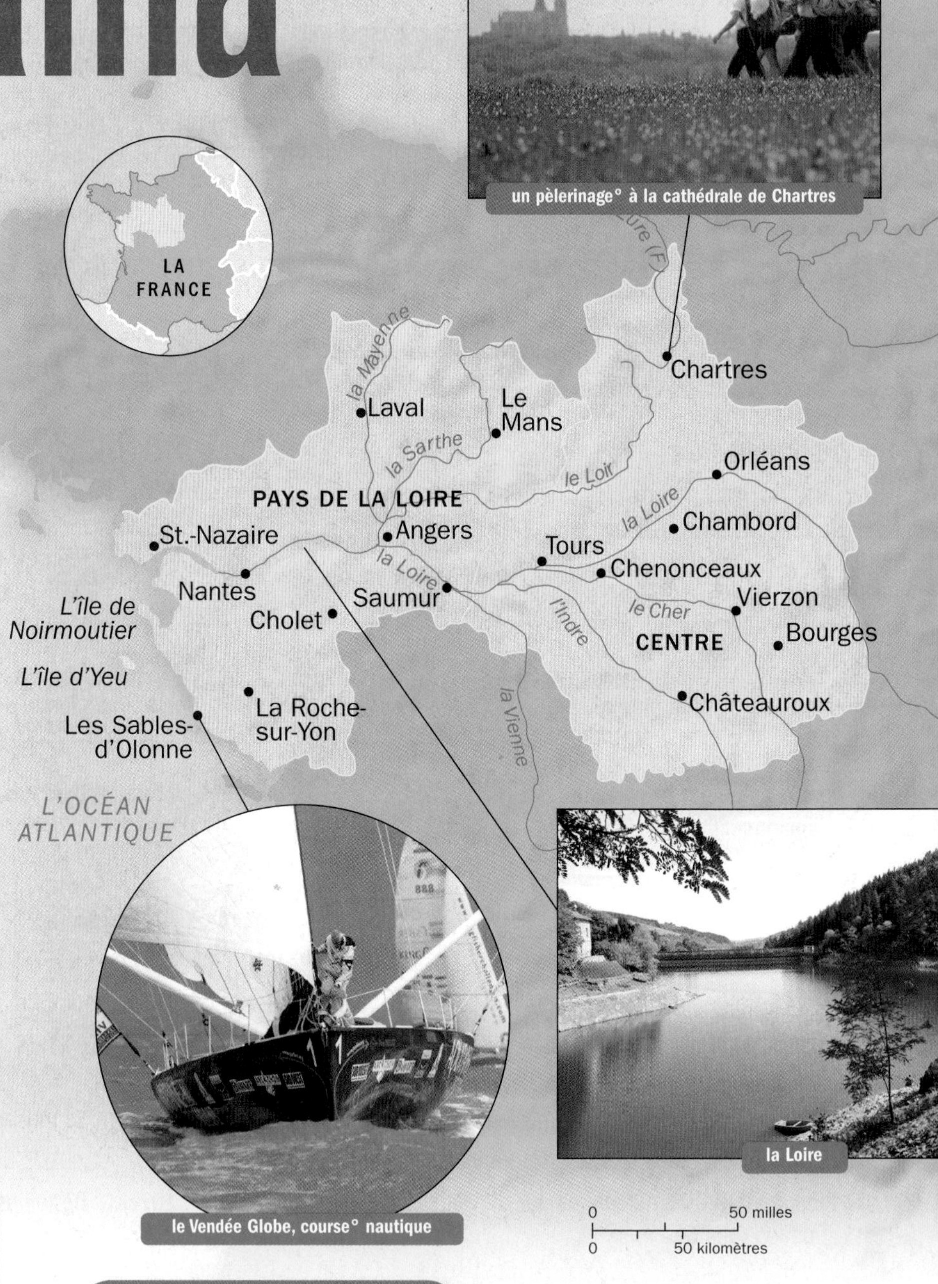

un pèlerinage° à la cathédrale de Chartres

la Loire

le Vendée Globe, course° nautique

Incroyable mais vrai!

Construit° au XVIe (seizième) siècle°, l'architecture du château de Chambord est influencée par Léonard de Vinci. Le château a 440 pièces°, 84 escaliers° et 365 cheminées (une pour chaque° jour de l'année). Le logis° central a deux escaliers en forme de double hélice°. Les escaliers vont dans la même° direction, mais ne se croisent jamais°.

km² (kilomètres carrés) *square kilometers* **viticulture** *wine-growing* **écrivain** *writer* **Construit** *Constructed* **siècle** *century* **pièces** *rooms* **escaliers** *staircases* **chaque** *each* **logis** *living area* **hélice** *helix* **même** *same* **ne se croisent jamais** *never cross* **pèlerinage** *pilgrimage* **course** *race*

Les monuments

La vallée des rois

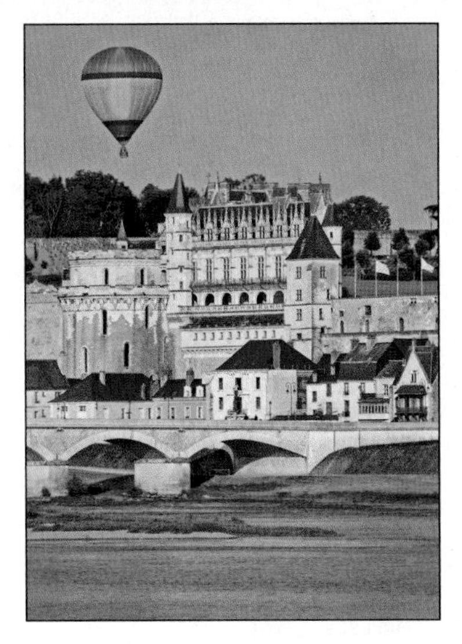

La vallée de la Loire, avec ses châteaux, est appelée la vallée des rois°. C'est au XVIe (seizième) siècle° que les Valois° quittent Paris pour habiter dans la région, où ils construisent° de nombreux° châteaux de style Renaissance. François Ier inaugure le siècle des «rois voyageurs»: ceux° qui vont d'un château à l'autre avec leur cour° et toutes leurs possessions. Chenonceau, Chambord et Amboise sont aujourd'hui les châteaux les plus° visités.

Les festivals

Le Printemps de Bourges

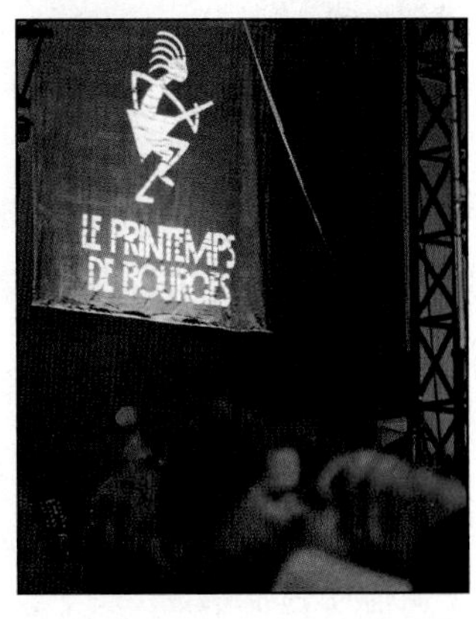

Le Printemps de Bourges est un festival de musique qui a lieu° chaque année, en avril. Pendant° une semaine, tous les styles de musique sont représentés: variété française, musiques du monde°, rock, musique électronique, reggae, hip-hop, etc... Il y a des dizaines° de spectacles, de nombreux artistes, des milliers de spectateurs et des noms légendaires comme Serge Gainsbourg, Yves Montand, Ray Charles et Johnny Clegg.

Les sports

Les 24 heures du Mans

Les 24 heures du Mans, c'est la course° d'endurance automobile la plus célèbre° du monde. Depuis° 1923, de prestigieuses marques° y° participent. C'est sur ce circuit de 13,6 km que Ferrari gagne neuf victoires et que Porsche détient° le record de 16 victoires avec une vitesse moyenne° de 222 km/h sur 5.335 km. Il existe aussi les 24 heures du Mans moto°.

Les destinations

La route des vins

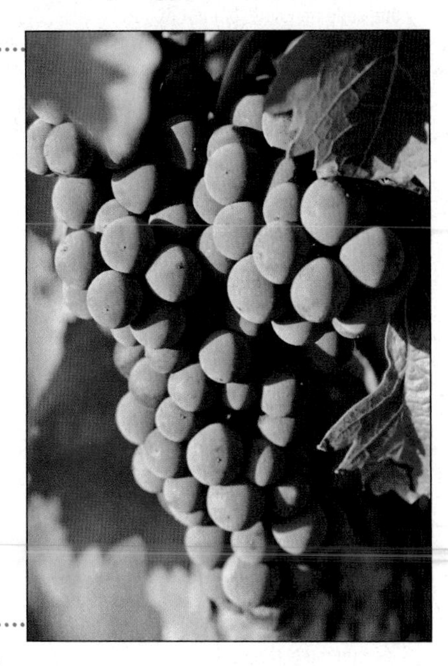

La vallée de la Loire est réputée pour ses vignobles°, en particulier pour ses vins blancs°, qui constituent environ° 75% (pour cent) de la production. La vigne est cultivée dans la vallée depuis l'an 380. Aujourd'hui, les vignerons° de la région produisent 400 millions de bouteilles par an. Pour apprécier le vin, il est nécessaire de l'observer°, de le sentir, de le goûter° et de le déguster°. C'est tout un art!

Qu'est-ce que vous avez appris? Répondez aux questions par des phrases complètes.

1. Quel événement peut-on voir aux Sables d'Olonne?
2. Au seizième siècle, qui influence le style de construction de Chambord?
3. Combien de cheminées y a-t-il à Chambord?
4. De quel style sont les châteaux de la Loire?
5. Pourquoi les Valois sont-ils «les rois voyageurs»?
6. Combien de spectateurs vont au Printemps de Bourges chaque année?
7. Qu'est-ce que les 24 heures du Mans?
8. Quel autre type de course existe-t-il au Mans?
9. Quels vins produit-on principalement dans la vallée de la Loire?
10. Combien de bouteilles y sont produites chaque année?

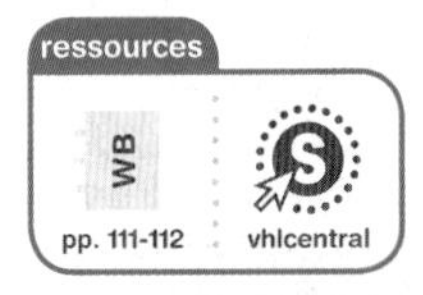

Sur Internet

Go to **vhlcentral.com** to find more cultural information related to this **Panorama**.

1. Trouvez des informations sur le Vendée Globe. Quel est l'itinéraire de la course? Combien de bateaux (*boats*) y participent chaque année?
2. Qui étaient (*were*) les artistes invités au dernier Printemps de Bourges? En connaissez-vous quelques-uns? (*Do you know some of them?*)

rois *kings* **siècle** *century* **les Valois** *name of a royal dynasty* **construisent** *build* **de nombreux** *numerous* **ceux** *those* **cour** *court* **les plus** *the most* **a lieu** *takes place* **Pendant** *For* **monde** *world* **dizaines** *dozens* **course** *race* **célèbre** *famous* **Depuis** *Since* **marques** *brands* **y** *there* **détient** *holds* **vitesse moyenne** *average speed* **moto** *motorcycle* **vignobles** *vineyards* **vins blancs** *white wines* **environ** *around* **vignerons** *wine-growers* **l'observer** *observe it* **le goûter** *taste it* **le déguster** *savor it*

Audio: Vocabulary Flashcards

Leçon 8A

Les parties d'une maison

un balcon *balcony*
une cave *basement, cellar*
une chambre *bedroom*
un couloir *hallway*
une cuisine *kitchen*
un escalier *staircase*
un garage *garage*
un jardin *garden; yard*
un mur *wall*
une pièce *room*
une salle à manger *dining room*
une salle de bains *bathroom*
une salle de séjour *living/family room*
un salon *formal living/sitting room*
un sous-sol *basement*
un studio *studio (apartment)*
les toilettes/W.-C. *restrooms/toilet*

Locutions de temps

de temps en temps *from time to time*
en général *in general*
quelquefois *sometimes*
vite *fast, quickly*

Chez soi

un appartement *apartment*
un immeuble *building*
un logement *housing*
un loyer *rent*
un quartier *area, neighborhood*
une résidence *residence*
une affiche *poster*
une armoire *armoire, wardrobe*
une baignoire *bathtub*
un canapé *couch*
une commode *dresser, chest of drawers*
une douche *shower*
une étagère *shelf*
un fauteuil *armchair*
une fleur *flower*
une lampe *lamp*
un lavabo *bathroom sink*
un meuble *piece of furniture*
un miroir *mirror*
un placard *closet, cupboard*
un rideau *drape, curtain*
un tapis *rug*
un tiroir *drawer*
déménager *to move out*
emménager *to move in*
louer *to rent*

Adverbes

absolument *absolutely*
activement *actively*
bien *well*
constamment *constantly*
couramment *fluently*
différemment *differently*
évidemment *obviously, evidently; of course*
franchement *frankly, honestly*
gentiment *nicely*
heureusement *fortunately*
mal *badly*
malheureusement *unfortunately*
vraiment *really*

Expressions utiles

See p. 287.

Leçon 8B

Locutions de temps

autrefois *in the past*
d'habitude *usually*
parfois *sometimes*
soudain *suddenly*
souvent *often*
toujours *always*
tous les jours *every day*
tout d'un coup *all of a sudden*
une (deux, etc.) fois *once (twice, etc.)*

Chez soi

un balai *broom*
une couverture *blanket*
les draps (*m.*) *sheets*
un évier *kitchen sink*
un oreiller *pillow*

Les tâches ménagères

une tâche ménagère *household chore*
balayer *to sweep*
débarrasser la table *to clear the table*
enlever/faire la poussière *to dust*
essuyer la vaisselle/la table *to dry the dishes/to wipe the table*
faire la lessive *to do the laundry*
faire le lit *to make the bed*
faire le ménage *to do the housework*
faire la vaisselle *to do the dishes*
laver *to wash*
mettre la table *to set the table*
passer l'aspirateur *to vacuum*
ranger *to tidy up; to put away*
repasser (le linge) *to iron (the laundry)*
salir *to soil, to make dirty*
sortir la/les poubelle(s) *to take out the trash*
propre *clean*
sale *dirty*

Les appareils ménagers

un appareil électrique/ménager *electrical/household appliance*
une cafetière *coffeemaker*
un congélateur *freezer*
une cuisinière *stove*
un fer à repasser *iron*
un four (à micro-ondes) *(microwave) oven*
un frigo *refrigerator*
un grille-pain *toaster*
un lave-linge *washing machine*
un lave-vaisselle *dishwasher*
un sèche-linge *clothes dryer*

Verbes

connaître *to know, to be familiar with*
reconnaître *to recognize*
savoir *to know (facts), to know how to do something*

Expressions utiles

See p. 305.

La nourriture

UNITÉ 9

Pour commencer
- Où est Sandrine, dans un supermarché ou une poissonnerie?
- Quand va-t-elle manger ce qu'elle (*what she*) a dans la main?
- Comment va-t-elle le servir, avec un steak, dans une salade ou dans une tarte?
- Est-ce qu'elle a déjà payé ou pas encore (*not yet*)?

Leçon 9A

You will learn how to...

- talk about food
- express needs, desires, and abilities

Quel appétit!

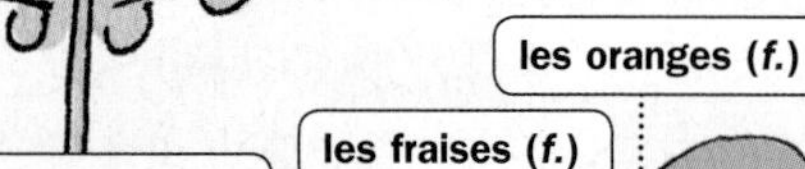

Vocabulaire

cuisiner	*to cook*
faire les courses (*f.*)	*to go (grocery) shopping*
une cantine	*school cafeteria*
un supermarché	*supermarket*
un aliment	*food item*
un déjeuner	*lunch*
un dîner	*dinner*
un goûter	*afternoon snack*
la nourriture	*food, sustenance*
un petit-déjeuner	*breakfast*
un repas	*meal*
des petits pois (*m.*)	*peas*
une salade	*salad*
le bœuf	*beef*
un escargot	*escargot, snail*
les fruits de mer (*m.*)	*seafood*
un pâté (de campagne)	*pâté, meat spread*
le porc	*pork*
un poulet	*chicken*
une saucisse	*sausage*
un steak	*steak*
le thon	*tuna*
la viande	*meat*
le riz	*rice*
des pâtes (*f.*)	*pasta*
un yaourt	*yogurt*

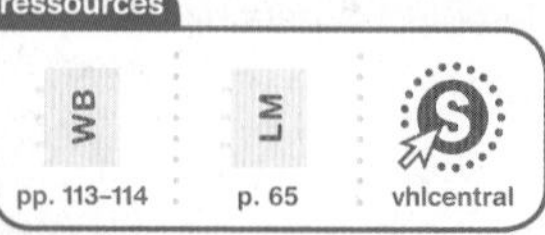
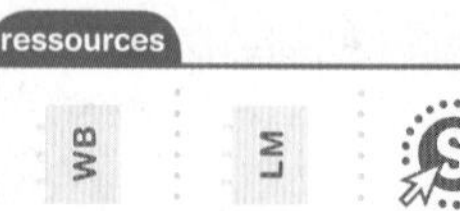

Mise en pratique

1 Écoutez **Fatima et René se préparent à aller faire des courses. Ils décident de ce qu'ils vont acheter. Écoutez leur conversation. Ensuite, complétez les phrases.**

Dans le frigo, il reste six (1) ________, quelques (2) ________, une petite (3) ________ et trois (4) ________. René va utiliser ce qui reste dans le frigo pour préparer (5) ________. Fatima va acheter des (6) ________ et des (7) ________. René va acheter des (8) ________: des (9) ________, des (10) ________ et quelques (11) ________. René va faire un bon petit repas avec des (12) ________.

2 Les invités **Vous avez invité quelques amis pour le week-end. Vous vous préparez à les accueillir (*welcome*). Complétez les phrases suivantes avec les mots ou les expressions qui conviennent le mieux (*fit the best*).**

1. Au petit-déjeuner, Sébastien aime bien prendre un café et manger des croissants et ________. (une salade, des fruits de mer, un yaourt)
2. Pour le petit-déjeuner, il faut aussi de ________. (la confiture, l'ail, l'oignon)
3. J'adore les fruits, alors je vais acheter ________. (des petits pois, un repas, des pêches)
4. Mélanie n'aime pas trop la viande, elle va préférer manger ________. (des fruits de mer, du pâté de campagne, des saucisses)
5. Je vais aussi préparer une salade pour Mélanie avec ________. (de la confiture, des pâtes, du bœuf)
6. Jean-François est allergique aux légumes. Je ne vais donc pas lui servir de ________. (carottes, bananes, pommes)
7. Pour le dessert, je vais préparer une tarte aux fruits avec des ________. (poivrons, fraises, petits pois)
8. Il faut aller au supermarché pour acheter des ________ (yaourts, pâtes, oranges) pour faire du jus pour le petit-déjeuner.

3 Vos habitudes alimentaires **Utilisez un élément de chaque colonne pour former des phrases au sujet de vos habitudes alimentaires. N'oubliez pas de faire les accords nécessaires.**

A	B	C
au petit-déjeuner	acheter	des bananes
au déjeuner	adorer	des fruits
au goûter	aimer (bien)	des haricots verts
au dîner	ne pas tellement aimer	des légumes
au resto U	détester	des œufs
à la maison	manger	du porc
au restaurant	prendre	du riz
au supermarché		de la viande

Communication

4 **Quel repas?** Regardez les dessins et pour chacun d'eux, indiquez le repas qu'il représente et décrivez ce que chaque personnage mange. Ensuite, avec un(e) partenaire, décrivez une image à tour de rôle. Votre partenaire doit deviner (*must guess*) quel dessin vous décrivez.

1. ______________________

2. ______________________

3. ______________________

4. ______________________

5 **Sondage** Votre professeur va vous donner une feuille d'activités. Circulez dans la classe et utilisez les éléments du tableau pour demander à vos camarades ce qu'ils (*what they*) mangent. Quels sont les trois aliments les plus (*the most*) souvent mentionnés?

MODÈLE

Étudiant(e) 1: *À quelle heure est-ce que tu prends ton petit-déjeuner? Que manges-tu?*

Étudiant(e) 2: *Je prends mon petit-déjeuner à sept heures. Je mange du pain avec du beurre et de la confiture et je bois du café au lait.*

Questions	*Noms*	*Réponses*
1. Petit-déjeuner: Quand? Quoi?	1. ______	1. ______
2. Déjeuner: Où? Quand? Quoi?	2. ______	2. ______
3. Goûter: Quand? Quoi?	3. ______	3. ______
4. Dîner: Quand? Quoi?	4. ______	4. ______
5. Supermarché: Quoi? À quelle fréquence?	5. ______ ______	5. ______ ______
6. Resto U: Quoi? Quand? À quelle fréquence?	6. ______ ______	6. ______ ______

6 **La brochure** Avec un(e) partenaire, vous allez préparer une brochure pour les étudiants français qui viennent (*are coming*) étudier dans votre université. Cette brochure compare les habitudes alimentaires entre la France et les États-Unis. Ensuite, présentez votre brochure à la classe.

Coup de main

Here are some characteristics of traditional French eating habits.

Le petit-déjeuner is usually light, with bread, butter, and jam, or cereal, and coffee or tea. Croissants are normally reserved for the weekend.

Le déjeuner is the main meal and typically includes a starter, a main dish (meat or fish with vegetables), cheese or yogurt, and dessert (often fruit). Lunch breaks may be one to two hours, allowing people to eat at home.

Le goûter is a light afternoon snack that may include cookies, bread with chocolate, pastry, yogurt, or fruit.

Le dîner starts between 7:30 and 8:00 p.m. Foods served at lunch and dinner are similar. However, dinner is typically lighter than lunch and is usually eaten at home.

Les sons et les lettres

Audio: Concepts, Activities
Record & Compare

e caduc and e muet

In **Leçon 4A**, you learned that the vowel **e** in very short words is pronounced similarly to the *a* in the English word *about*. This sound is called an **e caduc**. An **e caduc** can also occur in longer words and before words beginning with vowel sounds.

rechercher　　**devoirs**　　**le haricot**　　**le onze**

An **e caduc** often occurs in order to break up clusters of several consonants.

appartement　　**quelquefois**　　**poivre vert**　　**gouvernement**

An **e caduc** is sometimes called **e muet** (*mute*). It is often dropped in spoken French.

Tu n~~e~~ sais pas.　　**J~~e~~ veux bien!**　　**C'est un livr~~e~~ intéressant.**

An unaccented **e** before a single consonant sound is often silent unless its omission makes the word difficult to pronounce.

s~~e~~maine　　**p~~e~~tit**　　**final~~e~~ment**

An unaccented **e** at the end of a word is usually silent and often marks a feminine noun or adjective.

frais~~e~~　　**salad~~e~~**　　**intelligent~~e~~**　　**jeun~~e~~**

Prononcez Répétez les mots suivants à voix haute.

1. vendredi
2. logement
3. exemple
4. devenir
5. tartelette
6. finalement
7. boucherie
8. petits pois
9. pomme de terre
10. malheureusement

Articulez Répétez les phrases suivantes à voix haute.

1. Tu ne vas pas prendre de casquette?
2. J'étudie le huitième chapitre maintenant.
3. Il va passer ses vacances en Angleterre.
4. Marc me parle souvent au téléphone.
5. Mercredi, je réserve dans une auberge.
6. Finalement, ce petit logement est bien.

Dictons Répétez les dictons à voix haute.

L'habit ne fait pas le moine.[1]

Le soleil luit pour tout le monde.[2]

[1] Clothes don't make the man. (lit. The habit doesn't make the monk.)
[2] The sun shines for everyone.

ressources
LM p. 66
vhlcentral

Au supermarché

PERSONNAGES

Amina

Caissière

David

Sandrine

Stéphane

Au supermarché...

AMINA Mais quelle heure est-il? Sandrine devait être là à deux heures et quart. On l'attend depuis quinze minutes!

DAVID Elle va arriver!

AMINA Mais pourquoi est-elle en retard?

DAVID Elle vient peut-être juste de sortir de la fac.

En ville...

STÉPHANE Eh! Sandrine!

SANDRINE Salut, Stéphane, je suis très pressée! David et Amina m'attendent au supermarché depuis vingt minutes.

STÉPHANE À quelle heure est-ce qu'on doit venir ce soir, ma mère et moi?

SANDRINE À sept heures et demie.

STÉPHANE D'accord. Qu'est-ce qu'on peut apporter?

SANDRINE Oh, rien, rien.

STÉPHANE Mais maman insiste.

SANDRINE Bon, une salade, si tu veux.

AMINA Alors, Sandrine. Qu'est-ce que tu vas nous préparer?

SANDRINE Un repas très français. Je pensais à des crêpes.

DAVID Génial, j'adore les crêpes!

SANDRINE Il nous faut des champignons, du jambon et du fromage. Et, bien sûr, des œufs, du lait et du beurre.

SANDRINE Et puis non! Finalement, je vous prépare un bœuf bourguignon.

AMINA Qu'est-ce qu'il nous faut alors?

SANDRINE Du bœuf, des carottes, des oignons...

DAVID Mmm... Ça va être bon!

AMINA Mais le bœuf bourguignon, c'est long à préparer, non?

SANDRINE Tu as raison. Vous ne voulez pas plutôt un poulet à la crème et aux champignons, accompagné d'un gratin de pommes de terre?

AMINA ET DAVID Mmmm!

SANDRINE Alors c'est décidé.

ACTIVITÉS

1 Les ingrédients Répondez aux questions suivantes par des phrases complètes.

1. Quels ingrédients faut-il pour préparer les crêpes de Sandrine?
2. Quels ingrédients faut-il pour préparer le bœuf bourguignon?
3. Quels ingrédients faut-il à Sandrine pour préparer le poulet et le gratin?
4. Quelle va être la salade de Valérie à votre avis? Quels ingrédients va-t-elle mettre?
5. À votre avis, quel(s) dessert(s) Sandrine va-t-elle préparer?
6. Après avoir lu ce **ROMAN-PHOTO**, quel plat préférez-vous? Pourquoi?

Practice more at **vhlcentral.com.**

Amina, Sandrine et David font les courses.

4

5

STÉPHANE Mais quoi comme salade?
SANDRINE Euh, une salade de tomates ou... peut-être une salade verte... Désolée, Stéphane, je suis vraiment pressée!
STÉPHANE Une salade avec du thon peut-être? Maman fait une salade au thon délicieuse!
SANDRINE Comme tu veux, Stéphane!

SANDRINE Je suis en retard. Je suis vraiment désolée. Je ne voulais pas vous faire attendre, mais je viens de rencontrer Stéphane et avant ça, mon prof de français m'a retenue pendant vingt minutes!
DAVID Oh, ce n'est pas grave!
AMINA Bon, on fait les courses?

9

10

SANDRINE Voilà exactement ce qu'il me faut pour commencer! Deux beaux poulets!
AMINA Tu sais, Sandrine, le chant, c'est bien, mais tu peux devenir chef de cuisine si tu veux!

CAISSIÈRE Ça vous fait 51 euros et 25 centimes, s'il vous plaît.
AMINA C'est cher!
DAVID Ah non, Sandrine, tu ne paies rien du tout, c'est pour nous!
SANDRINE Mais c'est mon dîner et vous êtes mes invités.
AMINA Pas question, Sandrine. C'est nous qui payons!

Expressions utiles

Meeting friends

- **Sandrine devait être là à deux heures et quart.**
  Sandrine should have been here at 2:15.
- **On l'attend depuis quinze minutes!**
  We've been waiting for her for fifteen minutes!
- **Elle vient peut-être juste de sortir de la fac.**
  Maybe she just got out of class.
- **Je suis très pressé(e)!**
  I'm in a big hurry!
- **À quelle heure est-ce qu'on doit venir ce soir?**
  What time should we come tonight?
- **Je ne voulais pas vous faire attendre, mais je viens de rencontrer Stéphane.**
  I didn't mean to make you wait, but I just ran into Stéphane.
- **Mon prof m'a retenue pendant vingt minutes!**
  My professor kept me for twenty minutes!

Additional vocabulary

- **une caissière**
  cashier (female)
- **Vous ne voulez pas plutôt un poulet accompagné d'un gratin de pommes de terre?**
  Wouldn't you rather have chicken with a side of potatoes au gratin?
- **Voilà exactement ce qu'il me faut.**
  This is exactly what I need.
- **Tu peux devenir chef de cuisine si tu veux!**
  You can become a chef if you want to!
- **Comme tu veux.**
  As you like./It's up to you./Whatever you want.
- **C'est pour nous.**
  It's on us.

ACTIVITÉS

2 **Les événements** Mettez les événements suivants dans l'ordre chronologique.

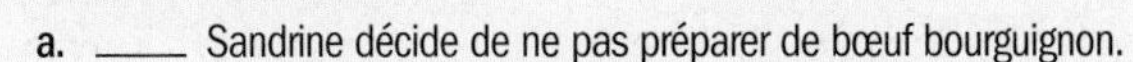

a. ____ Sandrine décide de ne pas préparer de bœuf bourguignon.
b. ____ Le prof de Sandrine parle avec elle après la classe.
c. ____ Amina dit que Sandrine peut devenir chef de cuisine.
d. ____ David et Amina paient.
e. ____ Stéphane demande à quelle heure il doit arriver.
f. ____ Sandrine essaie de payer.

3 **À vous!** Stéphane arrive chez lui et dit à sa mère qu'il faut faire une salade pour le dîner de Sandrine. Avec un(e) partenaire, préparez leur conversation. Parlez du dîner et décidez des ingrédients pour la salade. Utilisez un dictionnaire et présentez votre conversation à la classe.

CULTURE À LA LOUPE

Le Guide Michelin et la gastronomie

Chaque année le Guide Michelin sélectionne les meilleurs° restaurants et hôtels dans toute la France. Ce petit guide rouge est le guide gastronomique le plus réputé° et le plus ancien°. Les gastronomes et les professionnels de l'hôtellerie attendent sa sortie° au mois de mars avec impatience. Les plus grands restaurants reçoivent° des étoiles° Michelin, avec un maximum de trois étoiles. Il n'y a que° 25 restaurants trois étoiles en France, tous très prestigieux et très chers, et 81 restaurants deux étoiles. Un repas au Plaza Athénée à Paris, célèbre° restaurant trois étoiles du chef Alain Ducasse, coûte entre 250 et 450 dollars. Un restaurant trois étoiles est une «cuisine exceptionnelle qui vaut° le voyage»; un restaurant deux étoiles, une «excellente cuisine, qui vaut le détour»; un restaurant une étoile, une «très bonne cuisine dans sa catégorie». Beaucoup de restaurants ne reçoivent pas d'étoiles mais simplement des fourchettes°. Quoi qu'il en soit°, c'est un honneur d'être sélectionné et d'apparaître° dans le Guide Michelin. Tous les restaurants sont des «bonnes tables°». Maintenant le Guide Michelin est publié pour plus de douze autres pays en Europe ainsi que° pour des villes comme New York, San Francisco et Tokyo.

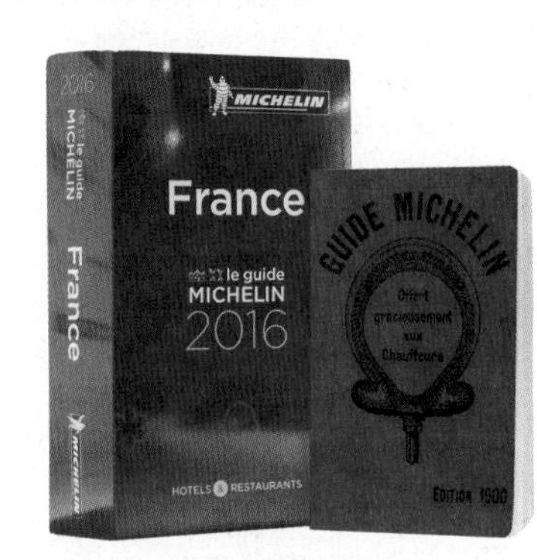

Le premier Guide Michelin a été créé en 1900 par André et Édouard Michelin, propriétaires des pneus° Michelin. Il était offert° avec l'achat de pneus. À cette époque°, il n'y avait en France que 2.400 conducteurs°. Le guide leur donnait des informations précieuses sur les rares garagistes°, le plan de quelques villes et une liste des curiosités. Un peu plus tard ils ont inclus les restaurants.

La gastronomie française fait maintenant partie du patrimoine mondial° de l'humanité depuis 2010.

meilleurs *best* **le plus réputé** *most renowned* **le plus ancien** *oldest* **sortie** *release* **reçoivent** *receive* **étoiles** *stars* **Il n'y a que** *There are only* **célèbre** *famous* **vaut** *is worth* **fourchettes** *forks* **Quoi qu'il en soit** *Be that as it may* **apparaître** *appear* **bonnes tables** *good restaurants* **ainsi que** *as well as* **pneus** *tires* **offert** *offered* **époque** *time* **conducteurs** *drivers* **garagistes** *car mechanics* **patrimoine mondial** *world heritage*

ACTIVITÉS

1 Complétez Complétez les phrases.

1. Chaque année le Guide Michelin sélectionne les ________.
2. Les ________ de l'hôtellerie attendent la sortie du Guide avec impatience.
3. Les restaurants peuvent (*can*) recevoir un maximum de ________ étoiles.
4. Il y a ________ restaurants trois étoiles en France.
5. Un repas au Plaza Athénée coûte entre 250 et 450 ________.
6. Un restaurant deux étoiles vaut le ________.
7. Beaucoup de restaurants ne reçoivent pas d'étoiles mais des ________.
8. Aujourd'hui le Guide Michelin est publié pour des villes américaines comme ________ ou San Francisco.
9. Le premier Guide Michelin a été créé en 1900 par les ________
10. Autrefois le Guide Michelin donnait aux conducteurs des informations sur les rares ________.

STRATÉGIE

Reading for the main idea

Reading for the main idea is a useful strategy that involves locating the topic sentence of a paragraph or section of text to determine the author's purpose. Topic sentences provide clues about the content of each paragraph or section, as well as about the general content of the reading. As you read a selection, keeping the topic sentence in mind will help you stay focused on the main idea and at the same time will shed light on the supporting information.

PORTRAIT

Les fromages français

Les Français sont très fiers de leurs fromages, et beaucoup de ces fromages sont connus dans le monde entier. La France produit près de 500 fromages dont° le type varie dans chaque région. Ils sont au lait de vache° comme le Brie et le Camembert, au lait de chèvre° comme le crottin de Chavignol, au lait de brebis° comme le Roquefort ou faits d'un mélange° de plusieurs laits. Ils sont aussi classés en plusieurs catégories, comme cuit° ou non cuit, fermenté, fondu° ou frais°. Plus de 95% des Français mangent du fromage et ils dépensent sept milliards° d'euros par an pour le fromage. On célèbre aussi la Journée nationale du fromage avec des débats, des conférences, des démonstrations de recettes° et des dégustations°.

dont *of which* **vache** *cow* **chèvre** *goat* **brebis** *ewe* **mélange** *mix* **cuit** *cooked* **fondu** *melted* **frais** *fresh* **milliards** *billions* **recettes** *recipes* **dégustations** *tastings*

LE MONDE FRANCOPHONE

La cuisine de La Nouvelle-Orléans

À La Nouvelle-Orléans, la cuisine combine les influences créoles des colons° français et les influences cajuns des immigrés acadiens du Canada. Voici quelques spécialités.

le beignet un morceau de pâte frit° et recouvert de sucre, servi à toute heure du jour et de la nuit avec un café au lait et à la chicorée°

le gumbo une soupe à l'okra et aux fruits de mer, souvent accompagnée de riz

le jambalaya un riz très pimenté° préparé avec du jambon, du poulet, des tomates et parfois des saucisses et des fruits de mer

le po-boy de *poor boy* (garçon pauvre), un sandwich au poisson, aux écrevisses°, aux huîtres° ou à la viande dans un morceau de baguette

colons *colonists* **morceau de pâte frit** *fried piece of dough* **chicorée** *chicory* **pimenté** *spicy* **écrevisses** *crawfish* **huîtres** *oysters*

Sur Internet

Peut-on acheter des appareils ménagers dans un hypermarché?

Go to **vhlcentral.com** to find more cultural information related to this **Lecture culturelle**. Then watch the corresponding **Flash culture.**

ACTIVITÉS

2 **À table!** Répondez aux questions d'après les textes par des phrases complètes.

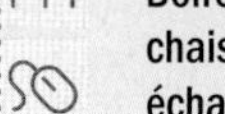

1. Combien de types de fromage sont produits en France?
2. Quels laits sont utilisés pour faire le fromage en France?
3. Quelles sont trois des catégories de fromages?
4. Comment célèbre-t-on la Journée nationale du fromage?
5. Que met-on dans le jambalaya?
6. Quand peut-on manger des beignets à La Nouvelle-Orléans?

3 **Le pique-nique** Vous et un(e) partenaire avez décidé de faire un pique-nique en plein air. Qu'allez-vous manger? Boire? Allez-vous apporter d'autres choses, comme des chaises ou une couverture? Parlez avec un autre groupe et échangez vos idées.

Practice more at **vhlcentral.com.**

9A.1 The verb *venir* and the *passé récent*

Point de départ In **Leçon 4A**, you learned the verb **aller** (*to go*). Now you will learn how to conjugate and use the irregular verb **venir** (*to come*).

venir	
je viens	nous venons
tu viens	vous venez
il/elle/on vient	ils/elles viennent

Vous **venez** souvent au resto U?
Do you come to the cafeteria often?

Tu **viens** avec moi au supermarché?
Are you coming with me to the supermarket?

Viens vers huit heures du soir.
Come around 8 o'clock in the evening.

Mes tantes **viennent** de Nice.
My aunts are coming from Nice.

À noter

In **Leçon 7A**, you learned about verbs that take **être** in the **passé composé**. Add the verbs **venir**, **devenir**, and **revenir** to that list to complete it.

- **Venir** takes the auxiliary **être** in the **passé composé**. Its past participle is **venu**.

Ils **sont venus** vendredi dernier.
They came last Friday.

Nous **sommes venues** à la fac.
We came to campus.

Nadine **est venue** chez moi.
Nadine came to my house.

Es-tu **venu** trop tard?
Did you come too late?

- **Venir** in the present tense can also be used with **de** and an infinitive to say that something has just happened. This is called the **passé récent**.

Je **viens de prendre** mon goûter dans ma chambre.
I just had a snack in my room.

Ma mère **vient de cuisiner**.
My mother just cooked.

Nous **venons de regarder** cette émission.
We just watched that show.

Karine **vient de manger** à la cantine.
Karine just ate at the cafeteria.

- **Venir** can be used with an infinitive to say that someone has come to do something.

Papa **est venu** me **chercher**.
Dad came to pick me up.

Thuy et Mia **venaient répéter** avec nous.
Thuy and Mia used to come rehearse with us.

Elle **venait** nous **rendre** visite.
She used to come visit us.

Ali **vient** te **parler**.
Ali is coming to talk to you.

- The verbs **devenir** (*to become*) and **revenir** (*to come back*) are conjugated like **venir**. They, too, take **être** in the **passé composé**.

Estelle et sa copine **sont devenues** médecins.
Estelle and her friend became doctors.

Il **est revenu** avec une tarte aux fraises.
He came back with a strawberry tart.

- The verbs **tenir** (*to hold*), **maintenir** (*to maintain*), and **retenir** (*to keep, to retain*) are also conjugated like **venir**. However, they take **avoir** in the **passé composé**.

Corinne **tient** le livre de cuisine.
Corinne is holding the cookbook.

On **a retenu** mon passeport à la douane.
They kept my passport at customs.

- A command form of **tenir** is often used when handing something to someone.

Tiens, une belle orange pour toi.
Here, a nice orange for you.

Votre sac est tombé! **Tenez**, Madame.
Your bag fell! Here, ma'am.

Depuis, pendant, il y a + [*time*]

- To say that something happened at a time *ago* in the past, use **il y a** + [*time ago*].

Il y a une heure, on était à la cantine.
An hour ago, we were at the cafeteria.

Il a visité Ouagadougou **il y a deux ans**.
He visited Ouagadougou two years ago.

- To say that something happened for a particular period of time and ended in the past, use **pendant** + [*time period*]. Often the verb will be in the **passé composé**.

Salim a fait la vaisselle **pendant deux heures.**
Salim washed dishes for two hours.

Les équipes ont joué au foot **pendant un mois.**
The teams played soccer for one month.

- To say that something has been going on *since* a particular time and continues into the present, use **depuis** + [*time period, date, or starting point*]. Unlike its English equivalent, the verb in the French construction is usually in the present tense.

Elle danse **depuis son arrivée** à la fête.
She has been dancing since she arrived at the party.

Nous passons l'été au Québec **depuis 1998.**
We have been spending summers in Quebec since 1998.

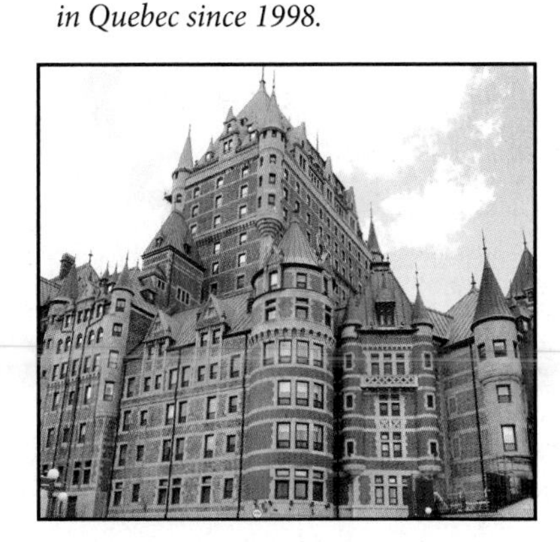

Essayez! **Choisissez l'option correcte pour compléter chaque phrase.**

1. Chloé, tu ___d___ avec nous à la cantine?
2. Vous __________ d'où, Monsieur?
3. Les Aubailly __________ de dîner au café.
4. Julia Child est __________ célèbre en 1961.
5. Qu'est-ce qu'ils __________ dans la main?
6. Ils sont __________ du supermarché à midi.
7. On allait souvent en Europe __________ dix ans.
8. On mange bien __________ l'arrivée de maman.
9. Le prof __________ l'ordre dans la salle de classe.
10. Nous avons loué notre maison __________ les vacances d'été.
11. Alex et Sylvie, __________ ces valises, s'il vous plaît!

a. viennent
b. revenus
c. tenez
d. viens
e. il y a
f. pendant
g. tiennent
h. depuis
i. devenue
j. venez
k. maintient

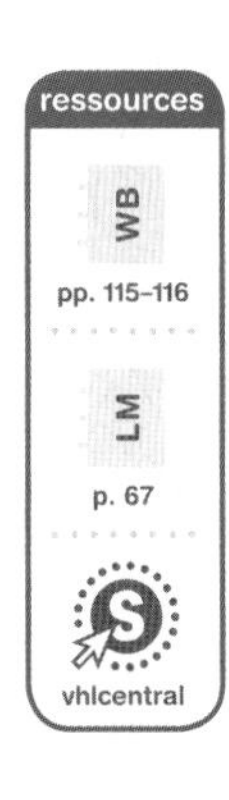

STRUCTURES

Mise en pratique

1 **Qu'est-ce qu'ils viennent de faire?** Regardez les images et dites ce qu'ils (*what they*) viennent de faire.

Jullen

MODÈLE

Julien vient de faire du cheval.

1. M. et Mme Martin

2. vous

3. nous

4. je

2 **Mes tantes** Tante Olga téléphone à tante Simone pour lui donner des nouvelles (*news*) de la famille. Complétez ses phrases au passé composé.

1. La semaine dernière, Georges __________ (revenir) de vacances.
2. Marc a déménagé, mais je __________ (ne pas retenir) sa nouvelle adresse.
3. J'ai rencontré Martine ce matin; elle __________ (devenir) très jolie.
4. Alfred va avoir 100 ans; c'est parce qu'il __________ (maintenir) un bon rythme de vie.
5. Hier midi, Charles et Antoinette __________ (venir) déjeuner à la maison.
6. Marie-Louise et Roland __________ (devenir) avocats.
7. La fille d'Albert __________ (ne pas venir) le voir le mois dernier.
8. Mélanie __________ (tenir) son chien dans ses bras parce que les enfants avaient peur.

3 **Nos activités** Avec un(e) partenaire, dites ce que (*what*) chaque personne vient de faire et ce qu'elle va faire maintenant.

MODÈLE

Je viens de manger. Maintenant, je vais faire la vaisselle.

A	B	C
je	manger	emménager
tu	faire la lessive	répondre
elle	recevoir une lettre	faire un séjour
nous	acheter une maison	faire la vaisselle
vous	partir en vacances	prendre le train
ils	faire ses valises	repasser le linge
on	faire les courses	cuisiner

Communication

4 **Préparation de la fête** Marine a invité ses amis ce soir. Elle a demandé à un(e) ami(e) de l'aider. Ils/Elles sont tous/toutes les deux impatient(e)s et ont besoin de savoir si tout est prêt. Avec un(e) partenaire, jouez les rôles de Marine et de son ami(e). Alternez les rôles et utilisez **venir de, il y a, depuis** et **pendant.**

MODÈLE

Étudiant(e) 1: *Étienne a téléphoné?*
Étudiant(e) 2: *Oui, il a téléphoné il y a une heure.*

1. Ta mère a apporté les gâteaux?
2. Tu as mis les fleurs dans le vase?
3. Pierre et Stéphanie ont fini de faire les courses?
4. Quand est-ce que tu as sorti les boissons?
5. Il faut mettre les escargots au four pendant longtemps?
6. Les salades de fruits sont dans le frigo?
7. Tu as préparé les tartes aux poires?
8. Ton petit ami est déjà arrivé?

5 **Devinez** À tour de rôle avec un(e) partenaire, devinez (*guess*) ce que Floriane et ses amis viennent de faire.

MODÈLE

Michel débarrasse la table.
Il vient de dîner.

1. Malika et moi, nous n'avons pas soif.
2. Josiane n'est pas à la maison.
3. Faroukh et Alisha ont dépensé beaucoup d'argent.
4. Vous êtes tout mouillés (*wet*).
5. Tu es très fatigué.
6. Hugo a l'air content.

6 **Un(e) Américain(e) à Paris** Vous venez de rencontrer un(e) Américain(e) de San Francisco (votre partenaire). Vous lui demandez de vous décrire sa vie à Paris, ses voyages, ce qui (*what*) l'intéresse, etc. Utilisez **depuis, il y a** et **pendant.** Ensuite, jouez la scène pour la classe.

MODÈLE

Étudiant(e) 1: *Tu habites en France depuis longtemps?*
Étudiant(e) 2: *Oui, j'habite à Paris depuis 2004.*

7 **De nouveaux voisins** Deux policiers (*police officers*) vous interrogent sur une famille mystérieuse qui vient d'emménager dans votre quartier. Par groupes de trois, jouez les rôles. Utilisez **depuis, il y a** et **pendant** dans votre conversation.

MODÈLE

Étudiant(e) 1: *Quand est-ce que les Rocher ont emménagé?*
Étudiant(e) 2: *Ils ont emmenagé il y a trois mois.*
Étudiant(e) 1: *D'habitude, qui est à la maison pendant la journée?*

9A.2 The verbs *devoir, vouloir, pouvoir*

Point de départ The verbs **devoir** (*to have to [must]; to owe*), **vouloir** (*to want*), and **pouvoir** (*to be able to [can]*) are all irregular.

BOÎTE À OUTILS

While asking a question using inversion, the first person singular form of **pouvoir** changes.

Est-ce que je **peux** vous parler?

but

Puis-je vous parler?

devoir, vouloir, pouvoir

	devoir	vouloir	pouvoir
je	dois	veux	peux
tu	dois	veux	peux
il/elle/on	doit	veut	peut
nous	devons	voulons	pouvons
vous	devez	voulez	pouvez
ils/elles	doivent	veulent	peuvent

Je **dois** repasser.
I have to iron.

Veut-elle des pâtes?
Does she want pasta?

Vous **pouvez** entrer.
You can come in.

- **Devoir**, **vouloir**, and **pouvoir** all take **avoir** in the **passé composé**. They have irregular past participles.

devoir	dû
vouloir	voulu
pouvoir	pu

- **Devoir** can be used with an infinitive to mean *to have to* or *must*.

On **doit** manger des légumes tous les jours.
One must eat vegetables every day.

Nous ne **devons** pas parler en classe.
We must not talk in class.

- When **devoir** is followed by a noun, it means *to owe*.

Tu me **dois** cinq euros.
You owe me five euros.

Il **doit** sa vie aux médecins.
He owes his life to the doctors.

- **Devoir** is often used in the **passé composé** with an infinitive to speculate on what *must have happened* or what someone *had to do*. The context will determine the meaning.

Ils ne sont pas arrivés chez eux. Ils **ont dû avoir** un accident.
They haven't arrived home. They must have had an accident.

Louise n'est pas allée à la fête parce qu'elle **a dû travailler**.
Louise didn't go to the party because she had to work.

- **Devoir** can be used with an infinitive to express *supposed to*.

Je **dois faire** mes devoirs.
I'm supposed to do my homework.

Vous **deviez arriver** à huit heures.
You were supposed to arrive at 8 o'clock.

- When **vouloir** is used with the infinitive **dire**, it is translated as *to mean*.

Nous **voulons dire** exactement le contraire.
We mean exactly the opposite.

Biscuit? Ça **veut dire** "cookie" en français.
Biscuit? That means "cookie" in French.

- **Vouloir bien** can be used to express willingness.

Tu veux prendre de la glace? *Do you want to have some ice cream?*	Oui, je **veux bien** prendre de la glace. *Yes, I'd really like to have some ice cream.*
Voulez-vous dîner avec nous demain soir? *Do you want to have dinner with us tomorrow evening?*	Nous **voulons bien** manger avec vous demain soir. *We'd love to eat with you tomorrow evening.*

- **Vouloir** is often used in the **passé composé** with an infinitive in negative sentences to express *refused to*.

J'ai essayé, mais il **n'a pas voulu** parler. *I tried, but he refused to talk.*	Elles **n'ont pas voulu** débarrasser la table. *They refused to clear the table.*
Nous **n'avons pas voulu** aller chez lui. *We refused to go to his house.*	Tu **n'as pas voulu** lui dire bonjour. *You refused to say hello to him.*

- **Pouvoir** can be used in the **passé composé** with an infinitive to express *managed to do something*.

Nous **avons pu** tout finir. *We managed to finish everything.*	Fathia **a pu** nous trouver. *Fathia managed to find us.*
J'**ai pu** parler à l'avocat. *I managed to talk to the lawyer.*	Vous **avez pu** acheter les billets? *Did you manage to buy the tickets?*

Boîte à outils

Vouloir often takes the **imparfait** in the past since the action of wanting does not usually have a clear beginning or end and lasts an unspecified amount of time. In cases where the beginning or end is specified, use the **passé composé**.

Je voulais rire.
I wanted to laugh.
(no beginning or end)

Tout à coup, j'ai voulu rire.
All of a sudden, I felt like laughing.
(a specific moment in time)

Essayez!

Complétez ces phrases avec les formes correctes du présent des verbes.

devoir

1. Tu *dois* revenir à midi?
2. Elles ___________ manger tout de suite.
3. Nous ___________ encore vingt euros.
4. Je ne ___________ pas assister au pique-nique.
5. Elle ___________ nous téléphoner.

vouloir

6. ___________ -vous manger sur la terrasse?
7. Tu ___________ quelque chose à boire?
8. Il ___________ faire la cuisine.
9. Nous ne ___________ pas prendre de dessert.
10. Ils ___________ préparer un grand repas.

pouvoir

11. Je ___________ passer l'aspirateur ce soir.
12. Il ___________ acheter de l'ail au marché.
13. Elles ___________ emménager demain.
14. Vous ___________ maigrir de quelques kilos.
15. Nous ___________ mettre la table.

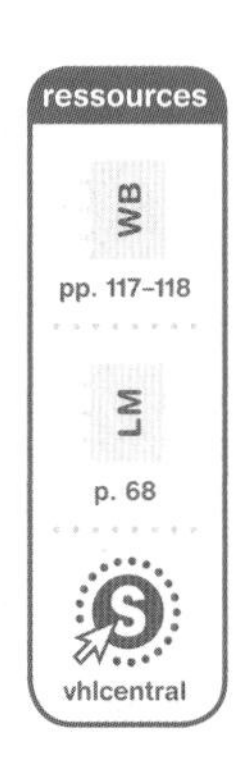

Mise en pratique

1 **Que doit-on faire?** Qu'est-ce que ces personnes doivent faire pour avoir ce qu'elles (*what they*) veulent?

MODÈLE André *veut* courir le marathon, alors il *doit* faire du jogging.

1. Je __________ grossir, alors je __________ manger des frites.
2. Il __________ être en forme, alors il __________ aller à la gym.
3. Vous __________ manger des spaghettis, alors vous __________ aller dans un resto italien.
4. Tu __________ manger chez toi, alors tu __________ faire la cuisine.
5. Elles __________ maigrir, alors elles __________ moins manger.
6. Nous __________ écouter de la musique, alors nous __________ acheter des CD.

2 **Qui peut faire quoi?** Ève prépare un grand repas. Dites ce que (*what*) chaque personne peut faire.

MODÈLE

Joseph / faire / courses
Joseph peut faire les courses.

1. Marc / acheter / boissons
2. Benoît et Anne / préparer / gâteaux
3. Jean et toi / décorer / salle à manger
4. Patrick et moi / essuyer / verres
5. je / prendre / photos
6. tu / mettre / table

3 **Mes enfants** M. Dion est au restaurant avec ses enfants. Le serveur/La serveuse lui demande ce qu'ils (*what they*) veulent prendre. Avec un(e) partenaire, posez les questions et répondez. Alternez les rôles.

MODÈLE Éric:

Étudiant(e) 1: *Veut-il un jus d'orange ou un verre de lait?*
Étudiant(e) 2: *Il veut un jus d'orange, s'il vous plaît.*

1. Michèle: ou
2. Stéphanie et Éric: ou
3. Stéphanie: ou
4. Éric: ou

Communication

4 

Que faire? À tour de rôle avec un(e) partenaire, dites ce que (*what*) ces personnes peuvent, doivent ou veulent faire ou ne pas faire. Utilisez **pouvoir, devoir** et **vouloir** dans vos réponses.

▶ **MODÈLE**

Étudiant(e) 1: *Il veut maigrir.*

Étudiant(e) 2: *Il ne peut pas manger de dessert.*

1.

2.

3.

4.

5.

6.

5 **Ce n'est pas de ma faute.** Préparez une liste de cinq choses qui vous sont arrivées (*happened to you*) par accident. Montrez la liste à un(e) partenaire, qui va deviner pourquoi. A-t-il/elle raison?

MODÈLE

Étudiant(e) 1: *J'ai perdu les clés de ma maison.*
Étudiant(e) 2: *Tu as dû les laisser sur ton lit.*

6 **Ce week-end** Invitez vos camarades de classe à faire des choses avec vous le week-end prochain. S'ils refusent votre invitation, ils doivent vous donner une excuse. Quelles réponses avez-vous reçues (*received*)?

MODÈLE

Étudiant(e) 1: *Tu veux jouer au tennis avec moi le week-end prochain?*
Étudiant(e) 2: *Quel jour?*
Étudiant(e) 1: *Samedi matin.*
Étudiant(e) 2: *Désolé(e), je ne peux pas. Je dois rendre visite à ma famille.*

7 **La permission** La mère de Sylvain lui permet de faire certaines choses mais pas d'autres. Avec un(e) partenaire, préparez leur dialogue. Utilisez les verbes **devoir, vouloir** et **pouvoir.**

MODÈLE

Étudiant(e) 1: *Maman, je veux sortir avec Paul vendredi.*
Étudiant(e) 2: *Tu peux sortir, mais tu dois d'abord ranger ta chambre.*

8 **Des conseils** Votre ami(e) a beaucoup de problèmes et vous demande des conseils (*advice*). Avec un(e) partenaire, préparez le dialogue. Utilisez le verbe **devoir** pour lui faire des suggestions.

MODÈLE

Étudiant(e) 1: *Je ne peux pas dormir la nuit.*
Étudiant(e) 2: *Tu ne dois pas boire de café après le dîner.*

Révision

1 Au restaurant Avec un(e) partenaire, dites ce que (*what*) ces personnes viennent de faire. Utilisez les verbes de la liste et d'autres verbes.

apporter	manger
arriver	parler
boire	prendre
demander	téléphoner

2 Au supermarché Un(e) enfant et son père ou sa mère sont au supermarché. L'enfant demande ces choses à manger, mais le père ou la mère ne veut pas les acheter et doit lui donner des raisons. Avec un(e) partenaire, préparez un dialogue et puis jouez-le pour la classe. Employez les verbes **devoir**, **vouloir** et **pouvoir** et le passé récent.

MODÈLE

Étudiant(e) 1: *Maman, je veux de la confiture. Achète-moi cette confiture, s'il te plaît.*

Étudiant(e) 2: *Tu ne dois pas manger ça. Tu viens de manger un dessert et tu vas grossir.*

des chips	une glace
du chocolat	du pâté
un coca	une saucisse
de la confiture	des yaourts aux fruits

3 Le chef de cuisine Vous et votre partenaire êtes deux chefs. Choisissez une recette (*recipe*) facile et préparez une démonstration de cette recette pour la classe. Donnez des conseils (*advice*) avec les verbes **devoir**, **vouloir** et **pouvoir** et employez le passé récent.

MODÈLE

Étudiant(e) 1: *Combien de carottes doit-on utiliser?*

Étudiant(e) 2: *Vous pouvez utiliser deux ou trois carottes.*

4 Dans le frigo Vous et vos partenaires êtes colocataires et vous nettoyez votre frigo. Qu'allez-vous mettre à la poubelle? Par groupes de trois, regardez l'illustration et décidez. Ensuite, présentez vos décisions à la classe.

MODÈLE

Étudiant(e) 1: *Depuis combien de temps on a ce fromage dans le frigo?*

Étudiant(e) 2: *Je viens de l'acheter, nous pouvons le garder encore un peu.*

5 Chez moi Vous et votre partenaire voulez manger ensemble après le cours. Vous voulez manger chez vous ou chez votre partenaire, mais pas au resto U. Que pouvez-vous préparer? Que voulez-vous manger ou boire?

MODÈLE

Étudiant(e) 1: *Chez moi, j'ai du chocolat et du lait, et je peux te faire un chocolat chaud.*

Étudiant(e) 2: *Non merci, je veux plutôt une boisson froide et j'ai des boissons gazeuses à la maison.*

6 Une journée bien occupée Votre professeur va vous donner, à vous et à votre partenaire, une feuille sur les activités d'Alexandra. Attention! Ne regardez pas la feuille de votre partenaire.

MODÈLE

Étudiant(e) 1: *À quatre heures et demie, Alexandra a pu faire du jogging.*

Étudiant(e) 2: *Après, à cinq heures, elle...*

Video

Le Zapping

Le far breton

En Bretagne, région du nord-ouest de la France, il existe plusieurs variétés de *fars*. Ils ont tous comme ingrédient principal de la farine°, d'où vient leur nom. Les Bretons cuisinaient traditionnellement un far à l'occasion des fêtes religieuses. En Bretagne, il a toujours existé des fars salés° et sucrés°. Pourtant°, c'est une version sucrée avec des pruneaux° qui a traversé les limites régionales pour se populariser dans toute la France sous le nom de "far breton".

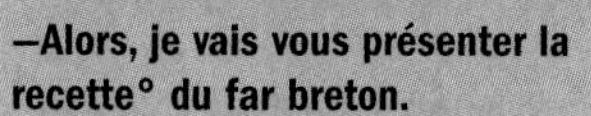
—Alors, je vais vous présenter la recette° du far breton.

—Donc, maintenant, je vais casser° les œufs pour les mélanger° ensuite à la farine.

Compréhension Répondez aux questions.

1. Quels sont les ingrédients pour le far breton?
2. Quel est le verbe de la liste que le chef de cuisine ne dit pas?
ajouter (*to add*), **casser**, **chauffer** (*to heat*), **couper** (*to cut*), **mélanger**, **verser** (*to pour*)
3. À quelle température et pendant combien de temps la pâte (*batter*) doit-elle rester au four?

Discussion Avec un(e) partenaire, posez-vous ces questions et discutez.

Quelle est votre recette préférée? Quels sont les ingrédients? Comment la prépare-t-on?

farine *flour* **salés** *savory* **sucrés** *sweet* **Pourtant** *However* **pruneaux** *prunes*
recette *recipe* **casser** *to crack* **mélanger** *to mix*

Go to **vhlcentral.com** to watch the TV clip featured in this **Le Zapping.**

Leçon 9B

You will learn how to...
- describe and discuss food
- shop for food

À table!

Vocabulaire

être au régime	*to be on a diet*
une boîte (de conserve)	*can*
la crème	*cream*
la mayonnaise	*mayonnaise*
la moutarde	*mustard*
une tranche	*slice*
une entrée	*appetizer, starter*
un hors-d'œuvre	*hors-d'œuvre, appetizer*
un plat (principal)	*(main) dish*
À table!	*Dinner is ready!*
compris	*included*
une boucherie	*butcher's shop*
une boulangerie	*bread shop, bakery*
une charcuterie	*delicatessen*
un(e) commerçant(e)	*shopkeeper*
un kilo(gramme)	*kilo(gram)*
une pâtisserie	*pastry shop, bakery*
une poissonnerie	*fish shop*

ressources

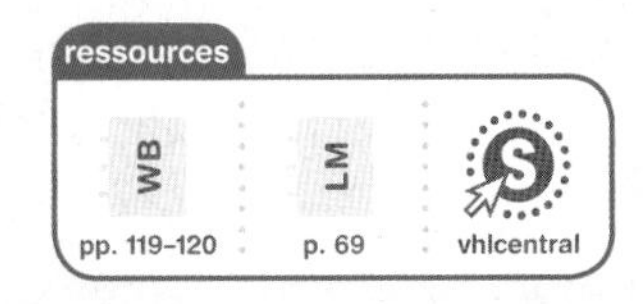

Mise en pratique

1 Écoutez **Catherine est au régime. Elle parle de ses habitudes alimentaires. Écoutez et indiquez si les affirmations suivantes sont vraies ou fausses.**

	Vrai	Faux
1. Catherine mange beaucoup de desserts.	☐	☐
2. Catherine fait les courses au supermarché.	☐	☐
3. Elle adore la viande.	☐	☐
4. Elle est au régime.	☐	☐
5. Catherine achète des fruits et des légumes au marché.	☐	☐
6. Selon (*According to*) Catherine, le service chez les commerçants est désagréable.	☐	☐
7. Elle va souvent à la boucherie et à la poissonnerie.	☐	☐
8. Elle vient de devenir végétarienne.	☐	☐

2 Le repas **Mettez ces différentes étapes dans l'ordre chronologique.**

a. _____ dire «À table!»
b. _____ servir le plat principal
c. _____ mettre les assiettes, les fourchettes, les cuillères et les couteaux sur la table
d. _____ servir l'entrée
e. _____ faire les courses
f. _____ organiser un menu
g. _____ prendre le dessert avec les invités
h. _____ faire la cuisine

3 Complétez **Complétez les phrases suivantes avec le bon mot pour faire une phrase logique.**

1. Pour manger de la soupe on utilise...
   a. un couteau.
   b. une cuillère.
   c. une fourchette.
2. On sert la soupe dans...
   a. une boîte.
   b. une carafe.
   c. un bol.
3. Au restaurant le serveur/ la serveuse doit... la nourriture.
   a. commander
   b. apporter
   c. goûter
4. On vend des baguettes à...
   a. la boulangerie.
   b. la charcuterie.
   c. la boucherie.
5. On met... dans le café.
   a. du beurre
   b. du poivre
   c. de la crème
6. On vend des gâteaux à...
   a. la boucherie.
   b. la pâtisserie.
   c. la poissonnerie.
7. Au restaurant, on commande d'abord...
   a. une entrée.
   b. un plat principal.
   c. une serviette.
8. On vend du jambon à...
   a. la charcuterie.
   b. la crémerie.
   c. la pâtisserie.

Practice more at **vhlcentral.com**.

Communication

4 **Conversez** Interviewez un(e) camarade de classe.

1. En général, qu'est-ce que tu commandes au restaurant? Comme entrée? Comme plat principal?
2. Qui fait les courses chez toi? Où? Quand?
3. Est-ce que tu préfères faire les courses au supermarché ou chez les commerçants? Pourquoi?
4. Es-tu au régime? Qu'est-ce que tu manges?
5. Quel est ton plat principal préféré?
6. Aimes-tu la moutarde? Avec quel(s) plat(s) l'utilises-tu?
7. Aimes-tu la mayonnaise? Avec quel(s) plat(s) l'utilises-tu?
8. Dans quel(s) plat(s) mets-tu de l'huile d'olive?

5 **Sept différences** Votre professeur va vous donner, à vous et à votre partenaire, deux feuilles d'activités avec le dessin (*drawing*) d'un restaurant. Il y a sept différences entre les deux images. Sans regarder l'image de votre partenaire, faites une liste de ces différences. Quel est le groupe le plus rapide de la classe?

MODÈLE

Étudiant(e) 1: *Dans mon restaurant, le serveur apporte du beurre à la table.*

Étudiant(e) 2: *Dans mon restaurant aussi, on apporte du beurre à la table, mais c'est une serveuse, pas un serveur.*

6 **Au restaurant** Travaillez avec deux camarades de classe pour présenter le dialogue suivant.

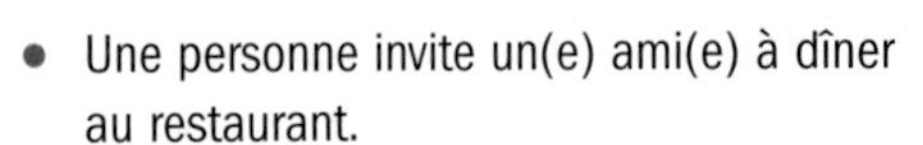

- Une personne invite un(e) ami(e) à dîner au restaurant.
- Une personne est le serveur/la serveuse et décrit le menu.
- Vous parlez du menu et de vos préférences.
- Une personne est au régime et ne peut pas manger certains ingrédients.
- Vous commandez les plats.
- Vous parlez des plats que vous mangez.

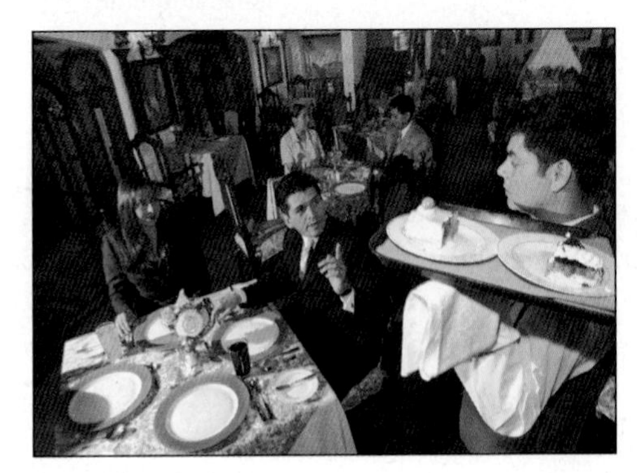

7 **Écriture** Écrivez un paragraphe dans lequel vous:

- parlez de la dernière fois que vous avez préparé un dîner, un déjeuner ou un petit-déjeuner pour quelqu'un.
- décrivez les ingrédients que vous avez utilisés pour préparer le(s) plat(s).
- mentionnez les endroits où vous avez acheté les ingrédients et leurs quantités.
- décrivez comment vous avez mis la table.

Les sons et les lettres

Stress and rhythm

In French, all syllables are pronounced with more or less equal stress, but the final syllable in a phrase is elongated slightly.

Je fais souvent du sport, mais aujourd'hui j'ai envie de rester à la maison.

French sentences are divided into three basic kinds of rhythmic groups.

Noun phrase	*Verb phrase*	*Prepositional phrase*
Caroline et Dominique	**sont venues**	**chez moi.**

The final syllable of a rhythmic group may be slightly accentuated either by rising intonation (pitch) or elongation.

Caroline et Dominique sont venues chez moi.

In English, you can add emphasis by placing more stress on certain words. In French, you can repeat the word to be emphasized by adding a pronoun or you can elongate the first consonant sound.

Je ne sais pas, moi. **Quel idiot!** **C'est fantastique!**

Prononcez **Répétez les phrases suivantes à voix haute.**

1. Ce n'est pas vrai, ça.
2. Bonjour, Mademoiselle.
3. Moi, je m'appelle Florence.
4. La clé de ma chambre, je l'ai perdue.
5. Je voudrais un grand café noir et un croissant, s'il vous plaît.
6. Nous allons tous au marché, mais Marie, elle va au centre commercial.

Articulez **Répétez les phrases en mettant l'emphase sur les mots indiqués.**

1. C'est *impossible*!
2. Le film était *super*!
3. Cette tarte est *délicieuse*!
4. Quelle idée *extraordinaire*!
5. Ma sœur parle *constamment*.

Dictons **Répétez les dictons à voix haute.**

Le chat parti, les souris dansent.[2]

[1] The shortest paths aren't always the best.
[2] When the cat is away, the mice will play.

Le dîner

Video: *Roman-photo*
Record & Compare

PERSONNAGES

Amina

David

Rachid

Sandrine

Stéphane

Valérie

Au centre-ville...

DAVID Qu'est-ce que tu as fait en ville?

RACHID Des courses à la boulangerie et chez le chocolatier.

DAVID Tu as acheté ces chocolats pour Sandrine?

RACHID Pourquoi? Tu es jaloux? Ne t'en fais pas! Elle nous a invités, il est normal d'apporter quelque chose.

DAVID Je n'ai pas de cadeau pour elle. Qu'est-ce que je peux lui acheter? Je peux lui apporter des fleurs!

Chez le fleuriste...

DAVID Ces roses sont très jolies, non?

RACHID Tu es tombé amoureux?

DAVID Mais non! Pourquoi tu dis ça?

RACHID Des roses, c'est romantique.

DAVID Ah... Ces fleurs-ci sont jolies. C'est mieux?

RACHID Non, c'est pire! Les chrysanthèmes sont réservés aux funérailles.

DAVID Hmmm. Je ne savais pas que c'était aussi difficile de choisir un bouquet de fleurs!

RACHID Regarde! Celles-là sont parfaites!

DAVID Tu es sûr?

RACHID Sûr et certain, achète-les!

AMINA Sandrine, est-ce qu'on peut faire quelque chose pour t'aider?

SANDRINE Oui euh, vous pouvez finir de mettre la table, si vous voulez.

VALÉRIE Je vais t'aider dans la cuisine.

AMINA Tiens, Stéphane. Voilà le sel et le poivre. Tu peux les mettre sur la table, s'il te plaît.

SANDRINE À table!

SANDRINE Je vous sers autre chose? Une deuxième tranche de tarte aux pommes peut-être?

VALÉRIE Merci.

AMINA Merci. Je suis au régime.

SANDRINE Et toi, David?

DAVID Oh! J'ai trop mangé. Je n'en peux plus!

STÉPHANE Moi, je veux bien...

SANDRINE Donne-moi ton assiette.

STÉPHANE Tiens, tu peux la lui passer, s'il te plaît?

VALÉRIE Quel repas fantastique, Sandrine. Tu as beaucoup de talent, tu sais.

RACHID Vous avez raison, Madame Forestier. Ton poulet aux champignons était superbe!

ACTIVITÉS

1 **Vrai ou faux?** Indiquez si les affirmations suivantes sont vraies ou fausses.

1. Rachid est allé chez le chocolatier.
2. Rachid et David sont arrivés en avance.
3. David n'a pas apporté de cadeau.
4. Sandrine aime les fleurs de David.
5. Personne (*Nobody*) n'aide Sandrine.
6. David n'a pas beaucoup mangé.
7. Stéphane n'est pas au régime.
8. Sandrine a fait une tarte aux pêches pour le dîner.
9. Les plats de Sandrine ne sont pas très bons.
10. Les invités ont passé une soirée très agréable.

Practice more at **vhlcentral.com.**

Sandrine a préparé un repas fantastique pour ses amis.

Chez Sandrine...

SANDRINE Bonsoir... Entrez! Oh!

DAVID Tiens. C'est pour toi.

SANDRINE Oh, David! Il ne fallait pas, c'est très gentil!

DAVID Je voulais t'apporter quelque chose.

SANDRINE Ce sont les plus belles fleurs que j'aie jamais reçues! Merci!

RACHID Bonsoir, Sandrine.

SANDRINE Oh, du chocolat! Merci beaucoup.

RACHID J'espère qu'on n'est pas trop en retard.

SANDRINE Pas du tout! Venez! On est dans la salle à manger.

STÉPHANE Oui, et tes desserts sont les meilleurs! C'est la tarte la plus délicieuse du monde!

SANDRINE Vous êtes adorables, merci. Moi, je trouve que cette tarte aux pommes est meilleure que la tarte aux pêches que j'ai faite il y a quelques semaines.

AMINA Tout ce que tu prépares est bon, Sandrine.

DAVID À Sandrine, le chef de cuisine le plus génial!

TOUS À Sandrine!

Expressions utiles

Making comparisons and judgments

- **Ces fleurs-ci sont jolies. C'est mieux?**
  These flowers are pretty. Is that better?
- **C'est pire! Les chrysanthèmes sont réservés aux funérailles.**
  That's worse! Chrysanthemums are only for funerals.
- **Je ne savais pas que c'était aussi difficile de choisir un bouquet de fleurs!**
  I didn't know it was so hard to choose a bouquet of flowers!
- **Ce sont les plus belles fleurs que j'aie jamais reçues!**
  These are the most beautiful flowers I have ever received!
- **C'est la tarte la plus délicieuse du monde!**
  This is the most delicious tart in the world!
- **Cette tarte aux pommes est meilleure que la tarte aux pêches.**
  This apple tart is better than the peach tart.

Additional vocabulary

- **Ah, tu es jaloux? Ne t'en fais pas!**
  Are you jealous? Don't worry!
- **sûr(e) et certain(e)**
  totally sure/completely certain
- **Il ne fallait pas.**
  You shouldn't have./There was no need.
- **J'ai trop mangé. Je n'en peux plus!**
  I ate too much. I can't take another bite!
- **Tu peux la lui passer?**
  Can you pass it to her?

2 

Questions Répondez aux questions suivantes.

1. Qu'est-ce que Rachid a apporté à Sandrine?
2. Qu'a fait Amina pour aider?
3. Qui mange une deuxième tranche de tarte aux pommes?
4. Quel type de tarte Sandrine a-t-elle préparé il y a quelques semaines?
5. Pourquoi David n'a-t-il pas acheté les roses?

3 

Écrivez David veut raconter le dîner de Sandrine à sa famille. Composez un e-mail. Quels ont été les préparatifs (*preparations*)? Qui a apporté quoi? Qui est venu? Qu'est-ce qu'on a mangé? Relisez le **ROMAN-PHOTO** de la Leçon 9A si nécessaire.

ressources

ACTIVITÉS

Reading

CULTURE À LA LOUPE

Les repas en France

En France, un grand repas traditionnel peut être composé de beaucoup de plats différents et il peut durer° plusieurs heures. Avant de passer à table, on sert des amuse-gueules° comme des biscuits salés°, des olives ou des cacahuètes°. Ensuite, on commence le repas par un hors-d'œuvre ou directement par une ou deux entrées chaudes ou froides, comme une soupe, de la charcuterie, des escargots, etc. Après l'entrée, on prend parfois un sorbet pour nettoyer le palais°. Puis, on passe au plat principal, qui est en général une viande ou un poisson servi avec des légumes. Après, on apporte la salade, puis le fromage et enfin, on sert le dessert et le café. Le repas traditionnel est souvent accompagné de vin, et dans les grandes occasions, de champagne pour le dessert. Bien sûr, tous les Français ne font pas ce genre de repas tous les jours. En général, on mange beaucoup plus simplement. Au petit-déjeuner, on boit du café au lait, du thé ou du chocolat chaud. On mange des tartines° ou du pain grillé° avec du beurre et de la confiture, et des croissants le week-end. Le déjeuner est traditionnellement le repas principal, mais aujourd'hui, les Français n'ont pas souvent le temps de rentrer à la maison. Pour cette raison, on mange de plus en plus° au travail ou au café. Après l'école, les enfants prennent parfois un goûter, par exemple du pain avec du chocolat. Et le soir, on dîne à la maison, en famille.

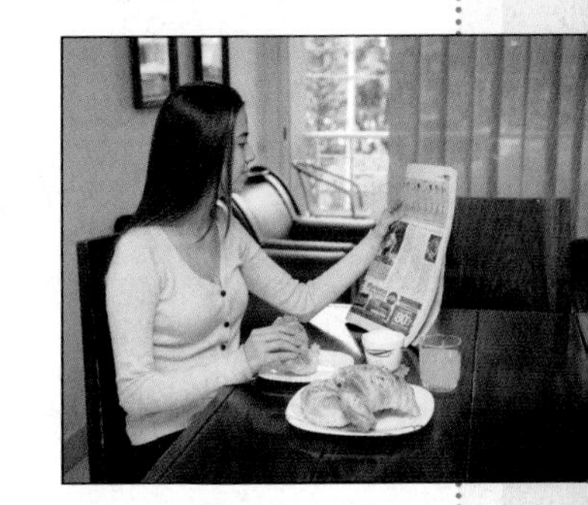

durer *last* **amuse-gueules** *small appetizers* **salés** *savory* **cacahuètes** *peanuts* **palais** *palate* **tartines** *slices of bread* **pain grillé** *toast* **de plus en plus** *more and more* **moins de** *less than*

Les Français et les repas

- 10% des Français ne prennent pas de petit-déjeuner.
- 60% boivent du café le matin, 20% du thé, 15% du chocolat.
- 99% dînent chez eux en semaine.
- 35% dînent en famille, 30% en couple.
- 75% des dîners consistent en moins de° trois plats successifs.
- Le pain est présent dans plus de 60% des déjeuners et des dîners.

Coup de main

You can use these terms to specify how you would like meat to be cooked.

bleu(e)	*very rare*
saignant(e)	*medium rare*
à point	*medium*
bien cuit(e)	*well-done*

ACTIVITÉS

1 Vrai ou faux? Indiquez si les phrases sont **vraies** ou **fausses**. Corrigez les phrases fausses.

1. On mange les hors-d'œuvres avant les amuse-gueules.
2. On prend parfois un sorbet après l'entrée.
3. En France, on mange la salade en entrée.
4. En général, on ne boit pas de vin pendant le repas.
5. On sert le fromage entre la salade et le dessert.
6. Les Français mangent souvent des œufs au petit-déjeuner.
7. Tous les Français mangent un grand repas traditionnel chaque soir.
8. Le déjeuner est traditionnellement le repas principal de la journée en France.
9. À midi, les Français mangent toujours à la maison.
10. Les enfants prennent parfois un goûter après l'école.

Sandrine a préparé un repas fantastique pour ses amis.

Chez Sandrine...

SANDRINE Bonsoir... Entrez! Oh!

DAVID Tiens. C'est pour toi.

SANDRINE Oh, David! Il ne fallait pas, c'est très gentil!

DAVID Je voulais t'apporter quelque chose.

SANDRINE Ce sont les plus belles fleurs que j'aie jamais reçues! Merci!

RACHID Bonsoir, Sandrine.

SANDRINE Oh, du chocolat! Merci beaucoup.

RACHID J'espère qu'on n'est pas trop en retard.

SANDRINE Pas du tout! Venez! On est dans la salle à manger.

STÉPHANE Oui, et tes desserts sont les meilleurs! C'est la tarte la plus délicieuse du monde!

SANDRINE Vous êtes adorables, merci. Moi, je trouve que cette tarte aux pommes est meilleure que la tarte aux pêches que j'ai faite il y a quelques semaines.

AMINA Tout ce que tu prépares est bon, Sandrine.

DAVID À Sandrine, le chef de cuisine le plus génial!

TOUS À Sandrine!

Expressions utiles

Making comparisons and judgments

- **Ces fleurs-ci sont jolies. C'est mieux?**
  These flowers are pretty. Is that better?
- **C'est pire! Les chrysanthèmes sont réservés aux funérailles.**
  That's worse! Chrysanthemums are only for funerals.
- **Je ne savais pas que c'était aussi difficile de choisir un bouquet de fleurs!**
  I didn't know it was so hard to choose a bouquet of flowers!
- **Ce sont les plus belles fleurs que j'aie jamais reçues!**
  These are the most beautiful flowers I have ever received!
- **C'est la tarte la plus délicieuse du monde!**
  This is the most delicious tart in the world!
- **Cette tarte aux pommes est meilleure que la tarte aux pêches.**
  This apple tart is better than the peach tart.

Additional vocabulary

- **Ah, tu es jaloux? Ne t'en fais pas!**
  Are you jealous? Don't worry!
- **sûr(e) et certain(e)**
  totally sure/completely certain
- **Il ne fallait pas.**
  You shouldn't have./There was no need.
- **J'ai trop mangé. Je n'en peux plus!**
  I ate too much. I can't take another bite!
- **Tu peux la lui passer?**
  Can you pass it to her?

ACTIVITÉS

2 

Questions Répondez aux questions suivantes.

1. Qu'est-ce que Rachid a apporté à Sandrine?
2. Qu'a fait Amina pour aider?
3. Qui mange une deuxième tranche de tarte aux pommes?
4. Quel type de tarte Sandrine a-t-elle préparé il y a quelques semaines?
5. Pourquoi David n'a-t-il pas acheté les roses?

3 

Écrivez David veut raconter le dîner de Sandrine à sa famille. Composez un e-mail. Quels ont été les préparatifs (*preparations*)? Qui a apporté quoi? Qui est venu? Qu'est-ce qu'on a mangé? Relisez le **ROMAN-PHOTO** de la Leçon 9A si nécessaire.

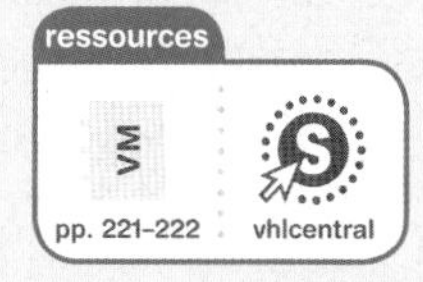

CULTURE À LA LOUPE

Les repas en France

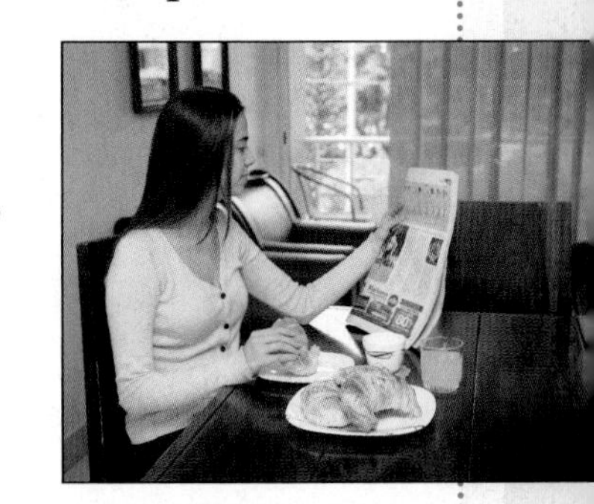

En France, un grand repas traditionnel peut être composé de beaucoup de plats différents et il peut durer° plusieurs heures. Avant de passer à table, on sert des amuse-gueules° comme des biscuits salés°, des olives ou des cacahuètes°. Ensuite, on commence le repas par un hors-d'œuvre ou directement par une ou deux entrées chaudes ou froides, comme une soupe, de la charcuterie, des escargots, etc. Après l'entrée, on prend parfois un sorbet pour nettoyer le palais°. Puis, on passe au plat principal, qui est en général une viande ou un poisson servi avec des légumes. Après, on apporte la salade, puis le fromage et enfin, on sert le dessert et le café. Le repas traditionnel est souvent accompagné de vin, et dans les grandes occasions, de champagne pour le dessert. Bien sûr, tous les Français ne font pas ce genre de repas tous les jours. En général, on mange beaucoup plus simplement. Au petit-déjeuner, on boit du café au lait, du thé ou du chocolat chaud. On mange des tartines° ou du pain grillé° avec du beurre et de la confiture, et des croissants le week-end. Le déjeuner est traditionnellement le repas principal, mais aujourd'hui, les Français n'ont pas souvent le temps de rentrer à la maison. Pour cette raison, on mange de plus en plus° au travail ou au café. Après l'école, les enfants prennent parfois un goûter, par exemple du pain avec du chocolat. Et le soir, on dîne à la maison, en famille.

durer *last* **amuse-gueules** *small appetizers* **salés** *savory* **cacahuètes** *peanuts* **palais** *palate* **tartines** *slices of bread* **pain grillé** *toast* **de plus en plus** *more and more* **moins de** *less than*

Les Français et les repas

- 10% des Français ne prennent pas de petit-déjeuner.
- 60% boivent du café le matin, 20% du thé, 15% du chocolat.
- 99% dînent chez eux en semaine.
- 35% dînent en famille, 30% en couple.
- 75% des dîners consistent en moins de° trois plats successifs.
- Le pain est présent dans plus de 60% des déjeuners et des dîners.

Coup de main

You can use these terms to specify how you would like meat to be cooked.

bleu(e)	*very rare*
saignant(e)	*medium rare*
à point	*medium*
bien cuit(e)	*well-done*

ACTIVITÉS

1 **Vrai ou faux?** Indiquez si les phrases sont vraies ou fausses. Corrigez les phrases fausses.

1. On mange les hors-d'œuvres avant les amuse-gueules.
2. On prend parfois un sorbet après l'entrée.
3. En France, on mange la salade en entrée.
4. En général, on ne boit pas de vin pendant le repas.
5. On sert le fromage entre la salade et le dessert.
6. Les Français mangent souvent des œufs au petit-déjeuner.
7. Tous les Français mangent un grand repas traditionnel chaque soir.
8. Le déjeuner est traditionnellement le repas principal de la journée en France.
9. À midi, les Français mangent toujours à la maison.
10. Les enfants prennent parfois un goûter après l'école.

STRATÉGIE

Predicting

A useful way to understand a reading in French better is to predict what you believe will happen next. Predicting encourages you to recall what you have read, organize your thoughts, and draw logical conclusions. Pick a good stopping point, and jot down on a sheet of paper a sentence or two predicting what the next part of the text will be about, or even how the reading will end. As you read further, confirm or correct your written predictions.

LE MONDE FRANCOPHONE

Si on est invité...

Voici quelques bonnes manières à observer quand on dîne chez des amis.

En Afrique du Nord

- Si quelqu'un vous invite à boire un thé à la menthe, ce n'est pas poli de refuser.
- En général, on enlève ses chaussures avant d'entrer dans une maison.
- On mange souvent avec les doigts°.

En France

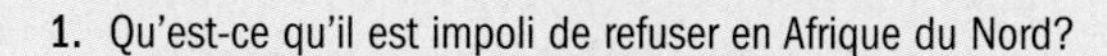

- Il est poli d'apporter un petit cadeau pour les hôtes, par exemple des bonbons ou des fleurs.
- On dit parfois «Santé!°» ou «À votre santé°!» avant de boire et «Bon appétit!» avant de manger.
- On mange avec la fourchette dans la main gauche et le couteau dans la main droite et on garde toujours les deux mains sur la table.

doigts *fingers* **Santé!** *Cheers!* **santé** *health*

PORTRAIT

La couscousmania des Français

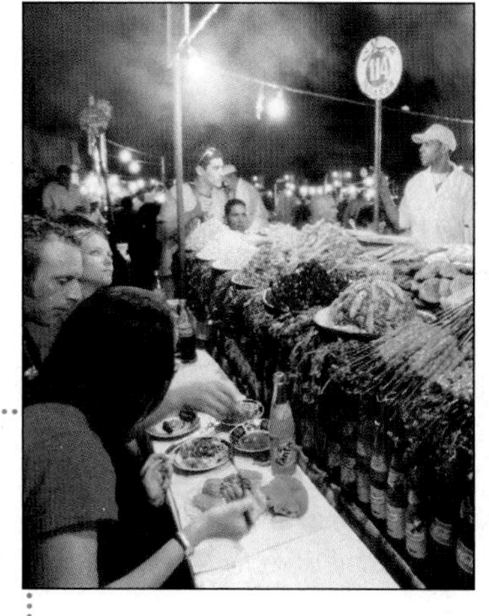

La cuisine du Maghreb est très populaire en France. Les restaurants orientaux sont nombreux et appréciés pour la qualité de leur nourriture et leur ambiance. Les merguez, des petites saucisses rouges pimentées°, sont vendues dans toutes les boucheries. Dans les grandes villes, des pâtisseries au miel° sont dégustées° au goûter. Le plat le plus célèbre reste le couscous, le quatrième plat préféré des Français, devant le steak-frites! Aujourd'hui, des restaurants trois étoiles° le proposent en plat du jour et on le sert dans les cantines. Les Français consomment 96.000 tonnes de couscous par an, une vraie couscousmania!

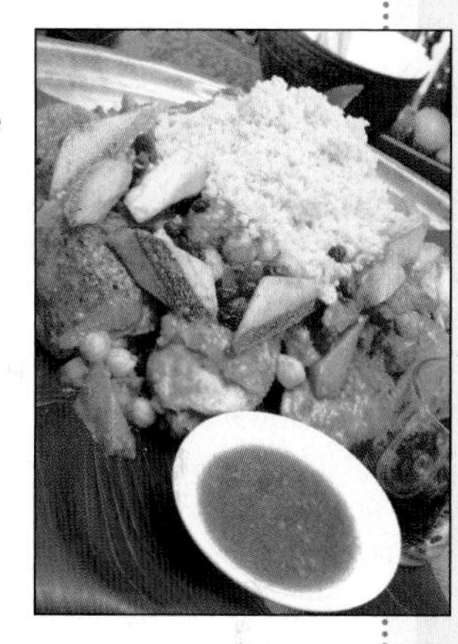

pimentées *spicy* **miel** *honey* **dégustées** *savored* **étoiles** *stars*

Sur Internet

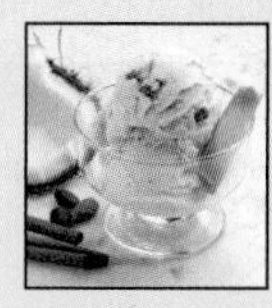

Les Français mangent-ils beaucoup de glace?

Go to **vhlcentral.com** to find more cultural information related to this **Lecture culturelle**.

ACTIVITÉS

2 **Répondez** Répondez aux questions d'après les textes.

1. Qu'est-ce qu'il est impoli de refuser en Afrique du Nord?
2. Pourquoi les Français apprécient-ils les restaurants orientaux?
3. Où sert-on le couscous aujourd'hui?
4. Quel cadeau peut-on apporter quand on dîne chez des Français?
5. Une fourchette et un couteau sont-ils nécessaires en Afrique du Nord?

3 **Que choisir?** Avez-vous déjà mangé dans un restaurant nord-africain? Quand? Où? Qu'avez-vous mangé? Du couscous? Si vous n'êtes jamais allé(e) dans un restaurant nord-africain, imaginez que des amis vous invitent à en essayer un. Qu'avez-vous envie de goûter? Pourquoi?

Practice more at **vhlcentral.com**.

STRUCTURES

9B.1

Comparatives and superlatives of adjectives and adverbs

Boîte à outils

As always, the adjective in comparative phrases agrees in number and gender with the noun.

Nicole est plus **nerveuse** que Luc.

Luc est moins **nerveux** que Nicole.

- To compare people, things, and actions, use the following expressions with adjectives and adverbs.

plus					*more... than*
aussi	+	*[adjective/adverb]*	+	**que**	*as... as*
moins					*less... than*

ADJECTIVE	ADVERB
Simone est **plus âgée que** son mari. *Simone is older than her husband.*	Elle parle **plus vite que** son mari. *She speaks more quickly than her husband.*
Guillaume est **moins grand que** son père. *Guillaume is less tall than his father.*	Il m'écrit **moins souvent que** son père. *He writes me less often than his father.*
Nina est **aussi indépendante qu'**Anne. *Nina is as independent as Anne.*	Elle joue au golf **aussi bien qu'** Anne. *She plays golf as well as Anne.*

Boîte à outils

The noun in a superlative construction can be omitted if it is clear to whom or what it refers. To show this, the noun **les filles** in the sample sentence appears in parentheses.

- Superlatives express extremes like *the most* or *the least*. The preposition **de** often follows the superlative to express *in* or *of*.

		le						
[noun]	+	**la**	+	**plus/moins**	+	*[adjective]*	+	**de**
		les						

NOUN — DEFINITE ARTICLE — COMPARATIVE

Le TGV est **le train le plus rapide du** monde.
The TGV is the fastest train in the world.

NOUN — DEFINITE ARTICLE — COMPARATIVE

Éva et Martine sont **(les filles) les moins réservées de la** classe.
Éva and Martine are the least reserved (girls) in class.

À noter

You learned many of the adjectives that precede the nouns they modify in **Leçon 3A.**

- The superlative construction goes before or after the noun depending on whether the adjective precedes or follows the noun. In the case of adjectives like **beau**, **bon**, **grand**, and **nouveau** that precede the nouns they modify, the superlative forms can precede the nouns they modify or they can follow them.

SUPERLATIVE — NOUN	NOUN — SUPERLATIVE
C'est **la plus grande ville**. *It's the largest city.*	C'est **la ville la plus grande**. *It's the largest city.*

- Since adverbs are invariable, you always use **le** to form the superlative.

M. Duval est le prof qui parle **le plus vite**.
Mr. Duval is the professor who speaks the fastest.

C'est Amandine qui écoute **le moins patiemment.**
Amandine listens the least patiently.

- Some adjectives and adverbs have irregular comparative and superlative forms.

Irregular comparative and superlative adjectives

Adjective	Comparative	Superlative
bon(ne)(s) *good*	**meilleur(e)(s)** *better*	**le/la/les meilleur(e)(s)** *best*
mauvais(e)(s) *bad*	**pire(s)** *worse or* **plus mauvais(e)(s)**	**le/la/les pire(s)** *worst or* **le/la/les plus mauvais(e)(s)**

Irregular comparative and superlative adverbs

Adverb	Comparative	Superlative
bien *well*	**mieux** *better*	**le mieux** *best*

En été, les pêches sont **meilleures** que les pommes.
In the summer, peaches are better than apples.

Quand on est au régime, les frites sont **pires** que les pâtes.
When you're dieting, fries are worse than pasta.

Mon ami chante bien mais sa sœur chante **mieux** que lui.
My friend sings well, but his sister sings better than he does.

Les plats dans ce restaurant sont mauvais mais la soupe est **la pire**.
The food in this restaurant is bad, but the soup is the worst.

Voilà **la meilleure** boulangerie de la ville.
There's the best bakery in town.

Dans la classe, c'est Clémentine qui écrit **le mieux.**
In class, it's Clémentine who writes the best.

- The other comparative and superlative forms of **bon** and **mauvais** (**aussi bon, (la) moins mauvaise**, etc.) are regular. This is also true of the other comparative and superlative forms of **bien** (**aussi bien, (le) moins bien**).

Boîte à outils

Use a disjunctive pronoun (see **Leçon 3B**) rather than a subject pronoun after **que** in comparative constructions.

Gilles est plus gentil que toi.

Carole mange plus vite que lui.

Essayez! **Complétez les phrases avec le comparatif ou le superlatif.**

Comparatifs

1. Les étudiants sont *moins âgés que* (- âgés) le professeur.
2. Les plages de la Martinique sont-elles ____________ (+ bonnes) les plages de la Guadeloupe?
3. Évelyne parle ____________ (= poliment) Luc.
4. Les chaussettes sont ____________ (- chères) les baskets.
5. Ses sœurs sont ____________ (= généreux) lui.
6. La soupe est ____________ (- bon) la salade.

Superlatifs

7. Quelle librairie vend les livres *les plus intéressants* (+ intéressants)?
8. Le jean est ____________ (- élégant) de tous mes pantalons.
9. Je joue aux cartes avec ma mère. C'est elle qui joue ____________ (+ bien).
10. Les fraises de son jardin sont ____________ (- belles).
11. Victor et son cousin sont ____________ (+ beau) garçons de l'école.
12. Mme Damier a ____________ (- vieux) maison du quartier.

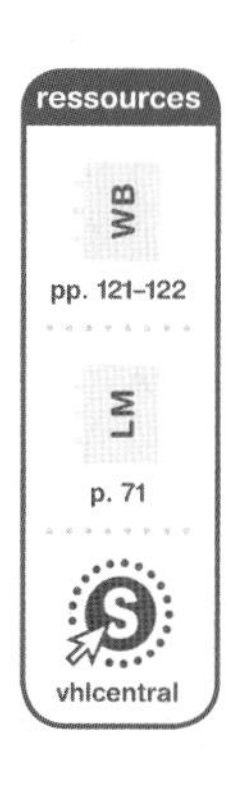

Mise en pratique

1 **Oui, mais...** Deux amis comparent deux restaurants. Complétez les phrases avec **bon, bien, meilleur** ou **mieux**.

1. J'ai bien mangé au Café du marché hier.
   Oui, mais nous avons ___________ mangé Chez Charles.
2. Le vin blanc au Café du marché est ___________.
   Oui, mais le vin blanc de Chez Charles est meilleur.
3. Mes amis ont bien aimé le Café du marché.
   Oui, mais mes amis ont ___________ mangé Chez Charles.
4. Au Café du marché, le chef prépare ___________ le poulet.
   Oui, mais le chef de Chez Charles le prépare mieux.
5. Les salades au Café du marché sont bonnes.
   Oui, mais elles sont ___________ Chez Charles.
6. Tout est bon au Café du marché!
   Tout est ___________ Chez Charles!

2 **Un nouveau quartier** Vous venez d'emménager. Assemblez les éléments des trois colonnes pour poser des questions sur le quartier à un(e) voisin(e).

MODÈLE

Est-ce que le jambon est moins cher au supermarché ou à la charcuterie?

A	B	C
pain	boucherie	aussi
fruits de mer	boulangerie	meilleur(e)
faire les courses	charcuterie	mieux
dîner	pâtisserie	moins
aller	poissonnerie	pire
acheter	voisins	plus
desserts	quartier	
jambon	supermarché	

3 **Aujourd'hui et autrefois** Avec un(e) partenaire, comparez la vie domestique d'aujourd'hui et d'autrefois. Utilisez les adjectifs de la liste à tour de rôle. Ensuite, présentez vos opinions à la classe.

MODÈLE

Aujourd'hui, les tâches ménagères sont moins difficiles.

bon	difficile	mauvais	poli
compliqué	grand	naturel	rapide
curieux	indépendant	occupé	sophistiqué

1. les congélateurs
2. la nourriture
3. les femmes
4. les commerçants
5. les voyages
6. les voitures
7. les enfants
8. la vie

Communication

4 Trouvez quelqu'un Votre professeur va vous donner une feuille d'activités. Circulez dans la classe pour trouver des camarades différents qui correspondent aux phrases.

Étudiant(e) 1: *Quel âge as-tu?*
Étudiant(e) 2: *J'ai dix-neuf ans.*
Étudiant(e) 3: *Alors tu es plus jeune que moi.*

Trouvez dans la classe quelqu'un qui...	Nom
1. ... est plus jeune que vous.	Myriam
2. ... habite plus loin de la fac que vous.	
3. ... prend l'avion aussi souvent que vous.	
4. ... fait moins de gym que vous.	

5 Comparaisons Par groupes de trois, comparez les sujets présentés. Utilisez des comparatifs et des superlatifs.

MODÈLE

Étudiant(e) 1: *Les vacances à la mer sont plus amusantes que les vacances à la montagne.*

Étudiant(e) 2: *Moi, je pense que les vacances à la montagne sont plus intéressantes.*

Étudiant(e) 3: *D'accord, mais les vacances à l'étranger sont les plus amusantes.*

1.

2.

3.

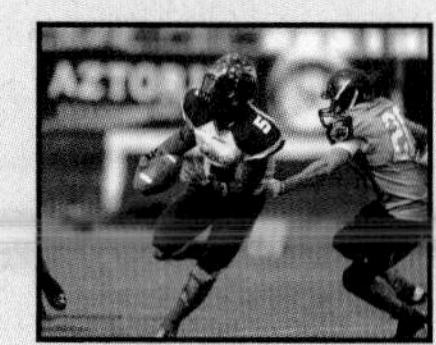

4.

6 À mon avis À tour de rôle avec un(e) partenaire, comparez ces personnes et ces choses en utilisant des comparatifs.

1. New York / Chicago
2. Ryan Reynolds / Leonardo DiCaprio
3. George W. Bush / Barack Obama
4. Tom Brady / DeMarco Murray
5. Rihanna / Katy Perry
6. le cours de français / le cours d'anglais
7. la vie à la campagne / la vie en ville
8. *Modern Family* / *The Big Bang Theory*

7 Comparaisons À tour de rôle avec un(e) partenaire, parlez de votre famille et de vos amis. Utilisez des comparatifs et des superlatifs dans vos descriptions.

MODÈLE

Ma sœur Amy est plus sérieuse que moi, mais mon frère Thomas est la personne la plus sérieuse de ma famille.

9B.2 Double object pronouns

Point de départ In **Leçon 6B** and **Leçon 7A**, respectively, you learned to use indirect and direct object pronouns. Now you will learn to use these pronouns together.

	DIRECT OBJECT		INDIRECT OBJECT			DIRECT OBJECT PRONOUN	INDIRECT OBJECT PRONOUN	
J'ai rendu	**le menu**	à	**la serveuse**.	▶	Je	**le**	**lui**	ai rendu.

I returned the menu to the waitress. ▶ *I returned it to her.*

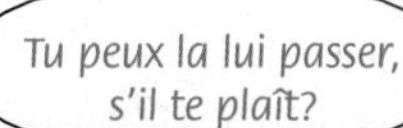

- Use this sequence when a sentence contains both a direct and an indirect object pronoun.

me **te** **nous** **vous**	*before*	**le** **la** **l'** **les**	*before*	**lui** **leur**	+	[*verb*]

Gérard m'envoie les messages de Christiane.
Il **me les** envoie tous les jours.
Gérard sends me Christiane's messages.
He sends them to me every day.

Je lui envoie aussi les messages de Laurent.
Je **les lui** envoie tous les week-ends.
I send him Laurent's messages, too.
I send them to him every weekend.

Le chef nous prépare son meilleur plat.
Les serveurs **nous l'**apportent.
The chef prepares his best dish for us.
The waiters bring it to us.

Nous avons laissé le pourboire des serveurs sur la table. Nous **le leur** avons laissé quand nous sommes partis.
We left a tip for the waiters on the table.
We left it for them when we left.

- In an infinitive construction, the double object pronouns come after the conjugated verb and precede the infinitive, just like single object pronouns.

Mes notes de français? Je vais **vous les** prêter.
My French notes? I'm going to lend them to you.

Carole veut lire mon poème? Je vais **le lui** montrer.
Carole wants to read my poem? I'm going to show it to her.

- In the **passé composé** the double object pronouns precede the auxiliary verb, just like single object pronouns. The past participle agrees with the preceding direct object.

Rémi a-t-il acheté ces fleurs pour sa mère?
Did Rémi buy those flowers for his mother?

Oui, il **les lui** a **achetées**.
Yes, he bought them for her.

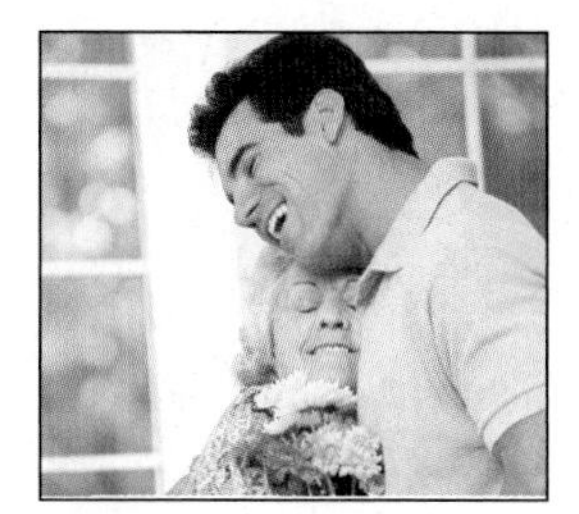

Vous m'avez donné la plus grande chambre?
Did you give me the biggest room?

Oui, nous **vous** l'avons **donnée**.
Yes, we gave it to you.

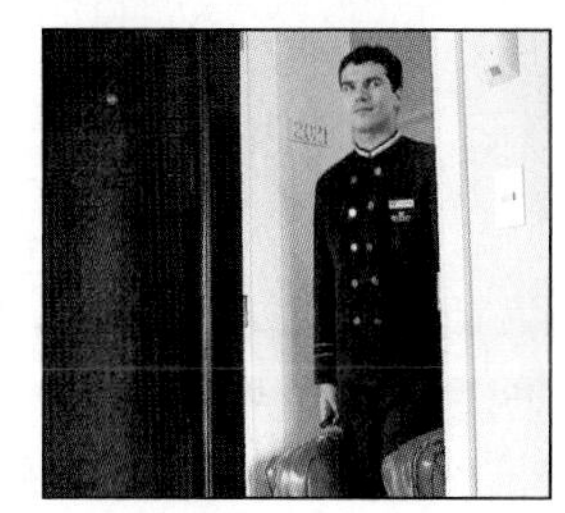

- In affirmative commands, the verb is followed by the direct object pronoun and then the indirect object pronoun, with hyphens in between. Remember to use **moi** and **toi** instead of **me** and **te**.

Vous avez trois voitures? Montrez-**les-moi**.
You have three cars? Show them to me.

Tu connais la réponse à la question du prof? Dis-**la-nous**.
You know the answer to the professor's question? Tell it to us.

Voici le livre. Donne-**le-leur**.
Here's the book. Give it to them.

Ce poème? Traduisons-**le-lui**.
This poem? Let's translate it for her.

Boîte à outils

In negative commands, object pronouns come before the verb. The direct object pronoun precedes the indirect object pronoun.

Tu veux vendre la montre à ta cousine? Ne la lui vends pas!

Essayez! **Utilisez deux pronoms pour refaire ces phrases.**

1. Le prof vous donne les résultats des examens. *Le prof vous les donne.*
2. Tes parents t'achètent le billet. ______
3. Qui t'a donné cette belle lampe bleue? ______
4. Il nous a réservé les chambres. ______
5. Pose-moi tes questions. ______
6. Explique-leur le problème de maths. ______
7. Peux-tu me montrer les photos? ______
8. Tu préfères lui prêter ton dictionnaire? ______
9. Dites-moi la vérité (*truth*)! ______
10. Nous n'avons pas apporté les couteaux à Paul. ______

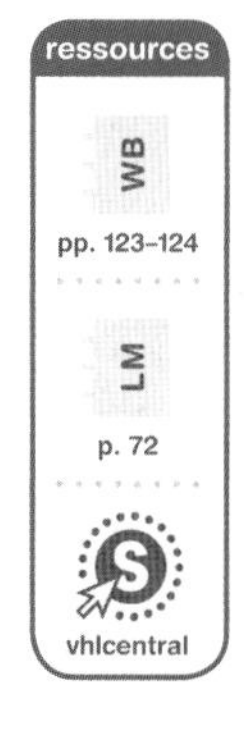

Mise en pratique

1 **Les livres** Le père de Bertrand lui a acheté des livres. Refaites l'histoire avec deux pronoms pour chaque phrase.

1. Papa a acheté ces *livres à Bertrand*.
2. Il a lu *les livres à ses petits frères*.
3. Maintenant, ses frères veulent lire *les livres à leur père*.
4. Bertrand donne *les livres à ses petits frères*.
5. Les garçons montrent *les livres à leur père*.
6. Leur père préfère donner *sa place à leur mère*.
7. Les enfants lisent *les livres à leur mère*.
8. «Maintenant, lisez *les livres à votre père*», dit-elle.

2 **Comment?** Un groupe d'amis parle de l'anniversaire de Claudette. Antoine n'entend pas très bien. Il répète tout ce que les gens disent. Utilisez des pronoms pour écrire ses questions.

MODÈLE

Je veux donner cette chemise noire à Claudette.
Tu veux la lui donner?

1. Son père a acheté la petite voiture bleue à Claudette.
2. Nous envoyons les invitations aux amis.
3. Le prof a donné la meilleure note à Claudette le jour de son anniversaire.
4. Je vais prêter mon tailleur à Claudette vendredi soir.
5. Est-ce que vous voulez me lire l'invitation?
6. Nous n'avons pas envoyé la carte au professeur.
7. Gilbert et Arthur vont nous apporter le gâteau.
8. Sa mère va payer le restaurant à sa fille.

3 **De quoi parle-t-on?** Avec un(e) partenaire, imaginez les questions qui ont donné ces réponses. Ensuite, présentez vos questions à la classe.

MODÈLE

Il veut le lui vendre.
Il veut vendre son vélo à son camarade?

1. Marc va la lui donner.
2. Nous te l'avons envoyée hier.
3. Elle te les a achetés la semaine dernière.
4. Tu me les prêtes souvent.
5. Micheline ne va pas vous les prendre.
6. Tu ne nous les as pas prises.
7. Rendez-les-moi!
8. Ne le lui disons pas!
9. Vous n'allez pas le leur apporter.

Communication

4 Qui vous aide? Avec un(e) partenaire, posez des questions avec les mots interrogatifs **qui** et **quand**. Vous pouvez choisir le présent, le passé composé ou l'imparfait. Répondez aux questions avec deux pronoms.

MODÈLE prêter sa voiture

Étudiant(e) 1: *Qui te prête sa voiture?*
Étudiant(e) 2: *Ma mère me la prête.*
Étudiant(e) 1: *Quand est-ce qu'elle te la prête?*
Étudiant(e) 2: *Elle me la prête le vendredi.*

faire le lit	faire la cuisine
prêter ses livres	nettoyer la chambre
payer l'université	laver les vêtements

5 Une entrevue Avec un(e) partenaire, répondez aux questions sur votre enfance. Utilisez deux pronoms dans vos réponses.

1. Est-ce que tes parents te montraient les films de Disney quand tu étais petit(e)?
2. Est-ce que tu vas montrer les films de Disney à tes enfants un jour?
3. Est-ce que quelqu'un te parlait français quand tu étais petit(e)?
4. Qui t'a acheté ton premier vélo?
5. Qui te faisait à dîner quand tu étais petit(e)?
6. Qui te préparait le petit-déjeuner le matin?
7. Qui t'achetait tes vêtements quand tu étais petit(e)?
8. Est-ce que quelqu'un vous lisait les livres du Dr. Seuss à toi et à tes frères et sœurs?

6 Au marché Avec un(e) partenaire, préparez deux dialogues basés sur deux des photos. À tour de rôle, jouez le/la client(e) et le/la marchand(e). Utilisez le vocabulaire et deux pronoms si possible dans les dialogues.

commander	une entrée	une tarte
être au régime	un plat	une saucisse
cuisiner	du poulet	des croissants
les fruits de mer	un steak	du porc

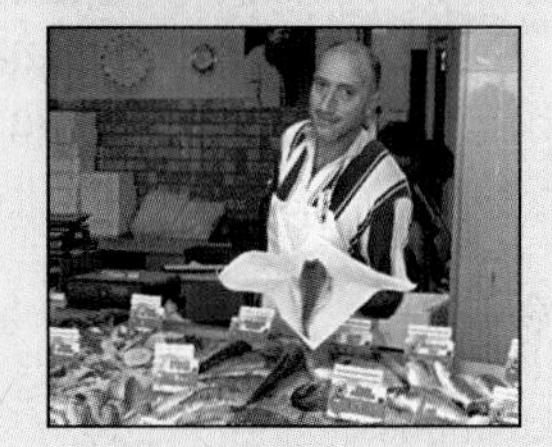

Révision

1 Fais les courses pour moi Vous n'avez pas le temps d'aller dans tous ces magasins. Choisissez un magasin et puis, par groupes de quatre, trouvez des camarades qui vont dans d'autres magasins. À tour de rôle, demandez-leur de faire des courses pour vous. Utilisez des pronoms doubles dans vos réponses.

MODÈLE

Étudiant(e) 1: *J'ai besoin de deux poissons. Tu peux me les prendre à la poissonnerie?*
Étudiant(e) 2: *Pas de problème. Et moi, j'ai besoin de...*

deux bouteilles de lait	trois baguettes
douze œufs	un camembert
deux poissons	une boîte de tomates
quatre côtes (*chops*) de porc	une tarte aux pêches
six croissants	une tranche de jambon

2 Je les leur commande Vous êtes au restaurant. Avec un(e) partenaire, choisissez le meilleur plat pour chaque membre de votre famille. Employez des comparatifs, des superlatifs et des pronoms doubles dans vos réponses.

MODÈLE

Étudiant(e) 1: *Et le poulet?*
Étudiant(e) 2: *Mon père mange du poulet plus souvent que ma mère. Je vais le lui commander.*

Assiette de fruits de mer	Petits pois et carottes
Bœuf avec une sauce au vin	Pizza aux quatre fromages
Hamburger et frites	Sandwich au thon
Pêches à la crème	Tarte aux pommes

3 Mes plats préférés Par groupes de trois, interviewez vos camarades. Quels sont les plats qu'ils aiment le mieux? Quand les ont-ils mangés la dernière fois? Choisissez vos trois plats préférés et puis comparez-les avec les plats de vos camarades. Employez des comparatifs, des superlatifs et le passé récent.

4 Le week-end dernier Préparez deux listes par écrit, une pour les choses que vous avez pu faire le week-end dernier et une pour les choses que vous n'avez pas pu faire. Ensuite, avec un(e) partenaire, comparez vos listes et expliquez vos réponses. Employez les verbes **devoir**, **vouloir** et **pouvoir** au passé composé et, si possible, les pronoms doubles.

MODÈLE

Étudiant(e) 1: *J'ai voulu envoyer un e-mail à ma cousine.*
Étudiant(e) 2: *Est-ce que tu as pu le lui envoyer?*

5 C'est mieux Par groupes de trois, donnez votre opinion sur ces sujets. Pour chaque sujet, comparez les deux options. Soyez prêts à présenter les résultats de vos discussions à la classe.

MODÈLE apporter des fleurs ou du vin à un dîner

Étudiant(e) 1: *C'est plus sympa d'apporter des fleurs à un dîner.*
Étudiant(e) 2: *Oui, on peut les mettre sur la table. Elles sont plus jolies qu'une bouteille de vin.*
Étudiant(e) 3: *Peut-être, mais le vin est un cadeau plus généreux.*

- commencer ou finir un régime
- faire les courses ou faire la cuisine
- manger ou faire la cuisine

6 Six différences Votre professeur va vous donner, à vous et à votre partenaire, deux feuilles d'activités différentes. Comparez les deux familles pour trouver les six différences. Attention! Ne regardez pas la feuille de votre partenaire.

MODÈLE

Étudiant(e) 1: *Fatiha est aussi grande que Samira.*
Étudiant(e) 2: *Non, Fatiha est moins grande que Samira.*

Écriture

STRATÉGIE

Expressing and supporting opinions

Written reviews are just one of the many kinds of writing that require you to state your opinions. In order to convince your reader to take your opinions seriously, it is important to support them as thoroughly as possible. Details, facts, examples, and other forms of evidence are necessary. In a restaurant review, for example, it is not enough just to rate the food, service, and atmosphere. Readers will want details about the dishes you ordered, the kind of service you received, and the type of atmosphere you encountered. If you were writing a concert or album review, what kinds of details might your readers expect to find?

It is easier to include details that support your opinions if you plan ahead. Before going to a place or event that you are planning to review, write a list of questions that your readers might ask. Decide which aspects of the experience you are going to rate, and list the details that will help you decide upon a rating. You can then organize these lists into a questionnaire and a rating sheet. Bring these forms with you to remind you of the kinds of information you need to gather in order to support your opinions. Later, these forms will help you organize your review into logical categories. They can also provide the details and other evidence you need to convince your readers of your opinions.

Thème

Écrire une critique

Écrivez la critique d'un restaurant de votre ville pour le journal de l'université. Indiquez d'abord le nom du restaurant et le type de cuisine (cuisine chinoise, indienne, italienne, barbecue, etc.). Ensuite, parlez des catégories de la liste suivante. Enfin, donnez votre opinion personnelle sur le restaurant. Combien d'étoiles (*stars*) mérite-t-il (*deserve*)?

- **Cuisine**

  Quel(s) type(s) de plat(s) y a-t-il au menu? Le restaurant a-t-il une spécialité? Citez quelques plats typiques (entrées et plats principaux) que vous avez goûtés et indiquez les ingrédients utilisés dans ces plats.

- **Service**

  Comment est le service? Les serveurs sont-ils gentils et polis? Sont-ils lents ou rapides à apporter le menu, les boissons et les plats?

- **Ambiance**

  Comment est le restaurant? Est-il beau? Grand? Bien décoré? Est-ce un restaurant simple ou élégant? Y a-t-il une terrasse? Un bar? Des musiciens?

- **Informations pratiques**

  Quel est le prix moyen d'un repas dans ce restaurant (au déjeuner et/ou au dîner)? Où est le restaurant? Donnez son adresse et indiquez comment on y (*there*) va de l'université. Indiquez aussi le numéro de téléphone du restaurant et ses heures d'ouverture (*operating hours*).

Panorama

LA MANCHE

Dieppe
Cherbourg
Le Havre
la Seine
Rouen
Deauville
HAUTE-NORMANDIE
Caen
Évreux
BASSE-NORMANDIE
Brest
St-Brieuc
Le Mont-St-Michel
Alençon
Quimper
BRETAGNE
Rennes
Lorient
Vannes
Belle Île en Mer
L'OCÉAN ATLANTIQUE
0 50 miles
0 50 kilomètres

les falaises° d'Étretat

La Normandie

La région en chiffres

- **Superficie:** *29.906 km² (vingt-neuf mille neuf cent six kilomètres carrés°)*
- **Population:** *3.328.364*
  SOURCE: Institut National de la Statistique et des Études Économiques (INSEE)
- **Industries principales:** *élevage bovin°, énergie nucléaire, raffinage° du pétrole*
- **Villes principales:** *Alençon, Caen, Évreux, Le Havre, Rouen*

Personnages célèbres

- **la comtesse de Ségur,** *écrivaine (1799–1874)*
- **Guy de Maupassant,** *écrivain (1850–1893)*
- **Christian Dior,** *couturier° (1905–1957)*

La Bretagne

La région en chiffres

- **Superficie:** *27.208 km² (vingt-sept mille deux cent huit kilomètres carrés)*
- **Population:** *3.237.097*
- **Industries principales:** *agriculture, élevage°, pêche°, tourisme*
- **Villes principales:** *Brest, Quimper, Rennes, Saint-Brieuc, Vannes*

Personnages célèbres

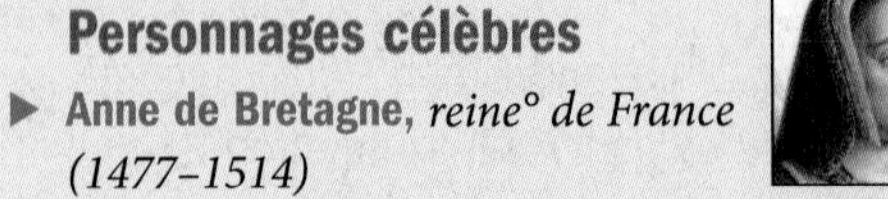

- **Anne de Bretagne,** *reine° de France (1477–1514)*

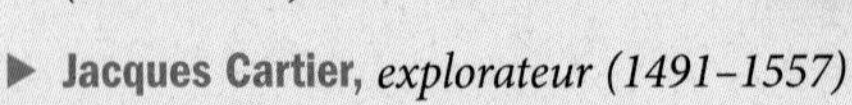

- **Jacques Cartier,** *explorateur (1491–1557)*
- **Bernard Hinault,** *cycliste (1954–)*

un moulin° en Bretagne

l'art de faire° les crêpes

Incroyable mais vrai!

C'est au Mont-Saint-Michel qu'il y a les plus grandes marées° d'Europe. Une presqu'île° entourée de sables mouvants° à marée basse°, le Mont-Saint-Michel est transformé en île° à marée haute°. Trois millions de touristes visitent chaque° année l'église du onzième siècle°, centre de pèlerinage° depuis 1000 (mille) ans.

carrés *square* **élevage bovin** *raising cattle* **raffinage** *refining* **couturier** *fashion designer* **élevage** *raising livestock* **pêche** *fishing* **reine** *queen* **les plus grandes marées** *the highest tides* **presqu'île** *peninsula* **entourée de sables mouvants** *surrounded by quicksand* **basse** *low* **île** *island* **haute** *high* **chaque** *each* **onzième siècle** *11th century* **pèlerinage** *pilgrimage* **falaises** *cliffs* **faire** *make* **moulin** *mill*

La gastronomie

Les crêpes bretonnes et le camembert normand

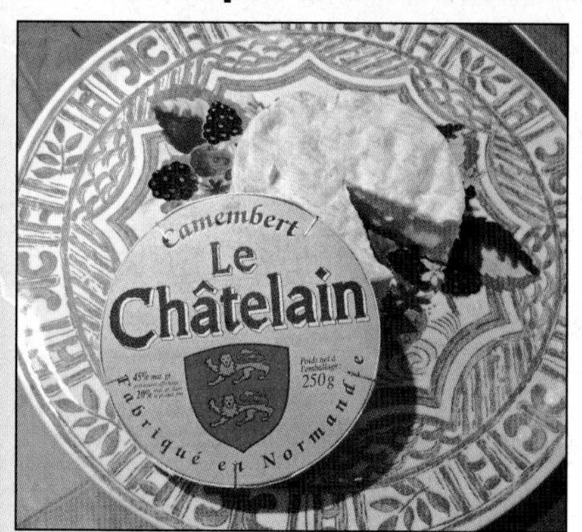

Les crêpes sont une des spécialités culinaires de Bretagne; en Normandie, c'est le camembert. Les crêpes sont appréciées sucrées, salées°, flambées... Dans les crêperies°, le menu est complètement composé de crêpes! Le camembert normand est un des grands symboles gastronomiques de la France. Il est vendu° dans la fameuse boîte en bois ronde° pour une bonne conservation.

Les arts

Giverny et les impressionnistes

La maison° de Claude Monet, maître du mouvement impressionniste, est à Giverny, en Normandie. Après des rénovations, la résidence et les deux jardins° ont aujourd'hui leur ancienne° splendeur. Le légendaire jardin aquatique est la source d'inspiration pour des peintures° célèbres comme *Les Nymphéas*° et *Le Pont japonais*°. Depuis la fin° du dix-neuvième siècle°, beaucoup d'artistes américains, influencés par les techniques impressionnistes, font de la peinture à Giverny.

Les monuments

Les menhirs et les dolmens

À Carnac, en Bretagne, il y a 3.000 (trois mille) menhirs et dolmens. Les menhirs sont d'énormes pierres° verticales. Alignés ou en cercle, ils ont une fonction rituelle associée au culte de la fécondité ou du soleil°. Les plus anciens° datent de 4.500 (quatre mille cinq cents) ans avant J.-C.° Les dolmens servent de° sépultures° collectives et sont peut-être utilisés dans des rites funéraires de passage de la vie° à la mort°.

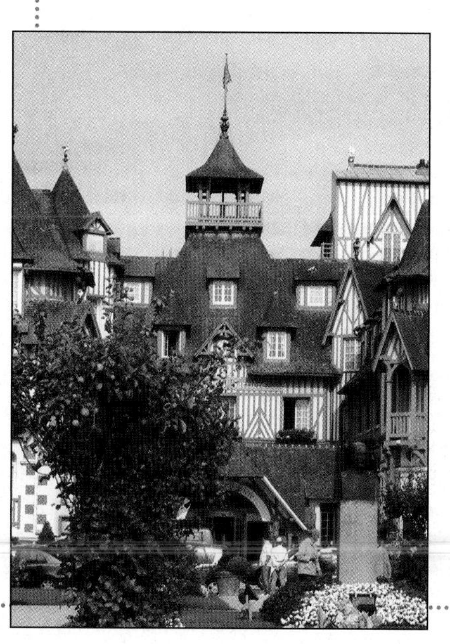

Les destinations

Deauville: station balnéaire de réputation internationale

Deauville, en Normandie, est une station balnéaire° de luxe et un centre de thalassothérapie°. La ville est célèbre pour sa marina, ses courses hippiques°, son casino, ses grands hôtels et son festival du film américain. La clientèle internationale apprécie beaucoup la plage°, le polo et le golf. L'hôtel le Royal Barrière est un palace° du début° du vingtième° siècle.

Compréhension Complétez ces phrases.

1. __________ est un explorateur breton.
2. À marée haute, le Mont-Saint-Michel est une __________.
3. __________ sont une spécialité bretonne.
4. Dans __________, on mange uniquement des crêpes.
5. __________ est vendu dans une boîte en bois ronde.
6. Le __________ de Monet est la source d'inspiration de beaucoup de peintures.
7. Beaucoup d'artistes __________ font de la peinture à Giverny.
8. Les menhirs ont une fonction __________.
9. Les dolmens servent de __________.
10. Deauville est une __________ de luxe.

Sur Internet

Go to **vhlcentral.com** to find more cultural information related to this **Panorama**.

1. Cherchez des informations sur les marées du Mont-Saint-Michel. À quelle heure est la marée haute aujourd'hui?
2. Cherchez des informations sur deux autres peintres impressionnistes. Trouvez deux peintures que vous aimez et dites (*say*) pourquoi vous les aimez.

salées *savory* **crêperies** *crêpe restaurants* **vendu** *sold* **boîte en bois ronde** *round, wooden box* **maison** *house* **jardins** *gardens* **ancienne** *former* **peintures** *paintings* **Nymphéas** *Waterlilies* **Pont japonais** *Japanese Bridge* **Depuis la fin** *Since the end* **dix-neuvième siècle** *19th century* **pierres** *stones* **soleil** *sun* **Les plus anciens** *The oldest* **avant J.-C.** *B.C.* **servent de** *serve as* **sépultures** *graves* **vie** *life* **mort** *death* **station balnéaire** *seaside resort* **thalassothérapie** *seawater therapy* **courses hippiques** *horse races* **plage** *beach* **palace** *luxury hotel* **début** *beginning* **vingtième** *twentieth*

Audio: Vocabulary Flashcards

Leçon 9A

À table!

une cantine *school cafeteria*
cuisiner *to cook*
un déjeuner *lunch*
un dîner *dinner*
un goûter *afternoon snack*
un petit-déjeuner *breakfast*
un repas *meal*

Les fruits

une banane *banana*
une fraise *strawberry*
un fruit *fruit*
une orange *orange*
une pêche *peach*
une poire *pear*
une pomme *apple*
une tomate *tomato*

Autres aliments

un aliment *food item*
la confiture *jam*
la nourriture *food, sustenance*
des pâtes (*f.*) *pasta*
le riz *rice*
une tarte *pie, tart*
un yaourt *yogurt*

Verbes

devenir *to become*
devoir *to have to (must); to owe*
maintenir *to maintain*
pouvoir *to be able to (can)*
retenir *to keep, to retain*
revenir *to come back*
tenir *to hold*
venir *to come*
vouloir *to want; to mean (with dire)*

Autres mots et locutions

***depuis* + [*time*]** *since*
***il y a* + [*time*]** *ago*
***pendant* + [*time*]** *for*

Les viandes et les poissons

le boeuf *beef*
un escargot *escargot, snail*
les fruits de mer (*m.*) *seafood*
un oeuf *egg*
un pâté (de campagne) *pâté, meat spread*
le porc *pork*
un poulet *chicken*
une saucisse *sausage*
un steak *steak*
le thon *tuna*
la viande *meat*

Les légumes

l'ail (*m.*) *garlic*
une aubergine *eggplant*
une carotte *carrot*
un champignon *mushroom*
des haricots verts (*m.*) *green beans*
une laitue *lettuce*
un légume *vegetable*
un oignon *onion*
des petits pois (*m.*) *peas*
un poivron (vert, rouge) *(green, red) pepper*
une pomme de terre *potato*
une salade *salad*

Les achats

faire les courses (*f.*) *to go (grocery) shopping*
un supermarché *supermarket*

Expressions utiles

See p. 327.

Leçon 9B

À table!

une assiette *plate*
un bol *bowl*
une carafe d'eau *pitcher of water*
une carte *menu*
un couteau *knife*
une cuillère (à soupe/à café) *spoon (soup spoon/teaspoon)*
une fourchette *fork*
un menu *menu*
une nappe *tablecloth*
une serviette *napkin*
une boîte (de conserve) *can*
la crème *cream*
l'huile (d'olive) (*f.*) *(olive) oil*
la mayonnaise *mayonnaise*
la moutarde *mustard*
le poivre *pepper*
le sel *salt*
une tranche *slice*
À table! *Dinner is ready!*
compris *included*

Les repas

commander *to order*
être au régime *to be on a diet*
goûter *to taste*
une entrée *appetizer, starter*
un hors-d'oeuvre *hors-d'oeuvre, appetizer*
un plat (principal) *(main) dish*

Les achats

une boucherie *butcher's shop*
une boulangerie *bread shop, bakery*
une charcuterie *delicatessen*
une pâtisserie *pastry shop, bakery*
une poissonnerie *fish shop*
un(e) commerçant(e) *shopkeeper*
un kilo(gramme) *kilo(gram)*

Expressions utiles

See p. 345.

Comparatives and superlatives

plus + [adjective/adverb] + que *more... than*
aussi + [adjective/adverb] + que *as... as*
moins + [adjective/adverb] + que *less... than*
[noun] + le/la/les + plus + [adjective] + de *the most*
[noun] + le/la/les + moins + [adjective] + de *the least*
bon(ne)(s) *good*
mauvais(e)(s) *bad*
meilleur(e)(s) *better*
pire(s)/plus mauvais(e)(s) *worse*
le/la/les meilleur(e)(s) *best*
le/la/les pire(s); le/la/les plus mauvais(e)(s) *worst*
bien *well*
mieux *better*
le mieux *best*

La santé

UNITÉ 10

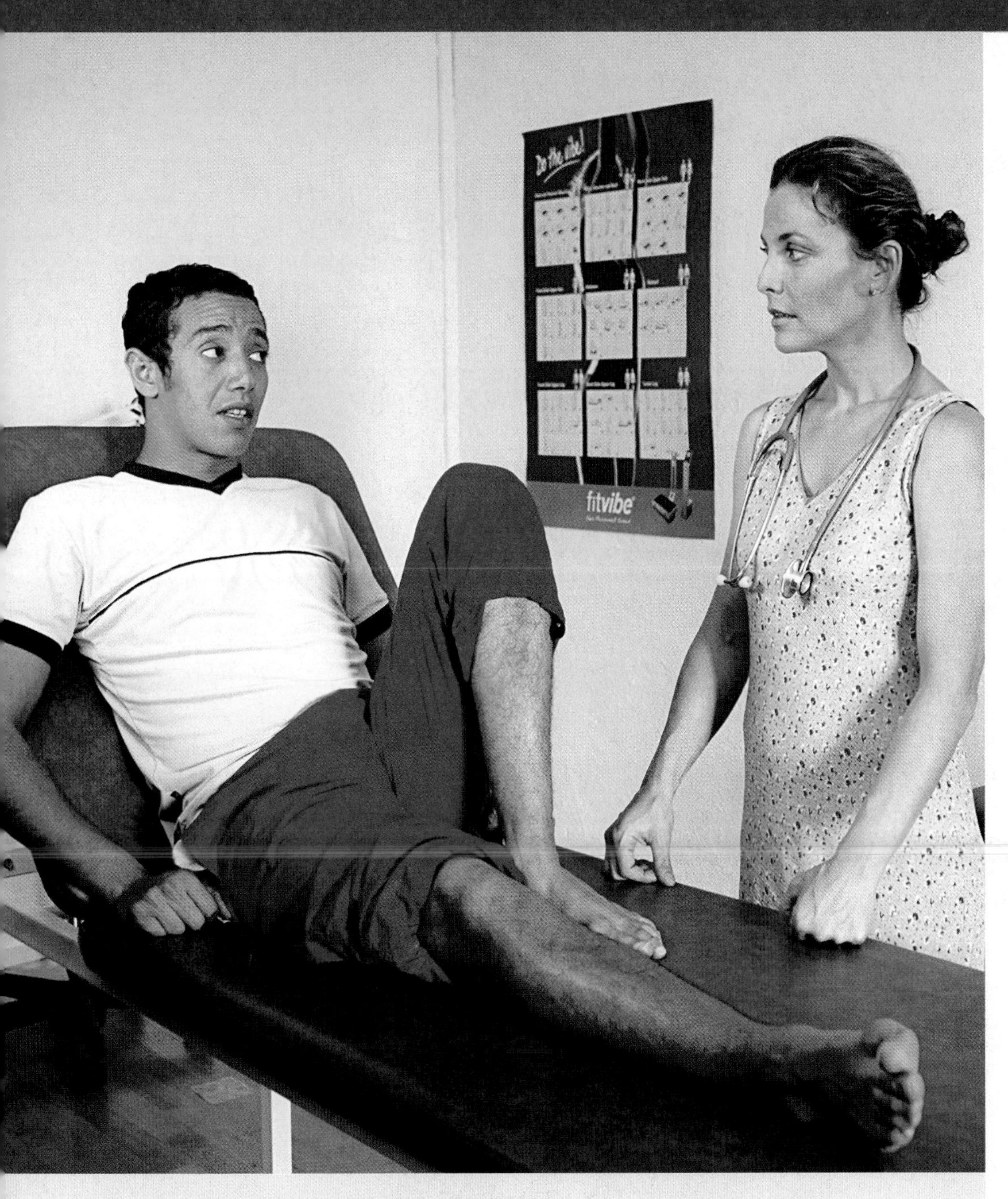

Pour commencer

- Quelle est la profession de la dame, coiffeuse ou médecin?
- Où sont Rachid et cette dame, à l'hôpital ou à l'épicerie?
- Est-ce qu'il veut revenir samedi prochain?
- Qu'est-ce qu'il faisait avant de venir, il jouait au foot ou il faisait les courses?

Leçon 10A

You will learn how to...
- describe your daily routine
- discuss personal hygiene

La routine quotidienne

Vocabulaire

faire sa toilette	*to wash up*
se brosser les cheveux/ les dents	*to brush one's hair/ teeth*
se coiffer	*to do one's hair*
se coucher	*to go to bed*
se déshabiller	*to undress*
s'endormir	*to go to sleep, to fall asleep*
s'habiller	*to get dressed*
se laver (les mains)	*to wash oneself (one's hands)*
se lever	*to get up, to get out of bed*
prendre une douche	*to take a shower*
se regarder	*to look at oneself*
se sécher	*to dry oneself*
le shampooing	*shampoo*
le cœur	*heart*
le corps	*body*
le dos	*back*
la gorge	*throat*
une joue	*cheek*
un orteil	*toe*
la peau	*skin*
la poitrine	*chest*
la taille	*waist*
le visage	*face*

ressources

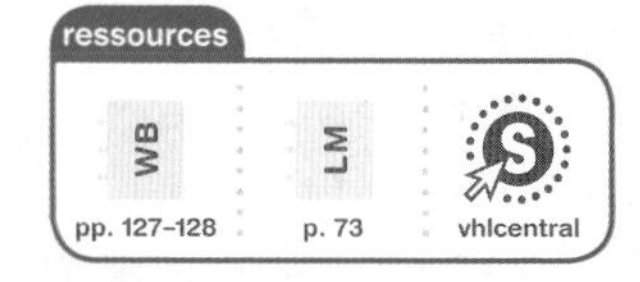

Attention!

The verbs following the pronoun **se** are called reflexive verbs. You will learn more about them in **STRUCTURES**. For now, when talking about another person, place the pronoun se between the subject and the verb.

Il se regarde. *He looks at himself.*

Elle se réveille. *She wakes up.*

la tête
un œil (yeux *pl.*)
une oreille
un bras
le nez
la bouche
le cou
le réveil
un doigt
le ventre
un genou (genoux *pl.*)
une jambe
Elle se réveille. (se réveiller)
un pied
un doigt de pied

Mise en pratique

1 **Écoutez** **Sarah, son grand frère Guillaume et leur père parlent de qui va utiliser la salle de bains en premier ce matin. Écoutez la conversation et indiquez si les affirmations suivantes sont vraies ou fausses.**

	Vrai	Faux
1. Guillaume ne va pas se raser.	☐	☐
2. Guillaume doit encore prendre une douche et se brosser les dents.	☐	☐
3. Sarah n'a pas entendu son réveil.	☐	☐
4. Guillaume demande à Sarah de lui apporter de la crème à raser.	☐	☐
5. Guillaume demande à Sarah un savon.	☐	☐
6. Guillaume demande à Sarah une grande serviette de bain.	☐	☐
7. Sarah doit prendre une douche et s'habiller en moins de vingt minutes.	☐	☐
8. Sarah décide de ne pas se maquiller et de ne pas se sécher les cheveux aujourd'hui.	☐	☐

2 **Association** **Associez les activités de la colonne de gauche aux parties du corps correspondantes des colonnes de droite. Notez que certains éléments ne sont pas utilisés et que d'autres sont utilisés plus d'une fois.**

1. _____ écouter	a. la bouche	f. le pied
2. _____ manger	b. la gorge	g. la taille
3. _____ marcher	c. l'orteil	h. la tête
4. _____ montrer	d. l'œil	i. le doigt
5. _____ parler	e. l'oreille	j. le nez
6. _____ penser		
7. _____ sentir		
8. _____ regarder		

3 **Quel matin!** **Remplissez les espaces par le mot ou l'expression de la liste qui convient afin de (*in order to*) trouver ce qui est arrivé à Alexandre aujourd'hui. Notez que tous les mots et expressions ne sont pas utilisés. Faites également les accords nécessaires.**

le bras	s'habiller	le réveil	la gorge
se brosser les dents	le peigne	se laver	le ventre
se coucher	le pied	le cœur	les yeux

Ce matin, Alexandre n'entend pas son (1) _____. Quand il se lève, il met d'abord le (2) _____ gauche par terre. Il entre dans la salle de bains. Là, il ne trouve pas le (3) _____ pour se coiffer ni (*nor*) le dentifrice pour (4) __________. Il se regarde dans le miroir. Ses (5) _____ sont tout rouges. Comme il a très faim, son (6) _____ commence à faire du bruit (*noise*). Il retourne ensuite dans sa chambre pour (7) _____. Il met un pantalon noir et une chemise bleue. Puis, il descend les escaliers et tombe. Après un moment, il retourne dans sa chambre. Avec un tel début (*such a beginning*) de journée, Alexandre va (8) __________.

Practice more at **vhlcentral.com**.

Communication

4 **Définition** Créez votre propre définition des mots de la liste suivante. Ensuite, à tour de rôle, lisez vos définitions à votre partenaire. Il/Elle doit deviner le mot correspondant.

MODÈLE

cheveux

Étudiant(e) 1: *On utilise une brosse ou un peigne pour les brosser. Qu'est-ce que c'est?*

Étudiant(e) 2: *Ce sont les cheveux.*

1. le cœur	4. les dents	7. la joue	10. le visage
2. le corps	5. le dos	8. le nez	11. l'œil
3. le cou	6. le genou	9. la poitrine	12. l'orteil

5 **Que font-ils?** Dites ce que font les personnes suivantes et ce qu'elles utilisent pour le faire. Donnez autant de (*as many*) détails que possible. Ensuite, à tour de rôle avec un(e) partenaire, lisez vos descriptions. Votre partenaire doit deviner quelle image vous décrivez.

1.

2.

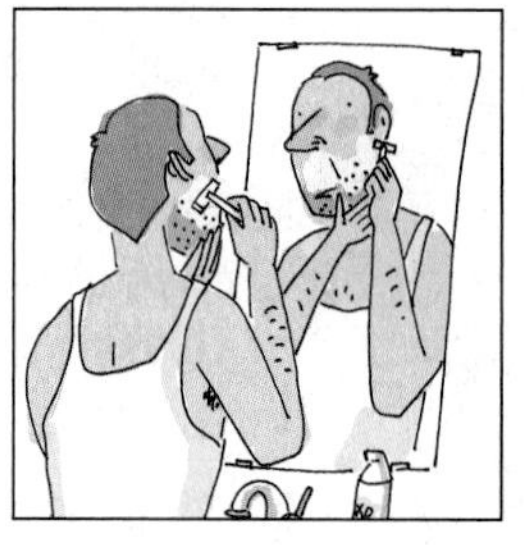

3.

4.

5.

6.

7.

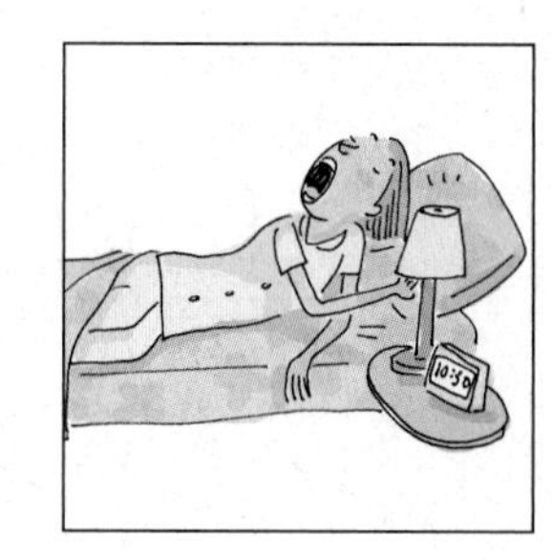

8.

6 **Écrivez** Pensez à votre acteur/actrice préféré(e). Quelle est sa routine du matin? Décrivez-la et utilisez les adjectifs de la liste suivante et les mots et expressions de la section **CONTEXTES**.

beau	gros	petit
court	heureux	sincère
égoïste	jeune	de taille moyenne
grand	long	vieux

7 **Décrivez** Votre professeur va vous donner, à vous et à votre partenaire, deux feuilles d'activités différentes. À tour de rôle, posez-vous des questions pour savoir ce que fait Nadia chaque soir et chaque matin. Attention! Ne regardez pas la feuille de votre partenaire.

MODÈLE

Étudiant(e) 1: *À vingt-trois heures, Nadia se déshabille et met son pyjama. Que fait-elle ensuite?*

Étudiant(e) 2: *Après, elle...*

Les sons et les lettres

Audio: Concepts, Activities
Record & Compare

Diacriticals for meaning

Some French words with different meanings have nearly identical spellings except for a diacritical mark (*accent*). Sometimes a diacritical does not affect pronunciation at all.

ou	**où**	**a**	**à**
or	*where*	*has*	*to, at*

Sometimes, you can clearly hear the difference between the words.

côte	**côté**	**sale**	**salé**
coast	*side*	*dirty*	*salty*

Very often, two similar-looking words are different parts of speech. Many similar-looking word pairs are those with and without an **-é** at the end.

âge	**âgé**	**entre**	**entré (entrer)**
age (n.)	*elderly* (adj.)	*between* (prep.)	*entered* (p.p.)

In such instances, context should make their meaning clear.

Tu as quel âge?
How old are you? / What is your age?

C'est un homme âgé.
He's an elderly man.

Prononcez Répétez les mots suivants à voix haute.

1. la (*the*) là (*there*)
2. êtes (*are*) étés (*summers*)
3. jeune (*young*) jeûne (*fasting*)
4. pêche (*peach*) pêché (*fished*)

Articulez Répétez les phrases suivantes à voix haute.

1. J'habite dans une ferme (*farm*).
   Le magasin est fermé (*closed*).
2. Les animaux mangent du maïs (*corn*).
   Je suis suisse, mais il est belge.
3. Est-ce que tu es prête?
   J'ai prêté ma voiture à Marcel.
4. La lampe est à côté de la chaise.
   J'adore la côte ouest de la France.

Dictons Répétez les dictons à voix haute.

À vos marques, prêts, partez! [1]

[1] On your mark, get set, go!
[2] One good turn deserves another. (lit. It is one loaned for one returned.)

Drôle de surprise

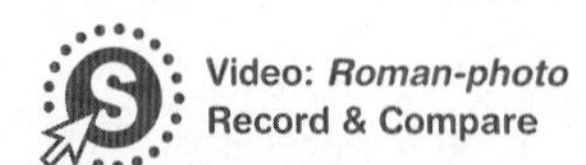

Video: *Roman-photo*
Record & Compare

PERSONNAGES

David

Rachid

Chez David et Rachid...

DAVID Oh là là, ça ne va pas du tout, toi!

RACHID David, tu te dépêches? Il est sept heures et quart. Je dois me préparer, moi aussi!

DAVID Ne t'inquiète pas. Je finis de me brosser les dents!

RACHID On doit partir dans moins de vingt minutes. Tu ne te rends pas compte!

DAVID Excuse-moi, mais on s'est couché tard hier soir.

RACHID Oui et on ne s'est pas réveillé à l'heure, mais mon prof de sciences po, ça ne l'intéresse pas tout ça.

DAVID Attends, je ne trouve pas le peigne... Ah, le voilà. Je me coiffe... Deux secondes!

RACHID C'était vraiment sympa hier soir... On s'entend tous super bien et on ne s'ennuie jamais ensemble... Mais enfin, qu'est-ce que tu fais? Je dois me raser, prendre une douche et m'habiller, en exactement dix-sept minutes!

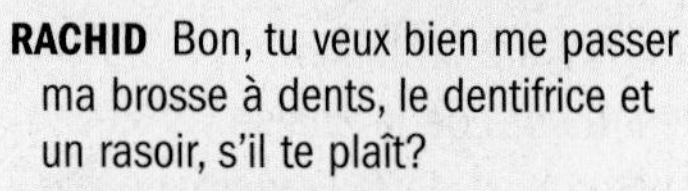

RACHID Bon, tu veux bien me passer ma brosse à dents, le dentifrice et un rasoir, s'il te plaît?

DAVID Attends une minute. Je me dépêche.

RACHID Comment est-ce qu'un mec peut prendre aussi longtemps dans la salle de bains?

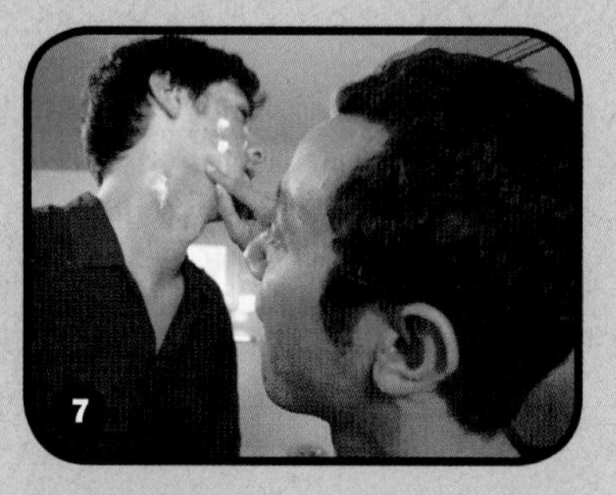

DAVID Euh, j'ai un petit problème...

RACHID Qu'est-ce que tu as sur le visage?

DAVID Aucune idée.

RACHID Est-ce que tu as mal à la gorge? Fais: Ah!

RACHID Et le ventre, ça va?

DAVID Oui, oui ça va...

RACHID Attends, je vais examiner tes yeux... regarde à droite, à gauche... maintenant ferme-les. Bien. Tourne-toi...

DAVID Hé!

ACTIVITÉS

1 **Vrai ou faux?** Indiquez si les affirmations suivantes sont **vraies** ou **fausses**.

1. David se sent (*feels*) bien ce matin.
2. Rachid est pressé ce matin.
3. David se rase.
4. David se maquille.
5. Rachid doit prendre une douche.
6. David ne s'est pas réveillé à l'heure.
7. David s'est couché tôt hier soir.
8. Tout le monde s'est bien amusé (*had a good time*) hier soir.
9. Les amis se disputent souvent.
10. Rachid est très inquiet pour David.

Practice more at **vhlcentral.com**.

David et Rachid se préparent le matin.

DAVID Patience, cher ami!
RACHID Tu n'as pas encore pris ta douche?!
DAVID Ne te mets pas en colère. J'arrive, j'arrive! Voilà... un peu de crème sur le visage, sur le cou...
RACHID Tu te maquilles maintenant?

DAVID Ce n'est pas facile d'être beau, ça prend du temps, tu sais. Écoute, ça ne sert à rien de se disputer. Lis le journal si tu t'ennuies, j'ai bientôt fini.

RACHID Ne t'inquiète pas, c'est probablement une réaction allergique. Téléphone au médecin pour prendre un rendez-vous. Qu'est-ce que tu as mangé hier?
DAVID Eh ben... J'ai mangé un peu de tout! Hé! Je n'ai pas encore fini ma toilette!

RACHID Patience, cher ami!

Expressions utiles

Talking about your routine

- **Je dois me préparer.**
  I have to get (myself) ready.
- **Je finis de me brosser les dents!**
  I'm finishing brushing my teeth!
- **On s'est couché tard hier soir.**
  We went to bed late last night.
- **On ne s'est pas réveillé à l'heure.**
  We didn't get up on time.
- **Je me coiffe.**
  I'm doing my hair.
- **Je dois me raser et m'habiller.**
  I have to shave (myself) and get dressed.
- **Tu te maquilles maintenant?**
  Are you putting makeup on now?

Talking about states of being

- **Ça ne sert à rien de se disputer.**
  There's no point in arguing.
- **Tu te dépêches?**
  Are you hurrying?/Will you hurry?
- **Ne t'inquiète pas.**
  Don't worry.
- **Tu ne te rends pas compte!**
  You don't realize!
- **On s'entend tous super bien et on ne s'ennuie jamais ensemble.**
  We all get along really well and we're never bored when we're together.
- **Ne te mets pas en colère.**
  Don't get angry.
- **Lis le journal si tu t'ennuies.**
  Read the paper if you're bored.

Additional vocabulary

- **Je me dépêche.**
  I'm hurrying.
- **Tourne-toi.**
  Turn around.
- **un mec**
  a guy
- **aucune idée**
  no idea

ACTIVITÉS

2 **Les opposés** Trouvez pour chaque verbe de la colonne de gauche son opposé dans les colonnes de droite. Utilisez un dictionnaire. Attention! Tous les mots ne sont pas utilisés.

1. ____ bien s'entendre
2. ____ s'ennuyer
3. ____ se dépêcher
4. ____ se réveiller
5. ____ se reposer

a. s'amuser
b. s'occuper
c. se détendre
d. s'appeler
e. se disputer
f. se coucher

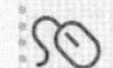

3 **Écrivez** Écrivez un paragraphe dans lequel vous décrivez la routine du matin et du soir de David ou de Rachid. Utilisez votre imagination et ce que vous savez de **ROMAN-PHOTO**.

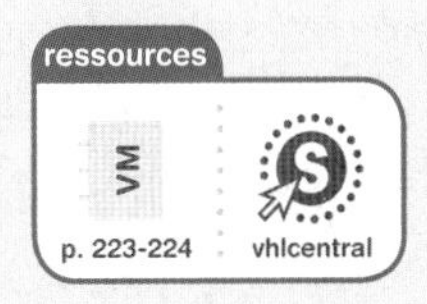

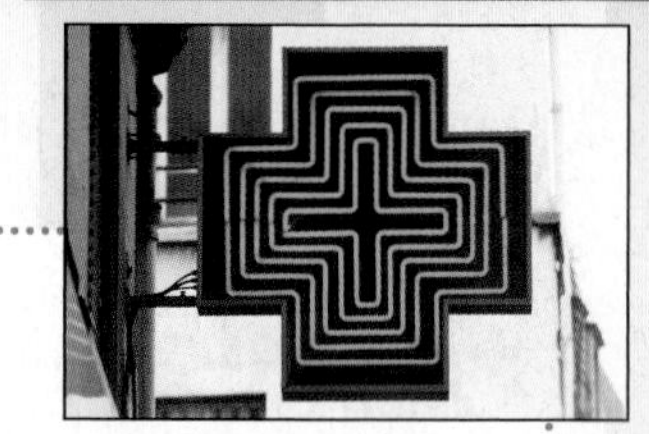

CULTURE À LA LOUPE

Les Français et la maladie

Que fait-on en France quand on ne se sent pas bien? On peut bien sûr contacter son médecin. Généralement, il vous reçoit° dans son cabinet° pour une consultation et vous donne une ordonnance. Il faut ensuite se rendre° à la pharmacie et présenter son ordonnance pour acheter ses médicaments. Beaucoup de médicaments ne sont pas en vente libre°, donc consulter un médecin est important et nécessaire.

Cependant°, pour leurs petites maladies, les Français aiment demander conseil° à leur pharmacien. Les pharmaciens en France ont un diplôme spécialisé et font six années d'études supérieures. Ils sont donc très compétents pour donner des conseils de qualité. Les pharmacies sont faciles à trouver: elles ont toutes une grande croix° verte lumineuse° suspendue° à l'extérieur. Elles sont en général ouvertes du lundi au samedi, entre 9h00 et 20h00. Pour les jours fériés et la nuit, il existe des pharmacies de garde°, dont° la liste est affichée sur la porte de chaque pharmacie.

Quand on est très malade, le médecin donne une consultation à domicile°, ce qui° est très pratique pour les enfants et les personnes âgées! En cas d'urgence, on peut appeler deux autres numéros. SOS Médecin existe dans toutes les grandes villes. Ses médecins répondent aux appels 24 heures sur 24 et font des visites à domicile. Pour les accidents et les gros problèmes, on peut contacter le Samu. C'est un service qui emmène les patients à l'hôpital si nécessaire.

reçoit *sees* **cabinet** *office* **se rendre** *to go* **en vente libre** *available over the counter* **Cependant** *However* **conseil** *advice* **croix** *cross* **lumineuse** *illuminated* **suspendue** *hung* **de garde** *emergency* **dont** *of which* **à domicile** *at home* **ce qui** *which* **voient** *see* **homéopathie** *homeopathy*

Coup de main

In France, body temperature is measured in Celsius.

37°C is the normal body temperature.

Between **37°** and **38°C** is a slight fever.

For a fever above **38.5°C,** medication should be taken.

Between **39°** and **40°C** is a high fever.

Les services et les produits de santé

- 85% des Français voient° un médecin généraliste dans l'année.
- 52% vont chez le dentiste dans l'année.
- Les médecins donnent une ordonnance dans 75% des consultations.
- 57% des Français utilisent les médecines alternatives.
- 39% utilisent l'homéopathie° au moins une fois dans l'année.

ACTIVITÉS

1 Complétez Complétez les phrases, d'après le texte et le tableau.

1. À la fin d'une consultation, le médecin vous donne parfois ______.
2. ______ en France ne sont pas en vente libre.
3. Les pharmaciens en France font six années ______.
4. Les pharmacies sont faciles à trouver grâce à ______.
5. Parfois, le médecin vient à domicile pour donner ______.
6. Quand on est très malade, on peut appeler ______.
7. ______ voient un médecin généraliste dans l'année.
8. 39% des Français utilisent ______ au moins une fois dans l'année.
9. La température normale du corps est de ______.
10. On a une forte fièvre quand on a ______.

STRATÉGIE

Activating background knowledge

Using what you already know about a particular subject will often help you better understand a reading. As you read the **Culture à la loupe** selection on the previous page, think about what you already know about the subject of health. Remember that you possess a certain amount of knowledge on a wide range of subjects. Rely on it to inform your interpretation of unfamiliar words or concepts.

LE MONDE FRANCOPHONE

Des expressions près du corps

Voici quelques expressions idiomatiques.

En France

avoir le bras long être une personne importante qui peut influencer quelqu'un
avoir un chat dans la gorge ne pas pouvoir parler
casser les pieds à quelqu'un ennuyer une personne
coûter les yeux de la tête coûter très cher
se mettre le doigt dans l'œil faire une grosse erreur

Au Québec

avoir quelqu'un dans le dos détester quelqu'un
coûter un bras coûter très cher
un froid à couper un cheveu un très grand froid
sur le bras gratuit, qu'on n'a pas besoin de payer

En Suisse

avoir des tournements de tête avoir des vertiges°
donner une bonne-main donner un pourboire

vertiges *dizziness, vertigo*

PORTRAIT

L'Occitane en Provence

En 1976, un jeune étudiant en littérature de 23 ans, Olivier Baussan, a commencé à fabriquer chez lui de l'huile de romarin° et l'a vendue sur les marchés de Provence. Son huile a été très appréciée par le public et Baussan a fondé° L'Occitane en Provence, marque° de produits de beauté. La première boutique a ouvert ses portes dans le sud de la France en 1980 et aujourd'hui, la compagnie a plus de 2.000 boutiques dans plus de 100 pays, y compris aux États-Unis et au Canada. Les produits de L'Occitane, tous faits d'ingrédients naturels comme la lavande° ou l'olive, s'inspirent de la Provence et sont fabriqués avec des méthodes traditionnelles. L'Occitane offre des produits de beauté, des parfums, du maquillage et des produits pour le bain, pour la douche et pour la maison.

huile de romarin *rosemary oil* **fondé** *founded* **marque** *brand* **lavande** *lavender*

Sur Internet

Les hommes en France dépensent-ils beaucoup d'argent pour les produits de beauté ou de soin?

Go to **vhlcentral.com** to find more cultural information related to this **Lecture culturelle**.

ACTIVITÉS

2 Vrai ou faux? Indiquez si les phrases suivantes sont **vraies** ou **fausses**. Corrigez les phrases fausses.

1. La compagnie L'Occitane en Provence a été fondée en Provence.
2. Le premier magasin L'Occitane a ouvert ses portes en 1976.
3. On trouve de l'olive dans certains produits de L'Occitane.
4. L'Occitane se spécialise dans les produits pour le corps.
5. Les produits de L'Occitane utilisent des ingrédients naturels et sont fabriqués avec des méthodes traditionnelles.

3 Les expressions idiomatiques Regardez bien la liste des expressions dans **Le monde francophone**. En petits groupes, discutez de ces expressions. Lesquelles (*Which*) aimez-vous? Pourquoi? Essayez de deviner l'équivalent de ces expressions en anglais.

Practice more at **vhlcentral.com**.

STRUCTURES

10A.1 Reflexive verbs

Presentation

Point de départ A reflexive verb usually describes what a person does to or for himself or herself. In other words, it "reflects" the action of the verb back to the subject. Reflexive verbs always use reflexive pronouns. (**me**, **te**, **se**, **nous**, **vous**)

Reflexive verbs

		se laver *(to wash oneself)*
je	**me lave**	*I wash (myself)*
tu	**te laves**	*you wash (yourself)*
il/elle/on	**se lave**	*he/she/it/one washes (himself/herself/itself/oneself)*
nous	**nous lavons**	*we wash (ourselves)*
vous	**vous lavez**	*you wash (yourself/yourselves)*
ils/elles	**se lavent**	*they wash (themselves)*

- The pronoun **se** before an infinitive identifies the verb as reflexive: **se laver**.

- When a reflexive verb is conjugated, the reflexive pronoun agrees with the subject. Except for **se**, reflexive pronouns have the same forms as direct and indirect object pronouns (**me**, **te**, **nous**, **vous**); **se** is used for both singular and plural third-person subjects.

Tu **te couches**.
You're going to bed.

Je **me maquille** aussi.
I put on makeup too.

Les enfants **se réveillent**.
The children wake up.

Nous **nous levons** très tôt.
We get up very early.

- Note that the reflexive pronouns **nous** and **vous** are identical to the corresponding subject pronouns.

Nous **nous regardons** dans le miroir.
We look at ourselves in the mirror.

Nous ne **nous levons** pas avant six heures.
We don't get up before six o'clock.

Vous habillez-vous déjà?
Are you getting dressed already?

À quelle heure est-ce que **vous vous couchez**?
At what time do you go to bed?

Common reflexive verbs

se brosser les cheveux/ les dents	*to brush one's hair/teeth*	**se laver (les mains)**	*to wash oneself (one's hands)*
se coiffer	*to do one's hair*	**se lever**	*to get up, to get out of bed*
se coucher	*to go to bed*	**se maquiller**	*to put on makeup*
se déshabiller	*to undress*	**se raser**	*to shave oneself*
s'endormir	*to go to sleep, to fall asleep*	**se regarder**	*to look at oneself*
		se réveiller	*to wake up*
s'habiller	*to get dressed*	**se sécher**	*to dry oneself*

- **S'endormir** is conjugated like **dormir**. **Se lever** and **se sécher** follow the same spelling-change patterns as **acheter** and **espérer**, respectively.

Il **s'endort** tôt.	Tu **te lèves** à quelle heure?	Elles **se sèchent**.
He falls asleep early.	*At what time do you get up?*	*They dry off.*

- Some verbs can be used reflexively or non-reflexively. If the verb acts upon something other than the subject (for example, **son fils** in the second example below), the non-reflexive form is used.

La mère **se réveille** à sept heures.	Ensuite, elle **réveille** son fils.
The mother wakes up at 7 o'clock.	*Then, she wakes her son up.*

- When a body part is the direct object of a reflexive verb, it is usually preceded by a definite article.

Je ne **me brosse** pas **les** dents.	Vous **vous lavez les** mains.
I'm not brushing my teeth.	*You wash your hands.*

- You form the imperative of a reflexive verb as you would that of a non-reflexive verb. Add the reflexive pronoun to the end of an affirmative command. In negative commands, place the reflexive pronoun between **ne** and the verb. (Remember to change **te** to **toi** in affirmative commands.)

Réveille-toi, Bruno!	*but*	**Ne te réveille pas!**
Wake up, Bruno!		*Don't wake up!*

- In the **futur proche** and **passé récent**, place the reflexive pronoun after the conjugated forms of **aller** and **venir** and before the infinitive. Note that although the reflexive pronoun changes according to the subject, the second verb stays in the infinitive.

Nous n'**allons** pas **nous réveiller** tôt demain.	Est-ce que tu **viens de te raser**?
We're not going to wake up early tomorrow.	*Did you just shave?*

Boîte à outils

Since reflexive verbs already imply that the action is performed on the subject, French uses definite articles (**le, la, les**) with body parts, whereas English uses possessive adjectives (*my, your, his/her/its, our, their*).

Je me lave les mains.
I wash my hands.

À noter

There are some special rules for using reflexive verbs in the **passé composé**. You will learn these in **Leçon 10B**.

Essayez!

Complétez les phrases avec les formes correctes des verbes.

1. Ils *se brossent* (se brosser) les dents.
2. À quelle heure est-ce que vous ____________ (se coucher)?
3. Tu ____________ (s'endormir) en cours.
4. Nous ____________ (se sécher) les cheveux.
5. On ____________ (s'habiller) vite! Il faut partir.
6. Les hommes ____________ (se maquiller) rarement.
7. Tu ne ____________ (se déshabiller) pas encore.
8. Je ____________ (se lever) vers onze heures.

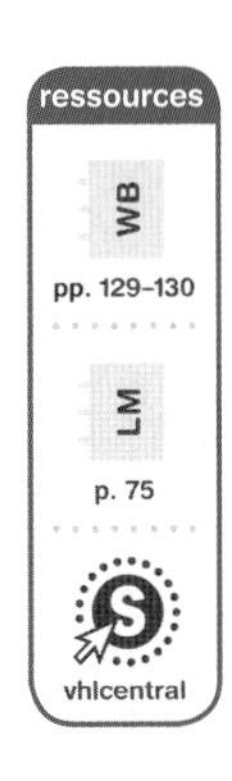

STRUCTURES

Mise en pratique

1 **Les habitudes** Vous allez chez vos amis Frédéric et Pauline. Tout le monde a ses habitudes. Que fait-on tous les jours?

MODÈLE

Frédéric / se raser
Frédéric se rase.

1. vous / se réveiller / à six heures
2. Frédéric et Pauline / se brosser / dents
3. tu / se lever / puis / prendre une douche
4. nous / se sécher / cheveux
5. on / s'habiller / avant le petit-déjeuner
6. Frédéric et Pauline / se coiffer / avant / sortir
7. je / se déshabiller / et après / se coucher
8. tout le monde / s'endormir / tout de suite
9. leurs tantes / se maquiller / et après / s'habiller
10. leur père / se laver / mains / avant / manger
11. Les cousins de Pauline / ne pas se raser

2 **La routine** Tous les matins, Juliette suit (*follows*) la même routine. Regardez les illustrations et dites ce que (*what*) fait Juliette.

1. ______________

2. ______________

3. ______________

4. ______________

3 **L'ordre logique** À tour de rôle avec un(e) partenaire, indiquez dans quel ordre vous (ou quelqu'un que vous connaissez) faites ces choses.

MODÈLE

se lever / se réveiller
D'abord je me réveille, ensuite je me lève.

1. se laver / se sécher
2. se maquiller / prendre une douche
3. se lever / s'habiller
4. se raser / se réveiller
5. se coucher / se brosser les cheveux
6. s'endormir / se coucher
7. se coucher / se déshabiller
8. se lever / se réveiller
9. se brosser les cheveux / se coiffer
10. se maquiller / se sécher

Communication

4 **Tous les jours** Que fait votre partenaire tous les jours? Posez-lui les questions et il/elle vous répond.

MODÈLE

se lever tôt le matin
Étudiant(e) 1: *Est-ce que tu te lèves tôt le matin?*
Étudiant(e) 2: *Non, je ne me lève pas tôt le matin.*

1. se réveiller tôt ou tard le week-end
2. se lever tout de suite
3. se maquiller tous les matins
4. se laver les cheveux tous les jours
5. se raser le soir ou le matin
6. se coucher avant ou après minuit
7. se brosser les dents chaque nuit
8. s'habiller avant ou après le petit-déjeuner
9. s'endormir parfois en classe

5 **Enquête** Votre professeur va vous donner une feuille d'activités. Circulez dans la classe et trouvez un(e) camarade différent(e) pour chaque action. Présentez les réponses à la classe.

MODÈLE

Étudiant(e) 1: *Est-ce que tu te lèves avant six heures du matin?*
Étudiant(e) 2: *Oui, je me lève parfois à cinq heures!*

Activité	Nom
1. se lever avant six heures du matin	Carole
2. se maquiller pour venir en cours	
3. se brosser les dents trois fois par jour	
4. se laver les cheveux le soir	
5. se coiffer à la dernière mode	
6. se reposer le vendredi soir	

6 **Jacques a dit** Par groupes de quatre, un(e) étudiant(e) donne des ordres au groupe. Attention! Vous devez obéir seulement si l'ordre est précédé de **Jacques a dit...** (*Simon says...*) La personne qui se trompe devient le meneur de jeu (*leader*). Le gagnant (*winner*) est l'étudiant(e) qui n'a pas été le meneur de jeu. Utilisez les expressions de la liste puis trouvez vos propres expressions.

se brosser les dents	**se laver les mains**
se coiffer	**se lever**
s'endormir	**se maquiller**
s'habiller	**se sécher les cheveux**

10A.2 Reflexives: *Sens idiomatique*

Point de départ You've learned that reflexive verbs "reflect" the action back to the subject. Some reflexive verbs, however, do not literally express a reflexive meaning.

Common idiomatic reflexives			
s'amuser	*to play; to have fun*	**s'intéresser (à)**	*to be interested (in)*
s'appeler	*to be called*	**se mettre à**	*to begin to*
s'arrêter	*to stop*	**se mettre en colère**	*to become angry*
s'asseoir	*to sit down*	**s'occuper (de)**	*to take care of, to keep oneself busy*
se dépêcher	*to hurry*	**se préparer**	*to get ready*
se détendre	*to relax*	**se promener**	*to take a walk*
se disputer (avec)	*to argue (with)*	**se rendre compte**	*to realize*
s'énerver	*to get worked up, to become upset*	**se reposer**	*to rest*
s'ennuyer	*to get bored*	**se souvenir (de)**	*to remember*
s'entendre bien (avec)	*to get along well (with)*	**se tromper**	*to be mistaken*
s'inquiéter	*to worry*	**se trouver**	*to be located*

Le marché **se trouve** derrière l'église.
The market is located behind the church.

Nous **nous amusons** bien chez Fabien.
We have fun at Fabien's house.

Mon grand-père **se repose** à la maison.
My grandfather is resting at home.

Ne **te mets** pas **en colère**.
Don't get angry.

Je **m'occupe du** linge.
I'm taking care of the laundry.

Vous devez **vous dépêcher**.
You must hurry.

- **Se souvenir** is conjugated like **venir**.

  Souviens-toi de son anniversaire.
  Remember her birthday.

  Nous nous souvenons de cette date.
  We remember that date.

- **S'ennuyer** has the same spelling changes as **envoyer. Se promener** and **s'inquiéter** have the same spelling changes as **acheter** and **espérer**, respectively.

  Je **m'ennuie** à mourir aujourd'hui.
  I'm bored to death today.

  On **se promène** dans le parc.
  We take a walk in the park.

  Ils **s'inquiètent** plus que mes parents.
  They worry more than my parents.

- Note the spelling changes of **s'appeler** in the present tense.

***s'appeler* (to be named, to call oneself)**	
je m'appelle	**nous nous appelons**
tu t'appelles	**vous vous appelez**
il/elle/on s'appelle	**ils/elles s'appellent**

Tu **t'appelles** comment?
What is your name?

Vous **vous appelez** Laure?
Is your name Laure?

- Note the irregular conjugation of the verb **s'asseoir**.

***s'asseoir* (to be seated, to sit down)**	
je m'assieds	**nous nous asseyons**
tu t'assieds	**vous vous asseyez**
il/elle/on s'assied	**ils/elles s'asseyent**

Asseyez-vous, Monsieur.
Have a seat, sir.

Assieds-toi ici sur le canapé.
Sit here on the sofa.

- Many idiomatically reflexive expressions can be used alone, with a preposition, or with the conjunction **que**.

Tu **te trompes**.
You're wrong.

Il **se trompe** toujours **de** date.
He's always mixing up the date.

Marlène **s'énerve** facilement.
Marlène gets mad easily.

Marlène **s'énerve contre** Thierry.
Marlène gets mad at Thierry.

Ils **se souviennent de** ton anniversaire.
They remember your birthday.

Je **me souviens que** tu m'as téléphoné.
I remember you phoned me.

Vous **vous inquiétez** trop!
You worry too much!

Tu **t'inquiètes pour** tes enfants?
Are you worried about your children?

Essayez! **Complétez les phrases avec les formes correctes des verbes.**

1. Mes parents s'inquiètent (s'inquiéter) beaucoup.
2. Nous _______________ (s'entendre) bien, ma sœur et moi.
3. Alexis ne _______________ (se rendre) pas compte que sa petite amie ne l'aime pas.
4. On doit _______________ (se dépêcher) pour arriver à la fac.
5. Papa _______________ (s'occuper) toujours de la cuisine.
6. Tu _______________ (s'amuser) quand tu vas au cinéma?
7. Vous _______________ (s'intéresser) au cours d'histoire de l'art?
8. Je ne _______________ (se disputer) pas souvent avec les profs.
9. Tu _______________ (se reposer) un peu sur le lit.
10. Angélique _______________ (s'asseoir) toujours près de la porte.
11. Je _______________ (s'appeler) Susanne.
12. Elles _______________ (s'ennuyer) chez leurs cousins.

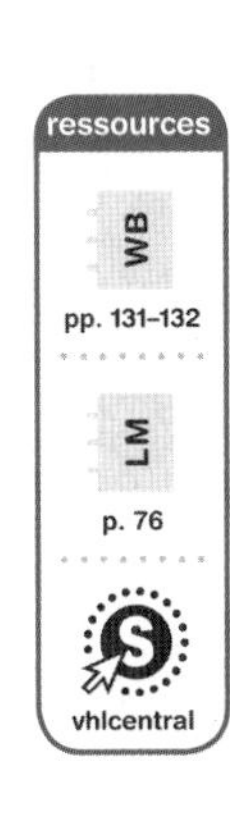

STRUCTURES

Mise en pratique

1 **Ma sœur et moi** Complétez ce texte avec les formes correctes des verbes.

Je (1) __________ (s'appeler) Anne, et j'ai une sœur, Stéphanie. Nous (2) __________ (s'habiller) souvent de la même manière, mais nous sommes très différentes. Stéphanie (3) __________ (s'intéresser) à la politique et elle étudie le droit, et moi, je (4) __________ (s'intéresser) à la peinture et je fais de l'art. Nous habitons ensemble, et nous (5) __________ (s'entendre bien). On (6) __________ (s'asseoir) souvent sur un banc (*bench*) au parc pour bavarder. Quelquefois on (7) __________ (se mettre en colère). Heureusement, on (8) __________ (se rendre compte) que c'est inutile et on (9) __________ (s'arrêter). En fait, Stéphanie et moi, nous (10) __________ (ne pas s'ennuyer) ensemble.

2 **Que faire?** Que font Diane et ses copains? Utilisez les verbes de la liste pour compléter les phrases.

s'amuser	se disputer	s'occuper
s'appeler	s'énerver	se préparer
s'asseoir	s'ennuyer	se promener
se dépêcher	s'entendre bien	se reposer
se détendre	s'inquiéter	se tromper

1. Si je suis en retard pour mon cours, je __________.
2. Parfois, Toufik __________ et ne donne pas la bonne réponse.
3. Quand un cours n'est pas intéressant, nous __________.
4. Le week-end, Hubert et Édith sont fatigués, alors ils __________.
5. Quand je ne comprends pas mon prof, je __________.
6. Quand il fait beau, vous allez dans le parc et vous __________.
7. Quand tes parents sortent, tu __________ de tes petites sœurs.
8. Ils __________ tout le temps. Ils vont sûrement divorcer!

3 **La fête** Marc a invité ses amis pour célébrer la fin (*end*) du semestre. Avec un(e) partenaire, décrivez la scène à tour de rôle. Utilisez tous les verbes possibles de la liste de l'**Activité 2**.

Communication

4 **Se connaître** Vous voulez mieux connaître vos camarades. Par groupes de quatre, posez-vous des questions et puis présentez les réponses à la classe.

MODÈLE

s'intéresser à la politique
Étudiant(e) 1: *Je ne m'intéresse pas à la politique.*
Et toi, t'intéresses-tu à la politique?
Étudiant(e) 2: *Je m'intéresse beaucoup à la politique et je lis le journal tous les jours.*

1. s'amuser en cours de français
2. s'inquiéter pour des questions d'argent
3. s'asseoir au premier rang (*row*) dans la classe
4. s'énerver facilement
5. se mettre souvent en colère
6. se reposer le week-end
7. s'entendre bien avec ses camarades de classe
8. se promener souvent

5 **Curieux** Utilisez ces verbes et expressions pour interviewer un(e) partenaire.

MODÈLE

avec qui / s'amuser
Étudiant(e) 1: *Avec qui est-ce que tu t'amuses?*
Étudiant(e) 2: *Je m'amuse avec mes amis.*

1. avec qui / s'entendre bien
2. à quoi / s'intéresser
3. quand, pourquoi / s'ennuyer
4. pourquoi / se mettre en colère
5. quand, comment / se détendre
6. avec qui, où, quand / se promener
7. avec qui, pourquoi / se disputer
8. quand, pourquoi / se dépêcher

6 **Une mère inquiète** La mère de Philippe lui a écrit cet e-mail. Avec un(e) partenaire, préparez par écrit la réponse de Philippe. Employez des verbes réfléchis à sens idiomatique.

Mon chéri,

Je m'inquiète beaucoup pour toi. Je me rends compte que tu as changé. Tu ne t'amuses pas avec tes amis et tu te mets constamment en colère. Maintenant, tu restes tout le temps dans ta chambre et tu t'intéresses seulement à la télé. Est-ce que tu t'ennuies à l'école? Te souviens-tu que tu as des amis? J'espère que je me trompe.

Révision

1 **Les colocataires** Avec un(e) partenaire, décrivez cette maison de colocataires à sept heures du matin. Que font-ils?

1.

2.

3.

2 **Le camping** Vous et votre partenaire faites du camping dans un endroit isolé. Malheureusement, vous avez tout oublié. À tour de rôle, parlez de ces problèmes à votre partenaire. Il/Elle va essayer de vous aider.

MODÈLE

Étudiant(e) 1: *Je veux me laver les cheveux, mais je n'ai pas pris mon shampooing.*
Étudiant(e) 2: *Moi, j'ai apporté mon shampooing. Je te le prête.*

prendre une douche	se brosser les cheveux
se brosser les dents	se laver les mains
se coiffer	se sécher les cheveux
se laver le visage	se raser

3 **Débat** Par groupes de quatre, débattez cette question: Qui prend plus de temps pour se préparer avant de sortir, les hommes ou les femmes? Préparez une liste de raisons pour défendre votre point de vue. Présentez vos arguments à la classe.

4 **Dépêchez-vous!** Avec un(e) partenaire, imaginez que vous soyez (*are*) les parents de trois enfants. Ils doivent partir pour l'école dans dix minutes, mais ils viennent juste de se réveiller! Que leur dites-vous? Utilisez des verbes réfléchis.

MODÈLE

Étudiant(e) 1: *Dépêchez-vous!*
Étudiant(e) 2: *Lève-toi!*

5 **Départ de vacances** Avec un(e) partenaire, observez les images et décrivez-les. Utilisez tous les verbes de la liste. Ensuite, racontez à la classe l'histoire du départ en vacances de la famille Glassié.

s'amuser	s'énerver
se dépêcher	se mettre en colère
se détendre	se préparer
se disputer (avec)	se rendre compte

6 **La personnalité de Martin** Votre professeur va vous donner, à vous et à votre partenaire, une feuille d'information sur Martin. Attention! Ne regardez pas la feuille de votre partenaire.

MODÈLE

Étudiant(e) 1: *Martin s'habille élégamment.*
Étudiant(e) 2: *Mais...*

S'aimer mieux

La marque° Krys veut que la beauté soit° accessible à tous. Ses lunettes ont donc des prix raisonnables et elles sont vendues partout° en France, en Belgique et sur Internet. Ses opticiens sont des professionnels qui savent aussi donner de bons conseils° esthétiques à leurs clients.

Cette compagnie est apparue° en 1966 quand les 14 plus grands opticiens de France ont décidé de travailler ensemble. Pour choisir leur nom, ils ont pensé à la transparence et au cristal, et «Krys» est née.

Non merci.

Jolies lunettes!

Compréhension Répondez aux questions.

1. Est-ce que le jeune homme se sentait (*felt*) bien avant? Quel était son plus gros problème?
2. Qu'est-ce qui a ensuite changé dans sa vie?

Discussion Par groupes de quatre, répondez aux questions et discutez.

1. Quelle partie de votre routine matinale prend le plus de temps ou est vraiment essentielle?
2. En général, est-ce que votre *look* vous aide à vous sentir (*feel*) mieux et à passer une bonne journée, ou est-ce qu'il n'a pas d'importance?
3. Comme la jeune fille dans la pub (*ad*), avez-vous déjà essayé de faire un compliment à un(e) inconnu(e) (*stranger*) sur son *look*? Quelle réaction a eu cette personne?

marque *brand* **soit** *be* **partout** *everywhere* **conseils** *advice* **apparue** *appeared*

Go to **vhlcentral.com** to watch the TV clip featured in this **Le Zapping**.

Leçon 10B

You will learn how to...

- describe your health
- talk about remedies and well-being

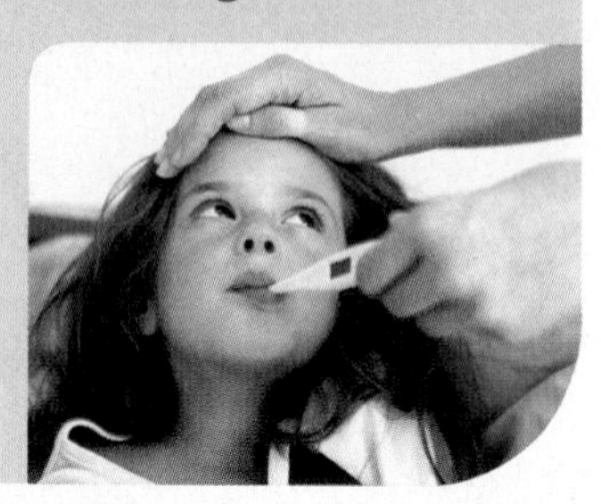

J'ai mal!

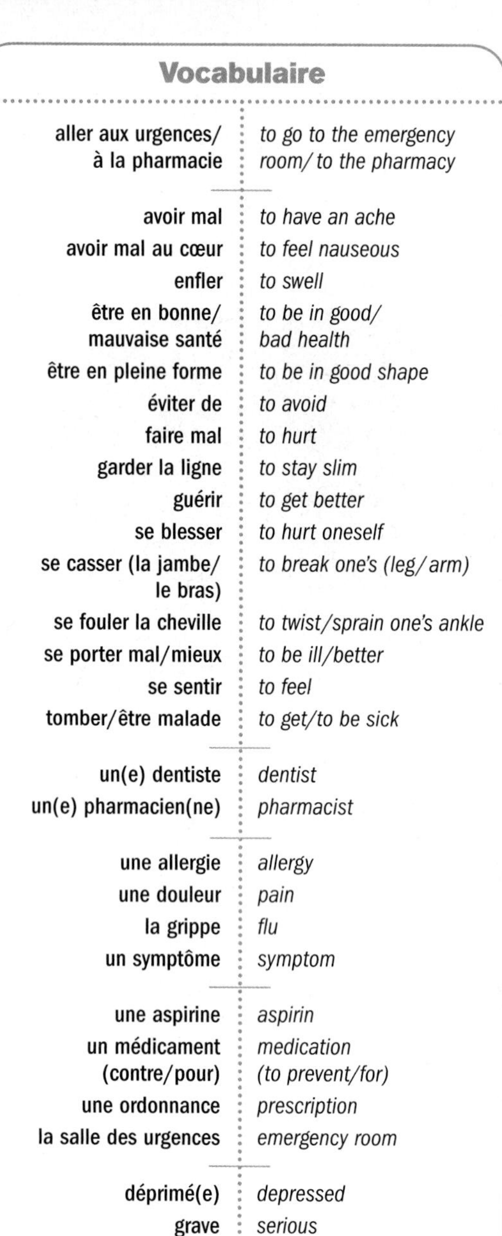

Vocabulaire

aller aux urgences/ à la pharmacie	*to go to the emergency room/ to the pharmacy*
avoir mal	*to have an ache*
avoir mal au cœur	*to feel nauseous*
enfler	*to swell*
être en bonne/ mauvaise santé	*to be in good/ bad health*
être en pleine forme	*to be in good shape*
éviter de	*to avoid*
faire mal	*to hurt*
garder la ligne	*to stay slim*
guérir	*to get better*
se blesser	*to hurt oneself*
se casser (la jambe/ le bras)	*to break one's (leg/ arm)*
se fouler la cheville	*to twist/sprain one's ankle*
se porter mal/mieux	*to be ill/better*
se sentir	*to feel*
tomber/être malade	*to get/to be sick*
un(e) dentiste	*dentist*
un(e) pharmacien(ne)	*pharmacist*
une allergie	*allergy*
une douleur	*pain*
la grippe	*flu*
un symptôme	*symptom*
une aspirine	*aspirin*
un médicament (contre/pour)	*medication (to prevent/for)*
une ordonnance	*prescription*
la salle des urgences	*emergency room*
déprimé(e)	*depressed*
grave	*serious*
sain(e)	*healthy*

ressources

WB pp. 133–134 | LM p. 77 | vhlcentral

Mise en pratique

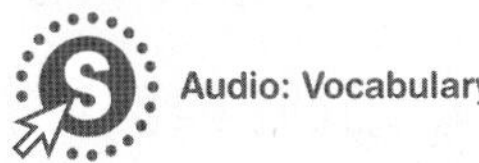

1 Écoutez Monsieur Sebbar est tombé malade. Vous allez écouter une conversation entre lui et son médecin. Choisissez les éléments de chaque catégorie qui sont vrais.

Symptômes

1. J'ai mal à la tête. ☐
2. J'ai mal au ventre. ☐
3. J'ai mal aux yeux. ☐
4. J'ai mal à la gorge. ☐
5. J'ai mal au cœur. ☐
6. J'ai mal à la cheville. ☐

Diagnostic

1. la grippe ☐
2. un rhume ☐
3. la cheville cassée ☐
4. de la fièvre ☐

Traitement

1. faire de l'exercice ☐
2. faire une piqûre ☐
3. prendre des médicaments ☐

2 Chassez l'intrus Indiquez le mot qui ne va pas avec les autres.

1. un médicament, une pilule, une ordonnance, une aspirine
2. un médecin, un dentiste, un patient, une pharmacienne
3. un rhume, une aspirine, la grippe, une allergie
4. tomber malade, guérir, être en bonne santé, se porter mieux
5. éternuer, tousser, fumer, avoir mal à la gorge
6. être en pleine forme, être malade, être au régime, garder la ligne
7. se sentir bien, se porter mieux, être en mauvaise santé, éviter de fumer
8. une blessure, une pharmacie, un symptôme, une douleur

3 Complétez Complétez les phrases suivantes avec le bon mot choisi dans la section **CONTEXTES** pour faire des phrases logiques.

1. Vous allez chez le médecin quand vous tombez ________.
2. Vous allez chez ________ quand vous avez mal aux dents.
3. ________ aide les médecins.
4. Une femme qui va avoir un bébé est ________.
5. Une personne qui a eu un accident grave est emmenée (*taken*) aux ________.
6. On prend une ________ quand on a mal à la tête.
7. Pour être en forme et garder la ligne, il faut ________.
8. Si on n'est pas malade, on est ________.
9. Le médecin peut vous faire ________.
10. ________ est une liste de médicaments à prendre.
11. Être ________, c'est être tout le temps malheureux.
12. Si les fleurs vous font ________, vous avez une allergie.

Practice more at **vhlcentral.com**.

Communication

4 Conversez **Interviewez un(e) camarade de classe.**

1. Quand t'a-t-on fait une piqûre pour la dernière fois? Pourquoi? Et une ordonnance?
2. Est-ce que tu as souvent des rhumes? Que fais-tu pour guérir?
3. Quel médicament prends-tu quand tu as de la fièvre? Et quand tu as mal à la tête?
4. Es-tu allé(e) chez le médecin cette année? À l'hôpital? Pourquoi?
5. Es-tu déjà allé(e) aux urgences? Pourquoi?
6. Connais-tu une femme enceinte? Comment se sent-elle?
7. Est-ce une bonne idée de fumer? Pourquoi pas?
8. Comment te sens-tu aujourd'hui? Et comment te sentais-tu hier?

5 Qu'est-ce qui ne va pas? **Travaillez avec un(e) camarade de classe et à tour de rôle, indiquez ce qui ne va pas chez chaque personne, puis proposez un traitement (*treatment*).**

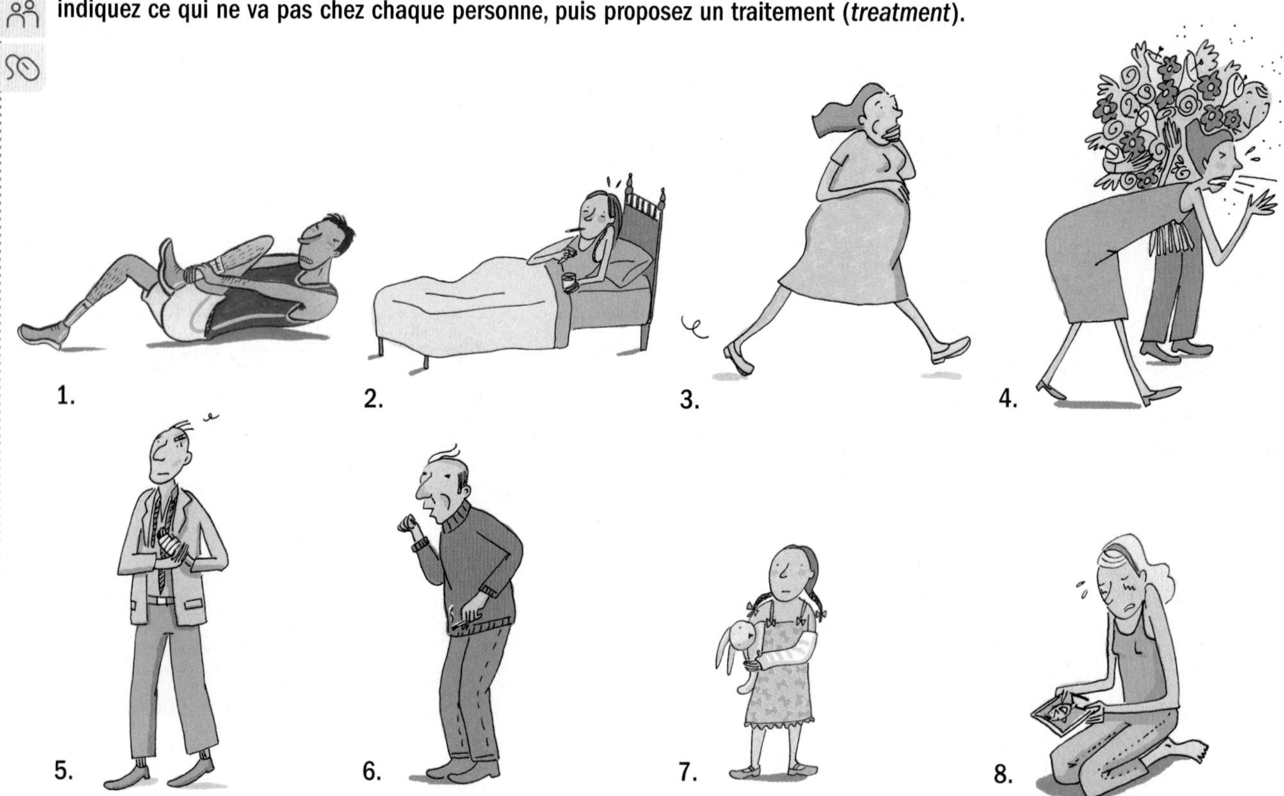

6 Écriture **Suivez les instructions et composez un paragraphe. Ensuite, comparez votre paragraphe avec celui d'un(e) camarade de classe.**

- Décrivez la dernière fois que vous avez été malade ou la dernière fois que vous avez eu un accident.
- Dites quels étaient vos symptômes.
- Dites si vous êtes allé(e) chez le médecin ou aux urgences.
- Mentionnez si on vous a donné une ordonnance et quels médicaments vous avez pris.

7 Chez le médecin **Travaillez avec un(e) camarade de classe pour présenter un dialogue dans lequel vous:**

- jouez le rôle d'un médecin et d'un(e) patient(e).
- parlez des symptômes du/de la patient(e).
- présentez le diagnostic (*diagnosis*) du médecin.
- proposez un traitement au/à la patient(e).

Les sons et les lettres

Audio: Concepts, Activities
Record & Compare

p, t, and c

Read the following English words aloud while holding your hand an inch or two in front of your mouth. You should feel a small burst of air when you pronounce each of the consonants.

pan **top** **cope** **pat**

In French, the letters **p**, **t**, and **c** are not accompanied by a short burst of air. This time, try to minimize the amount of air you exhale as you pronounce these consonants. You should feel only a very small burst of air or none at all.

panne **taupe** **capital** **cœur**

To minimize a **t** sound, touch your tongue to your teeth and gums, rather than just your gums.

taille **tête** **tomber** **tousser**

Similarly, you can minimize the force of a **p** by smiling slightly as you pronounce it.

pied **poitrine** **pilule** **piqûre**

When you pronounce a hard **c** sound, you can minimize the force by releasing it very quickly.

corps **cou** **casser** **comme**

Prononcez Répétez les mots suivants à voix haute.

1. plat
2. cave
3. tort
4. timide
5. commencer
6. travailler
7. pardon
8. carotte
9. partager
10. problème
11. rencontrer
12. confiture
13. petits pois
14. colocataire
15. canadien

Articulez Répétez les phrases suivantes à voix haute.

1. Paul préfère le tennis ou les cartes?
2. Claude déteste le poisson et le café.
3. Claire et Thomas ont-ils la grippe?
4. Tu préfères les biscuits ou les gâteaux?

Dictons Répétez les dictons à voix haute.

[1] Those who are absent are always the ones to blame.
[2] The first step is always the hardest.

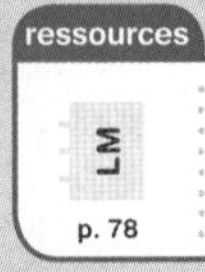

L'accident

Video: *Roman-photo*
Record & Compare

PERSONNAGES

Amina

David

Dr Beaumarchais

Rachid

Stéphane

Au parc...

RACHID Comment s'appelle le parti politique qui gagne les élections en 1936?

STÉPHANE Le Front Populaire.

RACHID Exact. Qui en était le chef?

STÉPHANE Je ne m'en souviens pas.

RACHID Réfléchis. Qui est devenu président...?

AMINA Salut, vous deux!

RACHID Bonjour, Amina! (*Il tombe.*) Aïe!

STÉPHANE Tiens, donne-moi la main. Essaie de te relever.

RACHID Attends... non, je ne peux pas.

AMINA On va t'emmener chez le médecin tout de suite. Stéphane, mets-toi là de l'autre côté. Hop là! On y va? Allons-y.

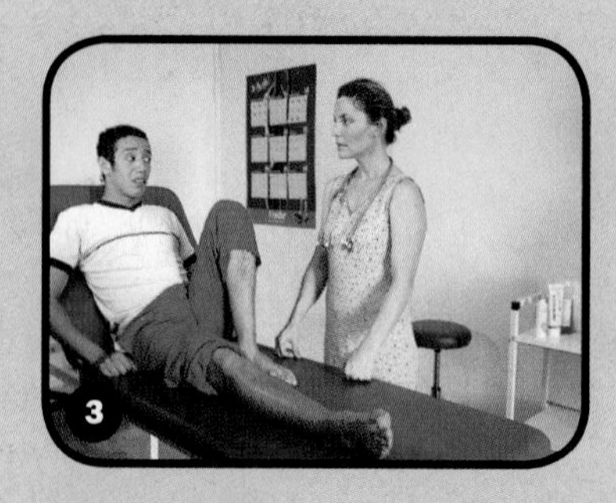

Chez le médecin...

DOCTEUR Alors, expliquez-moi ce qui s'est passé.

RACHID Et bien, je jouais au foot quand tout à coup je suis tombé.

DOCTEUR Et où est-ce que vous avez mal? Au genou? À la jambe? Ça ne vous fait pas mal ici?

RACHID Non, pas vraiment.

AMINA Ah, te voilà Rachid!

STÉPHANE Alors, tu t'es cassé la jambe? Euh... tu peux toujours jouer au foot?

AMINA Stéphane!

RACHID Pas pour le moment, non; mais ne t'inquiète pas. Après quelques semaines de repos, je vais guérir rapidement et retrouver la forme.

AMINA Qu'est-ce que t'a dit le docteur?

RACHID Oh, ce n'est pas grave. Je me suis foulé la cheville. C'est tout.

AMINA Ah, c'est une bonne nouvelle. Bon, on rentre?

RACHID Oui, volontiers. Dis, est-ce qu'on peut passer par la pharmacie?

AMINA Bien sûr!

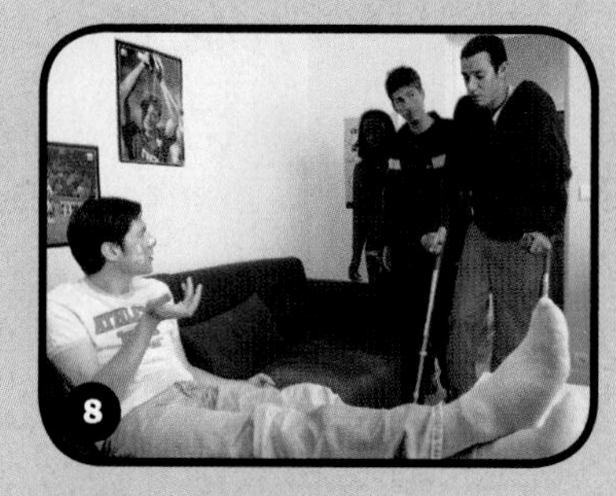

Chez David et Rachid...

DAVID Rachid! Qu'est-ce qui t'est arrivé?

RACHID On jouait au foot et je suis tombé. Je me suis foulé la cheville.

DAVID Oh! C'est idiot!

AMINA Bon, on va mettre de la glace sur ta cheville. Il y en a au congélateur?

DAVID Oui, il y en a.

ACTIVITÉS

1 **Les événements** Mettez les événements suivants dans l'ordre chronologique.

a. ____ Rachid, Stéphane et Amina vont à la pharmacie.
b. ____ Rachid tombe.
c. ____ David explique qu'il a eu une réaction allergique.
d. ____ Rachid et Stéphane jouent au foot.
e. ____ Le docteur Beaumarchais explique que Rachid n'a pas la cheville cassée.
f. ____ Stéphane ne se souvient pas de la réponse.
g. ____ Amina et Stéphane aident Rachid.
h. ____ Amina et Stéphane sont surpris de voir (*see*) le visage de David.
i. ____ David dit qu'il est allé aux urgences.
j. ____ Le docteur Beaumarchais prépare une ordonnance.

Practice more at **vhlcentral.com**.

Rachid se foule la cheville.

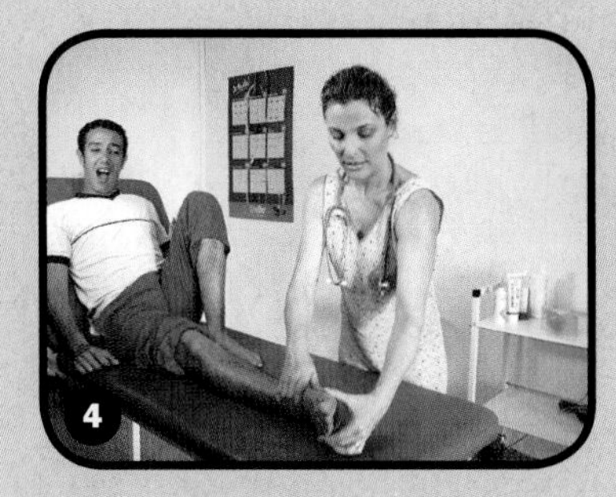
4

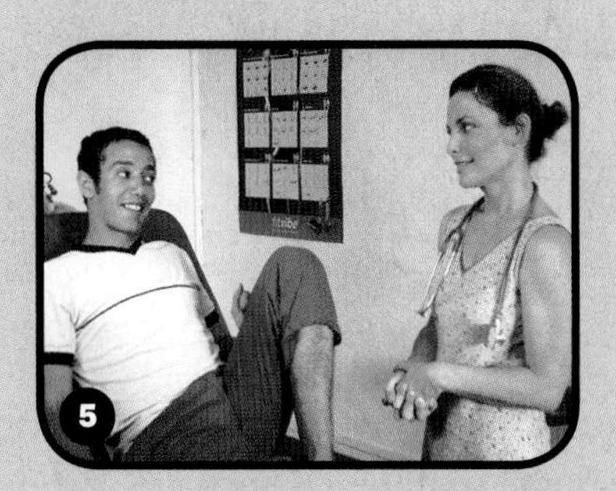
5

DOCTEUR Et là, à la cheville?
RACHID Aïe! Oui, c'est ça!
DOCTEUR Vous pouvez tourner le pied à droite... Et à gauche? Doucement. La bonne nouvelle, c'est que ce n'est pas cassé.
RACHID Ouf, j'ai eu peur.

DOCTEUR Vous vous êtes simplement foulé la cheville. Alors, voilà ce que vous allez faire: mettre de la glace, vous reposer. Ça veut dire: pas de foot pendant une semaine au moins et prendre des médicaments contre la douleur. Je vous prépare une ordonnance tout de suite.
RACHID Merci, Docteur Beaumarchais.

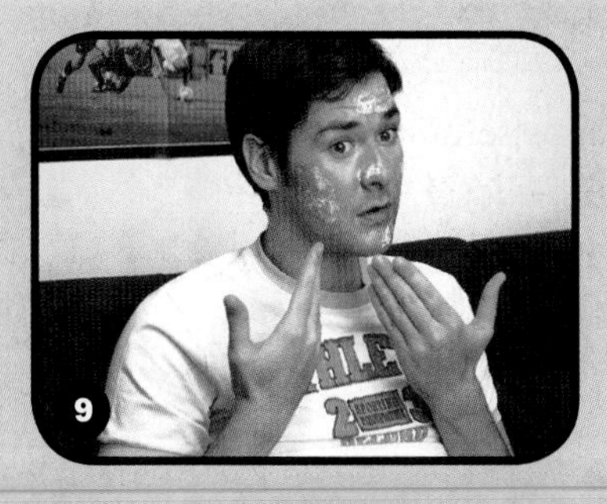
9

10

STÉPHANE Et toi, David, qu'est-ce qui t'est arrivé? Tu fais le clown ou quoi?
DAVID Ah! Ah!... Très drôle, Stéphane.
AMINA Ça te fait mal?
DAVID Non. C'est juste une allergie. Ça commence à aller mieux. Je suis allé aux urgences. On m'a fait une piqûre et on m'a donné des médicaments. Ça va passer. En attendant, je dois éviter le soleil.

STÉPHANE Vous faites vraiment la paire, tous les deux!
AMINA Allez, Stéphane. Laissons-les tranquilles. Au revoir, vous deux. Reposez-vous bien!
RACHID Merci! Au revoir!
DAVID Au revoir!
DAVID Eh! Rends-moi la télécommande! Je regardais ce film...

Expressions utiles

Giving instructions and suggestions

- **Essaie de te relever.**
  Try to get up.
- **On y va? Allons-y.**
  Should we go (there)? Let's go (there).
- **Qu'est-ce qui t'est arrivé?**
  What happened to you?
- **Laissons-les tranquilles.**
  Let's leave them alone.
- **Rends-moi la télécommande.**
  Give me back the remote.

Referring to ideas, quantities, and places

- **Qui en était le chef?**
  Who was the leader of it?
- **Je ne m'en souviens pas.**
  I don't remember.
- **De la glace. Il y en a au congélateur?**
  Ice. Is there any in the freezer?
- **Oui, il y en a.**
  Yes, there is some (there).

Additional vocabulary

- **la bonne nouvelle**
  the good news
- **ça veut dire**
  that is to say/that means
- **volontiers**
  gladly
- **en attendant**
  in the meantime

ACTIVITÉS

2 **À vous!** Sandrine ne sait pas encore ce qui est arrivé à David et à Rachid. Avec deux camarades de classe, préparez une conversation dans laquelle Sandrine découvre ce qui s'est passé. Ensuite, jouez les rôles de Sandrine, David et Rachid devant la classe.

- Imaginez le contexte de la conversation: le lieu, qui fait/a fait quoi.
- Décidez si Sandrine rencontre les garçons ensemble ou séparément.
- Décrivez la surprise initiale de Sandrine. Détaillez ses questions et ses réactions.

3  **Écrivez** Rachid et David ont deux problèmes de santé très différents. Qu'est-ce que vous préférez, une cheville foulée pendant une semaine ou une réaction allergique au visage? Écrivez un paragraphe dans lequel vous comparez les deux situations. Quelle situation est la pire? Pourquoi?

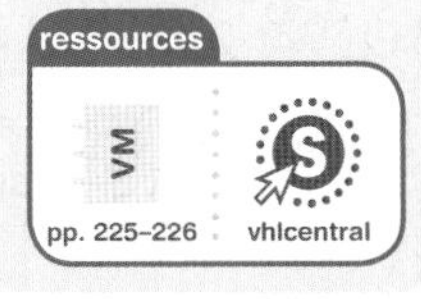

Reading
Video: *Flash culture*

CULTURE À LA LOUPE

La Sécurité sociale

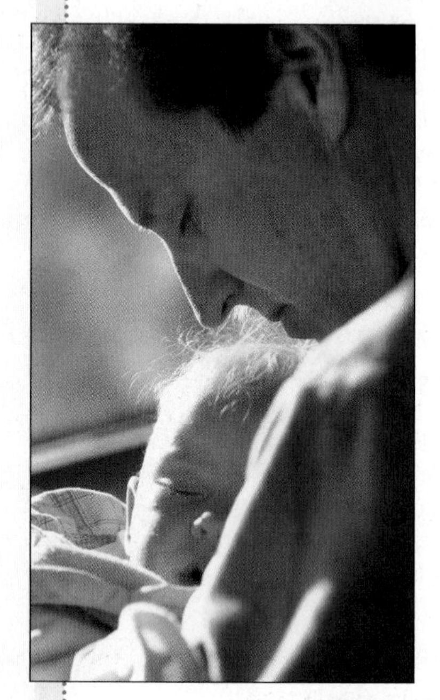

En France, presque tous les habitants sont couverts par le système national de la Sécurité sociale. La Sécurité sociale, ou «la sécu», est un organisme d'État, financé principalement par les cotisations° sociales des travailleurs, qui donne une aide financière à ses bénéficiaires dans différents domaines. La branche «famille», par exemple, s'occupe des allocations° pour la maternité et les enfants. La branche «vieillesse» paie les retraites des personnes âgées. La branche «maladie» aide les gens en cas de maladies et d'accidents du travail. Chaque personne qui bénéficie des prestations° de la Sécurité sociale a une carte Vitale qui ressemble à une carte de crédit et qui contient° toutes ses informations personnelles. La Sécurité sociale rembourse° en moyenne 75% des frais° médicaux. Les visites chez le médecin sont remboursées à 70%. Le taux° de remboursement varie entre 80 et 100% pour les séjours en clinique ou à l'hôpital et entre 70 et 100% pour les soins dentaires°. Pour les achats° en pharmacie, le taux de remboursement varie beaucoup: de 35 à 100% selon° les médicaments achetés. Beaucoup de gens ont aussi une mutuelle, une assurance santé supplémentaire qui rembourse ce que la Sécurité sociale ne rembourse pas. Ceux° qui ne peuvent pas avoir de mutuelle et ceux qui n'ont pas droit à° la Sécurité sociale traditionnelle bénéficient parfois de la Couverture Maladie Universelle (CMU). La CMU garantit le remboursement à 100% des frais médicaux aux gens qui n'ont pas beaucoup de ressources.

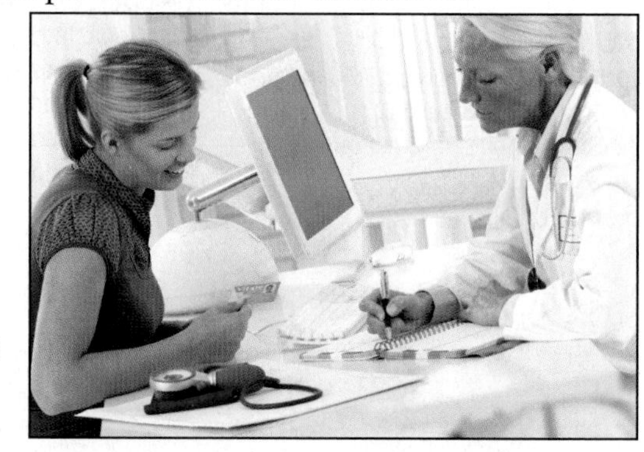

Les visites médicales

- En moyenne°, les Français consultent un médecin sept fois par an,
- dont° quatre fois un généraliste
- et trois fois un spécialiste.
- 70% des visites médicales ont lieu° chez le médecin.
- 20% ont lieu à la maison.
- 10% ont lieu à l'hôpital.

cotisations *contributions* **allocations** *allowances* **prestations** *benefits* **contient** *holds* **rembourse** *reimburses* **frais** *expenses* **taux** *rate* **soins dentaires** *dental care* **achats** *purchases* **selon** *depending on* **Ceux** *Those* **n'ont pas droit à** *don't qualify for* **En moyenne** *On average* **dont** *of which* **ont lieu** *take place*

ACTIVITÉS

1 **Vrai ou faux?** Indiquez si les phrases sont **vraies** ou **fausses**. Corrigez les phrases fausses.

1. Les cotisations des travailleurs financent la Sécurité sociale.
2. La Sécurité sociale a plusieurs branches.
3. La branche «vieillesse» s'occupe des accidents du travail.
4. La carte Vitale est une assurance supplémentaire.
5. La Sécurité sociale rembourse en moyenne 100% des frais médicaux.
6. Entre 70 et 100% des soins dentaires sont remboursés par la sécu.
7. La Sécurité sociale ne rembourse pas les médicaments.
8. En plus de la Sécurité sociale, certaines personnes ont des assurances santé supplémentaires.
9. Si on n'a pas beaucoup d'argent, on peut bénéficier de la CMU.
10. Vingt pour cent des consultations médicales ont lieu à l'hôpital.

STRATÉGIE

Using a dictionary

Be careful not to reach for the dictionary every time you do not understand what you read. Instead, keep a running list of unfamiliar words that you come across in the selection. Only after you have tried several strategies and are still unable to guess a word's meaning should you consider using a dictionary. Remember to read and consider all the translations under an entry before choosing the right one for the context.

PORTRAIT

Marie Curie

Grande figure féminine du 20e siècle et de l'histoire des sciences, Marie Curie reçoit° en 1903 le prix Nobel de physique avec son mari, Pierre, pour leurs travaux° sur la radioactivité. Quelques années plus tard elle reçoit le prix Nobel de chimie pour la découverte° de deux éléments radioactifs: le polonium et le radium. Pendant la Première Guerre mondiale° elle organise un service de radiologie mobile pour mieux soigner° les blessés. La lutte° contre le cancer bénéficie aussi des vertus thérapeutiques du radium. Marie Curie est la première femme à recevoir° un prix Nobel et la seule personne à en avoir reçu° deux. Elle est née Maria Sklodowska à Varsovie en Pologne. À 24 ans elle est venue à Paris pour faire des études scientifiques car° l'université de Varsovie refusait l'accès aux jeunes filles. Elle a consacré° toute sa vie aux recherches scientifiques et est morte d'une leucémie en 1934.

reçoit *receives* **travaux** *work* **découverte** *discovery* **Première Guerre mondiale** *World War I* **soigner** *treat* **lutte** *fight* **recevoir** *receive* **reçu** *received* **car** *because* **consacré** *devoted*

LE MONDE FRANCOPHONE

Des pionniers de la médecine

Voici quelques autres pionniers francophones de la médecine.

En Belgique

Jules Bordet (1870–1961) médecin et microbiologiste qui a découvert° le microbe de la coqueluche°

En France

Bernard Kouchner (1939–) médecin, cofondateur° de Médecins sans frontières° et de Médecins du monde

En Haïti

Yvonne Sylvain (1907–1989) première femme médecin et gynécologue obstétricienne d'Haïti

Au Québec

Jeanne Mance (1606–1673) fondatrice du premier hôpital d'Amérique du Nord

En Suisse

Henri Dunant (1828–1910) fondateur de la Croix-Rouge°

a découvert *discovered* **coqueluche** *whooping cough* **cofondateur** *cofounder* **frontières** *Borders* **Croix-Rouge** *Red Cross*

Sur Internet

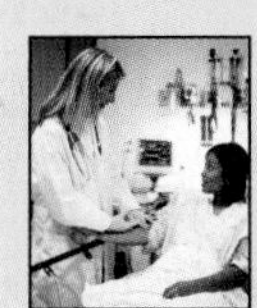

Qui a découvert le vaccin contre la tuberculose?

Go to **vhlcentral.com** to find more cultural information related to this **Lecture culturelle**. Then watch the corresponding **Flash culture**.

ACTIVITÉS

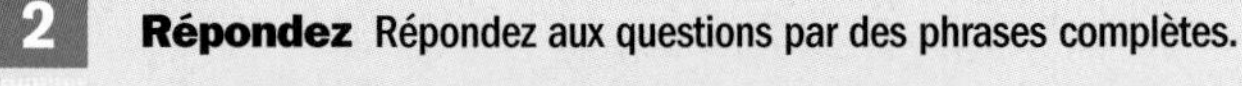

2 Répondez Répondez aux questions par des phrases complètes.

1. Quels grands prix Marie Curie a-t-elle reçus?
2. Quelles sont les implications pour la lutte contre le cancer?
3. Où Marie Curie est-elle née?
4. Pourquoi est-elle venue à Paris?
5. Qui a été la première femme médecin d'Haïti?

3 Problèmes de santé Avec un(e) camarade, écrivez cinq phrases où vous utilisez ce vocabulaire: **une angine** (*strep throat*), **une carie** (*cavity*), **des frissons** (*m.*) (*chills*), **le nez bouché** (*stuffy nose*), **une toux** (*cough*). Soyez prêts à les présenter devant la classe.

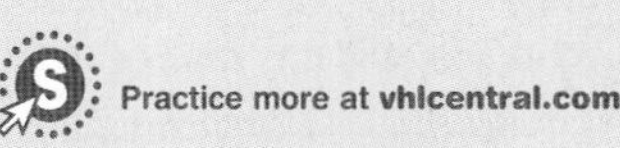

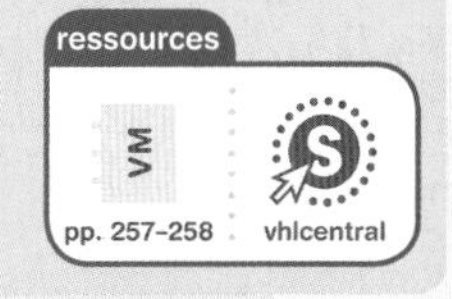

10B.1

The *passé composé* of reflexive verbs

Presentation

Point de départ In **Leçon 10A**, you learned to form the present tense and command forms of reflexive verbs. You will now learn how to form the **passé composé** of reflexive verbs.

À noter

In **Leçon 7A**, you learned about verbs that take **être** in the **passé composé** and about agreement of past participles with a preceding direct object pronoun in the **passé composé** with **avoir**. Keep these in mind as you learn how to form the **passé composé** of reflexive verbs.

Boîte à outils

Recall that some verbs can be used both reflexively and non-reflexively. In the **passé composé**, reflexive verbs take **être** as the auxiliary verb, while their non-reflexive counterparts take **avoir**.

Elle **s'est arrêtée**.
Elle **a arrêté** la voiture.

- Use the auxiliary verb **être** with all reflexive verbs in the **passé composé**, and place the reflexive pronoun before it.

Nous **nous sommes fait** mal hier, pendant la randonnée.
We hurt ourselves during the hike yesterday.

Il **s'est lavé** les mains avant de prendre le médicament.
He washed his hands before taking the medicine.

Où est-ce que tu **t'es blessé**?
Where did you hurt yourself?

Vous **vous êtes trompé**?
Did you make a mistake?

- If the verb is not followed by a direct object, the past participle should agree with the subject in gender and number.

SUBJECT — PAST PARTICIPLE
L'infirmier et le médecin **se sont disputés**.
The nurse and the doctor argued.

SUBJECT — PAST PARTICIPLE
Elle **s'est assise** dans le fauteuil du dentiste.
She sat in the dentist's chair.

SUBJECT — PAST PARTICIPLE
Ahmed et toi, vous **vous êtes** bien **entendus**?
Did you and Ahmed get along?

- If the verb is followed by a direct object, the past participle should not agree with the subject. Use the masculine singular form.

PAST PARTICIPLE — DIRECT OBJECT
Régine **s'est foulé** les deux chevilles.
Régine twisted both ankles.

PAST PARTICIPLE — DIRECT OBJECT
Ils **se sont cassé** les bras.
They broke their arms.

- To make a reflexive verb negative in the **passé composé**, place **ne** before the reflexive pronoun and **pas** after the auxiliary verb.

Elles **ne se sont pas** mises en colère.
They didn't get angry.

Nous **ne nous sommes pas** sentis mieux.
We didn't feel better.

Je **ne me suis pas** rasé ce matin.
I didn't shave this morning.

Tu **ne t'es pas** coiffée.
You didn't do your hair.

- To ask a question using inversion with a reflexive verb in the **passé composé**, follow the same pattern as you would with non-reflexive verbs. Invert the subject pronoun and the auxiliary verb, and keep the reflexive pronoun before the auxiliary.

Irène **s'est-elle** blessée au genou?
Did Irène hurt her knee?

Ne **vous êtes-vous** pas rendu compte de ça?
Didn't you realize that?

- Place a direct object pronoun between the reflexive pronoun and the auxiliary verb. Make the past participle agree with the direct object pronoun that precedes it.

Il a la cheville un peu enflée. Il **se l'**est **cassée** il y a une semaine.
His ankle is a bit swollen. He broke it a week ago.

Mes mains? Mais je **me les** suis déjà **lavées**.
My hands? But I already washed them.

- The irregular past participle of the verb **s'asseoir** is **assis(e)**.

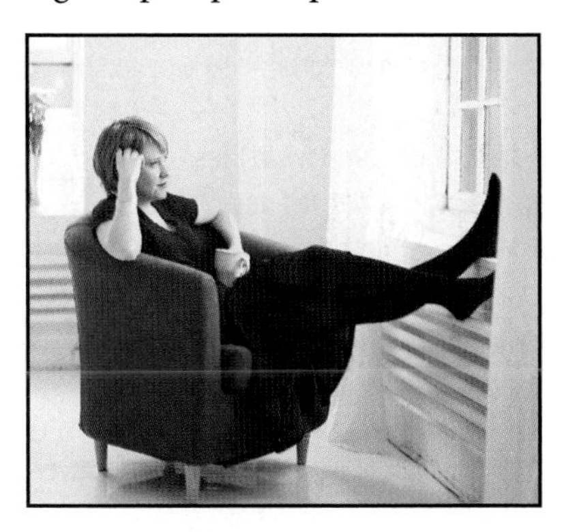

Elle **s'est assise** près de la fenêtre.
She sat near the window.

Les jeunes mariés **se sont assis** dans le salon.
The newlyweds sat in the living room.

- Form the **imparfait** of reflexive verbs exactly as you would for non-reflexive verbs. Just add the corresponding reflexive pronoun.

Je **me brossais** les dents trois fois par jour.
I used to brush my teeth three times a day.

Nous **nous promenions** souvent au parc.
We often used to take walks in the park.

Essayez! **Complétez ces phrases.**

1. Natalia s'est (foulé/foulée) le bras.
2. Sa jambe? Comment Robert se l'est-il (cassé/cassée)?
3. Les deux joueurs de basket se sont (blessé/blessés) au genou.
4. L'infirmière s'est (lavé/lavées) les mains.
5. M. Pinchon s'est (fait/faite) mal à la jambe.
6. S'est-elle (rasé/rasées) les jambes?
7. Elles se sont (maquillé/maquillés) les yeux?
8. Nous nous les sommes (cassé/cassés).
9. Sandrine, tu t'es (réveillé/réveillée) tard ce matin.
10. Tout à coup, Omar s'est (senti/sentie) mal.
11. Nous ne nous sommes pas (déshabillé/déshabillées) avant de nous coucher.

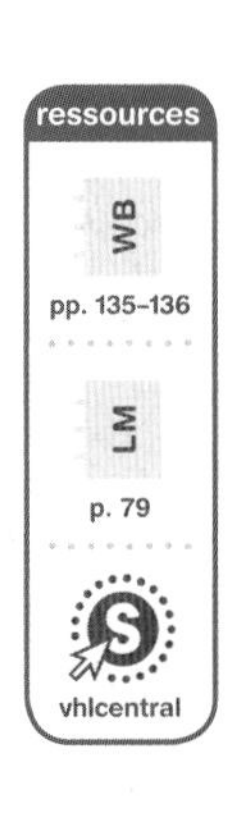

Mise en pratique

1 **Une lettre** Complétez la lettre que Christine a écrite sur sa journée. Mettez les verbes au passé composé.

Hier soir, je (1) ________ (se coucher) trop tard, et quand je (2) ________ (se réveiller), j'étais fatiguée. Mais je voulais jouer au basket, alors je (3) ________ (se lever) et je (4) ________ (se brosser) les dents. Mon amie est venue me chercher et je (5) ________ (s'endormir) dans la voiture! Je pense que mon amie (6) ________ (s'énerver) un peu contre moi. Nous (7) ________ (se préparer) pour le match et nous (8) ________ (se mettre) à jouer.

2 **Descriptions** Utilisez des verbes réfléchis pour décrire ce que (*what*) les personnages des illustrations ont fait ou n'ont pas fait hier. Mettez les verbes au passé composé.

Thomas

MODÈLE

Thomas ne s'est pas lavé.

1. mes amis ________

2. tu ________

3. je ________

4. vous ________

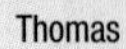

3 **Une mauvaise journée** Hier, Djamila a eu toutes sortes de difficultés. Avec un(e) partenaire, utilisez le vocabulaire de la liste pour raconter sa mauvaise journée.

MODÈLE

Étudiant(e) 1: *Djamila s'est trompée.*
Étudiant(e) 2: *Elle s'est brossé les dents avec du savon!*

se brosser	se sentir	la cheville
se casser	se tromper	la jambe
se fouler	le bras	le pied
s'habiller	les chaussures	un rhume
se laver	du dentifrice	du savon
se lever	la salle des urgences	du shampooing

Communication

4 **Et toi?** Avec un(e) partenaire, posez-vous ces questions. Ensuite, présentez vos réponses à la classe.

1. À quelle heure t'es-tu réveillé(e) ce matin?
2. Avec quel dentifrice t'es-tu brossé les dents?
3. Avec quel shampooing t'es-tu lavé les cheveux aujourd'hui?
4. T'es-tu énervé(e) cette semaine? Pourquoi?
5. T'es-tu disputé(e) avec quelqu'un cette semaine? Avec qui?
6. T'es-tu endormi(e) facilement hier soir? Pourquoi?
7. T'es-tu promené(e) récemment? Où?
8. Comment t'es-tu détendu(e) le week-end dernier?
9. Comment t'es-tu amusé(e) le week-end dernier?
10. T'es-tu bien entendu(e) avec ton/ta camarade de chambre le premier mois?
11. T'es-tu couché(e) tard le week-end dernier? Pourquoi?
12. T'es-tu mis(e) en colère contre quelqu'un récemment? Contre qui? Pourquoi?

5 **Une enquête criminelle** Il y a eu un crime dans votre quartier et un agent de police vous pose des questions pour l'enquête (*investigation*). Avec un(e) partenaire, utilisez le vocabulaire de la liste pour créer le dialogue.

se coucher	se trouver
se disputer	appartement
s'énerver	blessure
se lever	corps
se mettre en colère	quartier
se réveiller	déprimé(e)
revenir	grave
se souvenir	soudain

6 **Charades** Par groupes de quatre, pensez à une phrase au passé composé avec un verbe réfléchi et jouez-la. La première personne qui devine joue la prochaine phrase.

10B.2 The pronouns *y* and *en*

Point de départ The pronoun **y** replaces a previously mentioned phrase that begins with the prepositions **à**, **chez**, **dans**, **en**, or **sur**. The pronoun **en** replaces a previously mentioned phrase that begins with a partitive or indefinite article, or with the preposition **de**.

PREPOSITIONAL PHRASE		PRONOUN
Nous allons **chez le médecin**.	▶	Nous **y** allons.
Il était le chef **du Front Populaire**.	▶	Il **en** était le chef.

- The pronouns **y** and **en** precede the conjugated verb.

Es-tu allée **à la plage**? *Did you go to the beach?*	Oui, j'**y** suis allée. *Yes, I went there.*
Achètent-elles **de la moutarde**? *Are they buying mustard?*	Oui, elles **en** achètent. *Yes, they're buying some.*
Tu te mets **à la danse**? *Are you taking up dancing?*	Oui, je m'**y** mets. *Yes, I'm taking it up.*

- Like other pronouns in an infinitive construction, **y** and **en** follow the conjugated verb and precede the infinitive.

Quand préfères-tu manger **chez Fatima**? *When do you prefer to eat at Fatima's?*	Je **préfère y manger** demain soir. *I prefer to eat there tomorrow night.*
Allez-vous prendre **du thé**? *Are you going to have tea?*	Oui, **nous allons en prendre.** *Yes, we're going to have some.*

- Never omit **y** or **en** even when the English equivalents can be omitted.

Ah, vous allez **à la boulangerie**. *Oh, you're going to the bakery.*	Tu **y** vas aussi? *Are you going (there), too?*
Est-ce qu'elle prend **du sucre**? *Does she take sugar?*	Non, elle n'**en** prend pas. *No, she doesn't (take any).*

- Use **en** to replace a prepositional phrase that begins with **de**.

Vous revenez **de vacances**? *Are you coming back from vacation?*	Oui, nous **en** revenons. *Yes, we're coming back (from vacation).*

- Always use **en** to replace nouns that follow a number or expression of quantity. In such cases, you must still use the number or expression of quantity in the sentence together with **en**.

Combien **de frères** a-t-elle? *How many brothers does she have?*	Elle **en** a **un** (**deux, trois**). *She has one (two, three).*
Avez-vous acheté **beaucoup de pain**? *Did you buy a lot of bread?*	Oui, j'**en** ai acheté **beaucoup**. *Yes, I bought a lot.*

- In the **passé composé**, the past participle never agrees with **y** or **en**.

Avez-vous trouvé **des fraises**? *Did you find some strawberries?*	Oui, nous **en** avons trouvé. *Yes, we found some.*
A-t-elle attendu **à la salle des urgences**? *Did she wait in the emergency room?*	Oui, elle **y** a attendu. *Yes, she waited there.*

- In an affirmative **tu** command, do not drop the **-s** when an **-er** verb is followed by **y** or **en**. Note that **aller** also follows this pattern.

Tu vas chez le médecin? Va**s-y**! *You're going to the doctor's? Go!*	*but*	Va chez le médecin! *Go to the doctor's!*
Il y a des pommes. Mange**s-en**! *There are some apples. Eat a few!*	*but*	Mange des pommes! *Eat apples!*

- With imperatives, **moi** followed by **y** and **en** becomes **m'y** and **m'en**. **Toi** followed by **y** and **en** becomes **t'y** and **t'en**.

Vous avez **des pêches** aujourd'hui? *You have peaches today?*	Donnez-**m'en** dix. *Give me ten.*

- When using two pronouns in the same sentence, **y** and **en** always come in second position.

Vous parlez **à Hélène de sa toux**? *Are you talking to Hélène about her cough?*	Oui, nous **lui en** parlons. *Yes, we're talking to her about it.*

- When used together in the same sentence, **y** is placed before **en**.

Il y a **de bons médecins** à l'hôpital? *Are there good doctors at the hospital?*	Oui, il **y en** a. *Yes, there are.*

Boîte à outils

The pronoun **y** is not used to refer to people. The pronoun **en** may refer to people when the noun it refers to is preceded by the indefinite article **des**. However, in the constructions [*verb*] + ***à*** + [*person*] and [*verb*] + ***de*** + [*person*], **y** and **en** cannot be used to refer to people. Instead, use disjunctive pronouns.

Je pense **à ma mère**.
Je pense **à elle**.

Nous parlons de **notre père**.
Nous parlons de **lui**.

Essayez! Complétez les phrases avec le(s) pronom(s) correct(s).

1. Faites-vous du sport? Oui, nous _en_ faisons.
2. Papa est au garage? Oui, il ____ est.
3. Nous voulons des fraises. Donnez-nous- ____ un kilo.
4. Mettez-vous du sucre dans votre café? Oui, nous ____ mettons.
5. Est-ce que tu t'intéresses à la médecine? Oui, je ____ intéresse.
6. Il est allé au cinéma? Oui, il ____ est allé.
7. Combien de pièces y avait-il? Il y ____ avait quatre.
8. Avez-vous des lampes? Non, nous n' ____ avons pas.
9. Elles sont chez leur copine. Elles ____ sont depuis samedi.
10. Êtes-vous allés en France? Oui, nous ____ sommes déjà allés.

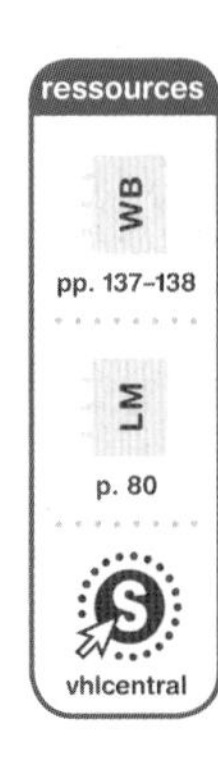

STRUCTURES

Mise en pratique

1 Une lettre M. Renaud répond aux questions d'un journaliste qui fait un sondage (*poll*) pour un magazine français. Utilisez y ou **en** pour compléter les notes du journaliste.

Nombre/Fréquence		Notes
1. Enfants	3	M. Renaud en a trois.
2. Chiens	0	______.
3. Voiture	2	______.
4. Cinéma	rarement	______.
5. Argent	peu	______.
6. Thé/café	parfois	______.
7. New York	en 2005	______.
8. Chez le médecin	une fois par an	______.

2 Dossier médical Avec un(e) partenaire, choisissez une célébrité. Cette personne est allée à l'hôpital, où on lui pose ces questions. Comment répond votre célébrité? Justifiez toutes vos réponses. Utilisez les pronoms y et en.

1. Avez-vous des allergies?
2. Êtes-vous allé(e) aux urgences cette année?
3. Allez-vous chez le médecin régulièrement?
4. Combien d'aspirines prenez-vous par jour?
5. Faites-vous du sport tous les jours?
6. Avez-vous des douleurs?
7. Avez-vous de la fièvre?
8. Vous êtes-vous blessé(e) au travail?

3 Chez le dentiste Mme Hanh emmène ses fils chez un nouveau dentiste. Complétez le dialogue entre le dentiste et les deux garçons. Utilisez les pronoms y et en.

LE DENTISTE C'est la première fois que vous venez chez le dentiste?

FRÉDÉRIC Oui, (1) ______

LE DENTISTE N'ayez pas peur. Alors, mangez-vous beaucoup de sucre?

HENRI (2) ______

LE DENTISTE Et toi, Frédéric, utilises-tu du dentifrice?

FRÉDÉRIC (3) ______

HENRI Est-ce que vous allez nous faire une piqûre?

LE DENTISTE (4) ______

HENRI Moi, je n'ai pas peur des piqûres... mais j'espère que vous n'allez pas trouver de caries (*cavities*).

LE DENTISTE (5) ______

Communication

4 **Trouvez quelqu'un qui...** Votre professeur va vous donner une feuille d'activités. Circulez dans la classe pour trouver un(e) camarade différent(e) qui donne une réponse affirmative à chaque question. Employez les pronoms **y** et **en**.

MODÈLE

Étudiant(e) 1: *Je suis né(e) à Los Angeles. Y es-tu né(e) aussi?*
Étudiant(e) 2: *Oui, j'y suis né(e) aussi!*

Qui...	*Nom*
1. est né(e) dans la même (same) ville que vous?	Mireille
2. a pris une aspirine aujourd'hui? Pourquoi?	
3. est allé(e) en Suisse? Quand?	
4. a mangé au resto U cette semaine? Combien de fois?	
5. est déjà allé(e) aux urgences une fois? Pourquoi?	
6. est allé(e) chez le dentiste ce mois-ci? Quand?	

5 **Interview** Posez ces questions à un(e) partenaire. Employez **y** ou **en** dans vos réponses, puis présentez-les à la classe.

Demandez à un(e) partenaire...

1. s'il/elle va à la bibliothèque (au restaurant, à la plage, chez le dentiste) aujourd'hui. Pourquoi?
2. s'il/elle a besoin d'argent (d'une voiture, de courage, de temps libre). Pourquoi?
3. s'il/elle s'intéresse aux sports (à la littérature, au jazz, à la politique). Que préfère-t-il/elle?
4. combien de personnes il y a dans sa famille (dans la classe de français, dans sa résidence).
5. s'il/elle a un chien (beaucoup de cousins, un grand-père, un vélo, un ordinateur). Où sont-ils?
6. s'il/elle a des allergies (une blessure, un rhume). Que fait-il/elle contre les symptômes?

6 **Chez le docteur** Vous avez ces problèmes et vous allez chez le docteur. Votre partenaire va jouer le rôle du docteur. Parlez de vos symptômes. Que faut-il faire? Utilisez les pronoms **y** et **en**.

- des allergies
- une grippe
- un rhume
- une cheville foulée
- mal à la gorge
- se sentir mal

7 **Devinez!** Avec un(e) partenaire, décrivez un endroit ou une chose en utilisant les pronoms **y** ou **en**. Votre partenaire va essayer de deviner (*guess*) ce que vous décrivez.

Étudiant(e) 1: *J'y vais pour jouer au foot.*
Étudiant(e) 2: *Tu vas au stade?*
Étudiant(e) 1: *J'en mange deux le matin.*
Étudiant(e) 2: *Tu manges des croissants?*

Révision

1 **La salle d'attente** Observez cette salle d'attente (*waiting room*) et, avec un(e) partenaire, décrivez la situation ou la maladie de chaque personnage. À tour de rôle, essayez de prescrire un remède. Utilisez le passé composé des verbes réfléchis dans vos dialogues.

MODÈLE

Étudiant(e) 1: *Ce garçon s'est foulé la cheville. Il doit aller aux urgences.*
Étudiant(e) 2: *Oui, et cette fille...*

2 **Êtes-vous souvent malade?** Avec un(e) partenaire, préparez huit questions pour savoir si vos camarades de classe sont en bonne ou en mauvaise santé. Ensuite, par groupes de quatre, posez les questions à vos camarades et écrivez leurs réponses.

3 **Oh! Ça va!?** Vous êtes un(e) piéton(ne) (*pedestrian*) et tout d'un coup, vous voyez (*see*) un(e) cycliste tomber de son vélo. Avec un(e) partenaire, suivez (*follow*) ces instructions et préparez la scène. Utilisez les pronoms **y** et **en**.

Piéton(ne)		Cycliste
Demandez s'il/elle s'est fait mal.	▶	Dites quel est le problème.
Posez des questions sur les symptômes.	▶	Décrivez les symptômes.
Proposez de l'emmener aux urgences.	▶	Acceptez ou refusez la proposition.

4 **Pour partir loin** Vous et un(e) partenaire allez vivre (*to live*) un mois dans une région totalement isolée. Regardez l'illustration: vous pouvez mettre seulement cinq choses dans votre sac de voyage. Choisissez-les avec votre partenaire.

MODÈLE

Étudiant(e) 1: *On prend une bouteille de shampooing pour se laver les cheveux?*
Étudiant(e) 2: *D'accord, mais on n'en prend pas deux!*

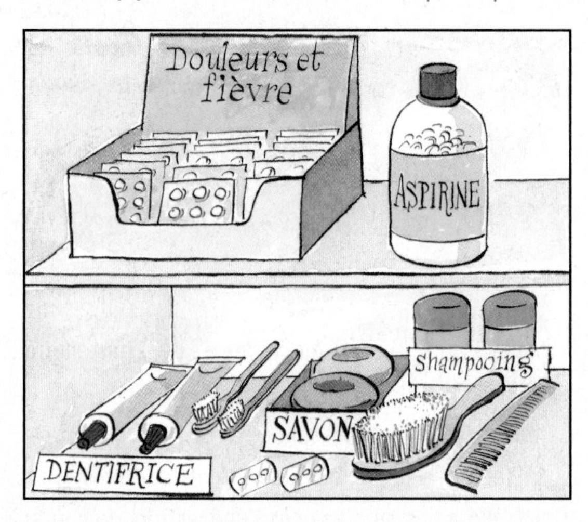

5 **Le malade imaginaire** Vous êtes hypocondriaque et vous pensez que vous êtes très malade. À tour de rôle, parlez de vos peurs à votre partenaire, qui va essayer de vous rassurer. Utilisez les pronoms **y** et **en** dans vos dialogues.

MODÈLE

Étudiant(e) 1: *J'ai de la fièvre, n'est-ce pas?*
Étudiant(e) 2: *Mais non, tu n'en as pas!*
Étudiant(e) 1: *J'ai besoin d'un médicament!*
Étudiant(e) 2: *Mais non, tu n'en as pas besoin!*

6 **La famille à problèmes!** Votre professeur va vous donner, à vous et à votre partenaire, une feuille d'informations sur la famille Valmont. Attention! Ne regardez pas la feuille de votre partenaire.

MODÈLE

Étudiant(e) 1: *David jouait au baseball.*
Étudiant(e) 2: *Voilà pourquoi il s'est cassé le bras!*

Écriture

STRATÉGIE

Sequencing events

Paying attention to sequencing in a narrative will ensure that your writing flows logically from one part to the next. Of course, every composition should have an introduction, a body, and a conclusion.

The introduction presents the subject, the setting, the situation, and the people involved. The main part, or the body, describes the events and people's reactions to these events. The conclusion brings the narrative to a close.

Adverbs and adverbial phrases are often used as transitions between the introduction, the body, and the conclusion. Here is a list of commonly used adverbs in French.

Adverbes	
(tout) d'abord	*first*
premièrement / en premier	*first*
avant (de)	*before*
après	*after*
alors	*then, at that time*
(et) puis	*(and) then*
ensuite	*then*
plus tard	*later*
bientôt	*soon*
enfin	*finally*
finalement	*finally*

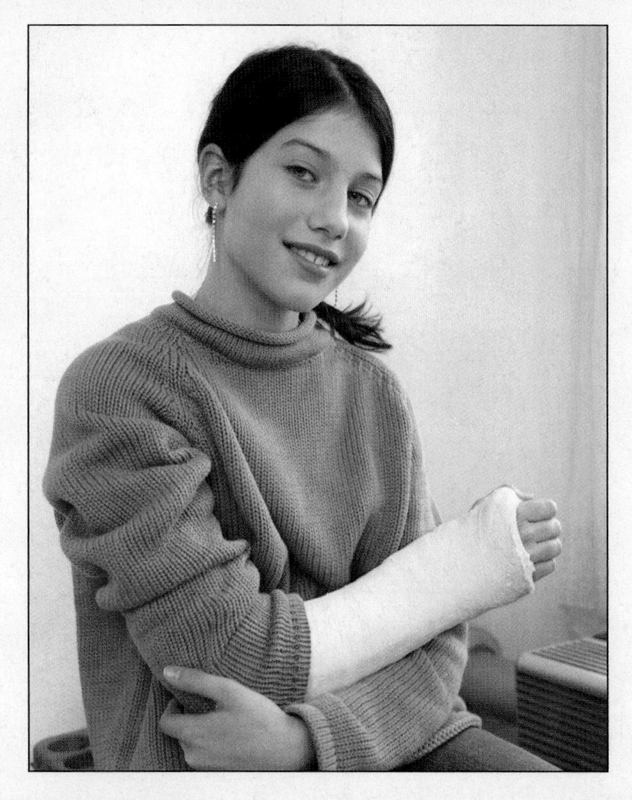

Thème

Écrire une lettre

Vous avez été malade le jour du dernier examen de français et vous n'avez pas pu passer l'examen. Préparez une lettre que vous allez envoyer à votre professeur de français pour lui expliquer ce qui s'est passé. Écrivez votre lettre au passé (passé composé et imparfait) et utilisez des adverbes. À la fin de la lettre, excusez-vous et demandez à votre professeur si vous pouvez passer l'examen la semaine prochaine. (Attention! Cette partie de la lettre doit être au présent.) Répondez aux questions suivantes pour vous aider.

- Que s'est-il passé? (maladie, accident, autre problème de santé, etc.)
- Quels étaient les symptômes ou quelle blessure avez-vous eue? (avoir mal au ventre, avoir de la fièvre, avoir la jambe cassée, etc.)
- Qu'est-ce qui a peut-être causé ce problème? (accident, pas assez d'exercice physique, ne pas manger sainement, etc.)
- Qu'avez-vous fait? (prendre des médicaments, aller chez le docteur ou le dentiste, aller aux urgences, etc.)
- Qu'est-ce qu'on vous a fait là-bas? (une piqûre, une radio [*X-ray*], une ordonnance, etc.)
- Comment vous sentez-vous maintenant et qu'allez-vous faire pour rester en forme? (ne plus fumer, faire plus attention, faire de l'exercice, etc.)

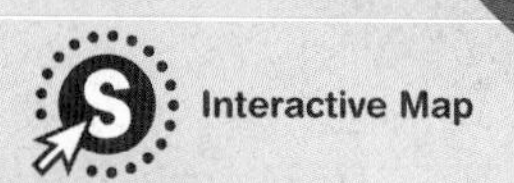

Panorama

Aquitaine

La région en chiffres

- **Superficie:** *41.308 km²*
- **Population:** *3.049.000*
- **Industrie principale:** *agriculture*
- **Villes principales:** *Bordeaux, Pau, Périgueux*

Midi-Pyrénées

La région en chiffres

- **Superficie:** *45.348 km²*
- **Population:** *2.687.000*
- **Industries principales:** *aéronautique, agriculture*
- **Villes principales:** *Auch, Toulouse, Rodez*

Languedoc-Roussillon

La région en chiffres

- **Superficie:** *27.376 km²*
- **Population:** *2.458.000*
- **Industrie principale:** *agriculture*
- **Villes principales:** *Montpellier, Nîmes, Perpignan*

Personnages célèbres

- **Aliénor d'Aquitaine,** *Aquitaine, reine° de France (1122–1204)*
- **Jean Jaurès,** *Midi-Pyrénées, homme politique (1859–1914)*
- **Henri de Toulouse-Lautrec,** *Midi-Pyrénées, peintre et lithographe (1864–1901)*
- **Georges Brassens,** *Languedoc-Roussillon, chanteur (1921–1981)*
- **Francis Cabrel,** *Aquitaine, chanteur (1953–)*

reine *queen* **grotte** *cave* **gravures** *carvings* **peintures** *paintings* **découvrent** *discover*

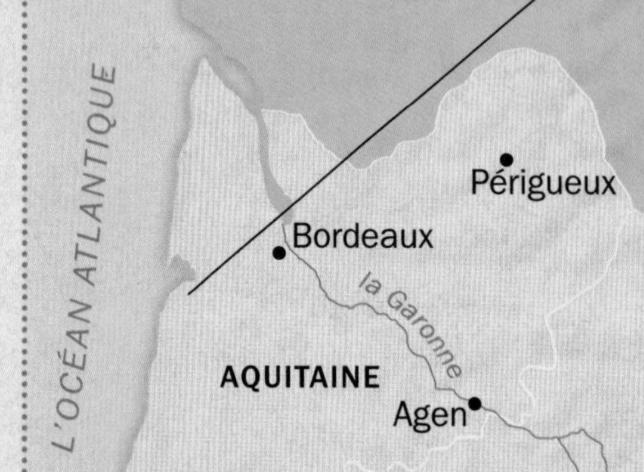

la dune du Pilat

le canal du Midi

la cité de Carcassonne

Incroyable mais vrai!

Appelée parfois «la chapelle Sixtine préhistorique», la grotte° de Lascaux, en Aquitaine, est décorée de 1.500 gravures° et de 600 peintures°, vieilles de plus de 17.000 ans. En 1940, quatre garçons découvrent° ce sanctuaire. Les fresques, composées de plusieurs animaux, ont jusqu'à ce jour une signification mystérieuse.

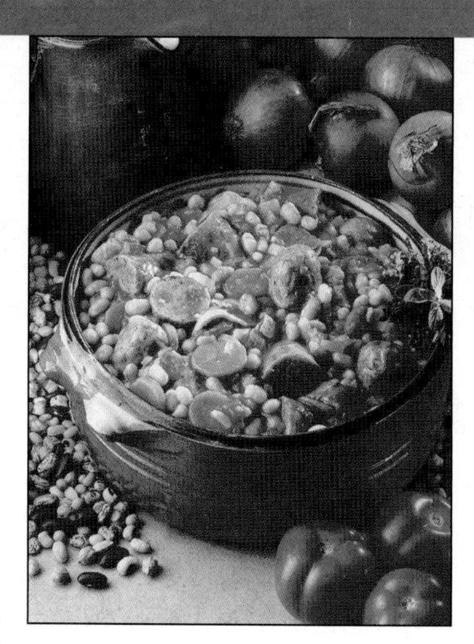

La gastronomie

Le foie gras et le cassoulet

Le foie gras° et le cassoulet sont des spécialités du Sud-Ouest° de la France. Le foie gras est un produit° de luxe, en général réservé aux grandes occasions. On le mange sur du pain grillé ou comme ingrédient d'un plat° élaboré. Le cassoulet est un plat populaire, préparé à l'origine dans une «cassole°». Les ingrédients varient, mais en général cette spécialité est composée d'haricots° blancs, de viande° de porc et de canard, de saucisses°, de tomates, d'ail° et d'herbes.

Les monuments

Les arènes de Nîmes

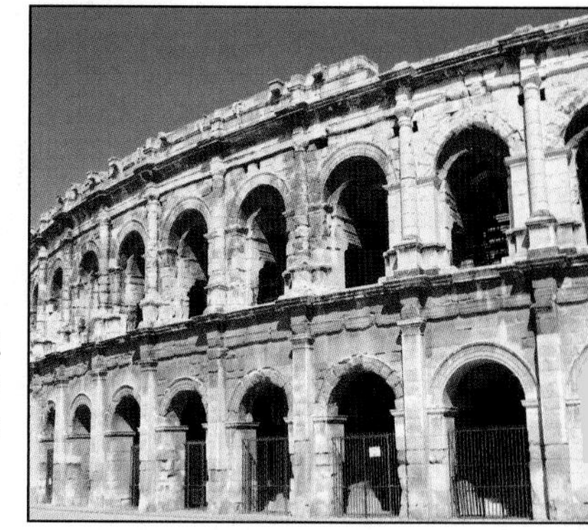

Inspirées du Colisée de Rome, les arènes° de Nîmes, en Languedoc-Roussillon, datent de la fin du premier siècle. C'est l'amphithéâtre le plus grand° de France et le mieux° conservé de l'ère° romaine. Les spectacles de gladiateurs d'autrefois°, appréciés par plus de° 20.000 spectateurs, sont aujourd'hui remplacés° par des corridas° et des spectacles musicaux. Chaque année, la ville de Nîmes accueille plus de 500.000 visiteurs.

Le sport

La pelote basque

L'origine de la pelote est ancienne°: on retrouve des versions du jeu chez les Mayas, les Grecs et les Romains. C'est au Pays Basque, à la frontière° entre la France et l'Espagne, en Aquitaine, que le jeu se transforme en véritable sport. La pelote basque existe sous sept formes différentes; le principe de base est de lancer° une balle en cuir°, la «pelote», contre un mur° avec la «paleta», une raquette en bois°, et le «chistera», un grand gant en osier°.

Les traditions

La langue d'Oc

La langue d'Oc (l'occitan) est une langue romane° développée dans le sud de la France. Cette langue a donné son nom à la région: Languedoc-Roussillon. La poésie lyrique occitane et la philosophie des troubadours° du Moyen Âge° influencent les valeurs° culturelles et intellectuelles européennes. Il existe plusieurs dialectes de l'occitan. «Los cats fan pas de chins» (les chats ne font pas des chiens) et «la bornicarié porta pas pa a casa» (la beauté n'apporte pas de pain à la maison) sont deux proverbes occitans connus°.

Qu'est-ce que vous avez appris? **Répondez aux questions par des phrases complètes.**

1. Qui était (*was*) peintre, lithographe et d'origine midi-pyrénéenne?
2. Quel est le surnom (*nickname*) de la grotte de Lascaux?
3. Que trouve-t-on dans la grotte de Lascaux?
4. Quand mange-t-on du foie gras en général?
5. Quels ingrédients utilise-t-on pour le cassoulet?
6. De quand datent les arènes de Nîmes?
7. Combien de visiteurs la ville de Nîmes accueille-t-elle chaque année?
8. Quelles civilisations ont une version de la pelote?
9. Combien de formes différentes de pelote basque y a-t-il?
10. Qu'est-ce qui influence les valeurs culturelles et intellectuelles européennes?

Sur Internet

Go to **vhlcentral.com** to find more cultural information related to this **Panorama**.

1. Il existe une forme de la pelote basque aux États-Unis. Comment s'appelle ce sport?
2. Cherchez des peintures de la grotte de Lascaux. Quelles sont vos préférées? Pourquoi?
3. Cherchez plus d'informations sur Henri de Toulouse-Lautrec. Avez-vous déjà vu quelques-unes de ses peintures? Où?

foie gras *fattened liver of an animal served as a pâté* **Sud-Ouest** *Southwest* **produit** *product* **plat** *dish* **cassole** *pottery dish* **haricots** *beans* **viande** *meat* **saucisses** *sausages* **ail** *garlic* **arènes** *amphitheaters* **le plus grand** *the largest* **le mieux** *the best* **ère** *era* **autrefois** *long ago* **plus de** *more than* **remplacés** *replaced* **corridas** *bullfights* **ancienne** *ancient* **frontière** *border* **lancer** *throw* **cuir** *leather* **mur** *wall* **bois** *wood* **osier** *wicker* **langue romane** *Romance language* **troubadours** *minstrels* **Moyen Âge** *Middle Ages* **valeurs** *values* **connus** *well-known*

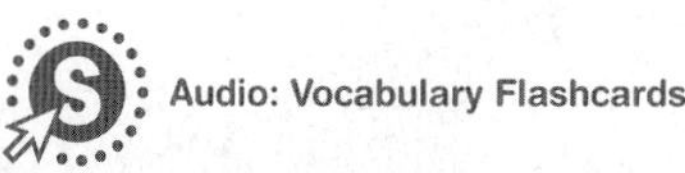

Leçon 10A

La routine

faire sa toilette *to wash up*
se brosser les cheveux/dents *to brush one's hair/teeth*
se coiffer *to do one's hair*
se coucher *to go to bed*
se déshabiller *to undress*
s'endormir *to go to sleep, to fall asleep*
s'habiller *to get dressed*
se laver (les mains) *to wash oneself (one's hands)*
se lever *to get up, to get out of bed*
se maquiller *to put on makeup*
prendre une douche *to take a shower*
se raser *to shave oneself*
se regarder *to look at oneself*
se réveiller *to wake up*
se sécher *to dry oneself*

Dans la salle de bains

un réveil *alarm clock*
une brosse (à cheveux, à dents) *brush (hairbrush, toothbrush)*
la crème à raser *shaving cream*
le dentifrice *toothpaste*
le maquillage *makeup*
une pantoufle *slipper*
un peigne *comb*
un rasoir *razor*
le savon *soap*
une serviette (de bain) *(bath) towel*
le shampooing *shampoo*

Verbes pronominaux

s'amuser *to play, to have fun*
s'appeler *to be called*
s'arrêter *to stop*
s'asseoir *to sit down*
se dépêcher *to hurry*
se détendre *to relax*
se disputer (avec) *to argue (with)*
s'énerver *to get worked up, to become upset*
s'ennuyer *to get bored*
s'entendre bien (avec) *to get along well (with)*
s'inquiéter *to worry*
s'intéresser (à) *to be interested (in)*
se mettre à *to begin to*
se mettre en colère *to become angry*
s'occuper (de) *to take care of, to keep oneself busy*
se préparer *to get ready*
se promener *to take a walk*
se rendre compte *to realize*
se reposer *to rest*
se souvenir (de) *to remember*
se tromper *to be mistaken*
se trouver *to be located*

Le corps

la bouche *mouth*
un bras *arm*
le coeur *heart*
le corps *body*
le cou *neck*
un doigt *finger*
un doigt de pied *toe*
le dos *back*
un genou (genoux pl.) *knee (knees)*
la gorge *throat*
une jambe *leg*
une joue *cheek*
le nez *nose*
un oeil (yeux pl.) *eye (eyes)*
une oreille *ear*
un orteil *toe*
la peau *skin*
un pied *foot*
la poitrine *chest*
la taille *waist*
la tête *head*
le ventre *stomach*
le visage *face*

Expressions utiles

See p. 373.

Leçon 10B

La forme

être en pleine forme *to be in good shape*
faire de l'exercice *to exercise*
garder la ligne *to stay slim*

La santé

aller aux urgences/à la pharmacie *to go to the emergency room/ to the pharmacy*
avoir mal *to have an ache*
avoir mal au coeur *to feel nauseous*
enfler *to swell*
éternuer *to sneeze*
être en bonne/mauvaise santé *to be in good/bad health*
éviter de *to avoid*
faire mal *to hurt*
faire une piqûre *to give a shot*
fumer *to smoke*
guérir *to get better*
se blesser *to hurt oneself*
se casser (la jambe/le bras) *to break one's (leg/arm)*
se faire mal (à la jambe, au bras...) *to hurt one's (leg, arm...)*
se fouler la cheville *to twist/sprain one's ankle*
se porter mal/mieux *to be ill/better*
se sentir *to feel*
tomber/être malade *to get/to be sick*
tousser *to cough*
une allergie *allergy*
une blessure *injury, wound*
une douleur *pain*
la fièvre (avoir de la fièvre) *fever (to have a fever)*
la grippe *flu*
un rhume *cold*
un symptôme *symptom*
une aspirine *aspirin*
un médicament (contre/pour) *medication (to prevent/for)*
une ordonnance *prescription*
une pilule *pill*
la salle des urgences *emergency room*
déprimé(e) *depressed*
enceinte *pregnant*
grave *serious*
sain(e) *healthy*
un(e) dentiste *dentist*
un infirmier/une infirmière *nurse*
un(e) patient(e) *patient*
un(e) pharmacien(ne) *pharmacist*

Expressions utiles

See p. 391.

The pronouns *y* and *en*

y *there; it*
en *some; any; replaces prepositional phrases beginning with de*
Il y en a *There are (some).*

La technologie

UNITÉ 11

Pour commencer

- David et Rachid font...
  a. les courses. b. la cuisine.
  c. de l'ordinateur.
- Quel est l'objet présent sur la photo?
  a. un savon b. une télévision c. un ordinateur
- Que font-ils?
  a. Ils surfent sur Internet. b. Ils font du sport.
  c. Ils font la fête.

Leçon 11A

You will learn how to...
- talk about communication
- talk about electronics

Le son et l'image

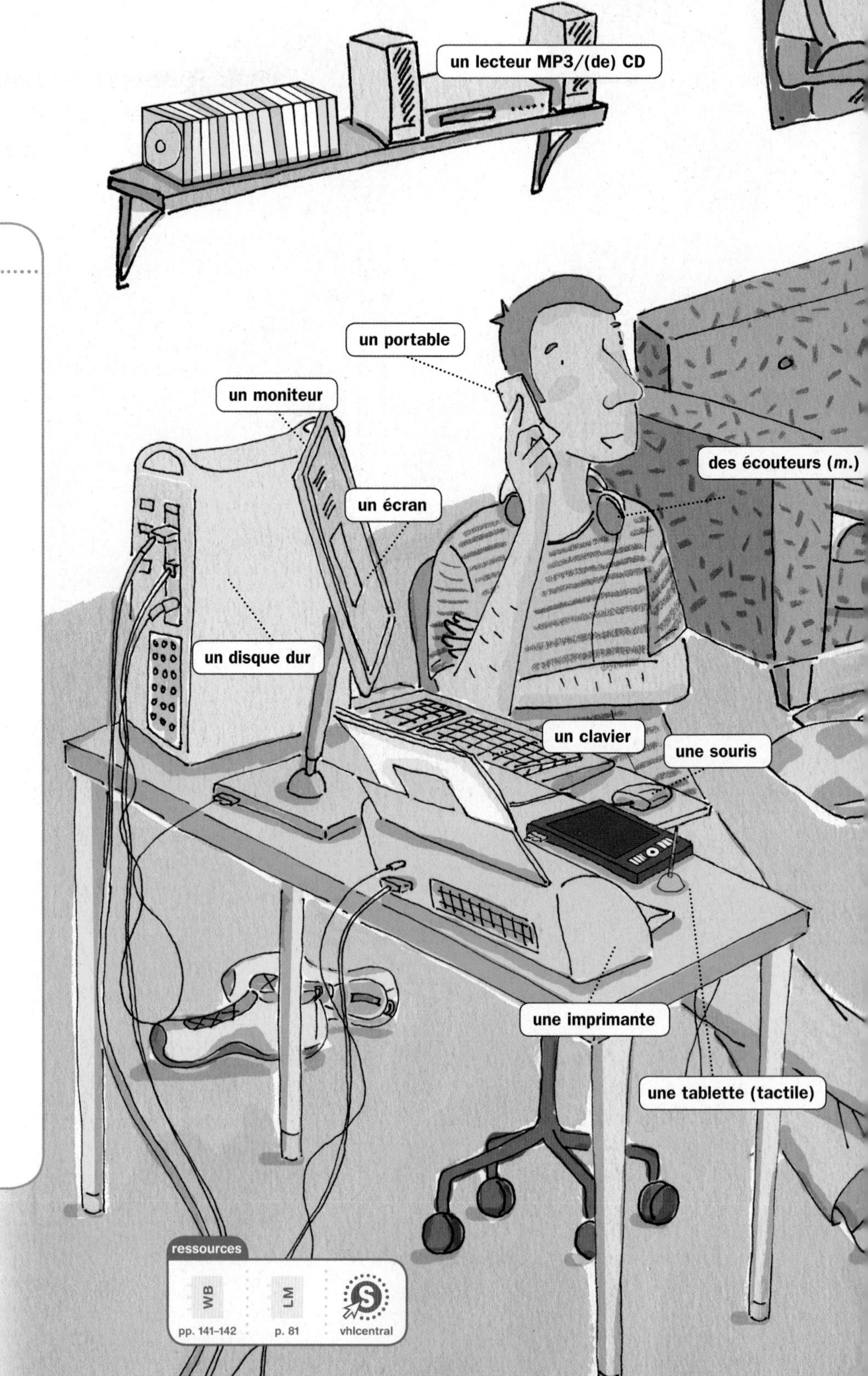

Vocabulaire

allumer	*to turn on*
composer (un numéro)	*to dial (a number)*
démarrer	*to start up*
effacer	*to erase*
enregistrer	*to record*
éteindre	*to turn off*
être connecté(e) (avec)	*to be connected (to)*
être en ligne (avec)	*to be online/on the phone (with)*
fermer	*to close; to shut off*
fonctionner/marcher	*to function, to work*
graver	*to record, to burn*
imprimer	*to print*
sauvegarder	*to save*
surfer sur Internet	*to surf the Internet*
télécharger	*to download*
un e-mail	*e-mail*
un fichier	*file*
un jeu vidéo (jeux vidéo *pl.*)	*video game(s)*
un lien	*link*
un logiciel	*software, program*
un mot de passe	*password*
une page d'accueil	*home page*
un réseau (social)	*(social) network*
un site Internet/web	*web site*
un smartphone	*smartphone*
un texto/SMS	*text message*
un appareil photo (numérique)	*(digital) camera*
une chaîne (de télévision)	*(television) channel*
une chaîne stéréo	*stereo system*
un lecteur (de) DVD	*DVD player*

ressources

WB pp. 141–142 | LM p. 81 | vhlcentral

Attention!

- The prefix **re-** in French is used much as it is in English. It expresses the idea of doing an action again.

to dial	**composer**
to redial	**recomposer**
to start	**démarrer**
to restart	**redémarrer**

- The conjugation of **éteindre** is irregular:

j'éteins	**nous éteignons**
tu éteins	**vous éteignez**
il/elle/on éteint	**ils/elles éteignent**

Mise en pratique

1 Écoutez **Écoutez la conversation entre Jérôme et l'employée d'un cybercafé. Ensuite, complétez les phrases suivantes.**

1. Jérôme voudrait (*would like*)...
   a. imprimer et envoyer ses photos.
   b. sauvegarder ses photos sur son disque dur.
   c. effacer ses photos.
2. Jérôme peut sélectionner les photos...
   a. par un clic de la souris.
   b. avec une arobase.
   c. avec le clavier.
3. L'employée propose à Jérôme...
   a. de faire fonctionner le logiciel.
   b. de graver un CD.
   c. d'utiliser une imprimante noir et blanc.
4. Pour regarder les photos, Jérôme doit utiliser...
   a. une télécommande.
   b. un écran.
   c. le lecteur de CD.
5. L'adresse du site web de Jérôme est...
   a. www.email.fr.
   b. www.courriel.fr.
   c. www.courriel.com.
6. L'employée demande à Jérôme de ne pas oublier...
   a. d'éteindre.
   b. de sonner.
   c. de fermer.

Coup de main

Here are some useful terms to help you read e-mail addresses in French.

at sign (@)	**arobase (*f.*)**
dash	**tiret (*m.*)**
dot	**point (*m.*)**
underscore	**tiret bas (*m.*)**

2 Association **Faites correspondre les activités de la colonne de gauche aux objets correspondants de la colonne de droite.**

1. enregistrer une émission	**a.** une télécommande
2. protéger ses e-mails	**b.** un appareil photo
3. parler avec un ami à tout moment	**c.** un mot de passe
4. jouer sur l'ordinateur	**d.** un jeu vidéo
5. taper (*type*) un e-mail	**e.** un enregistreur DVR
6. écouter de la musique	**f.** un portable
7. changer de chaîne	**g.** un lecteur MP3
8. prendre des photos	**h.** un clavier

3 Chassez l'intrus **Choisissez le mot ou l'expression qui ne va pas avec les autres.**

1. un lien, une page d'accueil, un site web, un texto
2. sonner, démarrer, un portable, un smartphone
3. une souris, un clavier, un moniteur, une chaîne stéréo
4. un lecteur CD, un jeu vidéo, une chaîne stéréo, un CD
5. un fichier, sauvegarder, une télécommande, effacer
6. un site web, être en ligne, télécharger, composer

Communication

4 **Qui fait quoi?** Avec un(e) partenaire, formez des questions à partir de la liste d'expressions et de mots suivants. Ensuite, à tour de rôle, posez vos questions à votre partenaire afin d'en savoir plus sur ses habitudes par rapport à la technologie.

Étudiant(e) 1: *À qui est-ce que tu envoies des e-mails?*
Étudiant(e) 2: *J'envoie des e-mails à mes professeurs pour les devoirs et à mes amis qui sont loin d'ici.*

A	B	C
à qui	toi	être en ligne
combien de	tes parents	télécharger
comment	tes grands-parents	un e-mail
où	ton professeur de français	un texto
pour qui	ta sœur	un site web
pourquoi	tes amis	graver
quand	les autres étudiants	un appareil photo numérique
quel(le)(s)	les enfants	un jeu vidéo

5 **Mots croisés** Votre professeur va vous donner, à vous et à votre partenaire, une grille de mots croisés (*crossword puzzle*) incomplète. Votre partenaire a les mots qui vous manquent, et vice versa. Donnez-lui une définition et des exemples pour compléter la grille. Attention! N'utilisez pas le mot recherché.

MODÈLE

Étudiant(e) 1: *Horizontalement (Across), le numéro 1, c'est ce que tu fais pour mettre ton fichier Internet sur ton disque dur.*
Étudiant(e) 2: *Télécharger!*

6 **La technologie d'hier et d'aujourd'hui** Avec un(e) partenaire, imaginez que vous ayez (*are having*) une conversation avec une personne célèbre du passé. Vous parlez de l'évolution de la technologie et, bien sûr, cette personne est choquée de voir (*see*) les appareils électroniques du 21e siècle (*century*).

- Choisissez trois ou quatre appareils différents.
- Demandez/Donnez une définition pour chaque objet.
- Demandez/Expliquez comment utiliser chaque appareil.
- Demandez quels sont les points positifs et négatifs de chaque appareil, et expliquez-les.

7 **Le cybercafé** Le patron d'un cybercafé souhaite (*wishes*) avoir plus de clients et vous demande de créer une brochure. Avec un(e) partenaire, présentez les différents services offerts et tous les avantages de ce cybercafé. Incluez les informations suivantes:

- nom, adresse et horaires du cybercafé
- nombre et type d'appareils électroniques
- description des services
- liste des prix par type de service

Les sons et les lettres

Audio: Concepts, Activities
Record & Compare

Final consonants

You already learned that final consonants are usually silent, except for the letters **c**, **r**, **f**, and **l**.

avec	**hiver**	**chef**	**hôtel**

You've probably noticed other exceptions to this rule. Often, such exceptions are words borrowed from other languages. These final consonants are pronounced.

Latin	*English*	*Inuit*	*Latin*
forum	**snob**	**anorak**	**gaz**

Numbers, geographical directions, and proper names are common exceptions.

cinq	**sud**	**Agnès**	**Maghreb**

Some words with identical spellings are pronounced differently to distinguish between meanings or parts of speech.

fils = *son* **fil~~s~~** = *threads*
tous (pronoun) = *everyone* **tou~~s~~** (adjective) = *all*

The word **plus** can have three different pronunciations.

plu~~s~~ de (silent s) **plus que** (s sound) **plus ou moins** (z sound in liaison)

Prononcez Répétez les mots suivants à voix haute.

1. cap
2. six
3. truc
4. club
5. slip
6. actif
7. strict
8. avril
9. index
10. Alfred
11. bifteck
12. bus

Articulez Répétez les phrases suivantes à voix haute.

1. Leur fils est gentil, mais il est très snob.
2. Au restaurant, nous avons tous pris du bifteck.
3. Le sept août, David assiste au forum sur le Maghreb.
4. Alex et Ludovic jouent au tennis dans un club de sport.
5. Prosper prend le bus pour aller à l'est de la ville.

Dictons Répétez les dictons à voix haute.

Un pour tous, tous pour un![2]

Plus on boit, plus on a soif.[1]

[1] The more you drink, the thirstier you are.
[2] All for one and one for all!

C'est qui, Cyberhomme?

Video: *Roman-photo*
Record & Compare

PERSONNAGES

Amina

David

Rachid

Sandrine

Valérie

Chez David et Rachid...

RACHID Dis donc, David! Un peu de silence. Je n'arrive pas à travailler!

DAVID Qu'est-ce que tu dis?

RACHID Je dis que je ne peux pas me concentrer! La télé est allumée, tu ne la regardes même pas, et en même temps, la chaîne stéréo fonctionne et tu ne l'écoutes pas!

DAVID Oh, désolé, Rachid.

RACHID Ah, on arrive enfin à s'entendre parler et à s'entendre réfléchir! À quoi est-ce que tu joues?

DAVID Un jeu vidéo génial!

RACHID Tu n'étudies pas? Tu n'avais pas une dissertation à faire? Lundi, c'est dans deux jours!

DAVID Okay. Je la commence.

Au café...

SANDRINE Tu as un autre e-mail de Cyberhomme? Qu'est-ce qu'il dit?

AMINA Oh, il est super gentil, écoute: «Chère Technofemme, je ne sais pas comment te dire combien j'adore lire tes messages. On s'entend si bien et on a beaucoup de choses en commun. J'ai l'impression que toi et moi, on peut tout se dire.»

Chez David et Rachid...

DAVID Et voilà! J'ai fini ma dissert', Rachid.

RACHID Bravo!

DAVID Maintenant, je l'imprime.

RACHID N'oublie pas de la sauvegarder.

DAVID Oh, non!

RACHID Tu n'as pas sauvegardé?

DAVID Si, mais... Attends... le logiciel redémarre. Ce n'est pas vrai! Il a effacé les quatre derniers paragraphes! Oh non!

RACHID Téléphone à Amina. C'est une pro de l'informatique. Peut-être qu'elle peut retrouver la dernière version de ton fichier.

DAVID Au secours, Amina! J'ai besoin de tes talents.

Un peu plus tard...

AMINA Ça y est, David. Voilà ta dissertation.

DAVID Tu me sauves la vie!

AMINA Ce n'était pas grand-chose, mais tu sais, David, il faut sauvegarder au moins toutes les cinq minutes pour ne pas avoir de problème.

DAVID Oui. C'est idiot de ma part.

ACTIVITÉS

1 Vrai ou faux? Indiquez si les affirmations suivantes sont vraies ou fausses.

1. Rachid est en train d'écrire (*in the process of writing*) une dissertation pour son cours de sciences po.
2. David ne fait pas ses devoirs immédiatement; il a tendance à remettre les choses à plus tard.
3. David aime les jeux vidéo.
4. David regarde la télévision avec beaucoup d'attention.
5. Rachid n'aime pas les distractions.
6. Valérie s'inquiète de la sécurité d'Amina.
7. David sauvegarde ses documents toutes les cinq minutes.
8. David pense qu'il a perdu la totalité de son document.
9. Amina sait beaucoup de choses à propos de la technologie.
10. Amina et Cyberhomme décident de se rencontrer.

Practice more at **vhlcentral.com**.

Amina découvre l'identité de son ami virtuel.

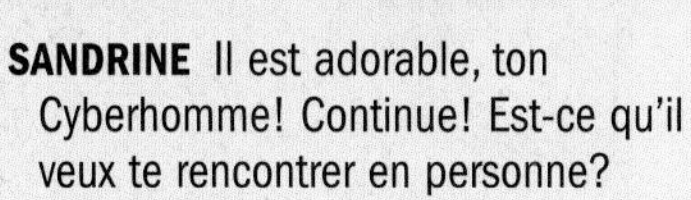

SANDRINE Il est adorable, ton Cyberhomme! Continue! Est-ce qu'il veux te rencontrer en personne?
VALÉRIE Qui vas-tu rencontrer, Amina? Qui est ce Cyberhomme?
SANDRINE Amina l'a connu sur Internet. Ils s'écrivent depuis longtemps, n'est-ce pas, Amina?

AMINA Oui, mais comme je te l'ai déjà dit, je ne sais pas si c'est une bonne idée de se rencontrer en personne. S'écrire des e-mails, c'est une chose; se donner rendez-vous, ça peut être dangereux.
VALÉRIE Amina a raison, Sandrine. On ne sait jamais.
SANDRINE Mais il est si charmant et tellement romantique...

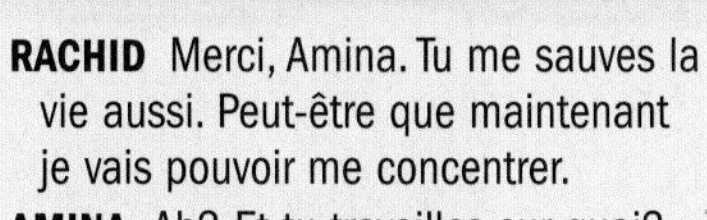

RACHID Merci, Amina. Tu me sauves la vie aussi. Peut-être que maintenant je vais pouvoir me concentrer.
AMINA Ah? Et tu travailles sur quoi? Ce n'est pas possible!... C'est toi, Cyberhomme?!

RACHID Et toi, tu es Technofemme?!
DAVID Évidemment, tu me l'as dit toi-même: Amina est une pro de l'informatique.

Expressions utiles

Expressing how you communicate with others

- **On arrive enfin à s'entendre parler!**
  We can finally hear each other speak!
- **On s'entend si bien.**
  We get along so well.
- **On peut tout se dire.**
  We can tell each other everything.
- **Ils s'écrivent depuis longtemps.**
  They've been writing to each other for quite a while.
- **S'écrire des e-mails, c'est une chose; se donner rendez-vous, ça peut être dangereux.**
  Writing each other e-mails, that's one thing; arranging to meet, that can be dangerous.

Additional vocabulary

- **se rencontrer**
  to meet each other
- **On ne sait jamais.**
  You/One never know(s).
- **Au secours!**
  Help!
- **C'est idiot de ma part.**
  It's stupid of me.
- **une dissertation**
  paper
- **pas grand-chose**
  not much

2  **Questions** Répondez aux questions par des phrases complètes.

1. Pourquoi Rachid se met-il en colère?
2. Pourquoi y a-t-il beaucoup de bruit (*noise*) chez Rachid et David?
3. Est-ce qu'Amina s'entend bien avec Cyberhomme?
4. Que pense Valérie de la possibilité d'un rendez-vous avec Cyberhomme?
5. Qu'est-ce que Rachid fait pendant que David joue au jeu vidéo et écrit sa dissertation?

3    **À vous** Par rapport aux (*With respect to*) études, David et Rachid sont très différents. David aime les distractions et Rachid a besoin de silence pour travailler. Avec un(e) partenaire, décrivez vos habitudes par rapport aux études. Avez-vous les mêmes habitudes? Pouvez-vous être de bon(nes) colocataires? Présentez vos conclusions à la classe.

ACTIVITÉS

Reading

CULTURE À LA LOUPE

La technologie et les Français

le Minitel

Pendant les années 1980, la technologie a connu une grande évolution. En France, cette révolution technologique a commencé par l'invention du Minitel, développé par France Télécom, la compagnie nationale française de téléphone, au début des années 1980. Le Minitel peut être considéré comme le prédécesseur d'Internet. C'est un petit terminal qu'on branche° sur sa ligne de téléphone et qui permet d'accéder à toutes sortes d'informations et de jeux, de faire des réservations de train ou d'hôtel, de commander des articles en ligne ou d'acheter des billets de concert, par exemple. Aujourd'hui, le Minitel n'existe plus. Internet l'a remplacé et de plus en plus de Français sont équipés chez eux d'un ordinateur et d'une connexion. Moins de 300.000 abonnés° utilisent encore une connection bas débit° et la majorité des connections se font avec le haut débit°. Les Français ont le choix, pour ce haut débit, entre la connexion par câble et la connexion ADSL°. Enfin, pour ceux° qui n'ont pas d'autre manière° de se connecter à Internet, il existe les smartphones et—beaucoup plus qu'aux États-Unis—de nombreux cybercafés.

En ce qui concerne les autres appareils électroniques à la mode, on note une augmentation des achats° de consoles de jeux vidéo, de lecteurs de CD/DVD, de caméras vidéo, de tablettes tactiles, d'appareils photos numériques ou de produits périphériques° pour les ordinateurs, comme les imprimantes ou les scanners. Mais l'appareil qui a connu le plus grand succès en France, c'est sans doute le téléphone portable. En 1996, moins de 2,5 millions de Français avaient un téléphone portable. Aujourd'hui, presque tous les Français en possèdent un.

branche *connects* **abonnés** *subscribers* **bas débit** *low-speed* **haut débit** *high-speed* **ADSL** *DSL* **ceux** *those* **manière** *way* **achats** *purchases* **périphériques** *peripheral*

L'équipement technologique des Français *(% de ménages)*

Télévision	97,1
Téléphone fixe	91,1
Téléphone portable	88,9
Ordinateur	76,8
Lecteur DVD	76,7
Connexion Internet	75,1

Coup de main

When saying an e-mail address aloud, follow this example.

claude-monet@yahoo.fr

claude tiret monet arobase yahoo point F R

ACTIVITÉS

1 **Répondez** Répondez par des phrases complètes.

1. Quelle invention française est le prédécesseur d'Internet?
2. Qu'est-ce que le Minitel?
3. Quel est le nom de la compagnie nationale française de téléphone?
4. La connexion Internet haut débit existe-t-elle en France?
5. Où peut-on aller si on n'a pas d'accès Internet à la maison?
6. Quels sont deux appareils électroniques qu'on achète souvent en France en ce moment?
7. Quel appareil électronique a eu le plus de succès depuis 1996?
8. Quel est le pourcentage de Français qui possèdent un ordinateur?
9. Est-il courant (*common*) d'avoir Internet en France?
10. La majorité des Français ont-ils encore un Minitel?

STRATÉGIE

The purpose of a text

When you are faced with an unfamiliar text, it is important to determine the writer's purpose. If you are reading an editorial in a newspaper, for example, you know that the journalist's objective is to persuade you of his or her point of view. Identifying the purpose of a text will help you better comprehend its meaning. Scan the **Portrait** article on this page. Is the author expressing an opinion? What might the purpose of the article be?

LE MONDE FRANCOPHONE

Quelques stations de radio francophones

Voici quelques radios francophones en ligne.

En Afrique

Africa 1 radio africaine qui propose des actualités et beaucoup de musique africaine (www.africa1.com)

En Belgique

Classic 21 radio pour les jeunes qui passe° de la musique rock et propose des emplois° pour les étudiants (www.classic21.be)

En France

NRJ radio privée nationale pour les jeunes qui passe tous les grands tubes° (www.nrj.fr)

En Suisse

Fréquence Banane radio universitaire de Lausanne (www.frequencebanane.ch)

passe *plays* **emplois** *jobs* **tubes** *hits*

PORTRAIT

La fusée Ariane

Après la Seconde Guerre mondiale°, la conquête de l'espace° s'est amplifiée. En Europe, le premier programme spatial, le programme Europa, n'a pas bien marché et a été abandonné. En 1970, la France a proposé un nouveau programme spatial, le projet Ariane, qui a eu, lui, un succès considérable. La fusée° Ariane est un lanceur° civil de satellites européen à Kourou, en Guyane française, une région française d'outre-mer° située en Amérique du Sud. Elle transporte des satellites commerciaux dans l'espace. La première fusée Ariane a été lancée en 1979. Depuis, il y a eu plusieurs générations de fusées. Aujourd'hui, Ariane V (cinq), un lanceur beaucoup plus puissant° que ses prédécesseurs, est utilisé.

Guerre mondiale *World War* **espace** *space* **fusée** *rocket* **lanceur** *launcher* **outre-mer** *overseas* **puissant** *powerful*

Sur Internet

Qui est Jean-Loup Chrétien?

Go to **vhlcentral.com** to find more cultural information related to this **Lecture culturelle.**

2 **Complétez** Complétez les phrases d'après les textes.

1. Africa 1, la radio africaine, propose de la musique, mais aussi ____________.
2. La radio privée nationale française destinée aux jeunes s'appelle ____________.
3. En Suisse, beaucoup d'étudiants apprécient la radio ____________.
4. Le premier programme spatial européen s'appelait ____________.
5. La fusée Ariane est le ____________ européen.

3 **À vous...** Avec un(e) partenaire, choisissez une des stations de radio présentées dans **Le monde francophone** et écrivez six phrases où vous donnez des exemples de ce qu'on entend sur cette station. Soyez prêt(e)s à les présenter à la classe.

Practice more at **vhlcentral.com.**

ACTIVITÉS

Prepositions with the infinitive

Point de départ Infinitive constructions, where the first verb is conjugated and the second verb is an infinitive, are common in French.

CONJUGATED VERB	INFINITIVE
Vous **pouvez**	**fermer** le document.
You can	*close the document.*

- Some conjugated verbs are followed directly by an infinitive. Others are followed by the preposition **à** or **de** before the infinitive.

verbs followed directly by infinitive	verbs followed by à before infinitive		verbs followed by de before infinitive	
adorer	**aider à**		**arrêter de**	*to stop*
aimer	**s'amuser à**	*to pass time by*	**décider de**	*to decide to*
aller	**apprendre à**		**éviter de**	
détester	**arriver à**	*to manage to*	**finir de**	
devoir	**commencer à**		**s'occuper de**	*to take care of, to see to*
espérer	**continuer à**		**oublier de**	
pouvoir	**hésiter à**	*to hesitate to*	**permettre de**	
préférer	**se préparer à**		**refuser de**	*to refuse to*
savoir	**réussir à**		**rêver de**	*to dream about/of*
vouloir			**venir de**	*to have just*

Nous **allons manger** à midi.
We are going to eat at noon.

Elle **a appris à conduire** une voiture.
She learned to drive a car.

Il **rêve de visiter** l'Afrique.
He dreams of visiting Africa.

- Place object pronouns before infinitives. Unlike definite articles, they do not contract with the prepositions **à** and **de**.

J'**ai décidé de les télécharger**.
I decided to download them.

Il **est arrivé à lui donner** l'argent.
He managed to give him the money.

N'**oublie** pas **de l'éteindre**.
Don't forget to turn it off.

Elle **continue à t'envoyer** des e-mails?
Does she continue to send you e-mails?

- The infinitive is also used after the prepositions **pour** and **sans**.

Nous sommes venus **pour t'aider**.
We came to help you.

Elle part **sans manger**.
She's leaving without eating.

Il a téléphoné **pour dire** bonjour.
He called to say hello.

Ne fermez pas le fichier **sans le sauvegarder**.
Don't close the file without saving it.

Essayez! **Décidez s'il faut ou non une préposition. S'il en faut une, choisissez entre à et de.**

1. Tu sais __Ø__ cuisiner.
2. Commencez _____ travailler.
3. Tu veux _____ goûter la soupe?
4. Allez-vous vous occuper _____ vos chiens?
5. J'espère _____ avoir mon diplôme cette année.
6. Elles vont _____ revenir.
7. Je finis _____ mettre la table.
8. Il hésite _____ me poser la question.
9. Marc continue _____ lui parler.
10. Arrête _____ m'énerver!

Le français vivant

Identifiez Quels verbes trouvez-vous devant un infinitif dans le texte de cette publicité (*ad*)? Lesquels (*Which ones*) prennent une préposition? Quelle préposition?

Questions À tour de rôle avec un(e) partenaire, posez-vous ces questions.

1. As-tu toujours rêvé de posséder quelque chose? De faire quelque chose? Explique.
2. Que veux-tu acheter en ce moment? Pourquoi?
3. D'habitude, qu'hésites-tu à faire?
4. La technologie peut-elle vraiment apporter le confort?
5. Qu'as-tu commencé à faire grâce à (*thanks to*) la technologie? Qu'as-tu arrêté de faire à cause de la technologie?
6. Y a-t-il quelqu'un dans ta famille qui évite d'utiliser la technologie? Qui? Pourquoi?

Mise en pratique

1 **Les vacances** Paul veut voyager cet été. Il vous raconte ses problèmes. Complétez le paragraphe avec les prépositions **à** ou **de**, si nécessaire.

Je n'arrive pas (1) ____ décider où partir en vacances. Je veux (2) ____ visiter un pays chaud et ensoleillé (*sunny*). J'espère (3) ____ trouver des billets d'avion pour la Martinique. Cet après-midi, je me suis amusé (4) ____ regarder les prix des billets d'avion sur Internet. Je n'ai pas réussi (5) ____ trouver un bon tarif (*fare*). Je vais continuer (6) ____ chercher. J'hésite (7) ____ payer plein tarif mais je refuse (8) ____ voyager en stand-by.

2 **Le week-end dernier** Sophie et ses copains ont fait beaucoup de choses le week-end dernier. Regardez les illustrations et dites ce qu'ils (*what they*) ont fait.

je / décider

▶ **MODÈLE**

J'ai décidé de conduire.

1. nous / devoir

2. elles / apprendre

3. André / refuser

4. vous / aider

5. tu / s'amuser

6. mes cousins / éviter

7. Sébastien / continuer

8. il / finir

3 **Questionnaire** Vous cherchez un travail d'été. Complétez les phrases avec les prépositions **à** ou **de**, quand c'est nécessaire. Ensuite, indiquez si vous êtes d'accord avec ces affirmations.

	oui	non	
1.	____	____	Vous savez ____ parler plusieurs langues.
2.	____	____	Vous acceptez ____ voyager souvent.
3.	____	____	Vous n'hésitez pas ____ travailler tard.
4.	____	____	Vous oubliez ____ répondre au téléphone.
5.	____	____	Vous pouvez ____ travailler le week-end.
6.	____	____	Vous commencez ____ travailler immédiatement.

Communication

4 **Assemblez** Avez-vous eu de bonnes ou de mauvaises expériences avec la technologie? À tour de rôle, avec un(e) partenaire, assemblez les éléments des colonnes pour créer des phrases logiques.

MODÈLE

Étudiant(e) 1: *Je déteste télécharger des logiciels.*
Étudiant(e) 2: *Chez moi, ma mère n'arrive pas à envoyer des e-mails.*

A	B	C	D
mère		aimer	composer
mon père		arriver	effacer
mon frère		décider	envoyer
ma sœur		détester	éteindre
mes copains		hésiter	être en ligne
mon petit ami	(ne pas)	oublier	fermer
ma petite amie		refuser	graver
notre prof		réussir	ouvrir
nous		savoir	sauvegarder
?		?	télécharger

5 **Les voyages** Vous et votre partenaire parlez des vacances et des voyages. Utilisez ces éléments pour vous poser des questions. Justifiez vos réponses.

MODÈLE

aimer / faire des voyage
Étudiant(e) 1: *Aimes-tu faire des voyages?*
Étudiant(e) 2: *Oui, j'aime faire des voyages. J'aime faire la connaissance de beaucoup de personnes.*

1. rêver / aller en Afrique
2. vouloir / visiter des musées
3. préférer / voyager avec un groupe ou seul(e)
4. commencer / lire des guides touristiques
5. réussir / trouver des vols bon marché
6. aimer / rencontrer des amis à l'étranger
7. hésiter / visiter un pays où on ne parle pas anglais
8. apprendre / parler des langues étrangères
9. s'occuper / faire les réservations d'hôtel

6 **Une pub** Par groupes de trois, préparez une publicité pour École-dinateur, une école qui enseigne l'informatique aux technophobes. Utilisez le plus de verbes possible de la liste avec un infinitif.

MODÈLE

Rêvez-vous d'écrire des e-mails? Continuez-vous à travailler comme vos grands-parents? Alors...

aimer	détester	refuser
s'amuser	éviter	réussir
apprendre	espérer	rêver
arriver	hésiter	savoir
continuer	oublier	vouloir

11A.2 Reciprocal reflexives

Point de départ In **Leçon 10A**, you learned that reflexive verbs indicate that the subject of a sentence does the action to itself. Reciprocal reflexives, on the other hand, express a shared or reciprocal action between two or more people or things. In this context, the pronoun means *(to) each other* or *(to) one another*.

Il **se regarde** dans le miroir.
He looks at himself in the mirror.

Alain et Diane **se regardent**.
Alain and Diane look at each other.

Common reciprocal verbs

s'adorer	*to adore one another*	**s'entendre bien**	*to get along well (with one another)*
s'aider	*to help one another*	**se parler**	*to speak to one another*
s'aimer (bien)	*to love (like) one another*	**se quitter**	*to leave one another*
se connaître	*to know one another*	**se regarder**	*to look at one another*
se dire	*to tell one another*	**se rencontrer**	*to meet one another (make an acquaintance)*
se donner	*to give one another*	**se retrouver**	*to meet one another (planned)*
s'écrire	*to write one another*	**se téléphoner**	*to phone one another*
s'embrasser	*to kiss one another*		

Boîte à outils

The pronouns **nous**, **vous**, and **se** are used to reflect reciprocal actions.

Annick et Joël **s'écrivent** tous les jours.
Annick and Joël write one another every day.

Vous **vous donnez** souvent rendez-vous le lundi?
Do you often arrange to meet each other on Mondays?

Nous **nous retrouvons** devant le métro à midi.
We're meeting each other in front of the subway at noon.

Vous embrassez-vous devant vos parents?
Do you kiss each other in front of your parents?

- The past participle of a reciprocal verb only agrees with the subject when the subject is also the direct object of the verb.

DIRECT OBJECT
Marie a aidé **son frère**.
Marie helped her brother.

DIRECT OBJECT → AGREEMENT
Marie et son frère **se** sont **aidés**.
Marie and her brother helped each other.

DIRECT OBJECT
Son frère a aidé **Marie**.
Her brother helped Marie.

INDIRECT OBJECT
Régine a parlé à **Sophie**.
Régine spoke to Sophie.

INDIRECT OBJECT → NO AGREEMENT
Régine et Sophie **se** sont **parlé**.
Régine and Sophie spoke to each other.

INDIRECT OBJECT
Sophie a parlé à **Régine**.
Sophie spoke to Régine.

Essayez! **Donnez les formes correctes des verbes.**

1. (s'embrasser) nous *nous embrassons*
2. (se quitter) vous ______________
3. (se rencontrer) ils ______________
4. (se dire) nous ______________
5. (se parler) elles ______________
6. (se retrouver) ils ______________
7. (se regarder) vous ______________
8. (s'aider) nous ______________

Le français vivant

Identifiez Quels verbes réciproques avez-vous trouvés dans la publicité (*ad*)?

Questions À tour de rôle avec un(e) partenaire, posez-vous ces questions.

1. Tes amis et toi, vous écrivez-vous avec un téléphone? Comment vous écrivez-vous?
2. Penses-tu que les gens s'entendent mieux grâce à (*thanks to*) la technologie? Pourquoi?
3. Quels gadgets technologiques utilises-tu pour communiquer avec tes amis? Pourquoi les utilises-tu?
4. Quels gadgets technologiques utilisaient tes grands-parents pour communiquer avec leurs amis? Pourquoi les utilisaient-ils?
5. Quelles applications de ton portable utilises-tu le plus souvent?

STRUCTURES

Mise en pratique

1 L'amour réciproque Employez des verbes réciproques pour raconter l'histoire d'amour de Laure et d'Habib.

MODÈLE Laure retrouve Habib tous les jours. Habib retrouve Laure tous les jours.
Laure et Habib se retrouvent tous les jours.

1. Laure connaît bien Habib. Habib connaît bien Laure.
2. Elle le regarde amoureusement. Il la regarde amoureusement.
3. Laure écrit des e-mails à Habib. Habib écrit des e-mails à Laure.
4. Elle lui téléphone tous les soirs. Il lui téléphone tous les soirs.
5. Elle lui dit tous ses secrets. Il lui dit tous ses secrets.
6. Laure aime beaucoup Habib. Habib aime beaucoup Laure.

2 Souvenir Les étudiants de votre classe se retrouvent pour fêter leur réunion. Employez l'imparfait.

MODÈLE Marie et moi / s'aider souvent
Marie et moi, nous nous aidions souvent.

1. Marc et toi / se regarder en cours
2. Anne et Mouna / se téléphoner
3. François et moi / s'écrire deux fois par semaine
4. Paul et toi / s'entendre bien
5. Luc et Sylvie / s'adorer
6. Patrick et moi / se retrouver après les cours
7. Alisha et Malik / ne pas se connaître bien
8. Agnès et moi / se parler à la cantine
9. Félix et toi / se donner parfois des cadeaux

3 Une rencontre Regardez les illustrations. Qu'est-ce que ces personnages ont fait?

ils

MODÈLE
Ils se sont rencontrés.

1. Arnaud et moi
____

2. vous
____

3. elles
____

4. nous
____

Communication

4 **Curieux** Pensez à deux amis qui sont amoureux. Votre partenaire va vous poser beaucoup de questions pour tout savoir sur leur relation. Répondez à ses questions.

MODÈLE

Étudiant(e) 1: *Est-ce qu'ils se regardent tout le temps?*
Étudiant(e) 2: *Non, ils ne se regardent pas tout le temps, mais ils n'arrêtent pas de se téléphoner!*

s'adorer	se retrouver	régulièrement
s'aimer	se téléphoner	souvent
s'écrire	bien	tout le temps
s'embrasser	mal	tous les jours
s'entendre	quelquefois	?

5 **Un rendez-vous** Avec un(e) partenaire, posez-vous des questions sur la dernière fois que vous êtes sorti(e) avec quelqu'un.

MODÈLE

à quelle heure / se donner rendez-vous
Étudiant(e) 1: *À quelle heure est-ce que vous vous êtes donné rendez-vous?*
Étudiant(e) 2: *Nous nous sommes donné rendez-vous à sept heures.*

1. où / se retrouver
2. longtemps / se parler
3. se regarder / amoureusement
4. s'entendre / bien
5. à quelle heure / se quitter
6. s'embrasser / avant de se quitter
7. plus tard / se téléphoner
8. s'écrire des textos / souvent

6 **On se quitte** Julie a reçu (*received*) cette lettre de son petit ami Sébastien. Elle ne comprend pas du tout, mais elle doit lui répondre. Avec un(e) partenaire, employez des verbes réciproques pour écrire la réponse.

Chère Julie,
Nous devons nous quitter, ma chérie. Pourquoi sommes-nous encore ensemble? Nous ne nous sommes pas vraiment aimés. Nous nous disputons tout le temps et nous ne nous parlons pas assez. Soyons réalistes. Je te quitte et j'espère que tu comprends.
Sébastien

Révision

1 À deux Que peuvent faire deux personnes avec chacun (*each one*) de ces objets? Avec un(e) partenaire, répondez à tour de rôle et employez des verbes réciproques.

MODÈLE un appareil photo numérique

Avec un appareil photo numérique, deux personnes peuvent s'envoyer des photos tout de suite.

- un portable
- du papier et un stylo
- un ordinateur
- un réseau social
- un enregistreur DVR
- une tablette

2 La communication Votre professeur va vous donner une feuille d'activités. Circulez dans la classe pour interviewer vos camarades. Comment communiquent-ils avec leurs familles et leurs amis? Pour chaque question, parlez avec des camarades différents qui doivent justifier leurs réponses.

MODÈLE

Étudiant(e) 1: *Tes amis et toi, vous écrivez-vous plus de cinq textos par jour?*
Étudiant(e) 2: *Oui, parfois nous nous écrivons dix textos.*
Étudiant(e) 1: *Pourquoi vous écrivez-vous tellement souvent?*

Activité	Oui	Non
1. s'écrire plus de cinq textos par jour	Jules	Corinne
2. s'envoyer des lettres par la poste		
3. se téléphoner le week-end		
4. se parler dans les couloirs		
5. se retrouver au resto U		
6. se donner rendez-vous		
7. se rencontrer sur Internet		
8. bien s'entendre		

3 Dimanche au parc Ces personnes sont allées au parc dimanche dernier. Avec un(e) partenaire, décrivez à tour de rôle leurs activités. Employez des verbes réciproques.

4 Leur rencontre Comment ces couples se sont-ils rencontrés? Par groupes de trois, inventez une histoire courte pour chaque couple. Utilisez les verbes donnés (*given*) plus des verbes réciproques.

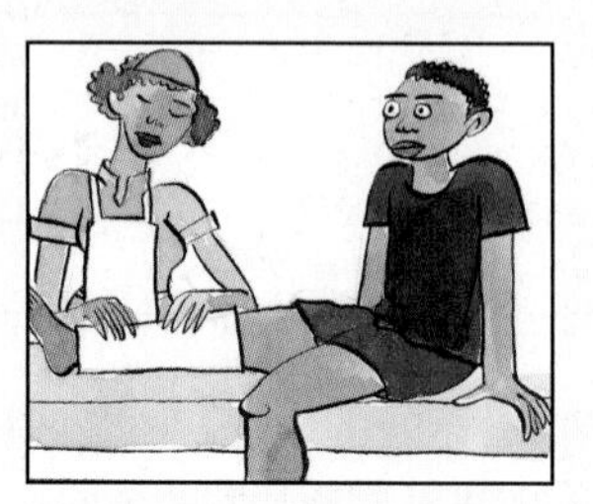

1. venir de

3. continuer à

2. commencer à

4. rêver de

5 Les bonnes relations Parlez avec deux camarades. Que faut-il faire pour maintenir de bonnes relations avec ses amis ou sa famille? À tour de rôle, utilisez les verbes de la liste pour donner des conseils (*advice*).

MODÈLE

Étudiant(e) 1: *Dans une bonne relation, deux personnes peuvent tout se dire.*
Étudiant(e) 2: *Oui, et elles apprennent à se connaître.*

s'adorer	se connaître	hésiter à
s'aider	se dire	oublier de
apprendre à	s'embrasser	pouvoir
arrêter de	espérer	refuser de
commencer à	éviter de	savoir

6 Rencontre sur Internet Votre professeur va vous donner, à vous et à votre partenaire, une feuille d'illustrations sur la rencontre sur Internet d'Amandine et de Gilles. Attention! Ne regardez pas la feuille de votre partenaire.

Video

Le smartphone musical

SmartFaust est une invention du Grame, le centre national de création musicale de Lyon, en France. SmartFaust est une série de treize applications numériques° qu'on peut télécharger gratuitement° sur son smartphone. Ensuite, on ouvre chaque application et on bouge° son smartphone pour faire de la musique.

L'avantage de SmartFaust, c'est que tout le monde peut l'utiliser et créer des sons. Les membres du public° peuvent donc participer directement à une création musicale au lieu de° rester de simples spectateurs silencieux. Donc, si° un jour, vous allez à un concert de SmartFaust, n'oubliez surtout pas de garder votre smartphone allumé, au lieu de l'éteindre!

Innovation musicale et technologie vont de pair°.

Xavier Garcia, devenu compositeur° de pièces pour smartphones.

Compréhension Répondez aux questions.

1. Que pensent les deux jeunes hommes interviewés au début de la vidéo de la musique faite avec un smartphone?
2. Que peut faire SmartFaust, d'après la vidéo?
3. Que pense le compositeur Xavier Garcia de la musique créée avec les smartphones?

Discussion Avec un(e) partenaire, répondez aux questions.

1. Avez-vous déjà assisté à des concerts de musique contemporaine? Décrivez ces concerts.
2. Est-ce que vous pensez que la musique faite avec SmartFaust est de la vraie musique? Expliquez.
3. Est-ce que vous voulez essayer d'utiliser SmartFaust, peut-être avec vos amis? Pourquoi ou pourquoi pas?

numérique *digital* **télécharger gratuitement** *Download for free* **bouge** *move* **public** *audience* **au lieu de** *instead of* **si** *if* **vont de pair** *go hand in hand* **compositeur** *composer*

Go to **vhlcentral.com** to watch the TV clip featured in this **Le Zapping**.

Leçon 11B

You will learn how to...

- talk about cars
- talk about traffic
- say what you would do

En voiture!

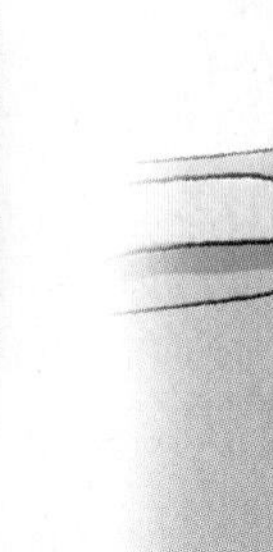

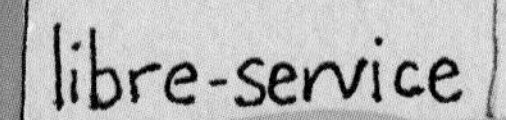

une station-service

un coffre

une voiture

Il fait le plein d'essence (*f.*).

un volant

un capot

une ceinture de sécurité

un moteur

un mécanicien (mécanicienne *f.*)

une portière

un pneu crevé

Vocabulaire

arrêter (de faire quelque chose)	*to stop (doing something)*
attacher	*to buckle*
avoir un accident	*to have/to be in an accident*
dépasser	*to go over; to pass*
freiner	*to brake*
se garer	*to park*
offrir	*to offer, to give something*
ouvrir	*to open*
rentrer (dans)	*to hit (another car)*
réparer	*to repair*
tomber en panne	*to break down*
vérifier (l'huile/la pression des pneus)	*to check (the oil/the air pressure)*
l'embrayage (*m.*)	*clutch*
les freins (*m.*)	*brakes*
l'huile (*f.*)	*oil*
un pare-chocs (pare-chocs *pl.*)	*bumper*
un réservoir d'essence	*gas tank*
un rétroviseur	*rearview mirror*
une roue (de secours)	*(emergency) tire*
un voyant (d'essence/d'huile)	*(gas/oil) warning light*
une amende	*fine*
une autoroute	*highway*
la limitation de vitesse	*speed limit*
un parking	*parking lot*
un permis de conduire	*driver's license*
une rue	*street*

ressources

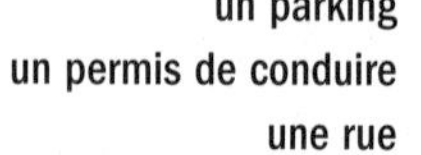

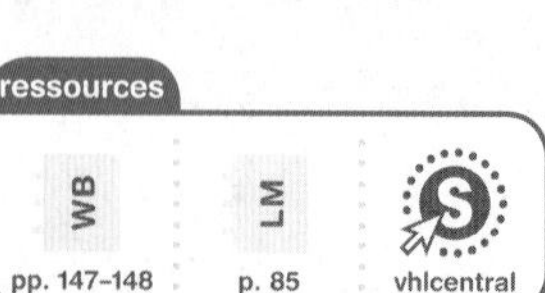

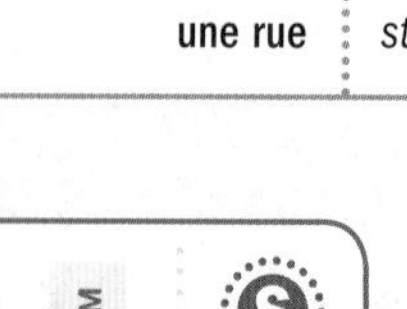

Mise en pratique

Audio: Vocabulary

Attention!

The verbs **ouvrir** and **offrir** are irregular. Although they end in **-ir**, they use the endings of regular **-er** verbs in the present tense. See the Verb Conjugation Tables appendix for all their forms.
The verbs **couvrir** (*to cover*), **découvrir** (*to discover*), and **souffrir** (*to suffer*) use the same endings as **ouvrir** and **offrir**.

un agent de police/un policier (policière *f.*)

les essuie-glaces (*m.*)

un pare-brise (pare-brise *pl.*)

la circulation

les phares (*m.*)

1 Écoutez Madeleine a eu une mauvaise journée. Écoutez son histoire, ensuite indiquez si les phrases suivantes sont **vraies** ou **fausses**.

	Vrai	Faux
Madeleine...		
1. a oublié son permis de conduire.	☐	☐
2. a dépassé la limitation de vitesse.	☐	☐
3. a fait le plein avant d'aller à la fac.	☐	☐
4. a attaché sa ceinture de sécurité.	☐	☐
5. s'est garée à l'université.	☐	☐
6. conduisait quand un policier l'a arrêtée.	☐	☐
Sa voiture...		
7. a redémarré.	☐	☐
8. avait un pneu crevé.	☐	☐
9. n'avait pas d'essence.	☐	☐
10. était en panne.	☐	☐

2 Les correspondances Choisissez l'élément de la liste **B** qui convient le mieux à chaque verbe de la liste **A**.

A	B
1. ____ dépasser	a. les freins
2. ____ tomber en panne	b. la limitation de vitesse
3. ____ freiner	c. la ceinture de sécurité
4. ____ faire le plein	d. une voiture
5. ____ réparer une voiture	e. l'essence
6. ____ se garer	f. un parking
7. ____ attacher	g. un mécanicien
8. ____ vérifier la pression	h. les pneus

3 Complétez Complétez les phrases suivantes avec le bon mot de vocabulaire pour faire une phrase logique.

1. La personne qui répare une voiture est un ________.
2. Il faut ________ le capot de la voiture pour vérifier l'huile.
3. On met de l'essence dans le ____________.
4. Le ____________ est un document officiel qui vous autorise à conduire.
5. On utilise les ________ pour voir (*see*) quand on conduit la nuit.
6. On utilise les ________ pour voir à travers (*through*) le pare-brise quand il pleut.
7. Le ________ sert à diriger la voiture.
8. Vous utilisez le ________ pour voir la circulation derrière vous.
9. La personne qui peut donner une amende est un ________.
10. On peut ranger ses valises dans le ________ de la voiture.
11. On utilise les ________ quand on veut s'arrêter.
12. Quand il y a beaucoup de voitures sur la route, il y a de la ________.

Communication

4 **Conversez** **Interviewez un(e) camarade de classe.**

1. As-tu une voiture? De quelle sorte? Tes parents te l'ont-ils offerte?
2. À quel âge as-tu obtenu (*obtained*) ton permis de conduire? Comment s'est passé l'examen?
3. Sais-tu comment changer un pneu crevé? En as-tu déjà changé un?
4. Ta voiture est-elle tombée en panne récemment? Qui l'a réparée?
5. Respectes-tu la limitation de vitesse sur l'autoroute? Et tes amis?
6. As-tu déjà été arrêté(e) par un policier? Pour quelle(s) raison(s)?
7. Combien de fois par mois fais-tu le plein (d'essence)? Combien paies-tu à chaque fois?
8. À quelle occasion offre-t-on une voiture à un(e) adolescent(e)?
9. Qu'as-tu découvert pendant ton dernier voyage en voiture?
10. As-tu eu des problèmes de pare-chocs récemment? Et des problèmes d'essuie-glaces?

5 **Sept différences** **Votre professeur va vous donner, à vous et à votre partenaire, deux feuilles d'activités différentes. À tour de rôle, posez-vous des questions pour trouver les sept différences entre vos dessins. Attention! Ne regardez pas la feuille de votre partenaire.**

MODÈLE

Étudiant(e) 1: *Ma voiture est blanche. De quelle couleur est ta voiture?*
Étudiant(e) 2: *Oh! Ma voiture est noire.*

6 **Chez le mécanicien** **Travaillez avec un(e) camarade de classe pour présenter un dialogue. Jouez les rôles d'un(e) client(e) et d'un(e) mécanicien(ne).**

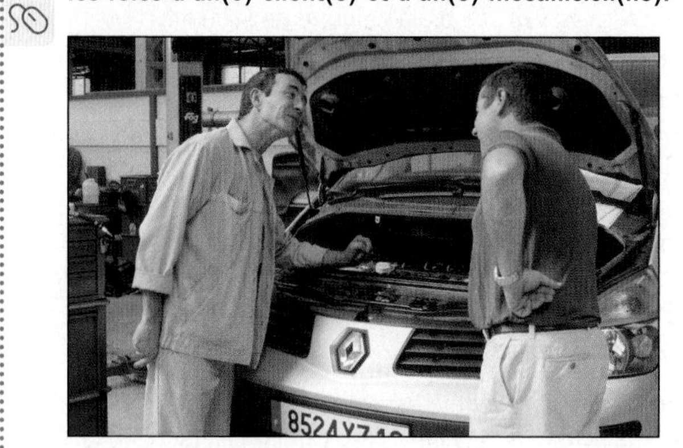

Le/La client(e)...
- explique le problème qu'il/qu'elle a.
- donne quelques détails sur les problèmes qu'il/qu'elle a eus dans le passé.
- négocie le prix et la date à laquelle il/elle peut venir chercher la voiture.

Le/La mécanicien(ne)...
- demande quand le problème a commencé et s'il y en a d'autres.
- explique le problème et donne le prix des réparations.
- accepte les conditions du/de la client(e).

7 **Écriture** **Écrivez un paragraphe à propos (*about*) d'un accident de la circulation. Suivez les instructions.**

- Parlez d'un accident (voiture, moto, vélo) que vous avez eu récemment. Si vous n'avez jamais eu d'accident, inventez-en un.
- Décrivez ce qui s'est passé avant, pendant et après.
- Donnez des détails.
- Comparez votre paragraphe avec celui (*that*) d'un(e) camarade de classe.

Les sons et les lettres

Audio: Concepts, Activities
Record & Compare

The letter x

The letter **x** in French is sometimes pronounced *-ks*, like the *x* in the English word *axe*.

taxi	**expliquer**	**mexicain**	**texte**

Unlike English, some French words begin with a *ks-* sound.

xylophone	**xénon**	**xénophile**	**Xavière**

The letters **ex-** followed by a vowel are often pronounced like the English word *eggs*.

exemple	**examen**	**exil**	**exact**

Sometimes an **x** is pronounced *s*, as in the following numbers.

soixante	**six**	**dix**

An **x** is pronounced *z* in a liaison. Otherwise, an **x** at the end of a word is usually silent.

deux enfants	**six éléphants**	**mieux**	**curieux**

Prononcez Répétez les mots suivants à voix haute.

1. fax
2. eux
3. dix
4. prix
5. jeux
6. index
7. excuser
8. exercice
9. orageux
10. expression
11. contexte
12. sérieux

Articulez Répétez les phrases suivantes à voix haute.

1. Les amoureux sont devenus époux.
2. Soixante-dix euros! La note (*bill*) du taxi est exorbitante!
3. Alexandre est nerveux parce qu'il a deux examens.
4. Xavier explore le vieux quartier d'Aix-en-Provence.
5. Le professeur explique l'exercice aux étudiants exceptionnels.

Dictons Répétez les dictons à voix haute.

Les belles plumes font les beaux oiseaux.[2]

[1] Great minds think alike.
[2] Beautiful feathers make beautiful birds.

La panne

Video: *Roman-photo*
Record & Compare

PERSONNAGES

Amina

Garagiste

Rachid

Sandrine

Valérie

À la station-service...

GARAGISTE Elle est belle, votre voiture! Elle est de quelle année?

RACHID Elle est de 2005.

GARAGISTE Je vérifie l'huile ou la pression des pneus?

RACHID Non, merci ça va. Je suis un peu pressé en fait. Au revoir.

Au P'tit Bistrot...

SANDRINE Ton Cyberhomme, c'est Rachid! Quelle coïncidence!

AMINA C'est incroyable, non? Je savais qu'il habitait à Aix, mais...

VALÉRIE Une vraie petite histoire d'amour, comme dans les films!

SANDRINE C'est exactement ce que je me disais!

AMINA Rachid arrive dans quelques minutes. Est-ce que cette couleur va avec ma jupe?

SANDRINE Vous l'avez entendue? Elle doit être amoureuse.

AMINA Arrête de dire des bêtises.

RACHID Oh non!!

AMINA Qu'est-ce qu'il y a? Un problème?

RACHID Je ne sais pas, j'ai un voyant qui s'est allumé.

AMINA Allons à une station-service.

RACHID Oui... c'est une bonne idée.

De retour à la station-service...

GARAGISTE Ah! Vous êtes de retour. Mais que se passe-t-il? Je peux vous aider?

RACHID J'espère. Il y a quelque chose qui ne va pas, peut-être avec le moteur, regardez, ce voyant est allumé.

GARAGISTE Ah, ça? C'est l'huile. Je m'en occupe tout de suite.

GARAGISTE Vous pouvez redémarrer? Et voilà.

RACHID Parfait. Au revoir. Bonne journée.

GARAGISTE Bonne route!

ACTIVITÉS

1 

Vrai ou faux? Indiquez si les affirmations suivantes sont vraies ou fausses.

1. La voiture de Rachid est très vieille.
2. Quand Rachid va à la station-service la première fois, il a beaucoup de temps.
3. Amina savait que Cyberhomme habitait à Aix.
4. Sandrine trouve l'histoire de Rachid et d'Amina très romantique.
5. Amina ouvre la portière de la voiture.
6. Rachid est galant (*a gentleman*).
7. Le premier problème que Rachid rencontre, c'est une panne d'essence.
8. Le garagiste répare la voiture.
9. La voiture a un pneu crevé.
10. Rachid n'est pas très fier de lui.

Practice more at **vhlcentral.com.**

Amina sort avec Rachid pour la première fois.

4

SANDRINE Oh, regarde, il lui offre des fleurs.
RACHID Bonjour, Amina. Tiens, c'est pour toi.
AMINA Bonjour, Rachid. Oh, merci, c'est très gentil.
RACHID Tu es très belle aujourd'hui.
AMINA Merci.

5

RACHID Attends, laisse-moi t'ouvrir la portière.
AMINA Merci.
RACHID N'oublie pas d'attacher ta ceinture.
AMINA Oui, bien sûr.

9

AMINA Heureusement, ce n'était pas bien grave. À quelle heure est notre réservation?
RACHID Oh! C'est pas vrai!

10

AMINA Qu'est-ce que c'était?
RACHID On a un pneu crevé.
AMINA Oh, non!!

Expressions utiles

Talking about dating

- **Il lui offre des fleurs.**
  He's offering/giving her flowers.
- **Attends, laisse-moi t'ouvrir la portière.**
  Wait, let me open the (car) door for you.

Talking about cars

- **N'oublie pas d'attacher ta ceinture.**
  Don't forget to fasten your seatbelt.
- **J'ai un voyant qui s'est allumé.**
  A warning light came on.
- **Il y a quelque chose qui ne va pas.**
  There's something wrong.

Additional vocabulary

- **incroyable**
  incredible

2 **Qui?** Indiquez qui dirait (*would say*) les affirmations suivantes: Rachid (**R**), Amina (**A**), Sandrine (**S**), Valérie (**V**) ou le garagiste (**G**).

1. La prochaine fois, je vais suivre les conseils du garagiste.
2. Je suis un peu anxieuse.
3. C'est comme un conte de fées (*fairy tale*)!
4. Taisez-vous (*Be quiet*), s'il vous plaît!
5. Il aurait dû (*should have*) m'écouter.

3 **Écrivez** Qu'est-ce qui se passe pour Amina et Rachid après le deuxième incident? Utilisez votre imagination et écrivez un paragraphe qui raconte ce qu'ils ont fait. Est-ce que quelqu'un d'autre les aide? Amina est-elle fâchée? Y aura-t-il (*Will there be*) un deuxième rendez-vous pour Cyberhomme et Technofemme?

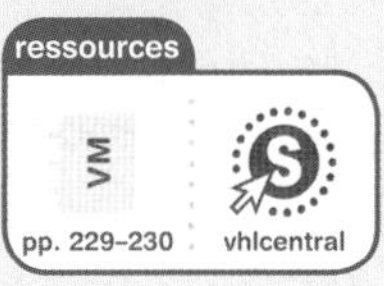

ACTIVITÉS

Reading
Video: *Flash culture*

CULTURE À LA LOUPE

Les voitures

la Smart

Dans l'ensemble°, les Français utilisent moins leurs voitures que les Américains. Il n'est pas rare qu'un couple ou une famille possède une seule voiture. Dans les grandes villes, beaucoup de gens se déplacent° à pied ou utilisent les transports en commun°. Dans les villages ou à la campagne, les gens utilisent un peu plus fréquemment leurs voitures. Pour de longs voyages, pourtant°, ils ont tendance, plus que les Américains, à laisser leurs voitures chez eux et à prendre le train ou l'avion. En général, les voitures en France sont beaucoup plus petites que les voitures qu'on trouve aux États-Unis, mais on y trouve des quatre-quatre°, même dans les grandes villes. La Smart, une voiture minuscule produite par les compagnies Swatch et Mercedes-Benz, a aussi beaucoup de succès en France et en Europe.

Il y a plusieurs raisons qui expliquent ces différences. D'abord, les rues des villes françaises sont beaucoup moins larges. Au centre-ville, beaucoup de rues sont piétonnes° et d'autres sont si petites qu'il est parfois difficile de passer, même pour une petite voiture. Il y a aussi de gros problèmes de parking dans la majorité des villes françaises. Il y a peu de places de parking et elles sont en général assez petites. Il est donc nécessaire de faire un créneau° pour se garer et plus la voiture est petite, plus° on a de chance de le réussir. Les rues en dehors° des villes sont souvent plus larges. En plus, en France, l'essence est plus chère qu'aux États-Unis. Il vaut donc mieux avoir une petite voiture économique qui ne consomme pas beaucoup d'essence, ou prendre les transports en commun quand c'est possible.

Les voitures les plus vendues° en France

Peugeot 206	700.000
Renault Clio 2	630.000
Renault Clio 3	401.000
Peugeot 207	400.500
Citroën Xsara	395.000
Renault Twingo 1	380.000

Dans l'ensemble *By and large* **se déplacent** *get around* **transports en commun** *public transportation* **pourtant** *however* **quatre-quatre** *sport utility vehicles* **piétonnes** *reserved for pedestrians* **faire un créneau** *parallel park* **plus..., plus...** *the more..., the more...* **en dehors** *outside* **vendues** *sold*

ACTIVITÉS

1 

Complétez Donnez un début ou une suite logique à chaque phrase, d'après le texte.

1. ... possèdent parfois une seule voiture.
2. Les Français qui habitent en ville se déplacent souvent...
3. Beaucoup de Français prennent le train ou l'avion...
4. ... sont en général plus petites qu'aux États-Unis.
5. Comme aux États-Unis, même dans les grandes villes en France, on trouve...
6. ..., on peut facilement faire un créneau pour se garer.
7. ... sont souvent plus larges.
8. Il n'est pas toujours facile de se garer dans les villes françaises...
9. ... parce que l'essence coûte cher en France.
10. ..., la grande majorité des Français a une voiture.

STRATÉGIE

Jotting down notes

As you read a text, you will find it helpful to jot down your thoughts and questions about it. You can write them either in the margins of the reading or in a separate notebook. If you make it a point to jot ideas down as you read, you will come up with questions, make connections, and draw conclusions about the text. When you return to the text later, your notes will reinforce what you understood as well as remind you of what you should revisit.

PORTRAIT

Le constructeur automobile Citroën

La marque° Citroën est une marque de voitures française créée° en 1919 par André Citroën, ingénieur et industriel français. La marque est réputée pour son utilisation de technologies d'avant-garde et pour ses innovations dans le domaine de l'automobile. Le premier véhicule construit par Citroën, la voiture type A, a été la première voiture européenne construite en série°. En 1924, Citroën a utilisé la première carrosserie° entièrement en acier° d'Europe. Puis, dans les années 1930, Citroën a inventé la traction avant°. Parmi les modèles de voiture les plus vendus de la marque Citroën, on compte la 2CV, ou «deux chevaux», un modèle bon marché et très apprécié des jeunes dans les années 1970 et 1980. En 1976, Citroën a fusionné° avec un autre grand constructeur automobile français, Peugeot, pour former le groupe PSA Peugeot-Citroën.

marque *make* **créée** *created* **construite en série** *mass-produced* **carrosserie** *body* **acier** *steel* **traction avant** *front-wheel drive* **a fusionné** *merged*

LE MONDE FRANCOPHONE

Conduire une voiture

Voici quelques informations utiles.

En France Il n'existe pas de carrefours° avec quatre panneaux° de stop.

En France, en Belgique et en Suisse Il est interdit d'utiliser un téléphone portable quand on conduit et on n'a pas le droit de tourner à droite quand le feu° est rouge.

À l'île Maurice et aux Seychelles Faites attention! On conduit à gauche.

En Suisse Pour conduire sur l'autoroute, il est nécessaire d'acheter une vignette° et de la mettre sur son pare-brise. On peut l'acheter à la poste ou dans les stations-service et elle est valable° un an.

Dans l'Union européenne Le permis de conduire d'un pays de l'Union européenne est valable dans tous les autres pays de l'Union.

carrefours *intersections* **panneaux** *signs* **feu** *traffic light* **vignette** *sticker* **valable** *valid*

Sur Internet

Qu'est-ce que la Formule 1?

Go to **vhlcentral.com** to find more cultural information related to this **Lecture culturelle**. Then watch the corresponding **Flash culture**.

ACTIVITÉS

2 **Répondez** Répondez par des phrases complètes.

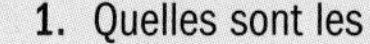

1. Quelles sont les caractéristiques de la marque Citroën?
2. Quelle est une des innovations de la marque Citroën?
3. Quel modèle de voiture Citroën a eu beaucoup de succès?
4. Qu'a fait la compagnie Citroën en 1976?
5. Que faut-il avoir pour conduire sur l'autoroute en Suisse?
6. Les résidents d'autres pays de l'U.E. ont-ils le droit de conduire en France?

3   **À vous...** Quelle est votre voiture préférée? Pourquoi? Avec un(e) partenaire, discutez de ce sujet et soyez prêt(e)s à expliquer vos raisons au reste de la classe.

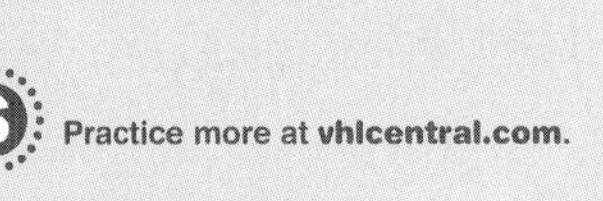

11B.1 Le conditionnel

Point de départ The conditional expresses what you *would* do or what *would* happen under certain circumstances.

À noter

Review the **imparfait** endings you learned in **Leçon 8A**. The **conditionnel** has the same endings as the **imparfait**.

Conditional of regular verbs

	parler	réussir	attendre
je/j'	parler**ais**	réussir**ais**	attendr**ais**
tu	parler**ais**	réussir**ais**	attendr**ais**
il/elle/on	parler**ait**	réussir**ait**	attendr**ait**
nous	parler**ions**	réussir**ions**	attendr**ions**
vous	parler**iez**	réussir**iez**	attendr**iez**
ils/elles	parler**aient**	réussir**aient**	attendr**aient**

- Note that you form the conditional of **-er** and **-ir** verbs by adding the conditional endings to the infinitive. The conditional endings are the same as those of the **imparfait**. To form the conditional of **-re** verbs, drop the final **-e** and add the endings.

Nous **voyagerions** cet été.
We'd travel this summer.

Tu ne **sortirais** pas.
You wouldn't go out.

Ils **attendraient** Luc.
They would wait for Luc.

- Note the conditional forms of most spelling-change **-er** verbs:

present form of je	+r	conditional forms
j'achète	**achèter-**	**j'achèterais**
je nettoie	**nettoier-**	**je nettoierais**
je paie/paye	**paier-/payer-**	**je paierais/payerais**
je m'appelle	**m'appeller-**	**je m'appellerais**

Tu te **lèverais** si tôt?
Would you get up that early?

Vous **essaieriez** de vous garer.
You would try to park.

Je n'**achèterais** pas cette voiture.
I would not buy this car.

Il **nettoierait** le pare-brise.
He would clean the windshield.

- The conditional of **-er** verbs with an **é** before the infinitive ending follows the same pattern as that of regular **-er** verbs.

Elle **répéterait** ses questions.
She would repeat her questions.

Elles **considéreraient** le pour et le contre.
They'd consider the pros and cons.

- Although the conditional endings are the same for all verbs, some verbs use irregular stems.

Irregular verbs in the conditional

infinitive	stem	conditional forms
aller	ir-	j'irais
avoir	aur-	j'aurais
devoir	devr-	je devrais
envoyer	enverr-	j'enverrais
être	ser-	je serais
faire	fer-	je ferais
mourir	mourr-	je mourrais
pouvoir	pourr-	je pourrais
savoir	saur-	je saurais
venir	viendr-	je viendrais
vouloir	voudr-	je voudrais

Vous **auriez** de longues vacances.
You would have a long vacation.

Il **enverrait** des e-mails.
He would send e-mails.

Elles y **seraient** plus heureuses.
They'd be happier there.

Nous **irions** en Tunisie.
We'd go to Tunisia.

Tu le **saurais** dans une semaine.
You would know it in a week.

Je **ferais** le plein pour toi.
I would fill the tank for you.

- The verbs **devenir**, **maintenir**, **retenir**, **revenir**, and **tenir** are patterned after **venir** in the conditional, just as they are in the present tense.

Elle **viendrait** en voiture cette fois.
She would come by car this time.

Nous **reviendrions** bientôt.
We would come back soon.

Ils **tiendraient** le capot pendant que tu regardes le moteur.
They'd hold up the hood while you look at the engine.

Tu **deviendrais** architecte un jour?
Would you become an architect one day?

- The conditional forms of **il y a**, **il faut**, and **il pleut** are, respectively, **il y aurait**, **il faudrait**, and **il pleuvrait**.

Il **faudrait** apporter le parapluie.
We'd need to bring the umbrella.

Quand **pleuvrait**-il dans ce pays?
When would it rain in this country?

Essayez! **Indiquez la forme correcte du conditionnel de ces verbes.**

1. je (perdre, devoir, venir) *perdrais, devrais, viendrais*
2. tu (vouloir, aller, essayer) ____________
3. Michel (dire, prendre, savoir) ____________
4. nous (préférer, nettoyer, faire) ____________
5. vous (être, pouvoir, avoir) ____________
6. elles (dire, espérer, amener) ____________
7. je (boire, choisir, essuyer) ____________
8. il (tenir, se lever, envoyer) ____________

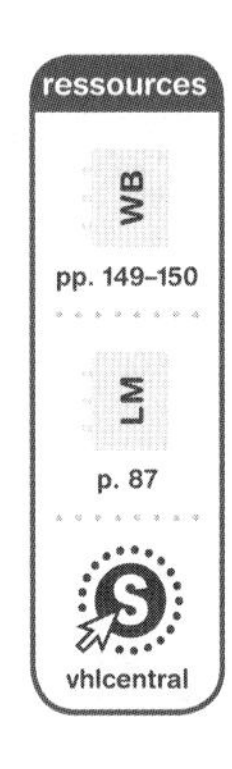

Mise en pratique

1 **Changer de vie** Alexandre parle à son ami de ce qu'il aimerait changer dans sa vie. Complétez ses phrases avec les formes correctes du conditionnel.

MODÈLE

J' *étudierais* (étudier) tous les week-ends.

1. Ma petite amie et moi ________ (faire) des études dans la même (*same*) ville.
2. Je ________ (vendre) ma vieille voiture.
3. Nous ________ (acheter) une Porsche.
4. Je ________ (travailler) bien.
5. Nos amis nous ________ (rendre) souvent visite.
6. Quelqu'un ________ (nettoyer) la maison.
7. Je n' ________ (avoir) pas de problèmes d'argent.
8. Ma petite ami et moi, nous ________ (pouvoir) nous retrouver tous les jours.
9. Tous mes cours ________ (être) très faciles.

2 **Les professeurs** Que feraient ces personnes si elles étaient profs de français?

MODÈLE tu / donner / examen / difficile
Tu donnerais des examens difficiles.

1. Marc / donner / devoirs
2. vous / répondre / à / questions / étudiants
3. nous / permettre / à / étudiants / de / manger / en classe
4. tu / parler / français / tout le temps
5. tes parents / boire / café / classe
6. nous / montrer / films / français
7. je / enseigner / chansons françaises / étudiants
8. Guillaume et Robert / être / gentil / avec / étudiants

3 **Sur une île** Vous découvrez une île (*island*) et vous y emmenez un groupe de personnes et leurs familles. Assemblez les éléments des colonnes pour faire des phrases avec le conditionnel. Quels rôles joueraient ces personnes?

MODÈLE

Le professeur enseignerait les mathématiques aux enfants.

A	B	C
agent de police	construire	cartes
agent de voyages	découvrir	disputes
chauffeur	enseigner	enfants
dentiste	s'occuper de	logement
hôtelier/hôtelière	organiser	nourriture
infirmier/infirmière	parler	problèmes
mécanicien(ne)	préparer	réunions
professeur	servir	transports
serveur/serveuse	trouver	urgences
?	?	?

Communication

4 Une grosse fortune Avec un(e) partenaire, parlez de la façon dont (*the way in which*) vous dépenseriez l'argent si quelqu'un vous laissait une grosse fortune. Posez-vous ces questions à tour de rôle.

1. Partirais-tu en voyage? Où irais-tu?
2. Quelle profession choisirais-tu?
3. Où habiterais-tu?
4. Qu'est-ce que tu achèterais? À tes amis? À ta famille?
5. Donnerais-tu de l'argent à des œuvres de charité (*charities*)? Auxquelles (*To which ones*)?
6. Qu'est-ce qui changerait dans ta vie quotidienne (*daily*)?

5 Sans ça... Par groupes de trois, dites ce qui (*what*) changerait dans le monde sans ces choses.

MODÈLE sans écoles?
Les étudiants n'apprendraient pas.

- sans voitures?
- sans télévisions?
- sans téléphones?
- sans ordinateurs?
- sans avions?
- ?

6 Le tour de la France Vous aimeriez faire le tour de la France avec un(e) partenaire. Regardez la carte et discutez de l'itinéraire. Où commenceriez-vous? Que visiteriez-vous? Utilisez ces idées et trouvez-en d'autres.

MODÈLE
Nous commencerions à Paris.

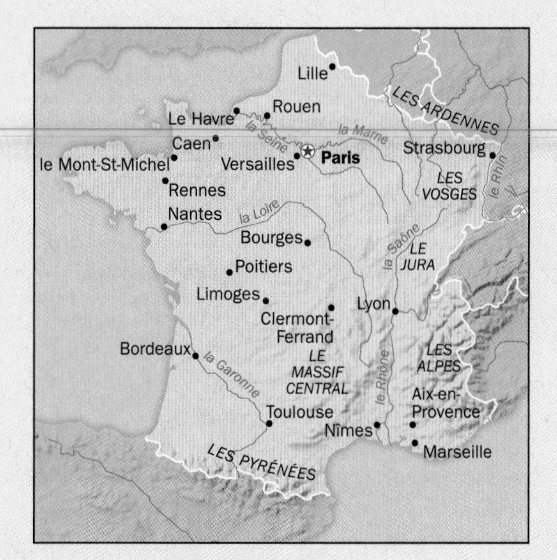

- les plages de la Côte d'Azur
- les randonnées dans le Centre
- le ski dans les Alpes
- les musées à Paris
- les châteaux (*castles*) de la Loire

11B.2 Uses of *le conditionnel*; *Si* clauses

Uses of *le conditionnel*

- Use the conditional to make a polite request, soften a demand, or express what someone *could* or *should* do.

Je **voudrais** acheter une nouvelle imprimante.
I would like to buy a new printer.

Pourriez-vous nous dire où elles sont?
Could you tell us where they are?

Tu **devrais** dormir jusqu'à onze heures.
You should sleep until 11 o'clock.

Nous **aimerions** recevoir un salaire élevé.
We would like to receive a high salary.

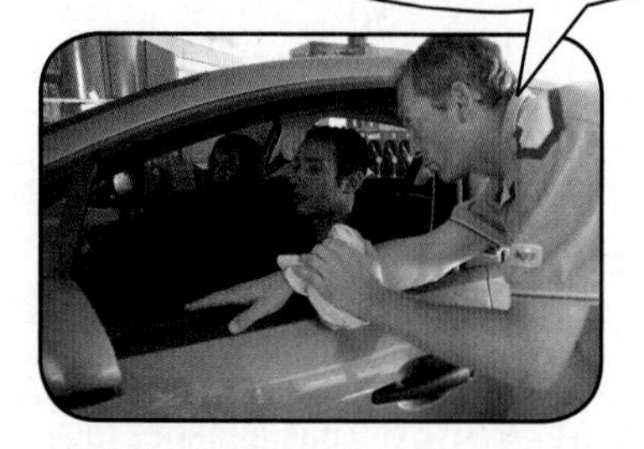

- To express what someone said or thought would happen in the future at a past moment in time, use a past tense verb before **que** and the **conditionnel** after it.

Guillaume a dit qu'il **arriverait** vers midi.
Guillaume said that he would arrive around noon.

Nous pensions que tu **ferais** tes devoirs.
We thought that you would do your homework.

Je savais que Lucie **reviendrait** dans deux jours.
I knew that Lucie would come back in two days.

Mes parents ont expliqué qu'ils ne **pourraient** pas les aider.
My parents explained that they would not be able to help them.

- Unlike French, in English *would* can also mean *used to*, in the sense of past habitual action. To express past habitual actions in French, you must use the **imparfait**.

Je **travaillais** pour une compagnie à Paris tous les étés.
I would (used to) work for a company in Paris every summer.

but Je **travaillerais** seulement pour une compagnie à Paris.
I would work only for a company in Paris.

Ils **attendaient** le week-end pour surfer sur Internet.
They'd (used to) wait for the weekend to surf the Internet.

but Ils **attendraient** bien le week-end, mais ils sont trop impatients.
They'd wait for the weekend, but they're too impatient.

Avec la vieille voiture, nous **tombions** en panne.
With the old car, we would (used to) break down.

but Sans un bon moteur, nous **tomberions** en panne.
Without a good engine, we would break down.

Si clauses

- **Si** (*If*) clauses describe a condition or event upon which another condition or event depends. Sentences with **si** clauses consist of a **si** clause and a main (or result) clause.

- **Si** clauses can speculate or hypothesize about a current event or condition. They express what *would happen* if an event or condition *were* to *occur*. This is called a contrary-to-fact situation. In such instances, the verb in the **si** clause is in the **imparfait** while the verb in the main clause is in the conditional. Either clause can come first.

Si j'**étais** chez moi, je lui **enverrais** un e-mail.
If I were home, I'd send her an e-mail.

Vous **partiriez** souvent en vacances si vous **aviez** de l'argent.
You would go on vacation often if you had money.

Si tu **avais** ton permis, tu **pourrais** conduire.
If you had your license, you could drive.

Nous ne **grossirions** pas si nous **mangions** moins.
We wouldn't put on weight if we ate less.

- Note that **si** and **il/ils** contract to become **s'il** and **s'ils**, respectively.

Nous **marcherions s'il** ne **pleuvait** pas.
We'd walk if it weren't raining.

S'ils faisaient le plein d'essence, ils **iraient** plus loin.
If they filled the tank, they'd go farther.

- Use a **si** clause alone with the **imparfait** to make a suggestion or to express a wish.

Si nous **faisions** des projets pour le week-end?
What about making plans for the weekend?

Ah! Si elle **obtenait** un meilleur travail!
Oh! If only she got a better job!

Essayez! **Complétez les phrases avec la forme correcte des verbes.**

1. Si on visitait la Tunisie, on ________ (aller) admirer les ruines.
2. Vous ________ (être) plus heureux si vous faisiez vos devoirs.
3. Si tu ________ (avoir) la grippe, tu devrais aller chez le médecin.
4. Si elles avaient un million d'euros, que ________-elles (faire)?
5. Mes parents me ______ (rendre) visite ce week-end s'ils avaient le temps.
6. J'________ (écrire) au président si j'avais son adresse.
7. Si nous lisions, nous ______ (savoir) les réponses.
8. Il ______ (avoir) le temps s'il ne regardait pas la télé.

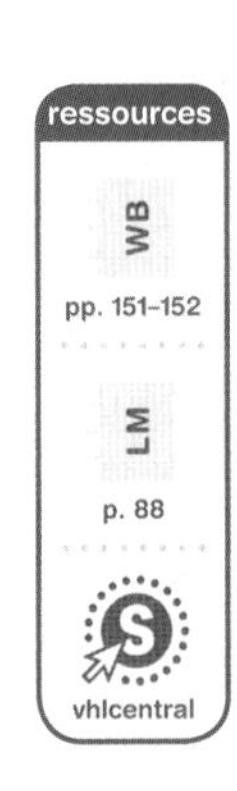

STRUCTURES

Mise en pratique

1 Questions Votre voiture est tombée en panne et vous la laissez chez un(e) mécanicien(ne), à qui vous posez des questions. Indiquez ses réponses.

MODÈLE Quand est-ce que vous pourriez commencer? (vous / être pressé(e) / je / pouvoir commencer demain)

Si vous étiez pressé(e), je pourrais commencer demain.

1. Les pneus sont neufs (*new*). Ne devriez-vous pas vérifier leur pression? (pneus / être usés (*worn*) / je / vérifier leur pression)
2. Auriez-vous besoin de mon numéro de fax? (je / avoir un fax / je / prendre votre numéro)
3. Quand est-ce que je pourrais reprendre ma voiture? (nous / ne pas fermer le week-end / vous / pouvoir / la reprendre samedi)
4. Pourriez-vous m'appeler au bureau lundi? (je / ne pas pouvoir / finir / secrétaire / vous appeler)

2 Et si... D'abord, complétez les questions. Ensuite, employez le conditionnel pour y répondre. Comparez vos réponses aux réponses d'un(e) partenaire.

MODÈLE Que ferais-tu si... tu / être malade?

Que ferais-tu si tu étais malade? Si j'étais malade, je dormirais toute la journée.

Situation 1: Que ferais-tu si...

1. tu / être fatigué(e)?
2. il / pleuvoir?
3. il / faire beau?
4. tu / ne pas réussir à tes examens?

Situation 2: Que feraient tes parents si...

1. tu / quitter l'université?
2. tu / choisir de devenir avocat(e)?
3. tu / partir habiter en France?
4. tu / vouloir se marier (*to marry*) très jeune?

3 Des réactions À tour de rôle avec un(e) partenaire, dites ce que (*what*) vous aimeriez, devriez, pourriez ou voudriez faire dans ces circonstances.

MODÈLE Vous vous rendez compte que votre petit(e) ami(e) et vous ne vous aimez plus.

Nous devrions nous quitter.

1. Vous n'avez pas de devoirs ce week-end.
2. Votre ami(e) organise une fête sans rien vous dire.
3. Vos parents ne vous téléphonent pas pendant un mois.
4. Le prof de français vous donne une mauvaise note.
5. Vous tombez malade.
6. Votre voiture tombe en panne.
7. Vous n'êtes pas en bonne forme.
8. Vous pouvez aller n'importe où (*anywhere*) pour les vacances.

Communication

4 **L'imagination** Par groupes de trois, choisissez un de ces sujets et préparez un paragraphe par écrit. Ensuite, lisez votre paragraphe à la classe. Vos camarades décident quel groupe est le gagnant (*winner*).

- Si je pouvais devenir invisible, ...
- Si j'étais un extraterrestre à New York, ...
- Si j'inventais une machine, ...
- Si j'étais une célébrité, ...
- Si nous pouvions prendre des vacances sur Mars, ...

5 **Le portefeuille** Vos camarades de classe trouvent un portefeuille (*wallet*) plein d'argent. Par groupes de quatre, parlez d'abord avec un(e) de vos camarades pour deviner ce que (*what*) feraient les deux autres. Ensuite, rejoignez-les pour comparer vos prédictions.

MODÈLE

Étudiant(e) 1: *Si vous trouviez le portefeuille, vous le donneriez à la police.*
Étudiant(e) 2: *Oui, mais nous garderions l'argent pour aller dans un bon restaurant.*

6 **Interview** Par groupes de trois, préparez cinq questions pour un(e) candidat(e) à la présidence des États-Unis. Ensuite, jouez les rôles de l'interviewer et du/de la candidat(e). Alternez les rôles.

MODÈLE

Étudiant(e) 1: *Que feriez-vous au sujet du sexisme dans l'armée?*
Étudiant(e) 2: *Alors, si j'étais président(e), nous...*

7 **Ma voiture** Vous voulez une voiture mais vous devez d'abord convaincre (*convince*) votre père de vous en acheter une. Il vous pose des questions. Avec un(e) partenaire, préparez cette conversation. Alternez les rôles.

MODÈLE

Étudiant(e) 1: *Si je t'achetais une voiture, est-ce que tu conduirais prudemment?*
Étudiant(e) 2: *Oui, je ne dépasserais pas la limitation de vitesse.*

Révision

1 **Du changement** Avec un(e) partenaire, observez ces bureaux. Faites une liste d'au minimum huit changements que les employés feraient s'ils en avaient les moyens (*means*).

MODÈLE

Étudiant(e) 1: *Si ces gens pouvaient changer quelque chose, ils achèteraient de nouveaux ordinateurs.*
Étudiant(e) 2: *Si les affaires allaient mieux, ils déménageraient.*

2 **Si j'étais...** Par groupes de quatre, discutez et faites votre propre (*own*) portrait à travers (*through*) ces occupations. Comparez vos réponses et présentez le portrait d'un(e) camarade à la classe.

MODÈLE

Étudiant(e) 1: *Si j'étais journaliste, j'écrirais sur la vie politique.*
Étudiant(e) 2: *Si je travaillais comme chauffeur, je conduirais tout le temps sur l'autoroute.*

architecte	chauffeur	médecin
artiste	homme/femme d'affaires	musicien(ne)
athlète		professeur
avocat(e)	journaliste	propriétaire

3 **Je la vendrais...** Pour quelles raisons seriez-vous prêt(e)s à vendre votre voiture? Par groupes de trois, donnez chacun(e) (*each one*) au minimum deux raisons positives et deux raisons négatives.

MODÈLE

Étudiant(e) 1: *Je la vendrais si les freins ne marchaient pas.*
Étudiant(e) 2: *Moi, je vendrais ma voiture si je déménageais à Paris, où les transports en commun sont excellents.*

4 **Au travail** Avec un(e) partenaire, observez ces personnes et écrivez une phrase avec si pour expliquer leur situation. Ensuite, comparez vos phrases aux phrases d'un autre groupe.

MODÈLE

Si elle dormait mieux la nuit, elle ne serait pas fatiguée pendant la journée.

1.

3.

2.

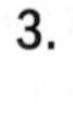

4.

5 **Soyons polis!** Avec un(e) partenaire, inventez un dialogue entre un(e) mécanicien(ne) et son assistant(e). Le/La mécanicien(ne) demande méchamment plusieurs services à l'assistant(e), qui refuse. Le/La mécanicien(ne) réitère alors ses demandes, mais plus poliment, et l'assistant(e) accepte.

MODÈLE

Étudiant(e) 1: *Apportez-moi le téléphone!*
Étudiant(e) 2: *Si vous me parliez gentiment, je vous apporterais le téléphone.*
Étudiant(e) 1: *Pourriez-vous m'apporter le téléphone, s'il vous plaît?*
Étudiant(e) 2: *Avec plaisir!*

6 **Causes et effets** Votre professeur va vous donner, à vous et à votre partenaire, deux feuilles d'activités différentes sur des causes et leurs effets. Attention! Ne regardez pas la feuille de votre partenaire.

Écriture

STRATÉGIE

Listing key words

Once you have determined the purpose for a piece of writing and identified your audience, it is helpful to make a list of key words you can use while writing. If you were to write a description of your campus, for example, you would probably need a list of prepositions that describe location, such as **devant**, **à côté de**, and **derrière**. Likewise, a list of descriptive adjectives would be useful if you were writing about the people and places of your childhood.

By preparing a list of potential words ahead of time, you will find it easier to avoid using the dictionary while writing your first draft. You will probably also learn a few new words in French while preparing your list of key words.

Listing useful vocabulary is also a valuable organizational strategy since the act of brainstorming key words will help you form ideas about your topic. In addition, a list of key words can help you avoid redundancy when you write.

If you were going to write a composition about your communication habits with your friends, what French words would be the most helpful to you? Jot a few of them down and compare your list with a partner's. Did you choose the same words? Would you choose any different or additional words, based on what your partner wrote?

Thème

Écrire une dissertation

Écrivez une dissertation pour décrire vos préférences et vos habitudes en ce qui concerne (*regarding*) les moyens (*means*) de communication d'hier et d'aujourd'hui.

- Quel est votre moyen de communication préféré (e-mail, téléphone, lettre,...)? Pourquoi?
- En général, comment communiquez-vous avec les gens que vous connaissez? Pourquoi? Avez-vous toujours communiqué avec eux de cette manière (*in this way*)?
- Communiquez-vous avec tout le monde de la même manière ou cela dépend-il des personnes? Par exemple, restez-vous en contact avec vos grands-parents de la même manière qu'avec votre professeur de français? Expliquez.
- Comment restez-vous en contact avec les membres de votre famille? Et avec vos amis et vos camarades de classe?
- Communiquez-vous avec certaines personnes tous les jours? Avec qui? Comment?

Avant de commencer, faites une liste des personnes avec qui vous communiquez régulièrement et donnez le moyen de communication que vous avez utilisé dans le passé et que vous utilisez aujourd'hui. Utilisez aussi votre liste de mots-clés comme point de départ pour votre dissertation.

Panorama

le ski dans les Alpes

Provence-Alpes-Côte d'Azur

La région en chiffres

- **Superficie:** *31.400 km²*
- **Population:** *4.989.435*
  SOURCE: INSEE
- **Industries principales:** *agriculture, industries agro-alimentaires°, métallurgiques et mécaniques, parfumerie, tourisme*
- **Villes principales:** *Avignon, Gap, Marseille, Nice, Toulon*

Personnages célèbres

- **Nostradamus,** *astrologue et médecin (1503–1566)*
- **Marcel Pagnol,** *cinéaste° et écrivain (1895–1974)*
- **Surya Bonaly,** *athlète olympique (1973–)*

Rhône-Alpes

La région en chiffres

- **Superficie:** *69.711 km²*
- **Population:** *7.874.586*
- **Industries principales:** *agriculture, élevage°, tourisme, industries chimiques, métallurgiques et textiles*
- **Villes principales:** *Annecy, Chambéry, Grenoble, Lyon, Saint-Étienne*

Personnages célèbres

- **Louise Labé,** *poétesse (1524–1566)*
- **Stendhal,** *écrivain (1783–1842)*
- **Antoine de Saint-Exupéry,** *écrivain, auteur° du* Petit Prince *(1900–1944)*

le palais des Papes° à Avignon

la promenade des Anglais à Nice

Incroyable mais vrai!

Tous les cow-boys ne sont pas américains. En Camargue, la confrérie° des gardians° perpétue depuis° 1512 les traditions des cow-boys français. C'est dans le sud° que cohabitent les chevaux° blancs camarguais, des taureaux° noirs et des flamants° roses. Montés sur° des chevaux blancs, les gardians gardent les taureaux noirs.

agro-alimentaires *food-processing* **cinéaste** *filmmaker* **élevage** *livestock raising* **auteur** *author* **confrérie** *brotherhood* **gardians** *herdsmen* **depuis** *since* **sud** *south* **chevaux** *horses* **taureaux** *bulls* **flamants** *flamingos* **Montés sur** *Riding* **Papes** *Popes*

Les destinations

Grenoble

La ville de Grenoble, dans la région Rhône-Alpes, est surnommée «Capitale des Alpes» et «Ville Technologique». Située° à la porte des Alpes, elle donne accès aux grandes stations de ski alpines et elle est le premier centre de recherche° en France après Paris, avec plus de° 15.000 chercheurs°. Le synchrotron de Grenoble, un des plus grands° accélérateurs de particules du monde, permet à 6.000 chercheurs d'étudier la matière°. Grenoble est également° une ville universitaire avec quatre universités et 63.500 étudiants.

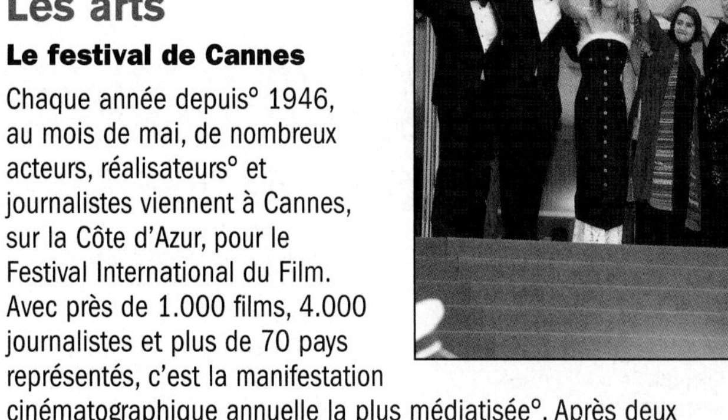

Les arts

Le festival de Cannes

Chaque année depuis° 1946, au mois de mai, de nombreux acteurs, réalisateurs° et journalistes viennent à Cannes, sur la Côte d'Azur, pour le Festival International du Film. Avec près de 1.000 films, 4.000 journalistes et plus de 70 pays représentés, c'est la manifestation cinématographique annuelle la plus médiatisée°. Après deux semaines de projections, de fêtes, d'expositions et de concerts, le jury international du festival choisit le meilleur° des vingt films présentés en compétition officielle.

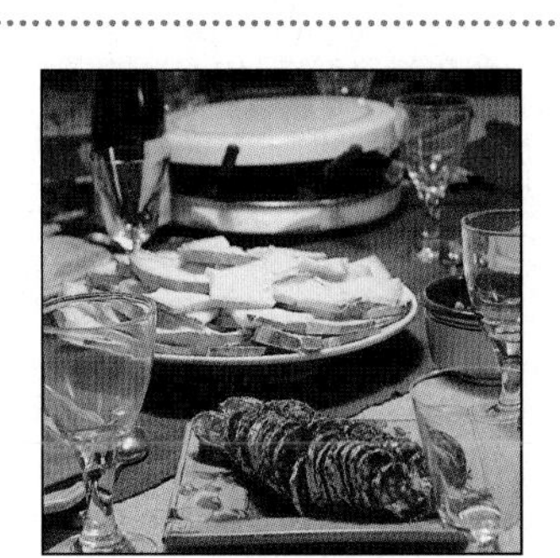

La gastronomie

La raclette et la fondue

Deux des spécialités de la Savoie, dans la région Rhône-Alpes, sont basées sur le fromage. Pour la raclette, on met du fromage à raclette sur un appareil° à raclette pour le faire fondre°. Chaque personne racle° ce fromage dans son assiette° et le mange avec des pommes de terre° et de la charcuterie°. La fondue est un mélange° de fromages fondus°. Avec un bâton°, on trempe° un morceau° de pain dans la fondue. Attention! Ne le faites pas tomber!

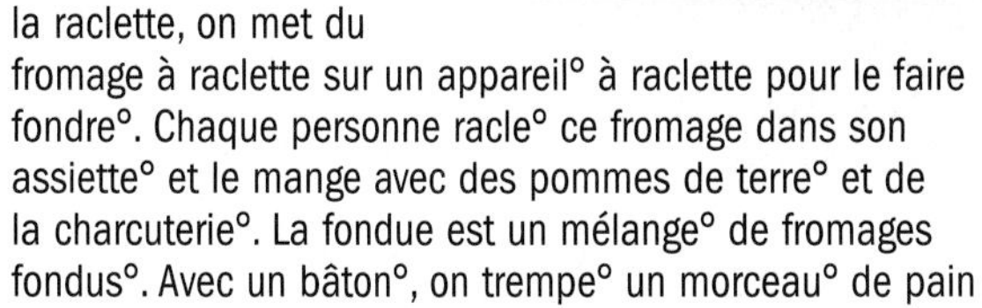

Les traditions

Grasse, France

La ville de Grasse, sur la Côte d'Azur, est le centre de la parfumerie° française. Cette «capitale mondiale du parfum» cultive les fleurs depuis le Moyen Âge°: violette, lavande, rose, plantes aromatiques, etc. Au dix-neuvième siècle, ses parfumeurs, comme Molinard, ont conquis° les marchés du monde grâce à° la fabrication industrielle.

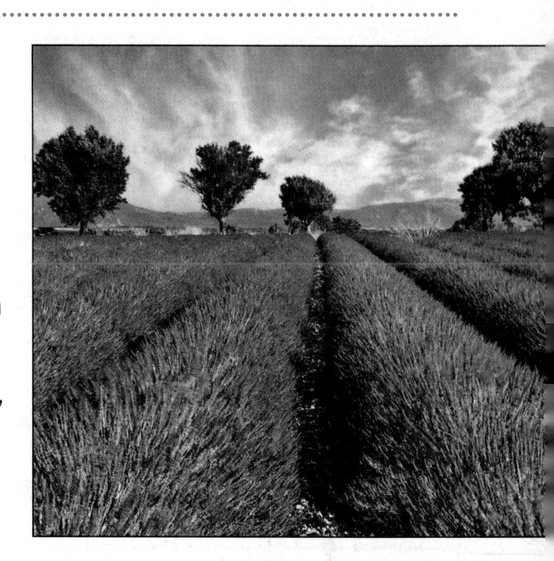

Qu'est-ce que vous avez appris? **Répondez aux questions par des phrases complètes.**

1. Comment s'appelle la région où les gardians perpétuent les traditions des cow-boys français?
2. Qui a écrit le livre *Le Petit Prince*?
3. Quel est le rôle des gardians?
4. Où est situé Grenoble?
5. À Grenoble, qui vient étudier la matière?
6. Depuis quand existe le festival de Cannes?
7. Qui choisit le meilleur film au festival de Cannes?
8. Avec quoi mange-t-on la raclette?
9. Quelle ville est le centre de la parfumerie française?
10. Pourquoi Grasse est-elle le centre de la parfumerie française?

Sur Internet

Go to **vhlcentral.com** to find more cultural information related to this **Panorama**.

1. Quels films étaient (*were*) en compétition au dernier festival de Cannes? Qui composait (*made up*) le jury?
2. Trouvez des informations sur une parfumerie de Grasse. Quelles sont deux autres parfumeries qu'on trouve à Grasse?

Située *Located* **recherche** *research* **plus de** *more than* **chercheurs** *researchers* **des plus grands** *of the largest* **matière** *matter* **également** *also* **depuis** *since* **réalisateurs** *filmmakers* **la plus médiatisée** *the most publicized* **meilleur** *best* **appareil** *machine* **fondre** *melt* **racle** *scrapes* **assiette** *plate* **pommes de terre** *potatoes* **charcuterie** *cured meats* **mélange** *mix* **fondus** *melted* **bâton** *stick* **trempe** *dips* **morceau** *piece* **parfumerie** *perfume industry* **Moyen Âge** *Middle Ages* **ont conquis** *conquered* **grâce à** *thanks to*

Leçon 11A

L'ordinateur

un CD/compact disc/disque compact *CD, compact disc*
(CD/compact disc/disques compacts pl.) *(CDs, compact discs)*
un clavier *keyboard*
un disque dur *hard drive*
un écran *screen*
un e-mail *e-mail*
un fichier *file*
une imprimante *printer*
un jeu vidéo (jeux vidéo pl.) *video game(s)*
un logiciel *software, program*
un moniteur *monitor*
un mot de passe *password*
une page d'accueil *home page*
un site Internet/web *web site*
une souris *mouse*
démarrer *to start up*
être connecté(e) (avec) *to be connected (to)*
être en ligne (avec) *to be online/on the phone (with)*
graver *to record, to burn*
imprimer *to print*
sauvegarder *to save*
surfer sur Internet *to surf the Internet*
télécharger *to download*

Verbes pronominaux réciproques

s'adorer *to adore one another*
s'aider *to help one another*
s'aimer (bien) *to love (like) one another*
se connaître *to know one another*
se dire *to tell one another*
se donner *to give one another*
s'écrire *to write one another*
s'embrasser *to kiss one another*
s'entendre bien (avec) *to get along well (with one another)*
se parler *to speak to one another*
se quitter *to leave one another*
se regarder *to look at one another*
se rencontrer *to meet one another (make an acquaintance)*
se retrouver *to meet one another (planned)*
se téléphoner *to phone one another*

L'électronique

un appareil photo (numérique) *(digital) camera*
une chaîne (de télévision) *(television) channel*
une chaîne stéréo *stereo system*
des écouteurs (*m.*) *headphones*
un enregistreur DVR *DVR*
un lecteur MP3/(de) CD/DVD *MP3/CD/DVD player*
un lien *link*
un portable *cell phone*
un poste de télévision *television set*
un réseau (social) *(social) network*
un smartphone *smartphone*
une tablette (tactile) *tablet computer*
une télécommande *remote control*
un texto/SMS *text message*
allumer *to turn on*
composer (un numéro) *to dial (a number)*
effacer *to erase*
enregistrer *to record*
éteindre *to turn off*
fermer *to close; to shut off*
fonctionner/marcher *to work; to function*
sonner *to ring*

Expressions utiles

See p. 413.

Prepositions with the infinitive

See p. 416.

Leçon 11B

Verbes

couvrir *to cover*
découvrir *to discover*
offrir *to offer, to give something*
ouvrir *to open*
souffrir *to suffer*

La voiture

arrêter (de faire quelque chose) *to stop (doing something)*
attacher sa ceinture de sécurité (*f.*) *to buckle one's seatbelt*
avoir un accident *to have/to be in an accident*
dépasser *to go over; to pass*
faire le plein *to fill the tank*
freiner *to brake*
se garer *to park*
rentrer (dans) *to hit (another car)*
réparer *to repair*
tomber en panne *to break down*
vérifier (l'huile/la pression des pneus) *to check (the oil/the air pressure)*
un capot *hood*
un coffre *trunk*
l'embrayage (*m.*) *clutch*
l'essence (*f.*) *gas*
un essuie-glace (des essuie-glaces) *windshield wiper(s)*
les freins (*m.*) *brakes*
l'huile (*f.*) *oil*
un moteur *engine*
un pare-brise (pare-brise pl.) *windshield*
un pare-chocs (pare-chocs pl.) *bumper*
les phares (*m.*) *headlights*
un pneu (crevé) *(flat) tire*
une portière *car door*
un réservoir d'essence *gas tank*
un rétroviseur *rearview mirror*
une roue (de secours) *(emergency) tire*
une voiture *car*
un volant *steering wheel*
un voyant d'essence/d'huile *(gas/oil) warning light*
un agent de police/un(e) policier/policière *police officer*
une amende *fine*
une autoroute *highway*
la circulation *traffic*
la limitation de vitesse *speed limit*
un(e) mécanicien(ne) *mechanic*
un parking *parking lot*
un permis de conduire *driver's license*
une rue *street*
une station-service *service station*

Expressions utiles

See p. 431.

En ville

UNITÉ

12

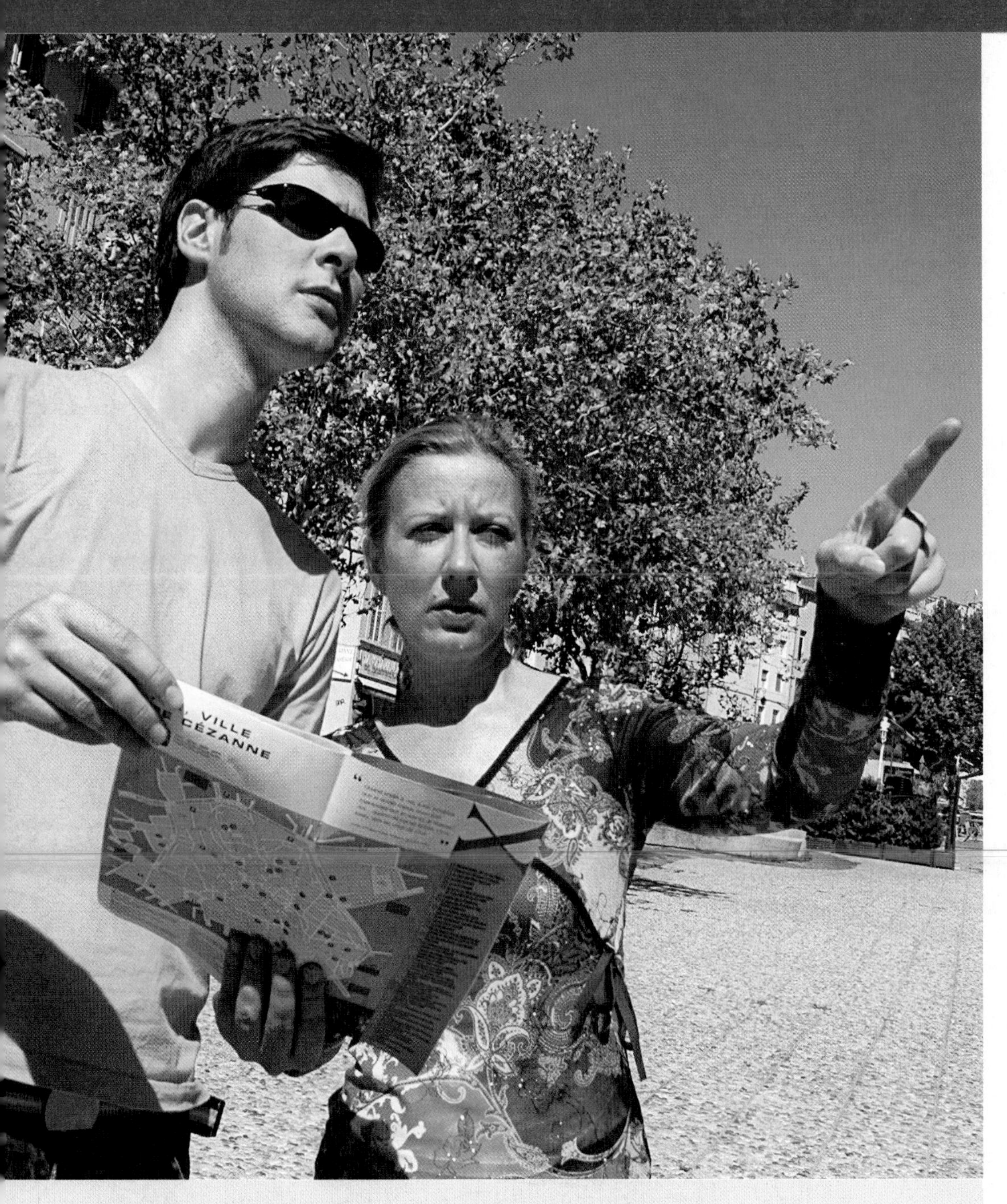

Pour commencer
- Qu'est-ce que David a dans la main?
- Quel temps fait-il?
- Qu'est-ce que Valérie fait?
- Est-ce que David va conduire jusqu'à sa destination?

Leçon 12A

You will learn how to...

- make business transactions
- get around town

Les courses

Vocabulaire

accompagner	*to accompany*
avoir un compte bancaire	*to have a bank account*
déposer de l'argent	*to deposit money*
emprunter	*to borrow*
payer avec une carte de crédit	*to pay with a credit card*
payer en liquide	*to pay in cash*
payer par chèque	*to pay by check*
remplir un formulaire	*to fill out a form*
retirer de l'argent	*to withdraw money*
signer	*to sign*
une adresse	*address*
une carte postale	*postcard*
une enveloppe	*envelope*
un timbre	*stamp*
une boutique	*boutique, store*
une brasserie	*café, restaurant*
un commissariat de police	*police station*
une laverie	*laundromat*
une mairie	*town/city hall; mayor's office*
un compte de chèques	*checking account*
un compte d'épargne	*savings account*
une dépense	*expenditure, expense*
des pièces de monnaie/ de la monnaie	*coins/change*
fermé(e)	*closed*
ouvert(e)	*open*

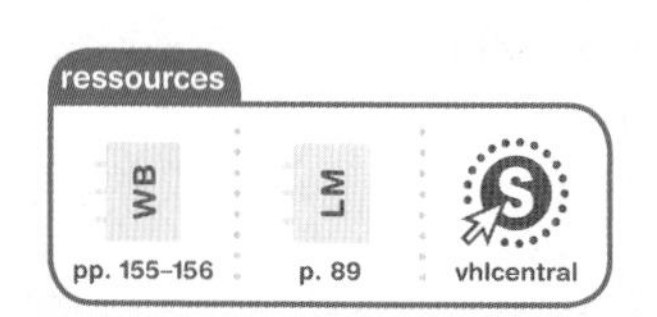

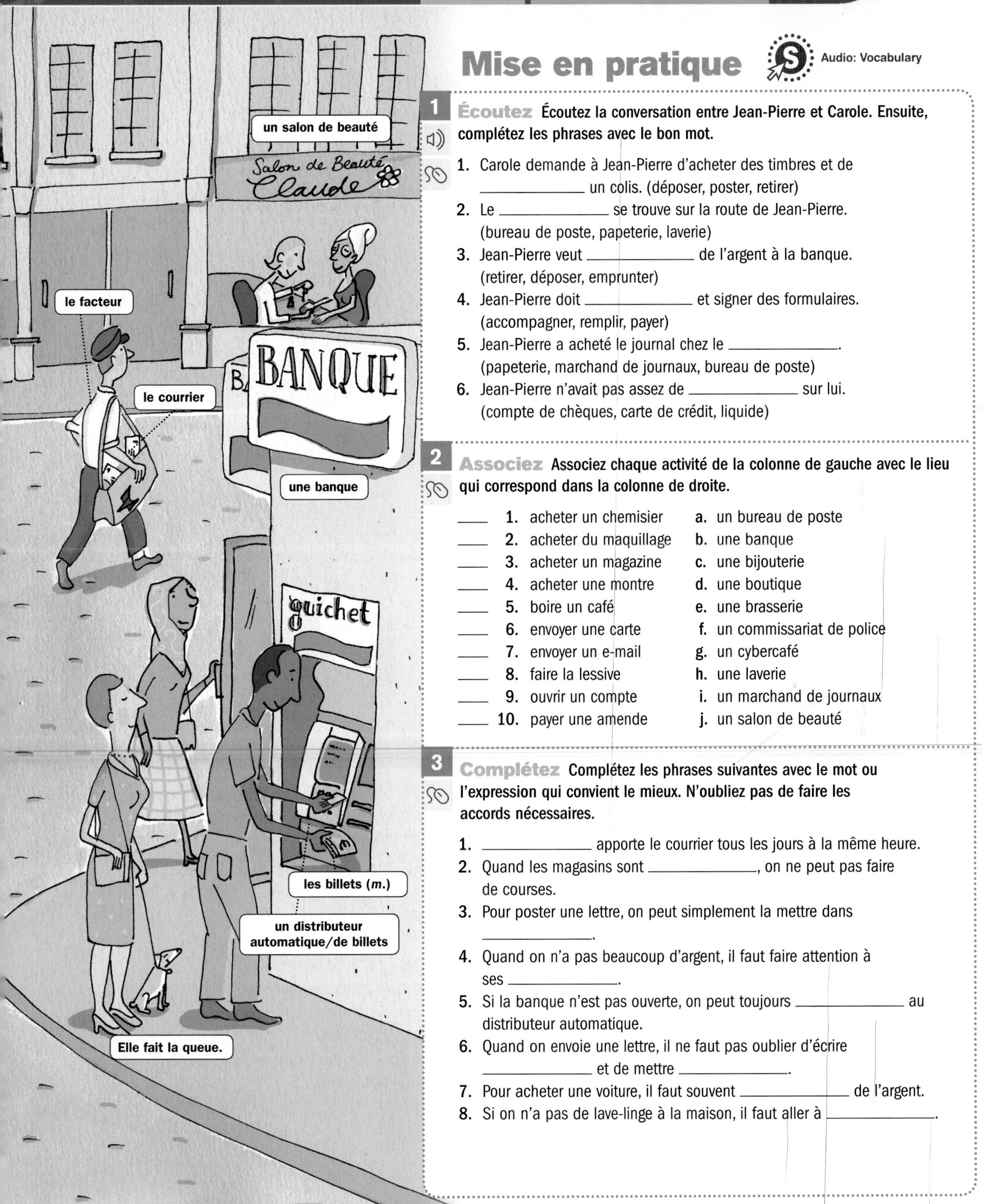

Mise en pratique

Audio: Vocabulary

1 Écoutez **Écoutez la conversation entre Jean-Pierre et Carole. Ensuite, complétez les phrases avec le bon mot.**

1. Carole demande à Jean-Pierre d'acheter des timbres et de ____________ un colis. (déposer, poster, retirer)
2. Le ____________ se trouve sur la route de Jean-Pierre. (bureau de poste, papeterie, laverie)
3. Jean-Pierre veut ____________ de l'argent à la banque. (retirer, déposer, emprunter)
4. Jean-Pierre doit ____________ et signer des formulaires. (accompagner, remplir, payer)
5. Jean-Pierre a acheté le journal chez le ____________. (papeterie, marchand de journaux, bureau de poste)
6. Jean-Pierre n'avait pas assez de ____________ sur lui. (compte de chèques, carte de crédit, liquide)

2 Associez **Associez chaque activité de la colonne de gauche avec le lieu qui correspond dans la colonne de droite.**

____	1. acheter un chemisier	a. un bureau de poste
____	2. acheter du maquillage	b. une banque
____	3. acheter un magazine	c. une bijouterie
____	4. acheter une montre	d. une boutique
____	5. boire un café	e. une brasserie
____	6. envoyer une carte	f. un commissariat de police
____	7. envoyer un e-mail	g. un cybercafé
____	8. faire la lessive	h. une laverie
____	9. ouvrir un compte	i. un marchand de journaux
____	10. payer une amende	j. un salon de beauté

3 Complétez **Complétez les phrases suivantes avec le mot ou l'expression qui convient le mieux. N'oubliez pas de faire les accords nécessaires.**

1. ____________ apporte le courrier tous les jours à la même heure.
2. Quand les magasins sont ____________, on ne peut pas faire de courses.
3. Pour poster une lettre, on peut simplement la mettre dans ____________.
4. Quand on n'a pas beaucoup d'argent, il faut faire attention à ses ____________.
5. Si la banque n'est pas ouverte, on peut toujours ____________ au distributeur automatique.
6. Quand on envoie une lettre, il ne faut pas oublier d'écrire ____________ et de mettre ____________.
7. Pour acheter une voiture, il faut souvent ____________ de l'argent.
8. Si on n'a pas de lave-linge à la maison, il faut aller à ____________.

Communication

4 Décrivez Avec un(e) partenaire, regardez les photos et décrivez où et comment Annick et Charles ont passé la journée samedi dernier.

1.

2.

3.

4.

5.

6.

5 Répondez Avec un(e) partenaire, posez les questions suivantes et répondez-y à tour de rôle. Ensuite, comparez vos réponses avec celles d'un autre groupe.

1. Vas-tu souvent au bureau de poste? Pour quoi faire?
2. Quel genre de courses fais-tu le week-end?
3. Où est-ce que tu fais souvent la queue? Pourquoi?
4. Y a-t-il une laverie près de chez toi? Combien de fois par mois y vas-tu?
5. Comment préfères-tu payer tes achats (*purchases*)? Pourquoi?
6. Combien de fois par semaine utilises-tu un distributeur de billets?

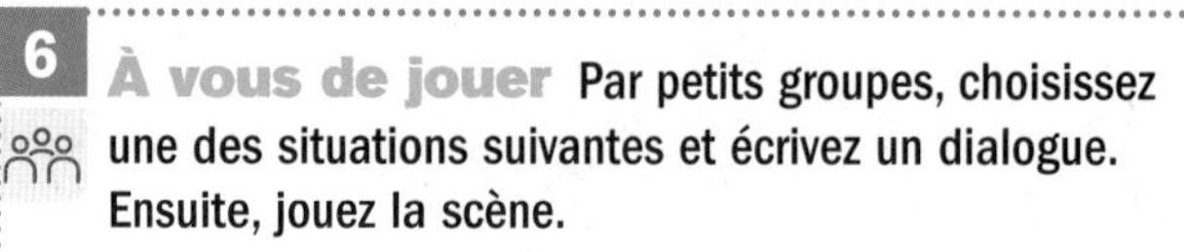

6 À vous de jouer Par petits groupes, choisissez une des situations suivantes et écrivez un dialogue. Ensuite, jouez la scène.

1. À la banque, un(e) étudiant(e) veut ouvrir un compte bancaire et connaître les services offerts.
2. À la poste, une vieille dame (*lady*) veut envoyer un colis, acheter des timbres et faire un changement d'adresse. Il y a la queue derrière elle.
3. Dans un salon de beauté, deux femmes discutent de leurs courses à la mairie, à la papeterie et chez le marchand de journaux.
4. Dans un cybercafé, des étudiants font des achats en ligne sur différents sites.

Les sons et les lettres

Audio: Concepts, Activities
Record & Compare

The letter h

You already know that the letter **h** is silent in French, and you are familiar with many French words that begin with an **h muet**. In such words, the letter **h** is treated as if it were a vowel. For example, the articles **le** and **la** become **l'** and there is a liaison between the final consonant of a preceding word and the vowel following the **h**.

l'heure **l'homme** **des hôtels** **des hommes**

Some words begin with an **h aspiré**. In such words, the **h** is still silent, but it is not treated like a vowel. Words beginning with **h aspiré**, like these you've already learned, are not preceded by **l'** and there is no liaison.

la honte **les haricots verts** **le huit mars** **les hors-d'œuvre**

Words that begin with an **h aspiré** are normally indicated in dictionaries by some kind of symbol, usually an asterisk (*).

Prononcez Répétez les mots suivants à voix haute.

1. le hall	5. le héron	9. l'hilarité	13. les hiéroglyphes
2. la hi-fi	6. l'horloge	10. la Hongrie	14. les hors-d'œuvre
3. l'humeur	7. l'horizon	11. l'hélicoptère	15. les hippopotames
4. la honte	8. le hippie	12. les hamburgers	16. l'hiver

Articulez Répétez les phrases suivantes à voix haute.

1. Hélène joue de la harpe.
2. Hier, Honorine est allée à l'hôpital.
3. Le hamster d'Hervé s'appelle Henri.
4. La Havane est la capitale de Cuba.
5. L'anniversaire d'Héloïse est le huit mars.
6. Le hockey et le hand-ball sont mes sports préférés.

Dictons Répétez les dictons à voix haute.

La honte n'est pas d'être inférieur à l'adversaire, c'est d'être inférieur à soi-même.[1]

L'heure, c'est l'heure; avant l'heure, c'est pas l'heure; après l'heure, c'est plus l'heure.[2]

[1] Shame is not being inferior to an adversary; it's being inferior to oneself.
[2] On time is on time; before the hour is not on time; after the hour is no longer on time.

On fait des courses

PERSONNAGES

Amina

David

Employée

Rachid

Sandrine

À la charcuterie...

EMPLOYÉE Bonjour, Mademoiselle, Monsieur. Qu'est-ce que je vous sers?

RACHID Bonjour, Madame, quatre tranches de pâté et de la salade de carottes pour deux personnes, s'il vous plaît.

EMPLOYÉE Et avec ça?

RACHID Deux tranches de jambon, s'il vous plaît.

RACHID Vous prenez les cartes de crédit?

EMPLOYÉE Ah désolée, Monsieur, nous n'acceptons que les paiements en liquide ou par chèque.

RACHID Amina, je viens de m'apercevoir que je n'ai pas de liquide sur moi!

AMINA Ce n'est pas grave, j'en ai assez. Tiens.

Dans la rue...

RACHID Merci, chérie. Passons à la banque avant d'aller au parc.

AMINA Mais nous sommes samedi midi, la banque est fermée.

RACHID Peut-être, mais il y a toujours le distributeur automatique.

AMINA Bon d'accord... J'ai quelques courses à faire plus tard cet après-midi. Tu veux m'accompagner?

Dans une autre partie de la ville...

DAVID Tu aimes la cuisine alsacienne?

SANDRINE Oui, j'adore la choucroute!

DAVID Tu veux aller à la brasserie La Petite France? C'est moi qui t'invite.

SANDRINE D'accord, avec plaisir.

DAVID Excellent! Avant d'y aller, il faut trouver un distributeur automatique.

SANDRINE Il y en a un à côté de la banque.

Au distributeur automatique...

SANDRINE Eh regarde qui fait la queue!

RACHID Tiens, salut, qu'est-ce que vous faites de beau, vous deux?

SANDRINE On va à la brasserie. Vous voulez venir avec nous?

AMINA Non non! Euh... je veux dire... Rachid et moi, on va faire un pique-nique dans le parc.

RACHID Oui, et après ça, Amina a des courses importantes à faire.

SANDRINE Je comprends, pas de problème... David et moi, nous avons aussi des choses à faire cet après-midi.

ACTIVITÉS

1 **Vrai ou faux?** Indiquez si les affirmations suivantes sont **vraies** ou **fausses**.

1. Aujourd'hui, la banque est ouverte.
2. Amina doit aller à la poste pour envoyer un colis.
3. Amina doit aller à la poste pour acheter des timbres.
4. Amina va mettre ses cartes postales dans une boîte aux lettres à côté de la banque.
5. Sandrine n'aime pas la cuisine alsacienne.
6. David et Rachid vont retirer de l'argent.
7. Il n'y a pas de queue au distributeur automatique.
8. David et Sandrine invitent Amina et Rachid à la brasserie.
9. Amina et Rachid vont à la brasserie.
10. Amina va faire ses courses après le pique-nique.

Practice more at **vhlcentral.com**.

Amina et Rachid préparent un pique-nique.

4

5

RACHID Volontiers. Où est-ce que tu vas?

AMINA Je dois aller à la poste pour acheter des timbres et envoyer quelques cartes postales, et puis je voudrais aller à la bijouterie. J'ai reçu un e-mail de la bijouterie qui vend les bijoux que je fais. Regarde.

RACHID Très joli!

AMINA Oui, tu aimes? Et après ça, je dois passer à la boutique Olivia où l'on vend mes vêtements.

RACHID Tu vends aussi des vêtements dans une boutique?

AMINA Oui, mes créations! J'étudie le stylisme de mode, tu ne t'en souviens pas?

RACHID Si, bien sûr, mais... Tu as vraiment du talent.

9

10

AMINA Alors! On n'a plus besoin de chercher un Cyberhomme?

SANDRINE Pour le moment, je ne cherche personne. David est super.

DAVID De quoi parlez-vous?

SANDRINE Oh, rien d'important.

RACHID Bon, Amina. On y va?

AMINA Oui. Passez un bon après-midi.

SANDRINE Vous aussi.

Expressions utiles

Dealing with money

- **Nous n'acceptons que les paiements en liquide.**
  We only accept payment in cash.
- **Je viens de m'apercevoir que je n'ai pas de liquide.**
  I just noticed/realized I don't have any cash.
- **Il y a toujours le distributeur automatique.**
  There's always the ATM.

Running errands

- **J'ai quelques courses à faire plus tard cet après-midi.**
  I have a few/some errands to run later this afternoon.
- **Je voudrais aller à la bijouterie qui vend les bijoux que je fais.**
  I'd like to go to the jewelry shop that sells the jewelry I make.

Expressing negation

- **Pas de problème.**
  No problem.
- **On n'a plus besoin de chercher un Cyberhomme?**
  We no longer need to look for a Cyberhomme?
- **Pour le moment, je ne cherche personne.**
  For the time being/the moment, I'm not looking for anyone.
- **Rien d'important.**
  Nothing important.

Additional vocabulary

- **J'ai reçu un e-mail.**
  I received an e-mail.
- **Qu'est-ce que vous faites de beau?**
  What are you up to?

ACTIVITÉS

2 Complétez Complétez les phrases suivantes.

1. La charcuterie accepte les paiements en liquide et ________.
2. Amina veut aller à la poste, à la boutique de vêtements et à la ________.
3. À côté de la banque, il y a un ______________.
4. Amina paie avec des pièces de monnaie et des ________.
5. Amina a des ________ à faire cet après-midi.

3 À vous! Que se passe-t-il au pique-nique ou à la brasserie? Avec un(e) camarade de classe, écrivez une conversation entre Amina et Sandrine ou Rachid et David, dans laquelle elles/ils se racontent ce qu'ils ont fait. Qu'ont-ils mangé? Se sont-ils amusés? Était-ce romantique? Jouez la scène devant la classe.

ressources

VM pp. 231–232
vhlcentral

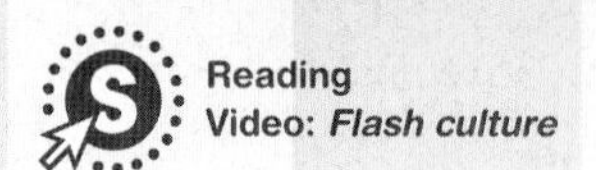
Reading
Video: *Flash culture*

CULTURE À LA LOUPE

Les petits commerces

Dans beaucoup de pays francophones, on fait toujours les courses chez les petits commerçants, même° s'il est plus pratique d'aller au supermarché. On allie° modernité et tradition: on fait souvent les courses une fois par semaine au supermarché mais quand on a plus de temps, on se rend° dans les petits commerces où on achète des produits plus authentiques et parfois plus proches° de son domicile°.

Pour le fromage, par exemple, on va à la crémerie; pour la viande, on va à la boucherie; pour le poisson, à la poissonnerie. Dans les épiceries de quartier, on trouve aussi toutes sortes de produits, par exemple des fruits et des légumes, des produits frais°, des boîtes de conserve°, des produits surgelés°, etc. Les épiceries fines se spécialisent dans les produits de luxe et parfois, dans les plats préparés.

En France, la boulangerie reste le petit commerce le plus fréquenté. Le pain artisanal, les croissants et les brioches au beurre ont aussi un goût° bien différent des produits industriels. Chaque quartier, chaque village a au minimum une boulangerie. Dans certaines rues des grandes villes françaises (Paris, Lyon, Marseille, Bordeaux, etc.) il y en a parfois quatre ou cinq proches les unes des autres. Les pâtisseries aussi sont très nombreuses°.

Les petits commerces ont survécu° en France grâce à° une volonté° politique. Pour les sauvegarder°, les pouvoirs° publics des années 1980 ont limité les autorisations de constructions des supermarchés et hypermarchés dans la périphérie° des villes. Avec la présence des petits commerces, vie et activités dans les centres-villes ont ainsi° été préservés.

même *even* **allie** *combines* **se rend** *goes* **proches** *close* **domicile** *home* **frais** *fresh* **boîtes de conserve** *canned goods* **surgelés** *frozen* **goût** *flavor* **nombreuses** *numerous* **survécu** *survived* **grâce à** *thanks to* **volonté** *will* **sauvegarder** *save* **pouvoirs** *authorities* **périphérie** *outskirts* **ainsi** *thus*

ACTIVITÉS

1 Complétez Complétez les phrases.

1. Dans beaucoup de pays francophones, on fait les courses au supermarché ou chez ____________.
2. On fait souvent les courses une fois par semaine ____________.
3. Dans les petits commerces on achète des produits plus ____________.
4. Pour acheter du fromage, on peut aller à ____________.
5. Dans ____________, on peut acheter des produits frais et surgelés.
6. On peut acheter des plats préparés et des produits de luxe dans certaines ____________.
7. Le pain artisanal des boulangeries a ____________ très différent des produits industriels.
8. Dans certaines rues ____________, il y a parfois cinq boulangeries.
9. Les petits commerces français ont survécu grâce à une volonté ____________.
10. Les pouvoirs publics en France ont limité la construction des supermarchés dans ____________ des villes.

STRATÉGIE

Summarizing a text

Summarizing a text in your own words can help you comprehend it better. Before summarizing a text, you might find it helpful to skim it and jot down a few notes about its general meaning. You can then read the text again, writing down the important details. Your notes will help you summarize what you have read. If the text is particularly long, you may want to subdivide it into smaller segments so that you can summarize it more easily.

PORTRAIT

Le «Spiderman» français

Alain Robert, le «Spiderman» français, découvre l'escalade° quand il est enfant et devient un des meilleurs grimpeurs° de falaises° du monde. Malgré° deux accidents qui l'ont laissé invalide à 60%°, avec des problèmes de vertiges°, il commence sa carrière de grimpeur «urbain» et escalade son premier gratte-ciel° à Chicago, en 1994. Depuis, il a escaladé plus de 70 gratte-ciel et autres structures du monde, dont la tour Eiffel à Paris et la Sears Tower à Chicago. En 1997, il a été arrêté par la police pendant son ascension de l'un des plus grands bâtiments du monde, les tours Petronas en Malaisie. Parfois en costume de Spiderman, mais toujours sans corde° et à mains nues°, Robert fait souvent des escalades pour collecter des dons° et il attire° parfois des milliers de spectateurs.

escalade *climbing* **grimpeurs** *climbers* **falaises** *cliffs* **Malgré** *In spite of* **invalide à 60%** *60% disabled* **vertiges** *vertigo* **gratte-ciel** *skyscraper* **corde** *rope* **nues** *bare* **dons** *charitable donations* **attire** *attracts*

LE MONDE FRANCOPHONE

Où faire des courses?

Voici quelques endroits où faire des courses.

En Afrique du Nord les souks, quartiers des vieilles villes où il y a une grande concentration de magasins et de stands
En Côte d'Ivoire le marché de Cocody à Abidjan où on trouve des tissus° et des objets locaux
À la Martinique le grand marché de Fort-de-France, un marché couvert°, ouvert tous les jours, qui offre toutes sortes de produits
À Montréal la ville souterraine°, un district du centre-ville où il y a de nombreux centres commerciaux reliés° entre eux par des tunnels
À Paris le marché aux puces° de Saint-Ouen où on trouve des antiquités et des objets divers
À Tahiti le marché couvert de Papeete où on offre des produits pour les touristes et pour les Tahitiens

tissus *fabrics* **couvert** *covered* **souterraine** *underground* **reliés** *connected* **marché aux puces** *flea market*

Sur Internet

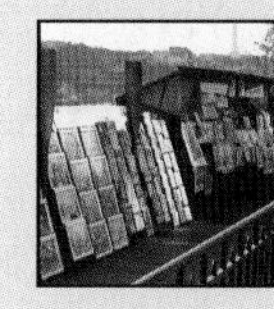

Que peut-on acheter chez les bouquinistes, à Paris?

Go to **vhlcentral.com** to find more cultural information related to this **Lecture culturelle**. Then watch the corresponding **Flash culture**.

2 **Vrai ou faux?** Indiquez si les phrases sont **vraies** ou **fausses**.

1. Alain Robert escalade seulement des falaises.
2. Alain Robert a escaladé son premier bâtiment à Chicago.
3. Alain Robert n'a jamais eu de problèmes de santé dans sa carrière de grimpeur.
4. À Montréal, il y a un quartier souterrain.
5. Il y a des souks dans les marchés d'Abidjan.

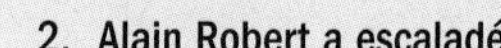

3 **Le marchandage** En Afrique du Nord, il est très courant de marchander ou de discuter avec un vendeur pour obtenir un meilleur prix. Avez-vous déjà eu l'occasion de marchander? Où? Quand? Qu'avez-vous acheté? Avez-vous obtenu un bon prix? Discutez de ce sujet avec un(e) partenaire.

Practice more at **vhlcentral.com**.

ACTIVITÉS

STRUCTURES

12A.1 *Voir, recevoir, and apercevoir*

The verb *voir* (to see)

je vois	nous voyons
tu vois	vous voyez
il/elle/on voit	ils/elles voient

Nous **voyons** le nouveau commissariat de police.
We see the new police station.

Tu **vois** les cartes postales sur la table?
Do you see the postcards on the table?

- **Voir** takes **avoir** as an auxiliary verb in the **passé composé**, and its past participle is **vu**.

Tu **as vu** le nouveau facteur?
Did you see the new mailman?

Ils **ont vu** *Un air de famille* en DVD.
They saw Un air de famille *on DVD.*

- The **conditionnel** of **voir** is formed with the stem **verr-**.

S'ils pouvaient, ils **verraient** le film ce week-end.
If they could, they would see the film this weekend.

Elle **verrait** mieux si elle portait des lunettes.
She would see better if she wore glasses.

- The verb **revoir** (*to see again*) is derived from **voir** and is conjugated in the same way.

Au revoir!

On se **revoit** mercredi ou jeudi?
Will we see each other again Wednesday or Thursday?

On a **revu** nos camarades à la papeterie.
We saw our classmates again at the stationery store.

Boîte à outils

You can use the expression **aller voir** to mean *to go (and) see/visit.*

On va voir les ruines.
We're going to see (visit) the ruins.

Se voir can be used either reflexively or reciprocally.

Je me vois dans le miroir. (reflexive)
Dorian et Lise se voient. (reciprocal)

- In **Leçon 9A**, you learned to conjugate **devoir**. **Recevoir** and **apercevoir** are conjugated similarly.

recevoir* and *apercevoir

	recevoir *(to receive)*	**apercevoir** *(to catch sight of, to see)*
je/j'	**reçois**	**aperçois**
tu	**reçois**	**aperçois**
il/elle/on	**reçoit**	**aperçoit**
nous	**recevons**	**apercevons**
vous	**recevez**	**apercevez**
ils/elles	**reçoivent**	**aperçoivent**

Je **reçois** une lettre de mon copain.
I receive a letter from my friend.

Les criminels **aperçoivent** le policier.
The criminals see the police officer.

Vous **recevez** le courrier à la même heure tous les après-midi.
You receive the mail at the same time every afternoon.

Le chien **aperçoit** le facteur quand il s'approche.
The dog sees the mailman when he approaches.

- **Recevoir** and **apercevoir** take **avoir** as the auxiliary verb in the **passé composé**. Their past participles are, respectively, **reçu** and **aperçu**.

Guillaume **a reçu** une carte postale.
Guillaume received a postcard.

J'**ai aperçu** un distributeur automatique.
I saw an ATM.

- The **conditionnel** of **recevoir** and **apercevoir** is formed with the stems **recevr-** and **apercevr-**, respectively.

Nous **recevrions** des colis si elle nous en envoyait.
We would receive packages if she sent us some.

D'ici, on **apercevrait** le bureau de poste.
From here, you would catch sight of the post office.

- The verb **s'apercevoir (de)** means *to notice* or *to realize*.

Elle **s'est aperçue** qu'il fallait faire la queue.
She realized it was necessary to wait in line.

Nous **nous sommes aperçus** du problème hier.
We noticed the problem yesterday.

Essayez! **Donnez la forme appropriée du verbe au présent.**

voir
1. tu vois
2. vous ________
3. elle ________
4. elles ________

recevoir
5. il reçoit
6. nous ________
7. ils ________
8. je ________

apercevoir
9. vous apercevez
10. tu ________
11. elles ________
12. Houda ________

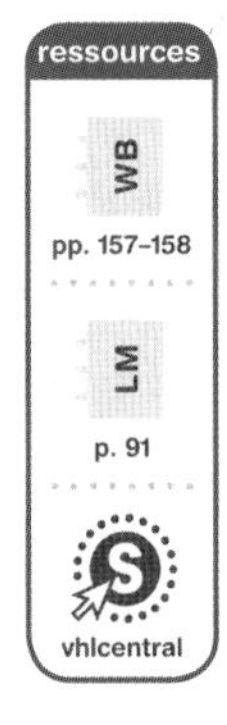

Mise en pratique

1 **À la Martinique** Alain et Chantal sont en vacances. Que disent-ils? Utilisez le présent de l'indicatif du verbe **voir**.

MODÈLE

tu / voir / la plage et la mer
Tu vois la plage et la mer.

1. je / voir / couleurs / merveilleux
2. Chantal / voir / énorme / poisson
3. ils / voir / que / marché aux fruits / fermer / tôt
4. nous / voir / le Carnaval / balcon de l'hôtel
5. tu / voir / enfants / dans / parc
6. vous / voir / boutique de vêtements
7. on / voir / le marchand / à côté de / bijouterie

2 **Recevoir ou apercevoir?** Vous parlez avec un(e) ami(e) de votre vie sur le campus. Complétez les phrases avec les verbes appropriés au présent.

1. De sa chambre, mon ami Marc __________ le campus.
2. Mon camarade de chambre et moi, nous ne __________ pas de visites pendant la semaine.
3. Tu __________ parfois le facteur passer en voiture.
4. Ma petite amie et sa sœur __________ souvent des colis de leurs parents.
5. Quelquefois, je/j' __________ mes profs au supermarché.
6. Ton meilleur ami et toi, vous __________ souvent des amis le week-end.
7. Mon amie Fabienne __________ beaucoup de cadeaux pour son anniversaire.
8. Malik et moi, nous __________ le cybercafé de la bibliothèque.

3 **Revoir** Alain et Chantal ont beaucoup aimé leur séjour à la Martinique et ils disent à une amie qu'ils ont déjà vu ces endroits et qu'ils les reverraient volontiers.

la montagne Pelée (nous)

MODÈLE

Nous avons vu la montagne Pelée et nous la reverrions volontiers.

1. d'énormes poissons (tu)

2. la forêt tropicale (je)

3. le marché (Alain)

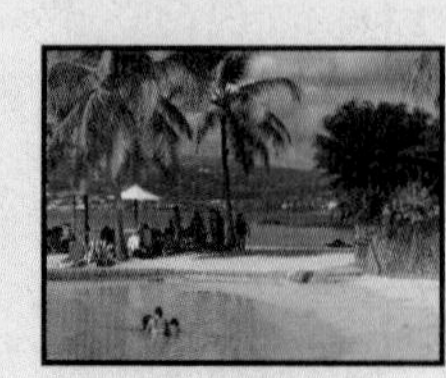

4. les plages (vous)

Communication

4 **Curieux!** Avec un(e) partenaire, posez-vous ces questions à tour de rôle.

1. Reçois-tu souvent des lettres? De qui? Quand?
2. As-tu vu un bon film récemment? Quel film?
3. Tes parents recevaient-ils souvent des amis quand tu étais petit(e)? Aimais-tu leurs amis?
4. Voyais-tu tes camarades pendant les vacances d'été? Pourquoi?
5. Qu'aperçois-tu de ta chambre? Que préférerais-tu apercevoir?
6. Est-ce que tu as reçu beaucoup de cadeaux pour Noël? De qui?
7. D'habitude, quand est-ce que tu vois tes cousins?
8. Reçois-tu toujours de bonnes notes? Dans quels cours?
9. Que ferais-tu si tu apercevais un crime sur le campus?

5 **Assemblez** Achetez-vous sur Internet? Avec un(e) partenaire, assemblez les éléments des colonnes pour raconter vos expériences. Utilisez les verbes **voir, recevoir, apercevoir** et **s'apercevoir** dans votre conversation.

MODÈLE

Étudiant(e) 1: *Je commande parfois des livres sur Internet. Une fois, je n'ai pas reçu mes livres!*
Étudiant(e) 2: *Mon père adore acheter sur Internet. Il voit souvent des objets qui l'intéressent.*

A	B	C
je	apercevoir	billets d'avion
tu	s'apercevoir	billets de concert
un(e) ami(e)	commander	CD
nous	poster	DVD
vous	recevoir	livres
tes parents	voir	vêtements
?	?	?

6 **Enquête** Votre professeur va vous donner une feuille d'activités. Circulez dans la classe et demandez à vos camarades s'ils connaissent quelqu'un qui pratique chaque activité de la liste. S'ils répondent par l'affirmative, demandez-leur qui est la personne et écrivez la réponse. Ensuite, présentez vos réponses à la classe.

MODÈLE

Étudiant(e) 1: *Connais-tu quelqu'un qui reçoit rarement des e-mails?*
Étudiant(e) 2: *Oui, mon frère aîné reçoit très peu d'e-mails.*

Activités	Nom	Réponses
1. recevoir / rarement / e-mails	Quang	son frère aîné
2. s'inquiéter / quand / ne pas / recevoir / e-mails		
3. apercevoir / e-mail bizarre / le / ouvrir		

Negative/affirmative expressions

Point de départ In **Leçon 2A**, you learned how to negate verbs with **ne... pas**, which is used to make a general negation. In French, as in English, you can also use a variety of expressions that add a more specific meaning to the negation.

- The other negative expressions are also made up of two parts: **ne** and a second negative word. The verb is placed between these two parts.

Negative expressions

ne... aucun(e)	*none (not any)*	**ne... plus**	*no more (not anymore)*
ne... jamais	*never (not ever)*	**ne... que**	*only*
ne... ni... ni	*neither... nor*	**ne... rien**	*nothing (not anything)*
ne... personne	*nobody, no one*		

Je **n'**ai **aucune** envie de manger.
I have no desire to eat.

Il **n'**a **plus** faim.
He's not hungry anymore.

Le bureau de poste **n'**est **jamais** ouvert.
The post office is never open.

Ils **n'**ont **que** des timbres de la poste aérienne.
They only have airmail stamps.

Elle **ne** parle à **personne**.
She doesn't talk to anyone.

Le facteur **n'**avait **rien** pour nous.
The mailman had nothing for us.

- To negate the expression **il y a**, place **n'** before **y** and the second negative word after the form of **avoir**.

Il **n'**y a **aucune** banque près d'ici?
Aren't there any banks nearby?

Il **n'**y avait **rien** sur mon compte.
There wasn't anything in my account.

- The negative words **personne** and **rien** can be the subject of a verb, in which case they are placed before a third-person singular verb with **ne** following them.

Personne n'était là.
No one was there.

Rien n'est arrivé dans le courrier.
Nothing arrived in the mail.

- Note that **aucun(e)** can be either an adjective or a pronoun. Therefore, it must agree with the noun it modifies or replaces. It is always used in the singular.

Tu **ne** trouves **aucune boîte aux lettres**?
Can't you find any mailboxes?

Je **n'**en trouve **aucune** par ici.
I can't find any around here.

Il **n'**a choisi **aucun** de ces pulls?
Didn't he pick any of these sweaters?

Non, il **n'**en a aimé **aucun**.
No, he didn't like any of them.

- **Jamais**, **personne**, **plus**, and **rien** can be doubled up with **ne**.

Elle **ne** parle **jamais** à **personne**.
She never talks to anyone.

Il **n'**y a **plus personne** ici.
There isn't anyone here anymore.

Elle **ne** dit **jamais rien**.
She never says anything.

Il **n'**y a **plus rien** ici.
There isn't anything here anymore.

À noter

In the **Leçon 8B Roman-photo**, you learned the negative expression **ne... pas encore** (*not yet*). It works the same way as the negative expressions in this lesson.

Boîte à outils

The expression **ne... que** does not really express negation although it contains **ne**. Therefore, you use an indefinite article rather than **de** after this expression.

Je n'ai qu'un compte de chèques.
I only have one checking account.

Use **de** in all other negative constructions.

Il n'y a plus de billets dans le distributeur.
There aren't any more bills in the ATM.

Personne ne poste de lettre le dimanche.
No one mails letters on Sundays.

- To say *neither... nor*, you use three negative words: **ne... ni... ni**. Note that partitive and indefinite articles are usually omitted.

Le facteur **n'**est **ni** sympa **ni** sociable. *The mailman is neither nice nor sociable.*	Je **n'**ai **ni** frères **ni** sœurs. *I have neither brothers nor sisters.*

- Note that in the **passé composé**, the words **jamais**, **plus**, and **rien** are placed between the auxiliary verb and the past participle. **Aucun(e)**, **personne**, and **que** follow the past participle.

Elle **n'**est **jamais** revenue. *She's never returned.*	Nous **n'**avons **plus** emprunté d'argent. *We haven't borrowed money anymore.*	Je **n'**ai **rien** dit aujourd'hui. *I didn't say anything today.*
Vous **n'**avez signé **aucun** papier. *You didn't sign any papers.*	Il **n'**a parlé à **personne**. *He didn't speak to anyone.*	Ils **n'**en ont posté **que** deux. *They only mailed two.*

- These expressions can be used in affirmative phrases. Note that when **jamais** is not accompanied by **ne**, it can mean *ever*.

jamais	*ever*	**quelqu'un**	*someone*
quelque chose	*something*	**toujours**	*always; still*

As-tu **jamais** été à cette brasserie? *Have you ever been to that brasserie?*	Il y a **quelqu'un**? *Is someone there?*
Vous cherchez **quelque chose**? *Are you looking for something?*	Il est **toujours** aussi réservé? *Is he still so reserved?*

- Note that **personne**, **quelque chose**, **quelqu'un**, and **rien** can be modified with an adjective after **de**.

Nous cherchons **quelque chose de joli**. *We're looking for something pretty.*	Ce n'est **rien de nouveau**. *It's nothing new.*
Il y a **quelqu'un de généreux** dans ta famille? *Is there anyone generous in your family?*	Je ne connais **personne de plus intelligent** que lui. *I don't know anyone more intelligent than him.*

Boîte à outils

Some expressions, when used in questions, often result in a logical negative expression in the answer.

quelqu'un (*someone*) → **ne... personne** (*no one*)

quelquefois / toujours (*sometimes / always*) → **ne... jamais** (*never*)

quelque chose / tout (*something / everything*) → **ne... rien** (*nothing*)

toujours (*still*) → **ne... plus** (*anymore*)

déjà (*already*) → **ne... pas encore** (*not yet*)

Essayez! **Choisissez l'expression correcte.**

1. (Jamais / Personne) ne trouve cet homme agréable.
2. Je ne veux (rien / jamais) faire aujourd'hui.
3. Y a-t-il (quelqu'un / personne) à la banque?
4. Je n'ai reçu (pas de / aucun) colis.
5. Il n'y avait (ne / ni) lettres ni colis dans la boîte aux lettres.
6. Il n'y a (plus / aucun) d'argent à la banque?
7. Jérôme ne va (toujours / jamais) à la poste.
8. Le facteur n'arrive (toujours / qu') à trois heures.

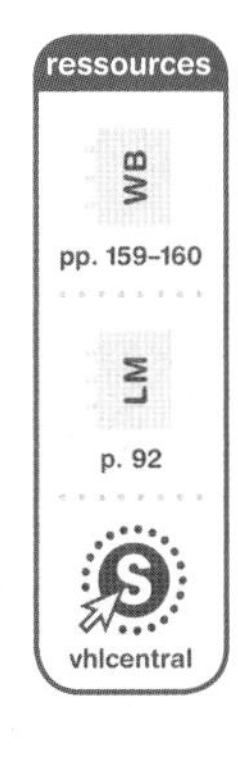

Mise en pratique

1 **Les jumelles** Olivia et Anaïs sont des jumelles (*twin sisters*) bien différentes. Expliquez comment.

MODÈLE

Olivia est toujours heureuse.
Anaïs n'est jamais heureuse.

1. Olivia rit tout le temps.
2. Olivia remarque (*notes*) tout.
3. Olivia voit encore ses amies d'enfance.
4. Olivia aime le chocolat et la glace.
5. Olivia connaît beaucoup de monde.
6. Olivia reçoit beaucoup de colis.
7. Olivia est toujours étudiante.

2 **À la banque** Vous voulez ouvrir un nouveau compte et vous posez des questions au banquier. Écrivez ses réponses à la forme négative.

MODÈLE

La banque ferme-t-elle à midi? (jamais)
Non, la banque ne ferme jamais à midi.

1. La banque est-elle ouverte le samedi? (jamais)
2. Peut-on ouvrir un compte sans papier d'identité? (personne)
3. Avez-vous des distributeurs automatiques dans les supermarchés? (aucun)
4. Pour retirer de l'argent, avons-nous encore besoin de remplir ce document? (plus)
5. Avez-vous des billets et des pièces dans vos distributeurs automatiques? (que)
6. Est-ce que tout le monde peut retirer de l'argent de mon compte bancaire? (personne)

3 **Pas exactement** Tristan exagère souvent. Il a écrit cet e-mail et vous lui répondez pour dire que les choses ne sont pas arrivées exactement comme ça. Mettez toutes ses phrases à la forme négative dans votre réponse.

MODÈLE

Tu n'es pas arrivé tard à la banque...

Je suis arrivé tard à la banque. Quelqu'un m'a ouvert la porte. J'ai regardé les affiches et les brochures. J'ai demandé quelque chose. Il y avait encore beaucoup d'argent sur mon compte. Je vais souvent revenir dans cette banque.

Communication

4 

De mauvaise humeur Aujourd'hui, Anne-Marie est très négative. Elle répond négativement à toutes les questions. Avec un(e) partenaire, jouez les rôles d'Anne-Marie et de son amie. Rajoutez (*Add*) deux lignes supplémentaires de dialogue à la fin.

MODÈLE

tu / sortir avec quelqu'un en ce moment
Étudiant(e) 1: *Est-ce que tu sors avec quelqu'un en ce moment?*
Étudiant(e) 2: *Non, je ne sors avec personne.*

1. tu / faire quelque chose ce soir
2. tes parents / déjà venir chez toi le week-end
3. ton frère / avoir encore sa vieille voiture
4. tes amis et toi / aller toujours au Canada en été
5. quelqu'un / habiter dans ta maison cet été
6. tu / prendre quelquefois des vacances
7. ?
8. ?

5 

Activités dangereuses Avec un(e) partenaire, faites une liste de dix activités dangereuses. Ensuite, travaillez avec un autre groupe et demandez à vos camarades s'ils pratiquent ces activités. Répondent-ils toujours par des phrases négatives?

MODÈLE

Étudiant(e) 1: *Fais-tu du jogging la nuit?*
Étudiant(e) 2: *Non! Je ne fais jamais de jogging la nuit.*

6

Quel désastre! En vacances, vous vous apercevez que votre valise a disparu (*disappeared*) avec votre argent liquide, vos papiers et vos cartes de crédit. Vous avez besoin de retirer de l'argent à la banque. Préparez un dialogue entre vous et deux employés de banque. Utilisez les expressions de la liste.

jamais	ne... que	quelqu'un
ne... aucun(e)	ne... rien	rien
ne... ni... ni...	quelque chose	toujours
ne... plus		

Révision

1 Je ne vais jamais... Votre professeur va vous donner une feuille d'activités. Circulez dans la classe pour trouver un(e) camarade différent(e) qui fait ses courses à ces endroits. Où ne vont-ils jamais? Où ne vont-ils plus? Justifiez toutes vos réponses.

Étudiant(e) 1: *Vas-tu à la laverie?*
Étudiant(e) 2: *Non, je n'y vais plus parce que j'ai acheté un lave-linge. Mais, je vais toujours à la banque le lundi.*

Endroit	*Nom*
1. banque	*Yvonne*
2. bijouterie	
3. boutique de vêtements	
4. cybercafé	
5. laverie	

2 Le courrier Avec un(e) partenaire, préparez six questions pour interviewer vos camarades. Que reçoivent-ils dans leur courrier? Qu'envoient-ils? Utilisez les expressions négatives et les verbes **recevoir** et **envoyer**. Ensuite, par groupes de quatre, posez vos questions et écrivez les réponses.

MODÈLE

Étudiant(e) 1: *Est-ce que tu ne reçois que des lettres dans ton courrier?*
Étudiant(e) 2: *Non, je reçois des cadeaux parfois, mais je n'en envoie jamais.*

3 Au village Vous visitez un petit village pour la première fois. Malheureusement, tout y est fermé. Vous posez des questions à un(e) habitant(e) sur les endroits de la liste et il/elle vous répond par des expressions négatives. Préparez le dialogue avec un(e) partenaire.

MODÈLE

Étudiant(e) 1: *À quelle heure le bureau de poste ouvre-t-il aujourd'hui?*
Étudiant(e) 2: *Malheureusement, le bureau de poste n'existe plus, Monsieur!*

banque	laverie
bureau de poste	mairie
commissariat de police	salon de beauté

4 Vrai ou faux? Par groupes de quatre, travaillez avec un(e) partenaire pour préparer huit phrases au sujet des deux autres partenaires de votre groupe. Essayez de deviner ce qu'ils/elles (*what they*) ont fait et n'ont pas fait. Dans vos phrases, utilisez le passé composé et les expressions négatives indiquées. Ensuite, lisez les phrases à vos deux camarades, qui vont essayer de deviner si elles sont vraies ou fausses.

MODÈLE

Étudiant(e) 1: *Tu n'es jamais allée dans le bureau du prof.*
Étudiant(e) 2: *C'est faux. J'ai dû y aller hier pour lui poser une question.*

- ne... aucun(e)
- ne... jamais
- ne... personne
- ne... plus
- ne... que
- ne... rien

5 Au secours! Avec un(e) partenaire, préparez un dialogue pour représenter la scène de cette illustration. Utilisez le verbe **voir** et des expressions négatives et affirmatives.

6 Dix ans plus tard Votre professeur va vous donner, à vous et à votre partenaire, deux plans d'une ville. Attention! Ne regardez pas la feuille de votre partenaire.

MODÈLE

Étudiant(e) 1: *Il y a dix ans, la laverie avait beaucoup de clients.*
Étudiant(e) 2: *Aujourd'hui, il n'y a personne dans la laverie.*

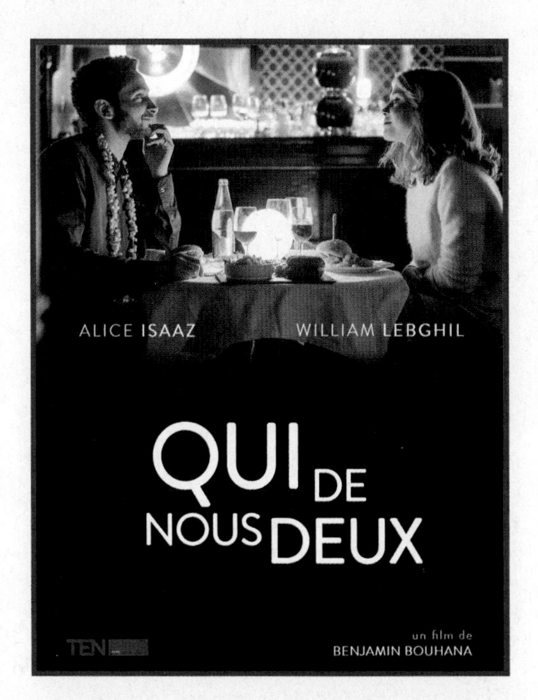

Video: Short Film

Léo est un jeune homme romantique et galant°, mais il est fauché°. Alice est une jeune Parisienne, féministe et indépendante. Ils se retrouvent pour leur premier rendez-vous. Très vite, ils entrent dans un jeu à propos de qui va payer l'addition. Puisque Léo n'a pas d'argent, comment va-t-il s'en sortir°?

galant *gentlemanly* **fauché** *broke* **s'en sortir** *to work it out*

Expressions utiles

Ce n'est pas grave.
It's not a big deal.

C'est la bonne.
She's the one.

C'est pour moi.
It's on me.

C'était bidon.
That was lame.

Je suis la reine des gaffes.
I'm the queen of blunders.

J'étais en galère.
I was having a hard time.

On fait chacun son tour.
We take turns.

Vous sortez le grand jeu.
You're going all out.

Vocabulaire du court métrage

une balançoire
swing

brûler
to burn

des cacahouètes (f.)
peanuts

un coup de fil
phone call

s'emballer
to get carried away

s'engueuler (fam.)
to have a fight

un forfait
plan

un matelas
mattress

la moutarde au miel
honey mustard

radin
stingy

un rendez-vous
date

le sang
blood

un vestiaire
coat check

Préparation

1 Définitions Associez ces situations ou déclarations avec des expressions du vocabulaire.

1. Je vous invite, ça me fait plaisir! ___________
2. Je n'avais que des problèmes à l'époque, tout allait mal. ___________
3. Samir et Marc disent que rien n'est cassé (*broken*) et qu'ils peuvent tout réparer. ___________
4. Vous décidez de l'emmener dans un restaurant très cher pour l'impressionner (*impress*). ___________
5. Ah! Je dis toujours ce qu'il ne faut pas! ___________
6. Ça n'avait aucun sens. Ce n'était pas une bonne explication! ___________

2 Complétez Utilisez le vocabulaire du film pour compléter ces phrases.

1. David est très enthousiaste et positif, il aime absolument tout. Il ___________ pour un rien!
2. Camille veut me présenter son frère aujourd'hui. Nous avons ___________ au centre-ville vers quinze heures.
3. Est-ce que ce restaurant a un ___________? Je veux y laisser mon sac et ma veste.
4. Les enfants sont petits, nous allons leur installer une ___________ dans le jardin.
5. Voici vos boissons, des olives et des ___________. Est-ce que vous désirez autre chose?
6. Mes voisins s'entendent très mal. Ils ___________ tout le temps!
7. Ahmed a besoin de passer un ___________. Est-ce que tu peux lui prêter ton téléphone?
8. Vous ne payez jamais l'addition. Je n'ai jamais vu de gens aussi ___________ que vous!

Qui de nous deux

1

LÉO En fait, j'étais en galère, c'était un soir tard, j'étais dans la rue, et, j'avais absolument besoin de passer un coup de fil, mais comme j'ai un forfait bloqué... C'est à dire qu'un forfait bloqué, c'est euh... genre au bout d'une heure, ben, t'es bloqué, quoi, tu peux plus appeler. Enfin bref, elle est arrivée de nulle part, et elle m'a prêté son téléphone, et il s'est passé un truc.

2

FLEURISTE C'est pour une demande en mariage?

LÉO Ah non! C'est notre premier rendez-vous.

FLEURISTE Alors, ben, on a ça. Cinquante roses. Mais avec ça, vous sortez le grand jeu.

LÉO Ah oui, il est magnifique. C'est combien?

FLEURISTE Cent vingt euros.

3

ALICE Elles ont même brûlé° leurs soutiens-gorge° avec Simone de Beauvoir.

LÉO Oui, mais, euh, enfin, moi, je respecte, hein, la parité, le féminisme, les soutiens-gorge qui brûlent et tout, moi je trouve ça super.

ALICE Mais alors, on fait chacun à son tour. Une fois toi, une fois moi, comme ça, la prochaine fois, c'est à moi.

LÉO Oui, très bien, faisons chacun son tour. Tu peux même tout payer si tu veux. Non, je déconne°. Non, mais faisons ça, chacun son tour, ça marche.

4

LÉO Ça donne faim, la lutte°.

ALICE Oui. Alors, tiens. Vas-y, commence par celui-là.

LÉO Ah oui, ah oui! C'est incroyable, ça.

ALICE C'est mon préféré. Ce qui fait la différence, tu vois, c'est la moutarde au miel. Et celle-ci, enfin, moi, je la trouve juste dingue°, quoi.

5

LÉO Mais, merci beaucoup, c'est gentil. L'intention...

ALICE Bon ben, dommage, hein. Ce n'est pas grave. Tu prends juste la surprise!

LÉO Ah, je n'avais pas vu!

ALICE La petite surprise.

LÉO La petite surprise. Bon ben, du coup c'est à moi de... c'est à moi.

6

LÉO Alice, veux-tu m'épouser?

ALICE Quoi?

LÉO Elle a dit oui! Elle a dit oui, c'est formidable! C'est le plus beau jour de ma vie! Elle a dit oui! Merci! Merci à tous, c'est trop cool! Elle a dit oui! Elle a dit oui! C'est ma femme! Prenez-nous en photo, allez-y! On va avoir un chien! On va aller chez DomExpo, c'est superbe! Vas-y, souris un peu.

brûlé *burnt* **soutiens-gorge** *bras* **je déconne** *I'm kidding* **lutte** *fight* **dingue** *unbelievable*

Analyse

3 **Vrai ou faux?** Indiquez si ces déclarations au sujet de Léo sont **vraies** ou **fausses**, d'après le film.

	Vrai	Faux
1. Léo a déjà rencontré Alice une fois.	☐	☐
2. Il demande des conseils à la fleuriste.	☐	☐
3. Il achète plusieurs roses, mais n'en donne qu'une à Alice.	☐	☐
4. Quand Alice veut aller au restaurant, il dit qu'il n'a pas faim parce. qu'il ne veut pas dépenser d'argent.	☐	☐
5. Il a assez d'argent pour payer les boissons au café.	☐	☐
6. Il pense que prendre un taxi est une bonne idée..	☐	☐
7. Il invente une excuse pour ne pas manger le bonbon qu'Alice lui offre.	☐	☐
8. Il trouve que le restaurant n'est pas bon.	☐	☐

4 **Interprétez** Avec un(e) partenaire, répondez aux questions sur le film.

1. Est-ce que Léo achèterait le bouquet de roses s'il avait 120 euros à dépenser?
2. Est-ce que Léo plaisante (*is joking*) vraiment quand, au café, il dit à Alice qu'elle peut tout payer si elle veut?
3. Pourquoi est-ce que l'égalité entre les hommes et les femmes est importante pour Alice?
4. Que fait Léo quand il revient vers le taxi? Pourquoi?
5. Pourquoi est-ce qu'Alice sourit quand Léo laisse un pourboire au vestiaire du restaurant?
6. Pourquoi est-ce qu'Alice ne doit pas payer le repas?
7. Est-ce qu'Alice est contente quand Léo fait sa demande en mariage?
8. Est-ce qu'Alice comprend et apprécie ce que Léo fait pour ne pas payer l'addition au restaurant?

5 **Notre rencontre** Par groupe de trois, préparez une conversation dans laquelle Léo et Alice racontent leur premier rendez-vous à un(e) bon(ne) ami(e). Utilisez les notes et questions ci-dessous comme guide.

- Choisissez le ton de la conversation: Est-ce une conversation plutôt amusante, intéressante, surprenante, énervante, etc.?
- Pensez à la personnalité de Léo et à celle d'Alice, à leurs milieux (*backgrounds*) d'origine et à leur conversation pour expliquer leurs comportements pendant cette soirée.
- Expliquez pourquoi et à quel moment Alice décide d'entrer dans le jeu.
- Pensez à la réaction de leur ami(e): Quelles questions pose-t-il/elle et que pense-t-il/elle de cette histoire?

Leçon 12B

You will learn how to...
- ask for directions
- say what you will do

Où se trouve...?

un pont

Elle monte les escaliers. (monter)

Il descend les escaliers. (descendre)

une statue

une fontaine

Il est perdu. (perdue *f.*)

Elle s'oriente. (s'orienter)

OUEST NORD SUD EST

Vocabulaire

continuer	*to continue*
se déplacer	*to move (change location)*
suivre	*to follow*
tourner	*to turn*
traverser	*to cross*
un angle	*corner*
une avenue	*avenue*
un bâtiment	*building*
un boulevard	*boulevard*
un chemin	*way; path*
un coin	*corner*
des indications (**f.**)	*directions*
un office du tourisme	*tourist office*
au bout (de)	*at the end (of)*
au coin (de)	*at the corner (of)*
autour (de)	*around*
jusqu'à	*until*
(tout) près (de)	*(very) close (to)*
tout droit	*straight ahead*

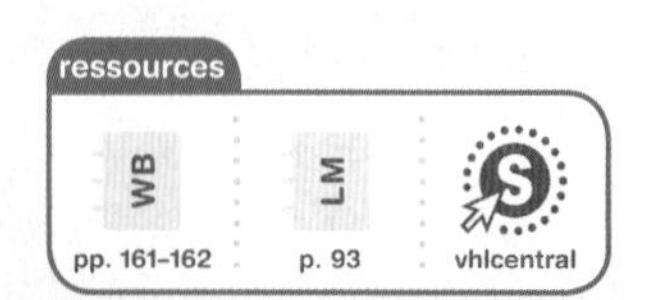

Attention!

The verb **suivre** (*to follow*) is an important verb for giving and getting directions. Its first person singular form (**je**) is the same as the **je** form of the present tense of **être**. Context will determine the meaning.

je suis	**nous suivons**
tu suis	**vous suivez**
il/elle/on suit	**ils/elles suivent**

un feu de signalisation (feux *pl.*)

un carrefour

une rue

une cabine téléphonique

un banc

Mise en pratique

1 Écoutez **Écoutez cette conversation entre un touriste et une dame (*lady*) à qui il demande son chemin. Ensuite, dites si les affirmations suivantes sont vraies ou fausses.**

1. Le touriste est perdu.
2. Il cherche la rue Saint-Antoine.
3. Il cherche l'hôtel Étoile.
4. L'hôtel est loin d'où il se trouve.
5. Le touriste doit traverser le pont de Sully.
6. Il doit tourner une fois à gauche.
7. La rue de Rivoli se trouve au bout de la rue Saint-Antoine.
8. Le touriste a peur de ne pas se souvenir des indications.
9. Le touriste a oublié le numéro de téléphone de l'hôtel.
10. La dame suggère au touriste de prendre un taxi.

2 Les antonymes **Quel est l'opposé des expressions et des mots suivants?**

1. continuer tout droit ________
2. descendre ________
3. sud ________
4. est ________
5. à droite ________
6. devant ________
7. très loin de ________
8. s'orienter ________
9. rester ________
10. au début de ________

3 Complétez **Complétez les phrases suivantes avec le bon mot de vocabulaire pour faire des phrases cohérentes. Notez que tous les mots ne sont pas utilisés.**

angles	cabine téléphonique	continuer	pont
avenue	chemin	se déplacer	statue
banc	coin	feu de signalisation	traverser

1. On peut s'asseoir sur un ____________ au parc.
2. L' ____________ des Champs-Élysées est très populaire à Paris.
3. La ____________ de la Liberté se trouve à New York.
4. Le ____________ du Golden Gate se trouve à San Francisco.
5. Généralement, il y a quatre ____________ à un carrefour.
6. On peut téléphoner dans une ____________.
7. Il faut toujours s'arrêter quand le ____________ est rouge.
8. Il faut toujours regarder à gauche et à droite avant de ____________ la rue.
9. En ville, on peut ____________ rapidement en métro.
10. Quand on est perdu, on demande son ____________.

Practice more at **vhlcentral.com.**

Communication

4 **Le plan de la ville** Travaillez avec un(e) partenaire et, à tour de rôle, demandez des indications pour pouvoir vous rendre (*to get*) aux endroits de la liste. Indiquez votre point de départ.

 Café de la Gare

 Boulangerie Le Pain Chaud

 Hôpital St-Jean

 Office du tourisme

 Épicerie Bresson

 Bureau de poste

 Pharmacie La Molière

 Banque

 Université Joseph Fourier

 Téléphone

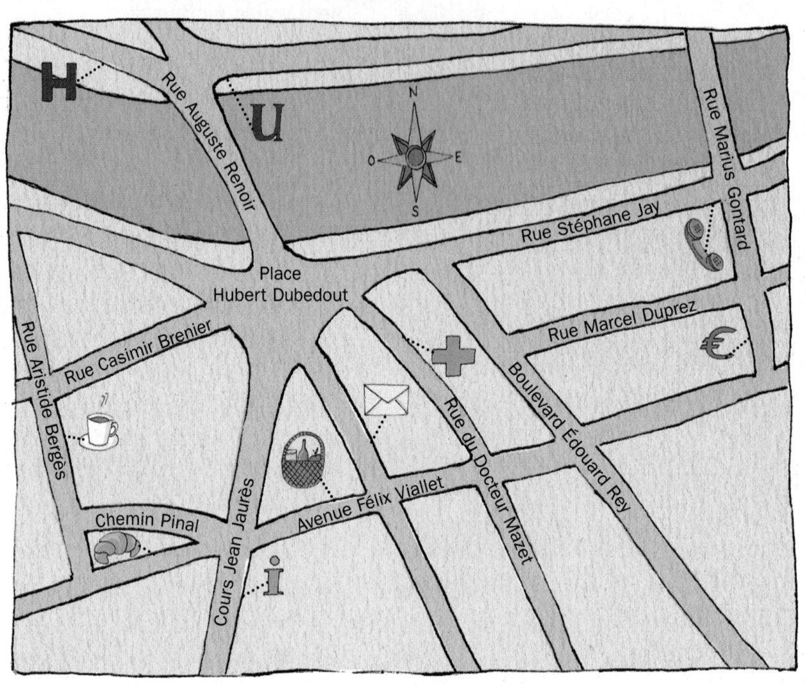

MODÈLE

la boulangerie Le Pain Chaud, le bureau de poste

Étudiant(e) 1: *Excusez-moi, où se trouve la boulangerie Le Pain Chaud, s'il vous plaît?*

Étudiant(e) 2: *Du bureau de poste, suivez le boulevard jusqu'à l'avenue Félix Viallet, ensuite prenez à droite, continuez tout droit, la boulangerie est à droite, juste après le cours Jean Jaurès.*

1. l'hôpital, la pharmacie
2. le café, l'office du tourisme
3. la banque, le bureau de poste
4. l'université, l'épicerie
5. la cabine téléphonique, la boulangerie
6. l'office du tourisme, la pharmacie
7. la banque, l'université
8. la boulangerie, la pharmacie

5 **Conversez** Interviewez un(e) camarade de classe.

1. Quelles statues célèbres connais-tu? Connais-tu aussi des ponts et des bâtiments célèbres?
2. Quand t'es-tu perdu(e) pour la dernière fois? Où? Qui t'a aidé(e)?
3. Quand as-tu utilisé une cabine téléphonique pour la dernière fois? Où étais-tu?
4. Es-tu déjà allé(e) dans un office du tourisme? Pour quoi faire?
5. Qu'est-ce qui se trouve au coin de la rue où tu habites? Et au bout de la rue?
6. Qui, de ta famille ou de tes ami(e)s, habite près de chez toi?

6 **En vacances** Préparez cette conversation avec un(e) partenaire. Soyez prêt(e)s à jouer la scène devant la classe.

- Vous êtes un(e) touriste perdu(e) en ville.
- Vous demandez où se trouvent deux endroits différents.
- Quelqu'un vous indique le chemin.

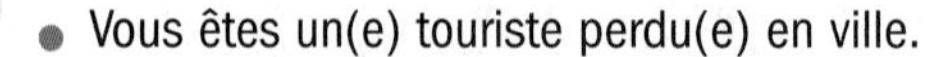

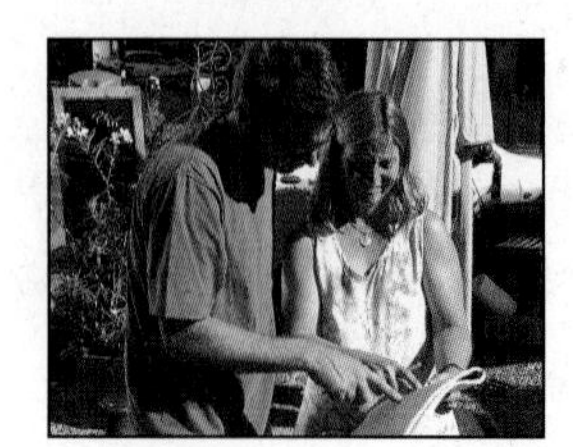

Les sons et les lettres

Audio: Concepts, Activities
Record & Compare

Les majuscules et les minuscules

Some of the rules governing capitalization are the same in French as they are in English. However, many words that are capitalized in English are not capitalized in French. For example, the French pronoun **je** is never capitalized except when it is the first word in a sentence.

Aujourd'hui, je vais au marché. — **Today, I am going to the market.**

Days of the week, months, and geographical terms are not capitalized in French.

Qu'est-ce que tu fais lundi après-midi?
Cette ville est sur la mer Méditerranée.
Mon anniversaire, c'est le 14 octobre.
Il habite 5 rue de la Paix.

Languages are not capitalized in French, nor are adjectives of nationality. However, if the word is a noun that refers to a person or people of a particular nationality, it is capitalized.

Tu apprends le français.
You are learning French.

C'est une voiture allemande.
It's a German car.

Elle s'est mariée avec un Italien.
She married an Italian.

Les Français adorent le foot.
The French love soccer.

As a general rule, you should write capital letters with their accents. Diacritical marks can change the meaning of words, so not including them can create ambiguities.

LES AVOCATS SERONT JUGÉS.
Lawyers will be judged.

LES AVOCATS SERONT JUGES.
Lawyers will be the judges.

Corrigez Corrigez la capitalisation des mots suivants.

1. MAI
2. QUÉBEC
3. VENDREDI
4. ALLEMAND
5. L'OCÉAN PACIFIQUE
6. LE BOULEVARD ST-MICHEL

Écrivez Écrivez correctement les phrases en utilisant les minuscules et les majuscules.

1. LE LUNDI ET LE MERCREDI, J'AI MON COURS D'ITALIEN.
2. CHARLES BAUDELAIRE ÉTAIT UN POÈTE FRANÇAIS.
3. LES AMÉRICAINS AIMENT BEAUCOUP LE LAC MICHIGAN.
4. UN MONUMENT SE TROUVE SUR L'AVENUE DES CHAMPS-ÉLYSÉES.

Dictons Répétez les dictons à voix haute.

Si le Français est "tout yeux", l'Anglais est "tout oreilles."[2]

La France, c'est le français quand il est bien écrit.[1]

[1] France is French (when it is) well written.
[2] If the Frenchman is all eyes, the Englishman is all ears.

Chercher son chemin

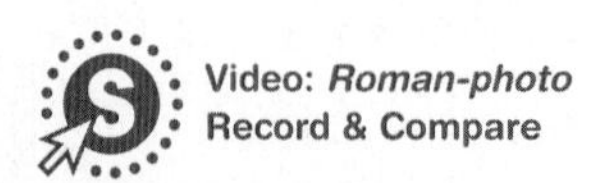

Video: *Roman-photo*
Record & Compare

PERSONNAGES

Amina

David

M. Hulot

Rachid

Sandrine

Stéphane

Touriste

1

Au kiosque de M. Hulot...

M. HULOT Bonjour, Monsieur.

TOURISTE Bonjour.

M. HULOT Trois euros, s'il vous plaît.

TOURISTE Je n'ai pas de monnaie.

M. HULOT Voici cinq, six, sept euros qui font dix. Merci.

TOURISTE Excusez-moi, où est le bureau de poste, s'il vous plaît?

2

M. HULOT Euh... c'est par là... Ah... non... euh... voyons... vous prenez cette rue, là et... euh, non non... je ne sais pas vraiment comment vous expliquer... Attendez, vous voyez le café qui est juste là? Il y aura certainement quelqu'un qui saura vous dire comment y aller.

TOURISTE Ah, merci, Monsieur, au revoir!

3

Au P'tit Bistrot...

SANDRINE Qu'est-ce que vous allez faire le week-end prochain?

RACHID Je pense que nous irons faire une randonnée à la Sainte-Victoire.

AMINA Oui, j'espère qu'il fera beau!

DAVID S'il ne pleut pas, nous irons au concert en plein air de Pauline Ester. C'est la chanteuse préférée de Sandrine, n'est-ce pas, chérie?

6

DAVID Non! À droite!

RACHID Non, à gauche! Puis, vous continuez tout droit, vous traversez le cours Mirabeau et c'est juste là, en face de la fontaine de La Rotonde, à côté de la gare.

DAVID Non, c'est à côté de l'office du tourisme.

7

TOURISTE Euh merci, je... je vais le trouver tout seul. Au revoir.

TOUS Bonne journée, Monsieur.

8

À la terrasse...

STÉPHANE Bonjour, je peux vous aider?

TOURISTE J'espère que oui.

STÉPHANE Vous êtes perdu?

TOURISTE Exactement. Je cherche le bureau de poste.

ACTIVITÉS

1 

Questions Répondez par des phrases complètes.

1. Qu'est-ce que Rachid et Amina vont faire ce week-end?
2. Qu'est-ce que Sandrine et David vont faire ce week-end?
3. Quels points de repères (*landmarks*) Stéphane donne-t-il au touriste?
4. Est-ce que vous pensez que la musique de Pauline Ester est très appréciée aujourd'hui? Pourquoi?
5. Est-ce que vous pensez que les choses vont bien entre Amina et Rachid? Pourquoi?
6. Est-ce que vous pensez que les choses vont bien entre Sandrine et David? Pourquoi?
7. Comment pensez-vous que le touriste se sent quand il sort du P'tit Bistrot?
8. Qui avait raison, à votre avis (*in your opinion*), David ou Rachid?

Practice more at **vhlcentral.com.**

Un touriste se perd à Aix… heureusement, il y a Stéphane!

SANDRINE Absolument! «Oui, je l'adore, c'est mon amour, mon trésor…»
AMINA Pauline Ester! Tu aimes la musique des années quatre-vingt-dix?
SANDRINE Pas tous les styles de musique, mais Pauline Ester, oui.
AMINA Comme on dit, les goûts et les couleurs, ça ne se discute pas!
RACHID Tu n'aimes pas Pauline Ester, mon cœur?

TOURISTE Excusez-moi, est-ce que vous savez où se trouve le bureau de poste, s'il vous plaît?
RACHID Oui, ce n'est pas loin d'ici. Vous descendez la rue, juste là, ensuite vous continuez jusqu'au feu rouge et vous tournez à gauche.

STÉPHANE Le bureau de poste? C'est très simple.
TOURISTE Ah bon! C'est loin d'ici?
STÉPHANE Non, pas du tout. C'est tout près. Vous prenez cette rue, là, à gauche. Vous continuez jusqu'au cours Mirabeau. Vous le connaissez?
TOURISTE Non, je ne suis pas d'ici.
STÉPHANE Bon… Le cours Mirabeau, c'est le boulevard principal de la ville.

STÉPHANE Alors, une fois que vous serez sur le cours Mirabeau, vous tournerez à gauche et suivrez le cours jusqu'à La Rotonde. Vous la verrez… Il y a une grande fontaine. Derrière la fontaine, vous trouverez le bureau de poste, et voilà!
TOURISTE Merci beaucoup.
STÉPHANE De rien. Au revoir!

Expressions utiles

Giving directions

- **Attendez, vous voyez le café qui est juste là?**
  Wait, do you see the café right over there?
- **Il y aura certainement quelqu'un qui saura vous dire comment y aller.**
  There'll definitely be someone there who will know how to tell you how to get there.
- **Vous tournerez à gauche et suivrez le cours jusqu'à La Rotonde.**
  You'll turn left and follow the street until the Rotunda.
- **Vous la verrez.**
  You'll see it.
- **Derrière la fontaine, vous trouverez le bureau de poste.**
  Behind the fountain you'll find the post office.

Talking about the weekend

- **Je pense que nous irons faire une randonnée.**
  I think we'll go for a hike.
- **J'espère qu'il fera beau!**
  I hope it will be nice/the weather will be good!
- **Nous irons au concert en plein air.**
  We'll go to the outdoor concert.

Additional vocabulary

- **voyons**
  let's see
- **le boulevard principal**
  the main street/principal thoroughfare

2 **Comment y aller?** Remettez les indications pour aller du P'tit Bistrot au bureau de poste dans l'ordre. Écrivez un **X** à côté de l'indication que l'on ne doit pas suivre.

a. _____ Suivez le cours Mirabeau jusqu'à la fontaine.
b. _____ Le bureau de poste se trouve derrière la fontaine.
c. _____ Tournez à gauche.
d. _____ Tournez à droite au feu rouge.
e. _____ Prenez cette rue à gauche jusqu'au boulevard principal.

3 **Écrivez** Le touriste est soulagé (*relieved*) d'arriver enfin au bureau de poste. Il était très découragé; presque personne ne savait lui expliquer comment y aller. Il écrit une carte postale à sa femme pour lui raconter son aventure. Composez son message.

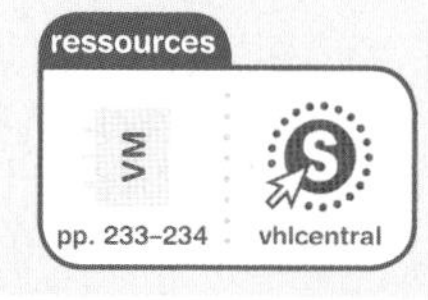

ACTIVITÉS

CULTURE À LA LOUPE

Villes et villages

Quand on regarde le plan d'un village, d'une petite ville ou celui d'un quartier dans une grande ville, on remarque qu'il y a souvent une place au centre, autour de laquelle° la vie urbaine s'organise. C'est un peu comme «le cœur» de la ville ou du quartier.

Sur la place principale des villes et villages français, on trouve souvent une église. Il peut aussi y avoir l'hôtel de ville (la mairie), ainsi que° d'autres bâtiments administratifs comme la poste, le commissariat de police ou l'office du tourisme. Autour de cette grande place se trouve le centre-ville où beaucoup de gens vont pour faire leurs courses dans les magasins ou pour se détendre dans un café, restaurant ou cinéma. Parfois, on y trouve aussi un musée ou un théâtre. La place principale peut être piétonne° ou ouverte à la circulation, mais dans les deux cas, elle est souvent très animée°.

En général, cette place est bien entretenue° et décorée d'une fontaine, d'un parterre de fleurs° ou d'une statue. La majorité des rues principales de la ville ou du quartier y sont connectées. Le nom de cette place reflète ce qui s'y trouve, par exemple place de l'Église, place de la Mairie ou place de la Comédie. Les rues, elles, portent souvent le nom d'un écrivain ou d'un personnage célèbre de l'histoire de France, par exemple rue Victor Hugo ou avenue du général de Gaulle. Au centre-ville, les rues sont souvent très étroites et beaucoup sont à sens unique°.

laquelle *which* **ainsi que** *as well as* **piétonne** *pedestrian* **animée** *busy* **entretenue** *cared for* **parterre de fleurs** *flower bed* **à sens unique** *one-way*

Coup de main

Some major cities in France, such as Paris, Lyon, and Marseille, are divided into **arrondissements**, or districts. You can determine in which **arrondissement** something is located by the final numbers of its zip code. For example, 75011 indicates the 11th **arrondissement** in Paris and 13001 is the 1st **arrondissement** in Marseille.

ACTIVITÉS

1 Complétez Donnez un début logique à chaque phrase, d'après le texte.

1. ... au centre de la majorité des petites villes françaises.
2. ... autour de sa grande place.
3. ... se situe souvent sur la place principale d'une ville française.
4. ... pour faire leurs courses ou pour se détendre.
5. ... décorent souvent les places.
6. ... sont réservées exclusivement aux piétons.
7. ... détermine souvent le nom d'une place.
8. ... donnent souvent leur nom aux rues françaises.
9. ... sont souvent à sens unique.
10. ... sont parfois divisées en arrondissements.

STRATÉGIE

Previously learned grammar and vocabulary

As you read, remember to identify and take advantage of previously learned grammar and vocabulary. Doing so has two advantages. First, concepts and words that you have already learned function as clues for understanding new or unfamiliar ones. Second, by identifying known grammar and vocabulary, you recycle and thereby retain them better for future reference.

PORTRAIT

Le baron Haussmann

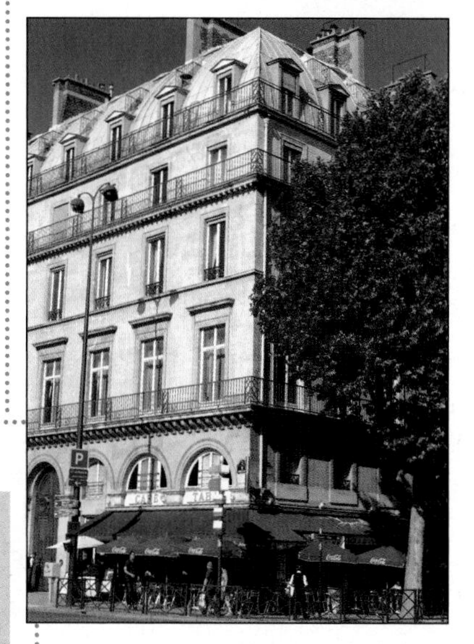

En 1853, Napoléon III demande au baron Georges Eugène Haussmann (1809-1891) de moderniser Paris. Le baron imagine alors un programme de transformation de la ville entière°. Il en est le premier vrai urbaniste. Il multiplie sa surface par deux. Pour améliorer° la circulation, il ouvre de larges avenues et des boulevards, comme le boulevard Haussmann, qu'il borde° d'immeubles bourgeois. Il crée de grands carrefours, comme l'Étoile ou la place de la Concorde, et de nombreux parcs et jardins. Plus de 600 km d'égouts° sont construits. Parce qu'il a aussi détruit beaucoup de bâtiments historiques, les Français ont longtemps détesté le baron Haussmann. Pourtant°, son influence a été remarquable.

entière *entire* **améliorer** *improve* **borde** *lines with* **égouts** *sewers* **Pourtant** *However*

LE MONDE FRANCOPHONE

Le centre des villes

Les places centrales reflètent le cœur des centres-villes.

En Belgique

La Grand-Place à Bruxelles est bordée de superbes bâtiments ornés aux riches architectures néo-gothiques et baroques du 17e siècle. Énorme, elle est considérée comme une des plus belles places du monde.

Au Maroc

La place Djemaa El Fna à Marrakesh est immense et débordante° d'activités. Et quelles activités! On y trouve des acrobates, des charmeurs de serpents, des danseurs, des groupes de musique, des conteurs° et beaucoup de restaurants ambulants°.

Ces deux places sont inscrites° au patrimoine mondial° de l'UNESCO.

débordante *overflowing* **conteurs** *storytellers* **restaurants ambulants** *food stalls* **inscrites** *registered* **patrimoine mondial** *world heritage*

Sur Internet

Quelle est la particularité de la ville de Rocamadour, en France?

Go to **vhlcentral.com** to find more cultural information related to this **Lecture culturelle**.

ACTIVITÉS

2   **Complétez** Donnez une suite logique à chaque phrase.

1. En 1853, Napoléon III demande à Haussmann...
2. Pour améliorer la circulation dans Paris, le baron Haussmann a créé...
3. Les Français ont longtemps détesté le baron Haussmann...
4. La Grand-Place est bordée de bâtiments ornés aux riches architectures...
5. Sur la place Djemaa El Fna, on peut trouver des restaurants...

3 **Une école de langues** Vous et un(e) partenaire dirigez une école de langues située en plein centre-ville. Préparez une petite présentation de votre école où vous expliquez où elle se situe, les choses à faire au centre-ville, etc. Vos camarades ont-ils envie de s'y inscrire (*enroll*)?

 Practice more at **vhlcentral.com**.

STRUCTURES

12B.1 Le futur simple

Point de départ In **Leçon 4A**, you learned to use **aller** + [*infinitive*] to express actions that are going to happen in the immediate future (**le futur proche**). You will now learn the future tense to say what *will happen.*

- The future uses the same verb stems as the conditional.

Future tense of regular verbs

	parler	réussir	attendre
je/j'	parlerai	réussirai	attendrai
tu	parleras	réussiras	attendras
il/elle/on	parlera	réussira	attendra
nous	parlerons	réussirons	attendrons
vous	parlerez	réussirez	attendrez
ils/elles	parleront	réussiront	attendront

Au Québec, nous **parlerons** français.
In Quebec, we will speak French.

Je **suivrai** le chemin autour du parc.
I'll follow the path around the park.

- The same patterns that you learned for forming the conditional of spelling-change **-er** verbs also apply to the future.

Vous m'**emmènerez** avec vous?
Will you take me with you?

Tu **répéteras** les indications?
Will you repeat the directions?

Nous **achèterons** une maison dans deux ans.
We'll buy a house in two years.

Mes parents t'**appelleront** demain.
My parents will call you tomorrow.

- The same irregular stems you learned for the conditional are used for the future.

J'**irai** chez toi, mais pas aujourd'hui.
I'll go to your house, but not today.

Elles **feront** du vélo ce week-end.
They'll go bike-riding this weekend.

Vous **viendrez** par le petit chemin.
You'll come down the small path.

À l'angle, tu **devras** tourner à gauche.
At the corner, you'll have to turn left.

À noter

See **Leçon 11B** for the explanation of how to form the conditional of spelling-change verbs and for the list of verbs with irregular conditional stems.

- In **Leçon 11B**, you learned how to use **si** clauses to express contrary-to-fact situations.

Si + [*imparfait*] ▶ **conditionnel**

Si clauses can also express conditions or events that are possible or likely to occur. In such instances, the **si** clause is in the present while the main clause uses the **futur** or **futur proche.**

Si + [*present tense*] ▶ **futur / futur proche**

Si je **tombe** en panne, je **trouverai** une station-service.
If I break down, I'll find a service station.

Si vous **réparez** la voiture, vous **allez éviter** l'amende.
If you repair the car, you're going to avoid the fine.

Si tu **continues** tout droit, tu **arriveras** au pont.
If you continue straight ahead, you will arrive at the bridge.

Nous **verrons** la statue si nous **traversons** la rue.
We'll see the statue if we cross the street.

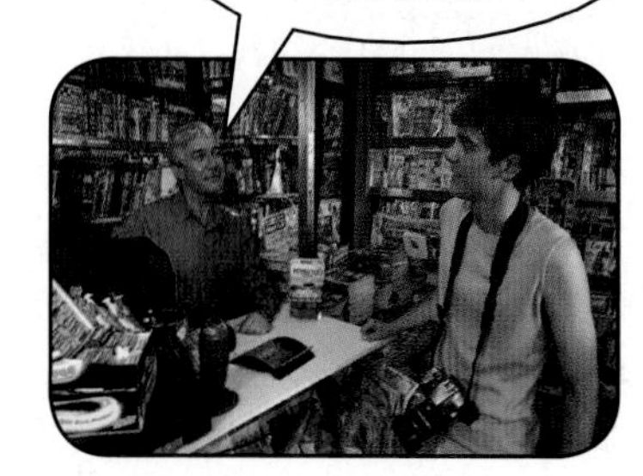

- In English, you use the present tense after words like *when* or *as soon as* even if you're talking about an action that takes place in the future. However, in French, you use the future tense after **quand** or **dès que** (*as soon as*) if the clause describes an event that will happen in the future.

Il **enverra** les e-mails **quand il aura** le temps.
He will send the e-mails when he has time.

Je **posterai** les lettres **dès que je pourrai**.
I will mail the letters as soon as I can.

Quand j'**arriverai** à Lyon, je **prendrai** un taxi pour aller à l'hôtel.
When I arrive in Lyons, I'll take a taxi to go to the hotel.

Dès qu'on **finira** nos études, on **voyagera**.
As soon as we finish our studies, we'll travel.

- If a clause with **quand** or **dès que** does not describe a future action, another tense may be used for the verb.

Quand avez-vous fait vos valises?
When did you pack your bags?

Il me téléphone **dès qu'il arrive**.
He calls me as soon as he arrives.

- The words **le futur** and **l'avenir** (*m.*) both mean *future*. Use the first word when referring to the grammatical future; use the second word when referring to events that haven't occurred yet.

On étudie **le futur** en cours.
We're studying the future (tense) in class.

Je parlerai de **mon avenir** au prof.
I'll speak to the professor about my future.

Essayez! **Conjuguez ces verbes au futur.**

1. je/j' (aller, vouloir, savoir) *irai, voudrai, saurai*
2. tu (suivre, pouvoir, tourner) ________________
3. Marc (venir, être, ouvrir) ________________
4. nous (avoir, devoir, choisir) ________________
5. vous (recevoir, tenir, aller) ________________
6. elles (vouloir, faire, être) ________________
7. je/j' (devenir, dire, envoyer) ________________
8. elle (aller, avoir, continuer) ________________

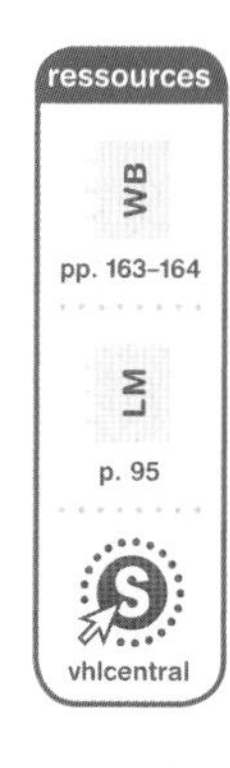

STRUCTURES

Mise en pratique

1 **Projets** Cécile et ses amis parlent de leurs projets (*plans*) d'avenir. Employez le futur pour refaire leurs phrases.

MODÈLE

Je vais chercher une belle maison.
Je chercherai une belle maison.

1. Je vais finir mes études.
2. Philippe va me dire où trouver un travail.
3. Tu vas gagner beaucoup d'argent.
4. Mes amis vont habiter près de chez moi.
5. Mon petit ami et moi, nous allons acheter un chien.
6. Vous allez nous rendre visite de temps en temps.

2 **Plus tard** Aurélien parle de ses projets (*plans*) et des projets de sa famille et de ses amis. Mettez les verbes au futur.

MODÈLE

dès que / je / avoir / le bac / je / aller / à l'université
Dès que j'aurai le bac, j'irai à l'université.

1. quand / je / être / à l'université / ma sœur et moi / habiter ensemble
2. quand / ma sœur / étudier plus / elle / réussir
3. quand / mes parents / être / à la retraite / je / emprunter pour payer mes études
4. dès que / vous / finir vos études / vous / contacter / employeurs
5. quand / tu / travailler / tu / acheter une voiture
6. quand / nous / trouver / nouveau travail / nous / ne plus lire / les annonces (*want ads*)

3 **Si...** Avec un(e) partenaire, finissez ces phrases à tour de rôle. Employez le futur des verbes de la liste dans toutes vos réponses.

MODÈLE

Si mon ami(e) ne me téléphone pas ce soir, ...
Si mon amie ne me téléphone pas ce soir, je ne serai pas très content.

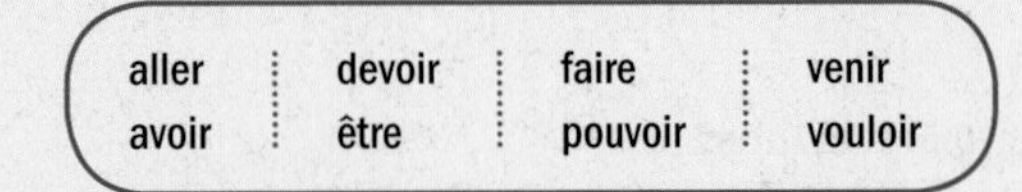

aller	devoir	faire	venir
avoir	être	pouvoir	vouloir

1. Si on m'invite à une fête samedi soir, ...
2. Si mes parents me donnent $100, ...
3. Si mon ami(e) me prête sa voiture, ...
4. Si le temps est mauvais, ...
5. Si je suis fatigué(e) vendredi, ...
6. Si ma famille me rend visite, ...

Communication

4 **Faites des projets** Travaillez avec un(e) camarade de classe pour faire des projets (*plans*) pour ces événements qui auront lieu dans l'avenir.

MODÈLE

Étudiant(e) 1: *Après l'université, je chercherai un travail à San Diego. J'enseignerai dans un lycée.*
Étudiant(e) 2: *Moi, après l'université, j'irai en Europe. Je travaillerai comme serveuse dans un café.*

1. Samedi soir: Décidez où vous irez et comment vous y arriverez.
2. Les prochaines vacances: Parlez de ce que (*what*) vous ferez. Que visiterez-vous?
3. Votre prochain anniversaire: Quel âge aurez-vous? Que ferez-vous? Avec qui ferez-vous la fête?
4. À 65 ans: Où serez-vous? Que ferez-vous? Avec qui partagerez-vous votre vie?

5 **Content(e)** Votre professeur va vous donner une feuille d'activités. Circulez dans la classe pour trouver une réponse affirmative et une réponse négative à chaque question. Justifiez toutes vos réponses.

MODÈLE

Étudiant(e) 1: *Est-ce que tu seras plus content(e) quand tu auras du temps libre?*
Étudiant(e) 2: *Oui, je serai plus content(e) dès que j'aurai du temps libre, parce que je ferai plus souvent de la gym.*

6 **Partir très loin** Vous et votre partenaire avez décidé de prendre des vacances très loin de chez vous. Regardez les photos et choisissez deux endroits où vous voulez aller, puis comparez-les. Utilisez ces questions pour vous guider. Ensuite, présentez vos réponses à la classe.

- Qu'apporterez-vous?
- Quand partirez-vous?
- Que ferez-vous?
- Comment vous détendrez-vous? (*relax*)
- Combien de temps y resterez-vous?
- Quand rentrerez-vous?

7 **Un autre monde** Vous espérez devenir homme ou femme politique à l'avenir. Que ferez-vous pour changer le monde? Précisez au moins (*at least*) cinq choses qui seront différentes. Avec un(e) partenaire, discutez de ce sujet à tour de rôle.

MODÈLE

Si je deviens homme/femme politique, il n'y aura plus d'enfants pauvres.

8 **Des prédictions** Par groupes de quatre, jouez le rôle d'un(e) voyant(e) (*fortune teller*) qui peut prédire (*predict*) l'avenir. Donnez des prédictions pour chaque personne de votre groupe. Les autres personnes vous poseront des questions.

MODÈLE

Étudiant(e) 1: *Je pense que tu deviendras médecin.*
Étudiant(e) 2: *Quand est-ce que je finirai mes études?*

12B.2 Relative pronouns *qui, que, dont, où*

Point de départ Relative pronouns combine two sentences into one, more complex sentence. The second phrase gives more information about a noun that both sentences have in common. In English, relative pronouns can be omitted, but the relative pronoun in French cannot be.

Vous traversez **l'avenue**.
You are crossing the avenue.

Je connais bien **l'avenue**.
I know the avenue well.

Vous traversez l'avenue **que** je connais bien.
You are crossing the avenue that I know well.

Relative pronouns			
qui	*who, that, which*	**dont**	*of which, of whom*
que	*that, which*	**où**	*where*

- Use **qui** if the noun in common is the subject of the second phrase. Since **qui** is the subject, it is followed by a conjugated verb.

COMMON NOUN: Nous écoutons **le prof**.
We listen to the professor.

SUBJECT: **Le prof** parle vite.
The professor speaks fast.

Nous écoutons le prof **qui** parle vite.
We listen to the professor who speaks fast.

COMMON NOUN: Les étudiantes vont au **café**.
The students go to the café.

SUBJECT: **Le café** se trouve près de la fac.
The café is near the university.

Les étudiantes vont au café **qui** se trouve près de la fac.
The students go to the café that is near the university.

COMMON NOUN: **Ta cousine** travaille beaucoup.
Your cousin works a lot.

SUBJECT: **Ta cousine** habite à Boston.
Your cousin lives in Boston.

Ta cousine **qui** habite à Boston travaille beaucoup.
Your cousin who lives in Boston works a lot.

Boîte à outils

The pronoun **qui** does not drop the **i** before another vowel sound.

La femme qui ouvre la porte est ma mère.

Je préfère le café qui est au coin de cette rue.

À noter

As the last set of sample sentences on this page shows, the relative clause antecedent is not always the final noun in the first sentence.

- Use **que** if the noun in common is the direct object in the second phrase. If **que** is followed by the **passé composé**, the past participle should agree in gender and number with the noun that **que** represents.

COMMON NOUN — DIRECT OBJECT

J'apporte **les CD**.
I'm bringing the CDs.

J'ai acheté **les CD** hier.
I bought the CDs yesterday.

J'apporte les CD **que** j'ai achet**és** hier.
I'm bringing the CDs (that) I bought yesterday.

COMMON NOUN — DIRECT OBJECT

Stéphanie arrive bientôt.
Stéphanie arrives soon.

Samir a retrouvé **Stéphanie** à la gare.
Samir met Stéphanie at the train station.

Stéphanie, **que** Samir a retrouv**ée** à la gare, arrive bientôt.
Stéphanie, whom Samir met at the train station, arrives soon.

- Use **dont**, meaning *that* or *of which*, after the noun in common if it is the object of the preposition **de** in the second phrase. There is never agreement of the past participle in the **passé composé** with **dont**.

COMMON NOUN — OBJECT OF PREPOSITION DE

Voici **l'huile**.
Here's the oil.

Tu m'as parlé **de l'huile**.
You talked to me about the oil.

Voici l'huile **dont** tu m'as parlé.
Here's the oil (that) you talked to me about.

- Use **où**, meaning *where*, *when*, or *in which*, if the noun in common is a place or a period of time.

COMMON NOUN — PERIOD OF TIME

Venez me parler à **ce moment-là**.
Come speak with me at that time.

Vous arrivez à **ce moment-là**.
You arrive at that time.

Venez me parler au moment **où** vous arrivez.
Come speak with me at the time (when) you arrive.

Boîte à outils

The pronoun **que** is usually followed by a subject and a verb. **Que** becomes **qu'** if it precedes a word that begins with a vowel sound. Note that the word *that* or *whom* is often omitted in English, but **que** must always be used in French.

La fille que j'ai vue était blonde.
The girl (whom) I saw was blond.

Boîte à outils

Dont (*whose*) can also indicate possession.

Voilà M. Duval. La femme de M. Duval est actrice.

Voilà M. Duval, dont la femme est actrice.

Essayez!

Complétez les phrases avec qui, que, dont, où.

1. La France est le pays __que__ j'aime le plus.
2. Tu te souviens du jour ________ tu as fait ma connaissance?
3. Rocamadour est le village ________ mes amis m'ont parlé.
4. C'est la voiture ________ vous avez louée?
5. Voici l'enveloppe ________ tu as besoin.
6. Vous connaissez l'autoroute ________ descend à Montpellier?
7. On passe devant la fac ________ j'ai fait mes études.
8. Je reconnais le mécanicien ________ a réparé ma voiture.

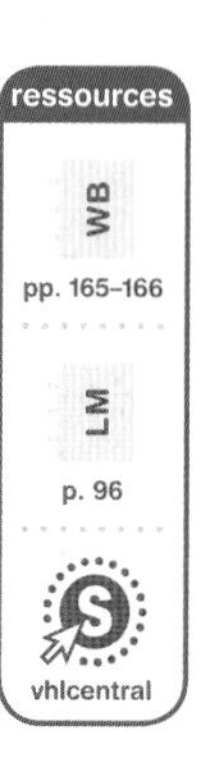

Mise en pratique

1 **Des publicités** **Complétez les phrases pour ces publicités de boutiques qui viennent d'ouvrir en ville. Employez les pronoms relatifs où, dont, qui ou que.**

MODÈLE

Nous avons des bracelets *qui* sont vraiment élégants.

1. Il y a des soldes sur les dictionnaires ________ vous avez besoin.
2. Il y a des montres ________ ne sont pas chères.
3. Nous avons des sacs à dos ________ sont légers (*light*) mais solides.
4. Regardez notre site web ________ nous avons des photos de notre magasin.
5. Nous avons les nouveaux CD ________ vous désirez.
6. Nos produits, ________ sont de la meilleure qualité, sont aussi parfaits comme cadeaux.
7. Nous avons tous les vêtements ________ vous avez besoin pour l'école.
8. Venez dans notre boutique ________ vous allez trouver tous les objets ________ vous cherchez.

2 **À mon avis...** **La grand-mère d'Édith parle de la technologie avec sa petite-fille. Assemblez les deux phrases avec où, dont, qui ou que pour faire une seule phrase.**

1. Je ne sais pas utiliser Skype avec tes cousins. Tu vois tes cousins à Noël.
2. J'aime bien lire les e-mails. Tu m'envoies des e-mails.
3. Tu devras réparer ton ordinateur un jour. Tu auras de l'argent un jour.
4. Tu m'as donné un portable. Je n'utilise pas ce portable.
5. Je ne peux pas allumer le poste de télévision. Le poste de télévision est dans ma chambre.
6. J'ai visité le site web. On parle de ton université sur ce site.
7. Explique-moi comment sauvegarder ces documents. J'ai besoin de ces documents.
8. Je voudrais aller au magasin. Tu as acheté ton appareil photo dans ce magasin.

2 **Les choses que je préfère** **Marianne parle des choses qu'elle préfère. À tour de rôle avec un(e) partenaire, utilisez les pronoms relatifs pour écrire ses phrases. Présentez vos phrases à la classe.**

1. Marc est l'ami... (qui, dont)
2. «Chez Henri», c'est le restaurant... (où, que)
3. Ce CD est le cadeau... (que, qui)
4. Ma sœur est la personne... (dont, que)
5. Paris est la ville... (où, dont)
6. L'acteur/L'actrice... (qui, que)
7. Les livres... (dont, que)
8. J'aimerais sortir avec une personne... (qui, que)

Communication

4 **Des opinions** Avec un(e) partenaire, donnez votre opinion sur ces thèmes. Utilisez les pronoms relatifs **qui, que, dont** et **où.**

MODÈLE

le printemps / saison
Étudiant(e) 1: *Le printemps est la saison que je préfère parce que j'aime les fleurs.*
Étudiant(e) 2: *L'hiver est la saison que moi, je préfère, parce que j'aime la neige.*

1. le petit-déjeuner / repas
2. surfer sur Internet / passe-temps
3. mon/ma camarade de chambre / personne
4. le samedi / jour
5. la chimie / cours
6. la France / pays
7. Tom Cruise / acteur
8. ? / ?

5 **Des endroits intéressants** Par groupes de trois, organisez un voyage. Parlez des endroits qui vous intéressent et expliquez pourquoi vous voulez y aller. Utilisez des pronoms relatifs dans vos réponses et décidez où vous partez.

MODÈLE

Allons à Bruxelles où nous pouvons acheter des chocolats délicieux.

6 **Chère Madame** Avec un(e) partenaire, écrivez une lettre à votre professeur où vous lui expliquez pourquoi vous n'avez pas fini votre devoir. Utilisez des pronoms relatifs et le vocabulaire de cette leçon.

Chère Madame,

Je suis désolé(e), mais je n'ai pas fini mon devoir.

La bibliothèque où...

7 **Mes préférences** Avec un(e) partenaire, parlez de vos préférences dans chaque catégorie ci-dessous (*below*). Donnez des raisons pour vos choix (*choices*). Utilisez les pronoms relatifs **qui, que, dont** et **où** dans vos descriptions.

MODÈLE

mon film préféré
Le film que j'aime le plus, c'est Pirates des Caraïbes. Johnny Depp, qui joue dans ce film, est super!

1. mon film préféré
2. mon roman (*novel*) préféré
3. mon chanteur/ma chanteuse préféré(e)
4. la meilleure ville pour aller en vacances

Révision

1 **Mes stratégies** Avec un(e) partenaire, faites une liste de dix stratégies pour bien mener (*to lead*) votre prochaine année universitaire. Utilisez **quand** ou **dès que**.

MODÈLE

Étudiant(e) 1: *Dès qu'un cours deviendra trop difficile, j'irai parler au prof.*
Étudiant(e) 2: *Quand je serai trop fatiguée, je dormirai au moins sept heures par nuit.*

2 **La visite de Québec** Avec un(e) partenaire, vous visitez la ville de Québec. Préparez un itinéraire où vous vous arrêterez souvent pour visiter ou acheter quelque chose, manger, boire, etc. Soyez prêt(e)s à présenter votre itinéraire à la classe.

MODÈLE

Étudiant(e) 1: *Le matin, nous prendrons le petit-déjeuner dans l'hôtel.*
Étudiant(e) 2: *Ensuite, nous irons visiter le musée de la Civilisation.*

3 **C'est l'histoire de...** Avec un(e) partenaire, commentez ces titres de films français et imaginez les histoires. Utilisez des pronoms relatifs. Ensuite, découvrez les vraies histoires sur Internet et travaillez avec un autre groupe pour comparer toutes les histoires.

MODÈLE

Étudiant(e) 1: *C'est l'histoire d'un homme qui...*
Étudiant(e) 2: *... et que la police cherche...*

- *Le Dernier métro*
- *Les Visiteurs*
- *Toto le héros*
- *La Chèvre* (goat)
- *L'Argent de poche* (pocket)
- *Le Professionnel*

4 **La leçon de conduite** Vous êtes moniteur/monitrice (*instructor*) et c'est la première leçon de conduite (*driving*) que prend votre partenaire. Inventez une scène où il/elle découvre la voiture et où vous lui expliquez la fonction des différents accessoires. Utilisez plusieurs pronoms relatifs dans votre dialogue.

MODÈLE

Étudiant(e) 1: *Et ça, c'est le bouton qu'on utilise pour freiner?*
Étudiant(e) 2: *Mais non! C'est le bouton qui sert à allumer les phares que tu dois utiliser la nuit.*

5 **Des prévisions météo** Avec un(e) partenaire, parlez des prévisions météo pour le week-end prochain. Chacun (*Each one*) doit faire cinq prévisions et dire ce qu'on (*what one*) peut faire par ce temps. Soyez prêt(e)s à parler de vos prévisions et des possibilités pour le week-end à la classe.

MODÈLE

Étudiant(e) 1: *Samedi, il fera beau dans le nord. On pourra faire une promenade.*
Étudiant(e) 2: *Dimanche, il pleuvra dans l'ouest. On devra passer la journée dans l'appartement.*

samedi

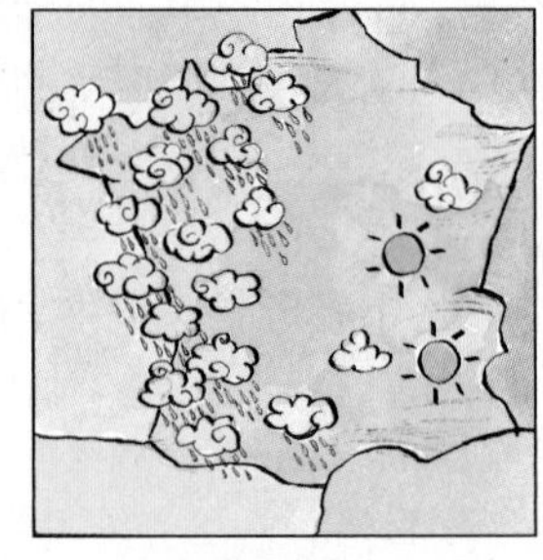
dimanche

6 **La vie de Gaëlle et de Jean-Georges** Votre professeur va vous donner, à vous et à votre partenaire, deux feuilles d'activités différentes sur l'avenir de Gaëlle et de Jean-Georges. Attention! Ne regardez pas la feuille de votre partenaire.

MODÈLE

Étudiant(e) 1: *Jean-Georges et Gaëlle finiront leurs études au lycée.*
Étudiant(e) 2: *Ensuite, ...*

Écriture

STRATÉGIE

Using linking words

You can make your writing more sophisticated by using linking words to connect simple sentences or ideas in order to create more complex sentences. Consider these passages that illustrate this effect:

Without linking words

Aujourd'hui, j'ai fait beaucoup de courses. Je suis allé à la poste. J'ai fait la queue pendant une demi-heure. J'ai acheté des timbres. J'ai aussi posté un colis. Je suis allé à la banque. La banque est rue Girardeau. J'ai perdu ma carte de crédit hier. Je devais aussi retirer de l'argent. Je suis allé à la brasserie pour déjeuner avec un ami. Cet ami s'appelle Marc. Je suis rentré à la maison. Ma mère rentrait du travail.

With linking words

Aujourd'hui, j'ai fait beaucoup de courses. D'abord, je suis allé à la poste où j'ai fait la queue pendant une demi-heure. J'ai acheté des timbres et j'ai aussi posté un colis. Après, je suis allé à la banque qui est rue Girardeau, parce que j'ai perdu ma carte de crédit hier et parce que je devais aussi retirer de l'argent. Ensuite, je suis allé à la brasserie pour déjeuner avec un ami qui s'appelle Marc. Finalement, je suis rentré à la maison alors que ma mère rentrait du travail.

Linking words			
alors	*then*	**mais**	*but*
alors que	*as*	**ou**	*or*
après	*then, after that*	**où**	*where*
d'abord	*first*	**parce que**	*because*
donc	*so*	**pendant (que)**	*while*
dont	*of which*	**(et) puis**	*(and) then*
enfin	*finally*	**puisque**	*since*
ensuite	*then, after that*	**quand**	*when*
et	*and*	**que**	*that, which*
finalement	*finally*	**qui**	*who, that*

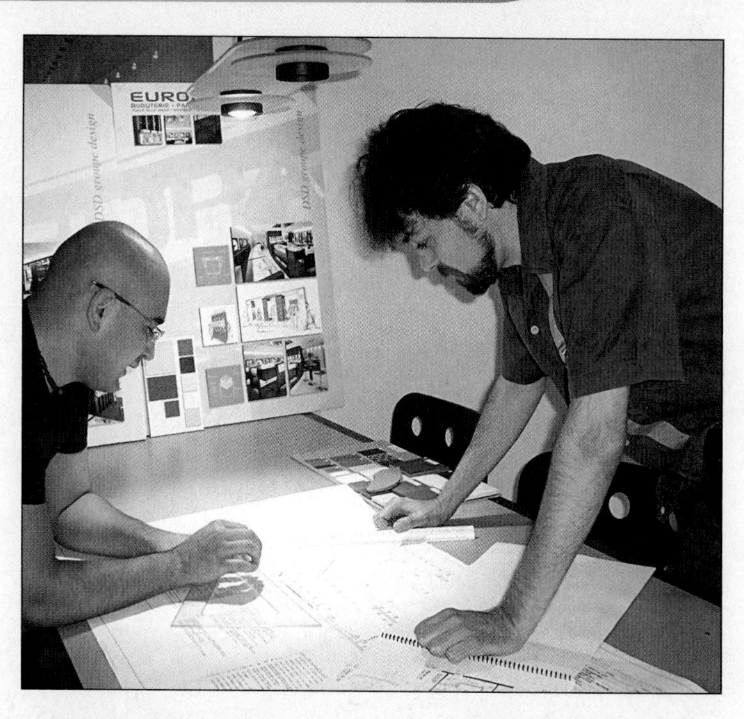

Thème

Faire la description d'un nouveau commerce

Avec des amis, vous allez ouvrir un commerce (*business*) dans le quartier de votre université. Vous voulez créer quelque chose d'original qui n'existe pas encore et qui sera très utile aux étudiants: un endroit où ils pourront faire plusieurs choses en même temps (par exemple, une laverie/salon de coiffure). Préparez une description détaillée de votre idée et de ce que (*what*) votre commerce proposera comme services. Utilisez votre imagination et les questions suivantes comme point de départ de votre description.

- Quel sera le nom du commerce?
- Quel type de commerce voulez-vous ouvrir?
- Quels seront les produits (*products*) que vous vendrez? Quels seront les prix? Donnez quelques détails sur l'activité commerciale.
- Où se trouvera le commerce?
- Comment sera l'intérieur du commerce (style, décoration, etc.)?
- Quels seront ses jours et heures d'ouverture (*business hours*)?
- En quoi consistera l'originalité de votre commerce? Expliquez pourquoi votre commerce sera unique et donnez les raisons pour lesquelles (*which*) des étudiants le fréquenteront.

Interactive Map

Panorama

L'Alsace

La région en chiffres 

- **Superficie:** *8.280 km²*
- **Population:** *1.793.000*
  SOURCE: INSEE
- **Industries principales:** *viticulture, culture du houblon° et brassage° de la bière, exploitation forestière°, industrie automobile, tourisme*
- **Villes principales:** *Colmar, Mulhouse, Strasbourg*

Personnages célèbres

- **Gustave Doré,** *dessinateur° et peintre° (1832–1883)*
- **Auguste Bartholdi,** *sculpteur, statue de la Liberté à New York, (1834–1904)*
-  **Albert Schweitzer,** *médecin, prix Nobel de la paix en 1952 (1875–1965)*

le quartier de la Petite France à Strasbourg

la place Stanislas à Nancy

dans les Vosges

La Lorraine

La région en chiffres 

- **Superficie:** *23.547 km²*
- **Population:** *2.329.000*
- **Industries principales:** *industrie automobile, agro-alimentaire°, bois° pour le papier, chimie et pétrochimie, métallurgie, verre et cristal*
- **Villes principales:** *Épinal, Forbach, Metz, Nancy*

Personnages célèbres

- **Georges de La Tour,** *peintre (1593–1652)*
- **Bernard-Marie Koltès,** *dramaturge° (1948–1989)*
-  **Patricia Kaas,** *chanteuse (1966–)*

houblon *hops* **brassage** *brewing* **exploitation forestière** *forestry* **dessinateur** *illustrator* **peintre** *painter* **agro-alimentaire** *food processing* **bois** *wood* **dramaturge** *playwright* **traité** *treaty* **envahit** *invades*

Incroyable mais vrai!

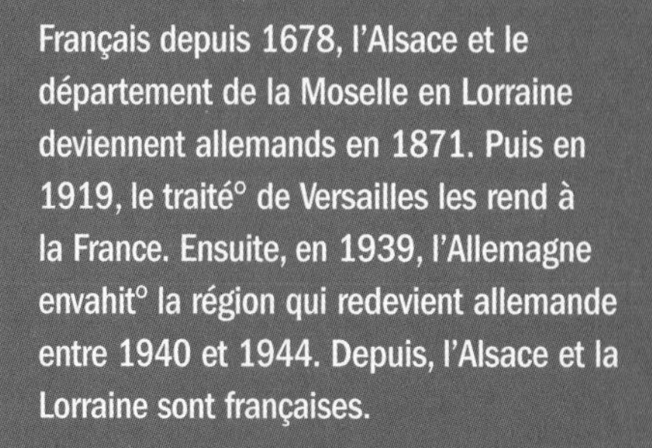

Français depuis 1678, l'Alsace et le département de la Moselle en Lorraine deviennent allemands en 1871. Puis en 1919, le traité° de Versailles les rend à la France. Ensuite, en 1939, l'Allemagne envahit° la région qui redevient allemande entre 1940 et 1944. Depuis, l'Alsace et la Lorraine sont françaises.

PATISSERIE
CAKES
TEE-KAFFEE
CHOCOLAT

La gastronomie

La choucroute

La choucroute est typiquement alsacienne et son nom vient de l'allemand «sauerkraut». Du chou râpé° fermente dans un baril° avec du gros sel° et des baies de genièvre°. Puis, le chou est cuit° dans du vin blanc ou de la bière et mangé avec de la charcuterie° alsacienne et des pommes de terre°. La choucroute, qui se conserve longtemps° grâce à° la fermentation, est une nourriture appréciée° des marins° pendant leurs longs voyages.

L'histoire

Jeanne d'Arc

Jeanne d'Arc est née en 1412, en Lorraine, dans une famille de paysans°. En 1429, quand la France est en guerre avec l'Angleterre, Jeanne d'Arc décide de partir au combat pour libérer son pays. Elle prend la tête° d'une armée et libère la ville d'Orléans des Anglais. Cette victoire permet de sacrer° Charles VII roi de France. Plus tard, Jeanne d'Arc perd ses alliés° pour des raisons politiques. Vendue aux Anglais, elle est condamnée pour hérésie. Elle est exécutée à Rouen, en 1431. En 1920, l'Église catholique la canonise.

Les destinations

Strasbourg

Strasbourg, capitale de l'Alsace, est le siège° du Conseil de l'Europe depuis 1949 et du Parlement européen depuis 1979. Le Conseil de l'Europe est responsable de la promotion des valeurs démocratiques et des droits de l'homme°, de l'identité culturelle européenne et de la recherche de solutions° aux problèmes de société. Les membres du Parlement sont élus° dans chaque pays de l'Union européenne. Le Parlement contribue à l'élaboration de la législation européenne et à la gestion de l'Europe.

La société

Un mélange de cultures

L'Alsace a été enrichie° par de multiples courants° historiques et culturels grâce à sa position entre la France et l'Allemagne. La langue alsacienne vient d'un dialecte germanique et l'allemand est maintenant enseigné dans les écoles primaires. Quand la région est rendue à la France en 1919, les Alsaciens continuent de bénéficier des lois° sociales allemandes. Le mélange° des cultures est visible à Noël avec des traditions allemandes et françaises (le sapin de Noël, Saint Nicolas, les marchés).

Qu'est-ce que vous avez appris? Répondez aux questions par des phrases complètes.

1. En 1919, quel document rend l'Alsace et la Moselle à la France?
2. Combien de fois l'Alsace et la Moselle ont-elles changé de nationalité depuis 1871?
3. Quel est l'ingrédient principal de la choucroute?
4. Qui apprécie particulièrement la choucroute?
5. Pourquoi Strasbourg est-elle importante?
6. Quel est l'un des rôles du Conseil de l'Europe?
7. Contre qui Jeanne d'Arc a-t-elle défendu la France?
8. Comment est-elle morte?
9. Quelle langue étrangère enseigne-t-on aux petits Alsaciens?
10. À quel moment de l'année le mélange des cultures est-il particulièrement visible en Alsace?

ressources

Sur Internet

Go to **vhlcentral.com** to find more cultural information related to this **Panorama**.

1. Quelle est la différence entre le Conseil européen et le Conseil de l'Europe?
2. Trouvez d'autres informations sur Jeanne d'Arc. Quel est son surnom?
3. Pourquoi l'Alsace et le département de la Moselle sont-ils devenus allemands en 1871?

chou râpé *grated cabbage* **baril** *cask* **gros sel** *coarse sea salt* **baies de genièvre** *juniper berries* **cuit** *cooked* **charcuterie** *cured meats* **pommes de terre** *potatoes* **qui se conserve longtemps** *which keeps for a long time* **grâce à** *thanks to* **appréciée** *valued* **marins** *sailors* **paysans** *peasants* **prend la tête** *takes lead* **sacrer** *to crown* **alliés** *allies* **siège** *headquarters* **droits de l'homme** *human rights* **recherche de solutions** *finding solutions* **élus** *elected* **enrichie** *enriched* **courants** *trends, movements* **lois** *laws* **mélange** *mix*

Lecture

Avant la lecture

STRATÉGIE

Visualizing

Visualizing is creating mental pictures as you read a text. You can use the writer's words but also your own imagination to form pictures in your mind. This helps you understand the text because you are looking beyond the words and creating images. Through the images, you can recall what you've read. Visualizing also makes reading a more personal experience.

Examinez le texte

Pour chaque vers que vous lisez du poème, faites-vous une image mentale. Quand vous aurez fini le poème, comparez vos images mentales au dessin sur ces pages.

À propos de l'auteur
Jacques Charpentreau (1928–2016)

Jacques Charpentreau a été à la fois un enseignant° et un poète. Il a travaillé toute sa vie comme instituteur° et professeur de français à Paris, tout en restant° très actif dans le domaine de la poésie. Il a ainsi dirigé plusieurs collections de poésie pour diverses maisons d'édition° et a produit lui-même une variété d'œuvres°: surtout des recueils° de poésie, des contes et des nouvelles°, mais aussi des dictionnaires, des traductions poétiques, des pamphlets ou des essais. Charpentreau a reçu différents prix littéraires au cours de sa carrière et ses poèmes ont souvent été mis en musique. Sa poésie est agréable à lire, rythmée et harmonieuse, et plusieurs de ses poèmes sont devenus des classiques que l'on étudie dans les écoles françaises et à l'étranger.

enseignant *teacher* **instituteur** *elementary school teacher* **tout en restant** *while remaining* **maisons d'édition** *publishers* **œuvres** *works* **recueils** *collections* **nouvelles** *short stories*

Suppositions

Jacques Charpentreau

1 Si la Tour Eiffel montait
Moins haut que le bout de son nez,
Si l'Arc de Triomphe était
Un peu moins lourd à porter,
5 Si l'Opéra se pliait°,
Si la Seine se roulait°,
Si les ponts se dégonflaient°,
Si tous les gens se tassaient°
Un peu plus dans le métro,
10 Si l'on retirait des rues
Les guéridons° des bistrots,
Les obèses, les ventrus°,
Les porteurs de grands chapeaux,
Si l'on ôtait° les autos,
15 Si l'on rasait les barbus°,
Si l'on comptait les kilos
À deux cents grammes pas plus,
Si Montmartre se tassait,
Si les trop gros maigrissaient,
20 Si les tours° rapetissaient°,
Si le Louvre s'envolait°,
Si l'on rentrait les oreilles,
Avec des Si l'on mettrait
Paris dans une bouteille.

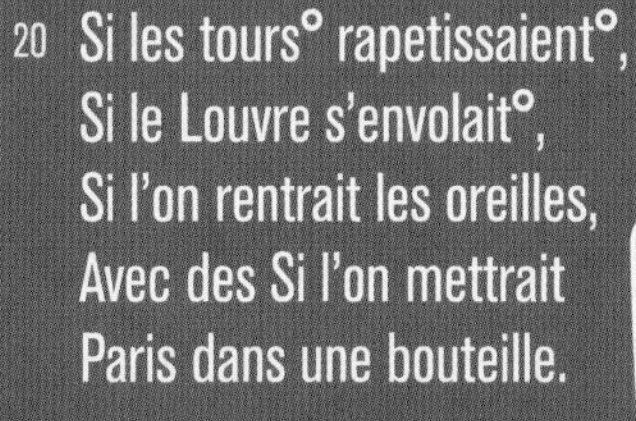

Après la lecture

Vrai ou faux? Indiquez si les phrases sont **vraies** ou **fausses**. Citez le texte pour justifier vos réponses.

L'auteur dit...

	Vrai	Faux
1. que la Tour Eiffel devrait être moins lourde.	☐	☐
2. que l'Arc de Triomphe devrait être plus léger.	☐	☐
3. qu'il devrait y avoir plus de ponts sur la Seine.	☐	☐
4. que les gens devraient arrêter de prendre le métro.	☐	☐
5. qu'on devrait enlever (*remove*) les guéridons des rues.	☐	☐
6. qu'on devrait enlever les voitures.	☐	☐
7. qu'un kilo devrait faire la moitié (*half*).	☐	☐
8. que les gens trop gros devraient maigrir.	☐	☐
9. que les tours devraient être plus grandes.	☐	☐
10. que le Louvre a des oreilles.	☐	☐

Question de taille Le poème évoque l'idée que la réalité pourrait être modifiée à travers trois images principales: aller plus haut, disparaître et rapetisser. Faites une liste de tous les changements en rapport avec ces idées qui sont mentionnés dans le texte et classez-les selon ces trois grandes catégories. Est-ce qu'il y a des changements qu'on ne peut classer dans aucune (*none*) de ces catégories? Si oui, lesquels?

À votre tour Écrivez un poème de cinq ou six phrases, dans le même style que le poème *Suppositions*, sur un thème de votre choix. Utilisez une ou deux image(s) de votre invention et essayez d'évoquer à la fois des petits détails de la vie quotidienne et des thèmes plus larges.

se pliait *bent* **se roulait** *rolled* **se dégonflaient** *deflated* **se tassaient** *piled up* **guéridons** *pedestal tables* **ventrus** *potbellied* **ôtait** *removed* **barbus** *bearded men* **tours** *towers* **rapetissaient** *shrank* **s'envolait** *flew away*

Leçon 12A

À la poste

poster une lettre *to mail a letter*
une adresse *address*
une boîte aux lettres *mailbox*
une carte postale *postcard*
un colis *package*
le courrier *mail*
une enveloppe *envelope*
un facteur *mailman*
un timbre *stamp*

À la banque

avoir un compte bancaire *to have a bank account*
déposer de l'argent *to deposit money*
emprunter *to borrow*
payer avec une carte de crédit *to pay with a credit card*
payer en liquide *to pay in cash*
payer par chèque *to pay by check*
retirer de l'argent *to withdraw money*
les billets (*m.*) *bills, notes*
un compte de chèques *checking account*
un compte d'épargne *savings account*
une dépense *expenditure, expense*
un distributeur automatique/de billets *ATM*
les pièces de monnaie (*f.*)/de la monnaie *coins/change*

En ville

accompagner *to accompany*
faire la queue *to wait in line*
remplir un formulaire *to fill out a form*
signer *to sign*
une banque *bank*
une bijouterie *jewelry store*
une boutique *boutique, store*
une brasserie *café, restaurant*
un bureau de poste *post office*
un cybercafé *cybercafé*
une laverie *laundromat*
un marchand de journaux *newsstand*
une papeterie *stationery store*
un salon de beauté *beauty salon*
un commissariat de police *police station*
une mairie *town/city hall; mayor's office*
fermé(e) *closed*
ouvert(e) *open*

La négation

jamais *never; ever*
ne... aucun(e) *none (not any)*
ne... jamais *never (not ever)*
ne... ni... ni... *neither... nor*
ne... personne *nobody, no one*
ne... plus *no more (not anymore)*
ne... que *only*
ne... rien *nothing (not anything)*
pas (de) *no, none*
personne *no one*
quelque chose *something*
quelqu'un *someone*
rien *nothing*
toujours *always; still*

Verbes

apercevoir *to catch sight of, to see*
s'apercevoir *to notice; to realize*
recevoir *to receive*
voir *to see*

Expressions utiles

See p. 447.

Leçon 12B

Retrouver son chemin

continuer *to continue*
se déplacer *to move (change location)*
descendre *to go/come down*
être perdu(e) *to be lost*
monter *to go up/come up*
s'orienter *to get one's bearings*
suivre *to follow*
tourner *to turn*
traverser *to cross*
un angle *corner*
une avenue *avenue*
un banc *bench*
un bâtiment *building*
un boulevard *boulevard*
une cabine téléphonique *phone booth*
un carrefour *intersection*
un chemin *way; path*
un coin *corner*
des indications (*f.*) *directions*
un feu de signalisation (feux pl.) *traffic light(s)*
une fontaine *fountain*
un office du tourisme *tourist office*
un pont *bridge*
une rue *street*
une statue *statue*
est *east*
nord *north*
ouest *west*
sud *south*

Pour donner des indications

au bout (de) *at the end (of)*
au coin (de) *at the corner (of)*
autour (de) *around*
jusqu'à *until*
(tout) près (de) *(very) close (to)*
tout droit *straight ahead*

Vocabulaire supplémentaire

dès que *as soon as*
quand *when*

Pronoms relatifs

dont *of which, of whom*
où *where*
que *that, which*
qui *who, that, which*

Expressions utiles

See p. 465.

Le futur simple

See pp. 468–469.

L'espace vert

UNITÉ 13

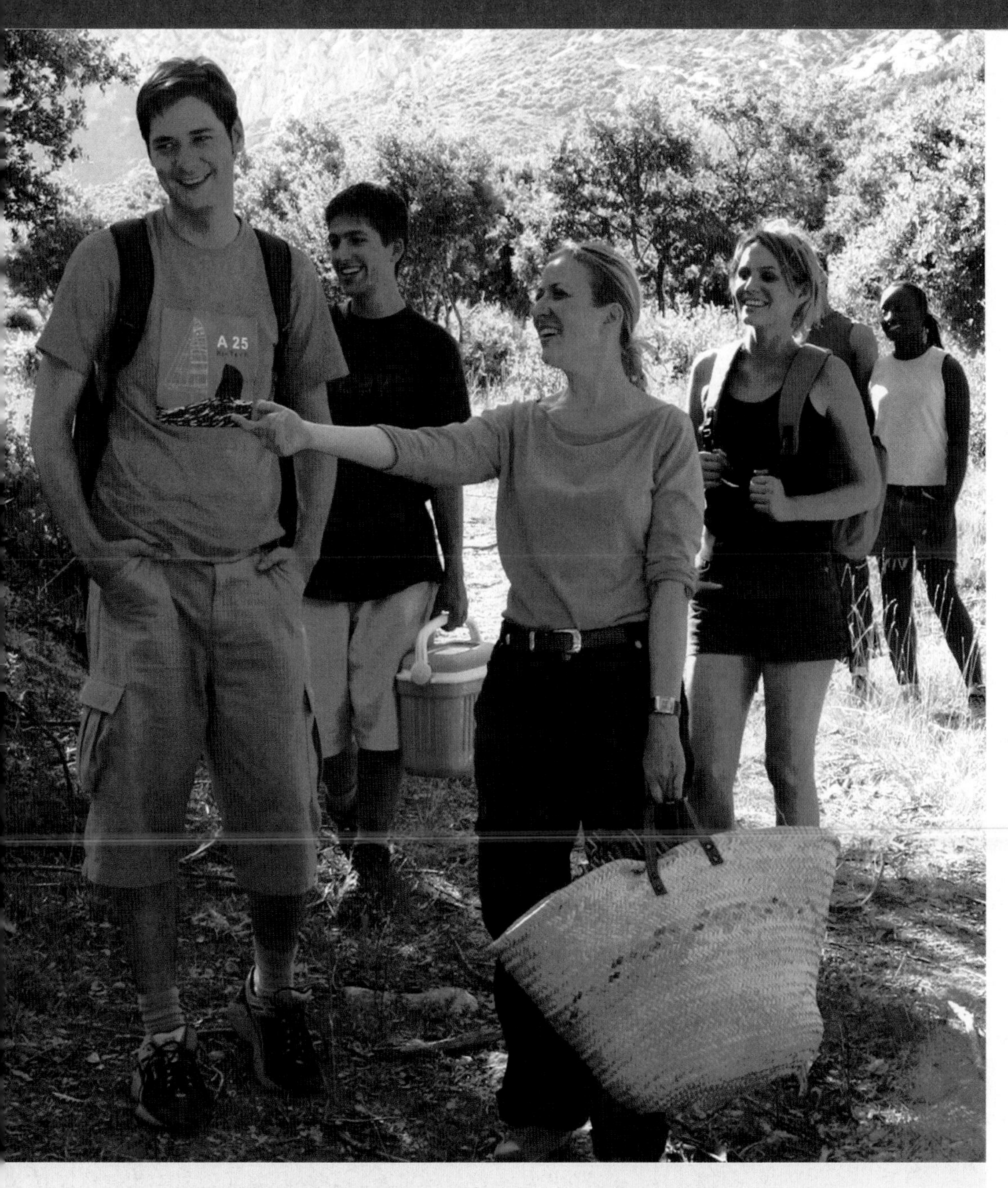

Pour commencer

- Où est le groupe d'amis?
  a. à la mer b. à la campagne c. en ville
- Qu'est-ce qu'ils vont faire?
  a. un pique-nique b. les courses c. du vélo
- Qu'est-ce qu'il y a derrière eux?
  a. une jungle b. une montagne c. un pont

Leçon 13A

You will learn how to...
- talk about pollution
- talk about what needs to be done

Sauvons la planète!

Vocabulaire

abolir	to abolish
améliorer	to improve
développer	to develop
gaspiller	to waste
préserver	to preserve
prévenir l'incendie	to prevent fires
proposer une solution	to propose a solution
sauver la planète	to save the planet
une catastrophe	catastrophe
un danger	danger, threat
des déchets toxiques (*m.*)	toxic waste
l'effet de serre (*m.*)	greenhouse effect
le gaspillage	waste
un glissement de terrain	landslide
une population croissante	growing population
le réchauffement de la Terre	global warming
la surpopulation	overpopulation
le trou dans la couche d'ozone	hole in the ozone layer
une usine	factory
l'écologie (*f.*)	ecology
un emballage en plastique	plastic wrapping/packaging
l'environnement (*m.*)	environment
un espace	space, area
un produit	product
la protection	protection
écologique	ecological
en plein air	outdoor, open-air
pur(e)	pure
un gouvernement	government
une loi	law

ressources
WB pp. 171–172 · LM p. 97 · vhlcentral

Mise en pratique

1 **Écoutez** **Écoutez l'annonce radio suivante. Ensuite, complétez les phrases avec le mot ou l'expression qui convient le mieux.**

1. C'est l'annonce radio ______
   a. d'un groupe d'étudiants.
   b. d'une entreprise commerciale.
   c. d'une agence écologiste.
2. La protection de l'environnement, c'est l'affaire ______
   a. de tous.
   b. du gouvernement.
   c. des centres de recyclage.
3. L'annonce dit qu'on peut recycler ______
   a. les emballages en plastique et en papier.
   b. les boîtes de conserve.
   c. les bouteilles en plastique.
4. Pour les déchets toxiques, il y a ______
   a. le ramassage des ordures.
   b. le centre de recyclage.
   c. l'effet de serre.
5. Pour ne pas gaspiller l'eau, on peut ______
   a. acheter des produits écologiques.
   b. développer les incendies.
   c. prendre des douches plus courtes.

2 **Complétez** **Complétez les phrases suivantes avec le mot ou l'expression qui convient le mieux pour parler de l'environnement. N'oubliez pas les accords.**

1. Nous avons trois poubelles différentes pour pouvoir ______.
2. ______ contribue au réchauffement de la Terre.
3. ______ produisent près de 80% de l'énergie en France.
4. Les pluies ont provoqué ______. À présent, la route est fermée.
5. Chez moi, ______ des ordures se fait tous les lundis.
6. L'accident à l'usine chimique a provoqué un ______.

3 **Composez** **Utilisez les éléments de chaque colonne pour former six phrases cohérentes au sujet de l'environnement. Vous pouvez composer des phrases affirmatives ou négatives.**

Les gens	Les actions	Les éléments
vous	développer	l'eau
on	gaspiller	le covoiturage
les gens	polluer	l'énergie solaire
les politiciens	préserver	l'environnement
les entreprises	proposer	la planète
les centrales nucléaires	sauver	la Terre

Communication

4 **Décrivez** Avec un(e) partenaire, décrivez ces photos et donnez autant de détails et d'informations que possible. Soyez prêt(e)s à présenter vos descriptions à la classe.

1.

3.

2.

4.

5 **À vous de jouer** Par petits groupes, préparez une conversation au sujet d'une des situations suivantes. Ensuite jouez la scène devant la classe.

- Un(e) employé(e) du centre de recyclage local vient dans votre université pour expliquer aux étudiants un nouveau système de recyclage. De nombreux étudiants posent des questions.
- Un groupe d'écologistes rencontre le patron d'une entreprise accusée de polluer la rivière (*river*) locale.
- Le ministre de l'environnement donne une conférence de presse au sujet d'une nouvelle loi sur la protection de l'environnement.
- Votre colocataire oublie systématiquement de recycler les emballages. Vous avez une conversation animée avec lui/elle.

6 **L'article** Vous êtes journaliste et vous devez écrire un article pour le journal local au sujet de la pollution. Vous en expliquez les causes et les conséquences sur l'environnement. Vous suggérez aussi des solutions pour améliorer la situation.

MODÈLE

Les dangers de la pollution chimique

Les usines chimiques de notre région polluent! C'est une catastrophe pour notre environnement. Il faut leur interdire de fonctionner jusqu'à ce qu'elles améliorent leurs systèmes de recyclage…

Les sons et les lettres

Audio: Concepts, Activities
Record & Compare

Les liaisons obligatoires et les liaisons interdites

Rules for making liaisons are complex and have many exceptions. Generally, a liaison is made between pronouns and between a pronoun and a verb that begins with a vowel or vowel sound.

vous en avez **nous habitons** **ils aiment** **elles arrivent**

Make liaisons between articles, numbers, or the verb **est** and a noun or adjective that begins with a vowel or a vowel sound.

un éléphant **les amis** **dix hommes** (z) **Roger est enchanté.**

There is a liaison after many single-syllable adverbs, conjunctions, and prepositions.

très intéressant **chez eux** **quand elle** (t) **quand on décidera** (t)

Many expressions have obligatory liaisons that may or may not follow these rules.

C'est-à-dire... **Comment allez-vous?** **plus ou moins** **avant-hier**

Never make a liaison before or after the conjunction **et** or between a noun and a verb that follows it. Likewise, do not make a liaison between a singular noun and an adjective that follows it.

un garçon et une fille **Gilbert adore le football.** **un cours intéressant**

There is no liaison before **h aspiré** or before the word **oui** and before numbers.

un hamburger **les héros** **un oui et un non** **mes onze animaux**

Prononcez Répétez les mots suivants à voix haute.

1. les héros
2. mon petit ami
3. un pays africain
4. les onze étages

Articulez Répétez les phrases suivantes à voix haute.

1. Ils en veulent onze.
2. Vous vous êtes bien amusés hier soir?
3. Cristelle et Albert habitent en Angleterre.
4. Quand est-ce que Charles a acheté ces objets?

Dictons Répétez les dictons à voix haute.

1 Two heads are better than one. (lit. Two opinions are better than one.)
2 The walls have ears.

ressources
LM p. 98
vhlcentral

Une idée de génie

Video: *Roman-photo*
Record & Compare

PERSONNAGES

Amina

David

Rachid

Sandrine

Stéphane

Valérie

Au P'tit Bistrot...

VALÉRIE Stéphane, mon chéri, tu peux porter ces bouteilles en verre à recycler, s'il te plaît?

STÉPHANE Oui, bien sûr, maman.

VALÉRIE Oh, et puis, ces emballages en plastique aussi.

STÉPHANE Oui, je m'en occupe tout de suite.

RACHID ET AMINA Bonjour, Madame Forestier!

VALÉRIE Bonjour à vous deux.

AMINA Où est Michèle?

VALÉRIE Je n'en sais rien.

RACHID Mais elle ne travaille pas aujourd'hui?

VALÉRIE Non, elle ne vient ni aujourd'hui, ni demain, ni la semaine prochaine.

AMINA Elle est en vacances?

VALÉRIE Elle a démissionné.

RACHID Mais pourquoi?

AMINA Ça ne nous regarde pas!

VALÉRIE Oh, ça va, je peux vous le dire. Michèle voulait un autre travail.

RACHID Quelle sorte de travail?

VALÉRIE Plus celui-ci... Elle voulait une augmentation, ce n'était pas possible.

DAVID Madame Forestier, vous avez entendu la nouvelle? Je rentre aux États-Unis.

VALÉRIE Tu repars aux États-Unis?

DAVID Dans trois semaines.

VALÉRIE Il te reste très peu de temps à Aix, alors!

SANDRINE Oui. On sait.

DAVID Il faut que nous passions le reste de mon séjour de bonne humeur, hein?

RACHID Ah, mais vraiment, tout le monde a l'air triste aujourd'hui!

AMINA Oui. Pensons à quelque chose pour améliorer la situation. Tu as une idée?

RACHID Oui, peut-être.

AMINA Dis-moi! (*Il lui parle à l'oreille.*) Excellente idée!

RACHID Tu crois? Tu es sûre? Bon... Écoutez, j'ai une idée.

DAVID C'est quoi, ton idée?

RACHID Tout le monde a l'air triste aujourd'hui. Si on allait au mont Sainte-Victoire ce week-end. Ça vous dit?

DAVID Oui! J'aimerais bien y aller. J'adore dessiner en plein air.

ACTIVITÉS

1 Les évènements Remettez les évènements suivants dans l'ordre chronologique.

_____ a. David dit qu'il part dans trois semaines.

_____ b. Valérie explique que Michèle ne travaille plus au P'tit Bistrot.

_____ c. Amina dit qu'elle veut aller à la montagne Sainte-Victoire ce week-end.

_____ d. Stéphane va apporter les bouteilles et les emballages à recycler.

_____ e. Amina veut savoir où est Michèle.

_____ f. David veut parler de ce qu'il a appris dans le journal au reste du groupe.

_____ g. Sandrine semble (*seems*) avoir le trac (*stage fright*).

_____ h. Ils décident de passer le week-end tous ensemble.

_____ i. Rachid essaie de remonter le moral à ses amis.

_____ j. David console Sandrine.

Practice more at **vhlcentral.com.**

Rachid propose une excursion en montagne.

DAVID Bonjour, tout le monde. Vous avez lu le journal ce matin? Il faut que je vous parle de cet article sur la pollution. J'ai appris beaucoup de choses au sujet des pluies acides, du trou dans la couche d'ozone, de l'effet de serre...
AMINA Oh, David, la barbe.
RACHID Allez, assieds-toi et déjeune avec nous.

Un peu plus tard...
RACHID Ton concert est dans une semaine, n'est-ce pas Sandrine?
SANDRINE Oui.
RACHID Qu'est-ce que tu vas chanter?
SANDRINE Écoute, Rachid, je n'ai pas vraiment envie de parler de ça.

SANDRINE Oui, peut-être...
AMINA Allez! Ça nous fera du bien! Adieu pollution de la ville. À nous, l'air pur de la campagne! Qu'en penses-tu, Sandrine?
SANDRINE Bon, d'accord.

AMINA Super! Et vous, Madame Forestier? Vous et Stéphane avez besoin de vous reposer aussi, vous devez absolument venir avec nous!
VALÉRIE En effet, je crois que c'est une excellente idée!

Expressions utiles

Talking about necessities

- **Il faut que je vous parle de cet article sur la pollution.**
  I have to tell you about this article on pollution.
- **Il faut que nous passions le reste de mon séjour de bonne humeur.**
  We have to be in a good mood for the rest of my stay.

Getting someone's opinion

- **Qu'en penses-tu?**
  What do you think (about that)?
- **Je pense que...**
  I think that...

Expressing denial

- **Je n'en sais rien.**
  I have no idea.
- **Ça ne nous regarde pas.**
  That's none of our business.
- **Quelle sorte de travail? Plus celui-ci.**
  What kind of job? Not this one anymore.

Additional vocabulary

- **au sujet de**
  about
- **Adieu!**
  Farewell!
- **Il te reste très peu de temps.**
  You don't have much time left.
- **en effet**
  indeed/in fact
- **je crois**
  I think/believe
- **Ça te/vous dit?**
  Does that sound good to you?

2 **Répondez** Répondez aux questions suivantes par des phrases complètes.

1. Comment va Sandrine aujourd'hui?
2. Où est-ce qu'Amina croit (*believe*) que Michèle est?
3. Pourquoi Rachid veut-il aller à la montagne Sainte-Victoire?
4. À votre avis, qu'est-ce que David a appris après avoir lu le journal?

3 **Écrivez** Imaginez comment se passera le week-end du groupe d'amis à la montagne Sainte-Victoire. Composez un paragraphe qui explique comment ils vont y aller, ce qu'ils y feront, s'ils s'amuseront...

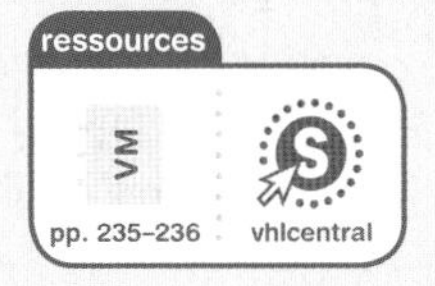

CULTURE À LA LOUPE

L'écologie

l'agriculture française

une manifestation° des Verts

Le mouvement écologique a commencé en France dans les années 1970, mais ne s'est réellement développé que dans les années 1980. Ce sont surtout les crises majeures comme le nuage de Tchernobyl en 1986, la destruction de la couche d'ozone, l'effet de serre et les marées noires° qui ont réveillé la conscience écologique des Français. Le désir de préserver la qualité de la vie et les espaces naturels s'est développé en même temps.

Aujourd'hui, l'environnement n'est pas le sujet d'inquiétude° numéro un des Français. L'emploi, la baisse des revenus° et l'avenir des retraites les préoccupent° plus. Pourtant, le score aux élections du parti écologique des Verts est en hausse° depuis 1999 et on considère que le parti des Verts est le deuxième parti de gauche.

De manière générale, les problèmes liés à° l'environnement qui retiennent° le plus l'attention des Français sont la pollution atmosphérique des villes, la pollution de l'eau, le réchauffement du climat et la prolifération des déchets nucléaires. Pour l'opinion publique, le plus urgent à régler est la qualité de l'eau. En effet, à cause de° l'agriculture française, les taux° de nitrates et de phosphates dans l'eau sont presque partout largement supérieurs à la normale. Depuis la crise de la vache folle°, les Français sont aussi sensibles aux menaces alimentaires°. Les cultures OGM° ont porté le débat écologique dans les assiettes.

Les inquiétudes sur l'environnement

• les Français qui s'opposent à la culture de plantes génétiquement modifiées	79%
• les Français qui sont préoccupés par la pollution de l'air et de l'eau	54%
• les Français qui s'inquiètent de plus en plus des changements climatiques	40%
• les Français qui sont préoccupés par les problèmes de qualité du cadre de vie°: urbanisation en augmentation, pollution sonore°, disparition des paysages°, etc.	37%

marées noires *oil spills* **inquiétude** *concern* **baisse des revenus** *lowering of incomes* **préoccupent** *worry* **en hausse** *on the rise* **liés à** *linked to* **retiennent** *hold* **régler** *solve* **à cause de** *because of* **taux** *levels* **vache folle** *mad cow* **menaces alimentaires** *food-related threats* **OGM (organismes génétiquement modifiés)** *GMO (genetically modified organisms)* **cadre de vie** *living environment* **pollution sonore** *noise pollution* **disparition des paysages** *changing landscapes* **manifestation** *demonstration*

ACTIVITÉS

1 Complétez Complétez les phrases.

1. Le mouvement écologique s'est développé ________.
2. Les crises majeures comme ________ ont réveillé la conscience écologique des Français.
3. ________ n'est pas la principale préoccupation des Français.
4. ________ préoccupent plus les Français.
5. Le score aux élections du parti écologique des Verts est ________.
6. Pour les Français, le problème écologique le plus urgent à régler est ________.
7. À cause de l'agriculture, ________ sont presque partout largement supérieurs à la normale.
8. 70 à 80% des Français sont préoccupés ________.
9. 66% des Français s'opposent ________.
10. ________ s'inquiètent de plus en plus des changements climatiques.

STRATÉGIE

Drawing conclusions

Every time you apply one of the reading strategies you have learned, you are able to draw a conclusion about one particular aspect of the text. The more conclusions you accumulate, the clearer the text's broader meaning should become. After you have applied all the reading strategies relevant to a text, draw your own general conclusions and form your own opinions about the overall text with confidence.

PORTRAIT

L'énergie nucléaire

En France, le nucléaire produit 75 à 80% de l'électricité. C'est EDF (Électricité de France) qui a construit les premières centrales° du pays. Aujourd'hui, le pays possède 58 réacteurs et une usine de traitement°, la COGEMA. Les déchets radioactifs de France, d'Europe et d'Asie y sont traités°. La France est un exemple de réussite de l'énergie nucléaire, mais sa population est inquiète. L'explosion de Tchernobyl en 1986 et l'accident de Fukushima en 2011 ont démontré les risques des centrales. Dix pour cent des déchets, dits «à vie longue», ne sont pas traitables° et deviennent un problème de santé publique. Le rôle des énergies renouvelables ne peut donc qu'augmenter° à l'avenir.

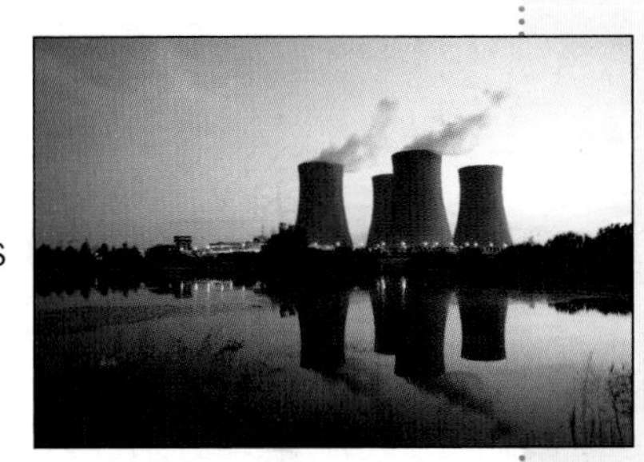

centrales *power plants* **usine de traitement** *reprocessing plant* **traités** *reprocessed* **ne sont pas traitables** *cannot be reprocessed* **augmenter** *increase*

LE MONDE FRANCOPHONE

Des réponses

Voici deux exemples de réponses aux inquiétudes sur l'environnement.

En Suisse

Le tunnel ferroviaire° du Gothard, au cœur des Alpes suisses, est le plus long tunnel du monde (57 kilomètres). Il est opérationnel depuis 2016 et permet l'accroissement° du trafic ferroviaire et décongestionne° le trafic routier°. L'objectif est de réduire la pollution.

Dans l'Océan Indien

Les espèces° exotiques envahissantes° créent des dégâts° écologiques importants qui ont un impact sur la biodiversité et sur la santé humaine. Des experts se sont réunis à Mayotte pour réfléchir à ce problème. Ils venaient de toutes les îles francophones environnantes° de l'Océan Indien.

ferroviaire *railroad* **accroissement** *increase* **décongestionner** *relieve* **routier** *highway* **espèces** *species* **envahissantes** *invasive* **dégâts** *damages* **environnantes** *surrounding*

Sur Internet

Quand la dernière marée noire a-t-elle eu lieu en France?

Go to **vhlcentral.com** to find more cultural information related to this **Lecture culturelle**.

ACTIVITÉS

2 **Répondez** Répondez aux questions d'après les textes.

1. En France, quelle quantité d'électricité le nucléaire produit-il?
2. Qui a construit les premières centrales françaises?
3. Quel type de déchets la COGEMA traite-t-elle?
4. Les Français sont-ils contents du nucléaire?
5. Qu'est-ce qui crée des dégâts écologiques aux îles dans l'Océan Indien?

3    **Nucléaire et environnement** Vous travaillez à la COGEMA et votre partenaire est un(e) militant(e) écologiste. Imaginez ensemble un dialogue où vous parlez de vos opinions pour et contre l'usage (*use*) de l'énergie nucléaire en France. Soyez prêt(e)s à jouer votre dialogue devant la classe.

Practice more at **vhlcentral.com**.

13A.1 The interrogative pronoun *lequel* and demonstrative pronouns

Presentation

À noter

Review the interrogative adjective **quel** and its forms, which you learned in **Leçon 4A**.

Point de départ The interrogative pronoun **lequel** (*which one*) and its different forms ask a question about a person or thing previously mentioned. They replace the forms of the adjective **quel** + [*noun*].

Quel produit choisirez-vous? *Which product will you choose?*	**Lequel** choisirez-vous? *Which one will you choose?*

- The interrogative pronoun agrees in gender and number with the noun to which it refers.

	singular	plural
masculine	**lequel**	**lesquels**
feminine	**laquelle**	**lesquelles**

Quelle solution proposeraient-ils? *Which solution would they propose?*	**Laquelle** proposeraient-ils? *Which one would they propose?*
Quelles lois abolira-t-il? *Which laws will he abolish?*	**Lesquelles** abolira-t-il? *Which ones will he abolish?*

- Place the form of **lequel** wherever you would place **quel(le)(s)** + [*noun*] in a question.

Dans **quel emballage** l'envoie-t-il? *In which package is he sending it?*	Dans **lequel** l'envoie-t-il? *In which one is he sending it?*
Pour **quel gouvernement** travaillez-vous? *For which government do you work?*	Pour **lequel** travaillez-vous? *For which one do you work?*

- Remember that past participles agree with preceding direct objects.

Laquelle avez-vous **choisie**? *Which one did you choose?*	**Lesquels** as-tu **faits**? *Which ones did you do?*

- Forms of **lequel** contract with the prepositions **à** and **de**.

à + form of *lequel*

	singular	plural
masculine	**auquel**	**auxquels**
feminine	**à laquelle**	**auxquelles**

de* + form of *lequel

	singular	plural
masculine	**duquel**	**desquels**
feminine	**de laquelle**	**desquelles**

Auxquels vous intéressez-vous? *Which ones interest you?*	Vous parlez **duquel**? *Which one are you talking about?*

Demonstrative pronouns

- In **Leçon 6A**, you learned how to use demonstrative adjectives. Demonstrative *pronouns* refer to a person or thing that has already been mentioned. Examples of English demonstrative pronouns include *this one* and *those*.

La voiture qui coûte moins cher est plus dangereuse pour l'environnement.
The car that costs less is more dangerous for the environment.

Celle qui coûte moins cher est plus dangereuse pour l'environnement.
The one that costs less is more dangerous for the environment.

Les produits que tu développes sont très importants.
The products that you're developing are very important.

Ceux que tu développes sont très importants.
The ones that you're developing are very important.

- Demonstrative pronouns agree in number and gender with the noun to which they refer.

Demonstrative pronouns

	singular		plural	
masculine	**celui**	*this one; that one; the one*	**ceux**	*these; those; the ones*
feminine	**celle**	*this one; that one; the one*	**celles**	*these; those; the ones*

- Demonstrative pronouns must be followed by one of three constructions: **-ci** or **-là**, a relative clause, or a prepositional phrase.

-ci; -là	**Quels emballages? Ceux-ci?** *Which packages? These here?*	**Quelle bouteille? Celle-là, en verre?** *Which bottle? The glass one there?*
relative clause	**Quelle femme? Celle qui parle?** *Which woman? The one who is talking?*	**Henri Rouet? C'est celui qu'on a entendu à la radio.** *Henri Rouet? He's the one we heard on the radio.*
prepositional phrase	**Quel problème? Celui de l'effet de serre?** *What problem? The one with the greenhouse effect?*	**Ces sacs coûtent plus cher que ceux en papier.** *Those bags cost more than the paper ones.*

Essayez! **Refaites les questions avec des formes de lequel.**

1. Pour quelle compagnie travaillez-vous? Pour laquelle travaillez-vous?
2. Quel timbre préférez-vous? ____________
3. Quels pays t'intéressent? ____________
4. Quelles usines polluent? ____________

Choisissez le bon pronom démonstratif.

5. Le recyclage du plastique coûte plus cher que (celle / celui) du verre.
6. Les espaces verts sont (ceux / celles) dont on a le plus besoin en ville.
7. Les ordures les plus sales sont (ceux / celles) des industries.
8. Quel sac préfères-tu: (ceux / celui)-ci?

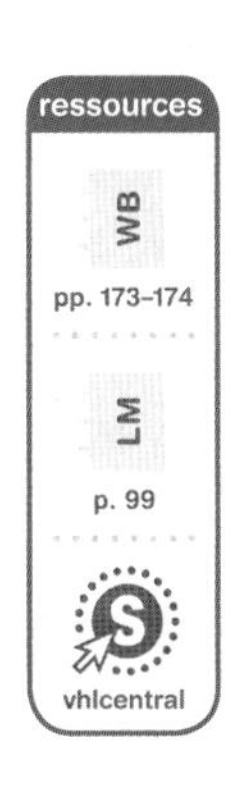

STRUCTURES

Mise en pratique

1 **Le marché aux puces** Vous êtes au marché aux puces (*flea market*) pour trouver des cadeaux. Complétez les phrases avec des pronoms démonstratifs.

1. Ce magnifique vase bleu, je pense que c'est ________ que maman voulait.
2. Ces deux jolis sacs: ________ est pour Sylvie et ________ est pour Soraya.
3. Cette casquette rouge est pour moi. Elle ressemble à ________ de Françoise.
4. Il y avait des boîtes pleines de livres anciens. ________ que j'ai achetés étaient les plus beaux.
5. J'adore ces deux affiches. ________ est pour Julien et ________ est pour André.
6. Nous allons acheter un nouveau vélo. ________ de Julien est trop vieux!
7. Tu aimes ces bottes-ci ou préfères-tu ________ -là?
8. Ces pulls coûtent trop cher! ________ que Stéphane a choisis sont mieux.

2 **Répétez** Vous rencontrez M. Dupont pendant un dîner où il y a beaucoup de bruit (*noise*). Il vous pose des questions, mais il n'entend pas vos réponses. Avec un(e) partenaire, alternez les rôles.

MODÈLE

examen / avoir réussi
Quel examen avez-vous réussi? Lequel avez-vous réussi?

1. produit / s'intéresser à
2. e-mail / avoir envoyé
3. solution / avoir trouvé pour améliorer les espaces verts
4. déchets / être les plus toxiques
5. lois / devoir suivre
6. domaine (*area*) de l'environnement / se spécialiser dans

3 **La culture francophone** À tour de rôle, posez-vous ces questions et répondez. Ensuite, posez-vous une question avec une forme de **lequel**.

MODÈLE

Qui chante en français?
a. Madonna (b.) Céline Dion c. Mariah Carey
Laquelle/Lesquelles de ces chanteuses aimes-tu?

1. Qui est un acteur français?
   a. Gérard Depardieu b. Paul Newman c. Johnny Depp
2. Où parle-t-on français?
   a. Philadelphie b. Montréal c. Athènes
3. Quelle voiture est française?
   a. Lotus b. Ferrari c. Peugeot
4. Quelle marque (*brand*) est française?
   a. Oscar de la Renta b. Versace c. L'Oréal
5. Qui est un réalisateur (*director*) français?
   a. Miyazaki b. Besson c. Spielberg

Communication

4 **Définitions** Votre petit frère vous demande de lui expliquer ces expressions. Avec un(e) partenaire, alternez les rôles pour donner leurs définitions. Utilisez **celui qui, celle qui, ceux qui** ou **celles qui.**

un pollueur
Étudiant(e) 1: *Qu'est-ce que c'est, un pollueur?*
Étudiant(e) 2: *C'est celui qui laisse des papiers sales dans la rue.*

- les déchets toxiques
- un(e) écologiste
- un écoproduit
- l'énergie solaire
- une loi
- la pluie acide
- une usine
- les voitures hybrides

5 **La pollution** Que pensent vos camarades de la pollution? Posez ces questions à un(e) partenaire. Ensuite, présentez les réponses à la classe. Utilisez **celui, celle, ceux** ou **celles.**

1. Quelles voitures polluent le moins: les voitures hybrides ou les voitures de sport? Lesquelles préfères-tu?
2. Connais-tu quelqu'un qui fait régulièrement du covoiturage? Qui? Pourquoi le fait-il/elle?
3. Les emballages en plastique polluent-ils plus que ceux en papier? Pourquoi?
4. Est-ce que ceux qui recyclent leurs déchets aident à préserver la nature? Pourquoi?
5. Quelles usines sont mauvaises pour l'environnement? Pourquoi?
6. À votre avis, le gouvernement doit-il passer des lois pour arrêter le gaspillage? Quelles sortes de lois?
7. Quelles solutions proposez-vous pour sauver la planète?
8. Parmi (*Among*) les pays industrialisés, lesquels polluent le plus? Lesquels polluent le moins?

6 **Enquête** Votre professeur va vous donner une feuille d'activités. Circulez dans la classe et parlez à des camarades différent(e)s pour trouver qui fait quoi. Demandez des détails.

MODÈLE

Étudiant(e) 1: *Écoutes-tu de la musique?*
Étudiant(e) 2: *Oui.*
Étudiant(e) 1: *Laquelle aimes-tu?*
Étudiant(e) 2: *J'écoute toujours de la musique classique.*

Activités	Nom	Réponse
1. écouter de la musique	Delphine	musique classique
2. avoir des passe-temps		
3. bien s'entendre avec des membres de sa famille		
4. s'intéresser aux livres		
5. travailler avec d'autres étudiant(e)s		

13A.2 The subjunctive (Part 1)

Introduction, regular verbs, and impersonal expressions

Point de départ With the exception of commands and the conditional, the verb forms you have learned have been in the indicative mood. The indicative is used to state facts and to express actions or states that the speaker considers real and definite. In contrast, the subjunctive mood expresses the speaker's subjective attitudes toward events and actions or states the speaker's views as uncertain or hypothetical.

Present subjunctive of one-stem verbs

	parler	finir	attendre
que je/j'	parle	finisse	attende
que tu	parles	finisses	attendes
qu'il/elle/on	parle	finisse	attende
que nous	parlions	finissions	attendions
que vous	parliez	finissiez	attendiez
qu'ils/elles	parlent	finissent	attendent

- The **je**, **tu**, **il/elle/on**, and **ils/elles** forms of the three verb types form the subjunctive the same way. They add the subjunctive endings to the stem of the **ils/elles** form of the present indicative.

INFINITIVE	PRESENT INDICATIVE OF ILS/ELLES	PRESENT SUBJUNCTIVE
parler	parlent	que je parle
finir	finissent	que je finisse
attendre	attendent	que j'attende

Il est nécessaire qu'on **évite** le gaspillage.
It is necessary that we avoid waste.

Il faut qu'elles **finissent** leurs devoirs.
They must finish their homework.

Il est bon qu'il **attende** à l'école.
It's good that he's waiting at school.

Il est important que tu **réfléchisses** aux dangers.
It is important that you think about the dangers.

Il est essentiel que je **vende** ma voiture.
It is essential that I sell my car.

Il est nécessaire qu'elle **maigrisse** vite.
It's necessary that she lose weight quickly.

- The **nous** and **vous** forms of the present subjunctive are the same as those of the **imparfait**.

Il vaut mieux que nous **préservions** l'environnement.
It is better that we preserve the environment.

Il faut que nous **commencions**.
It is necessary that we start.

Il est essentiel que nous lui **parlions** tout de suite.
It is essential that we talk to him immediately.

Il est essentiel que vous **trouviez** un meilleur travail.
It is essential that you find a better job.

Il est bon que vous **réfléchissiez.**
It is good that you're thinking.

Il est dommage que vous n'**étudiiez** pas l'allemand.
It's a shame that you don't study German.

Boîte à outils

English also uses the subjunctive. It used to be very common, but now survives mostly in expressions such as *if I were you* and *be that as it may*.

À noter

Remember that verbs ending in **-ier** have a double **i** in the **nous** and **vous** forms of the present subjunctive: **étudiiez**, **skiions**, etc. You learned this in **Leçon 8A** with the **imparfait**.

- The verbs on the preceding page are called one-stem verbs because the same stem is used for all the endings. Two-stem verbs have a different stem for **nous** and **vous**, but their forms are still identical to those of the **imparfait**.

Present subjunctive of two-stem verbs

	acheter	venir	prendre	boire
que je/j'	achète	vienne	prenne	boive
que tu	achètes	viennes	prennes	boives
qu'il/elle/on	achète	vienne	prenne	boive
que nous	achetions	venions	prenions	buvions
que vous	achetiez	veniez	preniez	buviez
qu'ils/elles	achètent	viennent	prennent	boivent

Il est important que nous ne **buvions** pas de vin.
It's important that we not drink wine.

Il faut que vous **preniez** votre médicament.
You must take your medicine.

- The subjunctive is usually used in complex sentences that consist of a main clause and a subordinate clause. The main clause contains a verb or expression that triggers the subjunctive. The word **que** connects the two clauses.
- These impersonal expressions of opinion are often followed by clauses in the subjunctive. They are followed by the infinitive, without **que**, if no person or thing is specified. Add **de** before the infinitive after expressions with **être**.

Il est bon que...	*It is good that...*	**Il est indispensable que...**	*It is essential that...*
Il est dommage que...	*It is a shame that...*	**Il est nécessaire que...**	*It is necessary that...*
Il est essentiel que...	*It is essential that...*	**Il est possible que...**	*It is possible that...*
Il est important que...	*It is important that...*	**Il faut que...**	*One must... / It is necessary that...*
		Il vaut mieux que...	*It is better that...*

Il est important qu'on **réduise** le gaspillage.
It is important that we reduce waste.
but **Il est important de réduire** le gaspillage.
It is important to reduce waste.

Il faut qu'on **ferme** l'usine.
We must close the factory.
but **Il faut fermer** l'usine.
The factory must be closed.

Il vaut mieux qu'on **achète** des produits écologiques.
It's better that we buy ecological products.
but **Il vaut mieux acheter** des produits écologiques.
It's better to buy ecological products.

Essayez! **Indiquez la forme correcte du présent du subjonctif de ces verbes.**

1. (améliorer) que j' ___améliore___
2. (maigrir) que tu ___________
3. (dire) qu'elle ___________
4. (attendre) que nous ___________
5. (revenir) que nous ___________
6. (apprendre) que vous ___________
7. (répéter) qu'ils ___________
8. (choisir) qu'on ___________

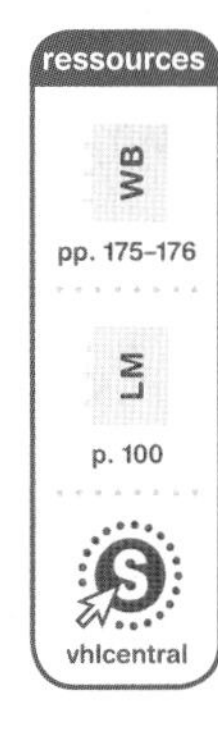

Mise en pratique

1 **Prévenir et améliorer** Complétez ces phrases avec la forme correcte des verbes au présent du subjonctif.

1. Il est essentiel que je __________ (recycler).
2. Il est important que nous __________ (réduire) la pollution.
3. Il faut que le gouvernement __________ (interdire) les voitures polluantes (*polluting*).
4. Il vaut mieux que vous __________ (améliorer) les transports en commun (*public transportation*).
5. Il est possible que les pays __________ (prendre) des mesures pour réduire les déchets toxiques.
6. Il est indispensable que tu __________ (boire) de l'eau pure.
7. Il est bon que vous __________ (proposer) des solutions pour préserver la nature.
8. Il est dommage qu'on __________ (gaspiller) de l'eau.

2 **Sur le campus** Quelles règles les étudiants qui habitent sur le campus doivent-ils suivre? Transformez ces phrases avec **il faut** et le présent du subjonctif.

MODÈLE

Vous devez vous coucher avant minuit.
Il faut que vous vous couchiez avant minuit.

1. Le matin, vous devez vous lever à sept heures.
2. Ils doivent fermer leur porte avant de partir.
3. Tu dois prendre le bus au coin de la rue.
4. Je dois déjeuner au resto U à midi.
5. Nous devons rentrer tôt pendant la semaine.
6. Elle doit travailler pour payer ses études.
7. Nous devons étudier à la bibliothèque.
8. On doit se coucher avant minuit.

3 **Éviter une catastrophe** Que devons-nous faire pour préserver notre planète? Avec un(e) partenaire, faites des phrases avec des expressions impersonnelles.

MODÈLE

Il est essentiel que tu évites le gaspillage.

A	B	C
je/j'	améliorer	les écoproduits
tu	développer	les emballages
on	éviter	le gaspillage
nous	préserver	les glissements de terrain
vous	prévenir	les industries propres
le président	recycler	la nature
les pays	sauver	la pollution
?	trouver	le ramassage des ordures

Communication

4 **Oui ou non?** Vous discutez avec un(e) partenaire des problèmes de l'environnement. À tour de rôle, dites si vous êtes d'accord ou non.

MODÈLE

Étudiant(e) 1: *Il faut que les pays industrialisés réduisent les émissions de gaz à effet de serre.*
Étudiant(e) 2: *C'est vrai, il faut qu'ils réduisent les émissions de gaz à effet de serre.*

1. Il est nécessaire que tu recycles les bouteilles.
2. Il est dommage que les étudiants prennent le bus pour aller à la fac.
3. Il est bon qu'on développe des énergies propres.
4. Il est essentiel qu'on signe le protocole de Kyoto.
5. Il est indispensable que nous évitions le gaspillage.
6. Il faut que les pays développent de nouvelles technologies pour réduire les émissions toxiques.

5 **Les opinions** Vous discutez avec un(e) partenaire des problèmes de pollution. À tour de rôle, répondez à ces questions. Justifiez vos réponses.

MODÈLE

Étudiant(e) 1: *Faut-il que nous préservions l'environnement?*
Étudiant(e) 2: *Oui, il faut que nous préservions l'environnement pour éviter le réchauffement de la Terre.*

1. Est-il important qu'on s'intéresse à l'écologie?
2. Faut-il qu'on évite de gaspiller?
3. Est-il essentiel que nous construisions des centrales nucléaires?
4. Vaut-il mieux que j'utilise des bacs (*bins*) à recyclage pour le ramassage des ordures?
5. Est-il indispensable qu'on prévienne les incendies?
6. Est-il possible qu'on développe l'énergie solaire?

6 **L'écologie** Par groupes de quatre, regardez les deux photos et parlez des problèmes écologiques qu'elles évoquent. Ensuite, préparez par écrit une liste de solutions. Comparez votre liste avec celles de la classe.

MODÈLE

Étudiant(e) 1: *Aujourd'hui, il y a trop de centrales nucléaires.*
Étudiant(e) 2: *Il faut qu'on développe l'énergie solaire.*

Révision

1 Des solutions Avec un(e) partenaire, décrivez ces problèmes et donnez des solutions. Utilisez le présent du subjonctif et un pronom démonstratif pour chaque photo. Présentez vos solutions à la classe.

MODÈLE

Étudiant(e) 1: *Cette eau est sale.*
Étudiant(e) 2: *Il faut que celui qui a pollué cette eau paie une grosse amende.*

1.

3.

2.

4.

2 Attention! Vous habitez un village où les autorités veulent construire un grand aéroport. Avec un(e) partenaire, écrivez une lettre aux responsables où vous expliquez vos inquiétudes (*worries*). Utilisez des expressions impersonnelles, puis lisez la lettre à la classe.

3 Lequel? Avec un(e) partenaire, imaginez un dialogue entre le chef (*head*) d'un organisme qui défend l'environnement et un(e) collègue qui demande des précisions. Alternez les rôles.

MODÈLE

Étudiant(e) 1: *Vous appellerez le journaliste, s'il vous plaît?*
Étudiant(e) 2: *Oui, mais lequel?*
Étudiant(e) 1: *Celui qui est venu hier après-midi.*

accompagner un visiteur	envoyer des colis
appeler des clients	laisser un message à un(e) employé(e)
chercher un numéro de téléphone	prendre un rendez-vous

4 Si... Avec un(e) partenaire, observez ces scènes et lisez les phrases. Pour chaque scène, faites trois phrases au présent du subjonctif, puis présentez-les à la classe.

MODÈLE

Étudiant(e) 1: *Si l'eau est sale, il ne faut pas que les gens mangent les poissons.*
Étudiant(e) 2: *Oui, il faut qu'ils les achètent à la poissonnerie.*

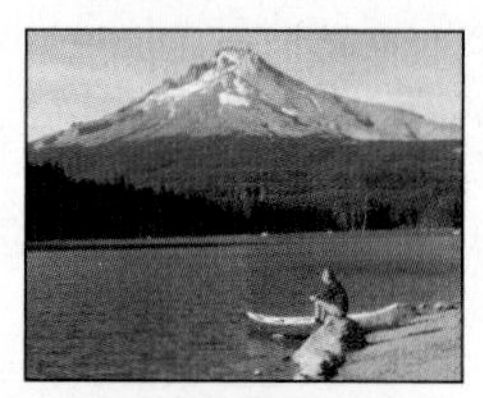
1. Si l'eau est sale,...

3. S'il tombe une pluie acide,...

2. S'il y a un nuage de pollution,...

4. S'il y a un glissement de terrain,...

5 Les plaintes Par groupes de trois, interviewez vos camarades à tour de rôle. Que vous suggèrent-ils de faire quand vous vous plaignez (*complain*) d'une de ces personnes? Écrivez d'abord vos plaintes (*complaints*) et puis les réponses de vos camarades.

MODÈLE

Étudiant(e) 1: *Mon médecin ne s'intéresse pas à mes problèmes.*
Étudiant(e) 2: *Il est important que tu lui écrives une lettre.*

- vos parents
- votre professeur
- votre camarade de chambre
- un(e) serveur/serveuse
- un(e) patron(ne) (*boss*)
- un médecin

6 Non, Solange! Votre professeur va vous donner, à vous et à votre partenaire, deux feuilles d'activités différentes sur les mauvaises habitudes de Solange. Attention! Ne regardez pas la feuille de votre partenaire.

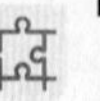

MODÈLE

Étudiant(e) 1: *Il est dommage que Solange conduise une voiture qui pollue.*
Étudiant(e) 2: *Il faut qu'elle conduise une voiture plus écologique.*

Video

Le Zapping

Des poules° pour l'environnement

Depuis quelques années, des villes et communautés de France proposent à des familles d'adopter des poules pour réduire leurs déchets alimentaires, sachant° qu'en moyenne, un Français produit environ 570 kilogrammes de déchets par an. Les poules sont pratiquement omnivores et peuvent manger de tout: des épluchures° de légumes ou de fruits, des restes de fromages ou de jambon, ou encore les coquilles° des fruits de mer.

Pour recevoir des poules, il faut juste avoir un jardin assez grand pour pouvoir y installer un poulailler°. On met aussi toujours les poules deux par deux, car° une poule qui vit toute seule s'ennuie. Et en échange, on récolte° aussi des œufs tout frais°!

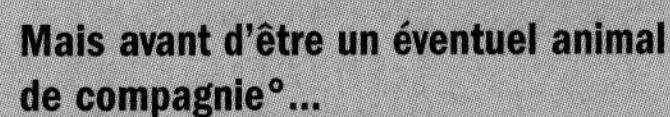
Mais avant d'être un éventuel animal de compagnie°...

... l'occasion de poser quelques questions parfois étonnantes.

Compréhension Répondez aux questions.

1. D'après la vidéo, quelles sont les conditions nécessaires pour recevoir des poules avec ce programme?
2. Combien de déchets alimentaires est-ce qu'une poule peut consommer par an?
3. Quel est un exemple de question étonnante posée dans la vidéo à propos des poules?

Discussion Avec un(e) partenaire, répondez aux questions.

1. Pensez-vous qu'utiliser des poules pour consommer les déchets est une bonne idée? Expliquez pourquoi.
2. Est-ce que vous prendriez des poules si un programme similaire existait là où vous vivez?
3. Est-ce que vous connaissez d'autres projets qui utilisent les animaux pour améliorer l'environnement, en particulier en ville?

poules *chickens* **sachant** *knowing* **épluchures** *peelings* **coquilles** *shells* **poulailler** *chicken coop* **car** *since* **récolte** *pick up* **frais** *fresh* **animal de compagnie** *pet*

Go to **vhlcentral.com** to watch the TV clip featured in this **Le Zapping**.

Practice more at **vhlcentral.com**.

CONTEXTES

Leçon 13B

You will learn how to...

- discuss nature
- express feelings, opinions, and doubts

En pleine nature

le ciel

un arbre

une plante

Ils font un pique-nique(s). (faire)

un écureuil

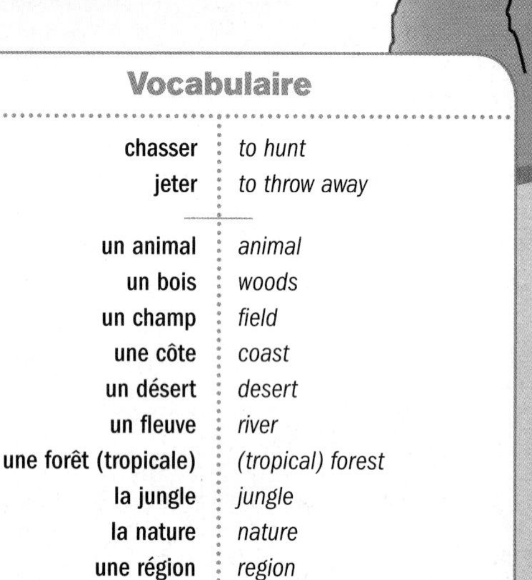

Vocabulaire

chasser	*to hunt*
jeter	*to throw away*
un animal	*animal*
un bois	*woods*
un champ	*field*
une côte	*coast*
un désert	*desert*
un fleuve	*river*
une forêt (tropicale)	*(tropical) forest*
la jungle	*jungle*
la nature	*nature*
une région	*region*
une rivière	*river*
un sentier	*path*
un volcan	*volcano*
la chasse	*hunt*
le déboisement	*deforestation*
l'écotourisme (*m.*)	*ecotourism*
une espèce (menacée)	*(endangered) species*
l'extinction (*f.*)	*extinction*
la préservation	*protection*
une ressource naturelle	*natural resource*
le sauvetage des habitats	*habitat preservation*

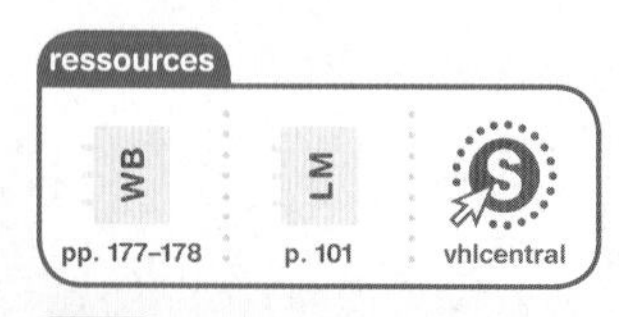

la Lune
une étoile
une vallée
une île
une falaise
un lac
un serpent
une pierre
un lapin

Mise en pratique

1 **Écoutez** Écoutez Armand parler de quelques-unes de ses expériences avec la nature. Après une deuxième écoute, écrivez les termes qui se réfèrent au ciel, à la terre et aux plantes.

Terre	Ciel	Plantes
______	______	______
______	______	______
______	______	______
______	______	______

2 **Par catégorie** Faites correspondre les éléments de la colonne de gauche avec l'élément des colonnes de droite qui convient.

1. ___ la Seine
2. ___ la Martinique
3. ___ une vache
4. ___ l'Etna
5. ___ le pétrole
6. ___ le Sahara
7. ___ l'aloe vera
8. ___ Érié

a. un volcan
b. une jungle
c. un lac
d. un fleuve
e. une plante
f. une forêt
g. un désert
h. un animal
i. une ressource naturelle
j. une île

3 **La nature** Choisissez le terme qui correspond à chaque définition. Ensuite choisissez trois autres termes dans la section **CONTEXTES** et écrivez leur définition. Avec une(e) partenaire, lisez vos définitions et devinez quels sont les termes que vous avez choisis.

le déboisement	une falaise	la préservation
l'écotourisme	une jungle	le sauvetage des habitats
l'environnement	une pierre	un sentier
l'extinction	un pique-nique	une vache

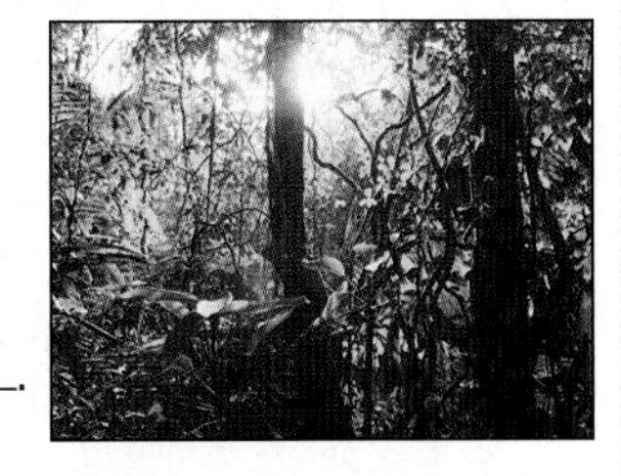

1. Là où l'homme vit ______.
2. Sauver et protéger ______.
3. Lieu très chaud, très humide ______.
4. Chemin très étroit (*narrow*) ______.
5. Quand une espèce n'existe plus ______.
6. Conséquence de la destruction des arbres ______.
7. Action de sauver le lieu où vivent des animaux ______.
8. Vacances qui favorisent la protection de l'environnement ______.
9. Un animal de taille importante qui mange de l'herbe ______.
10. Quand on mange dans la nature ______.
11. Élément minéral solide, parfois gris ______.
12. Sur le dessin à gauche, c'est la masse rocheuse (*rocky*) à droite ______.

Communication

4 **Conversez** **Interviewez un(e) camarade de classe.**

1. As-tu déjà fait de l'écotourisme? Où? Sinon, où as-tu envie d'essayer d'en faire?
2. Aimes-tu les pique-niques? Quand en as-tu fait un pour la dernière fois? Avec qui?
3. Quelles activités aimes-tu pratiquer dans la nature?
4. As-tu déjà visité une forêt? Laquelle?
5. Connais-tu un lac? Quand y es-tu allé(e)? Qu'est-ce que tu y as fait?
6. Es-tu déjà allé(e) dans un désert? Lequel?
7. Es-tu déjà allé(e) sur une île? Laquelle? Comment as-tu passé le temps?
8. Quelles sont les régions du monde que tu veux visiter? Pour quelle(s) raison(s)?
9. Si tu étais un animal, lequel serais-tu? Pourquoi?
10. Quand tu regardes le ciel, que trouves-tu de beau? Pourquoi?

5 **La nature et moi** **Écrivez un paragraphe dans lequel vous racontez votre expérience avec la nature. Ensuite, à tour de rôle, lisez votre description à votre partenaire et comparez vos paragraphes.**

- Choisissez au minimum deux lieux naturels différents.
- Utilisez un minimum de huit mots de vocabulaire de **CONTEXTES.**
- Faites votre description avec le plus de détails possible.
- Expliquez ce que vous aimez ou ce que vous n'aimez pas à propos de chaque lieu.

6 **Les écologistes** **Vous faites partie d'un club d'écologistes à l'université. Avec deux camarades de classe et les informations suivantes, préparez une brochure pour informer les étudiants du campus d'un grave problème écologique. Présentez ensuite votre brochure au reste de la classe. Quel groupe a présenté le problème le plus sérieux? Quel groupe a proposé les solutions les plus originales?**

- le nom de votre club
- la situation géographique du problème écologique
- la description du problème
- les causes du problème
- les conséquences du problème
- les solutions possibles au problème

7  **À la radio** **Vous travaillez pour le ministère du Tourisme d'un pays francophone et devez préparer un texte qui sera lu à la radio. L'objectif de ce message est de faire la promotion de ce pays pour son écotourisme. Décrivez la nature et les activités offertes. Utilisez les mots que vous avez appris dans la section CONTEXTES.**

MODÈLE

Venez découvrir la beauté de l'île de Madagascar. Chaque région vous offre des sentiers qui permettent d'admirer des plantes rares ou des arbres magnifiques et de rencontrer des animaux extraordinaires… À Madagascar, la nature est unique, préservée. Le charme et l'exotisme sont ici!

Les sons et les lettres

Audio: Concepts, Activities
Record & Compare

Homophones

Many French words sound alike, but are spelled differently. As you have already learned, sometimes the only difference between two words is a diacritical mark. Other words that sound alike have more obvious differences in spelling.

a / à	**ou / où**	**sont / son**	**en / an**

Several forms of a single verb may sound alike. To tell which form is being used, listen for the subject or words that indicate tense.

je parle	**tu parles**	**ils parlent**
vous parlez	**j'ai parlé**	**je vais parler**

Many words that sound alike are different parts of speech. Use context to tell them apart.

VERB	POSSESSIVE ADJECTIVE	PREPOSITION	NOUN
Ils sont belges.	**C'est son mari.**	**Tu vas en France?**	**Il a un an.**

You may encounter multiple spellings of words that sound alike. Again, context is the key to understanding which word is being used.

je peux *I can*	**elle peut** *she can*	**peu** *a little, few*
le foie *liver*	**la foi** *faith*	**une fois** *one time*
haut *high*	**l'eau** *water*	**au** *at, to, in the*

Prononcez Répétez les paires de mots suivants à voix haute.

1.	ce	se	4.	foi	fois	7.	au	eau	10.	lis	lit
2.	leur	leurs	5.	ces	ses	8.	peut	peu	11.	quelle	qu'elle
3.	né	nez	6.	vert	verre	9.	où	ou	12.	c'est	s'est

Mon père est maire, mon frère est masseur.[2]

Choisissez Choisissez le mot qui convient à chaque phrase.

1. Je (lis / lit) le journal tous les jours.
2. Son chien est sous le (lis / lit).
3. Corinne est (née / nez) à Paris.
4. Elle a mal au (née / nez).

Jeux de mots Répétez les jeux de mots à voix haute.

Le ver vert va vers le verre.[1]

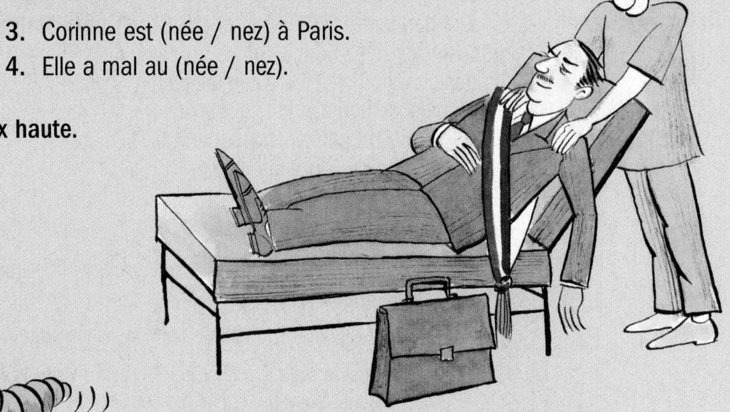

[1] The green worm is going toward the glass.
[2] My father is a mayor, my brother is a masseur.

La randonnée

PERSONNAGES

Amina

David

Guide

Rachid

Sandrine

Stéphane

Valérie

1

À la montagne...

DAVID Que c'est beau!

VALÉRIE C'est la première fois que tu viens à la montagne Sainte-Victoire?

DAVID Non, en fait, je viens assez souvent pour dessiner, mais malheureusement c'est peut-être la dernière fois. C'est dommage que j'aie si peu de temps.

2

SANDRINE Je préférerais qu'on parle d'autre chose.

AMINA Elle a raison, nous sommes venus ici pour passer un bon moment.

STÉPHANE Tiens, et si on essayait de trouver des serpents?

AMINA Des serpents ici?

RACHID Ne t'inquiète pas, ma chérie. Par précaution, je suggère que tu restes près de moi.

3

RACHID Mais il ne faut pas que tu sois aussi anxieuse.

SANDRINE C'est romantique ici, n'est-ce pas?

DAVID Comment? Euh, oui, enfin...

VALÉRIE Avant de commencer notre randonnée, je propose qu'on visite la Maison Sainte-Victoire.

AMINA Bonne idée. Allons-y!

6

Après le pique-nique...

DAVID Mais tu avais faim, Sandrine!

SANDRINE Oui. Pourquoi?

DAVID Parce que tu as mangé autant que Stéphane!

SANDRINE C'est normal, on a beaucoup marché, ça ouvre l'appétit. En plus, ce fromage est délicieux!

DAVID Mais, tu peux manger autant de fromage que tu veux, ma chérie.

7

Stéphane laisse tomber une serviette...

VALÉRIE Stéphane! Mais qu'est-ce que tu jettes par terre? Il est essentiel qu'on laisse cet endroit propre!

STÉPHANE Oh, ne t'inquiète pas, maman. J'allais mettre ça à la poubelle plus tard.

8

SANDRINE David, j'aimerais que tu fasses un portrait de moi, ici, à la montagne. Ça te dit?

DAVID Peut-être un peu plus tard... Cette montagne est tellement belle!

VALÉRIE David, tu es comme Cézanne. Il venait ici tous les jours pour dessiner. La montagne Sainte-Victoire était un de ses sujets favoris.

ACTIVITÉS

1 Vrai ou faux? Indiquez si les affirmations suivantes sont vraies ou fausses.

1. David fait un portrait de Sandrine sur-le-champ (*on the spot*).
2. C'est la première fois que Stéphane visite la Maison Sainte-Victoire.
3. Valérie traite la nature avec respect.
4. Sandrine mange beaucoup au pique-nique.
5. David et Sandrine passent un après-midi très romantique.
6. Le guide confirme qu'il y a des serpents sur la montagne Sainte-Victoire.
7. David est un peu triste de devoir bientôt retourner aux États-Unis.
8. Valérie pense que David est un artiste sans talent.
9. Rachid est très romantique.
10. Stéphane laisse Rachid et Amina tranquilles.

Practice more at **vhlcentral.com**.

Les amis se promènent à la montagne Sainte-Victoire.

À la Maison Sainte-Victoire

GUIDE Mesdames, Messieurs, bonjour et bienvenue. C'est votre première visite de la Maison Sainte-Victoire?

STÉPHANE Pour moi, oui.

GUIDE La Maison Sainte-Victoire a été construite après l'incendie de 1989.

DAVID Un incendie?

GUIDE Oui, celui qui a détruit une très grande partie de la forêt.

GUIDE Maintenant, la montagne est un espace protégé.

DAVID Protégé? Comment?

GUIDE Eh bien, nous nous occupons de la gestion de la montagne et de la forêt. Notre mission est la préservation de la nature, le sauvetage des habitats naturels et la prévention des incendies. Je vous fais visiter le musée?

VALÉRIE Oui, volontiers!

RACHID Tiens, chérie.

AMINA Merci, elle est très belle cette fleur.

RACHID Oui, mais toi, tu es encore plus belle. Tu es plus belle que toutes les fleurs de la nature réunies!

AMINA Rachid...

RACHID Chut! Ne dis rien... Stéphane! Laisse-nous tranquilles.

Expressions utiles

Expressing regrets and preferences

- **C'est dommage que j'aie si peu de temps.**
  It's a shame that I have so little time.
- **Je préférerais qu'on parle d'autre chose.**
  I would prefer to talk about something else.
- **J'aimerais que tu fasses un portrait de moi.**
  I would like you to do a portrait of me.

Making suggestions

- **Par précaution, je suggère que tu restes près de moi.**
  As a precaution, I suggest that you stay close to me.
- **Il ne faut pas que tu sois si anxieuse.**
  There's no need to be so anxious.
- **Je propose qu'on visite...**
  I propose that we visit...

ACTIVITÉS

2 **À vous!** Vous êtes à la montagne Sainte-Victoire avec des amis. À l'entrée du parc, il y a une liste de règles (*rules*) à suivre pour protéger la nature. Avec un(e) camarade de classe, imaginez quelles sont ces règles et composez cette liste. Qu'est-ce qu'il faut faire si vous faites un pique-nique? Une randonnée? Quelles sont les activités interdites? Présentez votre liste à la classe.

3 **Écrivez** Il y a deux couples dans notre histoire, Sandrine et David, Amina et Rachid. Composez un paragraphe dans lequel vous expliquez quel couple va rester ensemble et quel couple va se séparer. Pourquoi? Attention! Le départ de David n'entre pas en jeu (*doesn't come into play*).

CULTURE À LA LOUPE

Les parcs nationaux

perroquet°, Guadeloupe

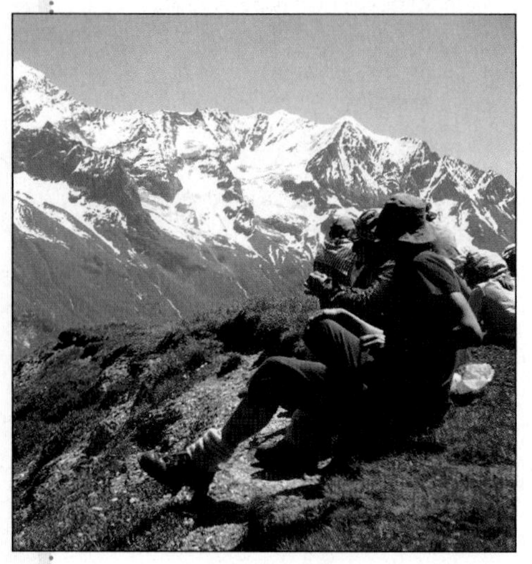
le parc de la Vanoise

Le gouvernement français protège et gère° dix parcs nationaux. Tous offrent des sentiers de randonnée et la possibilité de découvrir la nature avec de l'écotourisme guidé. Ce sont aussi souvent des endroits où les visiteurs peuvent pratiquer différentes activités sportives. Par exemple, on peut faire des sports d'hiver dans cinq des sept parcs de montagnes et dans leurs nombreux sommets° et glaciers.

Les Cévennes, en Languedoc-Roussillon, est le plus grand parc forestier, avec 3.200 km² de forêts, mais on y trouve aussi des montagnes et des plateaux. La Vanoise, un parc de haute montagne dans les Alpes, a été le premier parc créé° en France, en 1963. Avec ses 107 lacs et sa vingtaine° de glaciers, c'est une réserve naturelle où le bouquetin° est protégé. Deux autres parcs, les Écrins et le Mercantour, sont aussi situés dans la région des Alpes. Toujours dans les parcs montagneux, le parc national des Pyrénées est composé de six vallées principales qui sont riches en forêts, cascades° et autres formations naturelles. C'est un refuge pour de nombreuses espèces menacées, comme l'ours° et l'aigle royal°. Quand il fait beau l'été, le parc marin de Port-Cros, composé d'îles méditerranéennes, est idéal pour les activités aquatiques. Aux Antilles°, il fait chaud et humide toute l'année dans le parc national de la Guadeloupe. Les paysages° de ce parc sont très variés: forêt tropicale, volcan et paysages côtiers° ou maritimes. Ouverts depuis 2012 seulement, le parc national le plus récent est le Parc national des Calanques, dans le sud de la France.

gère *manages* **sommets** *summits* **créé** *created* **vingtaine** *about twenty* **bouquetin** *ibex, a type of wild goat* **cascades** *waterfalls* **ours** *bear* **aigle royal** *golden eagle* **Antilles** *the French West Indies* **paysages** *landscapes* **côtiers** *coastal* **perroquet** *parrot* **sable** *sand* **cirque** *steep-walled, mountainous basin*

Les records naturels de la France en Europe de l'Ouest

- Le Mont-Blanc, dans les Alpes, est la plus haute montagne d'Europe de l'Ouest. Il mesure 4.810 mètres.
- La forêt de pins des Landes, en Aquitaine, est le plus grand massif forestier d'Europe. Il fait plus d'un million d'hectares.
- La dune du Pilat, en Aquitaine, est la plus haute dune de sable° d'Europe. Elle mesure 110,9 mètres.
- Le cirque° de Gavarnie, dans les Pyrénéesa une des plus grandes cascades de la France. Elle mesure 423 mètres.

ACTIVITÉS

1 Répondez Répondez aux questions par des phrases complètes.

1. Combien de parcs nationaux français y a-t-il?
2. Quel type de parc est le parc des Cévennes?
3. Quel parc est situé sur des îles méditerranéennes?
4. Quels sont deux animaux qu'on peut trouver dans les Pyrénées?
5. Quels sont deux types de paysages du parc de la Guadeloupe?
6. Comment s'appellent deux des parcs nationaux français et où se trouvent-ils (à la montagne, etc.)?
7. Quelle est la plus haute montagne d'Europe?
8. Où se trouve le plus grand massif forestier d'Europe?
9. Combien mesure la dune du Pilat?
10. Combien mesure la cascade du cirque de Gavarnie?

STRATÉGIE

Being aware of the reading process

The reading strategies you have learned are part of a larger process to help you become a smarter and more efficient reader, in French and in general. The individual strategies are important, but don't forget to look at the big picture; you'll learn more if you remember how the strategies all work together.

PORTRAIT

Madagascar

Madagascar, ancienne colonie française, est la quatrième plus grande île du monde, et, avec plus de 20 parcs nationaux et réserves naturelles, c'est un paradis pour l'écotourisme. Madagascar (avec plus de 24 millions d'habitants) est située à 400 km à l'est du Mozambique, dans l'océan Indien. Sa faune et sa flore sont exceptionnelles, avec 250.000 espèces différentes, dont 1.000 orchidées. Plus de 90% de ces espèces sont uniques au monde. Ses mangroves, rivières, lacs et récifs coralliens° offrent des milieux écologiques variés et ses forêts abritent° 90% des lémuriens° du monde. Caméléons, tortues terrestres°, tortues de mer° et baleines à bosse° sont aussi typiques de l'île.

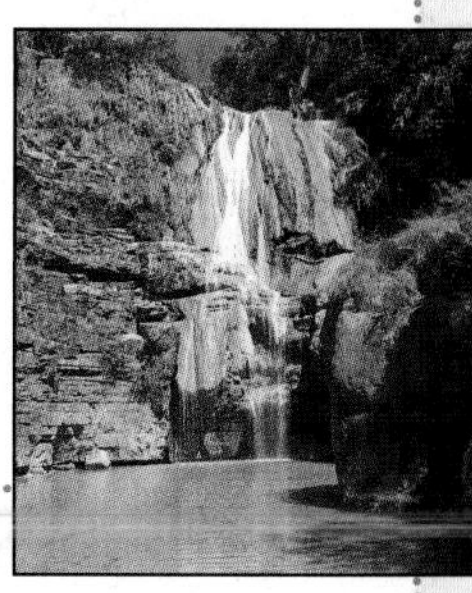

récifs coralliens *coral reefs* **abritent** *provide a habitat for* **lémuriens** *lemurs* **tortues terrestres** *tortoises* **tortues de mer** *sea turtles* **baleines à bosse** *humpback whales*

LE MONDE FRANCOPHONE

Grands sites naturels

Voici deux exemples d'espaces naturels remarquables du monde francophone.

Au Sénégal Le parc national du Niokolo Koba est l'une des réserves naturelles les plus vastes d'Afrique de l'Ouest. Situé le long° des rives° de la Gambie, forêts et savanes abritent° une faune d'une grande richesse: des lions, des chimpanzés, des éléphants et de très nombreux° oiseaux et reptiles. Cet écosystème est classé au Patrimoine° mondial de l'UNESCO.

Aux Seychelles L'atoll Aldabra abrite la plus grande population de tortues° géantes du monde (152.000). Elles sont encore plus grosses que les tortues des Galapagos: elles peuvent atteindre° 1,2 mètre et 300 kilogrammes. L'atoll, qui comprend° quatre grandes îles de corail, est un autre site du Patrimoine mondial depuis 1982.

le long *along* **rives** *riverbanks* **abritent** *shelter* **nombreux** *numerous* **Patrimoine** *Heritage* **tortues** *tortoises* **atteindre** *reach* **comprend** *encompasses*

Sur Internet

Quel est le sujet de l'émission *Thalassa*?

Go to **vhlcentral.com** to find more cultural information related to this **Lecture culturelle**. Then watch the corresponding **Flash culture**.

ACTIVITÉS

2 Complétez Complétez les phrases.

1. Madagascar est une grande __________ près du Mozambique.
2. Madagascar est une bonne destination pour __________.
3. À Madagascar, la majorité des espèces sont __________.
4. __________ sont des espèces typiques de l'île.
5. L'une des réserves naturelles les plus vastes d'Afrique de l'Ouest se trouve __________.

3 À la découverte Vous et deux partenaires voulez visiter ensemble plusieurs pays francophones et découvrir la nature. Quelles destinations choisissez-vous? Comparez les activités qui vous intéressent et les endroits que vous voulez visiter. Soyez prêt(e)s à présenter votre itinéraire à la classe.

Practice more at **vhlcentral.com**.

13B.1 The subjunctive (Part 2)

Will and emotion, irregular subjunctive forms

> **À noter**
>
> See **Leçon 13A** for an introduction to the subjunctive and the structure of clauses containing verbs in the subjunctive.

- Use the subjunctive with verbs and expressions of will and emotion. Verbs and expressions of will are often used when someone wants to influence the actions of other people. Verbs and expressions of emotion express someone's feelings or attitude.

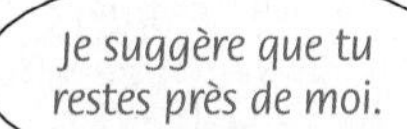

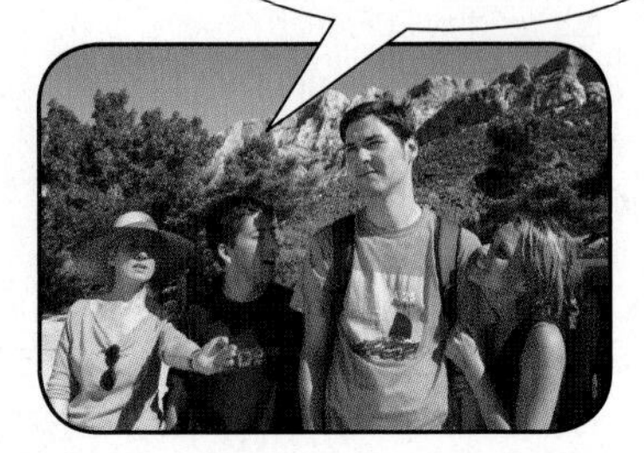

- When the main clause contains an expression of will or emotion and the subordinate clause has a different subject, the subjunctive is required.

MAIN CLAUSE VERB OF WILL	CONNECTOR	SUBORDINATE CLAUSE SUBJUNCTIVE
Mes parents exigent	**que**	**je dorme** huit heures.
My parents demand	*that*	*I sleep eight hours.*
EXPRESSION OF EMOTION	CONNECTOR	SUBJUNCTIVE
Tu es triste	**que**	**Sophie ne vienne pas** avec nous.
You are sad	*that*	*Sophie isn't coming with us.*
VERB OF WILL	CONNECTOR	SUBJUNCTIVE
Je préfère	**que**	**tu travailles** ce soir.
I prefer	*that*	*you work tonight.*
EXPRESSION OF EMOTION	CONNECTOR	SUBJUNCTIVE
Elle est heureuse	**que**	**tu finisses** tes études.
She is happy	*that*	*you're finishing your studies.*

- Here are some verbs and expressions of will commonly followed by the subjunctive.

Verbs of will

demander que...	*to ask that...*	**recommander que...**	*to recommend that...*
désirer que...	*to want/ desire that...*	**souhaiter que...**	*to wish that...*
exiger que...	*to demand that...*	**suggérer que...**	*to suggest that...*
préférer que...	*to prefer that...*	**vouloir que...**	*to want that...*
proposer que...	*to propose that...*		

Mon père **recommande que** nous **dînions** au restaurant français.
My father recommends that we have dinner at the French restaurant.

Le gouvernement **exige qu'**on **recycle** les produits en plastique.
The government demands that we recycle plastic products.

- These are some verbs and expressions of emotion followed by the subjunctive.

Verbs and expressions of emotion

aimer que...	*to like that...*	**être heureux / heureuse que...**	*to be happy that...*
avoir peur que...	*to be afraid that...*	**être surpris(e) que...**	*to be surprised that...*
être content(e) que...	*to be glad that...*	**être triste que...**	*to be sad that...*
être désolé(e) que...	*to be sorry that...*	**regretter que...**	*to regret that...*
être furieux / furieuse que...	*to be furious that...*		

Martine est **surprise que** Thomas **arrive** demain.
Martine is surprised that Thomas is arriving tomorrow.

Nous sommes **furieux que** les gens **jettent** des ordures dans la rivière.
We're furious that people throw trash in the river.

- In English, the word *that* introducing the subordinate clause may be omitted. In French, never omit **que** between the two clauses.

Ils sont heureux **que** j'arrive.
They're happy (that) I'm arriving.

Elle préfère **que** tu partes.
She prefers (that) you leave.

- If the subject doesn't change, use the infinitive with expressions of will and emotion. In the case of **avoir peur**, **regretter**, and expressions with **être**, add **de** before the infinitive.

Tu souhaites faire un pique-nique?
Do you wish to have a picnic?

Nous sommes tristes d'apprendre la mauvaise nouvelle.
We're sad to learn the bad news.

- Some verbs have irregular subjunctive forms.

Present subjunctive of *avoir, être, faire*

	avoir	être	faire
que je/j'	aie	sois	fasse
que tu	aies	sois	fasses
qu'il/elle/on	ait	soit	fasse
que nous	ayons	soyons	fassions
que vous	ayez	soyez	fassiez
qu'ils/elles	aient	soient	fassent

Elle veut que je **fasse** le lit.
She wants me to make the bed.

Tu es désolé qu'elle **soit** loin.
You are sorry that she is far away.

Boîte à outils

The is no future form of the subjunctive, so use the present subjunctive even when expressing an action that is going to take place in the future. The context will clarify the meaning.

Elle est contente que tu prennes des cours de musique l'année prochaine.
She's glad that you're taking music classes next year.

Essayez! **Indiquez les formes correctes du présent du subjonctif des verbes.**

1. que je ___sois___ (être)
2. qu'il ____________ (faire)
3. que vous ____________ (être)
4. que leur enfant ____________ (avoir)
5. qu'elle ____________ (faire)
6. que nous ____________ (faire)
7. qu'ils ____________ (avoir)
8. que tu ____________ (être)

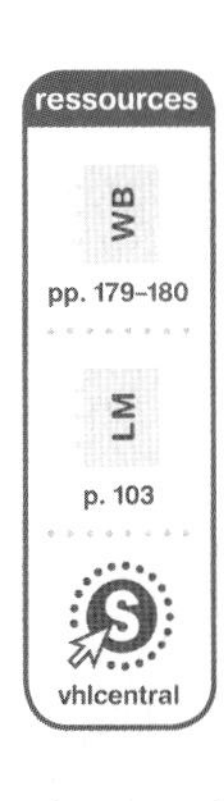

STRUCTURES

Mise en pratique

1 Des réactions Que devraient faire les personnages sur les illustrations? Employez ces expressions pour donner vos réactions.

vous (proposer que)

▶ **MODÈLE**

Je propose que vous mangiez quelque chose.

acheter une décapotable (*convertible*)	faire une fête
boire de l'eau	garder le secret
me donner de l'argent	manger quelque chose
	trouver des amis

1. tu (suggérer que)

2. mes voisins (vouloir que)

3. vous (exiger que)

4. Yves (souhaiter que)

5. elle (recommander que)

6. tu (désirer que)

2 Des opinions Complétez ces phrases avec le présent du subjonctif. Ensuite, comparez vos réponses avec celles d'un(e) partenaire.

1. Nous sommes furieux que les examens...
2. Notre prof exige que...
3. Nous aimons que le prof...
4. Je propose que... le vendredi.
5. Les étudiants veulent que les cours...
6. Je recommande que... tous les jours.
7. C'est triste que cette université...
8. Nous préférons que le resto U...
9. Mes ami(e)s suggèrent que...
10. Je souhaite que...

Communication

3 **Enquête** Comparez vos idées sur la nature et l'environnement avec celles d'un(e) partenaire. Posez-vous ces questions.

1. Que suggères-tu qu'on fasse pour protéger les forêts tropicales?
2. Vaut-il mieux qu'on ne chasse plus? Pourquoi?
3. Que recommandes-tu qu'on fasse pour arrêter la pollution?
4. Comment souhaites-tu que nous préservions nos ressources naturelles?
5. Quels produits recommandes-tu qu'on développe?
6. Quel problème écologique veux-tu qu'on traite tout de suite?
7. Que proposes-tu qu'on fasse pour sauver les espèces menacées?
8. Est-il important qu'on arrête le déboisement? Pourquoi?

4 **Mme Quefège** Mme Quefège donne des conseils (*advice*) à la radio. Pensez à une difficulté que vous avez et préparez par écrit un paragraphe que vous lui lirez. Elle va vous faire des recommandations. Avec un(e) partenaire, alternez les rôles pour jouer les scènes.

MODÈLE

Étudiant(e) 1: *Ma petite amie fait constamment ses devoirs et elle ne quitte plus son appartement.*
Étudiant(e) 2: *Je suis désolée qu'elle n'arrête pas de travailler. Si elle ne quitte toujours pas l'appartement ce week-end, je suggère que vous écriviez à ses parents.*

5 **Il faut que...** À tour de rôle, donnez des conseils à votre partenaire pour chacune (*each one*) de ces situations. Utilisez des expressions de volonté et d'opinion avec le subjonctif.

- Il/Elle voyage en Europe pour la première fois.
- Il/Elle veut rester en forme.
- Il/Elle a un mauvais rhume.
- Il/Elle ne respecte pas la nature.

6 **Les habitats naturels** Par groupes de trois, préparez le texte pour cette affiche où vous expliquez ce qu'on doit faire pour sauver les habitats naturels. Utilisez des verbes au présent du subjonctif.

13B.2

The subjunctive (Part 3)

Verbs of doubt, disbelief, and uncertainty; more irregular subjunctive forms

The verb *croire*

The verb *croire* (to believe)	
je crois	nous croyons
tu crois	vous croyez
il/elle/on croit	ils/elles croient

Les touristes **croient** que la forêt est en danger.
The tourists believe that the forest is in danger.

Tu **crois** que l'extinction des espèces menacées est imminente?
Do you think that the extinction of endangered species is imminent?

- **Croire** takes **avoir** as an auxiliary verb in the **passé composé**, and its past participle is **cru**. In the **passé composé**, **croire** can mean *thought*.

J'**ai cru** qu'il y était.
I thought he was there.

Vous **avez cru** à son histoire?
Did you believe his story?

- The **futur simple** and **conditionnel** of **croire** are formed with the stem **croir-**.

Nous le **croirons** si nous le voyons.
We will believe it if we see it.

On **croirait** que c'est une tragédie.
One would think it's a tragedy.

The subjunctive

- The subjunctive is used in a subordinate clause when there is a change of subject and the main clause implies doubt, disbelief, or uncertainty.

MAIN CLAUSE	CONNECTOR	SUBORDINATE CLAUSE
Je doute	**que**	la rivière **soit** propre.
I doubt	*that*	*the river is clean.*

À noter

As you learned in **Structures 13B.1**, the connector *that* is often optional in English, but **que** is always required in French.

Expressions of doubt, disbelief, and uncertainty			
douter que...	*to doubt that...*	**Il est impossible que...**	*It is impossible that...*
ne pas croire que...	*not to believe that...*	**Il n'est pas certain que...**	*It is uncertain that...*
ne pas penser que...	*not to think that...*	**Il n'est pas sûr que...**	*It is not sure that...*
Il est douteux que...	*It is doubtful that...*	**Il n'est pas vrai que...**	*It is untrue that...*

Il n'est pas sûr qu'il y **ait** un problème.
It's not sure that there is a problem.

Je ne crois pas qu'on **fasse** une randonnée sur le volcan.
I don't believe that we're hiking on the volcano.

Il n'est pas vrai que Julie **sorte** avec Ahmed.
It's not true that Julie is going out with Ahmed.

Vous ne pensez pas qu'il y **ait** un sentier là-bas?
Don't you think there's a path over there?

- The indicative is used in a subordinate clause when the main clause expresses certainty.

Expressions of certainty			
croire que...	*to believe that...*	**Il est clair que...**	*It is clear that...*
penser que...	*to think that...*	**Il est évident que...**	*It is obvious that...*
savoir que...	*to know that...*	**Il est sûr que...**	*It is sure that...*
Il est certain que...	*It is certain that...*	**Il est vrai que...**	*It is true that...*

On **sait que** l'histoire **finit** mal.
We know the story ends badly.

Il est certain qu'elle **comprend**.
It is certain that she understands.

- Sometimes a speaker may opt to use the subjunctive in a question to indicate that he or she feels doubtful or uncertain of an affirmative response.

Crois-tu que cette loi **soit** juste pour tout le monde?
Do you believe that this law is just for everybody?

Est-il vrai que vous **partiez** déjà en vacances?
Is it true that you're already leaving on vacation?

- Here are more verbs that are irregular in the subjunctive.

Present subjunctive of *aller, pouvoir, savoir, vouloir*

	aller	pouvoir	savoir	vouloir
que je/j'	aille	puisse	sache	veuille
que tu	ailles	puisses	saches	veuilles
qu'il/elle/on	aille	puisse	sache	veuille
que nous	allions	puissions	sachions	voulions
que vous	alliez	puissiez	sachiez	vouliez
qu'ils/elles	aillent	puissent	sachent	veuillent

Je doute qu'on **aille** au théâtre ce soir.
I doubt we'll go to the theater tonight.

Il n'est pas sûr qu'on **puisse** voir les acteurs.
It's not sure that we'll be able to see the actors.

Ma copine ne croit pas qu'il **sache** l'adresse.
My friend doesn't think he knows the address.

Nous doutons qu'ils **veuillent** faire de l'écotourisme.
We doubt they want to do ecotourism.

Essayez! **Choisissez la forme correcte du verbe.**

1. Il est douteux que le guide (sait / sache) où est le champ.
2. Il est certain qu'elle (sait / sache) nager.
3. Nous doutons que vous (voulez / vouliez) recycler.
4. Ne crois-tu pas qu'Anne (va / aille) au Maroc seule?
5. Est-il vrai que les Français (font / fassent) de l'écotourisme?
6. Je ne crois pas qu'on (peut / puisse) nager dans ce lac.
7. Tu penses que l'énergie solaire (peut / puisse) sauver la planète.
8. Il n'est pas certain qu'ils (peuvent / puissent) chasser.

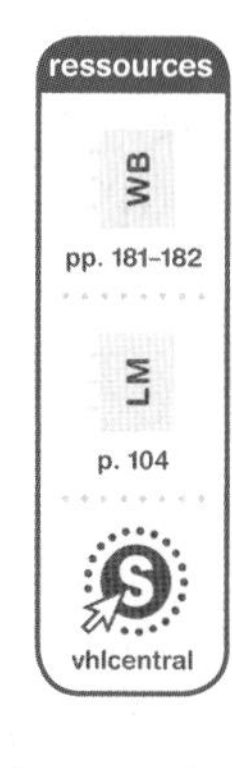

Mise en pratique

1 **Fort-de-France** Vous discutez de vos projets (*plans*) avec votre ami(e) martiniquais(e). Complétez les phrases avec les formes correctes du présent de l'indicatif ou du subjonctif.

1. Je crois que Fort-de-France ____________ (être) plus loin de Paris que de New York.
2. Il n'est pas certain que je ____________ (venir) à Fort-de-France cet été.
3. Il n'est pas sûr que nous ____________ (partir) en croisière (*cruise*) ensemble.
4. Il est clair que nous ____________ (ne pas partir) sans toi.
5. Nous savons que ce voyage ____________ (aller) t'intéresser.
6. Il est douteux que le ski alpin ____________ (être) un sport populaire ici.

2 **Camarade pénible** Vous faites une présentation sur la Martinique devant la classe. Un(e) camarade critique toutes vos idées. Avec un(e) partenaire, jouez la scène.

MODÈLE

Étudiant(e) 1: *Le carnaval martiniquais est populaire.*
Étudiant(e) 2: *Je doute qu'il soit populaire.*

1. Les ressources naturelles sont protégées.
2. Tout le monde va se promener dans la forêt.
3. Les Martiniquais font des pique-niques tous les jours.
4. L'île a de belles plages.
5. Les enfants y font des randonnées.
6. On y boit des jus de fruits délicieux.

3 **Le Tour de France** Maxime veut participer un jour au Tour de France. Employez des expressions de doute et de certitude pour lui dire ce que vous pensez de ses bonnes et de ses mauvaises habitudes.

MODÈLE

Je ne crois pas que tu puisses dormir jusqu'à midi!

ne pas croire que...	Il faut que...
douter que...	penser que...
Il est clair que...	recommander que...
Il est essentiel que...	suggérer que...

1.

2.

3.

4.

5.

6.

Communication

4 **Assemblez** Imaginez que vous ayez l'occasion de faire un séjour aux Antilles françaises. À tour de rôle avec un(e) partenaire, assemblez les éléments de chaque colonne pour parler de ces vacances.

MODÈLE

Il n'est pas certain que nous allions visiter une plantation.

A	B	C
Il est certain que	je/j'	être content(e)(s)
Il n'est pas certain que	tu	faire des excursions
Il est évident que	mon copain	faire beau temps
Il est impossible que	ma sœur	faire du bateau
Il est vrai que	mon frère	jouer sur la plage
Il n'est pas sûr que	nous	pouvoir parler créole
Je doute que	les touristes	visiter une plantation
Je crois que	mes parents	?
Je ne crois pas que	?	
?		

5 **Voyage en Afrique centrale** Vous voulez visiter ces endroits en Afrique centrale. Avec un(e) partenaire, préparez un dialogue dans lequel vous utilisez des expressions de doute et de certitude. Ensuite, échangez les rôles.

MODÈLE

Étudiant(e) 1: *Il est clair qu'on doit visiter Kribi, au Cameroun. Il y a beaucoup de plages.*
Étudiant(e) 2: *Je doute que nous en ayons le temps. Il vaut mieux que nous visitions le marché, au Gabon.*

la forêt de Dzanga-Sangha (République centrafricaine)
le lac Kivu (Rwanda)
les marchés (Gabon)
le parc national de Lobéké (Cameroun)
le parc national de l'Ivindo (Congo)
les plages de Kribi (Cameroun)

6 **L'avenir** Vous et votre partenaire parlez de vos doutes et de vos certitudes à propos de l'avenir. À tour de rôle, complétez ces phrases pour décrire comment vous envisagez (*envision*) l'avenir.

1. Je doute que...
2. Il est sûr que...
3. Il n'est pas certain que...
4. Il est impossible que...
5. Je ne crois pas que...
6. Je sais que...

7 **Je doute** Votre partenaire veut mieux vous connaître. Écrivez cinq phrases qui vous décrivent: quatre fausses et une vraie. Votre partenaire doit deviner laquelle est vraie et justifier sa réponse. Ensuite, alternez les rôles.

MODÈLE

Étudiant(e) 1: *Je finis toujours mes devoirs avant de me coucher.*
Étudiant(e) 2: *Je doute que tu finisses tes devoirs avant de te coucher, parce que tu as toujours beaucoup de devoirs.*

Révision

1 **Des changements** Avec un(e) partenaire, observez ces endroits et dites, à tour de rôle, ce que vous aimeriez qu'il y ait pour améliorer la situation. Ensuite, comparez vos phrases à celles d'un autre groupe.

MODÈLE

Étudiant(e) 1: *Je préférerais qu'il y ait de l'eau dans cette rivière.*
Étudiant(e) 2: *J'aimerais mieux qu'il y ait de l'herbe.*

1.

3.

2.

4.

2 **Visite de votre région** Interviewez vos camarades. Que recommandent-ils à des visiteurs qui ne connaissent pas votre région? Écrivez leurs réponses, puis comparez vos résultats à ceux d'un autre groupe. Utilisez ces expressions.

MODÈLE

Étudiant(e) 1: *Que devraient faire les visiteurs de cette région?*
Étudiant(e) 2: *Je recommande qu'ils visitent les musées du centre-ville. Il serait bon qu'ils assistent aussi à un match de baseball.*

il est bon que	proposer que
il est indispensable que	recommander que
il faut que	suggérer que
?	?

3 **Mes activités** Faites la liste de quatre activités qui protègent l'environnement, une à laquelle vous participez et trois auxquelles vous ne participez pas. Donnez cette liste à deux de vos camarades, qui devineront celle à laquelle vous participez. Utilisez les verbes **croire** et **penser**. Ensuite, présentez vos discussions à la classe.

4 **Je ne pense pas** Que pensent vos camarades de ces affirmations? Par groupes de quatre, trouvez au moins une personne qui soit d'accord avec chaque phrase et une qui ne soit pas d'accord. Utilisez des expressions de doute et de certitude. Ensuite, présentez vos arguments à la classe.

MODÈLE On lit moins à cause de la télévision.

Étudiant(e) 1: *Penses-tu qu'on lise moins à cause de la télévision?*
Étudiant(e) 2: *Non, je ne crois pas que ce soit vrai. Il est clair que les gens achètent toujours beaucoup de livres.*

- Le réchauffement de la Terre n'est pas vraiment un problème.
- L'écotourisme n'est qu'une mode passagère (*temporary*).
- Personne n'aime chasser aujourd'hui.
- Les humains peuvent sauver la planète.
- L'extinction des espèces va s'arrêter dans l'avenir.

5 **Échange d'opinions** Avec un(e) partenaire, imaginez une conversation entre un chasseur (*hunter*) et un défenseur de la nature. Préparez un dialogue où les deux se font des suggestions. Ensuite, jouez votre dialogue pour la classe.

MODÈLE

Étudiant(e) 1: *Il est dommage que vous disiez que les chasseurs n'aiment pas la nature.*
Étudiant(e) 2: *Je souhaite que vous respectiez plus les animaux.*

6 **La maman de Carine** Votre professeur va vous donner, à vous et à votre partenaire, deux feuilles d'activités différentes sur Carine et sa mère. Attention! Ne regardez pas la feuille de votre partenaire.

MODÈLE

Étudiant(e) 1: *Si Carine prend l'avion,...*
Étudiant(e) 2: *... sa mère veut qu'elle l'appelle de l'aéroport.*

Écriture

STRATÉGIE

Considering audience and purpose

Writing always has a purpose. During the planning stages, you must determine to whom you are addressing the piece and what you want to express to your reader. Once you have defined both your audience and your purpose, you will be able to decide which genre, vocabulary, and grammatical structures will best serve your composition.

Let's say you want to share your thoughts on local traffic problems. Your audience can be either the local government or the community. You could choose to write a newspaper article, a letter to the editor, or a letter to the city's governing board. You should first ask yourself these questions:

1. Are you going to comment on traffic problems in general, or are you going to point out several specific problems?
2. Are you intending to register a complaint?
3. Are you simply intending to inform others and increase public awareness of the problems?
4. Are you hoping to persuade others to adopt your point of view?
5. Are you hoping to inspire others to take concrete actions?

The answers to these questions will help you establish the purpose of your writing and determine your audience. Of course, your writing can have more than one purpose. For example, you may intend for your writing to both inform others of a problem and inspire them to take action.

Thème

Écrire une lettre ou un article

Vous allez écrire au sujet d'un problème de l'environnement qui est important pour vous.

1. Choisissez d'abord le problème dont vous voulez parler. Vous pouvez choisir un problème local (par exemple, le ramassage des ordures sur votre campus) ou bien un problème mondial comme la surpopulation.
2. Décidez qui sera votre public: Voulez-vous écrire une lettre à un(e) ami(e), à un membre du gouvernement, à une association universitaire, etc.? Préférez-vous écrire un article pour un journal ou pour un magazine?
3. Identifiez le but de votre lettre ou article: Voulez-vous simplement informer votre public ou allez-vous aussi donner votre opinion personnelle?
4. Préparez une courte introduction, puis présentez le problème que vous avez choisi, de façon logique.
5. Si vous avez choisi d'exprimer votre opinion personnelle, justifiez-la pour essayer de persuader votre (vos) lecteur(s) que vous avez raison.
6. Préparez la conclusion de votre lettre ou article.

Interactive Map

SAVOIR-FAIRE

Panorama

les vendanges° en Bourgogne

La Bourgogne

La région en chiffres

- **Superficie:** *31.582 km²*
- **Population:** *1.616.000*
  SOURCE: INSEE
- **Industries principales:** *industries automobile et pharmaceutique, tourisme, viticulture°*
- **Villes principales:** *Auxerre, Chalon-sur-Saône, Dijon, Mâcon, Nevers*

Personnages célèbres

- **Gustave Eiffel,** *ingénieur (la tour Eiffel) (1832–1923)*
- **Colette,** *écrivaine (1873–1954)*
- **Claude Jade,** *actrice (1948–2006)*

La Franche-Comté

La région en chiffres

- **Superficie:** *16.202 km²*
- **Population:** *1.133.000*
- **Industries principales:** *agriculture, artisanat, industrie automobile, horlogerie°, tourisme*
- **Villes principales:** *Belfort, Besançon, Dole, Pontarlier, Vesoul*

Personnages célèbres

- **Louis** *(1864–1948)* **et Auguste** *(1862–1954)* **Lumière,** *inventeurs du cinématographe°*
- **Claire Motte,** *danseuse étoile° à l'Opéra de Paris (1937–1986)*

viticulture *grape growing* **horlogerie** *watch and clock making* **cinématographe** *motion picture camera* **danseuse étoile** *principal dancer* **servaient à** *were used for* **toux** *cough* **persil** *parsley* **lutter contre** *fight against* **vendanges** *grape harvest*

un marché à Dijon

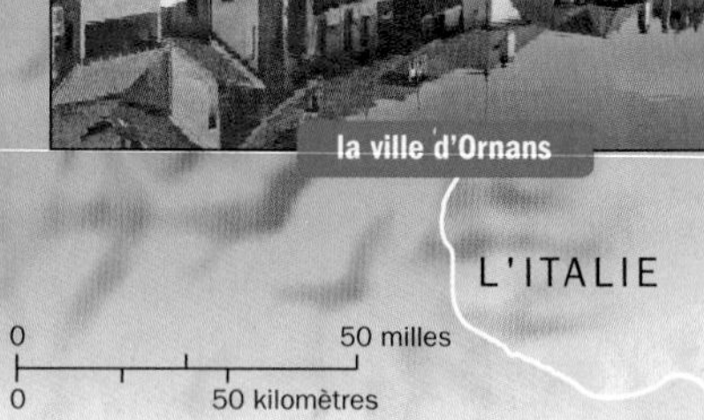

la ville d'Ornans

Incroyable mais vrai!

Au Moyen Âge, les escargots servaient à° la fabrication de sirops contre la toux°. La recette bourguignonne (beurre, ail, persil°) est popularisée au 19e siècle. La France produit 500 à 800 tonnes d'escargots par an, mais en importe 5.000 tonnes. L'escargot aide à lutter contre° le mauvais cholestérol et les maladies cardio-vasculaires.

Les sports

Les sports d'hiver dans le Jura

On peut pratiquer de nombreux sports d'hiver dans les montagnes du Jura, en Franche-Comté: ski alpin, surf°, monoski, planche à voile sur neige. Mais le Jura est surtout le paradis du ski de fond°. Avec des centaines de kilomètres de pistes°, on y skie de décembre à avril, y compris° la nuit, sur des pistes éclairées°. La célèbre Transjurassienne est la 2e course° d'endurance du monde avec un parcours° de 76 km pour les hommes et 50 km pour les femmes. Il y a aussi une minitrans de 10 km pour les enfants.

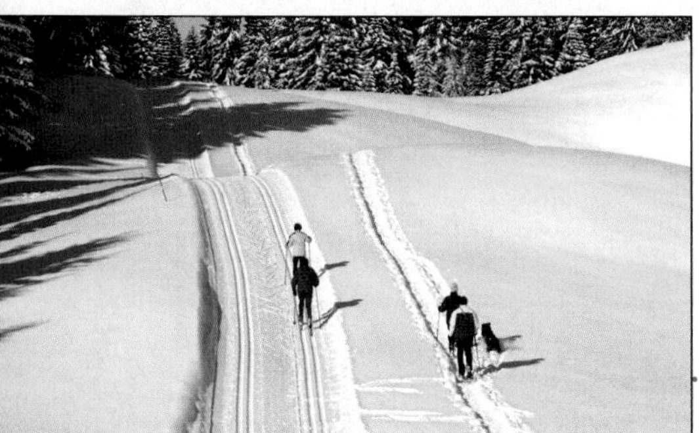

Les destinations

Besançon: capitale de l'horlogerie

L'artisanat de l'horlogerie commence au 16e siècle avec l'installation de grandes horloges dans les monastères. Au 18e siècle, 400 horlogers suisses viennent s'installer° en Franche-Comté. Au 19e siècle, Montbéliard compte 5.000 horlogers. En hiver, les paysans°-horlogers s'occupent°, dans leurs fermes°, de la finition° et de la décoration des horloges. En 1862, une école d'horlogerie est créée° et en 1900, Besançon devient le berceau° de l'horlogerie française avec 8.000 horlogers qui produisent 600.000 montres par an.

L'architecture

Les toits de Bourgogne

Les toits° en tuiles vernissées° multicolores sont typiques de la Bourgogne. Inspirés de l'architecture flamande° et d'Europe centrale, ils forment des dessins géométriques. Le plus célèbre bâtiment° est l'Hôtel-Dieu° de Beaune, construit en 1443 pour accueillir° les pauvres et les victimes de la guerre° de 100 ans. Aujourd'hui, l'Hôtel-Dieu organise la plus célèbre vente aux enchères° de vins du monde.

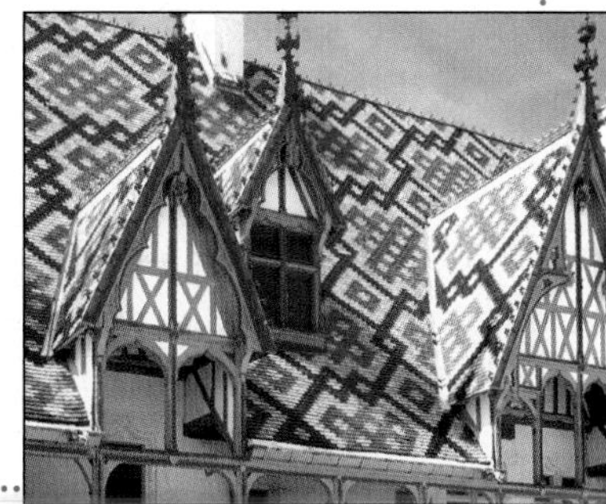

Les gens

Louis Pasteur (1822–1895)

Louis Pasteur est né à Dole, en Franche-Comté. Il découvre° que les fermentations sont dues à des micro-organismes spécifiques. Dans ses recherches° sur les maladies° contagieuses, il montre la relation entre le microbe et l'apparition d'une maladie. Cette découverte° a des applications dans le monde hospitalier et industriel avec les méthodes de désinfection, de stérilisation et de pasteurisation. Le vaccin contre la rage° est aussi une de ses inventions. L'Institut Pasteur est créé à Paris en 1888. Aujourd'hui, il a des filiales° sur cinq continents.

Qu'est-ce que vous avez appris? Répondez aux questions par des phrases complètes.

1. Comment s'appellent les inventeurs du cinématographe?
2. À quoi servaient les escargots au Moyen Âge?
3. Avec quoi sont préparés les escargots de Bourgogne?
4. Quel est le sport le plus pratiqué dans le Jura?
5. Qu'est-ce que la Transjurassienne?
6. D'où viennent les horlogers au 18e siècle?
7. Quel style d'architecture a influencé les toits de Bourgogne?
8. Quel est le bâtiment avec le toit le plus célèbre en Bourgogne?
9. Comment les recherches de Pasteur ont-elles été utilisées par les hôpitaux et l'industrie?
10. Où trouve-t-on des Instituts Pasteur aujourd'hui?

ressources
WB pp. 125–126 | vhlcentral

Sur Internet

Go to **vhlcentral.com** to find more cultural information related to this **Panorama**.

1. Quand ont lieu les vendanges en Bourgogne?
2. Cherchez trois recettes à base (*using*) d'escargots.
3. Trouvez des informations sur les vacances d'hiver dans le Jura: logement, prix, activités, etc.
4. Cherchez des informations sur Louis Pasteur. Quel effet ont eu ses découvertes sur des produits alimentaires d'usage courant (*everyday use*)?

surf *snowboarding* **ski de fond** *cross-country skiing* **pistes** *trails* **y compris** *including* **éclairées** *lit* **course** *race* **parcours** *course* **s'installer** *settle* **paysans** *peasants* **s'occupent** *take care* **fermes** *farms* **finition** *finishing* **créée** *created* **berceau** *cradle* **toits** *roofs* **tuiles vernissées** *glazed tiles* **flamande** *Flemish* **bâtiment** *building* **Hôtel-Dieu** *Hospital* **accueillir** *take care of* **guerre** *war* **vente aux enchères** *auction* **découvre** *discovers* **recherches** *research* **maladies** *illnesses* **découverte** *discovery* **rage** *rabies* **filiales** *branches*

Lecture

Audio: Reading

Avant la lecture

STRATÉGIE

Recognizing chronological order

Recognizing the chronological order of events is key to understanding the cause and effect relationship between them. When you are able to establish the chronological chain of events, you will easily be able to follow the plot. In order to be more aware of the order of events, you may find it helpful to prepare a numbered list of the events as you read.

Examinez le texte

D'abord, regardez la forme du texte. Quel genre de texte est-ce? Puis, regardez les illustrations. Qu'y a-t-il sur ces illustrations? Qui sont les personnages de l'histoire (*story*)? Que font les insectes dans la première illustration? Et dans la deuxième?

À propos de l'auteur
Jean de La Fontaine (1621–1695)

Jean de La Fontaine est un auteur et un poète français très connu du dix-septième siècle. Né à Château-Thierry, à l'est de Paris, il a passé toute son enfance à la campagne avant de devenir avocat et de s'installer à Paris. C'est dans la capitale qu'il a rencontré des écrivains célèbres et qu'il a décidé d'écrire. Il est l'auteur de poèmes, de nouvelles en vers° et de contes°, mais il est connu surtout pour ses fables, considérées comme des chefs-d'œuvre° de la littérature française. Au total, La Fontaine a publié 12 livres de fables dans lesquels il a créé des histoires autour de concepts fondamentaux de la morale qu'il a empruntés principalement aux fables d'Ésope. Les fables de La Fontaine, avec leurs animaux et leurs histoires assez simples, étaient, pour lui, une manière° subtile de critiquer la société contemporaine et la nature humaine. Deux de ses fables les plus connues sont *La Cigale et la Fourmi* et *Le Corbeau et le Renard*.

nouvelles en vers *short stories in verse* **contes** *tales* **chefs-d'œuvre** *masterpieces* **manière** *manner, way*

La Cigale et

1 La Cigale°, ayant° chanté
Tout l'été,
Se trouva fort dépourvue°
Quand la bise fut venue°:
5 Pas un seul petit morceau
De mouche° ou de vermisseau°.
Elle alla crier° famine
Chez la Fourmi° sa voisine,
La priant° de lui prêter
10 Quelque grain pour subsister°
Jusqu'à la saison nouvelle.
«Je vous paierai, lui dit-elle,
Avant l'Oût°, foi d'animal°,
Intérêt et principal.»
15 La Fourmi n'est pas prêteuse°;
C'est là son moindre défaut°.
«Que faisiez-vous au temps chaud?
Dit-elle à cette emprunteuse°.
—Nuit et jour à tout venant°
20 Je chantais, ne vous déplaise°.
—Vous chantiez? j'en suis fort aise°.
Eh bien! dansez maintenant.»

la Fourmi

de Jean de La Fontaine

Cigale *Cicada* **ayant** *having* **Se trouva fort dépourvue** *Found itself left without a thing* **la bise fut venue** *the cold winds of winter arrived* **mouche** *fly* **vermisseau** *small worm* **alla crier** *went crying* **Fourmi** *Ant* **La priant** *Begging her* **subsister** *survive* **Oût** *August* **foi d'animal** *on my word as an animal* **n'est pas prêteuse** *doesn't like lending things* **moindre défaut** *the least of her faults* **emprunteuse** *borrower* **à tout venant** *all the time* **ne vous déplaise** *if you please* **fort aise** *delighted*

Après la lecture

Répondez Répondez aux questions par des phrases complètes.

1. Qu'est-ce que la Cigale a fait tout l'été?
2. Quel personnage de la fable a beaucoup travaillé pendant l'été?
3. Pourquoi la Cigale n'a-t-elle rien à manger quand l'hiver arrive?
4. Que fait la Cigale quand elle a faim?
5. Que fera la Cigale si la Fourmi lui donne à manger?
6. Qu'est-ce que la Fourmi demande à la Cigale?
7. Quel est le moindre défaut de la Fourmi?
8. La Fourmi va-t-elle donner quelque chose à manger à la Cigale? Expliquez.

Un résumé Écrivez un résumé (*summary*) de la fable de La Fontaine. Regardez le texte et prenez des notes sur ce qui se passe aux différents moments de l'histoire. Faites aussi une liste des mots importants que vous ne connaissez pas et trouvez-leur des synonymes que vous pourrez utiliser dans votre résumé. Par exemple, vous connaissez déjà le mot «vent», synonyme de «bise».

La morale de la fable Comme les fables en général, *La Cigale et la Fourmi* a une morale, mais La Fontaine ne la donne pas explicitement. À votre avis, quelle est la morale de cette fable? Êtes-vous d'accord avec cette morale? Discutez de ces questions par petits groupes.

Les fables Connaissiez-vous déjà l'histoire de cette fable? Connaissez-vous d'autres fables, comme celles du Grec Ésope, de l'Américain James Thurber, de l'Allemand Gotthold Lessing ou de l'Espagnol Félix Maria Samaniego? Que pensez-vous des fables en général? Aimez-vous les lire? À quoi servent-elles? Quels thèmes trouve-t-on souvent dans les fables? Quels animaux sont souvent utilisés? Discutez de ces questions par petits groupes.

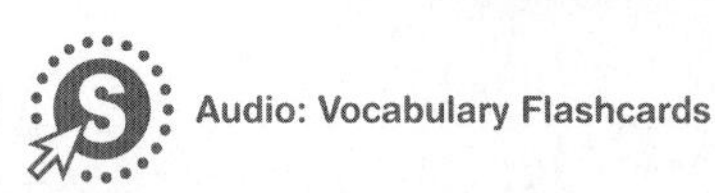
Audio: Vocabulary Flashcards

Leçon 13A

La nature

un espace *space, area*
en plein air *outdoor, open-air*
pur(e) *pure*

Vocabulaire supplémentaire

lequel *which one (**m.** sing.)*
lesquels *which ones (**m.** pl.)*
laquelle *which one (**f.** sing.)*
lesquelles *which ones (**f.** pl.)*

L'écologie

améliorer *to improve*
développer *to develop*
gaspiller *to waste*
polluer *to pollute*
préserver *to preserve*
prévenir l'incendie *to prevent fires*
proposer une solution *to propose a solution*
recycler *to recycle*
sauver la planète *to save the planet*
une catastrophe *catastrophe*
une centrale nucléaire *nuclear power plant*
le covoiturage *carpooling*
un danger *danger, threat*
des déchets toxiques (*m.*) *toxic waste*
l'écologie (*f.*) *ecology*
l'effet de serre (*m.*) *greenhouse effect*
un emballage en plastique *plastic wrapping/packaging*
l'énergie nucléaire (*f.*) *nuclear energy*
l'énergie solaire (*f.*) *solar energy*
l'environnement (*m.*) *environment*
le gaspillage *waste*
un glissement de terrain *landslide*
un nuage de pollution *pollution cloud*
la pluie acide *acid rain*
la pollution *pollution*
une population croissante *growing population*
un produit *product*
la protection *protection*
le ramassage des ordures *garbage collection*
le réchauffement de la Terre *global warming*
le recyclage *recycling*
la surpopulation *overpopulation*
le trou dans la couche d'ozone *hole in the ozone layer*
une usine *factory*
écologique *ecological*

Les lois et les règlements

abolir *to abolish*
interdire *to forbid, to prohibit*
un gouvernement *government*
une loi *law*

Pronoms démonstratifs

celui *this one; that one; the one (**m.** sing.)*
ceux *these; those; the ones (**m.** pl.)*
celle *this one; that one; the one (**f.** sing.)*
celles *these; those; the ones (**f.** pl.)*

Expressions utiles

See p. 491.

Impersonal expressions

Il est bon que... *It is good that...*
Il est dommage que... *It is a shame that...*
Il est essentiel que... *It is essential that...*
Il est important que... *It is important that...*
Il est indispensable que... *It is essential that...*
Il est nécessaire que... *It is necessary that...*
Il est possible que... *It is possible that...*
Il faut que... *One must... / It is necessary that...*
Il vaut mieux que... *It is better that...*

Leçon 13B

La nature

une espèce (menacée) *(endangered) species*
la nature *nature*
un pique-nique *picnic*
une région *region*
une ressource naturelle *natural resource*
un arbre *tree*
un bois *woods*
un champ *field*
le ciel *sky*
une côte *coast*
un désert *desert*
une étoile *star*
une falaise *cliff*
un fleuve *river*
une forêt (tropicale) *(tropical) forest*
l'herbe (*f.*) *grass*
une île *island*
la jungle *jungle*
un lac *lake*
la Lune *moon*
une pierre *stone*
une plante *plant*
une rivière *river*
un sentier *path*
une vallée *valley*
un volcan *volcano*

L'écologie

chasser *to hunt*
jeter *to throw away*
la chasse *hunt*
le déboisement *deforestation*
l'écotourisme (*m.*) *ecotourism*
l'extinction (*f.*) *extinction*
la préservation *protection*
le sauvetage des habitats *habitat preservation*

Les animaux

un animal *animal*
un écureuil *squirrel*
un lapin *rabbit*
un serpent *snake*
une vache *cow*

Expressions utiles

See p. 509.

Verbs of will

demander que... *to ask that...*
désirer que... *to want/desire that...*
exiger que... *to demand that...*
préférer que... *to prefer that...*
proposer que... *to propose that...*
recommander que... *to recommend that...*
souhaiter que... *to wish that...*
suggérer que... *to suggest that...*
vouloir que... *to want that...*

Verbs and expressions of emotion

aimer que... *to like that...*
avoir peur que... *to be afraid that...*
être content(e) que... *to be glad that...*
être désolé(e) que... *to be sorry that...*
être furieux /furieuse que... *to be furious that...*
être heureux /heureuse que... *to be happy that...*
être surpris(e) que... *to be surprised that...*
être triste que... *to be sad that...*
regretter que... *to regret that...*

Expressions of doubt and certainty

douter que... *to doubt that...*
ne pas croire que... *not to believe that...*
ne pas penser que... *not to think that...*
Il est douteux que... *It is doubtful that...*
Il est impossible que... *It is impossible that...*
Il n'est pas certain que... *It is uncertain that...*
Il n'est pas sûr que... *It is not sure that...*
Il n'est pas vrai que... *It is untrue that...*

croire

See p. 522.

Le monde francophone

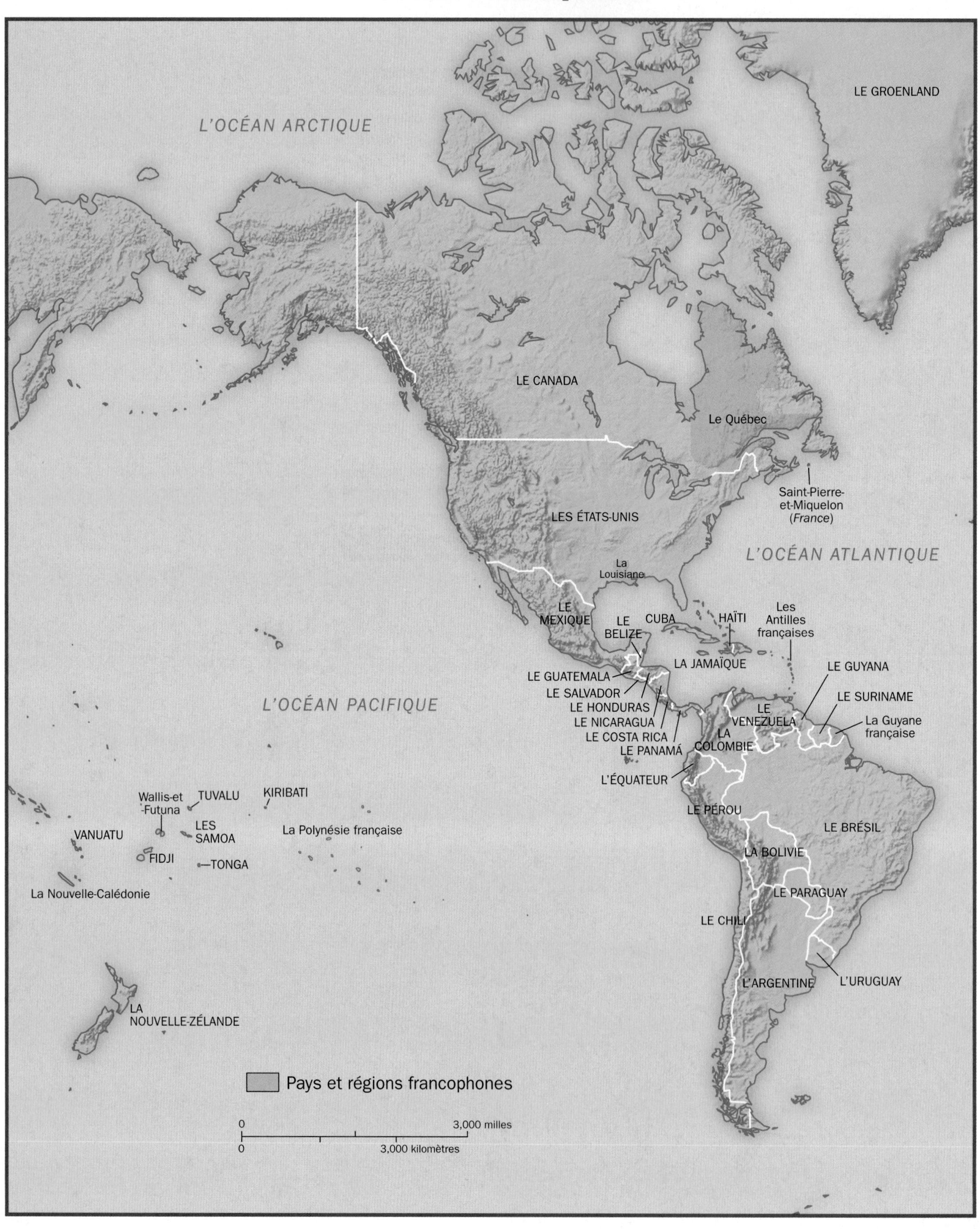

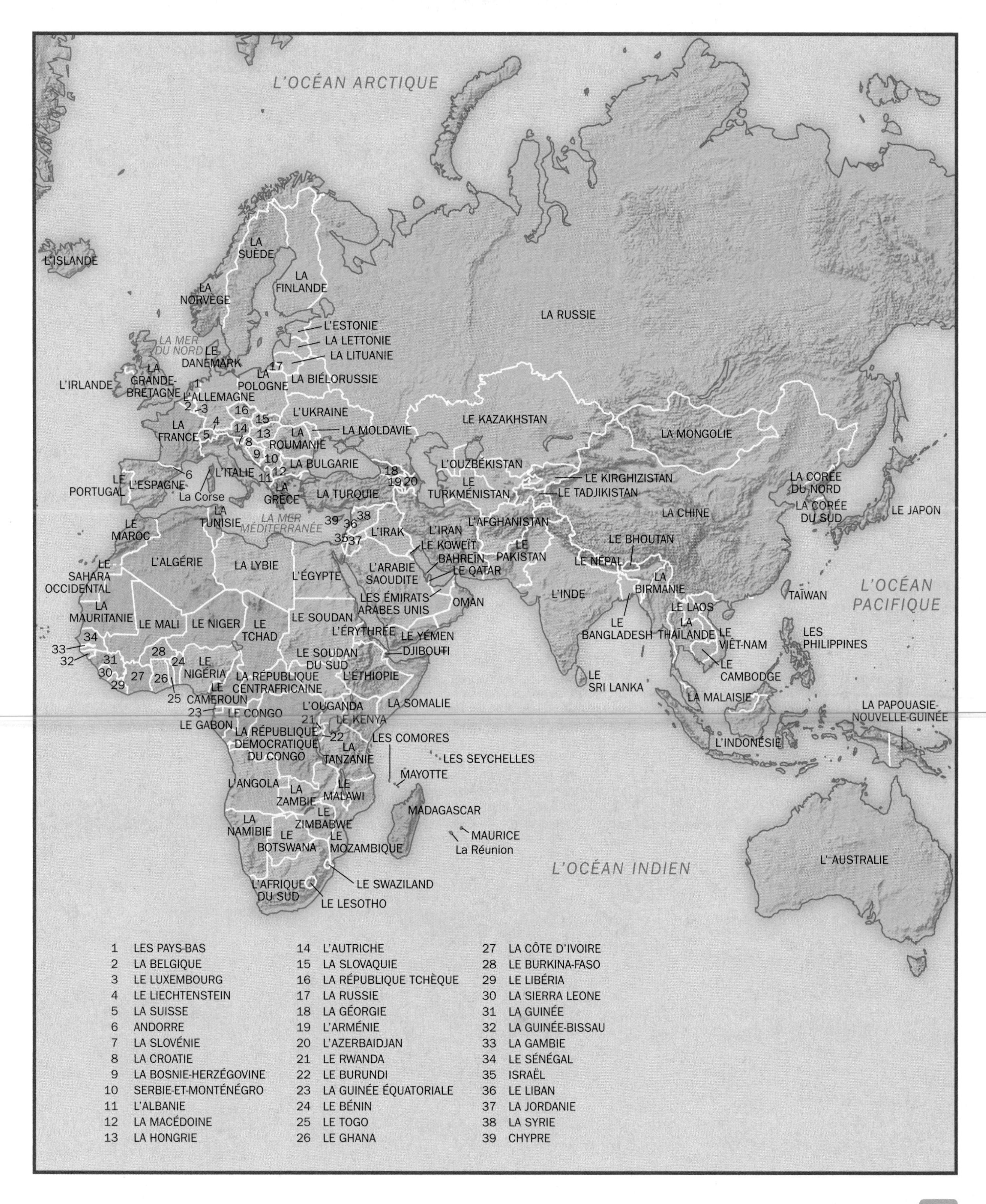

L'OCÉAN ARCTIQUE
L'ISLANDE
LA SUÈDE
LA NORVÈGE
LA FINLANDE
LA RUSSIE
L'ESTONIE
LA LETTONIE
LA LITUANIE
LA MER DU NORD
LE DANEMARK
17
L'IRLANDE
LA GRANDE-BRETAGNE
LA POLOGNE
LA BIÉLORUSSIE
L'ALLEMAGNE
L'UKRAINE
LA FRANCE
LA ROUMANIE
LA MOLDAVIE
LA BULGARIE
LE KAZAKHSTAN
LA MONGOLIE
L'OUZBÉKISTAN
LE KIRGHIZISTAN
LE TURKMÉNISTAN
LE TADJIKISTAN
LE PORTUGAL
L'ESPAGNE
L'ITALIE
La Corse
LA GRÈCE
LA TURQUIE
LA CORÉE DU NORD
LA CORÉE DU SUD
LE JAPON
LA CHINE
LA TUNISIE
LA MER MÉDITERRANÉE
LE MAROC
L'IRAK
L'IRAN
L'AFGHANISTAN
LE BHOUTAN
LE KOWEÏT
LE PAKISTAN
LE NÉPAL
L'ALGÉRIE
LA LYBIE
L'ÉGYPTE
L'ARABIE SAOUDITE
BAHREÏN
LE QATAR
LA BIRMANIE
LE SAHARA OCCIDENTAL
LES ÉMIRATS ARABES UNIS
OMAN
L'INDE
L'OCÉAN PACIFIQUE
TAÏWAN
LA MAURITANIE
LE MALI
LE NIGER
LE TCHAD
LE SOUDAN
LE LAOS
LA THAÏLANDE
L'ÉRYTHRÉE
LE YÉMEN
LE BANGLADESH
LE VIÊT-NAM
LES PHILIPPINES
DJIBOUTI
LE SOUDAN DU SUD
LE CAMBODGE
LE NIGÉRIA
LA RÉPUBLIQUE CENTRAFRICAINE
L'ÉTHIOPIE
LE SRI LANKA
LE CAMEROUN
L'OUGANDA
LA SOMALIE
LA MALAISIE
LA PAPOUASIE-NOUVELLE-GUINÉE
LE GABON
LE CONGO
LE KENYA
LA RÉPUBLIQUE DÉMOCRATIQUE DU CONGO
LES COMORES
L'INDONÉSIE
LA TANZANIE
LES SEYCHELLES
MAYOTTE
L'ANGOLA
LA ZAMBIE
LE MALAWI
MADAGASCAR
LE ZIMBABWE
LA NAMIBIE
LE BOTSWANA
LE MOZAMBIQUE
MAURICE
La Réunion
L'OCÉAN INDIEN
L' AUSTRALIE
LE SWAZILAND
L'AFRIQUE DU SUD
LE LESOTHO
1 LES PAYS-BAS
2 LA BELGIQUE
3 LE LUXEMBOURG
4 LE LIECHTENSTEIN
5 LA SUISSE
6 ANDORRE
7 LA SLOVÉNIE
8 LA CROATIE
9 LA BOSNIE-HERZÉGOVINE
10 SERBIE-ET-MONTÉNÉGRO
11 L'ALBANIE
12 LA MACÉDOINE
13 LA HONGRIE
14 L'AUTRICHE
15 LA SLOVAQUIE
16 LA RÉPUBLIQUE TCHÈQUE
17 LA RUSSIE
18 LA GÉORGIE
19 L'ARMÉNIE
20 L'AZERBAIDJAN
21 LE RWANDA
22 LE BURUNDI
23 LA GUINÉE ÉQUATORIALE
24 LE BÉNIN
25 LE TOGO
26 LE GHANA
27 LA CÔTE D'IVOIRE
28 LE BURKINA-FASO
29 LE LIBÉRIA
30 LA SIERRA LEONE
31 LA GUINÉE
32 LA GUINÉE-BISSAU
33 LA GAMBIE
34 LE SÉNÉGAL
35 ISRAËL
36 LE LIBAN
37 LA JORDANIE
38 LA SYRIE
39 CHYPRE

La France

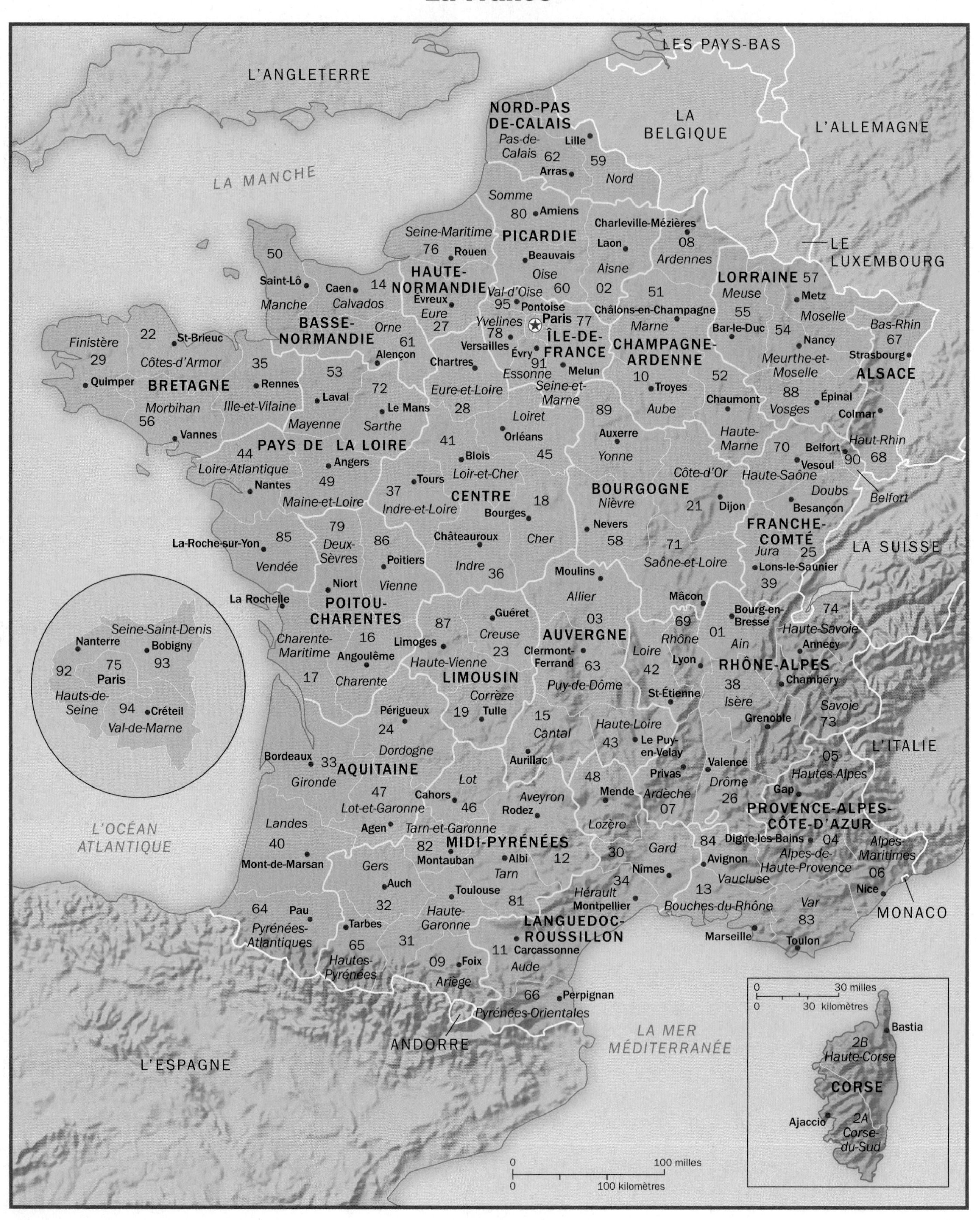

LES PAYS-BAS
L'ANGLETERRE
LA BELGIQUE
L'ALLEMAGNE
LA MANCHE
LE LUXEMBOURG
LA SUISSE
L'ITALIE
MONACO
ANDORRE
L'ESPAGNE
L'OCÉAN ATLANTIQUE
LA MER MÉDITERRANÉE
NORD-PAS DE-CALAIS
Pas-de-Calais 62
Lille
59 Nord
Arras
Somme
80 Amiens
PICARDIE
Beauvais
Oise 60
Aisne 02
Laon
Charleville-Mézières
08 Ardennes
Seine-Maritime 76
Rouen
HAUTE-NORMANDIE
Évreux
Eure 27
Val-d'Oise 95
Pontoise
50
Saint-Lô
Manche
Caen 14
Calvados
BASSE-NORMANDIE
Orne 61
Alençon
Yvelines 78
Versailles
Paris 77
ÎLE-DE-FRANCE
Évry
91 Essonne
Melun
Seine-et-Marne
51
Châlons-en-Champagne
Marne
CHAMPAGNE-ARDENNE
10 Troyes
Aube
52 Chaumont
LORRAINE 57
Meuse 55
Bar-le-Duc
Metz
Moselle
54
Nancy
Meurthe-et-Moselle
88 Épinal
Vosges
Bas-Rhin 67
Strasbourg
ALSACE
Colmar
Haut-Rhin 68
Finistère 29
Quimper
22 St-Brieuc
Côtes-d'Armor
35
BRETAGNE
Rennes
Ille-et-Vilaine
Morbihan 56
Vannes
53 Laval
Mayenne
72 Le Mans
Sarthe
Chartres
Eure-et-Loire 28
Loiret
Orléans
45
89 Auxerre
Yonne
PAYS DE LA LOIRE
44 Loire-Atlantique
Nantes
Angers
49 Maine-et-Loire
41 Blois
Loir-et-Cher
37 Tours
Indre-et-Loire
CENTRE
18 Bourges
Cher
Châteauroux
Indre 36
BOURGOGNE
Nièvre
Nevers 58
Côte-d'Or 21
Dijon
Haute-Marne
70
Haute-Saône
Vesoul
Belfort 90
Belfort
Doubs
Besançon
FRANCHE-COMTÉ
Jura 25
Lons-le-Saunier 39
71 Saône-et-Loire
85 La-Roche-sur-Yon
Vendée
79 Deux-Sèvres
86 Poitiers
Vienne
Niort
La Rochelle
POITOU-CHARENTES
Charente-Maritime 17
16 Angoulême
Charente
87 Limoges
Haute-Vienne
Guéret
Creuse 23
LIMOUSIN
Corrèze 19 Tulle
Moulins
Allier 03
AUVERGNE
Clermont-Ferrand 63
Puy-de-Dôme
15 Cantal
Aurillac
Haute-Loire 43
Le Puy-en-Velay
Mâcon
69 Rhône
Loire 42
Lyon
St-Étienne
01 Ain
Bourg-en-Bresse
74 Haute-Savoie
Annecy
RHÔNE-ALPES
Chambéry
Savoie 73
38 Isère
Grenoble
Valence
Drôme 26
Privas
Ardèche 07
05 Hautes-Alpes
Gap
PROVENCE-ALPES-CÔTE-D'AZUR
Digne-les-Bains 04
Alpes-de-Haute-Provence
Alpes-Maritimes 06
Nice
84 Avignon
Vaucluse
13 Bouches-du-Rhône
Marseille
Var 83
Toulon
Seine-Saint-Denis
Nanterre
Bobigny 93
92
75 Paris
Hauts-de-Seine
94 Créteil
Val-de-Marne
Périgueux 24
Dordogne
Bordeaux 33
AQUITAINE
Gironde
47 Lot-et-Garonne
Cahors
Lot 46
Aveyron
Rodez
48 Mende
Lozère
Landes 40
Mont-de-Marsan
Agen
Tarn-et-Garonne
82 Montauban
MIDI-PYRÉNÉES
Albi 12
Tarn
Gers 32
Auch
Toulouse
Haute-Garonne 31
81
30 Gard
Nîmes
34 Hérault
Montpellier
64 Pau
Pyrénées-Atlantiques
Tarbes
65 Hautes-Pyrénées
09 Foix
Ariège
LANGUEDOC-ROUSSILLON
11 Carcassonne
Aude
66 Perpignan
Pyrénées-Orientales
0 30 milles
0 30 kilomètres
Bastia
2B Haute-Corse
CORSE
Ajaccio
2A Corse-du-Sud
0 100 milles
0 100 kilomètres

L'Europe

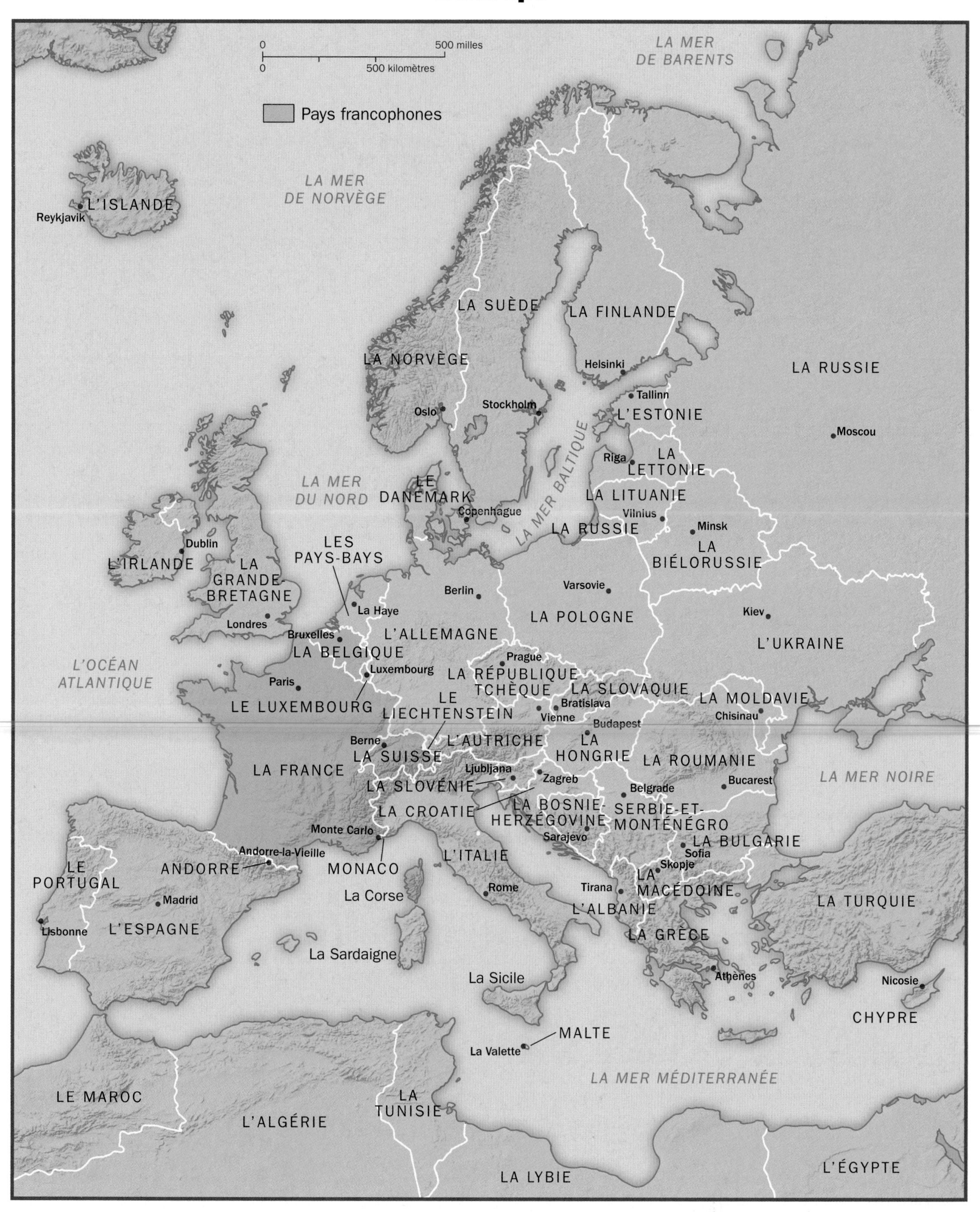

0
500 milles
0
500 kilomètres
Pays francophones
LA MER
DE BARENTS
LA MER
DE NORVÈGE
L'ISLANDE
Reykjavik
LA SUÈDE
LA FINLANDE
LA NORVÈGE
Helsinki
LA RUSSIE
Tallinn
Oslo
Stockholm
L'ESTONIE
Moscou
Riga
LA
LETTONIE
LA MER BALTIQUE
LA MER
DU NORD
LE
DANEMARK
LA LITUANIE
Copenhague
Vilnius
LA RUSSIE
Minsk
Dublin
LES
PAYS-BAYS
LA
BIÉLORUSSIE
L'IRLANDE
LA
GRANDE-
BRETAGNE
Berlin
Varsovie
La Haye
Kiev
Londres
LA POLOGNE
Bruxelles
L'ALLEMAGNE
L'UKRAINE
LA BELGIQUE
L'OCÉAN
ATLANTIQUE
Prague
Luxembourg
LA RÉPUBLIQUE
TCHÈQUE
Paris
LA SLOVAQUIE
LE
LA MOLDAVIE
Bratislava
LE LUXEMBOURG
LIECHTENSTEIN
Chisinau
Vienne
Budapest
Berne
L'AUTRICHE
LA
HONGRIE
LA SUISSE
LA ROUMANIE
LA FRANCE
Ljubljana
LA MER NOIRE
Zagreb
LA SLOVÉNIE
Bucarest
Belgrade
LA BOSNIE-
HERZÉGOVINE
SERBIE-ET-
MONTÉNÉGRO
LA CROATIE
Monte Carlo
Sarajevo
LA BULGARIE
Andorre-la-Vieille
Sofia
L'ITALIE
LE
PORTUGAL
ANDORRE
MONACO
Skopje
LA
MACÉDOINE
Tirana
Rome
Madrid
La Corse
L'ALBANIE
LA TURQUIE
Lisbonne
L'ESPAGNE
LA GRÈCE
La Sardaigne
Athènes
La Sicile
Nicosie
CHYPRE
MALTE
La Valette
LA MER MÉDITERRANÉE
LE MAROC
LA
TUNISIE
L'ALGÉRIE
L'ÉGYPTE
LA LYBIE

L'Afrique

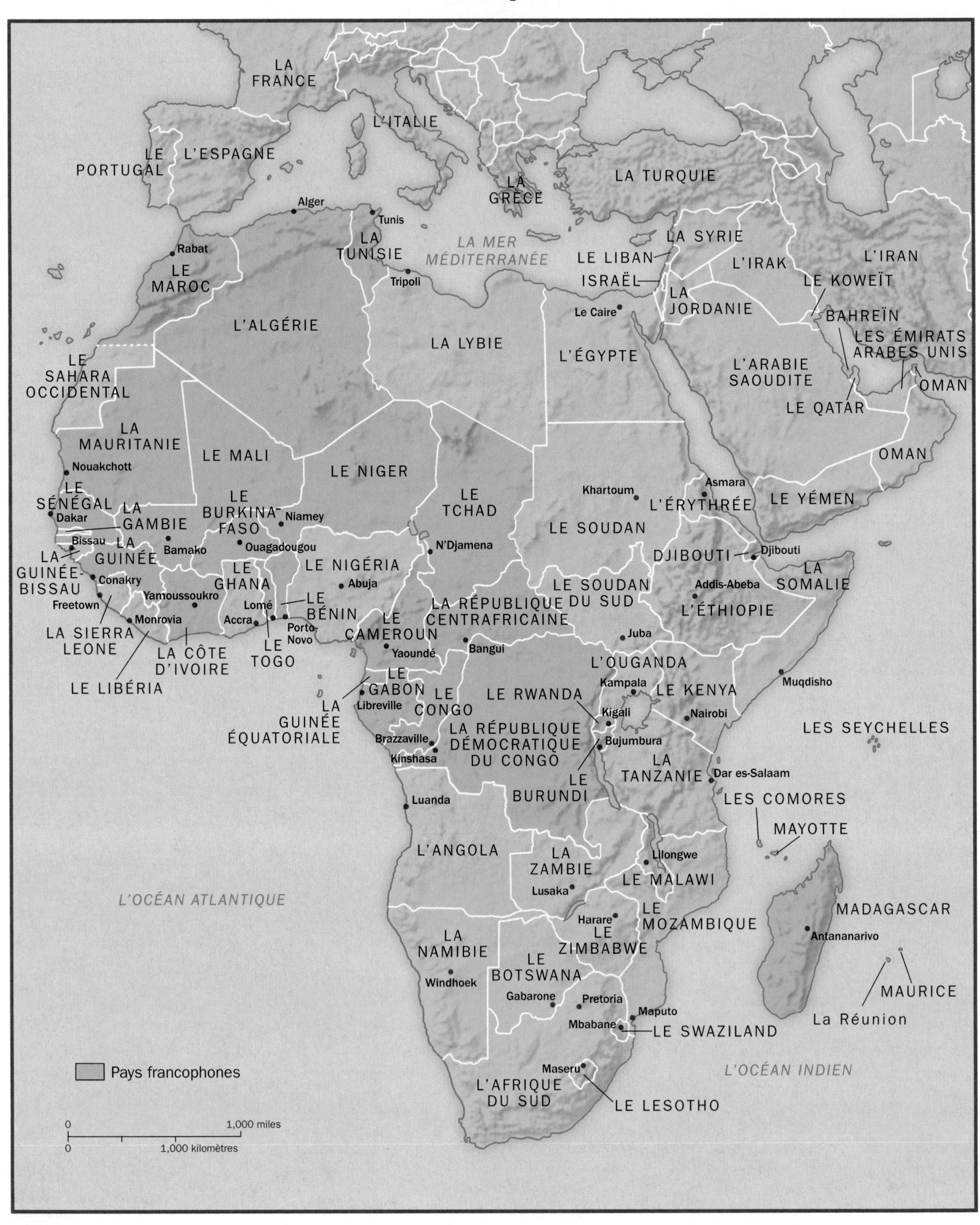

LA FRANCE
L'ITALIE
LE PORTUGAL
L'ESPAGNE
LA GRÈCE
LA TURQUIE
Alger
Tunis
LA TUNISIE
Rabat
LE MAROC
Tripoli
LA MER MÉDITERRANÉE
LA SYRIE
LE LIBAN
ISRAËL
L'IRAK
L'IRAN
LE KOWEÏT
LA JORDANIE
BAHREÏN
LES ÉMIRATS ARABES UNIS
OMAN
L'ARABIE SAOUDITE
LE QATAR
Le Caire
L'ÉGYPTE
L'ALGÉRIE
LA LYBIE
LE SAHARA OCCIDENTAL
LA MAURITANIE
Nouakchott
LE MALI
LE NIGER
LE TCHAD
OMAN
Khartoum
Asmara
L'ÉRYTHRÉE
LE YÉMEN
LE SOUDAN
LE SÉNÉGAL
Dakar
LA GAMBIE
LE BURKINA-FASO
Niamey
Bissau
LA GUINÉE
Bamako
Ouagadougou
N'Djamena
DJIBOUTI
Djibouti
LA GUINÉE-BISSAU
Conakry
LE GHANA
LE NIGÉRIA
Abuja
LA SOMALIE
Addis-Abeba
Yamoussoukro
Freetown
Lomé
LE BÉNIN
LE CAMEROUN
LA RÉPUBLIQUE CENTRAFRICAINE
LE SOUDAN DU SUD
L'ÉTHIOPIE
Monrovia
Accra
Porto-Novo
LA SIERRA LEONE
LA CÔTE D'IVOIRE
LE TOGO
Yaoundé
Bangui
Juba
LE LIBÉRIA
LE GABON
L'OUGANDA
Kampala
LE KENYA
Muqdisho
LA GUINÉE ÉQUATORIALE
Libreville
LE CONGO
LE RWANDA
Kigali
Nairobi
LES SEYCHELLES
Brazzaville
Kinshasa
LA RÉPUBLIQUE DÉMOCRATIQUE DU CONGO
Bujumbura
LE BURUNDI
LA TANZANIE
Dar es-Salaam
LES COMORES
MAYOTTE
Luanda
L'ANGOLA
LA ZAMBIE
Lusaka
Lilongwe
LE MALAWI
L'OCÉAN ATLANTIQUE
Harare
LE ZIMBABWE
LE MOZAMBIQUE
MADAGASCAR
Antananarivo
LA NAMIBIE
Windhoek
LE BOTSWANA
Gabarone
Pretoria
Maputo
Mbabane
LE SWAZILAND
MAURICE
La Réunion
Maseru
L'AFRIQUE DU SUD
LE LESOTHO
L'OCÉAN INDIEN
Pays francophones
0
1,000 miles
0
1,000 kilomètres

L'Amérique du Nord et du Sud

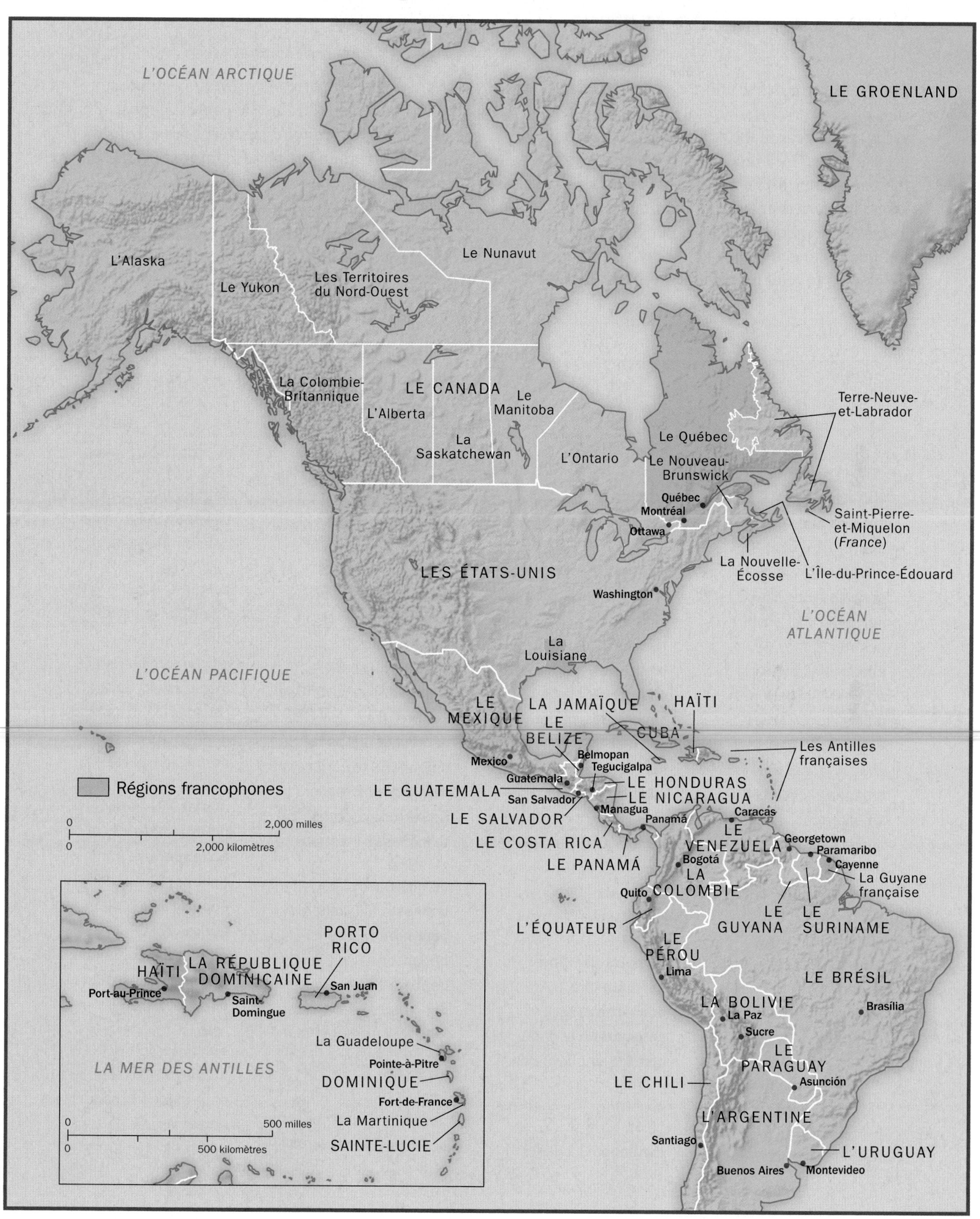

Verb Conjugation Tables

The list of verbs below and the model verb tables that start on page A-11 show you how to conjugate the verbs that appear in **PROMENADES**. Each verb in the list is followed by a model verb conjugated according to the same pattern. The number in parentheses indicates where in the verb tables you can find the conjugated forms of the model verb. For example, if you want to find out how to conjugate the verb **offrir**, look up number 31 to refer to its model verb, **ouvrir**. The phrase **p.c.** with **être** after a verb means that it is conjugated with **être** in the **passé composé**. Reminder: All reflexive (pronominal) verbs use **être** as their auxiliary verb in the **passé composé**. The infinitives of reflexive verbs begin with **se** (**s'**).

In the tables you will find the infinitive, past participles, and all the forms of each model verb you have learned.

abolir like finir (2)
aborder like parler (1)
abriter like parler (1)
accepter like parler (1)
accompagner like parler (1)
accueillir like ouvrir (31)
acheter (7)
adorer like parler (1)
afficher like parler (1)
aider like parler (1)
aimer like parler (1)
aller (13) **p.c.** with **être**
allumer like parler (1)
améliorer like parler (1)
amener like acheter (7)
animer like parler (1)
apercevoir like recevoir (36)
appeler (8)
applaudir like finir (2)
apporter like parler (1)
apprendre like prendre (35)
arrêter like parler (1)
arriver like parler (1) *except* **p.c.** with **être**
assister like parler (1)
attacher like parler (1)
attendre like vendre (3)
attirer like parler (1)
avoir (4)
balayer like essayer (10)
bavarder like parler (1)
boire (15)
bricoler like parler (1)
bronzer like parler (1)
célébrer like préférer (12)
chanter like parler (1)
chasser like parler (1)
chercher like parler (1)
choisir like finir (2)
classer like parler (1)
commander like parler (1)
commencer (9)
composer like parler (1)
comprendre like prendre (35)
compter like parler (1)
conduire (16)
connaître (17)
consacrer like parler (1)
considérer like préférer (12)
construire like conduire (16)
continuer like parler (1)
courir (18)
coûter like parler (1)
couvrir like ouvrir (31)
croire (19)
cuisiner like parler (1)
danser like parler (1)
débarrasser like parler (1)
décider like parler (1)
découvrir like ouvrir (31)
décrire like écrire (22)
décrocher like parler (1)
déjeuner like parler (1)
demander like parler (1)
démarrer like parler (1)
déménager like manger (11)
démissionner like parler (1)
dépasser like parler (1)
dépendre like vendre (3)
dépenser like parler (1)
déposer like parler (1)
descendre like vendre (3) *except* **p.c.** with **être; p.c.** w/**avoir** if takes a direct object
désirer like parler (1)
dessiner like parler (1)
détester like parler (1)
détruire like conduire (16)
développer like parler (1)
devenir like venir (41); **p.c.** with **être**
devoir (20)
dîner like parler (1)
dire (21)
diriger like parler (1)
discuter like parler (1)
divorcer like commencer (9)
donner like parler (1)
dormir like partir (32) *except* **p.c.** with **avoir**
douter like parler (1)
durer like parler (1)
échapper like parler (1)
échouer like parler (1)
écouter like parler (1)
écrire (22)
effacer like commencer (9)
embaucher like parler (1)
emménager like manger (11)
emmener like acheter (7)
employer like essayer (10)
emprunter like parler (1)
enfermer like parler (1)
enfler like parler (1)

enlever like acheter (7)
enregistrer like parler (1)
enseigner like parler (1)
entendre like vendre (3)
entourer like parler (1)
entrer like parler (1) *except* **p.c.** with **être**
entretenir like tenir (40)
envahir like finir (2)
envoyer like essayer (10)
épouser like parler (1)
espérer like préférer (12)
essayer (10)
essuyer like essayer (10)
éteindre (24)
éternuer like parler (1)
étrangler like parler (1)
être (5)
étudier like parler (1)
éviter like parler (1)
exiger like manger (11)
expliquer like parler (1)
explorer like parler (1)
faire (25)
falloir (26)
fermer like parler (1)
fêter like parler (1)
finir (2)
fonctionner like parler (1)
fonder like parler (1)
freiner like parler (1)
fréquenter like parler (1)
fumer like parler (1)
gagner like parler (1)
garder like parler (1)
garer like parler (1)
gaspiller like parler (1)
goûter like parler (1)
graver like parler (1)
grossir like finir (2)
guérir like finir (2)
habiter like parler (1)
imprimer like parler (1)
indiquer like parler (1)
interdire like dire (21)
inviter like parler (1)
jeter like appeler (8)
jouer like parler (1)
laisser like parler (1)
laver like parler (1)
lire (27)
loger like manger (11)
louer like parler (1)
lutter like parler (1)
maigrir like finir (2)
maintenir like tenir (40)
manger (11)
marcher like parler (1)
mêler like préférer (12)
mener like parler (1)
mettre (28)
monter like parler (1) *except* **p.c.** with **être**; **p.c.** w/**avoir** if takes a direct object
montrer like parler (1)
mourir (29); **p.c.** with **être**
nager like manger (11)
naître (30); **p.c.** with **être**
nettoyer like essayer (10)
noter like parler (1)
obtenir like tenir (40)
offrir like ouvrir (31)
organiser like parler (1)
oublier like parler (1)
ouvrir (31)
parler (1)
partager like manger (11)
partir (32); **p.c.** with **être**
passer like parler (1)
patienter like parler (1)
patiner like parler (1)
payer like essayer (10)
penser like parler (1)
perdre like vendre (3)
permettre like mettre (28)
pleuvoir (33)
plonger like manger (11)
polluer like parler (1)
porter like parler (1)
poser like parler (1)
posséder like préférer (12)
poster like parler (1)
pouvoir (34)
pratiquer like parler (1)
préférer (12)
prélever like parler (1)
prendre (35)
préparer like parler (1)
présenter like parler (1)
préserver like parler (1)
prêter like parler (1)
prévenir like tenir (40)
produire like conduire (16)
profiter like parler (1)
promettre like mettre (28)
proposer like parler (1)
protéger like préférer (12)
provenir like venir (41)
publier like parler (1)
quitter like parler (1)
raccrocher like parler (1)
ranger like manger (11)
réaliser like parler (1)
recevoir (36)
recommander like parler (1)
reconnaître like connaître (17)
recycler like parler (1)
réduire like conduire (16)
réfléchir like finir (2)
regarder like parler (1)
régner like préférer (12)
remplacer like parler (1)
remplir like finir (2)
rencontrer like parler (1)
rendre like vendre (3)
rentrer like parler (1) *except* **p.c.** with **être**
renvoyer like essayer (10)
réparer like parler (1)
repasser like parler (1)
répéter like préférer (12)
repeupler like parler (1)
répondre like vendre (3)
réserver like parler (1)
rester like parler (1) *except* **p.c.** with **être**
retenir like tenir (40)
retirer like parler (1)
retourner like parler (1) *except* **p.c.** with **être**
retrouver like parler (1)
réussir like finir (2)
revenir like venir (41); **p.c.** with **être**
revoir like voir (42)
rire (37)
rouler like parler (1)
salir like finir (2)
s'amuser like se laver (6)
s'asseoir (14)
sauvegarder like parler (1)
sauver like parler (1)
savoir (38)
se brosser like se laver (6)
se coiffer like se laver (6)
se composer like se laver (6)
se connecter like se laver (6)
se coucher like se laver (6)
se croiser like se laver (6)
se dépêcher like se laver (6)
se déplacer like se laver (6)
se déshabiller like se laver (6)
se détendre like vendre (3) *except* **p.c.** with **être**
se disputer like se laver (6)
s'embrasser like se laver (6)
s'endormir like partir (32) *except* **p.c.** with **être**
s'énerver like se laver (6)
s'ennuyer like essayer (10) *except* **p.c.** with **être**
s'excuser like se laver (6)
se fouler like se laver (6)
s'installer like se laver (6)
se laver (6)
se lever like se laver (6)
se maquiller like se laver (6)
se marier like se laver (6)

se promener like acheter (7) *except* **p.c.** with **être**
se rappeler like se laver (6)
se raser like se laver (6)
se rebeller like se laver (6)
se réconcilier like se laver (6)
se relever like se laver (6)
se reposer like se laver (6)
se réveiller like se laver (6)
servir like partir (32) *except* **p.c.** with **avoir**
se sécher like préférer (12) *except* **p.c.** with **être**
se souvenir like venir (41)
se tromper like se laver (6)
s'habiller like se laver (6)
sentir like partir (32) *except* **p.c.** with **avoir**
signer like parler (1)
s'inquiéter like préférer (12) *except* **p.c.** with **être**
s'intéresser like se laver (6)
skier like parler (1)
s'occuper like se laver (6)
sonner like parler (1)
s'orienter like se laver (6)
sortir like partir (32)
sourire like rire (37)
souffrir like ouvrir (31)
souhaiter like parler (1)
subvenir like venir (41) *except* **p.c.** with **avoir**
suffire like lire (27)
suggérer like préférer (12)
suivre (39)
surfer like parler (1)
surprendre like prendre (35)
télécharger like parler (1)
téléphoner like parler (1)
tenir (40)
tomber like parler (1) *except* **p.c.** with **être**
tourner like parler (1)
tousser like parler (1)
traduire like conduire (16)
travailler like parler (1)
traverser like parler (1)
trouver like parler (1)
tuer like parler (1)
utiliser like parler (1)
valoir like falloir (26)
vendre (3)
venir (41); **p.c.** with **être**
vérifier like parler (1)
visiter like parler (1)
vivre like suivre (39)
voir (42)
vouloir (43)
voyager like manger (11)

Regular verbs

	Infinitive / Past participle	INDICATIVE					CONDITIONAL	SUBJUNCTIVE	IMPERATIVE
		Subject Pronouns	Present	Passé composé	Imperfect	Future	Present	Present	
1	parler	je (j')	parle	ai parlé	parlais	parlerai	parlerais	parle	
	(to speak)	tu	parles	as parlé	parlais	parleras	parlerais	parles	parle
		il/elle/on	parle	a parlé	parlait	parlera	parlerait	parle	
	parlé	nous	parlons	avons parlé	parlions	parlerons	parlerions	parlions	parlons
		vous	parlez	avez parlé	parliez	parlerez	parleriez	parliez	parlez
		ils/elles	parlent	ont parlé	parlaient	parleront	parleraient	parlent	
2	finir	je (j')	finis	ai fini	finissais	finirai	finirais	finisse	
	(to finish)	tu	finis	as fini	finissais	finiras	finirais	finisses	finis
		il/elle/on	finit	a fini	finissait	finira	finirait	finisse	
	fini	nous	finissons	avons fini	finissions	finirons	finirions	finissions	finissons
		vous	finissez	avez fini	finissiez	finirez	finiriez	finissiez	finissez
		ils/elles	finissent	ont fini	finissaient	finiront	finiraient	finissent	
3	vendre	je (j')	vends	ai vendu	vendais	vendrai	vendrais	vende	
	(to sell)	tu	vends	as vendu	vendais	vendras	vendrais	vendes	vends
		il/elle/on	vend	a vendu	vendait	vendra	vendrait	vende	
	vendu	nous	vendons	avons vendu	vendions	vendrons	vendrions	vendions	vendons
		vous	vendez	avez vendu	vendiez	vendrez	vendriez	vendiez	vendez
		ils/elles	vendent	ont vendu	vendaient	vendront	vendraient	vendent	

Auxiliary verbs: *avoir* and *être*

	Infinitive / Past participle	INDICATIVE					CONDITIONAL	SUBJUNCTIVE	IMPERATIVE
		Subject Pronouns	Present	Passé composé	Imperfect	Future	Present	Present	
4	avoir	j'	ai	ai eu	avais	aurai	aurais	aie	
	(to have)	tu	as	as eu	avais	auras	aurais	aies	aie
		il/elle/on	a	a eu	avait	aura	aurait	ait	
	eu	nous	avons	avons eu	avions	aurons	aurions	ayons	ayons
		vous	avez	avez eu	aviez	aurez	auriez	ayez	ayez
		ils/elles	ont	ont eu	avaient	auront	auraient	aient	
5	être	je (j')	suis	ai été	étais	serai	serais	sois	
	(to be)	tu	es	as été	étais	seras	serais	sois	sois
		il/elle/on	est	a été	était	sera	serait	soit	
	été	nous	sommes	avons été	étions	serons	serions	soyons	soyons
		vous	êtes	avez été	étiez	serez	seriez	soyez	soyez
		ils/elles	sont	ont été	étaient	seront	seraient	soient	

Reflexive (Pronominal)

	Infinitive / Past participle	INDICATIVE					CONDITIONAL	SUBJUNCTIVE	IMPERATIVE
		Subject Pronouns	Present	Passé composé	Imperfect	Future	Present	Present	
6	se laver	je	me lave	me suis lavé(e)	me lavais	me laverai	me laverais	me lave	
	(to wash oneself)	tu	te laves	t'es lavé(e)	te lavais	te laveras	te laverais	te laves	lave-toi
		il/elle/on	se lave	s'est lavé(e)	se lavait	se lavera	se laverait	se lave	
	lavé	nous	nous lavons	nous sommes lavé(e)s	nous lavions	nous laverons	nous laverions	nous lavions	lavons-nous
		vous	vous lavez	vous êtes lavé(e)(s)	vous laviez	vous laverez	vous laveriez	vous laviez	lavez-vous
		ils/elles	se lavent	se sont lavé(e)s	se lavaient	se laveront	se laveraient	se lavent	

Verbs with spelling changes

	Infinitive / Past participle	INDICATIVE: Subject Pronouns	INDICATIVE: Present	INDICATIVE: Passé composé	INDICATIVE: Imperfect	INDICATIVE: Future	CONDITIONAL: Present	SUBJUNCTIVE: Present	IMPERATIVE
7	acheter	j'	achète	ai acheté	achetais	achèterai	achèterais	achète	
	(to buy)	tu	achètes	as acheté	achetais	achèteras	achèterais	achètes	achète
		il/elle/on	achète	a acheté	achetait	achètera	achèterait	achète	
	acheté	nous	achetons	avons acheté	achetions	achèterons	achèterions	achetions	achetons
		vous	achetez	avez acheté	achetiez	achèterez	achèteriez	achetiez	achetez
		ils/elles	achètent	ont acheté	achetaient	achèteront	achèteraient	achètent	
8	appeler	j'	appelle	ai appelé	appelais	appellerai	appellerais	appelle	
	(to call)	tu	appelles	as appelé	appelais	appelleras	appellerais	appelles	appelle
		il/elle/on	appelle	a appelé	appelait	appellera	appellerait	appelle	
	appelé	nous	appelons	avons appelé	appelions	appellerons	appellerions	appelions	appelons
		vous	appelez	avez appelé	appeliez	appellerez	appelleriez	appeliez	appelez
		ils/elles	appellent	ont appelé	appelaient	appelleront	appelleraient	appellent	
9	commencer	je (j')	commence	ai commencé	commençais	commencerai	commencerais	commence	
	(to begin)	tu	commences	as commencé	commençais	commenceras	commencerais	commences	commence
		il/elle/on	commence	a commencé	commençait	commencera	commencerait	commence	
	commencé	nous	commençons	avons commencé	commencions	commencerons	commencerions	commencions	commençons
		vous	commencez	avez commencé	commenciez	commencerez	commenceriez	commenciez	commencez
		ils/elles	commencent	ont commencé	commençaient	commenceront	commenceraient	commencent	
10	essayer	j'	essaie	ai essayé	essayais	essaierai	essaierais	essaie	
	(to try)	tu	essaies	as essayé	essayais	essaieras	essaierais	essaies	essaie
		il/elle/on	essaie	a essayé	essayait	essaiera	essaierait	essaie	
	essayé	nous	essayons	avons essayé	essayions	essaierons	essaierions	essayions	essayons
		vous	essayez	avez essayé	essayiez	essaierez	essaieriez	essayiez	essayez
		ils/elles	essayent	ont essayé	essayaient	essaieront	essaieraient	essaient	
11	manger	je (j')	mange	ai mangé	mangeais	mangerai	mangerais	mange	
	(to eat)	tu	manges	as mangé	mangeais	mangeras	mangerais	manges	mange
		il/elle/on	mange	a mangé	mangeait	mangera	mangerait	mange	
	mangé	nous	mangeons	avons mangé	mangions	mangerons	mangerions	mangions	mangeons
		vous	mangez	avez mangé	mangiez	mangerez	mangeriez	mangiez	mangez
		ils/elles	mangent	ont mangé	mangeaient	mangeront	mangeraient	mangent	

	Infinitive / Past participle	INDICATIVE					CONDITIONAL	SUBJUNCTIVE	IMPERATIVE
		Subject Pronouns	Present	Passé composé	Imperfect	Future	Present	Present	
12	préférer	je (j')	préfère	ai préféré	préférais	préférerai	préférerais	préfère	
	(to prefer)	tu	préfères	as préféré	préférais	préféreras	préférerais	préfères	préfère
		il/elle/on	préfère	a préféré	préférait	préférera	préférerait	préfère	
	préféré	nous	préférons	avons préféré	préférions	préférerons	préférerions	préférions	préférons
		vous	préférez	avez préféré	préfériez	préférerez	préféreriez	préfériez	préférez
		ils/elles	préfèrent	ont préféré	préféraient	préféreront	préféreraient	préfèrent	

Irregular verbs

	Infinitive / Past participle	INDICATIVE					CONDITIONAL	SUBJUNCTIVE	IMPERATIVE
		Subject Pronouns	Present	Passé composé	Imperfect	Future	Present	Present	
13	aller	je (j')	vais	suis allé(e)	allais	irai	irais	aille	
	(to go)	tu	vas	es allé(e)	allais	iras	irais	ailles	va
		il/elle/on	va	est allé(e)	allait	ira	irait	aille	
	allé	nous	allons	sommes allé(e)s	allions	irons	irions	allions	allons
		vous	allez	êtes allé(e)(s)	alliez	irez	iriez	alliez	allez
		ils/elles	vont	sont allé(e)s	allaient	iront	iraient	aillent	
14	s'asseoir	je	m'assieds	me suis assis(e)	m'asseyais	m'assiérai	m'assiérais	m'asseye	
	(to sit down,	tu	t'assieds	t'es assis(e)	t'asseyais	t'assiéras	t'assiérais	t'asseyes	assieds-toi
	to be seated)	il/elle/on	s'assied	s'est assis(e)	s'asseyait	s'assiéra	s'assiérait	s'asseye	
		nous	nous asseyons	nous sommes assis(e)s	nous asseyions	nous assiérons	nous assiérions	nous asseyions	asseyons-nous
	assis	vous	vous asseyez	vous êtes assis(e)(s)	vous asseyiez	vous assiérez	vous assiériez	vous asseyiez	asseyez-vous
		ils/elles	s'asseyent	se sont assis(e)s	s'asseyaient	s'assiéront	s'assiéraient	s'asseyent	
15	boire	je (j')	bois	ai bu	buvais	boirai	boirais	boive	
	(to drink)	tu	bois	as bu	buvais	boiras	boirais	boives	bois
		il/elle/on	boit	a bu	buvait	boira	boirait	boive	
	bu	nous	buvons	avons bu	buvions	boirons	boirions	buvions	buvons
		vous	buvez	avez bu	buviez	boirez	boiriez	buviez	buvez
		ils/elles	boivent	ont bu	buvaient	boiront	boiraient	boivent	

Infinitive Past participle	INDICATIVE					CONDITIONAL	SUBJUNCTIVE	IMPERATIVE
	Subject Pronouns	Present	Passé composé	Imperfect	Future	Present	Present	
16 conduire	je (j')	conduis	ai conduit	conduisais	conduirai	conduirais	conduise	
(to drive; to lead)	tu	conduis	as conduit	conduisais	conduiras	conduirais	conduises	conduis
	il/elle/on	conduit	a conduit	conduisait	conduira	conduirait	conduise	
conduit	nous	conduisons	avons conduit	conduisions	conduirons	conduirions	conduisions	conduisons
	vous	conduisez	avez conduit	conduisiez	conduirez	conduiriez	conduisiez	conduisez
	ils/elles	conduisent	ont conduit	conduisaient	conduiront	conduiraient	conduisent	
17 connaître	je (j')	connais	ai connu	connaissais	connaîtrai	connaîtrais	connaisse	
(to know, to be	tu	connais	as connu	connaissais	connaîtras	connaîtrais	connaisses	connais
acquainted with)	il/elle/on	connaît	a connu	connaissait	connaîtra	connaîtrait	connaisse	
	nous	connaissons	avons connu	connaissions	connaîtrons	connaîtrions	connaissions	connaissons
connu	vous	connaissez	avez connu	connaissiez	connaîtrez	connaîtriez	connaissiez	connaissez
	ils/elles	connaissent	ont connu	connaissaient	connaîtront	connaîtraient	connaissent	
18 courir	je (j')	cours	ai couru	courais	courrai	courrais	coure	
(to run)	tu	cours	as couru	courais	courras	courrais	coures	cours
	il/elle/on	court	a couru	courait	courra	courrait	coure	
couru	nous	courons	avons couru	courions	courrons	courrions	courions	courons
	vous	courez	avez couru	couriez	courrez	courriez	couriez	courez
	ils/elles	courent	ont couru	couraient	courront	courraient	courent	
19 croire	je (j')	crois	ai cru	croyais	croirai	croirais	croie	
(to believe)	tu	crois	as cru	croyais	croiras	croirais	croies	crois
	il/elle/on	croit	a cru	croyait	croira	croirait	croie	
cru	nous	croyons	avons cru	croyions	croirons	croirions	croyions	croyons
	vous	croyez	avez cru	croyiez	croirez	croiriez	croyiez	croyez
	ils/elles	croient	ont cru	croyaient	croiront	croiraient	croient	
20 devoir	je (j')	dois	ai dû	devais	devrai	devrais	doive	
(to have to; to owe)	tu	dois	as dû	devais	devras	devrais	doives	dois
	il/elle/on	doit	a dû	devait	devra	devrait	doive	
dû	nous	devons	avons dû	devions	devrons	devrions	devions	devons
	vous	devez	avez dû	deviez	devrez	devriez	deviez	devez
	ils/elles	doivent	ont dû	devaient	devront	devraient	doivent	

	Infinitive Past participle	INDICATIVE					CONDITIONAL	SUBJUNCTIVE	IMPERATIVE
		Subject Pronouns	Present	Passé composé	Imperfect	Future	Present	Present	
21	dire	je (j')	dis	ai dit	disais	dirai	dirais	dise	
	(to say, to tell)	tu	dis	as dit	disais	diras	dirais	dises	dis
		il/elle/on	dit	a dit	disait	dira	dirait	dise	
	dit	nous	disons	avons dit	disions	dirons	dirions	disions	disons
		vous	dites	avez dit	disiez	direz	diriez	disiez	dites
		ils/elles	disent	ont dit	disaient	diront	diraient	disent	
22	écrire	j'	écris	ai écrit	écrivais	écrirai	écrirais	écrive	
	(to write)	tu	écris	as écrit	écrivais	écriras	écrirais	écrives	écris
		il/elle/on	écrit	a écrit	écrivait	écrira	écrirait	écrive	
	écrit	nous	écrivons	avons écrit	écrivions	écrirons	écririons	écrivions	écrivons
		vous	écrivez	avez écrit	écriviez	écrirez	écririez	écriviez	écrivez
		ils/elles	écrivent	ont écrit	écrivaient	écriront	écriraient	écrivent	
23	envoyer	j'	envoie	ai envoyé	envoyais	enverrai	enverrais	envoie	
	(to send)	tu	envoies	as envoyé	envoyais	enverras	enverrais	envoies	envoie
		il/elle/on	envoie	a envoyé	envoyait	enverra	enverrait	envoie	
	envoyé	nous	envoyons	avons envoyé	envoyions	enverrons	enverrions	envoyions	envoyons
		vous	envoyez	avez envoyé	envoyiez	enverrez	enverriez	envoyiez	envoyez
		ils/elles	envoient	ont envoyé	envoyaient	enverront	enverraient	envoient	
24	éteindre	j'	éteins	ai éteint	éteignais	éteindrai	éteindrais	éteigne	
	(to turn off)	tu	éteins	as éteint	éteignais	éteindras	éteindrais	éteignes	éteins
		il/elle/on	éteint	a éteint	éteignait	éteindra	éteindrait	éteigne	
	éteint	nous	éteignons	avons éteint	éteignions	éteindrons	éteindrions	éteignions	éteignons
		vous	éteignez	avez éteint	éteigniez	éteindrez	éteindriez	éteigniez	éteignez
		ils/elles	éteignent	ont éteint	éteignaient	éteindront	éteindraient	éteignent	
25	faire	je (j')	fais	ai fait	faisais	ferai	ferais	fasse	
	(to do; to make)	tu	fais	as fait	faisais	feras	ferais	fasses	fais
		il/elle/on	fait	a fait	faisait	fera	ferait	fasse	
	fait	nous	faisons	avons fait	faisions	ferons	ferions	fassions	faisons
		vous	faites	avez fait	faisiez	ferez	feriez	fassiez	faites
		ils/elles	font	ont fait	faisaient	feront	feraient	fassent	
26	falloir	il	faut	a fallu	fallait	faudra	faudrait	faille	
	(to be necessary)								
	fallu								

	Infinitive / Past participle	INDICATIVE					CONDITIONAL	SUBJUNCTIVE	IMPERATIVE
		Subject Pronouns	Present	Passé composé	Imperfect	Future	Present	Present	
27	lire	je (j')	lis	ai lu	lisais	lirai	lirais	lise	
	(to read)	tu	lis	as lu	lisais	liras	lirais	lises	lis
		il/elle/on	lit	a lu	lisait	lira	lirait	lise	
	lu	nous	lisons	avons lu	lisions	lirons	lirions	lisions	lisons
		vous	lisez	avez lu	lisiez	lirez	liriez	lisiez	lisez
		ils/elles	lisent	ont lu	lisaient	liront	liraient	lisent	
28	mettre	je (j')	mets	ai mis	mettais	mettrai	mettrais	mette	
	(to put)	tu	mets	as mis	mettais	mettras	mettrais	mettes	mets
		il/elle/on	met	a mis	mettait	mettra	mettrait	mette	
	mis	nous	mettons	avons mis	mettions	mettrons	mettrions	mettions	mettons
		vous	mettez	avez mis	mettiez	mettrez	mettriez	mettiez	mettez
		ils/elles	mettent	ont mis	mettaient	mettront	mettraient	mettent	
29	mourir	je	meurs	suis mort(e)	mourais	mourrai	mourrais	meure	
	(to die)	tu	meurs	es mort(e)	mourais	mourras	mourrais	meures	meurs
		il/elle/on	meurt	est mort(e)	mourait	mourra	mourrait	meure	
	mort	nous	mourons	sommes mort(e)s	mourions	mourrons	mourrions	mourions	mourons
		vous	mourez	êtes mort(e)(s)	mouriez	mourrez	mourriez	mouriez	mourez
		ils/elles	meurent	sont mort(e)s	mouraient	mourront	mourraient	meurent	
30	naître	je	nais	suis né(e)	naissais	naîtrai	naîtrais	naisse	
	(to be born)	tu	nais	es né(e)	naissais	naîtras	naîtrais	naisses	nais
		il/elle/on	naît	est né(e)	naissait	naîtra	naîtrait	naisse	
	né	nous	naissons	sommes né(e)s	naissions	naîtrons	naîtrions	naissions	naissons
		vous	naissez	êtes né(e)(s)	naissiez	naîtrez	naîtriez	naissiez	naissez
		ils/elles	naissent	sont né(e)s	naissaient	naîtront	naîtraient	naissent	
31	ouvrir	j'	ouvre	ai ouvert	ouvrais	ouvrirai	ouvrirais	ouvre	
	(to open)	tu	ouvres	as ouvert	ouvrais	ouvriras	ouvrirais	ouvres	ouvre
		il/elle/on	ouvre	a ouvert	ouvrait	ouvrira	ouvrirait	ouvre	
	ouvert	nous	ouvrons	avons ouvert	ouvrions	ouvrirons	ouvririons	ouvrions	ouvrons
		vous	ouvrez	avez ouvert	ouvriez	ouvrirez	ouvririez	ouvriez	ouvrez
		ils/elles	ouvrent	ont ouvert	ouvraient	ouvriront	ouvriraient	ouvrent	

	Infinitive Past participle	INDICATIVE Subject Pronouns	 Present	 Passé composé	 Imperfect	 Future	CONDITIONAL Present	SUBJUNCTIVE Present	IMPERATIVE
32	partir	je	pars	suis parti(e)	partais	partirai	partirais	parte	
	(to leave)	tu	pars	es parti(e)	partais	partiras	partirais	partes	pars
		il/elle/on	part	est parti(e)	partait	partira	partirait	parte	
	parti	nous	partons	sommes parti(e)s	partions	partirons	partirions	partions	partons
		vous	partez	êtes parti(e)(s)	partiez	partirez	partiriez	partiez	partez
		ils/elles	partent	sont parti(e)s	partaient	partiront	partiraient	partent	
33	pleuvoir	il	pleut	a plu	pleuvait	pleuvra	pleuvrait	pleuve	
	(to rain)								
	plu								
34	pouvoir	je (j')	peux	ai pu	pouvais	pourrai	pourrais	puisse	
	(to be able)	tu	peux	as pu	pouvais	pourras	pourrais	puisses	
		il/elle/on	peut	a pu	pouvait	pourra	pourrait	puisse	
	pu	nous	pouvons	avons pu	pouvions	pourrons	pourrions	puissions	
		vous	pouvez	avez pu	pouviez	pourrez	pourriez	puissiez	
		ils/elles	peuvent	ont pu	pouvaient	pourront	pourraient	puissent	
35	prendre	je (j')	prends	ai pris	prenais	prendrai	prendrais	prenne	
	(to take)	tu	prends	as pris	prenais	prendras	prendrais	prennes	prends
		il/elle/on	prend	a pris	prenait	prendra	prendrait	prenne	
	pris	nous	prenons	avons pris	prenions	prendrons	prendrions	prenions	prenons
		vous	prenez	avez pris	preniez	prendrez	prendriez	preniez	prenez
		ils/elles	prennent	ont pris	prenaient	prendront	prendraient	prennent	
36	recevoir	je (j')	reçois	ai reçu	recevais	recevrai	recevrais	reçoive	
	(to receive)	tu	reçois	as reçu	recevais	recevras	recevrais	reçoives	reçois
		il/elle/on	reçoit	a reçu	recevait	recevra	recevrait	reçoive	
	reçu	nous	recevons	avons reçu	recevions	recevrons	recevrions	recevions	recevons
		vous	recevez	avez reçu	receviez	recevrez	recevriez	receviez	recevez
		ils/elles	reçoivent	ont reçu	recevaient	recevront	recevraient	reçoivent	
37	rire	je (j')	ris	ai ri	riais	rirai	rirais	rie	
	(to laugh)	tu	ris	as ri	riais	riras	rirais	ries	ris
		il/elle/on	rit	a ri	riait	rira	rirait	rie	
	ri	nous	rions	avons ri	riions	rirons	ririons	riions	rions
		vous	riez	avez ri	riiez	rirez	ririez	riiez	riez
		ils/elles	rient	ont ri	riaient	riront	riraient	rient	

	Infinitive / Past participle	INDICATIVE					CONDITIONAL	SUBJUNCTIVE	IMPERATIVE
		Subject Pronouns	Present	Passé composé	Imperfect	Future	Present	Present	
38	savoir	je (j')	sais	ai su	savais	saurai	saurais	sache	
	(to know)	tu	sais	as su	savais	sauras	saurais	saches	sache
		il/elle/on	sait	a su	savait	saura	saurait	sache	
	su	nous	savons	avons su	savions	saurons	saurions	sachions	sachons
		vous	savez	avez su	saviez	saurez	sauriez	sachiez	sachez
		ils/elles	savent	ont su	savaient	sauront	sauraient	sachent	
39	suivre	je (j')	suis	ai suivi	suivais	suivrai	suivrais	suive	
	(to follow)	tu	suis	as suivi	suivais	suivras	suivrais	suives	suis
		il/elle/on	suit	a suivi	suivait	suivra	suivrait	suive	
	suivi	nous	suivons	avons suivi	suivions	suivrons	suivrions	suivions	suivons
		vous	suivez	avez suivi	suiviez	suivrez	suivriez	suiviez	suivez
		ils/elles	suivent	ont suivi	suivaient	suivront	suivraient	suivent	
40	tenir	je (j')	tiens	ai tenu	tenais	tiendrai	tiendrais	tienne	
	(to hold)	tu	tiens	as tenu	tenais	tiendras	tiendrais	tiennes	tiens
		il/elle/on	tient	a tenu	tenait	tiendra	tiendrait	tienne	
	tenu	nous	tenons	avons tenu	tenions	tiendrons	tiendrions	tenions	tenons
		vous	tenez	avez tenu	teniez	tiendrez	tiendriez	teniez	tenez
		ils/elles	tiennent	ont tenu	tenaient	tiendront	tiendraient	tiennent	
41	venir	je	viens	suis venu(e)	venais	viendrai	viendrais	vienne	
	(to come)	tu	viens	es venu(e)	venais	viendras	viendrais	viennes	viens
		il/elle/on	vient	est venu(e)	venait	viendra	viendrait	vienne	
	venu	nous	venons	sommes venu(e)s	venions	viendrons	viendrions	venions	venons
		vous	venez	êtes venu(e)(s)	veniez	viendrez	viendriez	veniez	venez
		ils/elles	viennent	sont venu(e)s	venaient	viendront	viendraient	viennent	
42	voir	je (j')	vois	ai vu	voyais	verrai	verrais	voie	
	(to see)	tu	vois	as vu	voyais	verras	verrais	voies	vois
		il/elle/on	voit	a vu	voyait	verra	verrait	voie	
	vu	nous	voyons	avons vu	voyions	verrons	verrions	voyions	voyons
		vous	voyez	avez vu	voyiez	verrez	verriez	voyiez	voyez
		ils/elles	voient	ont vu	voyaient	verront	verraient	voient	
43	vouloir	je (j')	veux	ai voulu	voulais	voudrai	voudrais	veuille	
	(to want, to wish)	tu	veux	as voulu	voulais	voudras	voudrais	veuilles	veuille
		il/elle/on	veut	a voulu	voulait	voudra	voudrait	veuille	
	voulu	nous	voulons	avons voulu	voulions	voudrons	voudrions	voulions	veuillons
		vous	voulez	avez voulu	vouliez	voudrez	voudriez	vouliez	veuillez
		ils/elles	veulent	ont voulu	voulaient	voudront	voudraient	veuillent	

Guide to Vocabulary

Abbreviations used in this glossary

adj.	adjective	*form.*	formal	*p.p.*	past participle
adv.	adverb	*imp.*	imperative	*pl.*	plural
art.	article	*indef.*	indefinite	*poss.*	possessive
comp.	comparative	*interj.*	interjection	*prep.*	preposition
conj.	conjunction	*interr.*	interrogative	*pron.*	pronoun
def.	definite	*inv.*	invariable	*refl.*	reflexive
dem.	demonstrative	*i.o.*	indirect object	*rel.*	relative
disj.	disjunctive	*m.*	masculine	*sing.*	singular
d.o.	direct object	*n.*	noun	*sub.*	subject
f.	feminine	*obj.*	object	*super.*	superlative
fam.	familiar	*part.*	partitive	*v.*	verb

French-English

A

à *prep.* at; in; to 4
À bientôt. See you soon. 1
à condition que on the condition that, provided that
à côté de *prep.* next to 3
À demain. See you tomorrow. 1
à droite (de) *prep.* to the right (of) 3
à gauche (de) *prep.* to the left (of) 3
à ... heure(s) at ... (o'clock) 4
à la radio on the radio
à la télé(vision) on television
à l'automne in the fall 5
à l'étranger abroad, overseas 7
à mi-temps part-time (*job*)
à moins que unless
à plein temps full-time (*job*)
À plus tard. See you later. 1
À quelle heure? What time?; When? 2
À qui? To whom? 4
À table! Dinner is ready! 9
à temps partiel part-time (*job*)
À tout à l'heure. See you later. 1
au bout (de) *prep.* at the end (of) 12
au contraire on the contrary
au fait by the way 3
au printemps in the spring 5
Au revoir. Good-bye. 1
au secours help 11
au sujet de on the subject of, about 13
abolir *v.* to abolish 13
absolument *adv.* absolutely 8
accident *m.* accident 11
avoir un accident to have/to be in an accident 11
accompagner *v.* to accompany 12
acheter *v.* to buy 5
acteur *m.* actor 1
actif/active *adj.* active 3
activement *adv.* actively 8
actrice *f.* actress 1
addition *f.* check, bill 4
adieu farewell 13
adolescence *f.* adolescence 6
adorer *v.* to love, to adore 2
J'adore... I love... 2
s'adorer *v.* to adore one another 11
adresse *f.* address 12
aérobic *m.* aerobics 5
faire de l'aérobic *v.* to do aerobics 5
aéroport *m.* airport 7
affaires *f., pl.* business 3
affiche *f.* poster 8
afficher *v.* to post
âge *m.* age 6
âge adulte *m.* adulthood 6
agence de voyages *f.* travel agency 7
agent *m.* officer; agent 11
agent de police *m.* police officer 11
agent de voyages *m.* travel agent 7
agent immobilier *m.* real estate agent
agréable *adj.* pleasant 1
agriculteur/agricultrice *m., f.* farmer
aider (à) *v.* to help (*to do something*) 5
s'aider *v.* to help one another 11
aie (avoir) *imp. v.* have 7
ail *m.* garlic 9
aimer *v.* to like 2
aimer mieux to prefer 2
aimer que... to like that... 13
J'aime bien... I really like... 2
Je n'aime pas tellement... I don't like ... very much 2
s'aimer (bien) *v.* to love (like) one another 11
aîné(e) *adj.* elder 3
algérien(ne) *adj.* Algerian 1
aliment *m.* food item 9
Allemagne *f.* Germany 7
allemand(e) *adj.* German 1
aller *v.* to go 4
aller à la pêche to go fishing 5
aller aux urgences to go to the emergency room 10
aller avec to go with 6
aller-retour *adj.* round-trip 7
billet aller-retour *m.* round-trip ticket 7
Allons-y! Let's go! 2
Ça va? What's up?; How are things? 1
Comment allez-vous? *form.* How are you? 1
Comment vas-tu? *fam.* How are you? 1
Je m'en vais. I'm leaving. 8
Je vais bien/mal. I am doing well/badly. 1
J'y vais. I'm going/coming. 8
Nous y allons. We're going/coming. 9
allergie *f.* allergy 10
allô (*on the phone*) hello 1
allumer *v.* to turn on 11
s'allumer *v.* to light up 11
alors *adv.* so, then; at that moment 2
améliorer *v.* to improve
amende *f.* fine 11

amener *v.* to bring (*someone*) 5
américain(e) *adj.* American 1
football américain *m.* football 5
ami(e) *m., f.* friend 1
petit(e) ami(e) *m., f.* boyfriend/girlfriend 1
amitié *f.* friendship 6
amour *m.* love 6
amoureux/amoureuse *adj.* in love 6
tomber amoureux/amoureuse *v.* to fall in love 6
amusant(e) *adj.* fun 1
s'amuser *v.* to play; to have fun 10
s'amuser à *v.* to pass time by 11
an *m.* year 2
ancien(ne) *adj.* ancient, old; former
ange *m.* angel 1
anglais(e) *adj.* English 1
angle *m.* corner 12
Angleterre *f.* England 7
animal *m.* animal 13
année *f.* year 2
cette année this year 2
anniversaire *m.* birthday 5
C'est quand l'anniversaire de ... ? When is ...'s birthday? 5
C'est quand ton/votre anniversaire? When is your birthday? 5
annuler (une réservation) *v.* to cancel (a reservation) 7
anorak *m.* ski jacket, parka 6
antipathique *adj.* unpleasant 3
août *m.* August 5
apercevoir *v.* to see, to catch sight of 12
s'apercevoir *v.* to notice; to realize 12
aperçu (apercevoir) *p.p.* seen, caught sight of 12
appareil *m.* (on the phone) telephone
appareil (électrique/ménager) *m.* (electrical/household) appliance 8
appareil photo (numérique) *m.* (digital) camera 11
C'est M./Mme/Mlle ... à l'appareil. It's Mr./Mrs./Miss ... on the phone.
Qui est à l'appareil? Who's calling, please?
appartement *m.* apartment 7
appeler *v.* to call
s'appeler *v.* to be named, to be called 10
Comment t'appelles-tu? *fam.* What is your name? 1
Comment vous appelez-vous? *form.* What is your name? 1
Je m'appelle... My name is... 1
applaudir *v.* to applaud
applaudissement *m.* applause
apporter *v.* to bring (*something*) 4
apprendre (à) *v.* to teach; to learn (*to do something*) 4
appris (apprendre) *p.p., adj.* learned 6
après (que) *adv.* after 2
après-demain *adv.* day after tomorrow 2
après-midi *m.* afternoon 2
cet après-midi this afternoon 2
de l'après-midi in the afternoon 2
demain après-midi *adv.* tomorrow afternoon 2
hier après-midi *adv.* yesterday afternoon 7
arbre *m.* tree 13
architecte *m., f.* architect 3
architecture *f.* architecture 2
argent *m.* money 12
dépenser de l'argent *v.* to spend money 4
déposer de l'argent *v.* to deposit money 12
retirer de l'argent *v.* to withdraw money 12
armoire *f.* armoire, wardrobe 8
arrêt d'autobus (de bus) *m.* bus stop 7
arrêter (de faire quelque chose) *v.* to stop (doing something) 11
s'arrêter *v.* to stop 10
arrivée *f.* arrival 7
arriver (à) *v.* to arrive; to manage (*to do something*) 2
art *m.* art 2
beaux-arts *m., pl.* fine arts
artiste *m., f.* artist 3
ascenseur *m.* elevator 7
aspirateur *m.* vacuum cleaner 8
passer l'aspirateur to vacuum 8
aspirine *f.* aspirin 10
s'asseoir *v.* to sit down 10
Asseyez-vous! (s'asseoir) *imp. v.* Have a seat! 10
assez *adv. (before adjective or adverb)* pretty; quite 8
assez (de) *(before noun)* enough (of) 4
pas assez (de) not enough (of) 4
assiette *f.* plate 9
assis (s'asseoir) *p.p., adj. (used as past participle)* sat down; (*used as adjective*) sitting, seated 10
assister à *v.* to attend 2
assurance (maladie/vie) *f.* (health/life) insurance
athlète *m., f.* athlete 3
attacher *v.* to attach 11
attacher sa ceinture de sécurité to buckle one's seatbelt 11
attendre *v.* to wait 6
attention *f.* attention 5
faire attention (à) *v.* to pay attention (to) 5
au (à + le) *prep.* to/at the 4
auberge de jeunesse *f.* youth hostel 7
aubergine *f.* eggplant 9
aucun(e) *adj.* no; *pron.* none 10
ne... aucun(e) none, not any 12
augmentation (de salaire) *f.* raise (in salary)
aujourd'hui *adv.* today 2
auquel (à + lequel) *pron., m., sing.* which one
aussi *adv.* too, as well; as 1
Moi aussi. Me too. 1
aussi ... que *(used with an adjective)* as ... as 9
autant de ... que *adv. (used with noun to express quantity)* as much/as many ... as 13
auteur/femme auteur *m., f.* author
autobus *m.* bus 7
arrêt d'autobus (de bus) *m.* bus stop 7
prendre un autobus to take a bus 7
automne *m.* fall 5
à l'automne in the fall 5
autoroute *f.* highway 11
autour (de) *prep.* around 12
autrefois *adv.* in the past 8
aux (à + les) to/at the 4
auxquelles (à + lesquelles) *pron., f., pl.* which ones
auxquels (à + lesquels) *pron., m., pl.* which ones
avance *f.* advance 2
en avance *adv.* early 2
avant (de/que) *adv.* before 7
avant-hier *adv.* day before yesterday 7
avec *prep.* with 1
Avec qui? With whom? 4
aventure *f.* adventure
film d'aventures *m.* adventure film
avenue *f.* avenue 12
avion *m.* airplane 7
prendre un avion *v.* to take a plane 7
avocat(e) *m., f.* lawyer 3
avoir *v.* to have 2
aie *imp. v.* have 7
avoir besoin (de) to need (*something*) 2

avoir chaud to be hot 2
avoir de la chance to be lucky 2
avoir envie (de) to feel like (*doing something*) 2
avoir faim to be hungry 4
avoir froid to be cold 2
avoir honte (de) to be ashamed (of) 2
avoir l'air to look like, seem 2
avoir mal to have an ache 10
avoir mal au cœur to feel nauseated 10
avoir peur (de/que) to be afraid (of/that) 2
avoir raison to be right 2
avoir soif to be thirsty 4
avoir sommeil to be sleepy 2
avoir tort to be wrong 2
avoir un accident to have/to be in an accident 11
avoir un compte bancaire to have a bank account 12
en avoir marre to be fed up 3
avril *m.* April 5
ayez (avoir) *imp. v.* have 7
ayons (avoir) *imp. v.* let's have 7

B

bac(calauréat) *m.* an important exam taken by high-school students in France 2
baguette *f.* baguette 4
baignoire *f.* bathtub 8
bain *m.* bath 6
salle de bains *f.* bathroom 8
balai *m.* broom 8
balayer *v.* to sweep 8
balcon *m.* balcony 8
banane *f.* banana 9
banc *m.* bench 12
bancaire *adj.* banking 12
avoir un compte bancaire *v.* to have a bank account 12
bande dessinée (B.D.) *f.* comic strip 5
banlieue *f.* suburbs 4
banque *f.* bank 12
banquier/banquière *m., f.* banker
barbant adj., **barbe** *f.* drag 3
baseball *m.* baseball 5
basket(-ball) *m.* basketball 5
baskets *f., pl.* tennis shoes 6
bateau *m.* boat 7
prendre un bateau *v.* to take a boat 7
bateau-mouche *m.* riverboat 7
bâtiment *m.* building 12
batterie *f.* drums
bavarder *v.* to chat 4
beau (belle) *adj.* handsome; beautiful 3
faire quelque chose de beau *v.* to be up to something interesting 12
Il fait beau. The weather is nice. 5
beaucoup (de) *adv.* a lot (of) 4
Merci (beaucoup). Thank you (very much). 1
beau-frère *m.* brother-in-law 3
beau-père *m.* father-in-law; stepfather 3
beaux-arts *m., pl.* fine arts
belge *adj.* Belgian 7
Belgique *f.* Belgium 7
belle *adj., f.* (feminine form of **beau**) beautiful 3
belle-mère *f.* mother-in-law; stepmother 3
belle-sœur *f.* sister-in-law 3
besoin *m.* need 2
avoir besoin (de) to need (*something*) 2
beurre *m.* butter 4
bibliothèque *f.* library 1
bien *adv.* well 7
bien sûr *adv.* of course 2
Je vais bien. I am doing well. 1
Très bien. Very well. 1
bientôt *adv.* soon 1
À bientôt. See you soon. 1
bienvenu(e) *adj.* welcome 1
bière *f.* beer 6
bijouterie *f.* jewelry store 12
billet *m.* (*travel*) ticket 7; (*money*) bills, notes 12
billet aller-retour *m.* round-trip ticket 7
biologie *f.* biology 2
biscuit *m.* cookie 6
blague *f.* joke 2
blanc(he) *adj.* white 6
se blesser *v.* to hurt oneself 10
blessure *f.* injury, wound 10
bleu(e) *adj.* blue 3
blond(e) *adj.* blonde 3
blouson *m.* jacket 6
bœuf *m.* beef 9
boire *v.* to drink 4
bois *m.* woods 13
boisson (gazeuse) *f.* (carbonated) drink/beverage 4
boîte *f.* box; can 9
boîte aux lettres *f.* mailbox 12
boîte de conserve *f.* can (of food) 9
boîte de nuit *f.* nightclub 4
bol *m.* bowl 9
bon(ne) *adj.* kind; good 3
bon marché *adj.* inexpensive 6
Il fait bon. The weather is good/warm. 5
bonbon *m.* candy 6
bonheur *m.* happiness 6
Bonjour. Good morning.; Hello. 1
Bonsoir. Good evening.; Hello. 1
bouche *f.* mouth 10
boucherie *f.* butcher's shop 9
boulangerie *f.* bread shop, bakery 9
boulevard *m.* boulevard 12
suivre un boulevard *v.* to follow a boulevard 12
bourse *f.* scholarship, grant 2
bout *m.* end 12
au bout (de) *prep.* at the end (of) 12
bouteille (de) *f.* bottle (of) 4
boutique *f.* boutique, store 12
bras *m.* arm 10
brasserie *f.* café; restaurant 12
Brésil *m.* Brazil 7
brésilien(ne) *adj.* Brazilian 7
bricoler *v.* to tinker; to do odd jobs 5
brillant(e) *adj.* brilliant 1
bronzer *v.* to tan 6
brosse (à cheveux/à dents) *f.* (hair/tooth)brush 10
se brosser (les cheveux/les dents) *v.* to brush one's (hair/teeth) 9
brun(e) *adj.* (*hair*) dark 3
bu (boire) *p.p.* drunk 6
bureau *m.* desk; office 1
bureau de poste *m.* post office 12
bus *m.* bus 7
arrêt d'autobus (de bus) *m.* bus stop 7
prendre un bus *v.* to take a bus 7

C

ça *pron.* that; this; it 1
Ça dépend. It depends. 4
Ça ne nous regarde pas. That has nothing to do with us.; That is none of our business. 13
Ça suffit. That's enough. 5
Ça te dit? Does that appeal to you? 13
Ça va? What's up?; How are things? 1
ça veut dire that is to say 10
Comme ci, comme ça. So-so. 1
cabine téléphonique *f.* phone booth 12

cadeau *m.* gift 6
paquet cadeau wrapped gift 6
cadet(te) *adj.* younger 3
cadre/femme cadre *m., f.* executive
café *m.* café; coffee 1
terrasse de café *f.* café terrace 4
cuillére à café *f.* teaspoon 9
cafetière *f.* coffeemaker 8
cahier *m.* notebook 1
calculatrice *f.* calculator 1
calme *adj.* calm 1; *m.* calm 1
camarade *m., f.* friend 1
camarade de chambre *m., f.* roommate 1
camarade de classe *m., f.* classmate 1
campagne *f.* country(side) 7
pain de campagne *m.* country-style bread 4
pâté (de campagne) *m.* pâté, meat spread 9
camping *m.* camping 5
faire du camping *v.* to go camping 5
Canada *m.* Canada 7
canadien(ne) *adj.* Canadian 1
canapé *m.* couch 8
candidat(e) *m., f.* candidate; applicant
cantine *f.* cafeteria 9
capitale *f.* capital 7
capot *m.* hood 11
carafe (d'eau) *f.* pitcher (of water) 9
carotte *f.* carrot 9
carrefour *m.* intersection 12
carrière *f.* career
carte f. map 1; menu 9; card 12
payer avec une carte de crédit to pay with a credit card 12
carte postale *f.* postcard 12
cartes *f. pl.* (*playing*) cards 5
casquette *f.* (baseball) cap 6
se casser *v.* to break 10
catastrophe *f.* catastrophe 13
cave *f.* basement, cellar 8
CD *m.* CD(s) 11
ce *dem. adj., m., sing.* this; that 6
ce matin this morning 2
ce mois-ci this month 2
Ce n'est pas grave. It's no big deal. 6
ce soir this evening 2
ce sont… those are… 1
ce week-end this weekend 2
ceinture *f.* belt 6
attacher sa ceinture de sécurité *v.* to buckle one's seatbelt 11
célèbre *adj.* famous
célébrer *v.* to celebrate 5
célibataire *adj.* single 3
celle *pron., f., sing.* this one; that one; the one 13
celles *pron., f., pl.* these; those; the ones 13
celui *pron., m., sing.* this one; that one; the one 13
cent *m.* one hundred 3
cent mille *m.* one hundred thousand 5
cent un *m.* one hundred one 5
cinq cents *m.* five hundred 5
centième *adj.* hundredth 7
centrale nucléaire *f.* nuclear power plant 13
centre commercial *m.* shopping center, mall 4
centre-ville *m.* city/town center, downtown 4
certain(e) *adj.* certain 9
Il est certain que… It is certain that… 13
Il n'est pas certain que… It is uncertain that… 13
ces *dem. adj., m., f., pl.* these; those 6
c'est… it/that is… 1
C'est de la part de qui? On behalf of whom?
C'est le 1er (premier) octobre. It is October 1st. 5
C'est M./Mme/Mlle … (à l'appareil). It's Mr./Mrs./Miss … (on the phone).
C'est quand l'anniversaire de… ? When is …'s birthday? 5
C'est quand ton/votre anniversaire? When is your birthday? 5
Qu'est-ce que c'est? What is it? 1
cet *dem. adj., m., sing.* this; that 6
cet après-midi this afternoon 2
cette *dem. adj., f., sing.* this; that 6
cette année this year 2
cette semaine this week 2
ceux *pron., m., pl.* these; those; the ones 13
chaîne (de télévision) *f.* (television) channel 11
chaîne stéréo *f.* stereo system 11
chaise *f.* chair 1
chambre *f.* bedroom 8
chambre (individuelle) *f.* (single) room 7
camarade de chambre *m., f.* roommate 1
champ *m.* field 13
champagne *m.* champagne 6
champignon *m.* mushroom 9
chance *f.* luck 2
avoir de la chance *v.* to be lucky 2
chanson *f.* song
chanter *v.* to sing 5
chanteur/chanteuse *m., f.* singer 1
chapeau *m.* hat 6
chaque *adj.* each 6
charcuterie *f.* delicatessen 9
charmant(e) *adj.* charming 1
chasse *f.* hunt 13
chasser *v.* to hunt 13
chat *m.* cat 3
châtain *adj.* (*hair*) brown 3
chaud *m.* heat 2
avoir chaud *v.* to be hot 2
Il fait chaud. (*weather*) It is hot. 5
chauffeur de taxi/de camion *m.* taxi/truck driver
chaussette *f.* sock 6
chaussure *f.* shoe 6
chef d'entreprise *m.* head of a company
chef-d'œuvre *m.* masterpiece
chemin *m.* path; way 12
suivre un chemin *v.* to follow a path 12
chemise (à manches courtes/longues) *f.* (short-/long-sleeved) shirt 6
chemisier *m.* blouse 6
chèque *m.* check 12
compte de chèques *m.* checking account 12
payer par chèque *v.* to pay by check 12
cher/chère *adj.* expensive 6
chercher *v.* to look for 2
chercher un/du travail to look for work 12
chercheur/chercheuse *m., f.* researcher
chéri(e) *adj.* dear, beloved, darling 2
cheval *m.* horse 5
faire du cheval *v.* to go horseback riding 5
cheveux *m., pl.* hair 9
brosse à cheveux *f.* hairbrush 10
cheveux blonds blond hair 3
cheveux châtains brown hair 3
se brosser les cheveux *v.* to brush one's hair 9
cheville *f.* ankle 10
se fouler la cheville *v.* to twist/sprain one's ankle 10
chez *prep.* at (*someone's*) house 3, at (*a place*) 3
passer chez quelqu'un *v.* to stop by someone's house 4
chic *adj.* chic 4
chien *m.* dog 3
chimie *f.* chemistry 2

Chine *f.* China 7
chinois(e) *adj.* Chinese 7
chocolat (chaud) *m.* (hot) chocolate 4
chœur *m.* choir, chorus
choisir *v.* to choose 7
chômage *m.* unemployment
être au chômage *v.* to be unemployed
chômeur/chômeuse *m., f.* unemployed person
chose *f.* thing 1
quelque chose *m.* something; anything 4
chrysanthèmes *m., pl.* chrysanthemums 9
chut shh
-ci *(used with demonstrative adjective* **ce** *and noun or with demonstrative pronoun* **celui***)* here 6
ce mois-ci this month 2
ciel *m.* sky 13
cinéma (ciné) *m.* movie theater, movies 4
cinq *m.* five 1
cinquante *m.* fifty 1
cinquième *adj.* fifth 7
circulation *f.* traffic 11
clair(e) *adj.* clear 13
Il est clair que... It is clear that... 13
classe *f.* *(group of students)* class 1
camarade de classe *m., f.* classmate 1
salle de classe *f.* classroom 1
clavier *m.* keyboard 11
clé *f.* key 7
client(e) *m., f.* client; guest 7
cœur *m.* heart 10
avoir mal au cœur to feel nauseated 10
coffre *m.* trunk 11
se coiffer *v.* to do one's hair 10
coiffeur/coiffeuse *m., f.* hairdresser 3
coin *m.* corner 12
colis *m.* package 12
colocataire *m., f.* roommate *(in an apartment)* 1
Combien (de)... ? *adv.* How much/many... ? 1
Combien coûte... ? How much is... ? 4
combiné *m.* receiver
comédie (musicale) *f.* comedy (musical)
commander *v.* to order 9
comme *adv.* how; like, as 2
Comme ci, comme ça. So-so. 1
commencer (à) *v.* to begin *(to do something)* 2
comment *adv.* how 4
Comment? *adv.* What? 4
Comment allez-vous?, *form.* How are you? 1
Comment t'appelles-tu? *fam.* What is your name? 1
Comment vas-tu? *fam.* How are you? 1
Comment vous appelez-vous? *form.* What is your name? 1
commerçant(e) *m., f.* shop-keeper 9
commissariat de police *m.* police station 12
commode *f.* dresser, chest of drawers 8
compact disc *m.* compact disc 11
complet (complète) *adj.* full (no vacancies) 7
composer (un numéro) *v.* to dial (a number) 11
compositeur *m.* composer
comprendre *v.* to understand 4
compris (comprendre) *p.p., adj.* understood; included 6
comptable *m., f.* accountant
compte *m.* account *(at a bank)* 12
avoir un compte bancaire *v.* to have a bank account 12
compte de chèques *m.* checking account 12
compte d'épargne *m.* savings account 12
se rendre compte *v.* to realize 10
compter sur quelqu'un *v.* to count on someone 8
concert *m.* concert
condition *f.* condition
à condition que on the condition that..., provided that...
conduire *v.* to drive 6
conduit (conduire) *p.p., adj.* driven 6
confiture *f.* jam 9
congé *m.* day off 7
jour de congé *m.* day off 7
prendre un congé *v.* to take time off
congélateur *m.* freezer 8
connaissance *f.* acquaintance 5
faire la connaissance de *v.* to meet *(someone)* 5
connaître *v.* to know, to be familiar with 8
se connaître *v.* to know one another 11
connecté(e) *adj.* connected 11
être connecté(e) avec quelqu'un *v.* to be online with someone 7, 11
connu (connaître) *p.p., adj.* known; famous 8
conseil *m.* advice
conseiller/conseillère *m., f.* consultant; advisor
considérer *v.* to consider 5
constamment *adv.* constantly 8
construire *v.* to build, to construct 6
conte *m.* tale
content(e) *adj.* happy
être content(e) que... *v.* to be happy that... 13
continuer (à) *v.* to continue *(doing something)* 12
contraire *adj.* contrary
au contraire on the contrary
copain/copine *m., f.* friend 1
corbeille (à papier) *f.* wastebasket 1
corps *m.* body 10
costume *m.* *(man's)* suit 6
côte *f.* coast 13
coton *m.* cotton 12
cou *m.* neck 10
couche d'ozone *f.* ozone layer 13
trou dans la couche d'ozone *m.* hole in the ozone layer 13
se coucher *v.* to go to bed 10
couleur *f.* color 6
De quelle couleur... ? What color... ? 6
couloir *m.* hallway 8
couple *m.* couple 6
courage *m.* courage
courageux/courageuse *adj.* courageous, brave 3
couramment *adv.* fluently 8
courir *v.* to run 5
courrier *m.* mail 12
cours *m.* class, course 2
course *f.* errand 9
faire les courses *v.* to go (grocery) shopping 9
court(e) *adj.* short 3
chemise à manches courtes *f.* short-sleeved shirt 6
couru (courir) *p.p.* run 6
cousin(e) *m., f.* cousin 3
couteau *m.* knife 9
coûter *v.* to cost 4
Combien coûte... ? How much is... ? 4
couvert (couvrir) *p.p.* covered 11
couverture *f.* blanket 8
couvrir *v.* to cover 11

covoiturage *m.* carpooling **13**
cravate *f.* tie **6**
crayon *m.* pencil **1**
crème *f.* cream **9**
crème à raser *f.* shaving cream **10**
crêpe *f.* crêpe **5**
crevé(e) *adj.* deflated; blown up **11**
pneu crevé *m.* flat tire **11**
critique *f.* review; criticism
croire (que) *v.* to believe (that) **13**
ne pas croire que... to not believe that... **13**
croissant *m.* croissant **4**
croissant(e) *adj.* growing **13**
population croissante *f.* growing population **13**
cru (croire) *p.p.* believed **13**
cruel/cruelle *adj.* cruel **3**
cuillère (à soupe/à café) *f.* spoon (soupspoon/ teaspoon) **9**
cuir *m.* leather **12**
cuisine *f.* cooking; kitchen **5**
faire la cuisine *v.* to cook **5**
cuisiner *v.* to cook **9**
cuisinier/cuisinière *m., f.* cook
cuisinière *f.* stove **8**
curieux/curieuse *adj.* curious **3**
curriculum vitæ (C.V.) *m.* résumé
cybercafé *m.* cybercafé **12**

D

d'abord *adv.* first **7**
d'accord *(tag question)* all right? **2**; *(in statement)* okay **2**
être d'accord to be in agreement **2**
d'autres *m., f.* others **4**
d'habitude *adv.* usually **8**
danger *m.* danger, threat **13**
dangereux/dangereuse *adj.* dangerous **11**
dans *prep.* in **3**
danse *f.* dance
danser *v.* to dance **4**
danseur/danseuse *m., f.* dancer
date *f.* date **5**
Quelle est la date? What is the date? **5**
de/d' *prep.* of **3**; from **1**
de l'après-midi in the afternoon **2**
de laquelle *pron., f., sing.* which one **13**
De quelle couleur... ? What color... ? **6**
De rien. You're welcome. **1**
de taille moyenne medium-sized **3**
de temps en temps *adv.* from time to time **8**
débarrasser la table *v.* to clear the table **8**
déboisement *m.* deforestation **13**
début *m.* beginning; debut
décembre *m.* December **5**
déchets toxiques *m., pl.* toxic waste **13**
décider (de) *v.* to decide *(to do something)* **11**
découvert (découvrir) *p.p.* discovered **11**
découvrir *v.* to discover **11**
décrire *v.* to describe **7**
décrocher *v.* to pick up
décrit (décrire) *p.p., adj.* described **7**
degrés *m., pl.* *(temperature)* degrees **5**
Il fait ... degrés. *(to describe weather)* It is ... degrees. **5**
déjà *adv.* already **5**
déjeuner *m.* lunch **9**; *v.* to eat lunch **4**
de l' *part. art., m., f., sing.* some **4**
de la *part. art., f., sing.* some **4**
délicieux/délicieuse delicious **8**
demain *adv.* tomorrow **2**
À demain. See you tomorrow. **1**
après-demain *adv.* day after tomorrow **2**
demain matin/après-midi/ soir *adv.* tomorrow morning/ afternoon/evening **2**
demander (à) *v.* to ask *(someone)*, to make a request *(of someone)* **6**
demander que... *v.* to ask that... **13**
démarrer *v.* to start up **11**
déménager *v.* to move out **8**
demie half **2**
et demie half past ... (o'clock) **2**
demi-frère *m.* half-brother, stepbrother **3**
demi-sœur *f.* half-sister, stepsister **3**
démissionner *v.* to resign
dent *f.* tooth **9**
brosse à dents *f.* toothbrush **10**
se brosser les dents *v.* to brush one's teeth **9**
dentifrice *m.* toothpaste **10**
dentiste *m., f.* dentist **3**
départ *m.* departure **7**
dépasser *v.* to go over; to pass **11**
dépense *f.* expenditure, expense **12**
dépenser *v.* to spend **4**
dépenser de l'argent *v.* to spend money **4**
se déplacer *v.* to move, to change location **12**
déposer de l'argent *v.* to deposit money **12**
déprimé(e) *adj.* depressed **10**
depuis *adv.* since; for **9**
dernier/dernière *adj.* last **2**
dernièrement *adv.* lastly, finally **8**
derrière *prep.* behind **3**
des *part. art., m., f., pl.* some **4**
des (de + les) *m., f., pl.* of the **3**
dès que *adv.* as soon as **12**
désagréable *adj.* unpleasant **1**
descendre *v.* to go down; to take down **6**
désert *m.* desert **13**
se déshabiller *v.* to undress **10**
désirer (que) *v.* to want (that), to desire **5**
désolé(e) *adj.* sorry **6**
être désolé(e) que... to be sorry that... **13**
desquelles (de + lesquelles) *pron., f., pl.* which ones **13**
desquels (de + lesquels) *pron., m., pl.* which ones **13**
dessert *m.* dessert **6**
dessin animé *m.* cartoon
dessiner *v.* to draw **2**
se détendre *v.* to relax **10**
détester *v.* to hate **2**
Je déteste... I hate... **2**
détruire *v.* to destroy **6**
détruit (détruire) *p.p., adj.* destroyed **6**
deux *m.* two **1**
deuxième *adj.* second **7**
devant *prep.* in front of **3**
développer *v.* to develop **13**
devenir *v.* to become **9**
devoirs *m., pl.* homework **2**; *v.* to have to, must **9**
dictionnaire *m.* dictionary **1**
différemment *adv.* differently **8**
différence *f.* difference **1**
différent(e) *adj.* different **1**
difficile *adj.* difficult **1**
dimanche *m.* Sunday **2**
dîner *m.* dinner **9**; *v.* to have dinner **2**

diplôme *m.* diploma, degree 2
dire *v.* to say 7
Ça te/vous dit? Does that appeal to you? 13
ça veut dire that is to say 10
veut dire *v.* means, signifies 9
se dire *v.* to tell one another 11
diriger *v.* to manage
discret/discrète *adj.* discreet; unassuming 3
discuter *v.* discuss 6
se disputer (avec) *v.* to argue (with) 10
disque *m.* disk 11
disque compact *m.* compact disc 11
disque dur *m.* hard drive 11
dissertation *f.* essay 11
distributeur automatique/de billets *m.* ATM 12
dit (dire) *p.p., adj.* said 7
divorce *m.* divorce 6
divorcé(e) *adj.* divorced 3
divorcer *v.* to divorce 3
dix *m.* ten 1
dix-huit *m.* eighteen 1
dixième adj. tenth 7
dix-neuf *m.* nineteen 1
dix-sept *m.* seventeen 1
documentaire *m.* documentary
doigt *m.* finger 10
doigt de pied *m.* toe 10
domaine *m.* field
dommage *m.* harm 13
Il est dommage que... It's a shame that... 13
donc *conj.* therefore 7
donner (à) *v.* to give (*to someone*) 2
se donner *v.* to give one another 11
dont *rel. pron.* of which; of whom; that 11
dormir *v.* to sleep 5
dos *m.* back 10
sac à dos *m.* backpack 1
douane *f.* customs 7
douche *f.* shower 8
prendre une douche *v.* to take a shower 10
doué(e) *adj.* talented, gifted
douleur *f.* pain 10
douter (que) *v.* to doubt (that) 13
douteux/douteuse *adj.* doubtful 13
Il est douteux que... It is doubtful that... 13
doux/douce *adj.* sweet; soft 3
douze *m.* twelve 1
dramaturge *m.* playwright
drame (psychologique) *m.* (psychological) drama
draps *m., pl.* sheets 8
droit *m.* law 2
droite *f.* the right (side) 3
à droite de *prep.* to the right of 3
drôle *adj.* funny 3
du *part. art., m., sing.* some 4
du (de + le) *m., sing.* of the 3
dû (devoir) *p.p., adj. (used with infinitive)* had to; *(used with noun)* due, owed 9
duquel (de + lequel) *pron., m., sing.* which one

E

eau (minérale) *f.* (mineral) water 4
carafe d'eau *f.* pitcher of water 9
écharpe *f.* scarf 6
échecs *m., pl.* chess 5
échouer *v.* to fail 2
éclair *m.* éclair 4
école *f.* school 2
écologie *f.* ecology 13
écologique *adj.* ecological 13
économie *f.* economics 2
écotourisme *m.* ecotourism 13
écouter *v.* to listen (to) 2
écouteurs *m.* headphones 11
écran *m.* screen 11
écrire *v.* to write 7
s'écrire *v.* to write one another 11
écrivain (e) m., f. *writer*
écrit (écrire) *p.p., adj.* written 7
écureuil *m.* squirrel 13
éducation physique *f.* physical education 2
effacer *v.* to erase 11
effet de serre *m.* greenhouse effect 13
égaler *v.* to equal 3
église *f.* church 4
égoïste *adj.* selfish 1
Eh! *interj.* Hey! 2
électrique *adj.* electric 8
appareil électrique/ménager *m.* electrical/household appliance 8
électricien/électricienne *m., f.* electrician
élégant(e) *adj.* elegant 1
élevé *adj.* high
élève *m., f.* pupil, student 1
elle *pron., f.* she; it 1; her 3
elle est... she/it is... 1
elles *pron., f.* they 1; them 3
elles sont... they are... 1
e-mail *m.* e-mail 11
emballage (en plastique) *m.* (plastic) wrapping/packaging 13
embaucher *v.* to hire
s'embrasser *v.* to kiss one another 11
embrayage *m.* (*automobile*) clutch 11
émission (de télévision) *f.* (television) program
emménager *v.* to move in 8
emmener *v.* to take (*someone*) 5
emploi *m.* job
emploi à mi-temps/à temps partiel *m.* part-time job
emploi à plein temps *m.* full-time job
employé(e) *m., f.* employee 25
employer *v.* to use 5
emprunter *v.* to borrow 12
en *prep.* in 3
en avance early 2
en avoir marre to be fed up 6
en effet indeed; in fact 13
en été in the summer 5
en face (de) *prep.* facing, across (from) 3
en fait in fact 7
en général *adv.* in general 8
en hiver in the winter 5
en plein air in fresh air 13
en retard late 2
en tout cas in any case 6
en vacances on vacation 7
être en ligne to be online 11
en *pron.* some of it/them; about it/them; of it/them; from it/them 10
Je vous en prie. *form.* Please.; You're welcome. 1
Qu'en penses-tu? What do you think about that? 13
enceinte *adj.* pregnant 10
Enchanté(e). Delighted. 1
encore *adv.* again; still 3
s'endormir *v.* to fall asleep, to go to sleep 10
endroit *m.* place 4
énergie (nucléaire/solaire) *f.* (nuclear/solar) energy 13
s'énerver *v.* to get worked up, to become upset 10
enfance *f.* childhood 6
enfant *m., f.* child 3
enfin *adv.* finally, at last 7
enfler *v.* to swell 10
enlever la poussière *v.* to dust 8
s'ennuyer *v.* to get bored 10
ennuyeux/ennuyeuse *adj.* boring 3
énorme *adj.* enormous, huge 2
enregistrer *v.* to record 11
enregistreur DVR *m.* DVR 11

enseigner *v.* to teach 2
ensemble *adv.* together 6
ensuite *adv.* then, next 7
entendre *v.* to hear 6
s'entendre bien (avec) *v.* to get along well (with one another) 10
entracte *m.* intermission
entre *prep.* between 3
entrée *f.* appetizer, starter 9
entreprise *f.* firm, business
entrer *v.* to enter 7
entretien: passer un entretien *to have an interview*
enveloppe *f.* envelope 12
envie *f.* desire, envy 2
avoir envie (de) to feel like (*doing something*) 2
environnement *m.* environment 13
envoyer (à) *v.* to send (*to someone*) 5
épargne *f.* savings 12
compte d'épargne *m.* savings account 12
épicerie *f.* grocery store 4
épouser *v.* to marry 3
épouvantable *adj.* dreadful 5
Il fait un temps épouvantable The weather is dreadful. 5
époux/épouse *m., f.* husband/wife 3
équipe *f.* team 5
escalier *m.* staircase 8
escargot *m.* escargot, snail 9
espace *m.* space 13
Espagne *f.* Spain 7
espagnol(e) *adj.* Spanish 1
espèce (menacée) *f.* (endangered) species 13
espérer *v.* to hope 5
essayer *v.* to try 5
essence *f.* gas 11
réservoir d'essence *m.* gas tank 11
voyant d'essence *m.* gas warning light 11
essentiel(le) *adj.* essential 13
Il est essentiel que... It is essential that... 13
essuie-glace *m.* **(essuie-glaces** *pl.***)** windshield wiper(s) 11
essuyer (la vaiselle/la table) *v.* to wipe (the dishes/the table) 8
est *m.* east 12
Est-ce que... ? *(used in forming questions)* 2
et *conj.* and 1
Et toi? *fam.* And you? 1
Et vous? *form.* And you? 1

étage *m.* floor 7
étagère *f.* shelf 8
étape *f.* stage 6
état civil *m.* marital status 6
États-Unis *m., pl.* the United States 7
été *m.* summer 5
en été in the summer 5
été (être) *p.p.* been 6
éteindre *v.* to turn off 11
éternuer *v.* to sneeze 10
étoile *f.* star 13
étranger/étrangère *adj.* foreign 2
langues étrangères *f., pl.* foreign languages 2
étranger *m.* (*places that are*) abroad, overseas 7
à l'étranger abroad, overseas 7
étrangler *v.* to strangle
être *v.* to be 1
être bien/mal payé(e) to be well/badly paid
être connecté(e) avec quelqu'un to be online with someone 7, 11
être en ligne avec to be online with 11
être en pleine forme to be in good shape 10
études (supérieures) *f., pl.* studies; (higher) education 2
étudiant(e) *m., f.* student 1
étudier *v.* to study 2
eu (avoir) *p.p.* had 6
eux *disj. pron., m., pl.* they, them 3
évidemment *adv.* obviously, evidently; of course 8
évident(e) *adj.* evident, obvious 13
Il est évident que... It is evident that... 13
évier *m.* sink 8
éviter (de) *v.* to avoid (*doing something*) 10
exactement *adv.* exactly 9
examen *m.* exam; test 1
être reçu(e) à un examen *v.* to pass an exam 2
passer un examen *v.* to take an exam 2
Excuse-moi. *fam.* Excuse me. 1
Excusez-moi. *form.* Excuse me. 1
exercice *m.* exercise 10
faire de l'exercice *v.* to exercise 10
exigeant(e) *adj.* demanding
profession (exigeante) *f.* a (demanding) profession
exiger (que) *v.* to demand (that) 13

expérience (professionnelle) *f.* (professional) experience
expliquer *v.* to explain 2
explorer *v.* to explore 4
exposition *f.* exhibit
extinction *f.* extinction 13

F

facile *adj.* easy 2
facilement *adv.* easily 8
facteur *m.* mailman 12
faculté *f.* university; faculty 1
faible *adj.* weak 3
faim *f.* hunger 4
avoir faim *v.* to be hungry 4
faire *v.* to do; to make 5
faire attention (à) *v.* to pay attention (to) 5
faire quelque chose de beau *v.* to be up to something interesting 12
faire de l'aérobic *v.* to do aerobics 5
faire de la gym *v.* to work out 5
faire de la musique *v.* to play music
faire de la peinture *v.* to paint
faire de la planche à voile *v.* to go windsurfing 5
faire de l'exercice *v.* to exercise 10
faire des projets *v.* to make plans
faire du camping *v.* to go camping 5
faire du cheval *v.* to go horseback riding 5
faire du jogging *v.* to go jogging 5
faire du shopping *v.* to go shopping 7
faire du ski *v.* to go skiing 5
faire du sport *v.* to do sports 5
faire du vélo *v.* to go bike riding 5
faire la connaissance de *v.* to meet (*someone*) for the first time 5
faire la cuisine *v.* to cook 5
faire la fête *v.* to party 6
faire la lessive *v.* to do the laundry 8
faire la poussière *v.* to dust 8
faire la queue *v.* to wait in line 12
faire la vaisselle *v.* to do the dishes 8
faire le lit *v.* to make the bed 8

faire le ménage *v.* to do the housework **8**
faire le plein *v.* to fill the tank **11**
faire les courses *v.* to run errands **9**
faire les musées *v.* to go to museums
faire les valises *v.* to pack one's bags **7**
faire mal *v.* to hurt **10**
faire plaisir à quelqu'un *v.* to please someone
faire sa toilette *v.* to wash up **10**
faire une piqûre *v.* to give a shot **10**
faire une promenade *v.* to go for a walk **5**
faire une randonnée *v.* to go for a hike **5**
faire un séjour *v.* to spend time (*somewhere*) **7**
faire un tour (en voiture) *v.* to go for a walk (drive) **5**
faire visiter *v.* to give a tour **8**
fait (faire) *p.p., adj.* done; made **6**
falaise *f.* cliff **13**
faut (falloir) *v.* *(used with infinitive)* is necessary to... **5**
Il a fallu... It was necessary to... **6**
Il fallait... One had to... **8**
Il faut que... One must.../It is necessary that... **13**
fallu (falloir) *p.p. (used with infinitive)* had to... **6**
Il a fallu... It was necessary to... **6**
famille *f.* family **3**
fatigué(e) *adj.* tired **3**
fauteuil *m.* armchair **8**
favori/favorite *adj.* favorite **3**
félicitations congratulations
femme *f.* woman; wife **1**
femme d'affaires businesswoman **3**
femme au foyer housewife
femme auteur author
femme cadre executive
femme peintre painter
femme politique politician
femme pompier firefighter
fenêtre *f.* window **1**
fer à repasser *m.* iron **8**
férié(e) *adj.* holiday **6**
jour férié *m.* holiday **6**
fermé(e) *adj.* closed **12**
fermer *v.* to close; to shut off **11**
festival (festivals *pl.***)** *m.* festival
fête *f.* party **6**; celebration **6**
faire la fête *v.* to party **6**
fêter *v.* to celebrate **6**
feu de signalisation *m.* traffic light **12**
feuille de papier *f.* sheet of paper **1**
feuilleton *m.* soap opera
février *m.* February **5**
fiancé(e) *adj.* engaged **3**
fiancé(e) *m., f.* fiancé **6**
fichier *m.* file **11**
fier/fière *adj.* proud **3**
fièvre *f.* fever **10**
avoir de la fièvre *v.* to have a fever **10**
fille *f.* girl; daughter **1**
film (d'aventures, d'horreur, de science-fiction, policier) *m.* (adventure, horror, science-fiction, crime) film
fils *m.* son **3**
fin *f.* end
finalement *adv.* finally **7**
fini (finir) *p.p., adj.* finished, done, over **7**
finir (de) *v.* to finish (*doing something*) **7**
fleur *f.* flower **8**
fleuve *m.* river **13**
fois *f.* time **8**
une fois *adv.* once **8**
deux fois *adv.* twice **8**
fonctionner *v.* to work, to function **11**
fontaine *f.* fountain **12**
foot(ball) *m.* soccer **5**
football américain *m.* football **5**
forêt (tropicale) *f.* (tropical) forest **13**
formation *f.* education; training
forme *f.* shape; form **10**
être en pleine forme *v.* to be in good shape **10**
formidable *adj.* great **7**
formulaire *m.* form **12**
remplir un formulaire to fill out a form **12**
fort(e) *adj.* strong **3**
fou/folle *adj.* crazy **3**
se fouler (la cheville) *v.* to twist/to sprain one's (ankle) **10**
four (à micro-ondes) *m.* (microwave) oven **8**
fourchette *f.* fork **9**
frais/fraîche *adj.* fresh; cool **5**
Il fait frais. (*weather*) It is cool. **5**
fraise *f.* strawberry **9**
français(e) *adj.* French **1**
France *f.* France **7**
franchement *adv.* frankly, honestly **8**
freiner *v.* to brake **11**
freins *m., pl.* brakes **11**
fréquenter *v.* to frequent; to visit **4**
frère *m.* brother **3**
beau-frère *m.* brother-in-law **3**
demi-frère *m.* half-brother, stepbrother **3**
frigo *m.* refrigerator **8**
frisé(e) *adj.* curly **3**
frites *f., pl.* French fries **4**
froid *m.* cold **2**
avoir froid to be cold **2**
Il fait froid. *(weather)* It is cold. **5**
fromage *m.* cheese **4**
fruit *m.* fruit **9**
fruits de mer *m., pl.* seafood **9**
fumer *v.* to smoke **10**
funérailles *f., pl.* funeral **9**
furieux/furieuse *adj.* furious **13**
être furieux/furieuse que... *v.* to be furious that... **13**

G

gagner *v.* to win **5**; to earn
gant *m.* glove **6**
garage *m.* garage **8**
garanti(e) *adj.* guaranteed **5**
garçon *m.* boy **1**
garder la ligne *v.* to stay slim **10**
gare (routière) *f.* train station (bus station) **7**
se garer *v.* to park **11**
gaspillage *m.* waste **13**
gaspiller *v.* to waste **13**
gâteau *m.* cake **6**
gauche *f.* the left (side) **3**
à gauche (de) *prep.* to the left (of) **3**
gazeux/gazeuse *adj.* carbonated, fizzy **4**
boisson gazeuse *f.* carbonated drink/beverage **4**
généreux/généreuse *adj.* generous **3**
génial(e) *adj.* great **3**
genou *m.* knee **10**
genre *m.* genre
gens *m., pl.* people **7**
gentil/gentille *adj.* nice **3**
gentiment *adv.* nicely **8**
géographie *f.* geography **2**
gérant(e) *m., f.* manager
gestion *f.* business administration **2**
glace *f.* ice cream **6**
glaçon *m.* ice cube **6**
glissement de terrain *m.* landslide **13**
golf *m.* golf **5**
gorge *f.* throat **10**

goûter *m.* afternoon snack **9**; *v.* to taste **9**
gouvernement *m.* government **13**
grand(e) *adj.* big **3**
grand magasin *m.* department store **4**
grand-mère *f.* grandmother **3**
grand-père *m.* grandfather **3**
grands-parents *m., pl.* grandparents **3**
gratin *m.* gratin **9**
gratuit(e) *adj.* free
grave *adj.* serious **10**
Ce n'est pas grave. It's okay.; No problem. **6**
graver *v.* to record, to burn (CD, DVD) **11**
grille-pain *m.* toaster **8**
grippe *f.* flu **10**
gris(e) *adj.* gray **6**
gros(se) *adj.* fat **3**
grossir *v.* to gain weight **7**
guérir *v.* to get better **10**
guitare *f.* guitar
gym *f.* exercise **5**
faire de la gym *v.* to work out **5**
gymnase *m.* gym **4**

H

s'habiller *v.* to dress **10**
habitat *m.* habitat **13**
sauvetage des habitats *m.* habitat preservation **13**
habiter (à) *v.* to live (in/at) **2**
haricots verts *m., pl.* green beans **9**
Hein? *interj.* Huh?; Right? **3**
herbe *f.* grass **13**
hésiter (à) *v.* to hesitate (*to do something*) **11**
heure(s) *f.* hour, o'clock; time **2**
à ... heure(s) at ... (o'clock) **4**
À quelle heure? What time?; When? **2**
À tout à l'heure. See you later. **1**
Quelle heure avez-vous? *form.* What time do you have? **2**
Quelle heure est-il? What time is it? **2**
heureusement *adv.* fortunately **8**
heureux/heureuse *adj.* happy **3**
être heureux/heureuse que... to be happy that... **13**
hier (matin/après-midi/soir) *adv.* yesterday (morning/afternoon/evening) **7**
avant-hier *adv.* day before yesterday **7**
histoire *f.* history; story **2**
hiver *m.* winter **5**
en hiver in the winter **5**
homme *m.* man **1**
homme d'affaires *m.* businessman **3**
homme politique *m.* politician
honnête *adj.* honest
honte *f.* shame **2**
avoir honte (de) *v.* to be ashamed (of) **2**
hôpital *m.* hospital **4**
horloge *f.* clock **1**
hors-d'œuvre *m.* hors d'œuvre, appetizer **9**
hôte/hôtesse *m., f.* host **6**
hôtel *m.* hotel **7**
hôtelier/hôtelière *m., f.* hotel keeper **7**
huile *f.* oil **9**
huile *f.* (automobile) oil **11**
huile d'olive *f.* olive oil **9**
vérifier l'huile *to check the oil* **11**
voyant d'huile *m.* oil warning light **11**
huit *m.* eight **1**
huitième *adj.* eighth **7**
humeur *f.* mood **8**
être de bonne/mauvaise humeur *v.* to be in a good/bad mood **8**

I

ici *adv.* here **1**
idée *f.* idea **3**
il *sub. pron.* he; it **1**
il est... he/it is... **1**
Il n'y a pas de quoi. It's nothing.; You're welcome. **1**
Il vaut mieux que... It is better that... **13**
Il faut (falloir) *v. (used with infinitive)* It is necessary to... **6**
Il a fallu... It was necessary to... **6**
Il fallait... One had to... **8**
Il faut (que)... One must.../It is necessary that... **13**
il y a there is/are **1**
il y a eu there was/were **6**
il y avait there was/were **8**
Qu'est-ce qu'il y a? What is it?; What's wrong? **1**
Y a-t-il... ? Is/Are there... ? **2**
il y a... *(used with an expression of time)* ... ago **9**
île *f.* island **13**
ils *sub. pron., m., pl.* they **1**
ils sont... they are... **1**
immeuble *m.* building **8**
impatient(e) *adj.* impatient **1**
imperméable *m.* rain jacket **5**
important(e) *adj.* important **1**
Il est important que... It is important that... **13**
impossible *adj.* impossible **13**
Il est impossible que... It is impossible that... **13**
imprimante *f.* printer **11**
imprimer *v.* to print **11**
incendie *m.* fire **13**
prévenir l'incendie to prevent a fire **13**
incroyable *adj.* incredible **11**
indépendamment *adv.* independently **8**
indépendant(e) *adj.* independent **1**
indications *f.* directions **12**
indiquer *v.* to indicate **5**
indispensable *adj.* essential, indispensable **13**
Il est indispensable que... It is essential that... **13**
individuel(le) *adj.* single, individual **7**
chambre individuelle *f.* single (hotel) room **7**
infirmier/infirmière *m., f.* nurse **10**
informations (infos) *f., pl.* news
informatique *f.* computer science **2**
ingénieur *m.* engineer **3**
inquiet/inquiète *adj.* worried **3**
s'inquiéter *v.* to worry **10**
instrument *m.* instrument **1**
intellectuel(le) *adj.* intellectual **3**
intelligent(e) *adj.* intelligent **1**
interdire *v.* to forbid, to prohibit **13**
intéressant(e) *adj.* interesting **1**
s'intéresser (à) *v.* to be interested in **10**
inutile *adj.* useless **2**
invité(e) *m., f.* guest **6**
inviter *v.* to invite **4**
irlandais(e) *adj.* Irish **7**
Irlande *f.* Ireland **7**
Italie *f.* Italy **7**
italien(ne) *adj.* Italian **1**

J

jaloux/jalouse *adj.* jealous **3**
jamais *adv.* never **5**
ne... jamais never, not ever **12**

jambe *f.* leg **10**
jambon *m.* ham **4**
janvier *m.* January **5**
Japon *m.* Japan **7**
japonais(e) *adj.* Japanese **1**
jardin *m.* garden; yard **8**
jaune *adj.* yellow **6**
je/j' *sub. pron.* I **1**
  Je vous en prie. *form.* Please.; You're welcome. **1**
jean *m., sing.* jeans **6**
jeter *v.* to throw away **13**
jeu *m.* game **5**
  jeu télévisé *m.* game show
  jeu vidéo (des jeux vidéo) *m.* video game(s) **11**
jeudi *m.* Thursday **2**
jeune *adj.* young **3**
  jeunes mariés *m., pl. newlyweds* **6**
jeunesse *f.* youth **6**
  auberge de jeunesse *f.* youth hostel **7**
jogging *m.* jogging **5**
  faire du jogging *v.* to go jogging **5**
joli(e) *adj.* handsome; beautiful **3**
joue *f.* cheek **10**
jouer (à/de) *v.* to play (*a sport/a musical instrument*) **5**
  jouer un rôle *v.* to play a role
joueur/joueuse *m., f.* player **5**
jour *m.* day **2**
  jour de congé *m.* day off **7**
  jour férié *m.* holiday **6**
  Quel jour sommes-nous? What day is it? **2**
journal *m.* newspaper; journal **7**
journaliste *m., f.* journalist **3**
journée *f.* day **2**
juillet *m.* July **5**
juin *m.* June **5**
jungle *f.* jungle **13**
jupe *f.* skirt **6**
jus (d'orange/de pomme) *m.* (orange/apple) juice **4**
jusqu'à (ce que) *prep.* until **12**
juste *adv.* just; right **3**
  juste à côté right next door **3**

K

kilo(gramme) *m.* kilo(gram) **9**
kiosque *m.* kiosk **4**

L

l' *def. art., m., f. sing.* the **1**; *d.o. pron., m., f. him; her; it* **7**
la *def. art., f. sing.* the **1**; *d.o. pron., f. her; it* **7**
là(-bas) (over) there **1**
-là *(used with demonstrative adjective* **ce** *and noun or with demonstrative pronoun* **celui***)* there **6**
lac *m.* lake **13**
laid(e) *adj.* ugly **3**
laine *f.* wool **12**
laisser *v.* to let, to allow **11**
  laisser tranquille *v.* to leave alone **10**
  laisser un message *v.* to leave a message
  laisser un pourboire *v.* to leave a tip **4**
lait *m.* milk **4**
laitue *f.* lettuce **9**
lampe *f.* lamp **8**
langues (étrangères) *f., pl.* (foreign) languages **2**
lapin *m.* rabbit **13**
laquelle *pron., f., sing.* which one **13**
  à laquelle *pron., f., sing.* which one **13**
  de laquelle *pron., f., sing.* which one **13**
large *adj.* loose; big **6**
lavabo *m.* bathroom sink **8**
lave-linge *m.* washing machine **8**
laver *v.* to wash **8**
se laver (les mains) *v.* to wash oneself (one's hands) **10**
laverie *f.* laundromat **12**
lave-vaisselle *m.* dishwasher **8**
le *def. art., m. sing.* the **1**; *d.o. pron.* him; it **7**
lecteur MP3/de CD/ DVD *m.* MP3/CD/DVD player **11**
légume *m.* vegetable **9**
lent(e) *adj.* slow **3**
lequel *pron., m., sing.* which one **13**
  auquel (à + lequel) *pron., m., sing.* which one **13**
  duquel (de + lequel) *pron., m., sing.* which one **13**
les *def. art., m., f., pl.* the **1**; *d.o. pron., m., f., pl.* them **7**
lesquelles *pron., f., pl.* which ones **13**
  auxquelles (à + lesquelles) *pron., f., pl.* which ones **13**
  desquelles (de + lesquelles) *pron., f., pl.* which ones **13**
lesquels *pron., m., pl.* which ones **13**
  auxquels (à + lesquels) *pron., m., pl.* which ones **13**
  desquels (de + lesquels) *pron., m., pl.* which ones **13**
lessive *f.* laundry **8**
  faire la lessive *v.* to do the laundry **8**
lettre *f.* letter **12**
  boîte aux lettres *f.* mailbox **12**
  lettre de motivation *f.* letter of application
  lettre de recommandation *f.* letter of recommendation, reference letter
lettres *f., pl.* humanities **2**
leur *i.o. pron., m., f., pl.* them **6**
leur(s) *poss. adj., m., f.* their **3**
se lever *v.* to get up, to get out of bed **10**
librairie *f.* bookstore **1**
libre *adj.* available **7**
lien *m.* link **11**
lieu *m.* place **4**
ligne *f.* figure, shape **10**
  garder la ligne *v.* to stay slim **10**
limitation de vitesse *f.* speed limit **11**
limonade *f.* lemon soda **4**
linge *m.* laundry **8**
  lave-linge *m.* washing machine **8**
  sèche-linge *m.* clothes dryer **8**
liquide *m.* cash (*money*) **12**
  payer en liquide *v.* to pay in cash **12**
lire *v.* to read **7**
lit *m.* bed **7**
  faire le lit *v.* to make the bed **8**
littéraire *adj.* literary
littérature *f.* literature **1**
livre *m.* book **1**
logement *m.* housing **8**
logiciel *m.* software, program **11**
loi *f.* law **13**
loin de *prep.* far from **3**
loisir *m.* leisure activity **5**
long(ue) *adj.* long **3**
  chemise à manches longues *f.* long-sleeved shirt **6**
longtemps *adv.* a long time **5**
louer *v.* to rent **8**
loyer *m.* rent **8**
lu (lire) *p.p.* read **7**
lui *pron., sing.* he **1**; him **3**; *i.o. pron.* (*attached to imperative*) to him/her **9**
l'un(e) à l'autre to one another **11**
l'un(e) l'autre one another **11**
lundi *m.* Monday **2**
Lune *f.* moon **13**
lunettes (de soleil) *f., pl.* (sun)glasses **6**
lycée *m.* high school **1**

lycéen(ne) *m., f.* high school student 2

M

ma *poss. adj., f., sing.* my 3
Madame *f.* Ma'am; Mrs. 1
Mademoiselle *f.* Miss 1
magasin *m.* store 4
  grand magasin *m.* department store 4
magazine *m.* magazine
mai *m.* May 5
maigrir *v.* to lose weight 7
maillot de bain *m.* swimsuit, bathing suit 6
main *f.* hand 5
  sac à main *m.* purse, handbag 6
maintenant *adv.* now 5
maintenir *v.* to maintain 9
mairie *f.* town/city hall; mayor's office 12
mais *conj.* but 1
  mais non (but) of course not; no 2
maison *f.* house 4
  rentrer à la maison *v.* to return home 2
mal *adv.* badly 7
  Je vais mal. I am doing badly. 1
  le plus mal *super. adv.* the worst 9
  se porter mal *v.* to be doing badly 10
mal *m.* illness; ache, pain 10
  avoir mal *v.* to have an ache 10
  avoir mal au cœur *v.* to feel nauseated 10
  faire mal *v.* to hurt 10
malade *adj.* sick, ill 10
  tomber malade *v.* to get sick 10
maladie *f.* illness
  assurance maladie *f.* health insurance
malheureusement *adv.* unfortunately 2
malheureux/malheureuse *adj.* unhappy 3
manche *f.* sleeve 6
  chemise à manches courtes/longues *f.* short-/long-sleeved shirt 6
manger *v.* to eat 2
  salle à manger *f.* dining room 8
manteau *m.* coat 6
maquillage *m.* makeup 10
se maquiller *v.* to put on make-up 10
marchand de journaux *m.* newsstand 12
marché *m.* market 4
  bon marché *adj.* inexpensive 6
marcher *v.* to walk *(person)* 5; to work *(thing)* 11
mardi *m.* Tuesday 2
mari *m.* husband 3
mariage *m.* marriage; wedding *(ceremony)* 6
marié(e) *adj.* married 3
mariés *m., pl.* married couple 6
  jeunes mariés *m., pl.* newlyweds 6
marocain(e) *adj.* Moroccan 1
marron *adj., inv.* (not for hair) brown 3
mars *m.* March 5
martiniquais(e) *adj.* from Martinique 1
match *m.* game 5
mathématiques (maths) *f., pl.* mathematics 2
matin *m.* morning 2
  ce matin *adv.* this morning 2
  demain matin *adv.* tomorrow morning 2
  hier matin *adv.* yesterday morning 7
matinée *f.* morning 2
mauvais(e) *adj.* bad 3
  Il fait mauvais. The weather is bad. 5
  le/la plus mauvais(e) *super. adj.* the worst 9
mayonnaise *f.* mayonnaise 9
me/m' *pron., sing.* me; myself 6
mec *m.* guy 10
mécanicien *m.* mechanic 11
mécanicienne *f.* mechanic 11
méchant(e) *adj.* mean 3
médecin *m.* doctor 3
médicament (contre/pour) *m.* medication (against/for) 10
meilleur(e) *comp. adj.* better 9
  le/la meilleur(e) *super. adj.* the best 9
membre *m.* member
même *adj.* even 5; same
-même(s) *pron.* -self/-selves 6
menacé(e) *adj.* endangered 13
  espèce menacée *f.* endangered species 13
ménage *m.* housework 8
  faire le ménage *v.* to do housework 8
ménager/ménagère *adj.* household 8
  appareil ménager *m.* household appliance 8
  tâche ménagère *f.* household chore 8
mention *f.* distinction
menu *m.* menu 9
mer *f.* sea 7
Merci (beaucoup). Thank you (very much). 1
mercredi *m.* Wednesday 2
mère *f.* mother 3
  belle-mère *f.* mother-in-law; stepmother 3
mes *poss. adj., m., f., pl.* my 3
message *m.* message
  laisser un message *v.* to leave a message
météo *f.* weather
métier *m.* profession
métro *m.* subway 7
  station de métro *f.* subway station 7
metteur en scène *m.* director *(of a play)*
mettre *v.* to put, to place 6
  mettre la table to set the table 8
  se mettre *v.* to put *(something)* on (yourself) 10
  se mettre à *v.* to begin to 10
se mettre en colère *v.* to become angry 10
meuble *m.* piece of furniture 8
mexicain(e) *adj.* Mexican 1
Mexique *m.* Mexico 7
Miam! *interj.* Yum! 5
micro-onde *m.* microwave oven 8
  four à micro-ondes *m.* microwave oven 8
midi *m.* noon 2
  après-midi *m.* afternoon 2
mieux *comp. adv.* better 9
  aimer mieux *v.* to prefer 2
  le mieux *super. adv.* the best 9
  se porter mieux *v.* to be doing better 10
mille *m.* one thousand 5
  cent mille *m.* one hundred thousand 5
million, un *m.* one million 5
  deux millions *m.* two million 5
minuit *m.* midnight 2
miroir *m.* mirror 8
mis (mettre) *p.p.* put, placed 6
mode *f.* fashion 2
modeste *adj.* modest
moi *disj. pron., sing.* I, me 3; *pron. (attached to an imperative)* to me, to myself 9
  Moi aussi. Me too. 1
  Moi non plus. Me neither. 2
moins *adv.* before ... (o'clock) 2
moins (de) *adv.* less (of); fewer 4

le/la moins *super. adv. (used with verb or adverb)* the least 9
le moins de... *(used with noun to express quantity)* the least... 13
moins de... que... *(used with noun to express quantity)* less... than... 13
mois *m.* month 2
ce mois-ci this month 2
moment *m.* moment 1
mon *poss. adj., m., sing.* my 3
monde *m.* world 7
moniteur *m.* monitor 11
monnaie *f.* change, coins; money 12
Monsieur *m.* Sir; Mr. 1
montagne *f.* mountain 4
monter *v.* to go up, to come up; to get in/on 7
montre *f.* watch 1
montrer (à) *v.* to show (*to someone*) 6
morceau (de) *m.* piece, bit (of) 4
mort *f.* death 6
mort (mourir) *p.p., adj. (as past participle)* died; *(as adjective)* dead 7
mot de passe *m.* password 11
moteur *m.* engine 11
mourir *v.* to die 7
moutarde *f.* mustard 9
moyen(ne) *adj.* medium 3
de taille moyenne of medium height 3
mur *m.* wall 8
musée *m.* museum 4
faire les musées *v.* to go to museums
musical(e) *adj.* musical
comédie musicale *f.* musical
musicien(ne) *m., f.* musician 3
musique: faire de la musique *v.* to play music

N

nager *v.* to swim 4
naïf/naïve *adj.* naïve 3
naissance *f.* birth 6
naître *v.* to be born 7
nappe *f.* tablecloth 9
nationalité *f.* nationality 1
Je suis de nationalité... I am of ... nationality. 1
Quelle est ta nationalité? *fam.* What is your nationality? 1
Quelle est votre nationalité? *fam., pl., form.* What is your nationality? 1
nature *f.* nature 13
naturel(le) *adj.* natural 13
ressource naturelle *f.* natural resource 13
né (naître) *p.p., adj.* born 7
ne/n' no, not 1
ne... aucun(e) none, not any 12
ne... jamais never, not ever 12
ne... ni... ni... neither... nor... 12
ne... pas no, not 2
ne... personne nobody, no one 12
ne... plus no more, not anymore 12
ne... que only 12
ne... rien nothing, not anything 12
N'est-ce pas? *(tag question)* Isn't it? 2
nécessaire *adj.* necessary 13
Il est nécessaire que... It is necessary that... 13
neiger *v.* to snow 5
Il neige. It is snowing. 5
nerveusement *adv.* nervously 8
nerveux/nerveuse *adj.* nervous 3
nettoyer *v.* to clean 5
neuf *m.* nine 1
neuvième *adj.* ninth 7
neveu *m.* nephew 3
nez *m.* nose 10
ni nor 12
ne... ni... ni... neither... nor 12
nièce *f.* niece 3
niveau *m.* level
noir(e) *adj.* black 3
non no 2
mais non (but) of course not; no 2
nord *m.* north 12
nos *poss. adj., m., f., pl.* our 3
note *f. (academics)* grade 2
notre *poss. adj., m., f., sing.* our 3
nourriture *f.* food, sustenance 9
nous *pron.* we 1; us 3; ourselves 10
nouveau/nouvelle *adj.* new 3
nouvelles *f., pl.* news
novembre *m.* November 5
nuage de pollution *m.* pollution cloud 13
nuageux/nuageuse *adj.* cloudy 5
Le temps est nuageux. It is cloudy. 5
nucléaire *adj.* nuclear 13
centrale nucléaire *f.* nuclear plant 13
énergie nucléaire *f.* nuclear energy 13
nuit *f.* night 2
boîte de nuit *f.* nightclub 4
nul(le) *adj.* useless 2
numéro *m.* (telephone) number 11
composer un numéro *v.* to dial a number 11
recomposer un numéro *v.* to redial a number 11

O

objet *m.* object 1
obtenir *v.* to get, to obtain
occupé(e) *adj.* busy 1
s'occuper (de) *v.* to take care *(of something)*, to see to 10
octobre *m.* October 5
œil (les yeux) *m.* eye (eyes) 10
œuf *m.* egg 9
œuvre *f.* artwork, piece of art
chef-d'œuvre *m.* masterpiece
hors-d'œuvre *m.* hors d'œuvre, starter 9
offert (offrir) *p.p.* offered 11
office du tourisme *m.* tourist office 12
offrir *v.* to offer 11
oignon *m.* onion 9
oiseau *m.* bird 3
olive *f.* olive 9
huile d'olive *f.* olive oil 9
omelette *f.* omelette 5
on *sub. pron., sing.* one (we) 1
on y va let's go 10
oncle *m.* uncle 3
onze *m.* eleven 1
onzième *adj.* eleventh 7
opéra *m.* opera
optimiste *adj.* optimistic 1
orageux/orageuse *adj.* stormy 5
Le temps est orageux. It is stormy. 5
orange *adj. inv.* orange 6; *f.* orange 9
orchestre *m.* orchestra
ordinateur *m.* computer 1
ordonnance *f.* prescription 10
ordures *f., pl.* trash 13
ramassage des ordures *m.* garbage collection 13
oreille *f.* ear 10
oreiller *m.* pillow 8
organiser (une fête) *v.* to organize/to plan (a party) 6
s'orienter *v.* to get one's bearings 12
origine *f.* heritage 1
Je suis d'origine... I am of... heritage. 1
orteil *m.* toe 10
ou *or* 3
où *adv., rel. pron.* where 4
ouais *adv.* yeah 2
oublier (de) *v.* to forget (*to do something*) 2

ouest *m.* west 12
oui *adv.* yes 2
ouvert (ouvrir) *p.p., adj. (as past participle)* opened; *(as adjective)* open 11
ouvrier/ouvrière *m., f.* worker, laborer
ouvrir *v.* to open 11
ozone *m.* ozone 13
  trou dans la couche d'ozone *m.* hole in the ozone layer 13

P

page d'accueil *f.* home page 11
pain (de campagne) *m.* (country-style) bread 4
panne *f.* breakdown, malfunction 11
  tomber en panne *v.* to break down 11
pantalon *m., sing.* pants 6
pantoufle *f.* slipper 10
papeterie *f.* stationery store 12
papier *m.* paper 1
  corbeille à papier *f.* wastebasket 1
  feuille de papier *f.* sheet of paper 1
paquet cadeau *m.* wrapped gift 6
par *prep.* by 3
  par jour/semaine/mois/an per day/week/month/year 5
parapluie *m.* umbrella 5
parc *m.* park 4
parce que *conj.* because 2
Pardon. Pardon (me). 1
Pardon? What? 4
pare-brise *m.* windshield 11
pare-chocs *m.* bumper 11
parents *m., pl.* parents 3
paresseux/paresseuse *adj.* lazy 3
parfait(e) *adj.* perfect 4
parfois *adv.* sometimes 5
parking *m.* parking lot 11
parler (à) *v.* to speak (to) 6
  parler (au téléphone) *v.* to speak (on the phone) 2
  se parler *v.* to speak to one another 11
partager *v.* to share 2
partir *v.* to leave 5
  partir en vacances *v.* to go on vacation 7
pas (de) *adv.* no, none 12
  ne... pas no, not 2
  pas de problème no problem 12
  pas du tout not at all 2
  pas encore not yet 8
  Pas mal. Not badly. 1
passager/passagère *m., f.* passenger 7
passeport *m.* passport 7
passer *v.* to pass by; to spend time 7
  passer chez quelqu'un *v.* to stop by someone's house 4
  passer l'aspirateur *v.* to vacuum 8
  passer un examen *v.* to take an exam 2
passe-temps *m.* pastime, hobby 5
pâté (de campagne) *m.* pâté, meat spread 9
pâtes *f., pl.* pasta 9
patiemment *adv.* patiently 8
patient(e) *m., f.* patient 10; *adj.* patient 1
patienter *v.* to wait (on the phone), to be on hold
patiner *v.* to skate 4
pâtisserie *f.* pastry shop, bakery 9
patron(ne) *m., f.* boss 25
pauvre *adj.* poor 3
payé (payer) *p.p., adj.* paid
  être bien/mal payé(e) *v.* to be well/badly paid
payer *v.* to pay 5
  payer avec une carte de crédit *v.* to pay with a credit card 12
  payer en liquide *v.* to pay in cash 12
  payer par chèque *v.* to pay by check 12
pays *m.* country 7
peau *f.* skin 10
pêche *f.* fishing 5; peach 9
  aller à la pêche *v.* to go fishing 5
peigne *m.* comb 10
peintre/femme peintre *m., f.* painter
peinture *f.* painting
pendant (que) *prep.* during, while 7
  pendant *(with time expression) prep.* for 9
pénible *adj.* tiresome 3
penser (que) *v.* to think (that) 2
  ne pas penser que... to not think that... 13
  Qu'en penses-tu? What do you think about that? 13
perdre *v.* to lose 6
  perdre son temps *v.* to lose/to waste time 6
perdu *p.p., adj.* lost 12
  être perdu(e) to be lost 12
père *m.* father 3
  beau-père *m.* father-in-law; stepfather 3
permettre (de) *v.* to allow (*to do something*) 6
permis *m.* permit; license 11
  permis de conduire *m.* driver's license 11
permis (permettre) *p.p., adj.* permitted, allowed 6
personnage (principal) *m.* (main) character
personne *f.* person 1; *pron.* no one 12
  ne... personne nobody, no one 12
pessimiste *adj.* pessimistic 1
petit(e) *adj.* small 3; short (*stature*) 3
  petit(e) ami(e) *m., f.* boyfriend/girlfriend 1
petit-déjeuner *m.* breakfast 9
petite-fille *f.* granddaughter 3
petit-fils *m.* grandson 3
petits-enfants *m., pl.* grandchildren 3
petits pois *m., pl.* peas 9
peu (de) *adv.* little; not much (of) 2
peur *f.* fear 2
  avoir peur (de/que) *v.* to be afraid (of/that) 2
peut-être *adv.* maybe, perhaps 2
phares *m., pl.* headlights 11
pharmacie *f.* pharmacy 10
pharmacien(ne) *m., f.* pharmacist 10
philosophie *f.* philosophy 2
photo(graphie) *f.* photo(graph) 3
physique *f.* physics 2
piano *m.* piano
pièce *f.* room 8
pièce de théâtre *f.* play
pièces de monnaie *f., pl.* change 12
pied *m.* foot 10
pierre *f.* stone 13
pilule *f.* pill 10
pique-nique *m.* picnic 13
piqûre *f.* shot, injection 10
  faire une piqûre *v.* to give a shot 10
pire *comp. adj.* worse 9
  le/la pire *super. adj.* the worst 9
piscine *f.* pool 4
placard *m.* closet; cupboard 8
place *f.* square; place 4; *f.* seat
plage *f.* beach 7
plaisir *m.* pleasure, enjoyment
  faire plaisir à quelqu'un *v.* to please someone

plan *m.* map 7
utiliser un plan *v.* to use a map 7
planche à voile *f.* windsurfing 5
faire de la planche à voile *v.* to go windsurfing 5
planète *f.* planet 13
sauver la planète *v.* to save the planet 13
plante *f.* plant 13
plastique *m.* plastic 13
emballage en plastique *m.* plastic wrapping/packaging 13
plat (principal) *m.* (main) dish 9
plein air *m.* outdoor, open-air 13
pleine forme *f.* good shape, good state of health 10
être en pleine forme *v.* to be in good shape 10
pleurer *v.* to cry
pleuvoir *v.* to rain 5
Il pleut. It is raining. 5
plombier *m.* plumber
plu (pleuvoir) *p.p.* rained 6
pluie acide *f.* acid rain 13
plus *adv.* (used in comparatives, superlatives, and expressions of quantity) more 4
le/la plus ... *super. adv. (used with adjective)* the most 9
le/la plus mauvais(e) *super. adj.* the worst 9
le plus *super. adv. (used with verb or adverb)* the most 9
le plus de... *(used with noun to express quantity)* the most... 13
le plus mal *super. adv.* the worst 9
plus... que *(used with adjective)* more... than 9
plus de more of 4
plus de... que *(used with noun to express quantity)* more... than 13
plus mal *comp. adv.* worse 9
plus mauvais(e) *comp. adj.* worse 9
plus *adv.* no more, not anymore 12
ne... plus no more, not anymore 12
plusieurs *adj.* several 4
plutôt *adv.* rather 2
pneu (crevé) *m.* (flat) tire 11
vérifier la pression des pneus *v.* to check the tire pressure 11
poème *m.* poem
poète/poétesse *m., f.* poet
point *m.* (punctuation mark) period 11
poire *f.* pear 9
poisson *m.* fish 3
poissonnerie *f.* fish shop 9
poitrine *f.* chest 10
poivre *m. (spice)* pepper 9
poivron *m. (vegetable)* pepper 9
poli(e) *adj.* polite 1
police *f.* police 11
agent de police *m.* police officer 11
commissariat de police *m.* police station 12
policier *m.* police officer 11
film policier *m.* detective film
policière *f.* police officer 11
poliment *adv.* politely 8
politique *adj.* political 2
femme politique *f.* politician
homme politique *m.* politician
sciences politiques (sciences po) *f., pl.* political science 2
polluer *v.* to pollute 13
pollution *f.* pollution 13
nuage de pollution *m.* pollution cloud 13
pomme *f.* apple 9
pomme de terre *f.* potato 9
pompier/femme pompier *m., f.* firefighter
pont *m.* bridge 12
population croissante *f.* growing population 13
porc *m.* pork 9
portable *m.* cell phone 11
porte *f.* door 1
porter *v.* to wear 6
se porter mal/mieux *v.* to be ill/better 10
portière *f.* car door 11
portrait *m.* portrait 5
poser une question (à) *v.* to ask *(someone)* a question 6
posséder *v.* to possess, to own 5
possible *adj.* possible
Il est possible que... It is possible that... 13
poste *f.* postal service; post office 12
bureau de poste *m.* post office 12
poste *m.* position
poste de télévision *m.* television set 11
poster une lettre *v.* to mail a letter 12
postuler *v.* to apply
poulet *m.* chicken 9
pour *prep.* for 5
pour qui? for whom? 4
pour rien for no reason 4
pour que so that
pourboire *m.* tip 4
laisser un pourboire *v.* to leave a tip 4
pourquoi? *adv.* why? 2
poussière *f.* dust 8
enlever/faire la poussière *v.* to dust 8
pouvoir *v.* to be able to; can 9
pratiquer *v.* to practice 5
préféré(e) *adj.* favorite, preferred 2
préférer (que) *v.* to prefer (that) 5
premier *m.* the first *(day of the month)* 5
C'est le 1er (premier) octobre. It is October first. 5
premier/première *adj.* first 2
prendre *v.* to take 4; to have 4
prendre sa retraite *v.* to retire 6
prendre un train/avion/taxi/autobus/bateau *v.* to take a train/plane/taxi/bus/boat 7
prendre un congé *v.* to take time off
prendre une douche *v.* to take a shower 10
prendre (un) rendez-vous *v.* to make an appointment
préparer *v.* to prepare (for) 2
se préparer (à) *v.* to get ready; to prepare *(to do something)* 10
près (de) *prep.* close (to), near 3
tout près (de) very close (to) 12
présenter *v.* to present, to introduce
Je te présente... *fam.* I would like to introduce... to you. 1
Je vous présente... *fam., form.* I would like to introduce... to you. 1
préservation *f.* protection 13
préserver *v.* to preserve 13
presque *adv.* almost 2
pressé(e) *adj.* hurried 9
pression *f.* pressure 11
vérifier la pression des pneus to check the tire pressure 11
prêt(e) *adj.* ready 3
prêter (à) *v.* to lend *(to someone)* 6
prévenir l'incendie *v.* to prevent a fire 13
principal(e) *adj.* main, principal 9
personnage principal *m.* main character
plat principal *m.* main dish 9
printemps *m.* spring 5
au printemps in the spring 5
pris (prendre) *p.p., adj.* taken 6
prix *m.* price 4
problème *m.* problem 1
prochain(e) *adj.* next 2
produire *v.* to produce 6
produit *m.* product 13

produit (produire) *p.p., adj.* produced 6
professeur *m.* teacher, professor 1
profession (exigeante) *f.* (demanding) profession
professionnel(le) adj. professional
expérience professionnelle *f.* professional experience
profiter (de) *v.* to take advantage (of); to enjoy
programme *m.* program
projet *m.* project
faire des projets *v.* to make plans
promenade *f.* walk, stroll 5
faire une promenade *v.* to go for a walk 5
se promener *v.* to take a walk 10
promettre *v.* to promise 6
promis (promettre) *p.p., adj.* promised 6
promotion *f.* promotion
proposer (que) *v.* to propose (that) 13
proposer une solution *v.* to propose a solution 13
propre *adj.* clean 8
propriétaire *m., f.* owner 3; landlord/landlady 3
protection *f.* protection 13
protéger *v.* to protect 5
psychologie *f.* psychology 2
psychologique *adj.* psychological
psychologue *m., f.* psychologist
pu (pouvoir) *p.p.* (used with infinitive) was able to 9
publicité (pub) *f.* advertisement
publier *v.* to publish
puis *adv.* then 7
pull *m.* sweater 6
pur(e) *adj.* pure 13

Q

quand *adv.* when 4
C'est quand l'anniversaire de ... ? When is ...'s birthday? 5
C'est quand ton/votre anniversaire? When is your birthday? 5
quarante *m.* forty 1
quart *m.* quarter 2
et quart a quarter after... (o'clock) 2
quartier *m.* area, neighborhood 8
quatorze *m.* fourteen 1
quatre *m.* four 1
quatre-vingts *m.* eighty 3
quatre-vingt-dix *m.* ninety 3
quatrième *adj.* fourth 7
que/qu' *rel. pron.* that; which 11; *conj.* than 9, 13
plus/moins ... que *(used with adjective)* more/less ... than 9
plus/moins de ... que *(used with noun to express quantity)* more/less ... than 13
que/qu'...? *interr. pron.* what? 4
Qu'en penses-tu? What do you think about that? 13
Qu'est-ce que c'est? What is it? 1
Qu'est-ce qu'il y a? What is it?; What's wrong? 1
que *adv.* only 12
ne... que only 12
québécois(e) *adj.* from Quebec 1
quel(le)(s)? *interr. adj.* which? 4; what? 4
À quelle heure? What time?; When? 2
Quel jour sommes-nous? What day is it? 2
Quelle est la date? What is the date? 5
Quelle est ta nationalité? *fam.* What is your nationality? 1
Quelle est votre nationalité? *form.* What is your nationality? 1
Quelle heure avez-vous? *form.* What time do you have? 2
Quelle heure est-il? What time is it? 2
Quelle température fait-il? *(weather)* What is the temperature? 5
Quel temps fait-il? What is the weather like? 5
quelqu'un *pron.* someone 12
quelque chose *m.* something; anything 4
Quelque chose ne va pas. Something's not right. 5
quelquefois *adv.* sometimes 8
quelques *adj.* some 4
question *f.* question 6
poser une question (à) to ask *(someone)* a question 6
queue *f.* line 12
faire la queue *v.* to wait in line 12
qui? *interr. pron.* who? 4; whom? 4; *rel. pron.* who, that 11
à qui? to whom? 4
avec qui? with whom? 4
C'est de la part de qui? On behalf of whom?
Qui est à l'appareil? Who's calling, please?
Qui est-ce? Who is it? 1
quinze *m.* fifteen 1
quitter (la maison) *v.* to leave (the house) 4
se quitter *v.* to leave one another 11
Ne quittez pas. Please hold.
quoi? *interr. pron.* what? 1
Il n'y a pas de quoi. It's nothing.; You're welcome. 1
quoi que ce soit whatever it may be

R

raccrocher *v.* to hang up
radio *f.* radio
à la radio on the radio
raide *adj.* straight 3
raison *f.* reason; right 2
avoir raison *v.* to be right 2
ramassage des ordures *m.* garbage collection 13
randonnée *f.* hike 5
faire une randonnée *v.* to go for a hike 5
ranger *v.* to tidy up, to put away 8
rapide *adj.* fast 3
rapidement *adv.* rapidly 8
rarement *adv.* rarely 5
se raser *v.* to shave oneself 10
rasoir *m.* razor 10
ravissant(e) *adj.* beautiful; delightful
réalisateur/réalisatrice *m., f.* director *(of a movie)*
récent(e) *adj.* recent
réception *f.* reception desk 7
recevoir *v.* to receive 12
réchauffement de la Terre *m.* global warming 13
rechercher *v.* to search for, to look for
recommandation *f.* recommendation
recommander (que) *v.* to recommend (that) 13
recomposer (un numéro) *v.* to redial (a number) 11
reconnaître *v.* to recognize 8
reconnu (reconnaître) *p.p., adj.* recognized 8
reçu *m.* receipt 12
reçu (recevoir) *p.p., adj.* received 7
être reçu(e) à un examen to pass an exam 2
recyclage *m.* recycling 13
recycler *v.* to recycle 13
redémarrer *v.* to restart, to start again 11
réduire *v.* to reduce 6
réduit (réduire) *p.p., adj.* reduced 6
référence *f.* reference

réfléchir (à) *v.* to think (about), to reflect (on) 7
refuser (de) *v.* to refuse (*to do something*) 11
regarder *v.* to watch 2
Ça ne nous regarde pas. That has nothing to do with us.; That is none of our business. 13
se regarder *v.* to look at oneself; to look at each other 10
régime *m.* diet 10
être au régime *v.* to be on a diet 9
région *f.* region 13
regretter (que) *v.* to regret (that) 13
se relever *v.* to get up again 10
remplir (un formulaire) *v.* to fill out (a form) 12
rencontrer *v.* to meet 2
se recontrer *v.* to meet one another; to make each other's acquaintance 11
rendez-vous *m.* date; appointment 6
prendre (un) rendez-vous *v.* to make an appointment
rendre (à) *v.* to give back, to return (to) 6
rendre visite (à) *v.* to visit 6
se rendre compte *v.* to realize 10
rentrer (à la maison) *v.* to return (home) 2
rentrer (dans) *v.* to hit (*another car*) 11
renvoyer *v.* to dismiss, to let go
réparer *v.* to repair 11
repartir *v.* to go back
repas *m.* meal 9
repasser *v.* to take again
repasser (le linge) *v.* to iron (the laundry) 8
fer à repasser *m.* iron 8
répéter *v.* to repeat; to rehearse 5
répondre (à) *v.* to respond, to answer (to) 6
se reposer *v.* to rest 10
réseau (social) *m.* (social) network 11
réservation *f.* reservation 7
annuler une réservation *v.* to cancel a reservation 7
réservé(e) *adj.* reserved 1
réserver *v.* to reserve 7
réservoir d'essence *m.* gas tank 11
résidence *f.* residence 8
ressource naturelle *f.* natural resource 13
restaurant *m.* restaurant 4
restaurant universitaire (resto U) *m.* university cafeteria 2
rester *v.* to stay 7
résultat *m.* result 2
retenir *v.* to keep, to retain 9
retirer (de l'argent) *v.* to withdraw (money) 12
retourner *v.* to return 7
retraite *f.* retirement 6
prendre sa retraite *v.* to retire 6
retraité(e) *m., f.* retired person
retrouver *v.* to find (again); to meet up with 2
se retrouver *v.* to meet one another (*as planned*) 11
rétroviseur *m.* rear-view mirror 11
réunion *f.* meeting
réussir (à) *v.* to succeed (*in doing something*) 7
réussite *f.* success
réveil *m.* alarm clock 10
se réveiller *v.* to wake up 10
revenir *v.* to come back 9
rêver (de) *v.* to dream (about/of) 11
revoir *v.* to see again
Au revoir. Good-bye. 1
revu (revoir) *p.p.* seen again
rez-de-chaussée *m.* ground floor 7
rhume *m.* cold 10
ri (rire) *p.p.* laughed 6
rideau *m.* curtain 8
rien *m.* nothing 12
De rien. You're welcome. 1
ne... rien nothing, not anything 12
ne servir à rien *v.* to be good for nothing 9
rire *v.* to laugh 6
rivière *f.* river 13
riz *m.* rice 9
robe *f.* dress 6
rôle *m.* role 13
jouer un rôle *v.* to play a role
roman *m.* novel
rose *adj.* pink 6
roue (de secours) *f.* (emergency) tire 11
rouge *adj.* red 6
rouler en voiture *v.* to ride in a car 7
rue *f.* street 11
suivre une rue *v.* to follow a street 12

S

sa *poss. adj., f., sing.* his; her; its 3
sac *m.* bag 1
sac à dos *m.* backpack 1
sac à main *m.* purse, handbag 6
sain(e) *adj.* healthy 10
saison *f.* season 5
salade *f.* salad 9
salaire (élevé/modeste) *m.* (high/low) salary
augmentation de salaire *f.* raise in salary
sale *adj.* dirty 8
salir *v.* to soil, to make dirty 8
salle *f.* room 8
salle à manger *f.* dining room 8
salle de bains *f.* bathroom 8
salle de classe *f.* classroom 1
salle de séjour *f.* living/family room 8
salon *m.* formal living room, sitting room 8
salon de beauté *m.* beauty salon 12
Salut! Hi!; Bye! 1
samedi *m.* Saturday 2
sandwich *m.* sandwich 4
sans *prep.* without 8
sans que *conj.* without
santé *f.* health 10
être en bonne/mauvaise santé *v.* to be in good/bad health 10
saucisse *f.* sausage 9
sauvegarder *v.* to save 11
sauver (la planète) *v.* to save (the planet) 13
sauvetage des habitats *m.* habitat preservation 13
savoir *v.* to know (*facts*), to know how to do something 8
savoir (que) *v.* to know (that) 13
Je n'en sais rien. I don't know anything about it. 13
savon *m.* soap 10
sciences *f., pl.* science 2
sciences politiques (sciences po) *f., pl.* political science 2
sculpture *f.* sculpture
sculpteur/sculptrice *m., f.* sculptor
se/s' *pron., sing., pl.* (used with reflexive verb) himself; herself; itself; 10 (*used with reciprocal verb*) each other 11
séance *f.* show; screening
sèche-linge *m.* clothes dryer 8
se sécher *v.* to dry oneself 10
secours *m.* help 11
Au secours! Help! 11
sécurité *f.* security; safety
attacher sa ceinture de

sécurité *v.* to buckle one's seatbelt **11**
seize *m.* sixteen **1**
séjour *m.* stay **7**
faire un séjour *v.* to spend time (*somewhere*) **7**
salle de séjour *f.* living room **8**
sel *m.* salt **9**
semaine *f.* week **2**
cette semaine this week **2**
sénégalais(e) *adj.* Senegalese **1**
sentier *m.* path **13**
sentir *v.* to feel; to smell; to sense **5**
se sentir *v.* to feel **10**
séparé(e) *adj.* separated **3**
sept *m.* seven **1**
septembre *m.* September **5**
septième *adj.* seventh **7**
sérieux/sérieuse *adj.* serious **3**
serpent *m.* snake **13**
serre *f.* greenhouse **13**
effet de serre *m.* greenhouse effect **13**
serré(e) *adj.* tight **6**
serveur/serveuse *m., f.* server **4**
serviette *f.* napkin **9**
serviette (de bain) *f.* (bath) towel **10**
servir *v.* to serve **5**
ses *poss. adj., m., f., pl.* his; her; its **3**
seulement *adv.* only **8**
shampooing *m.* shampoo **10**
shopping *m.* shopping **7**
faire du shopping *v.* to go shopping **7**
short *m., sing.* shorts **6**
si *conj.* if **11**
si *adv. (when contradicting a negative statement or question)* yes **2**
signer *v.* to sign **12**
S'il te plaît. *fam.* Please. **1**
S'il vous plaît. *form.* Please. **1**
sincère *adj.* sincere **1**
site Internet/web *m.* web site **11**
six *m.* six **1**
sixième *adj.* sixth **7**
ski *m.* skiing **5**
faire du ski *v.* to go skiing **5**
station de ski *f.* ski resort **7**
skier *v.* to ski **5**
smartphone *m.* smartphone **11**
SMS *m.* text message **11**
sociable *adj.* sociable **1**
sociologie *f.* sociology **1**
sœur *f.* sister **3**
belle-sœur *f.* sister-in-law **3**
demi-sœur *f.* half-sister, stepsister **3**
soie *f.* silk **12**
soif *f.* thirst **4**
avoir soif *v.* to be thirsty **4**
soir *m.* evening **2**
ce soir *adv.* this evening **2**
demain soir *adv.* tomorrow evening **2**
du soir *adv.* in the evening **2**
hier soir *adv.* yesterday evening **7**
soirée *f.* evening **2**
sois (être) *imp. v.* be **7**
soixante *m.* sixty **1**
soixante-dix *m.* seventy **3**
solaire *adj.* solar **13**
énergie solaire *f.* solar energy **13**
soldes *f., pl.* sales **6**
soleil *m.* sun **5**
Il fait (du) soleil. It is sunny. **5**
solution *f.* solution **13**
proposer une solution *v.* to propose a solution **13**
sommeil *m.* sleep **2**
avoir sommeil *v.* to be sleepy **2**
son *poss. adj., m., sing.* his; her; its **3**
sonner *v.* to ring **11**
sorte *f.* sort, kind
sortie *f.* exit **7**
sortir *v.* to go out, to leave **5**; to take out **8**
sortir la/les poubelle(s) *v.* to take out the trash **8**
soudain *adv.* suddenly **8**
souffrir *v.* to suffer **11**
souffert (souffrir) *p.p.* suffered **11**
souhaiter (que) *v.* to wish (that) **13**
soupe *f.* soup **4**
cuillère à soupe *f.* soupspoon **9**
sourire *v.* to smile **6**; *m.* smile **12**
souris *f.* mouse **11**
sous *prep.* under **3**
sous-sol *m.* basement **8**
sous-vêtement *m.* underwear **6**
se souvenir (de) *v.* to remember **10**
souvent *adv.* often **5**
soyez (être) *imp. v.* be **7**
soyons (être) *imp. v.* let's be **7**
spécialiste *m., f.* specialist
spectacle *m.* show **5**
spectateur/spectatrice *m., f.* spectator
sport *m.* sport(s) **5**
faire du sport *v.* to do sports **5**
sportif/sportive *adj.* athletic **3**
stade *m.* stadium **5**
stage *m.* internship; professional training
station (de métro) *f.* (subway) station **7**
station de ski *f.* ski resort **7**
station-service *f.* service station **11**
statue *f.* statue **12**
steak *m.* steak **9**
studio *m.* studio (*apartment*) **8**
stylisme *m.* **de mode** *f.* fashion design **2**
stylo *m.* pen **1**
su (savoir) *p.p.* known **8**
sucre *m.* sugar **4**
sud *m.* south **12**
suggérer (que) *v.* to suggest (that) **13**
sujet *m.* subject **13**
au sujet de on the subject of; about **13**
suisse *adj.* Swiss **1**
Suisse *f.* Switzerland **7**
suivre (un chemin/une rue/un boulevard) *v.* to follow (a path/a street/a boulevard) **12**
supermarché *m.* supermarket **9**
sur *prep.* on **3**
sûr(e) *adj.* sure, certain **9**
bien sûr of course **2**
Il est sûr que... It is sure that... **13**
Il n'est pas sûr que... It is not sure that... **13**
surfer sur Internet *v.* to surf the Internet **11**
surpopulation *f.* overpopulation **13**
surpris (surprendre) *p.p., adj.* surprised **6**
être surpris(e) que... *v.* to be surprised that... **13**
faire une surprise à quelqu'un *v.* to surprise someone **6**
surtout *adv.* especially; above all **2**
sympa(thique) *adj.* nice **1**
symptôme *m.* symptom **10**
syndicat *m.* (*trade*) union

T

ta *poss. adj., f., sing.* your **3**
table *f.* table **1**
À table! Let's eat! Food is ready! **9**
débarrasser la table *v.* to clear the table **8**
mettre la table *v.* to set the table **8**
tableau *m.* blackboard; picture **1**; *m.* painting
tablette (tactile) *f.* tablet computer **11**
tâche ménagère *f.* household chore **8**

taille *f.* size; waist 6
de taille moyenne of medium height 3
tailleur *m.* (*woman's*) suit; tailor 6
tante *f.* aunt 3
tapis *m.* rug 8
tard *adv.* late 2
À plus tard. See you later. 1
tarte *f.* pie; tart 9
tasse (de) *f.* cup (of) 4
taxi *m.* taxi 7
prendre un taxi *v.* to take a taxi 7
te/t' *pron., sing., fam.* you 7; yourself 10
tee-shirt *m.* tee shirt 6
télécarte *f.* phone card
télécharger *v.* to download 11
télécommande *f.* remote control
téléphone *m.* telephone 2
parler au téléphone *v.* to speak on the phone 2
téléphoner (à) *v.* to telephone (*someone*) 2
se téléphoner *v.* to phone one another 11
téléphonique *adj.* (*related to the*) telephone 12
cabine téléphonique *f.* phone booth 12
télévision *f.* television 1
à la télé(vision) on television
chaîne de télévision *f.* television channel 11
tellement *adv.* so much 2
Je n'aime pas tellement... I don't like... very much. 2
température *f.* temperature 5
Quelle température fait-il? What is the temperature? 5
temps *m., sing.* weather 5
Il fait un temps épouvantable The weather is dreadful. 5
Le temps est nuageux. It is cloudy. 5
Le temps est orageux. It is stormy. 5
Quel temps fait-il? What is the weather like? 5
temps *m., sing.* time 5
de temps en temps *adv.* from time to time 8
emploi à mi-temps/à temps partiel *m.* part-time job
emploi à plein temps *m.* full-time job
temps libre *m.* free time 5
Tenez! (tenir) *imp. v.* Here! 9
tenir *v.* to hold 9
tennis *m.* tennis 5
terrasse (de café) *f.* (café) terrace/outdoor seating 4
Terre *f.* Earth 13
réchauffement de la Terre *m.* global warming 13
tes *poss. adj., m., f., pl.* your 3
tête *f.* head 10
texto *m.* text message 11
thé *m.* tea 4
théâtre *m.* theater
thon *m.* tuna 9
ticket de bus/métro *m.* bus/subway ticket 7
Tiens! (tenir) *imp. v.* Here! 9
timbre *m.* stamp 12
timide *adj.* shy 1
tiret *m.* *(punctuation mark)* dash; hyphen 11
tiroir *m.* drawer 8
toi *disj. pron., sing., fam.* you 3; *refl. pron., sing., fam. (attached to imperative)* yourself 10
toi non plus you neither 2
toilette *f.* washing up, grooming 10
faire sa toilette to wash up 10
toilettes *f., pl.* restroom(s) 8
tomate *f.* tomato 9
tomber *v.* to fall 7
tomber amoureux/amoureuse *v.* to fall in love 6
tomber en panne *v.* to break down 11
tomber/être malade *v.* to get/be sick 10
tomber sur quelqu'un *v.* to run into someone 7
ton *poss. adj., m., sing.* your 3
tort *m.* wrong; harm 2
avoir tort *v.* to be wrong 2
tôt *adv.* early 2
toujours *adv.* always 8
tour *m.* tour 5
faire un tour (en voiture) *v.* to go for a walk (drive) 5
tourisme *m.* tourism 12
office du tourisme *m.* tourist office 12
tourner *v.* to turn 12
se tourner *v.* to turn (oneself) around 10
tousser *v.* to cough 10
tout *m., sing.* all 4
tous les *(used before noun)* all the... 4
tous les jours *adv.* every day 8
toute la *f., sing. (used before noun)* all the... 4
toutes les *f., pl. (used before noun)* all the... 4
tout le *m., sing. (used before noun)* all the... 4
tout le monde everyone 9
tout(e) *adv. (before adjective or adverb)* very, really 3
À tout à l'heure. See you later. 1
tout à coup suddenly 7
tout à fait absolutely; completely 12
tout de suite right away 7
tout droit straight ahead 12
tout d'un coup *adv.* all of a sudden 8
tout près (de) really close by, really close (to) 3
toxique *adj.* toxic 13
déchets toxiques *m., pl.* toxic waste 13
trac *m.* stage fright
traduire *v.* to translate 6
traduit (traduire) *p.p., adj.* translated 6
tragédie *f.* tragedy
train *m.* train 7
tranche *f.* slice 9
tranquille *adj.* calm, serene 10
laisser tranquille *v.* to leave alone 10
travail *m.* work 12
chercher un/du travail *v.* to look for work 12
trouver un/du travail *v.* to find a job
travailler *v.* to work 2
travailleur/travailleuse *adj.* hard-working 3
traverser *v.* to cross 12
treize *m.* thirteen 1
trente *m.* thirty 1
très *adv. (before adjective or adverb)* very, really 8
Très bien. Very well. 1
triste *adj.* sad 3
être triste que... *v.* to be sad that... 13
trois *m.* three 1
troisième *adj.* third 7
se tromper (de) *v.* to be mistaken (about) 10
trop (de) *adv.* too many/much (of) 4
tropical(e) *adj.* tropical 13
forêt tropicale *f.* tropical forest 13
trou (dans la couche d'ozone) *m.* hole (in the ozone layer) 13
troupe *f.* company, troupe
trouver *v.* to find; to think 2
trouver un/du travail *v.* to find a job
se trouver *v.* to be located 10

truc *m.* thing 7
tu *sub. pron., sing., fam.* you 1

U

un *m. (number)* one 1
un(e) *indef. art.* a; an 1
universitaire *adj.* (*related to the*) university 1
  restaurant universitaire (resto U) *m.* university cafeteria 2
université *f.* university 1
urgences *f., pl.* emergency room 10
  aller aux urgences *v.* to go to the emergency room 10
usine *f.* factory 13
utile *adj.* useful 2
utiliser (un plan) *v.* use (a map) 7

V

vacances *f., pl.* vacation 7
  partir en vacances *v.* to go on vacation 7
vache *f.* cow 13
vaisselle *f.* dishes 8
  faire la vaisselle *v.* to do the dishes 8
  lave-vaisselle *m.* dishwasher 8
valise *f.* suitcase 7
  faire les valises *v.* to pack one's bags 7
vallée *f.* valley 13
variétés *f., pl.* popular music
vaut (valloir) *v.*
  Il vaut mieux que It is better that 13
vélo *m.* bicycle 5
  faire du vélo *v.* to go bike riding 5
velours *m.* velvet 12
vendeur/vendeuse *m., f.* seller 6
vendre *v.* to sell 6
vendredi *m.* Friday 2
venir *v.* to come 9
  venir de *v. (used with an infinitive)* to have just 9
vent *m.* wind 5
  Il fait du vent. It is windy. 5
ventre *m.* stomach 10
vérifier (l'huile/la pression des pneus) *v.* to check (the oil/the tire pressure) 11
véritable *adj.* true, real 12
verre (de) *m.* glass (of) 4
vers *adv.* about 2
vert(e) *adj.* green 3
  haricots verts *m., pl.* green beans 9
vêtements *m., pl.* clothing 6
  sous-vêtement *m.* underwear 6
vétérinaire *m., f.* veterinarian
veuf/veuve *adj.* widowed 3
veut dire (vouloir dire) *v.* means, signifies 9
viande *f.* meat 9
vie *f.* life 6
  assurance vie *f.* life insurance
vieille *adj., f.* (feminine form of vieux) old 3
vieillesse *f.* old age 6
vietnamien(ne) *adj.* Vietnamese 1
vieux/vieille *adj.* old 3
ville *f.* city; town 4
vin *m.* wine 6
vingt *m.* twenty 1
vingtième *adj.* twentieth 7
violet(te) *adj.* purple; violet 6
violon *m.* violin
visage *m.* face 10
visite *f.* visit 6
  rendre visite (à) *v.* to visit (*a person or people*) 6
visiter *v.* to visit (*a place*) 2
  faire visiter *v.* to give a tour 8
vite *adv.* quickly 1; quick, hurry 4
vitesse *f.* speed 11
voici here is/are 1
voilà there is/are 1
voir *v.* to see 12
voisin(e) *m., f.* neighbor 3
voiture *f.* car 11
  faire un tour en voiture *v.* to go for a drive 5
  rouler en voiture *v.* to ride in a car 7
vol *m.* flight 7
volant *m.* steering wheel 11
volcan *m.* volcano 13
volley(-ball) *m.* volleyball 5
volontiers *adv.* willingly 10
vos *poss. adj., m., f., pl.* your 3
votre *poss. adj., m., f., sing.* your 3
vouloir *v.* to want; to mean (*with* **dire**) 9
  ça veut dire that is to say 10
  veut dire *v.* means, signifies 9
  vouloir (que) *v.* to want (that) 13
voulu (vouloir) *p.p., adj. (used with infinitive)* wanted to... ; (*used with noun*) planned to/for 9
vous *pron., sing., pl., fam., form.* you 1; *d.o. pron.* you 7; yourself, yourselves 10
voyage *m.* trip 7
  agence de voyages *f.* travel agency 7
  agent de voyages *m.* travel agent 7
voyager *v.* to travel 2
voyant (d'essence/d'huile) *m.* (gas/oil) warning light 11
vrai(e) *adj.* true; real 3
  Il est vrai que... It is true that... 13
  Il n'est pas vrai que... It is untrue that... 13
vraiment *adv.* really, truly 5
vu (voir) *p.p.* seen 12

W

W.-C. *m., pl.* restroom(s) 8
week-end *m.* weekend 2
  ce week-end this weekend 2

Y

y *pron.* there; at (*a place*) 10
  j'y vais I'm going/coming 8
  nous y allons we're going/coming 9
  on y va let's go 10
  Y a-t-il... ? Is/Are there... ? 2
yaourt *m.* yogurt 9
yeux (œil) *m., pl.* eyes 3

Z

zéro *m.* zero 1
zut *interj.* darn 6

English-French

A

a **un(e)** *indef. art.* 1
able: to be able to **pouvoir** *v.* 9
abolish **abolir** *v.* 13
about **vers** *adv.* 2
abroad **à l'étranger** 7
absolutely **absolument** *adv.* 8; **tout à fait** *adv.* 6
accident **accident** *m.* 10
to have/to be in an accident **avoir un accident** *v.* 11
accompany **accompagner** *v.* 12
account *(at a bank)* **compte** *m.* 12
checking account **compte** *m.* **de chèques** 12
to have a bank account **avoir un compte bancaire** *v.* 12
accountant **comptable** *m., f.*
acid rain **pluie acide** *f.* 13
across from **en face de** *prep.* 3
acquaintance **connaissance** *f.* 5
active **actif/active** *adj.* 3
actively **activement** *adv.* 8
actor **acteur/actrice** *m., f.* 1
address **adresse** *f.* 12
administration: business administration **gestion** *f.* 2
adolescence **adolescence** *f.* 6
adore **adorer** 2
I love... **J'adore...** 2
to adore one another **s'adorer** *v.* 11
adulthood **âge adulte** *m.* 6
adventure **aventure** *f.*
adventure film **film** *m.* **d'aventures**
advertisement **publicité (pub)** *f.*
advice **conseil** *m.*
advisor **conseiller/conseillère** *m., f.*
aerobics **aérobic** *m.* 5
to do aerobics **faire de l'aérobic** *v.* 5
afraid: to be afraid of/that **avoir peur de/que** *v.* 13
after **après (que)** *adv.* 7
afternoon **après-midi** *m.* 2
... (o'clock) in the afternoon ... **heure(s) de l'après-midi** 2
afternoon snack **goûter** *m.* 9
again **encore** *adv.* 3
age **âge** *m.* 6
agent: travel agent **agent de voyages** *m.* 7
real estate agent **agent immobilier** *m.*
ago *(with an expression of time)* **il y a... 9**
agree: to agree (with) **être d'accord (avec)** *v.* 2
airport **aéroport** *m.* 7
alarm clock **réveil** *m.* 10
Algerian **algérien(ne)** *adj.* 1
all **tout** *m., sing.* 4
all of a sudden **soudain** *adv.* 8; **tout à coup** *adv.*; **tout d'un coup** *adv.* 7
all right? *(tag question)* **d'accord?** 2
allergy **allergie** *f.* 10
allow *(to do something)* **laisser** *v.* 11; **permettre (de)** *v.* 6
allowed **permis (permettre)** *p.p., adj.* 6
all the... *(agrees with noun that follows)* **tout le...** *m., sing;* **toute la...** *f., sing;* **tous les...** *m., pl.*; **toutes les...** *f., pl.* 4
almost **presque** *adv.* 5
a lot (of) **beaucoup (de)** *adv.* 4
alone: to leave alone **laisser tranquille** *v.* 10
already **déjà** *adv.* 3
always **toujours** *adv.* 8
American **américain(e)** *adj.* 1
an **un(e)** *indef. art.* 1
ancient *(placed after noun)* **ancien(ne)** *adj.*
and **et** *conj.* 1
And you? **Et toi?,** *fam.*; **Et vous?** *form.* 1
angel **ange** *m.* 1
angry: to become angry **s'énerver** *v.* 10; **se mettre en colère** *v.* 10
animal **animal** *m.* 13
ankle **cheville** *f.* 10
apartment **appartement** *m.* 7
appetizer **entrée** *f.* 9; **hors-d'œuvre** *m.* 9
applaud **applaudir** *v.*
applause **applaudissement** *m.*
apple **pomme** *f.* 9
appliance **appareil** *m.* 8
electrical/household appliance **appareil** *m.* **électrique/ménager** 8
applicant **candidat(e)** *m., f.*
apply **postuler** *v.*
appointment **rendez-vous** *m.*
to make an appointment **prendre (un) rendez-vous** *v.*
April **avril** *m.* 5
architect **architecte** *m., f.* 3
architecture **architecture** *f.* 2
Are there... ? **Y a-t-il... ?** 2
area **quartier** *m.* 8
argue (with) **se disputer (avec)** *v.* 10
arm **bras** *m.* 10
armchair **fauteuil** *m.* 8
armoire **armoire** *f.* 8
around **autour (de)** *prep.* 12
arrival **arrivée** *f.* 7
arrive **arriver (à)** *v.* 2
art **art** *m.* 2
artwork, piece of art **œuvre** *f.*
fine arts **beaux-arts** *m., pl.*
artist **artiste** *m., f.* 3
as *(like)* **comme** *adv.* 6
as ... as *(used with adjective to compare)* **aussi ... que** 9
as much ... as *(used with noun to express comparative quantity)* **autant de ... que** 13
as soon as **dès que** *adv.* 12
ashamed: to be ashamed of **avoir honte de** *v.* 2
ask **demander** *v.* 2
to ask *(someone)* **demander (à)** *v.* 6
to ask *(someone)* a question **poser une question (à)** *v.* 6
to ask that... **demander que...** 13
aspirin **aspirine** *f.* 10
at **à** *prep.* 4
at ... (o'clock) **à ... heure(s)** 4
at the doctor's office **chez le médecin** *prep.* 2
at (someone's) house **chez...** *prep.* 2
at the end (of) **au bout (de)** *prep.* 12
at last **enfin** *adv.* 11
athlete **athlète** *m., f.* 3
ATM **distributeur** *m.* **automatique/de billets** *m.* 12
attend **assister à** *v.* 2
August **août** *m.* 5
aunt **tante** *f.* 3
author **auteur/femme auteur** *m., f.*
autumn **automne** *m.* 5
in autumn **à l'automne** 5
available *(free)* **libre** *adj.* 7
avenue **avenue** *f.* 12
avoid **éviter de** *v.* 10

B

back **dos** *m.* 10
backpack **sac à dos** *m.* 1
bad **mauvais(e)** *adj.* 3
to be in a bad mood **être de mauvaise humeur** 8

to be in bad health **être en mauvaise santé** 10
badly **mal** *adv.* 7
I am doing badly. **Je vais mal.** 1
to be doing badly **se porter mal** *v.* 10
baguette **baguette** *f.* 4
bakery **boulangerie** *f.* 9
balcony **balcon** *m.* 8
banana **banane** *f.* 9
bank **banque** *f.* 12
to have a bank account **avoir un compte bancaire** *v.* 12
banker **banquier/banquière** *m., f.*
banking **bancaire** *adj.* 12
baseball **baseball** *m.* 5
baseball cap **casquette** *f.* 6
basement **sous-sol** *m.;* **cave** *f.* 8
basketball **basket(-ball)** *m.* 5
bath **bain** *m.* 6
bathing suit **maillot de bain** *m.* 6
bathroom **salle de bains** *f.* 8
bathtub **baignoire** *f.* 8
be **être** *v.* 1
sois (être) *imp. v.* 7;
soyez (être) *imp. v.* 7
beach **plage** *f.* 7
beans **haricots** *m., pl.* 9
green beans **haricots verts** *m., pl.* 9
bearings: to get one's bearings **s'orienter** *v.* 12
beautiful **beau (belle)** *adj.* 3
beauty salon **salon** *m.* **de beauté** 12
because **parce que** *conj.* 2
become **devenir** *v.* 9
bed **lit** *m.* 7
to go to bed **se coucher** *v.* 10
bedroom **chambre** *f.* 8
beef **bœuf** *m.* 9
been **été (être)** *p.p.* 6
beer **bière** *f.* 6
before **avant (de/que)** *adv.* 7
before *(o'clock)* **moins** *adv.* 2
begin *(to do something)* **commencer (à)** *v.* 2;
se mettre à *v.* 10
beginning **début** *m.*
behind **derrière** *prep.* 3
Belgian **belge** *adj.* 7
Belgium **Belgique** *f.* 7
believe (that) **croire (que)** *v.* 13
believed **cru (croire)** *p.p.* 13
belt **ceinture** *f.* 6
to buckle one's seatbelt **attacher sa ceinture de sécurité** *v.* 11
bench **banc** *m.* 12
best: the best **le mieux** *super. adv.* 9; **le/la meilleur(e)** *super. adj.* 9
better **meilleur(e)** *comp. adj.;* **mieux** *comp. adv.* 9
It is better that... **Il vaut mieux que/qu'...** 13
to be doing better **se porter mieux** *v.* 10
to get better *(from illness)* **guérir** *v.* 10
between **entre** *prep.* 3
beverage (carbonated) **boisson** *f.* **(gazeuse)** 4
bicycle **vélo** *m.* 5
to go bike riding **faire du vélo** *v.* 5
big **grand(e)** *adj.* 3; *(clothing)* **large** *adj.* 6
bill *(in a restaurant)* **addition** *f.* 4
bills *(money)* **billets** *m., pl.* 12
biology **biologie** *f.* 2
bird **oiseau** *m.* 3
birth **naissance** *f.* 6
birthday **anniversaire** *m.* 5
bit (of) **morceau (de)** *m.* 4
black **noir(e)** *adj.* 3
blackboard **tableau** *m.* 1
blanket **couverture** *f.* 8
blonde **blond(e)** *adj.* 3
blouse **chemisier** *m.* 6
blue **bleu(e)** *adj.* 3
boat **bateau** *m.* 7
body **corps** *m.* 10
book **livre** *m.* 1
bookstore **librairie** *f.* 1
bored: to get bored **s'ennuyer** *v.* 10
boring **ennuyeux/ennuyeuse** *adj.* 3
born: to be born **naître** *v.* 7;
né (naître) *p.p., adj.* 7
borrow **emprunter** *v.* 12
bottle (of) **bouteille (de)** *f.* 4
boulevard **boulevard** *m.* 12
boutique **boutique** *f.* 12
bowl **bol** *m.* 9
box **boîte** *f.* 9
boy **garçon** *m.* 1
boyfriend **petit ami** *m.* 1
brake **freiner** *v.* 11
brakes **freins** *m., pl.* 11
brave **courageux/courageuse** *adj.* 3
Brazil **Brésil** *m.* 7
Brazilian **brésilien(ne)** *adj.* 7
bread **pain** *m.* 4
country-style bread **pain** *m.* **de campagne** 4
bread shop **boulangerie** *f.* 9
break **se casser** *v.* 10
breakdown **panne** *f.* 11
break down **tomber en panne** *v.* 11
break up *(to leave one another)* **se quitter** *v.* 11
breakfast **petit-déjeuner** *m.* 9
bridge **pont** *m.* 12
brilliant **brillant(e)** *adj.* 1
bring *(a person)* **amener** *v.* 5; *(a thing)* **apporter** *v.* 4
broom **balai** *m.* 8
brother **frère** *m.* 3
brother-in-law **beau-frère** *m.* 3
brown **marron** *adj., inv.* 3
brown *(hair)* **châtain** *adj.* 3
brush (hair/tooth) **brosse** *f.* **(à cheveux/à dents)** 10
to brush one's hair/teeth **se brosser les cheveux/ les dents** *v.* 9
buckle: to buckle one's seatbelt **attacher sa ceinture de sécurité** *v.* 11
build **construire** *v.* 6
building **bâtiment** *m.* 12;
immeuble *m.* 8
bumper **pare-chocs** *m.* 11
burn (CD/DVD) **graver** *v.* 11
bus **autobus** *m.* 7
bus stop **arrêt d'autobus (de bus)** *m.* 7
business *(profession)* **affaires** *f., pl.* 3; *(company)* **entreprise** *f.*
business administration **gestion** *f.* 2
businessman **homme d'affaires** *m.* 3
businesswoman **femme d'affaires** *f.* 3
busy **occupé(e)** *adj.* 1
but **mais** *conj.* 1
butcher's shop **boucherie** *f.* 9
butter **beurre** *m.* 4
buy **acheter** *v.* 5
by **par** *prep.* 3
Bye! **Salut!** *fam.* 1

C

cabinet **placard** *m.* 8
café **café** *m.* 1; **brasserie** *f.* 12
café terrace **terrasse** *f.* **de café** 4
cybercafé **cybercafé** *m.* 12
cafeteria **cantine** *f.* 9
cake **gâteau** *m.* 6
calculator **calculatrice** *f.* 1
call **appeler** *v.*
calm **calme** *adj.* 1; **calme** *m.* 1
camera **appareil photo** *m.* 11
digital camera **appareil photo** *m.* **numérique** 11

camping **camping** *m.* 5

to go camping **faire du camping** *v.* 5

can (of food) **boîte (de conserve)** *f.* 9

Canada **Canada** *m.* 7

Canadian **canadien(ne)** *adj.* 1

cancel (a reservation) **annuler (une réservation)** *v.* 7

candidate **candidat(e)** *m., f.*

candy **bonbon** *m.* 6

cap: baseball cap **casquette** *f.* 6

capital **capitale** *f.* 7

car **voiture** *f.* 11

to ride in a car **rouler en voiture** *v.* 7

card *(letter)* **carte postale** *f.* 12; credit card **carte** *f.* **de crédit** 12

to pay with a credit card **payer avec une carte de crédit** *v.* 12

cards (*playing*) **cartes** *f.* 5

carbonated drink/beverage **boisson** *f.* **gazeuse** 4

career **carrière** *f.*

carpooling **covoiturage** *m.* 13

carrot **carotte** *f.* 9

cartoon **dessin animé** *m.*

case: in any case **en tout cas** 6

cash **liquide** *m.* 12

to pay in cash **payer en liquide** *v.* 12

cat **chat** *m.* 3

catastrophe **catastrophe** *f.* 13

catch sight of **apercevoir** *v.* 12

CD(s) **CD** *m.* 11

CD/DVD player **lecteur de CD/DVD** *m.* 11

celebrate **célébrer** *v.* 5; **fêter** *v.* 6

celebration **fête** *f.* 6

cellar **cave** *f.* 8

cell phone **portable** *m.* 11

center: city/town center **centre-ville** *m.* 4

certain **certain(e)** *adj.* 9; **sûr(e)** *adj.* 13

It is certain that... **Il est certain que...** 13

It is uncertain that... **Il n'est pas certain que...** 13

chair **chaise** *f.* 1

champagne **champagne** *m.* 6

change *(coins)* **(pièces** *f. pl.* **de) monnaie** 12

channel (television) **chaîne** *f.* **(de télévision)** 11

character **personnage** *m.*

main character **personnage principal** *m.*

charming **charmant(e)** *adj.* 1

chat **bavarder** *v.* 4

check **chèque** *m.* 12; *(bill)* **addition** *f.* 4

to pay by check **payer par chèque** *v.* 12;

to check (the oil/the air pressure) **vérifier (l'huile/la pression des pneus)** *v.* 11

checking account **compte** *m.* **de chèques** 12

cheek **joue** *f.* 10

cheese **fromage** *m.* 4

chemistry **chimie** *f.* 2

chess **échecs** *m., pl.* 5

chest **poitrine** *f.* 10

chest of drawers **commode** *f.* 8

chic **chic** *adj.* 4

chicken **poulet** *m.* 9

child **enfant** *m., f.* 3

childhood **enfance** *f.* 6

China **Chine** *f.* 7

Chinese **chinois(e)** *adj.* 7

choir **chœur** *m.*

choose **choisir** *v.* 7

chorus **chœur** *m.*

chrysanthemums **chrysanthèmes** *m., pl.* 9

church **église** *f.* 4

city **ville** *f.* 4

city hall **mairie** *f.* 12

city/town center **centre-ville** *m.* 4

class *(group of students)* **classe** *f.* 1; *(course)* **cours** *m.* 2

classmate **camarade de classe** *m., f.* 1

classroom **salle** *f.* **de classe** 1

clean **nettoyer** *v.* 5; **propre** *adj.* 8

clear **clair(e)** *adj.* 13

It is clear that... **Il est clair que...** 13

to clear the table **débarrasser la table** 8

client **client(e)** *m., f.* 7

cliff **falaise** *f.* 13

clock **horloge** *f.* 1

alarm clock **réveil** *m.* 10

close (to) **près (de)** *prep.* 3

very close (to) **tout près (de)** 12

close **fermer** *v.* 11

closed **fermé(e)** *adj.* 12

closet **placard** *m.* 8

clothes dryer **sèche-linge** *m.* 8

clothing **vêtements** *m., pl.* 6

cloudy **nuageux/nuageuse** *adj.* 5

It is cloudy. **Le temps est nuageux.** 5

clutch **embrayage** *m.* 11

coast **côte** *f.* 13

coat **manteau** *m.* 6

coffee **café** *m.* 1

coffeemaker **cafetière** *f.* 8

coins **pièces** *f. pl.* **de monnaie** 12

cold **froid** *m.* 2

to be cold **avoir froid** *v.* 2

(*weather*) It is cold. **Il fait froid.** 5

cold **rhume** *m.* 10

color **couleur** *f.* 6

What color is... ? **De quelle couleur est... ?** 6

comb **peigne** *m.* 10

come **venir** *v.* 7

come back **revenir** *v.* 9

comedy **comédie** *f.*

comic strip **bande dessinée (B.D.)** *f.* 5

compact disc **compact disc / disque compact** *m.* 11

company *(troop)* **troupe** *f.*

completely **tout à fait** *adv.* 6

composer **compositeur** *m.*

computer **ordinateur** *m.* 1

computer science **informatique** *f.* 2

concert **concert** *m.*

congratulations **félicitations**

consider **considérer** *v.* 5

constantly **constamment** *adv.* 8

construct **construire** *v.* 6

consultant **conseiller/conseillère** *m., f.*

continue (*doing something*) **continuer (à)** *v.* 12

cook **cuisiner** *v.* 9; **faire la cuisine** *v.* 5; **cuisinier/cuisinière** *m., f.*

cookie **biscuit** *m.* 6

cooking **cuisine** *f.* 5

cool: *(weather)* It is cool. **Il fait frais.** 5

corner **angle** *m.* 12; **coin** *m.* 12

cost **coûter** *v.* 4

cotton **coton** *m.* 6

couch **canapé** *m.* 8

cough **tousser** *v.* 10

count (on someone) **compter (sur quelqu'un)** *v.* 8

country **pays** *m.* 7

country(side) **campagne** *f.* 7

country-style **de campagne** *adj.* 4

couple **couple** *m.* 6

courage **courage** *m.*

courageous **courageux/courageuse** *adj.* 3

course **cours** *m.* 2

cousin **cousin(e)** *m., f.* 3

cover **couvrir** *v.* 11

covered **couvert (couvrir)** *p.p.* 11

cow **vache** *f.* 13

crazy **fou/folle** *adj.* 3

cream **crème** *f.* 9

credit card **carte** *f.* **de crédit** 12

to pay with a credit card **payer avec une carte de crédit** *v.* 12

crêpe **crêpe** *f.* 5

crime film **film policier** *m.*

croissant **croissant** *m.* 4

cross **traverser** *v.* 12

cruel **cruel/cruelle** *adj.* 3

cry **pleurer** *v.*

cup (of) **tasse (de)** *f.* 4
cupboard **placard** *m.* 8
curious **curieux/ curieuse** *adj.* 3
curly **frisé(e)** *adj.* 3
currency **monnaie** *f.* 12
curtain **rideau** *m.* 8
customs **douane** *f.* 7
cybercafé **cybercafé** *m.* 12

D

dance **danse** *f.*
  to dance **danser** *v.* 4
danger **danger** *m.* 13
dangerous **dangereux/ dangereuse** *adj.* 11
dark *(hair)* **brun(e)** *adj.* 3
darling **chéri(e)** *adj.* 2
darn **zut** 11
dash *(punctuation mark)* **tiret** *m.* 11
date *(day, month, year)* **date** *f.* 5; *(meeting)* **rendez-vous** *m.* 6
  to make a date **prendre (un) rendez-vous** *v.*
daughter **fille** *f.* 1
day **jour** *m.* 2; **journée** *f.* 2
  day after tomorrow **après-demain** *adv.* 2
  day before yesterday **avant-hier** *adv.* 7
  day off **congé** *m.*, **jour** *m.* **de congé** 7
dear **cher/chère** *adj.* 2
death **mort** *f.* 6
December **décembre** *m.* 5
decide *(to do something)* **décider (de)** *v.* 11
deforestation **déboisement** *m.* 13
degree **diplôme** *m.* 2
degrees *(temperature)* **degrés** *m., pl.* 5
  It is... degrees. **Il fait... degrés.** 5
delicatessen **charcuterie** *f.* 9
delicious **délicieux/délicieuse** *adj.* 4
Delighted. **Enchanté(e).** *p.p., adj.* 1
demand (that) **exiger (que)** *v.* 13
demanding **exigeant(e)** *adj.*
  demanding profession **profession** *f.* **exigeante**
dentist **dentiste** *m., f.* 3
department store **grand magasin** *m.* 4
departure **départ** *m.* 7
deposit: to deposit money **déposer de l'argent** *v.* 12
depressed **déprimé(e)** *adj.* 10
describe **décrire** *v.* 7
described **décrit (décrire)** *p.p., adj.* 7
desert **désert** *m.* 13
design (fashion) **stylisme (de mode)** *m.* 2
desire **envie** *f.* 2, désirer *v.* 5
desk **bureau** *m.* 1
dessert **dessert** *m.* 6
destroy **détruire** *v.* 6
destroyed **détruit (détruire)** *p.p., adj.* 6
detective film **film policier** *m.*
detest **détester** *v.* 2
  I hate... **Je déteste...** 2
develop **développer** *v.* 13
dial (a number) **composer (un numéro)** *v.* 11
dictionary **dictionnaire** *m.* 1
die **mourir** *v.* 7
died **mort (mourir)** *p.p., adj.* 7
diet **régime** *m.* 10
  to be on a diet **être au régime** 9
difference **différence** *f.* 1
different **différent(e)** *adj.* 1
differently **différemment** *adv.* 8
difficult **difficile** *adj.* 1
digital camera **appareil photo** *m.* **numérique** 11
dining room **salle à manger** *f.* 8
dinner **dîner** *m.* 9
  to have dinner **dîner** *v.* 2
Dinner is ready! **À table! 9**
diploma **diplôme** *m.* 2
directions **indications** *f.* 12
director *(movie)* **réalisateur/ réalisatrice** *m., f.; (play/show)* **metteur en scène** *m.*
dirty **sale** *adj.* 8
discover **découvrir** *v.* 11
discovered **découvert (découvrir)** *p.p.* 11
discreet **discret/discrète** *adj.* 3
discuss **discuter** *v.* 11
dish *(food)* **plat** *m.* 9
  to do the dishes **faire la vaisselle** *v.* 8
dishwasher **lave-vaisselle** *m.* 8
dismiss **renvoyer** *v.*
distinction **mention** *f.*
divorce **divorce** *m.* 6
  to divorce **divorcer** *v.* 3
divorced **divorcé(e)** *p.p., adj.* 3
do *(make)* **faire** *v.* 5
  to do odd jobs **bricoler** *v.* 5
doctor **médecin** *m.* 3
documentary **documentaire** *m.*
dog **chien** *m.* 3
done **fait (faire)** *p.p., adj.* 6
door *(building)* **porte** *f.* 1; *(automobile)* **portière** *f.* 11
doubt (that)... **douter (que)...** *v.* 13
doubtful **douteux/douteuse** *adj.* 13
  It is doubtful that... **Il est douteux que...** 13
download **télécharger** *v.* 11
downtown **centre-ville** *m.* 4
drag **barbant** *adj.* 3; **barbe** *f.* 3
drape **rideau** *m.* 8
draw **dessiner** *v.* 2
drawer **tiroir** *m.* 8
dreadful **épouvantable** *adj.* 5
dream (about/of) **rêver (de)** *v.* 11
dress **robe** *f.* 6
  to dress **s'habiller** *v.* 10
dresser **commode** *f.* 8
drink (carbonated) **boisson** *f.* **(gazeuse)** 4
  to drink **boire** *v.* 4
drive **conduire** *v.* 6
  to go for a drive **faire un tour en voiture** 5
driven **conduit (conduire)** *p.p.* 6
driver (taxi/truck) **chauffeur (de taxi/de camion)** *m.*
driver's license **permis** *m.* **de conduire** 11
drums **batterie** *f.*
drunk **bu (boire)** *p.p.* 6
dryer *(clothes)* **sèche-linge** *m.* 8
dry oneself **se sécher** *v.* 10
due **dû(e) (devoir)** *adj.* 9
during **pendant** *prep.* 7
dust **enlever/faire la poussière** *v.* 8
DVD player **lecteur (de) DVD** *m.* 11
DVR **enregistreur DVR** *m.* 11

E

each **chaque** *adj.* 6
ear **oreille** *f.* 10
early **en avance** *adv.* 2; **tôt** *adv.* 2
earn **gagner** *v.*
Earth **Terre** *f.* 13
easily **facilement** *adv.* 8
east **est** *m.* 12
easy **facile** *adj.* 2
eat **manger** *v.* 2
  to eat lunch **déjeuner** *v.* 4
éclair **éclair** *m.* 4
ecological **écologique** *adj.* 13
ecology **écologie** *f.* 13
economics **économie** *f.* 2
ecotourism **écotourisme** *m.* 13
education **formation** *f.*
effect: in effect **en effet** 13
egg **œuf** *m.* 9
eight **huit** *m.* 1
eighteen **dix-huit** *m.* 1

eighth **huitième** *adj.* 7
eighty **quatre-vingts** *m.* 3
eighty-one **quatre-vingt-un** *m.* 3
elder **aîné(e)** *adj.* 3
electric **électrique** *adj.* 8
electrical appliance **appareil** *m.* **électrique** 8
electrician **électricien/électricienne** *m., f.*
elegant **élégant(e)** *adj.* 1
elevator **ascenseur** *m.* 7
eleven **onze** *m.* 1
eleventh **onzième** *adj.* 7
e-mail **e-mail** *m.* 11
emergency room **urgences** *f., pl.* 10
to go to the emergency room **aller aux urgences** *v.* 10
end **fin** *f.*
endangered **menacé(e)** *adj.* 13
endangered species **espèce** *f.* **menacée** 13
engaged **fiancé(e)** *adj.* 3
engine **moteur** *m.* 11
engineer **ingénieur** *m.* 3
England **Angleterre** *f.* 7
English **anglais(e)** *adj.* 1
enormous **énorme** *adj.* 2
enough (of) **assez (de)** *adv.* 4
not enough (of) **pas assez (de)** 4
enter **entrer** *v.* 7
envelope **enveloppe** *f.* 12
environment **environnement** *m.* 13
equal **égaler** *v.* 3
erase **effacer** *v.* 11
errand **course** *f.* 9
escargot **escargot** *m.* 9
especially **surtout** *adv.* 2
essay **dissertation** *f.* 11
essential **essentiel(le)** *adj.* 13
It is essential that... **Il est essentiel/indispensable que...** 13
even **même** *adv.* 5
evening **soir** *m.*; **soirée** *f.* 2
... (o'clock) in the evening **... heures du soir** 2
every day **tous les jours** *adv.* 8
everyone **tout le monde** *m.* 9
evident **évident(e)** *adj.* 13
It is evident that... **Il est évident que...** 13
evidently **évidemment** *adv.* 8
exactly **exactement** *adv.* 9
exam **examen** *m.* 1
Excuse me. **Excuse-moi.** *fam.* 1; **Excusez-moi.** *form.* 1
executive **cadre/femme cadre** *m., f.*
exercise **exercice** *m.* 10
to exercise **faire de l'exercice** *v.* 10
exhibit **exposition** *f.*
exit **sortie** *f.* 7
expenditure **dépense** *f.* 12
expensive **cher/chère** *adj.* 6
explain **expliquer** *v.* 2
explore **explorer** *v.* 4
extinction **extinction** *f.* 13
eye (eyes) **œil (yeux)** *m.* 10

F

face **visage** *m.* 10
facing **en face (de)** *prep.* 3
fact: in fact **en fait** 7
factory **usine** *f.* 13
fail **échouer** *v.* 2
fall **automne** *m.* 5
in the fall **à l'automne** 5
to fall **tomber** *v.* 7
to fall in love **tomber amoureux/amoureuse** *v.* 6
to fall asleep **s'endormir** *v.* 10
family **famille** *f.* 3
famous **célèbre** *adj.*; **connu (connaître)** *p.p., adj.* 8
far (from) **loin (de)** *prep.* 3
farewell **adieu** *m.* 13
farmer **agriculteur/agricultrice** *m., f.*
fashion **mode** *f.* 2
fashion design **stylisme de mode** *m.* 2
fast **rapide** *adj.* **3; vite** *adv.* 8
fat **gros(se)** *adj.* 3
father **père** *m.* 3
father-in-law **beau-père** *m.* 3
favorite **favori/favorite** *adj.* 3; **préféré(e)** *adj.* 2
fear **peur** *f.* 2
to fear that **avoir peur que** *v.* 13
February **février** *m.* 5
fed up: to be fed up **en avoir marre** *v.* 3
feel *(to sense)* **sentir** *v.* 5; *(state of being)* **se sentir** *v.* 10
to feel like *(doing something)* **avoir envie (de)** 2
to feel nauseated **avoir mal au cœur** 10
festival (festivals) **festival (festivals)** *m.*
fever **fièvre** *f.* 10
to have a fever **avoir de la fièvre** *v.* 10
fiancé **fiancé(e)** *m., f.* 6
field *(terrain)* **champ** *m.* 13; *(of study)* **domaine** *m.*
fifteen **quinze** *m.* 1
fifth **cinquième** *adj.* 7
fifty **cinquante** *m.* 1
figure *(physique)* **ligne** *f.* 10
file **fichier** *m.* 11
fill: to fill out a form **remplir un formulaire** *v.* 12
to fill the tank **faire le plein** *v.* 11
film **film** *m.*
adventure/crime film **film** *m.* **d'aventures/policier**
finally **enfin** *adv.* 7; **finalement** *adv.* 7; **dernièrement** *adv.* 8
find (a job) **trouver (un/du travail)** *v.*
to find again **retrouver** *v.* 2
fine **amende** *f.* 11
fine arts **beaux-arts** *m., pl.*
finger **doigt** *m.* 10
finish *(doing something)* **finir (de)** *v.* 11
fire **incendie** *m.* 13
firefighter **pompier/femme pompier** *m., f.*
firm *(business)* **entreprise** *f.*
first **d'abord** *adv.* **7; premier/première** *adj.* 2; **premier** *m.* 5
It is October 1st **C'est le 1er (premier) octobre.** 5
fish **poisson** *m.* 3
fishing **pêche** *f.* 5
to go fishing **aller à la pêche** *v.* 5
fish shop **poissonnerie** *f.* 9
five **cinq** *m.* 1
flat tire **pneu** *m.* **crevé** 11
flight *(air travel)* **vol** *m.* 7
floor **étage** *m.* 7
flower **fleur** *f.* 8
flu **grippe** *f.* 10
fluently **couramment** *adv.* 8
follow (a path/a street/a boulevard) **suivre (un chemin/une rue/un boulevard)** *v.* 12
food **nourriture** *f.* 9
food item **aliment** *m.* 9
foot **pied** *m.* 10
football **football américain** *m.* 5
for **pour** *prep.* 5; **pendant** *prep.* 9
For whom? **Pour qui?** 4
forbid **interdire** *v.* 13
foreign **étranger/étrangère** *adj.* 2
foreign languages **langues** *f., pl.* **étrangères** 2
forest **forêt** *f.* 13
tropical forest **forêt tropicale** *f.* 13
forget *(to do something)* **oublier (de)** *v.* 2
fork **fourchette** *f.* 9
form **formulaire** *m.* 12
former *(placed before noun)* **ancien(ne)** *adj.*
fortunately **heureusement** *adv.* 8

forty **quarante** *m.* 1
fountain **fontaine** *f.* 12
four **quatre** *m.* 1
fourteen **quatorze** *m.* 1
fourth **quatrième** *adj.* 7
France **France** *f.* 7
frankly **franchement** *adv.* 8
free *(at no cost)* **gratuit(e)** *adj.*
free time **temps libre** *m.* 5
freezer **congélateur** *m.* 8
French **français(e)** *adj.* 1
French fries **frites** *f., pl.* 4
frequent *(to visit regularly)* **fréquenter** *v.* 4
fresh **frais/fraîche** *adj.* 5
Friday **vendredi** *m.* 2
friend **ami(e)** *m., f.* 1; **copain/copine** *m., f.* 1
friendship **amitié** *f.* 6
from **de/d'** *prep.* 1
from time to time **de temps en temps** *adv.* 8
front: in front of **devant** *prep.* 3
fruit **fruit** *m.* 9
full *(no vacancies)* **complet (complète)** *adj.* 7
full-time job **emploi** *m.* **à plein temps**
fun **amusant(e)** *adj.* 1
to have fun *(doing something)* **s'amuser (à)** *v.* 11
funeral **funérailles** *f., pl.* 9
funny **drôle** *adj.* 3
furious **furieux/furieuse** *adj.* 13
to be furious that… **être furieux/furieuse que…** *v.* 13

G

gain: gain weight **grossir** *v.* 7
game *(amusement)* **jeu** *m.* 5; *(sports)* **match** *m.* 5
game show **jeu télévisé** *m.*
garage **garage** *m.* 8
garbage **ordures** *f., pl.* 13
garbage collection **ramassage** *m.* **des ordures** 13
garden **jardin** *m.* 8
garlic **ail** *m.* 9
gas **essence** *f.* 11
gas tank **réservoir d'essence** *m.* 11
gas warning light **voyant** *m.* **d'essence** 11
generally **en général** *adv.* 8
generous **généreux/généreuse** *adj.* 3
genre **genre** *m.*
gentle **doux/douce** *adj.* 3
geography **géographie** *f.* 2
German **allemand(e)** *adj.* 1
Germany **Allemagne** *f.* 7
get *(to obtain)* **obtenir** *v.*
get along well (with) **s'entendre bien (avec)** *v.* 10
get up **se lever** *v.* 10
get up again **se relever** *v.* 10
gift **cadeau** *m.* 6
wrapped gift **paquet cadeau** *m.* 6
gifted **doué(e)** *adj.*
girl **fille** *f.* 1
girlfriend **petite amie** *f.* 1
give (*to someone*) **donner (à)** *v.* 2
to give a shot **faire une piqûre** *v.* 10
to give a tour **faire visiter** *v.* 8
to give back **rendre (à)** *v.* 6
to give one another **se donner** *v.* 11
glass (of) **verre (de)** *m.* 4
glasses **lunettes** *f., pl.* 6
sunglasses **lunettes de soleil** *f., pl.* 6
global warming **réchauffement** *m.* **de la Terre** 13
glove **gant** *m.* 6
go **aller** *v.* 4
Let's go! **Allons-y!** 4; **On y va!** 10
I'm going. **J'y vais.** 8
to go back **repartir** *v.*
to go down **descendre** *v.* 6
to go out **sortir** *v.* 7
to go over **dépasser** *v.* 11
to go up **monter** *v.* 7
to go with **aller avec** *v.* 6
golf **golf** *m.* 5
good **bon(ne)** *adj.* 3
Good evening. **Bonsoir.** 1
Good morning. **Bonjour.** 1
to be good for nothing **ne servir à rien** *v.* 9
to be in a good mood **être de bonne humeur** *v.* 8
to be in good health **être en bonne santé** *v.* 10
to be in good shape **être en pleine forme** *v.* 10
to be up to something interesting **faire quelque chose de beau** *v.* 12
Good-bye. **Au revoir.** 1
government **gouvernement** *m.* 13
grade *(academics)* **note** *f.* 2
grandchildren **petits-enfants** *m., pl.* 3
granddaughter **petite-fille** *f.* 3
grandfather **grand-père** *m.* 3
grandmother **grand-mère** *f.* 3
grandparents **grands-parents** *m., pl.* 3
grandson **petit-fils** *m.* 3
grant **bourse** *f.* 2
grass **herbe** *f.* 13
gratin **gratin** *m.* 9
gray **gris(e)** *adj.* 6
great **formidable** *adj.* 7; **génial(e)** *adj.* 3
green **vert(e)** *adj.* 3
green beans **haricots verts** *m., pl.* 9
greenhouse **serre** *f.* 13
greenhouse effect **effet de serre** *m.* 13
grocery store **épicerie** *f.* 4
groom: to groom oneself *(in the morning)* **faire sa toilette** *v.* 10
ground floor **rez-de-chaussée** *m.* 7
growing population **population** *f.* **croissante** 13
guaranteed **garanti(e)** *p.p., adj.* 5
guest **invité(e)** *m., f.* 6; **client(e)** *m., f.* 7
guitar **guitare** *f.*
guy **mec** *m.* 10
gym **gymnase** *m.* 4

H

habitat **habitat** *m.* 13
habitat preservation **sauvetage des habitats** *m.* 13
had **eu (avoir)** *p.p.* 6
had to **dû (devoir)** *p.p.* 9
hair **cheveux** *m., pl.* 9
to brush one's hair **se brosser les cheveux** *v.* 9
to do one's hair **se coiffer** *v.* 10
hairbrush **brosse** *f.* **à cheveux** 10
hairdresser **coiffeur/coiffeuse** *m., f.* 3
half **demie** *f.* 2
half past … (o'clock) **… et demie** 2
half-brother **demi-frère** *m.* 3
half-sister **demi-sœur** *f.* 3
half-time job **emploi** *m.* **à mi-temps**
hallway **couloir** *m.* 8
ham **jambon** *m.* 4
hand **main** *f.* 5
handbag **sac à main** *m.* 6
handsome **beau** *adj.* 3
hang up **raccrocher** *v.*
happiness **bonheur** *m.* 6
happy **heureux/heureuse** *adj.* 3; **content(e)**
to be happy that… **être content(e) que…** *v.* **13; être heureux/heureuse que…** *v.* 13
hard drive **disque (dur)** *m.* 11
hard-working **travailleur/travailleuse** *adj.* 3
hat **chapeau** *m.* 6

hate **détester** *v.* 2
I hate… **Je déteste…** 2
have **avoir** *v.* 2; **aie (avoir)** *imp., v.* 7; **ayez (avoir)** *imp. v.* 7; **prendre** *v.* 4
to have an ache **avoir mal** *v.* 10
to have to *(must)* **devoir** *v.* 9
he **il** *sub. pron.* 1
head *(body part)* **tête** *f.* 10; *(of a company)* **chef** *m.* **d'entreprise**
headache: to have a headache **avoir mal à la tête** *v.* 10
headlights **phares** *m., pl.* 11
headphones **des écouteurs** *(m.)* 11
health **santé** *f.* 10
to be in good health **être en bonne santé** *v.* 10
health insurance **assurance** *f.* **maladie**
healthy **sain(e)** *adj.* 10
hear **entendre** *v.* 6
heart **cœur** *m.* 10
heat **chaud** *m.* 2
hello *(on the phone)* **allô** 1; *(in the evening)* **Bonsoir.** 1; *(in the morning or afternoon)* **Bonjour.** 1
help **au secours** 11
to help *(to do something)* **aider (à)** *v.* 5
to help one another **s'aider** *v.* 11
her **la/l'** *d.o. pron.* 7; **lui** *i.o. pron.* 6; *(attached to an imperative)* **-lui** *i.o. pron.* 9
her **sa** *poss. adj., f., sing.* 3; **ses** *poss. adj., m., f., pl.* 3; **son** *poss. adj., m., sing.* 3
Here! **Tenez!** *form., imp. v.* 9; **Tiens!** *fam., imp., v.* 9
here **ici** *adv.* 1; *(used with demonstrative adjective* **ce** *and noun or with demonstrative pronoun* **celui***);* **-ci** 6;
Here is.... **Voici...** 1
heritage: I am of… heritage. **Je suis d'origine…** 1
herself *(used with reflexive verb)* **se/s'** *pron.* 10
hesitate *(to do something)* **hésiter (à)** *v.* 11
Hey! **Eh!** *interj.* 2
Hi! **Salut!** *fam.* 1
high **élevé(e)** *adj.*
high school **lycée** *m.* 1
high school student **lycéen(ne)** *m., f.* 2
higher education **études supérieures** *f., pl.* 2
highway **autoroute** *f.* 11
hike **randonnée** *f.* 5
to go for a hike **faire une randonnée** *v.* 5
him **lui** *i.o. pron.* 6; **le/l'** *d.o. pron.* 7; *(attached to imperative)* **-lui** *i.o. pron.* 9
himself *(used with reflexive verb)* **se/s'** *pron.* 10
hire **embaucher** *v.*
his **sa** *poss. adj., f., sing.* 3; **ses** *poss. adj., m., f., pl.* 3; **son** *poss. adj., m., sing.* 3
history **histoire** *f.* 2
hit *(another car)* **rentrer (dans)** *v.* 11
hold **tenir** *v.* 9
to be on hold **patienter** *v.*
hole in the ozone layer **trou dans la couche d'ozone** *m.* 13
holiday **jour férié** *m.* 6; **férié(e)** *adj.* 6
home *(house)* **maison** *f.* 4
at (someone's) home **chez...** *prep.* 4
home page **page d'accueil** *f.* 11
homework **devoirs** *m., pl.* 2
honest **honnête** *adj.*
honestly **franchement** *adv.* 8
hood **capot** *m.* 11
hope **espérer** *v.* 5
hors d'œuvre **hors-d'œuvre** *m.* 9
horse **cheval** *m.* 5
to go horseback riding **faire du cheval** *v.* 5
hospital **hôpital** *m.* 4
host **hôte/hôtesse** *m., f.* 6
hot **chaud** *m.* 2
It is hot (weather). **Il fait chaud.** 5
to be hot **avoir chaud** *v.* 2
hot chocolate **chocolat chaud** *m.* 4
hotel **hôtel** *m.* 7
(single) hotel room **chambre** *f.* **(individuelle)** 7
hotel keeper **hôtelier/hôtelière** *m., f.* 7
hour **heure** *f.* 2
house **maison** *f.* 4
at (someone's) house **chez...** *prep.* 2
to leave the house **quitter la maison** *v.* 4
to stop by someone's house **passer chez quelqu'un** *v.* 4
household **ménager/ménagère** *adj.* 8
household appliance **appareil** *m.* **ménager** 8
household chore **tâche ménagère** *f.* 8
housewife **femme au foyer** *f.*
housework: to do the housework **faire le ménage** *v.* 8
housing **logement** *m.* 8
how **comme** *adv.* 2; **comment?** *interr. adv.* 4
How are you? **Comment allez-vous?** *form.* 1; **Comment vas-tu?** *fam.* 1
How many/How much (of)? **Combien (de)?** 1
How much is... ? **Combien coûte... ?** 4
huge **énorme** *adj.* 2
Huh? **Hein?** *interj.* 3
humanities **lettres** *f., pl.* 2
hundred: one hundred **cent** *m.* 5
five hundred **cinq cents** *m.* 5
one hundred one **cent un** *m.* 5
one hundred thousand **cent mille** *m.* 5
hundredth **centième** *adj.* 7
hunger **faim** *f.* 4
hungry: to be hungry **avoir faim** *v.* 4
hunt **chasse** *f.* 13
to hunt **chasser** *v.* 13
hurried **pressé(e)** *adj.* 9
hurry **se dépêcher** *v.* 10
hurt **faire mal** *v.* 10
to hurt oneself **se blesser** *v.* 10
husband **mari** *m.*; **époux** *m.* 3
hyphen *(punctuation mark)* **tiret** *m.* 11

I

I **je** *sub. pron.* 1; **moi** *disj. pron., sing.* 3
ice cream **glace** *f.* 6
ice cube **glaçon** *m.* 6
idea **idée** *f.* 3
if **si** *conj.* 11
ill: to become ill **tomber malade** *v.* 10
illness **maladie** *f.*
immediately **tout de suite** *adv.* 4
impatient **impatient(e)** *adj.* 1
important **important(e)** *adj.* 1
It is important that… **Il est important que…** 13
impossible **impossible** *adj.* 13
It is impossible that… **Il est impossible que…** 13
improve **améliorer** *v.*
in **dans** *prep.* 3; **en** *prep.* 3; **à** *prep.* 4
included **compris (comprendre)** *p.p., adj.* 6
incredible **incroyable** *adj.* 11
independent **indépendant(e)** *adj.* 1
independently **indépendamment** *adv.* 8
indicate **indiquer** *v.* 5
indispensable **indispensable** *adj.* 13
inexpensive **bon marché** *adj.* 6
injection **piqûre** *f.* 10

to give an injection **faire une piqûre** *v.* 10
injury **blessure** *f.* 10
instrument **instrument** *m.* 1
insurance (health/life) **assurance** *f.* **(maladie/vie)**
intellectual **intellectuel(le)** *adj.* 3
intelligent **intelligent(e)** *adj.* 1
interested: to be interested (in) **s'intéresser (à)** *v.* 10
interesting **intéressant(e)** *adj.* 1
intermission **entracte** *m.*
internship **stage** *m.*
intersection **carrefour** *m.* 12
interview: to have an interview **passer un entretien**
introduce **présenter** *v.* 1
I would like to introduce (*name*) to you. **Je te présente...** , *fam.* 1
I would like to introduce (*name*) to you. **Je vous présente...** , *form.* 1
invite **inviter** *v.* 4
Ireland **Irlande** *f.* 7
Irish **irlandais(e)** *adj.* 7
iron **fer à repasser** *m.* 8
to iron (the laundry) **repasser (le linge)** *v.* 8
isn't it? *(tag question)* **n'est-ce pas?** 2
island **île** *f.* 13
Italian **italien(ne)** *adj.* 1
Italy **Italie** *f.* 7
it: It depends. **Ça dépend.** 4
It is... **C'est...** 1
itself *(used with reflexive verb)* **se/s'** *pron.* 10

J

jacket **blouson** *m.* 6
jam **confiture** *f.* 9
January **janvier** *m.* 5
Japan **Japon** *m.* 7
Japanese **japonais(e)** *adj.* 1
jealous **jaloux/jalouse** *adj.* 3
jeans **jean** *m. sing.* 6
jewelry store **bijouterie** *f.* 12
jogging **jogging** *m.* 5
to go jogging **faire du jogging** *v.* 5
joke **blague** *f.* 2
journalist **journaliste** *m., f.* 3
juice (orange/apple) **jus** *m.* **(d'orange/de pomme)** 4
July **juillet** *m.* 5
June **juin** *m.* 5
jungle **jungle** *f.* 13
just *(barely)* **juste** *adv.* 3

K

keep **retenir** *v.* 9
key **clé** *f.* 7
keyboard **clavier** *m.* 11
kilo(gram) **kilo(gramme)** *m.* 9
kind **bon(ne)** *adj.* 3
kiosk **kiosque** *m.* 4
kiss one another **s'embrasser** *v.* 11
kitchen **cuisine** *f.* 8
knee **genou** *m.* 10
knife **couteau** *m.* 9
know *(as a fact)* **savoir** *v.* 8; *(to be familiar with)* **connaître** *v.* 8
to know one another **se connaître** *v.* 11
I don't know anything about it. **Je n'en sais rien.** 13
to know that... **savoir que...** 13
known *(as a fact)* **su (savoir)** *p.p.* 8; *(famous)* **connu (connaître)** *p.p., adj.* 8

L

laborer **ouvrier/ouvrière** *m., f.*
lake **lac** *m.* 13
lamp **lampe** *f.* 8
landlord **propriétaire** *m.* 3
landslide **glissement de terrain** *m.* 13
language **langue** *f.* 2
foreign languages **langues** *f., pl.* **étrangères** 2
last **dernier/dernière** *adj.* 2
lastly **dernièrement** *adv.* 8
late *(when something happens late)* **en retard** *adv.* 2; *(in the evening, etc.)* **tard** *adv.* 2
laugh **rire** *v.* 6
laughed **ri (rire)** *p.p.* 6
laundromat **laverie** *f.* 12
laundry: to do the laundry **faire la lessive** *v.* 8
law *(academic discipline)* **droit** *m.* 2; *(ordinance or rule)* **loi** *f.* 13
lawyer **avocat(e)** *m., f.* 3
lay off *(let go from a job)* **renvoyer** *v.*
lazy **paresseux/paresseuse** *adj.* 3
learned **appris (apprendre)** *p.p.* 6
least **moins** 9
the least... *(used with adjective)* **le/la moins...** *super. adv.* 9
the least... , *(used with noun to express quantity)* **le moins de...** 13
the least... *(used with verb or adverb)* **le moins...** *super. adv.* 9
leather **cuir** *m.* 6
leave **partir** *v.* 5; **quitter** *v.* 4
to leave alone **laisser tranquille** *v.* 10
to leave one another **se quitter** *v.* 11
I'm leaving. **Je m'en vais.** 8
left: to the left (of) **à gauche (de)** *prep.* 3
leg **jambe** *f.* 10
leisure activity **loisir** *m.* 5
lemon soda **limonade** *f.* 4
lend *(to someone)* **prêter (à)** *v.* 6
less **moins** *adv.* 4
less of... *(used with noun to express quantity)* **moins de...** 4
less ... than *(used with noun to compare quantities)* **moins de... que** 13
less... than *(used with adjective to compare qualities)* **moins... que** 9
let **laisser** *v.* 11
to let go *(to fire or lay off)* **renvoyer** *v.*
Let's go! **Allons-y!** 4; **On y va!** 10
letter **lettre** *f.* 12
letter of application **lettre** *f.* **de motivation**
letter of recommendation/reference **lettre** *f.* **de recommandation**
lettuce **laitue** *f.* 9
level **niveau** *m.*
library **bibliothèque** *f.* 1
license: driver's license **permis** *m.* **de conduire** 11
life **vie** *f.* 6
life insurance **assurance** *f.* **vie**
light: warning light *(automobile)* **voyant** *m.* 11
oil/gas warning light **voyant** *m.* **d'huile/d'essence** 11
to light up **s'allumer** *v.* 11
like *(as)* **comme** *adv.* 6; to like **aimer** *v.* 2
I don't like ... very much. **Je n'aime pas tellement...** 2
I really like... **J'aime bien...** 2
to like one another **s'aimer bien** *v.* 11
to like that... **aimer que...** *v.* 13
line **queue** *f.* 12
to wait in line **faire la queue** *v.* 12
link **lien** *m.* 11
listen (to) **écouter** *v.* 2
literary **littéraire** *adj.*
literature **littérature** *f.* 1
little *(not much)* (of) **peu (de)** *adv.* 4
live (in) **habiter (à)** *v.* 2

living room *(informal room)* **salle de séjour** *f.* 8; *(formal room)* **salon** *m.* 8
located: to be located **se trouver** *v.* 10
long **long(ue)** *adj.* 3
a long time **longtemps** *adv.* 5
look *(at one another)* **se regarder** *v.* 11; *(at oneself)* **se regarder** *v.* 10
look for **chercher** *v.* 2
to look for work **chercher du/un travail** 12
look like **avoir l'air** *v.* 2
loose *(clothing)* **large** *adj.* 6
lose: to lose (time) **perdre (son temps)** *v.* 6
to lose weight **maigrir** *v.* 7
lost: to be lost **être perdu(e)** *v.* 12
lot: a lot of **beaucoup de** *adv.* 4
love **amour** *m.* 6
to love **adorer** *v.* 2
I love... **J'adore...** 2
to love one another **s'aimer** *v.* 11
to be in love **être amoureux/amoureuse** *v.* 6
luck **chance** *f.* 2
to be lucky **avoir de la chance** *v.* 2
lunch **déjeuner** *m.* 9
to eat lunch **déjeuner** *v.* 4

M

ma'am **Madame.** *f.* 1
machine: answering machine **répondeur** *m.* 11
mad: to get mad **s'énerver** *v.* 10
made **fait (faire)** *p.p., adj.* 6
magazine **magazine** *m.*
mail **courrier** *m.* **12**
mailbox **boîte** *f.* **aux lettres** 12
mailman **facteur** *m.* 12
main character **personnage principal** *m.*
main dish **plat (principal)** *m.* 9
maintain **maintenir** *v.* 9
make **faire** *v.* 5
makeup **maquillage** *m.* 10
to put on makeup **se maquiller** *v.* 10
make up **se réconcilier** *v.*
malfunction **panne** *f.* 11
man **homme** *m.* 1
manage *(in business)* **diriger** *v.* ; *(to do something)* **arriver à** *v.* 2
manager **gérant(e)** *m., f.*
many (of) **beaucoup (de)** *adv.* 4
How many (of)? **Combien (de)?** 1
map *(of a city)* **plan** *m.* 7; *(of the world)* **carte** *f.* 1
March **mars** *m.* 5
marital status **état civil** *m.* 6
market **marché** *m.* 4
marriage **mariage** *m.* 6
married **marié(e)** *adj.* 3
married couple **mariés** *m., pl.* 6
marry **épouser** *v.* 3
Martinique: from Martinique **martiniquais(e)** *adj.* 1
masterpiece **chef-d'œuvre** *m.*
mathematics **mathématiques (maths)** *f., pl.* 2
May **mai** *m.* 5
maybe **peut-être** *adv.* 2
mayonnaise **mayonnaise** *f.* 9
mayor's office **mairie** *f.* 12
me **moi** *disj. pron., sing.* 3; *(attached to imperative)* **-moi** *pron.* 9; **me/m'** *i.o. pron.* 6; **me/m'** *d.o. pron.* 7
Me too. **Moi aussi.** 1
Me neither. **Moi non plus.** 2
meal **repas** *m.* 9
mean **méchant(e)** *adj.* 3
to mean (*with* **dire**) **vouloir** *v.* 9
means: that means **ça veut dire** *v.* 9
meat **viande** *f.* 9
mechanic **mécanicien/mécanicienne** *m., f.* 11
medication (against/for) **médicament (contre/pour)** *m., f.* 10
medium-sized **de taille moyenne** *adj.* 3
meet *(to encounter, to run into)* **rencontrer** *v.* 2; *(to make the acquaintance of/meet someone for the first time)* **faire la connaissance de** *v.* 5, **se rencontrer** *v.* 11; *(planned encounter)* **se retrouver** *v.* 11
meeting **réunion** *f.* ; **rendez-vous** *m.* 6
member **membre** *m.*
menu **menu** *m.* 9; **carte** *f.* 9
message **message** *m.*
to leave a message **laisser un message** *v.*
Mexican **mexicain(e)** *adj.* 1
Mexico **Mexique** *m.* 7
microwave oven **four à micro-ondes** *m.* 8
midnight **minuit** *m.* 2
milk **lait** *m.* 4
mineral water **eau** *f.* **minérale** 4
mirror **miroir** *m.* 8
Miss **Mademoiselle** *f.* 1
mistaken: to be mistaken (*about something*) **se tromper (de)** *v.* 10
modest **modeste** *adj.*
moment **moment** *m.* 1
Monday **lundi** *m.* 2
money **argent** *m.* 12; *(currency)* **monnaie** *f.* 12
to deposit money **déposer de l'argent** *v.* 12
monitor **moniteur** *m.* 11
month **mois** *m.* 2
this month **ce mois-ci** 2
moon **Lune** *f.* 13
more **plus** *adv.* 4
more of **plus de** 4
more ... than *(used with noun to compare quantities)* **plus de... que** 13
more ... than *(used with adjective to compare qualities)* **plus... que** 9
morning **matin** *m.* 2; **matinée** *f.* 2
this morning **ce matin** 2
Moroccan **marocain(e)** *adj.* 1
most **plus** 9
the most... *(used with adjective)* **le/la plus...** *super. adv.* 9
the most... *(used with noun to express quantity)* **le plus de...** 13
the most... *(used with verb or adverb)* **le plus...** *super. adv.* 9
mother **mère** *f.* 3
mother-in-law **belle-mère** *f.* 3
mountain **montagne** *f.* 4
mouse **souris** *f.* 11
mouth **bouche** *f.* 10
move *(to get around)* **se déplacer** *v.* 12
to move in **emménager** *v.* 8
to move out **déménager** *v.* 8
movie **film** *m.*
adventure/horror/science-fiction/crime movie **film** *m.* **d'aventures/d'horreur/de science-fiction/policier**
movie theater **cinéma (ciné)** *m.* 4
much (as much ... as) *(used with noun to express quantity)* **autant de ... que** *adv.* 13
How much (*of something*)? **Combien (de)?** 1
How much is... ? **Combien coûte... ?** 4
museum **musée** *m.* 4
to go to museums **faire les musées** *v.*
mushroom **champignon** *m.* 9
music: to play music **faire de la musique**
musical **comédie** *f.* **musicale; musical(e)** *adj.*
musician **musicien(ne)** *m., f.* 3

must *(to have to)* **devoir** *v.* 9
One must **Il faut...** 5
mustard **moutarde** *f.* 9
my **ma** *poss. adj., f., sing.* 3; **mes** *poss. adj., m., f., pl.* 3; **mon** *poss. adj., m., sing.* 3
myself **me/m'** *pron., sing.* 10; *(attached to an imperative)* **-moi** *pron.* 9

N

naïve **naïf (naïve)** *adj.* 3
name: My name is... **Je m'appelle...** 1
named: to be named **s'appeler** *v.* 10
napkin **serviette** *f.* 9
nationality **nationalité** *f.*
I am of ... nationality. **Je suis de nationalité...** 1
natural **naturel(le)** *adj.* 13
natural resource **ressource naturelle** *f.* 13
nature **nature** *f.* 13
nauseated: to feel nauseated **avoir mal au cœur** *v.* 10
near (to) **près (de)** *prep.* 3
very near (to) **tout près (de)** 12
necessary **nécessaire** *adj.* 13
It was necessary... *(followed by infinitive or subjunctive)* **Il a fallu...** 6
It is necessary.... *(followed by infinitive or subjunctive)* **Il faut que...** 5
It is necessary that... *(followed by subjunctive)* **Il est nécessaire que/qu'...** 13
neck **cou** *m.* 10
need **besoin** *m.* 2
to need **avoir besoin (de)** *v.* 2
neighbor **voisin(e)** *m., f.* 3
neighborhood **quartier** *m.* 8
neither... nor **ne... ni... ni...** *conj.* 12
nephew **neveu** *m.* 3
network **réseau** *m.* 11
nervous **nerveux/nerveuse** *adj.* 3
nervously **nerveusement** *adv.* 8
never **jamais** *adv.* 5; **ne... jamais** *adv.* 12
new **nouveau/nouvelle** *adj.* 3
newlyweds **jeunes mariés** *m., pl.* 6
news **informations (infos)** *f., pl*; **nouvelles** *f., pl.*
newspaper **journal** *m.* 7
newsstand **marchand de journaux** *m.* 12
next **ensuite** *adv.* 7; **prochain(e)** *adj.* 2
next to **à côté de** *prep.* 3
nice **gentil/gentille** *adj.* 3; **sympa(thique)** *adj.* 1
nicely **gentiment** *adv.* 8
niece **nièce** *f.* 3
night **nuit** *f.* 2
nightclub **boîte (de nuit)** *f.* 4
nine **neuf** *m.* 1
nine hundred **neuf cents** *m.* 5
nineteen **dix-neuf** *m.* 1
ninety **quatre-vingt-dix** *m.* 3
ninth **neuvième** *adj.* 7
no *(at beginning of statement to indicate disagreement)* **(mais) non** 2; **aucun(e)** *adj.* 10
no more ne... plus 12
no problem **pas de problème** 12
no reason **pour rien** 4
no, none **pas (de)** 12
nobody **ne... personne** 12
none (not any) **ne... aucun(e)** 12
noon **midi** *m.* 2
no one **personne** *pron.* 12
north **nord** *m.* 12
nose **nez** *m.* 10
not **ne... pas** *2*
not at all **pas du tout** *adv.* 2
Not badly. **Pas mal.** 1
to not believe that **ne pas croire que** *v.* 13
to not think that **ne pas penser que** *v.* 13
not yet **pas encore** *adv.* 8
notebook **cahier** *m.* 1
notes **billets** *m., pl.* 11
nothing **rien** *indef. pron.* 12
It's nothing. **Il n'y a pas de quoi.** 1
notice **s'apercevoir** *v.* 12
novel **roman** *m.*
November **novembre** *m.* 5
now **maintenant** *adv.* 5
nuclear **nucléaire** *adj.* 13
nuclear energy **énergie nucléaire** *f.* 13
nuclear power plant **centrale nucléaire** *f.* 13
nurse **infirmier/infirmière** *m., f.* 10

O

object **objet** *m.* 1
obtain **obtenir** *v.*
obvious **évident(e)** *adj.* 13
It is obvious that... **Il est évident que...** 13
obviously **évidemment** *adv.* 8
o'clock: It's... (o'clock). **Il est... heure(s).** 2
at ... (o'clock) **à ... heure(s)** 4
October **octobre** *m.* 5
of **de/d'** *prep.* 3
of medium height **de taille moyenne** *adj.* 3
of the **des (de + les)** 3
of the **du (de + le)** 3
of which, of whom **dont** *rel. pron.* 11
of course **bien sûr** *adv.*; **évidemment** *adv.* 2
of course not *(at beginning of statement to indicate disagreement)* **(mais) non** 2
offer **offrir** *v.* 11
offered **offert (offrir)** *p.p.* 11
office **bureau** *m.* 4
at the doctor's office **chez le médecin** *prep.* 2
often **souvent** *adv.* 5
oil **huile** *f.* 9
automobile oil **huile** *f.* 11
oil warning light **voyant** *m.* **d'huile** 11
olive oil **huile** *f.* **d'olive** 9
to check the oil **vérifier l'huile** *v.* 11
okay **d'accord** 2
old **vieux/vieille** *adj.*; *(placed after noun)* **ancien(ne)** *adj.* 3
old age **vieillesse** *f.* 6
olive **olive** *f.* 9
olive oil **huile** *f.* **d'olive** 9
omelette **omelette** *f.* 5
on **sur** *prep.* 3
On behalf of whom? **C'est de la part de qui?**
on the condition that... **à condition que**
on television **à la télé(vision)**
on the contrary **au contraire**
on the radio **à la radio**
on the subject of **au sujet de** 13
on vacation **en vacances** 7
once **une fois** *adv.* 8
one **un** *m.* 1
one **on** *sub. pron., sing.* 1
one another **l'un(e) à l'autre** 11
one another **l'un(e) l'autre** 11
one had to... **il fallait...** 8
One must... **Il faut que/qu'...** 13
One must... **Il faut...** *(followed by infinitive or subjunctive)* 5
one million **un million** *m.* 5
one million *(things)* **un million de...** 5

onion **oignon** *m.* 9
online **en ligne** 11
to be online **être en ligne** *v.* 11
to be online (with someone) **être connecté(e) (avec quelqu'un)** *v.* 7, 11
only **ne… que** 12; **seulement** *adv.* 8
open **ouvrir** *v.* 11; **ouvert(e)** *adj.* 11
opened **ouvert (ouvrir)** *p.p.* 11
opera **opéra** *m.*
optimistic **optimiste** *adj.* 1
or **ou** 3
orange **orange** *f.* 9; **orange** *inv. adj.* 6
orchestra **orchestre** *m.*
order **commander** *v.* 9
orient oneself **s'orienter** *v.* 12
others **d'autres** 4
our **nos** *poss. adj., m., f., pl.* 3; **notre** *poss. adj., m., f., sing.* 3
outdoor *(open-air)* **plein air** 13
outdoor seating **terrasse de café** *f.* 4
over **fini** *adj., p.p.* 7
overpopulation **surpopulation** *f.* 13
overseas **à l'étranger** *adv.* 7
over there **là-bas** *adv.* 1
owed **dû (devoir)** *p.p., adj.* 9
own **posséder** *v.* 5
owner **propriétaire** *m., f.* 3
ozone **ozone** *m.* 13
hole in the ozone layer **trou dans la couche d'ozone** *m.* 13

P

pack: to pack one's bags **faire les valises** 7
package **colis** *m.* 12
paid **payé (payer)** *p.p., adj.*
to be well/badly paid **être bien/mal payé(e)**
pain **douleur** *f.* 10
paint **faire de la peinture** *v.*
painter **peintre/femme peintre** *m., f.*
painting **peinture** *f.*; **tableau** *m.* 1
pants **pantalon** *m., sing.* 6
paper **papier** *m.* 1
Pardon (me). **Pardon.** 1
parents **parents** *m., pl.* 3
park **parc** *m.* 4
to park **se garer** *v.* 11
parka **anorak** *m.* 6
parking lot **parking** *m.* 11
part-time job **emploi** *m.* **à mi-temps/à temps partiel** *m.*
party **fête** *f.* 6
to party **faire la fête** *v.* 6
pass **dépasser** *v.* **11; passer** *v.* 7
to pass an exam **être reçu(e) à un examen** *v.* 2
passenger **passager/passagère** *m., f.* 7
passport **passeport** *m.* 7
password **mot de passe** *m.* 11
past: in the past **autrefois** *adv.* 8
pasta **pâtes** *f., pl.* 9
pastime **passe-temps** *m.* 5
pastry shop **pâtisserie** *f.* 9
pâté **pâté (de campagne)** *m.* 9
path **sentier** *m.* 13; **chemin** *m.* 12
patient **patient(e)** *adj.* 1
patiently **patiemment** *adv.* 8
pay **payer** *v.* 5
to pay by check **payer par chèque** *v.* 12
to pay in cash **payer en liquide** *v.* 12
to pay with a credit card **payer avec une carte de crédit** *v.* 12
to pay attention (to) **faire attention (à)** *v.* 5
peach **pêche** *f.* 9
pear **poire** *f.* 9
peas **petits pois** *m., pl.* 9
pen **stylo** *m.* 1
pencil **crayon** *m.* 1
people **gens** *m., pl.* 7
pepper *(spice)* **poivre** *m.* 9; *(vegetable)* **poivron** *m.* 9
per day/week/month/year **par jour/semaine/mois/an** 5
perfect **parfait(e)** *adj.* 2
perhaps **peut-être** *adv.* 2
period *(punctuation mark)* **point** *m.* 11
permit **permis** *m.* 11
permitted **permis (permettre)** *p.p., adj.* 6
person **personne** *f.* 1
pessimistic **pessimiste** *adj.* 1
pharmacist **pharmacien(ne)** *m., f.* 10
pharmacy **pharmacie** *f.* 10
philosophy **philosophie** *f.* 2
phone booth **cabine téléphonique** *f.* 12
phone card **télécarte** *f.*
phone one another **se téléphoner** *v.* 11
photo(graph) **photo(graphie)** *f.* 3
physical education **éducation physique** *f.* 2
physics **physique** *f.* 2
piano **piano** *m.*
pick up **décrocher** *v.*
picnic **pique-nique** *m.* **13**
picture **tableau** *m.* 1
pie **tarte** *f.* 9
piece (of) **morceau (de)** *m.* 4
piece of furniture **meuble** *m.* 8
pill **pilule** *f.* 10
pillow **oreiller** *m.* 8
pink **rose** *adj.* 6
pitcher (of water) **carafe (d'eau)** *f.* 9
place **endroit** *m.* 4; **lieu** *m.* 4
plan: to plan a party **organiser une fête** *v.* 6
planet **planète** *f.* 13
plans: to make plans **faire des projets** *v.*
plant **plante** *f.* 13
plastic **plastique** *m.* 13
plastic wrapping **emballage en plastique** *m.* 13
plate **assiette** *f.* 9
play **pièce de théâtre** *f.*
play **s'amuser** *v.* 10; *(a sport/a musical instrument)* **jouer (à/de)** *v.* 5
to play sports **faire du sport, pratiquer** *v.* 5
to play a role **jouer un rôle** *v.*
player **joueur/joueuse** *m., f.* 5
playwright **dramaturge** *m.*
pleasant **agréable** *adj.* 1
please: to please someone **faire plaisir à quelqu'un** *v.*
Please. **S'il te plaît.** *fam.* 1
Please. **S'il vous plaît.** *form.* 1
Please. **Je vous en prie.** *form.* 1
Please hold. **Ne quittez pas.**
plumber **plombier** *m.*
poem **poème** *m.*
poet **poète/poétesse** *m., f.*
police **police** *f.* 11
police officer **agent de police** *m.* 11; **policier** *m.* 11; **policière** *f.* 11
police station **commissariat de police** *m.* 12
polite **poli(e)** *adj.* 1
politely **poliment** *adv.* 8
political science **sciences politiques (sciences po)** *f., pl.* 2
politician **homme/femme politique** *m., f.*
pollute **polluer** *v.* 13
pollution **pollution** *f.* 13
pollution cloud **nuage de pollution** *m.* 13
pool **piscine** *f.* 4
poor **pauvre** *adj.* 3
popular music **variétés** *f., pl.*

population **population** *f.* 13
growing population **population** *f.* **croissante** 13
pork **porc** *m.* 9
portrait **portrait** *m.* 5
position *(job)* **poste** *m.*
possess *(to own)* **posséder** *v.* 5
possible **possible** *adj.*
It is possible that... **Il est possible que...** 13
post **afficher** *v.*
post office **bureau de poste** *m.* 12
postal service **poste** *f.* 12
postcard **carte postale** *f.* 12
poster **affiche** *f.* 8
potato **pomme de terre** *f.* 9
practice **pratiquer** *v.* 5
prefer **aimer mieux** *v.* 2; **préférer (que)** *v.* 5
pregnant **enceinte** *adj.* 10
prepare (for) **préparer** *v.* 2
to prepare *(to do something)* **se préparer (à)** *v.* 10
prescription **ordonnance** *f.* 10
present **présenter** *v.*
preservation: habitat preservation **sauvetage des habitats** *m.* 13
preserve **préserver** *v.* 13
pressure **pression** *f.* 11
to check the tire pressure **vérifier la pression des pneus** *v.* 11
pretty **joli(e)** *adj.* 3; *(before an adjective or adverb)* **assez** *adv.* 8
prevent: to prevent a fire **prévenir l'incendie** *v.* 13
price **prix** *m.* 4
principal **principal(e)** *adj.* 12
print **imprimer** *v.* 11
printer **imprimante** *f.* 11
problem **problème** *m.* 1
produce **produire** *v.* 6
produced **produit (produire)** *p.p., adj.* 6
product **produit** *m.* 13
profession **métier** *m.*; **profession** *f.*
demanding profession **profession** *f.* **exigeante**
professional **professionnel(le)** *adj.*
professional experience **expérience professionnelle** *f.*
professor **professeur** *m.* 1
program **programme** *m.*; *(software)* **logiciel** *m.* 11; *(television)* **émission** *f.* **de télévision**
prohibit **interdire** *v.* 13
project **projet** *m.*
promise **promettre** *v.* 6
promised **promis (promettre)** *p.p., adj.* 6
promotion **promotion** *f.*
propose that... **proposer que...** *v.* 13
to propose a solution **proposer une solution** *v.* 13
protect **protéger** *v.* 5
protection **préservation** *f.* 13; **protection** *f.* 13
proud **fier/fière** *adj.* 3
psychological **psychologique** *adj.*
psychological drama **drame psychologique** *m.*
psychology **psychologie** *f.* 2
psychologist **psychologue** *m., f.*
publish **publier** *v.*
pure **pur(e)** *adj.* 13
purple **violet(te)** *adj.* 6
purse **sac à main** *m.* 6
put **mettre** *v.* 6
to put (on) (oneself) **se mettre** *v.* 10
to put away **ranger** *v.* 8
to put on makeup **se maquiller** *v.* 10
put **mis (mettre)** *p.p.* 6

Q

quarter **quart** *m.* 2
a quarter after ... (o'clock) **... et quart** 2
Quebec: from Quebec **québécois(e)** *adj.* 1
question **question** *f.* 6
to ask *(someone)* a question **poser une question (à)** *v.* 6
quick **vite** *adv.* 4
quickly **vite** *adv.* 1
quite *(before an adjective or adverb)* **assez** *adv.* 8

R

rabbit **lapin** *m.* 13
rain **pleuvoir** *v.* 5
acid rain **pluie** *f.* **acide** 13
It is raining. **Il pleut.** 5
It was raining. **Il pleuvait.** 8
rain forest **forêt tropicale** *f.* 13
rain jacket **imperméable** *m.* 5
rained **plu (pleuvoir)** *p.p.* 6
raise (in salary) **augmentation (de salaire)** *f.*
rapidly **rapidement** *adv.* 8
rarely **rarement** *adv.* 5
rather **plutôt** *adv.* 1
ravishing **ravissant(e)** *adj.*
razor **rasoir** *m.* 10
read **lire** *v.* 7
read **lu (lire)** *p.p., adj.* 7
ready **prêt(e)** *adj.* 3
real *(true)* **vrai(e)** *adj.*; **véritable** *adj.* 3
real estate agent **agent immobilier** *m., f.*
realize **se rendre compte** *v.* 10
really **vraiment** *adv.* 5; *(before adjective or adverb)* **tout(e)** *adv.* 3; *(before adjective or adverb)* **très** *adv.* 8
really close by **tout près** 3
rear-view mirror **rétroviseur** *m.* 11
reason **raison** *f.* 2
receive **recevoir** *v.* 12
received **reçu (recevoir)** *p.p., adj.* 12
receiver **combiné** *m.*
recent **récent(e)** *adj.*
reception desk **réception** *f.* 7
recognize **reconnaître** *v.* 8
recognized **reconnu (reconnaître)** *p.p., adj.* 8
recommend that... **recommander que...** *v.* 13
recommendation **recommandation** *f.*
record **enregistrer** *v.* 11
(CD, DVD) **graver** *v.* 11
recycle **recycler** *v.* 13
recycling **recyclage** *m.* 13
red **rouge** *adj.* 6
redial **recomposer (un numéro)** *v.* 11
reduce **réduire** *v.* 6
reduced **réduit (réduire)** *p.p., adj.* 6
reference **référence** *f.*
reflect (on) **réfléchir (à)** *v.* 7
refrigerator **frigo** *m.* 8
refuse *(to do something)* **refuser (de)** *v.* 11
region **région** *f.* 13
regret that... **regretter que...** 13
relax **se détendre** *v.* 10
remember **se souvenir (de)** *v.* 10
remote control **télécommande** *f.*
rent **loyer** *m.* 8
to rent **louer** *v.* 8
repair **réparer** *v.* 11
repeat **répéter** *v.* 5
research **rechercher** *v.*
researcher **chercheur/chercheuse** *m., f.*
reservation **réservation** *f.* 7
to cancel a reservation **annuler une réservation** 7
reserve **réserver** *v.* 7
reserved **réservé(e)** *adj.* 1

residence **résidence** *f.* 8
resign **démissionner** *v.*
resort (ski) **station** *f.* **(de ski)** 7
respond **répondre (à)** *v.* 6
rest **se reposer** *v.* 10
restart **redémarrer** *v.* 11
restaurant **restaurant** *m.* 4
restroom(s) **toilettes** *f., pl.* 8; **W.-C.** *m., pl.*
result **résultat** *m.* 2
résumé **curriculum vitæ (C.V.)** *m.*
retake (a test) **repasser** *v.*
retire **prendre sa retraite** *v.* 6
retired person **retraité(e)** *m., f.*
retirement **retraite** *f.* 6
return **retourner** *v.* 7
  to return (home) **rentrer (à la maison)** *v.* 2
review (*criticism*) **critique** *f.*
rice **riz** *m.* 9
ride: to go horseback riding **faire du cheval** *v.* 5
  to ride in a car **rouler en voiture** *v.* 7
right **juste** *adv.* 3
  to the right (of) **à droite (de)** *prep.* 3
  to be right **avoir raison** 2
  right away **tout de suite** 7
  right next door **juste à côté** 3
ring **sonner** *v.* 11
river **fleuve** *m.* 13; **rivière** *f.* 13
riverboat **bateau-mouche** *m.* 7
role **rôle** *m.* 13
room **pièce** *f.* 8; **salle** *f.* 8
  bedroom **chambre** *f.* 7
  classroom **salle** *f.* **de classe** 1
  dining room **salle** *f.* **à manger** 8
  single hotel room **chambre** *f.* **individuelle** 7
roommate **camarade de chambre** *m., f.* 1
  (*in an apartment*) **colocataire** *m., f.* 1
round-trip **aller-retour** *adj.* 7
  round-trip ticket **billet** *m.* **aller-retour** 7
rug **tapis** *m.* 8
run **courir** *v.* 5; **couru (courir)** *p.p., adj.* 6
  to run into someone **tomber sur quelqu'un** *v.* 7

S

sad **triste** *adj.* 3
  to be sad that… **être triste que…** *v.* 13
safety **sécurité** *f.* 11
said **dit (dire)** *p.p., adj.* 7
salad **salade** *f.* 9
salary (a high, low) **salaire (élevé, modeste)** *m.*
sales **soldes** *f., pl.* 6
salon: beauty salon **salon** *m.* **de beauté** 12
salt **sel** *m.* 9
sandwich **sandwich** *m.* 4
sat (down) **assis (s'asseoir)** *p.p.* 10
Saturday **samedi** *m.* 2
sausage **saucisse** *f.* 9
save **sauvegarder** *v.* 11
  save the planet **sauver la planète** *v.* 13
savings **épargne** *f.* 12
savings account **compte d'épargne** *m.* 12
say **dire** *v.* 7
scarf **écharpe** *f.* 6
scholarship **bourse** *f.* 2
school **école** *f.* 2
science **sciences** *f., pl.* 2
  political science **sciences politiques (sciences po)** *f., pl.* 2
screen **écran** *m.* 11
screening **séance** *f.*
sculpture **sculpture** *f.*
sculptor **sculpteur/sculptrice** *m., f.*
sea **mer** *f.* 7
seafood **fruits de mer** *m., pl.* 9
search for **chercher** *v.* 2
  to search for work **chercher du travail** *v.* 12
season **saison** *f.* 5
seat **place** *f.*
seatbelt **ceinture de sécurité** *f.* 11
  to buckle one's seatbelt **attacher sa ceinture de sécurité** *v.* 11
seated **assis(e)** *p.p., adj.* 10
second **deuxième** *adj.* 7
security **sécurité** *f.* 11
see **voir** *v.* 12; (*catch sight of*) **apercevoir** *v.* 12
  to see again **revoir** *v.* 12
  See you later. **À plus tard.** 1
  See you later. **À tout à l'heure.** 1
  See you soon. **À bientôt.** 1
  See you tomorrow. **À demain.** 1
seem **avoir l'air** *v.* 2
seen **aperçu (apercevoir)** *p.p.* 12; **vu (voir)** *p.p.* 12
  seen again **revu (revoir)** *p.p.* 12
self/-selves **même(s)** *pron.* 6
selfish **égoïste** *adj.* 1
sell **vendre** *v.* 6
seller **vendeur/vendeuse** *m., f.* 6
send **envoyer** *v.* 5
  to send (*to someone*) **envoyer (à)** *v.* 6
  to send a letter **poster une lettre** 12
Senegalese **sénégalais(e)** *adj.* 1
sense **sentir** *v.* 5
separated **séparé(e)** *adj.* 3
September **septembre** *m.* 5
serious **grave** *adj.* 10; **sérieux/sérieuse** *adj.* 3
serve **servir** *v.* 5
server **serveur/serveuse** *m., f.* 4
service station **station-service** *f.* 11
set the table **mettre la table** *v.* 8
seven **sept** *m.* 1
seven hundred **sept cents** *m.* 5
seventeen **dix-sept** *m.* 1
seventh **septième** *adj.* 7
seventy **soixante-dix** *m.* 3
several **plusieurs** *adj.* 4
shame **honte** *f.* 2
  It's a shame that… **Il est dommage que…** 13
shampoo **shampooing** *m.* 10
shape (*state of health*) **forme** *f.* 10
share **partager** *v.* 2
shave (oneself) **se raser** *v.* 10
shaving cream **crème à raser** *f.* 10
she **elle** *pron.* 1
sheet of paper **feuille de papier** *f.* 1
sheets **draps** *m., pl.* 8
shelf **étagère** *f.* 8
shh **chut**
shirt (short-/long-sleeved) **chemise (à manches courtes/longues)** *f.* 6
shoe **chaussure** *f.* 6
shopkeeper **commerçant(e)** *m., f.* 9
shopping **shopping** *m.* 7
  to go shopping **faire du shopping** *v.* 7
  to go (grocery) shopping **faire les courses** *v.* 9
shopping center **centre commercial** *m.* 4
short **court(e)** *adj.* 3; (*stature*) **petit(e)** 3
shorts **short** *m.* 6
shot (*injection*) **piqûre** *f.* 10
  to give a shot **faire une piqûre** *v.* 10
show **spectacle** *m.* 5; (*movie or theater*) **séance** *f.*
  to show (*to someone*) **montrer (à)** *v.* 6
shower **douche** *f.* 8
shut off **fermer** *v.* 11

shy **timide** *adj.* 1
sick: to get/be sick **tomber/être malade** *v.* 10
sign **signer** *v.* 12
silk **soie** *f.* 6
since **depuis** *adv.* 9
sincere **sincère** *adj.* 1
sing **chanter** *v.* 5
singer **chanteur/chanteuse** *m., f.* 1
single *(marital status)* **célibataire** *adj.* 3
  single hotel room **chambre** *f.* **individuelle** 7
sink **évier** *m.* 8; (*bathroom*) **lavabo** *m.* 8
sir **Monsieur** *m.* 1
sister **sœur** *f.* 3
sister-in-law **belle-sœur** *f.* 3
sit down **s'asseoir** *v.* 10
sitting **assis(e)** *adj.* 10
six **six** *m.* 1
six hundred **six cents** *m.* 5
sixteen **seize** *m.* 1
sixth **sixième** *adj.* 7
sixty **soixante** *m.* 1
size **taille** *f.* 6
skate **patiner** *v.* 4
ski **skier** *v.* 5; **faire du ski** 5
skiing **ski** *m.* 5
ski jacket **anorak** *m.* 6
ski resort **station** *f.* **de ski** 7
skin **peau** *f.* 10
skirt **jupe** *f.* 6
sky **ciel** *m.* 13
sleep **sommeil** *m.* 2
  to sleep **dormir** *v.* 5
  to be sleepy **avoir sommeil** *v.* 2
sleeve **manche** *f.* 6
slice **tranche** *f.* 9
slipper **pantoufle** *f.* 10
slow **lent(e)** *adj.* 3
small **petit(e)** *adj.* 3
smartphone **smartphone** *m.* 11
smell **sentir** *v.* 5
smile **sourire** *m.* 6
  to smile **sourire** *v.* 6
smoke **fumer** *v.* 10
snack (afternoon) **goûter** *m.* 9
snake **serpent** *m.* 13
sneeze **éternuer** *v.* 10
snow **neiger** *v.* 5
  It is snowing. **Il neige.** 5
  It was snowing… **Il neigeait…** 8
so **si** 11; **alors** *adv.* 1
  so that **pour que**
soap **savon** *m.* 10
soap opera **feuilleton** *m.*
soccer **foot(ball)** *m.* 5
sociable **sociable** *adj.* 1
social network **réseau social** *m.* 11
sociology **sociologie** *f.* 1
sock **chaussette** *f.* 6
software **logiciel** *m.* 11
soil (*to make dirty*) **salir** *v.* 8
solar **solaire** *adj.* 13
solar energy **énergie solaire** *f.* 13
solution **solution** *f.* 13
some **de l'** *part. art., m., f., sing.* 4
  some **de la** *part. art., f., sing.* 4
  some **des** *part. art., m., f., pl.* 4
  some **du** *part. art., m., sing.* 4
  some **quelques** *adj.* 4
  some (of it/them) **en** *pron.* 10
someone **quelqu'un** *pron.* 12
something **quelque chose** *m.* 4
  Something's not right. **Quelque chose ne va pas.** 5
sometimes **parfois** *adv.* 5; **quelquefois** *adv.* 8
son **fils** *m.* 3
song **chanson** *f.*
sorry **désolé(e)** 11
  to be sorry that… **être désolé(e) que…** *v.* 13
sort **sorte** *f.*
So-so. **Comme ci, comme ça.** 1
soup **soupe** *f.* 4
soupspoon **cuillère à soupe** *f.* 9
south **sud** *m.* 12
space **espace** *m.* 13
Spain **Espagne** *f.* 7
Spanish **espagnol(e)** *adj.* 1
speak (on the phone) **parler (au téléphone)** *v.* 2
  to speak (to) **parler (à)** *v.* 6
  to speak to one another **se parler** *v.* 11
specialist **spécialiste** *m., f.*
species **espèce** *f.* 13
  endangered species **espèce** *f.* **menacée** 13
spectator **spectateur/spectatrice** *m., f.*
speed **vitesse** *f.* 11
speed limit **limitation de vitesse** *f.* 11
spend **dépenser** *v.* 4
  to spend money **dépenser de l'argent** 4
  to spend time **passer** *v.* 7
  to spend time (*somewhere*) **faire un séjour** 7
spoon **cuillère** *f.* 9
sport(s) **sport** *m.* 5
  to play sports **faire du sport** *v.* 5
sporty **sportif/sportive** *adj.* 3
sprain one's ankle **se fouler la cheville** 10
spring **printemps** *m.* 5
  in the spring **au printemps** 5
square (*place*) **place** *f.* 4
squirrel **écureuil** *m.* 13
stadium **stade** *m.* 5
stage (*phase*) **étape** *f.* 6
stage fright **trac** *m.*
staircase **escalier** *m.* 8
stamp **timbre** *m.* 12
star **étoile** *f.* 13
starter **entrée** *f.* 9
start up **démarrer** *v.* 11
station **gare** *f.* 7; **station** *f.* 7
  bus station **gare routière** *f.* 7
  subway station **station** *f.* **de métro** 7
  train station **gare** *f.* 7;
stationery store **papeterie** *f.* 12
statue **statue** *f.* 12
stay **séjour** *m.* 7; **rester** *v.* 7
  to stay slim **garder la ligne** *v.* 10
steak **steak** *m.* 9
steering wheel **volant** *m.* 11
stepbrother **demi-frère** *m.* 3
stepfather **beau-père** *m.* 3
stepmother **belle-mère** *f.* 3
stepsister **demi-sœur** *f.* 3
stereo system **chaîne stéréo** *f.* 11
still **encore** *adv.* 3
stomach **ventre** *m.* 10
  to have a stomach ache **avoir mal au ventre** *v.* 10
stone **pierre** *f.* 13
stop (doing something) **arrêter (de faire quelque chose)** *v.*; (*to stop oneself*) **s'arrêter** *v.* 10
  to stop by someone's house **passer chez quelqu'un** *v.* 4
  bus stop **arrêt d'autobus (de bus)** *m.* 7
store **magasin** *m.*; **boutique** *f.* 12
  grocery store **épicerie** *f.* 4
stormy **orageux/orageuse** *adj.* 5
  It is stormy. **Le temps est orageux.** 5
story **histoire** *f.* 2
stove **cuisinière** *f.* 8
straight **raide** *adj.* 3
  straight ahead **tout droit** *adv.* 12
strangle **étrangler** *v.*
strawberry **fraise** *f.* 9
street **rue** *f.* 11
  to follow a street **suivre une rue** *v.* 12
strong **fort(e)** *adj.* 3
student **étudiant(e)** *m., f.* 1; **élève** *m., f.* 1

high school student **lycéen(ne)** *m., f.* 2
studies **études** *f.* 2
studio (*apartment*) **studio** *m.* 8
study **étudier** *v.* 2
suburbs **banlieue** *f.* 4
subway **métro** *m.* 7
subway station **station** *f.* **de métro** 7
succeed (*in doing something*) **réussir (à)** *v.* 7
success **réussite** *f.*
suddenly **soudain** *adv.* 8; **tout à coup** *adv.* 7.; **tout d'un coup** *adv.* 8
suffer **souffrir** *v.* 11
suffered **souffert (souffrir)** *p.p.* 11
sugar **sucre** *m.* 4
suggest (that) **suggérer (que)** *v.* 13
suit (*man's*) **costume** *m.* 6; (*woman's*) **tailleur** *m.* 6
suitcase **valise** *f.* 7
summer **été** *m.* 5
in the summer **en été** 5
sun **soleil** *m.* 5
It is sunny. **Il fait (du) soleil.** 5
Sunday **dimanche** *m.* 2
sunglasses **lunettes de soleil** *f., pl.* 6
supermarket **supermarché** *m.* 9
sure **sûr(e)** 9
It is sure that... **Il est sûr que...** 13
It is unsure that... **Il n'est pas sûr que...** 13
surf on the Internet **surfer sur Internet** 11
surprise (someone) **faire une surprise (à quelqu'un)** *v.* 6
surprised **surpris (surprendre)** *p.p., adj.* 6
to be surprised that... **être surpris(e) que...** *v.* 13
sweater **pull** *m.* 6
sweep **balayer** *v.* 8
swell **enfler** *v.* 10
swim **nager** *v.* 4
swimsuit **maillot de bain** *m.* 6
Swiss **suisse** *adj.* 1
Switzerland **Suisse** *f.* 7
symptom **symptôme** *m.* 10

T

table **table** *f.* 1
to clear the table **débarrasser la table** *v.* 8
tablecloth **nappe** *f.* 9
tablet computer **tablette (tactile)** *f.* 11
take **prendre** *v.* 4
to take a shower **prendre une douche** 10
to take a train (plane, taxi, bus, boat) **prendre un train (un avion, un taxi, un autobus, un bateau)** *v.* 7
to take a walk **se promener** *v.* 10
to take advantage of **profiter de** *v.*
to take an exam **passer un examen** *v.* 2
to take care (of something) **s'occuper (de)** *v.* 10
to take out the trash **sortir la/les poubelle(s)** *v.* 8
to take time off **prendre un congé** *v.*
to take (*someone*) **emmener** *v.* 5
taken **pris (prendre)** *p.p., adj.* 6
tale **conte** *m.*
talented (*gifted*) **doué(e)** *adj.*
tan **bronzer** *v.* 6
tart **tarte** *f.* 9
taste **goûter** *v.* 9
taxi **taxi** *m.* 7
tea **thé** *m.* 4
teach **enseigner** *v.* 2
to teach (*to do something*) **apprendre (à)** *v.* 4
teacher **professeur** *m.* 1
team **équipe** *f.* 5
teaspoon **cuillère à café** *f.* 9
tee shirt **tee-shirt** *m.* 6
teeth **dents** *f., pl.* 9
to brush one's teeth **se brosser les dents** *v.* 9
telephone (*receiver*) **appareil** *m.*
to telephone (*someone*) **téléphoner (à)** *v.* 2
It's Mr./Mrs./Miss ... (on the phone.) **C'est M./Mme/Mlle ... (à l'appareil.)**
television **télévision** *f.* 1
television channel **chaîne** *f.* **de télévision** 11
television program **émission** *f.* **de télévision**
television set **poste de télévision** *m.* 11
tell one another **se dire** *v.* 11
temperature **température** *f.* 5
ten **dix** *m.* 1
tennis **tennis** *m.* 5
tennis shoes **baskets** *f., pl.* 6
tenth **dixième** *adj.* 7
terrace (café) **terrasse** *f.* **de café** 4
test **examen** *m.* 1
text message **SMS/texto** *m.* 11
than **que/qu'** *conj.* 9, 13
thank: Thank you (very much). **Merci (beaucoup).** 1
that **ce/c', ça** 1; **que** *rel. pron.* 11
Is that... **? Est-ce... ? 2**
That's enough. **Ça suffit.** 5
That has nothing to do with us. That is none of our business. **Ça ne nous regarde pas.** 13
that is... **c'est...** 1
that is to say **ça veut dire** 10
theater **théâtre** *m.*
their **leur(s)** *poss. adj., m., f.* 3
them **les** *d.o. pron.* 7, **leur** *i.o. pron., m., f., pl.* 6
then **ensuite** *adv.* 7, **puis** *adv.* 7, **puis** 4; **alors** *adv.* 7
there **là** 1; **y** *pron.* 10
Is there... ? Y a-t-il... ? 2
over there **là-bas** *adv.* 1
(over) there *(used with demonstrative adjective* **ce** *and noun or with demonstrative pronoun* **celui***)* **-là** 6
There is/There are... **Il y a...** 1
There is/There are.... **Voilà...** 1
There was... **Il y a eu...** 6; **Il y avait...** 8
therefore **donc** *conj.* 7
these/those **ces** *dem. adj., m., f., pl.* 6
these/those **celles** *pron., f., pl.* 13
these/those **ceux** *pron., m., pl.* 13
they **ils** *sub. pron., m.* 1; **elles** *sub.* and *disj. pron., f.* 1; **eux** *disj. pron., pl.* 3
thing **chose** *f.* 1, **truc** *m.* 7
think (about) **réfléchir (à)** *v.* 7
to think (that) **penser (que)** *v.* 2
third **troisième** *adj.* 7
thirst **soif** *f.* 4
to be thirsty **avoir soif** *v.* 4
thirteen **treize** *m.* 1
thirty **trente** *m.* 1
thirty-first **trente et unième** *adj.* 7
this/that **ce** *dem. adj., m., sing.* 6; **cet** *dem. adj., m., sing.* 6; **cette** *dem. adj., f., sing.* 6
this afternoon **cet après-midi** 2
this evening **ce soir** 2
this one/that one **celle** *pron., f., sing.* 13; **celui** *pron., m., sing.* 13
this week **cette semaine** 2

this weekend **ce week-end** 2
this year **cette année** 2
those are... **ce sont...** 1
thousand: one thousand **mille** *m.* 5
one hundred thousand **cent mille** *m.* 5
threat **danger** *m.* 13
three **trois** *m.* 1
three hundred **trois cents** *m.* 5
throat **gorge** *f.* 10
throw away **jeter** *v.* 13
Thursday **jeudi** *m.* 2
ticket **billet** *m.* 7
round-trip ticket **billet** *m.* **aller-retour** 7
bus/subway ticket **ticket de bus/de métro** *m.* 7
tie **cravate** *f.* 6
tight **serré(e)** *adj.* 6
time *(occurence)* **fois** *f.; (general sense)* **temps** *m., sing.* 5
a long time **longtemps** *adv.* 5
free time **temps libre** *m.* 5
from time to time **de temps en temps** *adv.* 8
to waste time **perdre son temps** *v.* 6
tinker **bricoler** *v.* 5
tip **pourboire** *m.* 4
to leave a tip **laisser un pourboire** *v.* 4
tire **pneu** *m.* 11
flat tire **pneu** *m.* **crevé** 11
(emergency) tire **roue (de secours)** *f.* 11
to check the tire pressure **vérifier la pression des pneus** *v.* 11
tired **fatigué(e)** *adj.* 3
tiresome **pénible** *adj.* 3
to **à** *prep.* 4; **au (à + le)** 4; **aux (à + les)** 4
toaster **grille-pain** *m.* 8
today **aujourd'hui** *adv.* 2
toe **orteil** *m.* 10; **doigt de pied** *m.* 10
together **ensemble** *adv.* 6
tomato **tomate** *f.* 9
tomorrow (morning, afternoon, evening) **demain (matin, après-midi, soir)** *adv.* 2
day after tomorrow **après-demain** *adv.* 2
too **aussi** *adv.* 1
too many/much (of) **trop (de)** 4
tooth **dent** *f.* 9
to brush one's teeth **se brosser les dents** *v.* 9
toothbrush **brosse** *f.* **à dents** 10
toothpaste **dentifrice** *m.* 10
tour **tour** *m.* 5
tourism **tourisme** *m.* 12
tourist office **office du tourisme** *m.* 12
towel (bath) **serviette (de bain)** *f.* 10
town **ville** *f.* 4
town hall **mairie** *f.* 12
toxic **toxique** *adj.* 13
toxic waste **déchets toxiques** *m., pl.* 13
traffic **circulation** *f.* 11
traffic light **feu de signalisation** *m.* 12
tragedy **tragédie** *f.*
train **train** *m.* 7
train station **gare** *f.* 7;
training **formation** *f.*
translate **traduire** *v.* 6
translated **traduit (traduire)** *p.p., adj.* 6
trash **ordures** *f., pl.* 13
travel **voyager** *v.* 2
travel agency **agence de voyages** *f.* 7
travel agent **agent de voyages** *m.* 7
tree **arbre** *m.* 13
trip **voyage** *m.* 7
troop *(company)* **troupe** *f.*
tropical **tropical(e)** *adj.* 13
tropical forest **forêt tropicale** *f.* 13
true **vrai(e)** *adj.* 3; **véritable** *adj.* 6
It is true that... **Il est vrai que...** 13
It is untrue that... **Il n'est pas vrai que...** 13
trunk **coffre** *m.* 11
try **essayer** *v.* 5
Tuesday **mardi** *m.* 2
tuna **thon** *m.* 9
turn **tourner** *v.* 12
to turn off **éteindre** *v.* 11
to turn on **allumer** *v.* 11
to turn (oneself) around **se tourner** *v.* 10
twelve **douze** *m.* 1
twentieth **vingtième** *adj.* 7
twenty **vingt** *m.* 1
twenty-first **vingt et unième** *adj.* 7
twenty-second **vingt-deuxième** *adj.* 7
twice **deux fois** *adv.* 8
twist one's ankle **se fouler la cheville** *v.* 10
two **deux** *m.* 1
two hundred **deux cents** *m.* 5
two million **deux millions** *m.* 5
type **genre** *m.*

U

ugly **laid(e)** *adj.* 3
umbrella **parapluie** *m.* 5
uncle **oncle** *m.* 3
under **sous** *prep.* 3
understand **comprendre** *v.* 4
understood **compris (comprendre)** *p.p., adj.* 6
underwear **sous-vêtement** *m.* 6
undress **se déshabiller** *v.* 10
unemployed person **chômeur/chômeuse** *m., f.*
to be unemployed **être au chômage v.**
unemployment **chômage** *m.*
unfortunately **malheureusement** *adv.* 2
unhappy **malheureux/malheureuse** *adj.* 3
union **syndicat** *m.*
United States **États-Unis** *m., pl.* 7
university **faculté** *f.* 1; **université** *f.* 1
university cafeteria **restaurant universitaire (resto U)** *m.* 2
unless **à moins que** *conj.*
unpleasant **antipathique** *adj.* 3; **désagréable** *adj.* 1
until **jusqu'à** *prep.* 12; **jusqu'à ce que** *conj.*
upset: to become upset **s'énerver** *v.* 10
us **nous** *i.o. pron.* 6; **nous** *d.o. pron.* 7
use **employer** *v.* 5
to use a map **utiliser un plan** *v.* 7
useful **utile** *adj.* 2
useless **inutile** *adj.* 2; **nul(le)** *adj.* 2
usually **d'habitude** *adv.* 8

V

vacation **vacances** *f., pl.* 7
vacation day **jour de congé** *m.* 7
vacuum **aspirateur** *m.* 8
to vacuum **passer l'aspirateur** *v.* 8
valley **vallée** *f.* 13
vegetable **légume** *m.* 9
velvet **velours** *m.* 6
very *(before adjective)* **tout(e)** *adv.* 3; *(before adverb)* **très** *adv.* 8
Very well. **Très bien.** 1
veterinarian **vétérinaire** *m., f.*
video game(s) **jeu vidéo (des jeux vidéo)** *m.* 11
Vietnamese **vietnamien(ne)** *adj.* 1
violet **violet(te)** *adj.* 6
violin **violon** *m.*
visit **visite** *f.* 6
to visit *(a place)* **visiter** *v.* 2; *(a person or people)* **rendre visite (à)** *v.* 6; *(to visit regularly)* **fréquenter** *v.* 4

volcano **volcan** *m.* 13
volleyball **volley(-ball)** *m.* 5

W

waist **taille** *f.* 6
wait **attendre** *v.* 6
to wait (*on the phone*) **patienter** *v.*
to wait in line **faire la queue** *v.* 12
wake up **se réveiller** *v.* 10
walk **promenade** *f.* 5; **marcher** *v.* 5
to go for a walk **faire une promenade** 5; **faire un tour** 5
wall **mur** *m.* 8
want **désirer** *v.* 5; **vouloir** *v.* 9
wardrobe **armoire** *f.* 8
warming: global warming **réchauffement de la Terre** *m.* 13
warning light (gas/oil) **voyant** *m.* **(d'essence/d'huile)** 11
wash **laver** *v.* 8
to wash oneself (one's hands) **se laver (les mains)** *v.* 10
to wash up (in the morning) **faire sa toilette** *v.* 10
washing machine **lave-linge** *m.* 8
waste **gaspillage** *m.* 13; **gaspiller** *v.* 13
wastebasket **corbeille (à papier)** *f.* 1
watch **montre** *f.* 1; **regarder** *v.* 2
water **eau** *f.* 4
mineral water **eau** *f.* **minérale** 4
way (*by the way*) **au fait** 3; (*path*) **chemin** *m.* 12
we **nous** *pron.* 1
weak **faible** *adj.* 3
wear **porter** *v.* 6
weather **temps** *m., sing.* 5; **météo** *f.*
The weather is bad. **Il fait mauvais.** 5
The weather is dreadful. **Il fait un temps épouvantable.** 5
The weather is good/warm. **Il fait bon.** 5
The weather is nice. **Il fait beau.** 5
web site **site Internet/web** *m.* 11
wedding **mariage** *m.* 6
Wednesday **mercredi** *m.* 2
weekend **week-end** *m.* 2
this weekend **ce week-end** *m.* 2
welcome **bienvenu(e)** *adj.* 1
You're welcome. **Il n'y a pas de quoi.** 1
well **bien** *adv.* 7
I am doing well/badly. **Je vais bien/mal.** 1
west **ouest** *m.* 12
What? **Comment?** *adv.* 4; **Pardon?** 4; **Quoi?** 1 *interr. pron.* 4
What day is it? **Quel jour sommes-nous?** 2
What is it? **Qu'est-ce que c'est?** *prep.* 1
What is the date? **Quelle est la date?** 5
What is the temperature? **Quelle température fait-il?** 5
What is the weather like? **Quel temps fait-il?** 5
What is your name? **Comment t'appelles-tu?** *fam.* 1
What is your name? **Comment vous appelez-vous?** *form.* 1
What is your nationality? **Quelle est ta nationalité?** *sing., fam.* 1
What is your nationality? **Quelle est votre nationalité?** *sing., pl., fam., form.* 1
What time do you have? **Quelle heure avez-vous?** *form.* 2
What time is it? **Quelle heure est-il?** 2
What time? **À quelle heure?** 2
What do you think about that? **Qu'en penses-tu?** 13
What's up? **Ça va?** 1
whatever it may be **quoi que ce soit**
What's wrong? **Qu'est-ce qu'il y a?** 1
when **quand** *adv.* 4
When is ...'s birthday? **C'est quand l'anniversaire de ...?** 5
When is your birthday? **C'est quand ton/votre anniversaire?** 5
where **où** *adv., rel. pron.* 4
which? **quel(le)(s)?** *adj.* 4
which one **à laquelle** *pron., f., sing.* 13
which one **auquel (à + lequel)** *pron., m., sing.* 13
which one **de laquelle** *pron., f., sing.* 13
which one **duquel (de + lequel)** *pron., m., sing.* 13
which one **laquelle** *pron., f., sing.* 13
which one **lequel** *pron., m., sing.* 13
which ones **auxquelles (à + lesquelles)** *pron., f., pl.* 13
which ones **auxquels (à + lesquels)** *pron., m., pl.* 13
which ones **desquelles (de + lesquelles)** *pron., f., pl.* 13
which ones **desquels (de + lesquels)** *pron., m., pl.* 13
which ones **lesquelles** *pron., f., pl.* 13
which ones **lesquels** *pron., m., pl.* 13
while **pendant que** *prep.* 7
white **blanc(he)** *adj.* 6
who? **qui?** *interr. pron.* 4; **qui** *rel. pron.* 11
Who is it? **Qui est-ce?** 1
Who's calling, please? **Qui est à l'appareil?**
whom? **qui?** *interr.* 4
For whom? **Pour qui?** 4
To whom? **À qui?** 4
why? **pourquoi?** *adv.* 2, 4
widowed **veuf/veuve** *adj.* 3
wife **femme** *f.* 1; **épouse** *f.* 3
willingly **volontiers** *adv.* 10
win **gagner** *v.* 5
wind **vent** *m.* 5
It is windy. **Il fait du vent.** 5
window **fenêtre** *f.* 1
windshield **pare-brise** *m.* 11
windshield wiper(s) **essuie-glace (essuie-glaces** *pl.***)** *m.* 11
windsurfing **planche à voile** *v.* 5
to go windsurfing **faire de la planche à voile** *v.* 5
wine **vin** *m.* 6
winter **hiver** *m.* 5
in the winter **en hiver** 5
wipe (the dishes/the table) **essuyer (la vaisselle/la table)** *v.* 8
wish that... **souhaiter que...** *v.* 13
with **avec** *prep.* 1
with whom? **avec qui?** 4
withdraw money **retirer de l'argent** *v.* 12
without **sans** *prep.* 8; **sans que** *conj.* 5
woman **femme** *f.* 1
woods **bois** *m.* 13
wool **laine** *f.* 6
work **travail** *m.* 12
to work **travailler** *v.* 2; **marcher** *v.* 11; **fonctionner** *v.* 11
work out **faire de la gym** *v.* 5
worker **ouvrier/ouvrière** *m., f.*
world **monde** *m.* 7
worried **inquiet/inquiète** *adj.* 3
worry **s'inquiéter** *v.* 10
worse **pire** *comp. adj.* 9; **plus mal** *comp. adv.* 9; **plus mauvais(e)** *comp. adj.* 9

worst: the worst **le plus mal** *super. adv.* 9; **le/la pire** *super. adj.* 9; **le/la plus mauvais(e)** *super. adj.* 9
wound **blessure** *f.* 10
wounded: to get wounded **se blesser** *v.* 10
write **écrire** *v.* 7
  to write one another **s'écrire** *v.* 11
writer **écrivain(e)** *m., f.*
written **écrit (écrire)** *p.p., adj.* 7
wrong **tort** *m.* 2
  to be wrong **avoir tort** *v.* 2

Y

yeah **ouais** 2
year **an** *m.* 2; **année** *f.* 2
yellow **jaune** *adj.* 6
yes **oui** 2; *(when contradicting a negative statement)* **si** 2
yesterday (morning/afternoon evening) **hier (matin/après-midi/soir)** *adv.* 7
  day before yesterday **avant-hier** *adv.* 7
yogurt **yaourt** *m.* 9
you **toi** *disj. pron., sing., fam.* 3; **tu** *sub. pron., sing., fam.* 1; **vous** *pron., sing., pl., fam., form.* 1
  you neither **toi non plus** 2
  You're welcome. **De rien.** 1
young **jeune** *adj.* 3
younger **cadet(te)** *adj.* 3
your **ta** *poss. adj., f., sing.* 3; **tes** *poss. adj., m., f., pl.* 3; **ton** *poss. adj., m., sing.* 3; **vos** *poss. adj., m., f., pl.* 3; **votre** *poss. adj., m., f., sing.* 3;
yourself **te/t'** *refl. pron., sing., fam.* 10; **toi** *refl. pron., sing., fam.* 10; **vous** *refl. pron., form.* 10
youth **jeunesse** *f.* 6
youth hostel **auberge de jeunesse** *f.* 7
Yum! **Miam!** *interj.* 5

Z

zero **zéro** *m.* 1

CREDITS

Every effort has been made to trace the copyright holders of the works published herein. If proper copyright acknowledgment has not been made, please contact the publisher and we will correct the information in future printings.

Photography and Art Credits

All images © Vista Higher Learning unless otherwise noted.

Cover: Russell Mountford/Lonely Planet Images/Getty Images.

Front Matter (SE): xxix: Petr Z/Shutterstock.

Front Matter (IAE): IAE-33: Petr Z/Shutterstock.

Unit 1: 1: VHL; **2:** Anne Loubet; **4:** (t) Pascal Pernix; (b) Rossy Llano; **8:** (t) Anne Loubet; (b) Paula Díez; **9:** (t) Ian G Dagnall/Alamy; (b) Anne Loubet; **13:** (tl) LdF/iStockphoto; (tm) Martín Bernetti; (tr) Rossy Llano; (bl) Rawpixel/Fotolia; (bml) Sami Sert/iStockphoto; (bmr) WavebreakmediaMicro/Fotolia; (br) Laura Stevens; **15:** (l) Anne Loubet; (r) Terex/Fotolia; **17:** Pascal Pernix; **20:** Martín Bernetti; **22:** Rossy Llano; **26:** (l) Andrew Bayda/Fotolia; (r) Huang Zheng/Shutterstock; **27:** (t) Extrait de *Superdupont* – Tome 2 © Solé/Fluide Glacial; (b) Map of Globe of Atlantic Ocean - Single Color by FreeVectorMaps.com; **28:** (both) Anne Loubet; **29:** (tl) Thaporn942/Fotolia; (tr, bl) VHL; (br) Masson/Shutterstock; **30:** (tl) Featureflash Photo Agency/Shutterstock; (tm) BillionPhotos/Fotolia; (tr) Hongqi Zhang/Alamy; (bl) Niko Guido/iStockphoto; (bm) Michal Kowalski/Shutterstock; (br) Demidoff/Fotolia; **31:** (tl) Jstone/Shutterstock; (tm) Featureflash Photo Agency/Shutterstock; (tr) Jose Luis Pelaez/Media Bakery; (bl) Anne Loubet; (bml) Odilon Dimier/Media Bakery; (bmr) Martín Bernetti; (br) Colleen Cahill/Media Bakery; **33:** (both) VHL; **35:** Paula Díez; **36:** (tl, tr, mtr, mbr, bl, br) Anne Loubet; (mtl) Robert Lerich/Fotolia; (mbl)Rossy Llano; **37:** Anne Loubet; **38:** (left col: t) Hulton-Deutsch Collection/Corbis/Getty Images; (left col: mr) Caroline Penn; (left col: ml) Allstar Picture Library/Alamy; (left col: b) Eddy Lemaistre/Corbis Sport/Getty Images; (t) Photo courtesy of www.Tahiti-Tourisme.com; (m) Lonely Planet Images/Ariadne Van Zandbergen/Getty Images; (b) Eddy Lemaistre/Corbis Sport/Getty Images; **39:** (tl) Robert McGouey/Alamy; (tr) Nick Hannes/ZUMA Press/Newscom; (bl) Owen Franken/Corbis/Getty Images; (br) Courtesy of the International Organisation of La Francophonie.

Unit 2: 41: VHL; **42:** Tom Stewart/Corbis/Getty Images **48:** (l) Pascal Pernix; (r) Martín Bernetti; **49:** (t) Francis Vachon/Alamy; (b) Anne Loubet; **56:** ImageSource; **60:** Rossy Llano; **62:** (l) Martín Bernetti; (r) Jupiterimages; **66:** (l) Rossy Llano; (r) Anne Loubet; **67:** (t) Pascal Pernix; (m) David Schaffer/Media Bakery; (b) Mathias Wilson/iStockphoto; **68:** (all) VHL; **69:** (bl) Paula Díez; (tr) JGI/Jamie Grill/Media Bakery; (tl, br) Anne Loubet; **77:** (t) Pascal Pernix; (b) VHL; **78:** (left col: t) *Joan of Arc Kissing the Sword of Deliverance* (1863), Dante Gabriel Rossetti. Oil on canvas, 61 cm x 53 cm. Musee musée d'Art moderne et contemporain, Strasbourg, France. Universal Images Group/SuperStock; (left col: m) Bettmann/Getty Images; (left col: b) Antoine Gyori/Corbis/Getty Images; (t, b) Anne Loubet; (ml) Martine Coquilleau/Fotolia; (mr) Daniel Haller/iStockphoto; **79:** (tl) David Gregs/Alamy; (tr, bl) Anne Loubet; (br) Caroline Beecham/iStockphoto.

Unit 3: 81: VHL; **82:** Anne Loubet; **84:** Hero/Media Bakery; **88:** Anne Loubet; **89:** (tl) Alix William/SIPA/Newscom; (tr) Nuccio DiNuzzo/TNS/Newscom; (b) Tony Barson/Getty Images; **90:** (l) Martín Bernetti; (r) FogStock LLC/Photolibrary; **92:** Hemera Technologies/AbleStock.com/Jupiterimages; **93:** (t) Tomasz Trojanowski/Shutterstock; (ml) Brian McEntire/iStockphoto; (mm) Anna Lurye/Shutterstock; (mr) RJGrant/Big Stock Photo; (bl) Linda Kloosterhof/iStockphoto; (bm) Dmitry Pistrov/Shutterstock; (br) Oliveromg/Shutterstock; **96:** (tl, br) Martín Bernetti; (tm) Dmitry Kutlayev/iStockphoto; (tr) Zentilia/Fotolia; (bl) AHBE/Fotolia; (bml) VHL; (bmr) Anne Loubet; **97:** (t) Martín Bernetti; (bl) Dynamic Graphics/Jupiterimages; (br) Rossy Llano; **100:** Anne Loubet; **101:** (l) Martín Bernetti; (m, r) Anne Loubet; **102:** (t, br) Anne Loubet; (ml) Hemera Technologies/Photos.com; (mml) JackF/Fotolia; (mmr) Paula Díez; (mr) Vstock, LLC/Photolibrary; (bl) Martín Bernetti; (bml) Photolibrary; (bmr) Keith Levit Photography/Photolibrary; **106:** (l, r) Anne Loubet; **107:** (tl) Anita Bugge/Getty Images; (tr) Patrick Roncen/Sygma/Getty Images; (m) Bertrand Rindoff Petroff/Getty Images; (b) Martín Bernetti; **109:** (t, b) VHL; (m) Nigel Riches/Media Bakery; **111:** (t, br) Martín Bernetti; (ml) David Lee/Alamy; (mml) AKF/Fotolia; (mmr) Yay Micro/AGE Fotostock; (mr) Igor Tarasov/Fotolia.com; (bl) Creative Jen Designs/Shutterstock; (mbl) Photofriday/Shutterstock; (mbr) F9photos/Shutterstock; **114:** (tl) Valua Vitaly/Shutterstock; (tm) Roy Hsu/Media Bakery; (tr) Don Mason/Getty Images; (bl) Simon Kolton/Alamy; (bml) Ariel Skelley/Blend Images/Getty Images; (bmr) Jacek Chabraszewski/iStockphoto; (br) Sergei Telegin/Shutterstock; **116:** Anne Loubet; **117:** Anne Loubet; **118:** (t) Paul Springett 09/Alamy; (m) Simona Dumitru/Alamy; (b) Nicole Paton/Shutterstock; (left col) Marta Perez/EFE/Newscom; **119:** (bl) Erik Tham/Alamy; (br) *Portrait of Jean Jacques Rousseau* by Edouard Lacretelle. Gianni Dagli Orti/The Art Archive at Art Resource, NY; (tl) Franky DeMeyer/iStockphoto; (tr) Dave Bartruff/Danita Delimont/Alamy.

Unit 4: 121: VHL; **122:** Martín Bernetti; **124:** (t) Anne Loubet; (b) Martín Bernetti; **128:** (l) Vincent Besnault/Photographer's Choice/Getty Images; (r) Directphoto Collection/Alamy; **129:** (t) Foc Kan/WireImage/Getty Images; (m) Romuald Meigneux/SIPA/ Newscom; (b) Ingram Publishing/Jupiterimages; **133:** David Hughes/Photolibrary; **140:** Pascal Pernix; **141:** Pascal Pernix; **142:** Anne Loubet; **146:** (t) Carlos S. Pereyra/AGE Fotostock; (b) Pascal Pernix; **147:** (t) Yadid Levy/Alamy; (m) Kevin Foy/Alamy; (b) Garcia/ Photocuisine; **149:** (t) Artem Varnitsin/Fotolia; (b) Picsfive/123RF; **153:** (t) Mdlart/Shutterstock; (bl) Elena Elisseeva/Shutterstock; (bml) Karen Sarraga/Shutterstock; (bmr) B and E Dudzinscy/Shutterstock; (br) Monkey Business Images/Shutterstock; **157:** Martín Bernetti; **158:** (left col: t) Art Babych/Shutterstock; (left col: m) Yoan Valat/EPA/Newscom; (left col: b) Byron Purvis/AdMedia/ Newscom; (t) Carlos Sanchez Pereyra/123RF; (ml) Stephen Saks Photography/Alamy; (mr) Peter Spiro/iStockphoto; (b) Richard T. Nowitz/Corbis Documentary/Getty Images; **159:** (tl) Mike Blake/Reuters; (tr) Grafxcom/iStockphoto; (bl) Rubens Abboud/Alamy; (br) Perry Mastrovito/Getty Images.

Unit 5: 161: VHL; **162:** Anne Loubet; **164:** Martín Bernetti; **168:** (l) Michael Sohn/AP Images; (r) Liewig Christian/Corbis Sport/ Getty Images; **169:** (t) EPP Euro Press Photo (m) Arko Datta/Reuters; (b) Innovated Captures/Fotolia; **180:** FogStock LLC/ Photolibrary; **182:** Ron Koeberer/Getty Images; **186:** (both) Anne Loubet; **187:** (t) Anne Loubet; (m) Reuters; (b) Universal/ TempSport/Corbis/Getty Images; **189:** Argalis/iStockphoto; **197:** Anne Loubet; 198: (left col: t) Sophie Bassouls/Sygma/Corbis/Getty Images; (left col: b) Lori Conn/ZUMA Press/Newscom; (t) Ocean/Corbis; (m) Melba Photo Agency/Alamy; (b) David Sanger/Getty Images; **199:** (tl) *Tahitian Women* (1891), Paul Gauguin. Oil on canvas, 69 x 91.5 cm. Musee d'Orsay, Paris, France. Laurent Lecat/ Mondadori Portfolio/AGE Fotostock; (tr) Frederic/Fotolia; (bl) Photo courtesy of www.Tahiti-Tourisme.com; (br) Philippe Giraud/ Sygma/Getty Images.

Unit 6: 201: VHL; **202:** Pascal Pernix; **208:** (l) Fadi Al-barghouthy/123RF; (r) Vespasian/Alamy; **209:** (t) Mal Langsdon/Reuters; (m) Trevor Pearson/Alamy; (b) Bonchan/Shutterstock; **210:** Rachel Distler; **211:** (both) Paula Díez; **220:** Sigrid Olsson/Media Bakery; **221:** (t) Ben Blankenburg/Corbis; (ml) Hemera Technologies/Getty Images; (mr) Purestock/Jupiterimages; (b) Ablestock.com/ Getty Images; **226:** (r) 123RF; (l) Poree-Wyters/ABACA/Newscom; **227:** (t) Evening Standard/Hulton Archive/Getty Images; (m) Graylock/MCT/Newscom; (b) Cylonphoto/Shutterstock; **231:** Anne Loubet; **235:** Anne Loubet; **237:** Anne Loubet; **238:** (left col: t) Dorn Byg/Cal Sport Media/Newscom; (left col: b) CS2/Charlie Steffens/WENN/Newscom; (t) Brianafrica/Alamy; (ml) Authors Image/Alamy; (b) Anton_Ivanov/Shutterstock; (mr) Jalvarezg/Fotolia; **239:** (tl) Morandi Bruno/ZUMA Press/Newscom; (tr) Sadaka Edmond/SIPA/Newscom; (bl) Seyllou/AFP/Getty Images; (br) Nic Bothma/EPA/Newscom; **240:** (left col: b) SA Terli/Anadolu Agency/Getty Images; (left col: t) ATB/ATP/WENN/Newscom; (tl) Anthony Asael/Corbis Documentary/Getty Images; (tr) MJ Photography/Alamy; (b) Gerard Lacz Images/SuperStock; **241:** (tl) SFM Titti Soldati/Alamy; (tr) Werner Forman Archive/Heritage Image Partnership Ltd/Alamy; (bl) Per-Anders Pettersson/Corbis Documentary/Getty Images; (br) Philippe Giraud/Corbis Sport/ Getty Images.

Unit 7: 243: VHL; **244:** Glow Images/Getty Images; **246:** Pab Map/Fotolia; **250:** (both) Photo courtesy of www.Tahiti-Tourisme. com; **251:** (t) Zonesix/Shutterstock; (m) *Danseuses bleues* (c. 1890), Edgar Degas. Musée d'Orsay, Paris, France. Hervé Lewnadowski/ MN-Grand Palais/Art Resource, NY; (b) Comstock Images/Getty Images; **259:** Photo courtesy of www.Tahiti-Tourisme.com; **262:** Anne Loubet; **263:** Photolibrary; **264:** Martín Bernetti; **268:** (l) Hubert Stadler/Corbis Documentary/Getty Images; (r) Anne Loubet; **269:** (t) Johner Images/Alamy; (b) Ingram Publishing/Photolibrary; **271:** Donald Nausbaum/Getty Images; **279:** Pascal Pernix; **280:** (left col: t) Criben/Shutterstock; (left col: m) AKG-Images/Newscom; (left col: b) BALTEL/SIPA/Newscom; (b) Hagit Berkovich/Fotolia; (ml) Dmitry Pichugin/Fotolia; (t) Photononstop/SuperStock; (mr) Nik Wheeler/Corbis Documentary/Getty Images; **281:** (tl) Sophie Bassouls/Sygma/Corbis/Getty Images; (tr) PhotoCuisine RM/Alamy; (bl) Photononstop/SuperStock; (br) Bartosz Hadyniak/Media Bakery; **282:** (left col: t) Abdelhak Senna/AFP/Getty Images; (left col: m) Toshifumi Kitamura/AFP/Getty Images; (left col: b) Marc Gantier/Gamma-Rapho/Getty Images; (b) Philipus/123RF; (t) Idealink Photography/Alamy; (ml) Kicimici/ Fotolia; (mr) Posztos/Shutterstock; **283:** (tl) Stephen Lloyd Morocco/Alamy; (tr) Maria Laura Antonelli/ZUMA Press/Newscom; (bl) Calin Stan/Fotolia; (br) Romilly Lockyer/Getty Images.

Unit 8: 285: VHL; **286:** Brand X Pictures/Fotosearch; **292:** (l) Michele Molinari/Alamy; (r) Anne Loubet; **293:** (t) Maridav/ Shutterstock; (b) Anne Loubet; **304:** Tetra Images/Alamy; **305:** Paula Díez; **306:** MikeShamoi/iStockphoto; **310:** (l) Anne Loubet; (r) Pascal Pernix; **311:** (t) Ace Stock Limited/Alamy; (m) David Redfern/Redferns/Getty Images; (b) Anne Loubet; **317:** 290712/ Fotolia; **318:** (t) Stockshot/Alamy; (bl) Ben Blankenburg/Corbis; (bml, bmr) Martín Bernetti; (br) Uwe Umstätter/Media Bakery; **319:** Anne Loubet; **320:** (l, br) Anne Loubet; (tr) Martín Bernetti; **321:** Anne Loubet; **322:** (left col: t) Philip and Elizabeth De Bay/ Corbis Historical/Getty Images; (left col: bl) Pascal Le Segretain/Getty Images; (left col: br) Keystone Pictures USA/ZUMA Press/ Newscom; (t) Jeremy Reddington/Shutterstock; (ml) Abadesign/Shutterstock; (mr) Pascal Pernix; (b) Benjamin Herzoq/Fotolia; **323:** (tl) Tom Delano; (tr) Images of France/Alamy; (bl) Keren Su/Corbis Documentary/Getty Images; (br) Anne Loubet; **324:** (left col: t) Bettmann/Getty Images; (left col: b) Hulton-Deutsch Collection/Corbis/Getty Images; (t) Dean Conger/Corbis Historical/ Getty Images; (ml) Daniel Joubert/Reuters; (mr) Dianne Maire/iStockphoto; (b) Pikselstock/Shutterstock; **325:** (tl) Demid Borodin/ iStockphoto; (tr) Alain Jocard/AFP/Getty Images; (bl) Daniel Joubert/Reuters; (br) James Warren/iStockphoto.

Unit 9: 327: VHL; **328:** Martín Bernetti; **329:** Martín Bernetti; **334:** (l) Franck Dubray/PhotoPQR/Ouest France/Newscom; (m) Gilles ROLLE/REA/Redux; (r) Kachelhoffer Clement/Corbis Historical/Getty Images; **335:** (t) VHL; (b) Annie Pickert Fuller; **337:** (l) Getty Images; (r) Jeffrey M. Frank/Shutterstock; **346:** Anne Loubet; **348:** Martín Bernetti; **352:** (l) Anne Loubet; (r) Paula Díez; **353:** (tl) Sergio Pitamitz/Corbis Documentary/Getty Images; (tr) FoodCollection/Photolibrary; (b) Ablestock.com/Getty Images; **354:** Anne Loubet; **357:** (t) Photolibrary; (bl) Jovannig/Fotolia; (bml) Design Pics Inc/Alamy; (bmr) Anne Loubet; (br) MediaPictures.pl/Shutterstock; **359:** (t) Comstock/Jupiterimages; (b) Martín Bernetti; **361:** (tl, br) Anne Loubet; (tr) Bold Stock/Unlisted Images, Inc/Fotosearch; (bl) Photolibrary; **363:** Pascal Pernix; **364:** (left col: t) Chris Hellier/Corbis Historical/Getty Images; (left col: b) Hulton-Deutsch Collection/Corbis/Getty Images; (t) Christophe Boisvieux/Corbis; (ml) David Osborne/Alamy; (mr) Dan Moore/iStockphoto; (b) Daniel Brechwoldt/iStockphoto; **365:** (tl) Janet Dracksdorf; (tr) Leslie Garland Picture Library/Alamy; (bl) Pecold/Fotolia; (br) Walid Nohra/Shutterstock.

Unit 10: 367: VHL; **368:** Martín Bernetti; **374:** (r) Max Alexander/Getty Images; (l) Pascal Pernix; **375:** (t) Janet Dracksdorf; (m) Rachel Distler; (b) Viorika Prikhodko/iStockphoto; **386:** Image Source; **392:** (l) Ingram Publishing/Photolibrary; (r) Chassenet/AGE Fotostock; **393:** (t) Hulton-Deutsch Collection/Corbis/Getty Images; (b) Jupiterimages/Getty Images; **395:** (l) Dynamic Graphics/Jupiterimages; (r) DesignPics Inc/Photolibrary; **397:** Martín Bernetti; **403:** Ebby May/Getty Images; **404:** (left col: t) Bettmann/Getty Images; (left col: b) Bettmann/Getty Images; (t) Kumar Sriskandan/Alamy; (ml) Peter Leyden/iStockphoto; (mr) Mikhail Lavrenov/123RF; (b) Bettmann/Getty Images; **405:** (tl) Foodfolio/Alamy; (tr) Philip Lange/iStockphoto; (bl) Owen Franken/Corbis Documentary/Getty Images; (br) *Troubadour Plays Six Musical Instruments.* Handcoloured engraving from Pierre de la Mesangere's *Le Bon Genre*, Paris, 1817. Florilegius/SSPL/Getty Images.

Unit 11: 407: VHL; **408:** Anne Loubet; **410:** David R. Frazier/Danita Delimont Photography/Newscom; **414:** (l) Goodshoot/Jupiterimages; (r) Pascal Pernix; **415:** (t) Alain Nogues/Getty Images; (b) Philippe Eranian/Corbis/Getty Images; **417:** (foreground) DomenicoGelermo/iStockphoto; (background) Nadla/iStockphoto; **421:** Linzyslusher/iStockphoto; **426:** Anne Loubet; **428:** Anne Loubet; **432:** (both) Anne Loubet; **433:** (t) Bettmann/Getty Images; (m) ThePenguin/Shutterstock; (b) Mark Evans/iStockphoto; **441:** Anne Loubet; **443:** Quavondo/iStockphoto; **444:** (left col: t) Stephane Cardinale/Corbis Entertainment/Getty Images; (left col: bl) Bettmann/Getty Images; (left col: br) Stefano Bianchetti/Corbis Historical/Getty Images; (t) Beyond Fotomedia GmbH/Alamy; (ml) Milosk50/Shutterstock; (mr) Elena Elisseeva/Shutterstock; (b) Tom Brakefield/Corbis Documentary/Getty Images; **445:** (tl) Peter Ginter/SuperStock; (tr) KCS Presse/Splash News/Newscom; (bl) Pascal Pernix; (br) Andreas Karelias/iStockphoto.

Unit 12: 447: VHL; **448:** Compagnon Bruno/Alamy; **450:** (tl) Gavin Rodgers/Alamy; (tm) Pascal Pernix; (tr) Anne Loubet; (bl) Paris Metro/Alamy; (bm) Anne Loubet; (br) Anne Loubet; **454:** (l) Carole Castelli/Shutterstock; (r) Paul Warburton/Alamy; **455:** (t) Matt Dunham/Reuters; (b) Pascal Pernix; **456:** Pascal Pernix; **458:** (tl) David Sanger Photography/Getty Images; (tr) Beijersbergen/Shutterstock; (bl) Szefei/Shutterstock; (bm) Ray Roberts/Alamy; (br) Richard Klune/Corbis Documentary/Getty Images; **465:** Courtesy of Premium Films; **468:** Rossy Llano; **470:** VHL; **474:** (t) Franck Boston/Big Stock Photo; (bl) Anne Loubet; (br) Pascal Pernix; **475:** (t) Degas Jean-Pierre/Getty Images; (m) Tom Delano; (b) Peter Garbet/iStockphoto; **479:** (l) VHL; (ml) Elpis Ioannidis/Shutterstock; (mr) Ablestock.com/Getty Images; (r) Ingram Publishing/Photolibrary; **484:** Andre Nantel/iStockphoto; **485:** Rossy Llano; **486:** (left col: t) Bettmann/Getty Images; (left col: b) Stephane Cardinale/Sygma/Getty Images; (t) Katarzyna Mazurowska/iStockphoto; (ml) Bogdan Lazar/iStockphoto; (mr) Katarzyna Mazurowska/iStockphoto; (b) Andreas Kaspar/iStockphoto; **487:** (tl) Chromacome/Stockbyte/Getty Images; (tr) *Entry of Joan of Arc Into Orleans* by J.J. Scherrer. Alfredo Dagli Orti/The Art Archive at Art Resource, NY; (bl) Thierry Tronnel/Sygma/Getty Images; (br) Annie Griffiths Belt; **488:** Courtesy of Simonne Charpentreau and Valérie M.C. Bajou.

Unit 13: 491: VHL; **492:** Art Konovalov/Shutterstock; **494:** (tl) Tomas Sereda/Shutterstock; (tr) Bosca78/iStockphoto; (bl) Mny-Jhee/Fotolia; (br) Anne Loubet; **498:** (l) Directphoto Collection/Alamy; (r) Raphael Daniaud/iStockphoto; **499:** (t) Yann Arthus-Bertrand; (m) Nobor/Fotolia; (b) Tigergallery/Shutterstock; **507:** (l) Mark Karrass/Corbis; (r) Goodshot/Alamy; **508:** (left col: tl) Index Open/Photolibrary; (left col: tr) FogStock LLC/Photolibrary; (left col: bl) Pidjoe/iStockphoto; (left col: br) Hemera Technologies/Getty Images; (right col: tl, br) Index Open/Photolibrary; (right col: tr) Ablestock.com/Getty Images; (right col: bl) Image Source Limited/Index Stock Imagery; **510:** Mojca Odar/Shutterstock; **511:** Paul A. Souders/Corbis Documentary/Getty Images; **512:** (l) Jonathan Heger/iStockphoto; (r) William Wang/iStockphoto; **516:** (l) Vincent Lowe/Alamy; (r) Vrabelpeter1/Fotolia; **517:** (t) Gail A. Johnson/iStockphoto; (m) Thomas Pozzo Di Borgo/123RF; (b) Russeil Christophe/Corbis Entertainment/Getty Images; **521:** Jupiterimages/Getty Images; **526:** (left col: tl) Konrad Mostert/iStockphoto; (left col: tr) Anastasiya Maksimenko/123RF; (left col: bl) Juuce/iStockphoto; (left col: br) Keith Levit Photography/Photolibrary; (right col) Nick Greaves/Alamy; **527:** Kevin Fleming/Corbis Documentary/Getty Images; **528:** (left col: tl, tr) Bettmann/Getty Images; (left col: b) Science and Society/SuperStock; **528:** (t) Robert Paul Van Beets/Fotolia; (ml) Adam Woolfitt; (mr) Media Bakery; (b) Fotosearch; **529:** (tl) Imagebroker/Alamy; (tr) Iconotec/Alamy; (bl) ImagesEurope/Alamy; (br) Everett Art/Shutterstock; **530:** Bernard Annebicque/Sygma/Getty Images.

Text Credits

page 488 Reproduced from: “Suppositions” by Jacques Charpentreau, extract from Mots et Merveilles©le cherche midi éditeur, 1981.

Film Credits

page 465 Courtesy of Premium Films.

Television Credits

page 19 Courtesy of INPES.
page 59 Courtesy of Universite de Moncton.
page 99 Courtesy of Truvo Belgium.
page 139 Courtesy of Viken Kantarci/AFPTV/ AFP.
page 179 © Courtesy of TF1.
page 219 Courtesy of Reso News.
page 261 Courtesy of TF1.
page 303 Courtesy of Marie Hospital Alexandre Hielard/AFPTV/AFP.
page 345 Courtesy of Office du Tourisme de Rennes.
page 385 Courtesy of KRYS Group.
page 425 Courtesy of Fabienne Bruere Thomas Bernardi fd/AFPTV/AFP.
page 509 Courtesy of Guillaume Bonnet/AFPTV/AFP.

About the Authors

Cheryl Tano received her M.A. in Spanish and French from Boston College and has also completed all course work toward a Ph.D. in Applied Linguistics with a concentration in Second Language Acquisition at Boston University. She is currently teaching French at Emmanuel College and Spanish at Tufts University.

James G. Mitchell received his Ph.D. in Romance Studies with a specialization in Second Language Acquisition from Cornell University. Dr. Mitchell teaches French, Italian, linguistics, and applied linguistics at Salve Regina Univeristy.

About the Illustrators

A French Canadian living in the province of Quebec, **Sophie Casson** has been a professional illustrator for more than ten years. Her illustrations have appeared in local and national magazines throughout Canada, as well as in children's books.

Born in Caracas, Venezuela, **Hermann Mejía** studied illustration at the **Instituto de Diseño de Caracas**. Hermann currently lives and works in the United States.

Pere Virgili lives and works in Barcelona, Spain. His illustrations have appeared in textbooks, newspapers, and magazines throughout Spain and Europe.

25

Microsoft® Anniversary

1975 · 2000

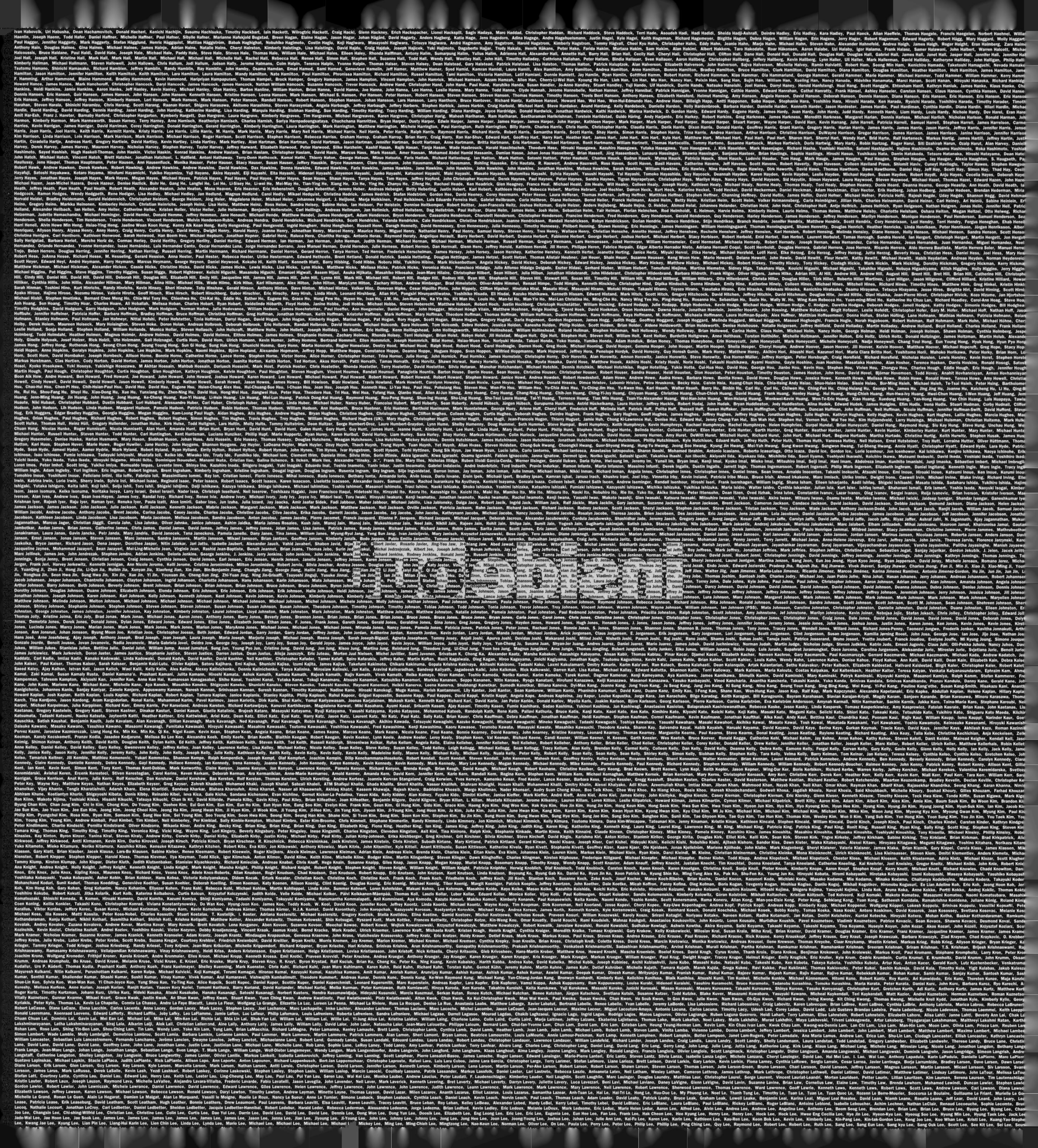

insideout

insideout

Microsoft – In our own words

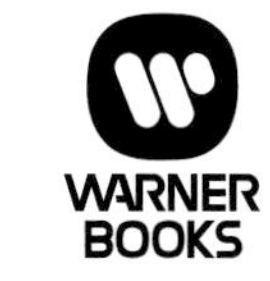

A Time Warner Company

Many of the product names referred to herein are trademarks or registered trademarks of their respective owners.

Warner Books, Inc., 1271 Avenue of the Americas, New York, NY 10020
Visit our Web site at www.twbookmark.com

Printed in Canada

First Printing: September 2000

10 9 8 7 6 5 4 3 2 1

ISBN: 0-446-52739-4

Library of Congress Card Number: 00-106556

Except as indicated, photography is by Michael Hilliard, Natalie Fobes, Marcus Swanson, Sean Masterton, Chad Brown, and Brian Smale. Illustrations by Shawn Wolfe.

Acknowledgments

The inspiration for this book came from two employees, Kelli Jerome and Marlee Anderson. They envisioned a book created by and for their Microsoft colleagues that would chronicle and celebrate the first 25 years of the company and look forward to what the next 25 will bring. Although several books have been written about our extraordinary history, there has never been a detailed account by the people who actually work here. So, over the past year, nearly 1,000 Microsoft employees around the world were interviewed and asked to tell the Microsoft story in their own words.

As the book took shape, it became apparent that it would also be interesting to readers outside the company. Although Microsoft is one of the most visible companies in the world, few people know the inside story of how our products are created, the challenges that individual employees and teams have faced, and the remarkable successes they have achieved. This book tells that story.

Kelli and Marlee guided this project from inception to completion with the assistance of a large number of dedicated and talented people. Creative Director Michael Hilliard and Art Director Karin Mellskog were responsible for the book's vivid and engaging design. The design team at mHilliard Associates worked long and hard to assemble all the pieces of the book and bring it to life. Liana Manzin managed the scheduling and the trafficking of all content. Peter Haynes provided key editorial guidance.

Kathleen Cain conducted many of the interviews, wrote up most of the stories, and provided the book's editorial voice and commentary. Charles McAleese provided cultural insight, content ideas, and technical assistance. Other writers who contributed their talent and time included Matt Corwine, Deborah Ashin, Jane Glasser, Patty McKeehan, and Zarah-Johnson Morris. Our editors included Ina Chang and Tina Headley, and our proofreaders were Diann MacRae, Mary Ribesky, Cheryl Penner, and Shawn Peck. Concepts and creative direction for many of the photographs were provided by Karen Stanton, with set design by Jerry Chinn. The photos are the work of several talented photographers, including Michael Hilliard, Natalie Fobes, Marcus Swanson, Sean Masterton, Chad Brown, and Brian Smale. The Microsoft Museum, Microsoft Archives, and Microsoft Library contributed important materials and time; in particular, Lee Dirks, John Cirone, April Hill, Eleanor Fye, Kathy Brost, Kjrsten Andersen, Jennifer Lee, and Caroline Knox provided invaluable help.

Thanks also to Larry Kirshbaum, Chairman and CEO of Time Warner Trade Publishing, for his support. Also playing key roles at Warner Books were Rick Horgan, Thomas Whatley, Harvey-Jane Kowal, Bob Castillo, Ann Schwartz, Huy Duong, Flamur Tonuzi, Antoinette Marotta, and Blanca Aulet.

Many other people supported this project, including Bob Herbold, Mich Mathews, Dean Katz, Jim Brown, Jesiah Bell, Brian Fraley, Matthew Brackman, Erin Oien, Perigee Design, Mario Juarez, Dean Hachamovitch, Michael Risse, Mike Foley, Steve Tapia, Lise Richardson, Chris Meyers, Tammy Locke, Marianne Allison, Melissa Harris, Beth Silverberg, Dorothy Liu, Kelly Johnson, Laura Higgins, Polly and Fred Linhoss, Kai-Fu Lee, Xiao-Li Sheila Shang, Eileen Chen, Angela Leeke, Mary Hoisington, Nadine Kano, Jeff Boettcher, Nate Sun, Tony Gale, Thomas Humpert, Leslie Hilliard, Todd Jerome, and Mark Anderson.

Although creating this book was incredibly challenging for everyone involved, the most daunting task was editing it down to a manageable size. We had many great stories to choose from, and, inevitably, some of them did not make it into the final version. So, in addition to the many contributors to this book, we would like to recognize all of Microsoft's employees and former employees for the part they've played in the company's success, as well as their families and friends, our thousands of business partners, and our millions of shareholders around the world. This book is dedicated to all of you.

Finally, as with all collaborative efforts, this book undoubtedly has the occasional bug in it. For those, we sincerely apologize. We're hoping to have them fixed by version 3.0.

“It amazes me

how far

we’ve come.”

The story of Microsoft really began in December 1974, when my friend Paul Allen and I saw an article in *Popular Electronics* describing a new "personal computer" called the MITS Altair 8800. The Altair was very different from the mainframe computers that we were used to back then. It was a build-it-yourself kit for hobbyists—what arrived in the mail wasn't a fully assembled computer, just some bags of parts and a set of photocopied instructions. After a few days (or weeks) of soldering, you ended up with a computer roughly the size of a bread box, with rows of switches and blinking lights.

It wasn't much to look at, and it was pretty much impossible to make it do anything useful, but right away we thought the Altair was the start of a revolution that would change the world. The "brain" of the Altair—the inexpensive Intel 8080 microprocessor—made possible a truly human-scale computer that could fit on a desk. In those days, when computers usually lived in air-conditioned glass rooms surrounded by trained technicians, that was an amazing achievement.

To transform that achievement into a breakthrough, the Altair needed software that could make it perform useful computing tasks. That set Paul and me on the path to forming our own software company.

We knew that microprocessors would become more powerful and less expensive, so the cost of computers would come down. We figured that would bring them within reach of far more people, from entrepreneurs to students to home users. And we concluded that this would create a huge demand for software. We formed a little partnership called Micro-Soft so we could be a part of this transformation.

Over the years, the PC has grown from a hobbyist's toy into an indispensable tool that continues to change the world. It has revolutionized how we deal with information, how we communicate, and how we work, learn, and play. And the little company Paul and I dreamed up sitting around my college dorm room is now the world's biggest software company, employing almost 40,000 people in more than 50 countries. From our roots in programming languages and operating systems, we've ventured into just about every kind of software you can imagine, from industrial-strength servers to games.

We started with a vision of "a computer on every desk and in every home." This book tells the story of how we turned that vision—which many critics saw as nothing but a fantasy—into reality. Hundreds of current and former Microsoft employees were interviewed about our first 25 years—the successes and failures, the personal and professional challenges, and their dreams for the future.

Those stories—which could fill ten books—chronicle our growth from scrappy start-up to industry leader. They tell of the risks we've taken, the intense competition we've weathered, and the new trails we've blazed. They explain the complex process that takes us from good ideas to great products. They reveal what we're thinking about how technology can improve society and change the world. And they offer insight into the principles and values that make our company tick.

We don't often look back at what we've accomplished, but now seems like a good time to do so. Not only is nostalgia fun, but it's important to be reminded from time to time that anything is possible. In 25 years, we've accomplished so many things that people said were impossible, and we've shattered every myth about what the PC can't do. As ambitious as we were at the outset, we had no idea that we'd become such a large and influential company, or that we'd lead an industry that's come to play such an important role in the global economy.

Looking back at what we've achieved in 25 years, I feel certain that we'll have even more impressive things to remember in our 50th year. Every day, we're finding new ways for technology to enhance and enrich people's lives. We're really just getting started.

Bill Gates

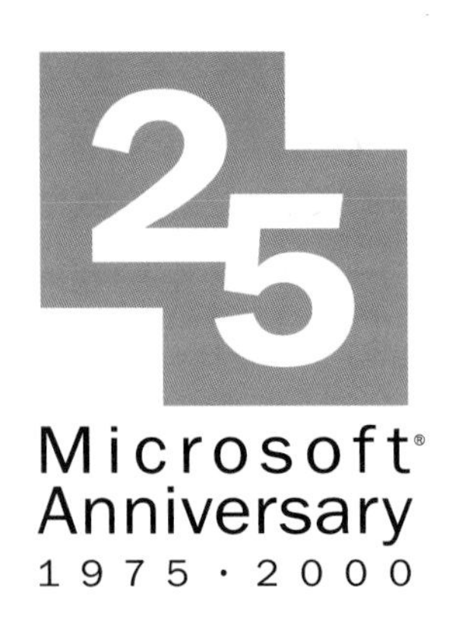

Microsoft. It started with a vision—a vision of a personal computer on every desk and in every home. This revolutionary idea not only transformed technology into a powerful tool for all of us; it also fueled a dynamic new industry that has changed the world. Today, we continue to expand the possibilities of personal computing and the Internet by developing new ways to empower our customers with great software—any time, any place, and on any device.

A revolutionary idea that

Life Before PCs — Early 1970s

Watching world events unfold on television. Soaring in airplanes above the clouds. Machines that can process information faster than humans can think. At one time, all of these things were science fiction.

In 1946 the University of Pennsylvania introduces the first all-electronic, general-purpose computer. At more than 50 feet long, 30 feet wide, and weighing almost 30 tons, it cost $486,804.22!

Fast forward a quarter century to the early 1970s. The idea of a small, affordable computer that anyone can use still seems beyond the realm of possibility.

MICROSOFT

William H. Gates
President

819 Two Park Central Tower, Albuquerque, NM 87108
(505) 256-3600

1975

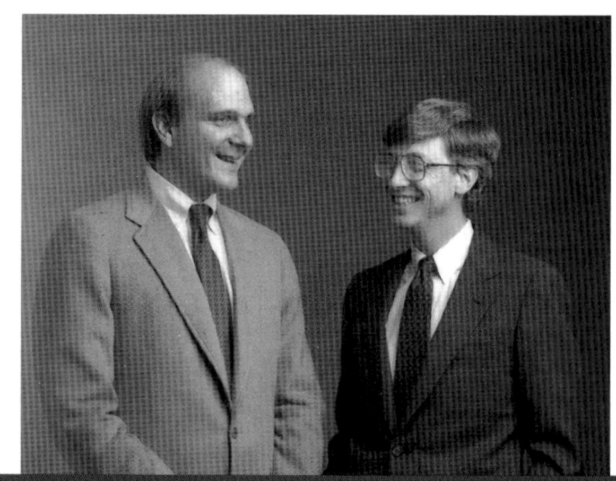

made technology a powerful tool

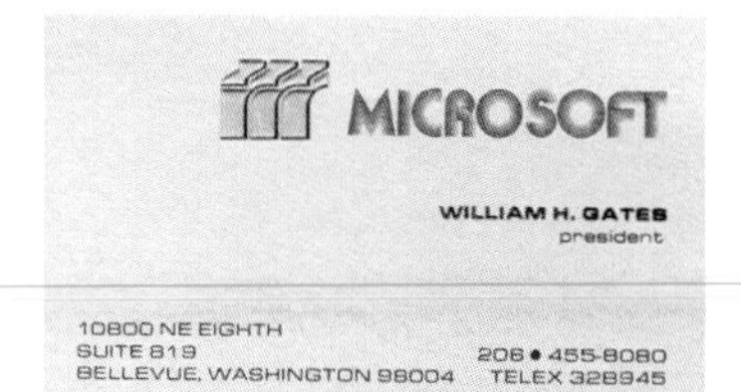

PC Revolution Begins — mid 1970s

By the mid-1970s, hobbyists begin playing with microcomputers in their garages. These early personal computers (PCs) are little more than kit-assembled metal boxes that perform basic math and simple games.

Two young men, with dreams of bringing computers to life, develop a software application that makes the power of the PC useful and accessible for everyone. Using the Altair 8800, Bill Gates and Paul Allen develop the first programming language, and begin an extraordinary, history-making journey.

- **'75** ------ Bill Gates and Paul Allen create and sell their first product, a BASIC computer language for the Altair 8800.
  • pg. 6 • pg. 11 •
- **'78** ------ Microsoft's year-end sales exceed $1 million.
- **'78** ------ ASCII Microsoft, the company's first international sales office, opens in Japan.
- **'79** ------ Seattle natives Gates and Allen move Microsoft from Albuquerque, New Mexico to Bellevue, Washington.

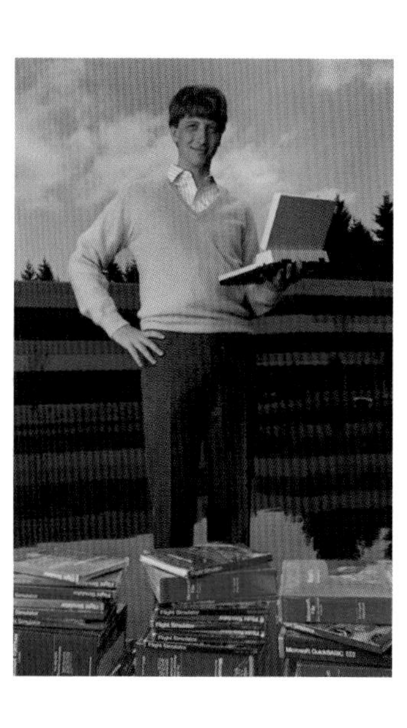

PCs Take Off — 1980s

By the early 1980s, personal computers increase in popularity and become a billion-dollar business. Microsoft's creation of operating systems, programming languages, applications and games is enabling major computer companies like Apple and IBM to enter schools, homes and businesses. More capable, efficient PCs are no longer limited to hobbyists in garages, and can be found in offices and homes, helping people transform the way they work and live.

By the end of the decade there are more than 90 million PCs worldwide, and Microsoft's vision of a PC on every desk and in every home is fast becoming a reality.

- **'81** ------ The MS-DOS operating system is introduced on the IBM Personal Computer.
  • pg. 18 • pg. 20 •
- **'83** ------ Microsoft Word for MS-DOS 1.0 debuts.
- **'83** ------ Microsoft ships its first mouse. By 2000, over 100 million mice are sold.
  • pg. 44 •
- **'83** ------ Microsoft Windows graphical user interface (GUI) is first announced. It ships in 1985.
  • pg. 22 • pg. 68 •
- **'84** ------ Microsoft software runs on the first Apple Macintosh computers.
  • pg. 68 •
- **'85** ------ Microsoft ships Excel for the Macintosh, its first graphical spreadsheet.
- **'85** ------ Microsoft celebrates its 10th anniversary.
- **'86** ------ Microsoft stock goes public at $21.00 per share.
  • pg. 136 •
- **'89** ------ Office for the Macintosh, version 1.0, hits the market.

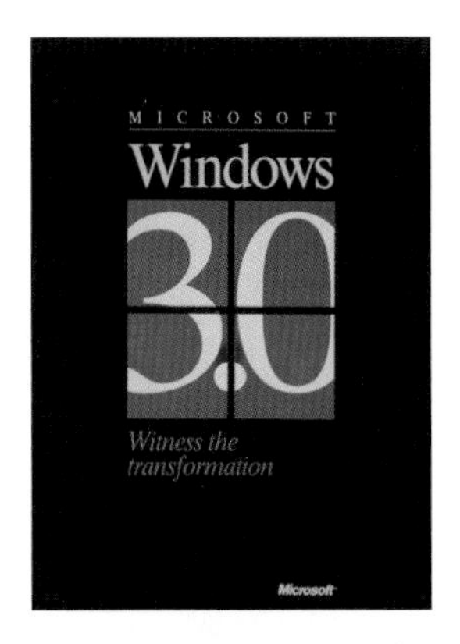

Everything you need for the well connected offic

for all of us and fueled

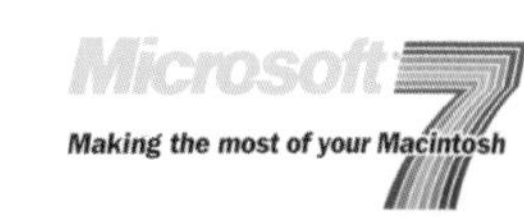

Windows Era Opens — Early **1990s**

Microsoft's momentum continues to build. With the creation of Windows 3.0, an easy to use and highly functional operating system, millions of people discover the empowering abilities of personal computers.

Five years later, the much-anticipated Windows 95 becomes one of the best-selling software products in history. Its success helps move the PC into more than 250 million businesses, homes, and schools around the world.

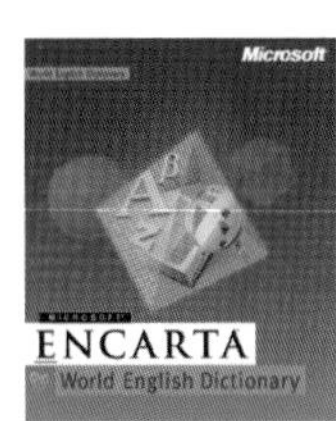

- **'90** ------ Microsoft ships Word for Windows, its first graphical word processor.
- **'90** ------ Microsoft ships Windows 3.0.
  • *pg. 24* •
- **'90** ------ Microsoft ships Office 1.0 for Windows.
  • *pg. 46* •
- **'91** ------ Visual Basic pioneers the graphical application development category, and becomes the fastest and easiest way to develop applications for Windows.
  • *pg. 12* •
- **'91** ------ Microsoft Research is established to expand the reach of personal computing technology.
  • *pg. 246* •
- **'93** ------ Windows NT releases and supports mission-critical corporate applications.
  • *pg. 34* •
- **'93** ------ Encarta, the first multimedia encyclopedia designed for a computer, debuts.
  • *pg. 66* •
- **'94** ------ BackOffice, an integrated information system designed for corporate networked environments is introduced.
  • *pg. 56* •
- **'95** ------ Windows 95 launches and sells more than 1 million copies in four days.
  • *pg. 27* •

The Internet Explodes

late 1990s

The world goes on line. Between 1994 and 1999, the number of Internet users soars from 3 million to more than 200 million. Microsoft increases its commitment to built on the power and capabilities of the PC by embracing the Internet.

The end of the decade brings significant growth in handheld devices that allow users to remain connected any time and any place. A new digital world has arrived, and the emerging technology affects every aspect of how we live, work, learn, and play.

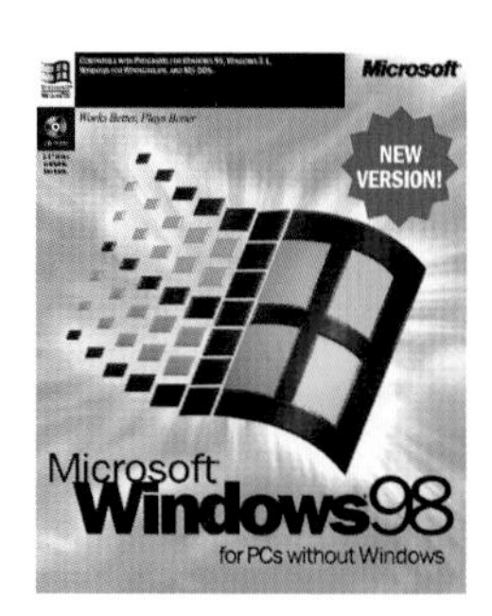

a dynamic new industry that

'95 ------ Microsoft hosts Internet Strategy Day and announces its commitment to add Internet capabilities into all its products.

• pg. 157 •

'95 ------ Internet Explorer, the company's first Web browsing software, is announced.

• pg. 60 •

'96 ------ Microsoft brings integrated messaging and groupware to the Internet with Exchange Server.

• pg. 56 •

'96 ------ Microsoft's venerable Flight Simulator is released for Windows.

• pg. 188 •

'96 ------ Windows CE, a new compact and portable operating system, is introduced.

• pg. 252 • pg. 260 •

'97 ------ Office 97, the first suite that fully integrates the ease of intelligent applications with the power of the Web is released.

• pg. 46 •

'99 ------ The MSN Gaming Zone registers its 10 millionth member.

• pg. 188 •

'00 ------ Steve Ballmer becomes the second Chief Executive Officer of Microsoft and Bill Gates takes on a new role as Chief Software Architect.

• pg. 245 •

'00 ------ Windows 2000 Professional and Server are the business operating systems for the next generation of PC computing. Sales top 1 million copies in the first month on the market.

• pg. 40 •

2000

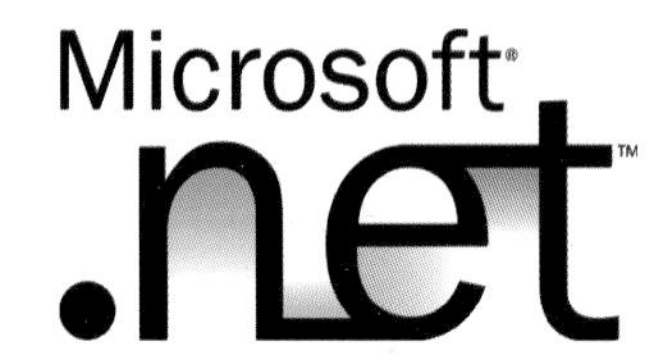

has changed the world.

Building for the Future — 2000

With the .NET platform, Microsoft continues to build the technology that will deliver on the promise of the digital world and empower people through great software—any time, any place and on any device.

We're still in the very early stages of a digital revolution that will see the power of the PC make its way into just about every kind of smart device you can imagine. The best really is yet to come.

- '00 ------ Bill Gates unveils Microsoft .NET, a platform for the next-generation Internet.
  • pg. 245 • pg. 282 • pg. 306 •
- '00 ------ Windows Millennium is released with cutting-edge support for digital media, home networking and the online experience.
  • pg. 33 •
- '00 ------ Microsoft Reader with ClearType ships, kick-starting the eBooks market.
  • pg. 262 •
- '00 ------ Microsoft announces Xbox, its first game console.
  • pg. 278 •
- '00 ------ Microsoft campus goes wireless.
  • pg. 256 •

Table of Contents

What does it take to create revolutionary software? Does it mean being first to come up with a new idea, or being first to turn that idea into a product? Does it mean carrying out pioneering research, or making incremental improvements to what's already there until you get it right? Does it mean becoming a giant, or standing on the shoulders of giants? Usually, the answer is a bit of each. Most software blends innovation, inspiration, and incremental improvement in equal measure.

Whatever the blend, great ideas alone don't guarantee success—you have to create an environment where those ideas can be transformed into products and services that are easy to use, a great value, and widely available. You also have to make big, do-or-die bets on the future, committing to technologies and strategies that may not pay off for years. It's easy to spend so much time thinking about today's markets and competitors that you're not ready for those you'll encounter tomorrow. That's why I schedule "think weeks" several times a year—so I can spend time reading up on trends that are just beyond the horizon. ➢

Think it,

build it,

bit by bit.

BILL GATES, CHIEF SOFTWARE ARCHITECT

"What does it take to create revolutionary software?"

➢ Second guessing the future isn't easy. Back in 1975, everyone thought the personal computer industry would look very much like the entire computer industry did at the time—you'd buy your software from the company that built your computer. Few people even thought there would be a distinct "software industry." Paul and I disagreed. We believed that computing power would be cheap, that there would be computers everywhere made by lots of different companies, and that software would be needed to take advantage of these trends. So we decided to write and supply software for personal computers without getting involved in making or selling the hardware itself.

Our first product was Microsoft BASIC. The BASIC language was already used on larger computers, but we knew it would also be ideal for the PC—it was simple and easy to learn, yet powerful enough to create complex programs that made the computer do useful things. Once we created a version of BASIC that fit into the limited memory of early PCs, we started extending it—adding new commands to take advantage of the richness of the machine. Today, Visual Basic is the most widely used programming language in the world, and it's just amazing what people have been able to do with it. Over the years, BASIC in all its forms has been the key to much of our success.

Our belief in the potential of the PC also led us to a different licensing approach. Instead of licensing our software to a single hardware vendor at a high price, we licensed software at extremely low prices to all computer makers because we were betting on volume. At the time, most other companies charged high prices, assuming that they would sell very few copies of their products. In addition, when we developed our MS-DOS PC operating system, we worked closely with all the PC makers to ensure that every feature they wanted was incorporated as quickly as possible. We didn't want to lose a single customer.

Developer support for MS-DOS was crucial to bringing the PC into the mainstream. Early on, young PC companies like Compaq understood the need to make computers that were compatible with each other and gave users a familiar and consistent experience. Because MS-DOS helped hide the differences between computers, it rapidly became the most popular operating system for PCs. Software developers who were building applications to run on it knew that their products would run on millions of computers. It started a positive feedback loop: as more and more applications became available for the PC, more and more users had a reason to buy one—and then even more software developers wanted to write applications for PCs. That's what made the PC such a runaway success.

As the PC became powerful enough to handle rich graphics, we saw another opportunity to move computing forward: the graphical user interface. The GUI had been around since the mid-seventies, and some companies had already started building GUI-based computers, but we saw that our experience in building platforms and nurturing standards would be useful in popularizing the GUI—so we bet the company on Windows. At first, people thought we were crazy—after all, why would anyone switch to Windows when everyone had just gotten used to MS-DOS?

But after several years of hard work to improve Windows, we started seeing a repeat of what happened with MS-DOS. Windows made the PC easier to use, which led more people to use it. That, combined with Visual Basic, which made it easy to write software for Windows, encouraged developers to create lots of Windows-based applications. And just as we evolved BASIC over the years, we made each new version of Windows better and better—we greatly improved its performance and multitasking support, and we continuously added new elements to the GUI. This endless evolution—of ideas building on ideas—is what has always set Microsoft apart.

With Microsoft Office, we changed the way people think about business computing by looking at productivity as a whole and developing tools that bring together the many different tasks you do every day. While most software companies were still focusing on stand-alone applications, we realized that most people wanted to be able to share text, data, and graphics across applications. They also wanted those applications to work together seamlessly and have a common look and feel. Office created a whole new product category that met those needs.

At other times, we've bet on totally new concepts. Obviously, one of our biggest bets has been on the Internet. But there have been many others. With Windows NT, we made a huge long-term bet that PCs would become powerful enough to be the backbone of enterprise computing. With our ClearType font technology, we bet that most people would one day read eBooks. And with Microsoft Bob, we bet on a social interface that "humanized" the PC. It was a little ahead of its time, and PCs weren't yet powerful enough to handle what we wanted Bob to do, so the product was a commercial failure. But we learned a huge amount from the experience, and some of the ideas we pioneered with Bob are already appearing in other products.

We're lucky enough to live in an age where the potential of computer technology to change our lives still appears limitless. The combined power of the PC, the Internet, and wireless and broadband technologies is revolutionizing the way we work, learn, and play. We're betting on this revolution with Microsoft .NET, which we hope will do for the next generation of computing what MS-DOS and Windows did for the PC—change our lives through software that's inexpensive, widely available, and easy to use.

Although I sometimes get a little apprehensive when we take big risks like this, I wouldn't do it any other way. I've always enjoyed building new things and coming up with creative solutions to hard problems, so I look forward to the challenge of creating the software that will shape computing in the next 25 years. I'm confident we'll succeed—we've got the people and the skills to make it happen, and we're just as passionate about technology as we were back in 1975.

PAUL G. ALLEN, MICROSOFT CO-FOUNDER

The event that started everything for us business-wise was when I found an article in a 1971 electronics magazine about Intel's 4004 chip, which was the world's first microprocessor. It made me realize that computing was going to be a lot cheaper than it had ever been and that a lot more people would have access to computers.

The next year, I remember having pizza with Bill at Shakey's in Vancouver, Washington, and talking about the fact that eventually everyone was going to be on line and have access to newspapers and other content. We debated how much people would be willing to pay for information on a computer terminal. We talked about a world in which everyone would have a PC at home and at work that would be interconnected in a global network, providing immediate availability of information and resources anywhere in the world. This was before Bill and I ever started Microsoft.

We had a company called Traf-O-Data, and we were working on an Intel 8008-based system for processing traffic flow information.

At the time, people were mainly thinking of using microprocessors in embedded applications. We saw an opportunity to create software that would make microprocessors useful in a general-purpose way. I wanted to get going and write a version of BASIC for the 8008, but Bill said we should wait until a faster and more powerful processor came on the market.

A short time later, I read about the introduction of the Intel 8080 chip. It was clear to me that these microprocessor advances were just going to continue, that chips were getting cheaper and more powerful. Access to computers would no longer be subject to a high hourly charge, as they were on the time-sharing systems of the day. We discussed writing a version of BASIC for the new chip, and we decided to be vigilant until a computer based on the 8080 became available.

In January 1975, the cover of *Popular Electronics* announced the world's first minicomputer kit, the Altair 8800. It had the Intel 8080 microprocessor as its brain, and the whole kit cost less than $500. That was what we had been waiting for. Within seconds after seeing the cover of that magazine, ➢

I knew we had to write a version of BASIC to run on the Altair. And we wanted to be the first, so time was of the essence. I wrote a simulator and complete set of development tools for the 8080 that ran on a mainframe, while Bill wrote the majority of the initial version of BASIC. It was a lot of fun, staying up late at night programming until we couldn't keep our eyes open anymore.

At that point, I had left Washington State University and was living in Boston working for Honeywell. Bill and I were anxious to start our own company. We realized that we had to do it then or we'd forever lose the opportunity to make it in microcomputer software. In the spring of 1975, we signed a contract with MITS in Albuquerque to sell our BASIC, and I left Honeywell to become Vice President of Software at MITS. In the contract, we referred to ourselves as "Paul Allen and Bill Gates doing business as Micro-Soft." We had talked about a lot of different names back in Boston, and when the topic of a company name came up, I said, "Well, the obvious name would be Microsoft."

In 1978, we agreed we should move the whole company (15 people) to Seattle because we felt it would be a much better place to recruit, and we wanted to be closer to our families. Around 1980, we figured that we'd shipped a million copies of BASIC. We really felt a sense of accomplishment. We marveled that, wow, a million people are using our code to do God-knows-what number of interesting things. That was such a gratifying thing to realize, that we'd been able to affect other people's lives in a positive way.

Periodically, you have the potential to marry a couple of different technologies in a way that will really change things. It doesn't happen very often. The ability to use the microprocessor in a general-purpose computer was one of them. Another was the development of the graphical user interface at Xerox PARC. Microsoft's Windows operating system sprang out of that.

We were in the right place at the right time. Certainly, we had dreams that we could start a successful company. But to look back and say in hindsight that we knew it would amount to all this—I don't think that would be accurate.

I tried to continue working at Microsoft during treatment for Hodgkin's disease, but it was hard. Cancer therapy takes a lot out of you. But it was more than that. To be 30 years old and have that kind of shock—to face your mortality—really makes you feel like you should do some of the things that you haven't done yet. I left Microsoft in 1983 to be closer to my family and do some things I'd always wanted to do. After that, I was just in a different place, and I decided to try out some other business ideas from scratch.

Since that time, I've started or invested in many companies, each playing an important part in that "wired world" that Bill and I had discussed so many years ago. It's unique to be able to form a start-up like Microsoft with a high school friend and to participate in, support, and witness how the company has grown over the years. These days, when Bill and I catch up and brainstorm about where the industry is going, it feels like the old days—like nothing's changed.

"I expect the personal computer to become the kind of thing that people carry with them, a companion that takes notes, does accounting, gives reminders, handles a thousand personal tasks." – PAUL ALLEN, JANUARY 1977

Microsoft co-founders Bill Gates and Paul Allen, 1981

Programmers Application team: (left to right) Charles Simonyi, Bob Matthews, Mark Mathews, Steve Hazelrig, Doug Klunder, Jeff Harbers, and Todd Newman (front center), 1981.

Paul Allen at Lakeside School, Seattle, WA, 1971.

The Albuquerque group: Top row: Steve Wood, Bob Wallace, Jim Lane. Second row: Bob O'Rear, Bob Greenberg, Marc McDonald, Gordon Letwin. Front row: Bill Gates, Andrea Lewis, Marla Wood, Paul Allen, 1978.

Windows 95 Team

Windows 3.0 Development Team

DAVID VASKEVITCH, SENIOR VICE PRESIDENT, BUSINESS APPLICATIONS DIVISION

Twenty-five years ago, Microsoft was a tiny company with simple dreams.

Most people think of our original dream as "a computer on every desk and in every home." Without question, that vision was constantly with us throughout the last 25 years. But while that may have been our overall goal, our dreams were both more specific and more exciting.

Our first dream revolved around languages—compilers and interpreters. The original idea of embedding our BASIC interpreter right there in every microcomputer (as they were called then) led to a broader dream of being the best compiler and interpreter and languages company in the world.

Microsoft Fitness Day

How many people even remember that at one time Microsoft had not only a BASIC product, but COBOL, FORTRAN, Pascal, and Lisp? That heritage has led to our ongoing affinity with developers of all kinds. Microsoft did not invent C, C++, or BASIC. However, without a doubt, we have permanently changed the expectations of developers everywhere when it comes to development environments. We all know how amazing graphical spreadsheets and word processors are, but let's not forget that in many ways the form of an intensely interactive, multitasking development and debugging environment that we pioneered has defined the state-of-the-art for developers everywhere.

In the beginning, the path to being more than a languages company was anything but obvious. First, we decided to become an operating system company, but originally it was unclear what the shape of our operating system future would look like. We sorted through the UNIX, CP/M, flavors-of-DOS maze. Remember Xenix? We started with Xenix, then won a huge victory in the marketplace with MS-DOS, and only then started thinking about Windows. Later, it became clear that productivity applications were a key part of making personal computers really successful. That led to Word, Multiplan, and the character-based applications.

By the early '80s, Microsoft was ready for a new dream. The new dream started with operating systems and applications but quickly evolved to include the concept of being "graphical," GUI for short. There are two remarkable things about the transition to that second dream, and to the Microsoft V2 that came with it. First, the fact that Microsoft transitioned at all is amazing. So many companies fail as soon as they encounter their first major vision shift. Second, and even more amazing, is that we added the new dream while keeping the original dream. Even today, that original goal of providing great development environments is alive and well.

Many people believe that Windows derived so heavily from the Star, the Lisa, and the Mac that they're unwilling to attribute much innovation to us. These same people attribute our subsequent success to everything but creativity and great engineering. But this misses the largest part of the truth and the most important part of the GUI story.

Some people call us the "Windows company," but Microsoft's success with the GUI crusade stems from both the success of Windows and the success of our graphical applications, ➢

Jon Shirley and Bill Gates

Works for Windows 2.0

Technet Team

Microsoftball Team

Visual Basic Team

National Sales Meeting

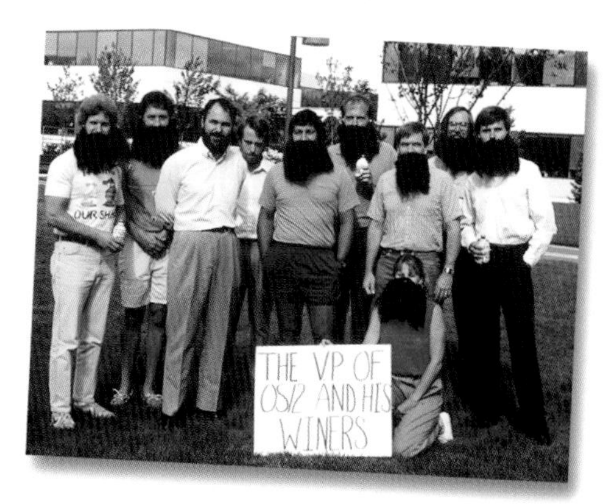

Paul Maritz and his OS/2 Group

in particular, Word and Excel. In 1990, two significant events occurred that forever changed Microsoft and the PC world. First, Windows 3.0—the first industrial-strength, really usable version of Windows—shipped. Equally important, Excel, PowerPoint, Project, and later Word for Windows shipped.

Our productivity tools faced a huge challenge achieving any significant market share—the best measure of success. First WordStar, then Multimate, then WordPerfect dominated the word processing field, and after Visicalc, 1-2-3 pretty much owned the spreadsheet market. In other segments, dBase, Timeline—everything but Microsoft products—were the leading character tools. The strength of our vision was that we decided from a very early stage that our real opportunity lay in defining from the ground up what a graphical application could really do for the user.

Personally, Excel for the Mac convinced me to find a way to get to Microsoft. Our graphical tools made not only Windows but also the Mac successful beyond anybody's expectations. Take away Word and Excel from the Mac, and you'd have a PC that nobody would have bought. Even more to the point, both these products represented fundamental innovation and a deep understanding of users that our competitors were simply unable to match.

Ashton-Tate, Lotus, WordPerfect, and a score of others launched graphical products on the Mac, OS/2, and Windows. At least a few of these products were heavily marketed and saw strong initial adoption, yet none really took off. Why? Because designing a graphical tool is hard—very hard—and building one that really meets users' needs turned out to be more than these competitors could do.

Looking back—and doing so accurately—happens to be supremely important at this time, because it allows us to be more comfortable with the difficulty and pain that comes with change. The change we face now—the greatest in our history—is by far the most painful. But by keeping in mind how tortuous the shift to V2 was, we can keep things in better perspective.

So what about the change that is happening now? Through the '90s, while building on the V2 success, we've been laying the groundwork for Microsoft V3. While V2 was about changing the computer world, V3 is about changing the people world. The combination of ever more powerful, ever more affordable computers coupled with the Internet and universal connectivity heralds the golden age of computers. That golden age is one in which computers will finally transform people's lives.

Having dreams is no harder or easier than it was 15 or even 25 years ago. Our challenge as we enter Microsoft's second 25 years is to bring our next vision into clear focus and then build the services and products that will make it a reality. If we could do it then, we can and must find a way to do it now.

Caribbean Central America Operations Group

Office Group 93

Microsoft OS/2 Software Developers Conference

Hood-To-Coast Benefit Relay

Visual C++ for Macintosh Team

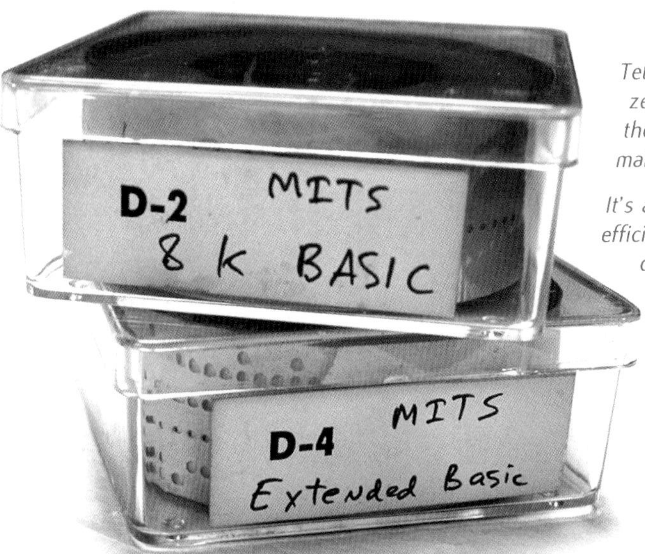

Original Microsoft BASIC tapes

Telling computers what to do is not easy. After all, we're taming a beast that speaks in only zeros and ones. But you have to start somewhere if you want to get anywhere, and ever since the early days of BASIC, programmers have been relentless in their pursuit of new ways to make software development simpler, faster, less buggy, and more intuitive.

It's a long, long way from BASIC to visual tools. The journey has brought us a degree of efficiency that few would have dreamed of in the early days of personal computers. If you don't believe that, just fire up Visual Studio and start messing around. It won't be long before you find yourself wondering how the title "Software Developer" would look on your business card. And there's plenty more where that came from. Right now, the minds at Microsoft are busily devising even more ingenious languages and tools that will once again revolutionize the development process.

BILL GATES, CHIEF SOFTWARE ARCHITECT

When Paul and I first heard about the Altair 8800, we immediately started writing a version of BASIC that could make it do useful things. We thought everyone else would jump on it, and we wanted to be first. But it turned out to be tougher than we'd thought. We had to squeeze a lot of capability into the computer's small memory. It could only hold 4,000 characters, including both the program and data. It was hard, but it was a fun challenge. Our job was even more complicated because we didn't actually own an Altair—we hadn't even seen one. We'd never seen an Intel 8080 microprocessor, either. So Paul called Intel and asked for a manual for the 8080. He studied it and then wrote a program that made a big computer at Harvard mimic the little Altair. That gave us our "machine" for testing our software.

Writing good software requires a lot of concentration, and writing BASIC for the Altair was exhausting. I did a lot of rocking back and forth and pacing in my dorm room in the winter of 1975. Paul and I didn't sleep much, and we lost track of night and day. When I did fall asleep, it was usually at my desk or on the floor. Some days, I didn't eat or see anyone. But after five weeks, our BASIC was written—and the world's first microcomputer software company was born.

Paul flew to Albuquerque to show our BASIC to MITS, the makers of the Altair. He wrote the bootstrap loader on the plane. At MITS, up it came with its "Ready" prompt. Paul typed in a program, "Print 2+2," and it worked. He and Ed Roberts, the head of MITS, sat there, stunned. Paul was amazed that our part had worked, and Ed was amazed that his hardware had worked, and here it was even doing something useful. Paul called me up. It was very, very exciting.

I really loved college, but I wasn't sure the window of opportunity for starting a software company would open up again, so I left and plunged into the world of business when I was 19 years old. Within a few months of leaving Harvard, I found myself in Texas selling BASIC to Radio Shack for its TRS-80 personal computer. John Roach, who was then the company's vice president and later its chairman, asked me how much I wanted.

"Fifty thousand dollars," I said.

"Horseshit!" he said.

I held my ground, arguing that software was a crucial part of what Radio Shack's customers would need for their personal computers. Roach was a formidable guy, but he gave me my price.

Each time I walked into another computer company, I got a little more confident. When it came time to sell to Texas Instruments, I decided that $100,000 was fair, but I was afraid they might balk at six figures. So I offered them a grocery store bargain: only $99,000! It was a deal, and they bought it.

These prices may sound high, but they were really a steal. The fees we charged were far below what it would have cost a company like Radio Shack to create its own programming language, and they were able to include it with thousands of machines. Almost every computer manufacturer licensed BASIC from us. We went in and really partnered with these companies. We showed them that we could help them design new machines with sound and graphics and do it less expensively than they could if they were to manage the software development themselves.

One reason we originally wanted to sell to computer companies rather than to consumers was software piracy. We wanted to get paid for our work, and when companies included our software with their computers, they included our royalty in the price. Hobbyists liked our BASIC, and they seemed to prefer to "borrow" it from one another. They felt it was unfair that we were asking for money. Many of MITS's memory boards didn't work, and some people felt that taking BASIC was a way of getting back at MITS.

We adapted a programming language such as BASIC to each machine that came on the market. We were very responsive to every hardware manufacturer's needs. We didn't want to give anybody a reason to look elsewhere. We wanted choosing Microsoft software to be a no-brainer.

It worked better than we'd ever dreamed. Virtually every personal computer manufacturer licensed a programming language from us. Even if the architecture of two companies' computers was different, the fact that they both ran Microsoft BASIC meant that they were somewhat compatible. In this way, Microsoft BASIC became an industry standard.

Back then, the International Computer Programs Directory would give out awards for software that sold 1,000 copies and software that sold 5,000 copies. That gives you an idea of what the software industry was like—it was all about low volume and high prices. One year, I entered our BASIC into the awards because we'd sold several million copies. They couldn't believe we'd done that and were still a small company, because they didn't understand that each copy of BASIC sold for a fraction of what other software cost. We won the award.

Ted Nelson gave a speech at a West Coast Computer Faire about how we were going to overthrow all the big computer companies because we really knew that the future was about "power to the individual." There was this feeling that we had to advance this cause, and we hoped that eventually everybody would realize we were right about what was going on with these machines.

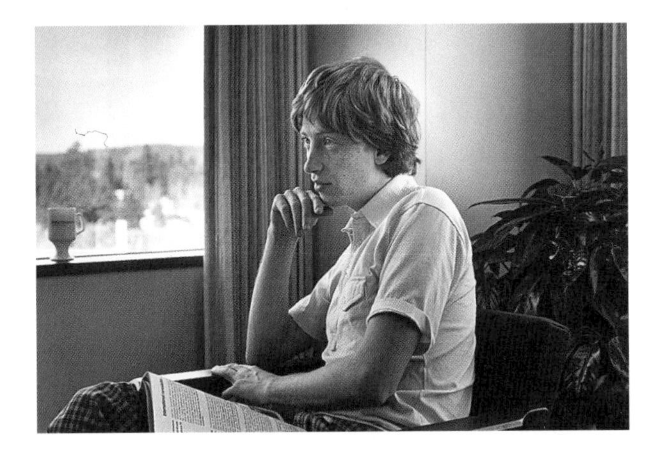

CHRIS LARSON, PROGRAM MANAGER, EXCHANGE

When I was in the seventh grade, my parents sent me to Lakeside School in Seattle. Around the second month I was there, the middle school got a Teletype machine. The teachers made a feeble attempt to teach us how to use it, but they gave up and sent over a couple of kids from the upper school to show us a few things—Kent Evans and an 11th-grader named Bill Gates.

Bill and Kent taught us some things, and several of us took to it like fish to water. We spent an awful lot of time writing BASIC programs, and they kept getting bigger and more complicated. We wrote programs that calculated a million prime numbers, simulated sports games, all kinds of stuff. But eventually, we did all there was to do on that machine, and we were eager for other opportunities.

Bill and Paul Allen (who graduated the year before I came to Lakeside) had started a little company with a guy named Paul Gilbert called Traf-O-Data, which processed traffic data from those little boxes that counted cars on the side of the road. Initially, they were processing the data on a mainframe at the University of Washington, and I wanted to help. My first job at Traf-O-Data was to transcribe the data from these traffic tapes by hand, and then someone else would type them onto punch cards and run them through the computer.

They eventually wanted to process the data automatically, so they wrote a program to run on this 8008 computer that Paul Gilbert built by hand. But instead of writing the program using the 8008 computer, they had to develop it on a DEC PDP-10 using an 8008 simulator that they wrote.

Looking back, it seems like kind of a joke that you wouldn't use a PC to develop PC software, but back then PCs were so limited in terms of what they could do that you couldn't possibly have done any kind of serious development. That was the inspiration for what Microsoft did in the early days—writing languages for all these microcomputers so people could actually use them for something.

By August of 1975, Bill and Paul were developing Altair BASIC out of a corner of the MITS office in Albuquerque, and I flew down there for a couple of summers to work on the Traf-O-Data program. I came back for a few more summers, and by the time they moved to Seattle I was at Microsoft for good.

By 1977, the company's strategy really started to come together. Three important personal computers came out that year—the Apple, the Commodore PET, and the Tandy TRS-80—and we developed BASIC for all of them. Microsoft's goal was to do a BASIC interpreter for every microprocessor—which wasn't hard, because there were only three at the time—and to focus on doing as many languages as possible for the 8080, which was the dominant processor. We bought a design for a FORTRAN compiler from a guy named Dick Wallman and hired a couple guys to work on it. We also started work on a COBOL compiler, and I started writing a text editor called Edit-80 because compiled languages like FORTRAN and COBOL didn't have an editing environment like BASIC did. We were also working on a Pascal compiler, and we did an assembler called MACRO-80.

At the time, there really wasn't a standard operating system for microcomputers because each major personal computer company was building its own. But CP/M-80 was starting to come about, and while it wasn't the dominant operating system, it was used on more than one computer. So we started to get requests from end users who wanted to buy a single copy of Microsoft BASIC to run on CP/M-80. Our non-OEM business, direct sale to end users, was pretty informal at the time—every time someone called, one of us programmers would run back and make a copy, put a sticker on it, shove it in an envelope, and send it off.

Things were really crazy back then—the company was doubling in size every year, we were bursting at the seams, and Bill kept on committing us to do more and more stuff—we had more work than we had programmers for. All these computer companies would visit us, and Bill would list all the things we could do. He'd promise them all kinds of things, even stuff we hadn't started working on yet. And all these companies just kept nodding politely and saying, "Okay, yes, we'll take it all."

"Looking back, it seems like kind of a joke that you wouldn't use a PC to develop PC software."

Q: What do the letters GW in GW BASIC stand for?

a. Gates, William
b. Got Windows?
c. General Write
d. Gee Whiz

OK>

A: d. Gee Whiz

Back in 1987, we noticed a lot of interest in products like Borland's TurboPascal, where you had the feel of an integrated development environment in which you could write and debug your code all in one program, all at once. So we started thinking about how we could design a BASIC that combined the best of our development environment work with our intepretation and compilation work. A bunch of us sat in a room—Greg Whitten, Tom Corbett, Len Oorthuys, and I—and came up with a plan to build a development environment for BASIC that would allow customers to build applications incredibly quickly and efficiently.

Threaded p-code: "It was the best of both worlds."

We took our GW-BASIC compiler and integrated an editor and debugger with it, but it was still very much a "compile, load, and go" environment. We wanted to bring in the benefits of interpretation—stuff like edit and continue, where you could stop your program, modify it, and continue without losing execution state, and retain the performance of compiled code. So we asked, "What would the model that allowed us to do that look like?"

We did some research into various technologies, and we pursued something called "threaded p-code." P-code, or pseudo-code, was an intermediate language that translated between the instructions you typed in your program and the actual instructions that executed on the computer. There was no central dispatch loop, like most interpreters. Instead, execution threaded its way from statement to statement, more like compiled native code. Our compiler was incremental and could compile very quickly. It could format and error-check the lines of code as you typed them. And when you executed the program, it ran almost as fast as a compiled program because a lot of the "compiling" work was already finished!

So you could have all the benefits of an interpreted language at the speed of a compiled language. It was really fast and really efficient, but if you wanted to make a change while the program was running, you could just stop the program, make the change, and pick up where you left off. At the time, everyone's marketing literature talked about how many lines of code per minute you could compile and how fast that code could execute. Because of threaded p-code, we were doing this several orders of magnitude faster than anybody else. And the execution performance was on par with anyone else's code. It was the best of both worlds. That was the essence of what QuickBASIC 4 was all about, and it was a radically different approach to building a development environment than existed at that time.

QB 4 pretty much took the cake, as far as DOS products went, but it was still a DOS product, and in 1990 Windows was really starting to gain some momentum. So we started thinking about how we could make writing Windows programs incredibly easy and efficient. Our mission was basically to make it so anybody could write a Windows program, so we thought about what a BASIC development environment for Windows would look like.

At the time, the company was starting to get Access ready to ship, and they decided they needed a language component for it. So what we did was take the threaded p-code interpreter we'd already built for QuickBASIC and moved it into Windows. We called it Embedded Basic (EB), and it was supposed to be the language engine built inside of Access.

Meanwhile, we started hearing about this technology Microsoft had acquired for the Windows group, a little forms package called Ruby that you could use to draw GUI elements—things like windows and buttons—on the screen. The Windows group wanted to use it to make their shell customizable. But they decided it wasn't a good fit, so Ruby was just floating around, looking for a home.

Bill asked us to go off and look at it. It was really primitive at that point—sure, it let you draw some things on the screen, but it was very limited. We started to wonder, "What if we put a BASIC language engine behind this thing so you could draw what you wanted on screen, and then it would let you write real code to go with it?" ➢

"Our mission was basically to make it so anybody could write a Windows program."

Q: What was the code name for Visual Basic 1.0 and 6.0?

A: Thunder

We took EB and stitched it together with Ruby, and suddenly we had Visual Basic. Stitching these two technologies together gave us the framework, the visual programming paradigms, that made it so much easier to write Windows programs. You didn't have to write the code for each window, each little button. You could just draw them on the screen and focus on how your application behaved. Visual Basic really brought Windows programming into the mainstream and contributed to a great extent to the success of Windows as a whole.

"The goal was to make it a no-brainer to program Microsoft applications..."

Building on the ideas in VB, we created something called Visual Basic for Applications, or VBA. Until VBA came along, it was really difficult to write any sort of code that would glue together pieces of Excel or Word or Access. If you wanted to make an application that involved some calculation, some charting, and some word processing, all the components were already there in our apps, but wouldn't it be nice if you could just use the relevant pieces of existing applications rather than start from scratch? We wanted to create a sort of "universal macro language" that allowed people to do this, and we used Embedded Basic as the starting point.

The goal was to create a universal macro language for Microsoft applications, but EB didn't run on anything but Windows. And we happened to have some applications that ran on other environments, like the Macintosh. Plus, a key to our strategy was that a good macro language should carry forward the programming style of Visual Basic. The logical thing to do was to treat applications that you were programming as controls or components—pieces of runtime that you could use, so you could manipulate cells in Excel, or paragraphs in Word, and have all that functionality be just like any other object in your environment. The goal was to make it a no-brainer to program Microsoft applications, just as Visual Basic made it easy to write applications for Windows. That's what VBA was all about.

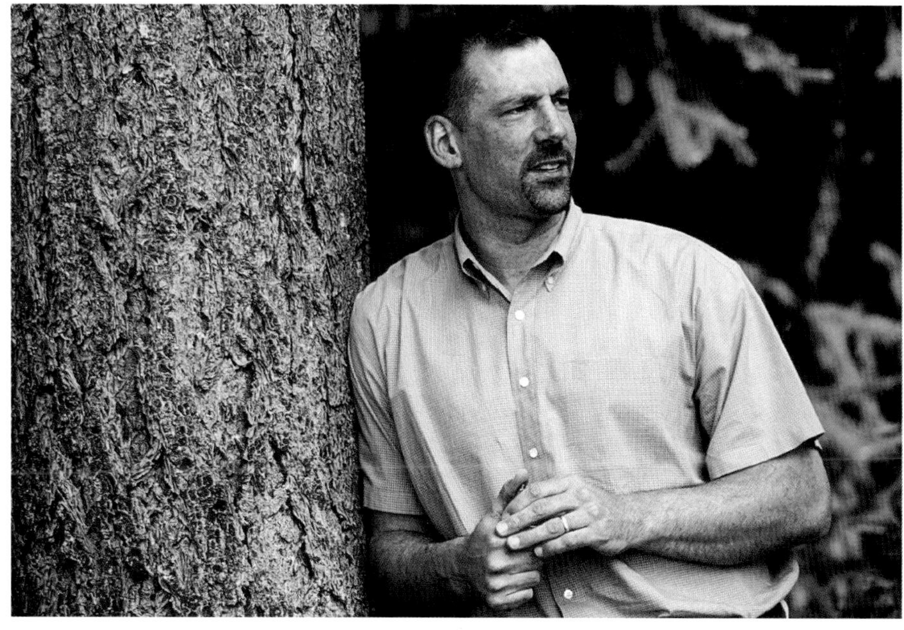

MICHAEL RISSE, GENERAL MANAGER, WINDOWS DNA MARKETING

I remember the moment I really got Visual Basic. I didn't have a lot of expertise in programming languages because my background was in business. I was hired about the time that there was a lot of buzz about this thing called "Thunder," which was the code name for Visual Basic 1.0. So I got a copy of it installed on my machine and I went to a cafeteria to play with it for a while. I remember sitting there and thinking, "Whoa, this is really cool!"

Visual Basic was the first development tool that said, "I know you're working in a graphical environment with Windows, so let me make that part of the experience easy." It allowed you to frame the way you wanted your application to look, and then it gave you a place to write the code you needed. It was the first time a product had brought together the creation of the user interface with coding, debugging, and compilation, all within a graphical interface. Before that, each part was treated as a separate process. VB integrated it all, and that's why it was such a huge innovation.

In 1990, Steve Gibson wrote in *InfoWorld*, "There's nothing today like Visual Basic. In the future there will be nothing that's not like Visual Basic." And it's true. Every single programming tool after that adopted the metaphor of a graphical way to design and code, all in an integrated environment. VB wasn't just a breakthrough for Microsoft. It was a breakthrough for the industry.

Breakthrough innovation is about making something truly easy to use. I look at the things we did in Visual Basic, and the innovations in our desktop applications, and the Web development we're doing today, and I figure we're in the business of taking fire from the gods and bringing it to everyday people.

TOM BUTTON, GENERAL MANAGER, DEVELOPER TOOLS

You often read in the press about how Microsoft just needs a set of taillights to follow, and then we can out-execute and overtake our competitors in virtually any product category. But Visual Basic is a great example of where we came up with a revolutionary, winning concept and got out in front of the industry by defining a new category from the start.

Two critical technical innovations drove VB's success: First, the graphical, event-driven approach to programming stripped away much of the complexity of writing applications for Windows. Creating programs in VB is simple—you just draw the user interface, edit the properties of each component, double-click on the part that should trigger an event, and write the snippets of code for that event. This seems obvious and intuitive now, but at the time it was revolutionary.

Second, Visual Basic launched "custom controls," which make it brain-dead simple for a programmer to reuse large or small chunks of code created by another programmer. When you load a custom control, it appears as a graphical icon, then you drag and drop it onto a form, edit its properties, and bam—your app has a new feature. Drop on another control, tweak its properties, and bam—there's another feature!

An amazing number of custom control products quickly came to market based on VB's model—everything from simple user interface widgets like the gauges and dials that you'd find in a 747 cockpit to incredibly sophisticated controls like multimedia players and handwriting recognition text edit fields. There were hard-core business controls like report writing and databound grids and cool "eye candy" controls with graphics and animation. You could even embed entire applications like Lotus 1-2-3 and WordPerfect in a VB form using OLE controls. The VB custom control concept created an industry for software components and fundamentally changed the way millions of programmers created applications.

"Drop on another control, tweak its properties, and bam—there's another feature!"

One product that we got far more technical credit for than we probably deserved was the VB Professional Toolkit. We probably wouldn't even call this a "product" today. We basically went around to all our best partners who were custom control vendors and asked them to contribute a stripped-down version of their coolest, slickest custom controls in exchange for credit in the Help About dialog box. We did a quick testing pass, threw it all in a box, and shipped it. It got unbelievably favorable reviews in the press as a revolutionary step forward in software development. From our perspective, it was just "shovelware." It also turned out to be the way we made the most money with VB, but that's another story.

Another funny thing was that the industry wanted to hold up Visual Basic as "proof of concept" that object-oriented programming (OOP) worked. We didn't make a big deal out of it, but we knew that VB wasn't really "object-oriented" as defined by the gurus of OOP (GOOP)—it didn't involve complex hierarchies of classes that inherit from one another, support polymorphism, and so on.

"From our perspective, it was just 'shovelware.'"

On the marketing front, we first targeted programming hobbyists and technical users who were caught up in the Windows 3.0 wave. But surprisingly, programming consultants and value-added resellers (now called solution providers) were the first to snap it up. They serviced companies that wanted custom Windows programs, and since there were no other easy graphical tools, they used VB for every imaginable kind of business application. They built point-of-sale systems, integrated accounting and order processing systems, factory floor control systems, archaeological dig-site mapping systems, and even applications that managed TV and radio show production. These consultants also developed their own crop of more vertical, business-oriented custom controls to support their own application development.

When we realized that VB had the potential to become a major "professional programmer" phenomenon, we realized that a major change to our marketing strategy was in order. Given our budget constraints, we had to make some choices—the first was to cancel the VB advertising campaign. Instead, we pumped most of our money into business development "incubator" programs to help custom control companies get established. Marketing people around the company thought we were crazy to cancel all the ads while our product was in its infancy. But in retrospect, this decision was critical to our success. Our partners multiplied the impact of our marketing efforts, creating a far bigger wave than any campaign we could have implemented on our own.

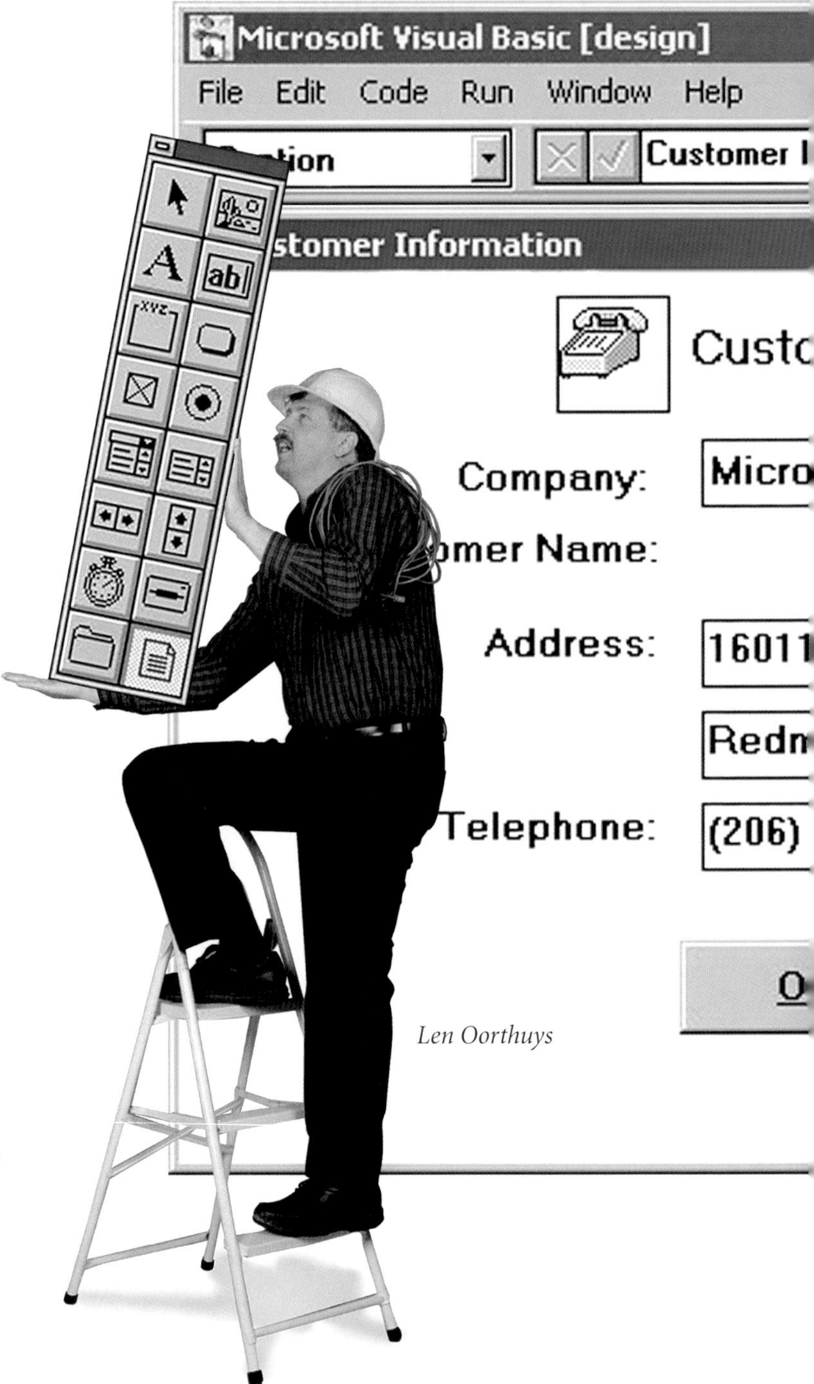

Len Oorthuys

After we shipped version 3, we started a long and painful replumbing of VB to target 32-bit Windows 95. We moved to an architecture based on OLE that would open up custom controls to all programming tools, including those of our competitors. Some people thought we were giving away a key advantage, but it was great for our custom control partners, who now had even more "sockets" to target for the components they were selling. VB 4 was a huge hit. It was viewed as the best way to write applications for Windows 95. We sold more copies of Visual Basic 4 than any other version.

Versions 1 through 3 were all about enabling the graphical user interface, and versions 4 through 6 were all about delivering rich 32-bit client-server applications. Now, it's all about making it easy to create Internet applications based on Web services. The goal of VB has always been to make it easy for programmers to write applications for the next cool platform. VB 7 will bring the creative energy of millions of VB programmers to the Internet—multiplying the rate of innovation and making the Web an even more powerful, productive, and fun experience for everyone.

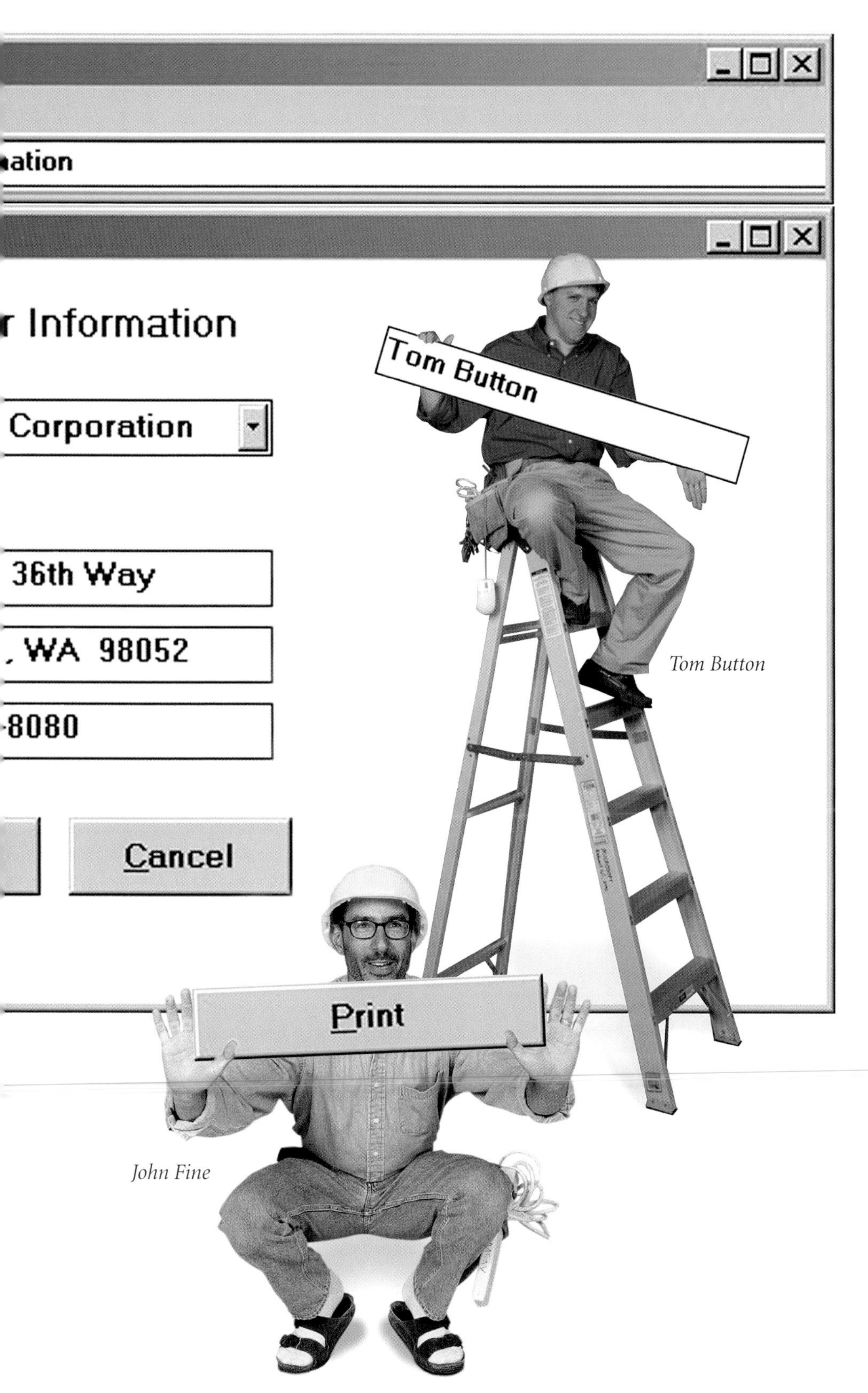

Tom Button

John Fine

JOHN FINE, FORMER PROGRAM MANAGER, VISUAL BASIC

Several months before the release of Visual Basic, during the beta test stage, I kept seeing e-mails from people inside the company with questions about using the product. I realized that a bunch of Microsoft employees were using the pre-release version of VB to create real software, and that they were really relying on it for their work. This is unheard of with a new development product. About then I thought to myself, "Wow, there's a possibility that VB might not be a total flop!"

DEE DEE WALSH, BUSINESS DEVELOPMENT MANAGER, DEVELOPER TOOLS

Everyone in the press who saw Visual Basic was just blown away. It won all the big technical awards, like *PC Magazine's* Technical Excellence and *PC Computing's* MVP—we had a whole shelf of trophies. Since we didn't really need to convince anyone that VB was a good thing, and we didn't have a huge budget to work with, we took a different approach to marketing and PR. We focused on building third-party support and relationships with developers and the press. We nurtured the VB community by being totally open with them and helping other companies build a business out of the add-on products and all the magazines and trade shows that sprung up around the product.

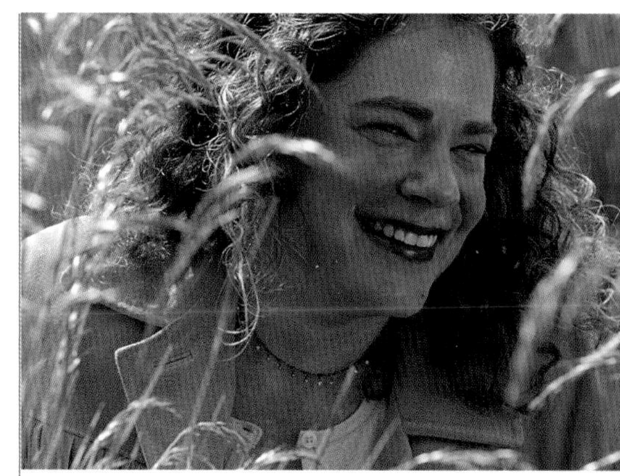

"We had to growl and fight for every resource we got."

And we did it all informally. It was more about building friendships than establishing contacts. At industry conventions and trade shows, we'd throw these parties called Geek Fests, which were more like "anti-parties." While the other industry parties were buttoned-down, invite-only affairs, we made a point of inviting all the geeks and developers that were really driving the industry. We joked that it was nothing more than "cheap beer and lousy pizza." It was a real low-brow affair, with plenty of games and tacky freebies that we took from closets around the company.

Things got really crazy—at one Geek Fest in Las Vegas, we offered free marriages with an Elvis impersonator as the minister and Dr. Ruth as the flower girl. At another one, we brought thousands of ugly Mardi Gras masks and played "Geek Skeet" with Nerf guns.

One year, somebody threw a football into this big, expensive chandelier, and the hotel called us the next day and said, "You'll have to replace the chandelier—that'll be $10,000." So I went to Tom Button and told him we needed ten grand to replace it, and he said, "Sure, as long as we get to keep it." So I called the guy back and said, "If we have to pay for it, we want you to ship it to us." About an hour later, I get a fax from them, with a new invoice for $300.

Marketing VB was such a crusade. We had a scrappy team who lived and breathed it, and we had to growl and fight for every resource we got. We did it all guerrilla-style, and since nobody was paying much attention to what we were doing, we could do whatever we wanted. Nowadays, VB is super-important to the company, and everybody pays attention to it, but that's not nearly as fun.

Q: What do Aspen, Cedar, and Sequoia have in common?

DAN SPALDING, SOFTWARE DEVELOPMENT LEAD, VISUAL C++

In the early days of Visual C++ 4.0, we were struggling to find ways of making our builds go as fast as possible. The standard ways of gaining performance during builds (i.e., speeding up the compilation and linking processes) seemed tapped out. Then Rico, Jan, and I hit on a novel concept that later became our mantra: "The only thing better than compiling a file really fast is to not compile it at all." We had our mission!

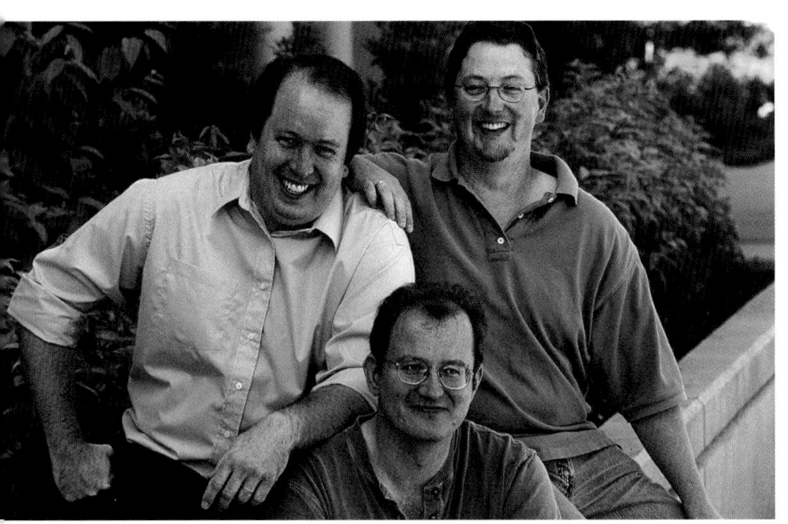

Clockwise from left: Jan Gray, Dan Spalding, Rico Mariani

By analyzing the C++ code as the compiler went over the code, we were able to glean and store enough information so that changes to C++ classes would result in having to compile only the files that depended on what had changed. Furthermore, the information we stored didn't introduce so much overhead that it created a pay-me-now-or-pay-me-later situation. For example, consider a project with 100 files. If a change is made to a file that's included in all 100 project files, traditional builds would have to compile all 100. If only 5 files actually depend on the change, compiling 5 files instead of 100 files was a huge win.

After three months of challenging and hard work, we had a solid system working. We promoted the hell out of it and got it into the product. It's been a part of Visual C++ ever since and continues to save precious time during builds.

DAVE WEIL, FORMER GROUP MANAGER, DEVELOPMENT

C 4.0 might have been one of the best commercial compilers ever written—I mean, in terms of how solid it was in code generation.

It generated much faster code than any of the competitive compilers on the market. I still remember being at development conferences, and people would come up and say, "You know, I took all of my programs and passed them through C 4.0, and every one of them compiled—and when they didn't, it was my fault." That was one of the reasons that C 5.0 turned out to be a little bit of a disaster. Part of it was not that C 5.0 was so bad, but that it was bad with respect to how good C 4.0 had been.

RICK LAPLANTE, PRODUCT UNIT MANAGER, VISUAL STUDIO ENTERPRISE FRAMEWORKS AND TOOLS

From the very beginning, Microsoft has focused on providing grassroots developers with incredibly powerful tools that help them do their jobs better. But times have changed. Now you have dozens—or hundreds—of people working on a project, and they're not all programmers. You have business process analysts, database modelers, testers, managers only about 15 percent of the work is actually done by developers. Or you have one developer who needs to wear a lot of hats, doing things like requirements gathering, analysis, and project management as well as writing code.

With Visual Studio, we've provided a simple, uniform user model that's helped bring programming to the masses. And we're working on bringing that same consistency and ease of use to the entire development process—not just coding but designing, testing, and delivering to customers.

1977	BASIC
1978	Macro Assembler (MASM)
1980	Pascal Compiler
	COBOL Compiler
1981	GW BASIC
1983	C Compiler
	FORTRAN
1985	QuickBasic
1987	Quick C Compiler
1989	Quick Pascal
1991	Visual Basic
	FoxPro
1992	Visual Basic, Professional Edition
1993	Visual C++
1995	Visual Basic, Enterprise Edition
	Visual FoxPro
	Visual SourceSafe
1996	Visual Studio
	Visual J++
	Visual InterDev
2000	C#

```
main()
{
   printf("hello, world\n");
}
```

Most developers cut their teeth on this simple piece of code. Brian Kernigan and Dennis Ritchie, the inventor of C, wrote the de facto teaching manual, *The C Programming Language*, and kicked off the opening tutorial this way: "The only way to learn a new programming language is by writing programs in it. The first program to write is the same for all languages: Print the words, 'hello, world.'"

And programmers have started with "hello, world" ever since.

A: They are all code names for Microsoft developer products (Visual Studio, Visual SourceSafe, and the Integrated Development Environment).

Q: Which language product was the first to ship with CodeView?

A: FORTRAN 4.0

CHUCK MITCHELL, SOFTWARE DEVELOPMENT LEAD, VISUAL C/C++ CODE GENERATION AND OPTIMIZATION GROUP

When I started at Microsoft 10 years ago, C++ was a new, emerging language. It was cool, it was sexy, and Java was still a truck-stop beverage. I started working on C/C++ 7.0, Microsoft's first C++ compiler. At the time, Borland was our key competitor and our tools business was losing money. Oh, how things have changed over the years.

The first cool thing I noticed when coming here was CodeView, the great Microsoft debugger. Even with a character mode interface, it was so much better than anything I'd ever used in the UNIX workstation world that I came from. The other thing that impressed me was that Microsoft had established a reputation as the industry leader in code quality with its C compiler. This technology was being moved forward in Microsoft C/C++ 7.0.

Microsoft C/C++ 7.0 also included a Quick C/C++ compiler for productivity, which I believe was the first compiler to ship with a GUI development environment, and a p-code compiler for compressing code by up to 30 percent, because every bit of memory was precious.

Probably the most significant contribution in the new C++ language outside of the compiler was the Microsoft Foundation Class library (MFC), which made Windows programming vastly easier than the existing C-based Windows API. MFC ultimately became the standard interface for C++ Windows developers for the next 10 years.

And then we entered the "Visual" age. The successor to Microsoft C/C++ 7.0 was Microsoft Visual C/C++ 1.0. What reset the version number was the cool new Windows-based Integrated Development Environment (IDE), which brought together project management, editing, browsing, running, and debugging under a single Windows-based environment. The IDE boosted programmer productivity and became an immensely popular feature of the product. The writing was on the wall for Borland.

Shipping Visual C/C++ 1.0 coincided with a major new Microsoft initiative—32-bit Windows. Since the primary goal of the development tools is to enable the platform, the Visual C/C++ team decided to focus exclusively on 32-bit. This meant rehosting the entire product on the 32-bit platform and developing and optimizing the 32-bit compiler from scratch. The 16-bit product was discontinued. This was back when people questioned whether applications really needed 32 bits. This was a big bet that paid off big time in the years that followed.

Over the years, we found that customers typically want to mix and match languages when developing for Windows. The Visual Basic product provides even greater ease of use and complements Visual C/C++ nicely. With that in mind, we decided to provide developers with one-stop shopping and created the Visual Studio product. It's the entire suite of development tools for Windows. The developer can choose the language most appropriate for the task and have access to all the tools and support libraries and, most importantly, cross-language debugging. It is a great group of tools.

Move the clock ahead 10 years. Here I am working once again on another new language, C#. We're doing a parallel development effort on a 64-bit version of Windows and a 64-bit edition of Visual C/C++ 7.0. This sounds all too familiar.

Of course, everything has become far more complex. The new language is geared toward Web development and the next generation of Windows services. We're extending C++ to work in a new managed world. Intel's new Itanium chip, our primary 64-bit target, is a huge industry-wide bet and is orders of magnitude harder to generate good code for. Also, the Visual C/C++ product now targets over 12 different chips, taking into account all the Windows CE targets. We're always up for a challenge.

"Oh, how things have changed over the years."

Real men use DOS.

Remember the black screen with the friendly c:\ prompt? Remember typing DIR to see your files fly by so fast that only the Bionic Man could catch them? Remember when you could run only one application at a time and 4 MB of memory was just a dream? If you do, don't admit it—because memories like this are a sure sign that you're a few years past your first legal beer.

After we've enjoyed a few laughs at DOS's expense, it's a good idea to remember that when it comes to best supporting role, DOS owns the category. It served for years and often still lurks, in all of its unglamorous glory, deep in the guts of the machine, making everything else possible. One of the prime movers of the PC revolution, DOS is the ultimate worker bee. So what if it doesn't speak great English? It started the ball rolling, set the first standards, and got an impressive number of computers up and running in its eventful career. What have you been doing for the last 20 years?

It also took its share of knocks along the way. But it was the beginning of an evolution that brought operating systems to a level of sophistication that was impossible to imagine back when Tim Paterson cobbled it together from some existing ideas plus a few of his own, initially named it QDOS (Quick and Dirty Operating System), and sold it to a promising little start-up called Microsoft.

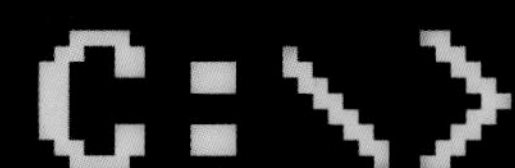

BILL GATES, CHIEF SOFTWARE ARCHITECT

In the summer of 1980, two emissaries from IBM came to Microsoft to discuss a personal computer that they said IBM might (or might not) build. They talked to us not only about software but about the overall system design. We told them about our enthusiasm for a 16-bit PC and encouraged them to build one around the Intel 8088. Most important was IBM's decision to build its PC from off-the-shelf hardware and software rather than build everything themselves.

We thought they were here to buy our BASIC, but they said they also wanted to buy our FORTRAN and COBOL, and maybe even more. IBM had told us they were designing a home computer, but we said, "You don't put COBOL and FORTRAN on a home machine. Let's not joke around. This is more than a home machine." So the IBM and Microsoft designers basically worked together to make it an all-purpose machine, not just a home machine. In fact, a really small group decided on all the features of the IBM PC. We had more people assigned to the project than IBM did, and we only had thirty people back then.

IBM asked us to write the operating system, too, but we felt that our schedule was just too tight. We referred IBM to Digital Research, which made the CP/M operating system. Digital Research didn't want to sign IBM's nondisclosure agreement, so they didn't jump on it.

That put our project at risk, so we had a marathon meeting one night in September 1980—Paul Allen, Steve Ballmer, and Kay Nishi, our partner in Japan, who was preparing the proposal for IBM. The more we talked about it, the more it seemed possible to write our own operating system. We estimated that adding an operating system would take only about 30K of code. We figured it was only about 10 percent more work than we had already committed to. So we told them we would do it.

We had recently talked to a guy named Tim Paterson at a local company called Seattle Computer Products. He had done some work on a 16-bit operating system called SCP-DOS, and we knew it was compatible with CP/M applications. We ended up buying SCP-DOS from Seattle Computer. And we eventually ended up getting Tim, their top engineer, to come work for us. He made most of the modifications that changed SCP-DOS to MS-DOS 1.0. ➢

Strange but true: in this very GUI world, DOS is far from dead. Some people (and they undoubtedly have other unusual predilections) still love it. Who can blame them for thinking that we Windows users are pampered sissies? They've paid their dues. Let them have their fun.

IBM actually shipped three operating systems with the IBM PC: our MS-DOS, Digital Research's CP/M-86, and the UCSD Pascal p-system. We knew that only one could succeed and become the standard. The best way to do that was to help other software companies write MS-DOS–based applications and make MS-DOS inexpensive to license. So we gave IBM a fabulous deal—a one-time fee of about $80,000 that granted them the royalty-free right to use our operating system forever. Our goal was not to make money directly from IBM, but to profit from licensing MS-DOS to computer companies that wanted to offer machines compatible with the IBM PC. IBM could use our software, but it didn't have an exclusive license or control of future enhancements. This put Microsoft in the business of licensing operating system software to the personal computer industry.

The key to being competitive in operating systems was getting lots of applications, so we got very serious about working with manufacturers and software developers. There was real competition between MS-DOS and CP/M-86. Although it's an obscure historical footnote now, people had no idea at the time which system would win. Even as late as 1986, some companies like Digital Equipment were very focused on CP/M-86 and not on MS-DOS. By late 1986, though, Digital Research stopped trying to compete with MS-DOS.

IBM's early business decisions, which grew out of its rush to get the PC to market, made it easy for other companies to build compatible machines. The architecture was for sale. The microprocessor chips from Intel and our operating system were available to any start-up. This openness was a powerful incentive for component builders, software developers, and everybody else in the business. This "free play" principle is still the driving force in the computer industry today.

"The architecture was for sale."

A: d. None of the above.

Q: Which ONE of the following statements did Bill Gates actually make?

a. "640K ought to be enough for everybody." (1981)
b. "I think that there is a market for at least 5,000 personal computers." (1979)
c. "Someday, 4 MB of memory will cost less than the average car." (1980)
d. None of the above.

"It was clear to all of us that we needed an operating system."

My office door at Microsoft had a tin cup hanging from it, just in case anyone wanted to make a donation.

In '91, the *Seattle Times* ran a book review of *Sexless Oysters and Self-Tipping Hats: 100 Years of Invention in the Pacific Northwest* by Adam Woog. The book is a collection of things invented locally, and it includes MS-DOS. The book review attributed the invention to me and then added, "One imagines [Tim Paterson] in Pioneer Square with a tin cup, his rights long sold, being trampled by Microsoft employees on their way to the annual meeting in the Kingdome."

I wrote a letter to the editor but got no response. Adam Woog turned out to be a friend of a friend, and the piece in his book is actually quite accurate. But the book reviewer didn't seem to understand that the company gets the rights in exchange for paying its employees for their work. If that work is outstanding, the company comes up with incentives for people to stay and keep it up. Fortunately for me, my tin cup had a few stock options in it—enough for me to retire in 1998.

—TIM PATERSON

TIM PATERSON, FORMER SOFTWARE DESIGN ENGINEER, VISUAL STUDIO

It's ironic that I ended up identified with a piece of software—MS-DOS—because I started off as a hardware guy. I started working for Seattle Computer Products (SCP) in June of '78, troubleshooting memory boards with flaky behavior. In July, Intel released their new 16-bit 8086 chip, and the folks at Seattle Computer sent me to an Intel seminar to have a look at it. I ended up developing an 8086 CPU card to run in an S-100 bus machine. We had our first computer prototype running in '79, which was the year Microsoft moved to Seattle.

We gave Microsoft a call and asked if they had any 16-bit software for our customers to use, since none of the existing 8-bit software would run on my 8086 board. They were very interested in working with us because I guess we had the first 8086 working hardware around. They said they had their 8086 Stand-Alone BASIC ready to try.

So I went up there with our Cromemco Z-2 box, fired it up, and actually got BASIC up pretty quickly. Bob O'Rear and I had it working in about a week; it was pretty amazing. Remember that Stand-Alone BASIC doesn't need an operating system; it can save files and stuff, but no applications can run under it. To make SCP's computer system truly useful for other software development, it was clear to all of us that we needed an operating system.

Everyone thought Digital Research would fill the gap—that they would come out with a 16-bit version of their CP/M operating system. But Digital Research was behind. After more than six months of waiting, I decided to do it myself. I started to work on a "quick and dirty" operating system (QDOS) that would bridge the gap for SCP's machine.

I set out to make my operating system as compatible as possible with CP/M because it was an industry standard. And compatibility would make it easier for software developers to write applications for both. I also wanted QDOS to be fast and efficient, so I borrowed Microsoft's approach to file allocation from their BASIC so that loading and saving files on disk wouldn't become the bottleneck I thought it was with CP/M.

Once QDOS was up and running, we again called Microsoft to ask them about getting their software, such as BASIC and Pascal, to run under it. Little did I know, Microsoft had just started talks with IBM about providing all the software for its first PC, which was based on the 8088 chip, a lower-cost follow-on to the 8086. IBM was not making headway with Digital Research on getting CP/M-86 for their new machine and asked Microsoft to provide an operating system for them. Microsoft told us that my operating system met the needs of a major OEM customer of theirs, which would go unnamed.

Seattle Computer licensed Microsoft as a sales agent for QDOS, which we had by then renamed SCP 86-DOS. Meanwhile, SCP decided to quit trying to sell through retail stores and focus on mail order instead. I didn't agree with the strategy, so I called Paul Allen at Microsoft and asked for a job. He said, "Sure."

Two months after I joined Microsoft—and just one month before IBM announced its first PC—Microsoft offered to buy 86-DOS from Seattle Computer. As an employee of Microsoft and shareholder of Seattle Computer, I was brought in as the sale agreement was finalized—maybe to provide an opinion that the deal was fair for both sides. After that, I worked on the first version of MS-DOS that shipped to hardware customers other than IBM: version 1.25. I haven't worked on MS-DOS since. I've spent the rest of my Microsoft career working on programming tools, mostly Visual Basic. But I take pride in the fact that the program I wrote, with the added efforts of many others over the years, became, at its peak, the most widely used computer program in the world.

PETER STEWART, SOFTWARE DESIGN ENGINEER, WINDOWS MILLENNIUM

I was working on the file system and disk compression drivers for what eventually became Windows 95 when we heard about the verdict in the Stac lawsuit. Stac, a company in California that made disk compression utilities, claimed that some of our MS-DOS disk compression technologies infringed on their patents. They sued us and won, so the lawyers told us we had to stop working on our disk compression stuff.

Personally, I thought it was strange—the patent that was the crux of the case was for a particular technique that Stac used for their disk compression, but the technique itself seemed really obvious. Any competent computer science student could have thought of it. ***To me, it was like inventing a convex device with a handle for scooping food, filling out a few forms, and patenting a spoon.***

A few weeks after the verdict, the lawyers said we could start working again on a similar technology that didn't violate the patents. Then a while later word came down that we'd settled the case and could go back to the old compression technique. But by then we'd already developed another technology, so we had to support both. In some places, we ended up having twice as much code, just to do the same thing two different ways.

1. Which of these DOS commands can make really bad things happen?
   a. fdisk
   b. CTTY
   c. recover
   d. All of the above; this is DOS, after all

2. What does the command REN *.WKS *.BAK do?
   a. Reorder EDLIN batch clusters
   b. Rename a bunch of files
   c. Confuse the hell out of a Windows user
   d. Connect to the Internet

3. What do you type to format a low-density 5 1/4-inch disk?
   a. FORMAT A:/F:360
   b. FORMAT A:/F:720
   c. FORMAT A:/F:514
   d. There is no such thing as a low-density 5 1/4-inch disk

AARON REYNOLDS, SOFTWARE DESIGN ENGINEER, WINDOWS CE PLATFORMS

When I was in college in the late '70s, these newfangled thingamabobbers called computers started showing up at various campuses. They were called "minicomputers" at the time, but they were pretty good at filling up a room. I was a math major, and these big computational things looked interesting. So I started playing around with them and decided they were kind of fun. When I was in graduate school at Oregon State, I read about this company called Microsoft in *Byte* magazine. I sent them a resume and got a call back from some guy named Steve Ballmer. I started at Microsoft in January 1982, the month after MS-DOS 1.0 shipped for the new IBM personal computer. My first project was working on 1.1.

At that time, and actually for the next 8 or 10 years, operating system evolution was driven by the hardware that was coming out. For example, MS-DOS 2.0 was driven by the IBM PC-XT, which had this whoppingly huge 10 MB hard disk. So we asked ourselves, "How big would the disk have to be before we started running into problems?" The answer was 32 megabytes.

> "Looking back on this with 20/20 hindsight, if we'd made any other choice we would have been really screwed."

We were considering implementing something similar to the partitioning scheme in CP/M-80, where you could divide up a large hard disk into smaller sections, which the operating system treated as separate disks. We also talked about creating a more UNIX-like hierarchical file system that allowed you to divide up your files into separate directories rather than store them as one big list of files. The feeling around the office was, "Well, this hierarchical file system stuff would be too complicated and too hard, and it'd take too long." So some colleagues and I decided to just do it. And we did. In about two months, we had the basic operating system working.

Looking back on this with 20/20 hindsight, if we'd made any other choice, we would have been really screwed. We probably would have ended up with a hierarchical naming thing eventually, but it would have been much later in the product cycle.

One of the key aspects of the DOS 2.0 design was compatibility. We designed it so all of the existing applications that didn't understand subdirectories would be "fooled" into thinking they were dealing with the old way of storing files. Compatibility became one of the watchwords in our ongoing design—every time we changed something relating to the file system architecture, the old stuff continued to run. For example, dBase II, a really old application from the CP/M-80 days, continued to run on our system up until Windows 98.

In the early years of DOS, we actually rewrote the entire operating system twice. There were some new features we needed in DOS 2.0 that didn't exist in DOS 1.0, such as installable device drivers, so we pretty much had to revise most of the code. Prior to DOS 2.0, manufacturers didn't have a way to add support for a new piece of hardware without hooking into the operating system in a totally nonsupported, independently architected way. What installable device drivers did was provide a way for hardware makers to write software that plugged into DOS and supported their hardware in a standard, reliable way.

DOS 3.0 was meant to address networking problems, so it also required a major rewrite. Here we were trying to support IBM's Token Ring architecture (which has sort of died out). We got some feedback from the user base that "doing this is really hard, and I wish you would do something like this," so we added enhancements to make some things easier. Disk drives were getting bigger (again), so we introduced a new file allocation table called FAT16 to support the 20 MB hard disk of the IBM PC-AT. FAT16 allowed for 2 gigabyte drives and lasted until shortly after Windows 95 shipped. And that's when FAT32 came out.

DOS 5.0 was the last really stand-alone, first-line, top-tier DOS product. It was an attempt to solve the 640K memory limit. We tried to address some of these problems in an indirect way using the EMS, MEXMS specifications, but it was incredibly clumsy and slow and complicated. But Windows 3.1 was finally starting to take off, so applications could be written to use way more memory than 640K without needing to do all this complicated yahoo.

In the end, DOS was successful simply due to the fact that we were dedicated to it. It was a strategic product for the company, and we were willing to invest more money in it than we would make in short-term revenue because we knew that if we did that it would eventually reach critical mass in the market and become a standard. Our competitors—Digital Research, DR-DOS, and OS/2—just weren't willing to do that. We believed in the product and were willing to stick with it—that's how we made it a success.

MIKE DRYFOOS, SOFTWARE ARCHITECT, MSNBC

One of the ideas behind MS-DOS 5.0 was to have a retail version of MS-DOS that we could sell to end users. Up to that point, we hadn't thought much about users upgrading their own systems, but we realized we were missing a big potential market. To make this work, we had to create a new setup program and add a bunch of utilities that would help the user do all this work easily and safely, while taking into account the special features that some OEMs had added to their versions of MS-DOS.

There were also some deficiencies in MS-DOS 4.0 that we had to address in order to make an attractive upgrade. In particular, we had to reduce the memory footprint of the operating system to something closer to MS-DOS 3.3. MS-DOS 5.0 also had to have some flashier features—things the marketing people could talk about. So we put some effort into expanding the command set and the utilities, adding all sorts of little details that made the product more powerful and simpler to use.

We did one more major version of MS-DOS, version 6.0, because we knew Windows 95 wasn't going to be done for a while and we had to respond to competitive pressures from products such as DR-DOS and the like. So we added more things that our customers wanted, like memory optimization, disk compression, and a better utility set. We licensed a lot of technology from outside vendors and focused on keeping the development team small enough that the company could focus more of its resources on what would eventually become Windows 95.

We did a few more updates to MS-DOS after version 6.0 shipped, but from that point on it was really all about Windows. MS-DOS 6.0 was basically the end of the DOS era.

4. What does the command CTTY do?

   a. Formats drive C
   b. Copies a group of files
   c. Logs from drive A to drive C
   d. Unhooks DOS from the keyboard and screen

5. On what day was the death of DOS officially declared and by whom?

   a. March 23, 1987, by IBM
   b. August 24, 1993, by David Cutler
   c. October 1, 1995, by Bill Gates
   d. Sometime in the spring of every year from 1982 to 1984 by Gordon Letwin
   e. None of the above (the code is still shipped in products)

6. What is a TSR?

   a. A Terribly Seductive Resource
   b. A Terminate and Stay Resident program
   c. An easy way to really mess up your system
   d. B and C
   e. A and C

Answers: 1.d 2.b 3.a 4.d 5.e 6.d

The graphical user interface—the software that hides the guts of the operating system and lets users concentrate on actually using their PCs instead of typing in arcane commands—has been around since the 1970s, but it took years of effort to get that innovation onto millions of PCs. Companies like Apple committed to the GUI early on, but we took the ball and ran with it,

DOS Window

Files Special View

RAO REMALA, DIRECTOR OF OUTSOURCING, INDIA

Back in 1982, I was working on the graphics routines for BASIC, learning lots of cool things we could do with pixels and colors, and I'd always talk to Bill about how I really wanted to work on more cool graphics stuff. Then one day, he said, "We're starting this project called Interface Manager," which was later renamed Windows. "Why don't you come work on it?"

So I joined a team to help put together the graphics routines that would draw and manage all the windows, icons, menus, and other elements that make up a graphical user interface. When we started thinking about the graphical user interface, there wasn't any kind of plan for how to implement such a thing—we had a few memos from Bill and others that gave us a rough outline of what Windows should be, but beyond that we were on our own. All we knew was that GUIs were the way to go, so we started looking at computers like the Xerox Alto and the research going on at places like Carnegie Mellon University, trying to figure out what sort of GUI would really work for the PC.

As we moved from researching GUIs to writing them, we faced a new challenge: we had all these great ideas about how to implement a GUI, but how were we going to make them work on a dual-floppy 8086 PC with 640K—which is what most people had in those days—and still have enough memory left over to run applications?

Sometimes we had to abandon a few of our favorite features because they just weren't practical enough to implement. For example, I wanted the scroll bars to behave like they do today—where the size of the scroll thumb gives you some idea of the size of your document. But to do that, you had to draw a bunch of stuff on the screen using valuable memory and processing power, so it looked slow and sluggish on screen. We were under pressure from Steve Ballmer to get the product out the door, so we had to pace ourselves and gradually add these kinds of features with each new version of Windows as computers got fast enough to handle them.

A lot of the things we take for granted today, such as where the menus and icons are on the screen, weren't standardized back then, so we also had to do a lot of usability testing to see what worked and what didn't. For example, in an early version we tried putting the menus at the bottom of the screen—similar to the Multi-Tool interface that Charles Simonyi developed for all our character-mode applications. But when we put it in front of users, they didn't like it.

One of the biggest decisions we had to make about the GUI was whether it should have tiled or overlapping windows. Tiled windows meant that if you had two windows on a screen, they would be displayed side by side and take up the entire screen, and they would never cover each other up. Overlapping windows could cover each other up, and you could use as much or as little of the screen as you wanted. Some people, including the guy who was running the project, thought that tiled windows were the way to go—that they were easier for people to deal with and made better use of the screen's real estate. So that's the way we went for 1.0.

When we did our first Windows demo at the 1983 COMDEX, a lot of people said we were taking the easy route with tiled windows, but the irony is that tiled windows were actually harder to code than overlapping windows. Every time you opened or closed a window on the screen, you had to redraw all the other windows to make sure they all fit. And that took up so much memory and processing power that it was really difficult to make it run well on a little 8086 PC.

We worked really hard to get as much as we did into Windows 1.0, and for many of us the project took over our entire lives, but somehow we managed to do it. Looking back, although Windows 1.0 doesn't seem all that impressive, it was still the foundation for what Windows has become today. And if you look closely, a lot of the graphics routines I wrote to help make this happen are still there in today's code.

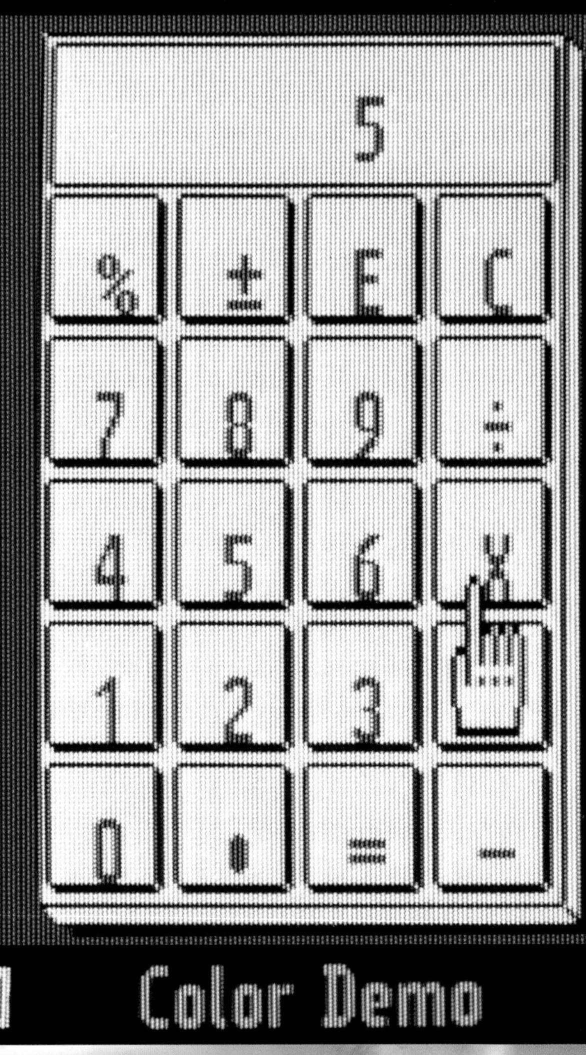

Color Demo

making the GUI much easier to use and motivating an entire industry to shift away from character-based DOS applications and toward the graphical interface of Windows. Sure, we're happy to see that Windows has made computing easy and fun for millions of people, but it's reward enough that nobody makes jokes about our C:\ prompt anymore.

Puzzle

Mix-Up

Reversi

Pass New Skill

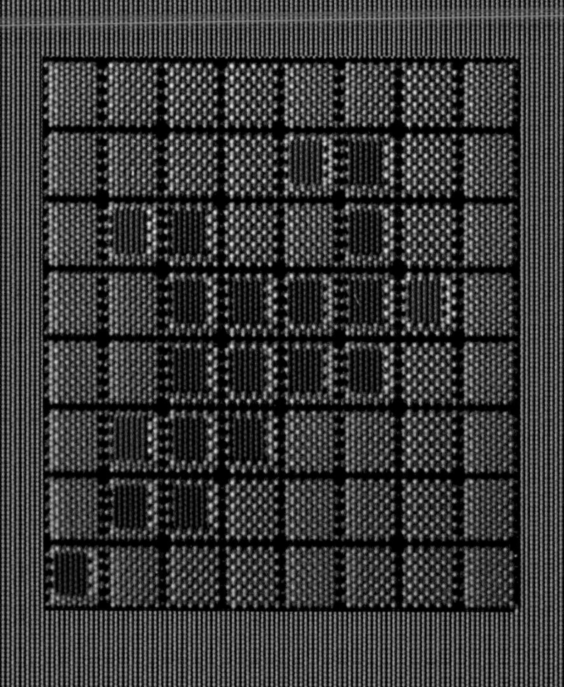

DOS Window

Alpha Beta

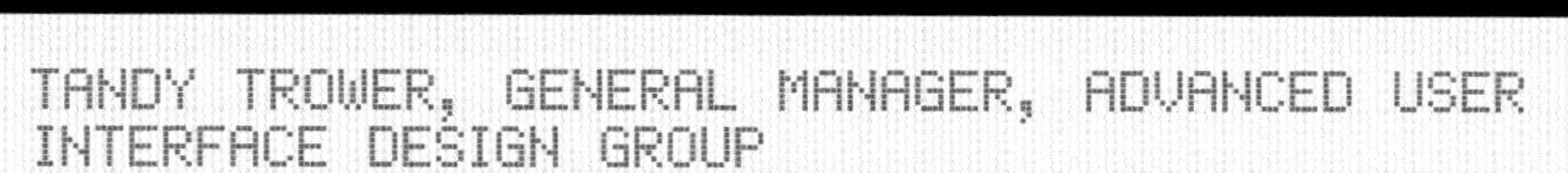

TANDY TROWER, GENERAL MANAGER, ADVANCED USER INTERFACE DESIGN GROUP

For years, I was doing product marketing for Microsoft's language products, but I was a consumer guy at heart. I wanted to work on products for end users, not products for programmers, so I asked Bill and Steve if I could go work with consumer products.

Steve said, "Okay, I've got a consumer product for you. You want to think about how things apply to end users? We just announced this product called Windows—go handle the marketing for it."

At one time, Windows was one of the most exciting things going on at Microsoft, and lots of developers wanted to work on it. But by November 1984, it was the "touch of death." Several product managers had attempted to get the product out the door, and they were scattered like dead bodies along the way. Since it was over a year old and still wasn't finished, it was starting to become an embarrassment for the company.

Because so many product managers had burned out on Windows, I seriously thought that putting me on Windows was a graceful way for Bill and Steve to get me out of the company. "No, no," they said. "We really want you to take it over. We're confident that you can do it." Well, okay then. With that fear set aside, I started in January 1985 as the Director of Marketing for Microsoft Windows.

My first job was to figure out how to sell Windows—an operating system with no applications—through the retail channel. That's a pretty tall order. Why should a consumer buy Windows if they can't use it for anything? We knew we'd have to make it on our own for a while.

So I figured we could take a lesson from what Xerox did with the Star and what Apple did with the Macintosh, which was to include several applications that showed off what the graphical user interface could do.

In the past, we'd been able to help get new computers off the ground by providing BASIC, which let people immediately take advantage of what the new machine had to offer. With Windows, it was like working with a new computer, but we didn't have a BASIC for people to use. It would be years before Visual Basic came along and really helped kick off the Windows phenomenon.

We already had a word processor in development, but I thought we needed more than that. So I found a developer in the Windows group who was working on a paint program, and I started writing specifications for all sorts of other programs—a terminal communications application, a calendar application, and a file management system called MS-DOS Executive—and I defined an interface called the Control Panel that allowed users to change their configuration options for Windows. I also included an early prototype of Word for Windows that we called Windows Write. And finally, we included a version of the game called Reversi to provide a way to practice pointing and clicking.

Early on, I discovered that a lot of things about Windows were incomplete. First, it was a tiled operating system—there were no overlapping windows, so it wasn't easy to manage multiple applications on the screen. Mice weren't universally popular yet, so we had to include a way for people to use the keyboard instead. There were no printer drivers. There was no font strategy initially, either. The program was huge, but we had to fit it onto a single floppy and make it small enough that people still had memory left to run applications. And the product was way, way behind the original schedule.

Eventually, we solved all those problems, but we missed the June shipping deadline that Steve had given me. In August, Steve announced that we would ship around "when the leaves fall but before the snow comes," which turned out to be November 1987, 10 months after I joined the project. To help take the edge off our late ship date, we had a "Windows Roast" where Stewart Alsop, a well-known computer industry pundit, roasted us and the fact that we had announced the product so far in advance of when we finally shipped it. That went over really well—the industry cut us some slack and acknowledged that we were willing to admit our mistakes. Also, looking back with some perspective, taking two years to ship a major extension of the operating system wasn't really so bad by today's standards.

DAVID WEISE, PROJECT LEADER, NATURAL LANGUAGE GROUP DEVELOPMENT

I used to be a physicist, but I wasn't the kind of physicist who liked dealing with big particle accelerators or huge experiments where you needed hundreds of people to get things done. I was a "tabletop" physicist. I liked working with my hands, dealing with problems that can fit on a work table. Working with PCs gives me that kind of thrill. There are always new experiments to try, new problems to solve, all in a box that fits on my desk.

"Well, basically, I think we should move Windows into protect mode...

Back in 1988, when I was working on the Windows kernel—the low-level code that's the core of the operating system—I found a cool little problem that I just couldn't resist solving. Back in those days, memory was really complicated—accessing the first megabyte of memory was easy, but beyond that it was kind of tricky because of the way the hardware and the chip worked. Basically, you had a lot of trouble really using all the memory you had, and that got in the way of application performance.

Because of this, Windows was still something you bought to run specific applications—graphics-intensive things like PageMaker. You didn't run all your apps in Windows because most of them were DOS apps that were starved for memory in the Windows environment, which made them pitifully slow.

In Windows 2.1, there were all kinds of little hacks that put bits and pieces of the operating system into something called "high memory," which made more efficient use of memory and helped applications run faster. But what Windows really needed was to use a different mode of the 80286 processor—something called "protect mode." This allowed apps to use up to 16 MB of memory instead of the measly 1 MB they could use in "real mode." But neither Windows nor DOS supported it.

I was at a party one night and ran into Murray Sargent, an old physicist friend of mine. He had come up to Microsoft for the summer from his position at the University of Arizona in optical sciences. He was here to improve the performance of some of our language tools by putting them into protect mode. He had written his own "DOS extender." It was a program that allowed specially written MS-DOS apps to run in protect mode. He also had his handcrafted debugger that would allow folks to debug such apps. We both knew what a happy marriage it would be between his tools and my Windows code base. We got so excited about the idea that we went straight back to my office to start in on it.

Over the next few months, I worked nights and weekends, rewriting the memory manager and tweaking everything else so it could run in protect mode. And I didn't tell a soul I was doing it. There were two reasons for this. First, it's a lot more fun to do it quietly and then say, "I did it!" rather than say, "I'm doing it" and get interrupted all the time. The second reason is that Microsoft was betting on OS/2, which was a lot better about using memory, had better multitasking, and was strategic to our relationship to IBM.

So putting Windows into protect mode was more of a personal project. Hey, it was Bill and Steve's company, and if they had wanted a protect-mode Windows, they'd have asked for it. But they didn't. My scheme was to get it running, then tell Steve, and if he wanted to kill it, he would.

Despite my secrecy, a few people around the company had an inkling of what I was up to. I remember suggesting once to Steve Wood that we put some of the display drivers into protect mode to help multimedia content run faster, and he looked at me and said, "Yeah, David. Like you're going to stop there." So I smiled, said, "Shhhhhh..." and carried on with my work.

...And, um, I have it working downstairs."

A few days before I had it done, I pulled Steve Ballmer aside and said, "Steve, um, just to get you in the loop, I'm pretty close to getting Windows running in protect mode and, um, I just thought you'd want to know about it." We had a meeting coming up with Bill and the team about what Windows 3.0 was going to be like, and I figured it might be useful for them to know what I had done. The day before our meeting with Bill, I told Steve that I'd have it all done that night, and he should drop by my office at eight in the morning to take a look. So I finished it at about 2 a.m. and went home to sleep.

I slept late and didn't make it to the office on time, and when I got in I saw that my machine had crashed. I thought, "Steve must have been here." I went to his office and asked if he'd seen it.

"Is that what I played with on your desk? It looks like Windows," Steve said. "And it works?"

"Needs a few bug fixes, but it works," I said.

So he suggested that I tell my managers, Phil Barrett and Russ Werner, before the BillG meeting. So I did, and we went into the meeting, where I kept quiet because this was going to be fun. Various people talked about what Windows 3.0 should be and shouldn't be, and I didn't say a thing. I sat there smiling. When the time came, Steve said, "By the way, Bill, David has some ideas about where we should go with 3.0."

And I said, "Well, basically, I think we should move Windows into protect mode. And, um, I have it working downstairs."

And Steve, mindful of how this would affect OS/2, looked at Bill and said, "What are we going to tell IBM?"

Bill just looked at him and smiled, and said, "I don't know, Steve. That's your problem."

So we did it, and suddenly people's applications started working better on Windows. More and more applications migrated over to Windows, and more and more end users started using their applications within Windows rather than switching back and forth between Windows and DOS. Sure, there were lots of other features in Windows and lots of other factors that contributed to its success, like the improvements to the user interface, but I think that solving this little problem really opened up the floodgates and got the momentum going for the platform.

Excerpts from the Windows 1.0 Press Resease, November 10, 1983:

Microsoft has just introduced Microsoft Windows, an enhancement to their MS™-DOS operating system that reduces the complexity of the human interface of personal computers.

Microsoft Windows takes advantage of two recent personal computer hardware developments to simplify interaction with a microcomputer. One is a mouse, a palm-sized device that is used to move a cursor or icon around a screen. The second is bit-mapped graphics that allow programmers to create intricate displays for directing the user through an application program command sequence.

"With Microsoft Windows, software developers can offer a common user interface for every application program, or they can customize the human interface in any way they choose," Gates said. "If they choose not to customize this interface, they will still be able to take advantage of all the human interface capabilities of our interface."

RALPH LIPE, SOFTWARE ARCHITECT, SPEECH PRODUCTS GROUP

One of the biggest barriers to Windows really taking off was its inability to effectively use memory beyond the first 640K. Because of the funny way memory worked back then, lots of DOS programs used fancy tricks and third-party "DOS extenders" to get at the memory beyond 640K. But those techniques got in the way of how Windows operated, so you couldn't run both of them at once. And since Windows is an operating system, it can't exactly give up control of the machine occasionally.

Basically, it was a mess. If you wanted to use Windows 386, you couldn't run Lotus 1-2-3 because its special way of accessing high memory conflicted with Windows. You had to run Windows 286 to run 1-2-3, so your fancy 386 processor was basically going to waste. SteveB used to scream at me about this all the time. "We have to make this work," he'd say. "Our customers want this to work!"

Early in the development of Windows 3.0, David Weise figured out how we could run the Windows kernel in protect mode. He worked on the kernel while I wrote the services that allowed the kernel to work under the Virtual Machine Manager. Then, what I ended up doing was going around to all the companies that made DOS extenders and all the companies whose applications had their own way of using memory above 640K— including most of our competitors—and convincing them to use the standard way we'd come up with.

What started out as a relatively hostile situation started to work out really well as more and more companies got on board with this standard, and eventually I went from getting yelled at by Steve to getting an award from Bill.

This also really helped Intel, so I got an award from them, too. Actually, it was the first time anyone outside Intel got this particular award. I remember when I got it—my boss took me and Phil Straub into Bill's office, and this guy I'd never seen before said, "Hi, I'm Andy Grove. Here's your award." And I said, "Oh, what do you do for Intel?" "I'm the CEO," he said, and everybody just about died laughing. After that, they ushered me out of there pretty quickly. "All right, you idiot. Get out of here."

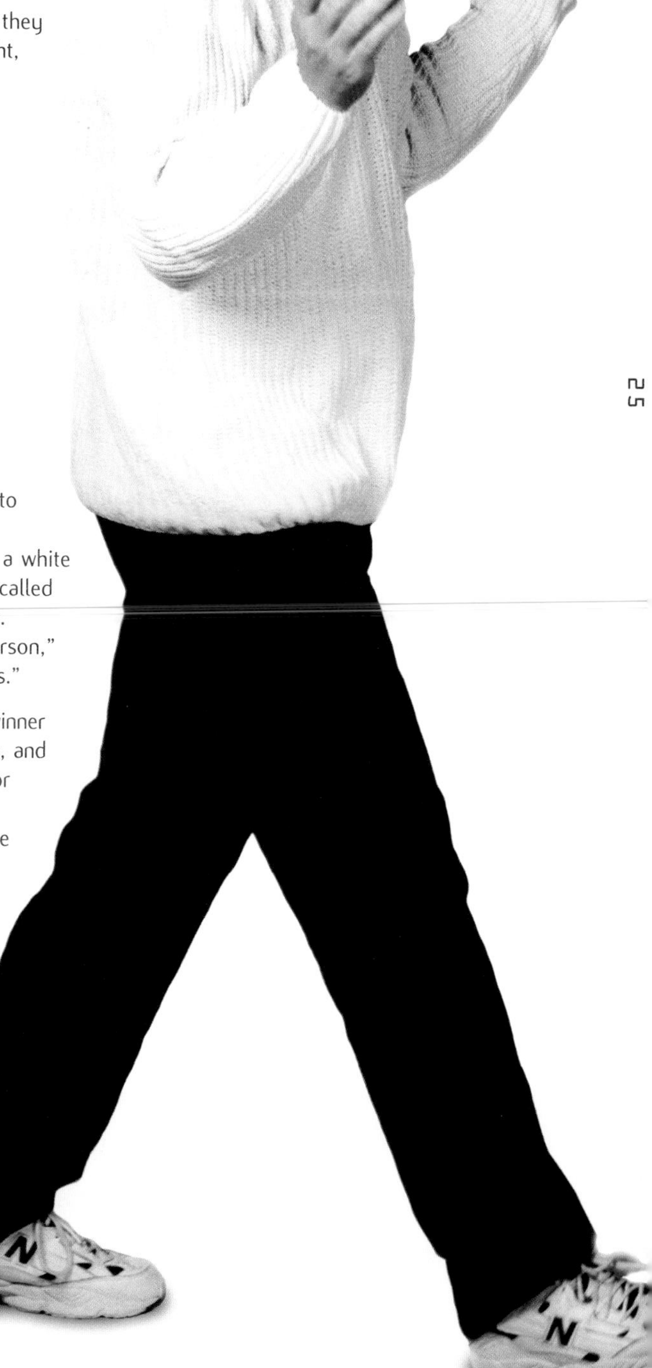

PAM EDSTROM, FORMER MICROSOFT DIRECTOR OF PUBLIC RELATIONS; EXECUTIVE VICE PRESIDENT, ACCOUNTS & AGENCY SERVICES, WAGGENER EDSTROM

I'd like to personally thank the operator at the San Jose airport for steering us in the right direction in naming Microsoft Windows.

Back in 1982, Bill Gates laid out his vision of the next generation of computing at the Ben Rosen Computing Forum. It was all about the graphical user interface (GUI) as opposed to what was then the standard, the character user interface (CUI).

A group of us started meeting weekly to refine the marketing strategy for our new GUI operating system. Ballmer, who was then vice president of Systems, and Jim Harris, the head of OEM, were also part of the group. We planned to launch it on November 10, 1983, just one week before COMDEX, and we wanted to make sure that everyone at COMDEX knew about it. We wanted to select a name for our new operating system that would stand out. A couple of the names we considered were Windows and Interface Manager.

One of my ideas for raising visibility was to have the product paged at airports around the world during the week between our announcement and COMDEX. But then I started to wonder how that would sound: "Mr. Interface Manager, Mr. Interface Manager, please pick up a white courtesy phone for a message." To test it out, I called the San Jose airport and asked them to page Mr. Interface Manager. "That doesn't sound like a person," the operator told me, "and we don't do products."

We voted, and the name Windows came out the winner because it was more visual and more user-friendly, and it more accurately described the graphical boxes or "windows" that were a fundamental part of Microsoft's new operating system. Can you imagine what the world would look like today if we'd chosen the name Interface Manager instead?

When a computer with Microsoft Windows is first started, each application program can be represented by an icon on the bottom of the screen. To call up a program, the user positions the cursor over the desired program's icon with the mouse, then pushes one of the mouse's buttons. The program will then appear on the screen inside a window.

Any number of application programs can be displayed simultaneously on a screen. The user can alternate between application programs by simply moving the cursor with the mouse and pushing a button.

Microsoft Windows is an outgrowth of a concept that was originally developed by Xerox for use on the Star. Microsoft has adapted and enhanced the window interface capability so it is available on midrange-priced personal computers.

DAVID COLE, SENIOR VICE PRESIDENT, CONSUMER SERVICES

Innovations are new things that are good for people, that people use. Now, take Windows. I consider Windows innovative. It was a new thing people used because we were able to synthesize. It's not all new ideas, but it was a unique synthesis that made something popular, that basically no one else could make as popular as we did.

And it wasn't just that we had many users—the first system didn't have many users. It was the combination of that and supporting multiple hardware platforms and application models and application availability.

Some people would say that anything that's kind of wild and interesting is innovative, and I think that probably Webster's dictionary would agree with that, but I think it's important to remember that there are plenty of things that are wild that no one ever uses.

—STEVE BALLMER

When I was in college, I used these big, time-shared VAX computers and remote job entry systems where you submitted your program and waited a day to see whether it actually worked, and I found it very boring. But when I used my first PC, a light bulb went on in my head. Now, here was a machine you didn't have to wait in line to use. It was yours. You could program everything, and the results were immediate.

While writing a specialized word processor in college, I saw a program called Microsoft Word, and another light bulb went on: here was an easy-to-use program with a very general feature set that was powerful enough to write just about any kind of document. I thought to myself, "This is how software will be written in the future." That was about all I knew about Microsoft. But I knew that it was where I wanted to work.

After I finished school, I came to Microsoft to work in product support. Of all the places I could have started in, support was the best. You got to use the software, contribute feedback to the product teams, and talk to customers about what they cared about and the problems they had using our products. Sometimes customers would call with problems, like how to write an Excel macro that performs a specific function, and I'd get so excited about it that I wouldn't just explain how to do it—I'd stay up half the night to write it for them. I was having a ball.

Gradually, I started moving toward the development side of things. And one day in January 1990, Steve Ballmer knocked on my door and told me that Jody Snodgrass, who was the group program manager for Windows 3.0, was due to have a baby a few months before the product shipped and they wanted me to come over to the Windows team and be the group program manager. I jumped at the chance.

At the time, the Windows 3.0 project was just insane. There was this fevered pitch about Windows and the GUI—we just couldn't go fast enough to make it real. We had more and more feature suggestions coming in from application developers and big companies as more and more customers started using Windows. We had a huge list of stuff we wanted to do, but if we did everything it would take us years. So we had to make a lot of intelligent trade-offs in order to ship a market-competitive product on time.

Aside from the updated user interface, some of the biggest challenges with Windows 3.0 and 3.1 involved creating drivers and subsystems that "commonized" much of the device-dependent code that independent developers had been creating themselves. Before then, developers had to create separate, device-specific code for things like printer drivers or screen drivers and do their own memory management. We wanted to do all common code as part of Windows so creating applications wouldn't be such a chore.

At the same time, we were trying to make the system more robust and do a better job of supporting MS-DOS applications so people would feel more comfortable running Windows all the time rather than switching back and forth between Windows and MS-DOS.

The biggest challenge was pulling all these new features and requirements into a schedule that was reasonable and predictable. We were never that good at meeting those schedules, but I think we managed to get a great product out the door.

After we shipped, all the work really started to pay off. Windows 3.1 galvanized the industry. Windows 3.0 had attracted all the early adopters, all the people who were betting on the graphical user interface—and, of course, all of Microsoft's applications—but with Windows 3.1 it just exploded.

But even though more and more PC users were on the Windows bandwagon, there were still lots of things about Windows that users and developers found frustrating. You still had to deal with all kinds of memory and driver issues with MS-DOS and Windows, and sometimes it was like rocket science just to get everything to work properly. And although the Windows 3.0 shell was a vast improvement, it was still kind of complicated and nonintuitive. ➢

Q: Windows 95 shipped more copies than:

a. Total worldwide ticket sales of *Les Misérables*
b. Combined video sales of *Snow White*, *Jurassic Park*, *Batman* and *Bambi*
c. Total worldwide sales of Michael Jackson's *Thriller* album
d. All of the above

A: d. All of the above

pproximately 4,500 applications ran on Windows 95.

Q. What do Cairo, Chicago, Daytona, Knoxville, Jamaica, Memphis, and Nashville have in common?

So for Windows 95, we wanted to start over—to get rid of all that legacy stuff, all those complicated systems that got in the way of usability and performance. That was a really tough task, and to make it simpler for the team I came up with

the Ten Commandments for Windows 95:

1 First, a new shell. We had to simplify how everything worked, so we created a simple "point-and-click" desktop-oriented interface. We got rid of the separate File Manager and Program Manager and moved toward designing the shell around the way people really thought about their programs and files.

2 Second, a complete protect-mode environment. David Weise had already put Windows 3.0 into protect mode, but users and developers still had to choose between which memory mode of Windows to use, standard or enhanced. They shouldn't have to think about it at all. They shouldn't have to think about real mode drivers for their CD-ROM drives, or hard disks, or other peripherals. We designed it so we had a complete protect-mode environment, which simplified the system, made it more reliable, and made it faster.

3 Third, complete, integrated networking. People needed special software to connect computers together. We started integrated networking with Windows for Workgroups and Windows 3.1. We brought it all together in an even more integrated fashion for Windows 95, making it much easier for users to connect to other computers or to the Internet without worrying about whether they had the right software.

4 Fourth, Plug and Play. No more messing around with device drivers or anything else—we designed Windows so it could automatically detect your devices and take care of all that configuration for you.

5 Fifth, the Win32 API. It was really important for us to have a common programming system behind Windows 95 and Windows NT, to make it as easy as possible to develop applications across all our operating systems.

6,7,8,9,10 Then we had five more requirements: Windows 95 had to be very small. It had to be very fast. It had to be compatible with everything. It had to be robust and reliable. And it had to ship on time.

The Ten Commandments really helped keep the team together and motivated. They were easy to memorize—you could count 'em on your fingers. I used to stop people in the hallway and offer them a latte coupon if they could recite them from memory. They really helped crystallize the team and keep them motivated.

When you have such a huge project, it's important to have a simple, discrete set of goals. Motivating the team and keeping up morale for 3 years was a tough job. You had to have clear milestones along the way. At one point, a few months before we shipped, we painted blue sky and clouds on everyone's office windows while they were on Christmas vacation—the same blue sky and clouds on the Windows 95 startup screen. It was a "fourth-quarter boost" to keep the team excited through to the end.

When we shipped the product, we threw one of our legendary "ship parties" to blow off 3 years' worth of steam. We had big coolers of beer and wine and loads of food, and people were just getting crazy! After shipping Windows 3.1, Mike Maples dropped by to congratulate us, but once he saw that we were throwing ice and pouring beer on each other's heads, he turned right around and walked out. He didn't want any part of it. The Windows 95 ship party went way beyond that.

The real impact of everything we were doing really hit at the Windows 95 launch party. We were all stunned. It was this amazing phenomenon, and it was the real payoff for all the work we had put into it. Windows 95 was our life—we had put our hearts and souls into it, we had spent all our time on it, and it was just mind-boggling to see that something we created could generate so much excitement.

Where will you sail when Windows 95 ships?
The team answered:

- Disneyland
- Home to bed
- The Grateful Dead show
- Memphis
- To get coffee and start work on the next version

A boatload of multimedia titles came out for Windows 3.1 during the holiday season of 1994, and we found that many of them were not compatible with the upcoming Win 95 release. This was one of the reasons we had to delay the release. So, rather than taking a pile of time ordering from the vendors, ***I had the wacky idea of driving my truck to the local Egghead and buying one of every multimedia title they had.***

Since we needed quick testing, the idea was to literally give these titles to our employees to test at home or at work, and they could then keep the title for their own use.

A couple of us drove on down to Egghead and started grabbing one of everything and piling them up by the register. The three clerks there were kind of freaked out and wanted to know what the hell we were doing. We explained; their eyes opened wide and they were thrilled. One guy started ringing us up, but the cash register kept crashing. After three crashes and ringing up all these boxes three times, he figured out that it crashed at about $10,000. So he rung things up to around $7K, then he would stop, get our credit card, and ring up the next batch. It took him forever. I think the total was close to $20K.

We loaded everything up on the back of the truck, and the boxes filled the entire bed. I backed it up to the front door of Building 5. Team members registered what they took and started testing away. We found plenty of compatibility issues to fix. It really helped us a lot in a very fast way and helped us ship a better Win 95.

– DAVID COLE

A: They were all code names for Windows.

DENNIS ADLER, DIRECTOR, MANAGEMENT DEPARTMENT, MICROSOFT RESEARCH

When Peter Neupert asked me to help with the font technology in Windows, I didn't know anything about fonts. I thought a "hint" was something you found in a crossword puzzle. So, I figured,

Hey, it's just characters on a screen. What's so hard about that?

It turned out to be much harder than I'd thought. In previous versions of Windows, we had one set of fonts that the PC would use to display on screen and another set for printing. So nothing was WYSIWYG—"What You See Is What You Get." Also, the fonts were bitmaps—pictures of each letter made up of bits. If the bitmap was built to be displayed at 8-point size and you wanted to increase it to 48-point size for a PowerPoint presentation, the letters looked terrible. To fix these problems, we wanted to build a font engine into Windows that could use a single set of fonts for both display and printing and would use an outline font technology to hint and tweak the letters to look good at any size.

We had to select from one of several different outline font technologies, and we decided to work with Apple on their TrueType technology. TrueType had several advantages over the other technologies we investigated—it used a powerful programming language to hint the fonts, it was fully open and published, and Apple was committed to keeping it that way. In addition, having the same font technology on Microsoft and Apple platforms would make it easier for independent software vendors to develop for both platforms.

Next, we needed a complete set of fonts and metrics for Windows that would match Apple's. Metrics are the specifications that define a font's characteristics, such as the width and height. If you don't have the same metrics for fonts across the Mac and the PC, the layout will change when you move a document from one platform to the other. We wanted documents on the Macintosh and Windows to be interchangeable.

After talking to several font vendors, we chose Monotype to supply the base set of 13 fonts for Windows. We also worked closely with font designers Chuck Bigelow and Chris Holmes and licensed the Lucida family of fonts from them. We spent a lot of time in England with Monotype and their typographers, working on the TrueType programs that would hint and tweak the fonts so they'd look good at just about any size. For example, when you're displaying an 8-point font on your screen, the characters are around 11 pixels tall. You have to tweak the characters like crazy to make them readable. I remember looking at a lowercase Times Roman italic "k" that was optimized for the screen—when you blew it up to 10 times its normal size, it looked like a bug squashed on paper. But when you shrank it down to display resolution, it really did look like a "k."

We spent months working to hint the 13 fonts that eventually shipped in Windows 3.1, as well as the additional fonts that went out in the Font Pack. All the while, we were working in Redmond to get the TrueType engine integrated into Windows 3.1. For the first several months, we couldn't even use our fonts on Windows, so our initial proofing work was done on the Mac!

It took ages, and it was expensive, but the work we put into TrueType and the Windows fonts was worth it. Now users don't have to worry about having a bitmap font for display and a Type 1 font for printing, or anything else. They're just fonts. We made it work so well that people don't even think about it anymore.

There's Plenty of Room at the Bottom

Moore's Law is named after Dr. Gordon E. Moore, one of the original founders of Intel Corporation. It states that the number of transistors that can be stored on a computer chip doubles every 18 months. What this means to the average user is that computers just keep getting simultaneously smaller, faster, and smarter.

Moore first noticed the trend as he was preparing a speech on memory chip performance in 1965, and by his own admission, it was something of a leap of faith. But it turned out to be remarkably accurate and has held true for 30 years. Even the best of trends must end some day, and for a while it seemed that Moore's Law would run out of steam in 2017 due to the physical limitations of wafer fabrication technology. It now appears, however, that the wacky world of quantum computing, which attempts to store memory on subatomic particles that can actually exist in two places at once, will revive Moore's Law in the nick of time (relatively speaking) and keep it going indefinitely.

If this all seems a little preposterous, don't worry, because at the same time, it's also quite possible. Or as MIT quantum computing pioneer Seth Lloyd explained recently in Seattle, "With quantum computing, when you start to feel like you're finally getting it, you're probably not."

During the course of developing Windows 95:

- 1,096,850 cups of coffee were consumed
- 98,340 trips were made to Starbucks
- 75 babies were born to team members and their spouses

CARL STORK, GENERAL MANAGER, HARDWARE STRATEGY AND BUSINESS DEVELOPMENT, WINDOWS

Before Windows 95, whenever you added something to your PC you had to set little jumper switches and figure out IRQs and edit CONFIG.SYS. Your devices either wouldn't work or they'd conflict with each other, and you were stuck with the job of figuring out how to make it work. It was insanely hard. Our attitude in those days was that hardware was just hard ware.

But for Windows 95, we figured out that it was possible to work closely with the hardware industry to improve the PC experience. So we went around to hardware vendors and proposed the Plug and Play standard, which was a standard way for Windows to automatically configure hardware by asking questions: What kind of device are you? What resources do you need? With that information, Windows would automatically figure out how to configure the device and then give the device the information it needed to configure itself.

Once it was easy to add new devices, we started to tackle another problem: the PC simply had too many connectors. You had a serial port, a parallel port, a mouse port, all sorts of specialized ports, and they all had problems. Hardware vendors wanted a new port that could handle faster connections and high-bandwidth telephony and audio signals. We decided to work with them to develop a cool new connector that would be powerful enough for these new applications—and also solve a lot of problems. The port would be able to identify and configure devices on the fly, with "hot" Plug and Play that allowed you to connect and disconnect devices while the PC was on.

We worked with Intel and Compaq to develop the Universal Serial Bus (USB), which is now in every PC. Today, I'd say that almost every type of device is available in USB form—scanners, printers, cameras, mice. It's clearly a big success for Microsoft, for hardware vendors, and especially for users.

Microsoft's strong suit is figuring out what to do and then just doing it better than anybody else. Certainly, there are a lot of things where we're innovative. But there are a lot of places where we just took the best-of-the-best ideas and did them better than anybody else. And to some extent, that's what success in business is about. It's not being the first to invent something. You know, Xerox PARC invented the mouse, and graphical user interface, and they made no money whatsoever off of them. So us taking those ideas and enlarging them, and enhancing them, and implementing them better, I think to a great extent is what business is about. It is a much more difficult burden now that we're in the front to try to keep figuring out what to do next.

– MIKE MAPLES, AMBASSADOR; FORMER EXECUTIVE VICE PRESIDENT, WORLDWIDE PRODUCTS GROUP

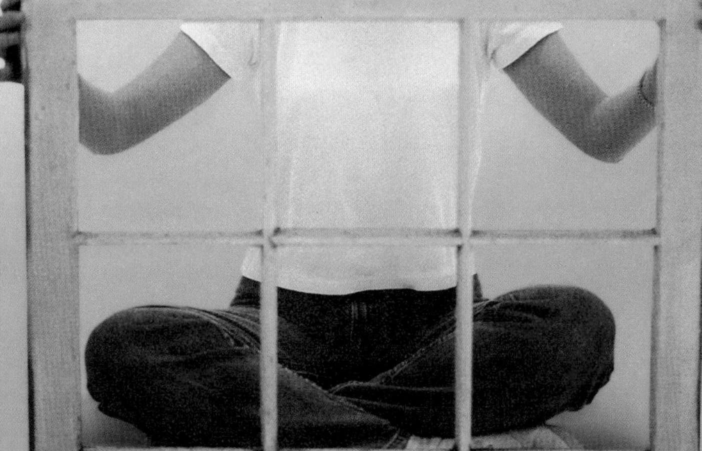

MOSHE LICHTMAN, VICE PRESIDENT, CONSUMER GROUP INTERNATIONAL

When we started brainstorming on the Plug and Play concept for Windows 95, we first looked at the Macintosh, but it wasn't very helpful because Apple has full control over the devices that connect to it. The PC is the exact opposite—its architecture is completely open and extremely diverse. There are thousands of hardware vendors and many had proprietary methods of identifying and configuring their devices, and these schemes often conflicted with one another, leading to nightmares for our support services.

Our breakthrough idea was to treat the PC as a hierarchy of devices. We put the BIOS at the root, with each of the basic buses hanging off it, like a PS/Serial port for a mouse or keyboard, and a parallel port for printers or scanners. The leaves in this hierarchy would be devices like printers, or network adapters, or more buses. Each bus would be enumerated by a dedicated driver using a bus-specific hardware protocol. To add support for a new bus architecture, we just created a new "bus enumerator."

Then we worked on the problem of allocating the scarce resources in the PC: interrupt request lines (IRQ), input/output ports (I/O), and memory. Resource conflicts caused people a lot of frustration. We solved the problem by creating a new class of core drivers called "resource arbitrators." We had one for every scarce resource in the PC.

We quickly realized that our new Plug and Play system was fully dynamic, meaning that you could add and remove devices while the PC was running. The dynamic framework allowed us to push the envelope with new features like hot-docking and hot-plugging new devices.

The next challenge was getting the rest of the industry on board. We basically asked the leader in each major device and bus category to work with us on finalizing the specifications and making their devices work with Windows. The end result was an operating system that would allow even your grandparents to install and use new devices. And at COMDEX '95, Plug and Play was one of three finalists for "Most Innovative Technology." The winner, by the way, was the World Wide Web.

LIN SHAW, SOFTWARE DESIGN ENGINEER, MSN PLATFORM GROUP

As Windows started to pick up steam, we kept hearing from printer manufacturers that it was really expensive and time-consuming to develop printer drivers for it. Most manufacturers would rather concentrate on optimizing for their own printers than learn how to do basic stuff on Windows, which is constantly evolving and has a big learning curve. So we created a "universal printer driver" that abstracts all the Windows-specific information from the printer-specific information. Basically, we developed the hooks for printer drivers to work with Windows and kept them up to date, so all the printer manufacturers had to do was write "mini-drivers" that took advantage of their printers' special features.

Because of this, we didn't have to worry as much about maintaining printer driver compatibility as we updated Windows, and the printer manufacturers didn't need to write a new driver to take advantage of new features every time we released a new version of Windows. It was a simple solution that helped everyone get their drivers done quickly and efficiently, and it was a breakthrough for Windows.

1985: Live Aid raises millions to fight starvation in Ethiopia. Holes are detected in the ozone layer over Antarctica. Intel markets the 80386 processor. CD-ROMs become available for computers. Windows 1.0 launches.

1987: The U.S. and the Soviet Union sign the first comprehensive arms control treaty. Insider stock-trading scandals begin to break; the stock market plummets 508 points. Fuji pioneers the first disposable camera. IBM introduces the PS/2. Windows 2.0 is released.

1990: Nelson Mandela is released after 27 years in a South African jail. The Soviet Union agrees to permit a multiparty state after 72 years of Communist Party rule. The space shuttle *Discovery* carries the Hubbell telescope into space. Windows 3.0 ships.

JOE BELFIORE, PRODUCT UNIT MANAGER, WINDOWS USER INTERFACE

I remember a meeting in the "war room" in Building 3 when I was new to the Win 95 team. My job as lead program manager for the user interface was to make Windows easy to learn and use. We were discussing whether the product should enable long filenames so PC users could use any name they wanted for their files. The Macintosh had delivered long filenames years earlier, and I knew that if we really intended to make this version of Windows far friendlier than Windows 3.1, long filenames had to be a "pri-1"—a must-have feature. Of course, features are never free, and doing this could potentially slip our schedule by months or more.

The voice that boomed from the front of the room was insistent. "Come on now!" he said. "What are we, a bunch of businessmen worrying about a revenue schedule or a team trying to change the way people use PCs?" It was David Cole, the Windows group manager. He argued that we needed to make this version a leap forward—and that long filenames were a key part of that leap. I'll always remember that meeting because it showed me how committed the Windows team was to making PCs far better than before.

Three months later, with the help of designers Virginia Howlett and Renee Marceau, I completed a draft of the user interface spec, with drawings of what the new Windows would look like. David Cole met with me and Chris Guzak—the lead developer for the new UI—to go over our spec. He said, "Looks pretty good to me. Chris, can you guys build this?" Chris, who could build anything, shrugged his shoulders, nodded, and said yes. Within days, the new Windows 95 shell code began to work. We were off and running.

I loved coming to work in the ensuing months. One morning, the tray of menus and icons was at the bottom of the screen. Another morning, I'd see the first icons on the desktop. Soon the code worked well enough that we started using it ourselves and letting real users take a look.

We began usability testing. Unfortunately, our first-cut work didn't perform too well. One morning, I sat behind the one-way mirror and watched a beginner—a man in his 50s who could have been my next-door neighbor—struggle to complete even the most basic tasks, like creating, saving, and printing a document. He couldn't figure out which symbols to click on, and he got mired in stacks of irrelevant windows. He suddenly stood up and asked to stop, with tears in his eyes. Kent and I sat with him in the lobby of the building, explaining that it was *our* fault that the product had been so difficult to use. We knew we had a lot of work to do.

The beta testers weren't too happy with the code, either. They missed some of the more efficient commands from Windows 3.1, and they weren't getting enough benefit from all the changes we'd made. We went back to the drawing board, looking for better designs and re-architecting parts of our code. A new program manager on my team, Danny Oran, came up with a key suggestion for making the product easier for beginner users: use a single, always-visible point in the system where you could start any common task—the Start menu.

Rom Impas, a designer, drew probably 20 or 30 versions of the Start button. Chee Chew, a new developer, fixed hundreds, maybe thousands of bugs in the code. I'd wake up in the middle of the night with an idea and call my voicemail so I'd remember it in the morning. Then Chee would have the code written by noon. The whole team worked constantly to make that shell better. Within a few weeks, the developers had the Start menu code written and we immediately saw our usability results improve.

In the end, when the product was launched, we knew that "Windows ease-of-use" was no longer an oxymoron. Today, much of our team is still together, still working to bring exciting new technologies—like Internet browsing and digital image manipulation—into Windows to make the PC as easy to use and powerful as we can make it.

> A big thing was having a bit of humility. We used to have "rude" names for the products we worked on—progman was called "frogman" and winfile was called "winpile" and paintbrush was called "puke brush." We were younger and more easily amused in those days.
>
> – DAVID D'SOUZA, GROUP MANAGER, FUSION, WINDOWS DIVISION

DANIEL ORAN, FORMER PROGRAM MANAGER, WINDOWS 95

I created the Windows 95 Start button and taskbar in the spring of 1993, about 6 months after I joined Microsoft as a program manager for the Chicago user interface. Before arriving in Redmond, I'd never used Windows before, which both amused and alarmed my colleagues—and which helped me enormously as I tried to make Windows easier for first-time users.

As I struggled to master Windows 3.1—and watched volunteers in the usability lab do the same—I noticed some recurring problems. One, you had to hunt around on the screen to figure out how to do simple things like run a program or open a document. Two, "minimizing" and "maximizing" windows was confusing because the former seemed to make your work disappear and the latter covered up all your other programs. And finally, switching between windows—especially if you hadn't learned the obscure Alt-Tab keyboard command—was so hard that many novices ran only one program at a time.

My first solution to these problems was a radically simplified user interface that I called ClearView. It eliminated overlapping windows, which solved the minimize and maximize problems. Users switched between programs by clicking on tabs—like those on file folders—across the top of the screen. And you carried out basic tasks like opening documents by clicking on large on-screen buttons.

Ultimately, there was concern that ClearView was too different from previous versions of Windows and too focused on novices, so I went back to the drawing board. The tabs across the top of the ClearView screen soon morphed into the taskbar that you see today at the bottom of your Windows screen, with one button for each open window.

In the mid-1980s, as a Harvard undergrad, I collaborated on chimpanzee language research with the behavioral psychologist B. F. Skinner. One crucial lesson that I picked up from that project was the importance of making the sequence of steps clear—and especially making clear what the first step is. That's what the Start button is all about—making perfectly clear the first step of the most common Windows activities.

In my first sketches I called it the System button, but the name sounded too technical for novices, so I switched it to the Start Button. Unfortunately, when I changed the name I didn't think to change any of the commands on the menu—including Shut Down. And that's why you have to click the Start Button to turn off your computer. Alas, it wasn't until much later that I realized that putting the Shut Down command on the System menu made sense, but putting it on the Start menu didn't—as far too many people have pointed out to me over the years.

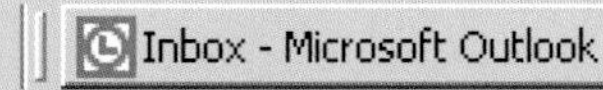

Welcome to MSN.com - Mi...

11:25 AM

1992: Clinton is elected President. Compaq releases its ProLinea line of PCs at bargain prices, setting off industry price wars. Apple's John Sculley coins the term "Personal Digital Assistant." Windows 3.1 launches.

1993: Sarajevo is all but destroyed during the third year of the conflict in Bosnia-Herzegovina. The Clinton administration becomes the first to accept e-mail from the public. Intel announces the Pentium chip, with a 32-bit architecture and "screaming performance." Nearly 150 million computers are installed worldwide. Windows NT 3.1 ships.

1995: The Internet and the World Wide Web explode in popularity. The Dow Jones Industrial Average increases 33.5 percent. Novell announces plans to sell WordPerfect, which it acquired in June 1994. Windows 95 launches.

1996: The computer industry debates the benefits of the network computer versus the personal computer. Sun licenses Java to all major software and hardware companies. A new generation of faster hand-held PCs hits stores, many featuring Windows CE. Windows NT 4.0 is released.

1998: European nations sign a ban on human cloning. Electronic postage stamps become a reality. AOL announces its intention to acquire Netscape. After 9 hilarious seasons, Seinfeld takes its final bow. Windows 98 launches.

1999: Astronomers detect a 13-billion-year-old galaxy they called Sharon using the Hubbell telescope. World population increases to 6 billion. Two million celebrate the year 2000 in Times Square. Windows 2000 launches in Atlanta.

2000: AOL starts proceedings to acquire Time Warner in a $160 billion merger. Cartoonist Charles Schulz of *Peanuts* fame passes on. Over 100 million PCs ship worldwide. Windows Millennium Edition is released.

BRAD CHASE, SENIOR VICE PRESIDENT, CONSUMER GROUP

Although I had some experience marketing something as technical as an operating system to end users with the MS-DOS 5 and 6 Upgrades, Windows 95 made us take this approach to an entirely new level.

The Windows 95 marketing effort was centered around the "E Strategy." We knew we had a great product on our hands, so we set out to *educate* people about what the product had to offer and *excite* them about what it could do, and then *engage* the industry by getting all the software and hardware vendors involved. We wanted to make Windows 95 a phenomenon because we figured that it was the only way to reach the broadest set of Windows users and get them to upgrade or buy new PCs.

To achieve these goals, we had all sorts of consumer, developer, and business preview programs and tours, a massive beta test, reviewers' workshops, smart advertising and branding, strong consumer messaging, and partner marketing programs and events. The Windows logo with the blue sky and clouds background and the Start button were everywhere—on the cover of nearly every magazine, on TV, and on the radio. It was even made fun of in popular culture, such as in *Doonesbury*. I spent months negotiating with the Rolling Stones to secure the use of "Start Me Up" for the initial TV ads, which added to the Windows 95 frenzy. Before Windows 95 launched, it was already a huge consumer phenomenon.

In fact, the hype got so crazy that people started expecting the product to do things it couldn't possibly do. At one point, I actually went on a press tour to calm everybody down. People almost thought Windows 95 would cure the common cold, and we were concerned that expectations were so high that no product would be able to meet them.

The press tour failed, and the hype continued to build. The night before the launch event, midnight madness parties were held at resellers around the world. People lined up to buy the product at midnight. I went to one reseller, and it was amazing to feel the electricity around the release of a piece of software. Around the world, people were stretching the limits of creativity—for example, the New York team helped us get the Empire State Building lit up with the colors of the Windows flag.

With the hype and expectations soaring, our new challenge was staging a launch event that lived up to everyone's expectations without becoming too ridiculous. We had decided to hold the event in tents on the Redmond campus soccer fields. It was a carnival atmosphere, with games built around the products designed for Windows 95 and even a Ferris wheel. The team put a ton of work into the worldwide event, and fortunately the launch turned out perfectly. All the software and hardware partners were great, people responded really well to the product, and Jay Leno was a terrific host—he was funny, he had a very humble way about him, and he was excellent to work with. Even the weather was in our favor—the blue sky and clouds matched the design that was emblazoned on every box. Windows 95 set many sales records and continued to sell well even years after its initial release.

One rule I've learned in this business is that you cannot be successful in marketing a bad product. (And you can screw up a good product, too.) Although I'm immensely proud of the creativity and gigantic contributions of the marketing team, the real kudos for Windows 95 should go to the development team. They did a tremendous job building a product that somehow exceeded all the hype developed for it. They had this amazing challenge of innovating while keeping Windows 95 compatible with the old world of software and hardware that customers were already using. Miraculously, they surpassed their goals. They built a fantastic product that propelled the PC industry into the mainstream of consumers' lives.

Neatness out the window?
We asked Windows 95 team members what was in their offices:

- *Six pound of aluminum cans*
  – Patrick Lammers, SDE
- *A big, scary pile of paper that appears to move every now and then*
  – George Moore, PGM
- *A snake from outside that crawled up to the second floor and decided to be buddy-buddy with my powercords and cables*
  – Len Smale, SDE

BILL VEGHTE, VICE PRESIDENT, EMBEDDED/APPLIANCE PLATFORMS GROUP

One of the biggest thrills of working on Windows is that you're delivering a product that millions and millions of people will use. You have an opportunity to catalyze the marketplace and lead it into new directions. This is something that's so easy to lose track of, but then when you take a step back and see what you and Microsoft have done, it's invigorating.

As a product planner, I spent a lot of time talking to customers and OEM partners to understand what they wanted from the product. But as I was communicating these things to the development teams, I was thinking, "Gee, I want to come, too! I don't just want to describe the products, I want to design and build them!" So I decided to switch tracks and become a program manager for Windows 95.

It was a new world for me. I had to think about all kinds of new questions: What does it take to ship a product? How innovative and revolutionary do we make the designs—or how evolutionary, given the context that users already have? How do we factor in the challenges that customers have today versus where we think they'll be in the future? Given finite time and resources, what are the key feature and platform bets that we should make? And how do you communicate all of these needs to the teams that are actually writing the code? For me, the fun part of developing a product is asking all these questions with a great team and delivering the answers in the form of a product.

Each time we set out to do a new product version, our questions must address the new environment brought about by the rapid pace of change in technology. The design and prioritization for Windows 95 happened in 1993 and 1994. At the time, networking meant dialing into a corporate LAN. The Internet was happening on college campuses, but it wasn't clear that it would incorporate itself into the fabric of society. But by 1998, all of that had changed, and the Internet was here to stay.

As a result, the key challenge from the outset of Windows 98 was to deliver an operating system that enabled the Internet in a rich, deep sense. We started asking questions: How do you design an operating system where you can assume connectivity to the Internet? How do you design a user interface that assumes people have browsed the Web and are comfortable with that paradigm? These questions led to features like Windows Update, HTML Help, and Active Desktop.

A few years later, we began working on Windows Me, the successor to Windows 98 for the home. And the world had changed again. The Internet was even bigger than before, many people had several PCs at home, more people had broadband access, and people were using audio, video, and pictures with their PCs. So we asked a whole new set of questions: How do we support streaming media, digital photos, and video? How do we help users connect all the PCs in their home, exchange files, and share an Internet connection? How do we help users keep their PCs healthy and easy to use, with fewer crashes, smarter help, and better support?

Two months after we released Windows 98 to manufacturing, my wife and I took a month off to hike and climb in Nepal. When we got to Katmandu, I wanted to send e-mail to my family and let them know we had arrived safely. We were in Katmandu—not a technology center by any stretch of the imagination—in a little side alley that offered "Intrnet conection." I sat down at the keyboard and the PC was running Windows 98! This thing we created with our blood, sweat, tears, angst, frustration, and happiness was already on a PC in a city halfway around the world, helping people get connected to the Internet! That's what makes it all worthwhile.

"We were in Katmandu—in a little side alley that offered 'Intrnet conection'..."

Looking back on the year of development, the mix of people who put Windows Me together was pretty astounding. There were people who'd been working on the product evolution ever since DOS 2.0. They remember when Win 3.1 was the underdog that surpassed all expectations; they remember when DOS 7.0 and the Windows team merged and David Cole and Brad Silverberg used to patrol the halls, driving the product; they remember when the popular view was that OS/2 was going to take over the world and Novell was a competitor to be feared; they remember countless betas and ship parties. There were also the dedicated folks in groups that didn't exist at the start of the product cycle (the Digital Media Division); hardcore folks who had more deliverables than waking hours (DX, this is you); folks in unrelated divisions who came back temporarily to help solve a hard problem on the most resilient code base around....

One of those folks, Aaron Reynolds, is right up there with the guys who've been at Microsoft the longest. He was largely undoing code that he'd written more than a decade earlier. When we moved the world forward to legacy-free systems that were more reliable and had better performance, the hardware community removed their reliance on DOS and, in turn, we carved away some of the last traces of the operating system evolution that so many had played a part in. It was easy to lose sight of it in the day-to-day work, but we were marking the end of an era. A part of our past, although very successful, was being put firmly behind us so we could forge ahead.

– DAVID ALLES

Windows Millennium team statistics:

- Ratio of time spent on line versus watching TV: 19:1
- Ratio of time spent on line versus on their hair: 480:1
- Percentage of the team running Windows Me by RTM: 100%
- Number of lawyers or government officials who wrote code: 0

Q: Not including DOS, approximately how many characters of code are in Windows 98?

a. 1 million
b. 3 million
c. 11 million
d. 120 million

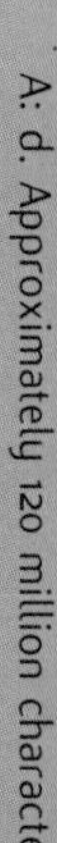

DAVID ALLES, GROUP PROGRAM MANAGER, WINDOWS MILLENNIUM

Strictly speaking, Windows Me was never supposed to exist. Kind of like country music in that way. The PC marketplace was supposed to continue along its predicted path so that a gap in time between Windows 98 and the first consumer-focused release of Windows NT wouldn't matter. But reality didn't conform to the predicted path—it swerved, and Windows had to either grow stale or ride a few new waves.

Here are some of the waves that came careening down:

MP3 became the #1 most-searched-for item on the Web, the first thing in years to edge out Pamela Anderson.

Digital cameras outsold analog cameras in Japan for the first time.

The "Out Of Box Experience" (just plug it in and it works) was popularized by Apple's "There's no step 3" television ads.

Every year, as computer chips doubled in speed, the time it took to boot the state-of-the-art system actually got longer. People complained, and they were willing to pay for fast-booting systems.

And so Windows Millennium was born. Our product team brainstormed all potential feature additions and came up with several hundred possibilities. We wanted to do more than we possibly could in a year, so we had to whittle the list down to something manageable. How to prioritize? The Windows Marketing team reminded us that no voting system is more powerful than the almighty dollar: What would people really spend their money on?

We assigned a "dollar cost" to each potential feature, derived primarily from how complicated it would be and how long it would take to develop. The total was so high that we would be able to deliver only one sixth of them with our existing resources. So Marketing took the list to the streets to let the people vote. We gave Windows users 50 virtual dollars to "spend" on the features of their choice from our list of $300 worth of features. We figured that the features they chose to "buy" had the most appeal and were of the greatest importance for the next Windows release. They fell into four categories:

Digital Media—digital music jukebox; acquiring, manipulating, and sharing digital pictures; digital video editing and sharing; and ClearType

Online Experience—the easiest way to get on the Internet; the best browsing experience

Home Networking—the simplest way to share files, printers, and an Internet connection

Improved PC Experience—System Restore, System File Protection, driver signing, out-of-box experience, Activity Centers, hibernate and fast boot, support for the latest and greatest hardware advancements

After a multi-day design preview with our key partner OEMs to get feedback, we were set.

A few days before Beta 1, it became apparent that we had underestimated the cost of what we called Activity Centers, which would change the user interface significantly. Same story for ClearType. To work out our collective frustrations, the group spent $50 on an old Plymouth, and we were all set to have the top bug fixers smash it to smithereens. However, the event was put on hold indefinitely because the press was at the Microsoft campus waiting to see how employees were reacting to DOJ events. Ah, well, sometimes timing is everything....

Despite the twists and turns, the changes to plan, and the evolution over the year, by the time we got to Beta 2 and the product was fairly mature, there was just one word to describe how our beta sites felt about the product: epic. Just kidding. The beta sites were excited. System Restore was a big hit, allowing folks to fix systems in seconds instead of hours. Home Networks were a snap to set up. Folks applauded the performance improvements and loved the My Pictures folder for digital cameras. The product was first-rate, and the sites and the press were letting us know. All in all, this Windows product that was never supposed to exist turned out pretty damn well.

TOM ADAMS, PRODUCT UNIT MANAGER, WINDOWS MILLENNIUM

Eight great things you can do with Windows Me:

1. Rip and play your favorite CD music, creating play lists and copying your music to your portable music devices
2. Stream video and audio content off the Internet, radio stations, news reports, and more
3. Copy video clips to your PC, edit them, and share important events in your life with your friends and family
4. Quickly and easily move pictures from your digital camera to your PC for editing, printing, and sharing
5. Network and share multiple PCs and printers throughout the home, expanding the power of your home PCs
6. Share your Internet connection among all the PCs in the home—no more waiting for access to the Internet
7. With System Restore, roll your PC back to a working state if for some reason the system stops working
8. Play games with your friends across your home net or across the Internet

David Alles and Tom Adams work out their aggression on a $50 Plymouth.

Presenting NT, the Operating System Formerly Known as...

What does "NT" stand for, anyway? Some say it stands for New Technology, but that goes without saying. Some of our detractors say it stands for Nice Try, but they've been wrong before. The people who developed Windows NT say that it stands for reliability, portability, extensibility, and scalability. Now, that may not be the kind of slogan that makes your heart soar, but these are the things that Nobody Thought we could bring to the PC back when we first bet on NT in 1988. And more than a decade later, they are still the Necessary Threads underlying every platform we build.

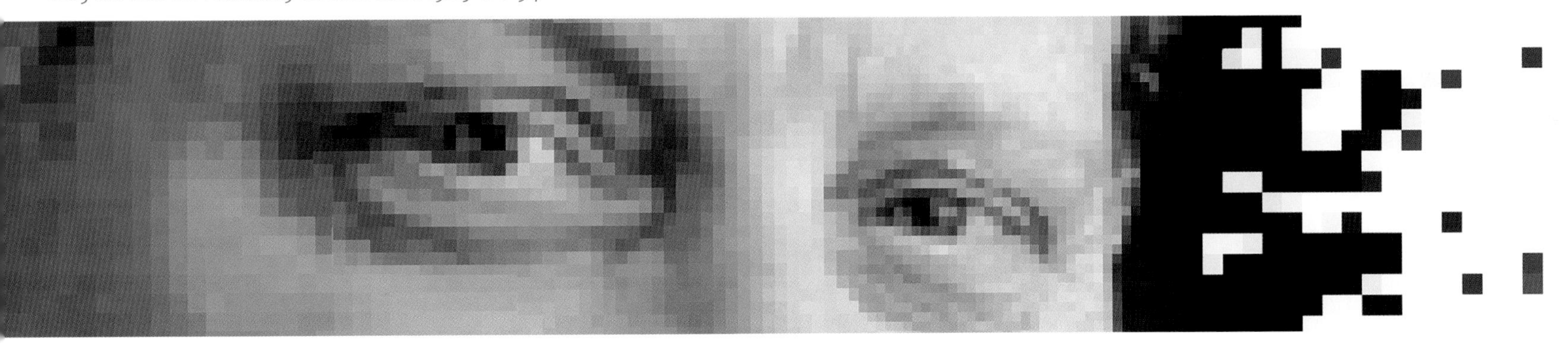

I worked with Nathan Myhrvold, who needed a "business guy" to help him investigate various technologies and strategies. We looked into the current research on operating systems like the Mach system and decided that Microsoft needed a next-generation Operating System architecture based on a microkernel to move beyond OS/2. OS/2 hadn't even been released yet, but we realized that its architecture and its approach to segmented programming models would not provide the flexibility and design we needed. At the time, we recognized the value of OS/2 and Windows to the company, but we were concerned that the emergence of RISC processors would threaten the Intel x86 line and wanted to address that risk by having a high-performance, portable, industrial-strength operating system. That was when we brought Dave Cutler into the company to start working on NT.

– CARL STORK, GENERAL MANAGER, HARDWARE STRATEGY AND BUSINESS DEVELOPMENT, WINDOWS

Q: What was the average number of PCs installed in businesses in the U.S. in 1989?
a. 4,500
b. 900
c. 66
d. 2,750

DAVID CUTLER, SENIOR DISTINGUISHED ENGINEER

When I asked Bill and Steve whether they wanted to build a real operating system for PCs, they were puzzled. They answered that DOS and OS/2 were real operating systems. This wasn't an opinion I shared. I told them that if they were serious about building something that would be truly industrial strength, I might be very interested.

Then they mentioned that it had to be compatible with OS/2. I thought it was a bad idea. In my opinion, OS/2 was a badly designed system that had been in development for too long. About the only system it wasn't inferior to was DOS. And OS/2 was steeped in politics and bureaucracy—before you could do anything, you had to submit a Design Change Request to IBM, and getting through that process was like arguing on the floor of Congress. I just didn't think it was a state-of-the-art operating system.

I sort of dragged myself back to Digital Equipment Corporation, where I was working at the time, to think the whole thing over. Finally, I went back to Bill and told him that the project was too interesting to turn down, so I would take it under one condition, which was that I would never have to deal with IBM. I had been watching the collaboration between IBM and Microsoft on building OS/2, and I knew that after five years they were just getting the 16-bit version to run. I also knew that nobody at Microsoft was very happy about working with IBM. So Bill agreed to my condition, and I came over and started to work.

The first thing we did was write a specification that detailed how the operating system would work. Our key goals were OS/2 compatibility, security, POSIX support, multiprocessing, integrated networking, and reliability.

We tried to create a system that had a good, solid design, as opposed to one that would run optimally on the hardware of the time. And since our design had to be portable, we didn't allow people to optimize in assembly language, which is hardware-specific. This was hard for the Microsoft mentality at the time—everybody wanted to optimize code in assembler.

Seymour Cray was once asked what the ideal size for a project team was. He answered that the number was probably one, but that to get something done in a reasonable amount of time, 12 was a good number. Today, 12 people working on a big project would get you nowhere fast, but that was the size of the original NT team.

The NT team was pretty much left alone, so we were able to build it the way we wanted to build it, and as a concession to the position that Microsoft was in with OS/2, we also made NT so we could layer OS/2 on top of it. Then the company introduced something called Windows 3.0, which sold 16 million copies in nine months, so it was decided that maybe OS/2 was not the way to go and that the user interface for NT ought to be Windows. Since we designed NT to be portable, it was no big deal to make the switch.

A lot of attention has been paid to the NT specification, but when we started writing it we were just trying to get everything all written down in one place so everyone would understand how the system would be put together and how it all worked. I think it would be impossible today for anybody to understand how it all works, much less write it all down. We certainly never thought that the spec would be memorialized and end up in the Smithsonian Institution. But anybody who's ever lifted this thing will probably agree that, by the pound, we did one hell of a job in a relatively short time.

ROB SHORT, VICE PRESIDENT, WINDOWS BASE TECHNOLOGY

Dave Cutler has got to be one of the best engineers in the world. He is not only phenomenally smart—and it doesn't matter how technical or complicated or mathematical the subject is—but he's also one of the most disciplined engineers you'd ever come across. He sits down, thinks about stuff very, very carefully, and goes through it in a linear fashion. He knows the importance of writing down everything he does. His code is well documented, so you can read it and understand it. And he will do the dirtiest jobs, the most tedious jobs—anything that needs to be done. He has set an incredible example.

One thing that has stayed the same over the years is the time it takes to compile NT. It used to take 4 hours on the old 50 megahertz machines we had back then. And now, because of all of the code that's been added, no matter what technology has evolved over the course of 9 years, it still takes about 4 hours to compile (on an 8 processor 550 MHz machine). Some things never change.

– MARK LUCOVSKY

A: c. 66

"You have a certain expectation that your system's going to boot up and run and nothing is ever going to crash it."

My work is invisible to the vast majority of users, so although it seems simple to me, it's like magic to most people. When friends ask me what I do, I just tell them I work on Windows. To me, working on the deep guts of the operating system is not some sort of black art. It's really straightforward—you're just moving registers around. To me, magic is when I move the mouse and click and something happens on the screen.

When most people see the word "architect," they think I design buildings. And they think that a "kernel" is someone you salute. The kernel is the lowest level of the operating system. It controls the machine. It schedules the threads and is in charge of the memory and the security system. It's the guts of the operating system.

Back when NT started, a group of us designed the whole operating system: the executive, the kernel, the memory management system, and the 32-bit Windows API. We've been working on it from 1988 up to the present day. I've been with NT for 11 years. I've made a lot of mistakes and had a few successes, so today I help other people shape their code and understand how the system works and what kinds of changes have a chance of succeeding and what kinds of pitfalls we might run into if we pursue a certain path. That's what an architect does.

I came here from Digital Equipment Corporation in 1988. There were about six of us working on a project there that got cancelled. We decided to follow David Cutler over here to work on a project that turned out to be NT. We came in to do a new 32-bit portable operating system because at the time we figured that the end of the road for Intel had to be somewhere, and we'd better have a story in case RISC took off. So we decided to do something that could run on RISC or CISC, and it wouldn't matter which one won. UNIX was already doing it. Mach was the hot new UNIX architecture back then, and it was written to run on a number of processors. But MS-DOS and OS/2 were not. OS/2 was written in assembler, which meant it was restricted to specific types of chips.

MARK LUCOVSKY, ARCHITECT/DISTINGUISHED ENGINEER, BASE OPERATING SYSTEM KERNEL

That was one reason why we built NT. The other reason was because when it came to high-end multitasking, MS-DOS didn't cut it. I used to really love UNIX because it was better than any time-sharing systems that you could compare it against. It was easier to get things done. It was kind of fun for a while, but NT hit at the time when UNIX stopped being fun. I couldn't get UNIX on the kinds of machines I could buy. It didn't have a cool user interface. And it was perceived as being complicated and hard to deal with. I think people latched onto NT because in addition to the modern file system, the threading model, its robustness, and its advanced memory management, you could put it on a PC and be very productive. I can't imagine what the world would be like now without it.

The challenges we faced when developing Windows NT were unique because we were developing for hardware that barely existed. We initially targeted it at the Intel i860 chip, and there wasn't yet any hardware that ran on the chip. We had to build it ourselves. We started on simulators, so we had to worry about getting the simulators to run fast enough to test meaningful amounts of code. When I took work home with me at night, it took a half hour for it to boot up on the simulator before I could test my code. Then we moved to our prototype hardware, so we had to worry about hardware designs, chips, and compilers that had never been tested. If something didn't work, it could've been anything—the code could be perfect, but the prototype might be flawed. We were lucky to be able to diagnose any kind of failure.

And there was another big challenge: we started on a course to develop an advanced 32-bit generation of OS/2, but in midstream we changed it to Windows. Try that without adding a year to your shipping schedule! But we were smart about the design; extensibility was number one on our priority list, so we made sure NT was light on its feet and could adapt to anything that came along. So the switch from OS/2 to Windows didn't really faze us. Most of what we'd already developed stayed the same.

This nimbleness and flexibility really came in handy as the operating system evolved. The growth of the Internet was no problem for us because we already had a solid networking stack and TCP/IP support. And since we'd already designed NT to deal with lots of different files and protocols, building an Internet-accessible file system was a piece of cake. If we'd thought about desktop operating systems the way everyone else did at the time, none of these things would have happened.

We made those design decisions before customers were even on the radar screen. We were building this business operating system and we knew that the last thing a business wants is for anything to crash. You have a certain expectation that your system's going to boot up and run and nothing is ever going to crash it. That was our goal—to make sure that it keeps running and running and running. We still have some problems with device drivers or little bugs, but if you're a regular guy running NT, it's just rock-solid. In the Win 3.1 days, that wasn't true. People got used to knowing that they had better save their work every 30 seconds because it could GP fault anytime.

When I buy airline tickets on the Internet and go through all the steps to select the date and the time, and I give them my credit card number and hit Submit, if my browser crashes, I'm pissed off! That's why we opt for reliability above all. We try to think like users, who would probably prefer reliability over a browser that's a millisecond faster. That's how we made our tradeoffs.

Innovations don't all happen over night. Often they evolve over time. UNIX is 1970s vintage architecture that has been massaged over the years. I expect NT to be around and operating for another 20 years. I don't know how much it will resemble the NT we started over 10 years ago, but lots of things will be exactly as they were described in the original specs. Not many people get to say that they've been with a project from the beginning and are still proud of every release they've done, but I can. NT just keeps getting better and better with every release.

"That was our goal—to make sure that it keeps running and running and running."

DAVID TREADWELL, GENERAL MANAGER, UNIVERSAL RUNTIMES

I started in NT on July 17, 1989, right out of college, so it was me and a bunch of people who actually knew what they were doing. There were 13 people on the team at that time, and I was contributing to several parts, mostly the server.

One thing the NT team did well from very early on was put together and document very solid specifications. From Cutler on down, we were all required to think about what we were doing, create a good design for what this system was supposed to do, and write that down for others to review. We spent a substantial amount of time on those specs, and they were taken much more seriously than on any other project I've ever been involved with, to be honest. These guys realized that the success of the operating system would depend on those core pieces that they developed in 1989.

They did such a good job of making sure that the specifications preceded the development that we were able to bring a huge amount of development together in a short time. The spec was top-to-bottom consistent and had everything you needed to know. It totally drove the design.

And the original design has stood the test of time. It has the long legs they were looking for, and those core interfaces are in Windows 2000. You could probably read those original 1989 kernel specs and get a basic sense of the Win 2000 system. That's a real testament to the foresight those guys had when they were putting NT together. Win 2000 is a pretty solid release; it's the best release of NT ever. The code base is enormous. It's amazing that so much code is sitting on top of the work that we did all those years ago.

LOU PERAZZOLI, DISTINGUISHED ENGINEER, BASE OPERATING SYSTEM STORAGE

In the early days, there were just a few of us in an office, sitting on tables and chairs, writing down ideas on a whiteboard and prioritizing what we wanted to accomplish. Everybody knew everybody else, and we constantly kidded each other about the boneheaded things we did.

We divided the specs into chapters, and each of us took responsibility for one. As we got further along, we made code-writing assignments, and I wrote the memory management implementation. Later, I became project manager for the group, which meant making sure that everybody was working on the right piece at the right time and that everything was coming together in the correct order.

We started having regular Friday meetings where we would go to the store and get a bunch of chips and beer and about 20 of us would sit around in one of the labs and trade war stories. It was a very relaxed atmosphere. We continue that tradition today. It's called our Weekly Integration Meeting.

A couple of things were unique to NT. We decided to write it in a portable language so we could move it from one system platform to another. The first platform we started implementing on was a RISC processor from Intel called the i860. That was not quite what we were looking for, so we moved to the MIPS R4000 and then to the 32-bit Intel 386. We built in this flexibility to accommodate changes in future hardware design.

We were also trying to build an operating system that was rigorously designed yet allowed plug-ins. One of the things we tried to do was have a uniform object model where all the key components of the system were exposed as objects and each object had a uniform set of attributes, so you could put security on it and you could name it and you could operate on it. That was one of the unique things about NT. In most systems of that time, all the objects were added on as needed so that they had different characteristics, different modes of protection, and different operating modes.

CHUCK LENZMEIER, ARCHITECT, BASE OPERATING SYSTEMS, KERNEL

I came to Microsoft about three months after David Cutler left DEC to work on NT. We were a very close-knit team from the beginning, but I was still somewhat intimidated because this was a group of very smart people working on some very new and interesting things. NT contained some things that had been done before, but in many ways it was a leap forward because we took a bunch of ideas that had been partially realized before and put them into one operating system for the first time.

I started out in networking. We definitely wanted to make sure that networking was a core part of the operating system instead of something that was just tacked on. The NT file system architecture took networking into account right from the beginning so that the server side and the client side were both tightly bound to the operating system. That's why we've been able to adjust to changes in the way networking is done over the years.

The biggest challenge we continue to face is keeping a balance between short-term and long-term goals. We have to focus on the current release while we're thinking about what we want to do differently in the next release. Given the fast-paced nature of this industry, we're always in a hurry to get the next thing out there. So it's a relentless schedule, and the pace can get old after a while, but I have to admit, I love the work.

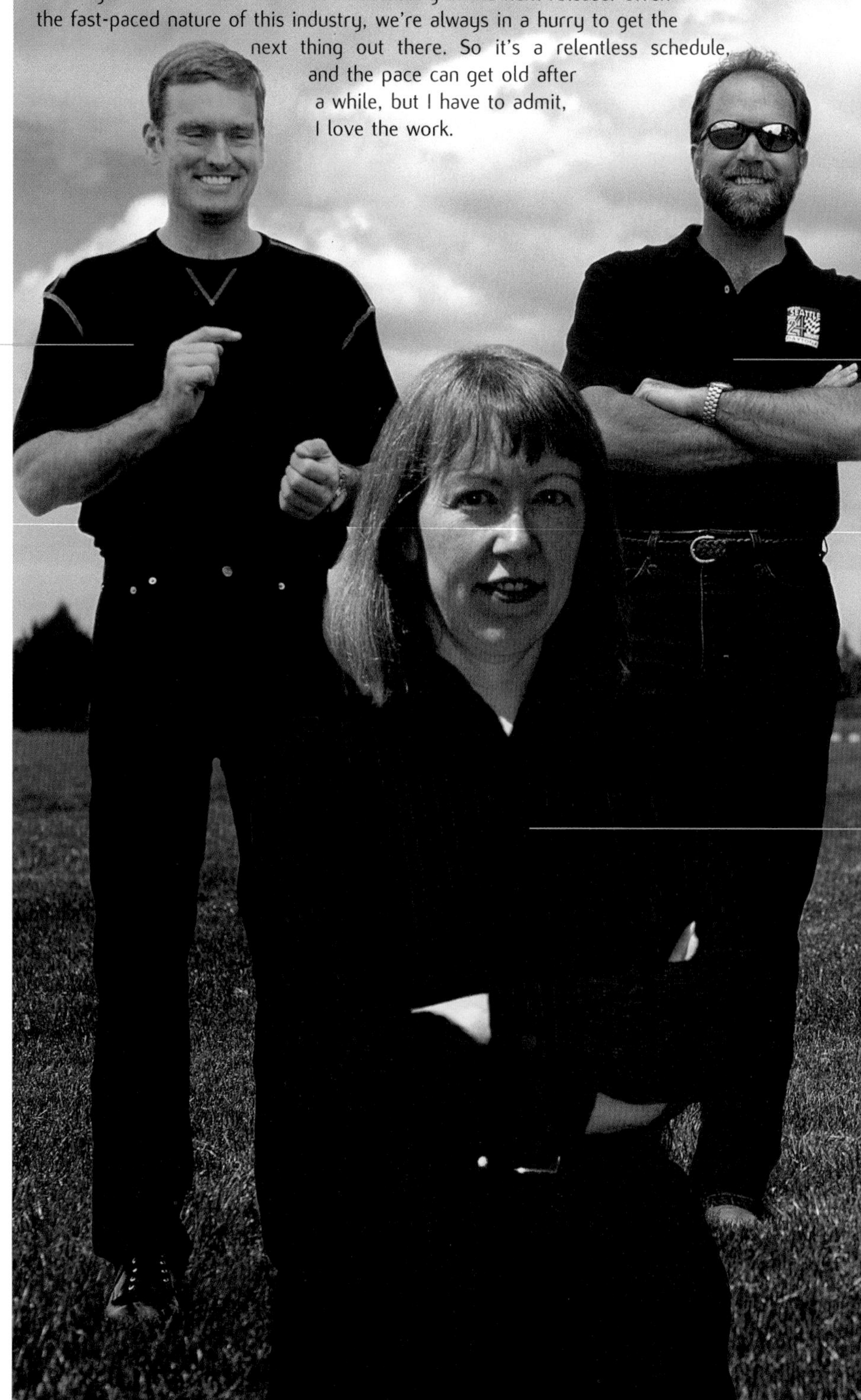

GARY KIMURA, FORMER SOFTWARE DESIGN ENGINEER

I came to Microsoft with Dave Cutler in November 1988. I worked on the security system and file system design. I don't think any of us realized the size of the task we were taking on. Dave was probably more aware of it than anybody, but he was smart enough not to tell any of us what we were getting into.

Darrel Havens and I owned the I/O system and our offices were right next to each other. Our methods were pretty simple. We would have a meeting to talk about the design, divide each task in two, and then run back to our offices to see who could beat the other one at finishing his part. We'd yell out the door, "Okay, I'm done! Link it in and try it!" That was how a lot of the development was done back then. That was the fun part. We were a small group, so there were not a lot of barriers to really honest communication.

We had some bad fights over technical aspects, and we had some good times together when the battles were over. Dave Cutler and I stormed out of each other's office more than once, and, looking back, I can't remember which one of us won which arguments. It's the fun times you remember more. After one of our regular Friday afternoon beer-and-chips sessions, Tom Miller and I drank a few too many beers and had what seemed like a brilliant discussion about the file system design. We went back to our offices and coded it, but it was the most horrendous and convoluted engineering disaster you could ever imagine.

BRYAN WILLMAN, ARCHITECT, WINDOWS 2000 BASE KERNEL

For a while, I was trying to really focus on finishing something, so I'd work all night and hide or sleep during the day. This caused most people to leave me alone. But it broke down because Andre Vachon and Jim Kelly would do it, too. So I'd be working at 3 a.m., thinking, "Nobody will bug me now," and here comes Andre with a question. Jim and I ended up designing a part of the NT security at 4 a.m. because that was the best time to have an uninterrupted conversation.

Another time, we were trying to finish stuff for an 8 a.m. cutoff to release a beta. We worked a long day, went home, and all came back. About 3:30 a.m., Shielin Tzong comes into my office and says, "Bryan, I must go home now." I say good night. About 4:30 a.m., John Vert comes in to say, "Hey, Bryan, I have to go home." "OK, drive safe, John." At 5:30 a.m., Ken Reneris says, "I have to go home or my wife is going to kill me. She's gonna kill me anyhow, but if I don't go home now she's REALLY going to KILL me." And then I left. Cutler was coming in as I was going out. In some ways, the "good old days" were very hard....

DEBORAH BLACK, VICE PRESIDENT, MANAGEMENT, SUPPORTABILITY, AND WINDOWS ONLINE

With NT, we took some of the concepts of other, more mature operating systems and applied them to the PC. It brought the stability and robustness and the scalability and performance of a mainframe to something people thought of as a desktop computer. It wasn't a huge leap forward in terms of operating system concepts, but bringing those things to the PC was a huge breakthrough.

To someone new to the Microsoft culture, the process of developing NT was unique. There was unusually clear direction, focus, and a strong sense of mission. There was great camaraderie and a shared purpose. We worked together and we ate together for breakfast, lunch, and dinner, almost every day of the week. Sometimes people would bring their spouses and their kids, and they all got to know each other. Looking back, I realized that establishing that team framework was critical to our success and our ability to scale as we added hundreds of new contributors to the team. That was significantly different from any software projects that I'd been involved with.

I couldn't think of anyone better to pull this off than David Cutler. He is a very experienced architect and software project leader, and he's a very disciplined individual. He was also an inspiring leader and a great example. He expected a lot from us, and we wanted to live up to his expectations. His leadership was a big factor in the success of NT. He was able to share the vision, spread his excitement about NT throughout the team, and sustain that vision through the long, hard development process. I'm convinced that we'll be building our products on this platform for many years to come.

TOM MILLER, ARCHITECT AND DEVELOPER, NT FILE SYSTEM

I joined Windows NT in February 1990 to do file systems. After we shipped the first couple of releases, they asked me to direct a little movie about NT. To set the right tone, we showed a staff meeting in the first scene where Dave Cutler couldn't get the door open, so he walked right through the wall. His big line was, "Nothing is going to stop us from shipping Windows NT!" That definitely caught the spirit of the times for everyone.

I was amazed that virtually the whole team was still here after we shipped the first and even second releases. It was a very high-pressure situation, with several intense drives that we called "death marches." But I think the team stayed together because we were such good friends. Even after 10 years, we still have most of the same team here working on NT. Knowing that we were part of such an important project was a big part of what kept the team together through some real tough times.

The biggest impact of OS/2 was that it spawned a whole generation of programmers who cut their teeth on the product and learned a tremendous amount about writing operating systems. Financially, OS/2 wasn't much of a benefit to the company, but the experience our team gained was invaluable.

– PETER STEWART, SOFTWARE DESIGN ENGINEER, WINDOWS MILLENNIUM

I believe, even though it's not proven, that Windows 2000 was the largest engineering project in ***the history of the world.*** There were more engineers working on it than on ***the Hoover Dam*** and even ***the Great Pyramid,*** because although they had a bunch of stone carriers, they didn't have as many engineers. But I'm sure that to a lot of people here, it sometimes felt exactly like carrying blocks of stone to the top of an incredibly steep incline. The team delivered and proved to the world how good they were by delivering a great product.

– BRIAN VALENTINE, SENIOR VICE PRESIDENT, WINDOWS

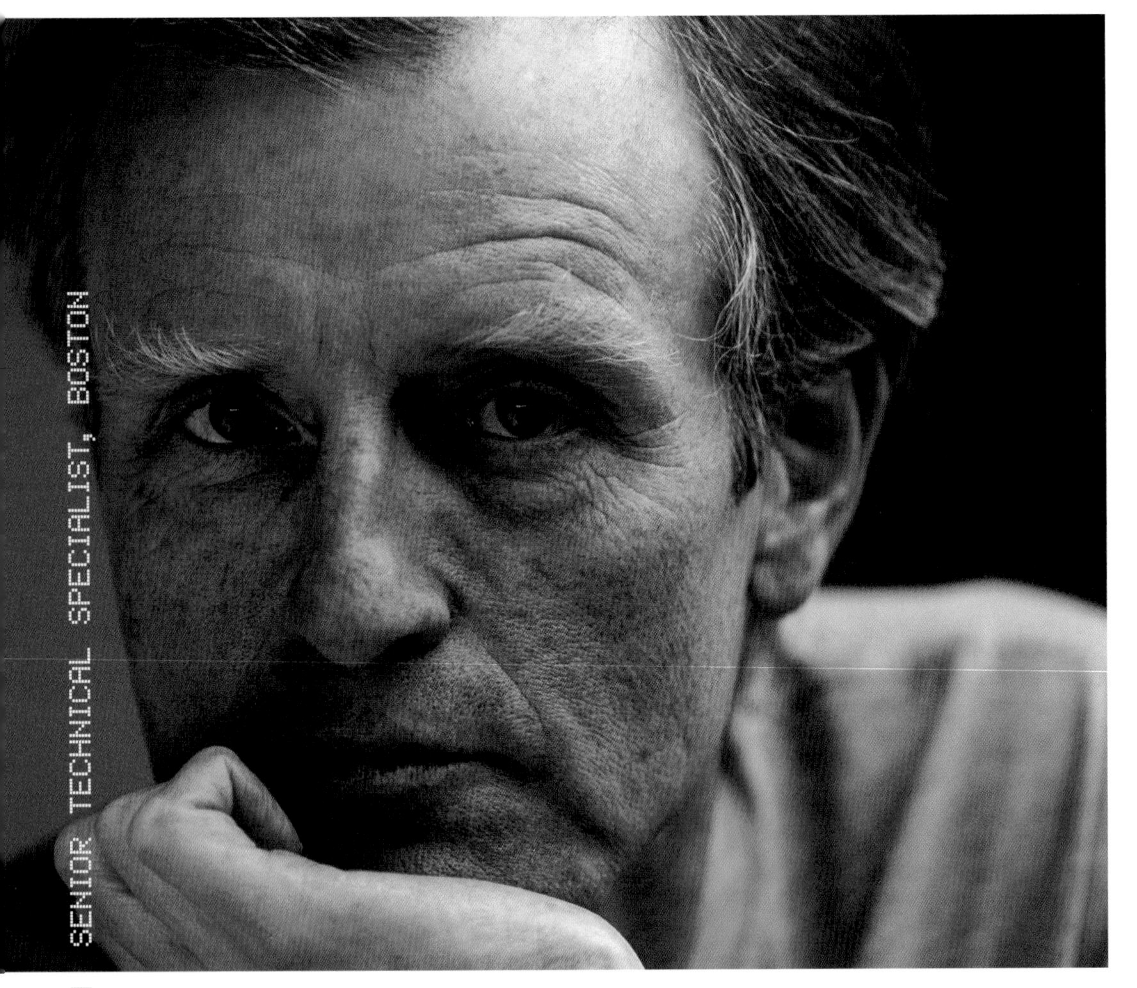

TONY WALSH

I worked for Lotus for 10 years. During my last five years there, I was a Notes consultant specializing in systems integration. One day, I was consulting for a large telephone company, and they asked me to install a copy of Notes on this brand-new operating system called NT. This was about the time NT 3.51 first came out, and it was new to me. So I allocated two days to set up the NT machine, install the operating system, and get Notes up and running, because that would have been typical for OS/2 or Netware. On UNIX, it would have taken about a week! But I was done in two or three hours. I totally fell in love with NT and realized that I had to come and work for the company that made it. Compared to other operating systems around, NT was a complete revolution in ease of use.

Given my years in the industry, headhunters would call me at Lotus on a regular basis. And on a regular basis I would say to them, "I'm not interested. I've got a good job." The next time one called, I told him, "Get me an interview at Microsoft."

A: They were code names for Windowes NT.

In 1992, my boss David Thacher wanted me to work on NT Server. I didn't want to because I was an OS guy, and Microsoft was not really in the server business. I wanted to work on the desktop. And he said, "Listen, you're my number-two guy. The number-one guy is getting the desktop. You get the server. *And your job is to get us gracefully out of the server business.*

How could I turn down such a job offer? I took it, and in the first year we actually made 10 times as much in the server business as we did in the desktop business. *So I guess I failed on that objective.*

In 1993, Rich Tong was brought over to run the Windows NT business and he became my boss. He had come from Windows, so he was used to really big-scale businesses. There was a spreadsheet we had to fill out estimating how many units we were expecting to sell each quarter, in thousands. The Office guys put in 5,000 because they were selling 5 million units. And the Windows guys put in 10,000 because they were selling, like, 10 million. And I wrote in 3 because 3,000 units was a really good quarter for us. Rich came back and said, "You misunderstood. You were supposed to enter the number in thousands, not millions." And I said, *Rich, we don't sell 3 million units; we sell 3,000.*

At one point, we figured out that the best month that Novell ever had was 50,000 servers. I was looking at the sales figures one day, and I realized that we were within 10,000 units of Novell's sales. I told my boss, who was then Jim Allchin, and he figured that I must be doing the math wrong. But at the end of the month, we had actually beaten Novell's biggest month. We went from so bad to so good that nobody could quite believe it. *They kept blaming my math.*

The first version of Windows NT was an enormous effort. The good thing was, we actually shipped it. The bad thing was, it wasn't good enough to compete with the product that Novell was shipping at the time. I had to go through the press reviews knowing we couldn't win. I did everything I could to show the press the benefits of NT, but the fact was, since our product didn't measure up, we lost the reviews. One day I got mail from Paul Maritz, and it said, "Nash, great job on those reviews. I know we lost, but because of your work, we lost by less than we could have."

With Windows NT 3.5, we started to focus on building a product that would make customers happy instead of worrying so much about what the competition was doing. Novell was very focused on building a file-and-print operating system, and we discovered that what customers really wanted was the ability to integrate a file-and-print operating system with a more general-purpose operating system. I first realized that the turnaround was possible at a Novell keynote when they were talking about the need to integrate these two in the future, and I knew that we had already done it. *It's amazing that we actually pulled it off.*

When I started at Microsoft, Novell had about 70 percent of the market and we had maybe 8 percent. But it all came together when we stopped worrying so much about Novell and started worrying more about how we could do a better job of being innovative and compelling to the customer. That's driven most of what we've accomplished ever since. Our success will always be tied to how well we perceive, understand, and try to anticipate the needs of customers. *Marketing doesn't get any simpler than that.*

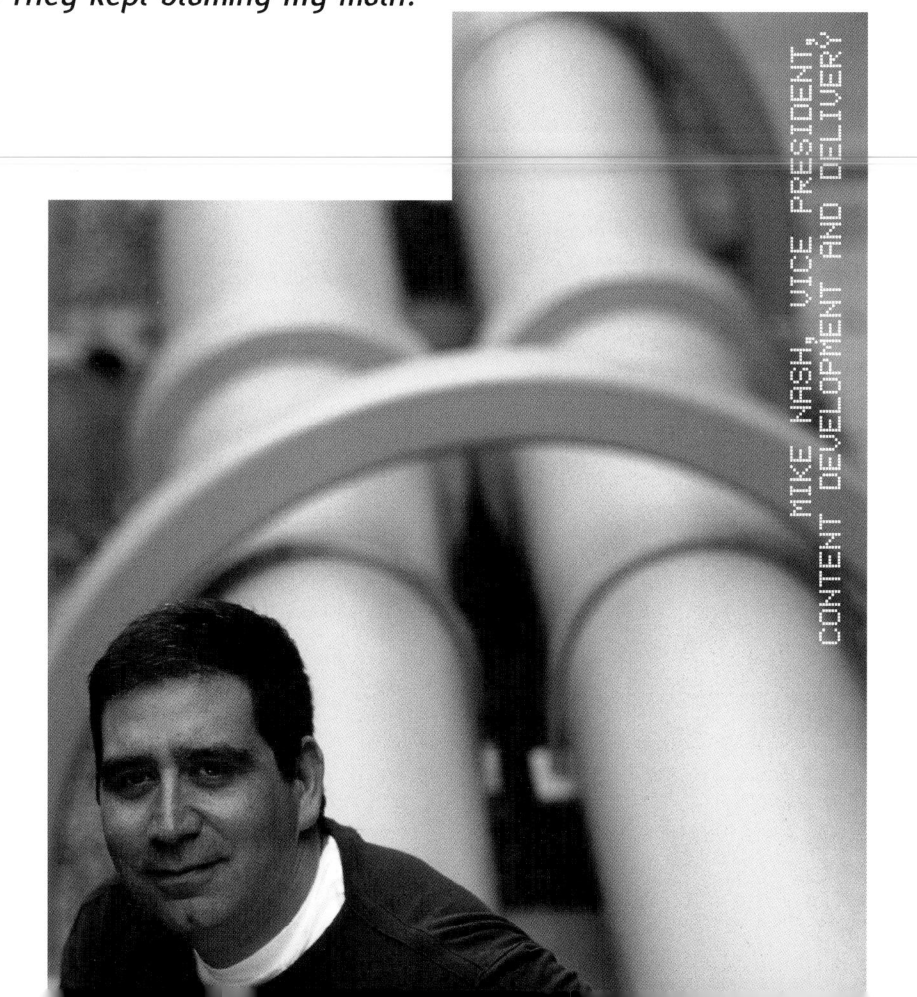

Q: What did the NT in Windows NT stand for?

a. New Technology
b. One letter greater than DEC VMS (VMS+1 letter=WNT)
c. Nothing
d. Neutral Territiory

A: c. Nothing

JIM ALLCHIN, GROUP VICE PRESIDENT, BUSINESS SYSTEMS MANAGEMENT

The Windows 2000 project started in August of 1996, right after we shipped NT 4.0. We ran hard-core for three and a half years, going through three betas and countless release candidates to get to where we are today.

Since it was such a long march, it was really important to drive the team to some key milestones—Beta 1, Beta 2, Beta 3. Otherwise, they would have just given up in frustration. It is too overwhelming. So you not only have to build the product in pieces and components, building from the small to the large, but you also have to have some milestones. If you look at Beta 1 today, it's a total joke. But at the time, it was spectacular because we had all this new technology pulled together.

With Windows 2000, we thought we could use exactly the same approach we used with the earlier releases. Well, things started breaking down in the middle. The project was so big that our tools for building the system just fell apart.

I wish we had realized that earlier. Truth is, we had. But we thought we could push it through and just drive to the end. I think we burned up a lot of people, having them fight through tools. And that's not what we like to do. So it was a huge learning experience.

It's definitely frustrating at times. Mike Nash is this incredible guy who's been working on NT all along. He's seen the ups and downs, and all projects have ups and downs. One day he came into my office and said, "We're not gonna make it. We're not gonna make it this time." And I said, "Damn right we are." And I gave him all these reasons why. We have an expression between us: "These are the best days of our lives." In the midst of all the stress and the struggle, you can sometimes forget that. But when you look back, you know that you bonded with all these people. When you go through something like this, when you've worked this long on something and you go through the ups and downs and the things that don't work and the disappointment, and then you have success, it's an incredible bonding experience.

Color Coding for Windows 2000 Team: **PROGRAM MANAGEMENT 450** • **LOCALIZATION 110** **INTERNAL IT 50** • **TRAINING 115** **MARKETING 100**

Creating something as complex and world-changing as Windows requires more than just vision, brains, and great peace of mind. You need a great team. And the bigger the project, the bigger the team. Hence, the Windows 2000 team, which had a lot more people than you would ever want to feed on short notice.

No matter how technologically advanced we think we've become, we haven't outgrown the need to get together and achieve much greater things than we could ever do

A project like this not only impacts the people who are physically coming to the office, it touches their significant others and their children. These kids, they know Dad or Mom's not home at night because they're working on this thing. And so one thing we try to do is thank the families. They're part of the team as well because we can't pull it off without them understanding that whoever's working at Microsoft is working on something that's bigger than they are. And that it will eventually be completed. The rewards are then both internal for having done it, and knowing what we can contribute to the industry and to people around the world.

Brian Valentine came onto the project at the end of '98 and helped drive it out the door. But the people working for Brian had been on the project all along. And they're all stars—and the people under them and the people under them. They know what it takes to make a high-end product. There are great engineering teams in other companies, but I don't know of any other company that could have pulled off what we pulled off. We really have the best software engineering team in the world.

From: Bill Gates

Sent: Friday, February 18, 2000 6:12 PM

Subject: Windows 2000 launch

It was a blast to be part of the Windows launch yesterday. We took a critical, great product and did a super job getting it off the ground. I don't know all the people to thank individually because I know it took a great team effort to pull this together. For everyone involved, thanks for the great work. And thanks to the Windows 2000 and SQL product teams for giving us the ammunition to pull it off! Give me a day like that every few years, and I can stay energized forever.

TECHNICAL EVANGELISTS 1,120 • DEVELOPMENT 900 • TESTERS 1,800 • SUPPORT 600 • USER EDUCATION (WHITE SHIRTS) 100 = 5,345

alone. And no matter how big a team becomes, it naturally subdivides into working groups of about 6 to 11 people. If you think about it, it has always taken about 6 to 11 people to play most sports, to run a restaurant, to perform a decent trapeze act, or to create each component of a software product as big as Windows.

That's the about same number of people it took to fell a woolly mammoth. Some things never change… .

Photographed by: Rick Dahms © 1999; Photograph courtesy of Forbes ASAP magazine.

DAVE THOMPSON, VICE PRESIDENT, WINDOWS SERVER PRODUCT GROUP

We've built the Internet into NT from the beginning. The first version of NT in 1993 had support for the base protocol that the Internet uses, TCP/IP, and it had a bunch of services that were the fundamental workhorses of the Internet at that time, like FTP. We did a tremendous amount of work, and as the Internet evolved and grew, we added support. From 1993 to 1996, another set of protocols, HTTP and Web browsing, were designed in. So we've progressively gotten richer and richer Internet functionality in the system as the Internet itself has evolved. But even from the beginning, in the first version, NT had it.

– JIM ALLCHIN

Today, something as simple as switching to a new doctor is really complicated. There's information that your company has about your health-care provider. There's information your insurance company has. There's information that your doctor has about you. You have to call one doctor and say, "It's OK for you to give my records to the other doctor." And then they pull some paper stuff out of a file that may not be legible, usable, or complete, and then if they stick it in the wrong folder, it's just gone. You might as well just burn it.

Making the flow of information seamless and reliable is our challenge. The infrastructure is essential. With all these Internet sites, you have different passwords and profiles. You go to HomeGrocer and create one account, and then you go to Amazon and create another. I end up just going back to the same sites because I don't want to make a new account somewhere else and I can never remember my password.

The directory work and security work we've done in Windows 2000 provides the infrastructure that will let us build software to bring together convenience (I don't have to remember all that stuff), security (I can prove my identity with a little access key in my wallet), and privacy (I can choose how much information I want to provide about myself). Windows 2000 has the base infrastructure, and on top of that we build the services that make all this possible.

We created what's called Active Directory, which is the global, distributed database that keeps track of security and other user information for applications to share. We made a very conscious decision to make Windows 2000 Internet-oriented. The namespace, the way you identify objects in the directory, is rooted in DNS, the Internet namespace, and the directory and security access is based on established Internet protocols. We basically took Exchange technology and integrated it with the security system in Windows NT. Active Directory is more than domains on steroids. It's a much richer, scalable, functional environment to build applications on.

Microsoft worked to deliver a directory for many years. It was a goal in LAN Manager 3.0, which was basically shut down and turned into Cairo. And then Cairo was supposed to be the complete platform, but it was too all-encompassing and was finally shut down as well, though many of the technologies found their way into products around the company. When a project like that goes awry, people's feelings get hurt. And so a few of them who "survived" joined our group and brought this enormous energy and drive to make something out of what they'd worked so hard on.

That was probably the most exhilarating time. Everyone else was working on NT 4.0 when we started Active Directory. We were working our tails off—the test guys, the PM guys, the developers—we were all here all the time. I've never worked on a team that was as pumped as that. And that formed the core directory for Windows 2000.

We did other really important things early on to support what has now become the Internet. My background before coming to Microsoft was in networking, and I spent some time on future directions for LAN Manager. When we switched our strategy from OS/2 to Windows and NT in 1990, I was put in charge of a team to build networking services into NT. One of the decisions we made early on was that TCP/IP would be our strategic protocol. Later, it became the protocol for the Internet. We were working on this stuff before anyone even knew what the Internet was.

I remember hiring J Allard to be the program manager for TCP/IP. He wasn't sure there was going to be enough work for a full-time job. In fact, it became more than that as the Internet evolved, and J became a key leader.

David Treadwell led the Winsock effort, which was another key move. Winsock defined a standardized interface to TCP/IP that enabled a broad set of Internet applications. The browser and other applications were able to use Winsock to access the Internet. Up to that point, the TCP stacks were from different vendors and all a little different, inhibiting application development. Winsock, at a low level, enabled the Internet on Windows.

I think that the most exciting opportunities are yet to come. The scale of the Internet has opened up unlimited possibilities for providing cool services to users. The key is taking all that scale and richness and harnessing it both conveniently and securely for users, while protecting their privacy in an environment that thrives on information sharing. There's no end to the challenge!

LANDY WANG, SOFTWARE DESIGN ENGINEER, BASE OPERATING SYSTEM KERNEL

It took a major effort to make Windows 2000 far more dependable, reliable, and scalable than anything we'd ever shipped before. We realized that a product this complex and that was augmented by third parties required a whole new mindset to build. The Driver Verifier was one of many features we created in order to simplify reproducing and fixing bugs—both Microsoft's and those of our partners. The amount of rigorous testing on this product and the number of machines involved went far beyond anything I'd seen in my 15 years of operating systems development. And the result was worth all the effort.

Excerpt from the Windows 2000 Press Release: January 17, 2000

In support of the unprecedented scalability and performance gains of Microsoft® Windows 2000, Gates announced a new world-record Transaction Processing Performance Council benchmark number of 227,079 tpmCs for Windows 2000 Advanced Server and Microsoft SQL Server™ 2000 running on 12 Compaq eight-way ProLiant systems. This new world record is almost twice as fast as the nearest competitor at one-fourth the price performance. This system is so powerful that it is capable of handling the total number of retail e-commerce transactions in 1999 in only 48 hours.

ROB SHORT, VICE PRESIDENT, WINDOWS BASE TECHNOLOGY

Plug and Play is a very simple concept. You stick in a piece of hardware, the software figures out what it is, loads the right driver, and it just works. The reality of it is that there's a huge variety of hardware, and none of it really meets the specifications. So one of the toughest things we did in Windows 2000 was make the NT code base support Plug and Play. On NT, that was a much more complicated problem than it was in Windows 95 because we supported a much broader range of systems. We had multiprocessors and we had things with multiple buses in them, as well as all the other devices that the Win 95 team had.

We worked from '96 until the end, and we never really got the thing a hundred percent under control because new hardware appears everyday and it all seems to have some funny twist to it. If you're fixing this particular network card to work on that particular laptop, it causes something on some server to break. We had phenomenally smart people working on this and a massive testing effort. We wrote a lot of tools to check and verify all this hardware. The testing people were just amazing. We had the thing set up so we could make a change to the software and give it to Testing, and by 9:30 the following morning they could tell you what happened on several hundred machines. And for two years, we did that every single day. Seven days a week.

RAYMOND CHEN, SOFTWARE DESIGN ENGINEER, WINDOWS USER EXPERIENCE

Windows 2000 is based on Windows NT code, but because our studies revealed that parts of the NT user interface made the system hard to use, we made quite a few tweaks to the shell and the overall user interface.

For example, one problem people had was with our menus. When you selected an item from a menu, the entire menu would vanish, and you'd be left wondering, "Did I select something? Did the system reject my selection? Which item did I select, anyway?" Now, when you select an item from a menu, the menu disappears instantly, but the item you picked hangs around for a little while before fading away.

Another problem people had was with the Start Menu. Look at a typical user's machine: the Start Menu is enormous. We found that users felt overwhelmed by its size and had trouble finding the items they wanted. So we made the Start Menu adaptive. Items you don't use gradually fade away from your Start Menu, reducing clutter.

We made other changes along these lines. We added a Go button next to the Address Bar in Explorer because many people would type a URL into the Address Bar and just sit there, waiting for something to happen. We also reorganized the Start Menu and Control Panel to make it easier for people to find the things they wanted. We made lots of little changes, all with the aim of making the system easier to use.

Each time we made one of these minor changes, we'd brace ourselves for a barrage of complaints from the hardcore NT developers. They grew up with things the old way, and many of them found the new interface too "fluffy." But after a few weeks, the furor died down, and people became accustomed to the new design. Now, I suspect that most of them wouldn't dream of going back.

NADINE KANO, BUSINESS DEVELOPMENT MANAGER, WINDOWS SERVER PRODUCT GROUP

In Microsoft's 25th year, I am celebrating my 11th anniversary with the company. I stay because technology is just getting started, and I think we have a long way to go to improve software reliability, efficiency, and cost. Windows 2000 is just the beginning. As historians love to point out, centuries ago the Romans built roads that still exist. Those roads opened new doors for trade and commerce—they changed the face of daily living. What Microsoft is building in our modern age with products like Windows 2000 is no less significant. We have an important mission to streamline everyday tasks for individuals, business groups, industries, and, beyond that, whole economies. I cannot think of a more exciting place to be or a more exciting time to be here.

S. SOMASEGAR, VICE PRESIDENT, WINDOWS ENGINEERING SERVICES GROUP

Windows 2000 was a very long project by most software project standards. It took us 3 years, 4 months, and 2 weeks from the day we shipped NT 4.0. Getting 4,000-plus people to feel that they were part of the same team and that we were making progress day by day and week by week was a big challenge.

Brian Valentine, the head of the Windows Division, started holding biweekly Friday afternoon get-togethers for the whole team in the Building 26 cafeteria, and about 1,500 or 2,000 people would show up. To make these gatherings interesting, Brian would read headlines from a popular tabloid about things like celebrity sightings, and he would come dressed up to match. Around February 14 last year, he came dressed as Cupid and got the whole crowd roaring and jeering. Of course, Brian would spend a few minutes in between all this hoopla giving status updates to the team. These informal "beer fests" became very popular and helped people relax and feel like they were part of a team effort.

WINDOWS 2000 TRIVIA

Windows 2000 has been worked on in 130 distinct dialects of 24 languages at 300,000 corporate sites in 50 different countries.

There have been 2,195 builds of Windows 2000, with 12,000 CDs burned each week.

It took over 10 million lines of code to test Windows 2000.

Windows 2000 underwent approximately 1.2 million hours of stress-testing.

500,000 customers beta-tested Windows 2000.

The Windows 2000 team sent approximately 90,000 e-mail messages each day.

Developers of Windows 2000 consumed an estimated 4,171,234 lattes during the years of development.

System Requirements for *Microsoft Windows 1.0:* 192K of RAM, a bit-mapped display, a mouse, and two floppy disk drives. The system does not require the use of a hard disk drive.

System Requirements for *Windows 2000 Professional:* 133 MHz or higher Pentium-compatible CPU, a minimum 64 MB of RAM, and a 2 GB hard disk with a minimum of 650 MB of free space.

"We've brought plenty of secret sauce to our hardware." – RICK THOMPSON

RICK THOMPSON, FORMER VICE PRESIDENT, HARDWARE

The first mouse that was ever taken to our partner to manufacture was a lump of clay with a thumbtack on the bottom to show where the ball should go. And we said, "Here's what we think the mouse should be." In the early days, we were not really an engineering organization; we were an idea house. But over the years, we've added more electrical engineers and mechanical engineers, more software developers, and more test folks. Slowly but surely, we've built these competencies to the point that we're the best in the world at creating great input devices.

We've brought plenty of secret sauce to our hardware with innovations in ergonomics, industrial design, and software integration. First was the ergonomic shape of the mouse. Next was moving the resolution up to 400 points per inch. Then came the improved ergonomic design of the 2.0 mouse, which has a more comfortable handle shape. And our collaboration with Office teams led to the scrolling and zooming wheel that's on the new mouse.

Our most recent achievement is the solid-state mouse. It has no ball on the bottom. Instead, there's a tiny digital camera that takes pictures of the underlying surface about 1,500 times a second. A digital signal-processor chip compares each new picture with the previous one, measures the changes, calculates the position of the mouse, and moves the cursor. It works on most all surfaces, except glass, without a mouse pad. For those of us who've been around this business for a long time, this is a very cool development.

One of the things people don't really hear much about is all the usability and reliability testing we do. As serious as it is, it's also pretty goofy—we drop mice off tables, throw them against the wall, and strap them to paint mixers to see how long it'll take them to wear out. We zap them with 24,000-volt lightning bolts of static electricity. It looks exactly like something you'd see coming out of the sky.

There's never a finish line on any of this stuff. Throughout my career, people have told me that we can't possibly continue to improve the mouse. And yet, one of our best innovations ever—the optical mouse—is shipping this year. And I'm confident that this team will keep right on going, making these things better and better.

Even though we're a software company, we don't believe for a moment that hardware should be less innovative than the software solutions we create. And sometimes, if you want something done right, you have to do it yourself. By following that simple philosophy—which, incidentally, has worked pretty well in our software development—we have quietly created a successful hardware business in the heart of the world's largest software company.

DAVID JONES, PROGRAM MANAGER, EXCEL

Eric Michelman wired a joystick to the zoom setting in Excel to make it easier to navigate large spreadsheets. He called it the **ZoomLever.** He demo'ed it at one of our team meetings and asked if anyone had any ideas for what we could use instead of the joystick. I had just bought a new VCR that had a remote with a wheel on it, and I brought it in the next day to show him. Eric asked if he could borrow it, showed it to the hardware guys, and soon we were playing with IntelliMouse prototypes with wheels on them.

Q: What was the code name of Microsoft Mouse 1.0?

A: "Dove bar"–because it resembled a bar of soap.

***Pictured above, left to right:** Terry Lipscomb, Paul Lovell, Todd Holmdahl, Matthew Kellerhals, Scott Plank, Gary Rensberger, Carol Bubar. **Front center:** Steve Kaneko.*

It's a wily mouse that would breathe in a cat's ear. – JOHN HEYWOOD

STUART ASHMUN, GROUP BUSINESS DEVELOPMENT MANAGER, HARDWARE

In the hardware group, we did some great ergonomic work for the mouse and then said, "Wait a minute, the keyboard gives us yet another opportunity to improve comfort while using the computer. Let's take it on."

This was the start of our ergonomic research work on the Natural Keyboard, which eventually led to a whole line of keyboard products that incorporate ergonomic principles. In our early work, we consulted with researchers from the Ergonomics Lab at the Berkeley and San Francisco campuses of the University of California. Scientists there had developed a high-fidelity way to measure the pressure inside the carpal tunnel of the wrist. This allowed us to tell which forearm and wrist postures might be more comfortable.

In designing the geometry behind the Natural Keyboard, we chose the optimal arm position that wouldn't negatively affect how fast or accurately you type. The design is also really comfortable and natural and doesn't require any special training to learn to use.

Research since that time has supported the benefits of this keyboard for some users. In one study, a group of users with a history of hand and wrist pain used the Natural Keyboard and reported reduced levels of pain after several weeks. While the Natural Keyboard might look a little odd, its natural feel and fit is the true test.

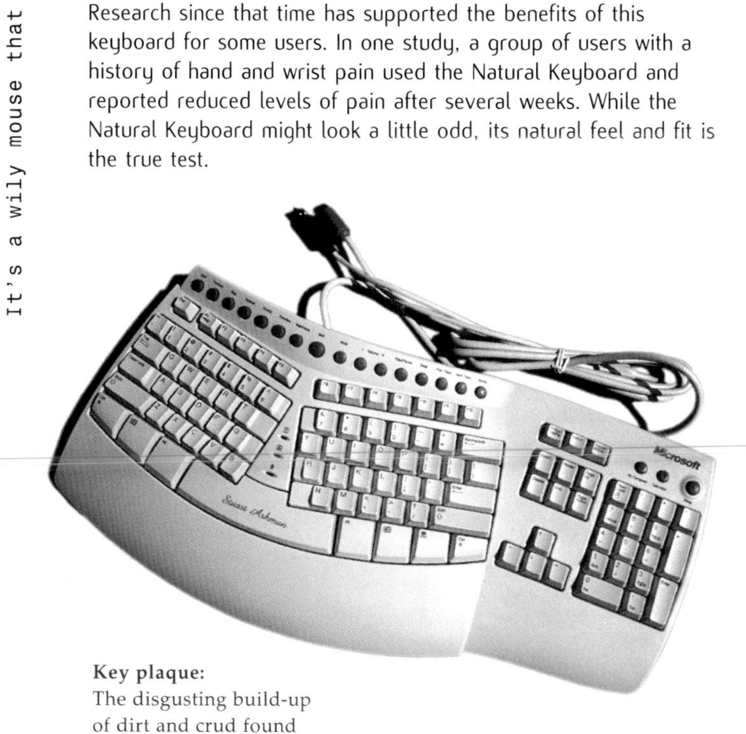

Key plaque: The disgusting build-up of dirt and crud found on computer keyboards.

STEVE KANEKO, DESIGN DIRECTOR, PLATFORMS GROUP

We've definitely had our start-up moments. In the early days, I leased a small space for hardware design work and separated it from the neighboring machine shop with a couple of temporary walls. I bought a tool bench at the hardware store and went to work.

When it came time to plan for version 2, the original "Dove bar" mouse was so successful that no one thought we'd be able to top it. But we set out to make a more comfortable mouse. At the time, "ergonomics" was still a new concept in the industry, unlike today where it is simply the price of entry. But we conducted research with the Joyce Institute in Seattle, the Metaphase Design Group in St. Louis, and the University of Illinois Kinesiology Laboratory. It took us 90 hand-built models to arrive at the right design. In the end, it was a big winner, and not only with computer users—our mouse won national and international industrial design awards and was inducted into the Museum of Modern Art's design collection. We were pretty proud of that.

Now we had a really tough act to follow. Cliff Brooks, the product planner, came up with a plan to create a lower-cost mouse for home users—called the "house mouse." I set to work in the basement of my own home and sketched mouse keys that resembled pitched roof lines, and I turned the "strain relief" (which is needed to physically accommodate tugs and pulls on the mouse cables) into a chimney.

Unlike the Mouse 2.0, this Home Mouse was really a "skunk works." Cliff, the mechanical engineer, Dick Liu, and I went to Taiwan and worked directly with a manufacturer to make this project happen for a fraction of the development cost of the Mouse 2.0. The house mouse was developed using all the shortcut methods of a small start-up. The tooling house we visited outside of Taipei was literally a garage shop. We traversed among live chickens just to get to the shop with a dirt floor. The engineering database was on a PC on a coffee table in front of the TV upstairs in the owner's home. Needless to say, it was quite an eye-opening look at how our competitors are able to develop products at a fraction of the time and cost.

We've continued to work on innovative design, producing not only the Natural Keyboard, but a whole host of other hardware devices.

name: Microsoft IntelliMouse Explorer

style: sleek, tasteful, and aerodynamic

equipment: incredibly tiny digital camera, superfast digital signal processor, groovy new scrolling wheel

currently specializing in: effortless Internet browsing, scrolling, and zooming

most unusual talent: operates on almost any surface, including bare skin

proudest achievement: editing a draft of Bill Gates's address to COMDEX

big hero: Microsoft's ergonomic keyboard, the Natural® Keyboard Pro

little buddy: Microsoft's Cordless Wheel Mouse

doesn't miss: the belly ball that inadvertently vacuumed random crumbs of food off of mouse pads

hobby: devising recycling schemes for obsolete mouse pads

dirty little secret: the cool red taillight is purely cosmetic

pet peeve: glass desktops

Mouse
Mouse 400 series
BallPoint Mouse
Home Mouse
EasyBall
Ergonomic Mouse
IntelliMouse Trackball, Pro, Explorer
Wheel Mouse
Cordless Mouse
IntelliMouse Optical
Microsoft Natural® Keyboard, Elite
SideWinder® Standard, 3D Pro, Game Pad
ActiMates
SideWinder Precision Pro
Force Feedback Pro
Freestyle Pro Force Feedback
Microsoft Digital Sound System
Microsoft Cordless Phone System

MYUNG SUNG LIM, SENIOR ACCOUNT MANAGER, HOME AND RETAIL DIVISION, KOREA

Nine years ago, Microsoft announced a mouse product and the Korean subsidiary decided to import them. The people at Redmond confirmed that they had been shipped, so when we arrived at the airport to pick them up, we were very surprised to find that they were not there. The customs office told us they didn't have them, and nobody knew where they were. So we spent two or three days trying to track them down, and we finally found them in the animal quarantine. The problem was that the box was labeled "Mice," so it was immediately sent to animal quarantine. I guess nobody ever opened the box to make sure that these "mice" were still alive, so it just stayed there until we finally came and picked it up.

QUARANTINE

Microsoft Office wasn't always the seamlessly integrated little package of productivity that it is today. It started out as a loosely bundled trio of applications that barely acknowledged each other's existence. The transformation of Office began with a few great notions and was fueled by an extraordinary amount of dedication and drive, resulting in a set of siblings that get along better than the Brady Bunch *ever did.*

Office radically altered the way we develop software and rippled through the industry like a cosmic wave, as computer users stopped settling for software that could do only one trick at a time. The list of creative ideas brought to life in our applications since then could start with this book and stretch to the last bus stop of infinity.

ANTOINE LEBLOND, DISTINGUISHED ENGINEER, OFFICE

Of all the absurdities I occasionally hear or read about Microsoft, the one that makes me chuckle the most is when people accuse us of not being innovative. The software we've written over the past 25 years has done nothing short of revolutionize the way hundreds of millions of people work. We didn't achieve that by buying, copying, or stealing old ideas. We did it by continually finding new and better ways to allow our users to achieve their goals. We did it by finding ways to make them more productive. The true measure of innovation is whether you've created something that allows people to do things they were never able to do before. I challenge anyone to say we haven't achieved that. The spirit of innovation is alive and well in this company. I see it in these hallways every day.

1989: First Office for the Macintosh
1991: First Office for Windows
1993: Office 4.0 for the Macintosh
1994: Office 4.0 for Windows
1995: Office 95 for Windows
1997: Office 97 for Windows
1998: Office 98 for the Macintosh
1999: Office 2000 for Windows

STEVEN SINOFSKY, SENIOR VICE PRESIDENT, OFFICE MANAGEMENT

We started Office on the Macintosh back in 1989. Our applications group had Mac Word and Mac Excel, and had just acquired Mac PowerPoint. We found that customers were going to the store, buying these products all at the same time, and kind of using them together because with the Mac it was easy to cut and paste between documents. So some very smart people—Lewis Levin and Laura Jennings, among others—said, "Well, why don't we put together a pack of Macintosh applications for businesses that use all of these applications?"

Customers loved it. And it was only natural that we do that for Windows as well. We began making Office very integrated so that all the applications would look alike and work alike. But it was very hard to do. Office 4.0 was a brand-new release of Word with coupons for Excel, Mail, and PowerPoint because we didn't really have our act together on releasing all the applications at the same time. We had toolbars that were different heights, menus that were arranged differently, and color schemes that were different. We had the most trivial dialog boxes—File/Open and Save—that were completely different across products. So that was when Mike Maples and Pete Higgins actually created a separate team to do Office stuff, headed by Chris Peters with Jon DeVaan running development, which helped with things like shared code and consistency.

Over time, our job has been to enable users to do new things with software so they can get work done by creating, synthesizing, and presenting all sorts of information. We don't just sit and refine the things that Office already does—it's up to us to work with customers to determine what they need and then make new capabilities possible.

When we talk to customers, the problem is this: if you were to go on the street and grab five people who use our product and ask what would they like done to it—they could tell you how to fix a couple of things that bother them every day, but they couldn't tell you to add a whole new thing. But you know what? If you were to ask me how to improve a car, I'd say, "Well, other than more cup holders, I don't know." I wouldn't know how to do something to the injection or fuel stuff. I don't know anything about cars even though I drive one every day.

So we work to find out what we call customers' "unarticulated needs." What Brian MacDonald and his team did for Outlook is a great example. Nobody was beating the door down to combine contact management, scheduling, and mail into one product, even though all you had to do was visit people using those three products to see the pain they were going through. "Okay, I have to make a phone call, but then I want to send a follow-up piece of e-mail. Okay, cut and paste the address here. And now I want to schedule a meeting with that person. Oh, I can't." It didn't take a rocket scientist to figure out that we should let people do all of those things at once.

The Word team came up with a great way to capture how people use their applications. They created an instrumented version of the software that counts each action—like every time someone uses a toolbar button, a menu command, or a keyboard shortcut. For Office 97, we gave volunteers the instrumented version for three months and recorded 4 million actions. We found that about a quarter of the commands accounted for about 75 percent of the actions. The other 25 percent of the actions were all over the place, depending on what the person did. So now, when a reporter tells me nobody uses a certain feature, I can say, "No, that's not true. We have lots of people who use that feature," or "Well, you're right." ➢

NRO: Next Release of Office. Used for a feature that can't be put into the current shipping version but is flagged to go into NRO.

Because of that data, the Office 2000 menus don't show all the commands—just the 25 percent that people tend to use most often. Then, if you use an extra one, we bubble it up and it stays on the menu. If you stop using it, it goes away because maybe you had no idea what it was and you chose it by accident.

There are dozens of other examples—like drag and drop. People didn't ask for it; we just recognized that it was tough to cut and paste. We invented a new paradigm of direct manipulation, and now people drag and drop everywhere, not only in Office but across their desktops, Web pages, and so forth.

One of our most important innovations was automating common tasks—by simplifying things that take many steps into just one, like AutoSum, and anticipating what users need with features like AutoCorrect. We came up with AutoCorrect for Word 6.0, and at that time it could fix six words, literally. Walt Mossberg of the *Wall Street Journal* wrote that this was a feature worth upgrading for. Occasionally, small things make a huge difference.

We also do lots of work to make Office support whatever other products our customers are using, including ones that don't come from Microsoft—whether it's Access working with other databases, Word reading a bunch of other file formats, or Office supporting Navigator. Integrating the Web into Office 2000 was a key step, and we went through an amazing amount of work to make sure that Navigator users would be able to see a Word doc in the same way that Internet Explorer users do.

We're going to continue to create integrated solutions that add a lot of value. The combination of Windows 2000 and Office 2000 for the enterprise customer is very, very good. It solves problems for worldwide use, reducing the cost of ownership and simplifying IT management tasks, like roaming users and setup and installation. For all of those things, the two teams worked together. In fact, our setup technology was actually pioneered in the Office team and co-designed and co-developed with the Windows team. Customers are customers, so they're allowed to ask for everything, and we try to provide it.

As we move ahead, one of our bigger worries is that people will think they can do without Office products. You know, "Oh, I don't really need a word processor because all I do is read Web pages all day and I don't ever have to create them." The future is not going to be one where a person who needs a marketing plan just goes out to the Web or the intranet and reads a plan and says, "All done." In reality, businesses differentiate themselves by the way they build business strategies, communicate with customers, and use information to their advantage. So the future is filled with people doing more writing, more presenting, and more communicating with customers and with people in their company and their industry. Making the tools that allow them to do that will continue to be our focus.

Q: What event was inspired by the Pepsi Challenge?

a. The switch to Pepsi in all the campus refrigerators
b. The switch to Coke in all the campus refrigerators
c. The Word-WordPerfect Challenge

In my eyes, it was amazing that we were actually able to execute on an Office product instead of having it remain a Scotch tape, spit, and baling-wire bundle of stuff. I think that's something we can all be proud of. It's tough because of the number of people involved and the kinds of hard decisions that have to be made when you're making things act and work the same. It always means that somebody feels like their idea won and somebody else feels like their idea lost. That's painful, but it's also very necessary.

– JON DEVAAN, SENIOR VICE PRESIDENT, CONSUMER GROUP

HANK VIGIL, VICE PRESIDENT, CONSUMER STRATEGY AND PARTNERSHIPS

A lot of revisionist history has been written about how Microsoft's success in applications is due to the success of Windows. But really, it was the other way around. Excel and Word, in particular, embraced the graphical user interface early on, which really proved the value of Windows. And we did that earlier than either Lotus or WordPerfect, who were addicted to their cash-cow products based on DOS. Of course, the other key driver in our applications business was our decision to create Office. In some ways, Office was born of our recognition that we could make it easier for people to share text, data, and graphics. It gave us a value proposition that was greater than the combination of Lotus 1-2-3 and WordPerfect.

I was the Director of Marketing for Office during the time when we really redefined the market for applications. We not only made our applications work well together, but we also made the powerful features in our products easily accessible to people through innovations like the toolbars that we pioneered in Excel. Today, I'm working on our strategy for consumer devices, and the challenges are surprisingly similar. As we add intelligence to devices like TVs and phones, we're building on our experience of making powerful things easy to use.

REED KOCH, GENERAL MANAGER, DIGITAL IMAGING

The drag and drop feature was enabled by OLE in Word 2.0. It basically allowed a user to select text and then drag it to a new location and drop it, instead of hitting a bunch of commands to cut and paste. We were going to support the feature, but then ended up wanting to cut it at the end of the last milestone in order to ship the product on time. We actually didn't think it would be widely used because it wasn't visible. So we cut it. Then BillG saw the cut, I think in a product status e-mail, and he made us put it back. It ended up being weekend work for a developer and was a huge hit with customers. It was another one of those instances when we all disagreed with Bill, but in fact he was right and we were wrong.

ANDREW KWATINETZ, GROUP PROGRAM MANAGER, OFFICE

We did some research that showed just how popular the SUM function was in Excel—more popular by far than all of the other functions. Chris Peters, development manager of Excel at the time, went off and quickly implemented a new toolbar button to cut down the number of steps to one: the AutoSum button. Everybody loved it! That started the trend of reducing the number of steps for the most frequent tasks.

A: c. the Word-WordPerfect Challenge

Q: What Easter egg in Office 4 includes the names of all the developers' mothers?

RALF HARTENECK, VICE PRESIDENT, WORD AND POWERPOINT

The year was 1986 and I was the program manager for the first version of Excel for Windows. Lotus 1-2-3 dominated PC spreadsheets, and we were eager to come up with features that would attract the influential Wall Street crowd to Excel. One thing Wall Street lived by was real-time data, and at the time there was no easy way to get it into a spreadsheet. Collaborating with the Windows team, we defined the Dynamic Data Exchange (DDE) protocol, which enabled two applications to exchange data and commands in real time. To test the protocol, Ed Fries adapted his "Fish" application, a colorful virtual aquarium, so that the fish reported their positions in real-time to Excel. When Excel shipped in November 1987, the DDE feature was a success. Wall Street continues to use it to this day.

DEAN HACHAMOVITCH, PRODUCT UNIT MANAGER, ONLINE GAMES, ZONE.COM

Charles Simonyi developed a feature called the "glossary" for Word—way back when, when giants walked the earth. You could create a keyword, like MyAddress, that would expand into something else, like your actual address, when you hit the F3 key. So I tried it out. I'd type the keyword and then forget to hit F3, hitting the Spacebar instead. It was just so natural to hit the Spacebar at the end of a word. I'd type my keyword and hit F3 over and over again and I kept thinking, "If I could just train myself to hit F3 instead of the Spacebar..." then, "DUH! What if you could just hit the Spacebar?"

So we made words that people typically mistype—like "teh" for "the"—into keywords that change to the correct spelling when you hit the Spacebar, and we named it AutoCorrect. *See if it chanegs yuor mispellings.*

When we were working on background spelling in Word 95, we needed a way to signal to users that something was misspelled. So we asked the developers if they could write code to draw a circle in red around each misspelled word. We went around and around on this forever. They kept telling us it was impossible. I mean, what if the circle went outside the margin of the page? How would we resize it? Finally, we said, "We don't care what it is. We just want to ornament the word so the user can see it." So Antoine Leblond, the development lead at the time, said, "Oh, well, I can do a red squiggle."

Scott McNealy of Sun once joked that Microsoft has so many people working on all these little features that they probably have one person who just thinks about the red squiggle. Well, actually, a lot of us did.

KATHLEEN HEBERT, VICE PRESIDENT, SMALL BUSINESS DIVISION

Office was a radical shift for Microsoft and for computer users. We changed the playing field by being the first to recognize that ease of use was significantly enhanced by consistent applications that worked well together. It was certainly the most radical shift that I was in on from the early days, and it was the key to Microsoft becoming the leader in productivity applications.

Back in '92, Mike Maples asked me to work for Lewis Levin as the product manager for Office. I was charged with building a team that would position, market, and sell Office as an integrated suite instead of a package of unrelated products. At the time, we were selling only a few thousand copies of Office, and almost none to corporate accounts.

So I hired two more product managers. We had a program manager on the team who was responsible for speccing the first unified setup for Office, and we also had two contract developers. We were just a small adjunct team trying to figure out how to make Office work as a product. The regular marketing groups were quite large at the time, with as many as 16 people on a single product, so we had a lot to do with very few people.

We recognized immediately that we had to change a lot of things about the way we did business. At the time, Microsoft shipped everything on different cycles. We shipped Word in the fall and then planned to ship Excel at a different time in order to balance the workload for PSS, manufacturing, and other disciplines. But this practice made it really difficult to ship Office. Our small Office group wanted the products to ship simultaneously, and we wanted to advertise and promote Office as a product in its own right, but these ideas were countercultural. We really struggled for a couple of years to get people to change their point of view.

When the tide finally turned, it happened quite quickly. It was a combination of getting the price point right in the channel—the price was high to begin with, at $999—and Lotus joining the fray with SmartSuite to validate the category. Suddenly, we saw sales skyrocket. Office went from selling only a couple of thousand units per month to 50,000 or more. I was working insane hours, from 7 o'clock in the morning until 10 o'clock at night, and every weekend. It was a crazy time, but very exciting because we really felt like something significant was happening.

About a year and a half after I had started my small team, Pete Higgins and Mike Maples radically changed the Desktop Applications Division. They formed a large central Office marketing group instead of separate marketing efforts for Word, Excel, and others. Pete and Chris Peters formed a central Office development group and changed the dev process so that we could share features across products and improve consistency between them.

A: MOM (Microsoft Office Manager)

"I had been trying to think of a better way to re-calc, and I got kind of obsessed with it."

It happened very rapidly. We went through a massive reorg in the span of a couple of months. Now, it seems like it was a straightforward decision—a no-brainer—but it changed virtually everything about the way we thought about developing products, marketing products, even manufacturing the disks.

A lot of people jumped in and put their heart and soul into building this category. Chris Peters was the one who combined the product groups and encouraged them to think in an integrated way, and that was incredibly important. He was followed by Jon DeVaan. On the marketing side, Hank Vigil and Robbie Bach brought together a lot of process and great approaches. And Steven Sinofsky came in as group program manager. All these people—and many more—really put their stamp on changing how people think about productivity software.

I can still look around and see things that we created eight years ago. For example, I helped create and name Office Professional. And I helped come up with the idea for the puzzle-pieces logo for Office. To this day, every time I see that logo, I think, "Wow, I was a part of that!"

Our first integrated efforts were far from perfect. It took us a while to get it right, but we hung in there. This company reinvents itself constantly, so it's rewarding to see that the Office product line is still there and thriving. The $8 billion business that we have today started off as a tiny little business in 1991. And that journey has been a whole lot of fun.

ED FRIES, VICE PRESIDENT, GAMES PUBLISHING

I got to work on something really fun—changing the way re-calc works in Excel. Re-calc is the core of Excel. It's how Excel decides which cell to calculate next as it follows the chain of calculations down through the cells in the spreadsheet. It's a problem that we had always considered to be n-squared—that's a computer science term. In other words, as you get more cells, it increases exponentially the amount of time it takes to calculate the answer.

Excel moved through this thing called the re-calc chain, and when it ran into a cell that it couldn't calculate—because it depended on the results of other cells that weren't calculated yet—it would punt the cell forward in the re-calc chain until it was past the thing that it depended on. But then you could easily end up with spreadsheets that exhibited that n-squared characteristic.

I had been trying to think of a better way to re-calc, and I got kind of obsessed with it. I came up with the idea that when you were moving forward through the re-calc chain, when you got to a cell with a dependency, instead of punting it forward, you could take the thing it depended on and pull it back. You could move backward and forward through the re-calc chain, in other words.

This hadn't really been possible before because the re-calc chain was what's called a singly-linked list, where you can go in only one direction. But, for other reasons, we had converted it to a doubly-linked list in the new version of Excel. I realized that this would allow re-calc to change the order of its calculations so that it could calculate straight through the next time, without stopping for any dependencies. The result would no longer be n-squared. If your spreadsheet was twice as big or 10 times as big, it would take only 10 times longer, not 100 times longer, to recalculate the cells.

I remember getting together with Doug Klunder and talking over this idea with him and getting him to buy into it. And it's there today. That's how Excel recalculates. So that's probably the coolest thing that I did over the years that's still in a shipping product.

PETE HIGGINS, FORMER GROUP VICE PRESIDENT, INTERACTIVE MEDIA GROUP

You can't schedule innovation. You can create a clear set of priorities for your products, but you have to leave room for people to come up with some new ideas. And you have to revel in them. If people spend all their time doing something that isn't on their schedule, that's a problem. But if someone has an idea, you have to say, "Cool, let's see it."

I saw this culture really foster great work. When someone got a new feature working, they would yell "Demo!" and everyone would trot down the hallway to see it. Or sometimes Bill, Maples, and I would just walk through the halls and let the team show us what they were working on. Then we decided to move these informal demos to a big conference room, so we could invite other teams in and show them what we'd done. People would clap and celebrate along the way. When you sit programming in a room night and day and then show your work and your peers say, "Cool!," that's high praise.

Another way we circulated good ideas was writing memos. Bill really encouraged that because if you don't write something down, you aren't forced to really think it through. We produced a lot of good ideas and some crazy ones. I remember Nathan Myhrvold sent one that opened, "I'm home with a high fever, so this may reflect that..." Some of the most successful people wrote some of the dumbest memos. But it's OK to have bad ideas, too. You listen to all of them and look for the ones that are brilliant.

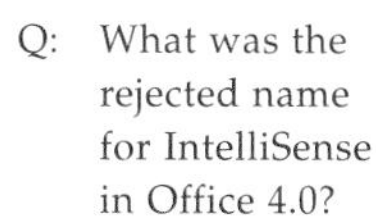

Q: What was the rejected name for IntelliSense in Office 4.0?
a. Plion
b. Crusoe
c. QuickTasks
d. SmartBuddy

A: a. Plion

PETER PATHE, GENERAL MANAGER, MICROSOFT RESEARCH

It was a little intimidating to follow Chris Peters as the general manager for the Word group. That was in 1993, and they had just completed Word 6 for Windows, which was the product that really put us ahead of WordPerfect. They had a lot of great improvements that reflected Chris's vision for usability. The goal was to make complex tasks simple and make simple tasks automatic. We continued to work on ease of use, and we also did some great development work to make Word work with the Internet.

It seems naïve now, but toward the end of '93 I was talking with Steven Sinofsky, and I basically said, ***"We've got to do something here. The Web is going to take off and we need to be a part of it."*** I wanted Word to be able to read HTML files and download them directly from the Web. That meant you had to be able to click on a link and have it load the document into Word to read it, edit it, save it, or add hyperlinks.

I wanted to be able to put Word documents on the Web, too, so this all led to building a special tool for HTML, which ultimately became Internet Assistant. We did it initially as an add-on, always with the plan that it would eventually be part of Office. Now, with Office 2000, that functionality is completely baked in.

Another priority for me was the whole notion of being able to use Word for e-mail. I thought, "You know, when I get mail from the post office, I get all different types of rich documents—like newspaper clippings from my dad or maybe a fancy invitation." But the only interesting things I'd get in e-mail were in the form of attachments, and I'd ask, "Why do I have to go that extra step to launch another program? Why isn't Word just doing it?" Somewhere along the line, we kind of put it together that the real format for rich e-mail was not going to be Rich Text. It was going to be HTML because that's what was going on.

We had all these things converging. E-mail was taking off, documents were going on line and getting smaller, and people were using HTML on the Web. Word needed to go where the documents were. It needed to participate as a first-class citizen on the Internet, which meant being able to load files and then follow hyperlinks, regardless of the format, whether it was a Word file or an HTML file. After all, what is Word all about? It's about creating, editing, viewing, and distributing documents. Who's going to argue with that?

A significant turning point for Word was building our market in Japan. We had an entrenched competitor in Japan, Just Systems, which had a word processor called Ichitaro. Word didn't have a strong user base in Japan. When we did a little research, we found that one of the reasons was that Japanese documents are very tabular, and our tables in Word weren't really designed to play such a big role in a document.

So we did something we'd never done before. We set up a usability lab in Tokyo and tested our competitor's product with realistic documents. It was an eye-opener. It turned out that Ichitaro, which everyone said we would never be able to unseat, wasn't that strong. It was a lot better than Word, and it understood Japanese-style documents, but it wasn't a particularly strong product. This really got the whole team inspired. We looked at it and said, "We can do a lot better than this."

When we visited customers, they would show us their dedicated word processors, which were all designed to do a tabular layout. You'd move the cursor around a character grid, and you could draw table borders by holding down a key while you used the arrow keys. The pencil, the eraser, and the rest of the table tools in Word were inspired by recognizing that people wanted to be able to draw free-form on a page and fill in the table later. That's a feature we originally developed for the Japanese and the greater Far Eastern market, but it became a big hit in the United States and Europe as well.

A: Eight: DEC Alpha, Windows, Mac, MIPS, OS/2, Power PC, Windows NT, Windows CE

JOE KRAWCZAK, DIRECTOR, MARKETING, DESKTOP APPLICATIONS DIVISION

Why would anyone think about switching spreadsheets unless there was something compelling and different about the new one? With Excel, the difference was our new graphical user interface (GUI), and we made a huge bet on it.

Even though I worked on Excel, I spent a lot of my time evangelizing the graphical user interface because back then barely anybody had even heard of Windows. People thought it was some kind of a weird DOS utility. Explaining why Windows was a better way of working on the PC was the first step in showing why our graphical spreadsheet was the best choice. My experience in the Excel group shaped a lot of my perceptions of this company, our values, how we innovate, and how we compete.

A key lesson was the value of good execution. The Excel team executed phenomenally well, with a very small team. In this industry, execution is so underrated as a driving force of success. The press picks up on bold statements, visions, and cool demos. But if you can't write the code, ship a quality product, and get people to try it, all your vision and innovations are irrelevant. There are so many companies and visionaries who talk a good line but fail to deliver a product.

I really believe in the power of innovation. If you have a great idea, you can turn the industry on its head. I once did a little study of the businesses Microsoft has entered into against an entrenched competitor. We do best when we have a fundamental innovation guiding our effort. With the graphical user interface that we helped drive, we were way out on a limb, but we believed in it and it worked tremendously. ***With just over 25 people, we took on the entire Lotus Corporation and won.***

When people talk about the things that turned this company and the industry around, Excel is used as an example. Now the Internet is the big wave that industry-changing innovations will come riding in on. Compared to the Internet, the GUI was a relatively simple and reasonably defined thing. The Internet changes so many aspects of this business that it's like 10 GUIs in one. It's going to be a constantly evolving adventure for everyone, but innovating and executing are still the keys to success in the new world.

Q: What software did Dennis Conner use to design his boat for his America's Cup bid in 1995?

PETER ENGRAV, DEVELOPMENT MANAGER, PHOTODRAW

I was working as a developer on Word 6 when the core Office development team was formed. I was the Word team's sacrificial contribution. I heard later that Office had wanted someone else. Apparently my boss told them, "Well, you can't have that guy, but we have a close approximation. Take Peter."

For the first several months, there were just three of us, and we did a lot of sitting around drawing pictures on whiteboards, trying to figure out what Office should be. At the time, Office was basically three products, shrink-wrap, and lawyers. And the product teams were far from friendly. They actually kind of despised each other. The marketing people had it together, but the rest of us weren't exactly the pinnacle of cohesion and integration. Eventually, we figured it out and managed to create an incredible product.

People frequently assume that big companies can't be innovative. Do they think that if you take a bunch of smart, innovative people, put them in a big building, and ask them to do big things that they'll all inexplicably become imitative and dull? I don't buy it. As near as I've been able to tell, they're more likely to work like mad to come up with cooler ideas than the person next to them.

People also tend to talk about high-level innovation as if it only means inventing entirely new products. There's a degree of truth to that, and there's plenty of that going on at Microsoft. But if I'm an average software customer, I'm usually more interested in less showy innovation that makes features and pieces of features truly better in the products I already use and understand. The aggregation of a multitude of compact and coherent innovations is often powerful, valuable, appreciated by customers, and under-appreciated by everyone else. I'm proud to work for a company that values this kind of innovation as well as the pursuit of the Next Big Thing.

CRAIG UNGER, GENERAL MANAGER, KNOWLEDGE WORKER SERVICES

After the first couple versions of Excel, we realized that although the product was originally designed and used for modeling and charting, it was starting to play the role of a lightweight database. At many companies we visited, we saw that high-level business analysts were really nothing more than Excel jockeys. They'd import data into Excel and then spend hours manipulating, moving, and formatting it, and repeat the process week after week. At that point, we realized that there was a need for powerful tools that would allow people to take large amounts of data, summarize it in interesting ways, and add their own formulas for analysis.

There were some DOS products that tried to attack a similar problem, although with less of a focus on analyzing large amounts of data. Some of these products were making the move to Windows, including a product called Lotus Improv. They were stand-alone products separate from the spreadsheet, which was a big disadvantage. We decided that it would really serve people better to integrate this type of functionality right into the base spreadsheet.

We brainstormed a feature that would allow the user to move raw data into a highly structured presentation and then slice and dice the data with just a few drag and drops—all while keeping the proper subtotals and groupings of data. We called it "spreadbase." A team of three to four developers led by Ken Moss, three testers led by Bob Archer, and me as program manager along with my lead Eric Michelman designed and implemented this large new set of functionality in Excel 5.0. The coolest part had to do with the ability to pivot large amounts of data around the spreadsheet and get near-instant recalculations and reformatting. So, we changed the feature's name to PivotTables. Today, the PivotTable feature is still the most popular tool for generating these types of reports and analyses.

Excel was the first spreadsheet designed for Windows. It invented pivot tables, was first to AutoCorrect formulas, offered outline and AutoSum, and pioneered analysis tools and Autofills intuitively.

BRIAN MACDONALD, VICE PRESIDENT, KNOWLEDGE WORKER SERVICES

Watching Boeing project managers at work basically got us on the right track with Microsoft Project. Back in 1987, my small firm partnered with Microsoft to create Microsoft Project, and after a few years Microsoft purchased our company and brought my partner, Jeff Lill, and me in house. We were working on the first version of Project for Windows when Vijay Vashee, Project's first General Manager, took Jeff and me down to see how project management was being done at Boeing.

At the time, all project management systems were DOS-based. Typically, project management consultants wrote them. They sold their methodology to a few corporations and then decided to try to make them generic. The key thing, though, was that when you bought their software, you did project management their way.

When Vijay took us to Boeing, they showed us the way they did project management. It was very important to them to use their terminology, their computation methods, and above all else their exact symbols and report design. They were very stubborn on this point. The light bulb went on for us immediately: rather than following what others had done and build another program that enforced its own methodology and report design, we should build a toolkit to let people do project management *their* way.

This ended up being the real key to Project's success. The project management market soon tripled in size once companies could keep their methodology but utilize software that would make their scheduling more productive and accurate. Project grabbed the lion's share of that newly expanded market. I've never had a more influential customer visit.

BRETT BENTSEN, GROUP PROGRAM MANAGER, MICROSOFT PROJECT

Over the years on Microsoft Project, we've done some pretty cool things. Trying to take a discipline like project management that used to be only for professionals and bring those capabilities to almost anyone has been an interesting and fun challenge.

Project 1.0 had a very early version of what one might call a toolbar—some iconic buttons that performed some actions. Excel 3 went full bore and did a full row of buttons, coined the term "toolbar," and even had a toolbar image wrapped around the box.

So, for Project 3.0, we had to have a toolbar. ***But, of course, our developers couldn't ship something that was only as good as Excel,*** so we created the first customizable toolbar. You could attach a simple macro, draw your own picture, rearrange the buttons, and so forth. And, of course, all of this was unspecced—the spec was for a static toolbar, just like Excel, but the developer wrote the full-blown, customizable toolbar over the weekend. Marketing loved it. User Assistance hated it since they had already written all the toolbar help topics for the specced, static toolbar.

We did some usability tests on Project 3.0 on our user interface. There was this particular dialog box on task information that had probably 30 fields in it. I called it the "head jerk" dialog. When someone brought it up on screen, their head would jerk back as if they'd been hit because they needed to get further from the screen to try to take in all that information. So we built a prototype of a tabbed dialog where we put the most common information on the first tab. People really got it. Plus, we were able to enhance the capabilities of the dialog. Instead of people having to type in a list of task ID numbers, we gave them a grid with a dropdown of things like task names. It was cool to take something that initially confused people and be able to replace it with something that was both more powerful and easier to use.

BILL BLISS, GENERAL MANAGER, MSN SEARCH

It's kind of funny—Outlook actually started as a Personal Information Manager (PIM) with personal scheduling, then we added group scheduling, and shortly thereafter, we added e-mail. ***In many ways, e-mail became the tail that wagged the dog.***

Outlook was the brainchild of Brian MacDonald. Historically, a lot of PIMs were just a bunch of little applets bolted together. Brian thought we could build a rich underlying architecture with some applications on top—for your calendar, scheduling, and tasks.

Underneath the covers, Outlook is just a bunch of objects—e-mail messages, tasks, calendar items, and so forth. There are views that let you look at the objects, like a calendar view, and on top you have modules that allow you to change your tasks, add to your calendar, and more. It's really a bunch of building blocks assembled into a group of integrated applications. We were able to hide the complexity, but the depth was there. This architecture made all the difference.

In the beginning, there was no e-mail in it at all. So there we were in 1995 thinking, "Okay, we have the ability to send meeting requests and we have rich text, so what's the difference between that and a full-blown e-mail application?" It turned out that e-mail—even though it was a lot more to bite off than we had anticipated—became Outlook's reason for being. It became the center of gravity and also the source of a lot of creativity. I think we were really the first to look at e-mail as an application like Word or Excel and apply some thinking about how to make it easier.

For example, we noticed that a lot of e-mail messages, especially replies, are really just short statements that you can get the gist of really quickly. It turns out that Exchange had a feature that made it easy to get the first 256 characters and display them without actually opening the message. So, we added AutoPreview to Outlook. Now you can quickly breeze down a list of messages and see which ones you want to open.

A lot of the interesting e-mail features were based on things that we saw when we visited customers and watched how people used e-mail. We added voting buttons so that instead of sending an e-mail to a group of people asking, "Hey, do you want to have Dove Bars or lattes at the party?," you could add two voting buttons to your e-mail and let Outlook do the work. Another example is in a long e-mail thread, where a bunch of people have chimed in. In the past, people resorted to such techniques as "MY COMMENTS IN CAPITAL LETTERS" or "My comments preceeded by ››." When you type text in a reply or a forwarded message, Outlook automatically inserts your name in brackets, like this:

"[Bill Bliss] Here's what I think...."

We also spent a lot of time with our admins who manage the schedules for senior managers at Microsoft. They were some of the biggest critics and best testers of the scheduling features in Outlook. And senior executives are completely different animals, because they don't touch their schedules on line, even if they're very computer savvy, because their Executive Assistants are in charge. But they want printed copies with as much detail as possible. We added a whole host of features to delegate schedules and print any way you want. In fact, once Bill Gates's Executive Assistant, Christine Turner, called Michael Dell's Executive Assistant to compare notes, and then she sent us a list of about five things they needed before they could use Outlook for their bosses' schedules.

Outlook was the first brand-new application to be included with Office in many years, and the first to be designed for Office from the very beginning. It was exhilarating to have been a part of making something that so many people would use every single day.

The Microsoft and Timex Datalink Watch was the first to accept information from a computer—namely Schedule+ information.

ERIC ZINDA, GROUP PROGRAM MANAGER, FRAMEWORKS AND UNIVERSAL RUNTIME

We visit customers to watch how they use our products. We observed a small group of people in an office who were sharing a database that they all had to frequently update.

"We gave them all blue hats."

To avoid making conflicting changes, they used a blue hat. If you wanted to make a change, you'd grab the blue hat and say, "Okay, I got the hat," which meant that you were in charge. After seeing that, we immediately decided to make Access a multi-user product so that several people could update things at the same time. We gave them all blue hats.

TOD NIELSEN, FORMER VICE PRESIDENT, PLATFORM GROUP

One reason for our success was that we built a lot of great innovations into Access. Database queries take a long time, and usually you had to wait for the results to come back. So we built a function that displayed the results as soon as they began arriving, which meant that people could start looking at the data and messing around with it. If you were doing a query that was going to return 10,000 records and take 5 minutes, within the first 5 seconds Access would give you a screen full of data. We also had something called dynasets. They allowed users to view and update multiple database tables at the same time, which a lot of our competitors' products couldn't do. And the way we used the whole graphical user interface to do queries, reports, and forms was novel in the industry. Those are all things that users take for granted today.

ILSE NETHERCUTT, GROUP LOCALIZATION MANAGER, OFFICE

Translating 5 million words into 32 languages is a snap— once you've moved 30,000 files around the globe a few times, ensured that tools work as well for Japanese and Hebrew as they do for German, enabled recycling of previous content as well as change-tracking, documented every tool and process, and ensured smooth communication with teams in every corner of the world...

I'm fortunate to work with the awesome folks who take these hurdles time and time again to bring Office User Assistance to customers worldwide.

RUSS PAUL-JONES, DEVELOPMENT MANAGER, MONEY

People struggle with their personal finances. They have to analyze a large amount of data that changes constantly, and keeping on top of it manually can be overwhelming. This is one area where the power of the PC is clear. You start by showing people a picture of where they are. Then you help them devise a clear financial plan. Our product helps them with both of these important aspects of personal financial management.

One of our biggest technical accomplishments was being the first personal finance software to implement online banking back in 1994. We allowed people to download their statements and electronically transfer funds. This radically changed how people could use a PC to manage their finances.

Finances are radically different from country to country, so localizing Money into a new language takes a lot of work. Creating the Japanese version of Money was one of our proudest accomplishments. When people type words in Japanese, they use the phonetic spelling, but the written word is very different. We created a database that could sort on the typed, phonetic word and display its written counterpart. Our first demo of this was interrupted by applause for this cool feature.

Our goal is to help people successfully manage their finances. We give them the tools they need to solve real-world problems. That's pretty satisfying work.

ROZ HO, PRODUCT PLANNING MANAGER, POWERPOINT, SILICON VALLEY CAMPUS

Many of our ideas for improvements are sparked by watching people use our product. While working on PowerPoint 3.0, one of the problems we noticed was that people often repeated the same formatting on different text or graphics. They'd take a shape with text inside and change the font, the color, and the border. Then they'd spend hours doing the same thing to all the objects on their slides to get a consistent look. This gave us the idea for a feature that allows you to pick up the style from one object and apply it to another. The designer came up with an icon for this tool that looked like an eyedropper, and the team promptly named it the "suck-and-spit" tool.

In our planning stages after shipping PowerPoint 4.0, we conducted a series of usability tests. It was extremely painful to see users try to figure out the different views in the product. Some created a different file per slide because the "slide view" shows only one slide at a time and they couldn't figure out how to add a second. Others would rearrange the order of their slides by deleting the text from its old location and reentering it on a new slide.

As I was driving to work the next morning, I suddenly realized that we could solve these problems by showing multiple views of the slides all at once. I was so involved in working out the design that I missed my freeway exit and ended up in San Jose. TriPane View has been really popular with users ever since.

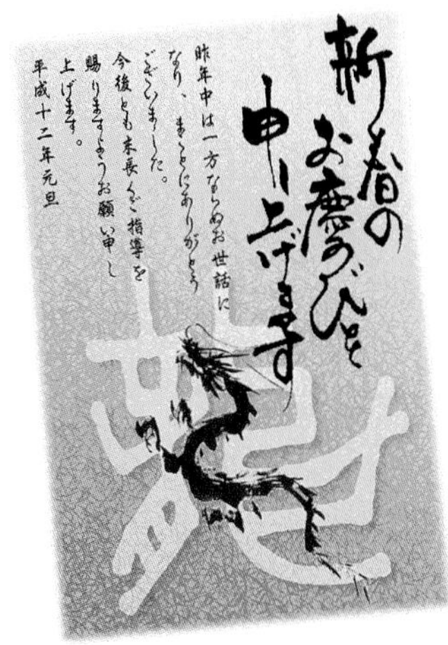

In Japan, people send New Year's postcards in the same way that people send holiday cards in other countries. More than 2.7 billion postcards are sent each year. We created Hagaki Studio at Microsoft Japan because we wanted an application that would make it easy to create stylized, artistic postcards. We created the first version in 1997. Since then, thousands of customers have created cards with our software. Hagaki Studio is designed especially for beginners and has worked very well as an introductory application for Microsoft Office products.

– YOSHIYUKI WADA, PROGRAM MANAGER, HAGAKI STUDIO, JAPAN

Brought to you first by Microsoft Money:

- Online banking
- Downloading statements from your bank's Web site
- Personalized financial guidance
- Integrated financial planning

ADAM EVERSOLE, SOFTWARE DEVELOPMENT LEAD, PUBLISHER

We had two summer interns working on Publisher 1.0—Nat Brown and Scott Forstal. One of the development leads, Ed Martinez, challenged them to get an OLE 1.0 server running in Publisher by the next day, and if they could do it, they could throw him in the fountain. OLE, which is short for Object Linking and Embedding, allows you to do stuff like embed an Excel spreadsheet in your document. In this case, Excel is called the "server" because it provides the spreadsheet smarts. Anyway, the interns worked all night long and did, in fact, get it working, and they threw Ed in the fountain. Nat came to work in Publisher after graduating, and he implemented OLE 2.0 support in Publisher 2.0. Publisher was the first application to ship with OLE 1.0 and OLE 2.0. After we shipped Publisher 2.0, Nat went over to the OLE team as a program manager and designed DCOM—he's "Mr. COM," if you will.

When the rest of the company was focused on the feature wars, Publisher's focus was really on usability. Our whole team had a strong sense of mission—to make the easiest-to-use desktop publishing app in the world, even if it wasn't the most powerful. We focused on usability over gadgets. Our wizards are one manifestation of this. Even though you can't do everything in Publisher that you can do in competing desktop publishing apps, the average person is much more productive in Publisher. And that's what it's all about.

– BEN ROSS, SOFTWARE DEVELOPMENT LEAD, PUBLISHER

TONY WILLIAMS, SOFTWARE ARCHITECT, MICROSOFT RESEARCH

When an application is doing the same basic thing that another application is doing, you should have the same code for it. That was the basic philosophy behind OLE. The first area we looked at was for PowerPoint users who wanted to create charts and graphs to put into their presentations.

Before I came on the scene, they had already figured out how to make a cut-down version of Excel just for graphing that would include a protocol for talking to PowerPoint. PowerPoint could then activate the graphing program, grab the picture, and put it onto a slide. When I saw this, I asked if we could generalize it beyond PowerPoint and have a common protocol. Any container could then pull in any object.

After talking with the PowerPoint people, I approached the other application groups and said, "Hey, why don't you implement this, too? You can have more than spreadsheet tables—you can potentially put objects of any kind into Word or PowerPoint or anything else." That was basically how OLE got started.

We did a prototype of the implementation. I gave it to an intern, and he implemented the client support in Cardfile, of all things. He implemented support for simple objects like bitmaps so that, within a card file, you could have cards with bitmap images and things like charts on them. And you could see the same objects on the PowerPoint slides.

The overall goal was to be able to mix and match these objects and containers without constraining the system in any way. You could just continue adding functionality. When I'd show this to somebody and they'd look at it, you could just see it sink in.

The next thing we heard was that OLE was supposed to be delivered in Windows 3.1, which at that time was scheduled for April '91—about 8 months away. Shortly after that, we found out that we had to present the concept along with sample code at a development conference in early December. We only had about 3 months, but we made it. From there, we continued to evolve the concept so that OLE 2.0 was much richer in terms of end-user capability. And now we're working on building a whole family of applications that share all the code.

ARLENE HUFF, PRODUCT MANAGER, WORKS

The first version of Works was released 15 years ago for the Macintosh, then on DOS and Windows, before the idea of Office ever popped up. Works was the first product that integrated word processing, spreadsheet, and database functionality all in one place. For many people around the world, Works for DOS was the first software that was localized so that they were able to use software in their own language. Today, Windows versions of Works are preinstalled on most consumer PCs, and we offer so much more than we did at the start—Works Suite has personal finance, organizational, reference, home publishing, and mapping tools. Looking ahead, we're working hard to provide the right tools for home tasks on the Web to make everyday life just that much easier.

Our first ideas for Picture It! came from the movie Zelig *by Woody Allen. It was one of the first movies to composite images on top of other images. The code name for Picture It! was originally Zelig, but when we changed our market focus and design, we switched it to the name of Zelig's girlfriend, Fletcher.*

— JONATHAN SCHWARZ, GROUP PRODUCT MANAGER, INTERNATIONAL BUSINESS DEVELOPMENT

LORI BIRTLEY, LEAD PRODUCT MANAGER, BUSINESS PRODUCTIVITY GROUP

PhotoDraw does exactly what its name implies. It allows you to combine photos and drawings all in one easy tool. This may not sound remarkable, but in the past only professional designers could create great-looking images and drawings, and they had to buy several different software packages to do it.

Our challenge was the fact that there are two ways to make pictures—from images or from geometric drawings. These are referred to as raster versus vector. Software for working with raster images, like photos, saves your work in pixels, while software for vector drawings, like shapes and line drawings, saves your work as set of geometric equations. In the past, designers would buy two different software programs that worked in different ways. And there were no applictions easy enough for other people to use.

Our team set out to change all that with PhotoDraw. We wanted to make a graphics tool that combined these two techniques with 3-D capabilities and would be easy enough for anyone to use. Alvy Ray Smith did a lot of the work to figure out how to combine raster and vector images into a single application. Alvy was Microsoft's first Graphics Fellow, and before coming here he introduced the concepts of image objects (sprites) and won a technical award for his work on the "alpha channel" concept. In addition to his graphics vision and technical expertise, Alvy was a great recruiting resource.

Our team of talented graphics experts created a really sophisticated graphics engine behind a user interface that strips away all the complexity so it's easy to use. Now you can take a picture with your digital camera, load it on your PC, open it in PhotoDraw, and change it any way you like. Fix the color, contrast and red-eye, crop it, add a caption or a callout pointing to something in the picture, put a fancy border on it, and send it to your friends in e-mail. And that's a big improvement.

Works was the first business productivity application to incorporate multimedia.

While I was working on Publisher, I became interested in creating products for the home. Barry Saxifrage and I started working with the concept of "Wizards"—on-screen advisors that would ask you questions about what you wanted to get done, just like a person sitting next to you. Our objective was to make the software do all the work and, above all, to make the software easy and friendly. We wanted to put the fun back into personal computing. It seemed to us that software had really moved away from this and had become a source of annoyance and fear instead of enjoyment.

Version 1 of Publisher included some rudimentary Wizards, but we thought we could do more. One thing we saw over and over was that people would be happy when using a Wizard, but once they went back to the regular app, the frustration would set in again. So Barry and I started exploring the idea of turning the entire application into one big Wizard. We imagined everything in the application becoming a task, and the customer could get Wizard-like help throughout the entire process. In addition, as an aside, we put in a little character that people could relate to. The original idea was that you'd click on the little guy and he would provide help.

During one late evening focus group, while we were showing prototypes to a group of novice PC users, the light bulb really went on. One person in the group grabbed my arm and said, "Save all the money on the manuals—just give me this duck that will always tell me what to do." He wanted the character to be the one place to go for everything. At the end of this session, I asked Barry, "What if the character was around all the time?" It seemed crazy at the time, but then we'd have focus groups and there'd be this dumb little graphic image on the page and people would talk to it.

One day, Byron Reeves and Clifford Nass came to speak to the Microsoft Research group about their Stanford research on how people interact socially with the PC. It was a fluke that we went to hear them. They talked about all the things we were seeing—they explained why people talked to bitmaps, expected them to answer, got emotional, and laughed at their computers. Human beings are fundamentally social. Any time we see a social clue, whether it's a face or language or movement, our brains assume it's a live thing, and so we respond. Obviously, people know analytically that computers aren't really alive. And they say, "Oh, I don't treat my computer in a social way," but at another level, one that they're unaware of, they're responding socially.

KAREN FRIES, RESEARCHER, MICROSOFT RESEARCH

Anyway, these two events—the customer reaction and the research presentation—were the beginnings of the concept of the social interface and the product named Bob. We wanted to facilitate the personal interaction that we saw when people responded to their computers. We wanted to make an experience that was fun and friendly and avoid an interaction that only told you when things went wrong. And we wanted to provide one place to go to get everything done.

"The impact of Bob will be more than whatever it sells. The idea of a social interface as pioneered [with Bob] will become pervasive." —BILL GATES

We considered a lot of weird names but finally ended up with Bob, which connoted friendliness. When we presented Bob to the executive staff, they did a classic double take. Then, after a minute of silence, Bill cracked up.

A lot of people loved working with Bob—our usability tests and customer feedback were great. We did Mac/Bob comparisons that were really positive. For a version 1 consumer application, it was incredibly popular. But there were a lot of reasons that Bob got cancelled. It was before its time from a hardware perspective because it required 8 MB of memory—too slow, too big. And interacting with Bob created a world that was separate from the world of Windows, so you had to be in and out of it, and that was a problem. Also, there were a lot of strong negative reactions, primarily from computer influentials. The negative emotional response, even within parts of Microsoft, at times made it difficult to work on this product. But then we'd pop in a videotape of people using Bob, and our passion would be renewed.

There is still a legacy of Wizards in our products, and the Office Assistant sprang from the work we did on Bob. But these features are just a small first step—actually, probably just a first crawl or even a creep. When I think about the future and how people will be able to interact with computers naturally, in a way that is fun and comfortable and easy, I really hope we'll get there in the next generation of Windows. Bill talks about the fact that there should be one place to go, where you can type (or say!) your commands, your questions, what you want to search for, what you need help with—one easy, natural place to interact.

We need to move beyond where we are today. The computer needs to support us and adapt to us, in all our complexity. This requires fundamental changes in design and technology for understanding natural language, both written and spoken, and for understanding what people are trying to do. It requires that the computer learn to act politely and responsively and adapt to our fundamentally human requirements and idiosyncrasies. We need to stop asking people to adapt to computers and, instead, adapt the computers to people.

We had a paper airplane wizard in Publisher that asked a series of questions, one of which was, "What type of radio do you want, AM or FM?" When you replied, it said something like, "It's only a paper airplane–silly." And we shipped it–it was so cool.

– ADAM EVERSOLE

The servers that move your e-mail around or find your last month's sales figures are unbelievably complex. It used to take rooms full of white-coated technicians to run the mainframes that made that stuff happen, and even today many people don't think that kind of thing can be done on a PC. With products like Exchange and SQL Server, we're debunking all sorts of myths about what the PC can and can't do.

DARREN SHAKIB, SOFTWARE DEVELOPMENT LEAD, EXCHANGE

Think back to Xenix Wzmail in the 1980s. Most e-mail was short little pieces of text with cumbersome ways to edit and format it. But when the user interface got easier, it changed the way people used e-mail. Now you get e-mail with all sorts of attachments and rich text. And you don't have to remember all the little e-mail addresses for everyone because the address book takes care of them.

When I started at Microsoft in '92, we had acquired MacMail and then Network Courier. Our vision was to come up with a more integrated view for e-mail so you could browse your mail, your file structure, and other data types as well. For Mail 3.0, we provided the spackle to stick the graphical user interface on top of the Network Courier, shared-file messaging system. It was a start.

But we really needed an e-mail system that would scale to meet enterprise demands. We couldn't even roll out Mail 3.0 within Microsoft. So for Exchange 4.0, we made this a priority and really got our customers involved. We gave them e-mail to test machines on site, and we gave them access to developers and specs and the RAID database to log their bugs. It made a huge difference.

Besides offering a scalable messaging server, Exchange was different from Mail 3.0 in more subtle ways. One was a tight, rich server where you get mail almost as soon as it arrives at the server. Instead of waiting hours for e-mail to get across town, you actually see people chatting real-time over e-mail.

Rolling out changes in e-mail isn't easy. Change is disruptive. I remember that when we switched from Xenix Wzmail to a graphical user interface, there was heated debate for months and months in our company newsletter, the *MicroNews*, about the new mail system. When we rolled out Exchange 4.0, it was just as contentious. But a year later, are people unhappy? They can't imagine life without their new e-mail.

One of our big challenges is keeping our customers happy while still moving the technology forward. To do that, we have to continue to show them our vision of how we're moving workgroup computing forward. Schedule+ was really our first workgroup application, and it was part of what made Exchange and Mail successful. When I first started working here, I was lucky to get an e-mail request to go to a meeting. Today, meeting requests show up on your calendar and you get reminders. Schedule+ and now the scheduling in Outlook show the value of workgroup applications. It isn't very powerful if only one person uses it, but when you get everyone using it, the value jumps exponentially. Our continuing challenge is to figure out how to get other applications into that space.

Q: Why was the Exchange 4.0 team so focused on crossing the goal line?

RICH TONG, FORMER VICE PRESIDENT, MARKETING, BUSINESS SYSTEMS DIVISION

BackOffice—how did the idea come up? We had a meeting with Jim Allchin, and we talked about whether or not our servers should all be sold as one package, like Office. Hence the name BackOffice. So we combined our servers together—Windows NT Server, SQL Server, Exchange Server, SNA Server, and Systems Management Server, plus anything else that would come in the future.

The name was pretty controversial. InterOffice was the name everyone really got revved up about, but BackOffice seemed more serious—more mission-critical. And the icon for the product, the squiggles—well, the original concept was a chain that looked a little like chained manacles that you'd see on a prisoner.

The pricing for BackOffice was a really tough thing. I remember meeting with Steve Ballmer, and he banged his head against the table and said, "I just hate this stuff. It is so hard." We had a meeting with Bill and he said, "This thing is way too complicated. You guys are all nuts." Jim Ewel was a key guy in figuring out the pricing and licensing for the product. Really, it ended up being our biggest innovation. We priced everything the same and came up with this thing called a Client Access License (CAL). No one had ever done anything like this. It allowed people to use any or all of the BackOffice products in any combination on their client PCs for one price. It was quite amusing that a year later Lotus adopted the "industry standard CAL model."

Sometimes the best time to do work is when you're jetlagged and on an airplane headed back home. Small Business Server was one of the most innovative things we've done, and the project started on a plane with me, Moshe Dunie, and Jim Allchin. We had been talking in an Irish bar about all the problems small businesses had—like how you had to be a network, e-mail, and database expert just to get those products set up, and how there was no way to just configure all of them to be a complete Web server or a publishing site. We decided to do a small business server that basically made all this stuff go away. The dream was that you'd put the first CD in, you'd say, "I want a 10-PC network," and it would do the configuration of the server and all the PCs. We've taken a first step, but with Small Business Server we're still a long way from making that happen.

A: Touchdown was the code name for Exchange 4.0.

Darren Shakib

BRIAN DEEN, SOFTWARE DEVELOPMENT LEAD, EXCHANGE

I was so far away from Bill in the management chain that I crashed. When we were working on Microsoft Mail 3.0, we wanted to get some cook time testing the product against the Xenix Wzmail system on campus. I was working on the Address Book, and in particular the part that allowed you to see the address details for each employee, including who their manager was. This clever developer named Johnny Lee made the Manager field hot so you could double-click on your manager, see his or her details, and then double-click on that person's manager and so on up the management chain. Finally, one of two things would happen—either you'd reach BillG or the details would fill up the Windows 3.0 stack and you'd crash. So, of course we all tried it and when you crashed, it just confirmed how much of a peon you really were. Clicking up the management chain was such a popular feature that we made it part of the retail product. That is, minus the crash.

KYLE LARSEN, SOFTWARE DEVELOPMENT MANAGER, EXCHANGE

I distinctly recall the look of inspiration in David Fulmer's eyes. We were under warteam control—only a few weeks from shipping Exchange 4.0. It was not the time to add new features. But we knew that someday the Web was really going to catch on, and we wanted people to be able put a Web site address in an e-mail message, which you could simply click on to link to the Web. It was 7 p.m. And we knew exactly what to do.

"It was not the time to add new features."

Dave added the code to the control, and I added the code in the client. We reviewed the code intensely, and sometime after midnight, we copied the binaries with the new functionality onto the machines of our managers up the chain and then sent e-mail to them with various conspicuous links.

In the days that followed, we tried to leverage the people who were most eager to show that a large change this late in the project was a mistake. On one occasion, again near midnight, a bug was reported that the e-mail client was hanging when a message was opened. I walked to the building of the person who found the bug and saw that the offending e-mail message had a single line of more than 5,000 colons. The fix required just one line of code, and in the end the new code was rock-solid, which quelled all resistance to the change.

You can look around and see all sorts of functionality in Microsoft products that is changing the world because the people here are fearless of innovation at every level.

Exchange generates a whole new language:

Flame mail:	Slang term for rude e-mail.
Mail thread:	A sequence of e-mail messages dealing with a single issue.
EOM:	"End of message."
Facemail:	Technologically backward means of communication.
OOF:	Stands for "out of office."

Brian Deen

GARY VOTH, FORMER GROUP PRODUCT MANAGER, SQL SERVER

It's almost ancient history now, but in the late '80s one of the biggest shifts in the technology was client/server computing. It was made possible by the success of graphical PCs, particularly Windows 3.1-based computers, and by the rise of server computers that ran UNIX or OS/2 on the back end and could be deployed rapidly and more cheaply than the big mainframes.

SQL Server was one of the key technologies that made client/server computing a reality for a lot of customers. It was the first relational DBMS that was designed from scratch for this new model of computing. SQL Server had programmability built in so that the database could actually run code that was independent of the client. It also had multi-threading, which was unique for a database at the time.

We worked with Sybase to codevelop and distribute SQL Server on Microsoft platforms. Contrary to what some believed at the time, Microsoft actually did a lot of the original development work on the SQL Server products for OS/2 and later for Windows NT. I think this was really visionary; Microsoft foresaw the widespread adoption of PCs to run virtually all aspects of business computing, which wasn't obvious to people at the time.

In the early '90s, when Windows NT became important, Sybase didn't want to put as much energy into NT because OS/2 hadn't yet met their expectations in the marketplace and they were focused on UNIX. We gave them a whole list of changes and features that we wanted in the Windows NT version, but they were pursuing a different vision based on technology that would, among other things, duplicate the threading model in Windows NT. Ultimately, we did the work to bring SQL Server to the Windows NT platform. And it was SQL Server's early success that helped convince a lot of customers to make the switch to NT Server.

At this point, I think Microsoft and Sybase recognized that our original agreement had outlived its usefulness. It took about six months of arduous negotiations and lots of compromises on both sides, but we finally struck a new deal that gave both parties something they wanted. Sybase would directly sell and market their own branded products for Windows NT, and we secured rights to our own version of SQL Server, so that we could develop it independently as a Microsoft product.

This was a real turning point for us, as our version ultimately became more successful in the marketplace. In addition, SQL gave Windows NT a boost. It was the "killer app" that helped prove that you really can do mission-critical work on the Windows platform. What's really amazing is to see how far our early vision has come. As the industry has moved from the early days of client/server computing to today's massive database-backed Web and e-commerce sites, Microsoft SQL Server has kept pace and remains at the forefront of DBMS technology.

RON SOUKUP, GENERAL MANAGER, SQL SERVER DATA REPLICATION

For me, Microsoft SQL Server has been a labor of love. I've lived and breathed this product for years, and I look at it not unlike how I look at my children—with immense love and pride. I've helped nurture the product from its infancy, through some very tough years and to its current success. I've lost many nights' sleep, upset that some customer was disappointed with it. Fortunately, I've had many more thrills and moments of rejoicing.

We got started in the database business when IBM announced its intention to deliver OS/2 Extended Edition, which included an SQL database. Microsoft needed to respond with its own database product, or no one would buy Microsoft OS/2. At the time—1986—Microsoft was entirely desktop-focused, and the main bread-and-butter product was MS-DOS. Client/server computing was not in the vernacular of Microsoft or the computer industry. Data management on PCs was in its infancy. Lotus 1-2-3 and Ashton-Tate's dBASE products were popular, but Microsoft had no data management products.

Microsoft turned to Sybase, Inc., an upstart in the DBMS market. Although certainly not a mainstream product, the prerelease version of Sybase DataServer had earned a good reputation for new capabilities such as stored procedures and triggers. Most importantly, it had been designed for the new paradigm known as client/server.

We partnered with Sybase and got rights to the DataServer product for OS/2 and all other Microsoft-developed operating systems. With version 1.1, Microsoft provided client software and utilities, programming libraries, and administration tools. But the core SQL Server engine was still produced entirely by Sybase. Microsoft didn't even have access to the source code.

Gradually, Microsoft got greater access to SQL Server code and built a crack team of SQL Server programmers. In May 1991, Microsoft and IBM announced the end to their joint development of OS/2. Microsoft was well underway in developing Windows NT. As the rift between OS/2 and Windows NT widened, Microsoft chose to port what was then SQL Server 4.2 for OS/2 to Windows NT. Sybase chose to focus on the OS/2 and UNIX markets.

Once we were freed from the split allegiance to Windows NT and OS/2, our development really took off. We didn't need to be concerned about portability issues, and we didn't need to create an abstraction layer that would make all operating systems look alike. By integrating SQL Server tightly with Windows NT, we created a product that was substantially faster and easier to use than high-end database products had ever been. ➢

Rick Vicik

Ron Soukup

When we released the first version of SQL Server for Windows NT, customer and press reaction was terrific. When applications were moved from SQL OS/2 to SQL NT, not only did they still work, but they worked better. Microsoft's success strained relations with Sybase, though, and in April 1994 Microsoft and Sybase ended all joint development and went their separate ways.

The industry thought the core SQL Server expertise resided at Sybase, so we were eager to prove ourselves. We quickly planned for an ambitious release of SQL Server that was loaded with new features and performance improvements. Replication was the big topic. We also included scrollable cursors, which were a necessary bridge between many record-oriented applications and a relational database. We also worked on a dramatic new set of management tools, which ultimately led to today's SQL Enterprise Manager.

SQL Server 6.0 shipped by the original target date and was an immediate hit. Nearly all the trade pubs gave it positive reviews. Even more significantly, customer reaction was terrific. Before 6.0, we weren't perceived as a serious competitive challenger, but now we are.

RICK VICIK, SOFTWARE DESIGN ENGINEER, BASE OPERATING SYSTEM PERFORMANCE

I came here from another database company when Microsoft was just starting the joint program with Sybase. They needed someone to support SQL Server at Microsoft, so they hired me in PSS for that job. At the time, we had no source code access to SQL Server, so all I had to work with were the manuals that Sybase gave their customers.

I later jumped to the actual SQL Server group and was often frustrated. Sybase would tell us, "We're database experts. You don't know anything about databases, and it's just not possible to do what you want to do." Early on, Sybase had said that we would need a database page editor to fix corruption problems low level on the page, so Bob Muglia gave me the job of creating one. But remember, we still had no access to the source code. I created an editor that would display the meaning of the data, not just the raw data. It gave me a good idea of how the database worked and also enabled us to fix problems.

At one point, Sybase gave us read-only access to the code, and I spent a lot of time reading it while chasing bugs. They had written database code to make up for the fact that some flavors of UNIX didn't have the features they needed. For the NT version of SQL, we just stripped out their threading package, event mechanism, and async I/O because the NT operating system had these features built in. Sybase seemed to treat their database code like a sacred cow and left in the extra layers of redundancy, but we took out all that overhead to make SQL faster and more efficient.

By SQL 6.0, we understood that code better than anyone at Sybase. We weren't afraid to change anything—locking, logging, recovery, even the code with the comment, "Do not touch without talking to Jane." When you know code well, sometimes adding a feature is more like being a virus than a developer. You manipulate existing mechanisms and don't write much new code. Sometimes you do have to change the surrounding code, but if you're doing it right, it ends up simpler than it was. My joke about that was, ***"You're really good if you can add a feature just by removing code."***

I knew that this relational database stuff was no great mystery. I discovered that it was actually pretty crude inside. So, while some people at Microsoft were very concerned about breaking away from Sybase, saying, "They're the masters, and we'll never be able to do it," I knew we could. A handful of us "database amateurs" beat Sybase with their own cast-off code.

Lale Divringi

SURAJIT CHAUDHURI, SENIOR RESEARCHER, MICROSOFT RESEARCH

We're working on a technology that you could call "database with a brain." We're trying to make database systems easier to create, use, and administer. In the Internet world, people need to be able to get at the data they want no matter where the data is stored, how it's organized, or which software is managing what. It all has to be transparent. Unless the management of data is very simple, you won't be able to function on the Internet, where information needs to flow seamlessly.

As database management systems have become more sophisticated, they've become a nightmare to manage. We're trying to simplify that. When I came to Microsoft about four years ago, I started a project called AutoAdmin. Our goal has been to make databases self-tuning and self-administering, much like a car or an auto-focus camera. Most people don't want to manually set the focus and the shutter speed on their camera or to understand how their car engine is working. Likewise, they really don't want to know how their database system operates. To start, we picked a very specific problem: choosing what indexes to build in the database. It is very important to have the "right" indexes so that when you ask a question, the database can find the answer quickly. But picking the right set of indexes has always been sort of black magic.

We built a tool that recommends the right set of indexes based on the kinds of questions posed against the database. The tool learns as the database is being used and tunes it accordingly. This technology ended up as a feature in Microsoft SQL Server 7.0 called the Index Tuning Wizard. People really like the tool because it takes one chore off their list.

Twenty or 30 years ago, there were only a few databases in existence. These databases used to be supported by a large team of IT professionals. Since database technology is a crucial element of today's Internet economy, it is vital that we minimize the overhead of managing the databases themselves.

LALE DIVRINGI, SOFTWARE DESIGN ENGINEER, SQL PROGRAMMING MODEL

I designed and implemented scrollable and updateable cursors for SQL Server 6.0, which was the first relational database to have this feature. A cursor is a selection from a database that can be operated one row at a time. A scrollable cursor lets you scroll through the data or jump to a particular row. An updateable cursor lets you apply a change to a selection and have that change carried over to the back-end database.

Peter Hussey, who was then a program manager for SQL Server, gave a presentation at one of the large database conferences. An Oracle representative came up and stated that it simply wasn't possible to implement cursors that were both scrollable and updateable at the same time. And furthermore, no database had this feature and none was likely to have it any time soon. Peter invited him to the Microsoft booth and showed him a demo of our scrollable, updateable cursors. The Oracle man's jaw dropped. He left our booth without saying a word.

1. What was RiderLink?

   a. A place to get carpool buddies
   b. The bus between Microsoft and downtown Seattle
   c. An SQL database that supported the Grand Prix cycling trials in 1996
   d. A new light rail in Seattle

2. Which of these was the code name for the first version of SQL developed solely by Microsoft Corp.?
   a. Hydra
   b. Plato
   c. Shiloh
   d. Sphinx
   e. Yukon

1. c. An SQL database that supported the Grand Prix cycling trials in 1996
2. a. Hydra

whose idea was this, anyway?

Okay, so who did invent the Internet? Theories range from Al Gore to Tim Berners-Lee and Robert Cailliau to the U.S. Air Force and MIT in a whirlwind of Cold War defense preparedness. The discussion finally seems to have outlived its usefulness. Especially since George Dyson, in his book Darwin Among the Machines, *points out that the first person to envision the Internet was the English writer Samuel Butler, who, after he witnessed the arrival of the first telegraph in New Zealand in 1862, wrote:*

We will say then that a considerable advance has been made in mechanical development, when all men, in all places, without any loss of time, are cognizant through their senses, of all that they desire to be cognizant of in all other places, at a low rate of charge, so that the back country squatter may hear his wool sold in London and deal with the buyer himself—may sit in his own chair in a back country hut and hear the performance of *Israel in Ægypt* at Exeter Hall—may taste an ice on the Rakaia, which he is paying for and receiving in the Italian opera house Covent Garden. Multiply instance ad libitum—this is the grand annihilation of time and place which we are all striving for, and which in one small part we have permitted to see actually realised.

The Internet has definitely emerged from wherever it was hanging out, waiting for us to catch up with it, and it's here to stay. Our researchers and developers, content to let others worry about who was first out of the virtual gate, are busy developing useful tools for exploring this most spectacular synthesis of mind and machine.

How much has Internet access grown?

- 1994: Only 3 million users worldwide
- 1995: 16 million
- 1998: 153 milion
- 2000: Over 300 million

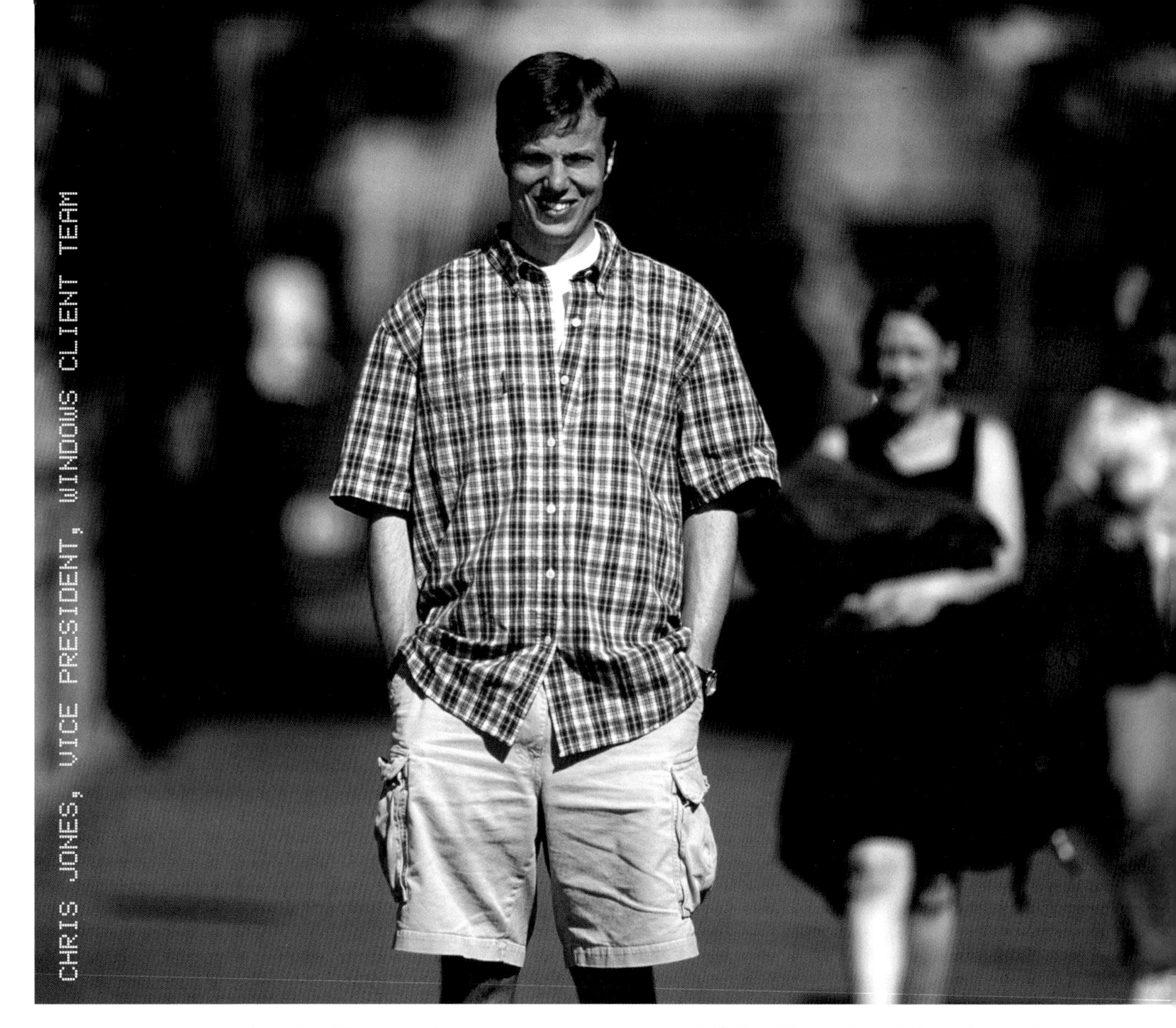

I was hired in 1991 as the second program manager on Publisher. When I decided that a change of jobs was in order, I went to work for Paul Maritz as his technical assistant. At the end of my tenure, Paul said, "You know, there's this browsing thing happening. You should go work on that."

I said, "I don't want to work on that."

He said, "You should go work on it anyway." So I did. It's a good thing that there are people here who are smarter than I am.

On the Internet Explorer team, part of my job was to help define ways to provide unique value in the Internet space. We spent two months meeting with Paul and presenting a slide deck every week or so. Paul would look at them say, "These are not the slides I'm looking for. You are not doing enough. Go back and try again."

> "The key is not about matching the competitor's feature set."

Finally, we got something Paul believed in, we developed a product plan, and then we just put our heads down and did it. We expanded a team of 12 people to about 70 people, and we shipped IE 3.0 the following August. I was working 12+ hour days, seven days a week, during the final months.

It was one heck of a ride.

Some things happen quickly, and some things don't. The projects that happen quickly seem to be the ones where we empower a small set of people, give them a charter with a very clear direction, provide them the executive support, and just let them go. That way, they don't get bogged down in ownership ➢

issues or long discussions about direction. They are very clearly targeted on a market space, a competitive threat, or a customer need. And they can just run until it's done.

We had a simple checklist for doing the browser thing: This is our ship date. These are the key features. Here's the competitor. Here's the customer set. And here's how we're going to win. It worked very well. We kept our eye on the objective and went there. That's why IE 5.0 is so successful. It was fast and it was reliable. It was all about speed and the user interface, which were big improvements over the offerings that were out there.

We took a good look at what our competitors were doing and analyzed whether their features were actually relevant to what customers wanted. When you're coming from behind, looking at the leader can help you determine customer trends, and it can also show you what to avoid. The key is not about matching the competitor's feature set. It's about identifying needs that are not being met and creating a solution that wins in that space. Sometimes that means doing what a competitor does, but often it doesn't. When you focus on the overall space, you can win. When you just focus on the competitor, you run the danger of getting tunnel vision and missing the opportunities that are there in the bigger picture.

The rate of growth of the Internet was so huge that we had a unique opportunity to just go capture the growth. And that alone got us a lot of customers. We didn't have to focus as much on switching over the install base as we have in other areas where we've come from behind.

No matter how well we do, I see more challenges for us. Our own last version is always a huge competitor for every new release. But the opportunities are so vast. Think about all the stuff that people can do now that they couldn't do before, things they didn't even know they could do. I take a look at what AOL is doing in this space, as well as Sony and Apple and Linux. I go down the list and realize that we've got to go out and hit another home run.

"It's about identifying needs that are not being met and creating a solution that wins in that space."

VICTOR STONE, SOFTWARE ARCHITECT, VISUAL STUDIO

There's hardly anything I can say about the period known as the "Browser Wars" that doesn't sound clichéd. It's been written and talked about probably more than it ever deserved. Nonetheless, I can vividly recall feelings of intimidation, anxiety, and wonder when I started working with the Internet Client team. Despite being the "old man" on the team, nothing in my experience could have prepared me for the soaring levels of raw intelligence and energy I was exposed to while working on that project. My brain still hurts from being around those guys.

"For the first time in my life, a nice quiet game of canasta or a shuffleboard tournament sounds, well, intriguing."

In the long aftermath of working on Internet Explorer 3.0, I've found myself not flipping away from commercials with long-gowned lounge singers canting the praises of getaway cruise liners. For the first time in my life, a nice quiet game of canasta or a shuffleboard tournament sounds, well, intriguing. I've even come to appreciate my tanned, unruffle-able, retired in-laws, who order drinks by the color ("Enough of the blue one—let's try the green ones with the umbrellas....") in a whole new way. It's enough to inspire me to rethink my definition of "raw intelligence."

Having come off a project whose motto is "You have nothing to fear but sleep itself," I now know the answer to the question "How much trauma-rooted compensatory behavior does it take to build browsing software?" And I'm ready to tackle the next great software challenge: "How fast can the pizza get here?"

BEN SLIVKA, FORMER PROJECT LEAD, INTERNET EXPLORER

Back in the summer of 1994, Brad Silverberg did a very smart thing. He pulled several people together, including John Ludwig, Thomas Reardon, me, Rob Price, and a few others. We were tasked with thinking about the investments we should make in new features for Windows. The Internet, obviously, was one of those things. We looked at computing in the home. We looked at game machines. We had the idea that everything would be connected in some sort of wireless way.

Out of that experience, I got really excited about the Internet. I'd seen Mosaic and I thought, "That's really cool, we should do this." So I got an Internet tap in my office and started playing around. I worked part-time on the user interface design for our Web browsing technology.

Eventually, John Ludwig came into my office and said, "Ben, I want you to take charge of this Web browsing thing." And off I went. I quickly put together a team of about seven people from around the company and set to work. We'd already done some integration of the Internet into Windows 95, with things like Internet Shortcuts, but we had to develop a browsing plan.

We spent October through December sketching out the architecture and the plan, what the features would be. We had a lot of ideas about what we could do, but we wanted it ready in time to launch Windows 95, so we had to make some really tough decisions about what to do now and what to do later.

At the time, we thought Windows 95 was going to ship sometime in the summer. So I thought, "Okay, we have a chance to make it." We worked really hard, got all those things done, got a few more things done that we hadn't planned to do since the ship date slipped, and we got Internet Explorer 1.0 done in time for Windows 95.

One of the things that really kept us going—that forced us to keep making Internet Explorer better and better—was competition from Netscape. They really kept us on our toes. They would say in public, "We're two years ahead of those Microsoft guys—they'll never catch up." Navigator kept adding all these features, and we were a little shell-shocked. After a year of 80-hour weeks, we were starting to gain on them. After IE 2.0 came out in November 1995, they changed their tune a little bit: "We're a year ahead of Microsoft—they'll never catch up." Netscape was the leader at the time, and they were really arrogant and dismissive.

By May of 1995, we'd figured out what IE 3.0 was going to be, and we knew it would be the version that would catch up with them, once and for all. We had a new direction for browsing software. We did all this work furiously and rolled it out at the Professional Developer's Conference in March of 1996. We got a lot of positive feedback, and the light at the end of the tunnel was our knowledge that we had the best browsing software.

BRAD CHASE, SENIOR VICE PRESIDENT, CONSUMER GROUP

I still remember my first meeting at AOL. To appreciate it, you have to remember the context. AOL's focus on Microsoft was totally as their main competitor. They did not like MSN, and in fact had company rallies and events where people wore anti-MSN hats. So I sign in with the AOL receptionist, and she looks at the sign-in sheet, slowly lifts up her head, and says, "Oooh, Microsoft."

But AOL was really excited about the improvements we were making to put Internet Explorer 3.0 a step ahead of the competition. The componentized nature of the technology meant that it was much easier for AOL to add our browsing software to their client software than to add Netscape Navigator. We also had a number of other innovative improvements. AOL's excitement proved well-founded because IE 3 did extremely well in the reviews.

The negotiations with AOL were long and hard, but buoyed by great technology, we forged a partnership that no one had thought possible. When we announced it, we took the world by surprise. We also proved that IE was an up-and-comer, and that we were in the game.

KAY WILLIAMS, LEAD PROGRAM MANAGER, OUTLOOK

My first job as a program manager was on Internet Assistant for Word. This was the first HTML product that Microsoft shipped, and it was very straightforward. To create files for the Internet, you simply saved them in HTML format. You could open those same files in Word or in a Web browser, and they appeared correctly. Creating a Web page was as easy as creating a Word document.

Internet Assistant was slow and clunky, but the great thing about the project was that we were in the thick of the Internet sea change that was taking place at Microsoft in 1994. I was new to program management, and our test lead and marketing contact were new to Microsoft. We were a very green team, starry-eyed and overwhelmed, but going for it anyway.

We had just gotten Internet Assistant to the point where we could run it in beta when we were asked to demo it at COMDEX. The main focus of the demo was MSN, with about five minutes of Internet Assistant thrown in, but we got a huge reception from the press. One of the best moments was when the *Wall Street Journal* mentioned that Microsoft stock was up and they credited it to the announcement of Internet Assistant. I was jumping around the halls with joy.

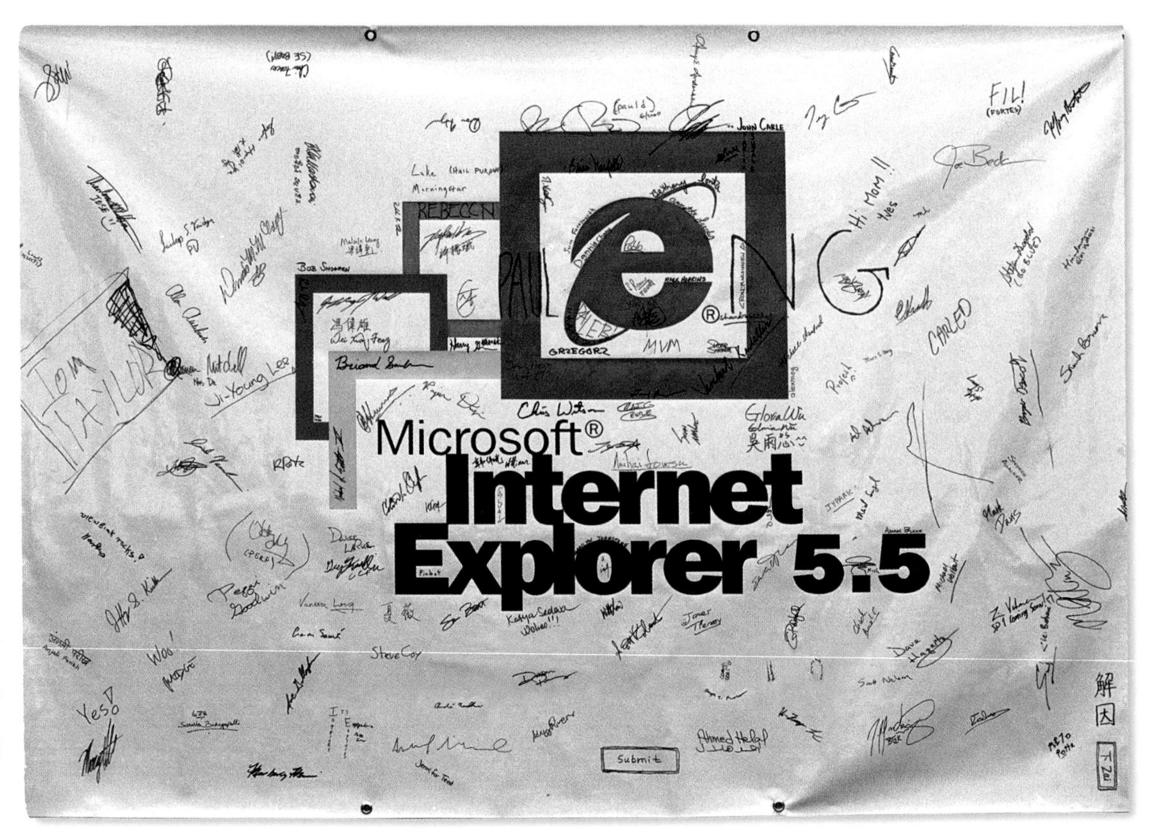

"We were a very green team, starry-eyed and overwhelmed, but going for it anyway."

From the very beginning, there was a lot of support for this project, all the way to the top. Bill Gates, Steven Sinofsky, Chris Peters, and J Allard were following our work closely. The Internet turnaround was permeating the company at all levels at the same time. I remember a meeting with Bill Gates where each team that worked on Internet-related products presented its work. Back then, we all fit into one room. Later, it hit me that I had been in program management for just four months when I presented my first project to Bill Gates!

It was intimidating. I wasn't the first person to talk, so I listened to him asking tough questions of everyone else. He was aware of all the Internet protocols. When people explained what they were doing, he understood exactly what they were talking about. It was amazing how much he knew. I was getting nervous, and I remember noticing that his hair was sticking up in the back. I focused on that to stay calm. I figured that he had probably taken one of those genius naps just before the meeting.

Later, I gave another presentation to Bill. Sometimes his feedback can be terrifying, but on this day he was mellow. Which was a good thing, because this time his hair was perfect.

Words to make you sound more Web savvy:

Dancing Baloney: Little animated GIFs that are useless and serve simply to impress clients. "This page is kinda dull. Maybe a little dancing baloney will help."

.non (pronounced "dot-non"): A dot-com company that looks like it does e-commerce but is really just a product catalog with a phone number at the bottom.

404: Used to describe someone who's clueless. From the World Wide Web message "404, URL Not Found." Example: "Don't bother asking him...he's 404."

3-Dub: A shorter pronunciation of WWW.

DAVID TURNER, PRODUCT MANAGER AND TECHNICAL EVANGELIST, XML TECHNOLOGIES

In the last two years, XML (eXtensible Markup Language) has had more impact on Microsoft than any other single technology. This may sound overly dramatic, but since it became a recommendation of the World Wide Web Consortium (W3C), it has moved from an isolated technology in Internet Explorer to something that pervades virtually every product and service at Microsoft. XML is transforming our products and changing the very nature of the Internet.

The problem with many Web sites is that they present information using a standard called HTML, which only lets you view the information the way the Web page wants you to view it. XML, on the other hand, lets you separate the information and the presentation so you can view, process, or program the information any way you like. Not only does this let you view and manage information on the Web with much more control, it also lets Web sites talk to each other, or program each other, to exchange information and share functionality.

The simplicity and openness of HTML were key factors in driving the explosive success of the Web. Unfortunately, HTML is only good at describing the display of information—that is, what does the information look like? Although it's not rich enough for high-quality professional printing, HTML is more than adequate for displaying the majority of information that people consume. However, it's useless for describing rich data. It can show you what a date looks like, but it can't tell you what kind of date it is (today's date? an order date? a due date?). As the Web expanded and developers began building more sophisticated applications, the need for a way to represent and exchange rich data grew well beyond what could be accomplished with simple HTML hacks.

Enter XML. XML gives developers a way to explicitly define what their data is in a simple and open format that can be consumed by any person or system that understands XML. For example, to describe the date value I mentioned above, I can define it in XML as <InvoiceDate>2000-06-01</InvoiceDate>. It's obvious to both human and machine what that value is.

The great thing about XML is that it doesn't matter what type of information you're trying to describe—technical documents, business documents (such as invoices and purchase orders), database data, or programming objects. They can all be represented using XML. What this gives us is an open, standards-based format for exchanging information between applications, systems, or partners without having to agree on operating systems, data/object models, or programming languages. It allows us to build highly interoperable, loosely-coupled systems without sacrificing any of the richness of our data.

You may hear people talk about XML as a dessert topping and a floor wax because it is both a great way to produce platform-independent documentation and a great way to serialize graphs of objects for XML-based messaging.

After I was hired to promote the adoption of XML within the developer community two years ago, I spent most of my time educating people on how they could use XML. Today, those same developers can't wait to get more information on what we're doing, and they are driving us to integrate XML services more deeply into our products. Many people assume that we don't really care about XML and that we're just using it for "eXcellent Marketing Language." They often change their tune when we show them the breadth and depth of our work.

We've been one of the strongest supporters of XML since the beginning. Jean Paoli was one of the co-editors of the XML 1.0 specification, and we've consistently led the pack in implementing XML in our products and services. By the end of 2000, we will have products that enable XML support on all tiers of a distributed application. To begin with, all Windows products now ship with an integrated parser that provides core XML services. Visual Studio 6 provides the tools to leverage those XML services. SQL and Exchange 2000 provide fully XML-enabled data stores. BizTalk Server 2000 provides powerful application and business process integration built on an XML-based messaging system, and Commerce Server 2000 provides a powerful XML-driven B2C solution. We are also using XML extensively throughout our other products (Office 2000, Money 2000, Windows Media), services (PSS), and Web sites (Microsoft.com, bCentral, Gaming Zone).

This level of adoption doesn't happen by itself. Jean Paoli, Adam Bosworth, and Adam Denning were among the most ardent and outspoken supporters of XML within the company and without. They were the ones that carried the larger vision of XML—not just for documents, as the rest of the world first thought of XML, but more importantly, as a format for virtually all forms of data exchange. Representing Microsoft's XML efforts to the public is challenging but ultimately rewarding. It's very exciting to be at the forefront of one of the most exciting technologies in one of the most dynamic times in the computer industry.

How has the Web changed our lives in 5 years?

To communicate:
1995: Pick up the phone
2000: Chat on line

To fall in love:
1995: Go to a bar
2000: Go to a chat room

To trade stocks:
1995: Call your broker
2000: Click the "trade" button

To go shopping:
1995: Go to the mall
2000: Click "shop"

CHRIS PETERS, FORMER VICE PRESIDENT, WEB AUTHORING UNIT

Back in '95, just when the Internet started taking off, I created my own Web site so I could learn more about the Internet. And the first thing that became obvious to me was that there was no great tool for creating Web sites. There were lots of components floating around, but nobody was really thinking about making a Web site tool the way we made Word or Excel, with the goal of enabling ordinary people to simply build Web sites. So we started thinking about what that app would look like and we found Vermeer, this little company that had a product called FrontPage. It was an absolutely perfect fit because they were concentrating on building Web sites, not just Web pages.

"Microsoft hasn't changed much since 1981. We still believe in the philosophy of yeah, go do that.*"*

What impressed me was that FrontPage was targeted at the broad range of computer users. It had a user interface that was a lot like Office. We got very excited when we saw it, so at the next meeting of all the senior technical managers at Microsoft, we demo'ed FrontPage and explained that we wanted to either make something like it or try to acquire it. Bill said, "That makes a ton of sense. Go do it." And there was not one piece of paper written, not one spreadsheet calculated, and not one return-on-investment analysis ordered, which can happen when some scared sales guy, who actually thinks those things mean something, is running the company. That's just another testament to the fact that, in some ways, Microsoft hasn't changed much since 1981. We still believe in the philosophy of yeah, go do that.

So we called up the Vermeer guys and we worked out a deal. We moved them all from Cambridge to Microsoft and started grinding out releases every 6 months using the same techniques we used to grind out releases every 18 months on the bigger products. We just scaled everything down. And it's been completely successful. People love it. This was exactly the same thing that we did with Word and Excel. We just stuck with the plan of making apps that win reviews and that people will love.

Q: What is the total number of Web sites worldwide as of 1999?

a. 500,000
b. 63,673
c. 3,679,376
d. 12,984
e. Over 10 million

Cobweb site: A World Wide Web site that hasn't been updated for a long time. A dead Web page.

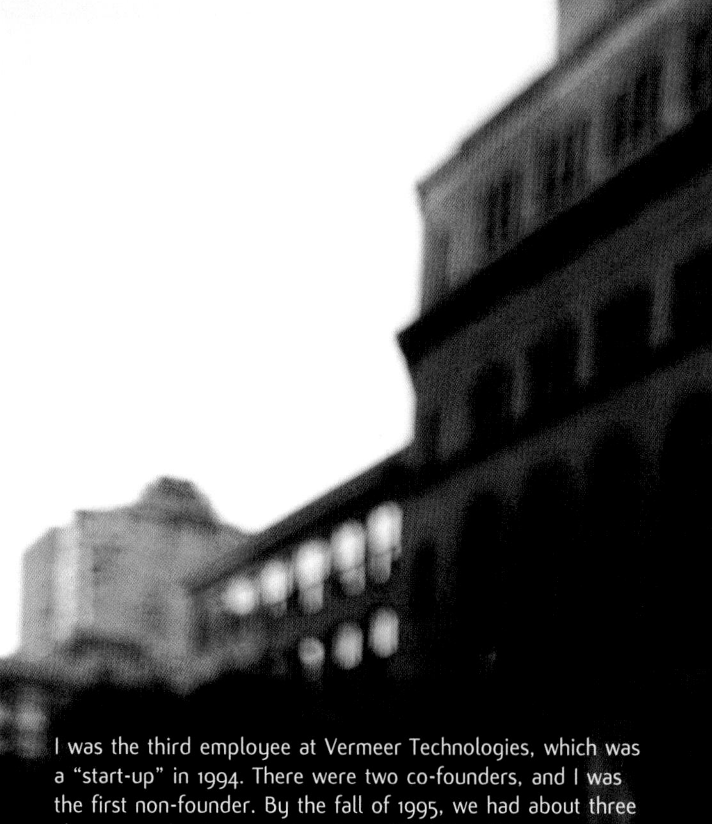

I was the third employee at Vermeer Technologies, which was a "start-up" in 1994. There were two co-founders, and I was the first non-founder. By the fall of 1995, we had about three dozen people. It was a nice size; I liked that. We started when the Internet was getting started, and I could see it was going to be hot. We had this cool product called FrontPage, which is a tool for designing and creating content for Web sites. At that time, only geeks created Web sites. We thought it was something that everybody was going to want to do. So when we designed FrontPage, we designed it with the typical Office user in mind.

When we discussed design decisions, we would bring up Word. How did Word do it? You know, let's use their ideas. Or we'd look at the Windows Explorer and consider how things worked there. Version 1 was not perfect by any stretch of the imagination, but it was very much like an Office product. So it wasn't too surprising when we attracted the attention of Chris Peters, who'd been in charge of Office at Microsoft.

This was also when Microsoft was being accused of being behind the curve. They'd been focusing on getting Windows 95 and Office 95 out the door, and in the meantime the world was reorganizing around the Internet. Chris decided that he wanted to solve a part of this Internet problem, particularly the Web authoring part of it. He wasn't quite sure how to approach us, so he just called us up and said, "I'm Chris Peters from Microsoft. I saw your product. It looked really good. Can we talk?" It was an interesting time to be in the business because the same week that Chris called, we were meeting with Marc Andreessen from Netscape.

What impressed me about Microsoft was that it was willing to move very fast. We talked to them for about a month, and by December of 1995 we decided that we wanted to go with them. By the middle of January, we were acquired. Just two and a half months after the first phone call, it was all signed, sealed, and delivered.

A: e. Over 10 million

From the beginning, we all figured that Netscape was going to do something in our space, and Microsoft was always on the short list of companies that might decide to compete with us. When they approached us, we were flattered and intrigued and nervous. We were on their radar. And that was kind of scary.

From the beginning, I lobbied for going it alone and not having anything to do with Microsoft or Netscape because I had seen too many bad acquisitions. I thought it would kill the product. If forced to choose between the two evils, I leaned toward Microsoft. But I still thought it was going to be a disaster. I thought that they were going to merge us with the Word team and we'd get into a bunch of political battles and we'd lose 'em all and I'd get pissed off and leave.

Well, I didn't prevail, and three and a half months into our six-month release schedule, we got acquired. Chris basically said, "What you're doing is just great. Finish what you're doing on your own schedule, and when you're done we'll move you out to Seattle. The only thing we're gonna change is the box, which will say Microsoft and not Vermeer. And that's it." That was incredibly refreshing and reassuring. I didn't expect that. But Chris realized that stability was tremendously important if we were going to get our second release out.

We immediately saw the difference between being part of Vermeer and being part of Microsoft. At Vermeer, when we had a free-trial Web download of our product, we were pretty impressed when people downloaded 10,000 copies in the first three months. That was pretty good for a startup. When we shipped 1.1, with the Microsoft name on it and a free download from the Microsoft Web site, we got 130,000 downloads in the first two weeks! That's when I realized that we were not in Kansas anymore, Toto.

I think that FrontPage is a textbook successful acquisition. And I think that a lot of credit is due to Chris. He did a great job of acclimating us. When you transplant a tree, there's some trauma associated with that. Before you can safely expose it to the elements, you must shelter it and give it lots of fertilizer and water until it takes root again. The whole experience was a gradual process instead of a series of big shocks. A group of us from Vermeer still joke with each other: "Did you get your implant yet?"

ANDY SHULERT, GENERAL MANAGER, FRONTPAGE AND OFFICE WEB SERVER

Remember the 8-inch floppy, the 5.25-inch floppy, and even the 3.5-inch floppy—those ancient artifacts that for a time seemed like the coolest, most portable bundles of information the human mind could conceive of? Now, of course, they seem hopelessly clunky compared to the CD-ROM. We recognized the potential of these slick little disks when only the music industry was exploiting their space-age capacity. The additional space was not only handy, it made multimedia possible for the first time. Graphics, sound, and video sprang to life when you slid a CD into that clever little pop-out drawer on the front of your PC.

Q: In 1986, Microsoft Press released the first trade book on CD-ROM technology. What was the book called?

CARL STORK, GENERAL MANAGER, HARDWARE STRATEGY AND BUSINESS DEVELOPMENT, WINDOWS

I joined Microsoft in 1981 as Bill's technical assistant. At the time, the company had only about 60 or 70 employees, so in addition to doing research for Bill, my job was really to do whatever random projects needed to be done around the company. I'd review and suggest improvements for products like Multiplan, think about what the company's approach to graphics should be, buy a Xerox Star and think about graphical user interfaces, design early prototypes of our first software for the Macintosh—I got accustomed to doing one random thing after another.

In 1985, I was looking around the company for something new to do, and I decided to join a new group dedicated to a new technology called CD-ROM. We had set up this division because we realized that these little plastic discs—which were only used to store music—could have enormous applicability for PCs. The goal of the group was to figure out every possible way we could use this technology and then make it happen.

We held CD-ROM conferences to get people thinking about the possibilities for this technology. And we ended up producing several products that are still here today. We created a prototype of the first CD-ROM encyclopedia, before Encarta, which had text, pictures, audio and video clips, even hypertext. We never took it to the product stage, but of course Encarta eventually came along. One of the products we produced was the first version of Microsoft Bookshelf. It provided a bunch of writing resources, like a dictionary and thesaurus, almanac, fact books, and *The Chicago Manual of Style*.

An interesting point about our early work with CD-ROM is that we developed an early understanding of the hypertext concepts that eventually became the core of the Web. Before the Web was around to drive standards, we were exploring a lot of hypertext markup languages for things like Bookshelf and our encyclopedia prototype.

We also developed a file system for CD-ROM discs so they would work with MS-DOS, and we created some extensions to allow interleaved audio and video for improved performance.

We started to explore using CD-ROMs to deliver OS/2 software development kits and other resources for developers instead of sending out 50 or 60 floppies through the mail. Actually, I figured out that it would be cheaper to just give developers the CD-ROM drives and send them CDs than to produce and mail all these floppies. But it seemed to be a risky decision at the time, so we never did it.

The adoption rate of CD-ROM drives was much slower than we expected, and a business model never really developed around all of these things we were working on, so a lot of our projects ended up getting dropped or merging with Microsoft Press. But all of these tools, formats, and technologies, in one way or another, eventually became mainstream parts of Windows and all our applications. It took a long time for the hardware to become commonplace and for the cost to be low enough to justify all these applications, but ***we recognized the potential of CD-ROM at the start and took a leadership role in pushing it forward.***

The average cost of a 3.5-inch floppy disk with a capacity of 1.44 MB is approximately 40 cents. The average cost of a CD-ROM with a capacity of 650 MB is approximately 40 cents. As a result of moving our products from 3.5-inch floppies to CD-ROM, our media costs have decreased by 99.8 percent ($0.0006/MB for CD versus $0.278/MB for 3.5-inch floppy).

– DAVE LOOFBURROW, BUSINESS MANAGER, NORTH AMERICA OPERATIONS CENTER

A: CD-ROM: *The New Papyrus*, announced at the First International Conference on CD-ROM

GARY ALT, EDITOR-IN-CHIEF, ENCARTA

Back in 1993, multimedia was just taking off, and the folks at Microsoft thought that combining photos, graphics, and sound with an encyclopedia would provide a much more interesting way to convey information and help people learn. The idea was to license text from Funk and Wagnall's print encyclopedia, and then for Microsoft to develop the software and multimedia aspects. But the Microsoft team realized pretty early on that the licensed content wasn't deep or broad enough. To create the best encyclopedia out there, they'd have to get serious about becoming a content company. This was a really new idea for Microsoft. So, Microsoft

"You know, sometimes people think of multimedia as just whiz-bang technology that's added pretty gratuitously..."

got busy assembling a first-rate team of reference editors and designers. In January of 1995, I joined this growing team, after more than 20 years of working on *World Book Encyclopedia* and *Encyclopædia Britannica*.

Encarta started at under 8 million words, and today we have over 40 million, so it has been an incredible editorial effort. One way we make sure we're building the right information is by studying what's going on in schools. We developed a special version of Encarta, which we call the Instrumented Version, that tracks how people use Encarta. We've put the Instrumented Version in dozens of schools across the United States and Canada.

So say you're a student, and you go into the media center to use Encarta. The first thing we do is capture a little information about you. What's your age and grade in school? Why are you coming to Encarta? For personal interest? For a school assignment? And we find out what your question is: What information are you looking for? Then, after you use Encarta, we ask you if you found what you were looking for and if you have any suggestions for how to improve Encarta.

The information we gather helps us gauge the appropriate level for the articles. We write at different readability levels—we don't use readability formulas per se, but we know that, for instance, the Horse article and the Dog article get heavy usage by some of the younger students, whereas the usage for an article on, say, Metaphysics or Quantum Mechanics spikes at juniors and seniors in high school. Knowing this, we can edit the copy to the appropriate comprehension level.

We've also done some pretty exciting stuff to let you customize information. We created this really cool dynamic timeline that allows you to search by time, topic, and place. Say you want to look at events in North America at the time of the American Revolution. With the dynamic timeline, you can choose to see only political events in the United States. And then you can say, "What was going on in Europe at the time?" And you'll see that Napoleon's reign and the French Revolution were happening in close proximity to the American Revolution. So you can start doing some synthesis and analysis. You can click on each event to get a description and go to the core article on the event. We worked with a team of world historians to put this feature together because we wanted a cross-cultural perspective. The timeline has 3,000 entries now, compared to only 250 in Encarta 99. And that number will grow.

Working with schools also gives us ideas about how to push the envelope with technology. We created something in Encarta that no one else has matched. We call it the Virtual Tour. This feature started with 360-degree photographs that let you pan around a scene like Times Square. But we noticed in a school visit that kids would stop and click on an individual building, hoping to find out what it was. Mark Truluck, one of our developers, wrote some code over the weekend that enabled us to embed text and other images into the 360s. When he showed it to the editorial team, we said, "Oh, we can go crazy with this—we can provide all kinds of content here." We've now got about 40 of these Virtual Tours—Paris, Moscow, Mount Everest, Alcatraz... They're terrific.

"...We don't use it like that."

You know, sometimes people think of multimedia as just whiz-bang technology that's added pretty gratuitously. We don't use it like that. We've got a standard rule here: if you can show something with a photograph, do it—and save the video or animation for times when it really works and makes a story that much more compelling. And do they ever! We have a video on elephant behavior that will move you emotionally. Our animation of the wheel and axle explains this simple machine in a way words alone cannot. The use of audio is just as amazing. One of the most frustrating things I ever had to do was edit a jazz article for a print encyclopedia. I was trying to explain concepts of syncopation and bebop in words. With Encarta, you can play an audio clip and these aural concepts just click.

So it's just incredible what you can do with Encarta that you couldn't do in print. Remember the stack of encyclopedia books that would grow more out-of-date with every year on your shelf? With Encarta 2000, you can get an update every month, and with 20,000 links to the Web, you know you're always up to date.

I've always felt lucky to be part of the information business, and the last five and a half years have been the most exciting in my career. I can't wait to see what the next five will bring, knowing that Microsoft and Encarta will be at the forefront of the innovations.

In the past five years, the percentage of PCs with CD-ROMs has tripled.

CD-ROM drives were so new when we shipped the first CD of Bookshelf that we included a drive in the box with the product.

The Apple of Their Eye

From the day the Macintosh first hit the streets, our applications teams have been churning out great software for it. That astonishes some people, but not the millions of Mac customers who rely on our software every day. We've got hundreds of people focused on matching Apple's innovations in hardware with some really great software. Granted, our Apple software developers sometimes act like they're more bohemian, carefree, and stylish than the rest of us. And they certainly are a little, well, "different." But that should come as no surprise to Mac users, who probably expect nothing less of them.

BEN WALDMAN, VICE PRESIDENT, MOBILE DEVICES

I've been a Mac fan since my freshman year at Harvard in 1985. When I came to Microsoft in 1988 as a developer on DOS Word 5, I had a Mac in my office and actually edited my code for DOS Word using the text editor on my Mac. Today, Microsoft has more people developing Mac software than ever before, and the reason is simple—10 million customers use Microsoft software on the Mac, and we want to do the best possible job for them.

For a long time, Mac customers were less than happy with Microsoft. In particular, a lot of ill feeling was directed at us right around the time that Office 4 and Word 6 came out. At the time, the product was a bit ahead of the hardware, but there were other issues as well. So we made a change: for a long, long time we'd had the same people working on both the Windows and the Macintosh versions of our products, but for Office 98 we took a different approach and dedicated a group of people to just creating Macintosh versions.

The approach worked for a couple of reasons. We started doing research with just our Macintosh customers. Before, we'd ask, "Well, what does the Office customer need?" By doing research with Mac users, we learned that Mac users had different needs and expectations. And because we had people who were thinking just about the Mac and only the Mac, 24 hours a day, we were able to focus a lot more on getting a lot of little details right.

We started doing something else that I think was pretty exciting, too—designing and shipping features that appeared first in the Macintosh versions of our products. We saw that so many in the industry treated Macintosh users as second best, providing them with less than what Windows users got, and giving it to them later. We decided to take a completely different approach.

Features like Drag and Drop Install appeared first in Office 98 for the Mac. We also got rid of the setup program for Mac users first—to install the product, you put the CD in and drag the Office 98 folder from your CD to your hard disk. That was a first in the industry, and it came out first on our Mac version. We added it to Internet Explorer for the Mac as well, and also made features like Print Preview and Forms AutoFill available first in the Macintosh version of Internet Explorer.

Sometimes people ask why Bill Gates "let us" do all this cool stuff. Are you kidding? Bill loves this stuff! He loves innovation. And we try to imbue our products with style—Steve Jobs has shown that hardware can be elegant and stylish, and I think that software can have style, too. We're trying to create software that complements the great design work that Apple has done with hardware. And I think we should try to do that with all our software. When I was general manager of the Macintosh business, I worked with Apple quite a bit, and one of the best parts was getting to know Steve Jobs, who I think is one of the most brilliant and talented people around. So that's been pretty rewarding.

"We are the largest Mac software producer on earth outside of Apple Computer...

Microsoft and Apple both do innovative things, and I think it's a great thing to see that kind of competition thrive and to see all the options it creates for consumers. If the Mac and Windows were identical, the world would be a much duller place.

I've been asked if it feels weird to be working on the Mac at Microsoft—it doesn't. The work we do on the Mac reflects the core values of Microsoft, which are to understand what our customers need from their software, to anticipate what they might need two or three years from now, and to always exceed their expectations. So what we're doing for Mac users is absolutely central to this company's mission and goals. We are the largest Mac software producer on earth outside of Apple Computer—no software company does more for Mac customers than Microsoft. And I think that speaks volumes.

Bill Gates, Chief Software Architect

The Macintosh was a very, very important milestone. Not only because it established Apple as a key player in bringing new ideas to the personal computer, but also because it ushered in a graphical interface. It is hard to reconstruct, but people didn't believe in a graphical interface. And Apple bet their company on it. That's why we got so involved in building applications for the Macintosh early on. We thought they were right. And we really bet our success on it as well. Today, PCs have graphical interfaces because they're so much more natural to use. But this was pushing the limit in the 1980s. It was the first time the vision of PARC had gotten into a commercial product and got going in a very positive way.

Interestingly, Windows was being developed in parallel with the Macintosh. We actually announced Windows in 1983, a few months before the Macintosh shipped. It took some time before we actually shipped Windows, but we were exposing it and evangelizing it very early on.

"The Mactopia site doesn't look anything like the Microsoft Web site. It has a punchy image that reflects who our customers are. You know... they think different." —BEN WALDMAN

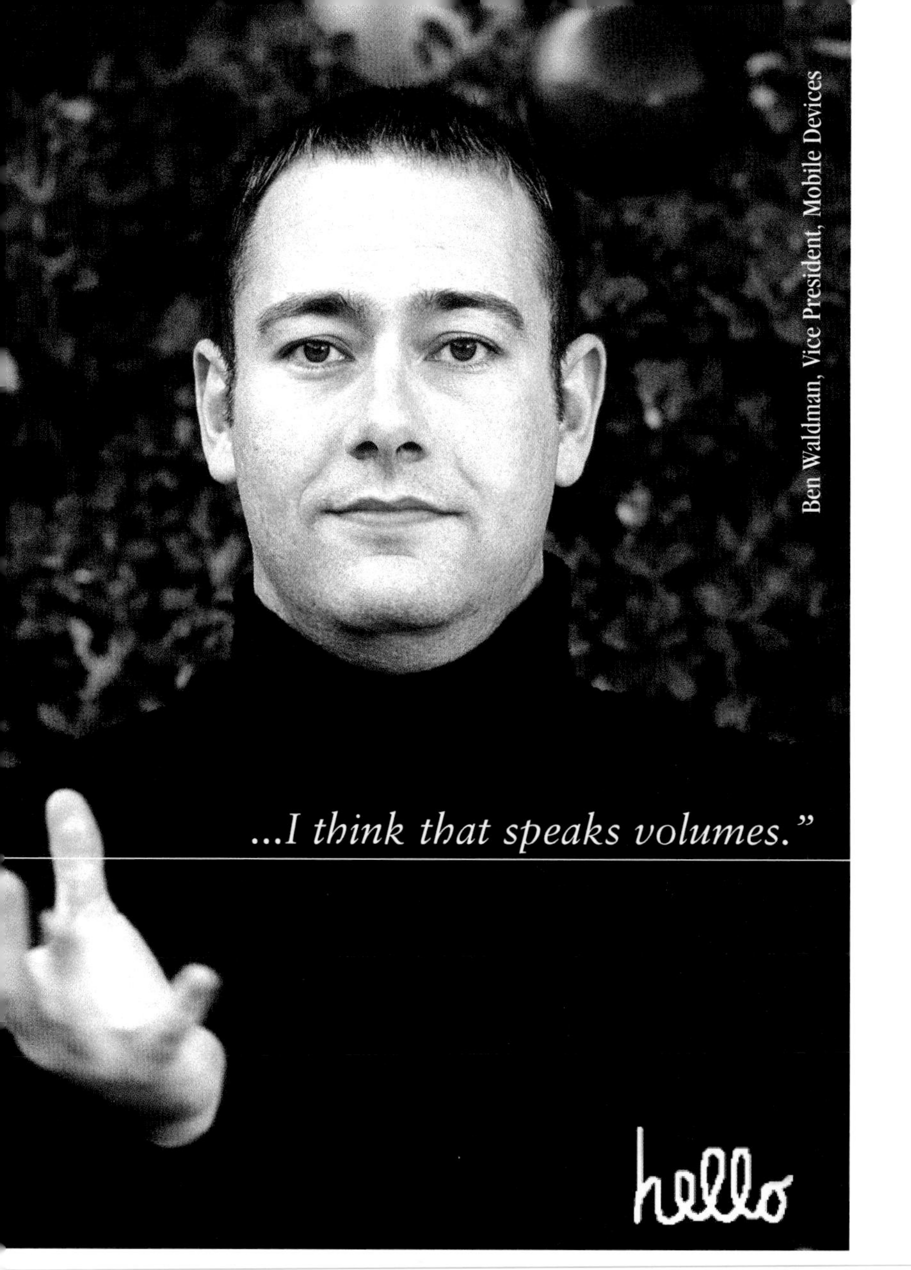

Leading the way for the Mac:

1977	*Microsoft writes BASIC for the Apple II*
1980	*Microsoft announces Z80 SoftCard*
1983	*Multiplan, Microsoft's first Mac app ships*
1984	*Word 1.0, the first Mac word processor ships*
1985	*Excel 1.0 ships*
1989	*Office for the Macintosh ships*
1993	*Office 4, the first Office suite for the Power Macintosh ships*
1997	*Apple and Microsoft announce a product and technology agreement*
1998	*Microsoft Office 98 for the Macintosh ships*
1999	*Internet Explorer 4.5 is launched*
2000	*Microsoft launches Office 2001*

TONY DIRKSEN, FORMER SENIOR MANAGER, INVESTOR RELATIONS

Sometime in 1980, I became captivated by PCs and decided that I was going to try to get a job at Apple. I went to work with Creative Services creating sales materials, and I worked on everything from the Macintosh to several of the Apple II introductions. In 1984, I went out on my own. I eventually came to Microsoft for some freelance work.

I had two meetings in a row that made me develop respect for the company. One was with Tandy Trower, one of the original product marketers for Windows. Understand, I was coming from a Macintosh-centered world. I sat down and he showed me the early versions of Windows, and I saw in it a product that would really be able to compete with the Macintosh. I mean, it was such a phenomenal product, even version 1.0. It certainly wasn't up to the Mac at that point, but just hearing Tandy talk about it convinced me that the guy had the vision for where this product could go—and clearly, so did Microsoft.

My next meeting was with Mike Slade, who was the Excel for Macintosh product manager. This was June '85, and the Mac had had its glory for the first six months and now was flat to down a little bit. Mike showed me Excel, and all of a sudden I saw a product that could save the Macintosh—which I honestly believe that Excel did.

Then you couple this with the incredible difference in personality between these two guys. Tandy is your classic, very focused, brilliant technical guy. Mike is like your fraternity, great-sports-guy, slap-you-on-the-back kind of a person. I left these meetings and said, “My god, a company that can support two products as strong as these, one that could save the Mac and one that could compete with it—and a company that can support two such incredibly different personalities as Tandy and Mike.... I've got to figure out a way to go to work there.”

"We have to let go of the notion that for Apple to win, Microsoft has to lose."

– STEVE JOBS, AUGUST 1997

"...Steve Jobs is... a first-class magician, and I can recognize him, because I'm kind of a second-class magician. It doesn't mean I can do what he does, but I can kind of tell, wow, that's powerful stuff."

– BILL GATES, JANUARY 1998

JEFF RAIKES, GROUP VICE PRESIDENT, WORLDWIDE SALES, MARKETING, AND SERVICES

There was a lot of excitement around the Apple Macintosh when it shipped back in January of 1984. It was the first volume-oriented PC based on a graphical user interface, and it was going to sell millions of units. We at Microsoft were particularly excited because we felt that the Macintosh represented a new wave of computing. And we were pretty pleased to be the first company to ship an application for the Macintosh—Microsoft Multiplan in a graphical user interface form was available on the Macintosh on day one.

That year, we went from a character-based user interface to a graphical user interface in many of our applications, particularly those for the Mac. Then in 1985, the Macintosh hit on hard times, and Jobs was ousted from the company. We were quite concerned about the future of our applications business.

I wrote a memo suggesting that Apple should license their operating system. Apple was in a very difficult competitive position—they weren't just competing against the IBM PC, they were competing against all the makers of IBM-compatible PCs. I sent the memo to Bill; he added his suggestions for OEM partners and then sent it to Jean Louis Gassée and John Sculley, who decided that it was an evil plot against them. It ultimately became an exhibit in the Apple lawsuit, which was how I ended up getting a copy of the memo back. There were many such instances where Microsoft was really trying to help Apple be more successful. And our overtures were not always well received.

MIKE SLADE, FORMER CORPORATE MARKETING DIRECTOR

I actually remember the Apple lawsuit vividly because I was up in Bill's office when the fax came in. By coincidence, Jeff Raikes and I were up there. And it was just bizarre. Having worked for both Bill Gates and Steve Jobs, I had double-first-hand knowledge of how difficult Sculley could be. He had been with Gates 48 hours earlier—"Bill, love ya. Super. Gotta run." Then the lawsuit is faxed over. And basically, Sculley got bad advice. They had this lawyer who told them, "We've got to do this to protect ourselves." And you know, Microsoft was just...shocked is the only word I can think of to describe what we felt.

This sounds kind of funny, but it was a clue to how desperate Apple was. In other words, if you were Apple and you thought you could be better than Microsoft at what Microsoft did, you wouldn't file a lawsuit because it had implications for the industry. It was obvious that the R&D and product people at Apple weren't driving this. It was a subtle thing. I wouldn't say people got this on day one. But it became obvious as the suit went forward that there was no strategy at Apple and they didn't even really know why they filed it. It was just a random move that they made one day.

Now, having said all that, Microsoft could have lost. I mean, this is a court, right? Anything's possible, right? And had we lost, boy—the industry would be totally different today. And it was partly through skill and perseverance that Microsoft didn't lose, and also a good bit of luck. I think the license agreement was a three-page Word document that a Microsoft lawyer had typed up on a Mac and that Sculley had signed in '85 soon after he had fired Steve Jobs. That was the main reason Microsoft won. Because Apple made the huge mistake of licensing certain parts of the Mac operating system to Microsoft. Well, this thing was written up in about an hour and looked like a rough-draft marketing plan some guy wrote. And Sculley signed it. So there's some luck there, right?

Q: What did the Macintosh code name SAND stand for?

a. Jobs's vision of a factory—you'd put sand (raw silicon for computer chips) in one end, and out the other would appear computers
b. Steve's Amazing New Device
c. Super Automatic Nifty Device
d. a & b

A: d.

Back when we were working on software for the first Macintosh, code-named SAND, Apple lent us a prototype machine that was locked up in a little room for security reasons. But, of course, we'd climb through ceiling panels at night and place a vase of flowers next to it, or rearrange the furniture around it.
– Znonymous

Why do we constantly work to improve our products? It starts with a passion for technology, of course, and a desire to meet the changing needs of all our customers. But we also innovate because, if we don't someone else will. The software industry will always be hyper-competitive, and our next competitor could come out of nowhere and put us out of business virtually overnight if we're not at the cutting edge.

Over the years, we've done some great things for people—brought the PC and the graphical user interface into the mainstream, revolutionized productivity software with Microsoft Office, and made it easy for anyone to connect to the Internet. All of this has required a lot of smart thinking and a willingness to take risks. Our hard work is the reason why our products are so popular with customers.

While we were focused on building great products, however, some of Microsoft's competitors were busy lobbying the federal government to take sides in what is unquestionably the most competitive industry in America today. That's the irony, of course, of the lawsuit between the Department of Justice and Microsoft. In the two years since the case was filed, the dynamics of the industry have changed enormously. Netscape merged with AOL. AOL announced its merger with Time Warner. Linux is being positioned as the next big operating-system play. Internet companies are sprouting up in living rooms and garages around the world. Companies everywhere are making huge investments in hand-held and wireless devices. The PC era isn't over by any stretch, but the point is that fierce competition and new innovations are continuing to drive the evolution of this industry and meet consumer demand.

Has Microsoft competed vigorously in this new economy?
You bet.
Will we continue to compete vigorously?
Count on it!

Not only do we have no choice, but it's the right thing to do for our customers, our partners, and our shareholders.

The DOJ trial has given us all a few bad hair days—me a few more than most others in this company. But even on the tougher days, it doesn't take much for me to get reenergized. I think about the incredible software solutions we're delivering to tens of thousands of customers every day, about the work we're doing to make our software even better, and about the next generation of technologies that we're creating. It's the same kind of excitement I felt 10 years ago when we saw the Windows GUI really take off and 5 years ago when we turned on a dime to focus on the Internet.

When all is said and done with the DOJ case, I'm confident that the appellate courts will affirm the well-established legal precept that antitrust law should encourage—not discourage—firms to improve their products rapidly to meet customer needs. In the meantime, we'll continue to run our company based on the core values that have made us successful over the last 25 years: integrity, innovation, customer satisfaction, and building great partnerships.

– STEVE BALLMER, PRESIDENT AND CEO

FROM *inspiration*

In the early days of Microsoft, it often seemed like I was responsible for almost everything. I was managing the payroll, calculating the taxes, drafting the contracts, and figuring out how to sell our products. Everybody else in our tiny company was a programmer, and I did a lot of that, too. In fact, we all wrote an immense amount of code. It was our life—we'd wake up, write code, maybe catch a movie, grab some pizza, write more code, and then fall asleep in our chairs.

We were hard-core about writing code and selling software, and we didn't have much time to do anything else. This worked just fine for us, because our customers were hard-core computer enthusiasts who weren't bothered by a small feature set, a limited manual, or an advanced user interface. That was the way PC software was back then. Some companies shipped their software in plastic bags, with a one-page photocopied manual and a phone number that you could dial for "technical support." At Microsoft, when a customer called us to order some software, whoever answered the phone was the "shipping department." They'd run to the back of the office, copy a disk, put it in the mail, and then go back to their desk and write more code.

As our customers became more sophisticated, we became very focused about making quality software, which is more than just quality code. Creating software has become an incredibly complex process. I'll always view good software as a work of art, but in many ways creating our products is a science, from beginning to end. To make today's software really sing, you need people with a wide range of specialized skills. Of course, you still need good programmers, but you also need just as many people to test and support the software that the programmers create. You need product planners and architects, documentation writers, usability specialists, and smart managers who help them all work well together. You need technicians to answer customers' questions, and you need consultants who help customers be more successful with your products. And none of these areas is a luxury that only larger companies provide. Every software company must address each of these areas.

As our company grew, we had to learn these lessons for ourselves. In the beginning, I had some reservations about hiring people who couldn't write code—we were a software company made up of really great programmers, and I thought we should stay focused on that. I also thought we didn't really have to manage our programmers in a traditional way because the quality of their work was in the source code—you managed them by reviewing the code. But I came to realize that we needed smart non-technical guys like Steve Ballmer to work with our developers to turn our software into successful products. In fact, bringing Steve to Microsoft was one of the best decisions I ever made.

to MARKET

Discovery consists in seeing what everyone else has seen and thinking what nobody else has thought. — Albert Szent-Gyorgyi

These days, we hire all kinds of smart people, most of whom don't write code. They talk with customers, learn what the marketplace wants today and will want tomorrow, and make sure that those needs are communicated to developers. They localize our software into dozens of languages. They design user interfaces that make it easy for our customers to be productive with our software. They work closely with businesses to make sure our software does what they need it to do. They help corporate IT managers deploy massive computer networks, and they help grandparents send their first e-mail to their grandchildren. And they explore cutting-edge technologies that will enable our company to be a future leader.

When we started Microsoft, we always thought we'd remain a relatively small company. Even though we had dreams of putting "a computer on every desk and in every home," we didn't fully appreciate how much software people would really need. When I drive onto our campus or go to a company meeting, sometimes I'm just amazed at how our company has evolved over the years.

But although we've grown from a room full of programmers to a 38,000-strong corporation, the typical "Microsoftie" isn't much different from how we were back in 1975. They still work hard, order pizza, drink Cokes, and play practical jokes on each other. Whether they're writing code or not, everyone here is still passionate about technology and focused on building great products and services for our customers.

The enthusiasm and focus I see all around our company is what keeps me coming into work every day.

Mom is the ultimate customer. If Mom doesn't like it, or Mom can't use it, then we'll all hear about it. Who hasn't answered countless product support calls from their mother?!

So one day you go to a meeting and your boss tells you that he is not going to be happy until your product is easy enough for your mom to use and you don't have the guts to tell him that the last time you gave your mom a hard time for not understanding what you did for a living, she went out and got a computer science degree and now she runs a rival software company down the street.

P.S. Thanks for the e-mail, Mom. Sorry my home answering machine was too full to record your message. I'm cleaning it out tonight.

The next time your friends ask you to explain one more time what I do for a living, ask them to read this chapter.

I started here as a summer intern in 1984, after my first year at Harvard Business School. At the end of the summer, my manager Rob Glaser suggested that I didn't need to bother with the second year of business school and should stay on at Microsoft. I was intrigued but also concerned about the implications of dropping out of school. My parents, who lived in Boston, were typically parental: "You're not going to graduate from Harvard Business School?!" My mother was also worried about my moving to the wilds of Seattle.

I ended up meeting with Bill about this, and he offered to call and talk to anyone at Harvard or to my folks if I wanted him to. A short while later, when I was still trying to make up my mind, I had a conversation with Bill's mom. She confessed that she, like my mother, was initially quite worried about her son dropping out of school. She then graciously offered to call my mother and talk with her about it. "It worked out okay for my son," she told me. "It'll probably work out okay for you as well."

—JEFF SANDERSON

"We spent all that money for him to become an architect, and this is what he built!"

The night I told my parents that instead of going to graduate school I was going to work at Microsoft, my mom put down the phone and started to cry. I remember my father sort of raising his voice, and then my mom got back on the phone to say, "You're throwing your life away!"

When the moving guy was carrying my three little boxes of personal possessions into the truck, he looked down at the piece of paper in his hand and said, "You're going to Microfrost in Redmond? What do they do? Make refrigerators?"

Anyway, my mom eventually turned the corner. She has pretty much figured out what I do here, and about a year ago she stopped calling me up to ask, "And when are you applying to medical school?"

—DEAN HACHAMOVITCH

"I'm so happy! Now that she's made a little money in the software business, she's promised to retire and go to medical school."

My mom is a longtime Macintosh user, but she's about to buy her first PC. I had a Mac in 1984, and it was pretty cool. Actually, prior to Windows 95, I thought the Macintosh was cooler than Windows.

Anyway, every couple of years, my mom needs a new computer. She runs her own business, but she never wants to pick out the computer. She always insists that I do it. So I would go home and we'd have the same conversation.

She'd say, "I need a new computer."

And I'd say, "Let's put you on a PC."

"No, no, no. I love the Macintosh."

"Mom, you can't buy another Macintosh."

But you know moms, so off I'd go to find her a new Macintosh. I always bought them online or from a catalog, had them delivered to her, and that was that.

Well, the last time she said, "Listen. Do we have to have that whole preamble conversation where I ask you to pick out a new computer and you tell me not to buy another Mac, or can we just remember that I'm the mom and you're not?" So, okay, I buy her the Mac.

Well, a few weeks ago I was home and she said, "Okay. I'm done. Get me a PC."

I said, "I don't believe it! What turned you?"

She said she needed a laptop that would go fast, there were applications that she just couldn't get for her Macintosh, and frankly she thought it was too hard to connect Macs together. And, maybe she was ready to admit that I knew something about computers after all.

Hey, Mom. Thanks for the vote of confidence. Finally.

—MIKE NASH

"It's a new feature. We call it Virtual Guilt."

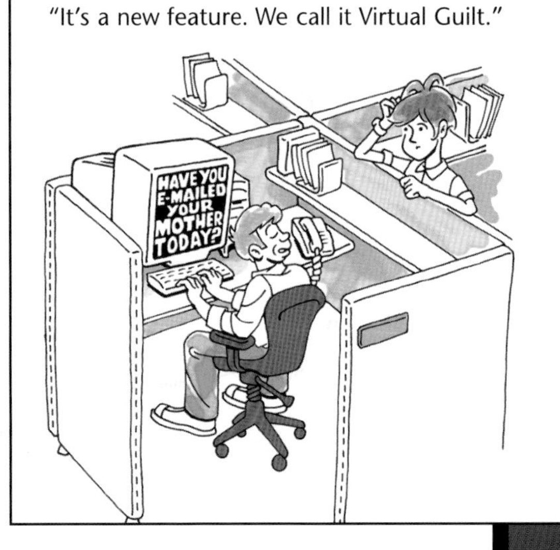

I'm excited about NT moving to the desktop. Now, when my mom uses her computer, I can finally say to her, "This is what I do! I did that part!" She doesn't know or care what a server is, so it's been hard to explain to her what I've been doing with my life for the past ten years.

—GARY KIMURA

"I don't have the bandwidth to get granular right now, put that issue in Michael's bucket."

Bandwidth—Amount of time or brain cells available for handling a task.

Binary Problem—A method of paring down an often complex issue to a two-possible-solutions scenario (yes or no, 1 or 0, stop or go, etc.).

Black Hole—A project requiring infinite amounts of effort, time, and resources. In other words, most Microsoft projects.

Blamestorming—Sitting around in a group discussing why a deadline was missed or a project failed and who was responsible.

Bucket—A virtual container in which tasks can be dumped. "Stick that interface issue in Ed's bucket." Sometimes, a container in which low-priority concepts can be consigned. "Toss that simple exit function in the feature bucket; we don't have the bandwidth to do it."

Freeze—Point in a project's timespan after which no more changes can be permitted. Or, the point in product development after which the answer to all great new ideas is "no."

Granular—Generally, and rather peculiarly, used in tandem with the verb "to get," as in "We need to get granular on this issue," meaning to examine the fine details. To get granular one needs, it goes without saying, to drill down.

"It's a feature"—From the adage "It's not a bug, it's a feature." Used sarcastically to describe an unpleasant experience that you wish to gloss over.

Milestone—Semi-technical term for a predetermined point in the product build at which certain goals have been met. Numbered, as in Milestone 1, Milestone 2, etc. Often in reality more like millstones.

Robust—In a vaguely Rubenesque sense, a program or piece of code that's fully fleshed-out, strong, brimming with health so that bugs can't survive. Increasingly often applied to more nebulous, theoretical concepts (ideas, plans, specs, etc).

RTM—Acronym for the fictional date that a product is scheduled to be released to manufacturing. "We need to push back the RTM again."

Slipping—Euphemism for abjectly failing to hit a deadline.

A lot of program managers here don't even have a computer science background. They might be psychology majors, history majors, or English majors—it makes very little difference. They're just very passionate about doing the right thing for the people who use our software. Passion is important because program managers are with their products from idea to box to customer and back around again.

Software always starts with an idea. It can be the result of customer research, or trying to leapfrog the competition, or making a prediction based on technology trends. That idea becomes the beacon during the development process. We truncate it into smaller pieces, and those get broken down into even smaller pieces, like building blocks. This all becomes the product specification. A spec is a really long, detailed blueprint of sorts, and it's the first product of a program manager.

Specs are living documents because they constantly get refined and improved. And every time there's an issue, a change, or a new idea, the program manager has to address it. It's the program manager's problem to make sure that the features we described are actually going in the product—so we're involved with the development and testing teams in continuous, almost day-to-day interaction. The product never leaves anybody; it's never handed off from program management to development, for example. There are just more people added as it moves along, and we all work together.

In the end, we have to make a decision about when it is ready to go. It's one of those things where science and art are mixed together. **The release date is an important stake in the ground, and it keeps you focused.** Without a release date, you could keep adding things forever since it seems we never tire of coming up with good ideas. Quality, on the other hand, is something that can't be date-driven. When the day comes, you can't decide that, no matter what, you'll just pop it out. A quality issue is the one thing that can stall a release date.

[HEIKKI KANERVA, GROUP PROGRAM MANAGER, OFFICE]

Program management is the art of reducing a process down to its essential steps and then making it run like a top. It's the management version of writing code. Delete the unnecessary and the impractical and get on with it. Legend has it that Jabe Blumenthal—a developer here for years—invented program management, and not a moment too soon. Since then, we've taken it through all the required steps from beta to release many times, trying to make it as perfect as possible. Essentially, we're constantly perfecting a system for perfecting a process for perfecting a product in a less-than-perfect world. Program managers are the few, the brave, and the eternally optimistic, frequently doomed to fall short of their noble aspirations.

Well, that's what they get for being over-achievers.

When I first became a program manager, the program manager who I was taking over from stuck out his hand with a Post-It note stuck to each finger. "Here", he said, "this is the spec." And they were the small size Post-Its. "Oh, God," I thought. "I'm really in trouble." Then my new manager said, "I'm going to be gone for a few weeks, so you're on your own. Sink or swim; I hope I see bubbles when I get back."

—ALEXANDRA LOEB, GENERAL MANAGER, TABLET PC AND E-PAPER

Idea turns to spec, turns to code, turns to product.

Jabe Blumenthal, credited with "inventing" the role of program management for the software development process, is now a high school math and physics teacher at his alma mater and runs a paragliding school in the Cascade Mountains.

"WHEN THEY BUILT THIS CAMPUS, THEY FORGOT TO HIRE A PROGRAM MANAGER."

Once you learn your way around the Redmond campus, you're faced with the problem of navigating inside each building. There are signs to guide you to the office you're looking for, but some of them are wrong or incomplete—you sometimes see handwritten corrections pasted on top of the signs. And often, you can't easily find the office number you're looking for in the list of number ranges, especially when you're running late, which is most of the time! After you've been here a while, it gets easier, but I've never gotten used to it. You go though the five stages of disorientation, starting with anger and denial, and eventually you reach acceptance.

Scott Berkun has a wonderful lecture about design in which he says that if your underlying interaction model is wrong, no amount of defensive design will improve it. The example he uses is a photograph of a sign on a corner at Microsoft that indicates Building 25 this way, Buildings 26 and 27 way over there, Buildings 1 to 6 here, Buildings 8, 9, and 10 there. (There is no Building 7.) What we have here is a classic usability problem. It's hard to use this campus because the buildings are numbered in the order that they were built, so the numbers tell you very little about location or proximity.

Another thing that really drives me up the wall is that we have this wonderful campus and it's not very pedestrian-friendly. I try to walk to meetings, but it's tough. For instance, when you walk out the front door of my building, you see a parking lot with a sidewalk taking the long way around it. If you look carefully, right next to the parking garage is a little path that's been worn up the hill through the foliage. It's where people defined a shortcut because following the sidewalk route to the next building took way too long. In many places, there are no easy ways to walk between buildings—you're almost forced to drive or take a shuttle. It's a pity, because we have such a beautiful campus to walk through. If it weren't for the fact that it would be muddy and difficult for a while, and a pain for the facilities people, the solution might be to postpone putting down pavement until people naturally wear down the paths that they need. Just like good software design: observe the customer, understand what they're trying to do, and then make it happen for them. And if it doesn't seem to be working, change it.

—PIERRE DE VRIES,
DIRECTOR,
ADVANCED PRODUCT DEVELOPMENT

I describe the software business as a pie: one slice of it is development, one slice is testing, one slice is user assistance, and one slice is marketing. **Well, when you slice up your pie, there's all this stuff that falls out between the slices.** That's what program management takes care of.

Customers are another piece of the pie. They become partners with a real vote. The old idea of software development was that you would come down off your mountain with these silicon tablets, hand them around, and no one could change them. But that's crap. Program management is all about being involved with the people who use the product. If you don't do that, you'll never get it right.

The real power of this company is that they don't always slot the same kind of people in one job. A good program manager can switch around, agitating and doing different things. Some are more like developers, some are more marketing people, and others lean toward testing. I'm from the tester slice. I like to get my hands dirty every day, playing around with our products, being a worst-case-scenario tester. I break at least one thing a week, just for a bit of fun. And I try to protect the test group in terms of the decisions we're making. They strike me as the truth-tellers. They have all this annoying integrity, and they can be a huge pain, but they keep you honest.

[IAIN McDONALD, GROUP PROGRAM MANAGER, WINDOWS]

Integration and collaboration are big ideas around here. For years, I've worked on Office, which is basically a collection of different products with shared goals. The teams for Word, Excel, PowerPoint, PhotoDraw, FrontPage, Access, and Outlook add up to a whole bunch of people. Components come in from all directions, and each team has its own unique set of issues. It takes a lot of effort to make sure that all the pieces are merged and working together smoothly. A good deal of that effort belongs to the program managers. As the face of the product to the internal world, we're part evangelist and part mediator.

I'm now working on Office Web Server, a new product that makes it easy for people to create Web sites for collaborative projects where they need to create and share documents. It's easy to relate to the customer because this is a product we've needed here for our own jobs for years. And it's great to be working on a new product instead of a version 10. But there's a lot of pressure, too, because our job is to make sure that there's a version 2.0!

I've enjoyed an entrepreneurial role on every product I've worked on. It keeps this place from feeling like a big company. And as you move around from team to team, you make a lot of connections with people throughout the company. Progressing through the ranks with a group of peers almost feels like a school class. I'm in a class with people who started at about the same time as me, and over time we've developed a way of working together that reflects the integration that's a key part of building a product.

[JULIE LARSON-GREEN,
GROUP PROGRAM MANAGER,
OFFICE WEB SERVER]

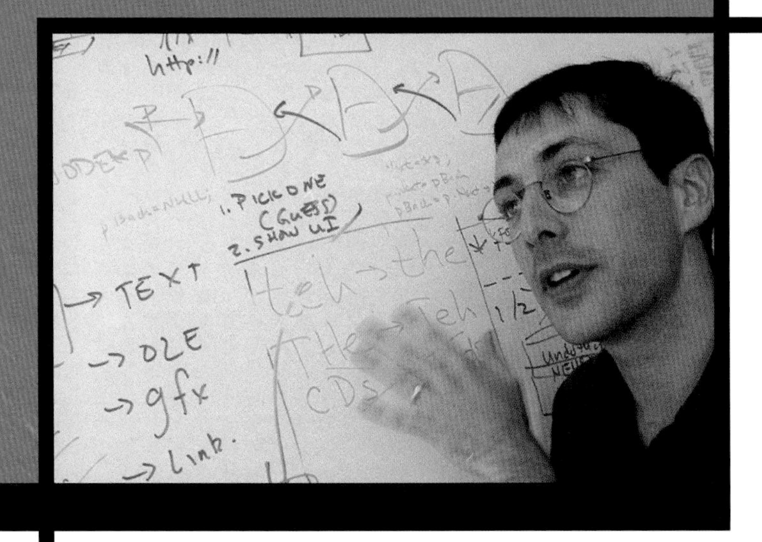

Program managers spend a good deal of their time trying to figure out what's wrong with their software. There are lots of great ways to try to figure this out. The first step in solving a problem is admitting that you have a problem. So we have a bunch of people here who wake up every morning and say, "God. Our software sucks." And we come into work under the assumption that our software—even if it is, in some categories, really good and better than anyone else's—just fundamentally doesn't work as well as we want it to work. So we come in and try to figure out how to make it better.

One thing that helps is that we use the software every day, a lot. And Lord knows it frustrates us. So we try to figure out how we're getting frustrated. We also have families who are more than happy to call us and tell us what's wrong with our software. I get more phone calls from my brother and my mom than I care to admit. They tell me what sucks. My wife tells me what sucks. In addition to that, users and customers write in and say, "I couldn't figure this out. And this is terrible. And gosh, you guys should really do this." And the press likes to jump in and write great articles about what's lousy. Product Support engineers love to tell us what everyone is calling them up about. So we've got more data than we can deal with. But it all really starts with the fact that we're willing to say that it could be better than it is now, and we need to do something about it.

The fellow who really invented program management is Jabe Blumenthal. He's an extraordinary guy. He realized early on that there were all these people writing code, but a lot of the adult supervision was being left to the wind and chance. He did a great job defining a new job that most of the industry eventually adopted. Program management is this peculiar middle role. One of the great comments I remember hearing here when I joined the company was program managers are the people who are too dumb to be programmers and too ugly to be in marketing.

Program management, when done right, is tremendously effective at solving problems, preventing problems, making users happy, helping software ship on time, and preventing recalls. When it's absent, really nasty things happen. But the essence of program management is to identify problems, define them, and figure out a way out of them. **Sometimes you feel like that guy in the movie Pulp Fiction who gets called in to clean up a very messy situation.** In a lot of ways, it's like that.

The people who know how to do programming don't want a lot of people in their way because there's all this stuff they have to do. And the people in marketing really know what they're doing, but that may not mesh perfectly with what everyone else is doing. There are so many different tasks that have to come together in the right way at the right time. The essence of the software development process is the concept of weighing the various trade-offs against each other. So who's responsible for how all the parts are going to come together? Who's responsible for making sure that the right trade-off happens? Well, that would be the program manager. One of the best comments I've ever heard is, "The reason we make trade-offs is so that we get something instead of nothing."

[DEAN HACHAMOVITCH, PRODUCT UNIT MANAGER, ONLINE GAMES]

There's an old saying about sausage and politics: "Don't ask how it's made." People who haven't built software often imagine that it's a very sane process—which would certainly make it different from every other collaborative process in the world.

It's actually managed chaos. It's not like somebody sits in a quiet corner, thinks it all through, puts it together, and then out comes the beautiful result. What really happens is that an enormous number of people offer different opinions about how to do things, but you've eventually got to ship the thing, so you start making hard decisions. Some things never get to the top of the list, and that drives people on product teams just crazy. Every project is a miniature soap opera in itself.

At the beginning, we're in the brainstorming mode, thinking up features and envisioning this really cool product. If you've never been through the development process before, you can stay in that mode for way too long. But if you're experienced, you know you need to stop adding features, and maybe even cut some of the things you thought were going to be really cool. Then there's a lot of debate because we've all been carrying around this beautiful vision—it's like this magnificent building we're going to build.

But we have to move from that image to something that we can actually get done in our lifetime. At this point, the whole team is upset because our grand illusion is evaporating. "We can't cut that feature! We can't take out the stained glass windows! We can't remove the beautiful carved doors!" Our cathedral seems reduced to an outhouse. But if we've done our prioritization right, when we start to show it to customers, they love it. It's got what they need. And by then, we're far enough from all the cuts to start thinking, "Maybe this isn't really so bad." A few months later, we get some positive reviews and we're saying, "Hey, this is a great product!"

My favorite part is finally using the product. Sometimes we go through years of designing it on whiteboards. Then it finally gets built to the point where we can start playing with it and using it. That's the best part.

[ERIC ZINDA, GROUP PROGRAM MANAGER, FRAMEWORKS AND UNIVERSAL RUN TIME]

MY ADVICE TO PROGRAM MANAGERS:

My best advice to program managers is don't assume anything, ever. When somebody says something that you think is clear, they probably meant something else. It happens all the time. I'm always amazed when I ask a relatively experienced program manager if a particular group is doing a certain task and he or she says, "Well, they said they were." Then you go check, and half the time those people say, "Oh, we didn't think you actually meant that, so we're doing this other thing." Verifying as much as you possibly can is absolutely essential. You can't overdo that.

Second-hand information has its charm, but gossip and expensive French cheese are about the only things that get better the farther you are from the source.

If you want to make sure that your customers are happy with your products, you have to communicate with them directly: get out of your office, go to the place where they use your software, watch them, and listen to them. Plus, there's nothing like a change of scenery to clear your head and make room for some astonishing new insights to move in and take over.

"You do that with our software?" It might not be what you pictured, but you might realize that if you change this or move that, you can get things to work even better. Listening to customers is rewarding in so many ways. That's why we go to great lengths to do it.

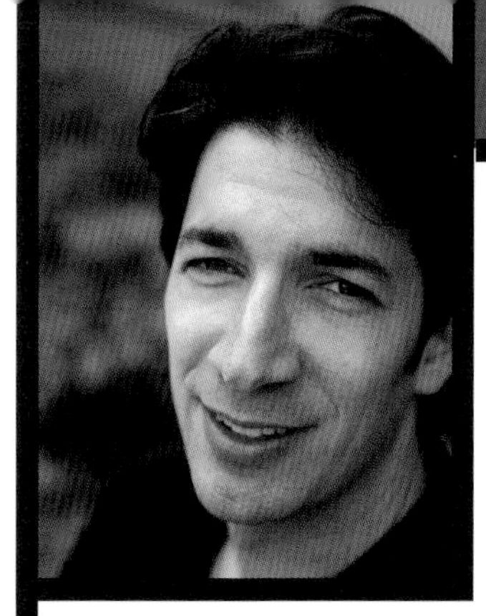

Listening to customers is great, but you also have to watch people at work to see how they really operate. For example, if you just asked me to explain what I do, I'd give you a fancy-sounding job description for program management. But if you actually watched me work during the day, you'd see that I really just spend a lot of time deleting email. :-)

I guess you might also notice that a big part of my job revolves around customer site visits. Fortunately, over the last ten years, we've learned that there's a big difference between talking to customers and listening to them. Customers used to tell us about their jobs, and then we would tell them about the product features. If they said they'd use those features, we'd come back to the office believing we had it right. But we weren't responding enough to the fact that maybe they couldn't locate those features in the product on their own. Or that some customers don't even care for a "better way" if their workaround gets the job done—they'd be happier if we spent our time on an entirely new feature. With the help of our usability group, we enlisted some social anthropologists who taught us to stop imposing ourselves on the customer's environment and to do less talking and more listening and observing.

One of our strategies is to try to identify and understand the high-priority tasks that are taking up too much of people's time. Those are the great opportunities where our software can help. Software has traditionally been focused on ways to make individual users more productive, but now we also have to ask people about where the information they use comes from and where it's going. We're learning a lot more about team dynamics and how software can help an entire team improve its workflow process.

When we're really listening, we uncover a lot of good issues that we can then address. For example, Office has a very diverse set of customers. **So one of our biggest challenges has been to design a product that's good enough for everybody without making one particular group pay a price.** You've got experts, like accountants and financial managers, who know and exercise the product really well. There's a lot of functionality in Office for those advanced users, but we don't want it getting in the way of novice users. That's led us to short menus and toolbars in Office 2000 that automatically customize the product based on a customer's needs. If you never use the advanced features, they won't take up space on the screen, looking intimidating or making it harder to find the commands you need. If you use them, they become part of your regular tool set.

I'm really proud of all the things we've done in Office. I think we've been pushing the envelope for ease-of-use, really focusing on customers, and doing a lot of things that are now best practices in the software industry. But at the same time, we still have a long way to go, and we know that. Computers and software are still too complicated and hard to use. I always joke that when my daughters and I visit the Smithsonian Museum in ten years (over the Web, of course), they're going to see today's interfaces on display and say, "Daddy, you worked on that old stuff? And people could actually use it?" And I'll explain that the work we did paved the way for the next wave of innovations—hopefully, the innovations I'm just beginning to work on now.

[**ANDREW KWATINETZ,**
DIRECTOR,
PROGRAM MANAGEMENT,
OFFICE]

bits & bytes

"Don't listen to what they say. Go see." —Chinese proverb

The Office Advisory Council goes beyond traditional design reviews and presentations that are merely talking at customers.

The council members are involved in the actual design process starting at the vision phase of the product. We call this participatory design.

* 15 companies, 1.5 million desktops
* Over 1800 customer hours spent reviewing product plans and implementations
* More than 100 user visits at OAC sites
* Over 500 customer hours spent at Microsoft working with the Office 2000 product team

One of the rallying cries for Windows 95 came from Brad Silverberg: he wanted it to be easy enough for his mom to use.

I didn't know Brad's mom, but I did know my wife's cousin, who was struggling to figure out how to change her video resolution under Windows 3.1. In order to do that, you had to go into the WIN.INI file and change a bunch of obscure settings, then reboot your computer. It was almost impossible for the average user.

So one of my small crusades was to make that make that easier. And that's how we wound up with the slider that you could move around and see what your desktop would look like at a different resolution. That was a good start. Then we looked at some of the other problems. For example, Windows asked you about things like 16-bit color. My wife's cousin certainly didn't know what that meant. Brad's mom probably didn't either. That was one of our crusades—to go through the system, find everything that was complex, and make it simpler.

—DENNIS ADLER, DIRECTOR, MICROSOFT RESEARCH

90 people attended the first User Group Summit in 1986, representing 30 users groups worldwide.

In 2000, there are more than 250 user groups and more than 300,000 members around the world.

We knew that we had a lot to learn from our customers, and we needed a way to let that input find us. So in about 1993, we implemented the 936-WISH phone line, an email address, and a fax number. We figured out how to translate the input we got into a standardized format using a call-encoding scheme, and every wish was entered into a database that was already being used by program managers and developers.

As the Office suite came together, the Wish Line followed. Now it's all over the company—but of course it's a great deal more technically advanced. Today, more than 50 thousand ideas are logged every year. I think a lot of companies have something like the Wish Line. Setting up a number is pretty easy, but it's harder to make sure the input actually makes it to the right people and then into the product.

One of the best things we did was create business cards with the Wish Line information on them. The sales people could leave these with customers so their input could go directly to the product development teams without losing anything in the translation. The cards were great at trade shows too, where you get thousands of people giving you requests. And they were great for shortening conversations on airplanes, you know, the kind where you wish you hadn't let on that you were from Microsoft or at least that the guy next to you would understand that you represent one product, not every single one of them.

—SAM HOBSON,
FORMER PRODUCT PLANNER,
OFFICE

On a customer site visit in Germany, we met a fellow who said he spent much of his day taking text from Word and putting it into PowerPoint. Knowing that this often requires a lot of reformatting, etc., we asked him to walk us through his process. The gentleman opened up a Word document, and surprisingly, he hit the "print" button. Then this giant German man got up and plodded away from his cubicle. Confused, we just looked at each other without saying a thing. A minute or two later, he walked past his desk in the other direction to a scanner which he ran his document through. He then returned to his desk and put the picture of his paragraph into his PowerPoint slide. That afternoon we introduced him to the concept of "cut-and-paste." I don't think I've ever seen a happier customer, and our improvements in collect-and-copy in 2000 and paste-recovery in 2002 will surely make his job even better although less aerobic, for sure.

—CAMERON TURNER,
LEAD PRODUCT PLANNER,
WORD

69,000 wishes were collected in 1999.

We designed the Windows 2000 Door-to-Door program to bring customers around the world together with members of the Windows 2000 development team in small, informal settings. Starting a month before the February release of Windows 2000 Professional, Windows 2000 Server, and Windows 2000 Advanced Server, we brought small groups of program managers, developers, design engineers, test engineers, technical writers, and members of the local sales account teams face-to-face with individuals from more than 1,500 corporate customer accounts and channel partners in the United States, Canada, and 30 other countries. All told, about 400 Microsoft people participated in this program.

One of the best things about the program was its informal approach. A telephone conference call or a large gathering sometimes intimidates customers. But seeing a friendly, human face in a casual, non-threatening venue is altogether different. People ask questions and bring up topics they might not have otherwise. Many of the discussions were at such a nonstop pace that I was exhausted after just a few!

Our developers found that customers' questions can really open up new ways of looking at product features. That sort of eye-opener is essential for the creative, innovative thinking that we must do if we're going to keep coming up with the products and features that customers need. And, **let's face it; it was a thrill for the people who created Windows 2000 to show off their baby.**

[**GLENN PITTAWAY**, PROGRAM MANAGER, WINDOWS 2000 SERVER]

There was a woman at one of our biggest customers who was required to enter her sales numbers every Friday so that she would be paid her commission. She used to come in to work at 6 a.m. just to enter her figures because her co-workers were trying to update the same spreadsheet all day long. She was practically in tears when we showed her shared workbooks.

—KIRSTIN LARSON, FORMER MARKETING DIRECTOR, OFFICE

If architecture is frozen music, then software is fluid thought.

Both begin with a grand idea, and it is the architect's job in both cases to express that idea in words, numbers, pictures, diagrams, code, or whatever it takes to provide a concept that everyone else can build upon. It's a job that requires the imagination of a dreamer, the stern judgment of an editor, and the practical knowledge of someone who has labored at hammering out solid code that will turn an ambitious set of specifications into a working wonder.

Architects don't write code. We design new products and figure out how they should work together. We develop interfaces and lay out design standards. We do this so that software developers—ours and others—and hardware manufacturers can build on the platform to create applications and hardware. We do marketing studies. We do technology. We make our own best guesses. Then we put it all together. I think Microsoft has about 150 architects today.

Sometimes we're ahead of our time. Our very first palm-size device, called Pulsar, was a completely wireless portable communications system. We were first, but there was no wireless infrastructure out there, so we dropped the project. And our palm-size PC had a smart card and reader that would enable electronic commerce and banking transactions. But the banks and the rest of the industry weren't ready. There was no point in keeping it because manufacturing the device would've cost more and wouldn't have provided any immediate value. There are always trade-offs. But we might bring that one back some day, who knows?

Architects tend to think ahead of the curve. We're part idea generators and part problem solvers.

I love trying to figure out how to achieve something, how to design a viable solution. The first time I was doing wireless for the palm-size PC, we were trying to figure out how to get data onto the device. No one wanted to let us put it over their paging channels because it would take space away from their customers. So I came up with a bunch of ways of using so little space that they let us on for free. I presented all this to Bill when I was done, and he said, "Why the hell did you waste all your time doing this? Why didn't you just buy some paging carriers?" I said, "Bill, that's a few hundred million. I don't think that way. I think about ways to save us money, not spend more."

For me, it was a technical solution. And for him, it was a matter of prioritization. He was wondering if maybe I could have spent those two and a half months doing something technically more important for the company. From his point of view, my time might have been worth a couple of hundred million spent in some other way.

Bill has no problem with people who can argue their point of view and give him a straight technical response. I always argue with him. I don't have any problem with that because I always come in with a solid argument. It may be wrong, but at least I can say, "Here's what I believe is going on, here's what I think we should do, and here's why." When you're not prepared, when you don't have something to back up your claim, or when you make a personal attack on anyone, that's when Bill gets upset. And that's when he will come back with, well…everybody's heard the stories, right?

[**DAVE WECKER,**
ARCHITECT,
APPLIANCE PLATFORM TECHNOLOGIES]

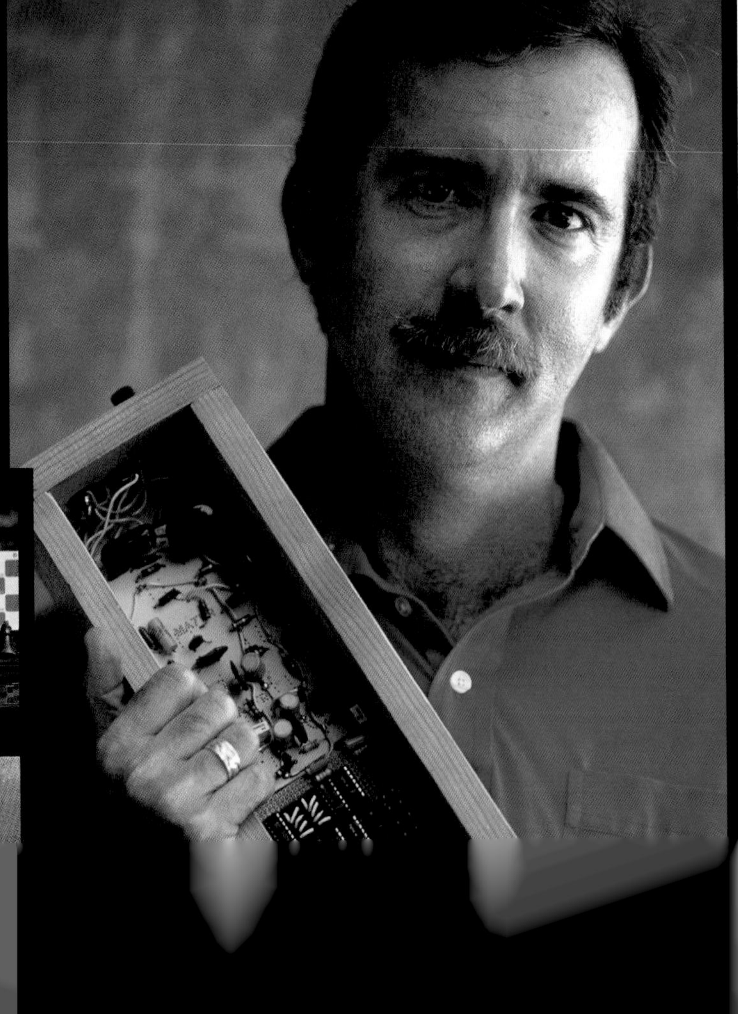

A few months ago, I walked into a meeting to discuss some of our communication goals and there was a slide up that said, "We have to explain CSA." I sat down and I thought, "What does CSA stand for?" And I decided, "Well, I'll just play along here. It should become clear. You know, I understand what's going on around here." So they were talking and talking and it wasn't clear at all. So I thought, "Well, I guess I'll have to make a fool of myself and ask what CSA is." It turns out that CSA stands for Chief Software Architect, my new job title.

I've always been good at math, but I'm not a mathematician. What I'm really good at is problem solving, and that is what programming is about. I'll tell you a trick: when you're after an answer, start by making one up. When you start checking to see if the answer is right, then you get a handle on the problem. The process of checking an answer actually becomes the equation that you're trying to solve. I relate much more to checking whether an estimated answer is correct than trying to figure out the correct answer first. Somehow, it just fits my brain better. And I suspect that's true of most people's brains.

The theme of my art collection is a wild, completely unsubstantiated theory that some artists had a premonition in the '60s of the coming digital age. Nothing conscious or overt, but in retrospect you have to admire their genius for having picked up on those things.

The Jasper Johns *White Numbers* is a good example. It's such a deep statement on abstraction, and computer programming and mathematics are abstractions. When you look at abstract art, you think, "What does this mean?" Then, if you look closer, you realize, "Wow. I know what that is. These are the digits. Zero, one, two, three, four, five, six, seven, eight, nine. Fine. Now that I recognize the image, what does that mean?" So the point is that abstraction is always there at another level, regardless of how much you decode.

Roy Lichtenstein takes it to the other extreme. He uses a discrete number of colors. Instead of pink, he uses dots of red. Which is exactly how computers generate colors. And he writes messages in bubbles, like computers do. Many of his images have a binary theme. There's a garbage can with the lid closed and a garbage can with the lid open. It's zero, one. On, off. One of the first serious pieces I ever bought is by Lichtenstein and it's called *On*. It's a light switch that has the word "ON" on it. It's very binary. So I see a "digital premonition" there.

The first personal computers were feeble in performance—just like the hand-me-down Soviet machines I started on in Hungary when I was about 16. Those machines were the equivalent of what was used in the U.S. in the mid-fifties. This time-warp experience actually gave me a unique advantage. In the mid-seventies, when small, weak machines like the Apple II started appearing, the people who were familiar with the smaller machines of the '50s had retired and the younger guys only knew mainframes or minicomputers.

Since I came from this computer museum called Hungary, I had a lot of experience with the limited power of the early personal computers.

I was putting this to use at Xerox PARC and was really excited about what we were achieving. We had the equivalent of the Macintosh and Windows in 1975—certainly not in refinement, but definitely in terms of concept. We had the bitmap display, the mouse, the Ethernet, and laser printing, all connected and working uniformly. But I became convinced that Xerox wouldn't be able to deliver these technologies to consumers. They just didn't understand the potential of what we had, and they certainly didn't understand that there was an emerging market for personal computing.

I had created the first WYSIWYG text editor, code-named Bravo, and I noticed that the spouses of the researchers were coming in at night to use the system for their own work—like correspondence, PTA reports, and Ph.D. theses. For someone to drop in and use a Wang word processor for a PTA report was unthinkable because it was so difficult to use. But it was happening with the Bravo; they could use it without special training. That's when I realized that everyone was a potential customer for personal computers. I wanted people to use the technology I was developing, so I asked Bob Metcalfe, the inventor of Ethernet and the founder of 3-Com, for some advice. He gave me a short list of people who were interested in personal computing, and Bill Gates was first on the list. I never got to number two.

During a business trip to Boeing in Seattle, I dropped by Microsoft. I was under the impression that Bob Metcalfe had called Bill about me, but actually it was a complete cold call. Eventually, Ballmer came out. He looked though my portfolio and decided that Bill should see it. But by the time Bill was free, I had to leave, so he gave me a ride to the airport and we basically discussed our visions for the future in the car. Later, after I accepted an offer from him, people at Xerox were utterly shocked that I was joining a completely unknown outfit with a CEO who looked like a high-school kid. Actually, he was all of 24, but he didn't wear glasses yet so he looked even younger.

So that was 20 years ago. Since then, the future we dreamed of has become real. My contributions have been deep down in our products—the underlying technology. Things like this wonderful virtual machine we did called p-code that was used to implement Excel and Word in the early '80s. The kind of mechanism we use in Word to represent the file is still exactly the same as it was in Word 1.0. That's how forward-looking that program was. The user interface, the precision, the breadth have all been improved by incredible stretches. But the basic organization is still the same. It's like the basic arrangement of an automobile—in terms of having four wheels, a steering wheel, a transmission, brakes, and pedals to control the speed—it hasn't changed. But the look and feel and the set of options and features has improved immeasurably. It turned out to be good to have been ahead of the times.

Right now, I'm working on an incredible project that I'm very excited about. It's called intentional programming, and it has to do with the way we write programs; it's a new way to represent the software. It will help us tremendously to improve our productivity, improve our customers' productivity, and create better software. It's an idea that still needs a lot of refinement. It still has many problems to solve. And that's what I love.

[CHARLES SIMONYI, DISTINGUISHED ENGINEER]

Writer Andrei Codrescu (pronounced code-rescue, incidentally) speculates that the lack of vowels in the Hungarian language is due to the fact that they were blown away by the wind over the centuries as horse-mounted nomadic warriors shouted to one another while riding into battle. This might explain why legendary Microsoft developer Charles Simonyi possesses such a natural talent for writing spare and elegant code, given that he grew up using an alphabet that had already been edited down to its most essential bits. They've even got a style of notation here called Hungarian, in his honor.

Well, fine. But how do we explain the incredible natural abilities of all the other brilliant developers who've found their way here? We can't, really.

Genius and aptitude are mysterious things.

But we do know that they're all smart enough to jump at the opportunity to work in one of the most fertile creative environments in the world.

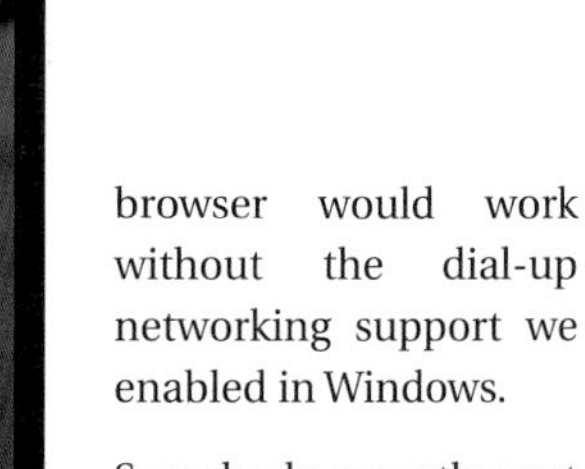

I think writing code is the greatest profession because there's no limit to what you can achieve. It's the ultimate way to express your intellect. **You are your only bottleneck—how much you accomplish depends on how well you work out the problem, how creative you are, and how well you enable other people to build on your efforts.**

Writing code is both a skill and an art. Once you acquire the basic set of skills, it becomes an art. Your mental process happens in many dimensions. You start by thinking through the flow, as an intellectual exercise. Then you build the code and actually see and feel it as it's working. If you're a civil engineer, you can do a design, but you don't have the pleasure of actually building it. With software, I can conceive of the idea, get that idea translated to a design, build the code, and actually see the code run. That is very, very satisfying.

My expertise is in networking. I search for easy and secure ways to get people connected. That's a goal we've been after since the late '80s. We tend to take the ability to hop online for granted these days, but not so long ago it was complicated, at best. You certainly don't read about it in the mainstream press, but the integration of the TCP/IP stack into Windows 95 was a big deal. It's where the work of our networking team touched millions of people.

The TCP/IP stack is the set of rules, originally defined by government researchers for the Arpanet, by which computers communicate on a piece of wire. When we speak, our words are transmitted in sound waves. If the person I'm talking to receives my words, he nods so that I know the transmission is complete. TCP/IP does the same thing. It enables computers to talk to each other. We provided a good implementation of TCP/IP in Windows 95, which got Internet capability out to a large number of people.

A complementary accomplishment I feel particularly good about is dial-up networking. Many people in my group worked on the concept and design of how to enable dial-up networking in Windows. It's now the primary way that millions of people access the Internet. There's all this talk about which browser to use, but people seldom think about the fact that neither browser would work without the dial-up networking support we enabled in Windows.

Somebody recently sent me an e-mail about a child who had developed a serious speech disability that prevented him from communicating effectively with people. But using a computer, he can dial up another person and have a discussion or play a game and express himself without being limited by his disability. We had a key role in making that access available to millions of people.

Working at Microsoft, we have the opportunity to make a contribution that impacts the world. And this is the reason to be here for so many people. It's about more than compensation. We want to empower more people through great software, and we want to define new experiences for people. Our challenge now is designing software that can be used anytime, anywhere, and on any device. Think about all of the new experiences for people at home and in business. And it's not a solo mission. So much of this industry is about integration. Windows, for example, is an integrated experience. We enable thousands of software and hardware vendors to innovate on top of Windows. Now we're out to create an integrated Web experience.

I came from Tanzania, where I didn't have electricity while growing up. Now I'm nearing the realization of an 11-year-old dream—building a mosque in our city. My work here has given me such a great opportunity to contribute—in personal ways and by helping to advance the software industry. I'm indebted to Bill for giving that opportunity to me and to so many Microsoft employees. In the Koran, it says that life is all about competing to do good in this world. I have that opportunity here.

In the last breath of your life, just before you exhale and you're gone, I think that you should be able to take something with you that you are proud of. If you have a bunch of money, that doesn't matter because you have to leave it behind. Ultimately, all you can take with you is a good feeling about what you did while you were here. That is my goal every day.

[MOHAMED JAWAD KHAKI,
VICE PRESIDENT,
WINDOWS NETWORKING AND COMMUNICATIONS]

Windows NT 3.1 had 6.5 million lines of code. Windows 2000 has more than 30 million lines of code!

I enjoy the process of trying to solve problems that nobody's been able to solve before and asking questions that no one's ever asked. I enjoy recognizing—to the extent that I can—some of the technological changes that are coming and then trying to figure out how they'll enable us to do new things.

Take the Internet, for example. I've been working for about five years on the question of how our software should evolve to take advantage of the environment that the Internet creates. At the most basic level, the Internet is simply a way for large numbers of computers to communicate with one another across large distances. But look how software has been able to exploit that one capability at many levels to revolutionize what users can do with computers. Electronic commerce, instant messaging, and MP3 music are all giant applications that became giants thanks to the Internet. The Internet has affected how people write software and design applications, what kinds of user interfaces are provided for users, and what features get delivered. Nowadays, you don't start thinking about designing a software product unless you're thinking about the Internet at the same time.

Advances in hardware technology are also creating incredible opportunities for new kinds of computing platforms, like tablet PCs and wireless devices. These will affect the computing landscape just as much as the Internet has. How will new hardware technologies shape how we design and write software and change what applications users care about? How will tablet and wireless devices take advantage of the Internet? What kinds of synergies exist when these new devices can talk to each other and to desktop PCs? Will it change how you conduct meetings and presentations? Will it change how you take notes and take tests in classrooms? Can it become compelling enough to start replacing paper media like books, forms, and photographs? Can the online viewing and collaborating experience become so good that people will seldom print out Office documents?

These are the kinds of questions I'm deeply interested in and that I use to generate proposals on concrete things we should do to take advantage of emerging technological trends.

Developing software is one of the most challenging endeavors in the world today. **Even when you think you've gotten to the point where you know all there is to know about software, how to write code, and how to design software products, you really don't**—because every minute you're alive, there are other people who are thinking about the same problems, thinking about new problems, and pushing technologies forward.

[DARRYL RUBIN, DISTINGUISHED ENGINEER]

Write a function that takes in a string parameter and checks to see whether or not it is an integer, and if it is then return the integer value.

I came to Microsoft's attention 12 years ago when I was messing around with OS/2 because one of the things you got with the OS/2 developer's kit—besides the opportunity to write a check for $3,000—was a bunch of pre-release versions of the software. This gave me a detailed look at the stuff, and I found a lot of things wrong, so I would submit bug requests through Microsoft PSS, telling them how they ought to fix it. I submitted so many that I caught someone's attention. I wasn't really looking for a job, but I thought an interview might be fun, even if it was in Washington state—the middle of nowhere.

John Fine, the program manager that interviewed me, quickly determined that I was not program manager material. He said, "Let's say you've got a particular feature that you're absolutely convinced needs to be done but the developers say no. What do you do?" I had no clue. I'm not very good at forcing people to do things, so whatever my answer was didn't measure up.

But I did get hired, and I've been here ever since, answering e-mail. I think I've been behind on e-mail since my first day. Once I actually got my Inbox down to 18 messages by doing nothing but e-mail for a few days, but that's not very sustainable. They stack up—right now I have at least three e-mails from Legal asking me why I haven't gotten back to them about a patent submission I have outstanding. Patents sometimes seem like the dessert in the boxed lunch, and I'm already on to the next meal.

What's important to me isn't being the first guy to think of something—it's more just the charge I get from figuring it out in the first place. My ideas come mostly in response to a problem. I get an e-mail from the Office folks, for example, and they want a way for Office to find source files or debug information in the event of a crash, so I get to figure out how to make that happen for them. Or someone will ask me to design some tools for optimizing code in Windows or Office so that it runs faster or uses less memory. When you work in research, nothing that you do counts as "shipped," but it does get used—a lot, and often for a very long time.

My very first task at Microsoft was to help and eventually take over for Tim Paterson, the guy responsible for the original code for MS-DOS. He was working on the execute scanner of the threaded p-code interpreter of QuickBASIC. I added the currency data type to the interpreter. About a week or so ago, I got e-mail saying that in Visual Basic 7.0, they're finally getting rid of it! At one time, my initials were squirreled away in that code. Whenever I came to a place where there were two bytes that could be anything, I'd use my initials. But now, Visual Basic no longer carries my monogram.

Sometimes I take on pet projects that are just interesting to me, and I make a nuisance of myself. I always feel a little awkward at first about sending people e-mail that says, "You don't know me, but I was looking at your source code and I noticed this thing you could fix." But they're pretty good about it. You know, these people really do all the work. I just come in and say that I found something interesting. There have been times when people have sworn up and down that I'm wrong about something and that there's no problem, so they don't fix it. Then it comes back to haunt us. And that's not good. **Making a nuisance of myself is not officially part of my job description. It's more like a hobby.**

So back to patents. Collectively, we submit a lot of them around here, but it's just in the normal course of doing our jobs. I don't think about it that much—you know, that I'm an inventor or anything. But one time my brother told me, "Hey, you probably have as many patents as me now." That was kind of cool. So, maybe I'd better respond to those e-mails from Legal so he doesn't pull ahead of me.

[RICHARD SHUPAK, RESEARCH SOFTWARE DEVELOPMENT ENGINEER]

Write a function to print all of the permutations of a string. · Write a function to copy two strings, A and B. The last few bytes of string A overlap the

I'm not really a hard-core gamer, but doing development for the Gaming Zone is a pretty unusual and fun thing to work on. We just released an entirely new interface, and now I'm developing a new trivia game. The job involves many new skills for me but my managers figured that I could learn and still ship the game on time. It's great that they have the confidence to take risks like that. I've worked for a lot of smaller companies, and often that's not the case.

Developing for the Internet instead of CD-ROM is also pretty new for me. And there's one big difference between online and packaged product: people are constantly on our site, so new releases have to happen on the fly. With a major release, everything changes, and when users come on, they have to download all the new stuff. We try really hard to do that without disturbing the user experience too much. Usually, we are able to release a whole new suite of components and we get only a few complaints. We run on every kind of machine and nearly every browser version. We support Netscape as well as all the different versions of Internet Explorer around the world. So when a new release goes off without a hitch, that's really the big success.

I think it's cool that we bring 50,000 people together on the Internet, where they can develop relationships and make connections while they're playing these games. People drive for hours to gaming conferences so they can meet the other members of their Fighter Ace squadron. Many commanders and squadrons have been flying together for a long time and it's the first time they've met in person. **In Monster Truck Madness, couples will get in a car, set the background on nighttime, drive to an overlook, and sit in the car and chat. I'm sure the developers didn't ever think that Monster Truck Madness would become a make-out site!** We get a kick out of the unexpected ways that people use some of our games.

[MICHELLE McKELVEY, SOFTWARE DEVELOPER, MSN GAMING ZONE]

Just because we've adopted a system called "zero-defect methodology," you shouldn't assume that we're a pack of obsessive-compulsives. **Everybody makes mistakes—we just prefer to make ours sooner rather than later so we can get done early and relax while everyone else is freaking out about their deadlines.** The method is based on a paper that one of the early development gurus wrote to encourage good coding practices and more predictable ship dates. The theory is that you'll make much better applications and the process will be a lot more fun if you design features well, code carefully, have your code reviewed regularly, and make sure that you test it yourself before you release it to testing. It means that you're not always fixing all the bugs at the end of the process.

The Publisher group has used this system since version 1.0., and we've consistently shipped on or near our estimated ship date. The best thing about it is that we've never had one of those famous "death marches" where people have to work insane hours to ship on time. Regular design reviews can also save you a lot of embarrassment because you get to find out that your idea for a great feature is completely useless before you spend an entire month coding it.

[ADAM EVERSOLE,
DEVELOPMENT LEAD,
PUBLISHER]

I love software development because it's all about problem solving. It's about the search for an eloquent solution. There's something very satisfying about knowing you solved a problem in the coolest way. Plus, if you're someone who likes to work from midnight until 8 in the morning, wearing pajamas, that's fine as long as you do good work.

—MICHELLE McKELVEY

What's a developer?

· A dangerous, all-nighter-impossible-to-solve-task-maniac individual who is usually wild, sensitive, and extremely disorganized in an organized way.

· Someone who screams when a tester walks into her office wearing a large smile.

· An organism, frequently nocturnal, that, when given copious amounts of stimulants in various forms of liquid substance, has been known to subsist for days without sleep or intelligible utterance—with the occasional lapse into a lucid and somewhat esoteric hilarity.

Q. Written in C, Circle(r) takes only 10 operations (+,-,assignment,compares) inside the inner loop (including the loop termination test)! Can you do better?

—Mike Koss, Micronews Brain Teaser, 1988

MSN Messenger Service is a type of product that's known in the industry as "instant messaging" or "buddy list." When you log on, it tells you if other people you know are on the Internet, and it allows you to locate and communicate with them immediately. If my mom is on, a little message pops up and says, "Estelle Glasser is logged on." Then I can send her a message online, and we can chat or launch a video call using my video camera. There's a whole set of other things that we're going to be doing in the future along those lines, including integrating with other types of devices like the new generation of smart mobile phones.

When we planned the product, we felt that one way we could provide value to customers was to allow them to talk to users of other instant messaging services. In general, it should make no difference to a user, or to the service, which client anyone is using. America Online customers were the largest community using this type of product at the time, so we built our client so that our customers could talk to people—whether those people were using MSN or AOL. We worked really hard to provide an experience that is safe and reliable, and we actually implemented specific features in our product to make sure that it respected the behavior of the AOL Instant Messenger service. The night before launch, we had this midnight madness party where we brought in food and everybody stayed late to make sure everything was in place.

We had a monitor that tracks how many people are on line, and the next day we banged a gong in my office every time we hit a new milestone. That night, at about 10:30, I got paged at home that AOL had made a change to their service to prevent users of the MSN client from using it to access the AOL service. I was exhausted from working so late the night before and in the weeks preceding. I had just about decided to wait until morning to fix it, when I thought, "What would I do if this were my own start-up business?" I realized that if I didn't act as though this were my own business, then I would be guilty of all the things people say about Microsoft losing its edge and its ability to move fast.

So I went in with my manager and four other people. We worked through the night getting a new build ready. Then I fell asleep in my office. AOL blocked it again later that day, so we did another build.

Turns out that AOL didn't really care for our strategy. I can't really represent AOL's views, but they seemed to feel that theirs was a proprietary service and so they had the right to keep it closed to everyone except users of their client software. They claimed that we were hacking into their systems and compromising security by allowing customers who used our software to talk to their service. We weren't hackers! We didn't use any secret back door. We bent over backwards in our development effort to be scrupulous about respecting the behavior of AOL's service. We were providing a feature that customers were asking for.

This went on for quite a while, and we took some heat for it, but I'm glad we stuck with it. Microsoft is often in a damned-if-you-do, damned-if-you-don't position. If we hadn't continued releasing fixes, then people would have said we couldn't cut it anymore and everybody was eating our lunch on the Internet. When we did do it, the press complained that Microsoft and AOL were behaving like a couple of schoolchildren.

The fact is, when you're in a high-profile situation, whatever you do, some people are going to love you and some people are going to hate you. So you just have to do what you think is right for the product and for your customers.

Even after 25 years, we try to keep our start-up mentality as much as possible. And we get criticized for that because the rules are supposed to be different for us; we're supposed to act like the industry leader and just lumber along. But if we don't hang on to our start-up spirit, all these companies will come along and make us obsolete. And if we let that happen, we have only ourselves to blame.

[DANNY GLASSER, DEVELOPMENT MANAGER, MSN MESSENGER SERVICE]

first few bytes of string B. How would you print out the data in a binary tree, level by level, starting at the top?

Software design engineers basically write code and debug even more code. If a project is in the beginning stages, you work with the program manager and the customers to define the requirements, the specification, the interfaces, and the design. You can compare it to the work of an architect, who lays out the whole framework for a house. An SDE then takes one piece of the design and implements it within well-defined interfaces. So we eventually influence the overall design, but we each own one or several components. Good engineers design their code for clarity, consistency, and ease of maintenance, and they have pride of ownership in both their own component and the overall design.

[LIN SHAW, SOFTWARE DEVELOPMENT, CONSUMER PLATFORMS]

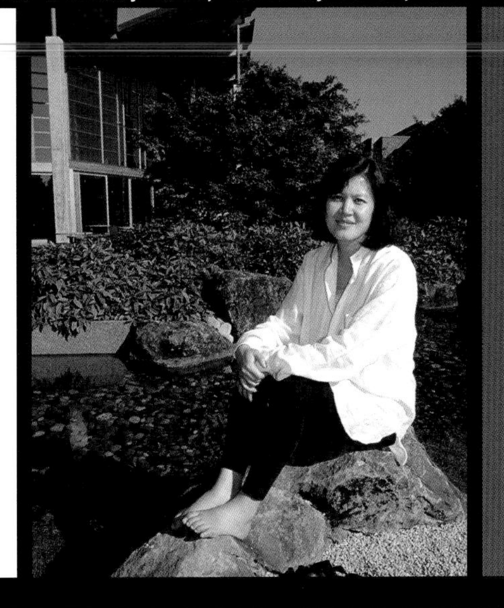

I'm from Taiwan originally, but I went to high school in the Philippines. I never felt that I was in the minority as a woman in this field. In fact, most of my math and science teachers there were women. It seems to me that women have a better chance of being accepted in math, science, and technology because there are objective skills tests in those fields. If you can write good code, that's that. It's very hard for people to dispute your qualifications. In jobs that require more subjective skills, I think it might be harder to put a blindfold on the gender difference.

· Someone who makes nachos with a gas laser and a spectrometer. Yes, it takes a little longer, but his guacamole is absolutely perfect.

· Someone who's likely to be found crawling around on the floor in his bathrobe in the middle of the night, perusing miles and miles of printouts that are stretched over the couch, across the coffee table, over the living room carpet, and down the hall. He can be heard mumbling, "What's this supposed to do? It's got to be here somewhere."

—MicroNews, 1987

"Ask Larry, he's the alpha geek around here."

What's the difference between a linked list and an array? · Implement an algorithm to sort a linked list. Why did you pick the

Implement an algorithm to sort an array. · Implement strstr() (or some other string library function). Write a function to print the Fibonacci numbers.

Reverse a string. Optimize for speed. Optimize for space. · Count the number of set bits in a number. Now optimize for speed. Now optimize for size.

Alpha Geek — The most knowledgeable, technically proficient person in an office or work group.

Blowing a Buffer — Losing one's train of thought. Occurs when the person you are speaking with won't let you get a word in edgewise or has just said something so astonishing that your train gets derailed. "Damn, I just blew my buffer!"

Burning Cycles — Wasting time and effort.

CGI Joe — A hard-core CGI script programmer with all the social skills and charisma of a plastic action figure.

Code Bloat — The resultant growth of systems resource requirements such as processor speed and disk and memory space, caused by the addition of features and functionality in software. See also useless fluff.

Code Warrior — A developer; a writer of code; the building block of Microsoft success.

COM-plicate — To simplify code design by heavy use of COM (Component Object Model).

Cranking Against Deliverables — Busting to keep up with the schedule that the manager promised. "For the next month, we'll really be cranking against deliverables."

Cycles —

1) Time, resource, and effort that ought not to be wasted. "Let's not waste any cycles on something that doesn't matter."
2) A portion of one's capacity to perform work. "Do you have any cycles to burn on the Gizmo driver?"

Death March — The final phase of product development in which people commit long days and weekends, sleep on couches, and have all meals delivered (for example, Windows 95 had a six-month death march).

Dependency — A necessity; something that has to work right or come through for a larger project to be accomplished.

Variants

- Zero-Dependency—does not affect the project in question.
- Key Dependency—a really necessary necessity.

Hard-core — To be totally committed, totally focused, totally resolved to meet a goal. "We were hard-core about that approach."

Hit — A negative impact; an overloading of resources, especially manpower. "Tweaking the SLM structure would be a big hit on the Trolls."

Mickey — Smallest measurable unit of mouse movement. Coined by ChrisP in 1982. Now part of external documentation in the Microsoft Programmer's Reference.

Mode — Frame of mind, usually denoting intense concentration. "Ed's in crunch mode; they're in danger of slipping."

Turn and Burn — Developing a product without debugging tools. Requires you to build it and then test the whole product at once.

How would you find a cycle in a linked list? · Give me an algorithm to shuffle a deck of cards, given that the cards are stored in an array of ints.

"Janet just had her cat copy-protected."

Internal testing of Windows 95 took 293 person-years.

> "The ultimate goal of testers is the one thing that no one else wants to see—the dreaded blue screen. That's our gold nugget. It means there's a bad bug in there and we've got to go in and fix it."
>
> —ANTHONY LEIBOVITZ, SOFTWARE TEST LEAD

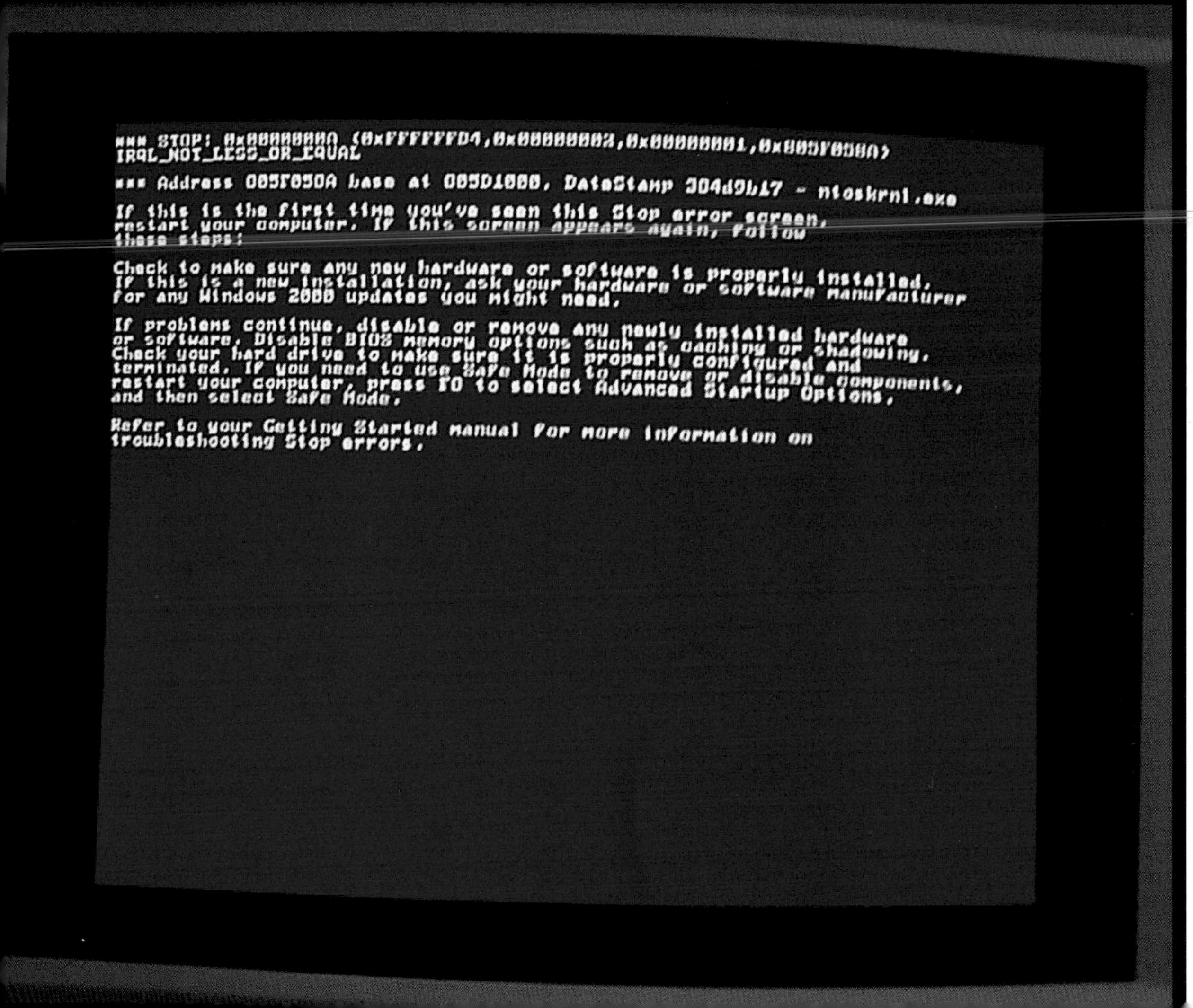

```
*** STOP: 0x0000000A (0xFFFFFFD4,0x00000002,0x00000001,0x805F050A)
IRQL_NOT_LESS_OR_EQUAL

*** Address 805F050A base at 805D1000, DateStamp 304d9b17 - ntoskrnl.exe

If this is the first time you've seen this Stop error screen,
restart your computer. If this screen appears again, follow
these steps:

Check to make sure any new hardware or software is properly installed.
If this is a new installation, ask your hardware or software manufacturer
for any Windows 2000 updates you might need.

If problems continue, disable or remove any newly installed hardware
or software. Disable BIOS memory options such as caching or shadowing.
Check your hard drive to make sure it is properly configured and
terminated. If you need to use Safe Mode to remove or disable components,
restart your computer, press F8 to select Advanced Startup Options,
and then select Safe Mode.

Refer to your Getting Started manual for more information on
troubleshooting Stop errors.
```

Software is not perfect. It's complex. And the more complex a thing is, the more likely it is to surprise you. Human beings have always liked complex things, partly because they reflect our own complexity and partly because they're so useful. They do so many things we'd rather not do, and they usually do them more efficiently than we ever could.

Take word processing, for example. If you're looking for trouble-free word processing, consider a pencil. There are so few ways that it can malfunction, and when it does, the solution is simple. If the lead breaks, don't call tech support. Buy a sharpener. If you need to rewrite an entire paragraph, crank up the eraser and start all over again. Moving that paragraph is possible, too. Just get out the scissors, start pasting, and cancel lunch. A pencil is proof that you can always count on trouble-free operation if you're willing to give up efficiency.

Efficient data manipulation is exactly why the world has so enthusiastically embraced software in spite of its unpredictability.

Software is just so damned smart and complicated that it's no wonder you always have to keep one eye on it.

When such a massive convergence of input from hundreds of wildly creative human brains happens, there are bound to be a few internal conflicts. It's not surprising then, that all this compiled code often collides in strange ways and sets off bizarre chain reactions until something utterly unexpected happens. It's the nature of the game.

Someone has to go through all that beautifully designed code and find out where the best-laid plans of the smartest developers and program managers somehow went awry. It's good to know that as fast as developers are writing code, there are testers out there riding it.

I spent my first decade after college as a software developer, and what I discovered was that it always took me longer than most people to get my programs to the testers because I couldn't run them without finding bugs. By the time I gave them to the testers they couldn't find any more bugs. So after sweating to get to code complete and finding my own bugs, I got to relax while my fellow developers were killing themselves to fix their bugs reported by testing. I can spot the good testers because good testers are the ones that can find bugs in my programs. If I have a bug and I can't get it to reproduce, or it will only repro one time out of 10, or one time out of 50, then the developer in me assumes that it's gone. But the tester in me never does.

A good tester will come up with some piece of test automation that keeps on hitting the code until he or she gets that bug to repro again. The best testers will keep on hammering on the code until they find all the bugs. A lot of testers actually have some kind of native ability to find bugs and they can't shake it, even when they're looking at their own code. So even though I've always loved writing software, that innate tendency to find bugs is the thing that makes me love testing.

I crash my cell phone at least once a month; I crash my microwave a few times a year. I always run into whatever bugs are out there. Software works much better for most people than it does for me. But software doesn't always work that well for ordinary people either. When things go wrong with their software, most people think, "I made a mistake. I need to do this differently so I don't make that mistake next time." And me, I tend to blame the software. That's what I always argue when I report my bugs to developers. I figure that if I did something that caused a program to crash, then someone else out there might do it, too. Some program managers and developers look at me and say, "Are you nuts? Nobody would do that!" Sometimes the tester and the developer have different ideas about how the product should be used or what the solution might be for a bug. But if we didn't occasionally challenge each other's assumptions, we wouldn't be able to make good products.

When you think about it, writing test code offers the best of everything. You get to write a lot of code, which I love, but program managers don't constantly change the product on you, and those pesky testers aren't always bugging you about bugs. You just read the spec, analyze the problem, and then tackle it any way you want. I know several ways of doing business-as-usual testing, but I'm convinced that none of them are as effective as the underground methods you come up with when you're really attacking the problem in an innovative way.

[JAMES TIERNEY, TEST ARCHITECT, INTERNET EXPLORER]

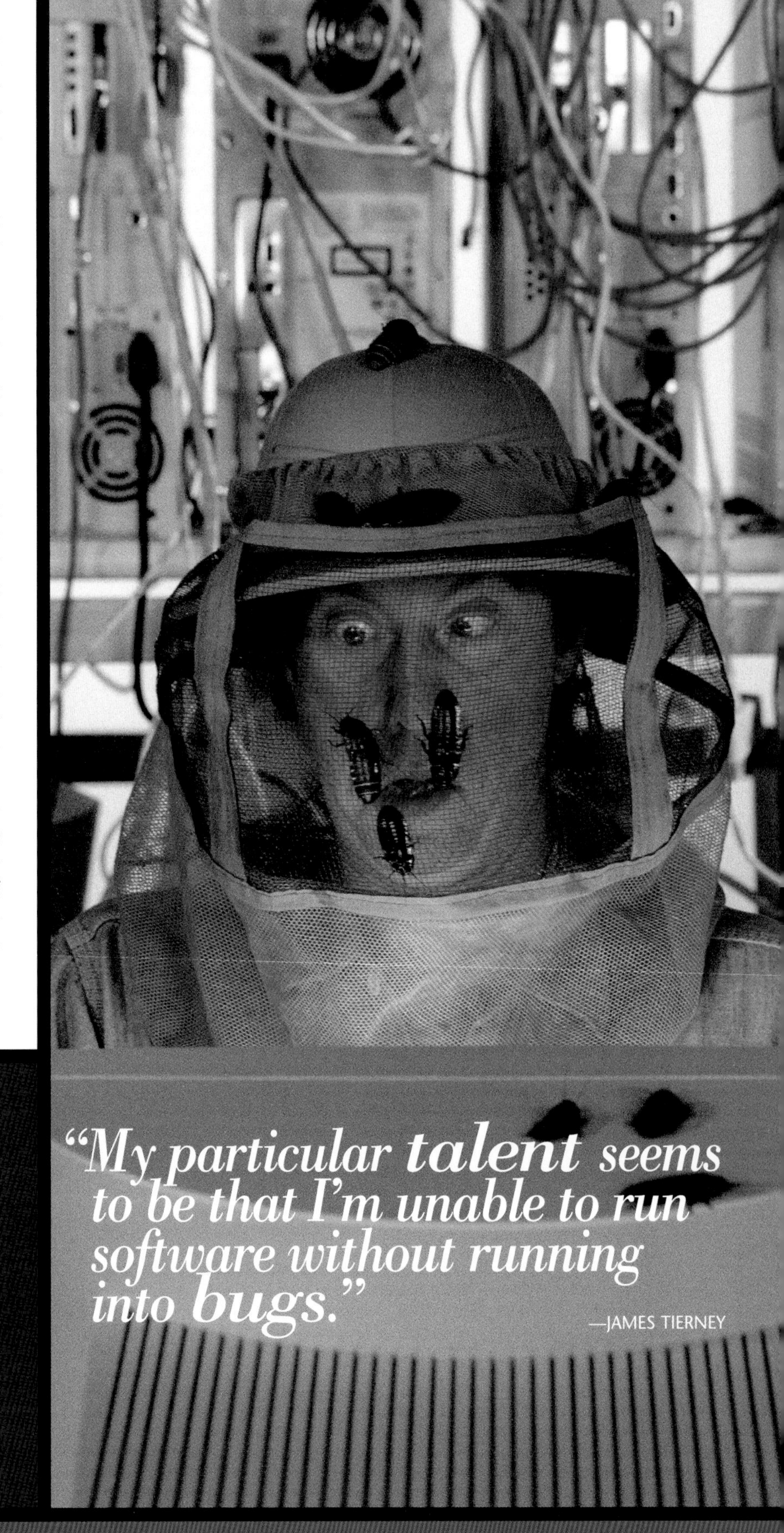

Testers are an unusual breed, and we're always challenging each other. We had yearly white-elephant gift parties when I was a tester for Project. And five years ago, I brought in this giant can of dried corn and gave it away at the party. Then it became a tradition that if you got stuck with it, you had to try to get rid of it the next year. The packaging and delivery systems got more and more complicated as people tried to hide the fact that it was that can of corn. You have to be really creative when you wrap it because it shakes and makes a very distinctive noise. Well, I managed to avoid getting it for five years. But when I left the group to work on FrontPage, they gave me a big going-away package, and the can of corn was in it.

We recently had a white elephant party in the FrontPage team and I gave away the can of corn. So we'll see if the tradition continues. I'll tell you though, it's not easy trying to sneak a large can of corn past people who spend their days looking for software bugs.

—TARA ROTH, TEST MANAGER, OFFICE WEB SERVER

Percussive Maintenance-The fine art of whacking the crap out of an electronic device to get it to work again.

Repro-Short for reproducible. "Is that bug repro?" or "How repro is it?"

Self-Hosed-Installing a daily build of a product that completely ruins, or "hoses," your machine. A bastardization of "self-hosted," which is basically "eating your own dog food" (running the software you're developing on your own PC).

Show Stopper-A really big bug. A function, object, or issue important enough to jeopardize a ship date or schedule in order to correct or include. "They're offering Dove bars to anyone who finds a show stopper in the latest beta."

Sniff Test (*Also smoke test*)-Refers to testing the daily build of a product during development; stolen from the electronics industry where people would plug in a board and see what smoked.

Triage-The process of deciding which bugs to fix and which to ignore. Originally, the word refers to the prioritization of treatment for patients and battle and disaster victims, with the least attention being given to those least likely to survive. At Microsoft, the term has come to mean any decisions about which elements will be shipped and which will be deferred until the next drop.

At the beginning, a program manager, a design engineer, or sometimes even a test engineer comes up with the software design. The concept floats around for a while as people talk about it. Then we go through the process of writing proposals, where the program managers sit down and consolidate all of the ideas we have discussed. Then they go off and try to sell the concept to the right people. If it flies, the design engineers begin. Generally, the testers come into the process at this phase. The program managers scope out features and try to understand what users want to accomplish. Then some other groups like marketing get involved because they've been out listening to customers and studying the market. And product support people, who listen to customers all day long and know exactly what annoys people about software performance.

When the design engineers have generated some code that looks more or less like it's supposed to, they hand it off to us. We become intimately familiar with the specs and develop a very detailed test plan. And then we get to work developing tests, some of which are as or more complicated than the product itself. The test plans for a product as ambitious and complicated as Windows 2000 RAS, for example, include everything from the most simple to the most complex task. There are an enormous number of test variations that exist for something as basic as dialing from a client A to server B and so this process alone can involve six to eight months of testing. One recent estimate indicates more than 26 million possible variations for something as basic as dialing in. We write code for a tremendous amount of automation so we can accomplish this testing as quickly and efficiently as possible.

As a tester, you look at the code from a different perspective and say, "Well, I'm like a defenseman." I have to go in here and find out what could go wrong and how can we defend against that. What's going to happen to the RAS server if too many people dial in at once? Or if they dial in too rapidly? Or if they're hackers who are trying to bring down the server? We have to build a defensive system against the kinds of things that might make a crash possible.

There are many different types of testing we do, but stress testing is my personal favorite. We set up a bunch of RAS servers like bowling pins. Let's say there are 12 test servers, each configured in slightly different ways. Our goal is to do everything we can to knock them out with simulations of really high-stress use. And if we do, we investigate and then fix the problem.

We do our best to create operating conditions that are more stressful that anything our customers will encounter in their deployments of Windows.

Stress testing is cool because we simulate the worst day in the world, and then some. And most of the time, we have to be pretty creative to simulate that. For example, we want to make sure that an ISP can handle millions of calls with our servers but obviously we don't have that many machines in our lab. So we get people across the company to run RAS stress tests on our behalf so we can simulate calls. We go around the building and knock on 20 or 30 doors every night, and say, "Hey, if you run this script for us overnight—while you sleep—and your machine happens to be the one that crashes the server, we'll give you a free Dove bar or a latte."

Although we spend all this energy trying really hard to screw up the system, what we're aiming for is perfection. Because when we ask ourselves, "When is it okay for something to crash?" We know that the answer is never. To an end user it's incredibly frustrating to have a machine crash. For us, it's the ultimate challenge.

[ANTHONY LEIBOVITZ,
SOFTWARE TEST LEAD,
WINDOWS NT NETWORKING GROUP]

Testing is both an art and a science. Testers apply computer science and core problem decomposition skills in their jobs, but they also develop gut instincts about homing in on problems that are likely to crop up in a developer's work. Developers and testers have a symbiotic relationship—neither can really succeed in shipping high-quality applications without the other. Add program managers for the vision and specifications, and you have the triumvirate that is at the heart of every success story at Microsoft.

The most successful testers just think differently than developers or program managers. We walk around criticizing or at least having an opinion about the quality of everything we see, touch, come in contact with, or use in our daily lives. We live to criticize and make better. You can have all the computer science education and programming experience you want, but if in your heart you're not really ticked off by sloppy user-interface design, inconsistent controls, lack of attention to user experience, and outright crash, halt, hang, freeze, and data loss bugs, then testing is not the gig for you. Thank goodness for this industry and Microsoft. What a great way to use that passion we have for quality to tangibly improve products that are used by millions of people. It rocks.

[GRANT GEORGE,
VICE PRESIDENT,
OFFICE TEST]

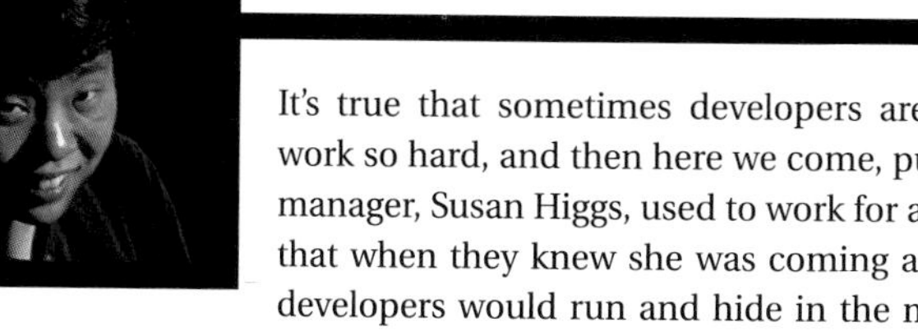

It's true that sometimes developers aren't delighted to see us. They work so hard, and then here we come, pulling their work apart. My test manager, Susan Higgs, used to work for another company. And she said that when they knew she was coming around with bug reports, some developers would run and hide in the men's restroom. But that didn't stop her. She would just walk in and chase 'em down. There are definitely times when you're walking down the hall and you see developers ducking into doorways. They groan when they see you coming with all their bugs in a basket, but it's just part of the job.

In order to be effective, testing has to happen at the same time as development. From day one, the developers start checking in code as they're working on it. Then the builders take the code and compile it into programs that can be executed. Then the test team runs their different tests and automation tools on the build to find the bugs. The developers fix their bugs, the builders compile the new code, then the testers test. It's a constant cycle of improvement.

We could tinker with code forever because there are always bugs in software. You can't avoid it. It's the nature of code, especially when you bring it all together from a team of developers where each one is working on a different piece of a tightly integrated product. That's why it's hard to know when you're actually done working on a product and you can ship it. We're constantly doing a balancing act—our customers want the product now, and we're trying to get it right.

When we're close to shipping, the developers stop adding new features and we move into an exclusively bug-fixing mode where all we do is find and solve the remaining few problems. Then the product leads do what we call "triage." That's where they go through the product and consider every remaining bug and set priorities for dealing with each one. We have to decide which bugs customers probably won't hit, because we can't fix them all, no matter how much we want to. There's this old saying that goes, "You have to shoot the tester to ship the product."

I like breaking things. And complaining a lot about things that are broken. I always liked working on puzzles, and programming is a lot like trying to solve an incredibly complicated puzzle. You have to come up with a solution for complicated problems, whether it's a software product for consumers or a testing program that will be used to perfect that software. The test programs we develop don't always find all the bugs, though—sometimes they are found by just, you know, pounding on a keyboard. It's not very scientific, but it works!

[RACHEL IWAMOTO, SOFTWARE TEST DEVELOPER, CONSUMER SERVICES]

Let's say you're smart and talented and you and a bunch of people get together and make something really beautiful and complicated that's going to make life easier for a lot of other people you've never met. This thing could be software, for instance, or it could be a really fast car; it doesn't matter, except to unwary pedestrians. And it works flawlessly for you (because you know it intimately, inside and out), so it should work flawlessly for anyone else. Stop right there.

If you want to find out how well that thing will perform in the real world, you genius, you've got to let somebody else out there try to use it. Nothing could be simpler, more obvious, or more completely surprising.

This is the part where your dream comes flat up against reality.

So stand well back and get out your handkerchief and your tool kit, because now you get to watch it crash. Thank goodness you thought of this before sending it out the door.

Like a lot of people in this business, I started out thinking that people were stupid if they couldn't use computers. Then it dawned on me one day that I was the stupid one because I didn't know how to design software to be easy to use. So I went back to graduate school to learn how to do my job well. I came to work here when the Excel team took on the challenge of competing with Lotus 1-2-3, which had 90 percent of the market. We decided we had to offer something more, and that was when usability scored its first big successes.

For many years, we'd been very successful being a technology company. Then we realized that you can only go so far being a technology company. So we let customers tell us what's important. And we do that by letting them show us how they work. **You can sit in a conference room and talk to customers all you want, but until you sit in their offices and watch what they do, you'll never be able to design products that work.** This is a relatively new technique, but it's caught on quickly and people do it routinely now.

Ten years ago, we operated on the "one smart guy and two weeks" theory, which says that if you've got a problem, give it to a smart guy and in two weeks he'll solve it. But our products were not as interdependent then as they are now. Particularly in Office, it's now absolutely essential that we work together in an intelligent way. The development process in Office is much less about the hot top-gun developers and more about great collaboration. Office 2000 is a perfect example of where we established a vision early and carried it through the whole process.

When you think about that guy alone in a garage who develops the great breakthrough product, that's mostly a myth. Nothing is really done without inspiration from somewhere else, and great ideas get better and better through collaboration. That's why we all share the responsibility for making the products work. You don't have to be Bill Gates or Steve Ballmer to make a difference in the products and to make a difference in the user experience. Everyone can make a difference here.

[KEN DYE, USABILITY MANAGER, OFFICE]

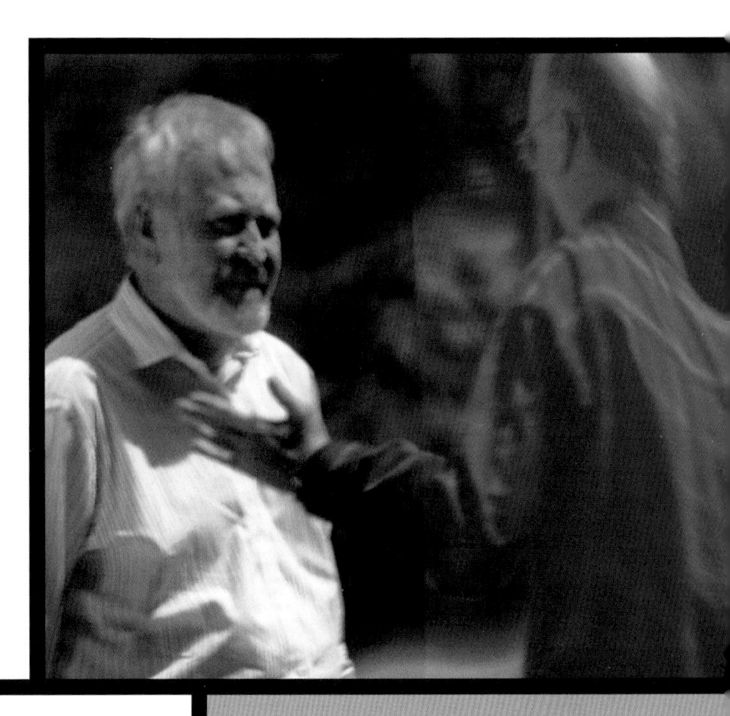

Usability is everything. If people can't use our products, ultimately they're not going to buy them and continue to pay us the money that we need in order to have a viable business.

We have to take a very broad view of usability. We have to think beyond simply, "Can you figure out how to pull down a particular item out of a menu?" to "How do you accomplish a task?" and "What does it cost you to own and operate this product?" A broader view of what it means to create a usable product is what it will take to continue being successful.

—PAUL MARITZ,
GROUP VICE PRESIDENT,
PLATFORM STRATEGY AND DEVELOPER TOOLS

For a while, we wondered if we were over-engineering—I've written 70-page specs for some of our toys—but we discovered that consumers really appreciate it. Our toy company partners suggested that we budget for a high rate of return on defective toys. But our return rate has been only 1 percent. And approval ratings from consumer surveys are off the scales. The toy companies can't figure out how we did it, but it's simple: our engineers create incredibly durable products because those are the kind of standards we're used to meeting.

There's so much room to combine our talent with our partners' experience. Recently, Fisher-Price came to us and said that they wanted to reinvent interactive learning for young children. It's a perfect partnership: they make high-quality learning products, and we have the technology expertise to bring their new ideas to life. Our first product together was a toddler discovery table. It has things that kids can physically manipulate, that flip or spin, and we added interactive content. So when you move parts of the toy, they play music or create colors and patterns. It combines discovery, exploration, and play.

Toys are fun, and so is the research. I spend a lot of time listening to kids and watching them play. We even play with the toys ourselves. The research and usability testing is important because you can over-design toys to the point where you remove all the fun from them. I've seen toys that start conversing when you put them in front of each other. So you sit there while these toys talk, and there's nothing for you to do—how boring! **We can engineer anything, but the important question is, will people want it?** And will they have a good experience using it? We have to strike the optimal balance between good interface design and learning content. The interface has to be efficient and easy to understand, but this is also a learning domain, so we need to build in some challenges. It's a real balancing act.

[ERIK STROMMER, CONTENT DESIGNER, ACTIMATES]

In 1996, we pioneered the interactive toy category with our first Actimates character—Barney® the dinosaur. Barney could speak hundreds of words and sing songs. He could also interact with videos, the Barney TV show (while it was being broadcast), and PC games. We conducted extensive play sessions with kids to figure out how Barney should interact with them. One of our key questions was how much Barney should talk while watching a video with a child. Initially, we thought he should participate fairly actively by adding frequent comments or reinforcing what was happening. We realized we'd gone too far when one of the boys in the play session leaned over to the smiling purple dinosaur and said, "Barney, please be quiet so I can watch the show."

[DON COYNER, DIRECTOR, MARKETING, XBOX]

Usability testing can be painful for developers, but very convincing. I remember the early usability tests for Word, when the developers would sit in the back of a training room and be subjected to watching 20 Kelly temps trying to use their new features. People would work for a while, and then one of them would hit a problem: "clunk." And it was never just one person. Gradually, everyone else would run into the same problem until, one by one, the whole room would just collapse like dominoes as everybody got stuck. We also brought in developers from other product teams to try the features. Even these experienced developers ran into the same trouble: "clunk." This was pretty powerful evidence of what a complete failure the feature was.

Developers want to see their code used and loved, so after the pain wore off, they were all over the feedback. This wasn't some marketing person telling them what they'd heard someone say at a meeting. They actually saw people trying to use their product and failing.

So, obviously, we started doing a lot of usability testing. We would release working builds to the usability labs, test the partially completed features, and make necessary changes right in the middle of the development process. We then created the product planner position so we would have people working on features that can be conceived of only by interacting directly with customers.

There can be an intrinsic tension between product planners and developers, but I have a secret to presenting customer feedback to developers: become a resource rather than a problem. Developers get a million requests to do a million things. If you come to them and say, "I located this problem in the software, but I don't know what to do about it," you've just become a problem. You become a resource when you say, "We found this customer problem, I think we can solve it this way, here's how we can minimize development costs, and here's how much value it will provide." That's how you get people wanting to work with you instead of wanting to throw you out of their office.

[REED KOCH,
GENERAL MANAGER,
DIGITAL IMAGING,
FORMER WORD PRODUCT PLANNER]

Total Number of Studies in the Usability Labs: 5882 Total Number of Participants: 52396

Excel 3.0 and Winword 2.0 were probably the first products we created that people liked to use. We used to make these sort of macho apps—god-awful things, really. We didn't do usability tests or, it seemed, even design products for humans. Then we had the so-called "a-ha" moment that we should make products so that real people can use them.

—CHRIS PETERS, FORMER VICE PRESIDENT, WEB AUTHORING UNIT

When I first started using computers, everything was done on keypunch machines—you had to create stacks of cards, take them to the processing center, and come back in a couple hours to see if your program worked. If you made a mistake, you had to start the process all over again. Going through that experience was almost enough to make me swear off computers altogether. But when the first PCs came out, I got so excited about the interactivity—the fact that you could use the computer directly and that it was a limitless tool for your imagination—that I got hooked again.

After working on early versions of Windows, I realized how little Microsoft understood about the human factors involved in designing software. It was a far sight better than using stacks of cards, but we still had a lot of work to do. I went to Bill and Steve and said, "Look, we need to improve how we design the interface for our products to make our software easier to use. I think we need to have a group focused on user interface design. We need to do usability testing, create standards of our own, and design some really good user interfaces." They agreed, and I got to start a new group called the User Interface Design Group.

At the time, we had program managers and developers working on icons and the layout of dialog boxes and things like that, but developers just aren't very good at the visual stuff. If you're good on the left side of the brain, there's not much chance you're also good on the right. So I transferred in a graphic designer named Virginia Howlett to help us out with visuals and find some other designers for the product teams. And I focused on establishing some user interface guidelines for the company.

We also set up the company's first dedicated usability labs, with one-way mirrors so the product teams could come in and watch real people using their software. When the product group discusses the user interface among themselves, it's one developer's word against another. But if an ordinary user likes something—or doesn't—it's harder to argue with that. We actually made it a rule that we wouldn't do a usability test unless members of the product team were present.

Usability testing was a great experience because the things you thought were obvious about the design often weren't so obvious to ordinary users. When someone gets a puzzled look while using your software, that's a very telling piece of information. But it's a good thing we had soundproof rooms and one-way mirrors because often you'd have the poor user on one side, moving the mouse around and scratching his head, while the product team was on the other side, screaming, **"Just click on it! It's right over there, right in front of you!"**

[TANDY TROWER,
GENERAL MANAGER,
ADVANCED USER INTERFACE DESIGN GROUP]

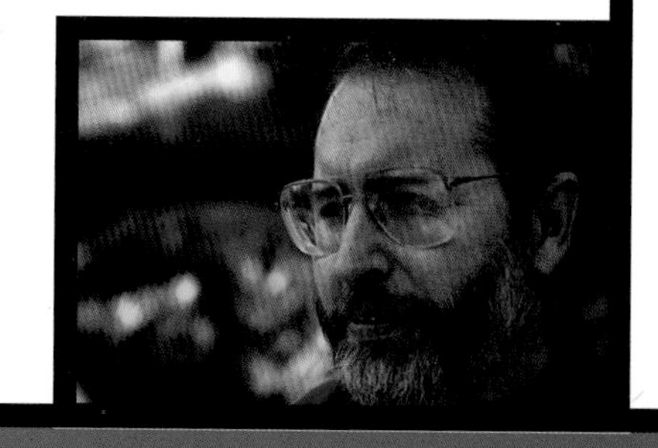

One day, we had interview candidates coming in at the same time that we were doing usability tests. And there were two people in the lobby who had the same first name. So the usability test administrator went out to the lobby and said, "Is John here?" and the interview candidate, who had arrived first, stepped up and said, "That's me."

He was taken into this testing room where we were doing a usability test on the same product that he was interviewing to be program manager for. When the test started, and they were all telling him to do this and that with the program, he thought it was a little weird, but then he decided, "Well, I guess they want to see if I'm familiar with the product. This is how Microsoft interviews people. They put you in a room with a one-way mirror and watch you use their products."

About 15 minutes into the test, the person who was looking to hire a new program manager showed up in the lobby and started asking the other guy all these questions. And after a while, this other poor guy started to think, "Hey, all I did was volunteer to test a product. What's the deal with all these questions?"

The mistake was finally discovered, and they got on the microphone to the testing room and said, "Hey, excuse me, but what are you here for?" And the guy looked at them like they were complete morons and said, "Well, I'm here for a program management interview."

After we got over the embarrassment, we got a huge kick out of it. Some people suggested that we should try interviewing all job candidates in the testing rooms just to see if they had a sense of humor. I still think about that poor guy sitting in the mirrored test lab, messing around with the beta software, thinking, "This is what my friends warned me about when I told them I was going to interview at Microsoft."

So, if you're the John who accidentally got a program management job here, congratulations to you!

—HEIKKI KANERVA, GROUP PROGRAM MANAGER, OFFICE

If you want something sensational to read, try looking in the airport gift shop, or maybe your diary. But if you need help writing a program on your laptop for improving the efficiency of in-flight meal service in your spare time while cruising at 38,000 feet, you may require meatier fare. The people in User Assistance spend countless hours concocting and serving up tasty bits of information to help all kinds of customers find their way. Choose a selection from your favorite manual, go on line, or order directly from your Help menu. Maybe it's not all perfectly done yet, but we're getting there, and most of it is a lot more digestible than some things we can think of.

My group's customers are very computer-savvy. They're developers. They range from big software development firms that are creating major programs with C++ to solution providers that are making a targeted product for a small business or corporate department. Our job is to be a good partner and listen to them rather than make our product in a vacuum and say, "Just use this, and you'll be great." It's a delicate balance because the things that a really big development group needs are different from what the independent solution provider is looking for, yet we have to address all of them. They all make money developing products for Microsoft platforms, so they have lots of ideas about what they need to keep their businesses going. We get valuable feedback from them about the best ways to do documentation.

The trick to producing good documentation is to keep in mind that instead of just documenting the features, we need to figure out the tasks that users will most likely perform with the product. Then we write our documentation to help them get through those tasks. In addition to beta releases to selected customers, we do a kind of beta release to the internal team so they can start using the docs in their day-to-day work with the product. The developers mostly know about their particular piece of the product, so our documentation gives them a good overview of how all the pieces work together. We get feedback from them about what's missing or how we can explain certain tasks better. Product Support Services also uses our documentation to start learning the product before they have to provide support over the telephone, and they also give us good feedback.

It's expensive, in time and money, if we don't get involved early in the product development process. So we usually get involved at the spec-writing stage. We get a lot of feedback about how customers are using the previous version of the software, so we look at the spec from a customer's perspective to see whether a new feature makes sense. And because we know the product inside and out, we often have a few feature ideas of our own. We also work hard to make the product's user interface intuitive. One of the things that we joke about in the documentation teams is that our goal is to put ourselves out of business. Our job is to help make the products so easy to use that people won't need documentation anymore.

Another reason for starting so early is that documenting all of the features is really a monumental task in English, and then it has to be localized into many languages. That leads to one of the biggest frustrations for documentation writers and editors—trying to fix documentation worldwide to address last-minute product changes. These changes happen all the time, though, because we're all about continually raising the bar on providing customers with what they want.

The Internet is a great help because it allows us to give customers updated information even after the product ships. If an issue turns up in PSS, we can get a white paper together pretty quickly and then publish it on the Web. Our job here is all about getting really good information delivered on time, worldwide, so that our customers have no problems or hassles with it.

[**MARK OLSON,**
DOCUMENTATION AND DESIGNMANAGER,
DEVELOPER GROUP]

If we continue doing our jobs well, we'll end up out of a job. I know it sounds a bit strange, but that's really what we're aiming for: no Help file in the products at all. It should all be built into the user interface design.

—RIONA MACNAMARA, TECHNICAL WRITER, HIP.NET

Office 4.0 had 3,515 pages of manuals, which is why the product was often known as "the big box." Office 2000 is much leaner: only one CD-ROM.

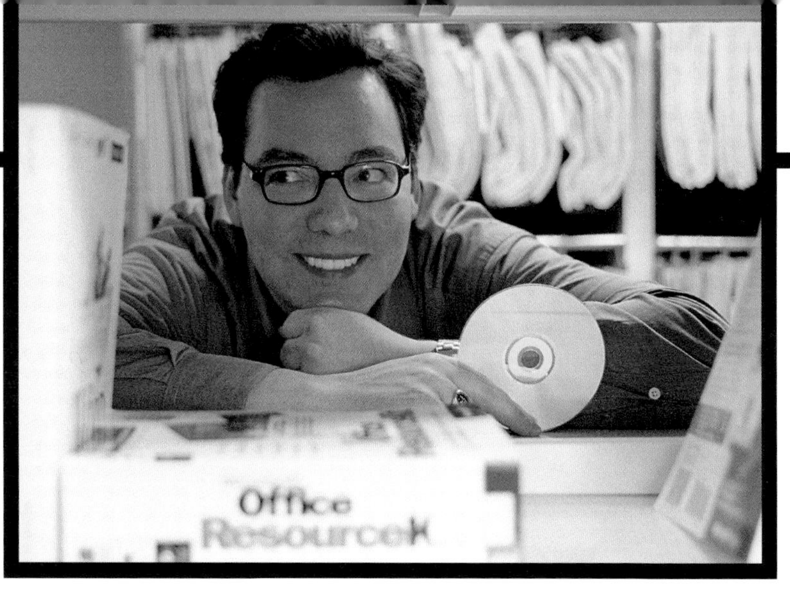

There's nothing more humbling than watching a customer struggle with what you thought was a straightforward, well-written, well-implemented feature. We're trying to provide a recognizable path through a very complex set of activities, and the first thing that we have to acknowledge is we can't just tell somebody what to do. That's actually not what most people want. What they want when they go to Help is immediate information about something in the user interface that they don't understand or that they can't find. Or if they've spent 10 minutes trying to troubleshoot a problem, they're willing to give Help maybe a minute or two to be useful. But if they don't get an answer in a couple of minutes, they'll give up and try something else. They'll go ask the guy down the hall.

Preemptive assistance is very promising, but it can also be irritating when the Office Assistant pops up and asks if you want help writing a letter every time you type "Dear John." I have seen this cited in the technical communication literature as a failure of what's called electronic performance support. I've gone to several conferences and trade shows, and people are always asking me how to get rid of the Assistant in Project. Even if a feature is 90 percent successful, it's often perceived as a disaster because the 10 percent failure rate is so annoying that people forget that 9 times out of 10 it was helpful.

The Office Assistant is in some regards a technical wonder. The things it does and the amount of thought that went into the gestures and movements that each character makes are phenomenal. I'm not positive that it's been the very best use of time and effort based on what I'm hearing from most real-world users, but I think it's a long-term investment. It's the kind of thing that only Microsoft could do. There aren't any other software vendors out there that I know of promoting this kind of social interface because it'll be a tough road for several years. Ten years from now, we may look back and say that it was exactly the right thing to do.

Online help involves more than moving print material on line. A lot of printed material isn't very readable or usable in the online format, and vice-versa, so you really have to design for each medium. We've done a pretty good job of optimizing our content for the online medium. We've had strong editorial and design guidelines to work with. The Microsoft style guide is used extensively throughout the industry because it's so comprehensive. And you see a lot of third-party online help and books that look a lot like they came from Microsoft because many of them emulate our style. **So we've provided a stabilizing influence in the documentation corner of the industry. They complain about Microsoft, but they're still using our style guide. That always cracks me up.**

Years ago, I worked with a technical writer for Excel who suggested that we should figure out a way to pay writers for the number of words they *don't* write. That's an interesting idea because it would require us to be involved with interface design a lot earlier in the development cycle so there would be less to explain in the end.

[CARL CHATFIELD, DOCUMENTATION MANAGER, PROJECT]

Getting the documentation technically right is a lot like trying to throw a net onto a bird in flight. The code constantly changes throughout the product cycle. A Help topic that's accurate when it's handed off to localization may well have to be changed two weeks later. Also, what's involved in getting it done on time has changed a lot. In the late '80s, when we had hundreds and sometimes thousands of pages of printed documentation, the printer deadline was the driving factor. Today, documentation has moved online, so getting it done on time means making our localization handoff dates. Help systems for some of the larger products consist of thousands of topics, and the delta between releasing in North America and Europe is now weeks instead of months.

The fact that Help actually helps most of the people most of the time is pretty amazing. We're constantly improving the entire process by incorporating emerging technologies into documentation, including technologies used in the product itself. Office, for example, has the Answer Wizard, which mimics natural language and is a huge step forward in making online assistance genuinely helpful.

When we were still doing printed manuals, we inserted survey cards asking users what they thought of the product and the documentation. Time after time, users would say, "I just want to get my work done." They didn't want to spend a lot of time learning the product. Betsy Davis was the User Education manager back then, and she asked several of us in UA to think of ways to give the users what they wanted. It was one of those classic "blue sky" projects where imagination is the only limit. After a few weeks of work, we came up with several prototypes that evolved into the first version of "Wizards"—a feature that now appears in virtually every Microsoft product.

3D Help—Printed help manuals. As opposed to 2D Help which appears on a computer monitor as online help.

Dead Tree Edition—The paper version of a publication that is available in both paper and electronic forms.

Fiber Media—Material printed on archaic paper. Used disparagingly. "Yeah, I used to be a writer in fiber media, but now I'm a content provider in cybermedia."

Mousification—Term coined in 1988 to describe the adaptation of product documentation to reflect that a user might use mouse clicks instead of keystrokes to enter commands. "I've finished the mousification of part 1, but part 2 is still keyboard only."

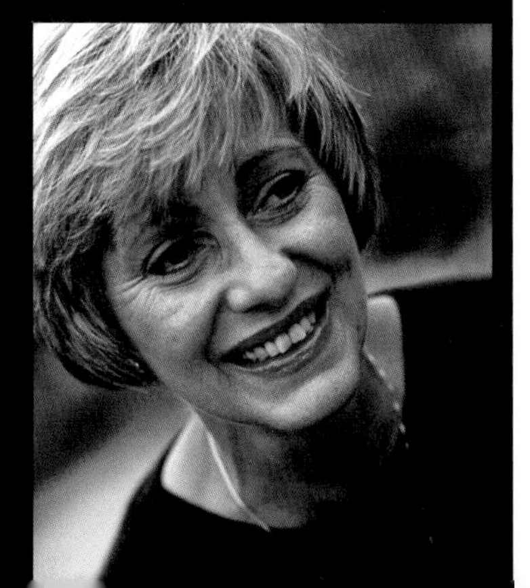

The migration from print to online documentation was not entirely welcomed by users at first. People were accustomed to books. They liked books. Books were mobile and detachable. After all, it's something of a challenge to take an online Help system into the bathroom to read. But once we put Help on top of the application so users could read the steps as they worked, acceptance of online Help skyrocketed. And, **ecologically, online assistance has saved forests worth of trees.**

[CHARLOTTE LOWRIE, USER ASSISTANCE MANAGER, WORKS]

Making software that works well in several dozen cultures and countries is not easy. As the people who do it will tell you,

translating language is just the beginning.

That's because culture is ancient and pervasive and is reflected in the food, clothing, traditions, alphabet, games, arguments, climate, and the very air that people in different countries walk around in. Software, although it is starting to bring us together in ways we don't completely understand, is way too new to create an exception to any of this. Consequently, there are more intricate problems, puzzles, conundrums, and obstacles for us to hurtle over in this job than you can imagine. If you don't believe that, the engineers, developers, designers, linguists, and polymaths who localize our software will be happy to explain it all to you. In almost any language you can name.

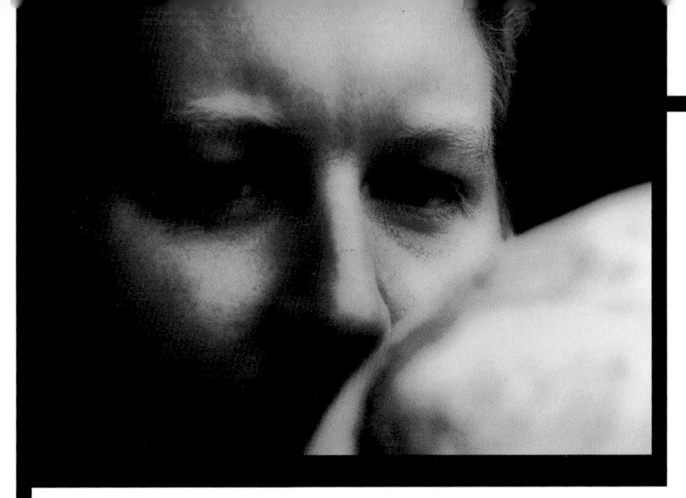

We've come a long way with our international products. In the early days, we'd throw our source code over the fence at the international guys and just let them deal with it. They always complained about how they generated 50 percent of the company revenues and we never did anything to make their lives easier. And they were right. We finally started to understand what localization was all about and how we could improve the process when we merged the international and U.S. development teams. **That was the single greatest thing Microsoft ever did for localization.**

When we started working on Office 95, Pete Higgins and Chris Peters created the Office Business Unit in an effort to pull all the apps together and make them consistent. At that time, we also centralized the localization teams for software and documentation and formed the core of this group. Eventually, we added the Ireland, Middle East, and Southeast Asia teams.

Ireland is essentially a gigantic vendor-management machine. They work with vendors all over Europe and Latin America, and they transfer thousands and thousands of files back and forth, several times a week, for translation and software builds. We localize into some languages here in Redmond, such as Arabic and Hebrew, because the text runs right-to-left as opposed to left-to-right, so a lot of reengineering of the applications has to take place in concert with the core development team. We also do German here as a pilot to test the localizability of the apps. It's a good language to use as a pilot because German words are on average 25 to 30 percent longer than their English equivalents, so we have to resize dialog boxes and all the controls and make sure the U.S. developers have left room for this expansion. There are also content-related problems, such as templates. A business letter in Germany is not formatted the same way as it is in the U.S., so you have to rework those things.

We generally think of localization as both translation and adaptation. Adapting the software to the local market is a good deal of the work and involves a lot of reengineering of code. For example, we create wizards that have to deal with local telephone and address formats. And we design filters for sucking in data from local accounting packages. There are a lot of things to think about.

Ireland has been a good localization center for us because it's a focal point for all of Europe. Many technology companies besides Microsoft are doing business there, so we find a lot of highly skilled people in the Irish work force. Dublin is also a great place to live, so it's easy to get native speakers from across Europe to move there for a few years to work on localizing products. Dublin does localization for Latin America, Eastern Europe, and Western Europe; altogether, that covers about 28 languages.

Offering localized products has been a very smart business strategy for Microsoft. We were one of the first software companies to establish ourselves overseas. In the days when WordPerfect and Lotus 1-2-3 completely owned the applications markets here in the U.S., we were struggling to stay alive. But in Europe, the situation was reversed. In France, Excel has long been very popular. That's because we established our presence with high-quality localized products.

We're still expanding into new markets, and we're using the same strategy. We sell a tremendous amount of English-language products all over the world. But as each region starts to grow and shows signs of being able to sustain a market for localized products, we open a subsidiary and create a sales force and product support teams. Basically, when we open a subsidiary, we've essentially made the decision to localize Windows and some form of Office. Then other products are localized as demand dictates. This is a big part of our business, and we have no reason to think it won't continue to grow tremendously.

[JEFF OLUND,
DIRECTOR,
WORLDWIDE PRODUCTS,
OFFICE]

One of the things we've been trying to get people to do for years is to start the internationalization of our products right at the very beginning of the design process. If you wait until the end, you have to retrofit everything. I've written and published I-don't-know-how-many articles about this, but it's certainly required a long campaign to get people to change.

Although two-thirds of our sales come from outside North America, people here don't naturally think about our non-English-speaking customers. Everybody seemed to think that international was someone else's issue—just throw it to the localizing groups and they'll fix it. But localization is really a design process. If you don't do certain things in the beginning, it's more expensive, time-consuming, and buggy to change later. So in the design process we can do things like make the dialog boxes larger or place the buttons differently in order to accommodate other languages. So sure, maybe there's more than an ideal amount of white space in your dialogs in the English version, but thinking about the big—global—picture, it only makes sense.

It used to be that we had completely separate code trees for the international versions, and the English-language guys were always saying "Don't even touch our code." So we had to compile each language individually and it took hours per language. And we used to use #ifdef. #Ifdef German, then do this. #Ifdef French, then do this. #Ifdef is just a very inelegant way of coding. Now, we have all of the localizable stuff in a DLL (Dynamic Data Library) and you just switch DLLs to switch languages. That has taken a lot of engineering work to get done over many versions of our products. But we've essentially created a method for writing international code.

—NADINE KANO, BUSINESS DEVELOPMENT MANAGER, SERVER PRODUCT GROUP

Just translating language is not enough. We also need to provide culturally appropriate content and services. For instance, we produce three Spanish-language versions of our software. What's appropriate in Spain is not necessarily appropriate in Miami, Mexico City, or Montevideo. That's what makes this job challenging.

We have to make all kinds of adjustments. For example, our localizer for Hungarian Windows was not happy about using the word "Help" because in Hungarian it has a bit of a negative meaning. The word implies that if you go to a Help menu, you're admitting that you're basically an idiot. So he came up with something very cool, called "sugo," which has two meanings. One is the prompter who gives actors their lines in a theater. And the other is the friend who sits next to you in school and gives you a hint when the teacher asks you a question. So it has a humorous and human context.

Localization suits people who know a lot about many different things. The job requires you to make good judgments about a lot of different areas. That's the interesting part of it for me. One day you're dealing mostly with linguistics issues, the next day you're exposed to technical issues, and the next day you're solving marketing challenges. **Localization is a job for a compulsive generalist—a compulsive generalist with a lot of common sense.**

I like working with people who have drive and initiative and have taken charge of their own lives rather than allow somebody else to do their thinking for them. I also love the fact that I get to hire people from so many different countries. In my group of 60, I have 26 different nationalities, from Korean to Lithuanian and Nigerian to Canadian.

With products like Windows or online services, we have a notable impact on culture, so it's important that we listen to local concerns. We must remain open to their needs and their requests so that we're not imposing something on them that doesn't fit. Language differences must be respected and preserved. They have centuries of civilization and cultural development behind them. All languages are beautiful. That's why we do this.

Microsoft had a very good influence in Ireland because we were one of the first companies to come here and help start this Celtic Tiger thing. Microsoft will always be remembered for that part of it. The long-term commitment we made to this society has been very powerful. There are so many kids who went through a kind of work school at Microsoft. And they will carry a positive attitude toward work and toward professional life into other jobs or into their careers in Microsoft. That's an amazing thing.

[**ANDREAS TRAEM**, DIRECTOR, LOCALIZATION, IRELAND]

Our key task is to adapt a product to its local market, so we're not just doing translations. **We're really making sure that a product is culturally acceptable and relevant in each environment.** We work very closely with our international counterparts in Redmond to provide feedback about specific areas. We do analysis of existing products to identify which things need to be modified or improved for new releases. And we also contribute to the long-term strategies for development. This has led us to some really big changes over the years.

One of our biggest accomplishments has been to reduce the number of days between the U.S. release and the localized version. Our delivery schedule is based on language groups. For Windows 2000, the Tier 1 product was released 14 days after the U.S. version, and Tier 3 products were released within 45 days. With smaller products, those schedules can be even shorter. Releasing something with the volume of Windows 2000 in four different languages just 14 days after the U.S. release is a remarkable achievement. It used to take literally months and months.

Windows 2000 marked another accomplishment in an area that Microsoft has been leading. It's one of the first examples of a globalized software product, which means that the U.S. version is designed to work in many different countries. Not every product can be globalized, but major products like Windows 2000 have different settings and different alphabets available, so you can adapt them for use in several countries and languages. This is really important for multinational corporations. Our localization teams here in Ireland have been a key part of the whole process because we do testing to provide feedback to the U.S. development team about how the globalized products are performing in every language. If they plan well, we can avoid tweaking for 20 different languages down the line.

The next great thing, I hope, will be more automation. The PC industry has grown so rapidly around the world that the demand for localized software is really increasing. In terms of localization, it's hard to keep up because this is a very labor-intensive part of the industry. We haven't seen a whole lot of reliable automation entering the process yet, but I imagine that over the next three years that's where we'll be going. Our goal is to make localization a black-box process so that we can produce the English-language products, put them into the process, and have localized products come out the other end. There are a lot of smart people here working on that right now, so I'm very optimistic.

[**BREDA PICKERING**,
DIRECTOR, LOCALIZATION,
PLATFORMS GROUP,
IRELAND]

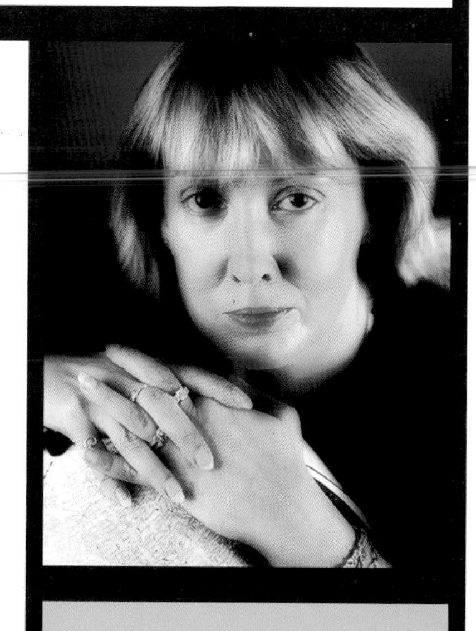

Adapting products into any language is challenging, but some languages are tougher than others. With our double-byte characters, we found we really needed to find a better approach. We used to use the Redmond product as a core, and then localize, but by the time we could ship the localized product, the next English-language version was released. We were playing a catch-up game, trying to decide whether we wanted to start with the version that was already shipped or the version that was going to be shipped. **You know, just when we got the house painted yellow, we'd have to paint it blue!**

We had many discussions with Bill about how we should develop products for Japan, and we did a lot of experimenting. We now have an independent R&D organization in Japan. We've also developed a way to double-byte-enable products so we can have one schedule for both the U.S. and Japanese versions. This involves a lot of collaboration with Redmond. Sometimes we send our developers over there, sometimes we work back and forth over the network, and sometimes we develop here, from the ground up.

One great example of a language-specific feature that we developed right here in Japan is the Input Method Editor, or the IME. Japanese has thousands of characters, which obviously cannot fit on a keyboard. With IME, you can phonetically spell Japanese words using the English alphabet keyboard. We expanded the IME to integrate speech and handwriting, with the help of the handwriting team in the U.S., and now it's leveraged for speech and handwriting recognition in all languages.

The idea for the line-drawing tool that uses the pen metaphor also came from Japan. The Japanese are more picture-oriented, so we don't use a lot of text in business documents. We use schematics, graphs, and frames, with a small amount of text to explain the concepts. The first implementation was done in the Japanese version only. Later, it became available in the worldwide version. I remember when this feature was included in the U.S. versions of Office 97 and Word 97—Bill Gates presented it at COMDEX in Las Vegas, and we got a standing ovation.

We also develop some independent local products like Hagaki Studio, which is a postcard application. In Japan, people send an average of 50 postcards a year, on holidays such as New Year's Eve and Christmas, which adds up to about five billion postcards every year. Before e-mail and the Internet came along, the most common use of the home PC here was creating postcards. Hagaki Studio allows people to create picture postcards with clip art. It also has a painting tool and an address file.

We have a very good team of developers here. We assess our specific markets, determine a strategy, and then build great products. We work closely with China, Korea, Taiwan, and other Asian countries, and our impact is felt worldwide. I'm proud of so many things that we do here. I could pick a favorite, but then it might be different if you asked me again in two hours.

[**AKIO FUJI,**
DIRECTOR,
EAST ASIA PRODUCT DEVELOPMENT,
JAPAN]

"When we first introduced the concept of wizards—the little step-by-step dialogs to take you through complex steps—the German localizer saved us from a big mistake. Wizard has a very different connotation in German—more like goblin or witch in English. Certainly not something you would turn to for help! Thankfully, we renamed it so we don't have goblins in German Office! Another fix we had to do for the German SKU was to remove the "Total Editing Time" in our document summary properties in Word. It turns out that in Germany, there is a law against electronically monitoring performance or productivity and the inclusion of 'Total Editing Time' in our document summary properties violated this law!"

—MIKE KELLY

The stop icon in message boxes used to show the open palm of a hand, similar to some pedestrian crossing signals. We discovered that in Greece, this is not a good gesture so, we had to replace it with the 8-sided stop sign.

—ALEX (ISKANDAR) MORCOS

When the new feature "Background Spell Checker" was introduced, they were considering naming it "Spelling Bee" with a bumblebee icon. It took some persuasion to convince them that this feature would confuse customers outside the English-speaking world.

—CHRISTINA SCHAEFER

Once, a localizer translated "deleting cookies" as "throwing away biscuits."

—PAIGE FREITAS

The international versions of Encarta have to be edited heavily to reflect the local culture. For example, while the U.S. Encarta may have 40 pages on George Washington, the German version can get by with just a few paragraphs on him, and the article on Helmut Kohl had better be a good deal longer.

—JEFF OLUND

The problem with deadlines is that they're so arbitrary, right? Well, not here.

We've done more to test the tensile strength of ship dates than practically any other company in the world.

Just ask our customers. Or ask that program manager over there, sitting at his desk, head in hands, sobbing.

We're trying to please the customers who are glancing at their watches every five minutes as well as the customers who want our products to work like magic but not be too mysterious to use. Guess what? They're the same people. We understand exactly how they feel, so our approach to shipping is basically a bug-eyed, hair-tearing, teeth-gnashing balancing act between three battling imperatives:

1. Never deviate from your schedule.
2. Quality trumps punctuality.
3. Sometimes, when you gotta go, you gotta go.

Golden-As an adjective, describes a state of perfection, especially of software. When software is ready to be shipped, you frequently hear Microsoft people say, "Everything is golden!" From this usage, we started to call the master disks for a product that is ready to go to manufacturing the "Golden Masters." We call the process of approval for sending disks to manufacturing "going golden."

I started in December 1981, and I think I shipped my first product in February, so it wasn't that hard back then. We shipped a product by deciding that we were done with it. **There was literally a person downstairs who put disks in a floppy machine, hit Return—tick, tick, tick, tick—pulled the floppy out, put it in a box, and did it again, over and over, one disk at a time.** The Apple stuff was done with four disk drives ganged together so they could actually copy four at a time, which was pretty cool.

Then, of course, we'd find some horrible problem after the product had "shipped," so a few days later we'd take another copy downstairs and say, "Here, try this one. This should work better." Then we had shipped a new version.

It's fun to recall the old days. Product Support only had four people, and they were just down the hall in this slightly larger office. Once in a while, we'd ask them how things were going, or sometimes they would come down the hall and tell us that there were some problems. We didn't have any testers then, but we certainly needed them!

I still have a clear picture in my head of seeing this guy walk out of Egghead with a box of Excel 2.0, the first version for Windows, which we had just killed ourselves working on. He had that happy, expectant look like he had just bought something cool and was about to take it home and start messing around with it, and I was thinking, "Man, oh, man, I hope we found all the bugs in that thing" because I didn't want to disappoint him.

We measure our success by whether we can make software that people love. That's what we're here for.

[CHRIS PETERS, FORMER VICE PRESIDENT, WEB AUTHORING GROUP]

Ship Party-An event to celebrate the successful release of a new product or product version. Rumored to occur long after anyone can remember why. Unless you're on the Exchange team in which case it's a wild event that you might not remember.

The gauntlet has been thrown down—it's up to all of us to pick it up and convert an organization designed to ship shrink-wrapped software to one that "ships" Web services and products. As we leave the shrink-wrap realm, groups throughout the company will be moving away from their current methods of operation developed over the last 25 years. The new challenges stretch far and wide. We're living on Internet time now, and everything has changed.

—STEPHANIE MANKE, SOFTWARE TEST ENGINEER, TRANSPOINT BILL PRESENTMENT

Knowing when a product is ready to go out the door comes down to experience and gut feel. Ultimately, you just feel it in your bones. **One of the scariest, most sleepless nights I've ever had was the night before I signed off on Windows 95. There was no turning back.** Once I said yes, I would be turning on this worldwide machine that was going to run nonstop, duplicating massive numbers of CDs. That was a moment of sheer terror, not knowing whether it was the right decision or not. It turned out to be the right decision because the product was incredibly solid.

I managed to make that decision with some confidence by getting myself very involved in the product. I used it all day long. The test managers tell me I'm one of the best bug finders. I also ask that all my managers stay very involved and give us their feedback.

I gather lots of different data. If you depend only on the data your test manager or program manager presents, you can still get in trouble. You've got to talk personally to customers and beta testers, both inside and outside the company, and the reviewers who are using the product. That fills out the whole picture. You assess all those data points and integrate that information with everything else you've learned. Then you just pray.

[BRAD SILVERBERG, FORMER VICE PRESIDENT, WINDOWS]

Ohnosecond-That minuscule fraction of time in which you realize that you've just made a big mistake. Often followed by "@#%*, I just hit Reply All." Or "What do you mean you found a showstopper?! I just signed off on the release candidate—we're golden."

After I had been here about a year, I looked at the structure and I was kind of surprised that we had all functions in all subsidiaries. We hadn't centralized anything. So in true Microsoft style, I put forward a proposal and presented it to Bill and Steve at a mid-year review in 1991. I basically suggested that we close all the warehouses and centralize in Ireland. They listened for about half an hour and Bill said, "That sounds like a great idea. You should go do that." I was totally stunned that he could make that decision so quickly.

Over a 14-month period working with Bernard Vergnes at European headquarters in Paris, I developed a project that created quite a lot of structural change in the operations and support part of the business. This site in Ireland had been a manufacturing center, and it became an operations center that handles all the revenue transactions, billing, logistics, distribution, and licensing for Europe.

Microsoft was one of the early technology companies to come into Ireland, and since then, Ireland has gone from being one of the poorest countries to the fastest growing economy in the European Union. This site went through a similar transformation. We're all office space now, but in 1991, the place was full of guys in T-shirts packing software. We now have about the same number of people, but they're doing entirely different jobs and most of them are highly skilled. The bulk of our manufacturing is now outsourced in Ireland.

We centralized at a very good time because we've been able to take advantage of the new European Union. You can now move goods around freely between countries, so having all those functions located in Ireland works very well. Today, the back-end of the company feels very European, while the individual countries still maintain their own local sales forces at their subsidiaries.

Microsoft grew the European market by hiring the best local teams and letting the general managers decide how to make a success of their geography. In terms of developing Europe, I think that this model was exactly right. But as we reached critical mass, we needed to start looking for more efficiency, and that's where centralizing the back-end operations made perfect sense.

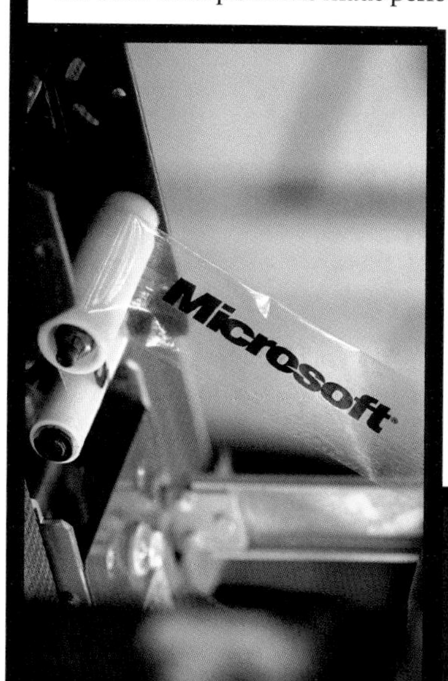

My job in operations has become incredibly interesting because of e-commerce, which allows us to use our tools and our skills to deliver product much more quickly and efficiently. And that's going to grow at a geometric rate.

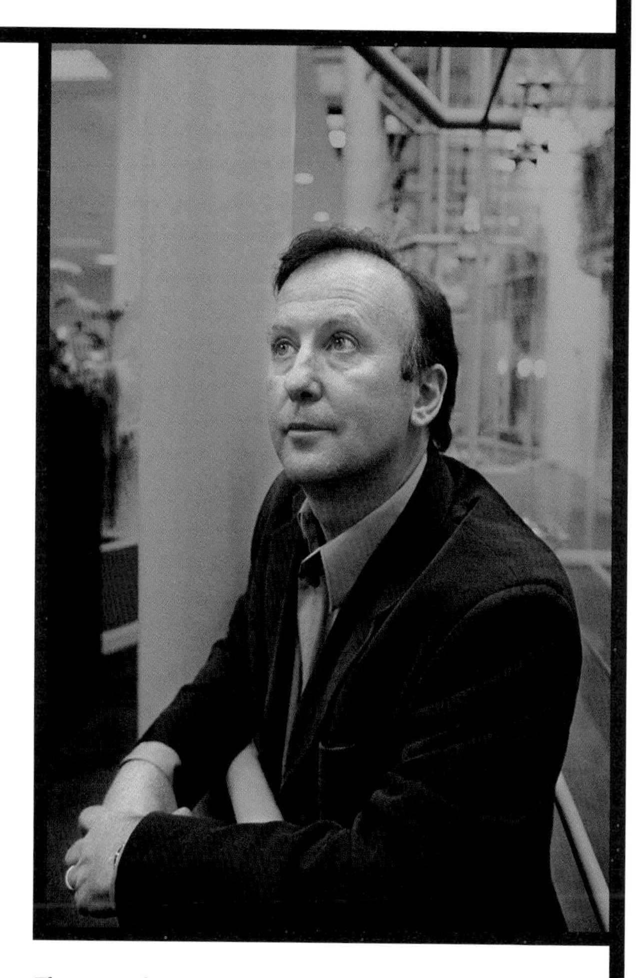

The next few years will be exciting in terms of our customer relations. I think that the Internet and the e-commerce tools enable operations people to become solution developers because we're developing customer-oriented solutions. I'm discovering that I can recruit people now who have a real passion for using technology in an operational context.

I believe that many of the e-commerce solutions will be deployed by operations because they're operational in nature. We're sending product information, price lists, and billing over the Internet. This is all driven by the operations group here in Ireland. Where we'll place the infrastructure to support all that is still an open question. The skill set is definitely here, so I would say that Ireland will be one of the beachheads. Ireland is officially the second biggest exporter of software in the world, which is largely due to Microsoft. On a revenue basis, we are the fifth-largest company in the country. Intel is the largest. So we are considered a valuable corporate citizen that employs lots of people and contributes to the economy.

[KEVIN DILLON,
GENERAL MANAGER,
EUROPEAN OPERATIONS CENTER,
DUBLIN]

In 1999, Microsoft released 137 individual software and hardware product titles. When all the different channels and languages are included in that count, the number grows to 18,291!

For all we know, software is a figment of our imagination.

You can't even touch it or see it until it gets turned into those bright little platters of frozen light that they give you after you fork over your cash.

It's probably because we've always been all about intellectual property, but producing the physical product is one part of the process that's always been a bit of a sticky wicket for Microsoft. Our adventures in manufacturing have taken us down to the basement and all over the globe, into the realms of high drama and low comedy, and finally to that "a-ha" moment when the still small voice of reason said, "Nice try, but this is not your best event. And does the word 'outsourcing' do anything for you?" Talk about your epiphanies!

The manufacturing endeavor has certainly been interesting and educational, and now that the Internet download is gradually replacing the shrink-wrapped box, that shiny slice of software that looks more like a party favor than a productivity tool might soon become moot. But as long as there's a little pop-out cup holder on the front of your PC, our sterling turnkey vendors will keep on making silver donuts to feed it.

When I started in 1983, we assembled the products, theoretically, at a small rented facility north of Microsoft. And we had a committee that met each week to decide what to assemble the next week. And, of course, everybody wanted their own product assembled. The first of these committee meetings that I went to was the most chaotic thing I had ever seen. And to me, it sort of typified what the company was like back then. There were 15 people in this room, all arguing over what to make the following week, and none of them really understood the fact that if you don't have the parts to make it, you can't make it anyway, so it's kind of silly to get together one week in advance and decide what you're going to make the following week because you probably aren't going to make it anyway.

— JON SHIRLEY, FORMER PRESIDENT AND CHIEF OPERATING OFFICER

Our Asia Pacific Operations Center in Singapore became operational just eight months after the idea was approved in April 1998. At APOC, we do all the manufacturing, license processing, invoicing, and collections for the Asia Pacific region. Before APOC, many of the Microsoft subsidiaries had their own operations groups. This wasn't much of a problem for local language products, but having a centralized operations center provides economies of scale in terms of English-language products and also personnel. **We didn't need to have 14 operational centers in the region!**

It was a big challenge to pull it all together in just eight months. We had to find the office building, hire the people, train them, and then move all the operations to Singapore. Now we enjoy lower manufacturing costs and can also take advantage of pro-business benefits from the Singapore government.

Initially, APOC was a controversial project at Microsoft. For instance, some people in the company worried about whether we could deliver high-quality products on time to our Japanese customers, who are 3,000 miles away. To be honest, so were we. We did experience some start-up pain, but we're now delivering higher quality products with better order fill rates to Japan than before the transition.

The actual manufacturing process is pretty straightforward. First, we send our outsourcing vendors a purchase order. They relay the order to a subcontractor that makes the CDs. Meanwhile, the manuals, registration cards, and packaging are printed and assembled. Finally, all the pieces are brought together and stuffed into boxes on the assembly line—just like you see on TV. It's pretty low-tech by the time you get to the shrink-wrapping part of the process.

Our motto at APOC is to deliver the right product, at the right time, to the right place, and at the right cost. We monitor our performance very closely and are pleased that we're able to meet that standard.

[PATRICK LUNG, GENERAL MANAGER, APOC SINGAPORE]

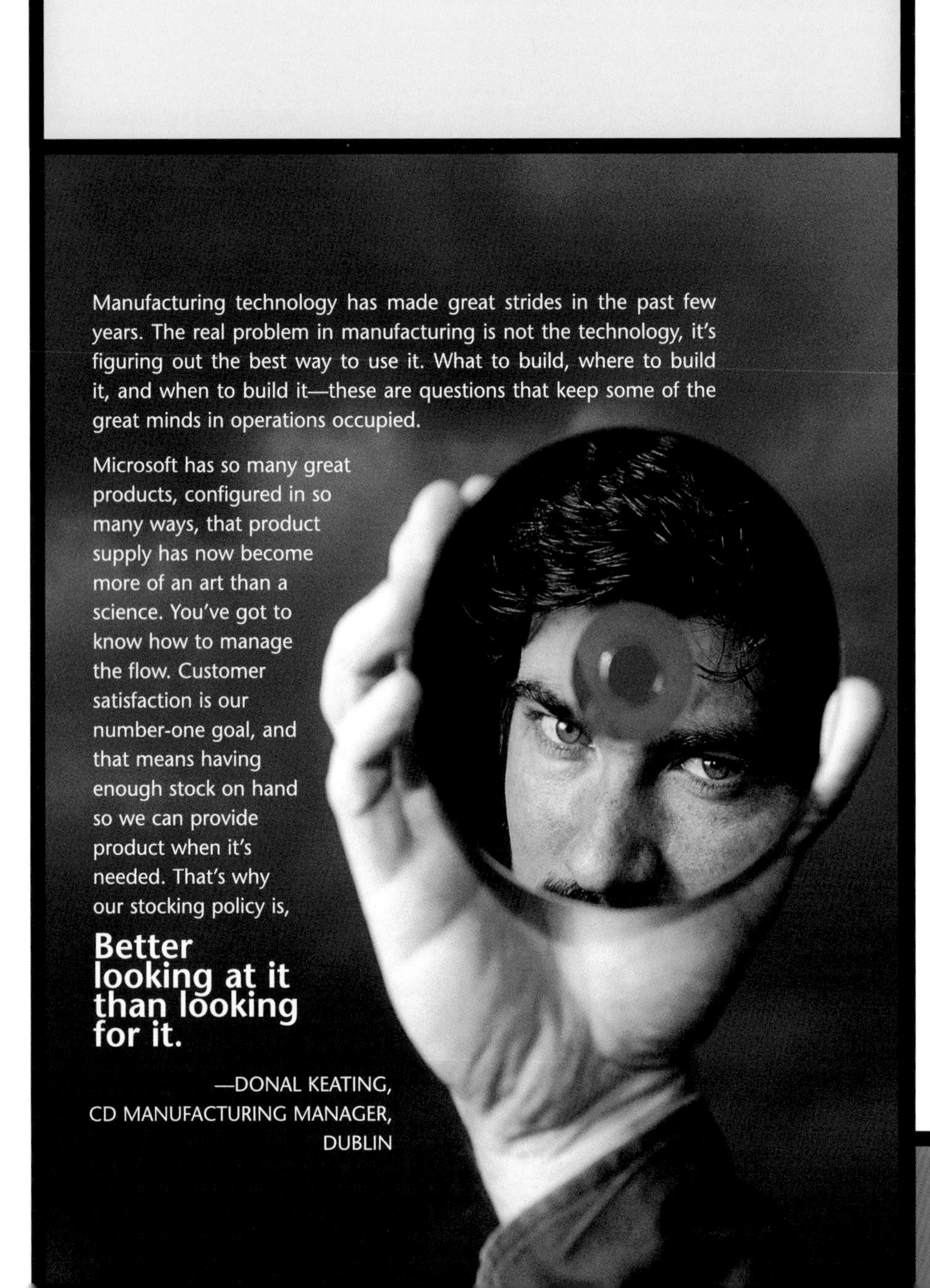

Manufacturing technology has made great strides in the past few years. The real problem in manufacturing is not the technology, it's figuring out the best way to use it. What to build, where to build it, and when to build it—these are questions that keep some of the great minds in operations occupied.

Microsoft has so many great products, configured in so many ways, that product supply has now become more of an art than a science. You've got to know how to manage the flow. Customer satisfaction is our number-one goal, and that means having enough stock on hand so we can provide product when it's needed. That's why our stocking policy is,

Better looking at it than looking for it.

—DONAL KEATING,
CD MANUFACTURING MANAGER,
DUBLIN

Making sure each product is built and shipped on time is a big communication and information management job. My team works with product managers, channel marketing groups, product marketing groups, sales, and the retailers. We have a very formalized process with a tactical review board and formal agendas so people can have realistic development and delivery schedules that actually coincide with the selling seasons they're aiming for. Basically, we make many different agendas work together.

We care about the schedule. If a marketing person wants to put lights and feathers on the box because his job is to increase sales by 25 percent, we remind him that this might add weeks to the packaging production schedule and the manufacturing people might bend the feathers on the packing line, so maybe he should consider something else. If product managers can't hand off on time, that affects customer satisfaction, which is what we're all about. If anyone screws up, it affects others, so we track where everybody is in the process and make allowances or adjust accordingly. **We follow each product SKU from the time it is created to the time it dies. Information is our lifeblood.**

Operations is about coming up with processes to solve problems. Somewhere along the way, I seem to have picked up a lot of process experience. If you had told me when I was in school that I would end up in operations, I would have said you were mistaken because I have a marketing background. But I really enjoy this because I have a knack for thinking through complicated chains of events. And when you see the end product—actually hold it in your hands—there's nothing more satisfying.

[JENNIFER MOLLOY,
DIRECTOR,
STRATEGIC PLANNING]

We were really pioneers in the outsourcing of manufacturing. During the 1995 holiday season, we ran a successful pilot project to outsource the manufacturing of our consumer products to see if we could reduce costs. Then we hired Startek, a company that had been manufacturing for the consumer sector for nine years, to do a larger trial effort in April 1996. This also went very well. We learned a lot, very quickly. Few other companies in the industry were operating turnkey manufacturing, and none were operating to the extent that we planned to.

In 1997, I helped start up our manufacturing center in Singapore, which had been managed from Seattle, and set them up as an independently managed entity. Then, in January 1999, I moved here to Dublin to supervise a similar transition.

We're always coming up with ways to improve and refine processes. The overall manufacturing process from purchase orders to delivery is constantly being pared down to a simpler form. Our vendors have access via a dedicated EDI line to a server at the data warehousing center in Dublin, so they can download everything they need, from bill of materials to specifications for the configuration of master packs to artwork. They can even order film through the server. They can make daily progress updates on the Internet. We're also giving them more control over the materials supply chain. This allows them to select the best materials at the best price in the right quantities, which eliminates storage problems. The savings have been significant.

Operating with a worldwide turnkey manufacturing model has also given us much more flexibility and responsiveness. If a manufacturing vendor in one part of the world experiences a problem, the operations can be taken over quickly in another part of the world. Data and graphics are downloaded from the server, manufacturing is stepped up, and very little time is lost. One of the most important benefits is that we can predict stock delivery very accurately so our customers can be certain that their stock will arrive when requested. The big sales peaks in the packaged software business happen from November through Christmas, so if we can't get stock on the shelves, we've missed the boat. Timing is everything.

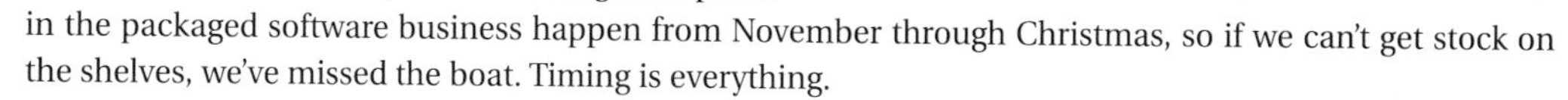

One of the key lessons we've learned is that if the supply vendor makes an error, we must look very closely at the clarity and accuracy of the instructions and data that we sent. It's easy to assume that the vendor has made a mistake, but the fault more often lies with us, and the important thing is to locate the source of the problem and make sure that it doesn't happen again.

We're also examining the practical value of developing an array of turnkey vendors who specialize. It would make much more sense to use a high-volume, low-cost, quick-turnaround specialist for mass consumer orders and a low-volume specialist for urgent orders such as manuals, which our customers usually need right away. We are aiming to understand our supply base and optimize our product profile accordingly. My current assignment is leading the Next Generation Supply Chain team to re-engineer our supply chain for the full-packaged product, programs and licensing business streams worldwide. **The move to outsource manufacturing freed up the company to concentrate on software development—which is, after all, what we do best.**

[MAREN BOCINSKY,
DIRECTOR,
NEXT GENERATION SUPPLY CHAIN]

There's a little debate that swirls endlessly out there and it goes something like this:

Is Microsoft a great software company or a great marketing company?

The answer, of course, is both. There's really no point in attempting one if you can't pull off the other. No matter how wonderful your product is, no one will use it if they don't know that it exists and that there are bullet points and bullet points of compelling reasons why it will change the way they work, change the way they play, and maybe even change the baby's diapers (in version 2.0).

Brilliant marketing has called attention to great Microsoft products in arenas where they were hopelessly outnumbered by solidly entrenched competitors and didn't appear to have a chance of getting a word in edgewise, much less persuading people to switch over from something they were already using. But against all odds, that's exactly what has happened. Having said that, it's time to let some of these marketing people talk about this phenomenon, which they're pretty good at.

There's no rulebook for how to successfully market software and services, but I've learned a few lessons that I often pass on.

First, you need to know and understand your customer. In every part of what you do, you'll do a good job only if you understand what your customer really wants. It sounds like motherhood and apple pie, but it's an important principle that's easy to forget. For example, I've spent much of my time here working on products for consumers who know far less about PCs, software, and services than most of the people building the product. We've done our best work, including our best marketing, when we've reached beyond our own experiences to understand and empathize with our customers.

The **second** principle grows out of the first. The most important part of the marketing mix is the product. Never sell consumers, developers, or business people short. They're savvy. You can't be successful marketing a bad product or technology. So make sure you get the product right. I remember how on Windows 2000, we put the product through a series of customer scenarios. Working with the development team, we outlined a long list of ways that we expected customers to use the product on the client and server and then went through comprehensive reviews to evaluate how the beta product was holding up in those real customer scenarios. With that data, we improved Windows 2000 before its final release.

The **third** guideline is to focus on a clear and coherent strategy that you apply consistently—and innovatively—in everything you do. With Windows 95, every group, whether they were marketing to consumers, business, developers, or partners, built their plan around the "E strategy"—educate, excite, engage. With MSN, we had the Ten MSN Commandments to build on. When we were working on Internet Explorer, we were coming from behind, and we knew with IE 3 that we finally had superior technology, so our strategy was to communicate everywhere that we were a step ahead.

The **fourth** tip I would give is that you have to keep the heat on. It's rare that you have the one big idea or silver bullet that turns the tables overnight. You've just got to keep pushing and pushing, and if you have good technology with strong customer benefits and you have good marketing, good things will happen. When we started Internet Explorer in 1995, we had zero users. It was only years later, sometime during Internet Explorer 3, that we started gaining popularity. That's true for most of Microsoft's business. At one time, MS-DOS wasn't the leader. At one time, Windows wasn't the leader on the client or the server. At one time, the applications that make up Office weren't leaders and Office didn't even exist. Continual improvement by the product teams and the marketing teams made things happen. **You just need to keep driving and driving.**

The **final** tip I would give marketing teams in our industry is to count on change and plan to take advantage of it so it won't take advantage of you. Change is the one constant in our industry. We talk about inflection points changing our industry, and inevitably they do happen. The PC was one inflection point with MS-DOS. The whole industry changed with the graphical user interface and the rise of the Mac and Windows. The Web is yet another inflection point that's completely transforming our business and our customer requirements. Given how our industry changes, you can never rest on your laurels.

[**BRAD CHASE**, SENIOR VICE PRESIDENT, CONSUMER AND COMMERCE]

People in marketing often make the mistake of wanting to tell the entire story in all its gory detail. And they want to have a 30-slide presentation about why their product is better. **In fact, marketing's about one slide…it's about three points…it's about saying these three points ad infinitum for the rest of your time on the product.** I tell anybody who's working in marketing: "Get really focused. Get really crisp. And make sure your message is easy to remember and easy for people to repeat to others."

Marketing is about being super consistent with the customers about why your product is important and why it should matter to them. It's really easy to get caught up in the idea that it's your job to tell everybody about feature 243. In fact, nobody cares about feature 243. People care about the two or three things that differentiate you from some other product. So the question is, how do I tell people about that and how do I reach them effectively? You have to be very crisp and very focused in your message.

Another key issue is keeping marketing close to the product as well as close to the customer. People who figure out how to do this—how to get customer input and at the same time have influence on the product—are the people who are super successful. Balancing those two things is really hard.

[**ROBERT BACH**, SENIOR VICE PRESIDENT, HOME AND RETAIL DIVISION]

You have to start with a great product in order to be successful. But after that, it also takes good marketing. During the early '90s, the superior features of Word and Office and our powerful marketing campaigns enabled those products to really take off—against some pretty bleak odds.

WordPerfect was outselling us by about 10 to 1 on the DOS platform, so we decided to focus on Windows users. We believed in Windows and thought that millions of WordPerfect for DOS users would soon be moving to Windows. We focused on getting them to consider switching to Word when they were ready to upgrade to a word processor for Windows.

We had an easier-to-use, better product for Windows, and we'd also done a lot to make migration easy, like built-in help for WordPerfect users. So taking a page from Pepsi, we held the Word Challenge. We demonstrated that DOS WordPerfect users had an easier time upgrading to Word for Windows than to WordPerfect for Windows. We advertised the results heavily and showcased the big corporate accounts we were winning. And it worked. WordPerfect users switched to the better product.

It sounds easy now, but we weren't always so sure of ourselves. It was a long race. I remember once when I had to demo Word to a room full of die-hard WordPerfect users. I went in

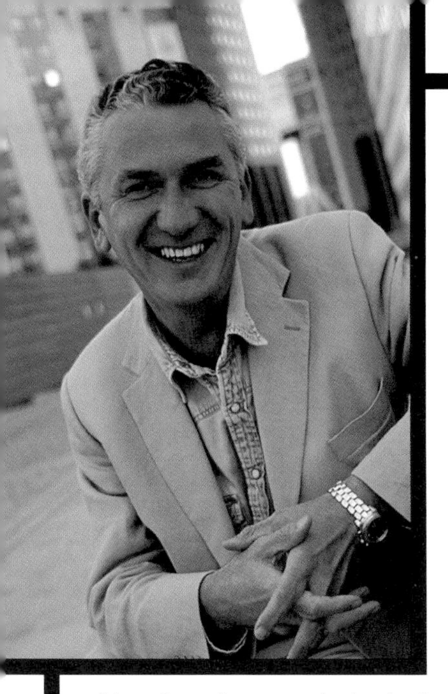

I was in the UK subsidiary in 1994 when we launched Office—it really was the beginning of the Office suite category. We were very much the underdog against Lotus, so we had our work cut out for us. SmartSuite was selling for a few hundred dollars more than Office, but then they did something that seemed really smart. They got a reseller to buy a load of obsolete PCs from a local company and made the offer to customers that if they bought SmartSuite they could get a PC free. We just started losing sales like crazy.

Well, since this Lotus offer was extremely down-market, we took a big risk and went the other way. We worked very fast and licensed Office to five of the most prestigious PC brands, like Compaq and Digital, in order to claim the higher market position. Then we blew through our marketing budget to drive high volumes. We only lasted three or four months, but that was enough to make the whole business swing toward us because people could see the market supporting Office even though Lotus was giving away computers.

I was the lucky guy who got to present our plan to Bill. We were really worried about using the OEM channel instead of Finished Goods, but we believed that generating sales was everything, so we felt we had to try it. I got to the end and sat there wondering whether I still had a job. After what seemed like a very long pause, Bill said, "This is the smartest way I've heard of to deal with this kind of situation." There were huge sighs of relief all around because it had been such a big team effort to put everything together between marketing and the OEMs and everyone else, and in practically no time at all. And it paid off.

I've had a few of these near-death experiences here. When I came to Microsoft, I thought that our brand was a massively underutilized asset. We were virtually invisible in this market. One of the first things I did was to create a corporate identity within the local subsidiary. In those days, we had logos that were just all over the place; there was no consistency from one sub to another. It was just logo mania, with no understanding of what the brand meant and what it could stand for. So I took my life into my hands and hired some of the best people and best agencies I could find. I knew Steve Ballmer was in Europe, so I tracked him down at the airport to tell him about all this stuff I'd just gone out and done on my own. Just as he was about to get on the plane, I told him that whoever signed the approvals was obviously not paying attention, and he said, "That was me. But you're right, so go fix it."

Then he was gone and, miraculously, once more, I still had my job.

[**JOHN LEFTWICH,**
VICE PRESIDENT,
MARKETING,
EUROPE, MIDDLE EAST, AND AFRICA]

I launch and market products. It's all about being creative about showing different aspects of the products to different people. Sometimes it's just the basics, sometimes you can really go crazy. When we launched Windows 98, we wanted a theme that would appeal to people who were not really into computers, so we did an Arabian Nights theme. Our presentation was about a genie who finds this guy lost in the desert and grants him three wishes. But the genie realizes that these wishes are a bit too difficult to fulfill on his own, so he comes to us for consulting and we train him to use Windows 98 Arabic Edition to make the wishes come true. People loved it! We were on TV and on the front pages of all the newspapers, and it was a great success.

[**ASEM GALAI,**
MARKETING MANAGER,
DESKTOP APPLICATIONS,
EGYPT]

Ultimately, marketing is delivering products successfully to customers. People often think that it's just about building awareness or coming up with a catchy name or a jingle. My most effective marketing initiatives have a lot more to do with customer service and customer support and building out channel into structure and thinking through pricing models. It's not what's usually considered the glamorous stuff. It's about resolving the problems that stand in the way of delivering products. I think our competitors do a better job at flash and sizzle. When you take a look at their latest initiatives, you realize that sizzle doesn't last that long, and at the end of the day, they don't deliver.

—JONATHAN ROBERTS, FORMER MARKETING DIRECTOR

thinking I was going to get skewered, but at the end of it, instead of the barrage of tomatoes I was expecting, the audience gave me a standing ovation. After that experience, I knew that we would be successful. One woman who worked as a secretary and was frustrated with WordPerfect was so happy about the features I demonstrated that she started crying. She hugged me after the demo.

Once we showed that Word was the best word processor for Windows, we found that every time we came out with a new release, WordPerfect would copy all of the features within six months. Robbie Bach—my counterpart as Group Product Manager for Excel—and I recognized something really important: WordPerfect could copy Word features, but they didn't have Excel. And Lotus could copy Excel features, but they didn't have Word. One thing that users loved was how well our word processor and spreadsheet worked together and helped them get their work done efficiently. So we set out to market the notion of applications "working together" with other applications. We showed product analysts and the press how customers could benefit from using Word and Excel together, and we ran a marketing campaign showing how well they worked together. Before long, people wanted an entire productivity suite—Office—and no longer cared about individual applications. The rest, as they say, is history.

—MARK KROESE, FORMER GROUP PRODUCT MANAGER, WORD

I think I'm a typical new European. We're moving away from strong national differences, at least economically, and thinking more about what we have in common. I am Swedish, I work in France for an American company, and I live in Stockholm. I define myself first and foremost as a European, and second as a Swede.

The Concord project, in which every subsidiary in Europe went from being an independent sales organization to becoming a commissioner agent for Microsoft EOC, was a major change for Microsoft. It corresponded to many of the changes that were starting to happen with the establishment of a single, common market in Europe. Streamlining our operations was good in light of the new European Union, but it also made good business sense. Our subsidiaries have always wanted the freedom to do what's right for each market, and that hasn't changed. But we had 18 different sales models, and it was becoming impossible to continue like that. The potential for errors and failure was too high. We needed to address our problems before our competitors addressed them for us.

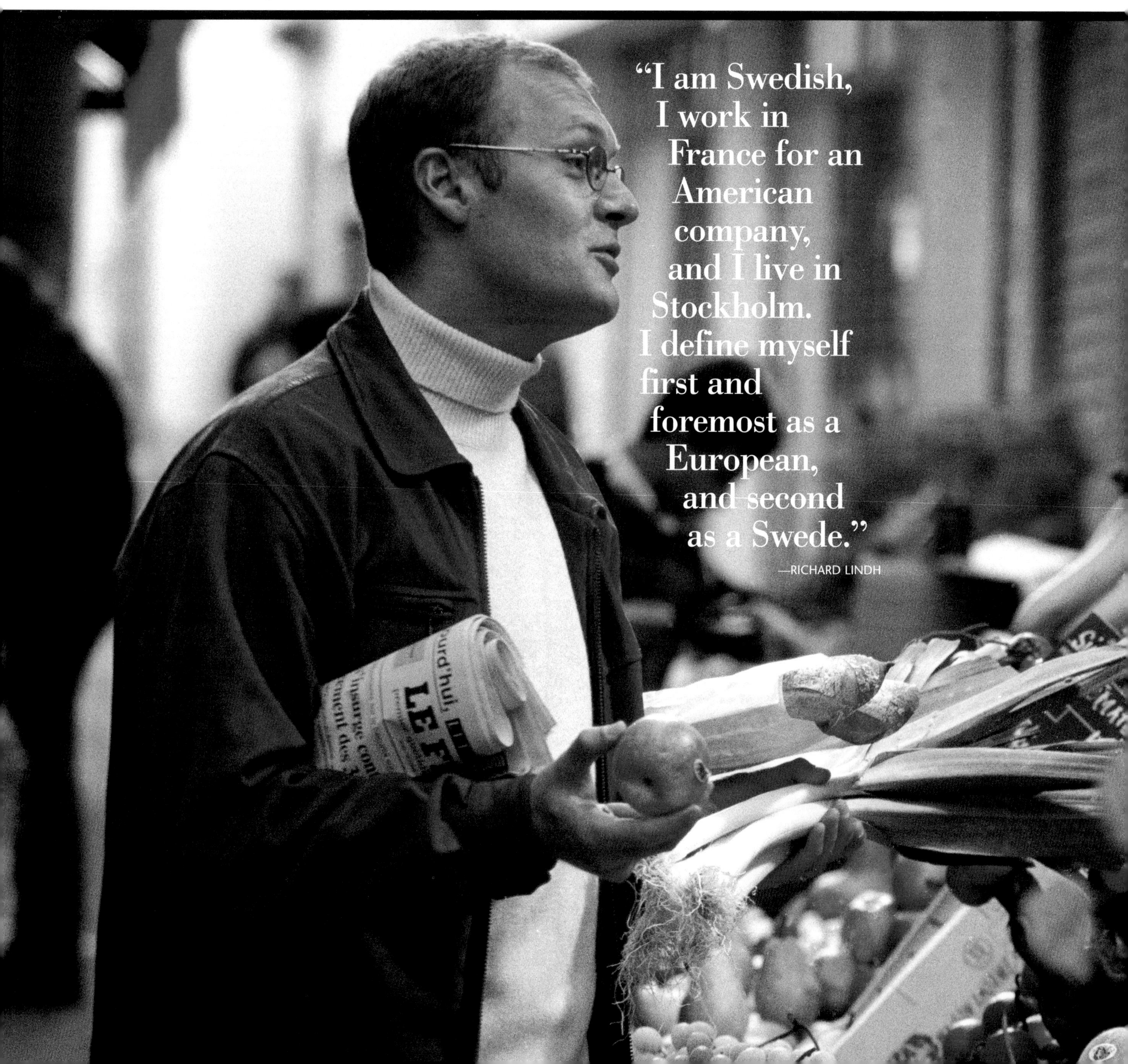

It's fun to be ahead of the curve. We did several presentations for journalists about the Concord project while we were implementing it, and frankly, the best part for me was a headline in *The Wall Street Journal Europe* that said something about how Microsoft has been a leader in software and now it is leading Europe into the EU. That was great.

[**RICHARD LINDH**, DIRECTOR, MARKETING SERVICES, EUROPE, MIDDLE EAST, AND AFRICA]

Q: Where did Select licensing programs originate? Where did Microsoft first form customer units aligned with the various customer segments?

A: Microsoft Europe.

From the very early days of the company, Bill and Steve understood that we were in a word-of-mouth business. They saw people get excited about software when they saw it first-hand or when they heard about it from someone who was singing its praises. To begin with, Microsoft focused mostly on the hobbyists—the early pioneers in the industry who were writing code. Bill personally put a lot of effort into reaching out to that community through conferences, speeches, and meetings.

The company gradually evolved beyond just the hobbyists to professional developers, and we put a huge amount of effort into evangelizing our products and services by sharing the tools and providing seminars and training. Basically, we were building an infrastructure for this community where they could get the tools and advice they needed to write to our platform. Doing a great job with this important community was the foundation for the company's future success.

In addition to going directly to the customer, Bill and Steve were also very early believers in spending time with the media. They'd think nothing of jumping on a plane to demo products or explain our strategy. Twenty-five years later, they both are still doing it. Even though they are two of the busiest people I've met, they are amazingly willing to adjust their schedules to speak at a conference, meet a reporter, or go see a customer. Bill has been evangelizing Microsoft's products and services since the days when Microsoft was just a tiny company that no one had ever heard of. It's kind of laughable now when you think how big a COMDEX keynote has become, but in one of his earliest keynotes, his speech was on 35mm slides, and his dad was running the slide projector!

That commitment and willingness to getting the word out has really taken hold here. People at all levels in the company spend a lot of their time telling our story. And that enthusiasm comes from the very top. It always has. This is not an agenda that has to be pushed by the PR team, it permeates the whole organization. When my counterparts in the industry ask me how we manage the PR agenda here, they're always amazed when I tell them how much time our senior management is willing to spend brainstorming, strategizing, or giving input. It's not uncommon for Bill to send multiple e-mails over the weekend with ideas or feedback or an interesting angle for a news story or a point to make in a speech. To have your top people invest their time in this way is really a privilege if you work in communication here.

The company now needs to speak to such a broad set of people and also compete with literally hundreds and hundreds of other companies in this industry, all competing for that same mindshare. **There's probably no other industry where there are so many businesses all striving to get their message out to the same audiences.** If you look at the history of the company's communications, you'll see that we have faced an awful lot of challenges in the past 25 years. One thing that I personally reflect on, something that tells me how things have changed dramatically, was when we were launching Windows 3.0 in 1990 and I was working in England. I was trying so hard to get a TV interview for Bill to talk about the product and what we were up to. People there just didn't know who he was. I remember faxing U.S. articles to the BBC, trying to convince them to do an interview with him. That was only ten years ago. It's amazing how much things have changed.

The various lawsuits we've been involved in have obviously presented a communication challenge. We have to make sure the story of our products and services is not drowned out by the attention paid to the negative news.

Unfortunately, that type of news is always more interesting to the casual reader than the fact that we develop products that improve people's lives, or that some company is now much more efficient and productive because they are using Microsoft software. This company has a wonderful story to tell, and in the face of the negative news, it means we just have to work so much harder to get that story out there.

I think the point we are at now has to be our biggest communication challenge. We're in the third generation of the Internet and it means we're once again transforming our business completely. We're moving from packaged software into services. And to do that, we must dramatically change almost every part of our business. The notion of software becoming a service offers an amazing opportunity for us to get closer to our customers—getting real-time feedback on what they like, what could get better, what we're doing well. We have to evangelize our new vision of Microsoft .NET to all our audiences. That means encouraging developers to use our new programming model, explaining to our customers how this vision will dramatically improve their business to be more efficient and effective, and getting consumers excited about this new breakthrough. We have to do this in the face of being perhaps one of the most closely watched companies in the world, with a lot of other news events going on.

At the end of the day, however, what determines the way our customers feel about us is the quality of our products. Their experience when they turn on their computer is the number-one factor determining how they view this company. It's not what they read in the press, it's not an ad they may have seen, it's not a speech or a piece of direct mail. We can do the best job in the world getting our message out, but at the end of the day it's the product that defines us.

[MICH MATHEWS, VICE PRESIDENT, MARKETING]

For most of our history, our advertising and other forms of communication with customers centered only on our products. But as our leadership role grew and changed, we arrived at a point where people basically knew that we made great products but they also wanted to know if we were good people. There's a perception of Microsoft people as one-dimensional workhorses who spend 14 hours a day either coding in a dark room or being single-mindedly focused on killing the competition. So people are often surprised to learn that I'm involved in youth mentoring, that I study ancient societies as a hobby, and that the thing I like best about my job is being involved with a company that builds products that empower people around the world—people in all circumstances. I look at our brand advertising as a way to express our personality—who we are, what we stand for, and where we're headed.

—JEFF HANSEN, MARKETING RESEARCH MANAGER

One of my most visible accomplishments is the Windows logo. It's the flag we're still using today, and it's ended up being one of the most recognized symbols in the world. Jon Lazarus, who was running Windows Marketing, said, **"We've got to have a brand that stands for Windows." Two weeks later, we had an approved Windows flag.** And a week or so after that, it was everywhere. His team sent me a picture of the logo on the side of this van—this big, huge truck—in Germany. It was so cool! And I just went, "Wow…this is an amazing company." I mean, how could this get put together so fast, and then it's everywhere.

I love technology, especially when it makes things easier. One of my responsibilities is to make sure the graphical identity of Microsoft creates an emotional link with our customers and helps them see how our products can benefit them. One of the first times I had the opportunity to do this was in 1991, when we switched over to an entire new look and feel. This meant changing all packaging, collateral, and marketing materials. The old system used blue bands to indicate that it was for MS-DOS and red bands for the Mac. We went from that to a system that had a white background—very clean and simple. It was a huge project, and I think it had a big impact on setting the tone for how all Microsoft products are grouped together.

Over the years, we have had various branding approaches, multiple logos, taglines, and ad executions. Basically, my job is to help build the Microsoft brand so that our customers—from my kids to corporate partners—see a consistent positive image. This is more than just slapping a logo on a product, but includes mixing the message with graphics to create a look and feel that is innovative and fresh. And it has to have a feel that is unique to Microsoft—one that customers can relate to. If you have clear objectives for what the piece is trying to accomplish, then the creative has a much better chance to be successful. We always need to ask, "What's the product about? What benefit does it provide? What are we trying to communicate?" Then we decide how to visually reinforce that by using the tools in our Microsoft brand toolbox—our characteristics and values, the colors, the fonts, and the visual style.

Brand is the emotive side of things. You can have a great vision, great product, and you can have a great message, but there has to be more to a brand. A brand has to connect with me and who I am as a person so that I feel really good about that brand. We have to continue to brand our products in a way that demonstrates our understanding of customers' needs. And as we turn the corner and go for the next 25 years, I believe that we can build on our passion and commitment to quality products and go to exciting new places.

[JEFF BOETTCHER, CREATIVE DIRECTOR, STRATEGIC MARKETING AND RESEARCH GROUP]

(HEADLINE)
Writing An Ad For Micorsoft

(COPY POINTS)
Keep it simple.

Make sure it is entertaining, on-message, and consistent.

Cultivate a thick skin, because most people's spouses are advertising experts.

(BODY COPY)
I do the ads for the most successful company in the world. Well, one of the most successful. Well, some of the ads. Lots of people make ads here. It's really very simple if you know what you're doing.

[MIKE DELMAN, GENERAL MANAGER, ADVERTISING]

Buttoned Down-Tight, clean, well thought through. A high compliment.

Career-Limiting Move (CLM)-Any action taken that would most likely get you fired or seriously demoted. Trashing your boss while he or she is within earshot is a serious CLM.

Cost Beast-Refers to cost cutting strategy. For example, "taming the cost beast."

Crisp-Clear, concise, and compelling (the opposite of "random"). "Our marketing message has to be totally crisp."

Leverage-To take advantage of, or to capitalize on. "Let's leverage the publicity hit we got from the Wired article into the marketing strategy for the Web site."

New Paradigm-Pompous way of essentially saying "unique." "This Web site establishes a new paradigm on the Net."

Open-Collar Workers-People who work at home or telecommute.

Vaporware-A semi-affectionate slang term for software that has been announced, perhaps even demonstrated, but not delivered to customers. Allegedly the term came as a result of the many delays in releasing Windows after it was announced by Bill Gates at COMDEX in 1983.

Slideware-Hardware or software whose reason for existing (eventually) has been explained in PowerPoint slides but no code has been written yet.

Q: What year was Microsoft's first television commercial? What was the theme?

A: 1992. "Making It Easier"

Q: What is a blibbet?
a. When you trip over your words in a speech
b. A software bug that will get fixed later
c. The O-like symbol in the original Microsoft logo

A: c

The launch is what happens after everybody finishes their work—after countless teams of people have toiled night and day to make a great product. We believe that they deserve a little whoop-de-do as it goes out the door.

We have a group here that's very good at throwing launch parties, both big and not so big. (There are no small launches, after all, only small launchers.) Their skills are consummate, their aim is high, and their fearlessness is exceeded only by their celebratory imagination. Even when rumor and hype have raised expectations to the breaking point, they've still got to fulfill them. They live every day with the knowledge that,

no matter, how well you've planned, the moment just before you raise the curtain is the scariest moment of all.

The tension can be unbearable. Anything can happen. And sometimes it does.

Launching a product used to be a mysterious and secret process. We had code names, and when a product was released, you could create a dramatic PR effect. I think Visual Basic was the last launch—at least in the enterprise space—where the product was really a well-kept secret beforehand. This was in 1991, and I was in the U.S. at COMDEX Atlanta and I brought 10 French journalists to the launch event. They didn't know anything about the product before it was announced. When we unveiled Visual Basic, it was really a revelation. That day, French customers were getting invitations for the launch event in France. So it was perfectly synchronized. But as our business became more mainstream, we needed to involve customers very early on, which made this kind of dramatic launch impossible. We lose the public relations impact, but it's worth it to have customer input and generate market readiness.

In France, how we communicate with our customers is also changing. Because we're in so many businesses with so many product lines, our local communications started to become too complex and cryptic. So we designed a new kind of communication and even developed a kind of "cookbook" that explains how you have to use local ingredients to communicate with different audiences. In France, using the metaphor of food and cooking is a good gimmick for getting the message across.

[OLIVIER EZRATTY,
DIRECTOR,
MARKETING AND COMMUNICATIONS,
FRANCE]

I started out working as an independent contractor on the televised bi-coastal satellite launch of Excel 3.0. Bill Gates, Pete Higgins, and Mike Maples were positioned in San Francisco and Boston. With two production companies working together, the situation was often difficult and confusing. This was the dead of winter, so there was a heavy snow in Boston and we weren't sure that the audience would make it there on time. San Francisco was another story. The weather was reasonable and we had a packed house ready to go on time. Since the launch was bi-coastal, we had to start the show simultaneously, so both coasts had to agree when it was time to start. The audience in San Francisco was getting impatient while the stragglers in Boston were shaking the snow off their boots. We went back and forth for what seemed like a very long time before we finally persuaded Boston to go ahead, and the launch went very well, in spite of all the delays.

At the end of the presentation, the developers came out on stage and they were throwing boxes of the product out to the audience who stood up and started clapping and going wild. **I sat there watching all these hardened press and industry people giving a standing ovation to a box, and I thought, "What is going on here?"** Then I worked on the Windows 3.1 launch in Chicago and it was the same thing, only bigger. The phenomenon of people giving a standing ovation to a product was new to me. But it sealed in my brain the idea that this was a big-deal company and they were ushering in a brand new era, and I wanted to be part of it.

[TOM COHEN,
BUSINESS DEVELOPMENT MANAGER,
INTERACTIVE TELEVISION]

The Windows 95 launch was set for August 24 for several reasons, but the most important was that it had never rained in Redmond during that week in recorded history. Our plan was to place the entire Windows 95 team on stage in the main tent, hidden behind a curtain that would be raised at a dramatic moment to reveal all of them in T-shirts in the colors of the Windows flag. We knew that the curtain effect wouldn't work in bad weather. Of course, the night before was cloudy and windy. By morning, it looked even worse and the forecasters were predicting rain.

I'm the pessimist of the world, so I always plan for the worst. As I was arguing with the few optimists on my team about contingency plans, the sun started to peek out, so we decided to take the risk. By the time the launch began, there were a few puffy clouds floating in the sky. It looked just like the top of the Windows 95 box.

Getting the Windows 95 team assembled was a major challenge. These are not people who enjoy being herded, and we had to cajole them out of their offices, into the right T-shirts, and up on stage, and then we had to convince them to be quiet until we were ready to unveil them. At the same time, we were trying to coordinate a global satellite link for a live worldwide broadcast.

The event was supposed to open with a video while a giant Start button rose up slowly to the top of the stage revealing a big screen. The audience was ready, the lights went down, and we started the show. Then it was time to raise the Start button, which refused to move. The cue came and nothing happened. An eternity passed. **These kinds of moments always last for hours. Everything goes into agonizing slow motion, and your stomach turns upside down.**

The actual delay was about 30 seconds, but it felt like forever. Somebody finally figured out that the switches on the box that controlled the thing hadn't been reset after rehearsal. Once we figured that out, the big Start button rose up and the main screen was clear to view the video. We had been just seconds away from sending somebody out there with bolt cutters to cut the damned thing down and carry it off the stage. That would have been kind of different: "Ladies and gentlemen, presenting Windows 95!" THUMP! Then we'd drag the thing off like a carcass. Happily, we were spared the indignity.

So we all celebrated our success for about one day and then traveled out of town for another event. When I returned, the sports fields on campus where the event had been held were completely dug up. We had spent a tremendous amount of time before the event figuring out how to protect the grass and the sprinkler system. When I came back and saw that there was nothing left but dirt, I called the facilities people and said, "What happened?" They said that their site consultants had discovered serious drainage problems, so the fields needed to be dug up. This was a perfectly legitimate decision, but after we'd been so careful to preserve the grass, it was pretty funny to discover that we could have just trashed the place and saved ourselves all that work. The irony was that everyone at Microsoft assumed that the fields were being repaired because the Windows 95 event destroyed them. Whatever else happens in my career, I can always put on my resume that I'm the guy who destroyed the Microsoft sports fields.

The Windows 95 launch was our Woodstock. I think it will remain an icon for our coming of age. I've done a lot of big events since then, but I'll never lose that little thump in my stomach just before I start the show, and that's good. If you let yourself get lulled into a sense of complacency that everything's going to be fine, that's exactly when something completely unexpected will happen.

Microsoft is a company that turns on a dime, and we design our events in the same way. The people here are very innovative, quick on their feet, and able to make changes at the last minute. We've been able to stage events with a few days' notice and with minimal rehearsals because we have very good systems, reliable vendors, and people who can think on five different levels at once about six different challenges.

Most of the people in my group don't emulate my bad habit of staying up for days at a time before a big event, but we've all had our share of sleep deprivation. I've found that as I get more sleep-deprived, the problems no longer seem insurmountable. I've learned that you can't keep looking at the individual mileposts. You have to focus on the finish line.

[JON BROMBERG,
DIRECTOR,
CREATIVE AND TECHNICAL PRODUCTION]

I still remember watching the news the night before the Windows 95 launch event, which showed people lining up to go in and buy the product at midnight. And then the event—that was amazing. I remember walking around the soccer fields that day in the midst of all this excitement. To me, that seems kind of like the birth of Microsoft into the public eye. Before that, when people on airplanes would ask me where I worked, I could say Microsoft and they'd say, "Where?" After the Windows 95 launch, it seems like everyone knows Microsoft. So, I think this was a real turning point. That was sort of the birth of the modern Microsoft.

— ED FRIES, VICE PRESIDENT, GAMES PUBLISHING

bits & bytes

Demo Hell-When your demo crashes or freezes at an inopportune time.

PNAMBC-Pronounced "panambic" An acronym meaning "Pay No Attention to the Man Behind the Curtain." Usually used for demos that look like, but aren't really, the real product. It comes from "The Wizard of Oz."

Salesmen are the hunter-gatherers of the modern world.

And since we are talking about the modern world, keep in mind that many of the best salesmen are women.

Every day, they venture out into a hostile and competitive world, armed with determination, a compelling features/benefits analysis, and intense pride in their product, with which they are expected to out-pitch the other guys, win over the most skeptical customers, and bring home the revenues that keep the company going for another year. Once that's done, they get to take a deep breath while another yearly revenue goal magically appears. Well, it's hard work, but well rewarded. And our sales force has a secret weapon: they're selling better software than anyone else is.

"Windows! Windows! Windows!"

—STEVE BALLMER

When you read some of the things that have been written in the press about us, it sounds like we generated all this success overnight. I've been with the company for 13 years, mainly in direct selling, and I can tell you, it's always been challenging. Customers are always demanding—as they should be—and they work in complex environments and have a variety of issues to manage and tradeoffs they need to make and budgets they have to adhere to. So we've always had to earn whatever sale we're trying to make.

I've never felt like any sale was easy. There are just so many issues that you have to address or overcome—whether it was trying to make a dent in the desktop environment with Windows or in the word processing environment with Word or spreadsheets with Excel, those were all dogfights. The same has been true the last 8 or 10 years with LAN Manager, OS/2, NT, and Windows for Workgroups. And now we're doing the same thing with SQL and Exchange and Internet Server. We're selling into accounts that have been at this for many years, and we always have to find ways to make our products and our partners' products work for each specific customer. We start out fresh every time, with every sale and every product.

Now, the Internet is opening new sales areas and forcing us to develop new business strategies. **Every partner I work with is developing business in some format on the Internet.** It's changing business models across the board. It's changing the way we work with customers and the way we look at the entire economics of the business in terms of how to price things, how to fulfill product, and how to embrace partners. It's definitely giving every single customer the opportunity to revisit what they need to do and how they want to accomplish things. And it's causing all of us to ask a lot of questions. We don't have all the answers, but there's an incredible amount of energy in the company focused on how to optimize customer satisfaction by embracing the Internet. The innovative ideas coming out of here will change the way we do business over the next few years.

[BOB VELLONE,
VICE PRESIDENT,
EAST REGION,
U.S. SALES AND SERVICES]

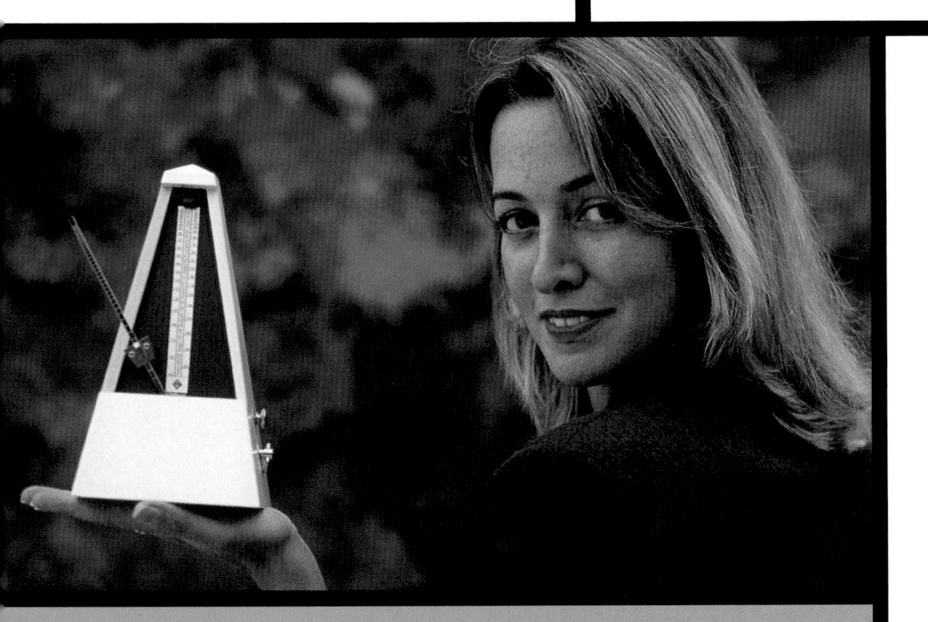

I never tell customers that I have all the answers. Our customers are the experts in their own business. Instead, I just try to raise intelligent questions about the solutions they're using and offer them good advice about how new or improved solutions can make a difference for them.

Sometimes it takes time to develop a relationship to the point that a big company trusts that we can handle their issues. It seems that there's always some skepticism. Even companies that are already using NT for their intranet will say, "Well, that's fine for the intranet, but for my mission-critical projects, I still need to use a mainframe." In those cases, we encourage them to do some pilot programs, and then little by little, as they see how well the software performs, they begin to believe that they can trust our platform and do many projects using it. We recently set up a large enterprise customer on Exchange, and when they saw how well that was working, we also won their Internet banking project.

There's a definite rhythm and timing in working with customers. If you know your products and understand the customers' needs, then you have a good start. I don't promise them perfection—I just look at what solution would best suit their needs and focus on the unique advantages that we can offer them.

[ILKEM OZAR,
ENTERPRISE CUSTOMER ACCOUNT MANAGER,
TURKEY]

When I started at Microsoft nine years ago, I experienced what many pioneers must have felt as they were settling the West—working with limited means to try to establish themselves. I remember being in the main square in Buenos Aires, making telephone calls to customers from a bench. We had few resources, the big new territory of Latin America, and the challenge to grow as quickly as possible.

We had about 16 people in Latin America then. Today, my region includes Canada, the U.S., Latin America, Australia, and New Zealand. So that's about 50 percent of the company's revenue. Is this a lot of pressure? No. Sales and revenue are not my biggest challenge or worry. The biggest challenge is people—keeping them excited about being part of this company for the next 25 years. So, of course, I track sales and all of those things. But my job, every day, is more focused on our people.

From time to time, people will come by to talk to me about whether they should stay or move on, and I always ask them what their life goals are. If their dream is to go out there and really change the world for the better, to create technology that will impact not only our customers today but also their children and grandchildren, then this is the company to be with. The dream of this company is to use software to help maximize human potential. At the same time, Microsoft is large enough that people can easily find new challenges within the company.

No. Sales and revenue are not my biggest challenge or worry.

There are so many things about Microsoft's culture that I hope will never change: like our entrepreneurial spirit, our long-term view, and being able to speak up no matter who is sitting on the other side of the table. All of those things are phenomenal, and we should never give them up. Also, we're a company that, culturally, likes to compete. We just love to do that. It's part of our DNA. But one question we face now is how do we compete in the world beyond feature comparisons and product shoot-outs? In the past, we came out with this very cool set of tools and products. But the most important part of our agenda today is focusing more on customers' needs and delivering more customer-focused features, solutions, and services. It's impossible to spend too much time learning about our customers—and we're lucky to have Steve Ballmer leading that effort.

In many ways, we've just started to realize our vision of making software relevant to people's lives. And nobody should be confused: we have a lot of fuel left.

[ORLANDO AYALA,
SENIOR VICE PRESIDENT,
SOUTH PACIFIC AND THE AMERICAS]

Relationship-building is an extremely important part of doing business in Russia and Eastern Europe. And sometimes that can be an interesting process. A few years ago, one of our Russian partners arranged for us to meet the number-one systems integrator for the region of Outer Sakhalin Island, which is north of Japan, basically in the middle of nowhere. We got aboard this old prop airplane and hours later landed on a dirt strip. The people came out to greet us and were very hospitable. We suggested going to their office to discuss the contract, but they explained that they had planned a sightseeing trip first. After an hour and a half in this old, beat-up Soviet military helicopter, we landed at what looked like a remote military base. Next, they explained that we were going to stay there overnight and fly back in the morning. This was getting a little strange, so I asked them again when we would discuss our business and they assured us that we would do that as soon as we returned the next day.

We traveled even farther into the hinterlands, and when we finally got there—wherever that was—they brought out a Kalashnikov rifle and announced that we were all going to do some target practice. But first we needed something to shoot at, so out came the vodka bottles! Unfortunately, they were full of vodka, but that was no problem because we could just drink it. We dutifully helped them empty the bottles, and then we set them up and started shooting at them. We didn't hit any bottles, but we didn't kill anybody either, which was a good thing.

The next morning was typical of what often happens after the classic Russian business evening: we were all a little too groggy to talk any business. And the weather was so lousy that we couldn't fly, so we all piled in this van and drove these unbelievable backroads for the next six hours. We got back to the city with only about 45 minutes to spare before our flight back to Vladivostok. We stopped at their office for about 20 minutes, said goodbye, and never did get to talk business. But we formed some great relationships, eventually licensed them software, and I definitely learned to hold my vodka!

—BOB CLOUGH,
REGIONAL DIRECTOR,
EASTERN EUROPE

I just got off the phone with a customer who really summed it all up for me. "Frank," he said, "we're really very dependent on you for this project and we can't afford to have it fail. And I am not just talking about the careers of the people working on it; I'm talking about the future of our company." We were discussing moving a very important part of their business online using our platform. That kind of relationship keeps me motivated—knowing that we have this kind of an impact on our customers and on their customers.

The tough scrutiny that this company is going through right now also motivates me. I want to continue to demonstrate that we are an incredible company with incredible leaders. We're very aware that most of our competitors have us in their sights, that some people are skeptics, and that expectations continue to rise. Every sale is contested, challenged, debated, and competed for vigorously. But we see this as our opportunity and a challenge. We're tenacious, creative, and have an excellent strategy of working with partners to satisfy customers. At times, it can take more resources to plan, deliver, and implement our partner strategy, but I believe in the results, and so do our customers and partners.

—FRANK CLEGG, VICE PRESIDENT, CENTRAL REGION, U.S.

I'm a founding member of the Zimbabwe office, which opened in 1997. There are only three of us working at the sub—myself, Clyde Hardy, and Zainul Khan. I develop and look after the business for Zimbabwe, Zambia, and Malawi. In such a small sub, the growth is easy to see and each person must do a lot of different jobs.

Microsoft is a great challenge for me. But, I must say, I'm paying for my past sins. I used to work for one of the biggest Sun Microsystems resellers in Zimbabwe. Now I'm going back to the customers I was trying to sell UNIX systems to and showing them why Windows 2000 is by far the best operating system for the network.

Zimbabwe isn't exactly on the main path, but we're still very connected. Information is easy to get because my peers around the world are always willing to assist. I think sharing information and ideas is part of our culture. And this carries through to our community involvement as well. We're a small office, but we want to make an impact. For example, the piracy rates here are around 85 percent. We're working to help lower this so that the technology industry can grow. And when there are raids to confiscate pirated technology, we're involved in a program that donates the PCs to schools and then Microsoft donates software to run on them.

They are fighting monsters with huge teeth, but they're such a beauty to catch.

Zimbabwe is a developing country, and outside of the major towns and cities, out in the communal areas, there's a real challenge just finding the infrastructure and telephone lines. That is hard, but progress is happening. Two years ago, we didn't have any ISPs. Now there are 10 or so to choose from, and they're getting more and more affordable.

One of my favorite things to do, believe it or not, is fishing. Yes, Zimbabwe is a landlocked country, but we have one of the best lakes in Africa. It's a man-made lake called Lake Kariba. I enjoy going there to catch tiger fish. They are fighting monsters with huge teeth, but they're such a beauty to catch. When one strikes, you know that you are in for a challenge. And that's how I feel about my work here. I'm always looking for that next big fish!

[RODWELL ZVARAYI, BUSINESS DEVELOPMENT MANAGER, ZIMBABWE]

When you're in the software business, your relationship with the hardware business is a given.

You can't throw a party without a venue, and the better the venue is, the more fun your party will be.

Following that very sensible principle, we've invested a lot of time, intelligence, and energy in forging and maintaining partnerships with the best hardware manufacturers in the world. These partnerships create a level of consistency and quality in the marketplace that is a great boon to consumers. As long as we continue to share ideas and innovations with computer manufacturers and designers, the potential for increased productivity at work—and more inspired goofing off at home—will keeping on growing.

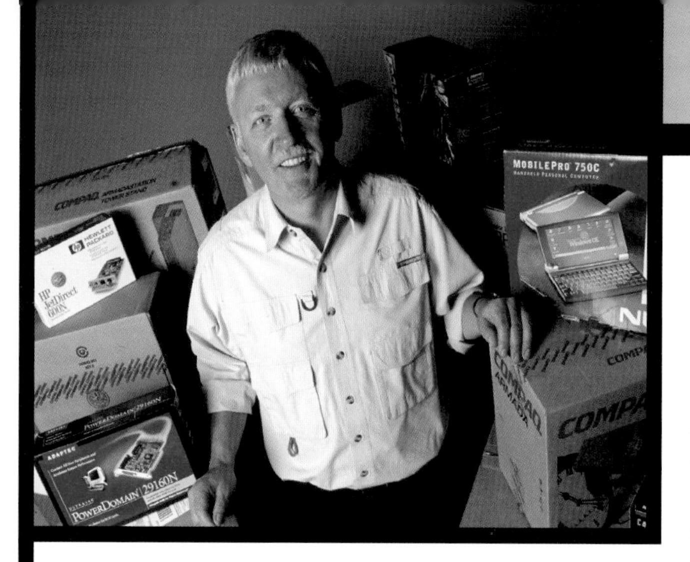

Q: Who was the first major Microsoft OEM?

Software without hardware doesn't work—you must have both. For years, we've had a small team of people dedicated to working with the hardware vendors so they understand our product line and we understand theirs. **This is an exciting place to be because we're at the forefront of many of the advancements in the industry.**

We also facilitate discussion between our product teams at Microsoft and the hardware manufacturers, which is important in the process of designing software that consumers can count on. And, conversely, as the original equipment manufacturers (OEM) design their products, we work with them to make sure that when it comes out of the box with our software installed, it runs well. I think that's where we make a real difference to consumers.

We are also, in part, a global evangelism team. It's our job to get the OEMs excited about our new vision and new products, to help them understand the benefits we can jointly bring to users. One of our milestones was the introduction of Windows 95. We started selling customers—our customers are the OEMs—on Windows 95 long before it was launched. Before it released, they were nearly all supporting it. Windows 2000, another key product, has been the same although we have yet to see the full fruit of that effort.

The whole OEM team here is only 450 people, but we have relationships literally around the globe. And we take pride in making a lot of dollars for the company on a per-person basis. I always say that only Boeing sales representatives can expect a bigger year. For the past eight years, we've been doubling every two years. That's pretty amazing growth and I'm proud of our group for keeping up with the pace.

We do a survey among our OEM partners every year, and we do pretty well. On a scale of one to four—I like even scales because it doesn't give you the chance to escape to the middle—with four being the highest, we usually rate a three. We could do better. I think that no matter how well we're doing, we should always assume that we can do better. When you're striving for excellence, that's the mindset to keep—a hunger for perpetual improvement.

[**JOACHIM KEMPIN**, VICE PRESIDENT, OEM DIVISION]

I'm a non-PC technologist—I work with embedded devices, which can mean stand-alone appliances or devices integrated into an automobile or a TV. This is not Microsoft's traditional market, but it's growing by about 60 percent per year, so it's a customer base we want to be in.

New devices are springing up everywhere. But the PC isn't dead. Some of our fiercest competitors have been announcing the death of the PC for a long time, and I always find that amusing because this year about 135 million PCs will go into a segment that's growing by at least 15 to 20 percent per year. That's not what I'd call a dead market. But it's clear that other devices will do a lot of the things that a PC does now—like surf the Web—but they won't be as rich a platform as a PC. They'll be dedicated to accomplishing one or two tasks.

The Windows platform is a very important link in this chain. I was talking recently with a customer in the automotive business who builds integrated electronic systems for car manufacturers. This company wants to work with us to develop a type of Windows platform in cars. The two most important things to them are a common API set that's available in all models and a common user interface: they're interested in standards. Standards are really important for customers, who want consistency, as well as for developers and manufacturers. And this automaker believes that Microsoft is the company that can create those standards, building off the Windows platform.

Five or 10 years from now, it's going to get really interesting. But predicting specifics is hard because unless end users believe there is value in a product or service, it's not going to take off. For example, will I want to trade stock even when I'm on the elevator? Maybe. Will I be able to do it? Sure, within a year or two. Will it become the next big thing? It's hard to know.

I have a few friends who have left the company within the last year, and they frequently ask me why I'm still here. I tell them that I stay because I'm still having a lot of fun. **This company is not an incumbent. Nobody is an incumbent because this market is constantly reinventing itself.**

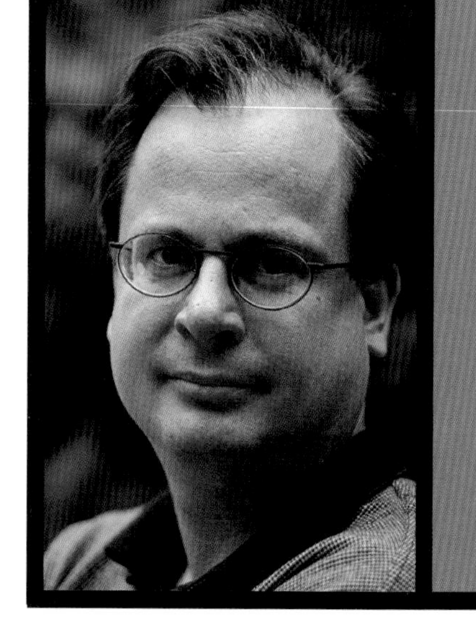

[**BENGT AKERLIND**, VICE PRESIDENT, EMBEDDED SYSTEMS GROUP]

Our OEM business has changed in a lot of ways. Back in '92, when we gave customers a license for the operating systems, they automatically had the right to print their own manuals and replicate their own diskettes. We had about 300 or 400 customers, and each and every one had to negotiate deals with printers and disk replicators, which obviously was not very efficient. That's one area where we've come a long way, because today we have a couple of independent suppliers who do manuals, CDs, and all the other deliverables for the entire world market. The other major difference is that in the mid-80s, the whole PC industry was dominated by a couple of very big names. IBM had about 40 percent of the market share. But the key players have changed dramatically since '92. Compaq was not at the top of the list then, and Dell and Gateway were very small companies. Over the last eight or nine years, they have been able to

I am a dancer, so I've always been quick on my feet. New challenges appeal to me, and **at Microsoft we're just expected to work hard enough and smart enough to prevail.** I am not afraid of that; it's a big motivation. I like unexpected situations where I have to come up with a solution that I can try for the first time.

My job is very challenging now because we have to create a platform for the home, and there is not yet a high penetration of PCs in homes in France. We are also trying to increase the quality of the PCs available. We're encouraging our OEM partners to develop more leadership in the market and to try new things. It's difficult because many started out selling components, so they don't understand the scope of the business yet. But we have a strong strategy and we try hard to communicate our vision of the potential market to our partners.

I danced with Bill Gates years ago at the celebration following a big sales meeting once. Someone introduced us and when we were talking, I mentioned that before I came to work in high tech, I was a dancer. And he said, "Well, let's dance!" I was a little bit surprised but very charmed that this big, important person could be so spontaneous. He is maybe not the best dancer in the world, but he does it with great enthusiasm and he certainly has fun.

[VALERIE URBANIAK, SALES MANAGER, OEM DIVISION, FRANCE]

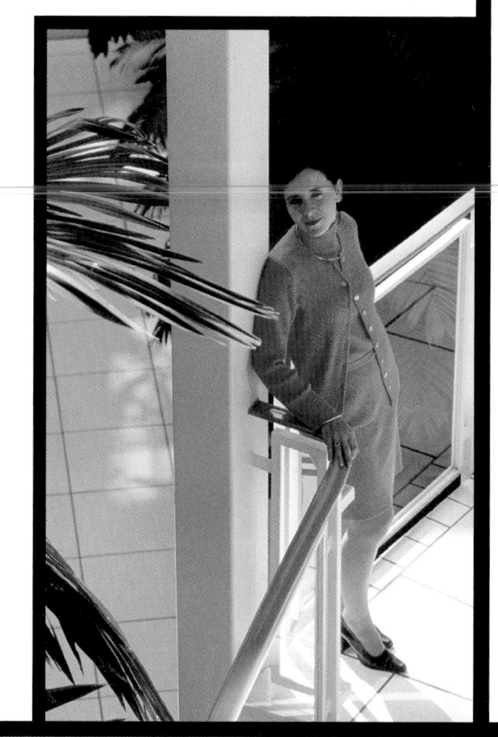

When I joined Microsoft in 1986, MS-DOS was involved in a huge battle for market share. We had finally localized MS-DOS into Kanji and were heavily promoting the product to all of the Japanese PC OEMs. And since the PC industry was new, the heads of big companies like NEC and Fujitsu would all come to Microsoft to talk to these 21-year-old kids. They were consulting with us about their future in the PC business. It felt like whatever I suggested to an OEM manufacturer could influence and change the entire industry.

The OEM business in Japan used to be very different from most other places in the world. In the U.S., the IBM PC became the standard relatively quickly. But in Japan, NEC, Fujitsu, Hitachi, and the others each had a different architecture. There were about 16 different versions of MS-DOS and Windows 2.1! Users didn't have much choice in software because NEC had about 65 percent market share and all of the ISVs wrote only to that platform.

Gradually, the OEMs began to realize that maintaining separate architectures was expensive and didn't help users, so they migrated to a standard called DOS V. Gradually, users got a choice of hardware and a choice of software and things became less expensive because of the competition. The rate of innovation also improved because OEMs realized that they had to keep up with rapid changes in the industry. So, by the time Windows 95 was released, most everyone was on the bandwagon for a standard platform and Windows began to really take off. We continued to build on that success with Windows 98. But it's safe to say that Windows was certainly not an overnight hit here.

I think we were instrumental in moving the OEMs toward standardization. And I strongly believe that both customers and OEMs have benefited from the change. Now, we're on the edge of another exciting paradigm shift toward the growth of the Internet. Again, this will mean change for the industry. In the mid-90s, we had a straightforward formula, which was the Netscape browser versus ours. Our goal was to build a better product and use good marketing to promote it. We're now moving into a phase that few people at Microsoft have experienced. The product focus is being replaced by a service focus. **Functionality is no longer the only goal.** We have to deliver services to Internet users as easily, quickly and inexpensively as possible. Of course, we'll always need to make the best product, but we must also think about how each user will benefit from our services. Microsoft can be a catalyst and a leader in this exciting shift.

[PAT OHURA, MANAGING DIRECTOR, JAPAN]

A: Radio Shack. Maker of the Model 16 Radio Shack Computer.

sustain incredible growth rates, and that's made a huge difference in our customer base.

Another big change is that we have a lot of system-builder customers now. System-builders are small companies—some of them are operated out of basements or garages—that build a few hundred to a few thousand systems per year. Today, believe it or not, they make up a fairly substantial part of the PC market. When I came here from Europe, we licensed about a million units of MS-DOS into the system-building market. I wouldn't be able to guess what it is today, but it could be as high as 10 million. So that's a very dramatic shift in the whole structure of the business.

– BENGT AKERLIND

People talk about the software development cycle, but

it is less a cycle than it is a long chain of dependencies

that stretches from the mind of the designer to the hand of the person who hits the Start button for the first time. Once the product leaves our house, so to speak, it passes through several Microsoft partners who forge a number of important links in that chain, from manufacturing to packaging to putting it on the shelves. Our channel partners are experts in the realm of getting manufactured products into the hands of users. They negotiate contracts with some of the largest retailers and computer stores in the world. They also craft licensing agreements with businesses who use our software to keep the wheels of commerce turning all over the globe. Without their expertise, we'd be knee-deep in CDs.

I came to Microsoft in a funny way. I was running sales for Intuit, which Microsoft wanted to purchase. Windows 95 was going to be launched, which represented a huge retail opportunity, so I came over to Microsoft. Of course, the Intuit deal was called off, but I've been here ever since.

I actually started my career as a Silicon Valley–area Microsoft competitor, working for Borland. **It was very interesting believing Microsoft to be one thing and then seeing a completely different story as an insider.** Although one thing our competitors used against us at the time was actually pretty true: they said that they could build customer relationships while Microsoft couldn't. For the most part, back then, this was true.

Microsoft responded by jettisoning the idea that our customers included resellers, so to better understand the dynamics of the buying and selling relationship, we moved to a direct sales model. In the past, relying only on distributors, we were never involved in negotiating the trust, delivering our commitments, or really understanding the customer's point of view. By going more directly, we're much more in tune with what's going on.

We also learned that there was some science to this retail business. We had to move beyond thinking that we could just build the product, put it on the shelf, and customers would come. As the market has become more of a mass market, the buying criteria have changed. The industry is evolving beyond the "superuser" to consumers who are not as technically savvy. We've got to be good at merchandising and operations. It's the whole package, if you will. I think we've made a lot of progress over the last four or five years in doing that.

One of the great things about Microsoft is its pragmatism. At some points, we are so hard-core and so stubborn, but in another way, we have a willingness to change. I think our tenacity at just trying until we get it right has been amazing. In retail, we had to move to a mentality that just selling to a distributor is not a sale—the product's not sold until the consumer buys it and it doesn't come back.

[STEVE SCHIRO,
VICE PRESIDENT,
RETAIL SALES,
SOUTH PACIFIC AND AMERICAS REGION,
HOME AND RETAIL DIVISION]

In the last decade, our channel strategies and skills have undergone some major changes. In 1991, when I started, we had only three or four consumer products: Flight Simulator, PC Works, and a few Entertainment Packs—all shipping on 5¼ inch floppies. Publisher and Money were still in the pipeline. **We had a whole lot to learn and so much distribution, shelf, and catalog presence to gain.**

We had traditionally sold only through specialty software resellers who were used to the sporadic and unpredictable timing of our new releases. But for the new consumer titles, we needed broader distribution and had to figure out how to play by the rules of the mass merchant world. Frankly, we were playing out of our league. Our sales people were trained in "touch, talk, and turn" presentation skills—not how to work with retail buyers who care mainly about price, package, promotion, availability, and how much marketing money you have for them.

Product managers also struggled to learn and adjust to the requirements for launching a consumer product in the broader retail channel. The first time I mentioned the need for UPC codes on our boxes, the product and manufacturing groups were reeling. Next, we scrapped our black and white boxes, which didn't stand a chance against all of the splashier packaging on the retail shelves. And the longer lead times presented some real issues. Software schedules are slippery and mass merchants, of course, have no time for that.

We did a lot of listening because the retailers were always willing to tell us what we were doing wrong. We made a quick turnaround. The challenges keep coming, but at least from here on, the changes will be more evolutionary instead of moving at warp speed.

[MEG METZGER,
ACCOUNT EXECUTIVE,
DMR/LAR]

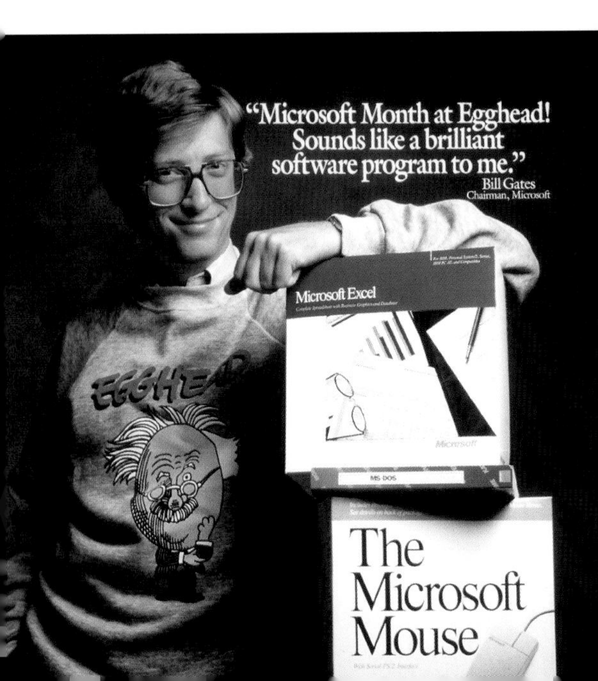

I live in Mauritius, and my territory is the Indian Ocean. It includes places like St. Charles, Madagascar, New Caledonia, and Tahiti. I am proud to say that we do it all here. We're doing the education. We're working with the channel. We're managing IT. We're running seminars. We're consulting. This is a small sub. We don't have a lot of different departments. We all have to know how to do a bit of everything.

Fortunately, we get a lot of support from our channel partners. We've worked hard to inspire in partners the value of investing in quality and technical expertise. We spend a lot time with them, communicating the value propositions of our products. It's our job to help them succeed at their business, so we're always encouraging and helping them to bring up their technical skills and get more of their employees certified so they can provide the best possible service. They are our key link to so many of our customers. Maintaining good channel resellers is absolutely crucial.

— MARC-HENRI RAVAUX, BUSINESS DEVELOPMENT MANAGER, INDIAN OCEAN ISLANDS

Quoting from the first line of an instruction booklet he once came across, Robert Pirsig wrote in *Zen and the Art of Motorcycle Maintenance* that "assembly of Japanese bicycles requires great peace of mind." This is true of so many things worth owning. If you lose the instructions to your can-opener, you'll probably survive, but anything more complicated than that can sometimes become moody and uncooperative. *That'a why the sale is just the beginning of our relationship with our customers.* And it's a mutually beneficial relationship, where we have a lot to learn from and teach each other. So until software and hardware become self-assembling, self-operating, and self-maintaining, Microsoft after-sales support services will continue to offer intelligent aid and comfort, through our print publications, telephone and online support, and professional consulting services. But who knows? With the advent of speech-recognition software, there may come a time when all the product support you'll ever need is a good enunciation guide.

I was employee number 123, and I think I'm on about my tenth career here. But my first one was certainly the toughest in a lot of ways. I was a product support technician back when there were only six people in product support. This was before it was called PSS, and we didn't specialize in particular products. In fact, I was the one who recommended that we start specializing and I was told that would never happen because every technician should be able to handle every product. So we did Fortran, COBOL, Pascal, Basic, the SoftCard for Apple, and the RAM card for the Apple, Olympic Decathlon, Adventure; you name it, we took phone calls about it.

Whenever you got a call about a programming language, you were usually in pretty good shape because you knew it was somebody who was probably a hacker. This was before the term "hacker" got such a negative connotation. Otherwise, it could be any type of customer, asking you about anything. It's hard to pin down the strangest calls, because so many of them were, but one of the funniest ones I ever got was from this guy who had been waiting on hold for quite a while. When I finally got to him and asked what the matter was, he asked me what he should do if his computer was on fire.

I said, "Excuse me, did you say that your computer is on fire?

He said, "Yeah, it's sitting here smoking, and every once in a while I see a little bit of flame coming out of it."

I said, **"Well, unplug it and put out the fire!"** He had been sitting on hold, watching it burn and waiting to ask us what he should do about it. I have no idea what caused the fire. We ended up just replacing his RAM card for him, and I guess he got his computer replaced, too. I hope so.

Anyway, I was in product support for about a year and a half after that, until I became completely burned out. Each of the six of us would average 80 to 100 phone calls a day. It got to the point where you literally couldn't even pick up the phone at the end of the day. I didn't even like answering the phone at home.

[BARRY PREPPERNAU,
DIRECTOR,
PRODUCT DEVELOPMENT RESOURCES]

Our mission is helping customers get the best possible value from our products and technologies. We have more than 9,000 support professionals around the world serving home users, IT professionals, developers, and partners who deploy our software for some of the largest enterprise customers. We handle about 29,000 phone support incidents a day, worldwide. Another **380,000 customers a day visit our online support sites on the Internet,** a number that has been rapidly climbing for the last three to four years. Typically, it's the simpler, more common support issues that get solved on line, which frees up more time and resources to deal with the more complicated and challenging problems in person or on the phone.

One of the things I've always liked about Microsoft is that we're in a constant state of improvement. And we can get really, really focused. Our three-year plan for improving product support involves five core strategies. The first one is to align our support offerings around specific customer segments. The second one is to reengineer our service delivery processes so they meet the needs of those different segments, from home users to big enterprise customers. The third strategy is to work on building skills and developing our people. We're looking not just at technical skills, but also people skills.

The fourth strategy is to integrate product support with the business divisions. Our people in PSS can be really effective in working with the development teams and the business divisions to solve support problems because they get a lot of feedback about how customers are using our products in the real world. That helps us shape the future of our products and continuously improve their quality.

Finally, our fifth strategy is to leverage our global delivery capability. We have PSS resources in over 60 subsidiaries around the world, so we've built a good multinational support infrastructure. But we think it's important to focus our efforts even more on creating a single, global support infrastructure. In Portugal, for example, we have 8 or 10 engineers who could do their jobs even better if they had a good way to leverage the knowledge and experience of the other 8,000-plus engineers. So we're developing a system that will route incidents in a way that will take advantage of our global resources.

Our goal: become number one in customer satisfaction in our industry. Microsoft has always sought after "best of breed" not just for our products, but for everything we do.

I'm tremendously excited about all of the challenges we have as a global support organization, and I look forward to evolving our support and service models to deliver great value to customers. I also continue to be amazed at the talents and successes of our PSS teams. It's our people who help make our business more successful every day.

[LORI MOORE ROSS,
VICE PRESIDENT,
PRODUCT SUPPORT SERVICES]

In about 1989, Bill came out to visit one of our PSS sites. They decided to give him a hard time and make him answer a customer call. They said, "Sit here. Here's the phone. It's cool." He took at least one call that I know of. They thought they'd stump him, but he answered it with no trouble. A lady called back and said, 'I'd like to speak with that wonderful guy named William. He did such a good job."

—SUE PARKER, SUPPORT MANAGER

If this is a life-threatening emergency, hang up now and call 911.

We take every call to PSS very seriously because at best, computer problems are time-consuming and incredibly frustrating; at their worst, they can be hair-raising journeys into the unknown. But after the crisis has been averted, it's fun to look back on some of the more bizarre and entertaining dilemmas we've been asked to solve.

A customer had a mouse that failed to work after about 2 in the afternoon every day. Mice used to have slotted fans and light beams to determine how far they had been moved. There was a design fault in mice from one of our factories where the light beams were not protected from external sources. As soon as the sun came around the building and shone on the customer's desk, the poor mouse died!

—JOHN BREAKWELL, UNITED KINGDOM

One customer wanted to change his whole network infrastructure because he determined that there were too many collisions occurring—he based his theory on the repeated flashing of lights on his hubs.

—YVAN LABELLE, CANADA

A customer complained that Windows 95 was crashing regularly and files were being corrupted. After deciding to reinstall the OS from scratch, she went to get a soda. She was gone perhaps 10 seconds, and when she returned she said that her computer had crashed again. I asked her if the can had been in the fridge. She said yes. I asked her where the fridge was. She said it was next to the computer. I asked her if the computer was plugged into the same outlet as the fridge. She said yes. I then asked her if the fridge motor was currently running. Again, yes. I recommended that she use a cord to plug the computer into another circuit or move the computer to another part of the house. I explained that the fridge motor was probably causing a brownout when it started up, which continuously crashed the computer.

—CHRIS POLITT, CANADA

A customer complained that every morning he had to run setup disks in order to start his computer. It turns out that the Windows 3.11 Setup icon was in the Startup group, so when he turned on his computer, it asked him to load all 11 of the disks. After explaining that it wasn't necessary to do that, the PSS engineer told him that it could have been worse—the Office 4.3 icon had 31 installation disks!

—JOAKIM LINGHAL, SWEDEN

My group does CPR. No, not that kind, although the result can be similar. Critical Problem Resolutions. When a customer reports a bug, we look for an in-product solution, and if we can't find one, then we get it fixed by the development teams. This is called Quick Fix Engineering, or QFE, and every business customer qualifies for it simply by purchasing our products. If we fix a Windows NT 4.0 bug for a customer, it gets put into the next service pack for NT so it's available to every customer. It also gets checked against Windows 2000 to make sure that the bug is addressed in the next version. After we've done a couple thousand bug fixes, the next version is much more stable out of the gate.

This is just one of the ways that Product Support works with the development teams here. PSS has a very different image now than when I first started. Back then, this division was just a stepping stone for people who wanted to move into development or testing. Now it's seen as a great career. My CPR engineers consider this the best job at Microsoft because they get to be both customer people and development people. The team is located on campus with the business division so we can communicate more easily. Working together, we learn a lot from each other.

One of the areas that we've focused on from an operational standpoint is something called "average days to hot fix." We went out and asked customers who they thought provided the best service in the industry. They told us that, for instance, Hewlett-Packard is great at UNIX support. So we talked to HP to find out what they're doing right. We discovered that their average for each fix is 14 days. At that time, our average was about 58 days. So we've set a goal of 14 days for ourselves. From the day the customer opens the support incident, the support team has 7 days to troubleshoot, repro, and locate the problem. Then they hand it off to QFE, which must turn around a code fix, test it, and deliver it back within 7 more days.

We've come a long way, the software has come a long way, and so have our customers. They expect a lot more out of us. **We've got to keep decreasing our time to hot fixes. No matter how short we get it, it will always be too long.** No customer is ever going to say that it's perfect. That's true of nearly every aspect of support. But our leadership is outstanding. We have excellent focus and very smart, talented, and committed people. It's hard to go too wrong when you've got all those engines running.

[ANDY ERLANDSON,
DIRECTOR,
PRODUCT SUPPORT SERVICES]

Once, when I was working in the Primary Response Group, I made a site visit to help one of our customers. Normally, we just work with people on the phone, but the customer's Exchange server had crashed and they had to restart with an empty database, so there was nothing in the mailboxes. To make matters worse, their IT person had just left the company because of a health problem. This was about 6 p.m. on a Friday, and there were no MCS engineers available to go out there on such short notice. They were so desperate to get this fixed before Monday that I decided to go there and see if I could help. Well, I spent all night working on the server. We finally restored it and saved their database by 8 the next morning.

I felt obliged to take the initiative because sometimes we are the only support these people have. With their IT admin gone, they had no one there to help them restore service. They were very grateful, and they brought in pizza and stayed up all night with me to offer what help they could. In the end, it was worth it, helping them save their business.

When you're answering that PSS phone, you never know what each day will bring. And the customer is usually having a very bad day. **The secret is to stay cool when everyone else is losing their cool.**

—CYRIL BEUREL,
SRG SUPPORT ENGINEER,
EMEA

A customer called in a problem with his Microsoft mouse. The first thing I did was ask what mouse he had.
"Well, I have that two-hands mouse, which I find a bit uncomfortable."
"A two-hands mouse? Could you describe that mouse, please?"
"Well, you know, that mouse you hold in one hand and move that little ball with the other hand."

—GERTRUD TUCHAN, GERMANY

When our office first opened in Austria, we had about a dozen people working here, and we each had a lot of different responsibilities. We didn't even have real product support—just one poor woman at the front desk who was the entire customer service "department." One day, a military guy showed up dressed entirely in camouflage. He kept waving this diskette around and demanding some file that he said his program was missing. I was the system engineer in the office at the time, so I found the file for him and he went away. Another, much quieter time, this entire family came in to get some help with Office—there were five little kids, I think. A local retailer had said to them, "Just go over to the nearby Microsoft office." Someone in our office did gave them a hand, and they also left happy. We made do, but the days of drop-in PSS are over now; we have a proper operation with a phone number, e-mail, a Web site and technicians, the works.

—HEINZ ROMETSCH, MICROSOFT CONSULTING SERVICES, AUSTRIA

Once, a customer was having mysterious problems with her 5.25-inch floppies, so the PSS engineer hand-delivered a special set of floppies that had been tested and found to be working perfectly. She had problems with those, too, so the next day he asked the customer to demonstrate exactly what she did with the disks after he had left the previous day. He handed her a disk and she gently applied a label from her drawer, stuck it on the disk, rolled the disk through her typewriter, and typed her name clearly on the label!

—DAVID G. BROWN, CHARLOTTE

Working with older users who are new to products can be challenging—and rewarding once you get past the little details. Some years ago, I was helping an 80-year-old gentleman with a very distinguished voice who was knowledgeable about the word processor but a little unnerved by it. The problem was with a table of contents, some footnotes, and a bibliography. Every time we would fix one thing, something else would blow up (as he termed it) and have to be regenerated. Since this was an "important project with a deadline," we agreed to take it by steps and work together until it was finished.

After about an hour of this, and then three additional calls, we had built a nice rapport. Despite frustrations on both ends, he would continually throw in a word of wisdom or something light-hearted. He told me about the important things in life, what it really means to be part of this wonderful world, and other positive observations, all while manipulating this huge document.

About two months later, I received an Airborne package with a finely wrapped gift from Mr. Randolph and a letter thanking me for helping him fulfill his dream of writing a book that his daughters and grandchildren would be able to enjoy. Upon unwrapping the present, I was delighted to find an autographed copy of his first book, *I Am Writing of Hand Grenades, Butterflies, and Kisses.*

I still have that book, and every time I feel a little blue, I read a poem or a passage from it. And even now, every call I take makes me think, "Maybe this is the next bestseller, or the next big movie script, or maybe a piece of someone's dream taking place in written form." Being a part of that and helping our customers get where they want to be is what it's all about!

—ROHN CROFTS,
SUPPORT ENGINEER

Basically, we're crisis counselors. Our job is often to listen to and commiserate with people. A lot of them are frustrated or exasperated, so we have to know how to handle issues with some sensitivity while helping them get their technical issues taken care of. When a customer installs something new and loses all of his daughter's poetry, we need to understand that this is more than just a technical issue. This is a human crisis.

I had one woman call me in tears, saying, "My Microsoft isn't working." I explained to her that the computer and the software were two different things and got her to one of our best support techs to help her figure out the problem. She was so happy that she sent me a box of Irish Crème Café and wrote a letter to Bill Gates. I had another customer—he worked for the David Letterman show—who sent a long, absolutely glowing piece of e-mail to Bill Gates about how great our service was. We follow up on a lot of the e-mails that are sent directly to Bill or Steve, and some of them are really funny. They'll say things like, "Hey Bill, my machine is all messed up. If you come over and fix it, I'll buy you a beer."

Unfortunately, they're not all glowing letters. Steve often writes comments on the letters he gets, saying, "I'm so sorry that happened to you. I'll have somebody follow up with you right away." Then he sends it straight over to us, and we work on solving the problem. No system is perfect. For example, sometimes customers get bounced around. Let's say you're using Windows 98 with Internet Explorer and AOL, and you have a problem. So you call us, and we may decide that you need to talk to your hardware manufacturer. You call them, and they send you to AOL and AOL says, "No, you need to call Microsoft." Well, that's a horrible situation. A customer recently told me that if we could provide support for everything, we would be the best company on the planet. And that's true, but since there are hardware and software and Internet companies all providing different parts of the puzzle, getting the right product support is often difficult.

So feedback can be really mixed. One day I get, "What exactly *are* you doing with MSN?" Then the next day, I get someone who says, "I was never going to have anything to do with Microsoft, but as soon as I use up all this free time AOL gave me, I'm going to switch to MSN." But one thing is always true. We are the human face of Microsoft, and we take that responsibility seriously. We have a lot of influence, even if it is just one customer at a time. I've had so many customers say, "I can't believe someone cares. I used to hate Microsoft, but I can't believe that you're doing this for me." After talking to us, their whole opinion of Microsoft has changed. I find that very rewarding.

[PEGGY JACKSON,
CUSTOMER ADVOCATE,
PRODUCT SUPPORT SERVICES]

It's rumored that once someone from the U.S. Navy called and when asked, "Where are you calling from?" replied that it was classified. Later, it turned out that the customer was aboard a nuclear submarine, which had surfaced especially to place that support call.

—SIMON CONANT, GERMANY

The customer said, "When I press on the pedal, the computer won't start!" When asked what the "pedal" was, she explained that she had placed the mouse on the floor and was clicking it with her right foot, like the pedal of an old-fashioned sewing machine.

—IVAN MELJAC, FRANCE

A frantic customer rang up saying that it had been days since the problem occurred and that no one had helped her. She was adamant that she had placed a call. After looking through the system and finding no trace of the call, the manager called her back and asked her for the name of the person she spoke with. She said, "I didn't speak to anybody. I pressed the Help key on my keyboard. Isn't that how you log a call?"

—STEPHEN EDRIDGE, AUSTRALIA

A long time ago, when we still supported Word for DOS, I got a call from a customer who was very upset and close to tears. She said, "Please help me! There are all those little elephants on the screen, and they won't go away!" Fortunately, I had turned on nonprinting characters in Word, so I saw at once what she meant by "elephants"—paragraph marks, which do look a bit like elephants (two legs with a curved trunk), especially in DOS Word, where the semicircle is not filled in.

—CHRISTINA LEMKE, GERMANY

Several years ago, we started charging back to the product groups for the number of calls on their products. Well, that really got their attention. If they got 10 times as many calls on a particular feature, then it hit their bottom line, not PSS's. A small little accounting change can change one's priorities.

—KEVIN JOHNSON, VICE PRESIDENT, SALES AND SERVICE

When you're selling big software solutions to big enterprise customers, you'd better be prepared to solve some big problems.

These are not the kind of customers who will be content with a few technical manuals and a toll-free phone number.

When products like Windows NT and SQL Server began to gain acceptance as real alternatives to mainframe-based systems, we formed Microsoft Consulting Services to make sure that our mission-critical solutions would always be as reliable as they were powerful. We staffed it with brilliant architects, engineers, and software technicians who are expert at devising new ways to help our enterprise customers do business in a digitally connected global economy.

When I arrived at Microsoft, I had the habit—from a career at Ernst and Young—of wearing a suit to work, and **I single-handedly raised the average age by about two years.** The story goes that this sparked a flurry of internal e-mails.

In some sense, my arrival was an indication that Microsoft was moving from selling software primarily to individuals to delivering software that was a strategic business component of large enterprises. I was given the mission of organizing a group—now called Microsoft Consulting Services (MCS)—to help customers use our technology as an integrated piece of the systems supporting their business.

MCS is different from a general consulting practice since we focus only on helping customers use Microsoft technologies. If a customer wants to choose between Lotus Notes and Exchange, we can save them money and tell them the answer up front: we are here to leverage Microsoft technology. Our overall strategy is to send senior Microsoft consultants to help customers architect and design applications and then transfer our knowledge and skills to that customer and other partners. We have almost 4,000 people in MCS, and they're in every country where there's a Microsoft subsidiary.

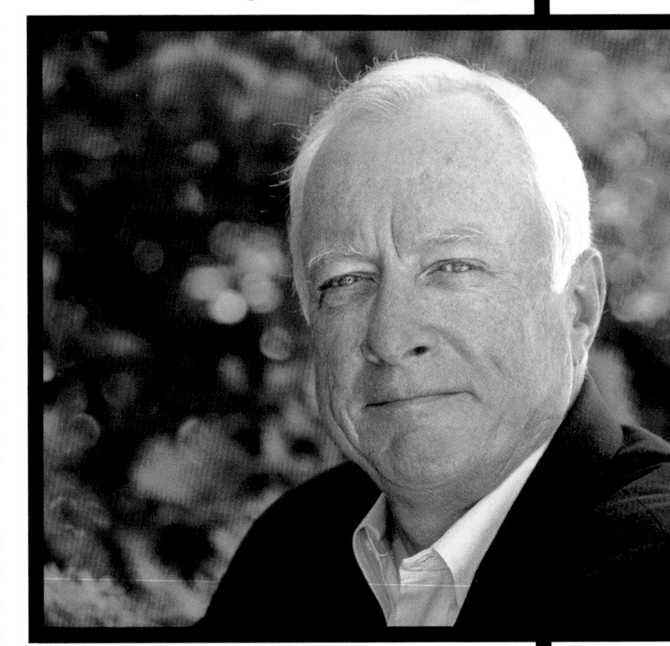

We're also different from a traditional consulting business because we're less interested in maximizing billable hours than in investing our efforts in our partners and our customers. The bottom line is that we measure our success primarily in terms of impact on customer and partner satisfaction. Firms such as Andersen Consulting, EDS, and hundreds of other regional and local IT consultants see us as a partner rather than a competitor.

We take the same partnership approach with applications developers. We're not going to compete with a Baan, or a PeopleSoft, or a JD Edwards, or whatever. We'll build a great platform and a business case; you build your application to our platform, and we'll help you. This allows us to complement our partners in a way that's win-win—not just for us but, more importantly, for the customer.

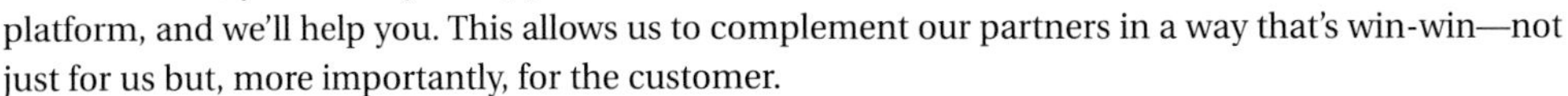

Building MCS was a high point of my business career. It gives me a great deal of pleasure to travel around the world and see how customers are benefiting from their relationship with MCS.

One of my favorite field offices—as my last name would suggest—is in Edinburgh, Scotland. I've watched it grow from zero to 25 people, including 10 from MCS. One of the customers I have worked closely with in that office is ScottishPower, and over the years I've become good friends with their CIO, David Jones. Recently, he told me how impressed he was with our team of MCS people. It turns out they were key to a big e-commerce project ScottishPower won against some very stiff competition.

I see MCS continuing to grow, but not changing the core partner strategy. The business-to-business environment of the Internet is going to require big, complex system development projects where our goal is to get our software in the platform of those environments. It's a very competitive environment, and you need a competent technical resource and a strong partnership channel to be successful. In the years ahead, I expect that the demand for our service will continue to exceed the supply.

When I see examples of customers who make commitments to Microsoft's software products in part because of the value they see in having access to MCS resources, that tells me that MCS has really become a strategic asset of the company, and one that will be even more important as we grow in our next 25 years.

[ROBERT McDOWELL, VICE PRESIDENT, ENTERPRISE BUSINESS RELATIONS]

When you first start at Microsoft, it can be intimidating. I knew I wasn't stupid, but I began to wonder how I was going to make a mark here, surrounded by so many smart people. After a few years, I realized that I was being so well-managed that I had begun taking risks that I wouldn't have taken before Microsoft.

My favorite story about that is when we installed Windows NT in the Hanoi treasury. The country was only starting to embrace some aspects of capitalism after the war. Very few people spoke English, so I brought my Bulgarian associate Ilia Fortunov with me because he speaks some Russian and a lot of the North Vietnamese are Russian-educated. They have one of the highest levels of mathematics literacy in the world. When I asked why, they explained that teaching math is relatively cheap. All you need is a blackboard and one book for a hundred kids.

Anyway, after we made a presentation to the treasury officials, I stood there for about half an hour listening to them talk in Vietnamese, and they didn't seem happy. I thought, "They don't buy it. They're convinced that I'm the Evil Empire or something." Then they suddenly stopped, and spoke in Russian to Ilia, who then turned and said to me, "Yes."

I said, "What do you mean? Is that all they said?"

He said, "Basically, yes. All that other stuff is just this process they go through."

Then we had to build a proof system. We were staying at a small hotel where the power supply was a bit unreliable, and **we had some old laptops and a few batteries, so we wrote the code on paper, working all night, using candles when the power went out.** Then we'd check each other's code, plug the batteries in, and go flat out while they lasted. We also built the servers while we were there, which was all done through translation. We'd say, "We want a hard disk," and they'd go find a hard disk. They caught on pretty fast. Pretty soon they were saying, "What sort of chip do you need?" Or, "Need memory? No problem."

They brought us these computers that had wires dangling out of them. I'd mess around with them, and then we'd get the power on just long enough to check that everything worked. I had completely unreliable links since the average length of time that the phone connection stayed up was 30 seconds.

Finally, we were as ready as we'd ever be for the demo, so we called the IT head at the treasury. His people came around to get us on two little scooters. I'm not a small person, but there I was, sitting on the back of one scooter and Ilia was on the other. He had two monitors and a keyboard wedged in between him and the driver, and I had a server under each arm. And we were tearing through these crowded streets. I kept my eyes closed the whole way there.

When we arrived, the secretary of the treasury put on this amazing buffet for us. I couldn't eat much of it. I like interesting food, but this stuff was way too interesting. Finally, we gave the demo and it worked perfectly. They were very effusive and gracious and completely delighted.

We do business in Vietnam more and more now, and it's an exciting market. The country very quickly moved to reliable phone lines, to T-1, and to routed networks at a high speed. These emerging markets just leapfrog technology. They've been living in the 19th century while we've been living in the 20th, but now that the technology is here, they're hopping straight over the 20th century to the next millennium.

[TREVOR CRAWFORD,
MANAGER,
TECHNICAL PRACTICE,
NEW ZEALAND]

I was the first consultant in the first overseas MCS office. Italy was first to have MCS mainly because we were the first ones overseas to work with enterprise customers to provide mission-critical solutions. At the time, Microsoft was really desktop-based. As we began working with large businesses, it became very important to provide much more extensive consulting services.

Moving into the enterprise market has been like a game of strategy, where things happen a bit at a time as you move first one piece and then another until you finally achieve your goal. We landed the largest Windows NT installation worldwide in 1995, with a banking client in Italy. We had been working on the bid for a year, and the entire subsidiary was involved, from the general manager to the sales people to MCS, so it was a great victory for all of us. We're also proud of the fact that Microsoft's penetration into the banking world is higher in Italy than it is anywhere else.

When I look down the road, I see our sub becoming more of a service company. Enterprise customers are not willing to just license the products and go away. They want an ongoing relationship. As Microsoft employees, we want that as well.

[EZIO BARBARO, DIRECTOR, PRODUCT SUPPORT SERVICES, ITALY]

Microsoft.com is one-stop shopping for everything you've ever wanted to know about Microsoft technology, how to use it, and all the amazing and wonderful ways that other people have devised for using it. *If we printed it all, we could carpet the campus with the pages,* but it still wouldn't be as much fun because it's the online interactivity that makes it so cool and incredibly useful. From its ad hoc beginnings to its current worldwide span, microsoft.com has exponentially expanded the database of things worth knowing.

The making of microsoft.com was a scene out of *Hogan's Heroes.* It wasn't mandated by some PR or marketing genius. It was just a bunch of guys who cared and weren't afraid to break a few rules. It's hard to believe now that this $10 billion corporation was running its Web site on spare time over a six-pack of beer on Friday afternoons.

When I was hired, the recruiter said, "Everybody who talked to you said you wanted to do this Internet thing. The LAN Man guys are asking if you know anything about tee-see-p-i-p." Today, TCP/IP has a little more awareness, but back then, there were just a few who could spell it. So Ballmer basically gave me a few guys and a million bucks to make this TCP/IP thing go away. He used to scream, "Why does this need to be so hard to use?"

Back then, it was totally unnatural to use a Windows computer on a network, and I wanted to make it bang-bang-bang—take the wire out the back, plug it into your wall, and bang, you're on. What I really wanted to do was get my mom on line. I figured if we could make it that easy and approachable, the impact and social dynamics would snowball. Realizing that there were 10 million copies of Windows out there, I figured that the most effective way to get Mom wired was to put TCP/IP into Windows. It was good timing for me that every time Steve got off an airplane back then, some defense contract would hinge on whether or not LAN Manager could be routed over TCP/IP networks.

After LAN Man, I became the Internet clown in the Windows group. Dave Thompson bought a TCP/IP stack for the NT group, so I came over and worked with Dave and six engineers to make sure that NT would work with it. Then we got the wacky idea of putting a server on the Internet and letting people across the net come to us. That way, we could collaborate with the rest of the world on figuring out how to make this work and at the same time test the stack.

We put the server up in the hallway so the engineers could just walk to the keyboard and work on it. I had an old 486 in my office, a hand-me-down that was basically a boat anchor. It was too big to fit in the wastebasket, so I thought, "Well, let's just hook it up and serve millions of people with it." I convinced ITG to give me an Internet tap, I threw a yellow cable over the wall, and there was microsoft.com, sitting on one of those collapsible eight-foot tables.

At first, we looked at it primarily as a test platform. We had sophisticated tracing code and a debugger hooked up to the machine so we could do NT testing. The first day, we probably crashed seven times for seven different reasons, so we started attacking the bugs. When someone crashed our server, one of our engineers would come running out of his office and start whacking on it to figure out what the problem was. And because of the way the packets worked, we knew where that other person was—so we could send them a piece of e-mail saying that they had crashed our server and would they be willing to keep retrying for an hour so we could fix it. About seven weeks into the project, we fixed the majority of the interoperability bugs and started building it from the ground up.

We hooked up a kiosk so people on campus could come down here and get on the Internet to see what it meant to use a browser and get support files and all that. People like Mark Zbikowski and Mark Lucovsky would show up and say, "Hey, I'm on the horn with this Vendor X, and he needs source code ASAP and it's too big for e-mail. I need to get on this Internet thing. How do I do it?" Pretty soon, a lot of engineers were showing up, and it became a courier station where engineering could go back and forth with our partners who were writing video drivers or network drivers.

Our first big sign that we were really onto something was when I convinced Brad Chase to let us put the DOS 6.2 upgrade on the Internet instead of just on CompuServe. 50,000 people showed up in the first week, and we didn't even advertise it. How people found it, we don't know. Then Dave McDonald, who really believed in the Internet and is one of the best PSS technical engineers I've ever worked with, said, "Let's put the Knowledge Base up there." The Knowledge Base is a technical database of all the product problems. When somebody calls PSS and asks a question, the tech support person queries the Knowledge Base to find an answer. If there isn't one, they figure out an answer and add it to the Knowledge Base. So it's an organically grown record of all successful support calls. It was already up on CompuServe, and we put it on microsoft.com so when people had problems, they could try to solve them on their own instead of waiting on hold and paying for the support. One thing led to another, and it kept evolving.

Moral of the story: break some rules, change the world.

—J ALLARD

One day, we put up "Wolverine," the Windows for Workgroups TCP/IP beta. It was the first Microsoft beta ever available on the Internet. It was one of those many times where we didn't ask for permission. Kim Burt, who is a brilliant beta coordinator, came to work for us. She worked on LAN Man and Windows NT. When you get a beta kit from Kim Burt, it is just a thing of beauty, and that early stuff we gave her was definitely not beautiful. Some sweaty engineer who'd gone without sleep for 12 days would hand her 12 floppy disks and a hand-scrawled note and say, "Go, Kim, go." Or a program manager's note would say, "Welcome to the beta program. Please have fun. These are the things we're looking for. Go, Kim, go." She'd get completely incomplete information from a bunch of people who were at their wit's end by the time they got to that particular milestone, and she'd put it all together so that when customers would open it, they'd think, "These guys have their shit together." It was remarkable. It was really flying by the seat of our pants at the very beginning. But we learned a lot and we made NT a whole lot more reliable for our customers and got people wired. By NT 4.0, Ballmer had calmed down a bit, and my mom was sending me e-mail.

The site was unstoppable by then, and so new that people didn't know how to hack it. We ran 24 days non-stop and finally went down, but not because of technology: the fire marshal showed up and shut us down. He was doing a walk-through inspection of the building, and when he saw this yellow cable running through the ceiling tiles of my office out to the hallway to that collapsible table with about seven machines under it and five monitors on top, he kind of flipped. We had four daisy-chained power extenders and there were cables hanging out everywhere. Starbucks cups and half-empty Cokes added to the hallway ambiance.

He boomed, "Who is responsible for this? These machines have to come down now!" I said, "You don't understand. There are 10,000 customers talking to Microsoft right now with these boxes. I can't turn off the power." The guy walked over and said, "I can turn off the power." And he pulled the plug. So I had to share my office with microsoft.com for one very hot day. After he left, we dragged it all back into the hallway.

Moral of the story: break some rules, change the world.

[J ALLARD, REBEL WITH A CAUSE]

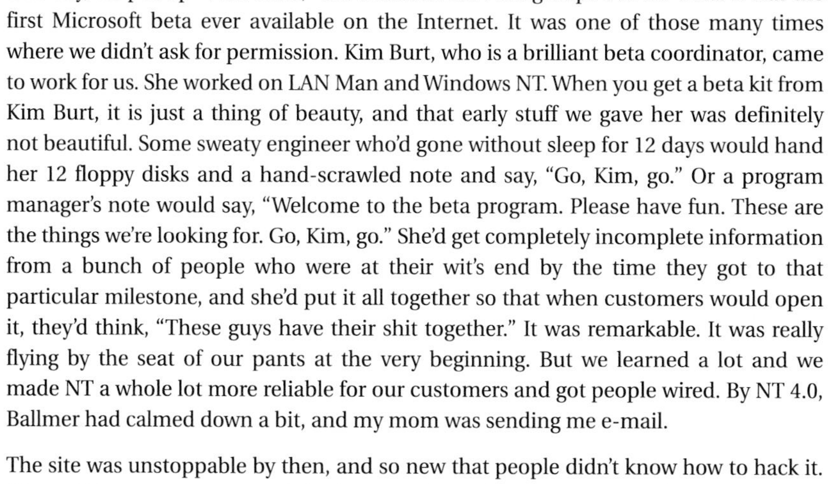

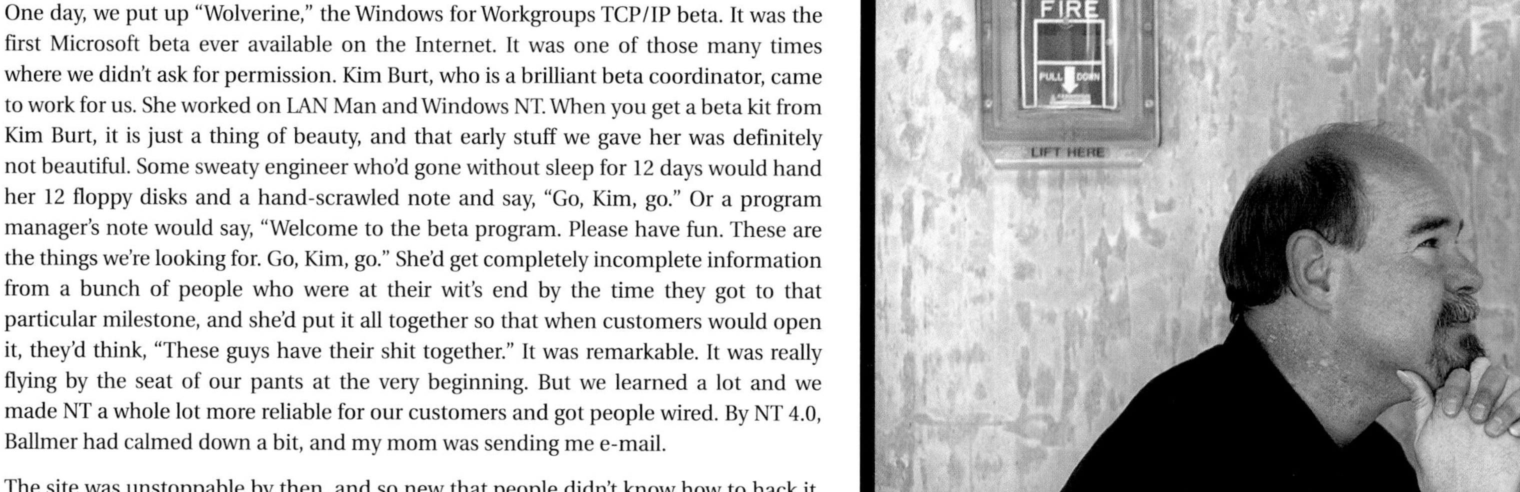

Microsoft.com plays an important role in keeping our customers satisfied and informed. We have about 400,000 pages of content out there, and we get about 60 million page views per day from 5 million unique customers. People visit for about 10 minutes, so we need to quickly find out what they're looking for and serve them that information. They want to accomplish the tasks they had in mind, have a positive experience doing so, and then log off and get on with their day.

Our customers are a diverse group. Developers and IT professionals make up our biggest sets of users. Then there are a lot of people who come to play games or who come for self-service product support. People want a quick answer to their questions from our Web site without having to bother with a phone call.

If they have to make that phone call, then we've failed somewhere.

That's why we spend as much time on product planning for microsoft.com as we do in any other product group. We do surveys about what the day-to-day user needs. Then we build prototypes and spend time in usability labs trying to understand how people use these things. And then we do the design and development of each feature set we've decided to add. When we build something new, we're pretty sure that we're hitting the mark.

We focus on technology innovations that make building software better. We quit building monolithic applications that have HTML and databases totally intertwined and began building more object-oriented designs so we could separate data from presentation. This allows customization of service—and these days, it's all about customization. If a customer tells us he's interested in developer information and he lives in Denver, Colorado, we can build a page that brings him the top three developer headlines he might find interesting, as well as the top three developer events in the Denver area. It took a lot of hard work to put that foundation in place, but now we can create totally personalized, custom Web sites for our customers.

Then, of course, availability is paramount. Without high availability, all the features you build are just worthless. We've been through that knothole, and we know that dedicating a team to assuring high availability is imperative. This team also frees us to focus on technology innovations. And we can sleep at night because we're not getting paged at three in the morning when the site is down.

Microsoft.com is a world-class product. It may not come in a box or on a CD, but it requires the same kind of talented people, all employing and exploiting technology to satisfy customer needs. And we "ship" several times per day.

[TIM SINCLAIR, GENERAL MANAGER, MICROSOFT.COM]

Although software is our product, language is our tool.

Whether you're talking about the binary alphabet of programming or the traditional alphabet of spoken and written words, we're in the business of getting the information out, using every available medium.

Microsoft Press started out primarily in the print world, producing books, manuals, and tutorials about our products for everyone from hobbyists and home users to professional solution providers. Since then, we've expanded to include CDs and Web-based training. Wherever and whenever the information is needed, we'll continue to deliver it with dispatch.

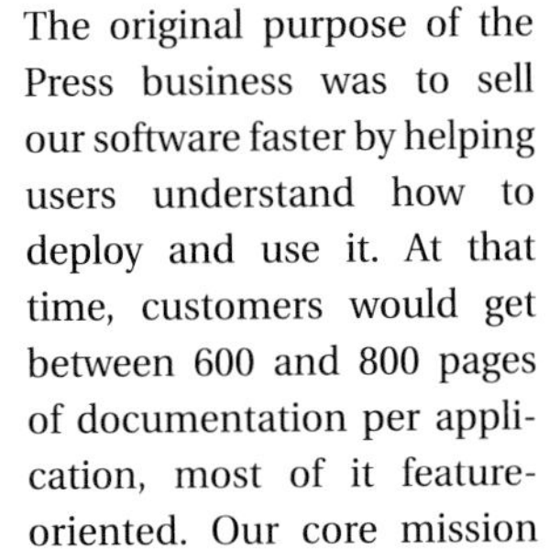

When I came here in 1985 from traditional publishing, it was a wild time for Microsoft Press. We were chartered with turning the baseline Press business into a good P&L business as well as creating interactive multimedia content titles on CD.

The original purpose of the Press business was to sell our software faster by helping users understand how to deploy and use it. At that time, customers would get between 600 and 800 pages of documentation per application, most of it feature-oriented. Our core mission was to find out what customers really wanted to do with our software and then explain it in a way that was more direct and solutions-oriented than the documentation. To do this, we worked with some of the best third-party authors in the business and utilized knowledge, expertise, and intellectual horsepower inside Microsoft. We were determined to raise the quality standards in computer book publishing and set a very high bar for other publishers who were putting out books on Microsoft products.

The basic elements of our mission have stayed intact over the years. The difference is in the way we approach developing product concepts. When we started, we used to sit in conference rooms and dream up what the customer should be doing with our software, and then we'd write books about it. Today, we use research to find out exactly what customers want to do with our software. Then we conceptualize products based on what they say their learning needs are relative to what they want to do. It's a much more customer-focused business now.

Our pioneering has paid a lot of dividends, too. We were pushing the envelope with Windows-based publishing systems when the publishing world was on the Macintosh. Today, we're using XML to produce content that can be published in multiple media. We aggregated technical and professional content libraries on CD in the late '80s, long before anyone wanted to buy them. Today, we're delivering content as an interactive, multimedia learning experience that can be delivered over a network, on CD, or even on the Web. We continue to push the envelope to show how technology can enhance content delivery and the learning experience.

The common thread in our business is learning and Microsoft technology—either having the technology deliver the learning experience or helping people learn about the technology. But Press is always evolving as a business—I've been here for 15 years, and it feels like I've been hopping all around the company without ever having left this division. **We're always trying to cook up something new that better meets our customers' learning needs.**

[JIM BROWN, GENERAL MANAGER AND PUBLISHER, MICROSOFT PRESS]

Microsoft Press is going to continue to grow within the company. We're going to do that by concentrating on customer satisfaction. Since the products are getting more and more complicated, it's obvious that we need to provide better training resources, better books, and better interactive materials. That is why we exist as a part of Microsoft, to help customers be successful with our products. And there's no way that a customer is going to buy the next version of Office if he hasn't learned the previous one. That is our role—to make sure people understand the products.

Customers are our future. Their satisfaction is absolutely imperative. It's taken me until my mid-30s to really understand that. **As we continue maturing as a company, we all understand more and more about our customers and their role in our business.** And we are maturing. Ten years ago, everyone was working like crazy and Microsoft was where we socialized, where we worked, and where we slept sometimes. Then we got a little older and started our own families. One indicator that we are becoming a more mature company is the refrigerator. Ten years ago, by the weekend, all the Cokes were gone. The only thing left was mineral water. Now, it's the reverse. The only thing left on the weekend is soda because we've all started drinking mineral water instead.

[PER KIMBLAD, REGIONAL MANAGER, MICROSOFT PRESS, EUROPE]

Microsoft Press opened in November of 1983.

WE HAD THIS GREAT IDEA FOR A BOOK, BUT THE *program managers* TOLD US THE SCHEDULE WAS UNREALISTIC, THE *developers* SAID IT NEEDED MORE FEATURES, THE *testers* FOUND A BUNCH OF BUGS IN IT, THE *usability people* MADE SOME STRANGE ERGONOMIC ADJUSTMENTS, *marketing* TOLD US IT WOULD BE MUCH CLEARER IF WE DID IT ALL IN BULLET POINTS, THE *sales* FORCE WORRIED THAT IT WOULDN'T SATISFY ENTERPRISE CUSTOMERS, *legal* CONVERTED MOST OF IT INTO VERY PRECISE LANGUAGE WITH LOTS OF FOOTNOTES, *pr* HAD A HELPFUL SUGGESTION ABOUT VIRTUALLY EVERYTHING AND THEN SENT IT BACK TO LEGAL (JUST TO BE SAFE) WHO ADDED SOME MORE FOOTNOTES, THE ADVERTISING AGENCY CHANGED THE TITLE, AND, WHEN WE WERE FINALLY, TOTALLY DONE, OUR MOMS TOOK A LOOK AND SAID THEY STILL DIDN'T KNOW WHAT IT WAS WE DID ALL DAY...

From the very beginning—and much to our surprise—Microsoft was pretty successful. In large part, that was because we lived and breathed software, stopping only to eat and catch a few hours of sleep here and there. We were totally hard-core about succeeding right out of the gate. But we also made what turned out to be some good business decisions, like focusing our early efforts on the Intel 8080 chip and licensing MS-DOS to IBM—although in those early days, they looked like anything but sure bets.

Sometimes, we bit off more than we could chew, promising more to our customers than anyone could realistically deliver, but we'd make up for it by staying up even later, working even harder, and challenging ourselves to beat every impossible deadline. And sometimes we came pretty close—when Intel first licensed software from us, they didn't believe us when we said we could get it written in 5 or 6 days. They thought it would take several months. As it turned out, it took us about 10 days to do it—and that was because it took us 5 days to set up their computers.

It was always a thrill for us to surprise our customers like that. We've thrived on doing things people thought were impossible. Throughout our history, we've exploded myth after myth about personal computers. In the beginning, few people thought the PC would become a mainstream success, but we got a kick out of making that happen. People thought you couldn't make high-quality software for the PC, back it up with real technical support, and make it available to millions of people at low cost. But we did. Today, some people think that PC technology isn't powerful or robust enough to run high-end servers or handle mission-critical business processes. We're driven to prove them wrong.

In the early days, we were just a bunch of programmers in a small company with some big ideas, and our offices were more like a college campus than a typical firm. We kept things informal and avoided hierarchy where it didn't make sense—anyone could walk into my office if they had a question or concern, an idea for a new product, or thoughts about what our competitors were doing. We didn't care how programmers dressed or how well they could run a meeting. All we cared about was making great software. We felt that our excellence was in our products—everything else was secondary.

Bill Gates

what take

When people reach the highest perfection, it is nothing special, it is their normal condition. – HINDU PROVERB

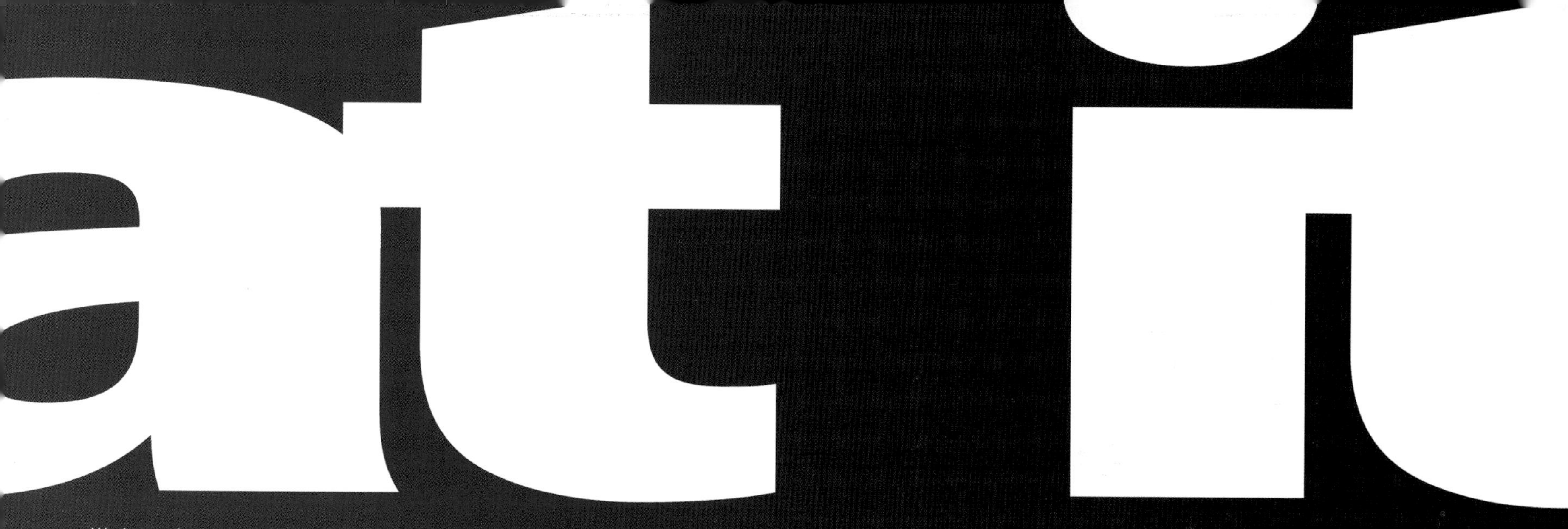

We knew that as our company grew, we'd need to preserve much of the freedom we had when we were small. With nearly 40,000 employees, you obviously can't be as informal as when you have 10, and it's physically impossible for me to meet with every single person on campus. But we've hung on to the same spirit we had back then, and I think that's a key to our success.

We still behave like a small company in countless ways. We do everything we can to stay lean, using our resources wisely and avoiding wasteful, unnecessary expenses like first-class airline seats and expensive hotels. And we still have an open-door policy where people can talk candidly to their managers about what's happening on their team, in the company, or in the industry.

But the most important thing we haven't changed is this: we hire smart people. There's no substitute for that, and it's not as easy as it sounds—some people perform great when you interview them but turn out to be much less impressive when you work with them day to day. Others totally flunk the interviews, but you just know they're going to be big contributors. Often, it all comes down to your gut feeling.

We really dedicate ourselves to finding the right people. We ask our employees to be involved in interviews throughout the year—not just for openings on their team, but for positions anywhere in the company. I didn't realize that this was unusual until we hired Mike Maples from IBM. We asked a few of the more senior people from several teams to interview him—people who would be working for him. That seemed very odd to him, but to us it was just normal practice. A hire is so important you have to be sure they have what it takes, and that they'll work well in our environment.

Once you have the best of the best, I think it's really important to put trust in them. From the beginning, I've relied on others to apply their thinking and expertise to support my own, and in many cases they've filled in where I've felt my own knowledge has been lacking. We put people in small teams, empower them to shape the direction of our products, and offer them the technology and resources they need to get the job done. We give them the opportunity to succeed but also the latitude to fail—as long as we learn something from their mistakes. And, of course, we give them the opportunity to share in the success they help create.

But all the smart people in the world still won't do any good if they're in a company that's bureaucratic, impersonal, and resistant to change. Companies fail for lots of reasons—sometimes they're poorly managed, sometimes they simply don't make the products customers want. But I think the biggest company-killer of all, especially in fast-moving industries like ours, is the reluctance to adapt to change. Change is unavoidable—technology will always evolve, markets will always change, and people will always want more from products.

The history of business is littered with companies that got too set in their ways and were so comfortable with success that they didn't realize the world was going to change, with or without them. So above all else, I've valued Microsoft's ability to turn on a dime—to grasp new industry directions and reinvent itself to stay successful as technology evolves. The industry today still reminds me of how it was in Microsoft's early years. By the early 1980s, the personal computer had seized the public consciousness and technology was advancing at an incredible rate. At times, it seemed as if significant new companies were appearing almost every day. Plenty of great products—and some crazy ones—emerged during that time. But many of the companies founded during that era—including a few one-time industry leaders—no longer exist.

Today, the Internet is inspiring the same fervor. Competition is more intense than it's ever been. And since we're a much larger company than we used to be, the stakes are much higher. If we make the right decisions, the positive impact on our world, not to mention ourselves, will be tremendous. But if we make the wrong decisions, everything we've built over the last 25 years could be history.

I believe we have what it takes to succeed. We've always stayed on our toes, watching out for the new trend or competitor that could put us out of business, and we've always loved to solve tough problems and overcome big challenges. So I'm not only confident that we'll succeed in the coming years, but I'm excited about the smart thinking and hard work we'll have to do to make it happen.

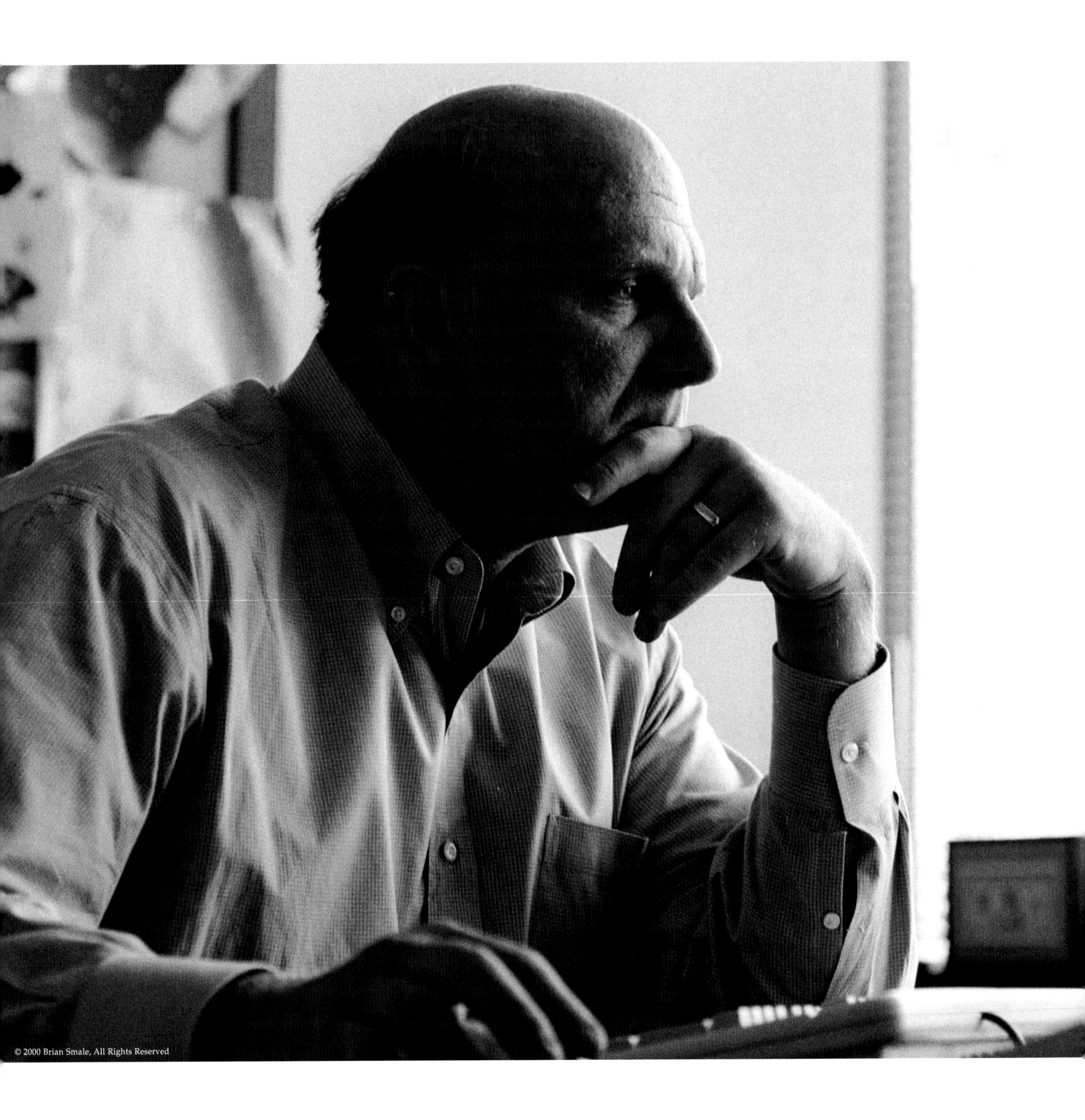

From Steve Ballmer to Microsoft employees around the world on our 25th anniversary...

When I'm walking from one meeting to another across the Microsoft campus, visiting one of our offices overseas, or meeting with a customer who's using our software, I sometimes pause and look around in amazement at what we've created.

When I came to work here in 1980, I was the 15th employee. We now have nearly 40,000 people in 56 locations around the globe. We're the world's largest software company, with the most popular operating system and productivity applications, and an amazing array of new technologies in the pipeline. We have helped transform the world in profound and positive ways by bringing the power and productivity of computing and the Internet to the workplace, to homes and to schools.

Although none of us who worked here two decades ago ever imagined the extent of the company's success today, in hindsight it's no accident. Our early vision was ambitious beyond belief—a computer on every desktop and in every home—and a band of technology revolutionaries led by Bill Gates actually believed they could achieve that goal, and more.

Today, our vision has evolved, but our passion for how technology can improve people's lives remains as strong as ever. It is this passion, and the other qualities of the amazing people who choose to work here, that convinces me that we will continue to lead the way—through yet unforeseen paradigm shifts and inflection points—well into the 21st century.

When I look back, there are so many things the pundits predicted we could never achieve: making the graphical user interface a ubiquitous part of the user experience, besting the competition with our Office suite of productivity applications, revamping our product line to incorporate cutting-edge Internet technologies, meeting the tough demands of the enterprise with Windows 2000. And as we look ahead, we face the challenge of delivering on the promise of Microsoft .NET, our biggest opportunity ever.

If there's one thing that lies at the core of our success—past and future—it is our people. In an industry where the chief asset is intellectual property, people are really what count—people who are passionate about technology, who understand the importance of teamwork, who listen to customers, and who strive every day for individual excellence while taking a long-term view.

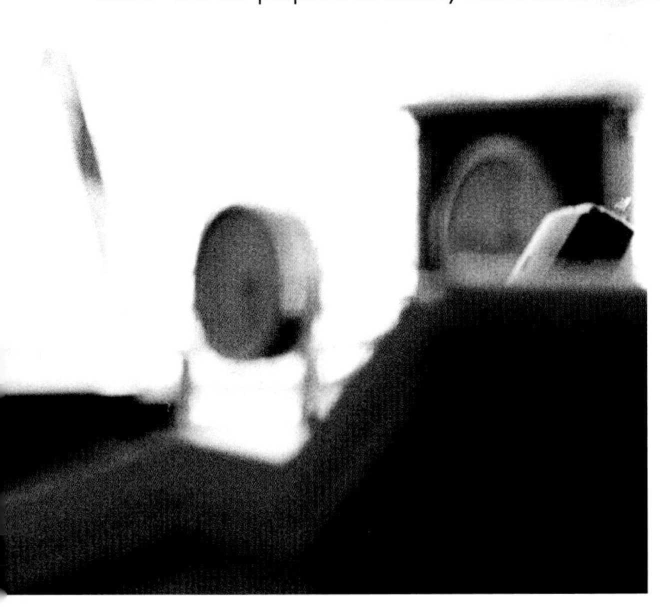

In many ways, I think we have the best of all worlds here: we have a structure that empowers individuals and teams of people to make decisions as if they were part of a small, flexible company, and we have the necessary technical, marketing, and corporate resources to turn our dreams into reality.

Over the years, we've evolved a distinct culture that many other companies have tried to emulate. On the surface, it's manifested in our lack of a dress code, the first-name basis on which everyone operates, and the flat organizational structure that allows anybody at any level to send Bill or me or anyone else their thoughts via e-mail. At a deeper level, our corporate culture is really about empowerment and improvement. People like to joke that the motto here is "act now and ask for forgiveness later." That's obviously an exaggeration, because our people typically make good decisions. But even when they don't, our culture makes room for mistakes. After all, without trial, there can be neither error nor success. We question everything because we know that we can't rest on our laurels. We're always driven to keep thinking about how to make everything about Microsoft better.

Over the next several years, we've got our work cut out for us in creating and enabling the next-generation Internet infrastructure, tools, services, and user interface. Everyone here will play an important role in this, whether they're writing software code, implementing a marketing plan, meeting with customers, or providing the organizational support necessary for the company to function efficiently.

After 20 years here, I can truly say that I've never been more energized than I am today. We've got a clear roadmap, an unparalleled product line, fantastic leaders, and the most incredible employees of any company in the world. By staying focused on delivering the software products and services that our customers need and by maximizing long-term value for shareholders, we'll be even more successful in the first quarter of the 21st century than we were in Microsoft's first 25 years.

Steven A Ballmer

The most important thing we do is hire great people. – STEVE BALLMER, *1982*

Jeff Raikes GROUP VICE PRESIDENT, WORLDWIDE SALES, MARKETING, AND SERVICES

One of the things I'm most proud of is the number of great people I've hired. From 1983 through 1988, I was very focused on recruiting as part of my product marketing position. Many of these people went on to do such great things for the company—people like Pete Higgins, Charles Stevens, John Neilson, Laura Jennings, Hank Vigil, Rich Tong, and Jabe Blumenthal. Jabe was my first employee here, and he has made such an incredible impact on Microsoft because he defined the discipline of program management. Others were Jon Roberts, Liz King, Kathleen Hebert, and Robbie Bach. I could go on and on and on.

Great people are important to the success of any business, but I think they're particularly important to a software company. We're in the intellectual property business, which means that the creativity of our people and our ideas as well as the energy that goes into those ideas are all very important. We have a lot of great people, and they all tend to have three key qualities. First, they have a real passion for what they do, and that's reflected in their high energy. Second, they're also good thinkers who are able to develop insights into business. It's what I call high horsepower, because they're not just smart, they're the type of people who never stop learning. The third key quality is that they know how to make things happen. They're definitely results-oriented.

If you want my best advice about how to build a successful business, I would say that the most important thing is to start with high-energy, high-horsepower people who can get things done. You can't get to the moon on low-octane fuel.

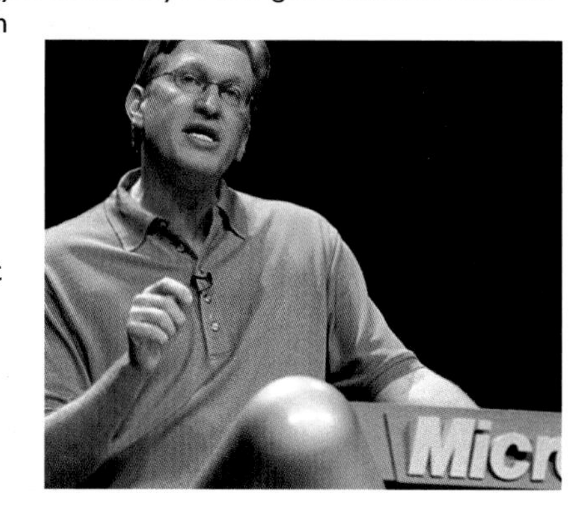

How to survive a Microsoft interview...

1. If you are interviewing for the position of program manager, be prepared to demonstrate your ability to make a decision quickly and confidently, combined with a willingness to make trade-offs, tempered by good communication skills and a strong backbone. In other words, if someone asks you, "Paper or plastic?", don't hesitate too long before answering.

2. Get over your fear of trick questions. You will probably be asked one or two. They are not exactly fair, but they are usually asked to see how well you handle a difficult situation. You might consider bringing along a trick question of your own and offering it to the interviewer as something for her to work on while she's waiting for you to solve the conundrum she just gave you.

3. If you don't know the answer to a question, say, "I don't know the answer to that question." Do not, under any circumstances, attempt to come up with clever alternatives to this phrase, such as "Can I get back to you on that?" The person interviewing you did not secure his job by making lame jokes. Neither will you.

4. Do not accept every soft drink you are offered. By the end of the day, depending on your metabolism, you will be either perilously waterlogged or as revved up as Roger Rabbit.

David Pritchard SENIOR DIRECTOR OF HUMAN RESOURCES, RECRUITING

Recruiting is not just running advertisements or hiring a headhunter. It's a treasure hunt because each person we're looking for is unique. In this robust economy, plenty of good jobs are out there for talented people, so we have to be very creative at finding the best candidates. A lot of this job is sales, but it's also like being an ambassador, with a little bit of a detective work thrown in. We have to consider all kinds of questions. What do these people think about? What do they read? Where do they hang out? How do we get into their minds in order to interest them in coming to Microsoft?

There's so much information floating around out there about Microsoft, and it's not all correct. People get impressions about us from friends and family, the press, social interaction with Microsoft employees, calls to product support, you name it. That's why every employee is a recruiter for Microsoft. In the information economy, people are our most important asset. It's not the equipment or the buildings or the real estate. Without great people, we have nothing.

That's why I think Microsoft is better prepared for the long run today than we've ever been. Some people think that the good old days are long gone, but they've been saying that for years. And yeah, we're not the same as we used to be, but, we haven't even seen the best years yet. We've got so much more to do.

Look at the entrepreneurial spirit here. Look at all the responsibility and authority that gets handed down to people at all levels. What we really are is a lot of small companies under one roof. That's a big advantage when we're competing against start-ups for good employees. We can promise them the authority, responsibility, and sense of ownership that comes with a start-up. But at Microsoft, they also enjoy the resources of a big company. They get great offices, great computers and software, plenty of development and marketing dollars, the best research in the world, and the chance to work with the most brilliant people in their field. That's what turns people on about working here.

This year at Microsoft U.S., we'll hire about 16 people a day, every day of the week. And we have a low attrition rate, so this represents real growth. About 9 of those 16 will go into product development. When you think about that and do the math, you'll realize that we're growing multiple companies every year. It's pretty staggering. There aren't many companies out there that can say they hire 9 people every day for product development. Not even IBM, which is a much bigger organization. We're growing by more than a Netscape a year. We're still growing more than all those companies. That's pretty impressive.

"Every time I'm asked to interview someone, I am certainly delighted to do it, because I think it's important that we spend the time to make sure we make the right bets on the right people. It's never good when we make a hiring mistake. It's a bad experience for the candidate, and it's bad for us."

– MICHEL LACOMBE, CHAIRMAN, EUROPE, MIDDLE EAST, AND AFRICA

5 If you are interviewing for the position of developer, you should be prepared to demonstrate insight, cleverness, and the ability to write solid, logical, and efficient code. Otherwise, stay home.

6 Never, ever, lie about anything. Ever.

7 However, do keep in mind that a little discretion goes a long way. In other words, if you are asked to describe the cleverest thing you've done in the past year, don't brag about the fact that you've developed a great way to cheat at poker. And if your current interviewer asks you how your last interview went, don't say, "I don't know how that loser ever got a job here" or "Is she single?" or "When I told him you were interviewing me next, he laughed."

8 Figure out how to add, subtract, and count in base −2. Just in case.

9 Never allow yourself to get caught looking at the clock unless you've been asked the question "How many times a day are the hour and minute hands of a clock directly over each other?" in which case a brief glance is allowed. By the way, if you actually find a clock in someone's office at Microsoft, that could be worth 10 bonus points on your final interview score.

10 *Relax. It's only a job.*

Mike Murray FORMER VICE PRESIDENT, HUMAN RESOURCES

In spite of what the press and our competitors sometimes say, this company is full of good people: people who care, people who are honest, people who want to do what's right, people who define life as something larger than Microsoft. That attitude defines the Microsoft culture, and you'll find it at our subsidiaries all over the world. Now, is that because we send every new employee the eight-cassette cultural training course? No. We don't need that because we've become really good at hiring the kind of people who make up a great company. We seek out candidates who have that look in their eyes that says they have a compelling need to make a difference in the world. Those are our kind of people.

Kathy Weisfield SENIOR DIRECTOR, EXECUTIVE RECRUITING

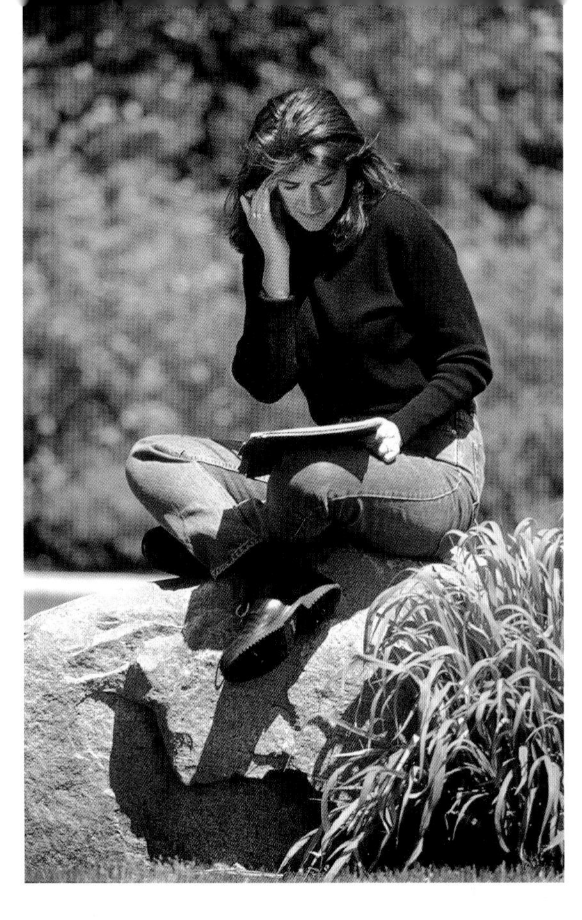

When I joined the company in 1987, there were only 7 recruiters. I would walk each resumé around campus the night before an interview and chat with the interviewers and the hiring managers. Recruiting was divided into five groups: Applications Development, Applications Marketing, Systems Development, Systems Marketing, and Rest of the Company, which was my responsibility. My group was aptly named because it included the U.S. and international sales force, accountants, ITG, legal, OEM, facilities, and the manufacturing and disk duplication operations. In a typical 24-hour period, I might interview a controller, a receptionist, a general manager for a subsidiary, and a disk duplicator.

What made it manageable was our core set of hiring principles. No matter what the position, everybody we hired had to have 3 key attributes: they had to be smart, willing to work, and able to get things done. These were non-negotiable hiring criteria back then, and they still are today. We continue to look for people who are passionate about the technology and passionate about their specialty, whether it's applications development, product support, or facilities.

Most new hires came here determined to make a difference, and they did. I hired a lot of the early product localizers and international program managers. A common theme in those interviews was their desire to create software that would be sold on the shelves in their own hometown. The pride they felt in creating Greek Word, or Spanish Project, or Hebrew Windows was enormous, and they usually sent the very first copy off the manufacturing line to their mothers!

Microsoft's senior management has always been engaged in recruiting and hiring. In the early days, we held recruiting parties at Bill Gates's house and dinners for senior candidates at Steve Ballmer's house. Those parties have become legendary, and although we've outgrown a lot of that stuff, our top executives still remain deeply involved in bringing in talented people. They're always willing to talk to a candidate about specific job issues, or concerns about the future of the technology, or the direction that a particular project is taking.

I always love to run into people I recruited and find out what they're doing now at Microsoft. It's really exciting to see how they've grown into stars and to hear about the exciting work they're doing. Many have gone on to become subsidiary general managers or vice presidents of their divisions.

In this competitive industry, we need to find the best of the best, and at Microsoft we're accomplishing this every day.

Which way should the key turn in a car door to unlock it?

If you could remove any of the 50 states, which state would it be and why?

How are M&Ms made?

How many cars are there in the USA?

Why is a manhole cover round?

The most important thing we do is hire great people. – STEVE BALLMER, *2000*

"We hire smart, passionate people and require no other conformity."

– BOB HERBOLD, EXECUTIVE VICE PRESIDENT AND CHIEF OPERATING OFFICER

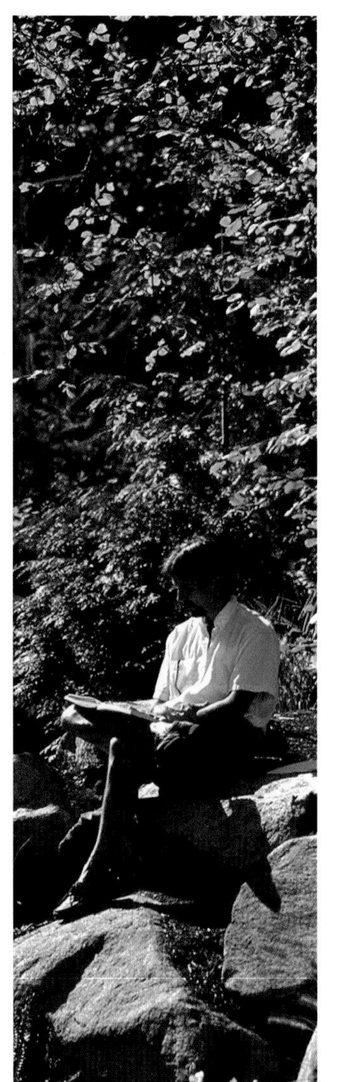

Santiago Rodriguez
DIRECTOR, DIVERSITY

The term "diversity" has become an intellectual abstraction to many people. A company must have an ongoing, introspective way of looking at its people, its hiring processes, and its commitment to a truly diverse workforce.

We're rightfully very proud of our culture, which allows personal empowerment and individual contributions. But we're often expected to do it in a certain way. True diversity means hiring people precisely because they think differently and can offer multiple perspectives on business approaches. It also means considering cultural factors when making major business decisions. It means fighting the tendency to do business as usual. It means learning about other people and examining how your personal values affect your behavior toward others.

Randy Massengale FORMER DIRECTOR, DIVERSITY

When I first started in HR, I asked someone for the book of job descriptions. "We don't have one" was the reply. It was my first clue that I was going to be flying upside-down for some time. Microsoft had been growing quickly, doubling every year, so many issues had simply never been addressed. The day I started as a new hire, responsible for addressing diversity issues, I had 86 e-mails waiting for me.

Our industry was basically started by a lot of enthusiastic, Caucasian males. To start addressing diversity issues, we first had to do a lot of listening. Then we added some structure where needed. Then I followed my practice of "get the ball out of your court." In other words, make quick decisions, don't be a bottleneck. We made a lot of progress in a short amount of time. We instituted things like floating holidays to accommodate various beliefs, offered food choices in the cafeterias, and added the Professional Technical Diversity Network, which now operates in many parts of the country. We laid the groundwork to build on.

The key attributes that people bring to the game are smarts and passion and focus. There aren't that many universals outside of those attributes. There are people who've never switched the lights on in their offices 'cause they kind of crawl in and want that Stealth cockpit effect, and there are people outside playing ultimate Frisbee. It takes all kinds.

– DEAN HACHAMOVITCH, PRODUCT UNIT MANAGER, ONLINE GAMES, ZONE.COM

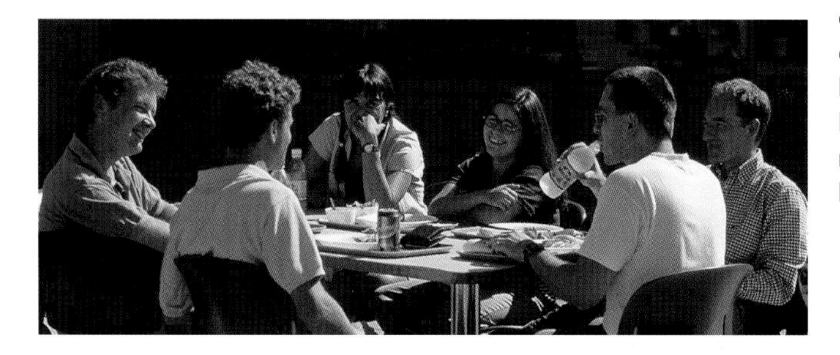

Different cultures bring richness to the environment, and I hope we can do a lot more to continue to attract a diverse population. We do need to be a little more creative in the ways we reach out, and maybe be more formal about it. But the willingness is there. We want to provide opportunities for people who are smart and have ideas and go out there and make it happen. The color or shape of your face doesn't matter.

– ORLANDO AYALA, GROUP VICE PRESIDENT, WORLDWIDE SALES, MARKETING AND SERVICES

LuAnne Lalonde FORMER PRODUCT MANAGER, ACCESSIBILTY AND DISABILITIES GROUP

People with disabilities were among the first avid users of the Internet. One of the founders of the Internet has a hearing impairment, and he envisioned the Internet as a way for deaf and hearing-impaired people to communicate on an equal basis with the rest of the world.

We're determined to lead the industry in creating accessible software products, not only for the benefit of our customers but also for our employees. Many more people with disabilities can now earn a living thanks to technology. In fact, they're often more dependent on technology than the rest of us because new technologies are enabling them for the first time to communicate, get a job, and keep a job.

Microsoft hires people with disabilities partly because it's the right thing to do. These people need jobs and they deserve equal consideration. The unemployment rate among people with disabilities is outrageous—it's about 70 percent. But the other reason we actively recruit people with disabilities is because it makes sense from a business standpoint. Many technology jobs are uniquely suited for people with physical disabilities, and lots of extremely talented and brilliant people out there happen to have disabilities. If we didn't make software that was accessible to them, we'd be denying ourselves access to their skills and their contributions. And that's not a smart way to do business.

Rodrigo Costa GENERAL MANAGER, PORTUGAL

Nine percent of the European population has some level of physical handicap, so in 1997 we set a goal for the subsidiary—to hire at least 6 people from the disabled community that year—and we achieved it. It was very good for company morale because everyone felt so great about what we had accomplished. We are now trying to extend this model to other Microsoft clients, like banks and insurance companies, by telling them about our experience. This has been an incredible way to build team spirit. We've learned that a satisfying job has to be more than just sending products and invoices to customers. It can also be an opportunity to return something to your community.

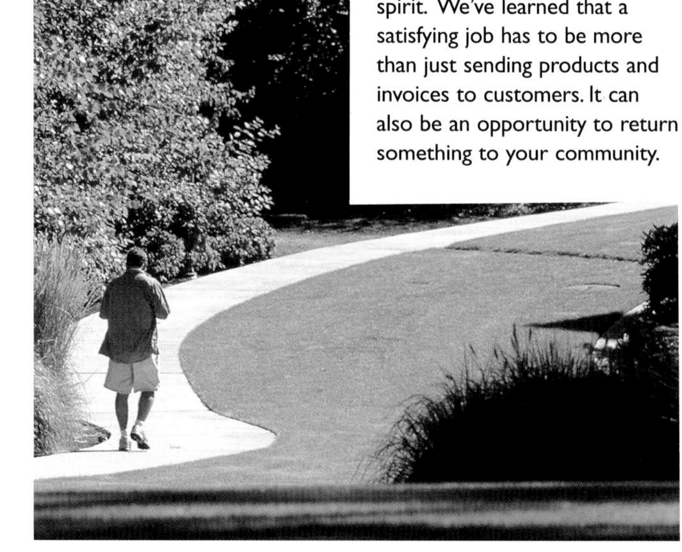

miles and miles and miles of Microsoft

Getting lost is a way of life when you work at the Microsoft campus in Redmond. At least for the first couple of years. And, in spite of a very efficient campus shuttle system, some of the buildings are so remote that they are jokingly referred to as Deep Space Nine.

Jon Shirley, former president of Microsoft, remembers when the company footprint was much smaller: "We had a few buildings on one side of Highway 520 in Bellevue and another, bigger one on the other side. And I remember one evening Bill said, 'I'd like to just have one spot where we can get everybody together and you don't have to walk underneath the freeway to go from one place to another.'"

That was a pretty reasonable request, Bill, but sometimes it looks like we've overshot the mark.

PLANET MICROSOFT Microsoft's corporate headquarters in Redmond, Washington, is often compared to a college campus or even a small city. In fact, it's a little of both. Combining collegiate camaraderie with a bustling business environment, it's a new hybrid of workplace and community. And if you can't find it on campus, you probably don't need it.

OUR HOME AWAY FROM HOME The combined square footage of the buildings on Microsoft's campuses in the Puget Sound area is 6,026,061. We have 82 buildings at the headquarters in Redmond. Each month, 31,214 conference rooms are booked, which is a good indication that you can't use e-mail for everything. Our reception desks receive 25,000 deliveries each month (although nobody can say for sure where all that stuff goes). They also greet an average of 2,639 visitors each month (none of whom has been irretrievably lost).

FOOD AND DRINK FOR THOUGHT The Redmond campus has 24 cafeterias, which together serve an average of 17,238 people a day. Seven of the cafeterias are open for breakfast, lunch, and dinner. And, boy, do we go through those free beverages—375,650 each month.

WE GET AROUND The Microsoft Shuttle transports about 2,700 passengers each business day, making it the largest transit service east of Lake Washington, and it dispenses about 9,200 pounds of candy each year to ward off the hunger pangs of its riders. The drivers have picked up and delivered an amazing array of passengers, including Muhammad Ali, Newt Gingrich, Elizabeth Dole, Dr. Ruth, Pearl Jam, Soundgarden, and the Blue Angels precision flying team. There's no record of how much free candy any of these celebrities consumed.

CALLING MICROSOFT Microsoft's switchboard operators answer more than 10,500 telephone calls each business day, which means about 617 calls per operator. The record for calls answered in one day by a single operator was set on January 29, 1996, during a snowstorm. Today, of course, our intranet servers would take that hit instead.

YOU COULD LOOK IT UP The Microsoft Library delivered 186,480 items to our employees last year. Need more data for your slides? How about facts to back up your argument? Our resourceful librarians can find anything you need, from market statistics to breaking news from the industry press. About 19,000 people visit the Library Web each month.

THE CONNECTED CAMPUS Our employees send about 3 million e-mails a day. Our corporate portal, MSWeb, attracts about 32,000 different users each month and receives about 1.6 million page hits. Microsoft Studios produces about 60 Windows Media Webcasts every month, which represent roughly 22 billion bits of program material streamed.

THE MICROSOFT MUSEUM Since it opened in 1995, the Microsoft Museum has welcomed about 6,000 visitors each month, offering them an overview of the history of technology and glimpses into the future of the company through displays and interactive experiences. It has hosted celebrities, Cub Scouts, and CEOs, and has been the site of several birthday parties and one employee wedding reception.

In some circles, "going to Building 7" is a euphemism for getting fired. Building 7 was never built, and it remains a grove of trees next to Building 6. There was a great piece of e-mail that went around about how the company was going to assign people to offices by last name. So everyone whose name began with the letter "A" would go to Building 1. If your last name began with "B" you would go to Building 2. Interestingly, "G" is the seventh letter. So everybody whose name began with "G" would go to Building 7.

Bill must have been amused by that one.

– DEAN HACHAMOVITCH,
PRODUCT UNIT MANAGER, ONLINE GAMES, ZONE.COM

A man learns in two ways, one by reading and the other by association with smarter people. – WILL ROGERS

Michele Weinberger Glasser DIRECTOR, HUMAN RESOURCES

People stay here because of the job they're in, the team they're on, their personal values, and because they want to impact people through technology. We have so many different focus areas that there's something for everyone. ***If something is happening in the industry, it's happening here, too.*** If we can keep people motivated, we've done our job. A motivated and challenged employee is a happy one. People here have a unique opportunity to work with great business leaders and great technologists. The problems here are really hard, and that's a huge stimulation.

Sure, it's sad when people leave. You hate to see them go. But every person who leaves Microsoft leaves an incredibly deep bench of people who have learned from them and will carry on the work.

There are certainly highs and lows here—for HR, candidates, new hires, and longtime employees. But you have to take the long-term view. A manager recently forwarded me a letter from an employee who said he was planning to leave because he felt that Microsoft had reached its peak, the stock was as high as it was going to get, and there wasn't really anything left to accomplish. The punch line? The letter was written in 1989. Things change continuously around here, so it's imperative to take a look around the company, find the place you want to contribute, and focus on the long term.

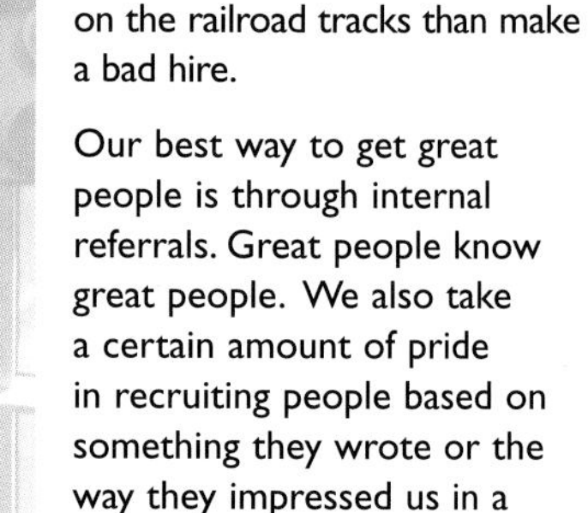

Kathy O'Driscoll
DIRECTOR, HUMAN RESOURCES

Hiring is a lot more difficult than it used to be—for all companies, not just for Microsoft. The incredible pace of the economy and the dot-com revolution has meant that talent is a lot more scarce. But the same quality bar still needs to be maintained. We'd rather lay down on the railroad tracks than make a bad hire.

Our best way to get great people is through internal referrals. Great people know great people. We also take a certain amount of pride in recruiting people based on something they wrote or the way they impressed us in a technical chat room.

Even more important to us than hiring is retention—keeping the great employees we have. We do this by keeping people challenged and motivated. This is one of the few places in the world where employees can have a truly global impact. For example, I know the guy who came up with the Print Preview feature, which I use every day in numerous products. He did it to solve a problem and pushed for it to become a feature. That one individual made a huge impact.

HR at Microsoft isn't about maintaining the status quo—it's about managing and supporting change. We're constantly changing the organizational structure through reorgs, changing behavior through performance reviews, coaching leaders and managers, and making sure we have the right people in the right jobs at the right time for the business and for their careers. Other HR organizations talk about and prepare for change as an event. At Microsoft, change is a way of life.

Steve Lindemann DIRECTOR, HUMAN RESOURCES, COMPENSATION, AND BENEFITS

In this economic climate, ***with the allure of start-ups and stiff competition in the high-tech industry, we've had to get more creative and radical to attract and retain talent.*** Our bottom line is people: attracting the best talent, keeping them here, and helping them stay engaged, focused, and committed to building, marketing, selling, and supporting the world's best software. If that sounds like a commercial, I'm sorry. We're so focused around here on making that a reality that I can't say it any other way.

We have to stay innovative about cash compensation, mergers and acquisitions, health benefits, investment benefits, stock options, and more. I think that even senior people at other companies would be surprised at the size of our investment in our people. When we plan new programs, we talk in billions of dollars. That kind of money creates a lot of possibilities.

We work hard to keep our people happy. Our low attrition rate is something we're very proud of—it's currently holding steady at about 7 percent companywide. The industry average is about 17 percent, and in some segments of high tech it's as high as 30 percent.

– CHRIS WILLIAMS, FORMER VICE PRESIDENT OF HUMAN RESOURCES

"You can take the person out of Microsoft, but it's pretty hard to take the Microsoft out of the person."

– MIKE MURRAY, FORMER VICE PRESIDENT, HUMAN RESOURCES

Turn Right at the Glass Sculpture and Follow the Japanese Prints...

Some people at Microsoft use the art as a handy navigational tool for directing visitors to their offices. The art is also useful for getting a sense of where you are on one of those days when you've been to too many meetings in too many buildings. It's much easier to figure out whether you're really in Building 16 if you happen to know that there's a big blue painting in the lobby.

Michael Klein CURATOR, THE MICROSOFT ART COLLECTION

The Microsoft Art Collection was born out of a question-and-answer session at the 1987 company meeting, when a user interface designer named Virginia Howlett asked why there was no art on the walls. Jon Shirley, who was chief operating officer at the time, was and still is an avid collector and patron of the arts. Her question inspired him to charter a committee of employees to acquire works of art to be displayed in the buildings. Now, the development and growth of the collection is overseen by the curator and the staff of the art program.

The first piece in the collection was Michael Spafford's epic three-panel woodblock print series, *The 12 Labors of Hercules*. By the end of its first year, the committee had acquired 14 works of art. Another 120 pieces were added to the collection by the end of 1988. On the eve of its 25th anniversary, Microsoft has purchased 2,500 works of art, which are displayed in the buildings in and around Redmond and also on the new Silicon Valley campus.

The collection includes engravings of celestial charts from 1688 by cartographer P. Vincenzo Coronelli, which hang in the same building with contemporary works by Canadian photographer Ed Burtynsky, Argentine painter Marcelo Pombo, and Los Angeles painter Rebecca Morales. In another building, a painting by Gaylen Hansen shares the walls with prints by Jacob Lawrence, Lucien Freud, Ellsworth Kelly, and Ed Ruscha. We have a selection of native and contemporary art from the Pacific Northwest as well as 126 19th and 20th century Japanese prints. We have works in all media, from ceramic sculpture to glass objects, paintings, drawings, and prints of all kinds.

Art is now an integral part of the Microsoft campus. It reflects the creative energy of the people who work here as well as the company's commitment to providing an environment that's as inspiring and stimulating as it is comfortable. The collection continues to grow in line with the growth of the company. This is such a fabulous, eclectic collection, and I intend to bring even greater diversity to it in the future by featuring emerging and mid-career artists who, like our employees, are innovators in their field and come from all corners of the world.

"A first-time visitor to the Microsoft Art Collection is likely to observe how little it looks like a typical corporate collection. So many such collections are essentially decorative, presenting "safe" work that does not intrude upon the office environment, a sort of visual Muzak. The Microsoft Art Collection is often feisty, more often idiosyncratic, culturally diverse, and contains a challenging spectrum of artistic media."

– CHRIS BRUCE, SENIOR CURATOR, THE HENRY ART GALLERY, UNIVERSITY OF WASHINGTON

"We've got customers coming to visit Microsoft from all over the world. An intelligent, sophisticated, and innovative art collection is important because it's a direct representation of our company and the people who work here."

– JULIE BLACKWELL, ACCOUNT MANAGER, PRESS RETAIL CHANNEL

"Like most things at Microsoft, the art collection is tangible evidence of the company's commitment to putting employees first. It's also a source of pride and awe to visitors that I bring to the campus."

– GRANT DUERS, WORLDWIDE SALES DIRECTOR

"The presence of art around the campus fosters creativity, interpretation, innovation, and expanded thinking."

– LIAM SPAETH, PRACTICE MANAGER, E-COMMERCE

How to do an IPO in 10 easy steps

1. Decide not to do it. "The whole process looked like a pain. People get confused because the stock price doesn't reflect your financial performance. And to have stock traders call up the chief executive and ask him questions is uneconomic…the ball bearings shouldn't be asking the driver about grease." *– Bill Gates,* Fortune, *July 21, 1986*

2. Decide to do it. Even though the cash-rich, young Microsoft Corporation did not need operating capital, sooner or later it would have been required by law to register the stock that it had already issued to employees. Going public seemed inevitable. "Don't be surprised if I call it off." *– Bill Gates, April 1985*

3. Hire someone who can deliver. Frank Gaudette, Microsoft Chief Financial Officer, was assigned the job of bringing an expert underwriter to the project. Frank's father was a mailman in New York City.

4. Have dinner. Bill Gates, Microsoft president and chief operating officer Jon Shirley, and Frank Gaudette met with prospective underwriters Goldman Sachs over dinner at the Rainier Club. "Well, they didn't spill their food and they seemed like nice guys." *– Bill Gates, Rainier Club parking lot, December 1985*

5. Write a prospectus. This tedious, meticulous and exacting job was undertaken by the law firm Shidler McBroom Gates & Lucas and took the entire month of January 1986 to complete. "As usual, it was like the Bataan death march." *– Anonymous investment banker*

6. Tell all. In order to assure that the initial stock price would not be inflated, Microsoft was required to answer questions about every possible risk and failure scenario to potential investors. "I'd hate to hear you on a bad day." *– Another investment banker, after listening to Steve Ballmer's long list of ways that Microsoft could go bust, causing potential investors to lose their money, January 1986*

It's stunning: the number of Microsoft shareholders has pretty much doubled every year since the company was founded. I remember the days when we were a small, specialty technology stock, but now we're a market bellwether and a "must-have" investment for large and small shareholders alike. It's been incredible helping both shareholders and Wall Street analysts make sense of this transition over the years.

– CARLA LEWIS, SENIOR DIRECTOR, INVESTOR RELATIONS

7. Be modest. Underwriters suggested an opening stock price of $17 to $20 a share. Bill Gates insisted on a price range of $16 to $19. "Hey, make the stock cheap enough and you won't need us to sell it." *– Bill Gates, late January 1986*

8. Stop answering the phone. Once word got out about a prospective stock offering, the Microsoft chairman was besieged with requests to buy the stock at the offering price. "I hate the whole thing. All I'm thinking and dreaming about is selling software, not stock." *– Bill Gates, February 1986*

9. Hit the road. Bill Gates, Jon Shirley, and Frank Gaudette embark on a grueling 10-day trip to 8 cities, presenting their prospectus to institutional investors from Phoenix to London. Torn away from his work in Redmond, Bill was grumpy, but Gaudette retained his elfin optimism: "When it comes to earnings, the pavement is bumpy, but the road goes only one way: up!"

10. Celebrate. The successful road show established a higher than expected confidence in Microsoft's worth. Bill Gates celebrated by dancing all night long at a London night club. Shirley and Gaudette looked forward to the final task of wrangling with underwriters over an opening stock price. "I'm going to visit my sainted mother in Astoria. When you've got something to say, send a limo to pick me up." *– Frank Gaudette to Goldman Sachs negotiators, March 12, 1986*

On March 13, 1986, Microsoft stock traded publicly at $25.75 per share. At the end of a day of exuberant trading, the price stood at $27.75. The rest, as they say, is history.

"It's wild! I've never seen anything like it. Every last person here is trading Microsoft and nothing else." *– Frank Gaudette to Jon Shirley, via telephone from the trading floor, March 13, 1986*

Taking the company public was something that Bill didn't really want to do. It was very nice being a private company. But since we had been making stock-option grants, we were required by law to register the stock. And once you register, you have to provide all this internal information, so we thought we might as well go ahead and do an IPO, even though we didn't need the money. Bill complained bitterly about the entire process until we actually got to the road show, where we talked to investors about the company. He really got into that.

– JON SHIRLEY, FORMER PRESIDENT AND CHIEF OPERATING OFFICER

We never thought that offering stock options to all our employees—instead of just to executives, like other companies did—was really that innovative. It seemed totally natural to us. We were a small company, and everyone was totally committed to making it work, so they deserved to benefit from its success. Even back then, I felt that great programmers were just as important as great management. If we gave all the options to management, we couldn't hire the best developers.

Today, we describe the stock program as "a long-term incentive used to recognize the potential for anticipated future performance and contribution." That's just a grown-up way of saying what we've always believed: if someone is going to contribute at the level we expect, they deserve a share of what they'll help create.

– BILL GATES

Stock issued in March of 1986 has increased 48,000 percent.

On April 23, 1993, Microsoft lost one of its most important assets, Frank Gaudette, Executive Vice President, Operations Group, who had battled cancer for 9 months.

Frank joined Microsoft in 1984. Two years later, he orchestrated Microsoft's first public stock offering, which was heralded by the investment community as one of the most successful initial offerings of the decade.

In 1992, he became Executive VP of the Operations Group, overseeing finance, manufacturing, human resources, investor relations, the information technology group, and Microsoft Press. But most employees will remember Frank for his performances at the company annual meetings, where he enthusiastically portrayed a multitude of characters. Frank was once shot from a cannon wearing a white satin jumpsuit. He never failed to get his message across.

We miss his **moxie** and **indomitable spirit.**

Francis J. Gaudette

October 1, 1935 – April 23, 1993

Rick Devenuti CIO AND VICE PRESIDENT, INFORMATION TECHNOLOGY

For years, this place was full of 25-year-olds. And then there was Frank. He was from New York, and he was our grandfather figure. In a place where some people didn't even wear shoes, he always wore suspenders and a tie. But he wasn't one of these corporate guys who looked askance at barefooted people who were two generations younger than him. He had this amazing ability to touch people and talk to them and make them feel at ease.

He'd walk around the halls asking people how things were going, and you could see the impact that had on morale. If somebody brought a baby in, his face would light up and he'd hold the child. You could go to him for advice and never feel judged.

Frank had three classic pieces of advice: ▶ **Don't let other people's problems become your problem.** ▶ **Stay focused on what you're trying to do.** ▶ **Every day you can wake up smarter.**

Frank was known as an incredibly savvy businessman and an operations genius. But his best management technique was the way he related to people. As a young manager, those are the things you remember. A lot of us work hard polishing traditional business skills, and then we realize that we've forgotten how to relate to each other. Frank taught me that personality is a great motivator and an incredibly valuable business asset.

Bernard Brogan DIRECTOR, MANUFACTURING, IRELAND

Frank had a great affinity for Ireland. Back when this was a manufacturing plant, he spent a lot of time here and he met all the people on the floor. He asked a question of everyone he met, just to make sure we knew what we were doing, and then he'd go away and trust us to do our jobs. He hired people for their capabilities and then didn't interfere too much.

There were times when we worked all night on the production line and people would bring in chips and we'd have a great time. Frank loved the camaraderie he found here. I think software groups are all about innovation and creativity, whereas manufacturing is more about teamwork. He understood that, and he really inspired teamwork.

Sharon Maghie FORMER DIRECTOR, HUMAN RESOURCE OPERATIONS

In my opinion, Frank Gaudette was the right guy at the right time. When he came here, we were a young company and he was a seasoned veteran. When we got ready to take the company public, he had the experience—right down to the notorious extra 2 cents he negotiated on our initial stock-offering price.

When I met Frank, I was in an entry-level position and he was the CFO. He was certainly brilliant. I would work on a project for weeks, and then he would look at it for a few minutes and say, "What's this?" And it would be the one mistake. He had an uncanny ability to hone right in through volumes of numbers. One of the things I learned from him was how to think strategically.

Like Frank, I grew up on the East Coast. My father worked on Wall Street, so I'm not easily intimidated by big, important titles. Frank respected that, so we developed a really honest friendship that evolved over time. Frank was a friend to everybody—to Bill Gates as well as to someone like me, who was just an ordinary employee.

Frank was darned charming. He had a sparkle in his eyes that instantly put you at ease. Stylewise, he was strictly from the old school. He was most comfortable in suspenders and a tie. He never could do casual very well. When he did, it was like way casual—the baseball hat, the baggy sweats, and the T-shirt.

Toward the end of his illness, he would come in occasionally when he felt good. They bought him a La-Z-Boy recliner for the conference room next to Bill's office, and that's where he'd be. Mary, Frank's assistant, would call his friends and say, "Frank's here. Why don't you come down?" I don't think he was doing any work. He just wanted to be here.

Speaking at his memorial service, I looked out through the rain at the campus soccer field filled with people. It was emotional for me, and I was completely overwhelmed. Then I remembered something my dad had told me, which was, "Don't start until you can finish." So I waited until I felt ready. It was totally silent for probably a minute; it felt like 10. How do you pay tribute to someone like Frank? I took a deep breath and began.

The new groundbreaking worksite (above), Gaudette at Redmond building (right)

Mary Hoisington EXECUTIVE ASSISTANT

Frank Gaudette was a loving family man and a loyal and caring friend. He had a profound personal influence on everyone here who knew him, and he held us all to such an incredibly high standard that our professional lives were greatly enriched. He counseled us to look life square in the eye and deal with it honestly.

Frank was a man of intellect, humor, mischief, hard work, and dedication. It's difficult to describe him in a way that captures his essence, but here are some of the things about him we'll never forget:

- He led the St. Patrick's Day parade in downtown Seattle in a driving rainstorm and then announced, "It never rains on my parade."
- When he left the building on any Friday night at 9 p.m. and saw so few employee cars, he'd say, "Where are all the samurai?"
- He did whatever it took to get his message across. He performed at the annual company meetings in high theater as a Blues Brother singing "I'm a Numbers Man" and flying out of a cannon as The Great Gaudetti.
- He prepared for Quarterly Earnings Release conference calls by running grueling prep drills and then wallpapering the walls of the finance conference room with detailed statistics that might be needed during the call.
- He was personally involved in the medical treatment for one of his employees from Europe who suffered a heart attack while traveling to Redmond, including making travel arrangements for the man's family and plans for his convalescence.

Frank left an indelible imprint on the people with whom his life intersected. He was an example for us all on how to love and how to live all aspects of life to the fullest.

"Frank was savvy, professional, successful—combining the street-smart wisdom of his New York roots with the knowledge he gained through decades of experience. Frank helped us grow up. He helped me grow up."

– BILL GATES

Alex Fong

MARKETING MANAGER, MALAYSIA

One of my very first assignments here was to make a presentation in front of 6,000 people for the Windows 95 launch. I had just come from the financial audit division at Arthur Andersen. As an accountant, I had never had the opportunity to speak to more than 10 people at once, much less a crowd of 6,000. The adrenaline rush lasted for days!

For Microsoft to put a responsibility like that on somebody like me shows that when they talk about empowering employees, they mean it. They'll hand you something and say, ***"You own it. Now run with it."***

In Malaysia, we have a saying that they throw you in the water and expect you to learn how to swim. That's what Microsoft does to find people who can take risks and get the job done. The ability to take a calculated risk is a powerful asset. It really puts Microsoft in the forefront of creative management, and that's smart because I think that the long-term survival of any company depends on having the kind of people who are willing to try something new.

Peter Moore

DIRECTOR OF EBUSINESS AND DEVELOPER GROUP, AUSTRALIA

Before I joined Microsoft five years ago, I worked for Intergraph, a solution provider that develops high-end PCs running Windows NT for the engineering market. As the business development manager, I had frequent contact with Microsoft. One of my last projects for Intergraph was traveling around with a team of Microsoft people on the road show for a release of Windows NT. It was obvious that everyone was expected to perform at a very high level, but they were treated very well in return for their efforts. This close look at the company culture was why I decided to try for a job with Microsoft.

I immediately got an understanding of the challenges that people here face in terms of accomplishing an incredible number of things with limited resources. That's something you don't see from the outside. Outsiders see an individual doing a particular task, but they don't realize that this person has made a selection from among a hundred different choices—he's chosen the one thing he thinks is going to make the biggest difference. ***That's what hits you when you first start.*** You don't have the luxury of thinking, "Well, what will I do today?" You're confronted with a tidal wave of options every day, and it's up to you to choose which part of it you're going to grab. Meeting that challenge is what we do best, and that's exactly why we're successful.

Jasmin Gottstein MARKETING COMMUNICATIONS SPECIALIST, SWITZERLAND
Sibylle Hafner MARKETING COMMUNICATIONS MANAGER, SWITZERLAND

JASMIN: The way we both started was, "Okay, that's your desk. Here's a phone list. We'll mark names that are important. And off you go." I was shocked. Because in the typical Swiss company, you train for sometimes more than 3 months before they allow you to do anything important. But I soon realized that if I could survive that start, Microsoft was the right culture for me.

SIBYLLE: You find out really fast if it works for you or not.

JASMIN: When it comes to opportunities, there's an open-door policy. If you see a challenge or there's some project you want to realize, you can present it to people who will give you the power to do it. First of all, they'll actually listen to you. And if it's a good idea, they'll let you do it. It's not easy to find that much freedom in other companies until you've reached the management level.

"It's sometimes the *strange* and *creative* ideas that succeed. And you'll never find them unless you're given the *freedom* to explore."

SIBYLLE: Often they'll push you to do things. It helps people discover talents and abilities they never realized they had. And that keeps you making more out of yourself. If you see the opportunities out there, the field is open to you.

JASMIN: In our jobs, you can't always depend on guidelines. It's sometimes the strange and creative ideas that succeed. And you'll never find them unless you're given the freedom to explore.

JASMIN GOTTSTEIN, SIBYLLE HAFNER, KURT ISLER

"They encourage you to try new things, even if that means making mistakes from time to time. In 9 years here, I've definitely never been bored." – KURT ISLER, CCG MANAGER, SWITZERLAND

Andy Lees
VICE PRESIDENT, SOLUTIONS MARKETING

When people ask me what's it like working for Microsoft, I always say that it's certainly not for everybody. It's the sort of place where it's up to you to make a difference. That can be threatening to some people, but it's very energizing to others. When I joined the company, one of the first things I had to do on Day 1 was to find a desk and a PC and get my phone ordered, because the company was so small then that you had to arrange everything for yourself. Things are a little more organized now, but Day 2 is still the same as it was back then. On Day 2, people still look at you and say, "Right, then, what are you going to do?"

I realize now that when I worked at IBM, my responsibilities were fairly narrow. I came here a year ago, with essentially the same job title, and found myself with more responsibilities than a manager several layers up from me at IBM. I work with the reseller channels and customers, handle internal education on my product, prepare and present ideas for senior management discussion, work with the product groups in the U.S., customize marketing for our market, and so much more. It's probably risky for Microsoft to trust so much to someone my age, especially someone so new, but people here seem to learn quickly how to prioritize and do whatever is needed.

On my very first day, people were already asking tough questions and expecting me to know the answers. "I'm new" didn't seem to be an acceptable reply, so I became resourceful on day one. Now, a year later, I'm able to handle those questions and quite a few others. But when everything is new and suddenly you have all these responsibilities, it's frightening. You have no choice except to learn. You jump right in and start swimming. It's like when parents toss their babies into a swimming pool to teach them how to swim. You find out quickly if you have what it takes to survive. It's sink or swim.

Elenor Teng,
Project Manager,
Hong Kong

"You find out quickly if you have what it takes to survive.

It's sink or swim...."

Chris Capossela, Director of Business Operations, Europe, Middle East, and Africa

Around here, you sort of make your own way. It's usually up to you to find and ask for your next job. That's great because you have a lot of control over your career and you can also tackle a variety of challenges if you want to. I came here out of college in 1991 and joined the Windows seminar team. We were 8 road warriors who traveled around the U.S., presenting 2 three-hour seminars every Tuesday and Thursday. It was a year-long tour of duty—exhausting but fun. Then I went to the database marketing team when it was struggling to get the first version of Access out the door while also trying to figure out how to get Access to play well with FoxPro, a database product we had just acquired.

After that, I switched to program management for Access. At that time, I was part of a team that was trying to build the next version of Access in a new way, using a lot of small component teams. It was an engineering experiment that didn't work out but we learned a lot.

When Bill's speech assistant took another job, Bill wanted someone to replace him who had a little more contact with products and customers rather than the PR focus his previous speech assistant had. Tod Nielsen, who I worked for in Access, forwarded the e-mail to me, and I interviewed.

The simplest description of that job is that I helped Bill with his speeches, which meant putting together slides, briefing Bill, building and locating videos, and putting together (and sometimes crashing) demos.

It was fascinating to work with him and get a feel for how he divides up his time and how he thinks about doing speeches.

The goal was always to get the message across as clearly, quickly, and effortlessly as possible. Bill has very little time to prepare for his speeches, but he can get so focused and retains things so well that when he gets up there, he usually just nails it. But every time he came off the stage, the first thing he wanted to know was what didn't work. He usually had plenty to say about that, but he also wanted my assessment of how the audience reacted, and it always amazed me how open he was to my input.

Once I brought him some videos of other speeches, and while we watched them, I remember thinking that Bill's curiosity and his ability to listen to and learn from other people—employees, customers, competitors, partners—was just awesome to see first-hand. One of the biggest lessons that I learned from Bill: never miss an opportunity to learn something.

Bill has a great sense of humor, and he likes to spring it on people when they're not expecting it—you know, when everyone is being very serious or when things start to get boring. One day, we were on a speaking tour and I was going through his agenda and he suddenly said, "Oh, next is lunch! I love lunch. I hope we can have a cheeseburger for lunch." So I said, "Yeah, Bill. I'm pretty sure we can get you a cheeseburger for lunch." I knew there had to be more coming, so I just waited. And he said, "I hope it's not one of those big, thick, hotel-style burgers. I really hope it's a fast-food burger." So he was doing this riff on how he hoped he could get a burger, like there was some external power that had control over what he had for lunch. ➢

Only those who risk going too far can possibly find out how far one can go. – T. S. Eliot

"One of the biggest lessons I learned from Bill: never miss an opportunity to learn something."

I'm sitting there with the wealthiest guy in the world, and we're pretending to have a serious discussion about fast-food burgers. And I'm thinking, "This is definitely one of the most interesting jobs in the world."

One moment that's imprinted on my mind was at Spring Windows World in 1998. We were in a beautiful theater, and Bill was doing a wonderful job with the speech. Then I came out to do my Windows 98 demo. I had 2 machines so we could show how launching an application on Windows 98 was much faster than on Windows 95, and I had practiced this thing about 5,000 times the night before. We both hit the Enter key at the same time, and my app came up much faster on Windows 98 and the audience went crazy. We were a hit!

Then I plugged in a scanner to show the new Universal Serial Bus support that we had built into Windows 98. I said, "Bill, you know, scanners are the most frequently returned peripheral. People want scanners, but they return them because it's so hard to get them to work." And sure enough, I plugged the thing in and Windows crashed. Bill recovered beautifully. He was just all over it. He started laughing and said, "I guess this is why we're not shipping Windows 98 yet." The crowd loved it. It was a great moment. And it was such a humanizing moment because people got to see that Bill has a great sense of humor and doesn't take himself that seriously. I still taunt the PR team that I did more in 10 seconds to "humanize" Bill with that crash than they had done in 15 years.

As amazing as the job was, it's not the kind of thing you can do forever. When the job I now have became available, I knew that I had to tell Bill before I applied for it. I had 5 minutes with him before a big meeting with Compaq, so I summoned up my courage and said, "I'm thinking of applying for Frank Schott's job." Bill just kind of looked at me and said nothing. He was eating this cold sandwich that he was very unhappy with, and I think he hates cold sandwiches even more than he hates hotel burgers. When the silence became unbearable, I said, "Do you know the job I'm talking about?" And he said, "I know the job you're talking about." And he still didn't say anything, so I figured maybe he thought that the job was too much for me. After what felt like a very long time, I said, "Well, uh, do you think this is too much of a reach for me for my next job?" He waited a moment and then said, "I think it's a pretty big *#@%*! reach." And I said, "All right. OK." Then he laughed out loud and said, "But that's good. Your next job should always be a big reach. Good luck!" And my heart started up again and I was fine.

"We have so many different types of businesses here that I can take my career in any direction without actually leaving the company."

– HILLARIE FLOOD, LEAD PROGRAM MANAGER, HOME PRODUCTIVITY

Orlando Ayala GROUP VICE PRESIDENT, WORLDWIDE SALES, MARKETING, AND SERVICES

Many people here have gone from one extreme to another in their jobs, and they've been very successful at it. In fact, we encourage that. Exposing people to many different experiences creates great leaders. And, after a certain time in a job—no matter how smart and energetic you are—the learning curve goes flat and you need somebody else to bring in a whole new point of view. If you do that over and over, you create a very high-performance organization.

I get bored easily. I'm one of those people who likes to take the first 80 percent of the hill and the last 20 percent bores the living daylights out of me. The last 20 percent is at least as important, and often more so. But I'm already looking for that next hill. That's a weakness that I work on, but it also causes me to keep my chin up and see other things that are going on in the company and in the marketplace. I've been good at zigzagging into places where the company has needed something, and Microsoft recognizes that kind of contribution very well.

I started as General Manager at Microsoft Press. During that time, I mentioned to Jeremy Butler, who was running International, that I'd been thinking about going to help set up our subsidiary in the Soviet Union. A month later, he called and asked if I would run the Canadian subsidiary instead. Four days later, I was in Toronto!

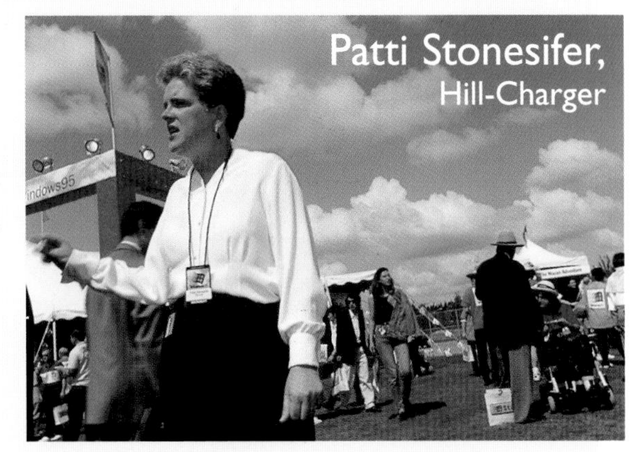

Just when I felt pretty comfortable about my role there, I agreed to come back to Redmond and run Product Support Services. Running a large service organization was a big new challenge. In 1990, no one in their right mind would have said, "I'd like to go run PSS." We were selling far more Windows applications than anyone had anticipated, so our support system was incredibly overtaxed. I spent 2 years expanding our support operations to make it more responsive to customers.

Bill was very involved in this effort. He is one of the biggest advocates of PSS, so he helped me get the funding and senior management attention to increase communication between the developers and PSS. In the process, I became more interested in how we build software. So Bill convinced me to try my first venture into product development as Vice President of the Consumer Business.

It's very likely that in another company, and without the encouragement of the senior people here who kept challenging me to try something completely new, I wouldn't have had such a diverse career path. Here, it seems that a willingness to try something new can often be more important than any amount of expertise.

As the scale of the work that I was doing got bigger and bigger, I found that I was green-lighting projects I would have preferred to do more hands-on. At the same time, my kids were getting older and I felt I needed more time with my family. So my energy was leading me toward a second phase in my career. The decision to leave Microsoft was wrenching because I've loved my work and all the people. And we've made big bets, and some aren't fully realized yet, so I'm leaving some things undone. But as far as I can tell, no matter when you leave Microsoft, you leave things undone because we're always taking on a new hill.

– PATTY STONESIFER, 1997

Patty left Microsoft in 1997. Shortly thereafter, her career took another turn. Patty's new responsibility is management of the $21.8 billion foundation created by Bill and Melinda Gates, which Patty leads with Bill's father. One indication of her passion is the fact that she takes no financial compensation for this demanding work.

"I don't believe in career paths. No one is going to paint that thing for you; you're the only one who can do it. My 'career path' is simply to do a great job at whatever I'm doing. When you do that, there's always plenty of opportunity ahead." – ORLANDO AYALA

"We have opened subs, literally, from a suitcase."

– EUGENIO BEAUFRAND

FELIPE: Back in 1985, Microsoft didn't have any Spanish or Portuguese products at all. I started as a localizer that summer. Microsoft Mexico was the first subsidiary in Latin America, and I was the first employee of Microsoft Mexico.

EUGENIO: I was recruited to translate the products into Spanish. Blas and I have known each other since we were 10. We went to school together.

BLAS: He went to college in Oregon, and I went to school in Austria. One day, at 2 in the morning my time, Eugenio calls me and says, "I'm working in this company called Microsoft, which you've probably never heard of, but it's growing, there are a few opportunities, and I thought you might be interested." And I told him, "I'll call you in a couple of weeks. I need to think about it." To make a long story short, I called him 3 hours later at 5 a.m. And 2 weeks later, I was in Redmond.

EUGENIO: He's not the kind of guy who agonizes over a decision.

BLAS: That's the Microsoft way. Back then, there were 700 employees. We were all the same age, all very young, and we worked around the clock. We worked together. We socialized together. Then we were told, "Go and develop Latin America." What did we really know about developing markets and establishing channels and signing contracts? Nothing. But we didn't know it was impossible. So we did it.

MAURO: We didn't have any published materials to work with. We set up channels of distribution and did our own marketing. We had to invent, and we had to create. Today, the company is still very dynamic. It changes very fast. We still have to invent.

BLAS: Nobody really knew how big this thing was going to be. All I knew was it was an incredibly exciting environment where I could test myself to see if I could assume the challenges and grow. We really did not know what our jobs were or what was required to do them. Actually, it's not that different now!

EUGENIO: When we went to Latin America, everybody laughed at us and said, "You're going to sell software in Latin America? Give me a break." There was no business infrastructure. Every possible obstacle was in the way. Just carrying the flag and keeping the faith alive was difficult enough.

FELIPE: In 1986, companies were leaving Mexico because the country did not appear to have a good economic future. And Microsoft was coming in!

BLAS: We were founding a whole industry in Latin America. We arrived into many markets months before the IBM PC did. There were no dealers, no distributors, no established business models.

FELIPE: I opened Microsoft Colombia. I helped start Microsoft Mexico. I also worked in Africa and the Middle East. I've seen how the company has created so many things in these countries: new jobs and new ways of doing things. Colombia now has worldwide distribution channels, and Microsoft was definitely a pioneer in that. Today, the Mexican stock exchange runs with Microsoft software. Those things are easy to take for granted now.

EUGENIO: I think you have to give a lot of credit to the leaders of this company, who do an incredible job of creating challenges and creating demons. We are a demon-driven company.

MAURO: The wave that we have to ride today is far bigger than the wave of opportunity we had many years ago. We are still re-inventing Microsoft.

BLAS: The excitement comes from feeling that you are building something. After all, we have started businesses from a suitcase and a cell phone in a hotel room! And we're still out there, building the next big opportunity. When you are given the opportunity to build something, you develop a great sense of responsibility to it.

EUGENIO: When you think of how they sent us out to do that job, this is the most irresponsible company on earth!

EUGENIO BEAUFRAND, Vice President, Australia, and Director, South Pacific Region

MAURO MURATORIO NOT, General Manager, Brazil

"We opened new markets, we got the orders, and then we went down to the manufacturing floor and helped duplicate and shrink-wrap the disks."

Mauricio Santillan Razo MICROSOFT VICE PRESIDENT, LATIN AMERICA

I arrived to start the sub in Ecuador with nothing more than my briefcase and a mission. Since I didn't know anybody, I hired the clerk in my hotel to help me find an office. Then my wife and child joined me there, but for some reason, our personal belongings didn't arrive for months. So we rented some furniture for our apartment and I got to work.

On the day that my visa was approved and I was able to claim our things, which had finally arrived at customs in Ecuador, my boss called to tell me that I had just been named the new General Manager of Columbia. So I claimed everything and then turned around and shipped it to Columbia directly from the airport. I then had to go home and give my wife the news that we were off on another adventure.

BLAS: It's true! I had a hotel reservation and a credit card and I was told to go and open a subsidiary! If I had my own business today, it would be a very hard decision to send anybody with so little experience to do that! But I think today we can still go and create new businesses in the same fashion.

FELIPE: Thirteen years ago, I was trying to negotiate an OEM deal with the largest PC manufacturer in Mexico. And he was a real tough negotiator. I asked Bill what he thought I should do. He said, "I don't know the Mexican market as well as you should. I rely on you guys. Make your own call and let's hope you're right." It wasn't like I came to God and he told me what to do. He put it back to me. And that was wonderful because I was, maybe, 25 years old!

EUGENIO: I don't pretend to know what good management is. But I think the chances that Microsoft took at the beginning showed incredibly brilliant irresponsibility. Taking those kinds of risks, this company has earned every break it's ever had. That's what's made this job so much fun, but it's also what gives us a very strong sense of responsibility towards the company and towards the customers.

BLAS: That feeling is impossible to explain.

EUGENIO: It's the true magic. It's what really hooks people in. The people in this company, very quickly learn that a lot of self-direction is expected from them. The people at the top try to manage the energy coming down the pipe and give it some direction. The old top-down model doesn't cut it in this company. It's just too complex a business. There are too many variables for anyone to be able to run it from the top.

FELIPE: A lot of people think that everything is written down at Microsoft, that everybody tells you what to do. That's not the case. At Microsoft, you build your own job.

MAURO: We're not a very old company. We've just turned 25. But Microsoft has been reinventing itself for all those years. Every year, we re-invent ourselves again. And we have to keep re-inventing into the future.

"A suitcase, a credit card, and a hotel room!"

– BLAS GARCIA MOROS

FELIPE: When this company decides to make a move, we do it. We can turn around 180 degrees. In Bill's book, he says that in the future, there will be very few product companies. We'll all be service companies with product offerings. The company is now building into that vision very quickly. It's another one of those big changes that keeps it interesting for guys who have been here as long as we have. What is even more amazing is that we're still coming from behind. In this Internet world, we are struggling to find our way.

MAURO: Microsoft never entered a market being the leader. We always came from behind. Spreadsheets. Word processors. Operating systems. You name it. We always came from behind.

EUGENIO: And we're still learning. That's all we do. We have our current demons, and we're going to make new ones when we sort these ones out.

BLAS: Most of what we've done has not been the result of a carefully drafted plan, where somebody knew it was going to be this way. But we've always believed that if you give the right person the job, the right things will happen.

EUGENIO: Very early in our careers, we used to joke that just when we finally felt we understood what it was all about, they would move everything around again. But that's their job, you know, to stretch us. We accomplished what we did because the leadership of the company believed we could.

BLAS GARCIA MOROS, Former Regional Director, South Asia

FELIPE SANCHEZ ROMERO, General Manager, Mexico

My first day of work began at 8 a.m. and ended at 11 p.m., so I knew immediately that it was going to be a lot of hard work. And it certainly is. But working here is also one of the most interesting, challenging, and purposeful things I do with my life. In this place, we can share ideas, challenge ourselves, and achieve. We can even disagree with each other, because in the end, we are always able to execute and move forward.

I'm very proud that I've been able to give my colleagues the opportunity to find their own way and develop their own careers. I want to ensure that people find a place here where they can make their best contributions. When I interview somebody, I tell them that they'll work very hard here, but that they'll also have the freedom to find the right job and maximize their abilities. But they can maximize their abilities only if we maximize their opportunities.

Every general manager in every country and every head of any business unit wants to define his or her business in a unique way. That is human nature! They all see themselves as special, even though they're all generating revenue, incurring cost-of-revenue, sales costs, marketing costs, R&D costs, etc. They want special definitions of such terms, special processes, unique systems, special databases, things like that. So complexity just creeps in. It's critical to our success that we fight all that complexity and keep it simple.

This is quite a task, so it's key to have the support of top management. Because Steve and Bill look at everything in detail—which, by the way, few CEOs and chairmen have the discipline to do—they like to see it all in the same way across every business unit and geographical region. They've been totally behind our push for simplicity and standardization of data and templates. Having that kind of support from the top really gets people to buy into the speed and efficiency advantages of such an approach on a global basis.

What we try to do is take all our processes—things like financial reporting and analysis, order management, sales performance, and human resources management—and assign a very small group of people with a lot of experience in that area to each process. We give them the authority to define the terms of that process for the whole company, across all business units and all geographical regions. Basically, they become the "czar" for that process.

Then they clean it up—they eliminate all the systems that are redundant, expensive, or excessively complex. Part of the way we do this is by using packaged software wherever possible. That way, you don't have teams of developers working on different systems that are hard to integrate and expensive to maintain. And since the goal is to reduce the number of systems and people needed to drive each process, you don't need a lot of systems developers. In fact, systems developers are like rabbits—they just produce more systems!

One challenge in dealing with packaged software is that the reports are very generalized. They can't speak to the needs of a specific company because they're written to work for all companies. So we put our energy into organizing all our information so it's relevant to Microsoft. We dump the data from the packaged software into data warehouses, converting to our data definitions and template formats, and we make it easily accessible through a number of Web tools. For example, by clicking on Web page menus, you can pull your financial data right out of the data warehouse in our template formats and it is automatically loaded right into Excel for your review and analysis.

So that's the way we run our business. We don't allow any paper. One of the things we did back in 1995 was go to the procurement department and ask for a list of everyone who purchased paper forms from paper suppliers. Then we went to each and every one of them and got them to work electronically. Aside from the legal team, which still generates a fair amount of paper, no one here uses any paper forms.

For example, if an employee wants information about our 401(k) program, there's only one place to get it—the 401(k) Web site on our intranet. Is there a human being you can call? No. Is there a booklet you can have sent in the mail? No. We did away with all that. That's another key point: you can't build bridges to old systems. You have to eliminate the old systems and the old processes because if you leave them in place, most people will still use the old way. That's just how people are wired.

Since all these processes run on Microsoft software, it's a great showcase of our products to our customers. In fact, when customers come in and see the systems we have in place, they just drool. There isn't a sales briefing where we don't talk about our own systems. They're a fine example of how businesses can use PC technology to become more efficient—and more profitable.

We're big outsourcers. For things like product manufacturing, front-desk reception, facilities maintenance, landscaping, mail room, dining services, help desk resources, and security, it makes sense to leave the job to the professionals so we can focus on creating software. All of those functions are necessary to keep our business running, but they're not strategic to the company, so we rely on third parties to handle them.

Outsourcing can be hard to initiate. Every time we go to a group and tell them we're considering outsourcing some of their activity, we meet some resistance. "Wait a minute," they'll say. "You don't understand. We hire smart people at this company. I'm confident that we can do this task better than those people out there." But we know from experience that the pros can do it better. For example, when we outsourced all our manufacturing, our unit cost on products like Windows 95 fell by some 13 percent. We did an okay job of it ourselves, but we were obviously not as good as the pros. So we've learned to stick to our core competency: making great software.

– BOB HERBOLD

Microsoft generates more revenue per employee than each of the top 3 companies in the Fortune 500.

A Delicate Balance

Just in case anyone is in danger of forgetting this, the secret to remaining ahead of the pack is not "Get Fat." It's "Stay Hungry." Creativity doesn't happen without a few constraints. That's why wise use of resources has been a business tradition at Microsoft since the early days, when, to be perfectly honest, there wasn't much choice in the matter. But it remains our practice today, for the simple reason that when you start leaning on your wealth instead of living by your wits, you're in real danger of losing your edge.

Who's the Weenie Who Ordered All This Shrimp?

At the 1993 executive retreat, Nathan Myhrvold casually remarked to someone that "you sure see a lot more shrimp than weenies around here these days." That offhand observation has since become a watchword against corporate excess at Microsoft. It was the basis of the infamous Shrimp and Weenies memo issued by Mike Murray, then director of Human Resources. Since then, the memo has been excerpted, chopped, diced, sautéed, and grilled in endless letters to the MicroNews, forever embedding the phrase "weenies, not shrimp" in our vocabulary.

As you drive into Reno, Nevada, you see a sign that says, "Reno, the biggest small city in the world." We could erect a similar sign at the entrance to our campus: "Microsoft, the biggest small company in the world." When you think small, you don't spend big. Every penny counts, every new headcount is precious, and you feel personally accountable for the top line (revenue), the bottom line (profitability), and all the stuff in between.

Much of what we do is symbolic, but it becomes the current upon which our corporate culture rides. Microsoft's culture is perpetuated by visible actions, not by a list of values printed on coffee mugs. We lead by example, but due to growth in headcount, many employees now watch these examples from a distance, through binoculars. Managers no longer enjoy the small-company luxury of seeing all employees on a daily basis. So it's important that some of our symbolic actions remain quite visible: we use first names, we have an informal dress code, our office furniture is of good quality but reasonably priced, we fly coach, we stay in reasonably priced hotels, we don't ride in limos, we don't have executive dining rooms, and when dining at company expense, we order weenies, not shrimp.

It's important that our administrative assistants, event planners, and managers see it, hear it, and get it: we prefer weenies over shrimp. That's one of the reasons we've been successful and profitable for the last 17 years. No need to change the menu.

As companies grow, and Microsoft is no exception, there is a tendency for managers to just assume that someone, someplace, will make sure we don't "mess up." The fact is that the responsibility belongs with each of us. Excess destroys success.

Sharon Maghie

FORMER DIRECTOR, HUMAN RESOURCES OPERATIONS

People are often intrigued with my job because I deal with those famous stock options. When I started, we ran the whole thing on Multiplan. We've come a long way since then. Our developers worked with Smith Barney to build the first product in the world for exercising stock options over the Internet. Employees can now receive their grants, access their grant history, and complete their stock transactions on line. Before, my group had to handle each inquiry, and just the new grants in each review period number about 20,000, so you can imagine the savings that the self-serve model has brought about.

We still have a long way to go. There are days when, despite all the progress we've made technologically, we can't get our work done because a nightly transmit didn't work or there was a problem with our communications. No company is without technology challenges—even a technology company. And often, it's money between the solutions and us. We have to balance the budget, just like anyone else, but sometimes it's really frustrating when you know the answer is out there.

One day, a long-time employee came to me in tears over the support problems. I had just been talking to my manager about this, so I walked her down to his office, pulled him out of a meeting and into the hall, and said, "This is what our technical problems are doing to our people, day in and day out." He got the message.

As a shareholder, I'm happy that we budget so carefully. But we are a technology company, after all, and sometimes it feels like ***here we are, the shoemaker's children, standing around in bare feet.***

"We learned from our early days that if you don't have money, you shouldn't spend it. Yes, we have more money today, but that's still the attitude we have. We must manage not on a shoestring but very conservatively." – BERNARD VERGNES, CHAIRMAN EMERITUS, EUROPE, MIDDLE EAST, AND AFRICA

In 1999, Microsoft Catering served 7,057 orders of prawns and shrimp and 1,247 servings of hot dogs. Oops.

I manage the Operational Service Center for Europe, Middle East, and Africa, which is located in Ireland. We keep everything up and running for employees across the region. A lot of our customers in Europe come here to see how we do it because we're small and efficient. I look at Dublin as being the perfect size data center. You don't need 10 different groups to run it. People with multiple talents work well in this environment. Our data capacity has gone through the roof, but our server numbers are coming down. Seven months ago, we had 233 servers and only 12 terabytes of data space. Now we have 20 terabytes on 205 servers. That's good because the fewer servers you have, the easier it is to manage the data center.

Part of the reason we're the best data center at Microsoft is because of all the work that the IT infrastructure teams in Redmond do. They established the standards that allow us to build a data center like this. They put up with all the flaws, errors, blue screens, and hardware faults. We can take their experience, apply it here, and come out with a better working solution. We have just completed a project that moved a lot of first-tier support functions to Redmond. By centralizing this stuff, we'll give the people in each region more time to do higher-level tasks and they won't have to work 12- to 16-hour days. They won't be burned out after 2 years.

Of course, some things just can't be standardized. In Dublin, the main server at the EPDC (European Product Development Center) is called Jameson, and the main server at the EOC (European Operations Center) is called Gaelic. We named them after a whiskey and a language because in Redmond, they give their servers names

Declan Comerford, Operational Service Center Manager, Ireland

"We named them after a whiskey and a language because in Redmond, they give their servers names like CP-whatever-the-hell-it-is and nobody can remember them."

like CP-whatever-the-hell-it-is and nobody can remember them. I figure your customer is always right, so if I have 200 employees who think that Jameson is a good name for a server, then what's the harm in that?

See, at Microsoft we have a thing about being different. If we start asking people to conform all the time, well, who's going to work for us? Nobody interesting, that's for sure. A lot of companies went that way a long time ago, but that's not the world I want to work in. Of course, you have to have some standards, so everybody does the same thing on installs or set-ups. But you can't go putting a standard in place for everything just because you have standards that work for some things. I may not always take the same path as everybody else, but I'll get there. I'm Irish.

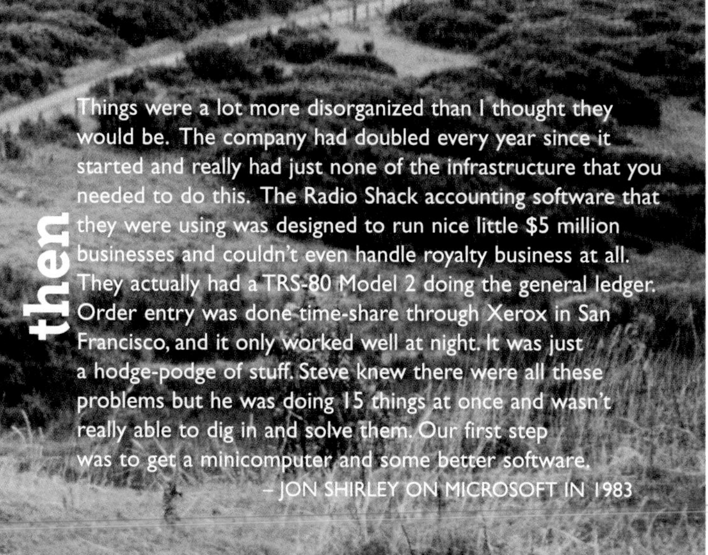

then

Things were a lot more disorganized than I thought they would be. The company had doubled every year since it started and really had just none of the infrastructure that you needed to do this. The Radio Shack accounting software that they were using was designed to run nice little $5 million businesses and couldn't even handle royalty business at all. They actually had a TRS-80 Model 2 doing the general ledger. Order entry was done time-share through Xerox in San Francisco, and it only worked well at night. It was just a hodge-podge of stuff. Steve knew there were all these problems but he was doing 15 things at once and wasn't really able to dig in and solve them. Our first step was to get a minicomputer and some better software.

– JON SHIRLEY ON MICROSOFT IN 1983

now

The nerve center of Microsoft, the Microsoft Data Center, has more than 8,000 servers and is staffed 24x7. In 1999, 208,487 purchase orders were opened; 1,143,611 invoices were paid; and 266,052 expense reports were processed for reimbursement. Try that on your TRS-80!

John Connors

SENIOR VICE PRESIDENT, FINANCE AND ADMINISTRATION

I might be a little bit biased, but I believe that fully exploiting our technology to run this company is one of our strongest weapons. We're always on the bleeding edge. Some companies might consider this risky, but we think it keeps us in front. Anything that makes life easier for our employees or business-to-business partners is something we want to implement as soon as possible.

Our IT group has the very important job of being Microsoft's first and best customer. We run Microsoft on Microsoft. That means all of our new products get tested, hammered on, rolled out, and used here first. ***We are the first and loudest customers giving feedback to the product groups.*** Last year, the IT organization hosted about 850 customer visits, where we were grilled on every little detail of how we use our products.

The other part of our job is keeping the technology running at one of the world's leading technology companies. And that is no small feat. Microsoft currently has nearly 40,000 employees worldwide, located in 325 sites around the world. We have about 80,000 PCs in this company and more than 8,000 servers, and we back up 35 terabytes of data daily. We generate 3.1 million e-mail messages a day and handle about 9 million voice calls a month. Like the former British Empire, the sun never sets on Microsoft. We're going 365 days a year, 24 hours a day. There's no downtime when we can install software or try out something new. We've got to be up anytime and all the time.

Maintaining that kind of availability is a big mandate. Microsoft's culture encourages people to work whenever they want to work. Many people here have families, and they care about commitments to their personal life. We want to give them that flexibility. So it's all right to leave at 4 p.m. to attend a ballet recital or coach a softball team. But these busy people need to know that they can get back on line at 9 p.m. You can imagine how Microsoft employees are as customers! They want access to their e-mail or data right now, from wherever they happen to be, and they don't want to hear any excuses.

Scott Boggs VICE PRESIDENT AND CORPORATE CONTROLLER

Figuring out how to apply new technologies to day-to-day problems in finance and accounting has interested me throughout my career. When I started at Microsoft in 1993, I was really excited about joining a finance organization where I assumed they'd have everything wired, all of the data would be on line, and there would be phenomenally cool tools. But I was shocked—and disappointed—at how far behind Microsoft Finance was back then. Everything ran on mainframes, information was everywhere but at your fingertips, and much of it was inconsistent. The printers churned constantly, turning out hard-copies of everything. My desk was buried in paper during our financial closes, and we had accountants on their hands and knees collating paper reports.

There really wasn't any reason not to make our financial information available electronically, so we started by creating a series of Excel worksheets for our reports. Then we sent out e-mail that said, "From now on, you'll no longer get hard-copy printed reports. They'll only be available electronically." About an hour later, Steve Ballmer was in my office pointing out that the short Excel filenames for the P&L reports were VERY confusing. So we realized that even though we'd made all this information available electronically, we still hadn't made it easier for people to find what they needed.

Around this time, some of us had just started playing around with the Internet and we started thinking about a graphical way to clearly describe what people needed. There was no corporate intranet back then, so we created an Excel spreadsheet with a bunch of macros in it that had links to files on servers. Then we put graphics over the cells that described the various reports and information and mailed it out to people. This became the original FinWeb, and I believe we created one of the very first intranet applications at Microsoft. Of course, when the real Microsoft intranet came on line, we had to port that all over to HTML.

Everything we've done, from FinWeb to MS Market to all of the other tools we use today, came from asking, "Gee, how can we make this business process or this tool easier for people to use?" Now, I think we embody the vision of information any time and any place. With that as our guidepost, Finance has become a key to how Microsoft operates. Looking back, it seems that if we were able to dig out from under the paper, anyone can!

We've just consolidated nearly all of our enterprise databases into one giant reservoir and then built intranets into it. Intranets are really the ultimate reengineering tool. They let people get at our intranet environment with a browser and a user interface that they're very familiar with, that is very efficient. We've built a number of intranets on top of our SAP environment that save time, money, and people. Now employees, partners, and vendors have a digital way to deal with us, find what they want, and get fast response.

– RICK DEVENUTI, CIO AND VICE PRESIDENT, INFORMATION TECHNOLOGY

FINWEB We have what we call our Finance Web, or FinWeb, application. It allows us to close our books for all 325 locations in just 3 days after a shipment closes. By the fourth business day, the finance group works on the standard P&Ls that everybody around the world uses. By the fifth business day after a close, all 325 locations have ***online access*** to standard views of the P&Ls and the analytic information.

Before FinWeb, finance people all over the company would send spreadsheets to one another as e-mail attachments. Or they would post them to one of 30 file servers on the company intranet. But the spreadsheets would be out of date almost as soon as they were sent. And it was terrible keeping track of the paths to file servers. People would line their desks with sticky notes to remember which file server had which spreadsheet.

We kept the old infrastructure but allow users to get at those file servers through a familiar, consistent Web interface. People also have easy access to our accounting policies, which used to be shipped out in binders and were out of date almost as soon as they were off the copier. FinWeb has eliminated the need to publish and ship 300,000 pages a year. And it's cut the number of days it takes Microsoft to close its books, from 14 to 4. It's a nonevent for us; it's ***simply part of our routine.***

"Regard information technology as a strategic resource... not just a cost center."

– BILL GATES, *BUSINESS @ THE SPEED OF THOUGHT*

MS MARKET MS Market is our online procurement application. It allows Microsoft employees to go to the intranet and order goods and services from preselected suppliers. This can be computer equipment, pencils, furniture, catering, you name it. In the old days, ordering anything consumed a huge amount of time, bureaucracy, and delay for both employees and suppliers. Employees had to fill out the right paperwork, route it for approval, figure out which suppliers were authorized, and finally submit the order. A few weeks later, they might get their new computer or book.

Today, an employee ***simply*** logs on to MS Market, finds the category of goods he wants, selects the item he wants, and selects a desired delivery date. His manager's name and charge code are automatically added to the order. MS Market generates an order tracking number, sends e-mail notification to the employee's manager, and sends the order to the supplier. The item usually arrives the next day.

MS Market has ***saved us $6 million annually*** in reassigned resources. The cost per purchase order has dropped from $60 to $5. Orders take less than 3 minutes to complete, allowing our employees to focus on making and selling Microsoft products, not buying supplies. MS Market today processes more than 320,000 transactions a year, worth more than $3.3 billion.

MS EXPENSE MS Expense has worked the same ***magic*** on expense reporting. Instead of filling out lengthy paperwork and having that paper sit on a manager's desk, then on an accounting person's desk before an employee can get reimbursed, MS Expense makes the whole process electronic and pays employees in 3 days. Employees simply complete expense reports on line. They're automatically routed for approval and submitted to our SAP system. There's ***no manual processing whatsoever.*** This application has shortened our reimbursement time from 3 weeks to 3 days. It's allowed us to redeploy 50 percent of our expense-reporting accounting group, saving Microsoft $400,000 a year. MS Expense processes 2,600 expense reports each week for 15,000 employees in 29 countries.

MS INVOICE Vendor payment is the area where we've seen the biggest benefit. Let's just say we had a ***huge opportunity for improvement.*** Our procurement process was a disaster. Our accounts payable people were great; they were writing checks as fast as they could. But sometimes they didn't have the invoice. It was sitting on someone else's desk at Microsoft. Vendors would deliver the goods or service and send the invoice to the Microsoft employee who ordered it. Two, 3, 6 weeks later, the vendor would call Accounts Payable saying, "Microsoft, why in the world are you guys sitting on your $7 billion in cash to earn interest instead of paying me?" We would have to say, "We're not sitting on our cash, earning interest. We're just incompetent." Basically, we've worked very, very hard to become competent.

We've used SAP and the intranet to ***automate the whole thing.*** Vendors invoice on line. The application matches the invoice with a purchase order and routes a message to the Microsoft employee responsible, asking him to approve or reject it. If approved, the invoice is processed. MS Invoice has reduced our processing costs from $30 to $6 per invoice. It's reduced the number of AP personnel processing invoices from 30 to 7. And it gives everyone a clear indication of invoice status and accountability that wasn't there before. Our ultimate goal is to eliminate all paper invoices coming into AP.

HRWEB We've built something called HRWeb that lets employees get at personal company-related information whenever they want. They can look at their benefits information, change their address, review their medical and dental coverage, change their number of dependents, anything, without filling out paperwork or wading through a bureaucracy. HRWeb also contains employee publications, including the employee handbook, a weekly newsletter, campus maps, and information on commuting options, vacation travel packages, tuition assistance, and volunteer opportunities. Employees can tap this resource any time of the ***day or night,*** from anywhere. It's all personalized and secure. This application results in more accurate information, since employees enter it themselves. It also saves a lot of HR resources, since they don't have to manage all this paperwork. In fact, HRWeb has saved Microsoft over $1 million a year and eliminated more than 200 paper forms. More than 21,000 employees access the site each month, which has helped eliminate the need to hire 9 additional people to answer e-mail and phone requests. We're also saving 75 to 90 percent in postage and material costs. Mostly, it's another case of ***making life easier*** for employees so they can focus on their jobs.

SAP COST SAVINGS The ***economic benefits*** of moving to SAP are pretty staggering. It's allowing us to shut off 3 VAX environments and 14 AS-400s. Maintenance alone on the AS-400s was costing us hundreds of thousands of dollars a year. We run the whole SAP environment on one SQL Server database. The economics of moving to a Windows NT Server environment ***are really profound. That database doesn't cost much more than the Toyota I drive.***

Creating a new, more efficient way to do something while leaving the old method in place typically significantly increases your cost and has no impact!! – BOB HERBOLD, EXECUTIVE VICE PRESIDENT AND CHIEF OPERATING OFFICER

Paul Maritz invented the line about eating your own dogfood. I still have his original mail from 1988 titled "Thou shalt use the LAN Man server." I just made the term famous. – BRIAN VALENTINE, SENIOR VICE PRESIDENT, WINDOWS

We're all about running Microsoft on Microsoft software. We call this eating our own dogfood. We start using software early in the beta stage, so our feedback about what an enterprise customer needs has a big impact on our products. Essentially, I'm running a big enterprise test facility, so my main challenge is operating with software that's not ready for prime time. I have to achieve a balance between testing software and running a successful business on it. It's tough, because we are every bit as demanding as any of our customers. It's not like my people are saying, "I didn't get mail today, but that's okay because we're running on beta."

Microsoft has been building great software for years, but as we move from the desktop to enterprise platforms, we have to address a lot of questions that IT managers are asking about reliability and scalability. And those problems are getting solved as we use the products to run our business. It's not easy. But when we launch Windows 2000, it's very powerful to be able to say that we're running on it. I'm impressed by how dedicated our developers are to providing us with software that has the kind of performance and reliability that comes close to what traditional IT shops would look for in a final release.

Most technology companies use their own products in beta. It's just something you have to do. But do real companies do this? Heck no. What CIO is going to risk telling the CEO, "There will be no mail today and the network doesn't work because I thought it would be interesting to try something new?" I mean, the job is hard enough without that stress!

It would be easy for me to say, "I'll go live on Windows 2000 after the beta is fixed. Let someone else learn from using beta and I'll get the knowledge from them." What makes us different from everyone else is that we bring 50 or 60 technologies out every 6 months. It's not just Windows. It's the desktop, all the parts of our networking infrastructure, and so on. And they don't all come out at one time, so there's constant churn. The ability to rapidly implement new software is definitely one of our competencies.

We add incredible value by bringing home knowledge about how to serve our enterprise customers. It's our goal to be Microsoft's first and best customer. We're clearly the first customer. And we're the best customer because of our ability to give valuable feedback and alert our developers to the issues we find in our products so that the rest of our enterprise customers will be better served.

Rick Devenuti, CIO and Vice President, Information Technology

Reciprocity Rules

It's a good idea to do what you're good at. It's an even better, but less obvious, idea to let other people do what they're good at. Business is about relationships. In the best relationships, where quid pro quo is the rule, everybody wins. Those are the kinds of business partnerships that we work hard to develop, nurture, and maintain because they make it possible for us to deliver the right kind of software solutions to every customer, from small businesses to large multinational corporations. In the beginning, we sought partners perhaps out of necessity; we simply couldn't do it all. But sometimes good ideas take on a life of their own, and we now sponsor and cultivate so many partner programs that we could fill a whole book. This one is getting full, so just a few examples will have to stand in for the rest.

Geoff Nyheim

GENERAL MANAGER, GLOBAL PARTNERS, ENTERPRISE AND PARTNER GROUP

I started my wild ride here on March 13, 1991. I was what we called a "gunslinger" because I had two big accounts, HP and Intel, and then a couple dozen small tech companies in Silicon Valley. Ten years later, they're all huge industry players. Even then, I saw myself more as a partner than a sales representative.

My gunslinging days are over, and now I'm more of a global ambassador, working with partners from all over the world. Today, there are some 20,000 Microsoft Certified Solution Provider organizations and about 50 global partners around the world.

The products and technology by themselves don't create business value for our customers. It's only by adding hardware platforms, software solutions from key ISVs who incorporate our products, comprehensive services like strategy consulting, systems integration work, support offerings, and things like training and the licensing of our products through various resellers that we create business value for our customers. Given that we provide a relatively narrow slice of that solution set, we work with others to ensure that our customers are receiving the business value they need.

We've gone through three phases in the development of channel partners during our 25-year history. The first involved building relationships with a set of OEMs, resellers, and training organizations that provided very basic support and desktop deployment. The next phase was building out a channel so we could sell LAN Manager and NT, which meant working with systems and network integrators and developers who were writing business solutions. We're now working with ISPs, ASPs, data center companies, and hosters as well as very high-end business integration companies like Andersen Consulting. But overall, our basic partner strategy hasn't fundamentally changed. We invest with partners to create value for our customers, whether they're consumers, small or medium-sized businesses, or large corporations.

To forge successful relationships with partners, the first thing you have to do is make sure you're listening to them. Once you've discovered what they need, you must be ready to take action on those recommendations and requests. You should be a consistent, predictable, and dependable partner who can always be relied on to act with integrity. And you can't succeed at this business unless you stay as focused on the needs of your customers as you are on the details of your product, because customers are the ultimate value in this enterprise.

I have the best job at Microsoft. I get to travel around the world. I'm constantly challenged and stimulated by very smart people at Microsoft and among our partners. I get to deal with all of the key companies that drive this industry. And if 17 other people have already said that, they don't know what the hell they're talking about, because this truly is the best job in the company.

Charles Stevens

VICE PRESIDENT, ENTERPRISE AND PARTNER GROUP

I would divide Microsoft's challenges into three areas: what we can do with our products; what we can do in sales, marketing support, and execution; and what we can do for our partners. If our goal is to really drive our enterprise platforms and line-of-business platforms for both large and small businesses, our products and services need to get stronger than they are now. My job is to focus on our partners in the software development community and strengthen those relationships and programs.

Helping our partners is every bit as important as making great products. Take our business in the Asia region, for example. The entire business we built there centers on partners. Subsidiaries are actually more effective at using partners than we are in the U.S., because the further you go from Redmond, the fewer resources and people you have access to. So they rely more on partners, and they develop more discipline. Worldwide, so much depends on good partner relationships because partners are often the face of Microsoft for our customers. And our partners also depend on us. It's our responsibility to help them succeed.

We take this responsibility very seriously. We care about getting great information and communication to individual developers, whether they're ISVs or corporate developers or custom applications developers or VAPs. The Microsoft Developer Network program is one way we do that. This CD has now expanded onto the Internet. There's a lot of value in using electronic means, so MSDN is a very leveraged and useful way to reach a lot of people who can't come here for training in person.

Another program, and in my view one of the biggest and best brands in this company, is Microsoft Certified Solution Providers, or MCSP. In the U.S., that community numbers about 30,000. There are all kinds of great stories about the impact this certification has had on partners' income, the type of work they're able to secure, and so on. India is the 10th largest PC market in the world, and the number of MCSPs is equal to that in the U.S. We hear success stories from there all the time.

We have a heritage of being a great company for developers, but honestly, a lot of this has been more one-way than we'd like. We've given them developer's tools, information, and training, and now we're intent on establishing an equally strong reputation for listening to them. No matter how hard we work on it, we can always do better in terms of listening to people, getting feedback, and taking action on it.

We invest in software development communities all over the world. Without that community of partners, we wouldn't be the company we are today. I feel especially good about the fact that they say the same thing.

"It is as if we are married. We have been together many years now, with all of the ups and downs you would expect. From my point of view, it's a true partnership."

– ALBERTO GABAÏ, PRESIDENT OF ASAP SOFTWARE EUROPE

No matter what accomplishments you make, somebody helped you. – ALTHEA GIBSON

Sam Jadallah

FORMER VICE PRESIDENT, ENTERPRISE CUSTOMER UNIT

Building a channel for Windows NT wasn't easy. IBM had 100 times more people. Oracle and Novell had far more resources. We were outgunned in every corner. They all went after the biggest channel partners, like Hewlett-Packard, which had tens of thousands of engineers—none of whom cared about NT. So we built our Solution Provider program around the little guys, the entrepreneurs who understood the NT opportunity and were willing to bet on it with us.

At that time, the reseller channels sold the products and gave away the service for free. We convinced them that they could build their business around service, making their technical expertise a revenue source. In those days, that was a bold proposition. But we figured that the guys with the most influence were the technical experts, not the sales guys. So we invested heavily in technical training. We invested the rest in business development, branding, and marketing. Suddenly, the guys who bet on Windows NT started growing and growing. And more were jumping on board. We now have 18,000 Solution Providers worldwide.

I recently got a call from a Solution Provider who was named the Small Business Entrepreneur of the Year by the U.S. government. He built his business completely around Microsoft. Now he has $20 million in annual revenue, and he owns 100 percent of his company. He called because he wanted to acknowledge our part in his business success.

We created an event called Fusion to get all these partners together, kind of like a sales meeting. One evening, after the very first Fusion, this guy offered to buy me a beer. I said, "Let me buy. You're our partner and our customer. I should be buying you a beer." And he said, "You don't understand. Microsoft's Solution Provider program has helped make me successful." I kept insisting that I should buy, and he finally said, "Let me be clear. Last weekend, I bought a brand-new Porsche 911 Turbo. I paid cash. And it's all because of you." "Okay," I said. "You can buy the beer."

ALBERTO GABAÏ, PRESIDENT OF ASAP SOFTWARE EUROPE

GILLES BERSIA, SENIOR ACCOUNT MANAGER, FRANCE

It's true that Microsoft has just under 40,000 employees and IBM has 300,000. But that's because IBM tries to do all of the service work internally, while we choose to work with partners. There are over 10,000 Solution Provider companies around the world. And I'll bet that each one employs at least 20 people who are focused on Microsoft technologies. That means we have 200,000 very focused, very passionate, very entrepreneurial people selling our products and helping customers to be more successful using them. They have expertise that neither we nor IBM can match. Whenever I look at our Solution Provider asset, I'm glad that we invested in it because it's a core element of this company's success.

Another great example of this is Microsoft Consulting Services. We shifted it from a for-profit consulting business that some viewed as competitive with our partners to a service that we run as a break-even, with one of its business missions being to grow partners. This provides another virtual service organization that works closely with partners who are in the consulting business. That makes sense because partners are fundamental to our success.

– JEFF RAIKES, GROUP VICE PRESIDENT, SALES, MARKETING, AND SERVICES GROUP

Jonathan Lazarus

FORMER VICE PRESIDENT, STRATEGIC RELATIONS

Shortly after I joined Microsoft in '85, I wrote a memo to Steve Ballmer that was really an analysis of the Windows situation. And it was like the old saying: "What's important in real estate? Location, location, location." Except it was about what was important to Windows: applications, applications, and more applications. We knew we had to get developers to write applications for Windows if the operating system was going to take off.

One of my first real meetings for the company was an effort to persuade Lotus to develop for Windows. We were still all over the board with our rationales and basically didn't have a clear way to articulate the benefits of Windows from a developer's point of view. And the other problem was that established developers were the least disposed to move to a new platform, while the little guys working in garages or offices over taco stands usually didn't have the resources to be successful. So we needed a professional program that could engage the disinterested but established developers and, at the same time, appeal to a very, very broad range of people. Our answer was the Microsoft Developer Network. It's probably the thing I'm proudest of from my 11 years with the company because we really changed the business in a big way. Ultimately, it got hundreds of thousands of people into our developer program and focused on issues related to Windows.

Listen & Learn

Good advice has been around ever since the first person invented the arrow, showed somebody else how to use it, and explained that it was real important to avoid putting it in backwards like their late brother did. Unfortunately, good advice has been forgotten and ignored for almost as long as it's been around. So here's your chance to learn from our successes and mistakes. Pay attention!

Brian Valentine SENIOR VICE PRESIDENT, WINDOWS

We all have talents. I guess mine is leadership. I understand instinctively how to play that position. I can't jump, I can't shoot, I can't sprint. All I know how to do is play the game to win.

I really don't think I have any great management secrets. I just do my job exactly the way I want everyone else in my group to do theirs. Okay, maybe I do have a list. Everybody's got a list.

1. Learn to focus energy, not filter it. Make sure everyone knows where the team is going and then get out of the way.
2. Always think about your customers, your product, and your team. Succeed at that and you'll have personal success. And stop thinking about yourself—that's too easy.
3. Make a decision in 10 minutes and the next one is free. You have to make hard decisions in order to make progress. Don't be afraid of decisions.
4. Never ask someone to do something that you wouldn't do yourself. Work as hard as you want your team to work.
5. Organizational hierarchy doesn't matter. The only thing that matters is getting the right stuff done.
6. Spend time with the people you work with. Get out there and really learn how things are done. Respect everyone. If you promise anyone that you'll do something, you had better do it. Build loyalty both ways because it goes both ways.
7. The competition wants their kids to go to college, not yours. Don't ever let success allow you to get soft and take your eyes off the competition.
8. You will ship with bugs. You have to have the processes and programs in place to address them. The last bug will be found when the last customer dies.
9. Change happens. Don't fear it.
10. Last but not least, have fun! Keep it all in the right perspective.

The Big Rules Do what you say you will do. This is the basic staple of life here because it is the basis of trust. Without trust, you can't accomplish anything.

Innovate, focus, commit, complete. This is the heartbeat that drives every successful Microsoft team. We innovate in a focused way. We make commitments to ourselves, to our customers, and to our partners. We finish what we start in order to keep those commitments.

Single-minded, ruthless pursuit. We take every quest very personally. We don't let go until we've won. If we decide to tackle a problem, we stay on it until we've nailed it.

The Smart Rules Lose the arrogance; it's an unjust world. Some people new to Microsoft believe that if they're smart and prepare well and have their facts all lined up, they can win anything from minor disagreements to product reviews and market share. Life doesn't always work that way, and thinking that it does is just arrogant and naive.

Cope, don't bitch. Microsoft rewards people who are capable of doing more with less, who adapt to difficult environments, and who don't require a high level of maintenance. If you've got a problem, you're expected to solve it.

– MICROSOFT COLLECTIVE WISDOM, COLLECTED BY RUTHANN LORENTZEN, DIRECTOR, DIVISION MARKETING

"It is hard to listen well and talk at the same time."
- BOB HERBOLD, EXECUTIVE VICE PRESIDENT AND CHIEF OPERATING OFFICER

From: Dean Hachamovitch
Sent: Saturday, March 18, 2000 10:45 PM
To: Joan Morse
Subject: No 9am meeting

I'll keep this short since I'm RASing from home on a POTS line and will be OOF tomorrow. Couple of issues before we close on ZBR, RC0, and RTM dates:

- I reviewed the PDL with the GPMs and a couple SDEs. We need to clarify the API that ISVs use when calling our DLL from VB. It's not in the SDK right now and it's not clear when MSDN will update.
- We need to choose whether the LORG BDMs, SOHO IEUs, or MORGs ASPs talk at the next BU mtg. They've all signed NDAs at this point, so it's your call.
- PSS filtered the SE feedback; after the TMs triaged it, we reviewed with PUMs and BUMs. I don't think we need to review with the BOOP (BEC now?)
- FYI: The QFE team is still wading through TRDs to figure out where in the SLM tree to roll back to. (This was probably a CLM ;)). Since it was past COB at MSKK when they got to this, QFE will call later.

BTW, We just hired an SDET, but still have one TBH, so if you know any good SETs, let me know. THX.

-dhach

TLAs: Three Letter Acronyms

RAS: Remote access service (old name for dial up networking)
POTS: Plain old telephone service
OOF: Out of office
ZBR: Zero bug release. A milestone on the way to shipping a software product when the number of known defects (bugs) is zero.
RC0: Release candidate zero. The first (zeroth) internal release of the product that a team is willing to hand to manufacturing to send to the outside world.
RTM: Release to manufacturing. The final stage in a product team's shipping cycle.
PDL: Product development list. This is the roll up for upper management of the products that teams are actively developing.
GPM: Group program manager
SDE: Software design engineer or developer
API: Application programming interface. A set of routines that an application uses to request services from the operating system.
ISV: Independent software vendor
DLL: Dynamic Link Library. A file of code that is called from an executable (EXE)
VB: Visual Basic
SDK: Software development kit
MSDN: Microsoft Developers Network
LORGs: Large ORGanization
BDM: Business decision makers
SOHO: Small office / home office users
IEU: Influential end users
MORGs: Medium sized organizations
ASPs: Application service providers
BU: Business unit
NDA: Nondisclosure agreement
PSS: Product Support Services
SE: Support engineer
TM: Test manager
PUMs, BUMs: Product unit and business unit managers
BOOP: Bill and Office Of the President
BEC: Bill and the Executive Committee
FYI: For your information
QFE: Quick fix engineering team
TRDs: Testing release documents
SLM: Source library management
CLM: Career limiting move
COB: Close of business
MSKK: Microsoft's subsidiary in Japan
BTW: By the way
SDET: Software design engineer in testing
TBH: To be hired
STE: Software test engineer or tester
THX: Thanks

3 million e-mails a

"As my scuba diving instructor always said, 'Plan your dive and dive your plan.'"

– LIZ KING

After a couple of years here, I developed this weird condition that affected the vision in my left eye. I thought I was going permanently blind, but as it turned out, it was a temporary condition that's common among airline pilots and neurosurgeons and is caused by stress. There are a lot of great things about Microsoft, but let's be honest: it's a demanding place, and there's a lot of stress here.

A weekend or two after my diagnosis, I opened up this piece of e-mail that was so full of jargon I couldn't understand a word of it. It made me angry, and I decided to share it with a couple people on my team. One of them was Karin Rosenberg and the other was Bill Graham, whose e-mail alias was Billgra. So I fired off a message that said something like, "This is the kind of crap that cost me the vision in my left eye!" Monday morning came around, and Karin said to me, "I got your mail, but did you really send it to Bill Gates, too?" It turns out that I accidentally typed Billg instead of Billgra on the "To" line. I never heard from Bill Gates about it, but I'm now very careful with my e-mail addresses.

– GARY ALT, EDITOR-IN-CHIEF, ENCARTA

Employees sometimes write e-mail and send it to the alias that goes to every executive in the company. I love it when they do that. I've never seen retribution or complaints. For the most part, the execs say, "Boy, that was right on. We really need to think about that." So we just take it on. We're a company that's very willing to take on criticism, and I like that about working here. I like that about the culture.

– DEBORAH WILLINGHAM, VICE PRESIDENT, HUMAN RESOURCES

Gordon Letwin, 7/16/82: MILAN, the Microsoft local area network is now functional. It makes use of two networks with Kermit as the gateway machine. In order to mail any on-site Microsoft employee, simply send mail to his official "mail name," which is <first name><last initial>. For those whose name initials are not unique, add additional last-name characters to make the name unique. We are aware that this is not a convenient mechanism; improvements are on the way in MILAN version 2.

Apparently, version 2 never shipped—because we're still using the same "inconvenient" e-mail name configuration. With nearly 40,000 employees, it's now almost impossible to figure out someone's e-mail address. And unless you've been here a very long time or your mother had the foresight to name you Theobold or Elektra, you probably don't have an address as succinct and status-laden as "billg."

E-mail management is one of the first things you have to learn here or you'll get buried. I try to do my e-mail once a day, between 5:00 and 7:00 in the morning, and then I just keep an eye peeled for urgent things during the day. That way, it doesn't rule me. Actually, I prefer it to the telephone because I can be more precise, I can present more information in an organized way, and I can leave people a record of what I've said. I find that it takes less time. Best of all, it's asynchronous, so if I want to communicate with someone at 5 a.m., they don't have to be awake at the same time. And I don't have to be awake when they want to reply.

– LIZ KING, GENERAL MANAGER, COMMUNICATION AND MARKETING

We aren't a bureaucracy, we're a meritocracy. This is a place where the most prized things are ideas, not titles. Honesty and hard work, too. And it all runs on open communication. Very fast, very free.

– YUSUF MEHDI, VICE PRESIDENT, MSN MARKETING

The first time I went to India, I had some trouble. You know, people in India, when they say "yes" they shake their heads from side to side. So you'd start talking to someone and see him shaking his head and you'd stop to ask the question, "Do you have a problem with what I'm saying?" And he'd say "Oh, no, no, no. I don't have any problems." It took me a while to catch on. And then in Japan, when you're talking and they reply "Yes," it means "Yes, I understand what you say," it does not mean, "Yes, I agree with you." So, you really have to be very careful and understand that there are several levels of communication for each culture and each culture is different.

– CHRISTOPHE AULNETTE, REGIONAL DIRECTOR, SINGAPORE

There are some brutal and confrontational moments here, but we usually defuse them with humor. People wage flaming wars on e-mail, but nobody really minds. We're very thick-skinned here. It's a very forgiving environment: instant senility. I might have a confrontation with someone about a particular work problem, but when it's over, we get over it and get on with it.

– DEAN HACHAMOVITCH, PRODUCT UNIT MANAGER, ONLINE GAMES, ZONE.COM

"So, basically, what do you do all day?" "I delete e-mail." :) – MIKE CONTE, FORMER GROUP PRODUCT MANAGER

Zeke Koch, Lead Program Manager, Office

I was born in California, and shortly after that, Wavy Gravy—the guy who fed everyone at Woodstock—invited my parents to come live at the Hog Farm commune in northern New Mexico. It was a group of relatively well-educated people who decided to drop out and try to survive as subsistence farmers. I lived there for about four years, and then I left when my father decided to go back to being a television producer in New York.

But I spent every summer at the Hog Farm until I was 12. I'd rotate between my father's little apartment on the Upper West Side, my grandmother's palatial home on Park Avenue, and this commune where my mother lived in an adobe house on a dirt road. I loved it. There were lots of kids to play with, and we didn't have to wear shoes. There was no running water or electricity. One year, my grandmother sent us a blender for Christmas, so we put it up on the shelf with the cord hanging down in front because there was no place to plug it in.

My childhood was spent moving back and forth between the 19th and 20th centuries. Now I live in Seattle, which is about halfway in between. Anyway, it taught me to be flexible. I went to Reed College, which is incredibly liberal and steeped in alternative culture. All my friends hated Microsoft with a passion. And so did I. When I left school, I wanted to open a CD store on the Web even before there was Amazon. The plan was doomed from the start because we didn't know about venture capital; we thought we had to earn our money. Silly us.

But we started a little company and landed a project doing some Visual Basic programming. After a while, I decided that maybe Microsoft could actually make good software. I've always loved Word, because the first time I saw the red squiggly lines in the spell checker, I couldn't believe that no one had ever thought of it before. Then I gradually fell in love with VB as a programming language. If you're a C programmer, you hate VB in the beginning because it's not very flexible. But it's really powerful, so it gets addictive and you start preferring it over everything else.

When my company started to fall apart, a friend of mine called and asked if I wanted to work at Microsoft. So I came up here and went through that famous interview experience: 9 hours long, and grueling. The weird thing was, I loved it. I had a blast. I love solving puzzles and being put on the spot, where I have to think on my feet. And much to my surprise, I found myself working here.

I discovered that preconceived notions can be ill-conceived.

The people here are fun, they're smart, and they're doing good work. Most of them have their heart set in the right direction. A lot of them are definitely geeky. They spend too much time thinking about the software that they're creating, what it's doing, why they're creating it, and what impact it has on the world to be classified as perfectly well-rounded. But they're not doing it to just crush the enemy. They don't have that sort of combative military-style drive that you sense when you read about places like Sun or Netscape. People on the outside talk about Microsoft that way, just like I used to.

The one regret I have is that all 3 ideas my company had are out there now on the Internet, making lots of money. So I'm here working on something serious while other people get to do all those crazy things I thought I'd do. But deep down inside, I'm a user interface guy. I always have been. And an Internet guy. So I'm still doing the 2 things I really care about: helping pretty normal people use software, and exposing them to the power of the Internet.

And maybe I came to Microsoft just to be a rebel. I'm not sure.

We have a culture of intense self-reflection here. We're constantly thinking about how we could have done better at everything we've accomplished. Every time we reach a goal, we define a new level of achievement, so we're in a state of continuous improvement. I firmly believe that the only way you can really do that well is if you have a culture of self-reflection and you're willing to be very analytical and honest. It helps that we're living with the reality that the competition is always right around the corner.

I was in an Executive Strategy Committee meeting where Bill was saying that we needed to increase the resiliency and reduce the complexity of our operating system. At one point he said something like, "We deserve to die if we can't figure this out." If someone outside the company heard Bill say that, they might be surprised. But it represents how we think about our business here. We all passionately believe that if we can't be the best, then we don't deserve the success.

– JEFF RAIKES

Conform and be dull. – JAMES FRANK DOBIE

Jasminder Gulati PROGRAM MANAGER, E-COMMERCE, INDIA

India has the highest number of Microsoft Certified Solution Providers of any subsidiary in the world. The fact that Microsoft opened a development center here is a big thing for my country. One reason we're here is because there are so many highly educated and skilled professionals in the IT industry. **Our culture has always placed a strong emphasis on education, so we tend to lap up new knowledge within Internet time.** Whenever something technology-related hits the country, it's adopted very quickly.

Microsoft keeps you on your toes. We move. We restructure. We do things. We are reactive. We are proactive. **We get up in the morning and decide that we need to change something, and by the evening we've done it.** I can go up to my boss and say, "This is not what I think we should be doing." In a culture like India, that is a very rare and refreshing thing.

I have never learned as much as I've learned since I came here. In most other companies, your job may cover A, B, C, and D. At Microsoft, in that same job you'll learn (or can learn) everything from A through Z. We think the secret is that when you're allowed a lot of freedom and responsibility for the way you do your job, you tend to do more. **The bandwidth is yours to freak out with because it's your call.** When everybody around you is aiming for the sky, how can you not excel?

Anders Nilsson DIRECTOR OF MARKETING, NORDIC REGION

Our spirit is still very entrepreneurial. We never stop adapting and changing. We have to stabilize some areas and give support to customers and be a bit more serious than we used to be, but I still think we can't ever sit down and say, "Okay, we've got this market now. Let's just maintain." We're always trying to figure out what we can do and how we can adapt to change.

That's why I'm still here. If it were the same all the time, I'd get bored. In this business, you learn something and 2 years later you may not have any use for those skills anymore. The technology moves on, and you are forced to change. So you'd better be able to unlearn and start over.

We Re-orged and *I Missed It*

All right, let's admit it. Everybody loves to make jokes about how many times Microsoft has reorganized. Especially the people who work here. After all, they're the ones who have to play musical offices and exchange job titles every time the company reinvents itself. But does anybody actually worry about it? Not really. There may be a few things wrong with Microsoft, but this isn't one of them.

Nothing—except outer-space movies—happens in a vacuum. We live in a world that is defined by change, and the change is happening faster all the time. If you can't adapt, you can't change. So when the paradigm shifts, we adjust, because if you don't, you're dust. Considering how big this company is, the miracle is not that we've survived all these changes but that we've been able to make them in the first place.

Think of re-orgs as corporate calisthenics. It always pays to stay nimble.

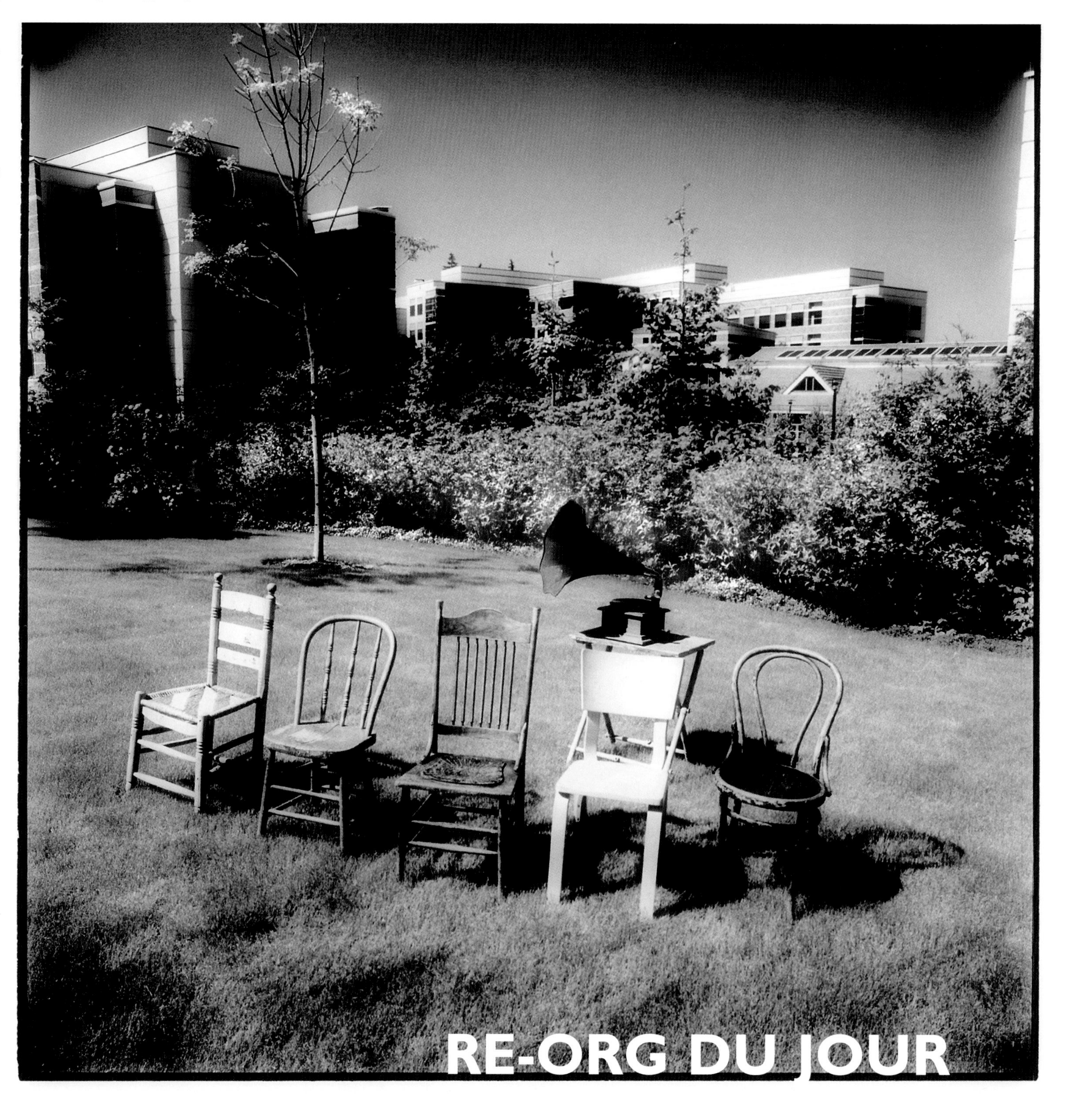

Mike Maples AMBASSADOR; FORMER EXECUTIVE VICE PRESIDENT, WORLDWIDE PRODUCTS GROUP

When I came here in 1988, Microsoft was organized informally, by function. All the developers were together, all the testers were together, all the documentation people were together, and so on. If someone said their project was slipping, we would take extra people off one project and put them on another. Every week, we rearranged things to try to keep dozens of projects on track.

After a while, I realized that we had really outgrown that system. We had one of our first really big planned reorganizations to create business units that were comprised of all the people who were responsible for a particular product. We committed to providing each unit with the resources it needed to get the job done. In turn, each team created a development plan and product schedule and committed to delivering those things. Prior to that, the developers committed to work hard and report accurately. But as business units, they were also expected to finish the product on schedule and ship it.

It didn't function flawlessly all the time, but it was a tremendous improvement. By moving more responsibility down into the organization, we were able to deliver more products. When I left in 1995, we had 250 active development projects. That's more than you can even review once a year, so a lot of products were successfully launched without constant supervision. Management could monitor progress if they wanted to, but if they didn't show up for reviews, the teams had the power to forge ahead and get things done. It seems to have worked. And reorganizing seems to have become a way of life here.

Things were great in the D.C. office. I had a new baby, a new house, great commissions. Then Steve and Jeff start selling me hard on this new position in Redmond. I finally get excited and agree. The next day, they call me and start trying to convince me that the job they just sold me on really isn't the job I want and they now have this other great job. I hadn't even started and I'd already been reorged.

– SAM JADALLAH, FORMER VICE PRESIDENT, ENTERPRISE CUSTOMER UNIT

Hey, Wasn't That Our Exit?

Missing the turnoff is no fun. It's embarrassing. Microsoft almost did that with the Internet thing. Maybe we were too busy trying to find a good station on the radio. Or, as usual, we just had a lot on our minds. It wasn't the first time it had happened, so we had a pretty good formula for recovery. It went like this:

1. *Hit the brakes.*
2. *Slam that sucker into reverse.*
3. *Back up carefully, avoiding any slow-moving followers, some of whom may be closer than they appear in the mirror.*
4. *Find the place where we went wrong.*
5. *Accelerate like crazy toward the new destination.*
6. *Try not to wreck Daddy's car.*

This thing still handles pretty well for a big American beast.

From: Bill Gates

Sent: Tuesday, May 26, 1995 3:37 PM

To: 'All'

Subject: The Internet Tidal Wave (excerpt)

Our vision for the last 20 years can be summarized in a succinct way: We saw that exponential improvements in computer capabilities would make great software quite valuable. Our response was to build an organization to deliver the best software products.

In the next 20 years, the improvement in computer power will be outpaced by the exponential improvements in communications networks. The combination of these elements will have a fundamental impact on work, learning, and play. Great software products will be crucial to delivering the benefits of these advances. Both the variety and volume of software will increase.

The Internet is at the forefront of all this, and developments on the Internet over the next several years will set the course of our industry for a long time to come. Perhaps you have already seen memos from me or others here about the importance of the Internet. I have gone through several stages of increasing my views of its importance. Now, I assign the Internet the highest level of importance. In this memo, I want to make it clear that our focus on the Internet is crucial to every part of our business.

The Internet is the most important single development to come along since the IBM PC was introduced in 1981. It is even more important than the arrival of the graphical user interface (GUI).

A: Debbie Hill, who has worked for Steve Ballmer for 17 years.

Q: Which person has worked for the same manager at Microsoft for the longest time?

Although I used the early Internet as a student in the 1970s, I didn't expect then that the Internet's protocols would become the standard for a network everybody would be talking about 20 years later. Yet by the spring of 1994, Microsoft was betting that the Internet would be really important someday, and we were building support for it into our products.

We were great optimists in the long term, but the years of waiting for online services to catch on had made us conservative in our estimate of how soon large numbers of people would be using interactive networks. When the Internet really took off, we were surprised, fascinated, and pleased. Seemingly overnight, people by the millions went onto the Internet, demonstrating that they would endure a lot more in the way of shortcomings than we had expected.

Today, Microsoft is among the thousands contributing to the Internet's evolution. It's no exaggeration to say that virtually everything we do these days is focused in one way or another on the Internet.

– BILL GATES, from *The Road Ahead*, 1996

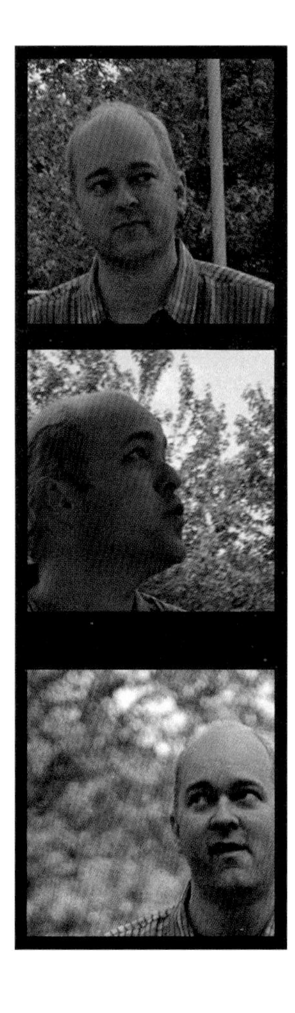

J Allard MINISTER OF SOUL, XBOX

We messed around a lot with all the Internet stuff in the early days because we were convinced that it was going to be really big someday. I think I had the 11th Internet tap on campus. In 1991, if you wanted to get a TCP/IP address at Microsoft, you had to call ITG and fill out a 2-page paper form explaining why you needed one. Then you had to get it VP-approved, and finally, they would send you a sticker with a number on it, a list of all the rules, and the 17 different numbers that made the thing work.

So one of my jobs was to invent a way that you could turn on the computer and have it figure out a TCP/IP address and just work, not just for Microsoft's campus but for the industry at large. I had to break through the ice so that we could have true Plug-and-Play networking, which was a welcome innovation. That was one of the many things that our little gang of 6 or 7 did. This Internet stuff was a completely heart-driven project. We were such believers in the Internet vision. We must have seemed a little too driven at times.

It's amazing to think that 7 guys in a hallway pulled together TCP/IP for DOS, Windows for Workgroups, Win 95, NT, and OS/2 and supported all that stuff, tested all that stuff, and wrote the server code, all in the span of 2 years. The really hard part to believe is that this happened at Microsoft more or less without a lot of micromanagement and supervision. People are amazed that we were such a goofy start-up and could be so agile in such a large company. We just put our heads down and achieved so much with so few people, in such a fast-paced and exciting way. All those decisions got made, and miraculously, most of them paid off.

A guy who often doesn't get enough credit for this is Dave Thompson. I learned so much from him as a mentor and as a manager. What really made it happen, and makes it happen everywhere around this company, is a combination of sponsorship and trust. Dave hired a couple of people that he thought were competent, and he watched us very closely for the first couple of months. Then he decided, "These guys get it. These guys understand the strategic importance. They understand the discipline, they have a vision we can all believe in, and they're ethical people. I'm gonna let them go."

We were allowed to run as fast as we wanted because we were young and anxious and we had this crazy idea that we could pull it off. We take that for granted now. It was born out of chaotic magic, and 5 years later it works so damn well that my mom now goes to the Internet Connection Wizard, answers 3 questions, types in her area code, and it happens. And she has no idea why. That's the case for millions of people, and that was our dream.

My philosophy is that the only people who ever change the world are those who are crazy enough to believe that they can.

It was such a remarkable experience, and it has made me a more effective manager because I try to re-create that atmosphere on every project I touch. I try to make sure we have a common vision, clearly defined roles, and trust across the board. Then I let these young whippersnappers who believe that they're going to change the world run as fast and as hard and as loose as necessary in order to achieve that vision.

Brad Silverberg

FORMER SENIOR VICE PRESIDENT, INTERNET PLATFORM AND TOOLS DIVISION

In 1993, a core group of us at Microsoft—folks like myself, John Ludwig, Steven Sinofsky, Ben Slivka, and J Allard—believed in the potential of the Internet. We believed it would be a technological tidal wave, the force that would define the next generation of computing. Like the previous waves of the PC and then the GUI, it would change everything. We wanted to get in front of the wave, bet big on it, and have Microsoft take a leadership role in making the Internet vision come true. We felt that the company could choose to either get out in front or get crushed.

"It was turning into a crisis here: the Internet could no longer be ignored."

Hindsight makes it all obvious now, but at the time this was a very controversial view inside the company. It's fair to say that many people here, including some of the top executives and strategists, did not accept this view.

But by mid-1995, it was clear that the Internet was real and that the company was behind and had to move fast. It was turning into a crisis here: the Internet could no longer be ignored. The highest levels of the company took action and provided a strong, new Internet direction. At Internet Day—December 7, 1995—we showed the world that Microsoft was serious about the Internet.

While it's great to say that the Internet simply became part of everybody's job here, we still needed somebody to lead it. We needed a vanguard group that lived and breathed the Internet and that would serve as the focal point for the company's Internet strategy. The Internet Platform and Tools Division was formed in early 1996, and after evangelizing the Internet for several years, I was totally excited and driven to lead this group.

Our objective was simple: to establish the leading Internet platform. We wanted Microsoft to be at the center of the new Internet universe, just as we were at the center of the PC universe. So our first priority was articulating an inspiring Internet vision and putting a winning development plan behind it.

At the start of 1996, Netscape Navigator was in the 90 percent usage range and had all the momentum, while IE was still in the single digits. Our team did an incredible job responding to this, culminating with IE 3, which won nearly every review and was years ahead of the competition both from an architectural standpoint (because it was componentized) and from an end-user perspective. Getting behind Internet Explorer was one of the best decisions we ever made.

It's difficult now for people to fully appreciate just how dynamic and fluid a time it was. It really was the Wild West! Every day, big decisions had to be made with practically no information. It was fun, scary, exhilarating, and challenging.

That's what happens when tidal waves break. They spend all this time building energy, but once they break, everything happens really fast. There are no obvious right answers. We had to make it up as we went along.

We had to make some hard decisions about how much the company should change. One feature of the Microsoft culture is vigorous debate, and there certainly was some of that between 1995 and 1997 about how far and how fast we should go in embracing the Internet. This sort of change—the kind that directly affects a company's foundation—is hard. There was a lot of tension, and some of the changes weren't that easy to live with.

When the Internet Platform and Tools Division was formed, many people's personal dreams about the Internet were aligned with the company's goals. That unleashed an incredible amount of positive energy, motivation, teamwork, commitment, and creativity. The team was totally mobilized, and our Internet efforts were well-received. It was a magical experience—the best experience of my career. Anyone who was involved will remember it forever.

Steven Sinofsky SENIOR VICE PRESIDENT, OFFICE MANAGEMENT

In early 1994, when I was on a recruiting trip to Cornell, there was a really bad storm and I missed my plane. I was stuck.

So I walked into the computer lab, and I quickly discovered that lots of students—not just the computer geeks—had mastered the basics of the Internet. Almost everybody was scheduling their classes on line, communicating by e-mail, doing their research on the Internet. They were using Gopher, and they were just starting to use the Web—although the Web was only text and didn't look anything like it looks today. Students would run to the computer lab between classes and check their e-mail. I thought that was really wild.

I was Bill's technical assistant at the time, and part of my job was to keep tabs on things like this. I wrote up a trip report that basically said, "Cornell is WIRED!" And one of the folks over on the Windows team said, "You know, someone in networking has been bugging us about the same stuff. Maybe you two should get together." ***As it turned out, all kinds of people around Microsoft were already getting into "this Internet thing."***

Back to the Drawing Board

Sometimes you get it right the first time. That's called luck. If you don't get it right the first time, you figure out what went wrong, change course, and start over. That's called smart. From Lewis and Clark to Apollo 13, every voyage of innovation and discovery has taken a few wrong turns, only to make the voyagers stronger than ever. No one enjoys starting over, but one thing we've learned after 25 years of striking out in new directions is that if you aren't prepared to make that inevitable trip back to the drawing board, you might as well stay home.

Ben Slivka
FORMER PROJECT LEADER,
INTERNET EXPLORER

The OS/2 project was like 2 guys who get in a car in Los Angeles and start driving toward the East Coast. They want to make it there pretty quickly, so they take turns driving. As they progress across the country, it gradually becomes clear that one of them is heading toward Florida and the other is trying to go to New York City. The same thing was happening with OS/2. Microsoft wanted to get productivity software like word processing and spreadsheets out there with a graphical user interface. That was our primary focus: power combined with ease of use.

IBM was concerned about protecting their mainframe business, so they wanted OS/2 to be a great terminal for connecting to mainframes. We never had any way to resolve those differences. So, in September 1990, we finally decided to go our separate ways, and we focused on the Windows thing.

It was fortunate that we had the Windows group doing that other stuff at the same time. We bought this company called Dynamical Systems Research that David Weise, Cameron and Nathan Myhrvold, and a couple of other folks had started, and we put them to work on the Windows project. David was always, "Ben, come work on Windows," but I always felt a commitment to get this OS/2 thing done. In retrospect, it would have been much more fun to work on Windows.

I think the main lesson to learn from the OS/2 story is that when the goal isn't really clear, it's very hard to be successful. The project was compromised on so many different fronts. IBM didn't want to move quickly to do a 386-specific version, plus they had these goals about mainframes and connectivity, while we were focused on personal productivity and GUI. And nothing happened until we committed to a single, clear vision and just got it done.

"People called it a divorce, but to me, it felt more like we were a teenager moving out of the house."

– BILL GATES

Aaron Reynolds SOFTWARE DESIGN ENGINEER, WINDOWS CE PLATFORM

Along the way, a number of funny things happened, usually due to the massive cultural differences between Microsoft developers and seemingly everyone at IBM. One of the best moments was the sudden appearance of IBM procurement inspectors checking that we had properly secured the latest prototype of the IBM PC. The sight of Steve Ballmer (then the IBM account manager) leading the folks from IBM up and down the hallways of the Northup building while a bunch of us hastily put paper up on the windows and located a copy of the room key will live forever.

Bill Gates CHIEF SOFTWARE ARCHITECT

IBM has been and always will be one of our best customers for applications. But we just disagreed completely about Windows. It's important to remember that they didn't take the PC project seriously for a long time. They were very invested in the mainframe business, and it took them a while to believe that PCs would ever have any effect on their company. Their mainframe efforts took precedence over everything else. And for quite a while, they definitely weren't serious about developing a graphical interface.

A major turning point was when IBM adopted a strategy called Systems Application Architecture and decided that everything on all their computers should be consistent. That meant that their Mainframe Graphics Group in England got to use their standards—instead of the ones we'd been doing with Windows—for the new PC operating system. We told them that we thought this would be a mistake, but that we would work with them if they wanted it that way. But in 1989, when it became clear that IBM was driven strictly by the SAA concept and wasn't interested in small, fast systems, we also began working on the NT kernel by ourselves.

For a long time, we continued to put our best efforts into OS/2. Until September 1990, we had more people working on it than on Windows. We thought that there was a possibility of creating a best-of-both-worlds product. It wasn't until April 1991, when IBM began attacking Windows, that we realized they weren't interested in the Windows market at all. IBM insisted that if we wanted to continue working together, we should stop making new versions of Windows. That was unacceptable to us. Windows was getting strong support from developers and the market, and we were determined to keep betting on it.

Some people have suggested that we were less than straightforward about our feelings about OS/2 and Windows. That's wrong. We were totally clear about when we were going to release Windows versions of our applications and when we were going to do OS/2 versions, and we followed through. The first spreadsheet for OS/2 was Excel, and the first word processor was Word. We supported OS/2, but we were clear every step of the way that those versions would come out after the Windows versions.

Back then, people assumed that Windows was backed by Microsoft and OS/2 was backed by both IBM and Microsoft. And in those days, it seemed obvious that the one IBM was pushing would automatically succeed. I remember being scared as hell to go head-to-head with them. We'd worked with them for a long time, and now we were alone. People called it a divorce, but to me, it felt more like we were a teenager moving out of the house. I'm very proud of the fact that our determination paid off and that we made our bet on a product that consumers really embraced.

Number of employees at Microsoft: Under 40,000

Number of employees at IBM: Over 300,000

A person's errors are his portals of discovery. – James Joyce

"You should be focused on OS/2, OS/2, OS/2." – STEVE BALLMER, 1991

Sam Jadallah FORMER VICE PRESIDENT, ENTERPRISE CUSTOMER UNIT

We put our heart and soul into OS/2. We were selling it hard, and some customers were buying it, but many were resisting. I remember a meeting with Bill Gates and a couple of Air Force generals who were berating him about OS/2 because it was too much like PS/2, which was proprietary. I looked over at Bill just as he wrote OS/2 on his notepad and then drew a big line through it.

It was like we were at the front of this parade with IBM, marching off in a particular direction. After we'd gone a couple of miles, we realized nobody was with us. Customers weren't coming—they didn't want to take the same route. It was us and IBM, leading nothing. Eventually, we stopped marching with IBM and worked our way back to the front of the parade.

Our leadership has always been able to listen to customers, be honest, and admit when the product that we've bet our future on is just not good enough. And that's not easy. I had to go back and explain to our customers that we'd had a change of heart about the stuff I was selling them before. That was a huge credibility hit but also an important milestone because we realized that doing what we thought was right wouldn't hamper our success. In fact, it helped us become an industry leader. That's how we were able to usher in the graphical user interface that we believed in so strongly and that our customers wanted.

Mark Zbikowski ARCHITECT, WINDOWS 2000 CORE OPERATING SYSTEM GROUP

The first time I went down to IBM in Boca Raton, I had a large list of bugs that we needed to work out of the operating system. I got into the lab with these guys, and we just started knocking problems out. About 8 o'clock, we all felt pretty pumped about the progress we had made, so we decided to celebrate at this place called Dirty Mo's Oyster Boat. We sucked down oysters and drank beer for a couple of hours and had a great time. When I showed up to work the next day, there was an IBM lawyer in the office of every person I'd been out with, telling each one of them that he was forbidden to spend time with me outside of business hours. IBM was just riddled with policies like that.

I became a pariah. I couldn't hang with these guys, so I had nothing to do after work. They could go home to their families or go out together, but I was on my own. So I started coming in at 6 a.m., and they had to scramble to get somebody there to work with me. Then I told them that since I had nothing but work to fill my time, I would stay until 11:00 each night. One of the managers came to me and said, "You've been doing a great job here, but can we cut back on the hours? Some of these guys want to be with their families." And I said, "What about me? I'm 3,000 miles from my family. If all I'm allowed to do is work, that's exactly what I'll do."

When that was over, I told Steve Ballmer that I didn't want to work with IBM again. So he asked me to help Gordon Letwin figure out which way to take DOS. And we decided to take it in the direction of being a multitasking operating system. That turned into OS/2. And, of course, who did I have to work with again? IBM.

This time, it was supposed to be a different relationship, more like joint development. But where there's a dog, there's always a tail, and it was no big mystery which one we were. OS/2 turned into a disaster for us because IBM was using it as a vehicle to ship their own hardware. We were trying to make a product that would run on many different manufacturers' hardware. That poor operating system was always flying against the wind.

And the cultural differences with IBM were just tremendous. One day, we told them to get whatever people they needed to make the decision into one room and I would fly down to Boca and we would spend a day hashing out the technical problems, make a decision, and get on with it. So I flew to Boca. I walked into a room with 40 people, and we spent a good 8 or 10 hours going over everything. About 4 people out of the 40 ever spoke. At the end, we reached a rational compromise. I said, "Okay, we're in agreement? Can we just go forward with this?" And someone said, "Oh, no. We have to go check with some other people."

It comes down to the fact that they had very different business goals than we did. They sell hardware. And we're in business to get royalties on every copy of software that's sold. So there was real tension. Every release that we made was returned with a list of requirements that would turn OS/2 into a way to leverage their other stuff. Our point was that this was all well and good, but we should do stuff for other hardware, too. And they said, "No. Absolutely unacceptable."

Some people claim that Steve and Bill had the Windows vision all along and that they were using this OS/2 project as a delaying tactic until they could get their thing done. But I don't think so. Microsoft invested far too much time and money in OS/2 and the relationship with IBM for it to have been some elaborate bait-and-switch deal. I think that when it became clear that Windows was what we ought to focus on, we just completely committed to it. Windows NT and OS/2 were not separated at birth; they're completely different operating systems.

We simply needed to go somewhere else. OS/2 was very tightly tied to the X86. We wanted to go with other architectures, and we needed to make sure that we had an operating system that could take us there. It needed to be a little more scalable. It was a catch-up game in the sense that the hardware had gotten ahead of us, but we picked up speed pretty quickly once we started traveling in the right direction.

Tod Nielsen

FORMER VICE PRESIDENT, PLATFORM GROUP

Access was derived from a project we started in 1987 that we code-named Omega, but Omega couldn't decide what it wanted to be when it grew up. We tried to be good at everything, but the end result was that Omega wasn't great at anything. The most accurate positioning statement we came up with to describe Omega was something like, "A competent database with adequate usability." When we would show it to customers, the best feedback we heard was, "It's got great potential"—which is always a bad sign—and we realized we didn't have a winner. By 1990, we decided to kill it and start all over.

Since Omega had been widely written about in the press, with our new start I wanted to see if we could have a much lower profile. I wanted our new code name to be Mr. Po-Data Head—after all, I figured that no writer in his or her right mind could write a story that Microsoft was working on project called Mr. Po-Data Head. Fortunately, cooler heads prevailed and we code-named it Cirrus.

Around one-third of the code from Omega got transferred to Cirrus. Developers often say that they'd love to be able to start over again on a project so they can fix all the mistakes they made. Well, even though we weren't thrilled about it, we got that chance. We certainly knew where all the black holes were and how to avoid them. We built a database product called Access, and proved that sometimes success starts with starting over.

"We decided to *kill it*

and start all over."

"I just didn't do a good job of stopping Omega when it needed to be stopped and refocused. The project had been in development for a long time and was within two or three months of shipping, but it stayed that way the next year and a half. I should have said earlier that this isn't going to happen, it isn't the right product."

– MIKE MAPLES, AMBASSADOR; FORMER EXECUTIVE VICE PRESIDENT, WORLDWIDE PRODUCTS GROUP

Brian Arbogast VICE PRESIDENT, KNOWLEDGE WORKER SERVICES PORTAL

The biggest lesson we learned from Access is that you always have to ask the right questions: What do customers want? Why do they use a competitor's product? And what can you do to change that? As the underdog, we had to keep an eye on our customers and on the competition at the same time, and I think that helped us make Access a better product. It also helped that we got some grief from people in the industry. They were saying "Microsoft will never understand the database market. They're just spreadsheet guys." That motivated us to prove them wrong.

Not only did we prove that we could be a database company, but we did some great things with Access that the competition wasn't doing. For example, we built a function that displayed the results of a query as the data arrived; other databases made you wait until the whole query was done. If you were doing a query that was going to return 10,000 records and take 5 minutes, within the first 5 seconds Access would give you a screenful of data. This is just one example of the many things we did in Access that our customers loved.

Getting it Right

When you learn to ride a bicycle, you don't just climb on board and pedal effortlessly to the park. You fall down and scrape your knee a few times. You cry, then you climb back on and try again. And again, and again. And, eventually, you get it right.

Success doesn't come easy. For every triumph, you must endure dozens of humiliating mistakes and miserable failures. Thomas Edison burned up thousands of filaments before discovering the magic thread that made the light bulb possible. If he'd given up after ten tries, sat in the corner and pouted, we'd all be sitting in the dark. If you're doing something new, you have to face the fact that you'll spend more time being a loser than being a winner. It's just part of the deal.

One such product is MSN, originally conceived with a simple idea in mind: providing consumers with the best online experience. It's not as simple as it looks. Back in 1992, it wasn't entirely clear what an "online service" was—everybody knew we'd all be online someday, but nobody knew how.

In the absence of a clear roadmap, MSN went through phase after phase, reinventing and resurrecting itself in "Internet Time," burning through dozens of business models and marketing plans. Starting as a proprietary online service like Compuserve or AOL, then transforming into an entertainment network, then reinventing itself as the harbinger of the "Everyday Web," the history of MSN taught us valuable lessons about what we could—and couldn't—do on line.

Brad Chase SENIOR VICE PRESIDENT, CONSUMER GROUP

We learned a lot from our mistakes with MSN. We started out trying to build a proprietary online service. That was a decent effort, and it taught us a lot. But eventually, we learned that the Web is a service business, and it's very different from what we'd done previously with packaged software. We discovered—the hard way—that people don't want to be in a controlled environment, they want to pick the set of services they use to access the full power of the Web.

In 1995, we tried to become a broad-based entertainment network—like a World's Fair for the Web—and we created a lot of entertainment content, a lot of creative content. Let's just say that it didn't go well. Content is important, but content for content's sake isn't what our users were looking for. And it certainly wasn't one of our core strengths. We're a software company, and our strength is in the area of personal productivity.

These experiences put us in a great position today. We learned to stay focused and not try to do too much at once. We learned to develop a good strategy and communicate it effectively to the teams so they can execute on it. And it's working: our traffic is going up, our revenue is going up. MSN as a whole keeps growing month after month, while many of our competitors are actually shrinking.

Yusuf Mehdi VICE PRESIDENT, MSN MARKETING

It's been a long, weird road, but I think we've found the best way to achieve the original vision of MSN—to provide the best online experience. We're focused on the things we think are core to the Web—shopping, e-mail, and communication—and we're using our core strengths in software to make them as good as possible.

You could say that some of the things we've done with MSN in the past weren't necessarily "wrong," just ill-timed. Steve Ballmer likes to say, "When you think about us in comparison to AOL, we were late. But if you think about the direction the Web is going, we're early." And I think he's right. With MSN today, we're taking a different approach from what's on the Web today. We're trying to provide the content and services that help make the Web an indispensable part of everyday life—we call this the Everyday Web.

So we're concentrating on really basic stuff—things people can really use, like free e-mail, a really good search engine, instant messaging, communities—and making them as open as possible so people can get to them wherever they are, from whatever device they're using. As for the content, we're partnering with people who do it best—outside companies as well as joint ventures like MSNBC—and we're taking some of the services we've built for MSN, like CarPoint and HomeAdvisor, and setting them free as separate companies. And none of those things would have happened if we hadn't tried to do them ourselves—and failed. It's really helped us define our strategy.

And we're still not finished.

Russ Siegelman FORMER VICE PRESIDENT, MSN

Originally, we thought of MSN as a complement to a lot of other things we were involved in at the time. We were getting more involved in e-mail, and we thought an online service would be synergistic. We thought we could deliver online product support at a very low cost. And Bill thought that online distribution would be a big delivery vehicle, and that we needed to participate somehow. That was how we saw things at the time. In those days, there was an Internet, but there was no Web. Nobody had any idea what online services would look like in 5 years, and we had no idea how big the Internet would eventually become.

We were dead-set on getting MSN ready in time to launch with Windows 95 when it became clear that Internet support was critical. But we'd already gone too far down the road to turn the entire development team around and rebuild from scratch. So we did what we could—we set up a parallel development team that managed to get Internet access and Web browsing into MSN in time for the launch. In hindsight, we could have gone further—basing the entire service on Internet standards and protocols like HTML and TCP/IP, but we just didn't know how important they would be at the time.

There were a lot of really tricky issues when we started, a lot of difficult choices to make. Would it be an open service that used existing networks and content, or would it be a proprietary service like AOL? Would it be free, or supported by advertising? How would we gather content? Would we host and aggregate the stuff, or develop it ourselves? In hindsight, most of these decisions would seem pretty easy to make, but at the time they were all open questions. Eventually, we ended up doing "all of the above."

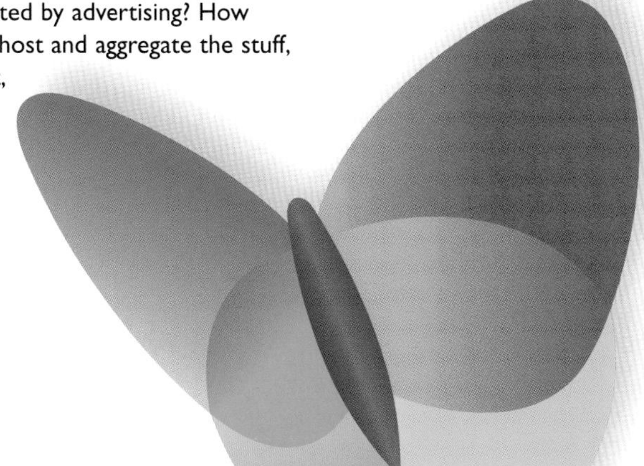

"We've always tried to take a long-term view of business, which enables us to make long-term bets."

Neil Holloway VICE PRESIDENT, EUROPE, MIDDLE EAST, AND AFRICA

I think there are three reasons that we've enjoyed a great deal of success in the enterprise markets here in the UK. First, we've always tried to take a long-term view of business, which enables us to make long-term bets. People in the sales and marketing world tend to take a more short-term view. Back in 1994, our management team created a vision statement for what Microsoft UK would look like in 1998 after we had met our goal of winning over some of those elusive enterprise customers. And then we just planned for that future. That vision drove us to take some chances and to pursue some strategies that took longer to achieve but, in the end, delivered more than just a few one-year deals.

A second element of our success has been the quality of the people we've hired. We definitely went out and found the expertise that enabled us to win those early enterprise customers. Those people have subsequently gone on to great things all over the company. But it takes great people to hire great people. You have to make the commitment to go after the people you need in order to achieve your goals.

Finally, we've managed to create an environment where people have the freedom and visibility to do their jobs in the best way they know how within the parameters of our goals. If you think about the challenge of running a complex business, it's pretty obvious that you've got to get everybody committed to a few broad principles, such as customer service. But once you do that, if you've hired smart people, you have to trust them to do their jobs. If you can't truly empower them, they'll never be able to deliver the kind of results you need. Oddly enough, when you give people enough freedom to do their own thing, the interdependence just naturally falls into place. When Steve Ballmer comes to do the mid-year reviews, he always comments that we're probably the most independent yet integrated management team in the company.

We've earned the right to do things our own way precisely because we've taken a long-term view. The UK sub has always had the reputation of pushing back a lot. Steve loves coming to the UK because we don't just sit there and say yes. Of course, he and Bill both expect to be challenged in appropriate and intelligent ways. You can't just carp and whine. But you're free to develop your ways of doing the job if you can present a good case for your approach.

Many people say we still haven't got credibility in the enterprise market at the highest level. But we're well on our way. We had some successes very early on, after the launch of Windows NT, when customers in the UK decided to use NT as the platform operating system for their branch systems. That was the first time that people here began thinking about Microsoft as a serious player in the enterprise market. And then Exchange came along and gave us quite a bit of credibility from an enterprise management perspective. And then SQL added to the momentum. But it was definitely the launch of Windows NT that got us going with big business customers. And we still have plenty of room to grow.

If you bought Microsoft stock in the early years, you can skip this part because you understand the value of taking the long view. It's not always easy to take the long view, however, especially in a culture where short-term gains are a way of life and 25 years is considered a long time. No one can accurately predict what will happen in the future, but one thing that holds true is that you won't have much of a future unless you invest in it now. That's why we have Microsoft Research. That's why, in spite of the fact that MSN has had more identities than a secret agent, it's still here and is going through yet another metamorphosis. And that's why we're still taking long-term bets on some fascinating projects and ideas that may or may not take wing but will certainly make life interesting in the years to come.

Peter Boit VICE PRESIDENT, E-COMMERCE

When you think about e-commerce, it crosses so many Microsoft boundaries. It involves the core platform and so many of our other assets, including online assets, wireless assets, and device assets. It also involves a lot of our partners. Everything that we have as an organization can be included in a very rich e-commerce scenario.

This is the coolest job because it just stretches my head every day. I'm responsible for worldwide dot-com sales and service strategy, and I also have a sales and consulting organization based in the U.S. that's responsible for selling to dot-coms and developing relationships with venture capitalists, incubators, and the new influentials. Before I came to e-commerce, I managed Microsoft's worldwide licensing organization. Licensing is fast-paced, but it's a big battleship. You've got to take into account hundreds of partners and customers, and you can't shake up the market too much. In dot-com land, it's just snap-snap-snap. You've got to hang out the risk shingle; you've got to move quickly, to make 10 decisions and hope 7 are good ones.

We have a ton of work to do because just when you accomplish something in the e-commerce space, the market just blows away the lid. When I started in this job a year ago, we had a great following from customers and we actually had pretty good penetration. But even though people understood that we were the fastest to market, had easy-to-use tools, and were a great place to start, they weren't convinced that we were the platform to go with over the long term. We hadn't really established a presence or relationship with the new investment community and new types of publications and all the other people who were creating the online groundswell. But I think we're getting the message out that Microsoft is the choice for e-commerce leadership in the new economy.

When you put all of our assets together, I don't think there's anyone like us in the world. The thing about working here is that there's so much passion about what we're doing. And that's contagious. It makes every other place just seem boring.

Michael Silberman EXECUTIVE EDITOR, MSNBC.COM

Things looks a lot better now for interactive television than they did in 1996, when Microsoft moved its ITV effort to the back burner. It's on the radar screen again. Cable and telephone companies are building the infrastructure to support ITV. They're investing in broadband and figuring out that it doesn't matter what the pipe is because you can use the same pipe to deliver things to a PC or to a TV. Right now, it's just around the corner. In fact, it's starting to roll out. Not just in trials, but in actual deployments.

When the TV first came out, people thought it would replace movies and radio. Instead, it became another choice. Now, the Web is yet another choice. It won't be a case of one medium disappearing or dominating. Some tasks will make more sense in one setting versus another. I think that the TV and the PC will become more like each other, but they won't truly merge. There are all kinds of ways to think about how different devices might fit together and how user experiences might fit together. Users will be able to move from one experience to another and between devices.

Let's say you're channel surfing and you click on MSNBC, where Brian Williams is talking about a particular news story, and he says, "Find out more on MSNBC.com." Then a link appears on your television screen, and when you click the link, the story appears on your Tablet PC. You can keep watching your television as Williams moves on to other topics, while you look at the details on the first story or save it for later.

MSNBC is now producing original Web video shows, too. We have something called Video Headlines, which offers two-minute video news that is updated every hour. You can go to MSNBC.com, watch a little news report for two minutes, and then go on to the next thing. We're starting to make that interactive by providing related links to MSNBC, so it's quite similar to enhanced television. If you can wrap additional information around the news with Brian Williams on TV, why can't you do the same thing for the Web?

MSNBC.com has always been at the leading edge of technology. And right now, we're making the case to our parent companies that we can expand a bit and invest in some of these exciting new ideas. Both NBC and Microsoft believe in the importance of interactive television, broadband, and wireless, so now it's a matter of combining our assets and making the investments of time, money, and technology. MSNBC is the place to be for convergence—I think it's the future of news. Fewer and fewer people watch traditional network news at 6:30 every night because there are better ways to get your news, whenever and wherever you want it.

Lewis Levin MICROSOFT VICE PRESIDENT AND CEO OF TRANSPOINT

I have enjoyed being a CEO at Microsoft—or at least effectively a CEO, because Microsoft serves as managing partner of a joint venture called TransPoint. Of course, this business is a bit smaller than Steve's, but I face similar issues: a demanding board of directors, challenging technical objectives, vigorous business competition, and impatient investors. So impatient, in fact, that we are merging TransPoint with CheckFree, with the joint venture partners splitting a 23 percent stake in CheckFree.

Our mission is to enable people to see and pay their bills on a Web site—or "bill presentment," as it's known in industry jargon. This is an area that we believe is a great example of software as service. Consumers will get a great Internet service for next to nothing; our business model is based on charging the billers for distributing their bills and collecting the payments. We knew it was a gamble, because widespread use of what we were building requires a lot of participation from many companies in different industries. We knew customer adoption was a long way off, but we knew it could be big—so we invested. CheckFree is a partner that is well positioned to be a leader. And we can get more consumers to use the service on MSN.

Paying bills on line sounds easier than it is. Bill was one of the first to recognize that parts of this are "grungy" and that we're not very good at the grungy stuff. He said, "We should find someone who is." Our joint venture partner, First Data Corporation, is the largest processor of credit card and debit card transactions in the world. They shared our vision of capturing more bill payment transactions on line. The challenge was to connect lots of billers' legacy billing systems to lots of users so they can pay their bills in one place—but at different places for different users. The result is a platform that can automate a surprisingly complicated service. I've been at Microsoft for over 14 years, and I think two of our strengths are building great software and driving mass consumer adoption. Let's just say that the service part has been a real learning experience.

The insight that we needed partners was right on. Now Microsoft will be able to focus on the parts that we do best, and we will gain a partner who will help us deliver a great .NET service.

Microsoft's underlying premise always has been to play for the long term. We're here to build a great company, build great products throughout the world, over the long term. We're not here to satisfy Wall Street's insatiable and really short-sighted quarter-by-quarter type of thinking. Our products may take a little time to get where they are, but we stay with it. We gain market share where we can, we get into new product lines where we should. Microsoft is always devoted to the long term. – FRANK GAUDETTE, FORMER VICE PRESIDENT, FINANCE AND ADMINISTRATION

When you're chasing a goal, all the tactics you put in place are just tactics. Being able to discard tactics and still pursue the goal is very important. I think we thrashed around a bit with MSN. We assigned too few people to too many things. Experimenting is clearly important—because you learn, right? We helped expose customers to different kinds of content, but there came a time when we couldn't afford to do a whole bunch more experimenting. We had to take the lessons we'd learned, make some bets, and go forward. Our work here is to determine what people truly want—that's the key to our quest. We have to ask: What are the most important things that Microsoft is going to do? And what are our core values and core competencies? We have to decide to use partners to do the other things, like Expedia. We have to focus on the areas where we have the most expertise and where we can make the biggest contributions.

– JON DEVAAN, SENIOR VICE PRESIDENT, CONSUMER GROUP

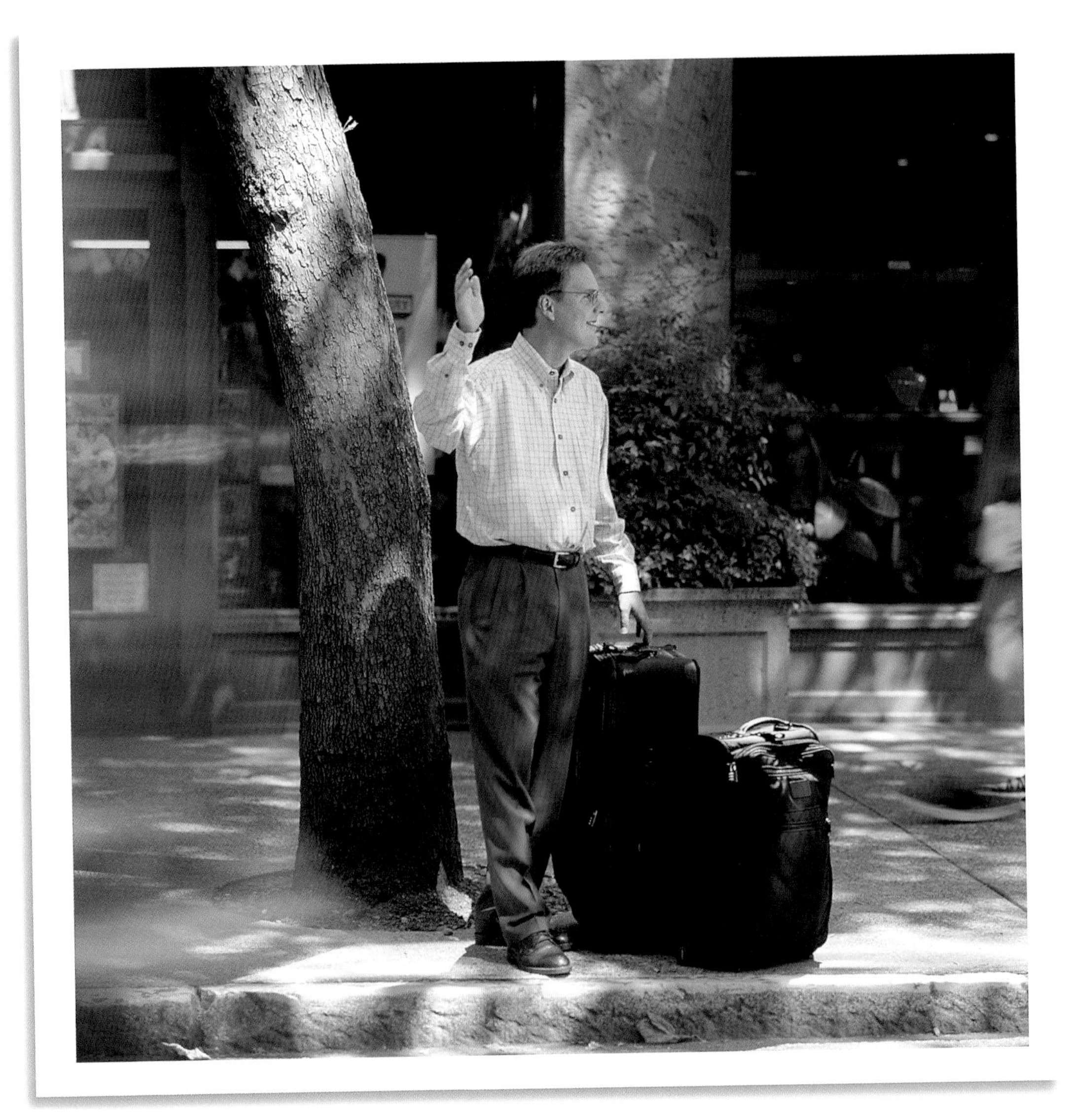

Byron Bishop VICE PRESIDENT, EXPEDIA

Starting a new product group at Microsoft is great. I've done it 3 times. There are hundreds of ideas running around Microsoft at any one time. The challenge is to convince people that your idea is actually worth spending money on. The process is very informal. You boil your plan down to a slide deck and you say, "Here's the opportunity, here's why we can do this, and here's why we can do this better than others. And this is how many people we need to do it." You may know that you'll eventually need 150, but you start with a request for 20, and as you create cool, impressive stuff, you get more people.

When Rich Barton started Expedia, I think he always knew in the back of his mind that it had the potential for spin-off. We wanted to be the world's largest and best travel agency. Microsoft wants to remain the world's largest and best software company. Those aren't necessarily at odds with each other, but they come with different priorities. ***Microsoft invests in things that it thinks are important to create a market, establish a platform, and build momentum for a technology.***

To be successful in the travel industry, we had to invest in much more than technology. Once we gained a certain amount of success, we had to ask ourselves whether our efforts still made sense inside of Microsoft. During our annual review with Bill in July '99, it came down to one question: Can we take the leap and spin the company out? He said yes.

When we spun out, we got 136 of 142 people to stay with Expedia. That's saying a lot, because Microsoft is a great place to work. And there are lots of advantages to working in a well-established company. But the blessings are mixed. Sure, people return your phone calls quicker when you work for Microsoft, but there's more separation between the different parts of the business. Here, everybody is really in touch with the business operations as well as the product. Everybody wants to know, "What were yesterday's ticket sales? How many hotel rooms did we sell? What deal got signed?" I like this environment a lot.

It's interesting being an 80-percent-owned subsidiary of Microsoft. The company is an excellent shareholder. There's a wealth of expertise and experience for us to draw on. They're always encouraging us, saying, "Go get 'em, guys. We're here for you." But there is never the sense that they always know what's best for us. We're in a different market. It's a supporting relationship, not an interfering one. This is an exciting time for us. We have a big vision.

Mark Hickling EDITOR AND PUBLISHER, CARPOINT

I was either the second or third person hired onto the original CarSource project back in October '94. We were part of a mad dash at Microsoft to get lots of cool new CD-ROMs onto store shelves as quickly as possible. Our product was going to have all of the reference materials that a person could want for new car planning, purchase, repair and maintenance, insurance, everything. We were on track to be the Automobile Encarta of CD-ROMs. It was also going to have online hooks so you'd be able to go on line for updated invoice pricing reports. This was very cutting-edge stuff then. There was nothing like it.

But right around the end of the first quarter of '95, we decided to halt the charge to the store shelves. It didn't look like a barrage of CD-ROMs was the answer anymore. Things were changing quickly in the market, and a number of projects were shut down. But the cool thing is that we were pretty nimble. We've always been able to recognize new opportunities and quickly retool our plans using much of what we already have. We decided to build a thin version of the CD-ROM product for distribution on MSN. It was a close shave, but we saved the product and our team. And it created tremendous excitement because no one had ever seen an application like this on line. Back then, only MSN subscribers could get to the product, and we were anxious for a bigger audience. So we retooled again and became the first Microsoft product site on the Web—and we changed our name to CarPoint.

Now we're putting together a total killer next-generation online automotive package. For example, we know what customers want because we see what they search for. We'll be able to use that to help car manufacturers decide what to supply. ***We're no strangers to reinvention.*** We've proven that we can move quickly, change direction, and catch up with new challenges and opportunities. I'm sure we'll be able to do it again and again. I'm certain that CarPoint will continue to survive and thrive.

Bryan Mistele GENERAL MANAGER, HOMEADVISOR TECHNOLOGIES, INC.

Working here has been like riding on a rocket. I started in 1995 and soon had two program managers reporting to me. Now I've got over 250 people, and I'm a general manager. We run a great business and consumer site called HomeAdvisor. We automate the entire mortgage process, and we sell productivity tools to the real estate and mortgage industries. We're really in 3 businesses, and they have a lot of synergies between them. But the heart of the business is making it as easy to find a home and get a mortgage as it is to buy stock on line.

To accomplish that, we have to really nail the trust factor. We've done that by partnering with 4 of the top companies in the mortgage space: Freddie Mac, Chase Manhattan, Bank of America, and GMAC. These partners represent about 50 percent of all the mortgages in the U.S., and they now own part of HomeAdvisor. So our platform instantly had critical mass. All of the investors, including Microsoft, are very astute equity investors who bring a lot of due diligence to the process.

The decision to leave Microsoft happened when it became clear that the way the HomeAdvisor business model was evolving was not directly in line with Microsoft's core competencies. Automating a mortgage transaction is very complicated, and it requires a significant investment in terms of people and resources. This business model doesn't work without the kind of partners who can drive the volume and set the rules. So we decided to create an independent company.

SOLD

We have a huge opportunity here—this industry accounts for over 15 percent of the GNP in this country. At this point, before going public and separating from Microsoft, we've got revenue commitments from 50 percent of all the mortgages in the country. Whether or not we ever get another customer, we've already created a very successful business. HomeAdvisor's revenue will be significant in 2 to 3 years because of the partners we've already signed up.

Since our revenue is essentially guaranteed, it's a little bit easier to think about separating from Microsoft. As we get closer to IPO and people are given the option of staying with Microsoft or going to HomeAdvisor, that's when the rubber will really hit the road. It's a big managerial challenge to ensure that a high percentage of those people go with us. The only way we can do that is by creating a lot of enthusiasm about where the business is going.

In the past year, 15 people on our team have become new parents, including me. I want my people to work like they're in a start-up, but I also want to be home by 7 p.m. so I can put my baby to bed. I see both sides. It's not easy to accommodate family life when there's so much work to do that sometimes you can't even breathe. I don't know the answer. But we're trying to work that out. We recently had a Baby Day, where everybody brought in their babies and we had pizza and cake and got to meet all the other kids and share our experiences. It was a lot of fun, and that's the kind of work environment we want to create here.

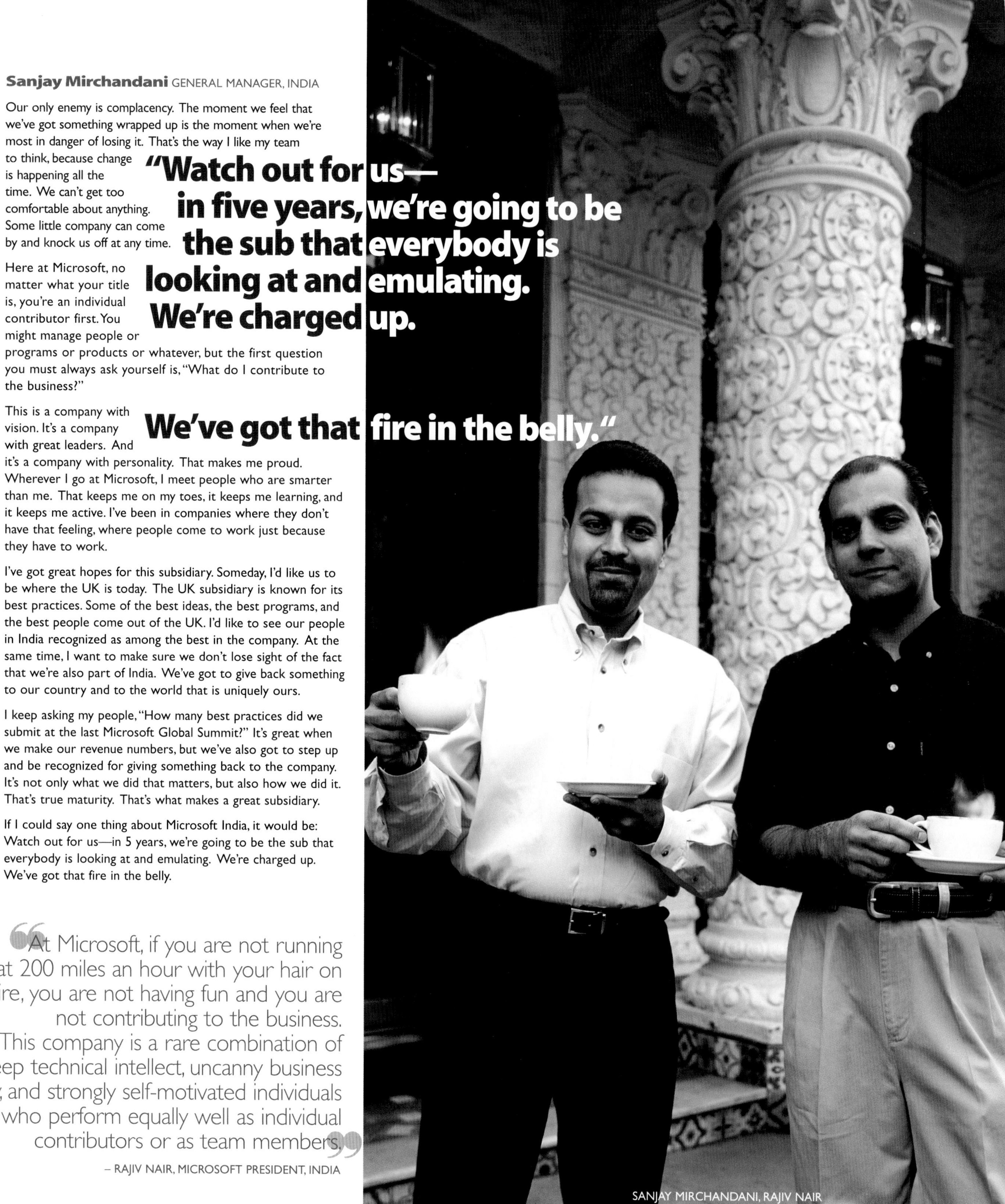

Sanjay Mirchandani GENERAL MANAGER, INDIA

Our only enemy is complacency. The moment we feel that we've got something wrapped up is the moment when we're most in danger of losing it. That's the way I like my team to think, because change is happening all the time. We can't get too comfortable about anything. Some little company can come by and knock us off at any time.

Here at Microsoft, no matter what your title is, you're an individual contributor first. You might manage people or programs or products or whatever, but the first question you must always ask yourself is, "What do I contribute to the business?"

This is a company with vision. It's a company with great leaders. And it's a company with personality. That makes me proud. Wherever I go at Microsoft, I meet people who are smarter than me. That keeps me on my toes, it keeps me learning, and it keeps me active. I've been in companies where they don't have that feeling, where people come to work just because they have to work.

I've got great hopes for this subsidiary. Someday, I'd like us to be where the UK is today. The UK subsidiary is known for its best practices. Some of the best ideas, the best programs, and the best people come out of the UK. I'd like to see our people in India recognized as among the best in the company. At the same time, I want to make sure we don't lose sight of the fact that we're also part of India. We've got to give back something to our country and to the world that is uniquely ours.

I keep asking my people, "How many best practices did we submit at the last Microsoft Global Summit?" It's great when we make our revenue numbers, but we've also got to step up and be recognized for giving something back to the company. It's not only what we did that matters, but also how we did it. That's true maturity. That's what makes a great subsidiary.

If I could say one thing about Microsoft India, it would be: Watch out for us—in 5 years, we're going to be the sub that everybody is looking at and emulating. We're charged up. We've got that fire in the belly.

"Watch out for us—in five years, we're going to be the sub that everybody is looking at and emulating. We're charged up. We've got that fire in the belly."

"At Microsoft, if you are not running at 200 miles an hour with your hair on fire, you are not having fun and you are not contributing to the business. This company is a rare combination of deep technical intellect, uncanny business savvy, and strongly self-motivated individuals who perform equally well as individual contributors or as team members."

– RAJIV NAIR, MICROSOFT PRESIDENT, INDIA

SANJAY MIRCHANDANI, RAJIV NAIR

If You're Going to Go Overboard on Anything, Make It Excellence

Microsoft is known for many things, and lack of aspiration is definitely not one of them. So it should come as no surprise that one of the prevailing notions here is that if you're going to go to the trouble of being the best at one thing, you might as well go ahead and be the best at everything you do. Maybe that's impossible, but as a goal it's admirable. And it's been a very effective motivator. How can you complain about a company that strives to be best of breed in everything it does—research, sales, hiring, product support, and, of course, creating software? Perfection, after all, is the only thing worth aiming for.

Having almost 40,000 people aiming at being best of breed is quite an asset. No one can afford to waste such a powerful resource, which is why we make every effort to collect, collate, and communicate throughout the company all of the best practices that have been developed by Microsoft employees all over the world. It seems to be working.

Susanne Lund Lyster
ENTERPRISE ACCOUNT MANAGER, DENMARK

Everybody is so curious about this company. My 85-year-old grandmother, who lives way out in the country, knows all about Microsoft. There are so many rumors and stories. Everybody has opinions about us, which is both good and bad.

I meet with the CEOs of some of the biggest companies in Denmark, and sometimes I'll be talking serious business when someone will suddenly make the most irrational comment, like, "Why should we pay this much for your software? Bill Gates is already rich enough."

My response is that we have very good products and they are priced very fairly. But it still bothers me. Bill Gates would never make that comment to someone from another company. That's a part of our image that we can't do anything about, because it's true, we are successful. It's not us or our products that they're complaining about, it's our success. I find it hard to know how to respond because I'd feel pretty silly saying, ***"I'm sorry we're so successful. If we were less successful, would that convince you that we're a better company?"***

People are often told that they should learn from their mistakes, but I think that in our eagerness to learn from our errors we forget that learning from success is also very important and is perhaps harder to do. Whenever we make a mistake here, we carefully examine what went wrong, and we make sure that we've learned something about what not to do next time.

But when you have a success, you're so pleased that you often don't take the time to examine exactly what you did to make that happen. If you don't document and share the secrets of your success, you'll be the only person who knows how you achieved it and your knowledge will go no further. That's why I think that learning from success is something we should never forget to do.

– PAULA APREUTESEI, MARKETING SPECIALIST, ROMANIA

Mike Murray FORMER VICE PRESIDENT, HUMAN RESOURCES

In *Fortune's* 1992 annual CEO survey, Microsoft wasn't rated as the best-run company, but we did show up as number one in one category: the ability to attract, develop, and keep employees. I thought to myself, "That's a great definition of what a human resources organization ought to be. Just as we do with our products, we should try for best of breed in all of our business disciplines." So I set out to build a human resources organization that would be an example across industries.

Sherri Bealkowski
GENERAL MANAGER, FIELD COMMUNICATIONS AND STRATEGY

Worldwide Best Practices is our new initiative to facilitate capturing, sharing, and adopting Microsoft's best practices from our subsidiaries around the world. We know that many people are doing great things out there, but until now we haven't had a central process for documenting and disseminating them. It will be a huge productivity gain for us when people across the company have access to practices that are proven winners. To motivate people to participate, we're organizing an awards program, and the best ideas will be available on InfoWeb.

This project is more than just a collection of pretty good ideas; each idea will be carefully analyzed and screened to meet strict criteria. For example, can a practice be repeated or does it depend on market conditions that you can't reproduce elsewhere? Is it scalable? If I'm in South Africa and I look up a best practice from a huge sub like Germany, it should be flexible enough to work in my market. And, of course, did it deliver results? A lot of times people talk about good ideas but they can't connect them to tangible business results.

I believe that this kind of initiative is a powerful tool for success and survival. No company is too big or too small to take advantage of its own internal information and experience. If we want to continue leading the way with knowledge management, we have to demonstrate that we know how to use it here. We have to exploit our own best technology and ideas, and we have to provide useful examples of exactly how we use them and how customers can use them, too.

Microsoft is a really a collection of people who are very internally driven. I think the outside world misses the point. It is not a corporate expectation. It's an expectation held within each one of us—to do what it takes to make it happen.

– SARAH ALEXANDER, GROUP COMMUNICATIONS MANAGER, LAW AND CORPORATE AFFAIRS

We'll Never Do That Again

The person who never made a mistake is the person who never tried anything interesting. Mistakes are as inevitable as they are discouraging, so mistakes are not forbidden at Microsoft. But if you can't learn from your mistakes, they're a complete waste of time. The rule here is simple: it's all right to make mistakes, but you're only allowed to make the same mistake once. Making the same mistake twice demonstrates lack of imagination. And lack of imagination is forbidden at Microsoft.

Jeff Raikes GROUP VICE PRESIDENT, WORLDWIDE SALES, MARKETING, AND SERVICES

In 1984, we shipped Multiplan, the first application for the new Macintosh computer. But a few weeks after the shipment, we discovered that it had a very serious bug. Jeff Harbers, who was the Director of Development, and I decided that we should probably recall the product, which meant that we would have to replace all of the product on the retailers' shelves and give our customers a free update. That was a very tough decision because we knew it was going to cost the company a lot of money and it would be a real blow to our reputation.

We went to discuss the situation with Bill, and we went into that meeting wondering whether we were going to have jobs when it was over. I can still see him sitting there on the couch in his office, kind of rocking, the way Bill does, while he listened to our story. He didn't say much, so we kept talking until we finally got to the part about recalling the product and how it was going to cost the company at least a quarter of a million dollars and perhaps an incalculable amount in terms of our reputation. We were waiting for the big blow, and then Bill leaned forward and said, "Well, you came in to work today and you lost a quarter of a million dollars. Go home, and when you come in tomorrow, you can hope to do better." And that was the end of the meeting.

Some leaders talk about how they allow people to learn from their mistakes, but Bill actually means it. He understands that we are in the business of doing things that have never been done before, and you can't do that without making a few mistakes. The day we stop making mistakes, it will be because we're not striving hard enough.

Franklin Fite FORMER GENERAL MANAGER, WINDOWS CE PLATFORM TEAM

I spent my first two and a half years here on a project that didn't turn out: the first hand-held systems that Microsoft tried. "At Work" added a tiny Windows into workplace machines like faxes and copiers, and WinPad was our handheld device. We went after these devices, and we technologically produced them. But it became obvious after a couple of years that, as hard as it was to admit, there was no business there. The products were too expensive to make.

"We're in a company that values learning from failure, so we got to try again."

We cut the cord, merged our team with the Pulsar project, which was working with wireless networks, and brought in a guy from Windows. Now we had a brand-new team, the Windows CE team, with a new challenge of building a hand-held device with an operating system in it that could connect in a wireless mode. **So, it was a morale hit but not a disaster.** It wasn't fun to have something you worked on for two and a half years not end up seeing the light of day, but we stayed. We're in a company that values learning from failure, so we got to try again. Two years later, we produced the first Microsoft hand-held PC. A lot of the work and the learning we had done lived on in Windows CE.

At a lot of start-ups and other places, whatever we had learned—all that technology and knowledge—probably would have disappeared. Here, institutional knowledge is preserved, and you can get another chance to create something better on the foundation of your experiences.

"And I tell people if you're going to get fired, get fired for doing stuff, not for sitting there and doing nothing."

– ORLANDO AYALA

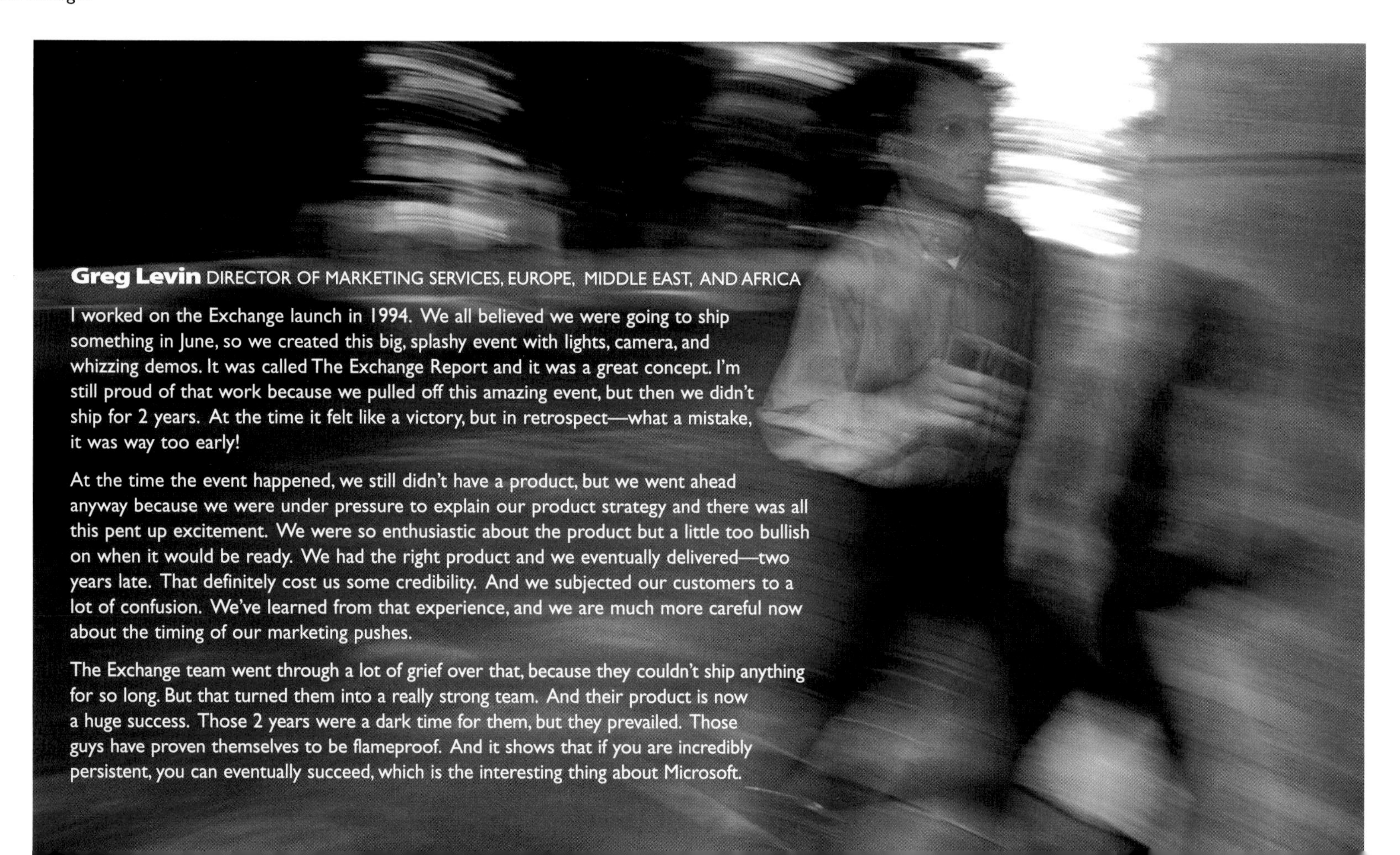

Greg Levin DIRECTOR OF MARKETING SERVICES, EUROPE, MIDDLE EAST, AND AFRICA

I worked on the Exchange launch in 1994. We all believed we were going to ship something in June, so we created this big, splashy event with lights, camera, and whizzing demos. It was called The Exchange Report and it was a great concept. I'm still proud of that work because we pulled off this amazing event, but then we didn't ship for 2 years. At the time it felt like a victory, but in retrospect—what a mistake, it was way too early!

At the time the event happened, we still didn't have a product, but we went ahead anyway because we were under pressure to explain our product strategy and there was all this pent up excitement. We were so enthusiastic about the product but a little too bullish on when it would be ready. We had the right product and we eventually delivered—two years late. That definitely cost us some credibility. And we subjected our customers to a lot of confusion. We've learned from that experience, and we are much more careful now about the timing of our marketing pushes.

The Exchange team went through a lot of grief over that, because they couldn't ship anything for so long. But that turned them into a really strong team. And their product is now a huge success. Those 2 years were a dark time for them, but they prevailed. Those guys have proven themselves to be flameproof. And it shows that if you are incredibly persistent, you can eventually succeed, which is the interesting thing about Microsoft.

Richard McAniff VICE PRESIDENT, EXCEL AND ACCESS

When I started at Microsoft 12 years ago, I was a program manager on LAN Manager. People don't think this product went anywhere, but it actually ended up giving us the technology that we built into NT. And this allowed us to build operating systems that were network aware. So, although, it didn't set the world on fire, LAN Manager became the technology basis on which we did an awful lot of innovation in the operating system. It was a great investment, and it produced a lot of people who understood what it meant to make mistakes and fail. And so we learned a lot from our failures. At Microsoft, it's OK to make mistakes—it is the best way to learn.

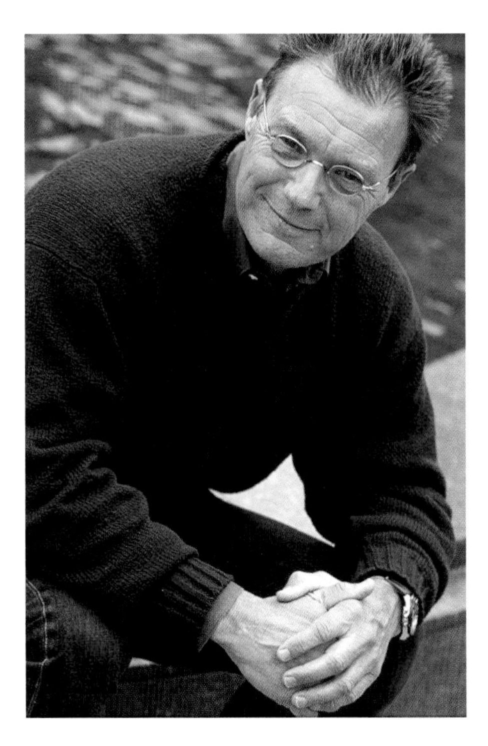

Carlos Lacerda MARKETING MANAGER, PORTUGAL

Whenever we do a presentation, we always make sure that the hardware is working because that's where things can go wrong. But sometimes, no matter how much you prepare, you do something really stupid. One time, during the Office 4.3 launch, we were doing a presentation in a city that was a long way from our office, and at that time, RAS was not very practical to use. After we had the equipment in place and tested, we realized that we had forgotten the software.

Ordinarily, that would have meant canceling the demonstration, but we've developed a system here to make sure that we can recover from our mistakes. When our team travels to another city to do a demo, we never go together. One car leaves first, and then a few hours later a second car goes, and later a third. That way, if we arrive and realize that something is missing or our hardware is not working and we can't replace it locally, the last group to leave can turn back, get what we need, and bring it. We also do this in case there's an auto accident or something like that. If you've ever driven in Portugal, you'll know what I'm talking about.

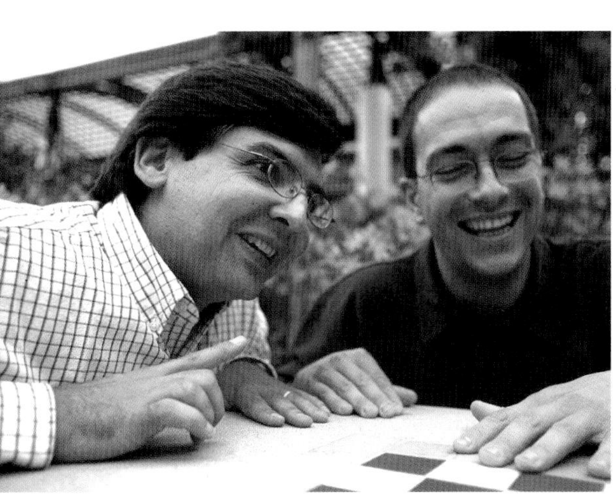

CARLOS LACERDA; LUIS AZEREDO, BSG MANAGER, PORTUGAL

Robert Bach SENIOR VICE PRESIDENT, HOME AND RETAIL DIVISION

Office 4.0 was a huge success, but it could have been a complete disaster because we got organized for it way too late. The Office movement sort of gathered speed exponentially, and all of a sudden we had this monumentally important thing ahead of us and not nearly enough time. That's not unusual around here, but this was extreme. ***It was the real-time launch from hell:*** "Gee, today's Tuesday. Tomorrow morning, we have to have everything finalized. I guess we'd better start doing some work on that." I'm exaggerating a little bit for effect, but that pretty much describes it.

Our first presentation was at the Worldwide Sales Meeting. We almost had the positioning figured out, but it involved a lot of new terms, and most of the trademarks hadn't even been approved yet. So John Sage, Mark Kroese, Matt Mizerak, and I were frantically trying to pull that together. We had a meeting at 12:15 in the morning, which was just weird. But it was the only time we could all get together. We all sat down with John's positioning framework for Office 4.0 and went through it line by line. We wrote the definition of IntelliSense. Was it a technology? Yes. So it's IntelliSense Technology. We solved that. Now, what is IntelliSense Technology? Then we'd write that sentence. No, that's not quite what it is—it's this. That took until 2:00 in the morning.

The next day, John was revising the memo. The presentation was coming together, but the demo looked scary because at this stage, the software was flaky at best. Mark and Matt finished the presentation at 3 a.m. We did it in PowerPoint 3, so it was a 6 MB file and took an eternity to print. Matt put it on the printer and went home to pack for our 7:30 flight that morning. In the meantime, Mark got all the demo files together. When Matt returned at 6:15, the last page was printing, and he grabbed all the pages and jumped in a cab.

So we arrived at the sales meeting with this 6 MB file that nobody had really looked at or practiced. To our complete surprise, our session ended up being the best-rated one. It was one of those things that just sort of happened, and it epitomized everything about that launch. Everything that happened was done real-time. You know, "Just trust us. It'll come together." And it did.

Then there was the so-called "air box," which came into being just a few months before the Office launch—the one where we were going to show the benefits of consistency and integration to the world and convince them to upgrade to Office instead of just upgrading from one version of their single app to the next. We had to admit to ourselves that we just couldn't get all the apps out the door at the same time. PowerPoint was going to be late, and while we were trying to figure out what to do about that, the program management guys broke the news to us that Excel would be late, too. So, all of a sudden, we were supposed to launch Office, but really we only had Word. We couldn't delay Word because we were in too strong a competitive battle with WordPerfect. But if we launched Word first, and then Office, we'd miss moving all of the Word users to Office.

Enter the airbox. We scrambled and developed a mammoth fulfillment plan so people could buy Office, which actually meant Word plus coupons for the other 2 apps. We hit the road for some quick focus groups—breaking every cardinal rule by altering what we tested on each group so we could narrow it down and make a decision at the end of the 3 days. Turns out that Automatic Upgrade sounded more appealing than "air box," "box with coupons," or "buy now, get later." :) We rushed back home to get the retail and advertising materials produced. Then we had to break the news to retailers. "Let me get this straight," they all said. "You're essentially asking me to sell my customers on spending more to get Word and a bunch of coupons?" "Well," we'd say, "your positioning needs a little polish—let's work on that together."

And it worked. But I never want to do anything that way again. Ever.

One of the things I've been lucky enough to experience in my career is some failure. That may sound a bit weird, but you often learn more from failure than you do from success. Unless you've experienced some failure, it's hard to distinguish the reasons for your success. Failure teaches you to be a lot more focused, a lot more disciplined, a lot more hungry.

– BRAD SILVERBERG, FORMER SENIOR VICE PRESIDENT, INTERNET PLATFORM AND TOOLS DIVISION

"On my first trip to Redmond 17 years ago, I was walking down the hall when Steve Ballmer came barreling toward me from the other end of the hall, exclaiming, "Mike Naruke-san! So glad you're here!" I'd never met Steve before and I thought to myself, "Ah, Bill is the kid, and Steve the bear."

– MAKOTO NARUKE, MICROSOFT PRESIDENT, JAPAN

"Focus on clear, simple goals. Have a framework for where the opportunities are. Give your employees the autonomy to make it happen. Your goals can change, but not your values."

- STEVE BALLMER

David Thacher GENERAL MANAGER, FRONT OFFICE GROUP, SMALL BUSINESS DIVISION

The energy that Steve radiates throughout this organization is fantastic. It really motivates people when they see that sort of direct involvement and enthusiasm coming from general management. When he's inspiring an auditorium full of people to go out and win, his intensity and sincerity is amazing. He tears around the stage, exhorting everyone to excellence at the top of his lungs. One of these days, he's going to lose his vocal cords. He's already had surgery on them once.

I'll admit it's not pretty when Steve is screaming that you're the biggest blankety-blank idiot and how could you make such a blankety-blank stupid decision? What the blankety-blank were you thinking? This is all coming at you in high volume from a big guy who's right in your face. That's definitely intimidating. But on the other hand, it means that you're working on something of great importance to him and to the company. If he was as mad at you as he wants you to think he is, he wouldn't be yelling. He'd just fire you. You'd be gone.

He's such a huge asset. He drives this company forward. He was once on the cover of *Forbes* magazine, and they compared him to General Patton. I think they got it right. That is so absolutely right on.

"I'm a pretty positive person. Occasionally, I get down. When I do, I jump up, get out on the road, and see customers. It's energizing."

- STEVE BALLMER

Peter Moore DIRECTOR, BUSINESS AND DEVELOPER GROUP, AUSTRALIA

I hired three new people the week before the Microsoft Global Summit and brought them to the event. I told them that the last day would be the best—that it was the day Steve Ballmer works up to all year. It's the day when he talks to over 6,000 of our Sales and Marketing people from around the world.

When anyone new to Microsoft comes to MGS and sees Steve perform, it's absolute culture shock. People almost fall off their chairs. They don't stand up on their seats and clap and roar like the rest of crowd, at least not initially. But very quickly it overwhelms them, and then they become part of it. It's almost like he fills up your gas tank and then you go back out, put rubber on the road, and off you go.

So imagine the energy that Steve demonstrates and multiply it by those 6,000-plus people. Even if they only pick up 10 percent of it, it's almost like he's lit a fire that spreads across the earth and keeps us going for another year.

Jeff Raikes
GROUP VICE PRESIDENT, WORLDWIDE SALES, MARKETING, AND SERVICES

Working for Steve Ballmer is a fascinating experience—one that can't be captured on videotape, I'm afraid. Steve is an incredibly enthusiastic and passionate individual, and incredibly smart. He always has ideas. He's always willing to share those ideas. He has so many ideas that you couldn't possibly execute on all of them—and in fact, the next month he may have totally different ideas. So that's one of the great challenges of working with Steve, and one of the greatest benefits. I always feel like Steve is bringing a new insight, a new idea to how we can be a better company. So I certainly enjoyed working for Steve and having that benefit.

Debbie Hill EXECUTIVE ASSISTANT TO STEVE BALLMER

Several years ago, Bill and Steve left on a business trip together. When they arrived and went to pick up the rental car that was registered in Steve's name, they discovered that Steve's driver's license had expired. So Bill had to rent the car instead. They parked the car at their hotel and at the end of the trip, they took a cab back to the airport. About a month later, Christine Turner, Bill's Executive Assistant, got a call from the rental car company because the car was missing. But Christine hadn't reserved a car for Bill, so it all got a little confusing. In the end, Steve jokingly said that none of this would have happened if I had reminded him to renew his driver's license.

Paul Maritz GROUP VICE PRESIDENT, PLATFORM STRATEGY AND DEVELOPER TOOLS

I can think of a number of attributes that characterize a good leader. At Microsoft, I'd say that one attribute is passion for what you're doing, whether it's developing great products or servicing your customer well—whether that customer is internal or external. And being self-motivated, engaged, and willing to question and think deeply about your subject—without those traits, it's hard to be any kind of a leader.

Beyond that, I think you have to be small "m" mature and small "s" self-confident in the sense that you can take feedback and you don't have to beat your chest or scream louder than anyone else and you instead show respect for people. When you become a leader in almost any area, you'll be asked to make decisions about things you don't know everything about. It's important to be open enough to go and ask other people and to realize that by doing that you're not exposing yourself as weak or not up to the job—instead, you're proving that you can listen, analyze, and lead.

Marc Chardon GENERAL MANAGER, FRANCE, AND VICE PRESIDENT, EUROPE, MIDDLE EAST, AND AFRICA

My job is pretty simple. It's about coaching and making decisions. A coach understands the rules of the game and knows his team, their strengths and weaknesses. Microsoft people are among the most motivated, energetic, and intelligent people in the world. They tend to over-stress themselves because they think that nobody else can do the job quite as well as they can. One of my biggest challenges is convincing people here that the world will not stop if they trust somebody else to step into the game and play their position. That it is OK for them to have lunch with a colleague or friend or watch their kids play soccer. They are so intense and so involved that it's very hard for them to—as we say in French—get their nose up off the handlebars.

Good management, like coaching, involves coordination, recognition, motivation, and empowerment. We are all here to win. We are in a race of champions, and we have to learn to depend on each other as much as we've learned to depend on ourselves. Sometimes I think the people here wish that I would make more decisions, but I'm not letting them pass on to me the decisions that they should be making. People can't grow into their jobs unless you give them space and let them take risks. So I try to set an example of someone who knows when to make a call and when to let someone else do it.

Microsoft people embrace the vision of an interconnected world. We have the technology, the drive, the ambition, and the desire to change the world in a positive way through our work. I am extremely proud of the people here. Our human capital is extraordinary. We have so many people who could be CEOs somewhere else. That's impressive. But what's more impressive is that at Microsoft we get them to play together.

Having said that, I think that an important lesson to learn is that no one is irreplaceable, not even the coach. The cemetery is full of irreplaceable people. That's why we believe so much in the power of empowering people. What I want to build here is a subsidiary that works whether I'm around or not.

Get Busy

Even if you're in business just for the fun of it, you can be pretty sure that your competitors are not. They want to kick your butt, to put it politely. Fortunately, it's not difficult to succeed if you follow a few simple rules developed by some of the legendary developers, product managers, and program managers here:

- *Know your own product so well that you could write an instruction manual between cups of coffee and you could locate it in a dark warehouse using only your sense of smell and a shrink-wrap detector.*
- *Know your competitor's product so well that you could finish their demo for them if you had to and you could debug the damned thing if they gave you a really good machine and about a year and a half.*
- *Know your customers so well that your new release contains the very features they were just going to send you e-mail about.*
- *Know your market so well that you could recite the sales figures of all your competitors in chronological order.*
- *Know that no matter how far behind you are when you enter the game, on any given day, anyone can win.*
- *Know that no matter how far ahead you are, on any given day, anyone who knows all of the above can beat you.*

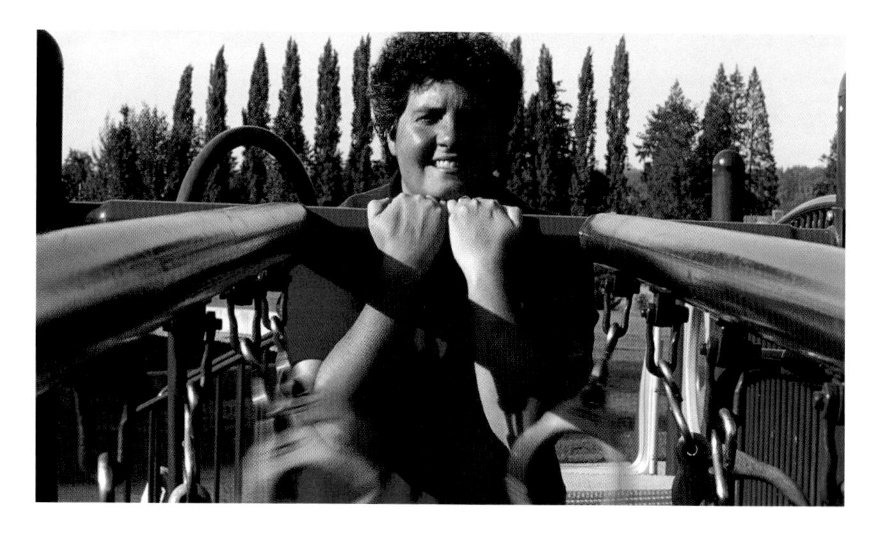

Lisa Brummel VICE PRESIDENT, HOME PRODUCTS DIVISION

I think one of the greatest lessons we've learned in the Consumer Division is that you have to manage your business for profitability. As each of our businesses has tried to find its footing in an unfamiliar world, we've seen one constant: each business has to have the drive to create long-term success for Microsoft. In an ever-changing marketplace, we make tough decisions every day about the investments we make. Customer value and good business management skills have become the hallmark of this division.

Things tend to be pretty intense around here, but that doesn't mean you can't balance it with some intense fun. We take our businesses very seriously, but we have our own style. You'll find me wearing shorts to work every day, accompanied by a big smile.

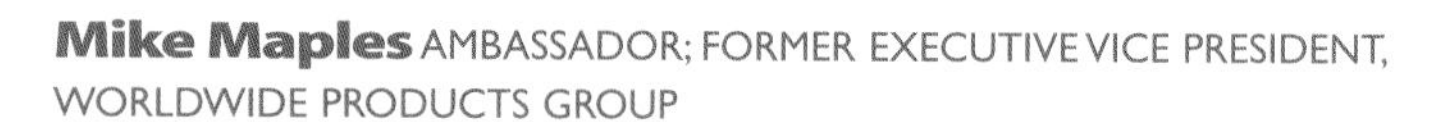

Mike Maples AMBASSADOR; FORMER EXECUTIVE VICE PRESIDENT, WORLDWIDE PRODUCTS GROUP

One of the things that I implemented here was the three-year plan. Drafting a three-year plan is a very useful exercise. First, it's a good way to shift everybody away from thinking about right now to thinking three years ahead. The second benefit is that it allows each group to hear what other groups are depending on, so they can coordinate their efforts. Microsoft is more than any one product, and our success or failure depends on a lot of groups working together. The third benefit is that it offers an easy way to convey key management directions. When people start thinking about business concepts over the upcoming three-year period, it helps them think clearly about the steps that need to be taken right now.

VPs always think that a compiler exists for PowerPoint slide decks. Anyone at a VP level or higher will assume that whatever you show them in a PowerPoint presentation is achievable and can be made into a product. Watch what you put in your deck.

– BRIAN VALENTINE, SENIOR VICE PRESIDENT, WINDOWS DIVISION

BOOP

The term Office of the President seemed too dignified for Microsoft. We just don't think of ourselves in a particularly dignified way. So one day I was thinking, well this is Bill plus the Office of the President. So I coined a new acronym. That's the BOOP! It stuck because it doesn't have a dignified air. Going to a BOOP meeting sounds so much friendlier than going to a meeting with the Office of the President. Of course, 5 years later, we re-orged, discontinued the Office of the President, and instituted the Executive Committee. So next it was the BEC. Now we have the Business Leadership Team, or, BLT. We like to roll with the times.

– JEFF RAIKES

John O'Rourke DIRECTOR, MARKETING, GAMES

Robbie Bach and I had just finished doing weeks of press and analyst meetings about the objectives, strategies, and customer benefits of Office 95 when Robbie popped his head into my office and said, "Do you have time to do another Office 95 demo?" I said, "Sure, just let me know when and where." He said, "It's in the boardroom at 3:00 today—for BillG and Mike Maples." It was my first appearance in front of Bill, and I had 2 hours' notice. I didn't even have time to get nervous about it.

Since then, I've been involved in a number of reviews with Bill and Steve, but now my team usually has weeks, if not months, to prepare for them. In the BOOP or BEC death marches, as they're often called, you have to get every number nailed, because if you don't, Bill always finds it. It also pays to think up every possible question under the sun and have an answer ready, because if you don't, Bill always asks it. This intense, very granular preparation is an excellent exercise in getting to know your business, but it can also be grueling. I think I might actually prefer having only 2 hours' notice!

Pete Higgins FORMER GROUP VICE PRESIDENT, INTERACTIVE MEDIA GROUP

For almost a decade, we woke up every day thinking about Lotus Development Corporation. I still remember the day we pulled ahead of Lotus—it was in September of 1992. I started at Microsoft in August of 1983, working on Multiplan, so it had been a 9-year quest, chasing that big dog. But we were out to win. I don't think there's anything wrong with saying that—because winning is about making a better product, and that's nothing but an incredibly good thing for customers.

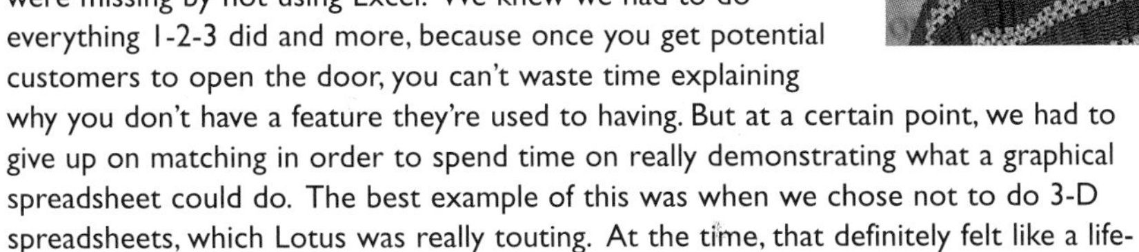

We were totally focused on making a better product than theirs. We watched all their speeches and videos, scoured the trade publications, and used their products. Lotus 1-2-3 was a very good spreadsheet, but we built a better one that really exploited the graphical environment of Windows. Our sales and marketing strategy was to show potential customers what they were missing by not using Excel. We knew we had to do everything 1-2-3 did and more, because once you get potential customers to open the door, you can't waste time explaining why you don't have a feature they're used to having. But at a certain point, we had to give up on matching in order to spend time on really demonstrating what a graphical spreadsheet could do. The best example of this was when we chose not to do 3-D spreadsheets, which Lotus was really touting. At the time, that definitely felt like a life-and-death decision.

We had this insatiable appetite for information about the customer and the market, and that's how we were able to turn individual applications, like Word and Excel, into market leaders. Eventually, we applied the same approach to Office, but the truth is, we started out way behind the curve. Customers wanted consistency and integration far beyond what we were providing. Integration had been on our radar screen for years, but we had never done it very well. With Windows, the operating system finally evolved to where we could actually make it work, but we were scrambling to catch up to customers' wishes.

One of the most challenging tasks was synching all of our applications so that they had common setups and common menus. It was risky. We had to force ourselves to make compromises. We had to change our interface, and we were worried that people would be upset about that. Integration was a contentious issue among development teams because they were very proud of their individual products. "Do the right thing," which was Hank Vigil's favorite line, became our rallying cry. That mentality worked. The different product groups learned to put aside their own particular agendas and focus on the success of Office.

Ultimately, I think we understood our customers better than our competitors did. We won because we bet on GUI and on integration and then we kicked ass with a better product. And along the way, we built the teams and the processes that made us the best development operation in the world.

One of Microsoft's strengths has always been diving into the numbers. We were always worried about not overbuilding the company in case our sales went flat. We also spent a good deal of time every year trying to get precise about forecasting our businesses. It was really difficult to forecast sales back then, when everything, even hardware sales, was all about charting new territory. It took several iterations of figuring in things like potential PC growth, the lifecycle of PCs, all the implications of upgrading, hardware replacement estimates, and so on. We segmented down to many different levels, trying to understand where the growth was coming from and therefore whether it would be sustainable. I remember once after presenting a sales forecast of 4 billion dollars for Office, I got sent back to my room to rework it to 3 billion, which sounded more reasonable to Bill and Steve. Of course, the original forecast proved to be too low, but that just shows how cautious we've always been. ***We got tougher on ourselves at a stage when I suspect most companies get looser.***

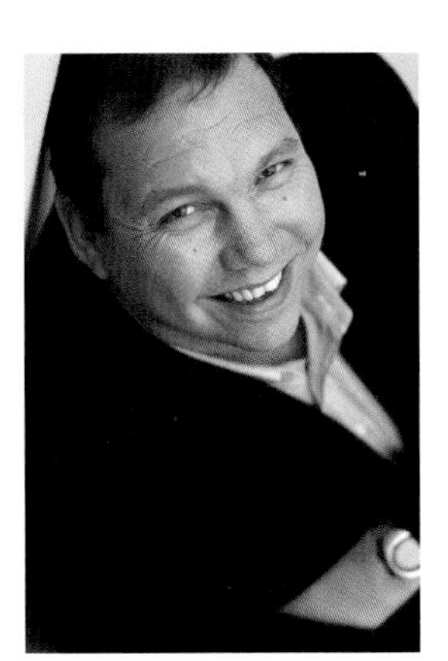

Garry Hodgson OEM MANAGER, AFRICA

Working at Microsoft is like working for the biggest five-man company in the world. On the one hand, you're encouraged to drive yourself and show that entrepreneurial flair. And you can't blame anybody else if things aren't happening. It's up to you to get out there and make it happen. In addition to the great energy of a start-up, you've got what most start-ups don't have: great technology, money to do marketing and research, and every resource that you could ever need. Plus, you're working with a great bunch of people. It's incredibly stimulating.

Erwin Visser MARKETING MANAGER, ENTERPRISE AND PARTNER GROUP, NETHERLANDS

You can make comparisons between working at Microsoft and mountain climbing, which is one of my hobbies. When you're climbing, you're very tense and you concentrate on each moment. You take one step at a time, and you must know your equipment and know the terrain or you'll fall. It really focuses the mind. Finishing projects and campaigns and doing customer presentations gives you the same kind of adrenaline rush.

I think one of the reasons we're so successful is that people like Steve Ballmer and Jeff Raikes are as passionately involved in our products and technologies as anyone here. They truly love the rush of taking our products into the competitive arena, and they know the terrain intimately. I've watched Steve Ballmer do a sales presentation about SQL Server, and it just amazes me. Here he is, the president of this huge company, and he can talk for 60 minutes about one of the most complex products we make. Can you imagine the CEO of most other large corporations talking about a new product for an hour? Steve and Jeff are not simply business managers talking about sales figures and revenues. They're very knowledgeable about the technology, and they welcome the challenge of a presentation. That's an amazing thing to see in a company this size. It really inspires me.

We love our competition! Where would we be without them? Competition is the lifeblood of business. It energizes you and sharpens your focus. In business, you need to have a clear sense of where you are going. And taking a look at what somebody else is doing, both inside and outside Microsoft, is a great way to help you find your way.

Having great competition is like being on a racetrack. You've got somebody behind you and somebody in front of you. You chase the lights ahead, looking for an opportunity to make a move. At the same time, you keep an eye on the guy in the rear-view mirror, who's doing the same thing to you. All this spurs you on so you go around the track with more concentration than if you were just driving around alone.

I prefer the rapidly changing environment of a competitive market. That's something we've been really good at, and it's a very unusual core skill for such a large organization to have. Willingness to embrace change is an incredibly powerful thing. We're never better than when we're on a jihad about something. We've had a number of jihads, and they're very unifying. Information tends to flow very quickly, and people are all aimed in one direction. I don't know if jihad is the right word, actually. It's more of a companywide realization that, wow, we can do this! We are going to do this! It was like that with Excel, it was like that with Windows, and it's like that with the Internet.

Steve Ballmer PRESIDENT AND CEO

It's certainly no secret that Windows is the most popular operating system in the world. If we were another kind of company we might look at that and say "hey, we've got it made." But that would be taking a short-term view of a highly competitive marketplace, which, as history has shown, offers no guarantees, even to industry leaders. The fact is that there is a lot of competition out there today from other operating systems like Solaris, Linux, various flavors of Unix, the MacOS and Be, as well as a multitude of other software. And just around the corner is more competition in the form of technology that will run millions of new information appliances.

"We're still one of our own

We also face a lot of competition from ourselves. I know that sounds a bit odd, but it's true. If we don't continue to improve our products, people simply won't buy new versions. In *The Road Ahead*, Bill said that no company has ever stayed on top through a major paradigm shift. He has always felt that we should be the first company to achieve that goal. Defining our competition as broadly as possible will be a big part of making that happen.

Tod Nielsen FORMER VICE PRESIDENT, PLATFORM GROUP

In the early nineties, Stewart Alsop hosted these competitive shoot-outs. I was up against Rob Dickerson and Paradox for Windows. We had beat them to market by a few months, and the atmosphere was really charged up. Rob was vice president of Borland at the time, but he used to work at Microsoft; in fact, he was involved in hiring me. Rob was expecting to compete against some arrogant Microsoft guy, so he had his jabs and one-liners all ready, but I started off my presentation by saying what an honor it was to be there with the very guy who gave me my start in the industry. Under his breath, Rob kept repeating this word that was not exactly a term of endearment. Well, my demo went perfectly. Then Rob started his demo and he got stuck, and pretty soon he got completely lost. Knowing the competition as well as we know our own product is kind of a badge at Microsoft. So I reached over and helped him finish his demo. The audience loved it.

Know thy customer, know thy competition, know thy product, know thyself. — JOHN ZAGULA, FORMER GENERAL MANAGER, GLOBAL CAMPAIGNS

Bob Kruger FORMER GENERAL MANAGER, SYSTEMS MANAGEMENT PRODUCTS

One of the most memorable occasions in my career was at an annual management retreat. Almost all the senior executives were there, and we were grouped into teams and given a problem to solve. We were told to pretend that we were a management consulting firm called Pain Incorporated that had been hired by Microsoft's biggest competitors to develop a strategy for beating us. The other part of the assignment was figuring out how Microsoft would counter that strategy. Before we left, we had to present our solution to the executive team.

My team suggested that Novell buy WordPerfect and license out Quattro Pro and that their objective would be to hit Microsoft in the area of Office. Before I could explain why, Bill said, "That's the stupidest thing I've ever heard." Ballmer was about three decibels louder, saying, "There's no way that could happen! What possible gain would that be?"

I really wasn't ready for all that, but I had no choice, so I just went on, explaining that the strategy was not intended to kill Microsoft, just slow it down. It would be a big financial drain for senior management to deal with this problem while they tried to focus on other areas. Then I explained how we could use all of our product capabilities to fight back, and how we would have to change the terms, get our products out sooner, and try not to go crazy while all those guys tried to needle us to death.

biggest competitors."

– STEVE BALLMER

Amazingly enough, I got through the presentation, and even more amazing was the fact that 2 weeks later Novell bought WordPerfect and Quattro Pro! People who'd been at the meeting were just astounded, but no one was more surprised than our team was. The best thing was that we already had a strategy ready for dealing with it!

Experience is a valuable commodity

Experience is a valuable commodity, and you can never have too much of it. But the world is a big and complicated place where every market is unique, so sometimes, experience alone is not enough. You'll never succeed unless you're willing to dig down and discover the nuances that makes each market different from all the others. That's what makes things interesting. Education is just one of those markets where knowing your market is the first and best strategy.

Javier Paramo Ortega GENERAL MANAGER, EL SALVADOR, FORMER REGIONAL EDUCATION MANAGER, LATIN AMERICA

I'm based at our Latin American headquarters in Fort Lauderdale, and I work very closely with the subsidiaries from Mexico down to Argentina, Chile, and Brazil. My job is to develop our strategy in the education market over the next three years.

The education sector is very interesting. When we first started there, we offered special prices but not much else, which virtually everybody in the business does. And our education business didn't take off. So I discussed the situation with some of my colleagues, and we concluded that what we needed to do was learn everything we could about the priorities of that market. It's a very different market. They're educators, and they see the world through different glasses. It can be hard for a company that sells primarily to the business sector to approach them correctly.

It all comes back to understanding your market. If you're going to sell products that educators can really use, you need to understand how teaching and learning take place. If we don't bother to learn about that, how can we expect them to take us seriously? I remember my first meeting with a group of respected professional educators. They started to talk about the latest pedagogical theories and things like that. I sat there feeling like a fool.

I realized that I needed to go back to the books and learn a little bit. One of my sisters is an educator, so I called her and said, "Tell me what I should be reading to catch up on what's new in education. I'll never help them if I can't at least understand what they're talking about." I discovered that this is a very exciting market. Educators have the potential to change the world using computer technology. At the same time, they face big challenges with funding and access. We need to get in sync with those challenges if we're going to help them. We have to learn to wear their shoes if we want to join them on the journey.

Toby Richards DIRECTOR, EDUCATION, CUSTOMER MARKETING

From a leadership standpoint, educators are doing some amazing things with technology, especially with collaboration. If you look at learning styles in the past, students would listen, take notes, and then go home and read a book. Learning was really passive. Today, students come into class more knowledgeable because they're doing research on the Web or they're working in groups on line. So when they come to class, the class is a dialogue, and learning is much more active.

Education is a huge, huge market worldwide. In the U.S. alone, there are 50 million K-12 students and 15 million in higher education. Higher education actually balloons beyond that because the number of adult learners is increasing every day. It's also important to understand the critical role that education plays in the knowledge economy. We need to empower faculty and students with our products so that when they go out into the workforce, they'll be effective contributors and leaders. I think the uses of technology are much more progressive in education. In fact, I'll bet our customers in education are doing a lot more with our technologies than our commercial customers. Education is one of Microsoft's most challenging markets because the technology environments and skill sets vary greatly from school to school. But that's what makes it fun.

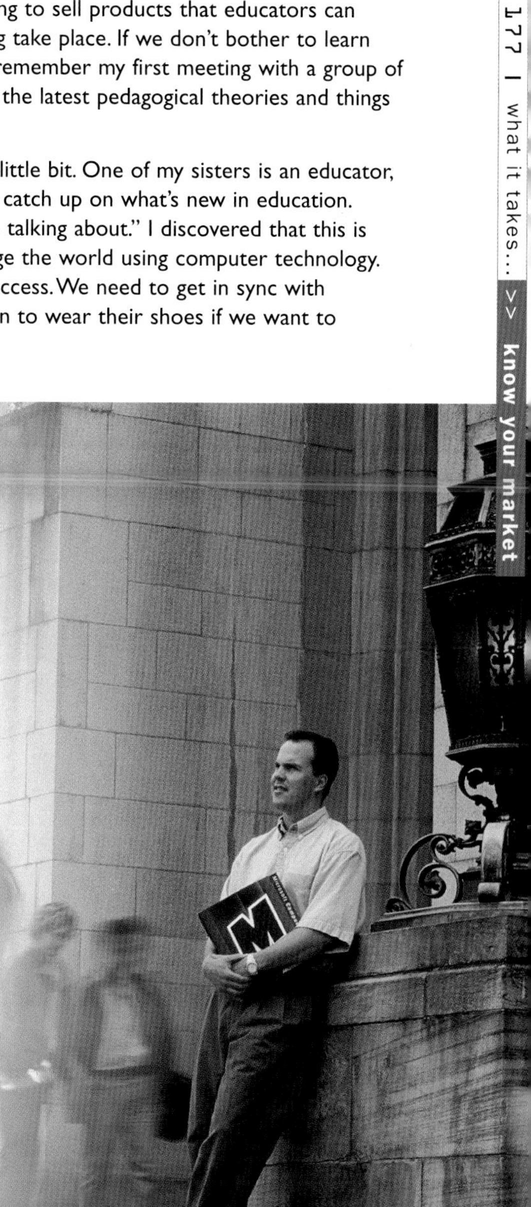

Know Thy Customer

Here's a shocking notion: capitalism isn't about capital, it's about customers. Without customers, every product ever made fits into one of 3 categories: the small, heavy ones are good doorstops; the big, roomy ones can be used for temporary shelter; and the small, flat ones are basically coasters. It's not hard to figure out which category software fits into, and it's even easier to figure out that if customers can't use, don't like, or don't need your products, they won't buy them, even if they can be used to prevent rings on the coffee table. To avoid this problem, it pays to communicate frequently and honestly with your customers. Ask us. We learned the hard way. But one thing about Microsoft is that we only need to learn a lesson once.

Jon DeVaan

SENIOR VICE PRESIDENT, CONSUMER GROUP

When I ran the Desktop Applications division, people often asked me how it felt to have responsibility for so much of the revenue generation at Microsoft. My answer was, "Not including the sleepless nights or including the sleepless nights?" When I started at Microsoft in 1984, the applications revenues were zero. Not long after that, we were talking about how Microsoft had to grow an entire Lotus or an entire WordPerfect—which in those days seemed huge. Last year, the desktop apps business grew to more than $7 billion, which is amazing.

If we want to continue our success, we can't stop asking ourselves hard questions. Are we keeping up with what people want from our products? Do we have the right systems in place so that the quality and performance are where they should be? When you look at the market, you see that there are still plenty of opportunities. For example, a lot of people don't use Office. Our job is to continue making the product better and better in order to win them over.

We're dedicated to keeping that customer knob turned up high. We go to PSS and learn what people are saying. We read our reviews in the magazines. We ask our friends and acquaintances who use the products to tell us what's going on. Our product planners make sure that we're talking to the right set of customers for each product. And we constantly examine our research methodology to make sure we're hearing the truth instead of what people think we want to hear.

When I meet someone who uses one of our products, I want that person to say, "I love it. It does what I want. It's a lot of fun to use."

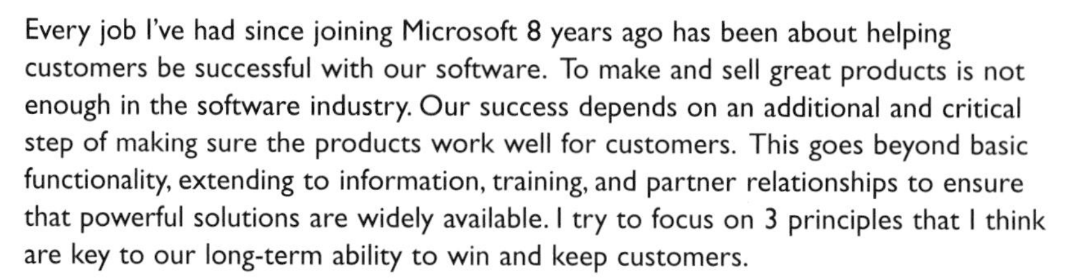

Kevin Johnson

VICE PRESIDENT, U.S. SALES AND SERVICE

Every job I've had since joining Microsoft 8 years ago has been about helping customers be successful with our software. To make and sell great products is not enough in the software industry. Our success depends on an additional and critical step of making sure the products work well for customers. This goes beyond basic functionality, extending to information, training, and partner relationships to ensure that powerful solutions are widely available. I try to focus on 3 principles that I think are key to our long-term ability to win and keep customers.

First, it's not sufficient to just listen to customers: we must find ways to "walk in their shoes." To really understand the customer's perspective, you should live some of their challenges. We do this in many ways all across the company—when our ITG organization internally deploys our newest products, when our business divisions participate in our beta programs, when our field sales team engages in solution selling, when our MCS organization architects and develops solutions, and when the PSS teams work to maintain those systems. All these activities are important opportunities to experience some of the same things that our customers experience.

Second, the overall customer experience is directly impacted by many parts of the company. The way we design and develop our products, the way we market and sell to customers, the way we engage partners, and the way we deliver service and support all contribute to our ability to satisfy customers. In situations where we aren't well-coordinated across these disparate groups, the customer experience can be very fragmented and result in dissatisfaction. When we execute consistently and flawlessly on behalf of the customer, I don't think we can be beat. We have a lot of great people here, and we continue to get better and better at delivering on consistent customer experiences.

Third, the only constant in our environment is change. Technology continues to advance rapidly, new competitors emerge, and customer expectations increase. Recognizing changes in the marketplace, assessing our opportunities and threats, and adapting our business quickly are probably the biggest keys to our success. Helmuth von Moltke, a Prussian general, held the view that strategy is not a lengthy action plan but rather the evolution of a central idea through continually changing circumstances. I think this company embodies that view.

I come to work each day because I believe we can and must do an even better job of helping our customers succeed with our products and solutions. I am energized about building toward success in the next 25 years that will surpass even the amazing ride we've had so far.

I see too many people in other companies making decisions from their offices, sitting behind their desks. That's not how to do it. You need to get out there and find out what's going on with your customers. If you spend all your time sitting in your office, one day your customers will be unhappy and you'll be left wondering why. I don't care how high up the ladder you are, you can't spend enough time with customers. Steve Ballmer goes out there and talks to customers. If he can find the time, I don't see why everybody else can't.

I do a lot of seminars and road shows for customers who are new to technology. They've got all kinds of questions, and if you actually take the time to genuinely listen to them, they're very surprised. Many of them think that they need to be rocket scientists to use technology, so when we show them how easy our products are to use, they're just amazed. They think, "Hey, this is for real. It's not just marketing talk; these products really work." That's the kind of customer satisfaction that translates into sales.

Sure, sometimes it's hard to make time for everything. But Microsoft is growing and changing so fast that you can't just let things drop. If you get a flat tire, you've got to change it while the truck is in motion. That's the kind of energy I thrive on.

— JOE YONG, TECHNICAL EVANGELIST, SQL SERVER, MALAYSIA

Lavi Shiffman

BUSINESS UNIT MANAGER, ENTERPRISE CUSTOMERS, ISRAEL

The company's attitude is changing. We used to be very product-oriented, but we're starting to show a different aspect of our company personality right now, especially in the area of customer satisfaction. We're doing much more listening than talking, and we're approaching customers differently. For years, many people here were not aware of the gap between what we thought of our customer service and what our customers felt about it. If you asked Microsoft employees how they came across, they'd say, "We're very nice, we're very polite, we answer phone calls, we do what the customers are asking." But if you asked customers, they'd sometimes give you a different answer.

There's always room for improvement. I've been with Microsoft for 10 years, and I've seen a lot of change. It's inspiring to work for a company that, just before falling over the edge—because I think that in terms of customer satisfaction we were almost falling off the edge—gets another toehold and scrambles back up. Changing how customers feel about us will be a long process. It won't happen in 6 months. It might take 2 or 3 years before we start to see a real difference, but I think it will happen because we're dedicated to this course.

Probably the most important thing I tell people is to know their customers. Live and breathe them. Internalize them. I think that one of the underappreciated elements of our success is that we really work hard to understand our customers—and that includes everyone from end users to developers, IT managers, solution providers, and so on. When I started working on MSN, for example, I spent a lot of time with advertisers because they are MSN customers. I also read stacks and stacks of consumer research on end users, and I talked to MSN users.

This is the one thing that crosses all aspects of all jobs. Whether you're a developer, a marketing person, a tester, a program manager, or in the field, you need to know and satisfy your customer. That's the best advice I could give anyone.

– BRAD CHASE, SENIOR VICE PRESIDENT, CONSUMER GROUP

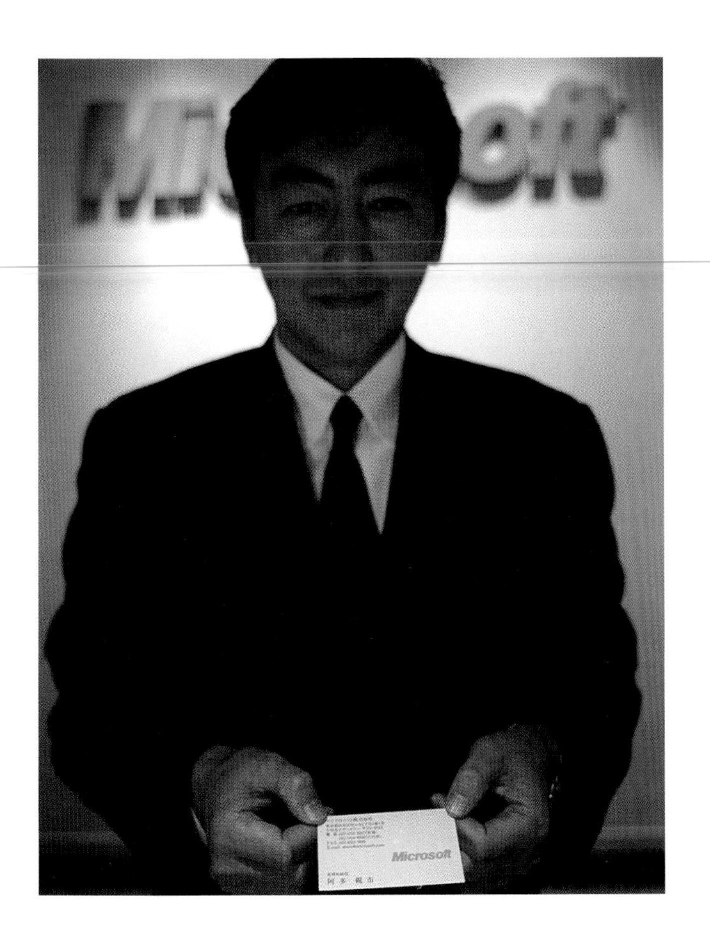

Shinichi Ata GENERAL MANAGER, JAPAN

At Microsoft KK in Japan, we've done a good job with our consumer customers but we haven't done as well in the enterprise area. For example, in the U.S., more than 50 percent of Microsoft's revenue comes from enterprise customers; the figure is only 20 percent in Japan. That's a big difference. So last year, we changed gears and changed direction to focus on increasing customer satisfaction among our enterprise customers.

I joined Microsoft in 1987, and at that time we were mainly working with OEM partners, selling licenses. A few years later, we were able to provide localized Microsoft products to Japanese customers. We could see how customers here used our products, and we got their feedback directly. That helped us create new products that really satisfied them.

In the enterprise area, however, most customers still use traditional legacy computers. Computer suppliers like IBM have worked very closely with enterprise customers, while Microsoft has been more of a supplier than a solution provider. About 2 years ago, Steve Ballmer asked us to change our company policy to focus more on customer satisfaction.

Our first step was taking suggestions from customers. Naruke-san, who was president of Microsoft KK at the time, started conducting customer visits. He visited more than 50 enterprise customers, and he asked all the MSKK executives to do the same. We learned a lot about what customers really wanted, and we began to understand both the deployment cycle and the usage cycle. Instead of focusing just on features and stability, we started focusing on the reality of the customers' world.

We're also looking at our product support. Our PSS handles technical support calls only for Microsoft products, but our customers use products other than Microsoft. We need to expand our enterprise support and the consulting business and bring them more to the forefront.

Changing directions is hard and often unpleasant, but it's also very necessary. I believe that MSKK can succeed in this area—we're already making great progress.

Scott Oki FORMER SENIOR VICE PRESIDENT, SALES, MARKETING, AND SERVICE

I had worked for HP and knew that they derived a good part of their revenue and profit from their international business. I figured Microsoft was missing a big, big opportunity called international. I had absolutely no experience doing anything internationally, but I really thought we should put focus there. So, as a new employee, I wrote a business plan, asked Bill for $1 million in seed money, and he said okay, have at it. It took up the next 4 1/2 years of my life.

"I figured Microsoft was missing a big, big opportunity called international."

We opened up subsidiaries in London, Munich, and Paris almost simultaneously. Perhaps the biggest challenge was finding the right people to run them. If you get the wrong people, it can be an utter disaster. But if you get the right people, that's more than half the battle. When you're hiring top-level executives, you typically look for someone who has experience in your industry, but we didn't have that luxury. In 1982, there wasn't much of an industry around the microprocessor. We essentially had to cast our net and look at related industries; I would say we were very, very lucky.

One of the basic rules I had was to find people with start-up experience. The start-ups didn't have to be successful ones. They could be failures like the one I had before coming to Microsoft, but I wanted people who had that scar tissue from the maniacal kind of focus and intensity level that a start-up requires. In the UK, we hired David Fraser. In Germany, we hired Joachim Kempin. Then we hired Bernard Vergnes to run Microsoft France.

I also wanted to be sure that the Microsoft culture was set in cement in each subsidiary. I don't think that culture has changed much over time. It's very competitive, and the passion level is unbelievably high. If you're not passionate about what you're doing, you don't belong here. We look for people not only with high intelligence but also large batteries. In Microsoft nomenclature, it would be called bandwidth. You also need to have the tenacity to stick to it and do what it takes to be successful. I think this culture transferred well to the subs and is alive and well today.

Courtesy of the Oki Foundation

About a year after we got the European subsidiaries off the ground, I decided that we should open in Australia. I asked Linda Graham, who was one of the owners of our distributor there, to be the general manager for Microsoft Australia. She gave that subsidiary a tremendous start.

Japan, for me, was perhaps the biggest challenge, in part because I'm Japanese-American. I look Japanese but don't speak the language. So there was some confusion for the people I dealt with there. The first 3 years of my tenure were interesting. We had an exclusive agent agreement with ASCII, which was founded by Bill's friend Kay Nishi. If Kay liked an idea, he was a great guy to make it happen. If he didn't like it, it was often tough. I also felt that with a market as important as Japan, going through an agency wasn't the right approach anymore. So eventually, we started a wholly-owned subsidiary in Japan and worked out an agreement with ASCII to let some of their people who had been working on behalf of Microsoft come across. Sam Furukawa from ASCII became the general manager. He gave a great boost to our efforts in Japan. Today, Microsoft Japan is the largest Microsoft subsidiary.

An integral part of my management philosophy is management by example. If I wanted 18 hours a day from my people, then I worked 19. If I wanted a business plan that was strategically correct and without a single typo, the documents I wrote had to be of the same quality. I think that was really important. By working closely with the general managers at the beginning, I was able to give them a strong, hands-on sense of what our expectations were. Then, with the world-class managers we now had and the infrastructure we put in place, our international division began operating pretty quickly on all 12 cylinders. What we accomplished in just 4 years was truly incredible. The international division accounted for over 50 percent of the company's profits.

"I wrote a business plan, asked Bill for $1 million in seed money, and he said okay, have at it."

One of the big secrets to our success was that we were among the first to provide localized products in Europe. That gave us incredible leverage in these markets. It's one reason why products like Multiplan and Excel and others competed so successfully against VisiCalc and Lotus 1-2-3. I remember making a presentation to the board about how we needed a localization factory in Europe if we wanted to get our European products out the door on time. The board quickly agreed to divert some resources. It's another example of how Microsoft has always been willing to make investments and take high-risk positions in order to succeed. Sometimes it takes a few years to get things right. In fact, we usually we don't get it right the first time, but the perseverance factor in this company is amazing. There are so many examples of that, from opening international markets to Windows to the Internet.

I take a great deal of pride in having formed the nucleus of extraordinary leadership for Microsoft's International Division. Those guys were so good that about the only thing I had to do was get out of their way and let them get on with it. I learned that from Bill. Much to his credit, Bill is a very hands-off manager. He wasn't constantly looking over my shoulder. His expectations are very high—if I said I was going to deliver something, he expected me to deliver it. But he gave me a great deal of freedom. I love that high-risk, high-reward formula.

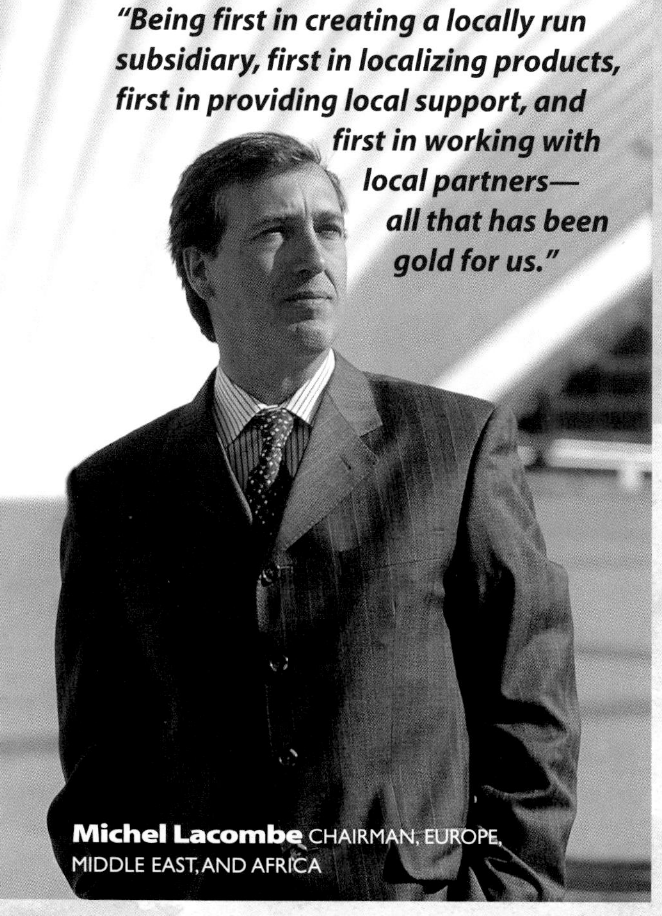

"Being first in creating a locally run subsidiary, first in localizing products, first in providing local support, and first in working with local partners— all that has been gold for us."

Michel Lacombe CHAIRMAN, EUROPE, MIDDLE EAST, AND AFRICA

Microsoft Europe is really a bunch of tiny, small, and medium-sized companies run with a lot of autonomy. The medium-sized companies are our subsidiaries in the UK, Germany, and France, with a total of about 600 to 1,000 people. Other subs have anywhere from 10 to a few hundred people. We've always had a strategy of hiring and trusting local people, and it has played a very big role in our success internationally. We have allowed subs to decide on their organization and marketing investments because they know the local customers' needs best. This level of autonomy is very healthy and builds up great motivation for the teams.

Another strong reflection of our commitment to local values is our emphasis on localization of products. We established very early success in Europe because we localized products before the competition did. Many companies do localization now because the volumes are so big. More than 100 million PCs will be sold worldwide this year, and 32 million will be sold in Europe, the Middle East, and Africa. So if you want to be successful, you have to offer localized products. It's not only foolish but simply rude when you have those volumes and don't provide local language products. It's pretty natural that German people or Italian people want to use products in their own languages.

It was always amazing that when the local language versions were launched during the very early years of Microsoft, our sales would multiply by 2 or 3 times almost overnight. It played a big role in our lead over Lotus 1-2-3 and WordPerfect in many European countries. When you're first in the market with a localized product, training companies start to invest in your product earlier, you attract more partners, you develop a better reseller channel, and so on. So being first has been very important. Being first in creating a locally run subsidiary, first in localizing products, first in providing local support, and first in working with local partners—all that has been gold for us.

Alessandro Annoscia REGIONAL DIRECTOR, STRATEGY, LATIN AMERICA

I frequently meet with people who work for other international companies, and when they discover that virtually all of our general managers are from the countries where our subsidiaries are located, they're surprised. Our GM of Colombia is Colombian. The GM of Mexico is Mexican. The GM of Brazil is Brazilian. Some companies just don't accept that approach. They like to send management from their own country to run foreign subsidiaries. But I don't think you can be a true global powerhouse if you aren't willing to hire locally for upper management.

We believe that this mixture of cultures at all levels of the company is a good thing. It's a big part of our strength. Of course, it enables us to compete more efficiently in the local market, but it also makes sense at every level. It's easier for a Brazilian to understand Brazil and to anticipate changes in the Brazilian market. It would take too much time for me to go down to São Paulo and try to learn the culture, the language, and everything about the country and then try to run the business on top of it all. It slows you down. And it would be incredibly foolish for us to insist that only Americans understand what is best for Microsoft around the world.

Delphine Reyre EDUCATION GROUP MANAGER, EUROPEAN CUSTOMER UNIT

Microsoft really strives to have a local face in the local market. We have global products and global strategies, but we try to respect local cultures as much as possible. I think that's pretty unique to Microsoft. We realized very early in the game that in order to have a successful marketing deployment across the world, we had to be willing to adjust for each country. That's why we have local general managers who understand the cultural business issues in their markets. That decentralized approach has proven to be very smart. We've always given a vote of confidence to local people who are smart enough to find the right solutions for their market.

Bob Clough REGIONAL DIRECTOR, EASTERN EUROPE

I first came to Russia on a political science fellowship from Indiana University. The topic of my dissertation was the development of the Soviet computer industry. I went to the Lenin Library or some other Soviet institution every day while my wife worked for a company called Dialogue, which was one of the first Soviet-American joint ventures in the computer industry. Gradually, I started spending more time at Dialogue than at the library, partly because they served lunch and partly because there were a lot more people there who knew about the Soviet computer industry.

Finally, I shelved the dissertation, finished my fellowship, and took a job in the industry. When Microsoft started opening subs in Eastern Europe in 1992, they followed the established strategy of hiring local people to run them. But in Russia, they couldn't find a local person ready to take on that challenge. I was this crazy American who spoke Russian and had local software experience.

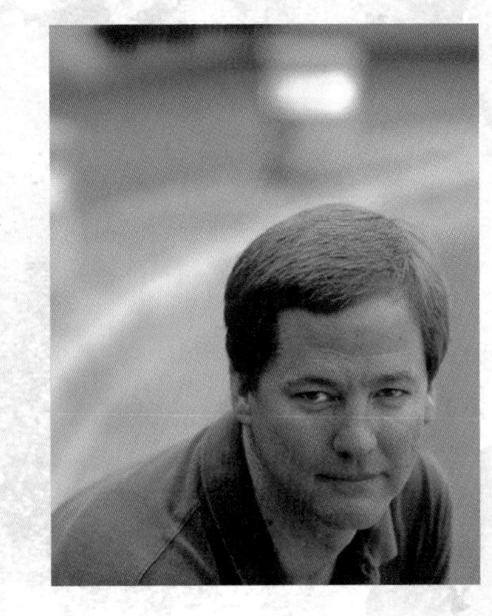

The original regional headcount was 4, but I went to Redmond and made a pitch to Steve and Bill, saying that I wanted to hire 11 more people and lose $1 million in my first year. That got their attention. They explained that this was not the way they opened subs. I repeated my position—that the situation in Russia was unique, so they turned to each other and talked for about 3 minutes, although it felt like 2 hours, and then the room got very quiet. Just as I was starting to wonder where I had filed the latest copy of my resume, Steve looked up and said, "Okay."

I was pretty relieved but also curious, so I asked if they would mind telling me what they had been discussing. They explained that new subs are measured on growth and profitability, but since I clearly expected to lose money the first year, they decided to consider this a Research and Development project, take a long-term approach, and see how it went. So I hired the 11 people, and rather than losing a million dollars, we made a million dollars the first year.

Instead of leaving well enough alone, I went back to Redmond and proposed that we cut the profitability margin so I could hire another 10 people. They agreed again, and we went through this process of breaking our own rules for the next 3 years. It worked mainly because they were willing to recognize the relatively unique situation in Moscow. There were plenty of very bright technical people there, but hardly any sales and marketing people. There hadn't been a supply-and-demand market in Russia, so of course there were no business schools and certainly no MBAs. We simply adjusted to the fact that we had to hire people with less experience than we were used to and give them time to grow. To a certain extent, we opened a business school in Moscow.

Our sub also had a big influence on the formation of the local software industry. We created an opportunity for Russian developers to build applications for the Russian market. Before that, they sold their applications to the West. They never thought about writing something for Russian customers because there was no software industry, no infrastructure, and no protection against piracy. We followed the Microsoft partner-driven business model and developed a network of distributors to build the market. This wasn't easy because not long before, distribution was a criminal offense. It was considered a capitalist mechanism that made money for the middleman without adding value to the market. It's certainly been an interesting ride so far.

Olga Dergunova GENERAL MANAGER, RUSSIA

Everything is bigger in Russia: our population, our issues, and our opportunity for progress and change. Because of that, everybody expects that we will accomplish many good things in this part of the world. The territory we're responsible for contains 250 million people and only about 8 million PCs. So there's a lot of potential for growth.

Historically, technology-related education has been more highly valued here than other types of education, so the percentage of computer science specialists and programmers is much higher than in other parts of the world. Russia has been exporting these people to other countries for years because of the lack of opportunities internally. It's very satisfying for me to be able to keep some of these people in the country by hiring them.

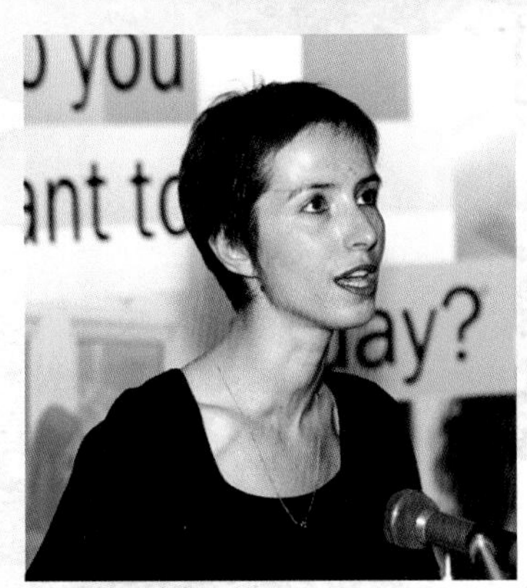

Sam Furukawa VICE PRESIDENT, CONSUMER STRATEGY, JAPAN

In 1979, Microsoft was a small company—small but energetic. Personal computing in Japan was just beginning. Sharp, Panasonic, Fujitsu, and others were contacting Microsoft about building their 8-bit machines. We were coding in assembly language and working with BASIC-80 and COBOL-80. This was even before Asia MS-DOS had arrived. I was working at ASCII Corporation when ASCII was representing Microsoft in Japan. I wore longer hair and jeans and worked for months straight, barely returning home. Sometimes I would wake up at my desk to the sound of the keyboard making strange noises and with stamps on my face. ➢

Umberto Paolucci

MICROSOFT VICE PRESIDENT, EUROPE, MIDDLE EAST, AND AFRICA

In 1985, when Microsoft called and asked me to open the Italian subsidiary, I had just a vague idea of who they were. But the opportunity intrigued me. I was 40 years old, and it seemed like the last chance I would have to roll up my sleeves, take a big pay cut, and start something entirely from scratch. The other thing was that when I started my career in software in 1971, it didn't get much respect. Hardware was much more important, so I had moved to hardware sales. But when Microsoft gave me the opportunity to pursue my passion for software again, I took it.

For several months, we had no money at all because it took a long time to transfer funds to Europe back then. So we ran the company with my own cash and credit cards. And at that time in Italy, it was not easy to rent an office and get phone lines quickly. I used a reprint of a *Fortune* magazine article about Bill Gates to convince the banks and leasing people that we were legitimate. Now, the opposite is true. Sometimes I think we have too much credibility. Even in markets where we're far from being the leader, people assume that we are dominant. We have to work hard to get our customers.

"It seemed like the last chance I would have to roll up my sleeves and start something entirely from scratch."

In the beginning, we were perceived as a company that shipped boxes of products. Now our customer base has expanded to include everyone from large enterprises to small businesses and families with children, and we're focused on understanding people and their needs. The secret is to focus less on market share and more on excellence. Customers use your products as a result of excellence, so in those areas where we cannot be as good as we need to be, we might need to move back and make some tough choices. We cannot be everywhere and do everything. The natural tendency of successful people is to never leave any hill unconquered. But we must have the wisdom to choose the things we can do with excellence.

Mark Van der Merwe

REGIONAL TECHNICAL MARKETING MANAGER, MIDDLE EAST AND NORTH AFRICA

My territory covers subsidiaries in Turkey, Israel, Egypt, Saudi Arabia, The United Arab Emirates, Ivory Coast, and Morocco. Last year, we opened up Pakistan, Lebanon, Kuwait, Tunisia, and Nigeria, and we'll open more subsidiaries this year. Working in this region is all about being sensitive to each community you serve. Piracy is a good example. It's not easy to convince people that they shouldn't buy pirated software when the culture teaches that you must share everything you own with everybody. You have to find ways to explain things like intellectual property without offending individual beliefs. We're a Western company working with non-Western companies on how best to use technology to run their businesses. We have to make sure that our people understand the cultures inside and outside the organization.

Our corporate office does not always have all the answers. We have to find ways to adjust corporate directives so that they can work in a region as diverse as this. And if we accidentally offend somebody, we've got to be able to get ourselves out of trouble gracefully. I had a video confiscated at customs in a country where alcohol is forbidden, because it showed somebody standing on the Berlin Wall spraying a bottle of champagne over the crowd. And that was my launch video! Another time, we played rock music at a big event and half the audience got up and walked out because loud music is not appreciated. Unfortunately, we learn some of these things by trial and error.

As difficult as it can be at times, I've been exposed to many different cultures and I've met many different people, and that's been very cool. And, no matter where I go, my job is to spread the Microsoft word and show people how they can grow their businesses and improve their lives with our products. Over the years, I've traveled for work to 47 countries, 29 of them for Microsoft.

Occasionally, we do make a lasting impression. A few years ago, my team was on the road for 45 days doing an NT launch. Between set-ups, we would toss around one of those little foam American footballs. One time, at about 2 a.m., we had just finished preparing the ballroom of the Marriott in Cairo for the event. Someone kicked the ball, and it ended up in the chandelier. There was no way we could get it down. The next day, we had a hard time keeping straight faces when we saw it sitting up there. I went back a year later, and the ball was still stuck up there. If you ever go there, you can check it out. It's a bit of Microsoft culture that we left behind.

When ASCII Microsoft was formed, I was pulled out of programming to be the head of ASCII Microsoft. Not long after, Steve Ballmer, who was new to the company, came to visit. He said, "Hey, Sam, over the last couple of years, no royalty payment was paid. And we've never seen any financial status. Is something wrong?" We did an audit and I discovered that I was starting out $6 million in debt. Annual sales were only $12 million, so $6 million was a big chunk. They asked me to pay it back in 3 or 4 years. The next year, we made $18 million, so I made it up.

After some time, Microsoft parted ways with ASCII and I became the General Manager of Microsoft Japan. Even then, Microsoft had a vision to make software for Japanese companies and the Japanese people. My gut instinct told me that Microsoft would not simply sell Windows, but it would really make the PC the common medium of communication among ordinary people.

I remember Bill telling me on my hiring day, "You know, Bernard, if we do everything right, this will be a 100 million dollar company one day." The way he said it gave me the clear impression that this would be a big challenge, but achievable. I've never looked at Bill as someone that I couldn't be completely natural with. I've always been very direct and given him my honest opinion. And he's been nice enough to listen…sometimes.

I don't think Bill has changed much over the years. The young, shy, clever guy from 20 years ago is now a more mature businessman, but he's still clever and somewhat shy. I know his strengths and weaknesses well enough to say that most of the criticisms that I've read about him are very unfair. I like the person he is.

I'm thankful to him for all the autonomy he's given to me and other people in this company to make our own decisions about the things we know best. This company sets an extremely good example in that regard. Bill has this amazing ability to rapidly grasp, analyze, and synthesize things for himself, yet his whole company is built on delegation. He has given us incredible freedom to do whatever we thought was right to build the business. So we were able to do incredible things. I'm convinced that it's one of the keys to our success. If you hire the right people and you give them the ability to be responsible and accountable, you will have the kind of success that we've enjoyed.

I never felt, at any time, that I was scrutinized by the "big eye" in Redmond. I've always had to defend my budget, and those were hard discussions, but once it was decided upon, I was fully in charge. And nobody would come and tell me what to do. Today, there's a little more give and take because we are more global, so you cannot do something in one place without impacting some other geography. But even still, the amount of responsibility and accountability that Microsoft people have is unique. We trust people more at this company, and that comes from the top. It comes from Bill.

Another amazing thing about Microsoft is the fact that its success has been shared among so many. Unfortunately, the reaction to that has sometimes been, "Well, look at all those ugly millionaires," instead of, "Look at how this company has shared its wealth." Bill might be the richest person on earth. But look at the people around him.. So many employees and partners have become successful and wealthy too. If you look at some of the other richest people and consider what they have done to help the people who have contributed to their success, I'll bet you that Bill has done more.

If I was going to be hired by Bill today, I think he could reasonably look me in the eye and tell me, "Bernard, you know, if we do everything right, this will be a 100 billion dollar company one day." I think that's the ambition we should have, and I think we have what it will take.

One important quality that will enable us to succeed is our ability to criticize ourselves. This company has an incredible ability to look at the reality rather than the image. We are then willing to change and adapt. That 100 billion dollar company we're imagining is not the same company we are today. It will be dramatically different. But I'm very convinced that we have the cleverness and drive needed to create that company of the future.

The opportunities and challenges are incredible. This business is not about relaxing. As individuals we can relax from time to time, but as a company, we are not allowed, at any moment, to relax.

Personally, I've invested a lot of energy and long, long, long, long hours for Microsoft. But now, I don't know if it's me, or something that happens to everyone as they get older, but my energy level isn't as high as it used to be. A 100-hour media review week five or six years ago was sort of a "week among weeks." Today, it takes me a little bit longer to get back my breath. So, now that I have accomplished most of my goals and planned all along for my replacement, I look forward to having a good semi-retirement and remaining an active friend of the company. When I look back on my career, I see that my success is also Microsoft's success. And that Microsoft's success is my own. We met, liked each other, and worked well together.

Bernard Vergnes, Chairman Emeritus, Europe, Middle East, and Africa

Never Say Never

The dictionary defines "underdog" as "one who is expected to lose a contest or struggle; one who is at a disadvantage." What it doesn't mention is the power that disadvantage brings to the underdog. In other words, not knowing that something is impossible is often the best way to accomplish it. Microsoft has run on underdog adrenaline in virtually every market it has entered since the beginning, taking on impossible challenges—from electronic spreadsheets to the Internet—and prevailing against all odds.

Nobody pays much attention to an underdog until it wins, but some people can spot a winner no matter how unlikely it appears to be. Writing in the Rosen Electronics Letter *in October 1982, Esther Dyson described a promising underdog in an article entitled "A Visit with Microsoft: A Nice Little Software Company Grows Up."*

"There's no way Microsoft can become the success it looks to be without abandoning some of its charm and becoming more structured, more organized, and more market-oriented. Much of what it's now attempting in applications requires discipline and hard work rather than inspiration. Yes, it's always a little sad to see a child or even a company grow up, but the result can be fairly terrific if the process is handled well."

-----Original Message-----
From: billg [mailto:billg]
Sent: Friday, April 17, 1987 12:28 AM
To: Bill Neukom (LCA); 'frankga'; 'jeffh'; Jeff Raikes; Jon Shirley; Scott Olson; Steve Ballmer
Subject: Microsoft is #1

As conservative as we are about self-congratulation and celebrating our achievements, I have to say, as today went on, I got pretty excited about the fact that we are now the number 1 software company in every respect (sales, profits, units, leadership, people...) In fact when I think of Lotus's statement at the introduction of their annual report where they say "there is increasing evidence that LOTUS is the preferred vendor, the preferred investment and the preferred employer," I think they are kidding themselves. We didn't just have somewhat higher sales that they did -- we had $14M more in sales which puts us ahead for the 3,6,9 and 12 months (I think). Of course their sales may go past ours again and it's not really our goal to be #1, but I do get a real kick out of the fight that their big distinction of being the largest is being taken away BEFORE WE HAVE EVEN BEGUN TO REALLY COMPETE WITH THEM. Actually, I found out these numbers about 5pm, so I've been enjoying it for only 6 hours and it will be a fact of no importance in a few days but I think it's really great.

Jeff Raikes GROUP VICE PRESIDENT, WORLDWIDE SALES, MARKETING, AND SERVICES

Until 1986, Lotus was bigger than all of Microsoft. Then, in January of 1990, we finally passed Lotus in the applications business. I remember being so excited about it that when I got in my car to drive home, I slammed on the gas and hit one of the poles in the parking garage. I did about $2,000 of damage to my Blazer, but I didn't mind that much. It was such an incredible feeling after 9 long years of hard work to finally hold the number-one position in the applications business.

Today, we sometimes take it for granted that Office is the leading applications suite and that Microsoft is the number-one applications company. Sometimes I worry about that because I think people have lost sight of what a long, hard battle it was and how much effort and energy and passion and enthusiasm we had to put into achieving this position. In many cases, we were laughed at for even trying to beat the entrenched products.

Nearly all of our products that have earned a leadership position in their market started from way behind. We need to remember this history so we'll stay on our toes, or as some people like to say, stay paranoid. We shouldn't forget that no matter how strong a foothold we have, if we don't continue to innovate to keep up with customer needs and technology advances, we can be unseated at any time, by anyone. We should know, because we've done a lot of unseating ourselves.

Microsoft's Coca-Cola bill in 1978 was $556.50.

"You need a lot of patience in this business because things don't happen overnight. It just seems that way when you look back at it."

– JON DEVAAN, SENIOR VICE PRESIDENT, CONSUMER GROUP

Q: WHICH DEVELOPERS WROTE THE FISH SCREEN SAVER, WHICH WAS EVENTUALLY PURCHASED BY BERKELEY SYSTEMS?

A: ED FRIES AND TOM SAXON.

When I was working in the Computer Based Training group, the artists wanted the ability to create small animations inside tutorials. I set it up so they could play a recorded sequence of characters to make a looped animation. One of their first animations was a fish tank with a couple of fish swimming back and forth. I thought I could do better, so I wrote a small program which made the fish swim randomly around the whole screen. I merged the code with a fish editor that Tom wrote, which allowed you to create your own fish. We put this out on a couple of bulletin boards with our address because we wanted people to send us their fish. We called ourselves Tom and Ed's Bogus Software. After a few weeks, we started getting money in the mail, which was the strangest thing because we didn't post Fish as shareware or ask for money. We asked around the company to see if anyone minded if we kept the checks, and they said, "Fish? No. Who cares?" So we formed a real company called Tom and Ed's Bogus Software, posted a shareware version of Fish, and ended up getting thousands of checks from every continent, even from Timbuktu. A couple of years ago, I was interviewing an 18-year-old programmer and when she asked about what I'd done at the company, I told her about Word and Excel—big programs that had sold millions of copies—but she was unimpressed. When I finally mentioned Fish, her eyes lit up.

– ED FRIES

Q: What was the name of Underdog's girlfriend?

"When I first took over the games group…people didn't expect much from us. Today, we have some of the best-selling games in the world."

My favorite real-world game was Swing Around the Wing, this huge golf event I started at Microsoft in 1987. I was working late one night and brought in a putter because I'm a struggling golfer so I thought I could practice a little. One night, a couple of friends joined me and we were taking longer and longer putts down the hallway and someone said, "Why don't we go all the way around the building?" So we tried it just for fun and we got hooked.

It always took place on the second floor, so there was a chance that your ball could go down the stairs. And then you had to take the elevator up, so we lost quite a few balls between the floors. It cost you one stroke to get in the elevator and one more to get back out. Six was par to get around the building, but our typical score was 20.

Pretty soon, people from all over the company started hearing about it, and it became a regular thing every Friday night at 6 o'clock. I would e-mail tee times to the people who wanted to play, and then I'd send them out in groups of six to eight. There was a big database of scores, and things got very competitive. We even had a trophy. We started with a little Gumby, and if you won, you had to add something to it. By the end of the first year, it had turned into a giant Gumby with all sorts of crazy things hanging off it.

Doug Klunder became famous for his motto, which was "Power is the key." He would hit every shot as hard as he possibly could. It didn't matter whether the shot required subtlety of some kind. I remember I wrote a poem about the fact that once he hit 13 shots in a row without passing anyone. Part of his problem was that he had embedded his ball in a big lounge chair, and it took him a bunch of shots just to get it back out. The balls would often end up on people's keyboards, or in potted plants. A lot of crazy things happened over the years that the game lasted, and Mike Maples even played a couple of times, when he was president of Microsoft. But the best part was that we had people from all over the company coming by to play in this massive tournament that started out as a little putting practice.

Ed Fries,
Vice President,
Games Publishing

"With Age of Empires, people find themselves up at 3 in the morning going
Movies just don't do that to you. They don't keep you riveted for that much

Ed Fries
VICE PRESIDENT,
GAMES PUBLISHING

Playing computer games is what got me into programming in the first place. I started writing games when I was in high school. So after 10 years here working on Excel and Word, I sought out the job of running the games group. A lot of people tried to talk me out of it because I have a technical background and they didn't see this as a very technical job. They figured they could fill it with someone with a business degree so I could continue to work on development projects. But I convinced them that we had the potential to become a major power in the games world, and my technical background gives me a certain amount of credibility when it comes to recruiting great game developers, so they finally gave me my light-sword and sent me into the battlefield.

When I first took over the games group, we basically were known for Flight Simulator but not much else, so people didn't expect much from us. Today, we have some of the best-selling games in the world—like Age of Empires. We built the sports line, the racing line, we built partnerships with people like Chris Roberts, who did the Wing Commander series and has a new game coming out called Freelancer. We've grown from a group of about 150 people to about 550, and today our games business generates about $200 million a year.

"Games are Probably pushing the technological edge more than anything else right now...

Games are probably pushing the technological edge more than anything else right now. They are completely using up everything that is out there in terms of hardware advancements. Originally, game teams were almost all programmers, with maybe an artist to draw a view or icons. Today, the mix of programmers and artists is closer to 50-50 because all of a sudden it's becoming less about technology and more about what are you going to do in this world? How are you going to make real-looking people?

Some people think gaming is a waste of time, but I don't think it's good for people to spend every waking hour doing something productive. That's kind of a sad way to live. Statistics say people spend more time watching television than they do at work. It's that passive television-watching time that I want from them. That's when they could be embarking on some epic adventure, or learning how to fly a plane, or recreating a battle and discovering what it's like to be a general or a foot-soldier. I think that's a better use of their time. Is it a productive use? I don't care. I think people are productive enough. That's what work is for. When people are at work, they want to work. And when they're home, they want to have fun.

With the Internet, games are really changing. My group runs the Internet Gaming Zone, which is a huge online gaming site. We have more than 18 million users. We get more than half a million individual people from around the world logging onto our site at any given day. That's more people than visit all the Disneylands in the world on any day. Sometimes we have as many as 75,000 people simultaneously playing games with each other. That's a stadium full of people, all there at one time. And it's all about social interaction. The number-one game on the Zone right now is the card game Spades. Card games are all about getting together with people. Even on the Internet, the game is almost secondary to interacting with people. I always like to say that no one ever had to invent Spades 2.0. You don't need to add features because it works just the way it is.

What makes a game interesting is the people. Games have always been about playing with other people. Then computers came in and games shifted to being this solitary thing. It was still fun, but it was just you against the machine. When multi-player games started, suddenly you could play with 4 or 8 people. And now that's basically a requirement of any game that comes out. They all need to have a multi-player mode. It's interesting that if you look at the top 4 card and board games on the Internet Gaming Zone right now, the players are evenly divided between men and women. To me, that says we're finally reaching out to a broad audience.

These days, almost any number can play. In what we call peer-to-peer gaming, the limit is 8 to 16 people. But we now have massively multi-player games like Fighter Ace where you can get on line with hundreds of other people and fly World War II airplanes around and try to shoot each other down. All of the planes you see in the

JORDAN WEISMAN

MARJORIE OSTERHOUT

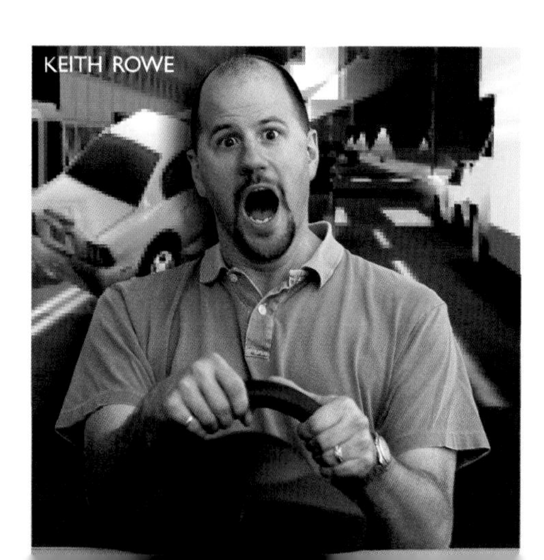
KEITH ROWE

click, click, click.
time, the way a good game can." – ED FRIES

virtual environment are being flown by other real people. You can chat with them, chat with the people on your team, or even chat with the guy you just shot down.

Another big thing that's happening right now is the phenomenon of online role-playing games. These are all giant virtual worlds where you go in and there are thousands of other people there at the same time. Ultima Online came out about two years ago and got over a hundred thousand subscribers. Sony came out with Everquest at the beginning of last year. Our own multi-player role-playing game is Asheron's Call. It's filled with monsters and dungeons. You start as a small character, then team up with other people and go on adventures. As you spend time there, your character grows and you get stronger, and you venture deeper into a world that's an alternate reality to your own.

games are just completely using up everything there is and asking for more!"

Peter Parsons GROUP PRODUCT MANAGER, HOME AND RETAIL DIVISION

Our games are getting better all the time. Freelancer won Best Game of Show, Best Simulation, and Best PC Game at the last Entertainment Exposition. It also won outstanding achievement in art. Microsoft hadn't ever won those awards, so it was a real milestone. We have a good brand name, and people know that they can count on Microsoft products, but with games it's different because games are more like fashion. There's a rebel mystique about games, ***and for years we've been this establishment brand in a counter-culture industry.*** But gradually, we're proving that we can develop great content that everyone from hard-core gamers to casual players want to buy.

Flight Simulator is our best-selling game ever, and we never stop innovating. Right now, you fly around in very authentic and realistic environments, but they're still not based in the real world. Well, what would happen if we could pipe in the data from real airlines and you could fly in real-world conditions? On the Internet, you can have multi-player experiences and fly with other people, but what if you had a racing game where you were racing virtual planes against other players in the same real-world environment? These are the kinds of things we see coming down the road in our games.

Kiki Wolfkill ART DIRECTOR, RACING GAMES

I first got involved with motor sports in the early '90s. My father raced cars for years, so I grew up going to race weekends and spending time at the track. Then I went to a driving school in Portland and really got hooked. From there, I started doing regional racing, international racing, and finally professional racing. I also got involved with a new women's racing series called the Women's Global GT Series. The idea was to get more exposure for women in the sport because it's been difficult for us to find sponsors and get the financial support we need.

Right now, I'm the art director for all of Microsoft's racing games. Because of my racing experience, I was originally hired as the subject-matter expert. As the art director, I manage the artists, manage the vision for how the graphics will look, and work with the development team to get the art into their game engines. What I do is take the original vision of the game and help guide it toward what can be practically implemented.

With the Madness racing series, we've actually created a new genre in racing games, where the players race their cars through an interactive environment that's based on a real city. Midtown Madness 1, for example, takes place in Chicago, and we're working on London and San Francisco for version 2. While you're racing through the city, everyday urban life goes on around you and you get to interact with it. That's what makes it so exciting and unpredictable—and different from tube racers, where you're forced to follow a certain route.

Since I'm a racecar driver in real life, people (especially my coworkers!) often expect me to perform at the same level when racing using computers. But racing games are not my forte, mainly because it's a different experience from actual driving. There are certain physical "seat of your pants" responses that you get from a car that you can't get from a game. I won't be surprised, however, if one day we can replicate the whole experience, from climbing into the cockpit to pulling Gs through a tight turn. Then I won't have any excuses!

JO TYO

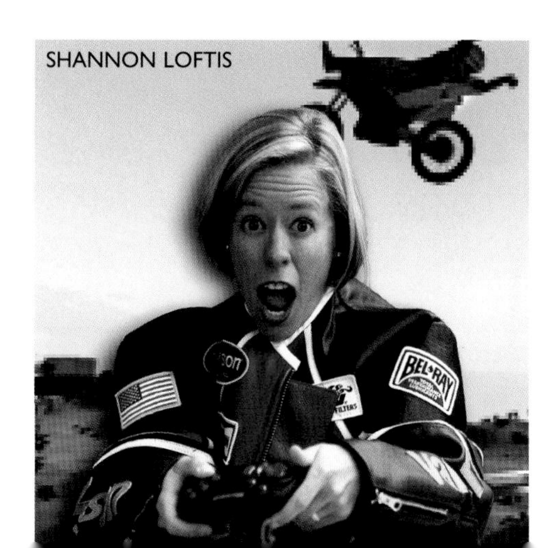

SHANNON LOFTIS

Jon DeVaan SENIOR VICE PRESIDENT, CONSUMER GROUP

Excel had a great team that could execute extremely well, even in the face of really harsh circumstances, like being one of the first programs on Windows 2.0. Developing both Windows and Excel simultaneously was quite an adventure, but we just worked through it. Everyone was so determined to succeed. There were plenty of days when we didn't want to come in to work anymore, but we came in anyway. I'm proud of those efforts. We'd stay up all night disassembling printer drivers to figure out why things didn't work. And we didn't have things like protection faults, so it was easy to trash not just applications but the whole system. John Hopper—the Excel test manager—and I would have all-night contests to see if he could find more bugs or I could fix more bugs.

With people like Charles Simonyi, Doug Klunder, Mark O'Brian, and Rick Powell involved, the foundation of Excel was excellent from the beginning. Everyone worked on everything, and the camaraderie was great. You can't call yourself a serious engineer unless you've worked on a product from the beginning and done some of those basic things to establish its reliability and infrastructure. It was a basic part of our values for everyone to be there right from the beginning.

We had fun coming up with some of the innovations, like the part of Excel where you grab and drag the cells around. Before that, there was no notion of a mouse interface for a spreadsheet, except for selecting. That and things like right-click were terrific innovations. We had all these arguments about what happens if you click in the middle, and how you should do it. A lot of thinking went into how to minimize mistakes by trying to anticipate what the user really wants to do when he clicks on one place versus another.

"Although we were underdogs, we had absolute confidence in ourselves."

The marketing group was also very innovative with Excel. The spreadsheet market was aimed at power users at the time, but we hung our hat on addressing the needs of regular users and concentrated on graphical output and ease of use. We established usability labs and hired great interface designers. People in the industry were scratching their heads because we didn't have 3-D spreadsheets and multi-variable solvers and all that other stuff. It took a while for us to convince the pundit crowd that the best strategy was to make spreadsheets easy for the average person to use.

For a while, we were so far behind Lotus in market share it was ridiculous, but that's always been a part of working here. Today, with things like the Microsoft TV platform, we're still in the thick with competitors, not knowing who's going to prevail. One day we're really excited, and the next day we're completely discouraged. That comes with the territory. These are long battles, and you can't win unless you're committed to the long term. We've learned that you need to keep doing the right thing for the customer, which is how you eventually generate better value than the other guy does, even if he starts out way ahead of you.

Although we were underdogs, we had absolute confidence in ourselves. One of the things we did was post our rejection letters from Lotus on a wall, as a form of motivation. A few people already had them from when they were looking for jobs before they came here, because Lotus had a policy of not hiring people right out of school, with no experience. So the rest of us applied and got our rejection letters, too. It was pretty funny. And it certainly did boost morale.

Now we have MSN, another underdog behind Yahoo! and AOL. And the Microsoft TV platform is up against companies like Liberate and OpenTV. I still use examples from my Excel and Office days when people spend too much time worrying about press releases and deals and competitors' stock prices and blah, blah, blah. Companies throw press releases around like confetti, and you have to learn to ignore all the noise. The truth is, that stuff doesn't matter very much. If you stick to listening to customers and making your product better than your competitors' products, everything will work out fine.

Re-Calc or Die!

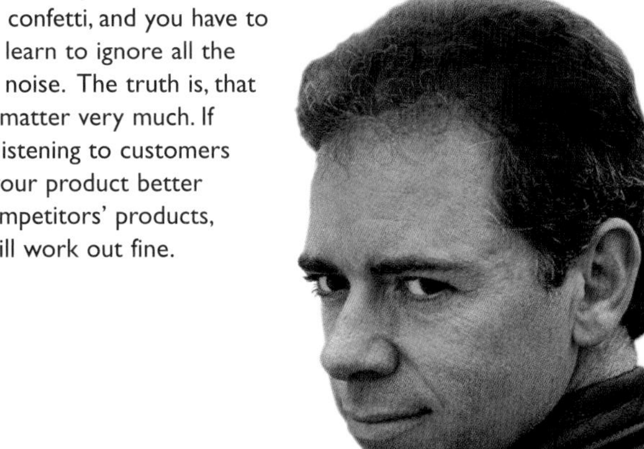

MIKE KOSS, PROGRAM MANAGER, OFFICE WEB SERVER

click, click, click.
time, the way a good game can." – ED FRIES

virtual environment are being flown by other real people. You can chat with them, chat with the people on your team, or even chat with the guy you just shot down.

Another big thing that's happening right now is the phenomenon of online role-playing games. These are all giant virtual worlds where you go in and there are thousands of other people there at the same time. Ultima Online came out about two years ago and got over a hundred thousand subscribers. Sony came out with Everquest at the beginning of last year. Our own multi-player role-playing game is Asheron's Call. It's filled with monsters and dungeons. You start as a small character, then team up with other people and go on adventures. As you spend time there, your character grows and you get stronger, and you venture deeper into a world that's an alternate reality to your own.

games are just completely using up everything there is and asking for more!"

games are just completely using up everything there is and asking for more!"

Peter Parsons GROUP PRODUCT MANAGER, HOME AND RETAIL DIVISION

Our games are getting better all the time. Freelancer won Best Game of Show, Best Simulation, and Best PC Game at the last Entertainment Exposition. It also won outstanding achievement in art. Microsoft hadn't ever won those awards, so it was a real milestone. We have a good brand name, and people know that they can count on Microsoft products, but with games it's different because games are more like fashion. There's a rebel mystique about games, ***and for years we've been this establishment brand in a counter-culture industry.*** But gradually, we're proving that we can develop great content that everyone from hard-core gamers to casual players want to buy.

Flight Simulator is our best-selling game ever, and we never stop innovating. Right now, you fly around in very authentic and realistic environments, but they're still not based in the real world. Well, what would happen if we could pipe in the data from real airlines and you could fly in real-world conditions? On the Internet, you can have multi-player experiences and fly with other people, but what if you had a racing game where you were racing virtual planes against other players in the same real-world environment? These are the kinds of things we see coming down the road in our games.

JO TYO

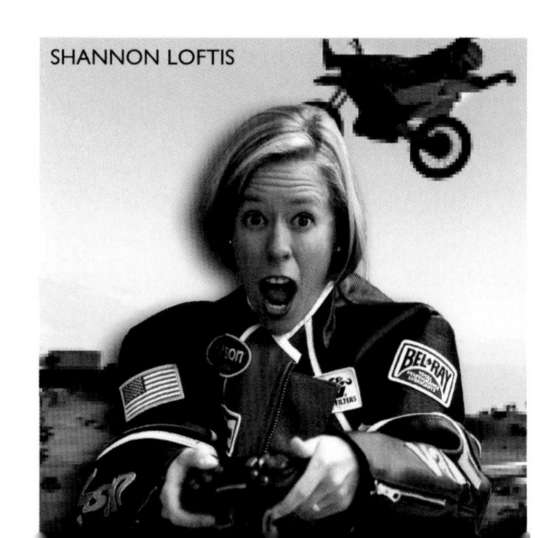

SHANNON LOFTIS

Kiki Wolfkill ART DIRECTOR, RACING GAMES

I first got involved with motor sports in the early '90s. My father raced cars for years, so I grew up going to race weekends and spending time at the track. Then I went to a driving school in Portland and really got hooked. From there, I started doing regional racing, international racing, and finally professional racing. I also got involved with a new women's racing series called the Women's Global GT Series. The idea was to get more exposure for women in the sport because it's been difficult for us to find sponsors and get the financial support we need.

Right now, I'm the art director for all of Microsoft's racing games. Because of my racing experience, I was originally hired as the subject-matter expert. As the art director, I manage the artists, manage the vision for how the graphics will look, and work with the development team to get the art into their game engines. What I do is take the original vision of the game and help guide it toward what can be practically implemented.

With the Madness racing series, we've actually created a new genre in racing games, where the players race their cars through an interactive environment that's based on a real city. Midtown Madness 1, for example, takes place in Chicago, and we're working on London and San Francisco for version 2. While you're racing through the city, everyday urban life goes on around you and you get to interact with it. That's what makes it so exciting and unpredictable—and different from tube racers, where you're forced to follow a certain route.

Since I'm a racecar driver in real life, people (especially my coworkers!) often expect me to perform at the same level when racing using computers. But racing games are not my forte, mainly because it's a different experience from actual driving. There are certain physical "seat of your pants" responses that you get from a car that you can't get from a game. I won't be surprised, however, if one day we can replicate the whole experience, from climbing into the cockpit to pulling Gs through a tight turn. Then I won't have any excuses!

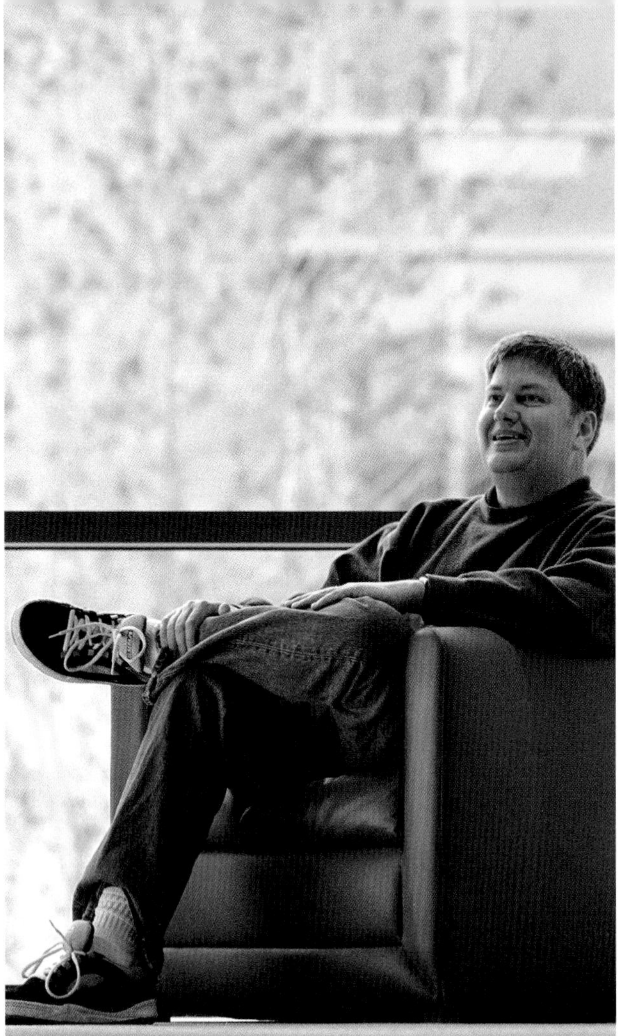

Jon DeVaan SENIOR VICE PRESIDENT, CONSUMER GROUP

Excel had a great team that could execute extremely well, even in the face of really harsh circumstances, like being one of the first programs on Windows 2.0. Developing both Windows and Excel simultaneously was quite an adventure, but we just worked through it. Everyone was so determined to succeed. There were plenty of days when we didn't want to come in to work anymore, but we came in anyway. I'm proud of those efforts. We'd stay up all night disassembling printer drivers to figure out why things didn't work. And we didn't have things like protection faults, so it was easy to trash not just applications but the whole system. John Hopper—the Excel test manager—and I would have all-night contests to see if he could find more bugs or I could fix more bugs.

With people like Charles Simonyi, Doug Klunder, Mark O'Brian, and Rick Powell involved, the foundation of Excel was excellent from the beginning. Everyone worked on everything, and the camaraderie was great. You can't call yourself a serious engineer unless you've worked on a product from the beginning and done some of those basic things to establish its reliability and infrastructure. It was a basic part of our values for everyone to be there right from the beginning.

We had fun coming up with some of the innovations, like the part of Excel where you grab and drag the cells around. Before that, there was no notion of a mouse interface for a spreadsheet, except for selecting. That and things like right-click were terrific innovations. We had all these arguments about what happens if you click in the middle, and how you should do it. A lot of thinking went into how to minimize mistakes by trying to anticipate what the user really wants to do when he clicks on one place versus another.

"Although we were underdogs, we had absolute confidence in ourselves."

The marketing group was also very innovative with Excel. The spreadsheet market was aimed at power users at the time, but we hung our hat on addressing the needs of regular users and concentrated on graphical output and ease of use. We established usability labs and hired great interface designers. People in the industry were scratching their heads because we didn't have 3-D spreadsheets and multi-variable solvers and all that other stuff. It took a while for us to convince the pundit crowd that the best strategy was to make spreadsheets easy for the average person to use.

For a while, we were so far behind Lotus in market share it was ridiculous, but that's always been a part of working here. Today, with things like the Microsoft TV platform, we're still in the thick with competitors, not knowing who's going to prevail. One day we're really excited, and the next day we're completely discouraged. That comes with the territory. These are long battles, and you can't win unless you're committed to the long term. We've learned that you need to keep doing the right thing for the customer, which is how you eventually generate better value than the other guy does, even if he starts out way ahead of you.

Although we were underdogs, we had absolute confidence in ourselves. One of the things we did was post our rejection letters from Lotus on a wall, as a form of motivation. A few people already had them from when they were looking for jobs before they came here, because Lotus had a policy of not hiring people right out of school, with no experience. So the rest of us applied and got our rejection letters, too. It was pretty funny. And it certainly did boost morale.

Now we have MSN, another underdog behind Yahoo! and AOL. And the Microsoft TV platform is up against companies like Liberate and OpenTV. I still use examples from my Excel and Office days when people spend too much time worrying about press releases and deals and competitors' stock prices and blah, blah, blah. Companies throw press releases around like confetti, and you have to learn to ignore all the noise. The truth is, that stuff doesn't matter very much. If you stick to listening to customers and making your product better than your competitors' products, everything will work out fine.

Re-Calc or Die!

MIKE KOSS, PROGRAM MANAGER, OFFICE WEB SERVER

Rich Tong FORMER VICE PRESIDENT, MARKETING, BUSINESS SYSTEMS DIVISION

I was the fourth marketing person hired for Excel. That was back in the days when Pete Higgins was a product manager. I shared an office with Joe Krawczak, who's now Director of Office Marketing. Windows was in version 2.0. The 386 machines were just coming out, and Excel took a couple of minutes just to start.

We were being outsold 10-to-1 by Lotus 1-2-3—just getting pummeled. I talked to Pete about why Excel wasn't going to sell to 1-2-3 users. I explained that when I was in business school, I did all my reports in 1-2-3 and I thought Excel was the most confusing product that had ever been invented. There was kind of a stunned silence, and then he said, "Let's fix it."

Joe Krawczak was actually sent to sell our plan to Bill. At the other big companies I'd worked for, if a junior person had an idea, he would pass it up to a senior person to present. I knew we were in a different kind of company.

The first part of our plan was to help 1-2-3 users understand Excel better. We wrote a booklet, kind of the Vulcan translator, that basically said, "If you do this in 1-2-3, here's how you do it in Excel." Then Chris Peters and a bunch of other folks built 1-2-3 Help right into the product, so Excel translated 1-2-3 commands into Excel.

The second step was making Excel user-friendly. One day, Chris walked into our office and said, "I have something I want to show you." It was a button that, when you clicked on it, would add the numbers in a group of cells. It was called AutoSum, and back then it was quite revolutionary. Autosum was the start of our graphical toolbars and was a very innovative feature and a huge selling point.

Our marketing effort focused on getting 1-2-3 users to try our product. If you're being outsold 10-to-1 and you think you have a better product, then you want the other guy to start comparing himself to you. Some people call it drawing the drag race. Our ads showed our GUI screen, and the copy said, "Lotus can make all the comparisons they want, but nothing compares to this." The more people who made Lotus-versus-Excel comparisons, the happier we were.

We also created The Working Model. It was a demo of Excel and Windows on a 1.44-megabyte floppy disk. You could plug it in, load it onto a PC, and actually try the product. Joe and I wrote the user manual for it over Christmas vacation. That's emblematic of what the company's all about—it's just "Go get it done." People make it happen here.

Excel also pioneered the influential end-user (IEU) model. That's what we called the guys who had already switched to Excel, and we put a lot of effort into getting them to spread the word. Excel was also the first product to offer competitive upgrades, which were special price breaks for people who were switching from competing products. We went all out to make trying and switching as easy as possible. We weren't afraid to be the underdog. In fact, we loved it. It was hard work, but we loved it.

Tanya van Dam FORMER DIRECTOR, MARKETING, WINDOWS NT

My job for years was to drive our competitive analysis. I knew more about NetWare, technically, than I knew about NT because I was running NetWare in my office. I even attended CNE classes, where Novell customers got certified on NetWare. We started thinking, "Gee, we can already do this stuff on NT. And we do it easier and better. Why are these customers going through all this pain?" So we started using all the things we learned to help us market NT.

It was tough because people had invested a lot of time and energy learning another system. We had to give them compelling reasons to look at ours. But it was fun, too, because whenever you're marketing as the underdog, people tend to root for you. The best thing that happened was when Novell said that we were their main competitor. Whenever the market leader mentioned NT, that was better than advertising. And it was quite a tribute to all the hard work we had done.

The greatest satisfaction for me today is seeing all the different ways that customers use NT and seeing how broadly it's been adopted. Early on, we predicted that customers would want a server that could do multiple things, like run applications, run file-and-print, and be a Web server. Now, people are using it in ways we never imagined—for household servers, private Web communities, and more. Our job now is to predict how they'll be using it 3 years from now.

We started this effort 2$^{1}/_{2}$ years behind everybody else and went from zero market share to being the most popular server used on the Internet. The fact that just about everyone knows about NT means that we've come a long way. But we know the opportunity for growth is still there. We know we can grow the market even more by fulfilling more needs for more customers.

During my first week at Microsoft, which was in 1989, I attended the Microsoft Global Summit in Geneva. At a Microsoft meeting, when there's a free afternoon, you don't go out and have fun on your own. You have an organized event, like a scavenger hunt. This is a part of American culture that we Europeans have trouble getting used to.

In this scavenger hunt, we had teams of five people and I was on a team with Bill Gates. My boss said to me, "Whatever you do, don't speak to him! Don't ask any questions! Just be very quiet."

When the team came together, I quietly introduced myself to Bill and told him that I had been there only one week. And he said, "That's great, fantastic! Welcome to the company!" He was so friendly and so open that I immediately relaxed.

We were told that a team would get extra points for finding all the treasures and you'd also get extra points for reporting at the finish line before anyone else. So we had to decide which strategy we wanted to use. Most of the people on the team thought we should try to get a good score by getting all the treasures, even if we didn't finish first.

And Bill said, "No, we have to be on time." And we said, "No, we would like to get all the answers." And he let us have our way, but we finished five minutes late. We found more of the treasures, but we lost points for being slow. We came in third.

We felt bad because he was so enthusiastic about the game. He kept urging us on the whole time. Like most of the key guys in this business, he likes to win. The best part was, they supplied 10 coaches for people to take all over the city, looking for the clues. And he said to us, "No way. We're taking a cab, it's quicker." So we all chipped in and took a cab.

That's why he is what he is today: ***He questions assumptions.*** He's never complacent. He finds a way to do it—every time.

– GERALD TIPS, SALES MANAGER, BENELUX

OFFICIAL TAXI RECEIPT

Date: ....

Blue Cabs	676 1111	Radio Link:	478 1111
ABC	285 5444	Co-Op:	677 7777
National:	677 2222	VIP:	783 3333
Tallaght:	459 9444	Blanchardstown:	820 7000
Northside Express:	832 7777	Shamrock	855 5444
Airport Express:	836 0111	Castle Cabs:	831 9000
Taxi 7	667 1444		

FROM TO

FARE £ 25-00 SIGNED

ONLY LICENCED TAXIS HAVE ROOFSIGNS

Bill can get very, very focused. And this can have interesting effects on other areas of his life. I remember one story in particular. This was when we were in the old buildings at Northup and he would typically work until about midnight and then go home, although it wouldn't be unusual to get e-mail from him again starting at about 1:30 a.m. This particular night, he got in his car and was heading across the 520 floating bridge when his car seized up about a quarter of the way across. You know, the way a diesel would if you simply didn't remember to put oil in it for a significant period of time. So he just got out and walked back toward Microsoft.

There was a motel next door, but he had some trouble checking in. He usually traveled without money, credit cards, or anything else, simply because he'd left them someplace. He told them it was his company next door, but they said, "Oh, come on, you're not the guy who owns that company, just look at you." He finally convinced them to let him have a room if someone from the company would come over the next day. Steve had to come over and pay so they would let Bill leave and get back to work.

To me, this is such a typical example of the way Bill thinks. He wasn't going to waste any time thinking about another way to solve this totally irrelevant problem. He just decided it was easiest to get a few hours sleep next door and be back at it the next morning.

Since then, we've made sure that all of his vehicles have a cellular phone in them.

– JON SHIRLEY, FORMER PRESIDENT AND CHIEF OPERATING OFFICER

When you go into a meeting with Bill and Steve and you start talking about an idea, sometimes the pronouns get screwed up and they'll tell you that you're an idiot. You have to realize that what they're really saying is that they think your idea is stupid. This is not the most fun in the world, but if you can distance yourself and not take it personally, they'll always let you tell them why you think they're wrong. But you had better have specific reasons why they're wrong, because what gets you into trouble is when you say, "I'm not an idiot. I've got an honors degree." Well, who cares? That doesn't mean anything. You've got to defend your ideas with facts and figures, not your ego.

Sometimes when Bill pushes back, it's because he's right, and sometimes it's just that he is mad that the issue exists. He has his bad days like everybody else. But those meetings are like brainstorming with an edge. I have older brothers and sisters, and when we played football, I was the football. My brother tied me up with ropes and set them on fire. Bill is nothing compared to that.

One of Bill's strengths is his clarity of vision, and his pushing is a way of forcing you to focus your ideas. When my group has to present a product to the execs, I always try to get everyone to anticipate where they might be able to call us idiots, because if it happens, it means we did not think the issue through or we are not clear in communicating. Either way, it's an area where we need to do a better job. I do it even when I'm not meeting with Bill, because it's a good exercise. He challenges us because he wants to know that we've thought through the issues. He's trying to confirm that this is the best we can do.

I had a dream once where I was talking to Bill about the Tablet PC and he held out his hand to me and said, "Let me help you." Now, of course, it would be nice if that were the way it happened, but on the other hand, that is exactly what he does. He helps us achieve our dreams. He just has a different style.

– ALEX LOEB, GENERAL MANAGER, eTABLET

Bill came to a Christmas party at Microsoft KK (Japan) back when we had only about 300 employees. One of the new employees, Kato-san, started talking to Bill about the company he had just come from. Bill said that he knew of the company and that he had worked with Kato-san's boss a long time ago on a special project with the PC6000. Then Bill went on about how the boss loved to garden and that he grew eggplants and cucumbers. Kato-san was amazed because he had worked for this man for 12 years and never knew about this hobby. Bill never forgets a discussion, and he's not only interested in technical things. He always manages to learn something interesting about everyone he talks to.

Even when Bill's talking to an employee, he always tries to get past the surface discussion. Bill asked another person at the party, "What is your job?" and the employee said, "Oh, I'm just working in procurement of floppy disks." So Bill asked how much they cost. "Thirty-two cents," the employee stammered. Bill was delighted because he knew how much he paid for them in the U.S., and this employee got a deal for 8 cents less.

Another guy he met produced manuals, and Bill asked him what translation cost per page and what tools he was using. "QuarkXpress for the Mac," the guy answered. So Bill said, "That's great, but why isn't there a Japanese QuarkXpress for Windows, and who's taking care of that? And is there any particular reason Microsoft Word can't be used to create a manual?" The employee told him that a couple necessary functions were not available in Word. And Bill said he should tell the Word developers about that. ***At the next year's Christmas party, Bill found that same guy and asked him if the Word people had fixed what was needed for localization!***

The one thing that impresses me most about Bill is that he knows what's going on in every corner of the company, all the time, everywhere in the world. He doesn't go around giving false words of encouragement. He really tries to get to some depth, to share some of the problems and some of the pain, and to try to resolve things just like any other member of the team. His directions don't come from the top down; he works alongside us.

– SAM FURUKAWA, VICE PRESIDENT, CONSUMER STRATEGY, JAPAN

I always thought the Chairman's Award might elude me because it's all about long-term performance and it certainly wasn't something I expected to win. To give you an idea of how much I didn't expect it, when Bill started making the presentation, I went to the toilet. I thought I'd have time to go because there would be a bit of a speech. So I was queuing in the loo when my boss came in and said, "Chris, there is something outside I think you'd really like to see." So he took me back outside and Bill was starting to describe the person, and after a few sentences, through a process of elimination, I worked out that it was me. It was kind of like the Oscars, except I didn't have a speech ready. Somehow, I managed something eloquent and witty, like "thank you very much" and wandered off.

Actually, there's a theme of Bill Gates and toilets and terrifying moments in my life. A few years ago, we got about 1,500 of our UK channel partners and resellers together for a big meeting, and we managed to secure Bill for the keynote. As is typical, he had a busy schedule that day and I was responsible for briefing him and getting him through the crowds to the stage. We had about an hour together, and it all went fine until I had to take him from the briefing area to the stage. I was concentrating on getting him through the crowds, and then suddenly I lost him. He just disappeared. One second I'm talking to him, and the next thing I know, he's gone! It's like losing your kid. All these things went through my mind, like he's been kidnapped or he's dead, and therefore, I'm dead. I did this panic thing, running around in circles for a few minutes, asking people the stupidest question in the world: "Have you seen Bill Gates?"

One guy said that he saw someone in the toilet who kind of looked like Bill, so I ran in and there he was. And I think I said something stupid like, "Bill, what are you doing in here?" He looked at me like I was unhinged, which I was at the time, and said, "What do you think?" It was a horrible few moments. It was a kind of a near-death experience.

– CHRIS LEWIS, DIRECTOR, HOME AND RETAIL, UK

Once Bill develops a point of view, he's extremely committed to it. He never likes to tell people what to do. He's much happier if he feels that he's convinced you to come around to his point of view. But he's equally willing to change his mind if you can present better data, better information, or a new set of logic. He doesn't have that face-saving mechanism that keeps a lot of people in his position from hearing the truth. Bill is very open to a good argument, probably because he's sometimes been on the other side of the fence and he knows how frustrating it can be. There were a few times when he couldn't convince me of something, so he just had to figure out some other way to get there. He doesn't want to be the guy that everybody is always trying to maneuver around. ***If you think he's wrong, he wants to know why.***

– MIKE MAPLES, AMBASSADOR; FORMER EXECUTIVE VICE PRESIDENT, WORLDWIDE PRODUCTS GROUP

Everyone has a theory about the key to Microsoft's success. Mine is that this company has one of the great business leaders of our century. He has the ability to think simultaneously about the competition, the changing technologies, and the abilities of his company. He's able to remember our history while concentrating on the present and anticipating where we need to be in the future. ***It's like a three-dimensional chessboard, and he's testing his moves all the time.*** He embraces the complexity instead of becoming frustrated by it, and that has helped the company immensely. He has an incredible mind, and he's trained it to think about hard issues in a very deep and sustained way. He also got lucky when he hired Steve Ballmer, who has some of the same skills but is different enough to complement Bill's strengths. I expect that someday they'll be recognized as one of the great business teams of all time.

– MIKE MURRAY, FORMER VICE PRESIDENT, HUMAN RESOURCES

When It Comes to *Relaxing,* We Kick Everybody Else's Butt!

What do you mean we don't know how to have fun? Of course we have fun! As a matter of fact, we were just working on that very project last week, but we got pulled off it to throw some extra headcount into this other thing that's missed 3 ship dates. Fun? Hell, you don't know what fun is until you've slept in your office for 5 days in a row and survived on nothing but soda, Dove bars, and Force Feedback. Talk about pumped! That's about as pumped as you ever want to get without medical intervention! So just give us a few days and we'll get back to you on that relaxation thing. We'll pull a team together, write some specs, and see what compiles. In the meantime, you might want to take a look at this cool story I found on the Internet about 10 absolutely legal team sports you can play with night-vision goggles and fire extinguishers.

Orlando Ayala GROUP VICE PRESIDENT, WORLDWIDE SALES, MARKETING, AND SERVICES

We have 2 great things going for us at all times. One is a great mission. We started with the mission of a computer on every desk and in every home. Now, we have the mission of empowering people with great software any time, any place, and on any device.

The other thing I think we do better than any other company is execution. When this company gets focused on something, we just go out there and get the job done.

We work very, very hard, but we also have a good time. Both elements are part of our culture. I have a few rules I share with people:

1. Don't live with a lot of pain. Pain kills. If something is going wrong, just go and fix it. Don't live with it for too long.
2. Don't let people tell you that something is not possible. Anyone speaking in those terms is basically having some big trouble fitting into this company. We believe that anything is possible.
3. Don't live with a job that you're not having fun with. It's just like a relationship, right? Why stay in something that you're just not enjoying? Say the heck with it.

Jane Huxley ENTERPRISE MARKETING MANAGER, AUSTRALIA

I kind of lied my way into Microsoft. I guess it's all right to admit that 11 years later. They were looking for technical support engineers, and I could type, so I figured that qualified as technical support. After three months, I was Employee of the Month. Since the beginning, I've been driven by working with technology that's changing the world. I worked on the technical side of the business for the first six years, and then I jumped over into marketing land. But it's not like we're just cranking out words in order to sell product to people. There's a brilliant technology base behind it, and that's what drives me.

The hardest thing about my job is being an Enterprise Marketing Manager at a time when Microsoft doesn't have a lot of credibility in the enterprise space. We're all singing that tune right now. Competitors like Sun and IBM—while they're not as entrenched here as they are in the States—are not going to make it easy for us. It's going to be a long-term process. In my career, I've been used to more short-term goals. It's not like, bam, let's get Office out there! And bam, let's get revenue! I'm finding it an interesting adjustment.

The easiest thing about my job is nothing. Every day is a hard day. But I get to work with smart people, and I'm completely empowered to do my job the best way I know how. I love that. My boss is, like, "Whatever. Do whatever it takes to achieve your goals." I love achieving things. Getting things done. Getting results.

I see technology changing people's lives every day. Important people like my family. I went on a holiday with my mom, and we could send e-mail home to my family. I get mail from my two-year-old niece at work saying she loves me. I love to open mail like that when the next thing I do is walk into a boardroom of CEOs to convince them that using our stuff is the right thing to do.

Sometimes you look at this endless corridor of stuff you've got to get done in the next 6 months, and you think, "Why am I here? It's just too hard." Then you go up to Redmond and see what those guys in research and development are working on, and you go, "You know what? I'm signing up for the next 10 years. I don't want to miss a thing."

Alexander Holy SYSTEMS ENGINEER, BUSINESS SOLUTIONS GROUP, AUSTRIA

Microsoft is an American company, which means things tick inside the company very differently from Austrian, German, and other European companies. That's why I like working here. There's always a group, mostly technical people but also marketing people, that likes to work very hard and stay late. So we'll be working until 9 or even 11 at night sometimes. The security guy does his first round every night at 10:30. He's been here for a while, so he knows all of us. One night, he stopped by my office just as one of my coworkers was joking about how he couldn't wait for the night shift to come in so he could go home. The guard looked at us in disbelief and said, "What? I thought you guys *were* the night shift!"

Sabine Fleischmann MANAGER, BUSINESS SOLUTIONS GROUP, AUSTRIA

Alex Holy works for me, and for the past year, one of my tasks has been to stop by his office on my way out every evening, to make sure that he goes home. It's not easy getting him to stop!

Rainer Weinzettl SALES MANAGER, BUSINESS SOLUTIONS GROUP, AUSTRIA

Alex is a real star. He received the President's Award last year, and he's an absolutely brilliant developer. He knows each and every thing from the technical point of view. Whenever he hosts an event, people just love it. It's like they're attending a Rolling Stones concert! And you know, Sabine is a very good manager, so she's started this campaign to encourage him to go home and relax. To make her happy, he goes home now. But the minute he gets there, he goes on line and starts working again!

Nobody works harder at Microsoft than the people at Microsoft New Zealand. That's their story, and they're sticking to it...

Richard Burte TECHNICAL SPECIALIST, NEW ZEALAND
Steve Haddock DISTRIBUTOR ACCOUNT MANAGER, NEW ZEALAND
Alex Morcom CHANNEL MARKETING MANAGER, NEW ZEALAND

RICHARD: I guess I've been called many things during my career here, and "techie" is one of 'em.

STEVE: "Dweeb" is another.

RICHARD: Dweeb? I think "dweeb" has a sort of personal connotation. I prefer the nonderogatory term "geek."

RICHARD: As a technical specialist, I have to walk that fine line between being technically competent and being able to communicate with people in words that they can actually understand.

ALEX: He's been known to fall off that line.

STEVE: He's been known to leap off it.

RICHARD: But I'm in marketing now. We all communicate with each other, and we all love each other.

STEVE: That's why they call them "soft skills." When techies lose their minds, they go to marketing.

ALEX: Actually, we've been communicating quite closely with our channel for longer than they have in the U.S. Since we're smaller geographically, it's easier to do. So we've got some strong advocates in the channel, but there's still some perception of that fabled Microsoft arrogance, which is a bummer.

STEVE: People refer to this arrogance, and then you say, "Well, who are you talking about? Who do you know at Microsoft?" And it turns out they don't know anyone. The ones who actually know people at Microsoft seem to like us.

RICHARD: Now, that doesn't sound a bit arrogant, does it?

STEVE: I think our most outstanding characteristic is that we know how to have fun. We have an absolutely great time. Every time we're together in any environment, we just rock. And we're all very aggressive.

RICHARD: I'd say competitive rather than aggressive.

STEVE: That's because you don't know what you're talking about!

RICHARD: You're wrong! You're wrong! You may be aggressive, but I'm not! I'm competitive! So don't call me aggressive, okay?

ALEX: See, that explains why neither of these guys has a personal life.

ALEX: Actually, Steve and I are both married and we each have one child. And Richard is just smart.

STEVE: My wife always is saying, "You're doing too many hours. You're working too hard."

ALEX: Well, nothing's changed.

Didn't My Office Used To Be Right Here?

There is a vital step in the development process that comes just after "Ship It" and just before "Start All Over Again." It's called "Let Off Steam." Life at Microsoft would be pretty sedate if this step always occurred when it was supposed to, because then we could throw a drop cloth over the furniture and have the fire extinguishers ready. But the need to let off steam is a lot like steam in the sense that it is sometimes hard to contain. So pranks and practical jokes sprout like mushrooms everywhere around here, and there is nothing predictable about them, from their timing to their execution. Some of them are incredibly dumb and sophomoric; others are as brilliant and quirky as the people who dream them up. Only one thing is certain: if you leave your office for more than an hour—even if it's to do something as innocent as taking a few leisurely laps in "Lake Bill"—you may not recognize it when you return. And don't forget to bring a towel from home.

At the first company picnic I went to, I looked around and realized that there were no kids. It struck me then just how young this company really was. The average age was about 26, and most of them were still single. That's why they were able and willing to work such incredibly long hours. One developer worked on a project for six weeks once without leaving his office. He slept, ate, and lived there. I also remember walking past offices and finding people with their hands on the keyboard, just asleep. They kept going until they just stopped thinking.

Finally, at one of the meetings I said, "You're all too intense and serious. You guys have got to figure out how to have more fun." A couple them asked me if I had any suggestions of what they might do for fun, and I said, "Look. I've got kids older than you are. I've been telling them how not to have fun for the last 20 years. You've got to figure this out on your own." After this, "swing around the wing" golf games, slot racing, and many other fun activities started.

– MIKE MAPLES, AMBASSADOR; FORMER EXECUTIVE VICE PRESIDENT, WORLDWIDE PRODUCTS GROUP

Jim Scurlock of Product Support Services came back from vacation to find that his office had been "trashed" by colleagues. They had visited a recycler and picked up nearly half a ton of crushed cans and used them to create a "can" desk. To complement the desk, they used more recycled cans to create a "can" door and a "can" window shade.

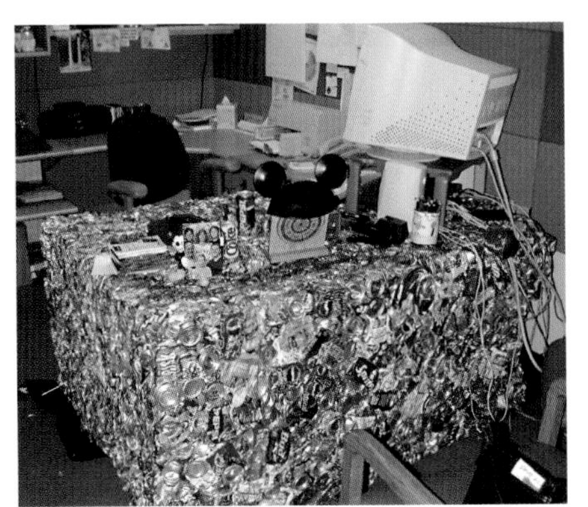

After creating the popular Fish screen saver, Ed Fries returned from vacation and found his office floor covered with Dixie Cups, all half full of water. Some cups contained colored water, creating the shape of a fish.

Don Schmitt's coworkers welcomed him back from a three-month stint at Microsoft's Australian subsidiary by completely filling his cubicle with 10,000 soda cans.

Colleagues transformed Amy Hagstrom's office into Old MacMicrosoft's farm, complete with a live rooster, horse, and mouse.

When Rodney Bryan took time off to get married, his "friends" raised the floor in his office to window level.

Jon Kauffman, a 10-year veteran, returned from a sabbatical and found that members of his team had redesigned his office—repainting, wallpapering, and installing molding, an executive desk, and an entry plaque.

Isn't changing diapers enough? When Jean-Claude Paget took infant care leave, the testers on his team turned his office into a bathroom.

Mike Slade returned to work after a vacation to discover that his office was covered with wall-to-wall unmowed lawn—five inches deep and complete with a hand-push mower.

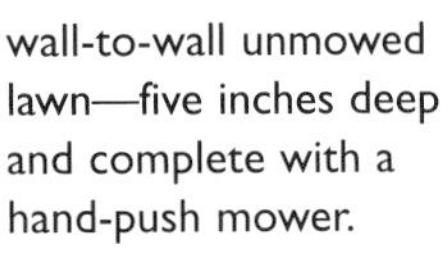

Brian Valentine, Senior Vice President of the Windows Division, returned from vacation to find his office bouncing with colored plastic balls.

With the help of wallboard and paint from Facilities and the strategic placement of colorful posters on the "new" wall, Jabe Blumenthal's office totally disappeared while he was on vacation.

Christi Pence White returned to her office after maternity leave to find a pool of water with 15 live fish swimming in it. It took quite a while to get them all moved to a better home.

Attention pranksters, what goes around comes around!

"I went to a fight the other night, and a hockey game broke out."

– RODNEY DANGERFIELD

Brian Valentine SENIOR VICE PRESIDENT, WINDOWS

We stress technical ability, which is a core competency at this company, but I think we need more training programs for leadership. It's important to know how to identify leaders early, how to train them, and how to instill in them the right core values. Most people in the software industry aren't the kind of people who necessarily have great leadership talent. The skills it takes to be a software engineer don't always match the skills it takes to be a good leader of people.

In order to be a good leader, you have to be dynamic and charismatic. You have to say, "We're going in that direction and we're not going to falter until we get there" in such a compelling way that when you look over your shoulder, your people are still following you. I once heard Colin Powell say that if you're a great leader, people will follow you out of curiosity. It's not because you have the title or the corner office or because you've been anointed a senior VP. People follow you because they believe in you and they want to see how you're going to help them accomplish the goal.

There are basically 2 ways you learn leadership. You can watch the successful ones and try to mimic them in your own style. There's nothing wrong with learning from the best. After all, there are only 3 jokes in the world and everything else is a variation on one of them. The other way to do it is by watching the bad leaders and avoid what they do. Then you have to transfer your knowledge and leadership skills to new people through mentoring and example. It's also important to be honest enough to recognize when someone doesn't have leadership qualities and to give them something equally important that they can be good at. I don't think we do enough of that either.

One thing I absolutely believe is that leaders never ask anyone to do anything that they wouldn't do themselves. In the early days of Exchange 4.0, we used it as our primary messaging system. I would come in at 5 a.m. And for 3 hours, I worked as the system administrator so that I would know how it was behaving. I wanted to experience firsthand all the things that our customers would encounter so we could fix them before we released the product. Then, at 8 a.m., I'd go do my real job for the rest of the day and usually into the evening.

Another thing I like to do as a leader is to give my group a personality. The Exchange group was known all over the company for its drive and intensity. We were the most feared and loathed group at Microsoft, and we were proud of it. I always tend to promote the craziness personality, but each group needs to have its own stamp of individuality so that what they're doing is not just a job but a lifestyle. When things are going well, the work atmosphere becomes almost a family atmosphere.

One of the things I did when we got to crunch time in the Windows 2000 project was have meetings every Friday afternoon in the cafeteria for the whole group. Every week, I would try to do something stupid or entertaining. I started out by reading the *Weekly World News*, and before I'd begin, I would ask, "Why am I reading you the *Weekly World News?*" And the crowd would yell back, "Because we don't have a life and we need you to tell us what's going on in the world." So I would read a few stupid articles and then Iain McDonald would go over what we did the past week and what we wanted to do next week so we could actually see the progress we were making toward the final ship date. I'd also bring in guest speakers, comedy acts, hypnotists, juggling acts, whatever.

You can tell a rivalry is the real thing when hockey enters the picture. That's what happened in 1999 when the Exchange and Windows development teams wisely decided to sublimate their competitive urges in a charity hockey match. That game was such a success that they did it again on March 19, 2000, battling it out in front of 3,500 cheering fans before a Seattle Thunderbirds game. Once again, the Exchange team—which was fortified with several former college and high-school stars (blame Canada)—prevailed by outscoring the Windows team 7-4. The event raised more than $750,000 in donations to the Ronald McDonald House in Seattle, which provides lodging for the families whose children are being treated in the hospital. And they can look forward to more of the same since Brian Valentine and his never-say-die Windows team have vowed to keep on playing until they either win or learn to skate, whichever comes first.

Once a week, everybody got to have fun and loosen up for a while, and I got the chance to communicate to people about what we were trying to achieve. We also had open-mike time so that if anyone did something special, other team members could recognize them. When I first started the meetings, about 200 people showed up, but as word got out, more people started coming until we had about 3,000 people crammed into the cafeteria every week. It was standing room only.

And at every milestone, we have a party. One of the traditions that I tried to carry over from Exchange was that after every party there would be 3 new things that we were never allowed to do at ship parties again, like "no filling the security cars with empty pizza boxes and empty beer cans, no hanging from the sprinkler systems, and no writing on cafeteria walls." When people work as hard as the Exchange or Windows team members do, they build up all this drive and energy and they need a way to release it. I try to create opportunities for them to channel that pent-up energy without offending anyone too much.

What it really boils down to is:

- *Be willing to make tough decisions*
- *Keep people focused*
- *Make work fun and make it feel like a family*
- *Put on the cheerleader outfit, cheer like mad, and get the hell out of the way*

It's also important that people feel they are working on something important, which is pretty easy to do at Microsoft. I was standing in this long line at Universal Studios with my family, and a friend said to me, "Do you ever think about the fact that probably every single person in this line knows about and has probably used the products you work on?" I was standing there with thousands of people I've never met and it was probably true that all of them had heard about Windows and DOS and Office. They were all aware of Microsoft and had used our software in some way.

It's important to remind people how important the things that they are working on are. I do that by sending out e-mail pretty often. Every time I find a customer testimonial or something good gets done, I send it out to the whole group to remind them that we are changing the way the world works and making people's lives better.

Kathy DeCaprio

HUMAN RESOURCES MANAGER, BUSINESS PRODUCTIVITY

I'm responsible for employee relations, performance reviews, and those kind of things for the product groups. Working with the Exchange team was a challenge because they're always on that edge. Brian Valentine is an awesome leader and great at motivating his people. And they had these amazing release parties. When they shipped Exchange 5.5, cigar smoking was really popular, so they set up a roped-off area in the parking garage where people could smoke their cigars and a whole bunch of them ended up there. I was up in the atrium hanging out with some of the quieter people when Brian came up from the garage and said, "Kathy, I think you'd better go downstairs. Security has shown up, and I think you'd better go talk to them." I know Brian well, so I said, "You can't do it because you're one of the instigators, right?"

"As I went downstairs, I had flashbacks to my days as a resident advisor in college."

As I went downstairs, I had flashbacks to my days as a resident advisor in college. Sure enough, a security car with 3 security people had pulled up, and they were on the phone calling for backup and feeling pretty tense. The Exchange partiers, however, were feeling pretty jovial. They had moved a lot of lobby furniture into the parking garage, and they cheered my arrival like I was going to rescue them.

I listened to security's concerns and then explained that these were normally hard-working people who just liked to drink a few beers and smoke a couple of cigars when they finally shipped. The security people were pretty understanding. They said, "We don't care if they smoke in the parking garage, and we don't care if they have lobby furniture down here. We just don't want them to do those other things."

So I stood up on a chair and somebody hollered, "Hey, we all have to listen to Kathy now." And I said, "There are four rules for this party, and if you don't follow them, it will be over. These are the rules: no flipping off the security camera, no putting the orange cones on the security camera, no hanging off the sprinkler valves, and, finally, no pushing the red emergency button!"

And they all shouted in unison, "Yes, Kathy!" They seemed to behave after that. But later, I found out that the whole time I was negotiating to save their party, some of them had been "decorating" the security car. When I asked them why they did it, they said, "Well, those guys didn't park their car in front of the security camera. They parked it around the corner. What did they expect?"

Iain McDonald PROJECT MANAGER, WINDOWS 2000

In a business as intense as this one, you've got to blow off steam. You don't want the equivalent of a frat party, but you've still got to allow people some time to be wild after a project that builds up a pressure-cooker atmosphere.

"In a business as intense as this one,

Many companies don't have the kind of leadership you need to create a culture that genuinely motivates people. But there are some people here, like Brian Valentine, who are great at it. He was instrumental in creating the Exchange culture, and now that he's moving up the corporate ladder, he's adding to the larger culture. Brian can inspire people to achieve incredible goals and then take them out and incite a riot. I think that there are far too many people in his position who get paranoid about their job titles and stop having fun. They end up becoming complacent. And if you become complacent, you should go home.

you've got to blow off steam."

The secret formula here is that the culture dictates the management style, rather than the other way around. This place will never be IBM.

Dave Malcolm DIRECTOR, BUSINESS DEVELOPMENT

Who in their right mind would join the Exchange team? They took forever to ship their first product, and when they finally did, it looked like the Internet phenomenon had left their "legacy" architecture behind. Wasn't this product a loser from the beginning? These were just a few of my gut reactions when I was considering joining the team. After a closer look, though, I became convinced that Exchange could win, so I jumped on board. The next 3 and a half years were the most challenging and rewarding of my career. I learned firsthand why everyone says, "Exchange is not just a product, it's a lifestyle."

One of my earliest memories of Exchange was attending a Friday after-work beer bash. I had to represent the marketing folks in a tug-of-war against other parts of the team. But this wasn't any ordinary tug-of-war. There was (unbeknownst to me, as I walked in wearing my work clothes) a four-inch-deep pool of Jell-O in the middle. Keep in mind that this was all taking place in the second-floor atrium of Building 16. Just as I was thinking, "Clearly, these guys know how to have fun," Brian Valentine came sliding across the pool of Jell-O and knocked my legs out from under me. Plop! Welcome to the Exchange group.

Over the next 2 years, as we shipped 2 major releases, this master motivator Valentine was able to keep the momentum going, get Exchange on the Internet track, and fine-tune what eventually became Microsoft's first enterprise-level server. And we finally started to catch up and pull ahead of Lotus Notes—the people we learned to think of as "those guys who want to take away our kids' college education."

Getting these products out the door required incredible intensity and determination, many late nights, weekends at the office, and rapid strategy adjustments in response to competitive pressures. But Brian always kept it fun and fair, with dinners in the evening, lattes in the morning, beer on Friday, and big, big parties at every major milestone. We were a professional group that knew what was needed to get the job done and also how to reward ourselves when it was all over. And we always managed to keep the customer at the top of the priority list. Those efforts paid off with a considerable share of the messaging and collaboration market, kudos from many of the top companies in the world, and a half billion dollars in business, to boot.

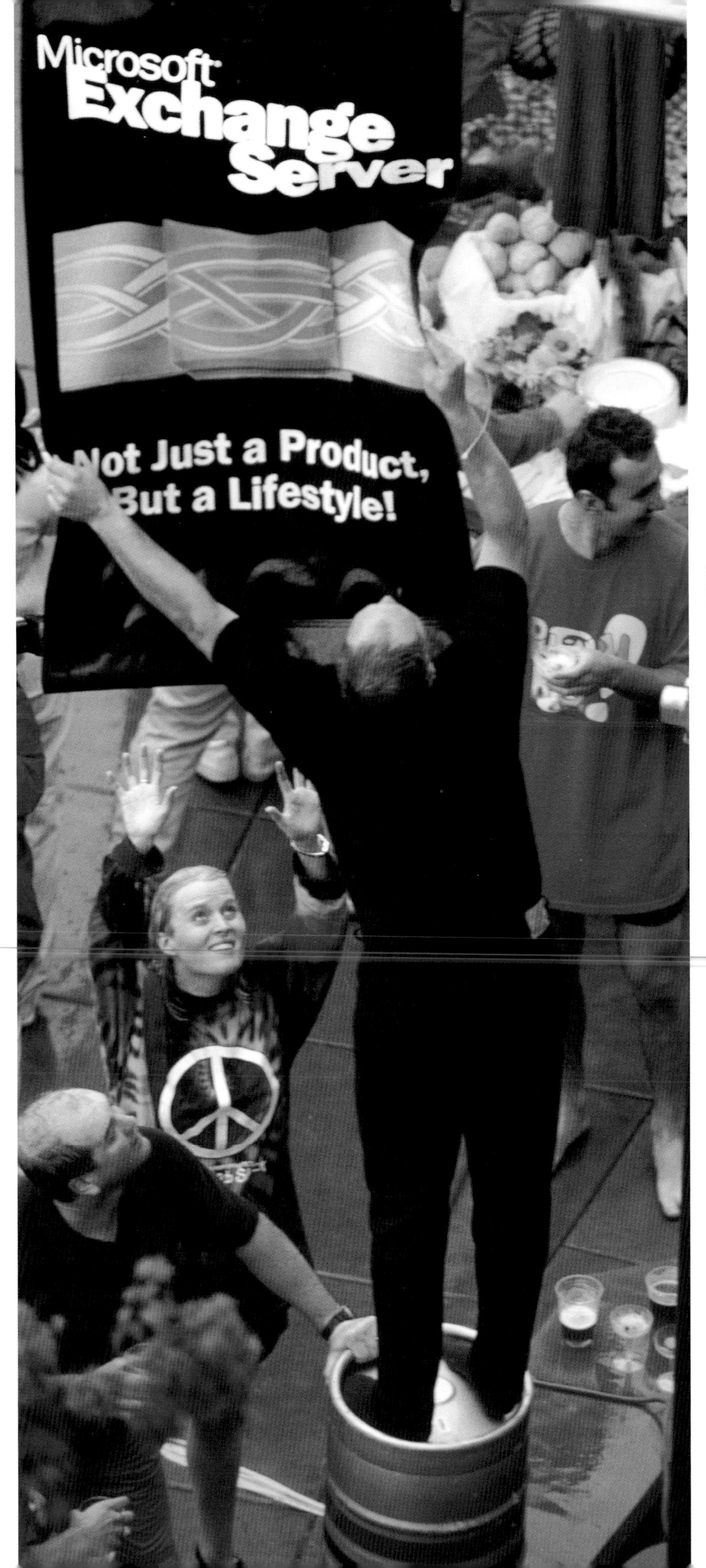

.We're.All Swimming

Real generosity towards the future lies in giving all to the present.
— ALBERT CAMUS

It's always been hard to predict how rapidly or dramatically a new technology will reshape the world. Johannes Gutenberg invented an economical way to produce movable type in the 15th century, but more than a hundred years passed before his invention had a major impact on the way information was transmitted—and hundreds more went by before print really changed the world. Yet, less than 50 years after the Wright brothers achieved powered human flight in 1903, we saw air travel transform the way we think about time and distance.

The past century has been filled with inventions that have revolutionized how we live, learn, and work—everything from the vacuum tube and transistor to the VCR and PC. And with each new technology, the economic, political and social effects are felt faster than ever before. In fact, change is now so rapid and far-reaching that I often wonder how a person from the mid-1800s would make sense of today's world.

When we started Microsoft, the idea that you would communicate, do business, and access a wealth of knowledge through a network of computers was far-fetched. Yet the PC and the Internet have done all that, and much more. They've transformed our lives in record time—and it's not over yet. In the coming years, a combination of amazing software, faster processors, the Internet and wireless technology will bring the power of the PC to just about any device you can imagine—and some that you can't. Vast amounts of information, rich communication and powerful software will be easy to access wherever you are, and advanced new user interfaces will allow you to interact with that technology in more natural ways, such as through speech or even gestures.

These developments will change and improve our lives in countless ways. They will enable equal access to information and instantaneous communication with anyone in the world. They will open up vast markets and opportunities to businesses of any size. They will transcend national borders, making possible a frictionless global economy. They will allow workers to be even more efficient and productive, and will have the potential to make jobs more stimulating and fulfilling. They will give developing nations the ability to leapfrog the industrial era and move straight into the information age. They will help people and businesses in countries with large, dispersed populations to stay in touch, and help the smallest nations participate as equals in the global economy.

We've already seen how the PC can make a positive impact on people's lives through education. When I was in high school, computers weren't much of a learning tool for anyone except my friends and me—and we were simply addicted to them. But all you could do back then was write programs. Today, powerful hardware and software open the doors to a whole world of knowledge, and give people the power to use computers creatively. A few years ago, I visited several schools throughout the United States where we were funding technology programs, and while I was amazed at what some of the kids were doing with a lab filled with PCs, I realized that we would really start to see the potential for computers in education once every child had a computer to explore on his or her own, at school or at home.

Satirist Ambrose Bierce described the future as "that period of time in which our affairs prosper, our friends are true, and our happiness is assured." I hope that turns out to be true, but mostly I take a more realistic view of the future because no fundamental change comes without its own set of problems. As more and more people store personal information on the Internet, how will we ensure that information is kept secure? As our economy becomes more dependent on bits than on atoms, how will we protect these resources from being damaged or devalued by hackers? As the barriers to information come down, how will we protect our children from negative and predatory influences?

in the Same Pool.

And as the Internet dissolves national borders, how will we help indigenous cultures coexist with an increasingly homogenous global culture?

I want my children to grow up in a world where technology is a profoundly empowering tool. I want technology to enrich their learning and improve their quality of life. I'm totally committed to making this happen, both through Microsoft and through my own giving efforts, and in many ways it's more challenging than the hardest software problem. You can't just throw technology, or even money, at problems and make them go away—you have to think hard about how you can have the greatest and most beneficial effect, and then take a long-term approach to making substantial, tangible change.

It's easy to get caught up in the day-to-day challenges of our jobs, but it's important to occasionally step back and consider how our technology is being put to good use in the world at large. I always feel inspired when I hear about projects we're involved in around the world that have made a positive difference. I think it's great that we're applying the same dedication and focus that we put into our software toward making a positive difference—as an industry, as a company, and as individuals.

Throughout history, significant discoveries and inventions have integrated themselves into society only gradually. The wheel rolled along for quite some time before making a major impact. Electricity didn't illuminate the world overnight. Telephones weren't instantly ubiquitous. But in just 25 years, the PC has revolutionized how we communicate, conduct business, learn, and play. High-tech now affects almost every facet of our lives.

At the beginning of the 21st century, with more than 100 million PCs being sold worldwide each year, our initial vision of a PC on every desk and in every home is fast becoming a reality. While it took 38 years for radio to reach 50 million users, the Internet reached this milestone in just five years. It is projected that half a billion people will be connected to the Internet by 2003. High tech—it's changing the speed of life.

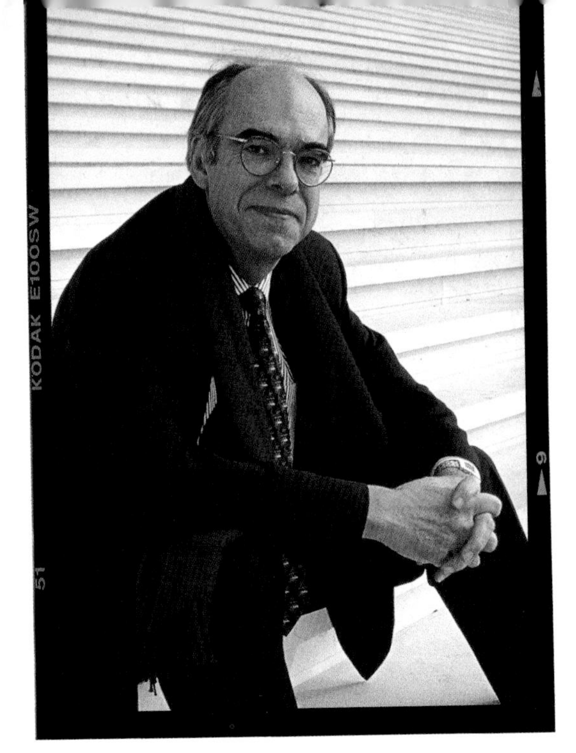

Bernard Vergnes,
Chairman Emeritus, Europe, Middle East and Africa

It's amazing to see how technology has changed the world. But I don't think we've seen anything compared to the way it will impact the world in the future. If we do it right, if we're able to make technology easy and affordable, it will massively influence how people live.

There are places on this planet where you can go, like Africa, where the majority of the inhabitants have never made a phone call. *Then you give people cell phones or an Internet terminal, and suddenly they've skipped a century!* We talk about the digital divide, but the other side is how people can leapfrog great divides because of technology. Of course, much of this will depend on human decisions and how governments manage technology—as well as whether they have integrity or are corrupt. Technology will never be able to change people. People are people—some are nice, others are evil. But the balance of power has changed. You used to maintain power by holding onto information. Now, you can express your power by letting go of that information. Psychologically and sociologically, that's a big change.

It is estimated that there will be nearly 8 billion Web pages by 2002.

New PC shipments have nearly tripled worldwide since 1995.

I have said on numerous occasions, and I still believe, that with the development of the Internet, and with the increasing pervasiveness of communication between networked computers, we are in the middle of the most transforming technological event since the capture of fire. I used to think that it was just the biggest thing since Gutenberg, but now I think you have to go back farther. There has been much written both celebrating and denouncing cyberspace, but to me this seems a development of such magnitude that trying to characterize it as a good thing or a bad thing trivializes it considerably. I also don't think it's a matter about which we have much choice. It is coming, whether we like it or not.

– JOHN PERRY BARLOW, GENERAL PARTNER, BENCHMARK CAPITAL

Steve Ballmer

President and CEO

When I see how kids today are learning and exploring their world using the PC and the Internet, I'm just amazed. It wasn't that long ago, when I was young, that you had to go to the library if you wanted to know something, or look it up in an encyclopedia. Today, the resources available to kids and everyone else using the PC are virtually limitless. It inspires me to think that the work we're doing today will continue to shape the world my kids will grow up in tomorrow.

Shinichi Ata

General Manager, Japan

Information technology has already had a huge impact on all generations and all industries. The saturation level for information devices—particularly mobile devices—among young Japanese people is above 50 percent. People are going from just browsing the Internet to using cellular phones for online banking, online trading, and booking services from restaurants, hotels, and airlines.

It is estimated that the volume of data communication with cellular phones will catch up to that of voice communication by the year 2005. Also, among all households, the percentage usage of the network via PC and game devices is rapidly growing, and it is estimated that within 10 years it will be diffused among 80 percent of all households.

This expansion in information technology is changing the relationship between individuals, between businesses, and between individuals and businesses. It might also change the relationship between individuals and society. Everyone and every enterprise will have to deal with this IT revolution, which we're working hard to make happen.

Information technology is now taken almost as much for granted as the telephone, particularly in the working world. Most people in Germany quite naturally have a PC right beside the phone. The days are long gone when a whole document had to be retyped because of a typo or when important documents could be sent only as quickly as the postal service could deliver them.

These days, nobody gets upset about a typing error, and most companies appreciate how productivity can be improved through the Internet, e-mail, and electronic diaries. Collaboration between virtual teams has been another important advance. New opportunities have presented themselves for mothers, the handicapped, senior citizens, and other groups that have suffered disadvantages in the working world. The computer is also making work location and working hours irrelevant.

On the other hand, *this is only the beginning.* The Pocket PC, set-top boxes, intelligent telephones, and similar developments are still in their infancy. These kinds of complex technology will permeate all aspects of life.

Richard Roy

General Manager, Germany

Microsoft's opportunities in this growing market are enormous. This is definitely where our future lies.

The high-tech industry makes a major contribution to the U.S. economy. Check out these impressive statistics from the U.S. Department of Commerce:

- More than a quarter of all economic growth in the United States since 1993 has been generated by the high-tech industry.
- The U.S. software industry is growing at more than double the rate of the overall economy.
- Between 1990 and 1999, the number of U.S. software companies grew from 24,000 to 57,000.

Francisco Roman

General Manager, Spain

The IT industry in Spain has experienced an incredible revolution during the last 25 years. In the '70s, computers were an exclusive tool of systems engineers, and IT professionals had to acquire extensive technical skills. Spanish society ignored nearly everything related to new technology—it was really unfriendly. Then the appearance of PCs and the graphical user interface helped to increase the number of computer-literate users.

Nevertheless, the real revolution happened during the '90s. The launch of Windows 95 became a social phenomenon, and the Internet explosion has created more channels to distribute information at all levels of society. Computers are no longer exclusively for people with IT skills—our children expect access to PCs at school and at home, and their relationship with PCs and new devices is totally natural, just as TVs were taken for granted in the previous generation.

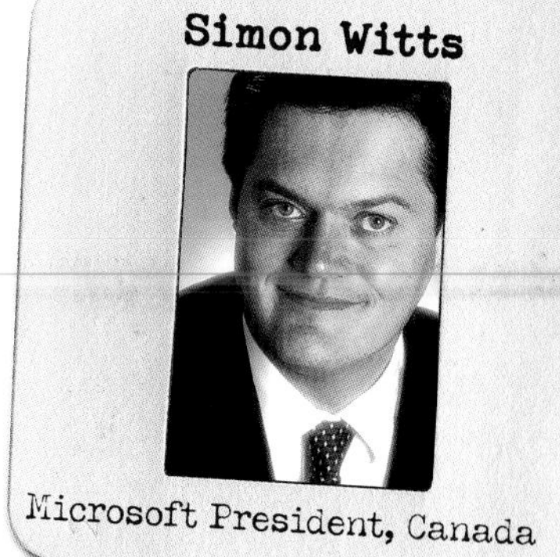

Simon Witts

Microsoft President, Canada

You're just as likely to find a PC as not when you visit a Canadian home. All Canadian schools have at least one PC, which is connected to the Internet; many by high-speed cable, so PCs can keep up with the expanding curiosity of Canadian youth. Microsoft Canada's KidReach program has worked for the last five years to ensure that PCs are available to all Canadian children—in the Boys and Girls Clubs, in libraries, and in sick kids' wards.

Microsoft has been in Canada for 15 years and has gone from operating in a small office space above a pancake house to being the second most respected non-Canadian company here, as judged by Canadians. The PC and our great software have made an impact. Our delayed release of the French Canadian version of Windows 95 led the Quebec government to create a provincial law demanding suppliers make French and English products available simultaneously! Recently, Office 2000 has been integral to the formation of Canada's newest and northernmost territory, Nunavut. The product has been localized by Solution Providers to support the Inuit language of Inuktitut for the 24,000 people who live there year-round. The PCs communicate through a wireless network so the inhabitants of this 2-million-square-kilometer territory are no longer dependent on the 40 kilometers of roads or the handful of expensive radio telephones for communication.

We have worked hard to build MSN into Canada's number one online network. And we are next looking to new ideas and ventures such as a two-way interactive TV service with Rogers Cable, and helping Bell Canada deliver data services to all of their mobile customers. We are very proud of the difference we are helping to make in Canada.

It is projected that net-based commerce will reach $1 trillion by 2002.

The First Step

As a country begins to embrace new technologies, the changes are usually dramatic. But technology must have a strong infrastructure—from wiring to legislative support—if it is to really take hold. Governments around the world are rising to this challenge to bring their people the information and access that will change their lives.

No one in Germany could imagine what unification might mean, and being involved in the first free election was a very exciting experience for me. Because the Election Committee in East Berlin was composed of people who had never conducted a democratic election, it was quite a challenge for everyone.

All of the technology companies that volunteered to provide equipment and services agreed not to use any sort of visible advertising. IBM, which provided the mainframe hardware for data management, wanted to use Excel to display the official election charts on TV and in the press center. Because of the agreement to eliminate advertising, we needed to get rid of the words "Microsoft Excel" in the title bar. I got in touch with Marc Niaufre, the international product manager for Excel in Redmond, who said we could produce a version of Excel that had a different string in there. But the Election Committee couldn't come to a decision on what words to use. About two or three days before the election, we still didn't have a decision. So I called Marc and said, "We're running out of time. Can you please produce a version that has something like 40 Xs in there?"

Hubert Daubmeier, Europe, Middle East, and Africa, Support Manager, Germany

Bringing that version of Excel to East Berlin was quite an adventure. At that time, we didn't have the luxury of the Internet, and modems were way too slow for something that size. The new file was sent from Redmond via e-mail to the Microsoft office in Munich. From there, a courier brought it to IBM's office, where they sent it via their internal network to Berlin and copied it to a diskette. *The night before the election, the diskette was delivered by taxi across the border to East Berlin.*

I used the only available resource editor—the OS/2 version of the old DOS Word—to patch this version to read something neutral like "First Free Elections." Nonetheless, all the people in the press center noticed that it was Excel, and I think it ended up being a good marketing story.

For me, this was an incredible experience. I am from an area of Germany just north of Munich. One of the biggest shocks for me was to be in East Berlin for the first time. All of the buildings were dark gray—there was no color anywhere—and almost every street had deep holes. It was fascinating to work with local people who spoke the same language, but the only thing we initially shared was making this first free election a success.

The South African government was having many problems in 1994, and they wanted the national elections to go smoothly. When they approached us for software and technical assistance, we agreed to help, and we brought people from as far away as the UK to design and set up systems to organize the elections. Our people spent 24 hours a day at election headquarters and worked right up to the last minute. Everything went just like clockwork. To me, that's the perfect example of technology doing its work. It made me so proud because the backbone of the system was Microsoft software, and it performed beautifully.

Another project that really makes me proud is the digital villages. Basically, these are community computer centers. When we set up a center, we involve the community. We help train a committee in financial management so that they can run the center locally, and sometimes we help them to recruit and train the center manager as well as instruct the trainers. To ensure that the center will be well-sustained, we stay involved with the project for two years.

When we opened a center in one the poorest and most crime-ridden parts of Soweto, we installed 20 computers, and not one of them has ever been stolen or vandalized. I think the communities treasure these digital villages because they truly belong to the people. Anyone who uses the center is expected to pay a minimal sum to be a member. The annual fee is very low so that everyone can afford it, and this gives them an additional sense of pride and ownership. At the Soweto center, we started with 20 machines and a goal of serving about 500 people. By the second year, we had 35 computers and more than 900 members. We decided to open a second center in Soweto, and now that one is oversubscribed. So the desire for computer access and training is absolutely overwhelming.

Gina Wesse, Community Investment Manager, South Africa

We get goosebumps when we look at some of the amazing things that are happening because of the centers. For instance, we had a computer fair, and 16 of the most highly skilled children from the center competed against privileged children from other parts of the country. Seven of the children from our center got prizes. The people from the community were so proud of them! Some people from Kimberley read about it, got on a bus, and came all the way to Soweto to see what was going on. They were so impressed that they asked us to develop a center for them. And that's where we are expanding now. It's all community driven, and it's all community initiated.

Some people will do anything to get a job at Microsoft—even change their nationality. Angel Santiago-Iglesias was born in Spain and moved to Venezuela when he was one year old. He attended college in Venezuela and built a successful career working for a major oil company.

When Angel was offered a job at Microsoft in Venezuela, he encountered one major obstacle: the government restricted the number of foreigners working at any one company. Because the subsidiary's general manager was from Mexico, Angel—a citizen of Spain—couldn't also work there. So he told the Venezuelan government that he had lived there for 25 years and needed to change his nationality.

Five weeks later, Angel was informed that the President of Venezuela was giving him a special award—the highest honor for foreigners—for his professional contribution to the country and for changing his nationality. "It was very exciting," Angel recalls. "And my mom, who is Venezuelan, was very proud."

Angel Santiago-Iglesias, Knowledge Management CATM, Venezuela

In a democracy, technology is an important tool for bridging the education gap. If you have an educated country, you have a developed country. Education not only affects individual employment and earning power but also plays a major role in economic development and social stability.

In Venezuela, our programs promote collaboration and enable new levels of learning in the classroom and for life. Our technologies also help the government operate more efficiently, and this simplifies things for everyone. I feel very proud to work for Microsoft. It's helping to build the destiny of my country.

Salwana Ali, Sales Manager, Malaysia

Dealing with the government is fascinating because you can have a lot of impact in terms of creating opportunities for citizens. Malaysia is at the critical juncture of becoming a developed nation. They have a vision called "Vision 2020." That means becoming a developed nation by the year 2020.

One of the key initiatives that the government is looking at is developing a local software industry. But they have a few challenges, such as not having enough people skilled in software development. This is one area where Microsoft can help, by educating and training people in high school and college. We also provide technology to enable the government to reinvent itself—to be leaner and speedier and to enhance service to citizens. The greatest impact that we can have on the country is to provide an information infrastructure for the government and for civil servants to communicate, collaborate, and manage information in meaningful ways. For me, it's nice to be part of this entire process.

The Great Equalizer

The 20th century has been a time of tremendous economic inequality–sometimes due to the vagaries of climate and geography, and other times as the result of cultural clashes, oppression, and wars that have blighted the chances of generations who can barely remember the original cause. Now, the technology revolution is allowing developing countries to play catch-up and leap into the new century.

Local companies follow the road map that Microsoft sets and this is having a significant influence on Poland. I feel we have a mission to move the country in line with developed countries.

TOMASZ MIESZKOWSKI, BUSINESS SOLUTIONS GROUP MANAGER, POLAND

Kevin Dillon

General Manager, Ireland

When Microsoft selected Ireland as the site of its first production facility outside of the United States, no one quite anticipated the positive impact this decision would have on our company or on Ireland's economy. Thanks to Microsoft, Ireland is now the largest exporter of software in the world.

When we opened the manufacturing plant in 1985, we were one of the first multinational companies to establish a presence in Ireland. There is no question that this commitment set the tone for other companies. The Irish Development Agency frequently brings representatives from large corporations through our offices, and these visits have resulted in other companies investing in Ireland.

Microsoft is a frequent recipient of Ireland's legendary hospitality, even at the top levels of government. Bob Herbold came over a while ago and we met with the deputy prime minister, who actually poured coffee for us as we talked about our future here. When the meeting was over, their group walked out and stood on the stairs and waved as we left in the car. Bob was astounded by the hospitality and open working relationship between business and our government. Later, when I asked him how he liked Ireland, he said, "I love it! I'd like to move the whole company here!"

Axel Steinman

Regional Director, South Cone, Latin America

For every dollar that a customer spends on a Microsoft license, that customer also spends around six to eight dollars for services and solutions on top of it. That means tons of revenue and jobs. Unlike most of our competitors, we are not after that lucrative business. Therefore, people love us because we don't compete against them. This is also great because *we help to create a local IT services industry, which modernizes the country and raises wages and living standards.*

Our focus on education is equally important, and we are very aggressive in giving public schools access to technology. For instance, while I was in Puerto Rico, we trained half of the country's teachers. Now, that makes a huge impact on the education level and on a country's future opportunities.

How many times in the history of mankind have we wired the planet to create a single marketplace? How often have entirely new channels of commerce been created by digital technology? When has money itself been transformed into thousands of instruments of investment? It may be that at this particular moment in our history, the convergence of a demographic peak, a new global marketplace, vast technological opportunities, and financial revolution will unleash two uninterrupted decades of growth.

– KEVIN KELLY, EDITOR AT LARGE, *WIRED*

Ivette Micheo, Regional Business Manager, Latin America

In many countries in Latin America, we're the only technology company that has a presence. Just being in these communities, even though they are small, delivers a message: we care. I think that's great because it shows that we are investing, that we believe in the country.

We are also trying to help governments become more efficient. If we can do that, the citizens of each country will have better services. Today, if you need a community service, information, or permits, the process is very complicated. First, you must ask for it, then you pay for it, and one week later you finally get it. If you could do it in one trip, people would be better served. This is an area where technology can really make a difference.

Emre Berkin, Regional Director, Middle East and North Africa, Turkey

Just six months after we opened our subsidiary in Turkey, there was an economic crisis and we had a 250 percent devaluation of currency in just 40 days. We knew that nobody was going to buy anything for a long time, and there were a few months there when our monthly sales were less than $20,000. It was a struggle to keep the office going. But we made the decision, with the support of our regional management and Redmond, to keep up the investment in the country rather than cut our losses and leave. On the one hand, it was smart to stay, but on the other hand, it was a risk because you never know how long you're going to have to ride out a political or financial crisis. But the next year, we grew about 260 percent and the year after it was 180 percent.

You have to be committed to a region when you open a sub, because it means a lot to the local economy and the local people. When we first move into a country, the best thing we can do for the local economy, and for ourselves, is to put our training machine to work, spreading technical skills and knowledge. During the economic crisis in Turkey, even when we weren't making money, we kept those training efforts up. And people appreciated that a lot. They realized that we were there for the long term. It was a very powerful statement.

Francisco Perez

Marketing Manager, Ecuador

In the last five years, Ecuador has had five presidents and two volcanic eruptions, the Corriente del Nino destroyed the entire coast, and 70 percent of the banks are now in the hands of the government. Despite this unfavorable environment, we're one of the very few companies that is still hiring employees.

Our investment in community projects for poor communities and schools also shows that we're making a long-term commitment to Ecuador. In Pano, a disadvantaged community in the Rainforest of the Amazon, children work at home growing yucca and plantains. Their education is very limited. We developed a program that gives over 1,000 young people access to computers at school and on weekends. This not only gives them better hope for the future, but it impacts their families and communities.

In another project, we're providing computers, software, and training to students and teachers in the rural province of Loja. The project is establishing six education centers for children in very poor areas. The centers will be connected via e-mail to satellite schools in even more isolated regions. In the end, we'll reach 127 schools, 345 teachers, and almost 6,000 students. I think this can really make a difference.

Yannis Rondiris

General Manager, Greece

After a long period of recession, the Greek economy is up to full speed, growing faster than the European Union average. The challenge for us, as well as other companies in Greece, is how to keep pace with this growth. A lot of companies are coming to Greece because of the 2004 Olympics. We do not yet have specific plans for the Olympics, but we want to be part of all the IT opportunities that will result from it and from the overall growth of the country.

Our role in Greece is not only to promote and support products but also to evangelize new and future technologies. This year, we're sponsoring an Academic Computer Science Program for universities that focuses on research, software tools, and technical materials. It's an exciting time in Greece, and we have to make sure that Microsoft keeps up and has an impact.

It's not like we just throw things at a country and then leave. We make long-term commitments, and you can definitely see this impact in Lebanon. Our community development programs, such as Open Door, have helped thousands of businesses in Lebanon build better IT solutions and make more well-informed IT investments.

You should see the number of people who attend our programs. Sometimes we'll get 700 to 900 people in one day. Our presence here really helps the country's overall economy. For instance, since we opened an office in Lebanon, the number of Microsoft Certified Professionals has grown from 60 to 300. The government is also using Microsoft's success as an example to attract other international firms to Lebanon.

Charbel Fakhoury

Business Development Manager, Eastern Mediterranean Region

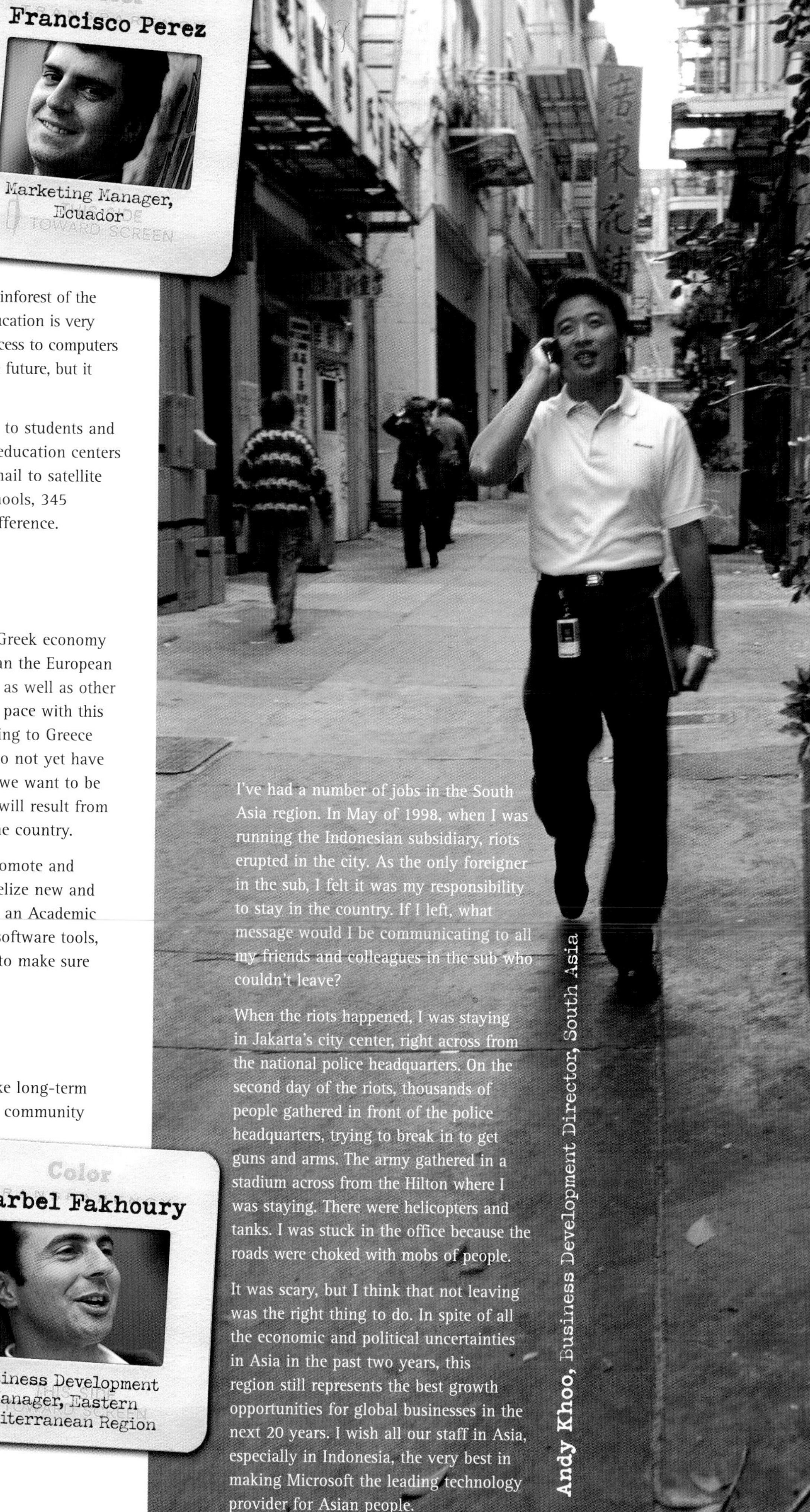

Andy Khoo, Business Development Director, South Asia

I've had a number of jobs in the South Asia region. In May of 1998, when I was running the Indonesian subsidiary, riots erupted in the city. As the only foreigner in the sub, I felt it was my responsibility to stay in the country. If I left, what message would I be communicating to all my friends and colleagues in the sub who couldn't leave?

When the riots happened, I was staying in Jakarta's city center, right across from the national police headquarters. On the second day of the riots, thousands of people gathered in front of the police headquarters, trying to break in to get guns and arms. The army gathered in a stadium across from the Hilton where I was staying. There were helicopters and tanks. I was stuck in the office because the roads were choked with mobs of people.

It was scary, but I think that not leaving was the right thing to do. In spite of all the economic and political uncertainties in Asia in the past two years, this region still represents the best growth opportunities for global businesses in the next 20 years. I wish all our staff in Asia, especially in Indonesia, the very best in making Microsoft the leading technology provider for Asian people.

Pieter Knook, Vice President, Asia Region

Asia is a region of great potential and very wide disparities in terms of technology adoption. At one end of the spectrum, Japan is a leading technology center with a history of innovation. As hardware becomes smaller and more powerful and there's more overlap between the PC and consumer electronics, Japanese hardware vendors will become even more important. Akihabara, the Tokyo retail consumer electronics and PC marketplace, is still the place where new gadgets come out on average six months before they do in the U.S. In addition, Japan has more mobile phone users than fixed-line users, and 7 million people are already signed up for Internet data services over the phone. Japan is also the hub for digital photography, with digital cameras outselling analog cameras. Our subsidiary in Japan remains our largest and fastest growing subsidiary in the world.

In contrast, China has an enormous market potential, which is largely untapped. Everybody's attracted to China because of its market size, with 1.2 billion consumers, and all the PCs and software that you could sell to them. But the reality is a little different.

Five million new PCs will be shipped to China this year. But if you look at the size of the Chinese software industry relative to the hardware industry, it's quite small. Over 90 percent of the software in use in China is pirated. So our focus is to help the Chinese government realize that it has an opportunity to grow a huge powerhouse industry that will create high-paying, high-skill jobs and can help China compete internationally. Piracy is a threat not only to Microsoft but to China's economy. And getting the government involved is the first step.

Take a look at India, which has an enormous software development industry. While Taiwan, Hong Kong, and Japan are hardware hubs, India demonstrates software innovation. That's what every other country in Asia aspires to be—a software power. The software industry there has created 200,000 jobs and represents a fairly significant percentage of the exports from India. And it's all labor.

One reason that India has been able to achieve this is because they have the biggest film industry in the world. They've had this huge intellectual property–based business, so the government already understands the value of protecting intellectual property. When software firms lobby the Indian government on intellectual property rights, the government pays attention because these firms employ a lot of people, and those people pay taxes.

Of course, Microsoft continues to invest in high-piracy countries and work with their governments because we want to influence the overall environment. We're already seeing incredible changes in China. Urban centers like Shanghai are just vibrant—the architecture, the buildings, are brand new. You really have a tough time telling this place from New York City or Hong Kong. The GNP is still lower, but the cellular phone rate's the same, and there are as many PCs in a place like Shanghai as in many other urban centers around the world. From nothing to this in 20 years is unbelievable.

This amazing growth has changed people's mindset. I remember that when I interviewed our previous GM in China, I asked her what her ambition in life was. And she said to me, *"Pieter, you've got to understand, when I grew up, my ambition in life was to own my own pair of shoes.* I'm a little beyond that now. I have my own apartment. I have my own car. You know, I have money; I can go on holiday. I've come so much further than I ever thought I was going to."

Of course, all this change brings with it some negative ramifications as well. I think one thing we struggle with is that the predominant language on the Internet is English. American, I should say. There is fear that local cultural values will erode if everybody starts subscribing to American TV shows, American news, American everything. And all you see are McDonald's and Microsoft. We're all saying, "Gosh, does globalization still allow for local cultural diversity?" I think that in Asia, people struggle with that.

But despite this potential loss of culture, it's still important for us to try to bring the benefits of technology to all people. There is still great disparity between the people who have access to technology and those who do not, and we're trying to change that. I'm optimistic about the future of the people in this region—and about Microsoft's future here.

If I am asked what has the most potential to transform humanity and the world we live in, it has to be technology. I would love to see technology as the main constituent of development policy instead of huge loans that don't always serve the people they are designed to help. Instead of the Peace Corps, we need the Tech Corps. This generation has a big responsibility. There is a road that runs from ignorance to knowledge and towards wisdom. Technology is the vehicle."

– PETER GABRIEL, MUSICIAN

Michael Rawding, Regional Director, Greater China

One of the exciting things about working in Asia is that you really feel that people are working to improve their society. They're not just there to make money or support their family or have a good career. They're really trying to make a fundamental impact on how their society moves toward the First World.

Asia once had an economic development level similar to Europe or North America. It has fallen behind in the last 200 years, but now we're seeing a leapfrog effect. *Korea has more Internet users than Germany does. Taiwan has more Internet users than France does. China now has more mobile users than land-line users—60 million already.* And the PC is already having a tremendous impact.

For example, until quite recently, ticketing for the railways in China was done manually. Now it's being handled by PCs. They're putting our systems in about 30,000 ticketing offices around the country so people can make reservations on the phone. Soon, they'll be just as sophisticated as any other place. That's leapfrogging.

This is maybe a corollary point, but in Asia there's always been a great reverence for education. That's a societal underpinning. However, there's been less focus on creativity and individuality. I think the Internet and entrepreneurship are providing a bit more balance between structured education, individuality, and entrepreneurship. In some respects, that's enabling many Asian people to unlock talents that have always been there.

Kai-Fu Lee

Managing Director, Microsoft Research, China

China has made amazing progress towards a free market, and some argue whether democracy will follow. I think that technology will play an incredibly important role in guiding whatever happens next. The Internet is a way for people here to satisfy their great thirst for news and knowledge. It also gives them the ability to communicate with other people. With knowledge and communication, the Chinese people will determine for themselves what economic and political system will best suit China. And whatever that is, I am confident that China will be one of the greatest nations of the 21st Century.

Protecting a World of Ideas

When software companies and governments work together to protect intellectual property rights, astonishing things can happen. Local entrepreneurs of all sizes can invest, innovate, and succeed in an environment that respects and defends their ownership of their own ideas. And that, in turn, can help grow an economy that harnesses the potential of the human mind.

Brad Smith
General Counsel, Law and Corporate Affairs

Our battle is with increasingly sophisticated software counterfeiters who have turned a cottage industry into a multibillion-dollar syndicate for organized crime. Stealing intellectual property is a global business, with manufacturing and distribution networks sending bogus products into legitimate distribution channels. We're fighting this war because it impacts not just Microsoft but jobs and local communities around the world.

One of the ways we're working to combat piracy is by developing product enhancements such as the edge-to-edge holograms on the Windows 2000 CD. This makes it easier for customers and resellers to differentiate genuine from pirated software. Our Law and Corporate Affairs division has about 75 people who deal specifically with this issue worldwide in partnership with anti-piracy marketing specialists. Our investigative team includes professionals with broad international crime-fighting experience working for the DEA, the FBI, and law enforcement agencies around the world.

One of our biggest challenges is trying to understand the magnitude of our competition. After all, this is an underground business—software pirates don't send out press releases to publicize their earnings. In 1999, we seized a record 4.3 million counterfeit CDs worldwide. The counterfeit CDs, primarily versions of Windows and Office, were worth nearly $1 billion. Yet we know that for every counterfeit CD seized, there's at least one CD that we didn't find.

Color TRANSPARENCY

Jack Gao
President and General Manager, China

THIS SIDE TOWARD SCREEN

In the history of Chinese philosophy, knowledge is an intangible thing. The more knowledge you get—the better, and it doesn't really matter where it comes from. There is a long history behind the idea of knowledge being something intangible, yet people generally pay for value in tangible things. Piracy is a tough issue for us because software is basically an intangible thing that people can't see. Fortunately, at least software has a CD, so it has a medium. Other things that are strictly information like studies and data are even more challenging.

Today, software, movies, CDs and e-Books are having a pretty hard time in China. The good news is that the government has figured it out, and now they have a law implemented. The IPR protection law is pretty sophisticated, though how to implement it is still a big question mark, especially when the predominant companies that benefit from it are foreign. I think that the intention is getting much, much better here. It will just take time.

Sometimes I think people who use pirated software don't really understand how much work we put into making it. In a way, that's almost our fault; like a good book or movie, great software companies "make it look easy." But thousands of us work day and night for years, to create something so elegant that you don't notice how complex it is. It requires lots of time and money to make it that good, and I think it's morally wrong to use it without paying for it. After all the 90-hour weeks I've put into shipping products, I'm sure my family would tell you that our software is worth every penny.

DAN SPALDING, SOFTWARE DEVELOPMENT LEAD, VISUAL C++

David Gregory, Public Relations Business Manager

When I was promoted from working in education to anti-piracy, I felt like a kid at camp who phones home and says, "I don't want to do this." At first, I just didn't understand the focus on anti-piracy. It seemed like this big, rich company was just trying to protect itself. But after a few weeks, I started to get more and more into it. I realized that it's something we do for the whole software industry, not just for ourselves.

It's really about counterfeiting. People may say they don't care much about software, but these criminals are also counterfeiting medicines and aircraft parts, and they're involved in child pornography. If we let the criminals continue to do this, sooner or later someone will get hurt.

Everyone at this company should have to work in anti-piracy—it's like sheep dip or something that everyone should do for six months. It makes you see that there are completely different views of the world than just Microsoft's. And, as a global company, it's our responsibility to be concerned about more than software.

Paul Beare
SME and Mid-Market Manager, Uruguay

Software piracy affects local software companies even more than large multinational corporations. Small local companies suffer because they don't have revenue from other areas of the world to help balance things out. It's a very big problem in Latin America, especially for countries that do not have significant natural resources and that depend on intellectual capital to grow in these new Internet times. We work with local governments to help them understand how piracy affects the growth of local software companies and how this impacts the number of local jobs.

Axel Steinman, Regional Director, South Cone, Latin America

Combating piracy is a three-step process. First, you need to make sure that your products are available in the market so that people who want to acquire them have the opportunity. This means having an efficient channel that doesn't overcharge and having the right programs in place so that corporate customers can license software in volume.

Sarah Alexander

Group Communications Manager, Law and Corporate Affairs

We've found that many of the people involved in criminal software piracy also have histories of weapons violations and serious criminal activity. These are not nice people. I've talked to law enforcement experts who say that these people get into the business because it's a good way to launder money from drug smuggling. Then they discover that software counterfeiting is just as profitable and not nearly as dangerous, so they give up the drug smuggling and move into counterfeit manufacturing full time. They make a lot of money because they don't have to pay the costs of developing the software. All they have to do is steal it, copy it, and resell it.

A lot of people think that large-scale piracy is something that happens only in other parts of the world. That's not true. The Business Software Alliance estimates that 25 percent of the software in the U.S. is counterfeit, compared to 38 to 40 percent worldwide. Some of the biggest manufacturers of stolen software are operating in places like Southern California. The money to set them up may come from outside the U.S., but the manufacturing facilities are right here in this country. Often, they're located in warehouses in quiet little industrial parks. They'll spend about a half-million dollars for a CD-manufacturing line, and they're in business. We found one guy who had three or four state-of-the-art manufacturing centers. He could crank out something like 100,000 packages every 24 hours on each assembly line.

Some people don't even know they're working for pirates. And some do. Most of our tips about counterfeit manufacturing come from people who are ticked off at the boss. The boss doesn't pay a guy on time, so the guy calls the hotline. We have a piracy hotline: 1-800-R-U-LEGIT. It gets a couple thousand calls a month. The BSA also has a toll-free line: 1-888-NO-PIRACY. Many of the calls come from users who bought a product but noticed that it didn't look right. We do regular public announcements about piracy, and those are usually followed by a flurry of calls to both lines.

Intellectual property theft isn't limited to international criminals. It happens every day in nice neighborhoods across America when people make illegal copies of videos or share software programs. Parents need to be role models for their children. They wouldn't condone their kids shoplifting from the local market, but they somehow think it's okay to copy computer games.

Luis Carlos Stoute, General Manager, Panama

It's easy for the government of a country to be a software pirate. But you can never go after the government—it's just not feasible. It's not easy in many countries to get the government to set an example and support the legalization of software.

In 1999, I put together a proposal for the government of Panama to support the legalization of software. We think that many private companies in Panama have legalized because of the example that the government has set. This has benefited the whole software industry in Panama because software developers and service partners now have more work. This is a continuous crusade. The government changed in the year 2000, and even though this slowed things a bit, we're working with the present administration on a presidential resolution to push the legal use of software.

Andy Khoo, Business Development Director, South Asia

Sometimes I go with our lawyers on piracy raids. One day, we all got in black vans and drove out to a store at some little mall. We walked in and told them who we were and they started scrambling around trying to destroy or erase the hot disks. The police were saying, "Don't touch that stuff. Get away from that. Go stand in the corner." The police weren't armed or anything, because these are just small retail pirates. I've never been on a raid where we go out to a big CD counterfeiter. That's more dangerous because they have these big warehouse and distribution centers and there are serious people guarding all that pirated software.

Anyway, the press was there, too, and one of our lawyers who had never been on a raid before was really worried about getting her face on camera. Some of the people involved in pirating are very powerful criminals, and she was afraid that they might come after her if they knew what she looked like. So every time a photographer or cameraman came near us, she would hide behind me. Now, I'm not a very big person, and she literally had to bend over to hide behind me. I kept telling her, "If you keep bending over behind me, people will...well, they'll get the wrong idea about us." The reporters are taking photographs, and there I am with this lady's butt sticking out from behind me. I was afraid that when my wife saw this in the news, she'd say, "Gee, Andy, you keep talking about fighting piracy, but you certainly don't look like you're fighting very hard!"

Software counterfeiting is reaching epidemic proportions, causing major economic losses.

- One in every four copies of software on U.S. desktop computers is pirated.
- Piracy costs the U.S. economy 109,000 jobs, $4.5 billion in wages, and $1 billion in tax revenues every year.
- More than 60 percent of software listed on popular U.S. and European auction sites is counterfeit.
- Piracy losses exceeded $12 billion worldwide in 1999.
- China's piracy rate exceeds 90 percent.
- In Eastern Europe, 70 percent of the business software in use is pirated.
- More than 2 million Web sites offer, link to, or mention "warez," the Internet code word for illegal copies of software.
- The failure rate for counterfeit mice is 38 percent, compared to 1 percent for the genuine Microsoft product.

2 The second step is educating the market. Many times, even corporations don't understand what licensing means or the right way to be licensed. People need to be educated in how stealing software affects the local economy. They need to understand that stealing software prevents their country from developing a local industry, hurts employment, and reduces the amount of taxes collected.

3 The third step—no more excuses. You go after the delinquents and work with governments to stop software piracy.

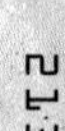

Bringing Down the Digital Divide

What's the point of putting a man on the moon if you can't figure out how to boost a kid over the digital divide? With the computer revolution and the dawn of the Internet, the world finally has the opportunity to bring knowledge, tools, and job training to everyone, no matter where they live. Genius thrives even in the most inhospitable environments, and if we don't find a way to nurture it with the phenomenal tools we now have available, we'll all be much poorer for it.

Anne Riordan, Country Business Manager, Ireland

The idea to make Ballymun—one of the most disadvantaged urban areas in Ireland—the country's IT center of excellence came from the community. We supported and facilitated this vision by starting a small pilot program with a group of people who were long-term unemployed. Out of 480 applicants, we selected 25 people who ranged in age from 19 to 42. Our goal was to help them become Microsoft Certified Systems Engineers.

It was a tough challenge. Bear in mind that these were people who'd been long-term unemployed, some second and third generation. Some left school when they were 14, others weren't used to being up at 9 o'clock in the morning. Being in this program really turned their world upside-down. At first, technical skills were not the major focus. We had to start off with personal development, team development, communication skills, and confidence building.

I met one woman who had never taken the bus from Ballymun into the center of Dublin because of a lack of confidence. Now, she presents our technology to hundreds of people. It blows my mind. As we were going on to the technical course, some of the people started getting ahead of the other students. So the 25 of them decided on their own initiative to pair up, with a stronger person mentoring a weaker person, to make sure everyone got through. There wasn't one dropout over the two-year program.

Everyone qualified and got great jobs. Microsoft didn't hire any of them because we wanted to prove that the whole industry would employ these people and that they could stand on their own as individuals and as computer professionals. Four of them even stayed together and started a training company in Ballymun.

Some other unexpected things happened as well. Before the program was over, the students went to the local credit union and raised money—which was to be paid back out of the training allowance—to buy computers so they could work at home. Then all the extended families wanted to get involved and learn. While they were still taking classes, the students started getting involved with their local school, which had a very high rate of truancy. The truants got involved with computers, and soon the teachers found that it was difficult to get them out of the building after school had let out. The overall rippling effect was tremendous.

Everyone here wants to become a Microsoft Certified Professional because it is making a huge difference in people's lives. You know, *we have a lot of wild horses around the place,* and it probably seems ridiculous that people in disadvantaged areas would have horses for pets. Well, one guy came riding up to the training center on his horse and he says, "Where can I find out about the Microsoft Certified Profession course?" This conjures a picture of having to ask customers to supply a horse trough for Microsoft Certified Systems Engineers!

One of the graduates asked me why Microsoft got involved. And I said, "Well, if it made a difference to one person, and one person's life and their families, and the generations going forward, then it was worth it." And he said, "Well, don't worry about the generations coming. My mother is doing her Microsoft Certification as well. So it's gone back a generation." The Irish government has held this project up as a model in the European Union for reducing long-term unemployment in disadvantaged areas, and it's recently given $23 million to have the project emulated across the country with a goal of training 3,500 long-term unemployed people for the IT industry.

Jose Romero

Public Relations Manager, Spain

Spain has the third-highest rate of unemployment in the European Union, and in some places—such as Madrid and Barcelona—it's more than 25 percent. When I learned about Microsoft's successful program to provide IT training to unemployed people in Ballymun, Ireland, I immediately wondered how we could import this initiative to Spain.

After visiting the program in Ireland, I met with Tomillo, a private nonprofit organization that develops social programs in Villaverde, a disadvantaged neighborhood in Madrid. Following the Ballymun model, we developed a program to help unemployed young people from Villaverde obtain Microsoft certification. In addition to providing technical training, we promote the development of important social skills. The program has been so successful that the local government is evaluating how to extend it to other disadvantaged communities in Madrid.

Being involved in this initiative has been very exciting. It not only demonstrates Microsoft's commitment to bringing technology to all communities, but it is a wonderful example of how the company's internal networking can make a significant difference to people in different parts of the world.

Christopher Jones, Senior Program Manager, Community Affairs

In my view, Native Americans have by far the most limited access to anything in this country, including technology and education. The attrition rate in schools is frightening, and the number of people who actually get through college is minuscule. We're supporting tribal colleges to try to make a difference.

We recently made a $2.75 million cash and software grant to eight tribal colleges through the American Indian Science and Technology Education Consortium. Part of this grant will also support New Mexico Highlands University, which will serve as a training site and mentor to the tribal colleges.

Last fall, I decided to visit one of the tribal colleges because it's helpful, at the beginning of a grant, to see where they're starting from. The project manager from the University of Washington and I chartered a small plane from Santa Fe and flew to a desolate landing strip on the Navajo Reservation, where we waited for two hours for someone to find us. Evidently, it was a new landing strip that no one knew about.

When they finally arrived, we hiked across a big field, climbed over a barbed fence, piled into the back of a truck, and headed for Dine College, the country's first tribal college. Along the way, we saw how many Navajos live on the reservation with no running water, no electricity, and no phones.

The students we met at the college were mostly Navajo. ***They had traveled from various corners of the Navajo Nation to come to school–some from as much as four hours away.*** While the college has been using bits and pieces of technology for a while, it doesn't have a really strong plan for using technology to the greatest advantage. Hopefully, our grant will help them with this and will give them a chance to start experiencing the benefits of technology directly.

Helping people get access to IT also offers some real hope for economic development on the reservations. You can be in the middle of nowhere, but as long as you have connectivity–and this is still an issue in a lot of these places–you can actually be part of the IT revolution. Beyond that, all it takes is the right skills, equipment, and motivation. We're finding that many of these people are already motivated, so our support is aimed at helping them get the training and equipment they need.

One challenge I never realized before we made this grant is that many people don't want to leave the reservation. For them, it's like leaving your family. For most of us, we learn a skill and then we have to go somewhere to practice it, but many people here will live their whole lives without ever setting foot off the reservation. So if technology is going to play a role for them, it has to do it right here, where they live and work.

That's the great thing about IT: it really can and does help people to lead fuller, happier lives, no matter where they are. It has the potential to create better access to education for everyone. What we're really trying to do is give people the tools they need to improve their own lives.

Graham Brant

General Manager, Hong Kong

At Microsoft Hong Kong, we've developed a program that trains volunteers to teach basic computer skills to disadvantaged and disabled youngsters. Through the annual Cyber Action Campaign, we provide training to recruited volunteers and teach them practical computer and Internet skills. These volunteers, in turn, give hundreds and thousands of children from different social organizations such as the Salvation Army, the Hong Kong Society for Rehabilitation, and Hope Worldwide an opportunity to learn skills that can change their lives. We also–through the Unemployed Retraining Campaign–provide IT skills to help people find careers in the local technology industry. This working relationship between Microsoft, the Hong Kong Council of Social Service and a local newspaper helps unemployed people make a smooth transition to the workforce. Today, IT pervades every aspect of our lives, and we believe it's our responsibility to offer people the opportunity to succeed and realize their goals.

Vahe Torossian, Director for OEM, Education, Small Business, and Home & Retail Divisions, France

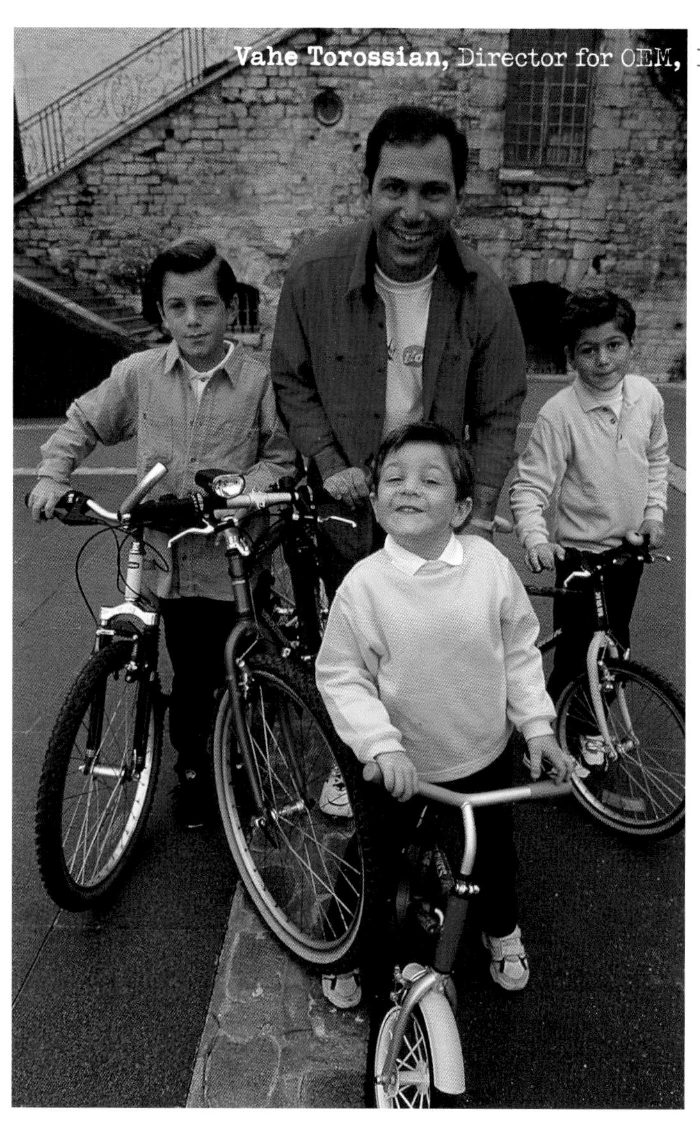

People in France are often skeptical about technology. In 1998, we decided that the best way to change people's perceptions of technology would be through schools. However, it's very difficult when you're an American company because the school administrators have traditional ideas, and they think that only the French know what is good for French children!

Our education team convinced the Ministry of Education to develop a program that focused on 12 schools with very different environments. The locations ranged from downtown Paris to the beach. One school focused on children with disabilities, another was on the top of a remote mountain—it was very isolated and had only four students and an old-fashioned teacher. We decided to create a link between all of the schools. We gave them PCs, printers, and a full range of software, as well as Internet access. The only thing we asked was that the teachers be committed and give us some feedback.

The response was incredible. *Children didn't want to stop using the PCs when school was over.* All of the schools were exchanging information. The teacher in the mountain school was asking the teacher in the big city for advice on how to use the Internet. This project generated a lot of good feedback for the Ministry of Education, and it helped convince teachers that they would not be replaced by technology. We showed that teachers have a very big role, and we also demonstrated that programs could be adapted to the needs of different children. So it was a good experience. In a recent speech, the Prime Minister pushed the idea of bringing technology to schools in France. I like to think that we had some influence on his plans.

Seniz Ciritci
Education Group Manager, Turkey

In Turkey, the Ministry of Education is setting up computer classrooms in 17,000 schools nationwide. The objective is to provide computer literacy and basic technology skills to children and to support learning through the use of technology. The project is funded by the World Bank. Actually, it's the largest IT project funded by the World Bank.

We're committed to helping the Ministry of Education implement this project by providing the best technologies and making sure that students and teachers use them effectively and get the most benefit out of them. I am very excited because we are shaping the future in Turkey. And, at the same time, I feel like I'm doing my duty to my country, which makes me feel really good.

Rick Marcet
Territory Manager, Caribbean

Our presence and the availability of technology in the Caribbean is allowing the 21 countries in my territory to become more visible to the world. These countries are being recognized for their technological prowess. Communicating in the Caribbean is very expensive, especially by telephone or fax. So when you have an Internet connection, people can communicate in a much more cost-effective manner. And being able to communicate globally in real-time significantly increases efficiency.

We've also been able to contribute to the community by supporting youth organizations and educational institutions. In Jamaica, for instance, we sponsor School Day @ Microsoft. Once a month, children from local schools visit our branch office on a field trip and get hands-on experience with an interactive curriculum, entertainment and the "Internet playground." When I asked an 11-year-old named Michelle what part of the world she wanted to visit on the Internet, she said with bright-eyed enthusiasm: "Jamaica—I want to learn more about Jamaica." A boy named Michael, on the other hand, wanted to visit "the whole universe." On the Internet, our worlds are as small or as big as we make them.

Grace Chou, Product Marketing Manager, Taiwan

Children in rural areas of Taiwan have fewer resources than those in cities. Many kids come from very poor families and many will not even finish high school. Our goal is to give them the experience of using computers to play, write and draw. Our hope is that this will not only give them useful skills but also inspire them to learn in the future.

We first teach them the basics, beginning with how to use a mouse and how to create files. Then we gradually move to using applications to make Mother's Day cards. Being involved in this is very gratifying—just imagine how you'd feel teaching kids to use a mouse and then seeing them draw pretty pictures in just a few hours.

When I was 13 years old, in 1984, I was selected to demonstrate computer applications, mostly games we made ourselves, to Deng Xiaoping at the Ten Year Technology Exhibition in Shanghai. Mr. Deng was scheduled to spend one minute at our demonstration spot, but he was so excited about the demo that he spent six minutes. After the event, he patted my head and said, *"Computer education should start from childhood."*

计算机普及要从娃娃抓起

This marked the beginning of widespread computer usage in China. Because of this event, I became a celebrity in China. I was under constant media focus, which motivated me to work harder and harder and led me into a successful career. I got into Tainghua University two years earlier than normal kids and without having to take entrance exams, and I finished five years of undergraduate courses in three years—a record at that university.

Now, at Microsoft Research in Beijing, I'm working on how to compress media and move media more efficiently over the network. This includes not only traditional images and videos but also a new generation of media such as 3-D objects and scenes.

So I turned out to be an example of Mr. Deng's vision. And today, computer programming is being taught to millions of Chinese children. They are the future of technology in China.

Countries like Uruguay are almost always on the borderline between the haves and have-nots. We're now starting to invest heavily in education, and we're going to make a difference in this country. Microsoft is working with lots of companies that are on the crossroads of having to either close or remake themselves. The most challenging part of my job is helping people understand the importance of technology and the importance of investing in training. I know we can make a difference.

The next technology-based revolution will be in education. I predict that learning environments will go considerably beyond today's technologies and won't be restricted by desktop-based platforms. The future lies in interactive simulations, customizable cognitive tutors, and collaborative and networked projects that enable learners to construct new objects, behaviors, and ecologies. I believe we can achieve enormous breakthroughs in educational technology by establishing a consortium of companies, government agencies, and foundations to fund a Grand Challenge style set of interdisciplinary research projects.

– ANDRIES VAN DAM, MICROSOFT TECHNOLOGY ADVISORY BOARD MEMBER, BROWN UNIVERSITY

Marcia Kuszmaul, Group Manager, Industry Relations and Marketing Communications, Education Group

When we introduced the concept of the Connected Learning Community in 1995, we had a vision of schools creating enriched learning environments by being connected to each other and to the Internet. That vision is fast becoming a global reality. School systems and entire nations have made commitments to put technology directly into the hands of students and provide access to learning any time, any place. New tools are enabling educators to customize learning and continuously improve their schools. Parents have a renewed role in education because they are able to review their children's schoolwork online and connect with teachers more easily.

Great teachers are still the key. But the U.S. Department of Education reports that four out of five classroom teachers don't feel prepared to use technology in the classroom. That's why we're committed to dramatically increasing professional development opportunities for teachers. Over the next 3 years, an industry initiative called "Intel Teach to the Future" will provide hands-on training to 100,000 teachers in the United States and 300,000 teachers worldwide. We're contributing to this exciting project with a $344 million donation of our software. It's the single largest software donation in the company's history. Microsoft Office is the cornerstone of the training curriculum.

Since 1992, we've also worked with colleges of education and state departments of education to support pre-service and in-service training for teachers using technology in the classroom. During the 2000-2001 school year alone, this program will support more than 450,000 teachers. A lot of teachers like to learn on their own, so we launched the Microsoft Classroom Teacher Network, a free online professional development community with classroom resources, tutorials, peer-to-peer mentoring, and monthly online seminars.

Our Connected Learning Community programs also help schools build modern learning infrastructures and increase access to technology. Through the Anytime Anywhere Learning program, more than 100,000 students in 800 schools use their own laptop computer as a learning tool at home and at school. We're seeing great results—better writing, better critical thinking skills, and a greater interest in learning.

As a company, we believe that the single most important use of technology is to improve education. It's an exciting vision because we know that the potential is there to change the world.

Access Is a Universal Issue

The computer revolution has no chance of changing the world if it reaches only the privileged few. We're working to bring the life-altering power of technology to people of all cultures in all corners of the world, and especially to those who have little hope of gaining access without help. The rewards are obvious: the more we can enable people everywhere to fulfill their destiny and realize their potential, the better off we'll all be.

Kate Bergsma, Community Programs Manager, Canada

Think about the social impact on a community when some kids use a word processor and others only have a pencil. Unfortunately, many Canadian kids don't have access to technology. That's why Microsoft Canada created a giving program called KidReach in 1994. Since then, we've donated over $5 million to more than 500 children's charities nationally. One of our ongoing projects brings technology to 84 National Boys and Girls Clubs of Canada. We work with Dell, which provides hardware at a discount, and our Microsoft phone support team donates technical support.

We had no idea that the effect on these kids would be so profound. Initially, we hoped that 10,000 kids would use the technology each year. Today, 8,000 kids use the technology *each week.* And our programs go beyond just providing kids with technology. We've discovered that offering access to computers encourages them to seek the safe and positive surroundings of Boys and Girls Clubs. It gets them off the streets, away from TV and malls, and away from difficult, sometimes dangerous home lives.

Seeing the kids' excitement over the software reinforces what's great about working for Microsoft. We really do make products that help people. Some of these kids just hoped to make it through the week, but with access to the Internet, they're beginning to dream about going to university and beyond.

KidReach is also using technology to support disabled, chronically ill, and long-term hospitalized children. As a national partner of Ability OnLine, we're linking these kids with disabled and nondisabled peers and mentors via the Internet. At hospitals across Canada, volunteers wheel a computer from bed to bed, helping kids make friends through chat groups or conferences. What's great about this program is that everyone looks the same on a computer. Everyone is equal online. These kids have a chance to transcend their medical conditions to make new friends, to learn and to play.

I believe we owe our communities help in becoming part of the new technological society. It's rewarding to use our expertise and our products to make a difference on important social issues.

Tamar Levine, Advertising and PR Manager, Israel

We're part of a community project here called A PC for Every Child. Our GM was one of its founders. The main initiative was to close the digital gap by providing increased access to computers. The original idea was to give away old, refurbished computers. And then our GM decided that this was not really closing the gap because these people needed access to the same new technology that we were using. So the program shifted, and now it donates new multimedia computers and the latest software upgrades to computer centers in disadvantaged neighborhoods.

But it's not just children and disadvantaged communities who are affected by the technology gap. It's also people from all economic levels who don't speak English. That's why we invest so much time and money in localizing products. For the Hebrew language, Office is the only product of its kind available here. Internet Explorer software is another example. We're competing in this market with Netscape, which doesn't offer a Hebrew product, so their customers have to type in English. IE has all the menus and Help dialogs in Hebrew, and you can also type with Hebrew characters.

Israel has a thriving high-tech community, so it just makes sense to create these products in the local language. It gets people closer to the latest technology, which can seem very remote when it's only available in English. Technology is a part of our lives now, and it should be equally available to everyone, no matter what language they speak.

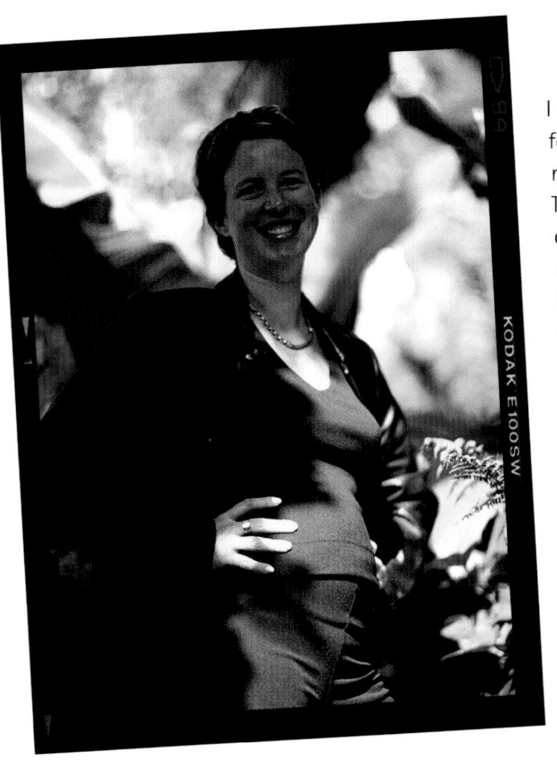

I think this is a brilliant environment for a woman and for moms—certainly more than any other places I know. There are quite a few women with children here now. We've hired women who were in their fourth or fifth month of pregnancy, which is quite amazing. Individuality is really respected at Microsoft. All sorts of people and different lifestyles are allowed to thrive. I think that's why we all stay for so long.

➺TAMAR LEVINE

Sylvia Crivelli, Communications Manager, Brazil

Brazil is a developing country where poverty is still pervasive. People need food, they need health care, and they need basic education. But if we can give them some literacy in technology, we can also impact these other issues. We're starting to do this through relationships with several institutions like the Committee to Democratize Information Technology (CDI), Instituto Ayrton Senna, Comunidade Solidaria, and other nonprofit organizations that promote computer science for children in needy communities. For the third year, Microsoft is providing these organizations with large donations of money and software.

CDI, for example, has supported 140 community schools in poverty-stricken areas and has enrolled over 50,000 children since it was started in 1995. Through this relationship, Microsoft is making a major contribution to a generation of Brazilians who would not have these opportunities otherwise. In the end, these initiatives become a vehicle for employment opportunities, civic participation, education, ecology, health, and human rights. Technology is one of the most powerful tools to help people get good jobs and to survive.

We're committed to closing the gap in technology access in Mexico. This country has a population of 100 million people, and a significant percentage of them—30 to 40 million—live in poverty.

Our challenge was to come up with a low-cost program for providing wide public access to technology that could be easily replicated in all the states of the country. We took our inspiration from the Libraries On Line program created by the Bill and Melinda Gates Foundation and came up with a simple model in which Microsoft and other partners could provide public libraries with PCs, Internet access, and multimedia software. We're also providing technical support, wiring, training, and even furniture. The results have been amazing. We started in 1998 by equipping four public libraries, and by the end of 2000 we expect to have 50 libraries in the program.

We are also supporting education in Mexico by providing all of the software for computer labs that are being established in 500 schools this year. This initiative, which is sponsored by the National Association of Businessmen for Technology and Education, provides infrastructure in addition to what comes from Mexico's education authorities. We are pleased to be participating in this effort to create more opportunities for people through technology.

➺ LEONARDO ORTIZ VILLACORTA RAMIREZ, PUBLIC RELATIONS MANAGER, MEXICO

Technology makes all people equal regardless of our many differences and similarities—it levels the business and educational playing field. Having instant access to information gives people the freedom to expand their knowledge and gain a broader perspective on the world. I'm proud to be part of an innovative company that's a conscientious global citizen.

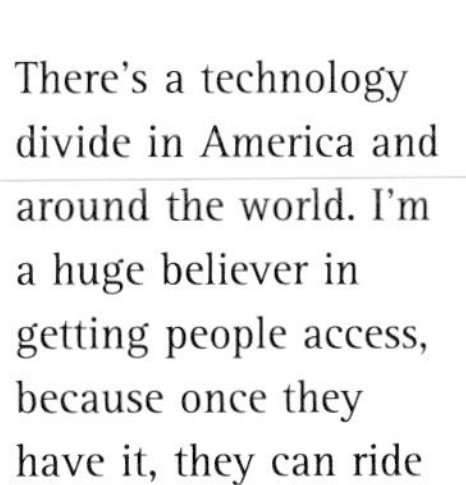

➺ DAWN N. GRIFFIN, ADMINISTRATIVE ASSISTANT, ENTERPRISE PARTNER GROUP; COMMUNITY RELATIONS CHAIR, BLACK EMPLOYEES AT MICROSOFT (BAM)

Jim Allchin

Group Vice President, Business Systems Management

There's a technology divide in America and around the world. I'm a huge believer in getting people access, because once they have it, they can ride the wave. Equal Access is a program that my team started in 1997. I kicked off the first event in Las Vegas—we hired Cirque de Soleil and sold tickets to benefit a charity. Now we have two events a year, and the charities range from the United Negro College Fund to the Hispanic Scholarship Fund. We're trying to promote access for everybody—in all communities, but in particular the underrepresented ones that have less opportunity to benefit from the great advances in technology that are happening. We now have 18 companies working together, all supporting the same cause. Together, we're hoping to make a difference.

The most tangible impact we have on the community is in how we help other companies to be more productive. We create jobs and opportunities—not necessarily Microsoft jobs, but jobs outside the company at training centers, support centers, and solution providers. We invest in partners, we invest in training centers, we invest in suppliers and vendors, and we help them to grow. In return, their loyalty to us has been amazing.

We also have a very successful program called "Internet in My Library." We donate Internet-connected computers to the public libraries so that children who don't have access to their own computers can use them. In one of the states, after we started the program, the governor decided to buy 60 more computers and donate them to the libraries. The penetration of PCs in households is very low here, so for many of the children, it's the first time they've ever been on a computer. It's so wonderful to watch them using a PC for the first time. I am amazed at how fast they learn.

➺ MAURICIO SANTILLAN RAZO, REGIONAL VICE PRESIDENT, LATIN AMERICA

My point is that all the benefits that we envision will not become available to the poor if we leave the Information Revolution to its own devices. We need to take an active role as individuals, companies and governments of the industrially rich world to help the poor ascend along this path.

– MICHAEL L. DERTOUZOS, DIRECTOR, MIT LABORATORY FOR COMPUTER SCIENCE

Say Hello to the World

Sending e-mail for the first time is an exhilarating experience–especially when it goes halfway around the world and a reply comes back in a matter of minutes. The Internet is a powerful tool for connecting people and should be available to everyone, no matter how young or old, how rich or poor, or how far away.

Nancy Holm, PR Manager, Sweden

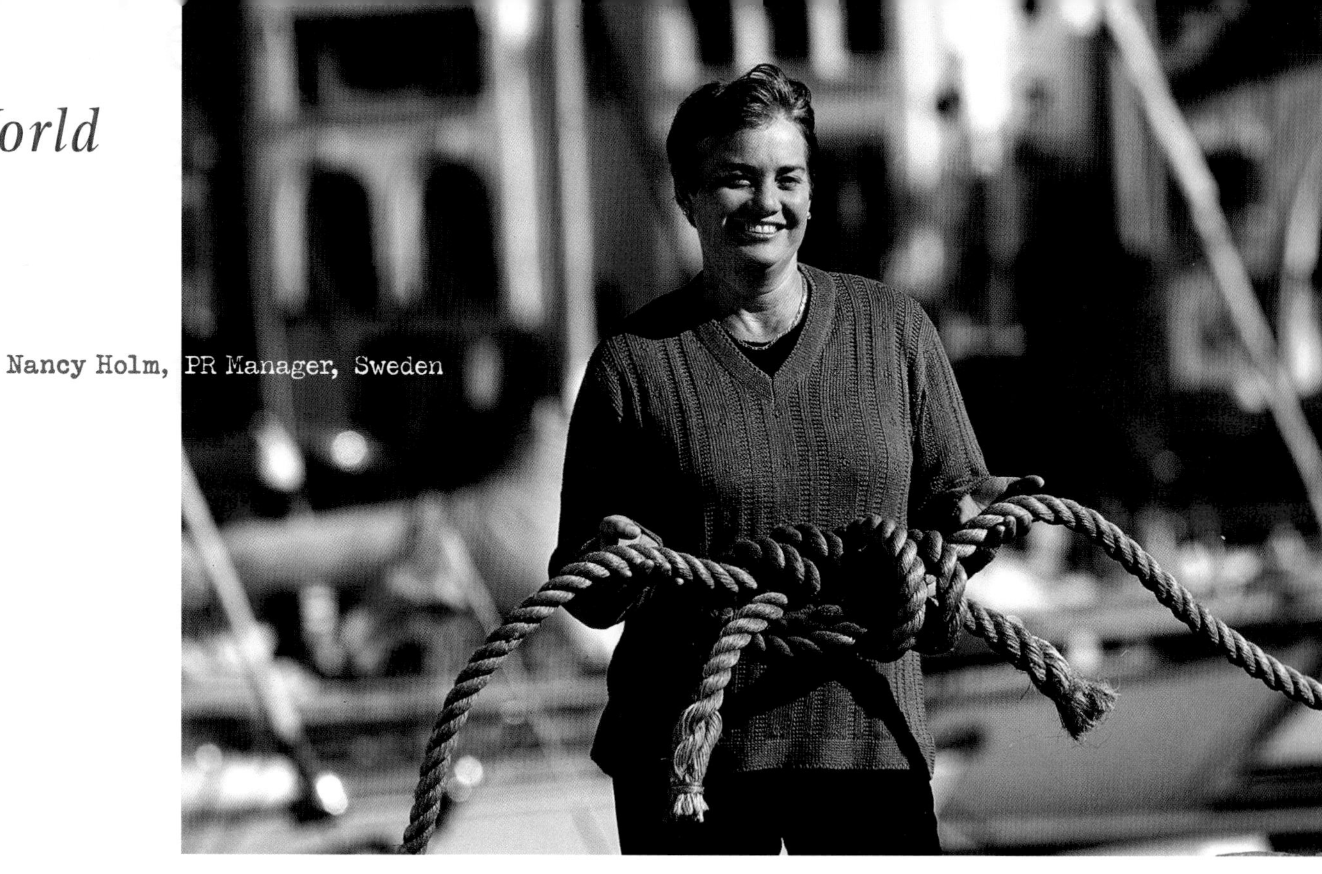

There's a one-room school in an isolated village of 350 people, which is about a two-hour flight from Stockholm. It's very difficult to drive there. We provided the school with software and built up their information department so that every student received a computer. Then we put Office, Encarta and other programs on it. When the children are six years old, they get a Hotmail address. *Then, third graders come in as their mentors and teach them about computers and how to work on the Internet.* The teaching projects are also oriented around the computers. But what's interesting is that the school opened up the computer lab in the evenings to give everyone in the community an opportunity to learn. Six-year-olds were teaching their parents how to use the Internet. And people were sending e-mail to relatives around the world for the first time.

Working with children is very rewarding, but we've been equally successful bringing technology to older people. Many of these people would like to use computers but are too intimidated to ask anyone and feel that their children are too busy. In Sweden, there is an organization for retired people with over 800,000 members. They're blue-collar workers who've never had computers. We started a pilot project for them, training 45 people in three geographically different areas. My only requirement was that 50 percent of them had to be women.

First, we refurbished old computers and distributed them and helped with the training. Their first class was basically about how to turn on a computer. After the final evaluation of the six-month project, the chairman of the organization called me and said, "We're kind of scared by the results. It was so successful that we cannot tear people away from these training classes. We're going to get overwhelmed when our 800,000 members hear about this project. Maybe we will have to sign an enterprise agreement with you to get special deals for our members."

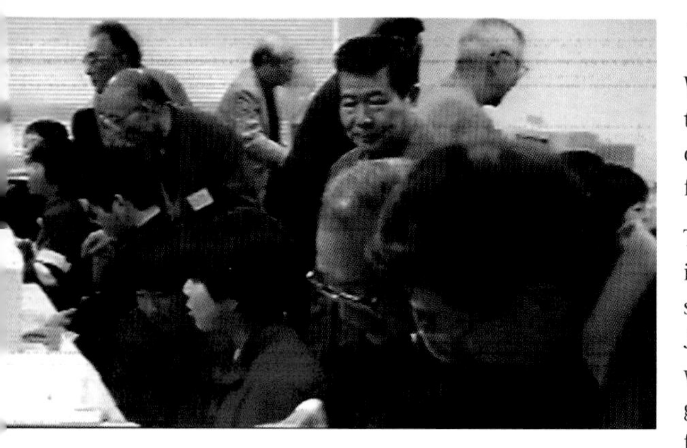

Yoshiaki Uchino, District Manager, Sendai, Japan

When Microsoft Japan first began supporting the Sendai Seniornet Club in April 1998, none of us anticipated that they would become a force in computer training in Japan.

The club, which is located in the city of Sendai in northern Japan, had the mission of providing seniors with basic IT training. Since Microsoft Japan actively engages in community projects, we agreed to support the club with a software grant to help them focus on accessibility issues for seniors and the disabled. The product we selected for their use is an exclusive Microsoft Japan product called Hagaki Studio, which is an application for creating greeting cards. I thought Hagaki Studio would best meet the needs of seniors because so many have never used a PC before. They could learn IT skills with this easy program and have fun and be creative at the same time.

The success of the program has been astonishing. To date, more than 3,000 seniors have received IT training from the club. The curriculum has even spread to some public schools in the Sendai area, with the seniors from the club serving as instructors. Because of this program, the Sendai Seniornet Club is now very well known in Japan. In fact, the Ministry of Post and Telecommunications is adopting the club's training methods for its IT training classes at many post offices in the Tohoku area in northern Japan. And, of course, Hagaki Studio is the main tool used in their program.

More than 30 percent of the population in the Netherlands is over the age of 50, and we wanted to do something to help that generation reap some of the benefits of the computer era. So working with a foundation called Senior Web, we created Internet starter kits. Each one has trial software and information about how to use the Internet. It also includes a CD that, when loaded in a PC, looks exactly like you're on the Internet. People can practice until they feel comfortable going on line. Since many people over 50 have fears about how much money it costs to be on line, they want to know what they're doing so they don't make mistakes and waste money. The opportunity to practice alleviates those fears and builds their confidence.

Aurelia van den Berg,
Marketing Services Group Manager, Benelux

We sold over a thousand kits the first weekend they were released. This response confirmed our theory that older people want to get connected but they often don't know where to start or who to ask for help. It's like crossing a border for them. *Seniors often think that the computer world is too complicated or that they're too old to learn how to use it. Now there's a way they can try it without fear.*

A couple of years ago, we heard about a foundation that wanted to bring technology to sick children in hospitals. The goal was to help these children use technology to communicate with their families, to keep up with their schoolwork, and to just have fun. We got together with two hospitals and with Compaq, Philips, and other companies, and the result was Starchild, or Sterrekind as it's called in the Netherlands.

Developing new technologies gives you more leverage than any other thing you can do. What's unique about our lab is the way we're coupling leading-edge biology with leading-edge technology development.

– LEROY HOOD, PRESIDENT AND DIRECTOR, INSTITUTE FOR SYSTEMS BIOLOGY

The project equipped pediatric beds in three hospitals with PCs, screens, microphones, and cameras that allow young patients to make video connections to their homes, their schools and their friends. For example, the grandmother of one 14-year-old girl lives about 200 kilometers from the hospital, so she isn't able to visit every week. Now she has a set-top box that uses her regular television and telephone lines to establish two-way contact with her granddaughter. Children can also connect to their schools to keep up with their lessons.

We also created a virtual three-dimensional world that young patients can visit with their computers. We provided specially designed software so that when the children start their computers, they enter this island where they can choose to be a porpoise, a frog, a superman, or whatever they like. They can virtually walk into this world and go to the library, study a topic in Encarta, or even visit a disco where they can choose their own CDs.

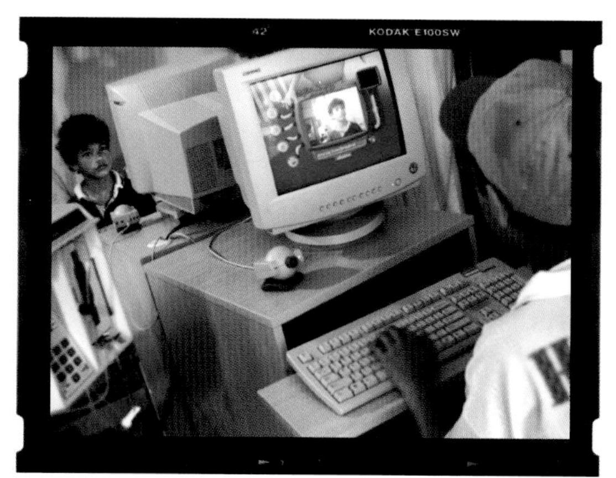

The point of the program is to make the hospital stay less traumatic for children. But one of the best parts is how enthusiastic the doctors are about how it benefits the children by allowing them stay in touch with the world outside. Many of the doctors are absolutely convinced that it helps sick children to heal faster.

Four hospitals are now connected to Starchild, and the program is serving around 200 children. We hope to have a similar project running in Belgium this year and maybe somewhere else in Europe. We're committed to helping it grow as long as there is a need.

It worries some of us that there are more and more people, especially kids, spending more and more hours on the Internet. We worry that this new Internet generation—Generation I—is relating less, not getting the exercise it needs, escaping to unreality, and becoming less human. But the data, and my own experience, are saying something else. The time people are spending on the Internet is coming out of television. This is progress. The Internet, unlike television, is interactive. The Internet, unlike television, is about community communication. Televison is now converging with telephone on the Internet. We are likely to end up with the best of both worlds. What we must guard against is the Internet falling into the wrong hands, which is to say any one pair of hands. At all levels—connectivity, services, content—we must preserve freedom of choice among competing alternatives.

– BOB METCALFE, ETHERNET INVENTOR, 3COM FOUNDER, *INFOWORLD* COLUMNIST

Butt Wai Choon, Managing Director, Malaysia

In Malaysia, we've found a unique and positive way to combine two of Microsoft's passions: using technology for education and protecting intellectual property rights.

We've donated software, PCs, and a Web server to create an "eCommunity" among 25 orphanages and homes for abused and abandoned children in Malaysia. The program is called CyberCare, and it's sponsored by the Microsoft Foundation Campaign, the Lions Club, and a number of technology-oriented businesses in Malaysia. CyberCare offers online connections so that children, administrators, corporations, the government sector, and the community at large can communicate easily. The CyberCare Web site includes a bulletin board for upcoming events, a home page for each orphanage, links to other kid-oriented Web sites, links to social services, and a chat room.

Our support of CyberCare is linked to our initiative to return a portion of copyright infringement settlement money back to the local community. Working with the notion that "charity begins with honesty," the Microsoft Foundation Campaign motivates Malaysians to contact the toll-free Microsoft "Honesty Line" and report suspected illegal software use. This program resulted in more than 200 leads out of 1,300 calls in its first year.

Malaysians are becoming better informed about the value of protecting intellectual property rights, and, best of all, the digital playing field is being leveled for a group of children whose opportunities would otherwise be very limited.

Microsoft Hong Kong is helping to save lives through its support of the "New Life" Web site, which allows organ donors to register on line. Part of a campaign organized by the Department of Health, the Hospital Authority and several other organizations, "New Life" quickly identifies organ donors as well as educates the Hong Kong public about the history, practice and benefits of the organ donor program. Microsoft, which played an integral role in the design and construction of the New Life site, continues to support this program through ongoing management and maintenance of the Web site.

GRAHAM BRANT, GENERAL MANAGER, HONG KONG

A study was done recently on families and e-mail, and it found that families who e-mail each other frequently actually socialize and communicate even more than those who never use e-mail. And one thing that people never really expected is that e-mail is bringing back written communication.

SHELLY FARNHAM, RESEARCHER, VIRTUAL WORLDS, MICROSOFT RESEARCH

Sanjay Parthasarathy

Vice President, Platforms Management

At one end, software helps people by making them more productive. At the other end, it allows people to dream that they, too, can one day be somebody, change the world, and make a difference. This came through to me loud and clear when I was in India running Microsoft South Asia. When Bill visited India in March of 1997, he was welcomed like a head of state. Ironically, the head of state of the Philippines was in New Delhi at the same time, but Bill got all of the coverage and attention. It occurred to me that the reason there was such excitement was that Bill and Microsoft embodied the potential of one person and one company to come from nowhere and change the world based purely on intellect and the desire to win.

In India, where the infrastructure is not yet world-class, where the best thing people have going for them is their brains and their hunger to succeed, this struck a chord—no, it struck a match. Bill's trip was like putting a match to gasoline. The country erupted in a frenzy of awareness and activity in the software arena. The phrase "India as a software superpower," which was coined during Bill's trip, continues to echo in India. Everyone from the government to VCs to kids is working toward that dream.

We had a contest for kids that we called "Imagine the Magic," where we asked them to imagine the most fantastic computer or software. We had entries from tens of thousands of kids, eight of whom got to spend a week at Microsoft's Redmond campus. For these kids and for many, many others, dreaming about personal computers and software has changed the way they think about their opportunities, their potential, and their lives.

If ever there was an industry that allowed everyone to dream—and dream big—it's the software industry. It's super satisfying to be a part of those dreams.

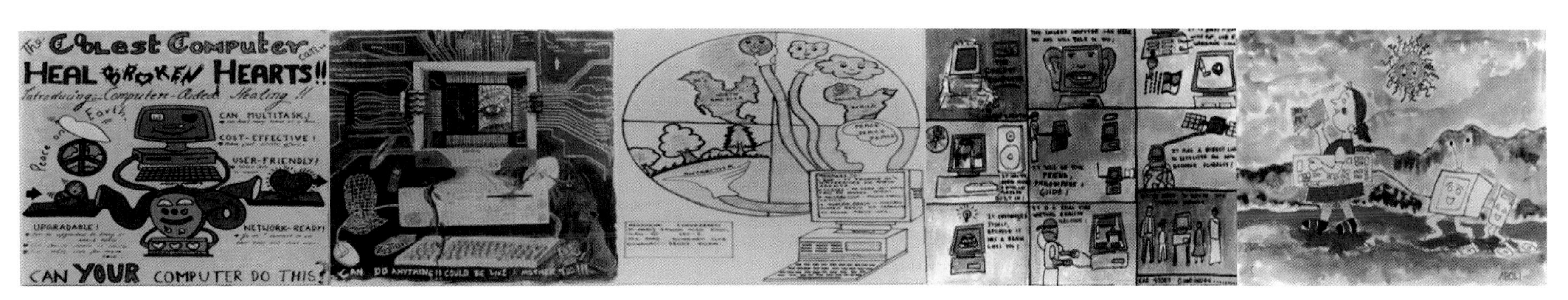

Yoshifumi Mamiya, Director, Digital Media Division, Japan

My daughter uses the Internet, and she's only six years old. As far as she's concerned, there is nothing special about the Internet. It's a part of her everyday life. The Internet is just a tool for her to achieve her goal, which right now is to visit all the sites where she can see her favorite cartoon characters. There is nothing mysterious or complicated about it to her. And that's the way it's going to be for everyone in the very near future.

The home and consumer market will undergo tremendous changes, with wireless technologies, higher bandwidth, exciting new devices, and the Internet moving into more and more Japanese homes. I think the Internet will quickly become as common as the telephone is now. We took some time in determining how we should be involved with the Internet, and now, with our .NET strategy, we've established a strong position. I have always been something of a creator and a builder, often too far ahead of my time for my own good, but now the time is right. There is a lot of exciting work for us to do—to give the Japanese people what they want and also to stay competitive in the world marketplace.

Linda Stone, Vice President, Corporate and Industry Initiatives

Research has come out from places like Carnegie-Mellon and Stanford about how the Internet makes people feel isolated and depressed. It can certainly do that. Every technology has two sides. Our cars get us where we need to go, but they also create pollution and cause accidents. The phone cuts you off from face-to-face contact, but it brings you closer to people who live far away.

We believe that the Internet can be an incredible tool for social support and for a whole new level of interaction and communication. I think we're at the very beginning of the era of the communications-based computing paradigm. To truly serve customers, we need to consider both computer science and the social sciences. Think about the trust and reputation system that eBay has developed. It's just one example of how the Internet is not just about cutting-edge technology—it's also about understanding human behavior.

The Internet enhances individual freedom, except for those who become addicted or forget that there is a real world too.

– RICHARD DAWKINS, CHARLES SIMONYI PROFESSOR OF THE PUBLIC UNDERSTANDING OF SCIENCE, OXFORD UNIVERSITY

Knowledge Anyone Can Afford

The best way to bridge the digital divide is to make information available to everyone. And one important step is making connected computers as inexpensive as possible. That is the goal of the Venus project in China, which offers a great model for bringing the power of modern technology to all people.

I wanted to create a product that would bring China into the Information Age and the Web lifestyle. I came up with the idea that we could package several functions together into an appliance-like box that would be easy to use and affordable. Venus is an information appliance that provides basic computer functions such as Word, Excel, multimedia education titles, and Internet capability. It's easy to use, features two-click Internet access, and is affordable. It uses the TV as the display monitor.

Venus is a product designed by Chinese, developed by Chinese, and manufactured by Chinese. Many software developers in China are now working with us to create applications for Venus.

This is a bold move for Microsoft. We're saying that we want to make a difference in Chinese society and that we are committed to this market. I hope that Venus will help educate the next generation in using computers and the Internet and improve the quality of life for many people. It will bring many Chinese into the digital age–people who never dreamed this would be possible.

Connie and Michelle, daughters of Sean Zhang, Venus inventor

Opening New Doors

Access to personal computers is changing the world for everyone, but it is utterly transforming the world for people with disabilities. And not only are people with disabilities enjoying opportunities that were never before available to them, but the rest of us can now share in their unique and varied talents.

One in five Americans has a disability.

Roger Abehassera, Deputy General Manager, France

When a group of disabled children from the Edouard Herriot School in Lyon decided to climb the Atlas Mountains in Morocco, we were asked to help them record their journey. Initially, they asked if we could send a person with a portable PC to write the story of the expedition. Instead, we proposed to do it online with a satellite phone and a local Web site. In this way, family members could exchange e-mail and actually see pictures every day.

Friends at Hewlett-Packard gave us a portable computer and a server, while we provided the software, Internet connections, and technical support. The 8 children, who ranged in age from 8 to 11, spent 9 months preparing for their adventure, which was called "Evasion Verticale." Pierre-Marie Ferry, a support engineer for Microsoft France, accompanied the children and 13 adults.

The group walked or rode mules six or eight hours each day. Pierre-Marie helped them write, take pictures, and communicate their experiences to their school and their parents through the Internet. At the end of each day, the children would gather around Pierre-Marie and the computer to look at the pictures taken during the day. While the children were sleeping, Pierre-Marie would send the information via satellite to Microsoft France. Several people at our office worked at night to update the Web site by integrating all of the information they received. The children were able to receive encouraging messages from their parents, and it was a precious opportunity for the families to follow their children's adventures.

ABOVE: PIERRE-MARIE FERRY, SUPPORT ENGINEER

Argentina has a very high unemployment rate, but it also has a shortage of qualified people for IT positions. We saw an opportunity to build a positive loop between the disabled community and the local community's economic growth by sponsoring a project called "Technology for Integration." The project provides technology training scholarships to physically disabled people and then helps them find employment. We work with Fundacion PAR, a nonprofit foundation that links disabled workers and employers. Fundacion PAR selects the applicants, and Microsoft provides the training through IT College.

I think that one of the most important impacts of technology is promoting communication and using it to integrate people into society. At Microsoft Argentina, we're really committed to community programs that bring the benefits of information technology to people who wouldn't otherwise have access. For all of us, this project has been very rewarding.

ANA RUIZ BRUSSAIN, PUBLIC RELATIONS AND PRESS COORDINATOR, ARGENTINA

I am continually amazed at the advancements of technology that have occurred in my lifetime, especially within the last decade. I truly appreciate mediums like the Internet and World Wide Web that make communication easier and put like-minded people in touch with each other. I have participated in several online chats, most recently with people that—like me—are afflicted with Parkinson's disease. It was a very rewarding experience. In the future, I plan to keep in touch with my fans through my official Web site.

– MUHAMMAD ALI, THREE-TIME HEAVYWEIGHT CHAMPION OF THE WORLD

Greg Lowney, Director of Accessibility

The thing that makes me proud of Microsoft is that we were among the first companies to recognize the value of making software user-friendly for everyone. We started in 1988 when the Trace R&D Center got a federal grant to adapt Windows for people with disabilities. They approached us, and as a core program manager for Windows, I thought it sounded like a wonderful opportunity. I gave them technical assistance and made Access Pack available at no charge. Basically, Access Pack is a software add-on that makes it easier for users with limited hearing or movement to use Windows. For instance, users who are deaf or hard-of-hearing can use Access Pack to configure their system to provide visual, rather than audio, feedback. It gives people with motion-related disabilities a set of utilities to make it easier to use the keyboard and mouse. Access Pack also led to other projects, but things really took off in 1991 when our Federal sales office helped prove that it wasn't just good work—it was also good business.

I remember one meeting where managers were debating whether their team could take on this work. Paul Maritz said, "We're big enough, rich enough, and ugly enough, so we should just do it."

And so we built Access Pack for Windows NT. Later, Windows 95 and NT 4 integrated the same features and additional ones as well. We invited people with disabilities into our beta and usability testing and kept in constant communication with the disability community. Believe me, they're as quick to criticize us for our failures as they are to thank us for our successes. Windows 2000 is the latest step in this progression. Every day we hear how the effort has paid off in delighted customers, improved relationships, and sales to organizations that buy only accessible products.

But the real progress has been made in the way accessibility has permeated the company. It's been a struggle at times because product groups are always short on time and resources; accessibility hasn't always been a high priority. But we've grown from one full-time person on accessibility to more than 40, and thousands of employees participated in our Accessibility Day to learn how to address accessibility in their work. We've still got a way to go, but people all over the world, of every age and in every walk of life, use these features to get an education, hold a job, and participate fully in society.

Kazuya Hosoda, Programmer, Accessibility Group, Japan

Although I am totally blind, I fell in love with computers in high school. When I was a junior in college, I learned about a Japanese nonprofit organization called PROP Station, which trains disabled people for IT jobs. But when I contacted them, they told me that they didn't provide any instruction for blind people. Because Microsoft Japan was a longtime supporter of PROP Station through its community affairs activities, they connected me with the head of Microsoft Japan. This encounter changed my life.

I was initially hired as a consultant to research problems with Windows for blind users. Sometimes I demonstrated the Screen Reader, which is a special program that tells blind users what's happening on the screen via a voice synthesizer. Now, I'm in the accessibility group, striving to make our products accessible for people with disabilities. The computer is a great tool for enabling people with disabilities to take part in society. Microsoft provides very important technology that makes it easier for developers to make accessible software. It is my dream that Microsoft will lead us to the day when everyone can use a computer, regardless of any disabilities.

For someone with a disability, computer technology can mean the difference between being isolated and being part of the community. Today, 54 million Americans have a disability—that's one in five people. We don't believe that visual, hearing, or dexterity disabilities should be a barrier to using technology. It's our goal to make sure that Microsoft's products are easy to use for the widest possible range of people.

The Accessibility and Disabilities Group is a unique part of Microsoft because we're basically consultants to the rest of the company. Accessibility features are now standard in many of our products, including Windows, Office, and Internet Explorer browser software. These are our most critical programs for the employment and education of people with disabilities.

In Windows 2000, for instance, people with visual impairments can modify their screen to make type larger and clearer and use color schemes that work best for them. Someone with manual dexterity issues can customize keyboard functions so that keys repeat more slowly. We've also improved our software products so that they can be used without a mouse. That's crucial for users who are blind or paralyzed. Because we've built these kinds of features into Windows, users of applications like Office and Internet Explorer automatically have the ability to make the same kinds of changes in those products.

Microsoft also develops tools that allow software, hardware, and Web developers to build products that give users greater flexibility and work better with accessibility aids. We design our products so that the greatest number of people can use it out of the box. But some people with severe disabilities need a third party to create very specific products, such as the "sip and puff" system that Christopher Reeves uses. We want to help, not compete, with companies that focus on this area because they're the ones with expertise about people with severe disabilities.

Our ultimate goal is for the industry to use universal accessibility design to make all products usable by the widest range of people. Our commitment to people with disabilities also goes beyond serving them with our products. *WE* magazine, a lifestyle publication for people with disabilities, identified Microsoft as one of the top 10 companies that go beyond the Americans with Disabilities Act to recruit and accommodate employees with disabilities.

The globalization of India's economy makes it almost impossible for blind students, who have very few opportunities, to keep pace. Intelligent and educated people with visual impairments are reduced to operating telephone booths or selling lottery tickets. The Indian Association for the Visually Handicapped (IAVH) initially approached Microsoft for a few copies of software for its PC lab. The idea of a lab for the blind was very interesting to us, so we developed the idea further with the IAVH and set up a Computer Training Center for visually impaired people in Mumbai, the commercial capital of India.

More than 100,000 visually impaired people in Mumbai are pursuing their education or seeking employment. Empowering visually impaired people with computers offers them opportunities to become independent and self-reliant. The center provides in-depth technical training using JAWS, a powerful screen-reading software developed by Henter-Joyce. JAWS reads out every character on the screen as the user types. This allows visually impaired users to function in any office situation without the need for a Braille keyboard. It can also distinguish between letters, words, and sentences and Excel formulas or program code. Once a user understands the screen layout, he or she can learn any text-based software, including Developer Tools. In fact, some students hope to pass Microsoft Certified Professional exams.

The first time a blind person gave me a demonstration of Excel in the JAWS environment, it was an incredibly moving experience. At Microsoft India, we want to give back to society, especially to underprivileged people who cannot realize their dreams without help. This project has touched everyone's hearts.

ASHUTOSH VAIDYA, DIRECTOR OF BUSINESS DEVELOPMENT, INDIA SUBCONTINENT

People with disabilities have to face many barriers, but access to technology is one obstacle we can do something about. In 1997, Microsoft Czech Republic started the PCs Against Barriers project in cooperation with the Charter 77 Foundation, a nonprofit organization that helps disabled people. We donate software and used hardware to the project, which offers IT training and employment counseling, aided by the Ministry of Labor. We've also contributed $80,000 to support it. To date, more than 380 people have attended the training courses, 204 of whom are already employed thanks to the qualifications they gained.

Our efforts are constantly rewarded when we hear how the program has impacted people's lives. One participant, a paraplegic, recently wrote us to say, "Even though I am immobilized, my life has changed completely after attending this training. Through the Internet I am not only able to travel, but even surf! I promise to use the modem that was given to me in the best way I can to communicate, work, improve my skills and also enjoy myself."

JOZEF BELVONCIK, MARKETING MANAGER, CZECH REPUBLIC

Creating a Voice

Every coin has two sides. The Internet disseminates a lot of Western ideas, potentially at the expense of other cultures. But it also bounces back information about places, people, and ways of life that have been without an equal voice until now. Technology is giving people new ways to preserve, promote and share their cultures. And that's nothing but good news.

Craig Bartholomew, General Manager, Learning Business Unit

It all started with a fax. Harvard University Professor Henry Louis Gates, Jr., faxed a proposal for Encyclopedia Africana to Michael Kinsley, the editor of Slate, in October 1996. Michael sent it to Patty Stonesifer, who was then Senior Vice President of Interactive Media, who forwarded it to me in the Learning Business Unit.

The first time I met Henry Louis Gates, he showed up looking more like a banker than a professor, in a gray pinstriped three-piece suit. He has a great sense of humor and laughs easily. I remember one of his comments about sharing a surname with Bill Gates. "Hmmm...maybe we both go back to some plantation in Virginia and have more in common than you think," he mused. His main objective was to see his dream come alive, and he was flexible and pragmatic. Right from the outset, he said, "Call me Skip. Everyone else does." But for a long time, all of us called him Professor Gates. No one called him "Henry" or "Henry Louis" or even "Henry Louis Gates." And so we started working in collaboration with Dr. Gates–Skip–and his colleague, Professor Kwane Anthony Appiah.

Defining the product and setting up the editorial team at Harvard was a challenge. Initially, the Harvard team approached the product as writing "by experts for experts," but our goal was to target general readers. We felt that the product should be accessible and readable, like Encarta. In the end, we prevailed on this issue, but there were more complications ahead.

At first, developing Encarta Africana was a clash of cultures: Harvard's leisurely academic pace versus Microsoft's intense urgency, driven by milestones and end dates.

We were a year away from shipping the product, and our colleagues at Harvard were very, very relaxed. Eventually, everyone got into gear and the project, which was monumental, began to have something resembling the pace at Microsoft.

When Encarta Africana shipped in November 1998, it made history as the first comprehensive software encyclopedia of black history and culture. The scope was massive, covering historical, political, and cultural perspectives as well as information on today's heroes and leaders. The critical acclaim was extensive.

Working on Encarta Africana was a challenging and fulfilling project. We're proud of the in-depth content and the interactive multimedia features that bring black history and culture to life.

If the digital divide presents a dilemma for American society, it is a virtual nightmare when contemplating the relationship of the developing nations to the developed nations. Without mastery of the digital knowledge economy, the Third World will permanently remain undeveloped. W. E. B. Du Bois in 1900 predicted that the problem of the 20th century would be the problem of the color line. We can safely predict that the problem of the 21st century will be the problem of access to the digital universe. With the help of Microsoft technology, products like Encarta Africana are helping to bridge that very divide in ways that our ancestors could scarcely imagine.

– HENRY LOUIS GATES, JR., W.E.B. DU BOIS PROFESSOR OF THE HUMANITIES, HARVARD UNIVERSITY

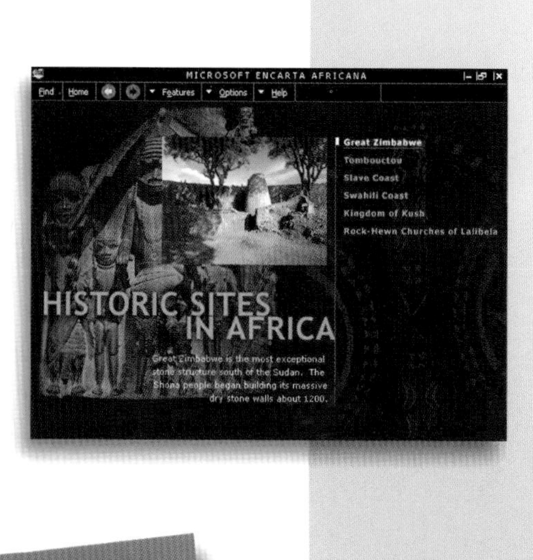

It's great to have a product that shines light on the rich truth of black life, which our society has too long left in the shadows.

– REVEREND JESSE JACKSON

Craig Bartholomew & Keith Senzel

Lasandra (Sandi) Thomas,
Former General Manager, MSBET

MSBET was extremely cool. It was a joint venture between Microsoft and Black Entertainment Television (BET) that provided African Americans with a home on the Internet and a platform for building community. For me, it was challenging, empowering and rewarding to be part of the number-one Internet destination for African Americans and people interested in urban culture.

Because technology and information are the currency of the future, it's important to reach out to folks who may feel disenfranchised and intimidated by technology. By focusing on music, entertainment, and news, MSBET reached a broad audience and touched people who otherwise might have shied away from high-tech. I had the wonderful opportunity to deliver technology to black people and make it more relevant to them.

MSBET is now BET.com, and Microsoft retains a board seat and a minority equity stake. It was always our goal to transition ownership and management to BET. We performed two very important roles in funding and running MSBET. The first was that we helped this important African American–run business enter the world of technology. The second benefit was that Bob Johnson, the founder of BET, got "dot-com fever." He took MSBET and transformed it into BET.com and raised $35 million to further expand his brand on the Internet.

In addition to delivering news and information, MSBET delivered the first search engine and directory for African American Internet sites. We identified, categorized, ranked, and provided keyword searches for over 1,000 Afro-centric Internet sites. No other organization provided that level of service specifically for the African American community. And it was all digital and accessible around the world.

Working on MSBET was the most difficult and rewarding assignment I have ever had. Initially, it was difficult to explain the relevance to Microsoft of a "niche" Internet lifestyle-based community. Let's face it: the most successful Microsoft executives are those who pursue large, slam-dunk, traditional opportunities. So it was difficult to explain the business opportunities in an underserved, fragmented, and disenfranchised community. Having said that, all the Microsoft senior management team realized that MSBET was "the right thing to do."

Gerardo Villarreal Rodriguez, General Manager, T1msn, Mexico

With its vast social and economic potential, the Latin American region needs a modern and efficient communications infrastructure that enables people to compete in global markets. With this in mind, we've joined with Teléfonos de México (Telmex), the leading telecommunications company in Latin America, to launch T1msn, a comprehensive Spanish-language portal for Latin Americans as well as for Spanish speakers in the United States and Canada. T1msn provides information, entertainment, and direct communications at a low cost and with the highest levels of quality and timeliness. It offers a bridge between these nations, which share a common language and culture.

Knowledge is not a privilege but a right. And T1msn is our way of honoring our commitment to Latin America by providing the technological tools required to enhance the region's cultural, social, and scientific heritage.

We're discovering that technology can help Native Americans in many ways. For example, a lot of tribes are on the verge of losing their oral languages, and many don't have a written language. There was a period in the 1940s and 1950s when the Bureau of Indian Affairs schools discouraged kids from speaking their native languages. So most of the people who are now in their 40s through 60s never learned it and thus haven't been able to pass it on to their children. Now, when elders pass on, so do the tribal languages. Technology offers great hope for preserving both oral and written language as well as cultural traditions. We're supporting several projects that are helping with this. It's very cool.

Christopher Jones, Senior Program Manager, Community Affairs

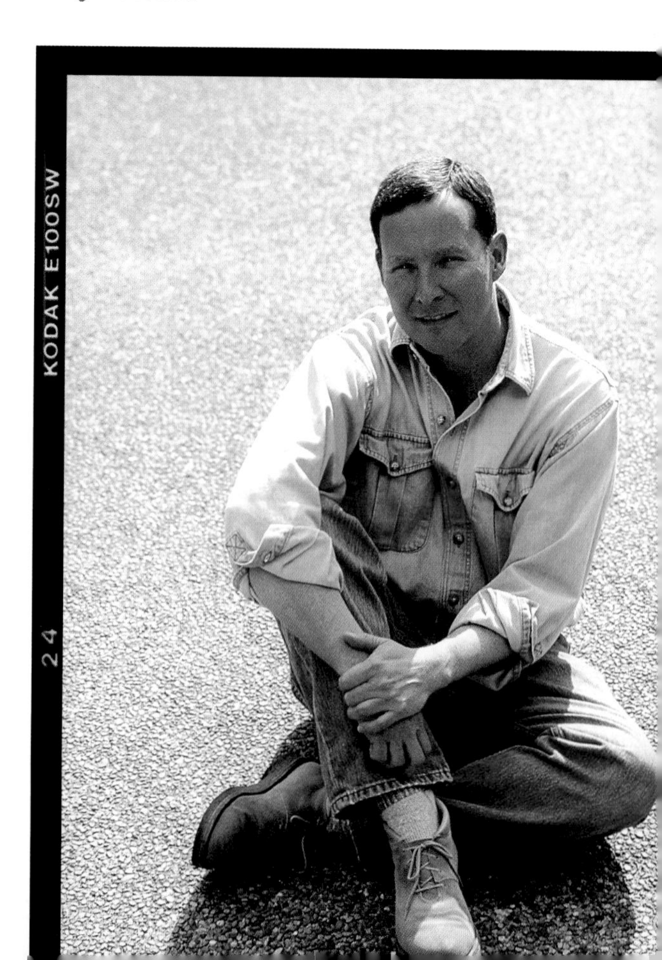

Our Turn

Women have been among the most underutilized resources in the world of science and technology. That's a story that goes back many years, but we've grown up a lot in the past few decades, and now—thank goodness—we're benefiting from their participation to an unprecedented degree.

Teri Schiele, Former Group Program Manager

When I was in the Windows group, I'd be the only woman at major conferences where there were 200 people. Although Human Resources wanted to hire more women, they said that few were coming out of the universities in computer science and related technical fields. That's why Hoppers got started.

Hoppers has three goals: to improve the lives of the women at Microsoft, to get more women into the company, and to help women move up in the ranks. Therese Stowell started Hoppers as an e-mail alias at Microsoft, using the name of Grace Hopper, the brilliant mathematician and computer science pioneer. After about a year, Therese decided that Hoppers should become an organization instead of just a forum for sharing ideas. But she was working on the first version of Windows NT and didn't have a spare cycle to spend. So I offered to get things started and write the charter. We established a board of directors, and I was the chairperson. It was just like shipping a product. We had rough specs, we had milestones, and we met every two weeks until it was done. None of this was company sponsored. It was all volunteer work. We did it out of our desire to change the situation. Today, Hoppers is a great success. It went from hundreds of members to thousands in just a short period of time.

REAR ADMIRAL GRACE HOPPER was an amazing woman. Although she started her career as a teacher, she was also a mathematician, computer scientist, social scientist, marketing whiz, systems designer, programmer, and visionary. In 1952, she invented the first compiler, the program that translates English language instructions into the language of computers. Her creation is called Common Business-Oriented Language, or COBOL. She won the first Computer Sciences "Man of the Year Award" in 1969 and was also the first woman to be inducted into the Distinguished Fellow British Computer Society in 1973. Women at Microsoft named their Hoppers organization after this remarkable woman.

One of our first projects was starting a computer summer camp for girls to encourage them to become interested in science at an early age. We also created a scholarship fund for women who wanted to study science. It started out with just one scholarship, but there are about a dozen now. When I was in college, I needed scholarships and applied for all of them. Being able to help other young women go to college was something I never imagined I'd be able to do.

Hoppers also hosts seminars to help women move up through the ranks and to be more competent and successful when they get there. One of our most valuable seminars featured linguistics professors from the University of Washington who study the differences in how men and women communicate. They talked to women about taking all those "maybe" words out of their e-mail so they would be taken more seriously.

There was a time when I answered product support calls about COBOL and Basic. I didn't have much trouble establishing

Therese Stowell, Teri Schiele, Gretchen Olsen-Jacobsen and daughters of Microsoft employees

Q: What insect was the term "computer bug" named after?

a. a house fly
b. a moth
c. a caterpillar
d. a bee

credibility inside Microsoft, where most of the people are achievement-oriented and judge you by your competence. But people who called in for support would sometimes ask to talk to a man when they had a really tough technical question. One day, a new employee asked me, "What do you say to these guys?" And I said, "Just tell them as calmly and sweetly as possible that it doesn't take balls to answer that question." She laughed, and then I said, "Seriously, you just tell them that you're the expert and ask them to explain the problem."

One of my most satisfying moments at Microsoft involved an impromptu meeting with Bill Gates at an airport. It proved to me that if you really believe in something and you know it's the right thing for the company, you should fight for it. On the way back from a Women in Technology Conference, I was booked on the same flight as Bill Gates. I was very unhappy because my product had been canceled earlier that week. I really wanted to talk to him, so I walked over and introduced myself and said, "I've worked for your company for nine years, and I was on the search engine product until last week, when it was canceled, and I'd like to talk to you about that." And he said, "Cool!"

He put down the paperwork he'd been working on and waited for me to talk. I started rattling off all this information about why Microsoft needed to be in this business. He was asking me questions, and I'm thinking, "I'm having a one-on-one meeting with Bill Gates in an airport. Who do I think I am?" We continued talking until somebody finally walked over and said we'd miss the flight if we didn't board. On the way to the plane, he asked me to send him an e-mail when we got back, and we'd discuss it further. So I did, and he reinstated the product!

"Humans are allergic to change. They love to say, 'We've always done it this way.' I try to fight that. That's why I have a clock on my wall that runs counter-clockwise."
– REAR ADMIRAL GRACE HOPPER, USN

Jaynie Miller, Marketing Specialist

The Magic School Bus is a trademark of Scholastic Inc.

Nothing is more rewarding than watching a child's face light up when she makes a discovery. For nearly three years, I've been part of a product team that's dedicated to helping children learn important science concepts with characters they know and trust. I was drawn to this group because I wanted to contribute to a product that would have a positive effect on families and children, and I knew that the rest of the group had the same desire.

As of July 2000, we've published 10 titles inspired by Scholastic's hit TV show and book series, *The Magic School Bus®*, which seeks to inspire a lifelong interest in science and technology in kids ages 6 to 10. For more than seven years, our group has been dedicated to designing a rich and warm environment that invites children to take off on fantastic and fictional voyages guided by Ms. Frizzle, "teacher extraordinaire," and her inquisitive students to exciting places like the Rainforest, the dinosaur age, into the depths of the ocean, and to the surface of Mars—all from their desktops.

Through usability tests, customer testimonials, and marketing launch activities, I've witnessed the smiles, laughs, and the "wows" generated by this award-winning software. Recently, our team received an e-mail message from a customer whose child is "one step above the rest of the class," and who gives the credit to Scholastic's Magic School Bus software by Microsoft. It's amazing and extremely motivating to know that something I've helped create puts smiles on children's faces and helps foster an interest in science at an early age.

At this company, we mostly focus on content rather than style—it doesn't matter if you're female or male, young or old, or the color of your skin. It's what you do and the results you get that matter. It's much different from when I was at IBM in the 1980s. There, it mattered more how you presented yourself. The women were expected to wear these little ties and blue suits, just like the men. Other little things mattered, too, like unimportant things about your presentation style. We were told that we had to memorize everything and not use notes. But here, we say, "Hey, use your notes so that your brain can be freed up for thinking."

Of course, being a woman in a traditionally male environment is not always fun. For me, school was hard, and I was picked on by some professors who said, "No woman can get better than a C in my classroom." There weren't many mentors or any role models. Even to this day, there are challenges to being a female in my professional situation. I think that when women achieve, they generally do it as lone wolves. But after so many years of relying on myself and working hard, I don't spend time thinking about it. Or being angry about it. *I figure the best thing I can do for women is to be successful at this level so that it becomes more accepted and expected.*

I've been very fortunate to work at this company. Since coming here in 1993, I've had incredible opportunities to work in major parts of the company and in different functions that I had no background for. I try to provide the sort of mentorship that I never had as a young woman. It's exciting to share with other people my experiences here as an example of the real opportunities we can take hold of.

A: b. Although she wasn't the first to use the word "bug" to describe a technology glitch (that honor goes to Thomas Edison), Grace Hopper certainly recognized the computer bug when she saw it. In 1951, while working on the Mark II computer at Harvard University, she discovered a moth that had been crushed in the jaws of one of the computer's relays. She taped it into the logbook and described it as "First actual case of bug being found." You can still view the famous bug preserved under cellophane tape next to Grace's logbook notation at the National Museum of American History at the Smithsonian Institute.

Aid and Comfort in Times of Crisis

It's difficult to make sense of the chaos that arises out of war and natural disaster, but we can lend a helping hand to mitigate some of the suffering and agony. The same passion and imagination that have powered the computer revolution are being applied to using technology to help people rebuild their lives after the world has collapsed around them.

Carrie Goux
Corporate Affairs Manager, Europe

One good thing about 24-hour news stations is that they've raised awareness of some of the horrible things going on around the world. As the Kosovo tragedy was unfolding on our televisions every night, people around our European Headquarters and all over Europe decided that there were definitely things we could do to alleviate the suffering.

One of the things we saw on CNN was people going up to bulletin boards and posting little scraps of paper with messages and appeals about missing family members, things like, "My uncle is missing and the last time I saw him was in this village. Has anyone seen him at this camp?" Families were desperate to be reunited, but all they had were the most rudimentary ways of doing it. These methods might have worked sometimes, and I hope they did. But when we saw that, we began to think, "Wait a second. We work with this incredible technology that connects people every day. We send messages all the time and in a much more efficient way."

Of course, we realized that there are lots of reasons why technology might not work in refugee camps, but we were determined to find a practical way that technology could help. The first step was getting some expert help. We make great software and we sell great software, but we don't have a lot of expertise in dealing with war situations. So we approached the United Nations High Commissioner for Refugees to see if they were willing to advise us. It was amazing how quickly it came together—this company can move very fast. Within days, we were in Geneva talking to the UNHCR, the International Committee of the Red Cross, and others. Three weeks later, the UNHCR assigned us a project and we were in the field, gathering data and designing our solution.

I had only been here for a few months and didn't understand the technological aspects, so Frank Schott got involved a couple of days into the program. He took off with it, and it was amazing how he brought the people of this company together and made it happen.

From the beginning, we wanted this project to be sophisticated and flexible enough to work in other disaster situations as well. The UNHCR continued to work with us, making sure we could achieve that goal, and they are actually using the system now. Frank continued to work closely with them, fine-tuning a technology that was created for Kosovo and turning it into a version 2.0 that disaster-relief organizations can now put to good use anywhere else in the world.

It was all a matter of the right people at the right time in the right areas, pulling together to create a pretty cool technology solution to a very human problem.

The use of information technology has been a breakthrough for us in providing assistance to disadvantaged people in remote corners of the world, and often in difficult situations.

– SADAKO OGATA, HIGH COMMISSIONER FOR REFUGEES, UNHCR

Frank Schott
Director of Business Operations, EMEA Region

As the crisis in Kosovo unfolded, Microsoft employees from around the world started asking what they could do to help. Hundreds of thousands of refugees from Kosovo were displaced from their homes and separated from their families, and most had no way to identify themselves or locate their loved ones.

Our involvement began when a group of Microsoft employees went to a brainstorming meeting of the United Nations High Commissioner for Refugees (UNHCR) organization in Geneva. Over 40 people from about eight different agencies attended, but it was obvious that no one had a clear fix on what to do. Later, meeting with the UNHCR's IT staff, we explored the idea of developing a portable refugee registration system. The need was immediate, the crisis was intensifying, and the solution had to be practical.

Our first step was to assemble a team. We enlisted Microsoft alum Clarissa Rowe as a project manager. Next, we used the resources of the EMEA Country Managers and their vendors to assemble the components. In just two weeks, Microsoft raised $3.5 million in cash, software, and services. It was pretty incredible. Equally impressive was the immediate response from Microsoft employees around the world. Working day and night, more than 50 volunteers from 12 Microsoft subsidiaries were able to deliver what became the Kosovar Refugee Registration System in less than eight weeks.

In 1999, a total of 2,132 pints of blood were donated to over 6,000 people through Microsoft blood drives. This is 25 percent of the total blood needed for the entire Puget Sound area.

The technology was pretty straightforward—an Access front-end for entering registration data, a back-end database (SQL Server 7.0) capable of handling 750,000 records, and a hardware configuration that included a portable PC, digital camera, ID card printer, and signature pad. But there was nothing straightforward about the hostile environments in which the systems would be operating—war zones with unreliable or no power and no telecommunications facilities for electronic data transfer. Plus, there was heat, humidity, dust, and mud—uncomfortable for refugees, relief workers, and Microsoft volunteers but potentially fatal to computer equipment.

We visited Albania to see firsthand what we were in for. After an uncomfortable and noisy flight on a relief plane, we arrived in a war zone with military personnel and planes swarming all over the airport. The ride into Tirana was beautiful and heartbreaking. On the way into the city, we saw the first of many refugee camps—a soccer stadium that was an impromptu home for thousands of homeless refugees.

The first day, they took us to see a few refugee camps—they were very crowded and very sad. I had my camera but couldn't bear to take any pictures until one outgoing little girl smiled and motioned for me to take her picture. As a father of a nine-year-old daughter myself, it was heartbreaking to encounter this lovely girl in such a tragic situation. The aid workers warned us not to get too affected by the human tragedy, but I will never forget that one little girl.

Our visit to Tirana consisted of long meetings with UNHCR, the International Organization of Migration, and the Albanian government staff to work out the implementation of the system. They seemed a bit taken aback by how we moved through issue after issue, but later I heard one

of the relief workers say, "We have needed this for so long.... Finally, decisions are being made." That felt good.

Meanwhile, the Microsoft team was assembling the system back at the Microsoft UK offices. An e-mail alias and an intranet site were created to allow Microsoft employees to volunteer their services and to keep everyone posted about how the project was going. Development teams in Germany and Switzerland wrote the front-end programs, the interface to the database, the interface to the identity card printing system, and various export/import routines. A Windows NT infrastructure developer rewrote the configuration of NT so the field operators couldn't tamper with the installation or bypass the registration front-end when accessing the database. The facilities group in the UK arranged for space to assemble the systems. A tester flew out from Redmond to head our test process. The EMEA Region admin staff was instrumental in everything from ordering equipment to securing Macedonian visas.

Our system eventually registered over 400,000 refugees and represented a real breakthrough in registering refugees, according to UNHCR representatives. The information that was gathered helped the government and relief organizations in planning repatriation of the refugees, coordinating relief efforts, and deploying doctors, engineers, and other volunteers. After the refugees were repatriated to Kosovo, we set out to develop a more generalized refugee registration system that UNHCR could use anywhere in the world. In February 2000, UNHCR took version 2.0 of the system to Senegal as a first step toward registering refugees in Africa.

When we think about "changing the world through software," perhaps no effort more clearly illustrates the possibilities than what our volunteer teams did in the Balkans. Credit goes to the volunteers and relief workers from Microsoft and UNHCR and to all the teams in Redmond who gave us the tools like Access, SQL Server, and Windows NT.

In August 1999, we suffered a terrible earthquake in Turkey, and people from our subsidiaries all over the world pitched in with both time and money. It was similar to what we did in Kosovo, where we developed a system for registering people so that families who were torn apart by the war could get back together.

In Turkey, the big problem was that a lot of aid was coming in but nobody knew how to get it to where it was needed. Stuff was rotting in storage. We worked with the governor to set up a system to connect geographically dispersed crisis centers. They could track aid and supplies like tents, sleeping bags, food, clothing, and medicine and distribute them to people whose homes and lives had been destroyed. A lot of our people spent many hours working at the crisis center, helping the International Red Cross.

A lot of rebuilding still needs to be done. And you know, I think rebuilding the infrastructure of buildings is the easy part. Rebuilding people's lives—that will take time.

Patrick Schuler, Associate Consultant, Microsoft Consulting Services, Zurich, Switzerland

I never imagined deploying software in an open-air plaza in Senegal, with dust falling from overhead trees into the system hardware. This remarkable experience happened as a result of the MCS Zurich team's assignment to develop the second version of Microsoft's refugee registration field kit. Initially, Microsoft volunteers designed the kit to assist refugees fleeing Kosovo. Because it was so successful, UNHCR asked Microsoft to redesign the registration kit so that it could be adapted to other refugee situations. With over 22 million refugees around the world, we knew this could be a valuable tool with long-term impact.

Our team set up registration kits at some of UNHCR's African field offices to provide identification for many of their longer-term refugees. In Senegal, we had several major challenges. First, we had to get the system up very quickly before elections that could change the current government, which supported the registration effort. Second, it needed to run on existing hardware. And finally, we had to use the system in a dusty, arid country.

In the end, we had to work day and night to finish it before the elections. Although a new government was elected, UNHCR officials are hopeful that the new administration will be as cooperative and supportive as the previous one. And, surprisingly, the hardware worked very well, despite all of the dust. By the time the operation was completed, we had registered nearly 3,000 Mauritanian refugees.

It was a great opportunity to use the power of our technology in a noncommercial environment and to see how it could positively impact so many people. Knowing that this system has the potential to help relief agencies on an ongoing basis is also extremely rewarding.

Charles Arizmendi, Microsoft Consulting Services Manager, Venezuela

Heavy rains and flooding are common in Venezuela, but what was happening in December 1999 was unusually devastating. The constant downpour was washing away homes and leaving families homeless and separated. I sat with Juan José Arias, our controller, and said, "We have to do something!"

We had already started helping in the usual way—by gathering clothes and donations and taking them to the local collection centers. But we felt that it was not enough. We spoke with Jorge Salles and Roberto Vazquez, our GM and BSG manager, respectively, and we decided to put our technology and people to work. We called the Ministry of Justice and asked what the most critical issues were. They said that it was almost impossible to track where the displaced people were and where they were headed so that relatives could locate them.

We decided to try to replicate the Kosovo effort. UNHCR couldn't get involved, because this was not a refugee situation. We got in touch with people who had worked on the Kosovo effort, and by noon the next day we had a game plan. José Montelongo, an architect and designer, found out about what we were doing and immediately came in to help. Jose, along with Luis Felipe Marval and other MCS folks, started working on the application, and they had it done the very next day. I started putting together the other players, getting the infrastructure set at the ISP, and coordinating with the local telco.

We were able to provide up-to-the-minute information on where people were being relocated. For a period of two weeks, our system was the only source of information on displaced people for relatives as well as government officials, TV stations, and relief centers.

This program was crucial because it was a first step in giving people a second chance—particularly the children who had lost their parents. We owe it to the children to make this kind of effort. Giving must be an important part of life for every one of us.

Your Cash Is Only as Good as Your Commitment

Donating money to worthy causes is one of the best ways that profitable corporations can share the benefits of their hard work and good fortune. But high-tech companies can offer an additional gift of knowledge and tools to help nonprofit organizations become self-sustaining and survive long after the cash donations have gotten the ball rolling.

Jane Meseck Yeager,

Community Affairs Program Manager, Nonprofit Technology Solutions

Food banks should get to spend their money on food, not on computer consultants. That's one reason that Microsoft helped create NPower, an organization that offers low-cost technology assistance to local nonprofit agencies. The West Seattle Food Bank, which serves 1,800 families a month, needed to fix its computer system's Y2K bugs. But instead of hiring expensive consultants, they got help from Microsoft volunteers during NPower's "Y2K Day of Service."

NPower was created by Microsoft and several other businesses and foundations. In addition to offering technology assistance to local nonprofits, it also provides assessment and planning help and skills-building classes. By bringing the benefits of technology to charitable organizations, Microsoft and NPower are making a major contribution to our community.

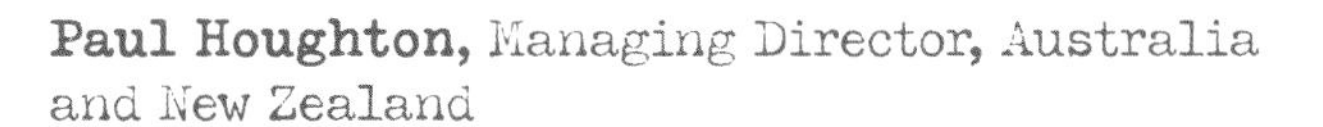

Paul Houghton, Managing Director, Australia and New Zealand

People with AIDS and HIV are often socially isolated. To address this problem, Microsoft Australia contributes technology resources and skills to the AIDS Trust of Australia and to the National Association of People Living with AIDS/HIV (NAPWA).

Established in the late 80's by the Governor General of Australia, the AIDS Trust is a nation-wide charity that provides education, care, support, and research for the men, women and children affected by AIDS/HIV. NAPWA is unique in that it is managed by and for people with AIDS.

Through our contributions of technology resources and skills, NAPWA now has a Web site that allows Australians with AIDS to share information with each other and with people with AIDS throughout the world. The site offers links to other AIDS/HIV organizations as well as current information about services, treatments, and alternative therapies. A related benefit is that many of NAPWA's volunteers learn valuable IT skills that help them become more employable.

On the AIDS Trust side, Microsoft has contributed software and hardware so the organization can deploy a state-of-the-art IT system for its operations, freeing contributions to go directly to those in need. Another important element of our participation with these two organizations is that when Microsoft and other major corporations show compassion, this reduces the stigma felt by many AIDS organizations and by people with HIV and AIDS.

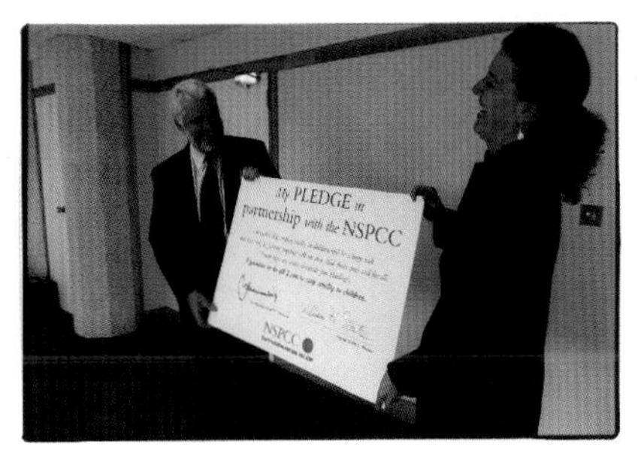

Frances Fawcett, Community Affairs Manager, UK

We haven't always done the best job of informing people about our involvement in community affairs. You're not supposed to go around boasting about that kind of thing. When people understand the wide range of community investments that we make, they often have a much more positive view. But we don't always wave our flag and make a big fuss about it. We're just doing it.

One thing I've discovered since I started this job is that technology really is making our lives better. We're creating an environment where technology makes a difference. If we can save one abused child by breaking the cycle through the use of a Web-based support mechanism, then technology is making a valuable contribution.

We've been involved with the National Society for the Prevention of Cruelty to Children (NSPCC) in a massive campaign to end cruelty to children. We quickly realized that an undertaking this ambitious would require a long-term fundraising strategy. It would not be quick or easy to bring about a cultural shift in this area. Instead of just giving money—because money runs out—we've donated our expertise and our technology to help the NSPCC create a sustainable fundraising effort. We're also working on exciting technology projects in which the NSPCC will directly help children in the UK.

The NSPCC is just one component of our community involvement here. We also donate hundreds of thousands of pounds in cash and software to support our employees' favorite charities, and we have other projects underway with charities that help the disabled and older people access technology. I don't need to encourage people to get involved. We have teams of employees involved in very elaborate projects—some of them spanning many months of donated time and expertise—to help local schools and local charitable organizations. My job is really about helping our employees channel their energy and compassion into the community. Having the resources of Microsoft behind us enables us to take all this new technology and truly make the world a better place.

Fifty asylum countries host a refugee population of some 4.8 million people.

Bruce Brooks, Community Affairs Director

You hear the stories about Microsoft employees who are driven to work night and day. The same passion that they bring to their work they also bring to bear on their volunteer projects. They are the type of people who make things happen, and that passion is infectious. They get organized, send out e-mails, and gather votes and support. We have people making a difference in a whole variety of organizations—from schools to environmental groups, the arts and humanitarian services.

On the corporate side, we back employee giving with a generous program that matches financial contributions to most nonprofits. We also provide support to all kinds of organizations in the Northwest, with the goal of being a strong participant in the community. Here and at our 23 field offices in the U.S., we provide grants to organizations that are making technology more accessible to the people in their communities and to groups that are finding thoughtful and creative ways to incorporate technology into the services they deliver.

At a national level, we also focus on access to technology. For example, this year we provided $50 million to the United Negro College Fund so that administrators, faculty, and students at their member colleges can reap the benefits of technology. It's my understanding that 50 percent of the African Americans who teach in public schools come from these colleges. We can't ask our future teachers to infuse technology into their curriculum when we haven't given them the opportunity to derive the benefits of technology while they are in the classrooms themselves. We believe that the investment we're making now in these institutions will have a ripple effect in terms of the number of people who will eventually be reached.

Internationally, our subsidiaries concentrate on everything from job-skills training in information technology fields for the unemployed to accessibility projects for people with disabilities and those who do not have access to technology.

We try to determine which assets we can apply to meeting the needs of people in our communities. And while cash is one of our assets, an equally important asset is our people, who apply their energy, enthusiasm, and brainpower. It makes sense for a grocery store to give food to a food bank. And really, we're doing the same thing. We donate software and our expertise in technology to make sure that all people have access to the great benefits that technology provides.

In fiscal year 2000, Microsoft will contribute more than $8 million in cash and approximately $13 million in software to communities around the world in which its employees live and work.

Joanna Demirian

International Program Manager, Community Affairs

At Microsoft, there are a couple of fundamental beliefs upon which our company and culture are based. The first is that technology is a tool that can empower people. The second is faith in people and their potential. With our giving, we reflect these two values by believing that all people should have the opportunity to succeed based on their own merits, not circumstances beyond their control. *We believe that given access to the tools and appropriate skills to use those tools, people can accomplish amazing things.* As a result, in our giving around the world, we work hard to ensure our programs have an "end to end" solution in mind. By that, I mean we don't just provide PCs or write a check. We support locally generated solutions to help act as a catalyst toward equal access. Our local offices work with community partners to design innovative programs that provide access to technology, IT training and the appropriate skill transfer to partner agencies to provide for ongoing support and maintenance of the technology.

Our programs are based on leveraging our core corporate and employee competencies of IT. We partner with local nonprofits, training facilities and community groups to match our skills with needs and locally appropriate solutions. For example, when we make donations to establish a computer lab at a school, the budget includes funds to purchase the PCs, rewiring if necessary, staff training, curriculum development and sometimes much more. We believe in partnering with recipient organizations. For instance, the school would provide time for staff training, incorporate technology into the curriculum, and allocate a staff member to be certified to maintain the lab. It is exciting to see these programs in action.

"Make a commitment, a personal commitment, take a persona attitude in what you can do on a day-to-day basis to help

Bob Forgrave, Product Manager for e-Commerce Service Offerings

When I went to United Way of King County as a Microsoft Loaned Executive, I was looking for ways to give back to the local community. I also saw it as an opportunity to look under the hood of the United Way organization and find out if it was truly effective in making a difference. At the end of three months, I understood the difference between just "giving back to the community" and "investing in my community."

I saw it as my mission to bring more of Microsoft into United Way. Microsoft's culture is about customer focus and a relentless passion for defining and achieving the impossible. That's a sharp contrast to the nonprofit community, in which the passion is for caring, the goals can be fuzzy, and high expectations are rare. United Way excelled at managing the outcomes of donated dollars—a key component of effectiveness—but I experienced some culture shock on several levels. I expected the shared computers (1:4 people) and even the shared phones (1:2 people), but I didn't expect to do without Internet connections for verifying client account details and for online giving. There was also no intranet for sharing and routing forms or even basic sales tools for communicating about the value of the campaign.

In typical Microsoft style, I dove right in, and immediately created sales tools for all King County Loaned Executives to use, followed by PR planning and eventually the technical details of Web site development. *By the time I left, I had built sample Internet and intranet sites for United Way of King County.* Next year's Loaned Executives will be the first group to manage their accounts on line instead of using boxes of stuffed manila folders. Raising the expectations of what you can do is key to being a Microsoft employee. Knowing I made that difference at United Way is immensely rewarding.

It isn't hard. It's just establishing an attitude of looking arounc and saying, 'Who can I help today?'"

Jeremy Los, Content Lead, Games Group

In the Games group, making software is all about creating fun for customers. But on Saturdays, Microsoft software is serious business for the Seattle Jobs Initiative students that I tutor. SJI is a program that trains low-income residents for living-wage jobs in manufacturing, health care, and office occupations. I help students master applications like Word and Excel so that they can keep up with an 18-week-long, 40-hour-a-week program.

The training is great: 76 percent of SJI's graduates land full-time jobs, more than 74 percent are still working a year after graduation, and 35 percent of those have received wage increases. The Saturday tutoring sessions can make a big difference in a student's success. *When you begin working with someone, you see his or her potential. Then you see it fulfilled. And that's a great reward.*

Craig Spender, Branch Manager, Australia

I've had a moustache since I was 17. Last year, at our kickoff meeting, somebody asked me, "What's your favorite charity?" And I told them it was Canteen, a foundation that helps teenagers with cancer. And then they said, "How much to take your moustache off?" And I said, "Oh, you couldn't afford it—$5,000." Within half an hour, they'd whipped around to everyone at the kickoff meeting and collected $5,000 to donate to Canteen. So, up on stage I went, and they had another staff member shave my moustache right off. That's the last time I underestimate the generosity of Microsoft people!

Emily Hine, Program Manager, Community Affairs

Microsoft employees take their community giving as seriously as they take their jobs. One of the coolest things I've seen here is just how entrepreneurial, strategic, and intentional people can be around their philanthropy. Instead of just throwing money at a problem, they really get involved in the solution.

This is obvious in how employees approach our annual Giving Campaign. The Giving Campaign started in 1983 as an official United Way campaign. That year, we had about 400 employees and raised $34,000 for the community, which included matching funds from the company. In 1999, with an employee head count of around 24,000, our people contributed $10.6 million through the Giving Campaign. With the company matching up to $12,000 for every employee, we ended up with about an $18.5 million campaign. We were proud, to say the least.

Bill's mother and father were very involved with United Way and encouraged him to start our first employee campaign at Microsoft. I've heard from friends at United Way that when Bill was young, he would attend United Way meetings with his parents. I think it's their influence, his early involvement, and his desire to learn that make him understand the value of giving. Bill also understands that it's not easy to assess the most pressing needs in the community and direct your dollars in the most effective way. I think that's why he advocates for United Way. With staff and volunteers, they are able to assess the needs, apply dollars to the solution, and measure results.

Many of our employees follow Bill's lead. If you don't know where to give, United Way is a great option. Our employees also care about a lot of other causes, so when people told us that they wanted more choice, we expanded the campaign in 1990 to include any 501(c)(3) nonprofit organization. Today, our Giving Campaign and Matching Gift program allow our employees to give where they want and double their impact using Microsoft matching dollars. It's a great way for us to support employee causes and for employees to influence our corporate donations.

It's also our philosophy that giving can be fun, and our Giving Campaigns reflect this attitude. Our executive staff is always extremely supportive and willing to have fun. One time, Steve Ballmer swam across "Lake Bill," and another time volunteers created a makeshift dunk tank contraption for Bill and Steve. For the 1996 Giving Games, which had an Olympics theme, we saw Bill on a tricycle and Bob Herbold wearing a toga and running with the torch.

Our corporate matching program also inspires employees. If someone gives $10,000 to the YMCA and Microsoft matches it, the employee can be responsible for creating a whole new program. In fact, we're in the top 10 percent of companies in the nation for matching-gift programs, and we're setting the pace for other corporations. In 1998-99, we received United Way's highest honor, the Spirit of America Award, for our broad philanthropic involvement, including corporate contributions, major gifts, employee giving, and volunteer programs. This was especially significant because we are still a young company, but our giving has matured enough over the years to earn us this very prestigious honor.

Our employees also volunteer their time and expertise to a range of organizations. For instance, every year several hundred employees spend one lunch hour a week mentoring students in a local school district. Our largest volunteer event is United Way's Day of Caring. Last year, on a single day, over 1,000 employees helped nonprofit organizations with everything from painting and weeding to Y2K preparedness. Every year, our employees donate thousands of volunteer hours to nonprofits.

I think our employees are generous because it's been in our culture for a long time and because we ask them to give. One of my most memorable moments occurred on the day we launched the 1999 campaign. An employee who had done quite a bit of research on United Way walked into my office and said, "I'd like to deliver this in person." He handed me a check for $100,000 and said, "I finally get it. This is for all the years I just bought a giving campaign T-shirt." My eyes welled up, and I couldn't speak. All I could do was give him a big hug. Moments like that make me very, very happy to have my job and to be part of an organization where people really understand the value of giving back to the community in a generous way.

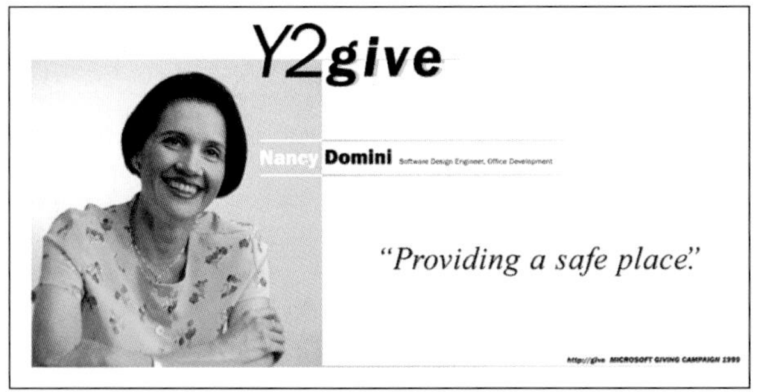

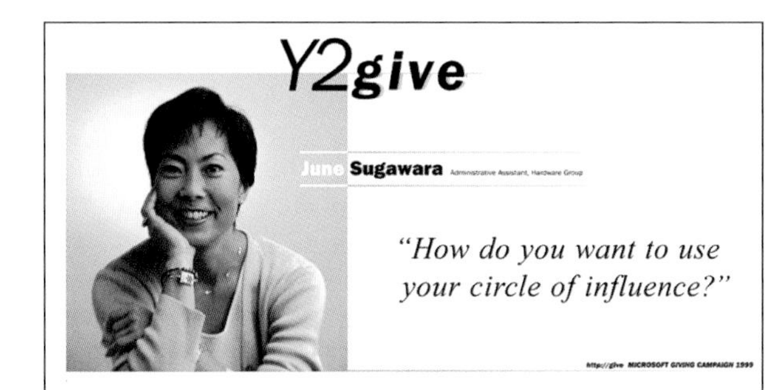

Of all the things I've done in my career, working on the Microsoft Giving Campaign has been the most personally rewarding. It's impressive: the entire company gets involved in one project that's kicked off each year at the company meeting, where 20,000 people hear the same appeal. It's a great opportunity for all the groups to be unified and act like the small company we began as. We raised $12.6 million last year, which includes matching gifts from the company.

Bill Gates is very involved in keeping the campaign going. While participating in the campaign, I got to meet him. It was during the annual Halloween party, where Bill announces the results of the giving campaign and gives awards for special achievements. I was up in the slime-making room with my daughter when Laura Walker asked Barb Johnston and me to join the campaign coordinators who were sitting with Bill for the presentation.

So we came down and sat right next to Bill and his wife. Their daughter was running all around in an angel costume. When award announcements began, they started talking about a specific campaign, and I thought, "That sounds familiar." All of a sudden, I realized I had to go up get this award with Barb, shake Bill's hand and say a few words to him. It was kind of a blur, but what I saw in front of me was this tall guy with kind of rumpled hair and freckles on his face. He was so approachable. It was cool, because when you work here, everybody asks you, "Have you met Bill Gates?" And now I can say "Yes."

Y2give

Every year, Microsoft sends several Microsoft Loaned Executives to the local United Way to assist them with their community campaign. Our involvement offers an opportunity for our employees to learn about non-profits in the area, while providing a valuable service to United Way and the local community.

1989 John Fitzpatrick
1990 Lloyd Wilhelms
1991 Jon Staenberg
1992 Valsan Hall
Terry Bourne
Sherri Knutson
1993 Sam Weirbach
Joy Ulskey
Ron Simons
1994 Barbara Bruell
Sonia Chada
Barbara Roll
1995 Dorothy Veith
Jamie Gravelle
Audrey Watson
1996 Quinn Ellis
Nancy Andrews
Joan Fleming
1997 Steven Bridgeland
Elizabeth Mellor
1998 Marie-Nancy Domini
June Suguwara
Linda McGee
1999 Lori Oviatt
Bob Forgrave
Kim Poplawski
2000 Dana Gatti
Josef Vascovitz
Terri Schreiber
Carolyn Kennedy

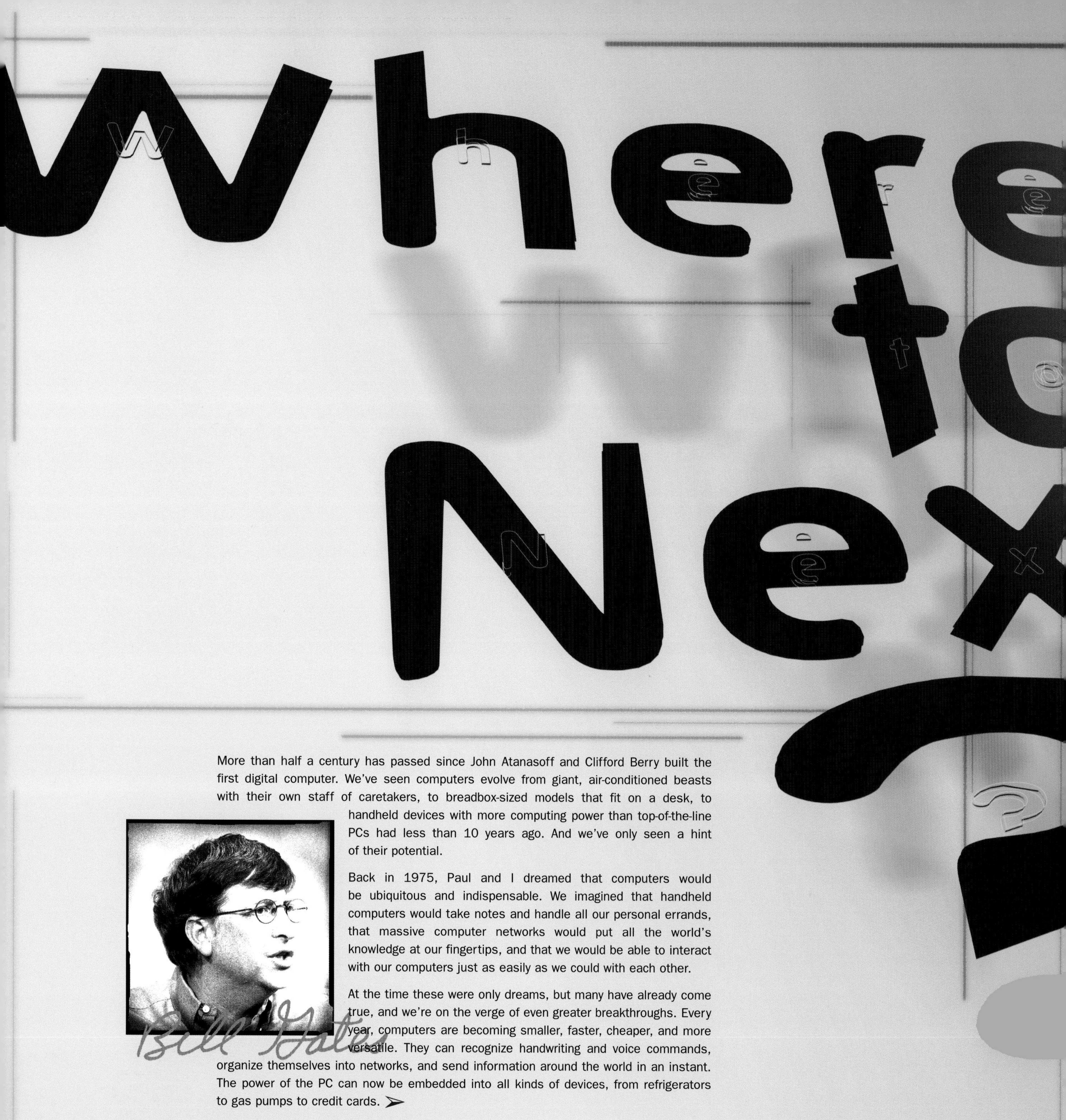

Where to Next?

More than half a century has passed since John Atanasoff and Clifford Berry built the first digital computer. We've seen computers evolve from giant, air-conditioned beasts with their own staff of caretakers, to breadbox-sized models that fit on a desk, to handheld devices with more computing power than top-of-the-line PCs had less than 10 years ago. And we've only seen a hint of their potential.

Back in 1975, Paul and I dreamed that computers would be ubiquitous and indispensable. We imagined that handheld computers would take notes and handle all our personal errands, that massive computer networks would put all the world's knowledge at our fingertips, and that we would be able to interact with our computers just as easily as we could with each other.

At the time these were only dreams, but many have already come true, and we're on the verge of even greater breakthroughs. Every year, computers are becoming smaller, faster, cheaper, and more versatile. They can recognize handwriting and voice commands, organize themselves into networks, and send information around the world in an instant. The power of the PC can now be embedded into all kinds of devices, from refrigerators to gas pumps to credit cards. ➢

One of the soundest rules I try to remember when making forecasts in the field of economics is that whatever is to happen is happening already. – D. H. ROBINSON
Life can be understood backwards; but it must be lived forwards. – SØREN KIERKEGAARD
Make your work to be in keeping with your purpose. – LEONARDO DA VINCI

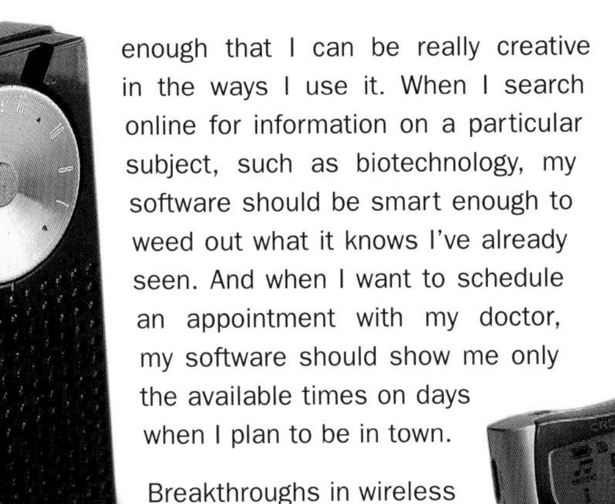

➢ Smart homes embedded with PC intelligence will keep our families secure and eliminate many of the chores that get in the way of daily life. Universal connectivity and eBooks will give kids instant access to the knowledge I had to plow through stacks of encyclopedias to find. Powerful mobile devices will free us from the desktop and allow us to compute wherever and whenever we want to. And as microchips get even smaller and more powerful, we'll have computing power all around us—perhaps even woven into our clothing. And behind all this technology will be great software that helps people be more creative, stay in touch with each other, and live more fulfilling lives.

Personally, I'd like to have a tablet-sized PC with a high-speed wireless connection to the Internet—a device that's large enough to display lots of useful information, yet small and light enough for me to carry around. For me, that would really eliminate a lot of the barriers to working with memos, documents, pictures, music and movies in digital form.

I was attracted to computers because of the rich programming you could do, and the vast amount of control you could have over the machine if you wanted to put in the effort. But all most people want is for computers to do work for them. Today, we're close to having the best of both worlds. I'm looking forward to software that's smart enough to manage my information and simplify my life, yet flexible enough that I can be really creative in the ways I use it. When I search online for information on a particular subject, such as biotechnology, my software should be smart enough to weed out what it knows I've already seen. And when I want to schedule an appointment with my doctor, my software should show me only the available times on days when I plan to be in town.

Breakthroughs in wireless technology will also create incredible opportunities. At Microsoft, we're moving to a wireless network that will allow me to take my PC or other smart devices from my office into my conference room or into other buildings without losing connectivity. The possibilities at home are also incredible. I'll be able to take video of my kids outside, and simultaneously have the digital stream saved on my PC and sent to my dad.

We're entering an amazing new era of computing that will be more exciting than anything we've seen before. We're assuming that high-speed Internet access will become as commonplace in the home as electrical power is today, and that ubiquitous wireless access will soon follow. We're assuming that microprocessors will continue to become smaller, cheaper and more powerful. We're assuming that the PC will be complemented by a wider range of devices and everyday appliances with PC-like intelligence, from pocket and tablet-sized PCs to smart cars, refrigerators, and even entire smart homes.

We're betting on these trends with a strategy we call Microsoft .NET—a new platform, user experience, and set of advanced software services that will make all these devices work together and connect seamlessly. So you'll be able to work with the information you need no matter where you are or what device you're using.

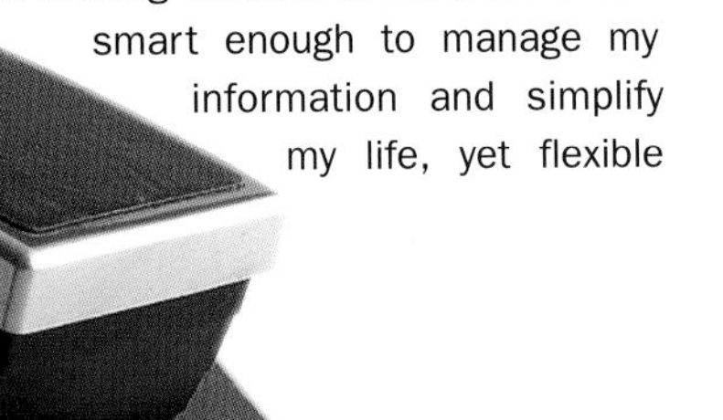

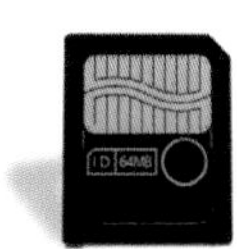

To make this happen, I took a new job as Microsoft's Chief Software Architect early in 2000. Now I spend most of my time doing what I think I'm best at—thinking about where technology is going, and figuring out how our software and services can turn those exciting developments into useful, indispensable tools for everyone. There's plenty of work to do: How can software help your devices communicate with each other, and configure and manage themselves? How can it help them see, listen and understand what you need? How can it help them give you exactly the information you want in an appropriate form? How can it protect your valuable data from theft or eavesdropping?

The technologies we're using to build Microsoft .NET are based on years of work that our researchers have put into anticipating future software needs. When we started Microsoft, I dreamed of creating our own research lab to explore new fields of computing, new user interfaces, advanced programming techniques, and even basic science that could take computing forward. I had always admired the work of research laboratories like General Electric's "House of Magic," the world's first great industrial research lab; Bell Laboratories; and Xerox's Palo Alto Research Center (PARC), which originated many of the technologies that have transformed our lives.

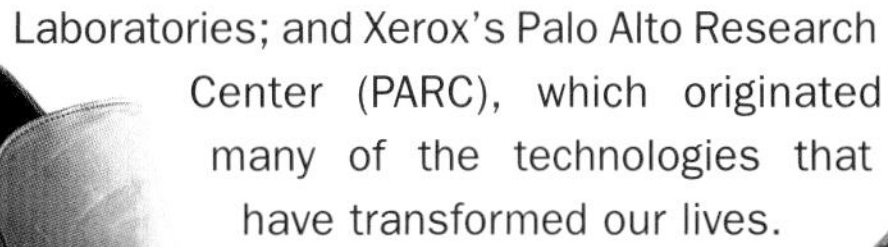

We started Microsoft Research in 1991, and since then it's generated countless new technologies that have made our products more powerful and easier to use. Microsoft Research built code optimization and testing tools that have helped us make reliable, high-quality software. They provided the natural-language processing tools that put rich grammar-checking capabilities into Word. They developed ClearType, which triples the resolution of today's LCD screens, dramatically improving the on-screen reading experience and enabling the development of inexpensive, easy-to-read eBooks. They're working on natural interface technology that helps computers understand your voice, your gestures, and even the look on your face. And today, they're helping us develop and implement a lot of the technology that will make Microsoft .NET happen.

Thinking about the future is a full-time job at Microsoft Research, but the ideas that drive us forward come from all over the company. Some of these ideas will become the software we'll use tomorrow, while others might make it into software our grandchildren will use. When I think back to when Paul and I were just kids starting out, I'm amazed by the progress we've made. But then I look ahead to the world of my own children, and I realize that the changes yet to come will be even more exciting.

You can't create anything revolutionary without going off the beaten path. And you can't do that if you spend your days worrying about the next bug fix or product launch. So Microsoft Research was created to give some of the world's greatest minds the freedom to dream about the future of computing. They spark idea after idea—from the fanciful to the mundane—and they'll be the first to admit that many of those sparks fizzle out. But that's not the point. Enough of them will ignite raging fires (which is a good thing, by the way) to make it all worthwhile.

Rick Rashid, Senior Vice President, Microsoft Research

Gordon Bell, an old friend of mine, called me at home one night to tell me about the new research lab at Microsoft. It was basically one those calls you get at dinnertime, where you say, "Thanks, but I'm not interested." At the time, I was a computer science professor at Carnegie Mellon University, where I'd been for 12 years. I wasn't remotely considering leaving my job. But Gordon convinced me to let him and Nathan Myhrvold come out and talk to me.

Nathan then persuaded me to fly to Redmond to take a look. You know, Nathan is a very persuasive guy. I had to admit, I was impressed with how technically engaged and competent all the senior people in the company were—Brad Silverberg, Paul Maritz, and, of course, Bill. We clicked across the board in our thinking of what a research organization should be. Still, I said no. And I kept saying no for months. But Nathan kept coming back with some variation of the proposal. I think he thought I was negotiating with him, but I was simply saying, "No!" But ultimately, I decided that joining Microsoft was the fun thing to do, versus my loyalty to CMU and what I thought I should do.

When I joined, I started trying to recruit some other great people, like Dan Ling. He said no initially, too. It was hard to lure dedicated research professionals away from universities. No one had ever created a basic research group in computer science in a software company before.

Our original vision for MSR was to build a team like a university computer science department, with CMU as our model. We wanted a flat organization with a respected senior person to head each team, and then that person would attract a group of people who wanted to work with him or her. An open, nonbureaucratic environment was also important. For example, we don't have lawyers reviewing what we write for publication. And we publish a lot, which is expected at universities but not at corporations. We don't want to create barriers between researchers within MSR and outside MSR. We have one general budget and provide teams with the resources they need so that they aren't competing for money. Cooperation and communication with people in other groups creates a vibrant intellectual community.

Today, we have a very diverse group of researchers working all over the world. We have some of the world's best computer scientists, statisticians, mathematicians, physicists, psychologists, sociologists—you name it. We opened a lab in the Bay Area, and a small group is working there with Jim Gray. Jim is this incredible asset and resource—he won the Turing Award, which is like the Nobel Prize of computer science. The director of our Cambridge lab is Roger Needham, who ran the computer laboratory at the University of Cambridge for many years. We were again lucky to hire Kai-Fu Lee to head up the lab in Beijing. Kai-Fu helped create a whole new approach to speech recognition for his Ph.D. thesis and had a distinguished career at Apple and Silicon Graphics. And these great minds have attracted others—it's a little like gravity.

MSR works with the rest of the company in many ways. First, we do a great job of moving ideas from Research into product groups. There's no formal procedure for making this happen. Basically, technology transfer is a full-contact sport. It depends heavily on people just talking to one another and interacting. Sometimes product groups get things from Research just by reading our papers. Sometimes we start a product activity and spin it off. A lot of the technology that went into Office came out of really good interactions between program managers in the Office group and people in our decision theory group. Of course, not everything we do in Research makes it into a product. That's just the way Research works. If everything we did turned into a product, we'd be a product group.

Another important role of MSR is bringing the company as a whole in contact with thinking from the outside world. We have a lot of outsiders coming in all the time—between three and five outside speakers every day. It's a great opportunity for everyone at Microsoft to get exposed to ideas from people all over the world. And they're not all research nerds—we've had science fiction writers, biologists, physicists, novelists, futurists. We want to hear from the broad intellectual community. Our interns also bring a tremendous amount of energy to the company. And they see Microsoft as a lot of people who are very excited about the future.

I guess that's our key criterion for new hires. How willing is a researcher to keep learning? Are they excited about things beyond their area of interest? We have to keep changing and growing because this industry doesn't allow you to stand still. One of the implications of Moore's Law is that, in mathematical terms, if things are changing at an exponential rate, everything up to now doesn't count. If all the computing cycles that have ever been expended become a mere fraction of a percent after 10 years, in effect you're constantly throwing away your past. It's no longer relevant. It means that you have to always be willing to learn.

I got into computer science because I love to create things that others can use and enjoy. During my sophomore year at Stanford, I took a course in computer architecture where we got to program directly in machine language on an old HP minicomputer. I was immediately hooked. My thoughts were literally animating a bunch of silicon and wires and creating something out of nothing. My vision for Microsoft Research comes out of that feeling I got when I first realized what a computer could do. Our job is to create things with our thoughts that will change people's lives for the better—to animate the machines around us with ideas that

Dan Ling, Vice President, Microsoft Research

I was working quite happily at IBM Research in New York when I got a call from my old college friend Rick Rashid. He told me he was joining Microsoft to start a research lab. I thought, "That's odd. I didn't know Microsoft did research." Rick kept calling and asking me to come visit, and I thought, "Why not? I'll take a look at what Microsoft is doing."

I was really amazed at what I found. There was no research lab yet, just a handful of people, but the enthusiasm in the place was remarkable. I got back to New York and kept thinking, "That place is really so exciting." I couldn't sleep for nights, and I finally decided to join up.

We had the early vision of setting up a research environment that would be attractive to the best people in computer science. To lure top people, you need to have other wonderful people for them to interact with. You have to offer an environment that researchers are excited about—one that allows research in a free and open way and allows them to continue interacting with colleagues in universities and other parts of the research community. But the main attraction of doing research here is the promise of making an impact on millions of people. That's tremendously exciting, and Microsoft is one of the few places where you can do that.

Even though we're a relatively young lab, we've made an impact on almost every major Microsoft product. In Office, things like the Office Assistant and grammar checker came from the lab, in close cooperation with the product groups. Likewise, the audio codec for Windows Media and many tools for our software were invented here. Looking forward, our new generation of .NET products will be delivered as services and will dramatically change the Web. This will require new tools for creating and delivering software. The .NET software will also focus on new application areas such as communications and collaboration and will include a new, more natural user interface. This transition will build on work that we started at MSR.

To set the priorities for MSR, we not only look at the future direction of the company but also at the progress of the underlying technologies: the improvement in semiconductor technologies, the dramatic increase in available communications bandwidth, and the rapid decrease in the cost of storage. We also monitor the research community to see what exciting progress is being made there.

One area of research that is important for the overall mission of the company is creating smarter computers that can interact with us in more human terms. This includes natural language understanding, speech recognition, multimedia, and systems and interfaces that will adapt to the specific context (PC or cell phone, for example) and can learn and get better over time.

Our work in natural language is an interesting example. It's a long-term challenge because we want to be able to do things like translate languages—something that no one knows how to do yet and will require a lot of basic research. On the other hand, we have already worked very closely with the development groups to produce a grammar checker for Word that begins to understand what you have written, and we've improved search methods based on understanding meaning rather than matching words. One day, your computer will see, listen, talk, and understand the context of what you're doing, and learn from experience.

We're also working on better communication and collaboration technologies so that people can work and learn together more effectively. This technology has the promise of transforming education. People will be able to get the education they need, when they need it, throughout their lives. The material will come to them so that they won't have to commute long distances to attend classes.

Microsoft Research is brimming with ideas and enthusiasm, and the fact that we are at Microsoft gives us a fast, direct path to turning those ideas into products that millions of people will use every day.

"One area of research that is important for the overall mission of the company is creating smarter computers that can interact with us in more human terms."

Microsoft Research never sleeps. And why should it? There is much work to be done. Located in three hot spots of inspiration spaced around the global time zones, Microsoft Research Centers in Redmond, Cambridge, the Bay Area and Beijing link brains that boldly imagine without much regard for what is supposed to be possible. In a day-for-night cerebral swap, members of one team can work on a problem, electronically relay their contributions to another city, and turn in for the night, knowing that the solution will simmer somewhere else as they sleep. Checking e-mail the next morning, they might find that their distant cohorts have spun their work in a startling new direction. Oh, well, great minds don't always think alike (in fact, they rarely do), and enlightened argument is the incubator of innovation.

At Cambridge, these brilliant dreamers stroll pathways that have been frequented by brilliant scientists from Newton to Hawking. In Beijing, the Microsoft researchers summon the future surrounded by the trappings of a culture that gave us paper, the compass, moveable type, and gunpowder. The Bay Area Research Center sits conveniently at the epicenter of a silicon revolution that doesn't show any signs of decelerating. And in Redmond, they weave the impossible into reality just crowing distance from where one of the biggest chicken farms in the Northwest once stood. When it comes to inspiration, you can't do much better than that.

Beijing Cambridge Bay Area

Jennifer Tour Chayes, Senior Researcher and Co-Manager of the Theory Group, Microsoft Research

Our group brings together physicists, mathematicians, and other scientists who aren't conventionally found in software laboratories. We're looking for paradigms from other fields to apply to computer science. If I look at a problem in computer science and can find a parallel or analogy from physics, then I can bring all the years of experience in physics to bear on the issue.

As a mathematician, I love getting mathematics to impact other subjects as well as bringing wonderful new problems to mathematics. For example, for years I've studied phase transitions—abrupt changes in the state of a physical system, such as when water boils and turns from liquid to gas. So now, when I look at abrupt changes in the behavior of networks—for example, when a network crashes—I can model that as a phase transition, much like water boiling.

Right now, I'm working on understanding what makes hard problems hard. Just at the boundary of solvable and unsolvable is where things start to get interesting. For example, say you're an airline trying to schedule flights. With a lot of airplanes, lots of fuel, and not too many people, you can solve your problem. However, with a lot of people to transport in a short amount of time, and only a few airplanes and a little fuel, you're not going to be able to solve your problem.

It's actually just when the demand matches the available resources that the problem turns out to be really difficult. If we can understand that transition, we've got real value. All of the cryptography that we use today, including RSA encryption, will be broken eventually as machines get bigger and hackers get better. When this happens, we'll need a deeper understanding of hard problems to come up with new types of cryptographic systems.

You have styles of scientists, just as you have styles of writers. For example, Michael Freedman, a member of our group and a Fields Medalist, looks at quantum computing. His tool is topology—geometrical properties unaffected by changes in shape or size. Topology is his scientific style. If we were to employ just one style here, that would be very limiting. Instead, we bring together mathematicians, scientists in all different fields, and businessmen to interact and achieve new ways of doing science. That convergence can be extremely powerful.

Before coming to Microsoft, I was a professor at UCLA for 12 years. People asked me, "Aren't you going to miss teaching, impacting the next generation?" I think that in many ways I'll have a bigger impact on the next generation being here than I would in academia. By bringing scientists together across disciplines, I play an exciting role in opening up new areas for students and researchers to study.

Nathan has been involved in many aspects of product strategy and technology development, and he was instrumental in convincing the company to establish a research laboratory. Nathan's personal commitment and vision enabled him to build Microsoft Research into one of the world's premier computer science research institutions.
— BILL GATES

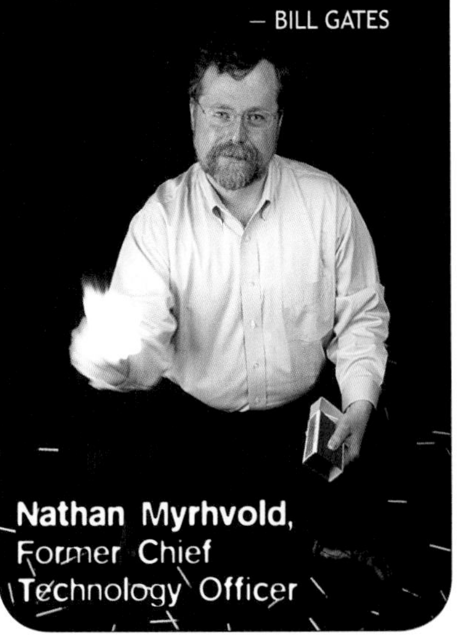

Nathan Myrhvold, Former Chief Technology Officer

"If I look at a problem in computer science and can find a parallel or analogy from physics, then I can bring all the years of experience in physics to bear on the issue." – JENNIFER TOUR CHAYES

Redmond

Kevin Schofield, Senior Program Manager, Microsoft Research

Tech transfer is not a Rube Goldberg machine. That's been my mantra for the last two years, and more than anything else it drives our approach to working with product groups. Many people seem to think that you can design some sort of formal process for moving technology from a research lab into a real product: the technology goes in one end, lots of strange things happen in the middle (usually putting people in rather contorted positions), and the technology magically pops out in a product group on the other end.

I wish it were that easy. Practically speaking, though, tech transfer is a social process—it's about building relationships between people who have a common interest in solving a problem and combining talents to solve the problem. In this age of product development in Internet time, product groups don't have the luxury of scheduling items that they don't know how to build. When you ship every three months, there's no time to catch up if you slip your schedule. Also, it's a risk to depend on technologies that originate from another group, so we have to find ways to lower the risk for product groups rather than compound it.

At Microsoft Research, we meet with the product groups, learn about the technological problems that they can't solve on their own, and focus on finding solutions. In some cases, we'll act as consultants, helping to educate them on the capabilities and limitations of the latest cutting-edge technology. In other cases, we'll work side-by-side with the developers and program managers to design and architect components using the latest cutting-edge algorithms. There's no cookbook—we approach each opportunity individually and try to devise a plan that's within the product group's acceptable level of risk. As time goes by and we build on our successes, we find that we can take on more ambitious technology transfer efforts because the product groups know us and trust our knowledge and our commitment to their success.

We've had the greatest successes where we've had the longest relationships. We've been working with the Windows group for years, and most recently we made several contributions to Windows 2000, including a text-to-speech engine, a bunch of network protocol support, cryptography libraries, and performance analysis and tuning tools. The Windows Media Audio codec format is also based on core algorithms developed at Microsoft Research.

Office has also been a great partner for us. We started by building Answer Wizard technology, which uses probabilistic models to predict which help topics will be most useful based on what we observe the user doing and the way he or she asks questions. We followed up on that by using Natural Language technology to build a grammar checker, and in the process we created a "sister group" that could sit between MSR and Office and help to bring the MSR Natural Language code up to product quality.

All in all, it's hard to identify a single Microsoft product that hasn't benefited from MSR, whether it's through performance-optimizing tools such as BBT or technologies transferred as specific features of a product. But our work has just begun: the industry is moving so fast and the appetite for innovative technology in the product groups is so great that opportunities exist everywhere. We're going to keep building those relationships and watch our successes grow.

"All in all, it's hard to identify a single Microsoft product that hasn't benefited from MSR."

– KEVIN SCHOFIELD

1: c.
2: f.(a. Gary Starkweather, b. Chuck Thacker, c. Kai-Fu Lee, d. Gordon Bell, e. Rick Rashid)

I've always been into gadgets. I had one of those big, bulky Motorola cell phones when they came out, I took a suitcase-sized "portable PC" home every day in the early '80s, and I bought every palm-sized computing device from the first Palm Pilot to the latest Pocket PC.

When I came to Microsoft in 1992 to help develop the architecture and products that would take us into the non-PC world, my 15-year-old daughter decided to stay in Boston and finish school. That was traumatic for my wife and me to leave our only child in a boarding school thousands of miles away. But I had a pager and she had a pager, and we used them to stay in touch, whether it was during a crisis or when we just wanted to talk.

That was one of the things that convinced me that we can make people's lives better by making our computers and electronic devices smarter and more connected. Now that the Internet has entered the public consciousness, I think we're in a position to give the kind of closeness and convenience my family had to the whole world. ➢

Craig Mundie, Senior Vice President, Consumer Strategy

What I think about each day at Microsoft is how we can help embed computing and communications into the devices we use every day, from your cell phone to your washing machine.

Part of my job is to think about what people do every day, how they use technology now, how they could be using it in the future, and what Microsoft can do to help make it happen.

You can break down how people use technology into three major categories. The first is communication: writing e-mail, making phone calls, chatting on line. The second is productivity and convenience: keeping track of budgets, managing schedules. The third is entertainment: games, books, music, and movies.

When I think of it that way, I realize that we have an incredible opportunity to take advantage of the tremendous increases in processing power, rich devices, and powerful networking to write software that can give people a unified experience across any device and help enhance their computing experience in all these scenarios.

A lot of everyday activities are complicated, but people need to do them to live. Take groceries, for example. You have a diverse set of things you buy to eat and drink, and you have preferences that change over time. Is there a better way to have computers help you with the process of keeping track of what you need and making sure you get it? Since almost everything you buy at the grocery store has a bar code, you could scan everything when you buy and consume it. But that's hard. Maybe you'll forget to scan things, or you'll scan them twice. It's not very practical.

But what if computers could do this passively? Imagine that everything you buy has smart packaging, and sensors in your pantry, refrigerator, trash compactor, and recycle bins keep track of everything as it comes and goes. The computer can say things like, "Hey, Craig, you seem to go through a six-pack of Coke every day. Do you want me to make sure you never run out?" And if I say yes, it will automatically schedule an order with the grocer, check my family calendar for the best time to deliver, and send confirmations and reminders to my television or my cell phone or my Pocket PC. I won't have to spend as much time at the grocery store, and I won't have to worry about not having what I need when I need it.

Once you get this kind of technology going, you can apply it to other activities, like washing clothes. Today, most clothing has an itty-bitty label with washing instructions, which most people never look at. If the label were smart, you could design a washing machine with two buttons: Wash and Dry. It could tell you if you put a red shirt in with the white load, automatically use the right temperature water and the right amount of soap, and do water chemistry tests to decide when the clothes are clean.

Outside the home, another place where computing will really have an impact is in the car. We've already seen computers make a big difference in the primary function of the car—getting you from one place to another economically and safely. Computers already regulate the engine and safety features, cell phones are commonplace in the car, and the current trend is computers that help with navigation. But the reality is that most of the driving you do is to places you've already been. You don't need a map for that. You want to avoid the aggravation of being in traffic. A rich, connected computer in the car can obviously help.

But there's another function of the car—for passengers, it's a "living room on wheels." So all the entertainment activities you do in the home will find their way into the car. Initially, you might think of your garage as a "docking station" for the car. Just as you dock your Pocket PC to exchange information with your desktop PC, your car will retrieve all the movies, books, games, and music you'll need for the long drive to Grandma's.

People have always talked about scenarios like this, but today we're in a position to turn them from the kind of thing you'd see on *The Jetsons* into something that's part of everyday life. But in order for this to happen, we need to solve a few problems.

The first major hurdle is simplicity. As computers have become more powerful, they've also become more complex. In business, we've relied on trained professionals to manage that complexity. But as the Internet starts connecting these computers, and as computers and computerized appliances become more prevalent in the home, they need to become more autonomous: you can't have a CIO for the home, and you can't have a CIO for the world, either. So we need to find ways to help computers and software install, organize, and repair themselves.

Another big hurdle is security and identity. Today, you have a lot of different ways to identify yourself, such as your driver's license or your passport. And you have ways to confer authority to do things, such as a credit card or a set of keys. There is also a loose coupling between yourself and these things, through your face or your signature. In the computer world, we need to come up with the equivalent of a signature and all the different documents that confer authority. Encryption is an important part of the way we can produce these documents and signatures, and for identification we have smart cards plus "biometric" systems such as iris or fingerprint scanners. Eventually, we'll see passive systems that can recognize who you are and act accordingly. Basically, when computers get to the point where they can hear, speak, and see, many of the things people depend on to establish identity, context, and trust will find their way into computers as well.

If people are going to accept computing in their lives, computers can't get in the way. Aesthetics matter, both in terms of the way devices look and the way you use them. We need to make computers less intrusive, easier to use, and more compatible with the way people live. It's important to give people the right interface for the right device. For example, you can't take the Windows desktop and apply it to a television or a car or a cell phone. The way you use a PC with a mouse and keyboard wouldn't be appropriate. At the same time, we don't want to create each experience without regard to the whole spectrum of devices—if we do that, we'll end up with the "six remote controls" problem.

The benefits of a networked world in which computers are embedded into everything in your life and connected to everything else may seem small when you think in terms of the individual. But if you think on the scale of millions of people, the benefits are amplified. For example, if more people did their laundry efficiently, their clothes would last longer and we'd have less soapy water dumped into the environment. And if people used smart packaging and "just in time" ordering for their groceries, they'd make fewer trips to the store, use less gas, and probably waste a lot less food. And the benefits of broader communication are clear, from families and friends staying in touch, to kids having access to all the world's knowledge, to people joining together not by nationality but by their common interests.

In many ways, we really don't know what impact this technology will have on the world. Computers today are about 50 years behind the electric motor in terms of development and deployment. In the early 1900s, an electric motor wouldn't fit in your living room. But today, we've got motors so small that they could power medical instruments that fit in your bloodstream. The people who made the first electric motor could never have predicted that.

Just as an electric motor is an amplifier for your muscles—it enables you to physically do more—the computer is an amplifier for your brain. And it's hard to predict exactly what we'll do with that power. I like to think that by creating the software that makes the most of this power, we're ultimately going to make a big, positive difference in the world.

No matter how sophisticated human society becomes, we continue to cling tenaciously to three tendencies: we like clever tools, we're essentially nomadic, and we love all the information we've amassed about ourselves and the world we live in. So, it seems that from our earliest days on this planet, we've been programmed to live in a wireless world. With every information storage system we've ever devised, we've figured out a way to make it smarter and smaller so we can carry it with us on our endless peregrinations. Recognizing a persistent trend when we see one, we're developing new ways to fulfill our destiny as tireless seekers, sociable wanderers, and constant consulters of the archives—who also like to keep in touch with each other and occasionally order groceries.

Hank Vigil, Vice President, Consumer Strategy and Partnerships

There will come a time when, in addition to PCs, every TV and phone on the planet will have access to the powerful information delivery system that we call the Web. Today, there's a lot of excitement around the convergence of new intelligent consumer devices; high-speed, ubiquitous networks; and the opportunity to create new services that deliver information, communication, and entertainment over these networks to these devices. It's an incredibly exciting time. And it's just the beginning.

My job is connecting the dots across the groups of companies that we're partnering with to launch the market infrastructure for this new digital age. One group of partners includes the companies that are building and deploying the current and next-generation networks—phone companies, cable companies, satellite companies, and broadcasters that are using the digital terrestrial spectrum. Today, you get communication, information, and entertainment over these networks. These networks are important because all the new consumer services will assume that fast networks are available. The economics of getting these new networks deployed are daunting, as are the regulatory issues.

The second group of companies we work with includes the consumer electronics companies that are inventing the cool new digital devices—phones, TVs, music players, video cameras, digital cameras, mobile devices, and more. All these devices will attach to a network, in either a wired or wireless way, which is how consumers will receive new communication, information, and entertainment services.

The third set of companies consists of a broad class of major media companies—movie studios, music labels, publishers, and other content creators. Some of these are major portfolio companies such as News Corporation, Disney, and Sony. All of these media companies understand that the future media and entertainment business will rely heavily on emerging digital technology. You'll see more partnerships like the merger of AOL and Time Warner, which combine media assets and digital technology. Issues like privacy, copyright laws, and digital distribution via the Web are leading to lots of discussion and new thinking.

A large part of my job is facilitating the right partnerships, the right technical standards, and the right business models so that these three types of companies, together with a software company like Microsoft, can make this new digital world come to life. For example, in the music world there's a lot of activity around allowing people to find what they want on line and download it to these cool new devices. The problem is that musicians really deserve to be paid for their intellectual property. We're working hard to create digital rights management software that will allow you to download music in such a way that the owner of the music gets paid by the service provider that distributes the digital form of the music. It takes several types of companies coming together to allow you to listen to music in a secure form on a cool device, connected to some sort of network.

Today, Microsoft doesn't run cable, satellite, or phone networks. We don't sign artists to record labels. There's a whole set of things we don't do that will be part of the overall proposition to consumers. But we know that software is going to play a central role in this digital convergence between networks, devices, and new forms of content. We're forming these partnerships so we can focus on what we do best: creating great software.

Jonathan Roberts, Former General Manager, Windows CE

Windows CE is really part of a broader strategy to enable a new generation of intelligent appliances. It's just the next phase in the microprocessor revolution. Microprocessors powered by Windows CE are finding their way into a whole new category of devices—in your car, in your phone, and in your TV. You'll also see us at work in unexpected places. We are already at movie theaters, where you can purchase tickets electronically. We'll also have operating systems in gas pumps, allowing you to get all sorts of services while you wait. If you're shopping at a supermarket or getting lunch at a hamburger joint, you'll probably be able to go to a kiosk to get all kinds of information like the traffic report for where you're headed next.

People have said that Microsoft is a PC company, but that's not actually true. It's really a microprocessor company. And the story of the microprocessor is that it enables all these great things to happen, so it's logical that Microsoft will go wherever the microprocessor goes in the future.

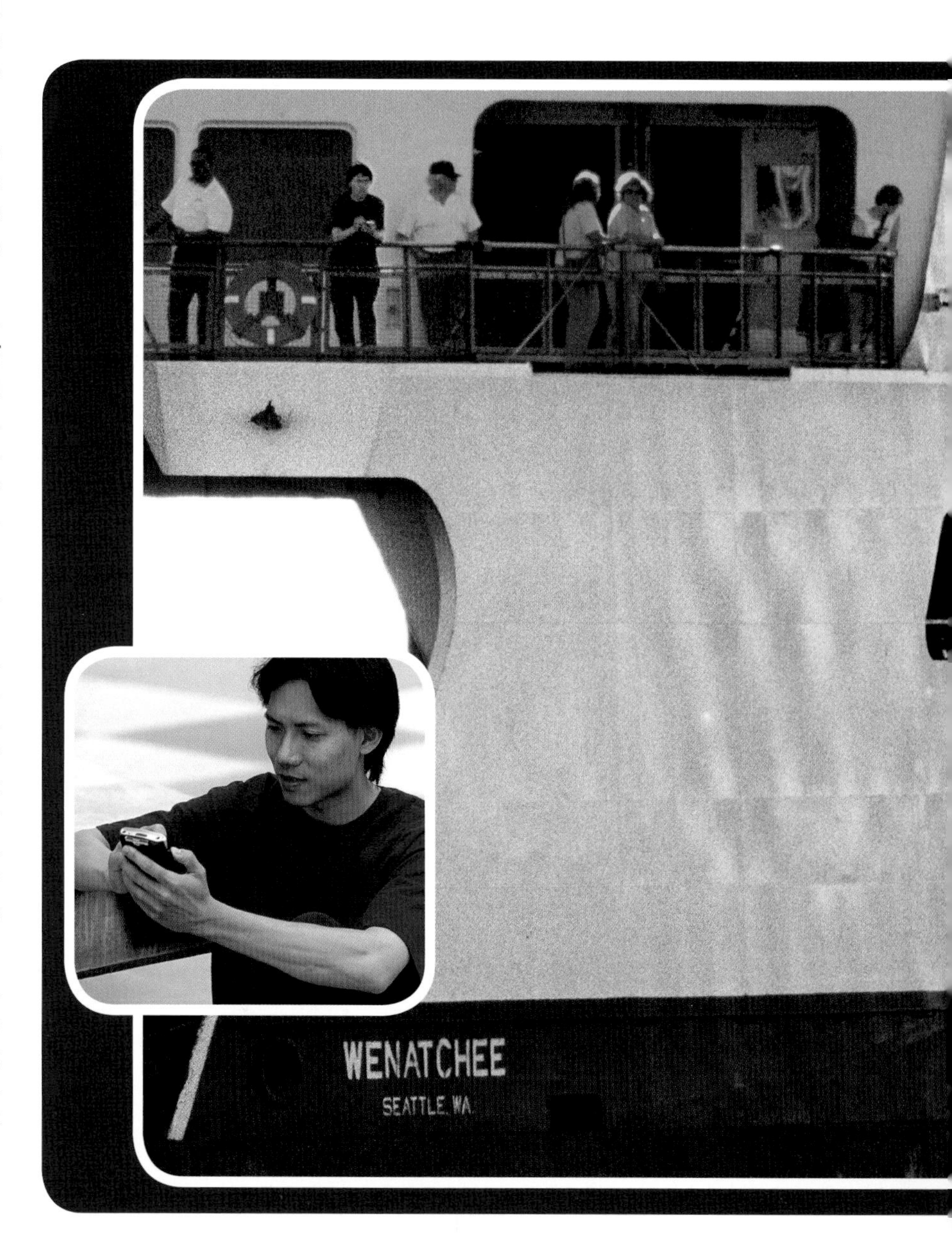

Kevin Shields, Product Unit Manager, Pocket PC

The Pocket PC allows you to take your key personal information with you—your calendar, contacts, tasks, and messages. We wanted to extend what you could do with this information. For example, if you get a message with an attached Word or Excel document, you can now open the attachment on your Pocket PC. You can play music with Windows Media. You can read eBooks or listen to audio books. You can get Web content or go check news or stock quotes.

In the future, the Pocket PC will perform an even richer set of tasks. For instance, it will know where I am. If I get out of a cab and walk into Sea-Tac, my Pocket PC will know that it's in the airport and that I'm on flight UAL 263 to San Francisco. So it will check me in and say, "You depart from Gate N-13." When the plane touches down, my Pocket PC will alert the rental car company to have my car waiting and it will automatically release my credit card information.

These kinds of proximity applications are going to be really important. I could walk up to a bus station and look down and have my Pocket PC tell me, "Okay, here are the next 30 buses that are going to show up at this stop." Not only will my Pocket PC know I'm at a bus station, but it will also know the address for the next appointment on my schedule and it will communicate with the bus station server, which knows the bus schedules, where each bus is right now, and the fact that one of the buses has a flat tire so it's not going to arrive. There are so many different things you can do if the device knows where it is.

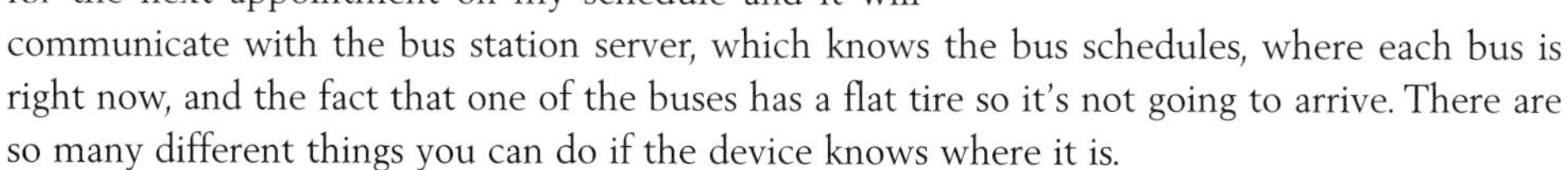

All of this is going to happen. It's just a matter of time (and a whole lot of work).

I have a lot of hope for new digital devices that support the Thai language. I believe they will bring new ways of learning for kids, new ways of working, and new ways of getting on the Internet. They will fundamentally change the way Thai people live. — HERBERT VONGPUSANACHAI, MARKETING MANAGER, THAILAND

Chee Chew, Development Manager, Pocket PC

A couple of years ago, there was this huge excitement about all the things that you could do with the Internet from your PC. All the browser technology came out at that point. And now all that technology and all the exciting things we can do with it is hitting mobile devices as well. Today, technology is getting small enough and devices are getting powerful enough to support some great things. Moore's Law hasn't yet hit these devices to bring the price down, but it is coming soon.

"In the next five to ten years, wireless is going to explode."

In the next five to ten years, wireless is going to explode. We're planning to have the Pocket PC utilize this technology. The technology already exists; it's just a matter of executing. For example, with short-range wireless capabilities, you can connect to another person or another device within 30 feet and play great wireless head-to-head games. Imagine a dozen kids on a school bus playing a multiplayer game. With the Pocket PC, you will be able to connect to and control all your home appliances: your DVD player, your air conditioning system, and your house alarm. When you want to order at the drive-thru you should be able to connect to the restaurant's menu and place your order while 3 cars back in line.

We've made some changes to the way we develop software for the Pocket PC to make sure that we're creating the best possible experience. We used to focus on what the device could do, not how people used it. We did lots and lots of feasibility studies and got beta feedback to help us decide how to design things. We learned that we needed to create a friendly user interface and that it needed to respond quickly and look appealing, too. The size of the device, its shape, how it works, and its user interface are really important. People want something that's easy to carry or wear. At the same time, they want rich input, which is tough on a small screen.

I'm looking forward to the day when I'll have a malleable screen that I can roll up or spread out as a tablet so I can write on it with a pen. And, of course, while we're talking blue sky—how about a wireless way to transmit energy so that you don't need a battery pack? Devices may someday become efficient enough that we can power them from ambient temperature changes and other sources of power. There are lots of cool things that will change the way we work and play in the future. We've only begun to work on them.

Peter Vale, Program Manager, Smartphone, Mobile Devices Division

With the Smartphone, you'll have access to all your information all the time.

It will be your portal for talking to other people, working with information, and getting access to whatever you need. My primary job is getting Internet Explorer on the Smartphone so that you'll be able to get Web content and services over a wireless network and use your calendar, tasks, and e-mail. You'll also have applications like games and simple applications on little smart cards that work with all GSM phones.

It's easy enough to see what this means to you and me on a daily basis. Let's say you're standing at a light rail stop and your phone beeps, reminding you that you have a meeting in 15 minutes. The train's schedule is not posted, so you instantly connect to the public transit site using the Web browser on your Smartphone to find out when the next train will arrive. Going back to your calendar, you can call the person you are going to meet with a click of a button to tell him you're going to be a bit late. While riding on the train, you receive a stock quote update on your phone and send off an e-mail to your broker telling him to buy. Later, you get another notification. This time it is a short message from your friend in Australia that launches the chess game on your Smartphone, showing you her latest move. She has made a good move but you are sure you've seen it before. Checking your favorite chess site, you confirm the gambit she is attempting and you send your move in reply.

For Microsoft, it's a big challenge to make sure that we do this right the first time. We're entering a very competitive market with this device, and it's full of new hurdles and roadblocks along the way. We are working with partners all over the industry to ensure that our first version meets customer needs and works well with existing technology. Most importantly, we're working on making the Smartphone a great experience, right out of the gate.

The screen phone market shipped 865,000 units in 1998. By 2003, the market will reach 3 million units.

Ian Ferrell, Group Program Manager, Smartphone, Mobile Devices Division

Just when I thought, "Nothing new can be invented," Stinger came along. That's our code name for a cellular Smartphone that allows you to browse the Web and get e-mail. From five feet away, you think it's a cell phone with a big screen on it. But it's radically different from today's cell phones, which are designed mainly for verbal, synchronous communication. Someone calls you, you're interrupted, and you deal with them. What we're building is much more of an information portal, one that's less voice-centric and pulls in other types of data, whether it's e-mail, Web-based data, or instant messaging.

Today, if I leave the office, people can contact me on my cell phone, but I'm still missing a huge amount of information that affects my life—e-mail, news on the Web, and so forth. I'm not getting that with an ordinary phone today. Some phones give you limited access to information, but it's very crude, text-based data. Stinger has a graphical screen and shows you a lot more information. The experience is analogous to the contrast between Windows and DOS.

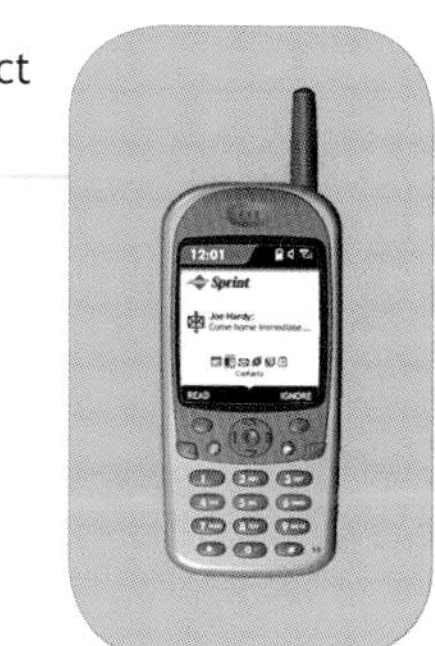

"Just when I thought, 'Nothing new can be invented'..."

What is both exciting and daunting is the fact that we're not just building a handset; we're building an entire infrastructure of technologies on the back end that feed information to mobile devices—phones, PDAs, tablets, or whatever fits your needs. Devices have been islands of information for a long time: even today, with good synchronization, a mobile device is still an island, with so-so ferry service. Wireless changes this by providing an infinite data cable reaching back to your family, your friends, co-workers—the world. Look at how the Internet changed your desktop computer experience and imagine what life becomes when you can use all of that information anywhere and anytime with your Stinger phone.

Our dream is to build devices as personal and comfortable to you as that old pair of jeans you love. Stinger is a huge step toward realizing that dream, and I couldn't possibly imagine doing anything else.

Andrea Dancs, Program Manager, MSN Marketing

Our Pocket PC made its first Hollywood appearance in the most recent James Bond movie, *The World Is Not Enough*. The name of the character who uses it is Dr. Christmas Jones. She's a nuclear physicist. Of course, since this is a Bond movie, she's about 22 and wears the kind of clothes you don't usually expect to see on a nuclear physicist. We also had to allow them a little bit of creative freedom, so the first time she uses the device, they're traveling down an oil pipeline at 70 mph, trying to locate a nuclear warhead. When they find the bomb, she uses her Pocket PC to diagnose and attempt to defuse it. In typical Bond style, after determining that it's not nuclear, they let it blow and escape unharmed.

Although the movie has established the Pocket PC as the choice of gorgeous, young, bomb-defusing nuclear physicists, we're sure that it will be much more useful to people who want to read their e-mail, access the Web, or just listen to digital music in their everyday lives.

A: The touchtone phone, introduced in 1963.

From a practical standpoint, lack of infrastructure is the ultimate deal-breaker and dream-kicker. From a visionary standpoint, it's an annoying but purely temporary setback. That's why we started imagining a wireless world long before it began to take shape in the real world. Our early investments in research and development of wireless devices may have seemed a little premature at the time, and plenty of jokes have gone around about the wireless revolution that was supposed to happen every year for the past 10 years. But the future has a habit of arriving when you least expect it. We have news for you. It's here. And we're ready.

Dave Field, Program Manager/Technologist, ITG Global Client Technologies

The Internet explosion has proven that networking is a core requirement for computer systems. Traditionally, you accessed a network via a wired connection. But wiring imposes extreme limitations on the possibilities for a networked computer system and for computing devices. The obvious next step is a wireless revolution.

The whole high-tech industry has shifted its radar to the world of wireless networking. This includes many types of wireless networks, client devices, new applications and platforms that can truly take advantage of a wireless connection. In five years, we'll be able to eliminate most of the wires we use to connect our homes, offices, and mobile device systems to the Internet and to corporate networks. We may even be able to eventually replace power cables with a wireless version.

My job is to look at these technologies and understand where they fit into the corporate enterprise environment. Currently, our IT group is deploying a wireless LAN infrastructure to most of our 70-plus office buildings in the Puget Sound area and to many of our worldwide subsidiary office locations as well. This deployment has had its share of obstacles in terms of support, engineering, and, most of all, security models. Through this deployment, Microsoft IT has become a catalyst for a new wireless security vision.

With this kind of wireless LAN deployment at work, people can pick up a laptop while in the middle of an e-mail or development session and take it to a meeting or down the hall to show their colleague what they are doing without losing connectivity. They can save, on average, an hour a day because they won't have to connect and reconnect and because they can work during dead time in meetings. Eventually, the wireless network will be used to triangulate the position of systems and printers on the network so you can print to the closest printer automatically.

But the home represents an even more compelling scenario for the use of wireless LAN technologies. You can quickly set up a home network without drilling holes and pulling wire all through the walls. And when it's time to move the furniture around, you don't need to reposition network taps. In addition, you can take a laptop and work anywhere in the house, the garage, or the backyard. The combination of a wireless home LAN with a broadband connection to the Internet is absolutely unbeatable.

Moving forward into the future, people will enjoy very fast connections to the Internet over cellular networks. You'll be able to view rich streaming videos and complex, secure applications from such remote locations as coffee shops, parking lots, or boats. Cables between computers, printers, and PDAs will be replaced with high-speed wireless "cable replacements." In short, the Internet won't just be in many homes and offices—it will practically be an extension of your arm.

Dave Wecker, Architect, Appliance Platform Technologies

Regardless of what some people think, Microsoft can't and doesn't do everything alone. What we do best is build platforms—foundations upon which other people can lay things. However, we often have to get into businesses that aren't our core strength in order to help other companies see what they can do with our platforms. For example, in the case of some of the hand-held capabilities we're exploring, we have to build the first round of hardware to convince hardware companies that it's a good idea. We're a software company; we really don't want to build hardware. But that's how we got into the mouse business—because we couldn't get anybody else to do it. We end up building hardware reference platforms and taking them to hardware vendors and explaining our vision to them.

Sometimes, our vision is ahead of its time. Apple created the Newton and Microsoft created a hand-held PC before the Palm and similar products ever hit the market. We called it the Pulsar. We had the design complete, a product group was building it, and it was completely wireless. It provided access to all your information, all the time. The problem was, there was nothing to talk to—no infrastructure. It was the old chicken-and-egg problem. So we had to drop it.

Today, the Pocket PC is taking off, partly because the wireless infrastructure is catching up to support it. The immediate future of computing is going to be all about personal area networks; your Pocket PC will talk to your phone, desktop, and hand-held devices. We now have personal area earphones that are wirelessly connected to a phone, so you can pop one in your ear and talk on the phone that's in your bag up to 30 feet away. And the improvements in wireless are going to keep getting better.

You'll need only one phone, which you can use at home, in your office, in your car, or outside, and it will automatically switch to the right mode for whatever you need. Your cell phone will automatically exchange contact information with everyone you're having lunch with. You'll be able to walk by any printer and wirelessly print out information from any device.

The next level we're moving to is the development of body area networks, where your communication devices are connected through your body. So if you shake hands with someone, you can exchange business cards automatically. We're just at the beginning of what will be possible with mobile devices and a wireless world. And the possibilities are endless.

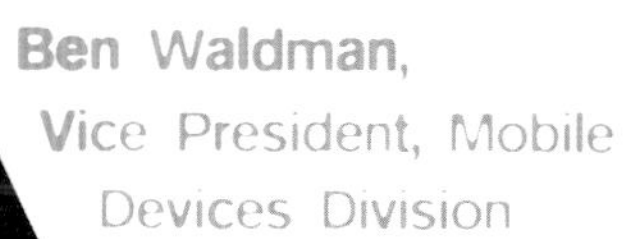

Ben Waldman, Vice President, Mobile Devices Division

Imagine a world where you can communicate with anyone or access any type of information, no matter where you are, and do so at speeds far faster than today's typical 56K modem. While this may sound like science fiction, in the next five years it's going to become science fact as the combination of new wireless data networks, new wireless-enabled mobile devices, and new content optimized for those devices allow us to work and play in richer and more versatile ways.

As people increasingly use different types of devices to connect to the Internet and expect a rich, powerful, and easy-to-use experience, we have a unique opportunity—and responsibility—to help shape this new world. With our software for PDAs and new Smartphones, the video and audio technologies in Windows Media, our new platform and development tools for wireless applications, our work in speech recognition, and the content and services we're developing across the company, we'll enable people to do things they could never do before and interact with their devices in an easier, more natural way.

For the last 25 years, working here has meant having an opportunity to make a difference in the lives of millions of people around the world. The explosive growth in wireless data communication and our focus on this area means that we'll continue to make a difference far into the future.

Pat Fox, Director, Mobility Marketing

We've seen the future, and the future is wireless. Analysts expect that there will be more people accessing the Internet from mobile devices in the next three to five years than there will be from PCs. In many countries, people will have their first Internet experience from a phone or PDA, because it'll be that much easier to provide the infrastructure and the devices will be more affordable.

We're making tremendous investments in the mobile data services area, not just in our products and services, but also in our partnership-oriented approach to working with mobile operators. The breadth of our investments includes new mobile data services platform capabilities, mobile-accessible content and services, innovative new device functionality, and new business models for mobile operators and hardware partners. It's great to be a part of this exciting industry—the opportunities are endless. People will be amazed at what will be possible.

Stein Kjetil Sveen, OEM Manager, Norway

You can go to almost any school now and see many 12- and 14-year-old kids with their own mobile phones. People in the Nordic countries have a reputation for adopting high-tech and new devices very quickly. They want the latest of the latest all the time. Finland is probably at the top of the list, followed by Norway, Sweden, and Denmark. We're all very enthusiastic users of new technology.

"If you look at the technology, it's just exploding. The only barrier to what we can accomplish is our imagination."

And we are just now starting to deal with some of the negative impacts of this technology and how we can minimize them. For example, since we have so many mobile devices here in Norway, private companies and the government are starting to study the effects they have on people, both psychologically and physiologically. That way, we can make them safer in the future.

In France and Norway, it's illegal to use a hand-held phone in an automobile because it can distract you from your driving. You can still talk on the telephone, but you cannot hold it, which means that you have to have microphones installed in your car. But there are new technologies to accommodate these laws, such as mobile phones that use voice commands to dial numbers so you don't have to take your eyes off the road or your hands off the steering wheel.

If you look at the technology, it's just exploding. The only barrier to what we can accomplish is our imagination. I think that by next year, we'll see devices in many cars that are controlled by Windows CE or Windows 2000. In a couple more years, we'll see CE-based devices in TVs, microwaves, and refrigerators. (A manufacturer in Denmark is already launching a pilot project to install CE devices on the refrigerator door.) All of these devices will be thinner and cheaper and lighter, and they will all talk to each other to make the world of computer technology a seamless part of our lives.

Göran Tellström, Subsidiary Program Manager, Sweden

Here in Sweden, mobile communications and computing have been making great strides. Some of the most exciting developments in mobile are coming out of the Nordic countries. The three biggest mobile device companies in the world are Nokia in Finland, Ericsson in Sweden, and Motorola in the U.S.

One thing we've learned is that no matter how big you are, you can't do everything well and you should be prepared to explore new partnerships. So when Microsoft wanted to explore the potential of mobile computing, we started looking here because we knew we were more likely to find companies who were operating on the leading edge.

That's why in 1999, we acquired a Swedish company called Sendit. The division we formed from this merger, the Microsoft Mobile Internet Business Unit, will focus on a number of new areas, such as developing Internet publications and e-mail capabilities for mobile telephones.

Ilmari Nystrom, Enterprise and Partner Group Manager, Finland

When I joined the company in 1995, I couldn't have imagined the things we're doing today. It's going to get even more interesting now that the wireless revolution has hit. Communication is very big in Finland—we lead the world in Internet connectivity. Finland has only 5 million people, but 3 million mobile phones are in use here. All these wireless appliances will talk to us and to each other and change our lives in ways that we can't even guess.

But one thing we do know is that we'll be more efficient and gain more control over mundane tasks so we can concentrate on the more enjoyable parts of our lives. Think about how much easier our lives are now that we can stay in constant touch through mobile phones. There are fewer times when we have to wonder where our friends and family are when we're waiting to meet them. We can simply call each other to say that we've been delayed or are stuck in traffic.

There's so much to do and so many exciting paths to follow and things to try. Right now, I'm adding more people to my team, and the biggest challenge I face is finding the right people to help these future scenarios take shape. I sometimes look at this task as a puzzle: my job is to find people who can fill the holes in my team so we can solve the puzzle and create a picture of the future.

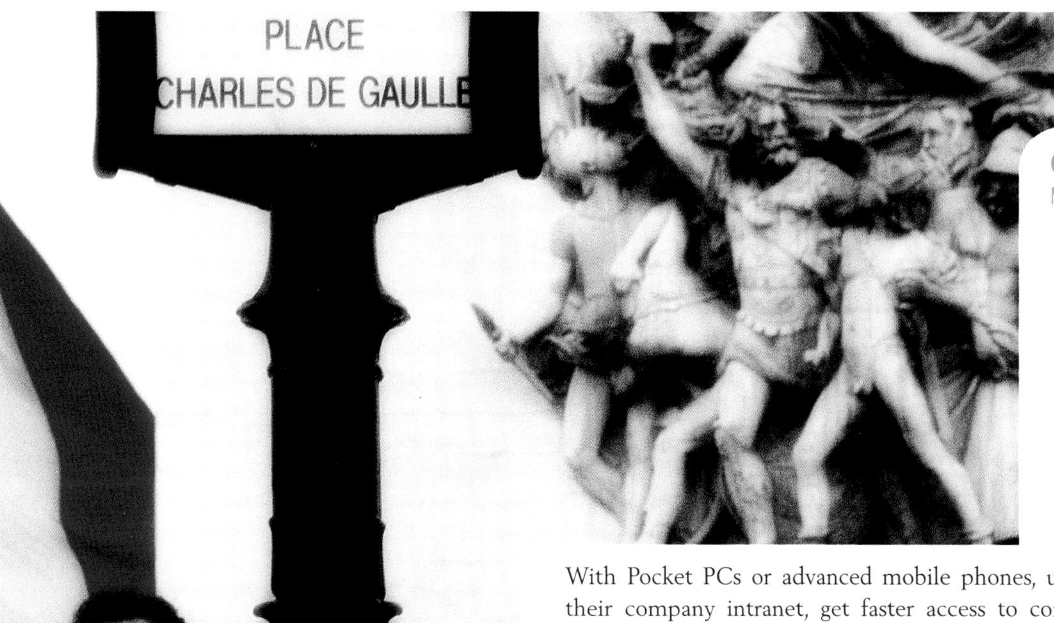

Georges Nahon, Senior Director, Network Solutions Group, France

In Europe, the outlook for next-generation mobile services looks bright. People are ready to reap the benefits of truly high-speed mobile data connectivity via GPRS and UMTS from 2002. The demand is already there—Europeans send millions of short text messages via their mobiles every day, and their love for all things mobile will only increase when the bandwidth is there to enable them to truly access the Internet on the move.

With Pocket PCs or advanced mobile phones, users will be able to stay "always on" the Internet or their company intranet, get faster access to content sites, and enjoy new location-specific services. Finding the nearest French restaurant in Oslo will be only a click away. You'll be able to play interactive network games on the move and be notified when friends or colleagues go on line. You'll be able to watch videos downloaded from the Web on your mobile device screen and videoconference with colleagues at faster speeds.

Mobile commerce will also enable people to buy goods and services electronically using their own mobile devices and high-security smart cards, just as people do today in shops and restaurants with credit cards, except that it will happen wirelessly and from anywhere.

Wireless services are already changing the way we communicate. The next generation will surely make our "any time, any place, any device" vision a reality.

Ole Tom Seierstad, Sales Manager, MSN, Norway

Norway was the first country outside of the U.S. to get connected to the Internet, and today we're pioneering new services, particularly for mobile users. A number of new services that use cellular phones are already entering the market. For instance, you can buy a soda from a soda machine and use your cell phone to direct the bill to your phone subscription. There are phones with two SIM cards, one that holds your phone subscription information and another that holds your banking and credit card information. The combination of these two will lead to new services like mobile electronic wallets. You'll be able to call about a sporting event or a theater performance, check to see whether any seats are left, book your seats, and then pay—all in one operation. In fact, you'll see more and more small payments done electronically—parking tickets, highway tolls, and so forth. And some services will go the other way—if you store your profile in your cellular phone and walk within a defined area around a cinema, you could receive a message on your phone that they have seats available, with a special price for you.

Higher bandwidth, better devices, and speech and video integration will help these new services evolve. For example, in the entertainment world you'll have high-quality gaming with wireless connections. You'll be able to watch video on demand while you're waiting for your train. With higher levels of security, you'll be able to combine several of today's electronic devices with the cards in your wallet and communications devices such as radios, telephones, and TVs. Of course, many new devices will also become available—like watches and key rings that can take advantage of all these services. Compared with today, the choices will be endless.

"You can buy a soda from a soda machine and use your cell phone to direct the bill to your phone subscription."

Wireless LAN users in the U.S. are expected to increase to 23 million in 2003.

Vince Mendillo, Director, Business Planning

The PC is the most visible component of the Information Age, but embedded systems are just as widespread, powering telephone systems, industrial machinery, medical devices, even cash registers.

I make a sharp distinction between intelligence and technology. It is easy to imagine a highly intelligent society with no particular interest in technology.

– FREEMAN DYSON

Until recently, the software that made these devices work came from a variety of third parties; most embedded systems ran on custom-built, proprietary platforms, which made their development and management costly and time-consuming.

Since connectivity and interoperability are so crucial now, embedded systems should be easy to develop, implement, and manage. They should operate safely and reliably, communicate well with other devices, and adapt easily to changing technology.

If you're using a proprietary system and you want to build rich functionality, you have to start from scratch. But why not take the power and richness of Windows and scale it down to these devices? Why shouldn't developers be able to use the Windows platform and tools like Visual Studio to program these devices in the same way that they write applications for the PC?

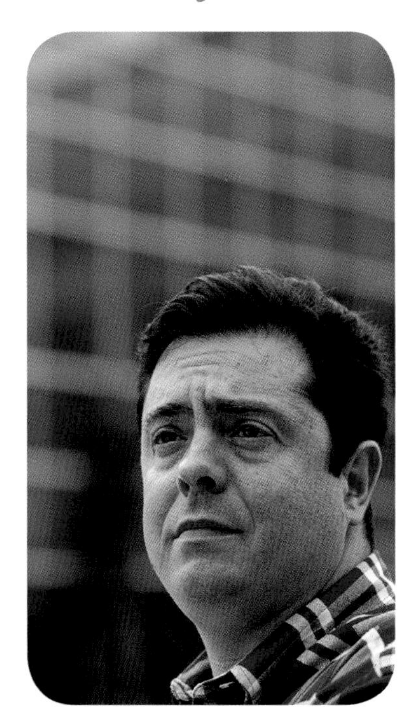

With systems based on Windows, developers can provide more functionality-rich solutions for their customers using Microsoft development platforms like Visual Studio—or any number of third-party tools. And because it's Windows, they can easily integrate those devices with the rest of their IT infrastructure.

This platform will benefit businesses and users in several ways. You'll see improved functionality in a wide range of devices, including office automation systems, cash registers, sophisticated patient monitors, and automated voice-response systems. In addition, businesses will save time and resources by standardizing their operations, which will free them to concentrate on serving their customers.

Harel Kodesh, Former Vice President, Information Appliance Division

The story of Windows CE is about whether Microsoft can be in a business that operates under some completely different assumptions. It's a world of technologies that we don't normally build. We have to earn our own stripes instead of relying on a previous win like the PC or Office. In a way, it's going back to the basics of what Microsoft stands for. It's a bunch of smart people building technologies and products for users who will vote with their wallets and determine who wins.

I remember getting skeptical reactions from people who were wondering whether Microsoft should be in this business. I got a lot of e-mail saying, "What's wrong with the PC? Why should we start dabbling in a business we don't know? It's not going to make money. We don't have the right talent." But we addressed those questions by recruiting people who knew a lot about hardware and appliances, and who shared our vision that these new devices will be used side-by-side with the PC.

Essentially, we're dealing with what we call lifestyle devices. The lesson we've learned is that what's happening around the screen is almost as important as what's happening on the screen. People select information appliances by how they feel as much as by how they perform. They care how much they weigh, what color they are, and what the interface is like.

We're working on input technologies that range from voice recognition to handwriting recognition to writing directly on the device. It's going to be a few years before we completely solve the input problems. But these things go through phases. Take cellular phones. For years, the audio quality was lousy but people decided to put up with sounding like they were under water just to be connected. When you ask people in advance if they're willing to live with less-than-perfect operation in a device, they'll tell you no. But when you put it in front of them, they're willing to take it the way it is because they realize that it solves a problem and the technology will eventually come up to speed. Most mobile phones today are running a more powerful machine than IBM mainframes did 20 years ago.

We make long-term bets, but no one, not even Microsoft, can afford to place random bets.

We talk to users, talk to analysts, and learn everything that our competitors are saying. With that information, we bet on the most likely scenarios—AutoPC, Pocket PC, Smartphone, and a few other selected devices. We believe that these are all ways to enhance connectivity and empower users. We also believe that people will expect to have access to information wherever they are, so we're also making bets on cable networks and wireless channels, among other things.

In the early 1900s, some physicists thought that we had solved everything. One Nobel Prize winner claimed that there was very little left to solve and the major elements of physics were all explored. But after the theory of relativity, people realized that we hadn't even scratched the surface. I think we were at a similar point before the advent of the Internet and information appliances, where we felt that all we could do was incrementally improve the PC. Now we know that there's a whole new industry in the making.

Shan Xu, Group Program Manager, Information Appliance Product Group, R&D Center, China

In ancient China, books were inscribed on bamboo slices. The weight of books was so prohibitive—a page of a bamboo book would be heavier than a copy of most of today's paperbacks—that people simply did not carry them around. Massive knowledge and information sharing did not happen until after paper was invented and books were printed on it. Today, the PC and the Internet give people even greater and faster access to information. However, it's mobile computing that will bring knowledge and information sharing to a whole new level. With electronic books, any of us will be able to read anything, any place, at any time. It's hard to imagine learning without books, but I believe that before long, mobile devices will provide the key to people who are hungry for knowledge.

"If you don't think eBooks will take off, remember that electronic encyclopedias have already outsold all paper encyclopedias."

Dick Brass, Vice President, Technology Development

During the past half century, many serious attempts have been made to create eBooks, beginning with Vannevar Bush's 1945 notion of a desk-sized microfilm retrieval library that he called the Memex. Of the dozens of efforts, most of them have been utter failures, which you could divide into four categories: Amelia Earharts are eBooks that simply vanished without a trace after their announcement. Che Guevaras are projects that debuted and perhaps even shipped but died in the jungle of competition, outmatched by better and cheaper paper publications. Larry Flynts are the early eBook systems that are still alive but gravely wounded. And then there are the Gutenbergs—electronic reading endeavors that have survived and prospered, including CD encyclopedias, computerized dictionaries, thesauri, and, of course, the Web itself.

Paper is not a gadget. Books are not gizmos. The modern book is perhaps the most successful single product of the past millennium and has been the beneficiary of more than 1,000 years of continuous development. That's why we get along with books so well. We've all been paper-trained, and books conjure up powerful and cherished memories: Mom and Dad reading to us, our first day at school, that cute boy or girl in the library.

Moreover, books are an incredible means for communicating information, and they have an elegant interface that borders on perfection. A well-written book can vanish in our hands, immersing us in the ideas and images of the author. Almost no computer device or software can claim to do this.

To create a great electronic book, you have to first do justice to the paper book and its many virtues. That's why our initial focus was to improve the clarity and resolution of computer displays with our ClearType font enhancement software. Our Microsoft Reader software with ClearType can at last present a page that is as easy to read as a good paperback and approaches the overall quality of print on paper. True, it doesn't yet look as good as a fine hardcover book, but we've made a big leap, and it's going to get much better every year. This is, after all, only the very beginning of electronic books, much like the auto industry in 1908.

If you don't think eBooks will take off, remember that electronic encyclopedias have already decimated their paper ancestors. Microsoft Encarta has become the best-selling encyclopedia product in the world. Since its debut in 1993, people have given up paper encyclopedias, which had sold well for a century. I believe folks dumped their paper encyclopedias for three main reasons. First, the computer provided powerful search and presentation features. You could find information instantaneously without hefting heavy volumes. You could cut and paste to produce reports. You got not only text but pictures, sounds, and even video. Second, the reading experience was satisfactory—not because the early PC screens were good (they weren't), but because almost no one actually "reads" an encyclopedia from end to end. Finally, electronic encyclopedias offered a great bargain for consumers. They cost less than $100, instead of the $2,000 or more for fine paper encyclopedias.

If you create these same three benefits for other categories of paper publishing, the results will be the same. We'll see a wide variety of eBook devices, ranging in size from pocket-sized viewers to existing PCs and laptops which, if not ideal reading machines, offer the important benefit of existing usage approaching half a billion units.

Ultimately, I think the most likely device for reading eBook titles and electronic periodicals will be the Tablet PC we're working on. It's the size of an 8-by-11 piece of paper, is less than an inch thick, and weighs less than a kilogram. It can take notes in electronic ink or text, send e-mail, play music and movies, run existing and new software, and link wirelessly to various networks, including the Web. It's capable of holding more than 50,000 books today and millions of books within a decade or so. It's a combination of an electronic book, an electronic magazine, your computer, a stereo, a television, a tablet of paper, and a pen—all in one incredible device. Does that sound like something people might want? I certainly think so.

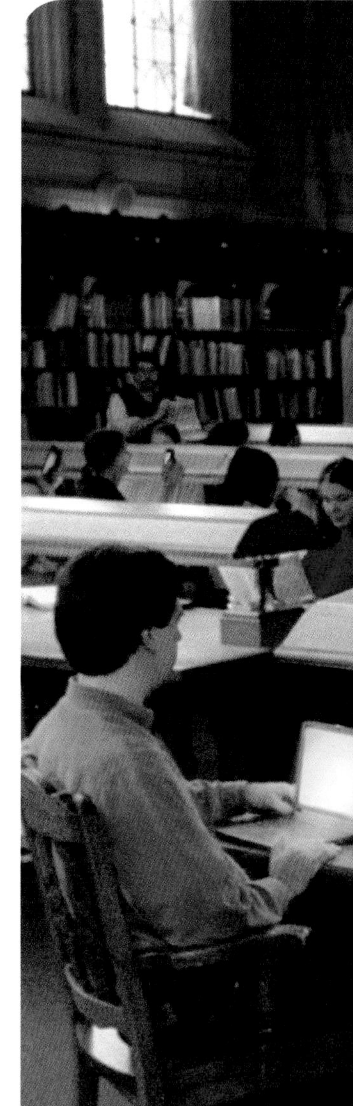

If we can create a satisfying reading experience with eBook devices, they'll take off in the same way that electronic encyclopedias did. Just think of some of the benefits that eReading brings: adjustable type size and font, annotation, electronic bookmarks, an incredible density of storage that provides a genuine library in your hand, the ability to instantly purchase and download books, and audio or video capabilities so you can hear or watch a book as well as read it.

Nobody says we have to give up paper books. Think of the horse after the triumph of the automobile. It didn't vanish, although it was no longer the principal means of transportation. Similarly, after the triumph of eBooks, paper books will no longer be the principal means of distributing information. But, like horses, they will continue to exist for pleasure, for those who prefer them, and to preserve tradition.

I'm certain that people who love books and who love to read will embrace eBooks once they've experienced good ones. PCs, after all, were originally just for geeks. The early calculators cost hundreds of dollars and couldn't compete with the slide rule. But today, PCs are universal, the slide rule is a museum piece, and calculators are offered free as sales promotion items. Like all transitions, the move from pBooks to eBooks will be a little painful and tentative at first. Then, in less than 20 years, eBooks will be so pervasive that we won't be able to remember living without them.

Microsoft predicts that in the year 2020, 90 percent of all books will be sold in electronic form.

How will Microsoft Reader revolutionize publishing? Time will tell. No one can predict the future, but this timeline represents the best estimates from Microsoft researchers and developers familiar with the history of electronic publishing.

2000 Microsoft Reader with ClearType debuts.

2001 Electronic textbooks appear and help reduce backpack fatigue in students.

2002 PCs and eBook devices offer screen resolution that is almost as sharp as print on paper, using 200-dpi screens that have been enhanced with ClearType software.

2003 eBook devices weigh less than a pound, run for eight hours, and cost as little as $99.

2004 Tablet PCs offer eBook capabilities, handwriting input, and many powerful computer applications.

2005 Sales of eBook titles, eMagazines, and eNewspapers top $1 billion.

"We're on the verge of the most exciting change to the printed word since moveable type."

Steve Stone, General Manager, eBooks Product Group

We already have seen how technology can improve business productivity, make it easier for people to communicate, and help get kids excited about learning. In the eBooks group, we have the opportunity to help create the next generation of written communications. As everyone knows, paper has been the predominant means of communicating written information for the last 800 years. Within the next 10 or 20 years, most of us will be using electronic devices to read our books, newspapers, magazines, and other content. These devices will provide a reading experience every bit as satisfying to us as paper offers today, with many additional benefits. Because printing and distribution costs will be virtually eliminated, eBooks and ePeriodicals will cost less than their printed cousins do today. Imagine a virtually indestructible, tablet-sized device with a screen resolution finer than any LCD screen that exists today. It can store 50,000 books, and you can instantly download information to it from anywhere on earth. This book can also talk to you, it can cross-reference information, and it has a battery life of 10 years. That's a pretty big vision, but it's much closer to becoming real than most people realize.

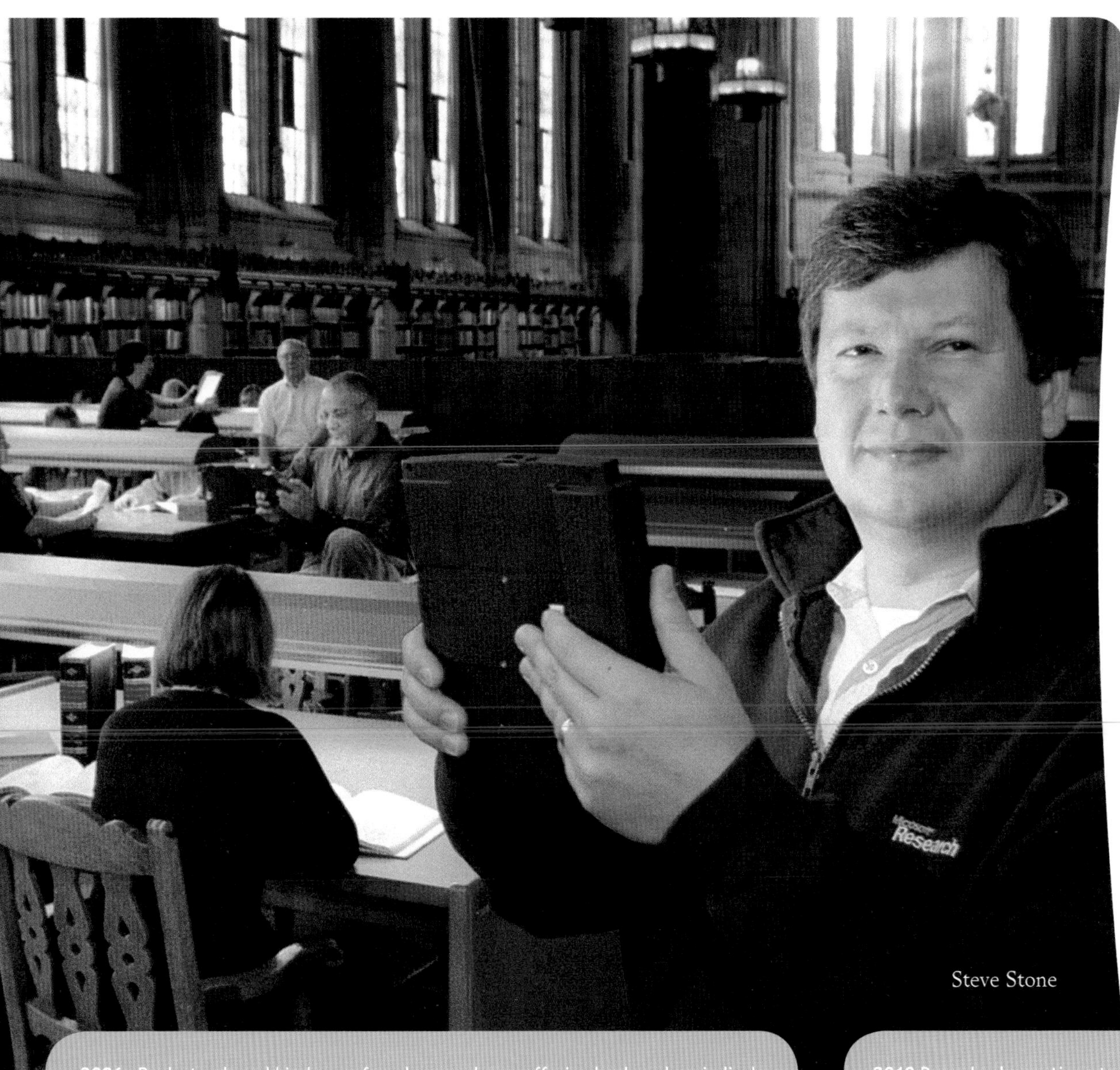

Steve Stone

When we first began building Microsoft Reader, we came to the conclusion that the book is already a perfect reading machine. When we set out to design the optimal reading software, we didn't dismiss the book. Instead, we embraced it as our blueprint.

Microsoft Reader is, in effect, a browser that makes it easy to read books and other text on the screen. There are a lot of conventions of the printed page that get lost when words get electronically converted—simple things like margins, justification, line spacing, and letter spacing. What Microsoft Reader does is present the printed page electronically in the format we're used to seeing in the pages of book. When you combine that with the resolution we've achieved with ClearType, you have a very satisfying reading experience.

Microsoft Reader can run on a desktop, a laptop, a hand-held reading device, or a Pocket PC. When we talk to booksellers, we say, "Here's your market. There are millions of blank 'books' out there just waiting for you to pour your titles into." Over time, we expect there will be more titles available as eBooks than in print, and eBooks will give authors more autonomy to reach their audiences over the Internet. You can just download what's new from your favorite author and go! We're on the verge of the most exciting change to the printed word since moveable type, and we think Microsoft Reader will be an important part of that.

2006 eBook stands and kiosks are found everywhere, offering book and periodical titles at traditional bookstores, newsstands, airports, and even in mid-air.

2009 eBook titles begin to outsell paper publications in many categories.

2010 eBook devices weigh half a pound, run for 24 hours, and hold as many as a million titles.

2012 Electronic and paper books compete vigorously. Pulp industry ads promote "Real Books from Real Trees for Real People."

2015 Former high-tech rivals unite to fund the conversion of the entire Library of Congress to eBooks.

2018 Major newspapers publish their last paper editions and move solely to electronic distribution.

2019 Paper books continue to remain popular as gifts, for collectors, for books of fine art and photography, and for those who still prefer a print reading experience.

2020 Ninety percent of all titles are sold in electronic as well as paper form. Webster's alters its first definition of the word "book" to include eBook titles read on screen.

How eBooks Will Change Our Lives: Take your library with you, with instant access to your books any time, any place • Ever try lugging *War and Peace* on a vacation? eBooks make it easy to take the heaviest books anywhere. • Fewer printed books saves trees • Read while your partner is sleeping without annoying or awkward lights • Students don't have to carry backpacks full of textbooks • Readers with low vision can easily increase print size on any title, eliminating the need for expensive large print books • Readers who are blind can download eBooks into devices that read aloud • Highlight and annotate electronically as you read

Bill Hill, Researcher, eBooks

I've been interested in reading since I was three. There was a point when I was reading almost 17 books a week, and completely exhausting the local public library in Glasgow. I got interested in computing in the early '80s, when I was working as a journalist, because it was obvious to me that it was going to change journalism forever. I realized that I had two options: I could get swamped by the wave that was coming, or I could learn to surf.

I started to develop some expertise, and then I left journalism to help set up Aldus Corporation's operations in Europe. I thought that desktop publishing would have a huge impact on print, but I also spent a lot of time thinking about the issue of reading on the screen.

One day, Paul Brainerd sent me a document. He said, "I think you should read this because this guy's talking about all the things you've been talking about for ages." So I started reading, and I'm thinking, "Yeah, they get it. These guys get it." The document was Bill Gates's "Information at Your Fingertips" address to the 1990 COMDEX. I decided that I wanted to work for his company someday, and I thought that if any organization was in a position to move the world from reading on paper to reading on the screen, it was Microsoft.

One of the first things that impressed me about Windows 3.1 in terms of reading from the screen was the core font technology. I remember loading Windows 3.1 on my system and being completely astonished. I actually called my boss over, and said, "Take a look at the type on the screen. It's better than anything I've ever seen." Then in 1994—right out of the blue—I was offered the job of running the typography group at Microsoft, which had been responsible for that work. Hey, how could I resist?

After I got the job, I said to Steve Shaiman, the guy who hired me: "I'm basically gonna hijack this group. We've got to improve reading from the screen, and that's the direction we'll need to focus on." ➢

I began my readability research by thinking about the magic of the book. It's basically sooty marks on shredded trees, but it can hold your attention for hours at a time. Not only that, but as you read it, this thing you're holding disappears. The real book is going on in your brain. Now, how does it do that? That was the question I started with.

I had a sudden insight one day when I was tracking a coyote. I don't hunt—I've been a vegetarian for 29 years—but I love to watch animals. I was walking through the woods, tracking this coyote, and it struck me: "Pattern recognition. I'm reading a story here by recognizing patterns in this track." Pattern recognition is key to our survival as humans—and it's also the key to how we read.

Humans specialized in visual pattern recognition several million years ago, when it was all about fruit. If you're swinging through the trees, you have to recognize fruit that's almost ripe. If you leave it until it's ripe, someone else will get it. So we developed the visual cortex and we learned to recognize visual patterns. About half of the human brain is dedicated to visual information. As a result of specializing in visual pattern recognition, we developed symbols to portray meaning—the first cave drawings. Now, I don't think that the drawings were just about survival situations—they're too beautiful for that. But from those symbols evolved writing systems and languages. And from that evolved typography.

"I had a sudden insight one day when I was tracking a coyote."

When you realize that visual decoding is a survival behavior, then you understand that it's like a device driver. Our ability to recognize visual patterns is always running in "background mode." It's going on entirely behind the scenes, so that when we read, our conscious, cognitive processing is available for semantics, visualization, and entering fully into the world of the writer.

When we read, we work with a database of word shapes that we recognize, and we add to that database during the course of our life. You learn the word "door" by learning d-o-o-r. But at some point, you learn to recognize the shape of the word door and you never think of the individual letters again. This sort of visual decoding is a survival behavior—that's how the book or any printed page manages to disappear from your hand and end up in your head.

But the problem with reading from today's screens is that it's hard to depict small type sizes clearly. The best screen available on the mass market today has only about 110 dots per inch, and that's not enough to show all the subtle features of type. The fuzzy words on the screen just don't match our database of word patterns. This brings reading out of "background mode" and gets in the way of readability.

Midway through this work, I moved my efforts to the electronic books group, where making it easy to read on screen was the number-one challenge. No matter how sexy the case looks, how long the battery runs, or how easy it is to download new books, the real test comes when the user tries to read from the device. If it doesn't sustain the same experience of immersion that reading a paper book does, the electronic book is dead.

The book is basically a 300-page-long water slide for human attention. You get on at word one, and as you slide all the way to the last word, there's hardly anything that can interrupt that ride. Certainly for me that's the case. I could read balanced on the edge of a rusty razor blade in a foxhole in World War Three. To create that experience, you need very sophisticated typography and design. Each one of the things that you do wrong is like leaving a nail sticking up on the water slide. Anything that can slow you down can get in the way of reading.

One day, I was in my office with Bert Keely, our expert on screen displays, and he picked up a magnifying loupe from my desk and stuck it over an area of white on the screen. He said, "What do you see?" I saw that even though we'd always treated each pixel as an indivisible unit, it was actually made up of red, green, and blue stripes, which are offset from one another. There was actually three times as much resolution available as anybody had ever addressed. If you could take each subpixel and turn one part black and other parts white, you'd have much more freedom to create the complex shapes and relationships you need to produce readable type. And that's when the light went on for me.

After this epiphany, we went to Greg Hitchcock, the development manager in the typography group, and said, "What do you think of this?" He got Mike Duggan to do some experiments on a bitmap. The minute we saw the first good one, we said, "Whoaaa. It's possible." The next step was to figure out how to do it algorithmically. Greg "partied" on the code of the TrueType rasterizer—the font subsystem that ships in all versions of Windows—and made it capable of doing what we wanted. The average typeface that ships with Windows has something like 25,000 lines of programming code to deal with type—you know, "In this lowercase a, in this typeface, at 10-point, turn this pixel on." That was the complexity we were facing. Once we'd rationalized it mathematically, ClearType became the magic software switch that made existing screens two to three times better at displaying type. Instantly.

It's just another example of the critical mass that we have here. You're walking down the hallway, and you'll have these casual conversations. And you go away and think, "Wow." Then you wake up in the middle of the night thinking, "Ah, we could do this!" Our breakthrough didn't happen by accident. It happened because we were building up a team to address a particular problem. There was a powerful dynamic for things to come together. And, in this case, they did.

"The critical mixture in the ClearType discovery was Bill Hill, with his passion for improving the screen reading experience; Bert Keely, with his expertise in LCD screens; Mike Duggan, with his desire for perfection in typography; and me, with my background in text rasterization. If we had been working independently, it's unlikely that this project would have sparked. But together, we created an explosion."

– GREG HITCHCOCK

Greg Hitchcock, Software Development Lead, eBooks

Bill Hill and I had both been pushing the technology in this area for quite a few years. Then Bill introduced me to Bert Keely, an expert in LCD screen technology, and the reaction started. Bert really understood the subpixel layout of LCD screens. Even today, most people don't know how color works on an LCD. He reminded us of a phenomenon that we were all familiar with: that the human eye is much more sensitive to luminance—the brightness of an object—than it is to chrominance—the color of an object. Thinking about that was what really convinced us that our approach might work.

The ClearType project continues to be exciting, but you can never forget that moment when you see it work for the first time. I was working with Mike Duggan on the first prototype, which was not very impressive because I made a mistake. I reversed the on and off commands so that it looked like a photographic negative. Ooops! So we modified the prototype to fix my mistake, and when we looked at again, the results just staggered us. We were all expecting something only incrementally better that we'd seen before, but instead we got an order of magnitude better. We were looking at resolution that was unbelievably crisp, like the resolution you see on a printed page. Mike and I immediately called Bert and Bill over to see the results, and they were completely floored.

We still have a lot more work to do as we concentrate on the problem of integrating ClearType into our products. Microsoft—rightly so—focuses on backward compatibility, which means we want to make sure that our new products work with the existing ones that are out there. Some features of ClearType make the text better but also make backward compatibility difficult. But it's still very exciting to show ClearType to someone who has sworn to never read more than a page of text on a computer screen and hear them say, "When can I have it?"

"ClearType happened by getting smart people together, and smart people make things happen. And you know, it makes you wonder how many more of these breakthroughs are still out there, just waiting to happen."

– GREG HITCHCOCK

Trying to portray type on screens with today's resolutions is like somebody painting a picture of the Mona Lisa with a paint roller. – BILL HILL

Bob McKenzie, General Manager, Automotive Business Unit

Traffic is a mess, you're late for work, you've skipped breakfast, and your car is running on fumes. To make matters worse, you just remembered that your Pocket PC, with your to-do list on it, is lying right where you left it—back on your kitchen table. You need help, fast. And you're about to get it from an unexpected source: your car.

First things first: you command your car to find the nearest gas station—of course, one that carries the brand of gasoline you like. Your dependable vehicle not only responds with the location, it also tells you how to navigate the streets to get there.

Now, about breakfast. Your car can tell you the best places to eat, but this morning you want a restaurant with something relatively healthy on the menu. Your car recommends one within a few blocks that, of course, takes your credit card.

Back at the wheel, you ask your car for a traffic update. The freeway up ahead is still a parking lot, but your car knows the neighborhood surface streets like a native. It calculates an alternate route and issues a series of crisp audio instructions to guide you around the gridlock.

With your blood-sugar level restored, you suddenly think about that to-do list. Again, your car comes to the rescue. You tell it to dial your home computer and synchronize it with your personal information management software in the car. You dictate a few annotations. Your car converts them to an edited text document. You then ask the car to transfer the file to your office PC and update the file on your home computer.

With your day back in control, you now have time to listen to your personalized infotainment titles—the ones your car downloaded from the Internet overnight while in the garage. As NPR's Linda Wertheimer wraps up a story, you hear a loud bang—an untimely flat. Not to worry. Your car summons help and soon you're on your way once again, safe and secure.

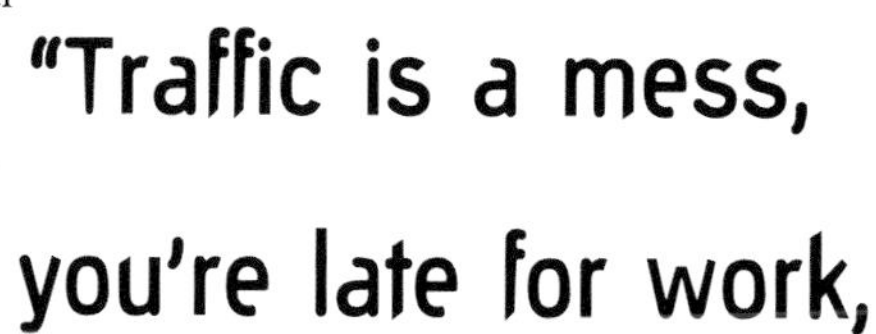

"Traffic is a mess, you're late for work, you've skipped breakfast, and your car is running on fumes."

While this may sound futuristic, there are more and more AutoPCs based on existing open standard technologies like Windows CE for Automotive. The increased adoption of these open platforms by the automotive industry will make integrating these computing appliances into the car relatively easy. Even more important, open standards make it possible to offer a range of clients for your car, from entry-level, thin appliances to more involved multimedia infotainment systems for high-end cars. We are also actively encouraging the industry to adopt open standards like XML, which will enable service providers to deliver a whole host of great benefits.

Today, the appeal of our software for the automotive industry is the flexibility and choice it offers. They can choose their computing platforms, hardware peripherals, software partners, and software components. Our group is currently working on everything from advanced user interfaces with speech control to car-centric applications for drivers and passengers. We are also working closely with service providers and car makers to develop a range of location-based services and applications that will be based on where you are. These are exciting times, and I think we're positioned to lead the way in this rapidly evolving area of technology.

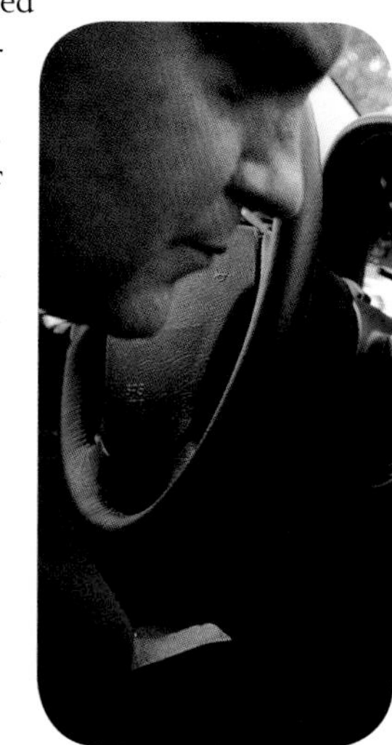

- Avoid traffic jams with real-time traffic updates
- Send e-mail with your voice from your car
- Entertain your kids in the back seat with DVD movies
- Quit unfolding and refolding paper maps

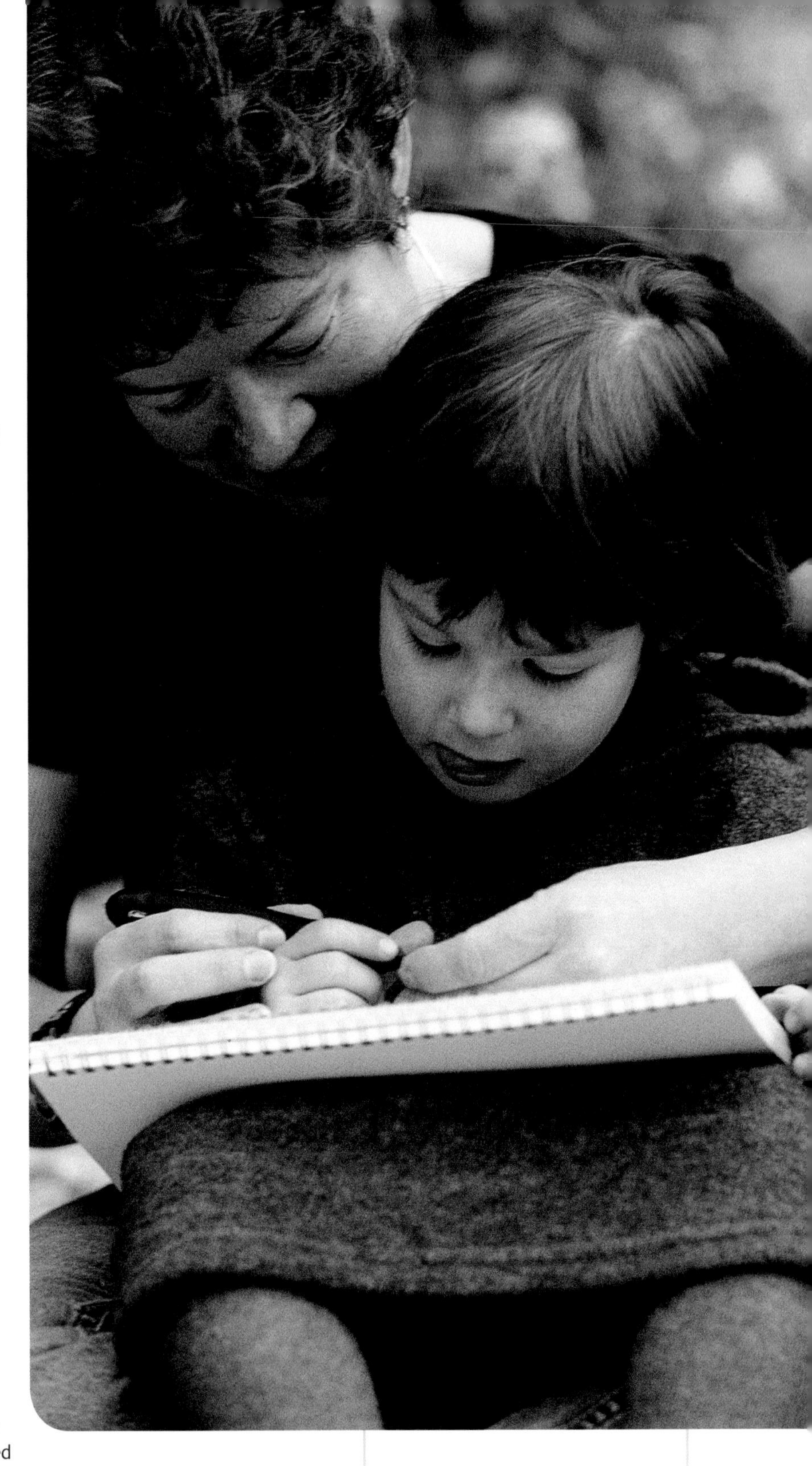

Lyndsay Williams, Researcher, Hardware Systems, Microsoft Research, Cambridge

You need an instruction book to use a computer, but I want to make devices that are simple to use. When you get a new pen, you don't expect some instruction booklet with it. You pick it up and use it. I've always wanted to put a computer in a pen, because I've got nowhere to put a pocket-sized computer. Making a computer small enough to fit inside a pen is just a matter of eliminating things that are too big. The display takes up room, so get rid of that. And a keyboard takes up too much room, so that's got to go, too. That leaves accelerometers.

> "Making a computer small enough to fit inside a pen is just a matter of eliminating things that are too big."

A few years ago, I came up with the idea of using an accelerometer inside a pen to record handwriting movement. Accelerometers are used in car airbags. When you crash your car, the motion is detected and the accelerometer triggers the airbag. In the pen, it will detect the movement of your hand on the paper and use pattern recognition to determine that a particular set of movements represents, for example, the letter a. It will learn about your writing style as you use it, so it will get smarter over time. If you always do a 7 with a bar across it, the pen will learn that. And since it's a real pen, with ink in it, you will have two copies of your notes—one written on the page and another that you can download from the pen into your computer, where it will appear as text. At the end of the day, if the worst happens and you've lost your computer memory, you'll still have your written notes.

Eventually, these pens could be so inexpensive that you could own them in different colors, for different uses. They could have electronic leashes so if you lose one, it can signal you, like a pager does. And if you lose it, no one else will be able to use it because it will recognize only your handwriting. Your data will be secure because the pen will require your signature to operate. So, if you lose it, you're just losing a bit of hardware; you're not losing any data.

The experiments I'm currently doing on accelerometers involve a wearable computer that logs all my movement. Each day, I download the data to Excel so I can analyze it. Through pattern recognition, it learns that one particular pattern represents walking and another is cycling or driving a car. If this technology were in my phone and detected that I was cycling, it would know that this was not a good time for me to talk and would take a message. If it sensed ambient noise, like in a restaurant or at the theatre, it would know to make the phone vibrate instead of ring.

I once had a close encounter with a double-decker bus while I had on the wearable computer. I looked at the plot the next day, and it showed the exact time that the bus pulled out in front of me and I had to swerve to the right-hand side of the road in front of oncoming traffic. My prototype only samples every five seconds; the next one will sample up to 100 times a second. It might even be able to sense breathing. So both the sudden movement and the increased heart rate associated with that bus incident would be detected.

These devices are inexpensive because they use very low-level sensing, which is fine for most purposes. If you record what people are doing with video, they've got to stand in front of a camera, which is very high-bandwidth and expensive. These sensors cost a couple of dollars and can easily be integrated into mobile phones. There are plenty of places where we can put them. For example, 80 percent of a watchstrap is wasted space. Imagine if you had flexible circuit boards embedded in a watchstrap. By adding accelerometers, you could have a scrolling screen on a watchstrap. It's just a matter of using this space more efficiently than we do now.

Whenever I sit down at a desk and use a computer, I'm struck by how limiting that is. Who says you have to sit in a chair to use a computer? Really, you should have the computer with you all the time so it's there whenever you need it. And why does a computer have an on/off switch? Any of these small devices should power up the moment you lift them and shut off a few moments after you put them down. This just makes sense. If a book can operate without an on/off switch, so can these devices. There are a whole number of things that can be addressed with an accelerometer and a few steps in the right direction.

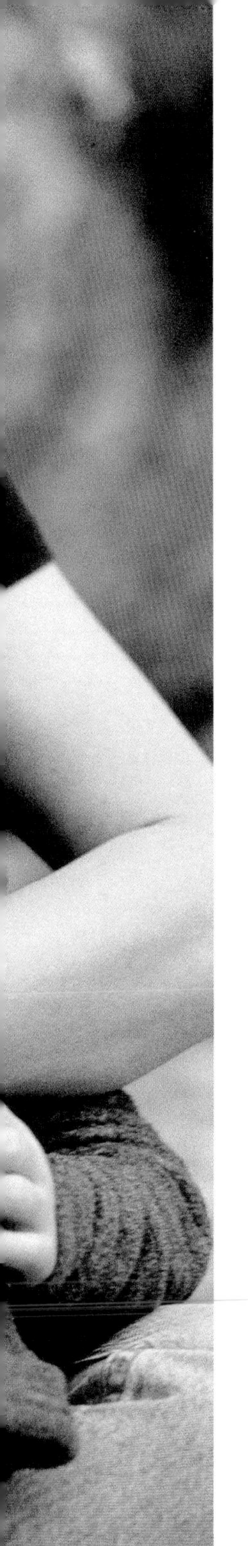

"The Tablet PC will work where you use pen and paper today."

Alex Loeb, General Manager, eTablet

The idea behind the Tablet PC is that laptop and desktop computers have enabled a tremendous amount of productivity, but they're not ideal for everything. They're great if you can sit at a desk to write a document. But if you're at a meeting, using a keyboard requires too much concentration—not to mention the rudeness factor of typing while someone's talking. Taking notes on paper is not as intrusive, so why shouldn't it be easy to take notes on a computer? In many business and school situations, people would be much better served by a slate-like device. Online reading is another key area for the Tablet PC—from memos and newspapers to full-length books. We're working on all of the software solutions to make the Tablet PC possible.

One reason I like the Tablet PC is that those little bitty things you can wear on your belt or put in your pocket don't work for me. And they're definitely not optimized for women, because women don't always wear belts. We don't always have pockets, either. I don't know how men keep all that stuff in their pants pockets. They must have a space in their legs where it all goes. People who aren't covered with pockets need a device like a notepad that they can carry around.

People probably won't use the Tablet PC to write a 20-page memo, although you'll be able to hook up to a wireless keyboard and do that. The main input will happen with a pen or via speech recognition. The problem with speech is that it's not practical in a lot of settings, like meetings or classrooms. But the Tablet PC will leverage every input method, and you'll be able to choose the best method for each situation. It'll be perfect for things like taking notes in a business meeting or reading and annotating documents on a plane or on a couch. Basically, it'll work where you use pen and paper today.

This will be especially cool for students. When they arrive in class, the professor's PowerPoint lecture will be up on the screen. They can download the slides to their wireless Tablet PC, along with the relevant sections of the textbook, and write notes directly on the slides in their computers. They can even circle something or send a question to the professor, who can answer it later. When it's time to study, the lecture and the notes will all be there. If you miss class, another student can send you lecture notes. You probably won't be allowed to take tests on these devices, for obvious reasons. You'll have to check them at the door and pick up a dumb Tablet PC terminal (or a pad of paper) with nothing on it except the test questions. You won't be able to wad up the device into a ball and throw it on the floor when you're stressed out, but you can't have everything. And, of course, there will always be some guy in the back row, hacking into the stuff they thought was deleted.

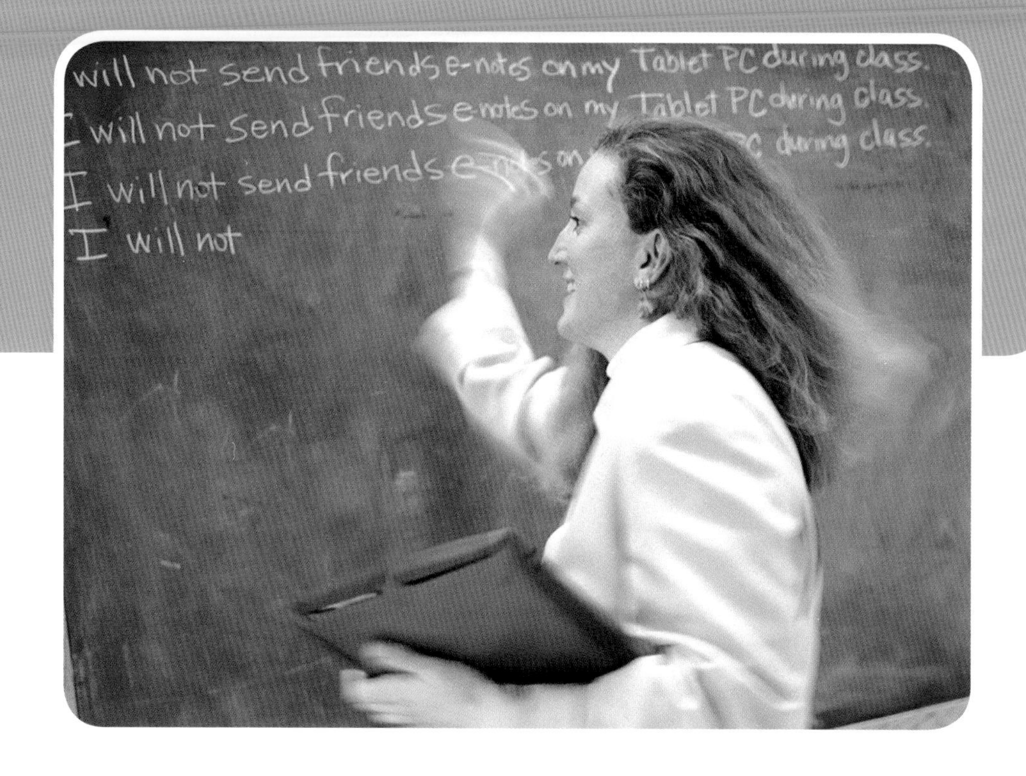

To See the Future, Look Around You

Everybody knows that the past was a long and tedious process and it took forever for us to get here. But we seem to expect the future to drop out of the sky and pop open on impact, spewing groovy magical devices everywhere like a suitcase that's fallen from the gaping cargo door of a detoured spaceship. Actually, the future is a lot more subtle than that—we'll just find ourselves in the midst of it one day, and we'll realize that we've been too busy living to fully appreciate that the living has gotten easier. So keep your eyes open—because if you blink, you'll miss it. You'll know that the future is making itself at home when you realize that you're having a lot more fun than you used to.

Suze Woolf, Group Program Manager, Consumer Strategy Prototyping Team

If you want to get a pretty good image of the future, don't go looking for grand, sweeping changes that will happen all at once. The world of the future will be made up of the little things that sneak up on you, so that you'll hardly notice, but they'll end up changing the way you live.

We did some focus groups and asked people what bugs them most at home and which things they wish they could do differently. One thing that almost every age group mentioned was being woken up in their own fashion. The working parents wanted their schedules read to them. The kids wanted to wake up to their favorite songs. Everybody had a different preference for what they wanted to think about and hear at the start of their day. Many of these things are very prosaic and practical—it won't require a big a leap of software sophistication to achieve them in the wired home of the future.

Basic computer science research will change life at home. Take machine vision, where cameras and image-processing software will allow devices to "know" when you enter a room. Combining machine vision with speech recognition and other contextual cues like gesture recognition, time of day, and previous patterns will allow devices to interpret our actions and try to anticipate our needs.

Another scenario is that products will have small tags in them that identify what they are. So, when they're placed in the medicine cabinet or the refrigerator, they can broadcast their name, their pull date, and even the Web link where you can find out more about them. A cosmetic company might put a low-cost tag in the soap wrapper to lead you to a site about skin care for your type of skin. The devices that read these tags will also be inexpensive, and they'll be able to give you a list of everything that's in your refrigerator or your pantry. Some hospitals already use this technology for inventory management. When an object goes up on the shelf or is taken off, that information is recorded. "Search" takes on a whole new meaning when something in your environment can tell you what and where it is.

In a way, a refrigerator is like a PC. It's an opaque box that sits there, and you can't tell what's in it by looking at it. It needs a directory system so you can do useful things with the information. And it needs to be able to talk to other data islands like the TV screen or the microwave. They'll have network connections with each other inside the house and even connections to many places outside the house. How will they exchange information? What kinds of information will they exchange? Perhaps when you drive your car into the garage, the door to the house will unlock and the lights inside will go on. Perhaps iris scanners at the doors will let in only recognized people, so your family won't have to carry keys. Those are all things we'll probably be able to do in the next few years, but the bigger question is, which things will we actually want to do?

People want to feel that they have some flexibility and creativity in their home environment. If we're smart, we'll be

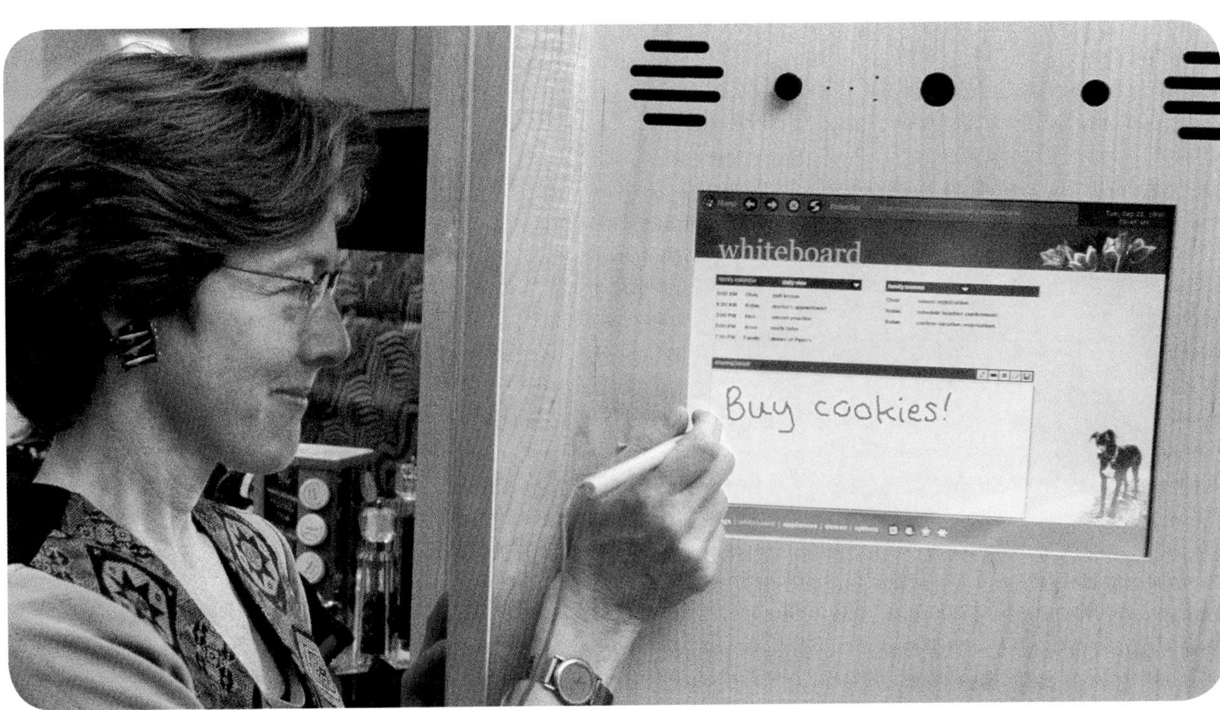

"A refrigerator is like a PC. It's an opaque box that sits there, and you can't tell what's in it by looking at it. It needs a directory system..."

able to figure out where to take away the tedium of domestic chores without taking away the sense of accomplishment people get from managing their homes. People won't want to lose the creativity involved in managing their lives.

There's a quote that I'm really fond of that says, "The future's already here. It's just unevenly distributed." This is absolutely true. Ideas don't exist in a vacuum; a great many factors determine which ones become big trends and which ones die out. Maybe I'm just getting humbler, but I think that the implications of new technologies become obvious to a wide circle of people simultaneously. Every time I have what I think is a unique idea, I eventually discover I wasn't the only one. The more important determinant is who can bring an idea to market in a form that is meaningful to people.

The first generation living with a new medium or technology often doesn't discover its most desirable use. They do the old thing with it—think what the name "horseless carriage" implies. Motion picture cameras were first used to film plays from one position. It's the second generation that thought of taking the camera off the tripod. I'm eager to see what kids growing up today will do with some of this stuff we have right now.

Our job here requires gaining as much knowledge as we can about what's going on both inside and outside the company. With more and more of the world operating on "Web time," everything that can be invented will be invented. But empathy, imagination, and dialogue will be essential parts of the process.

"Some of these future scenarios can get pretty weird... you know, the toilet monitors the family's general health by chemical sampling, the medicine cabinet checks dad into Betty Ford and locks the car in the garage."

– TED KUMMERT, VICE PRESIDENT, MSN INTERNET ACCESS

Steven Guggenheimer, Director, Consumer Strategy

Steven Shafer, Manager of the Vision Technology Group, Microsoft Research

The things we're working on now have to do with getting the computer to talk to you and be available to you in ways that are more natural for what you do. The idea is for the computer to know where you are so that when you interact with it, it will give you appropriate options and suggestions depending on what you're doing. That's why we're working on person tracking with computer vision.

Imagine a house that sees, listens, and makes decisions. This house will feature dozens of intelligent devices that network together for efficiency, comfort, and fun. By creatively combining software, computers, and the Internet, homes will become partners in your life activities instead of lifeless shells around you.

Connecting devices to your home network will be as simple and reliable as plugging in a toaster. And we can envision applications for this in virtually every area of the house. To start with, you won't need keys anymore; the iris scanner will let only family members enter the house. Outside doors will automatically lock when your toddler enters the room. If you forgot to lock the front door, you can lock it remotely from your car. If an elderly relative falls down and yells for help, the phone will automatically dial 911 with a prerecorded message.

> "Imagine a house that sees, listens, and makes decisions."

In the family room, the television or VCR can be set to automatically pause when the telephone rings. Music comes from speakers plugged into your home network, rather than from a stereo. You simply say "remote control" and follow the beep to your remote or issue voice commands to your TV.

In the kitchen, the coffee pot will check your schedule and make coffee at 6:00 a.m. because you have an early meeting. The self-cleaning oven will send you e-mail when it gets dirty, and you can schedule it from your computer. If the dishwasher notices that the water temperature is too hot, it will run a diagnostic test and order a new part. The next day, the appliance repairman will e-mail you to schedule an appointment.

You can check your blood pressure or heart rate with a device that connects your computer to your health-care provider. And rather than just have a traditional baby monitor, you can have a sensor in the baby's crib that alerts you to a wet diaper or a fever.

Right now, we're trying to build a common layer in the middle—one that can talk to a variety of devices in the smart home or smart office of the future and also make it possible for people to write applications that don't depend on the specific device but that depend on some of the features. We're creating a prototype of intelligent rooms and exploring them. The goal is to produce interfaces that are more responsive. I think we'll see some things happening in that direction within a year or two.

Olivier Ezratty, Director of Marketing and Communication, France

I have five computers at home, all connected to a server. That may sound excessive, but a friend of mine has 23 PCs at home. My kids each have one, my wife has one for her business, and I have one, plus my portable, so everybody in my family can use their own computer whenever they want. It's like a little office, but it's more fun because we're all connected to our home theater. One desktop has a DVD player, so we can watch movies from any computer. My kids and their friends love it.

People at Microsoft used to be mostly young and single. Now that we're raising families, it's easier for us to imagine the future because we see how our children use computers. What's great about kids today is that they're inventing new ways of using the computer that we never thought of. One of my sons is 14 years old, and he's already programming in Visual Basic. He got the beginner version and is learning it by himself. He created a 20-page file on Kosovo using information from the Web and Encarta. The teachers at his school were taking a lot of days off, so he plotted them on a spreadsheet and did a statistical analysis of the excuses given by teachers for not being there.

> **"It's easier for us to imagine the future because we see how our children use computers."**

I recently bought a universal remote control. You program it with your PC, and it controls the devices in your home. I gave it to my son, and he hooked it to all the devices at our house, gave it back to me, and told me about the bugs he found in the software. He is not yet charging me for this consulting service, but if he does, it could get expensive.

I love my networked home, but in the future it will be even better. Right now, I need 2 kilometers of cable just to hook everything together. But soon, there will be wireless connections, so it will much easier to add a new device. And when we have voice commands, I won't have to worry about paying my son to program the remotes!

It happens frequently. A power surge occurs, and when I get up in the morning I'm greeted by a bunch of blinking clocks.

Ravi Rao, Program Manager, Universal Plug and Play

From my VCR to the microwave, from the DVD player to the alarm clock, from the set top box to my cordless phone, all the clocks are blinking 12:00. And, like a regular ritual, I have to manually reset all the clocks to what the current time is. What a pain!

Enter Universal Plug and Play. With UPnP, I will have an application that finds all the clocks on the network and resets them to the atomic clock in Colorado. Wonderful, isn't it? But how will it do that?

UPnP defines a set of standards for devices and services. As a result, all my devices (VCRs, microwaves, etc.) will offer a standard set of services. And all these devices and their associated services can be automatically discovered on the network. Therefore, since my VCR, microwave, DVD player, and several other devices contain a "clock service," this can be discovered and controlled. As simple as that.

After a hard day's work, I come home and turn on the switch right next to the front door. Instead of just turning on the light, lo and behold, this changes the heat to a preset temperature, turns on the answering machine, sets the stereo system to play my favorite classical station at the level I like, raises the window blinds if it is before sunset, and turns the TV on to the news channel. And, of course, it turns on the light as well! Currently, my audio/video system is on a 1394 network, my phone is on an HPNA network, and my HVAC system is on the power line. How could one flip of a switch control devices on all these networks?

UPnP, in addition to standardizing the set of services in a device (for example, clock and tape transport services in a VCR) and the set of actions in a service (for example, setTime, getTime actions in a clock service), also standardizes the messages that get sent across the wire. This lets UPnP be the operating system, platform, and network agnostic; as a result, the architecture spans across all systems and networks, just like the Internet. So, the cool home automation application that works in my home will work in yours, too!

I have a large collection of music CDs and video clips. I was sick of the time it took to find the CD with the song I liked and the difficulty in playing songs and video clips that belonged to a certain theme, so I digitized all my audio and video and categorized them into different play lists based on a theme. My UPnP-enabled AV jukebox can now publish these play lists over my HomePNA network, stream the audio to the speakers of my choice, and play the video clips on the cool new HDTV that I recently bought. My wife, on the floor above, can play some other play list on the set of speakers in her room. In fact, while moving from room to room, she can have the music follow her from one set of speakers to another!

I walk into a room where I have to give a presentation. I am a little late and forgot to make hard copies of the presentation. With UPnP, my laptop discovers the printer; as a result, I can immediately make hard copies of my presentation without needing to have a driver for that particular printer! Besides, I can also discover other services in that room such as the projector, a phone, an A/V system, an electronic whiteboard, and an Internet gateway; all these appear as icons on my laptop that are immediately ready for control. As a result, devices can easily form an ad hoc network using UPnP to enable dynamic peer-to-peer networking.

With applications in home automation, printing/imaging, audio/video, Internet gateways, consumer appliances, and automotive networks, UPnP does not just have a rosy future, it *is* the future. We expect a dramatic increase in the production of low-cost intelligent appliances and expect these devices to be UPnP-enabled, either natively or through a bridge. ISVs will start writing applications for information management, remote home control, and entertainment. Home builders will construct homes where all home devices and appliances will be UPnP-enabled and applications will enable easy remote monitoring and control.

If the 1990s was the decade of networking, this is the decade of home automation and distributed systems, and we're working hard to make UPnP the technology of choice.

Alan Wong, Product Manager, MSN Companion

MSN Companion is a device that will allow you to get onto the Internet easily and do e-mail and surf with one click of a button. It uses Windows CE as its operating system, and the cool thing about it is that it's Internet ready. You can buy this device, bring it home, open it up, and log on to e-mail in less than five minutes. To achieve that goal, the registration, password, user ID, and phone number set-up all have to be done beforehand.

It's an ideal solution for both first-time and experienced Internet users, and it will be very different from a PC. It'll be perfect for people who don't want all the productivity applications and horsepower of a PC and just want to send e-mail to their relatives. Think about your parents or your grandparents. They don't want to know what a portal is. They don't want to worry about some strange thing called an ISP. All they want to know is whether they can get news and e-mail. Everything else is a bother. They need a device that's small, easy to use, and reliable.

"When we go home and sit on the couch, we want something small and lightweight that enables us to get connected without a lot of fuss."

Actually, that's true for all of us. We don't mind having a big PC in the office, but when we go home and sit on the couch, we want something small and lightweight that enables us to get connected without a lot of fuss. Sure, you'll have to use a keyboard, but it'll be infrared wireless with a built-in mouse, so it won't even be physically connected to the device. There will be a USB printer instead of a parallel port, so you won't have to deal with a monster cable. This will be the perfect device to take out on your deck on a sunny day so you can pretend you're working.

Buying one will be similar to buying a mobile phone. You'll just go to the store and pick one out. You'll give them your basic information—nothing more than what you give when you get a cell phone or a cable hookup—and then you'll be assigned a phone number for the device. That information will go immediately to an MSN document, and the whole process will be complete.

You won't even need to leave the house to get one. Maybe you'll decide that this is the perfect gift for your mom. You'll go to msn.com and type in her name, telephone number, and address. Then you'll wait a couple minutes and you're done. The OEM will ship directly to her, and when she opens it up and turns on the device, it will say, "Welcome to MSN, Mom!" She won't have to know about the password or ID. She can hit the e-mail key, it'll go directly to Hotmail, and she can send you a nice thank-you note right then and there.

That is the scenario we're working on. We see a huge need for this kind of device, and we're excited about how it will make communication easier.

George Moore, Product Unit Manager, Windows

As consumer use of the PC increases, the PC will be moving out of the office and into the living room. You'll start to see many more things like support for high-definition TV, digital video recording, game playing, and lot of other things for entertainment and social computing as opposed to corporate desktop productivity.

We're taking a new tack with Whistler Consumer—the next consumer release of Windows—to focus it on use in the household. And we've been continually testing the new user-interface ideas to make sure they work in that environment. We have this benchmark of about 20 common tasks, such as browsing the Web, sending an e-mail message, composing a letter, and setting up a printer that we test against the various UI changes for Whistler. The goal is to have it take less time to do these tasks with Whistler than with previous versions of Windows. The tasks we're looking at are more productivity related, but other groups, such as the Windows Game Manager group, are making sure that these new devices perform well in the entertainment areas. They want the PC to function more like a game console so that it will require no installation and no goofy configurations in order to switch from productivity tasks to games.

But the PC will be just one of many computing devices in the home, all with an amazing variety of form factors. Tablet PCs, eBooks, Pocket PCs, Smartphones, and so forth will all be connected to a rich web of content and services for both inside and outside the home. In just a few years' time, the device you carry around with you all the time will be your cell phone, which also happens to be your digital camera, personal music player, GPS device, Web browser, and digital wallet. With wireless networks enabled on these and other devices like cash registers, the checkout experience at the local 7-Eleven will be virtually identical to the online checkout experience on Amazon.com.

Our mission is to provide all of the infrastructure pieces that will make this a reality.

John Nicol, General Manager, MSNBC

MSNBC.com has already achieved much of its original vision: it's the top news site on the Internet and uses cutting-edge technology to produce customized and in-depth information for millions of individuals each and every day. But, along with the Internet, MSNBC.com's vision has expanded.

People today expect an extraordinary amount of news and information to be available instantly, at their request, and it must be instantaneously current. Tomorrow, they will demand that the news follow them, engaging with them as they work and play. MSNBC.com will have to support the myriad of devices that become information platforms—pagers, phones, Internet appliances, set-top boxes, game consoles, cars. We already provide news feeds for gas pumps and automated teller machines.

Over the next few years, we'll see a consolidation and evolution of these device operating systems, which will allow MSNBC.com to support an even larger array of platforms without having to produce content specific for each device. We'll focus on making news even more relevant to each individual—by checking your Outlook schedule and current location and then letting you know that traffic is heavy on the way to the ballpark, the weather looks fine, and that the person you're meeting will be in great spirits because his company's stock just shot up 10 points. You can ask your device why the stock surged, and you'll instantly receive a detailed company report along with the news that one hour earlier your associate's company announced a merger. International news and sports scores will flash by, as you requested, and then you're on your way.

With so much raw information available, we will want the information to organize itself around us. This will be true even for television. The distinctions between TV and the Internet will fade. Our Internet connections will be continuous, and MSNBC.com's news content will be as rich as TV's. And we'll want our TV news or sports to be available on demand and be customizable and interactive. For example, MSNBC.com will produce streaming national election coverage that will be indistinguishable from traditional television programming except that you'll be able to drill down to your local district statistics or log on and debate issues with a worldwide audience.

MSNBC.com will be more personal and more engaged in your work life and play. It will configure itself to fit your information needs, your time frame, your device, even your location. And it will give people a place to study and discuss the issues that we face in our neighborhoods and around the world.

"Life is too short for bad television."

Bruce Leak, President, WebTV, Silicon Valley Campus

WebTV lets you take this simple little box, plug it into a phone line and a TV, and be on the Internet. You don't have to worry about configuration because basically it just works like an appliance. We've essentially allowed people to use their television as a springboard to the Internet and to communicate with other people. But that was really just the first step.

The next step was to enable broadcasters to use Internet technologies and make the television programs that you already watch more interesting, more fun, and more interactive. For example, now you can play along with *Wheel of Fortune* or *Jeopardy!* and compete with the people on television or with other viewers. Instead of just yelling at the television, you can actually prove that you can do a better job. This interactive programming is based on a standard that we pioneered called ATVEF, which is much like what HTML is to the World Wide Web. So it's actually quite easy for any television show to use.

With news programming, you can be polled as part of the show and see the results on the television. For example, NBC did the last presidential State of the Union address interactively. And while watching *Dateline*, you can link to more in-depth information on the NBC Web site related to each night's stories. You can bookmark an article to read later or you can pause the program, read the article, and then watch the rest of the show.

Interactivity is great for commercials, too. You can click for more information, get a coupon, or actually buy. Domino's Pizza did a spot during a *Star Trek* movie marathon in the Bay Area, where you could just pick up the remote control and say, "Yeah. Send me one." That is probably the killer app for a couch potato.

Notre Dame's football games were interactive on WebTV last season, so you could get all the stats on your favorite players, take trivia quizzes about previous seasons, and chat live with other fans about the game. And we've just added instant messaging with MSN Messenger. So when you see that your friend is watching, too, you can send an immediate message and communicate with each other on screen. In the future, circles of friends will still watch programs together, but I think that television will still be a fundamentally passive experience. Consumers will simply have more choice and control than they do now.

WebTV, our consumer network for television services, plays a fairly small role in terms of all the television viewers in the world. So to reach the entire marketplace, we have a very broad solution called Microsoft TV that we license to any network operator so they can create similar services for their viewers, advertisers, and programmers. The first major Microsoft TV customer is AT&T, the largest cable operator in the world. They've committed to almost 10 million units of this software. And since anyone who licenses the Microsoft TV technologies can receive the same interactive programs, *Wheel of Fortune* and *Jeopardy!* will run on AT&T as well as on the WebTV products of today.

In the future, I think that some of the most exciting stuff will become possible when everyone has a hard drive for their TV. We added a large disk drive to our satellite WebTV product that allows you to digitally record programs on the hard disk and play them back whenever you want. Disk drives are doubling in size for the same price every 9 to 12 months. Right now, you can get a 40 gigabyte drive for about $100—that's about 40 hours of recording. But in five years, it'll be 400 if not 1,000 hours of recording for $100. There are only about 400 major motion pictures released a year, so you could have every release from last year on that one drive. Once you have a large amount of disk space, you won't have to consciously decide to record something. Instead, your TV will record things that you'll probably like. You won't have to worry about using up too much space.

That'll be a thing of the past. In the future, the broadcasters' view of time will go away. Clearly, there'll still be live events, but searching and browsing will become important. You'll have guides or "curators" who know your taste and will help you navigate through the infinite space of entertainment and sports and news.

And yes, you'll be able to skip commercials. So the future will be interesting for broadcasters and programmers. Some will have subscription services, like HBO, where advertising isn't the bread and butter. Others will find sponsorship and commerce opportunities within the programming. And since the program will be interactive, you'll be able to go deeper to find out more about products and services—whether it's the car someone's driving or the clothes they're wearing or finding out how to participate in the game show.

We won't entirely lose the "water-cooler culture"—you know, "Did you see that *Friends* episode last night?" When an episode is released, it'll still be a big deal. But it'll be more like movie releases today—not everybody sees a movie on opening night.

I think people fundamentally like what they get today on television. They just don't have the choice or the control that they'd like to have. The television controls them more than they control it. With Microsoft TV, when I sit down, instead of watching whatever's on, I'll watch stuff that I care about. Life is too short for bad television.

Almost every home in the U.S. has a television, and nearly 44 million U.S. households have at least four.

Ten Things You'll Be Able to Do From Your TV in the Future:

1. Watch anything you want, any time you want. Don't miss the last half of a basketball game because you have to leave on a business trip. Watch the second half on the plane, and catch the last agonizing minutes of overtime in your hotel room.

2. Chat about which aliens on *Star Trek Voyager* have the least convincing facial prosthetics as you view it with friends around the world.

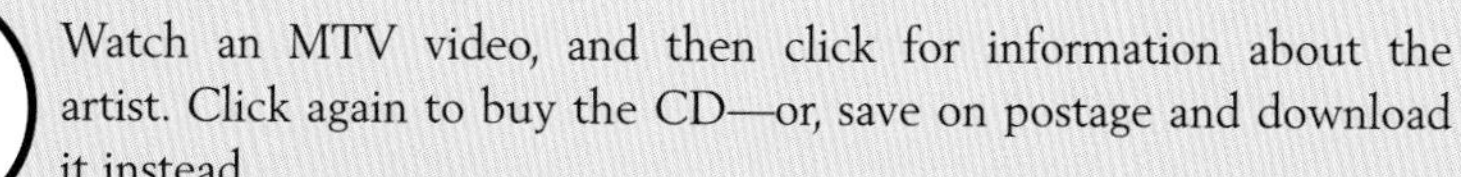

3. Watch an MTV video, and then click for information about the artist. Click again to buy the CD—or, save on postage and download it instead.

4. Not going to be home for the new *Baywatch* episode? Call home from your cell phone and tell your TV to record the show on its internal disk drive.

5. Attend a class while lounging on your couch. E-mail penetrating questions to the lecturer while making clever comments to yourself about his pompous rhetorical style and ridiculous haircut.

6. You have absolutely no more excuses not to participate in democracy. Watch a political debate or a legislative session and join the discussion or vote on the issues immediately.

7. Tired of stories about truck roll-overs and animal births at the zoo? Create your own news program, available at your demand, on the topics of your choice.

8. Watch a documentary on whales with your children, and then go to a Web site for answers to their complicated questions about when whales lose their baby teeth and where they sleep.

9. Collect product discounts while you watch TV commercials, and have your cell phone remind you when you pass a store where you can enjoy the savings.

10. Play against all the celebrities and contestants on shows like *Who Wants to Be a Millionaire?*, *Wheel of Fortune*, *Jeopardy!*, and *Hollywood Squares* from the comfort of your own home—and even win some of those fabulous prizes.

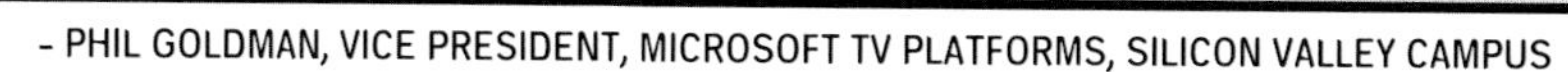

- PHIL GOLDMAN, VICE PRESIDENT, MICROSOFT TV PLATFORMS, SILICON VALLEY CAMPUS

Robert Bach, Senior Vice President, Home and Retail Division

I have a cool job. I get to think about games all day, which is something not many people can say.

Gaming is all about suspending disbelief. You want people to believe they're in the environment that they're playing in. And the only way to do that is to have graphics that feel and look real, stereo surround sound, and sophistication in the audio system that makes the environment come to life. That's what will make Xbox different. The games will be that much more realistic and that much more immersive.

What makes Xbox cool is that we've really designed the hardware so developers can produce incredibly great games. In particular, with Xbox we're pushing the envelope on graphics technology, using techniques that have evolved from the film industry and our years of work on graphics in Microsoft Research. Xbox will plug into your TV and produce graphics that are more than 3 times as rich as those that appear in current games. We've also added a hard disk to Xbox, making it the first console to ever have that. The hard disk will enable you to save games and download new content (such as levels and characters) over Xbox's broadband connection to the Internet. It will also give developers extra memory space to create even more realistic graphics for the games. Finally, Xbox will have a very high-end audio system. Most game machines today have very weak audio systems, and this makes the games much less realistic. When you think about it, "sound" is a key way in which people interact with their environment, so if the sound is bad, the game just isn't as immersive or interactive as it should be.

With Xbox, you'll see phenomenal games—not only from Microsoft but from other developers as well. Game designers will be able to create virtual worlds that look and sound incredibly life-like. And they will be able to do this with less work and in less time than ever before. If we can make this part of creating a game easier, we can unleash their creative talents to make the gameplay in the game itself more fun and engaging. The secret to success will be better games—and Xbox will have them.

John Rodman, Product Manager, Sports and Racing Games

The sports gamer is the ex-jock frat boy who is still really close with his high school and college friends. We'll call him Billy. Billy follows three or all four of the big sports. He can tell you the names of all the on-air personalities on ESPN, reads the sports page of *USA Today*, and logs on to ESPN.com at least once a day. Here's his ideal scenario: On a Saturday afternoon in the fall, Billy calls up three old college buddies. They come over to his house. One of them brings pizza, one of them brings a case of beer, and together they watch the Huskies take on Arizona State. At halftime, they turn off the TV, turn on the Sony PlayStation, hand out the controllers, fire up John Madden Football, order another pizza, and crack open another beer. They sit there and play against each other like it's the end of the world. They were competitive as kids, they were competitive in college, and they're competitive now. They just want to beat each other silly with this game. And they've got their feet up on the table and they're spilling stuff on the couch, but that's okay because this is the recreation room.

Now, let's take the console out of the equation, and here's how that dynamic would change. It's halftime in the Washington–Arizona State game. Billy goes up to Dad's office and boots Windows 98 to play football on Dad's PC. (Billy still lives at home, of course.) Oh, by the way, there's only one chair, so Billy's friends have to stand. Billy's dad doesn't allow any food or drink in his office, so they have to leave the pizza and the beer downstairs. Also, everyone has to take their shoes off because Dad's office has hardwood floors. And hey, you can't put your feet on the desk even if you're the lucky one who gets the chair.

So you can see the problem. Until the PC is on the TV in the recreation room, the console is king. And that's why, for every single sports title that's sold for the PC, 10 are sold for the game consoles. My target audience lives on a different platform. That's very challenging for me. No matter how accessible we make our sports games, or how great they are, chances are that the other guys are going to make something good enough for the console to keep Billy and his pals right on the couch. But when the TV and the PC merge, the whole scenario changes. The best part is, if the game on TV gets boring, you can play your own game at the same time on the same screen. Imagine the weekend football marathons that's going to save!

Our Xbox technology will be strategic in this area. It will combine the stunning graphics and excellent artificial intelligence capabilities of Windows as a gaming platform with the convenience and comfort of the traditional console.

In most families, the grownups play more games than their kids do, even though they often don't admit it.

Dave Fester, General Manager, Marketing, Windows Digital Media Division

Imagine turning on your car stereo as you drive to school or work and listening to the hottest new releases from your favorite artists, which were automatically downloaded to your car stereo the night before as you pulled into your garage. Or what if you could listen to your favorite radio station from another state or tune into your CEO's quarterly broadcast—via your Windows-powered cell phone?

Imagine having a dinner party and using voice input to quickly select songs from your entire music collection that play in every room. Or how about taking your favorite songs with you on your jog through the park—on a portable music player that never skips?

Imagine coming home from a hard day at work, clicking a button, and having a just-released movie stream down to your TV on demand—no waiting, no commercials. Or watching your favorite episode of *Star Trek* and being able to pause while you link back to older episodes to check a few facts.

Imagine being at work, where you can press a button in Windows and moments later broadcast live from your desk to your workgroup, your department, or the entire company. Or watching a streamed video and software demo to learn a new skill or product while sitting at your hotel desk—and then sending a 30-second video e-mail to the wireless Pocket PCs of each of your team members.

Imagine capturing on video your baby's first steps and letting Grandma and Grandpa, who live in another state, see the special event just a few moments later, via streaming video, on a secure family Web page. And then storing all your movies on your home video server's writeable DVD so you can play them from anywhere.

We're building the software and services that will power the digital media revolution by enhancing communication, improving productivity, and taking entertainment to new levels—any time, any place, and on any device.

- Someone downloads Windows Media Player every second.
- There are over 2000 Internet Radio stations, over 5000 music videos, and over 2.5 million song previews available on the Web that you can use with Windows Media Player.
- Windows Media is the most popular streaming solution in corporations.
- This year over 30 million people will download music, 25 million will listen to Internet radio, and 14 million will buy music on line.

Digital media—pictures, voice, music, presentations, videos, animations, and movies—is a key driver of the evolution of computing and communications technologies and services. Our innovations are making it easier and more profitable to create, find, purchase, edit, share, sell, and distribute all kinds of digital media. Our software and services are touching the everyday lives of people worldwide, both at work and at home.

-WILL POOLE, VICE PRESIDENT, WINDOWS DIGITAL MEDIA DIVISION

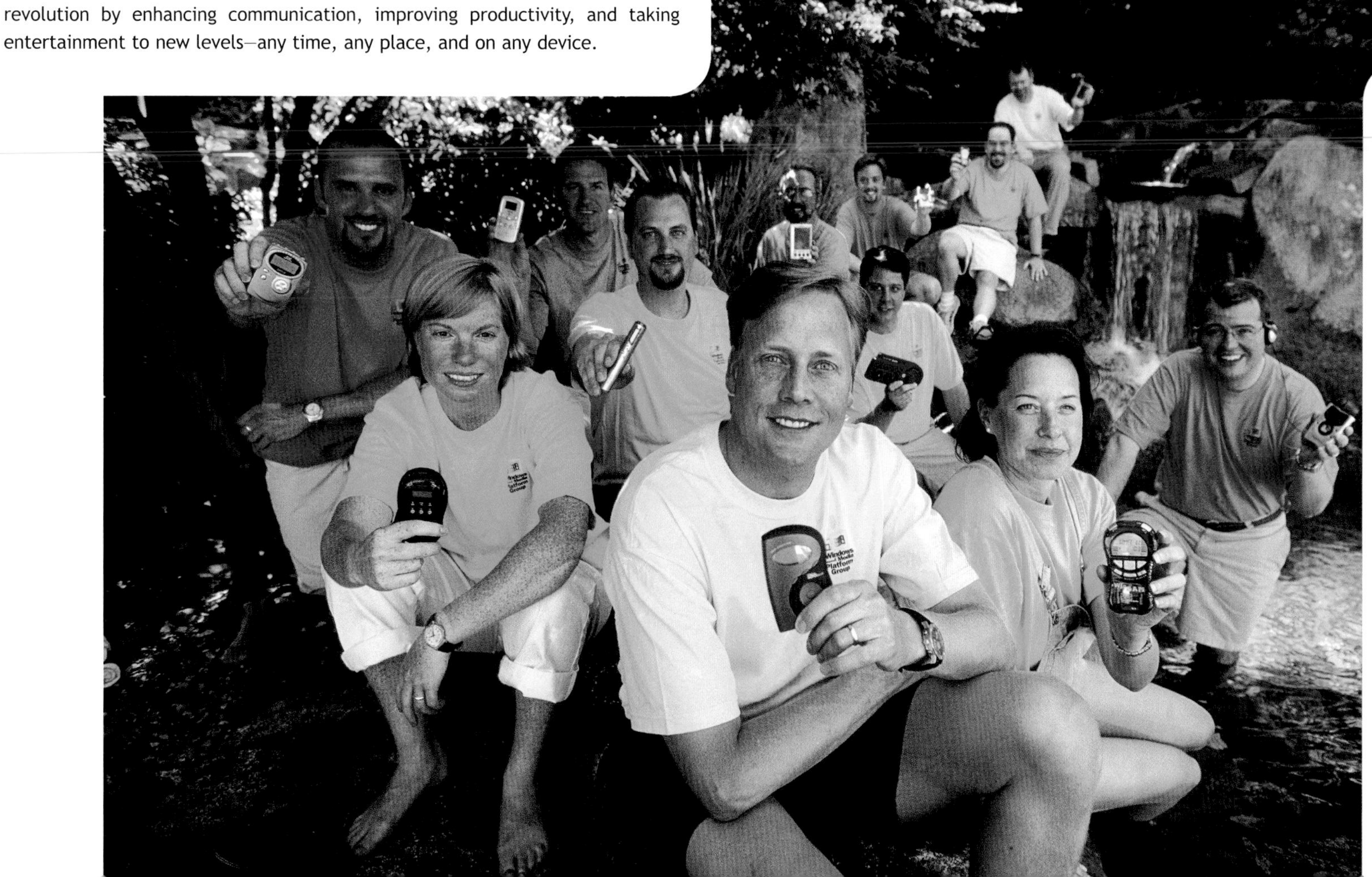

Dave Fester and members of the Windows Digital Media Division

"But how about thinking about the quality of life for people? What's a better environment for kids? If we think about these things first, we can unlock the hidden power of the PC to make life better for people."

Jim Allchin, Group Vice President, Business Systems Management

I'm not a historian; I'm a computer scientist. So I might be a little bit biased, but I think that the computer revolution in general has been the revolution of the last century. The speed of change and the empowerment that's been created is incredible. It has delegated a lot of tedious jobs to the computer through everything from automation in the factories to what-if analyses in spreadsheets for business.

"I think back to all the past centuries, how slow things were. I'd have gone insane.

And what about the impact of the Internet on society? Well, do you have e-mail? And aren't you now in closer contact with some friends than you were before? That pretty much answers the question. It brings people closer together. You can find your college roommate, your first love, your new business partners. I'm into music and guitars, and if I want to find an antique guitar, do you know how easy it is now to go on the Internet and find one?

But all this, it's happening right now, and it's a great time to be alive."

The Internet is also making it so much easier for people who want to do business worldwide. Visiting a Web site in Australia, Japan, or Germany is the same as visiting one in your backyard—you get those bits back at the speed of light. I think that the Internet is going to pull the world together and create more of a global economy.

As speeds increase, I believe you'll see a fundamental change in the way society accepts technology. For example, we did a study in Seattle in which we gave a number of households very fast access to the Internet. Instead of looking in the newspaper for movie times or the weather forecast, people could go to a monitor sitting in their kitchen. It's not a dial-up thing—it's just always on, with information at your fingertips. It changed people's lives—what they used the paper for, what they read, and so on.

I believe the Internet will change the way people live in a fundamental way. I think back to all the past centuries, how slow things were. I'd have gone insane. But all this, it's happening right now, and it's a great time to be alive.

How long does it take 50 million consumers in the U.S. to adopt new technology?

- Radio: 38 years
- TV: 13 years
- Internet: 5 years

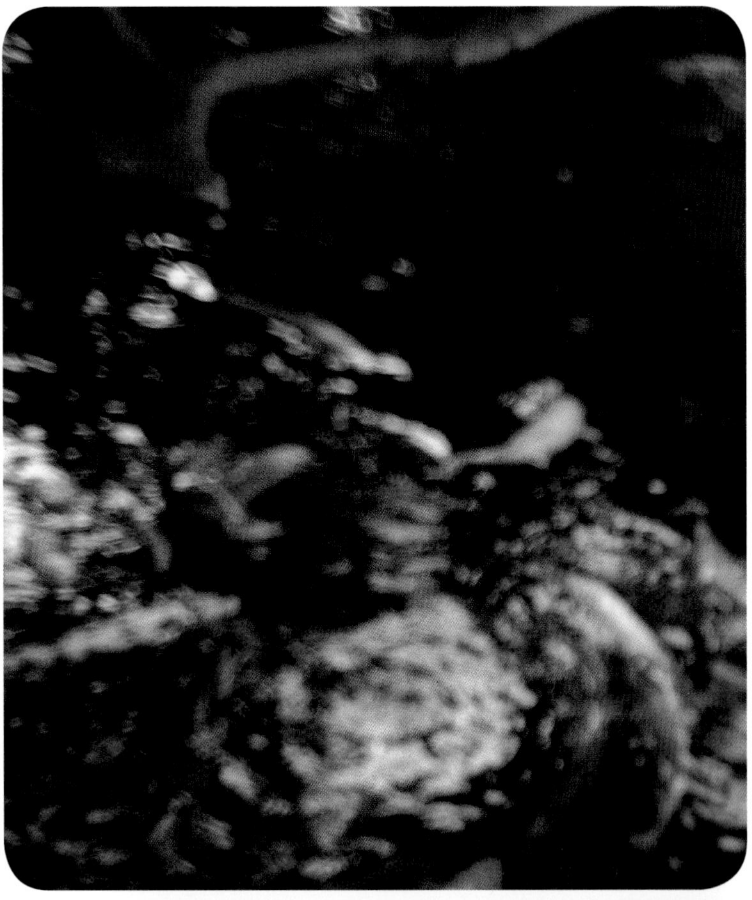

"Technology will make it possible for people to be 'connected all the time, everywhere, anywhere.' Personal communications will be embedded in clothes and vehicles. If you're on the golf course and say you want to talk to someone, you'll get a voice connection. If you're in the office, you'll get a video connection. This is not so far off."

— PETER SCHWARTZ, CHAIRMAN, GLOBAL BUSINESS NETWORK

Sam Furukawa, Vice President, Consumer Strategy, Japan

When I became General Manager of Microsoft Japan in 1986, my initial role was to create a successful market for Windows. At the time, people were just on the verge of changing over to Windows. My gut instinct told me that Microsoft was not only selling Windows and the PC architecture—it could also make the PC the common medium of communication among ordinary people. There was no concept of the Internet yet. The PC didn't have enough power to handle music or video, but I already thought of it as a machine that would become as popular as the TV. I dreamed of the PC becoming a common electronic gadget, a common home appliance. That was my goal from a long time ago, when I still wore longer hair, jeans, and T-shirts and worked around the clock. And it's still my goal today.

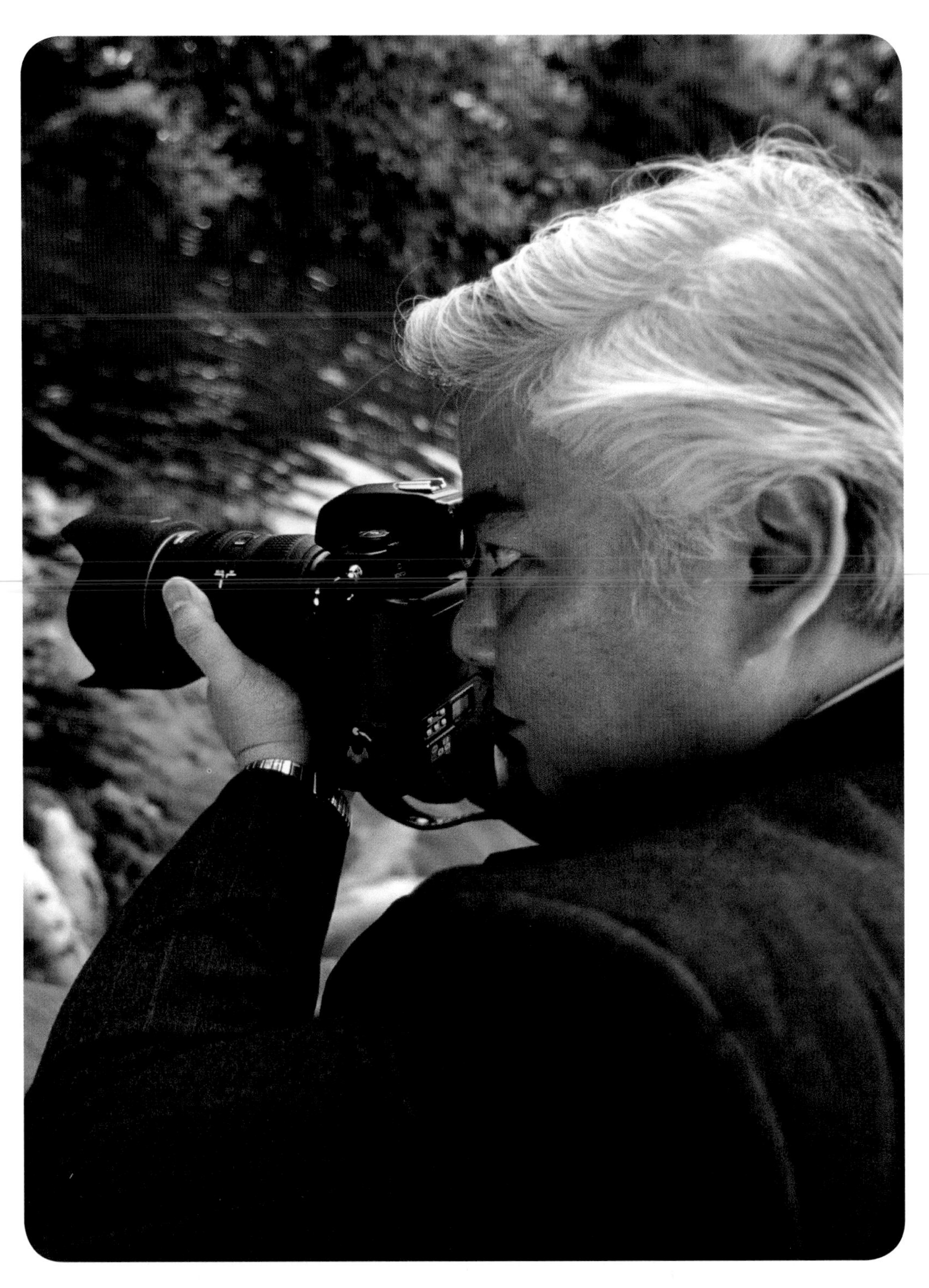

The PC was designed for some pretty narrow niche markets, and the business market became our major focus. But I've always had a strong drive to make PC technology better for the home environment. The PC allows people to connect with each other; it allows them to share enjoyment, excitement, and even pain with friends, colleagues, and family members—even those living far away. It can be much like the phone and the TV, but has the potential to be much much more.

Many people in this business only think about buying and selling PC technology and about what functionality will sell. But how about thinking about the quality of life for people? What's a better environment for kids? If we think about these things first, we can unlock the hidden power of the PC to make life better for people.

For example, if I look at my parents' generation, they only watch TV—and it's hard for them to get out of the house. They need an opportunity to be proactive about getting information from that TV. And, to be honest, it's hard for me to visit my parents every weekend. What if I could easily communicate with them in a more personal way than a phone call or e-mail? We can make it easier to use the digital camera, digital video, and the PC together.

Today, the telephone, TV set, and PC are totally isolated from each other. There's no way to share the information in a different density. For example, I want to be able to get news headlines on my cell phone and automatically switch to my TV to see the full article, and then take a piece of it and print it or share it with someone else. And, while I'm watching TV, if I get a phone call, I'd like to see a notice on my TV so I can choose to answer or not. I want a list of all my messages on screen—including voicemail, e-mail, or a video message from my dad. But there is no nice combination of voicemail, e-mail, and instant messaging today.

Even the combination of the camera, camcorder, and PC is not good today. So far, people have to spend a lot of time and money to change one media format to another. It should be much easier to see or hear something you like and download whatever density you want to a small gadget.

Even after working for over 20 years in technology, I have stayed at Microsoft in this role because the vision of what the PC can become has not yet been realized. Many people now consider me not as the CEO, but as the Chief Entertainment Officer. While the CEO is taking care of driving enterprise business and profits, I'm trying to make a contribution to society. I'm making connections in the government so we can use technology to help people, like the elderly and the disabled. And I'm working to promote high-speed networks to provide connectivity in the home. I share technology information with small businesses to give them greater opportunities. I work to bring technology that is pioneered in Japan back to Redmond. My job now is to set the stage for the next generation.

That fabulous action adventure The Internet Wars *was pretty darned exciting, and now everyone can hardly wait to see the sequel,* The Return of the Killer IPOs. *In the meantime, there's a lot of serious work to be done if we want to make the Internet a safer and friendlier place for everyone to navigate. A few promising ideas got shot down in the early years, but that's the nature of any frontier. Plenty of others have survived. E-mail is something we can no longer do without, e-commerce has been a boon to everyone who has better things to do after work than shop for staples, and information is finally becoming available to more than just the rich and powerful. But it's still not easy enough for people to really take advantage of it like they could. So all around the company, we're working on Microsoft .NET, which will take care of the nuts and bolts of all this stuff so you don't have to worry about any of it.*

Charles Fitzgerald, Director, Strategy, Platforms

Microsoft .NET is something we've been working toward for a long time, starting with the Information At Your Fingertips vision we had in 1990. Back then, we envisioned a world where you could access and manipulate any data you needed, from any device. This was before the Internet really took off and before you had rich multimedia PCs and a wide range of Internet-enabled devices.

Using today's Internet is still a lot like it was in the old mainframe days, where information was stored in centralized databases and we relied on the IT department to do everything for us. Web sites are mostly isolated islands that don't give you any flexibility in terms of how you view information—you can't customize them to fit your needs, and they don't communicate with each other in a meaningful way. Smart devices like handheld PCs and mobile phones are also islands in the sense that you have a different experience on every device you use and it's not easy to share information between them.

We're getting close, but we're not there yet. For information to really be at your fingertips, you need a "personal information space" that's accessible to you whether you're at home, at work, or on the road. The underlying technology we need to make this happen is finally available, both as a result of industry progress and our own research and development.

We really couldn't have gotten started without the emergence of two key Internet standards—XML and SOAP. XML (eXtensible Markup Language) makes it easier for people to organize and share their data over the Internet, and SOAP (Simple Object Access Protocol) uses XML to make it easier for software and services to communicate with each other. Together, these two technologies are letting us create a new, Internet-centric platform that turns the vision we had in 1990 into reality.

Based on these standards, we're working on a platform, a new user experience, and a core set of services that people need. The platform will offer identity and authentication services so people can store a single password and set of preferences across different Web sites and devices. It will have unified notification and messaging that breaks down the walls between diverse forms of communication like e-mail, voicemail, and instant messaging. It will have rich directory and search services that make it easy to find information anywhere and in any form. It will provide dynamic software delivery that ensures that your software is always up to date. It will let you store important information "in the clouds" in a way that's highly secure and accessible from anywhere.

Sometimes we'll be able to build on existing Microsoft technologies to make this happen, and other times we'll have to start from scratch. It will take a long time—like the transition from MS-DOS to Windows—but just as the graphical interface made PCs accessible to more and more people, Microsoft .NET will help us really bring the Internet into everyone's lives in a meaningful way.

"For information to really be at your fingertips, you need a 'personal information space' that's accessible to you whether you're at home, at work, or on the road."

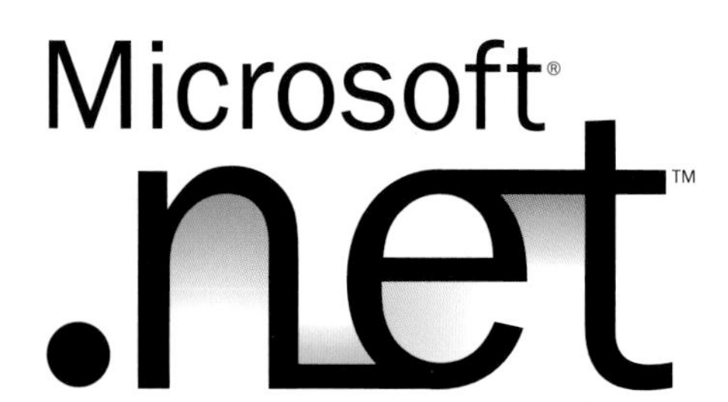

One area where the integrated experiences enabled by the Microsoft .NET platform will be really useful is digital media. As traditional forms of entertainment move from the analog to the digital world, the PC becomes a natural center of creativity for all forms of digital media, a kind of "creativity center." From music to photos to home movies, the PC is already taking on a new role of personalizing and sharing digital media. With the help of the Microsoft .NET platform, people will be able to create and share their personal libraries, playlists, home movies, photo albums, and a whole lot more. As the .NET platform ushers in a new era of intelligent, connected devices, the PC will play a key role in personal creativity, entertainment, communications, and even shopping.

My girlfriend used to cut my hair, but now I get it cut on the Internet. — TOM ROBBINS, AUTHOR

"We talk a lot about making the Web an indispensable part of daily life, but as we do research about consumer habits and people's reactions to technology, we discover that a lot of things get in the way of that mission."

Rick Belluzzo, Group Vice President, Consumer Group

We talk a lot about making the Web an indispensable part of daily life, but as we do research about consumer habits and people's reactions to technology, we discover that a lot of things get in the way of that mission. Our Internet experiences on the PC, the television, the cell phone, and other devices are all too fragmented. We can't carry our information and our preferences from device to device. You have to learn different usernames and passwords for every device and every service you use, and you can't make all these different Internet services work together. You have vastly different user experiences wherever you go.

We want MSN.NET to bring it all together. Building on some of the great services we already offer through MSN, MSN.NET will allow each user to have one identity, one set of preferences, rich communication and entertainment, and a unified user experience that will transform the Web into something that can really enrich and improve people's lives.

For example, if you're planning a vacation for your family, you need to think about airline reservations, hotel and rental car reservations, things to do while you're away, household business at home, and making sure everything fits within your budget and your family's schedule. The Web can help you with all these things today, but the technology is too fragmented for it to really make a difference in your quality of life.

But imagine if all these services could work together. You could book plane tickets for your family, your calendars would all be updated automatically, and it would warn you about conflicts like doctor's appointments and grocery deliveries. It could suggest activities for the trip, schedule dinner reservations with friends or relatives, and find you the best deal on hotels and rental cars, all based on your family's preferences. And when you get there, your information would travel with you, so you could access the same information, communication, and entertainment services you get at home.

You could do all of these things from any device, within one user experience, without switching between applications and Web sites or worrying about different usernames and passwords. People all over the company are working on the technologies that will make this a reality. It will take not only our company wide effort but also the effort of the many other businesses that are creating hardware, software, and services to transform the Web into something that can really enrich and improve people's lives.

Roger Needham, Managing Director, Microsoft Research, Cambridge

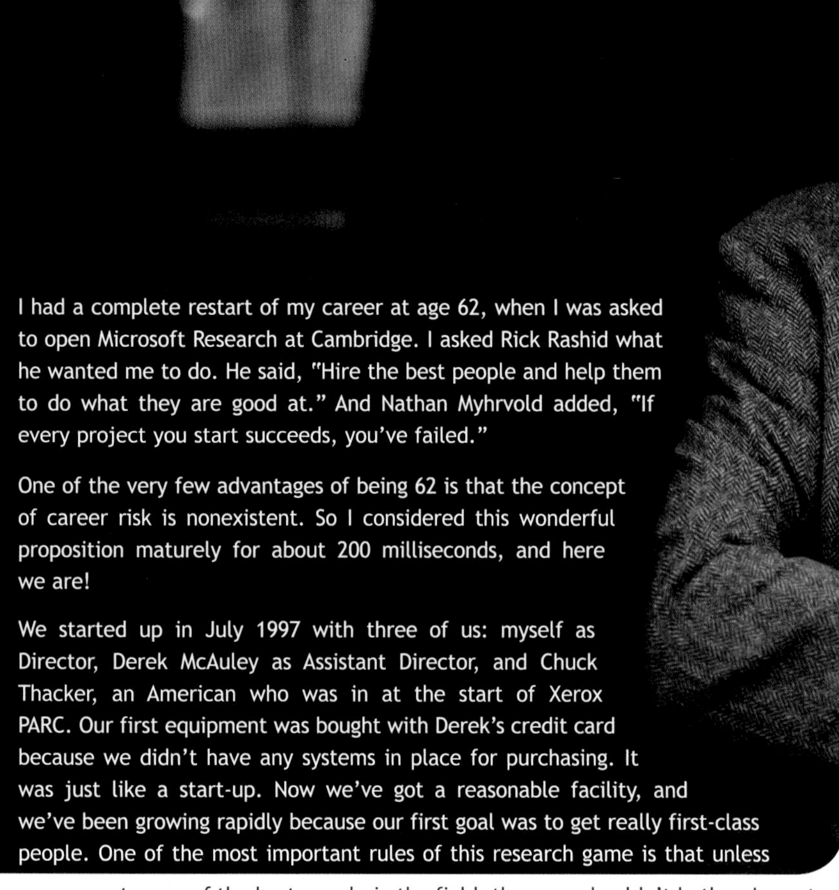

I had a complete restart of my career at age 62, when I was asked to open Microsoft Research at Cambridge. I asked Rick Rashid what he wanted me to do. He said, "Hire the best people and help them to do what they are good at." And Nathan Myhrvold added, "If every project you start succeeds, you've failed."

One of the very few advantages of being 62 is that the concept of career risk is nonexistent. So I considered this wonderful proposition maturely for about 200 milliseconds, and here we are!

We started up in July 1997 with three of us: myself as Director, Derek McAuley as Assistant Director, and Chuck Thacker, an American who was in at the start of Xerox PARC. Our first equipment was bought with Derek's credit card because we didn't have any systems in place for purchasing. It was just like a start-up. Now we've got a reasonable facility, and we've been growing rapidly because our first goal was to get really first-class people. One of the most important rules of this research game is that unless you can get some of the best people in the field, then you shouldn't bother. I spent 35 years at Cambridge surrounded by brilliant people with great ideas, and I rarely had sufficient money to hire them. That's why I enjoy this job so much. I think the only limitation on Microsoft Research is finding the right people. One of the reasons I'm here now is to help them do that. When I retire, I'm quite confident that this place will stand on its own reputation.

When we started, we decided that we had two things to do. One was to launch a first-class research lab where we could think about and invent the new technologies that could serve in the products some years down the road. The other was to have a positive impact on the corporation. In order to do that, we must remain sufficiently in touch with the technology of the present and our current product line so that if we discover something that might help the product developers out of a jam, we'll be aware of it. After new people have been with us for a couple of months, we send them to Redmond for a week or so. This is partly so that they can get to know the research people there. But they also learn how their work here directly affects the products. They come back as passionately interested in solving today's problems as they are about pure research. It's refreshing to find practical applications for the things they've been spending their lives thinking about.

A considerable part of our research has also been concerned with developing improvements in the software production process. This concerns algorithms, which are basically the way we communicate with computers. If you haven't got an algorithm, you can't compute. If the computer does something that isn't an algorithm, you say it's broken. Algorithm research produces the raw material for doing speech recognition, cryptography, and computer vision. Another area we're looking at is computers as a collective, which is networking, or, if you will, ubiquitous computing in circles. This deals with both communication and security. Solving these problems will enable us to get our products out there quickly and operating more reliably together.

We tend to think that the way we compute with Windows and pop-up menus and things like that is the way it is always going to be. But I've been around long enough to know that what we see now was the result of furious experimentation and rapid evolution. You get a bright idea, show it to your associates down the hall, and they say, "That's cool," or "I think it sucks." Eventually, all this experimentation evolves into what we have now. Nathan comes as close to predicting the future as anyone will ever do when he says, "We ain't seen nothing yet."

The physicist Niels Bohr remarked that prediction is very difficult, especially about the future. Having recognized the wisdom of that, I think that we are going to see a lot of progress in networking, which should enormously improve the constancy of connection to the Internet for wireless computers. I believe we are moving into the era of ubiquitous computing, with portable, wearable computers. And I think there is going to be a huge amount of experimenting to find out what's useful and what's not.

I'm a technological optimist. I suppose that if we could teach computers a little more intuitiveness, that would be a good thing, but perhaps that's happening as we speak.

"The physicist Niels Bohr remarked that prediction is very difficult, especially about the future."

"One of the areas that we are looking at is how we can come up with more sensible models of how to control congestion on the Internet."

Derek McAuley, Assistant Research Director, Microsoft Research, Cambridge

Setting up the research lab in Cambridge was full of surprises and quite challenging. We were all crawling under desks to install the Ethernet—including people like Chuck Thacker, who has been in the business for many years. I told Nathan I had no idea I would learn so much about real estate, legal contracts, office furnishings, and finance. Nathan just looked at me and said, "But this has been a brilliant experience for you. You've done a start-up, and you never had to worry about the bank balance going into the red! All you had to do every month was write an e-mail saying, 'Please send more money, Bill.'"

We ran into all the silly things that a new business runs into. We had no credit rating, so for the first three months, we bought computers on our credit cards because no one would take a purchase order from us. They said, "Microsoft Research? Sorry, we have no credit record for you." And we'd say to them, "Have you been reading the papers recently?" It took us three months to establish a credit rating. Until then, the bank of Thacker and McAuley financed the operation.

We had a hiring target of about 40 people, which is the critical mass required to create a research lab. I was able to find so many good people that I faced a hiring freeze three months before the end of the first year. Now we have 55 full-time people, and we're looking to recruit another 10 or 15 before we're done. One thing I didn't anticipate was that we are attracting so many visitors from around the company. At any given time, I reckon we are 20 percent over our full-time headcount. And when the interns are here in the summer, we are knee-deep in people.

Until Microsoft set up here, there were very few opportunities in the UK to do interesting research. For years, this country shipped 50 percent of its Ph.D.s straight to North America. Now I get my share of annoyed e-mail from the people in the Bay Area who wanted to recruit people from Cambridge, but we got them first. We've assembled a very impressive team. I sometimes joke that we have more professors here than they have teaching at the university.

Even with my responsibilities for managing the lab, I get in a couple days of research each week. That's as much or perhaps even more than I was getting done as a professor. At the university, I had teaching and administrative duties in addition to my research role, so being part of a lab like this is just brilliant. It focuses the mind not to have to worry about all that other stuff, which is one reason we can attract so many good people. We've seen the output of some of our researchers go up by a factor of 3 or 4 since they've come here. And they're doing what they love.

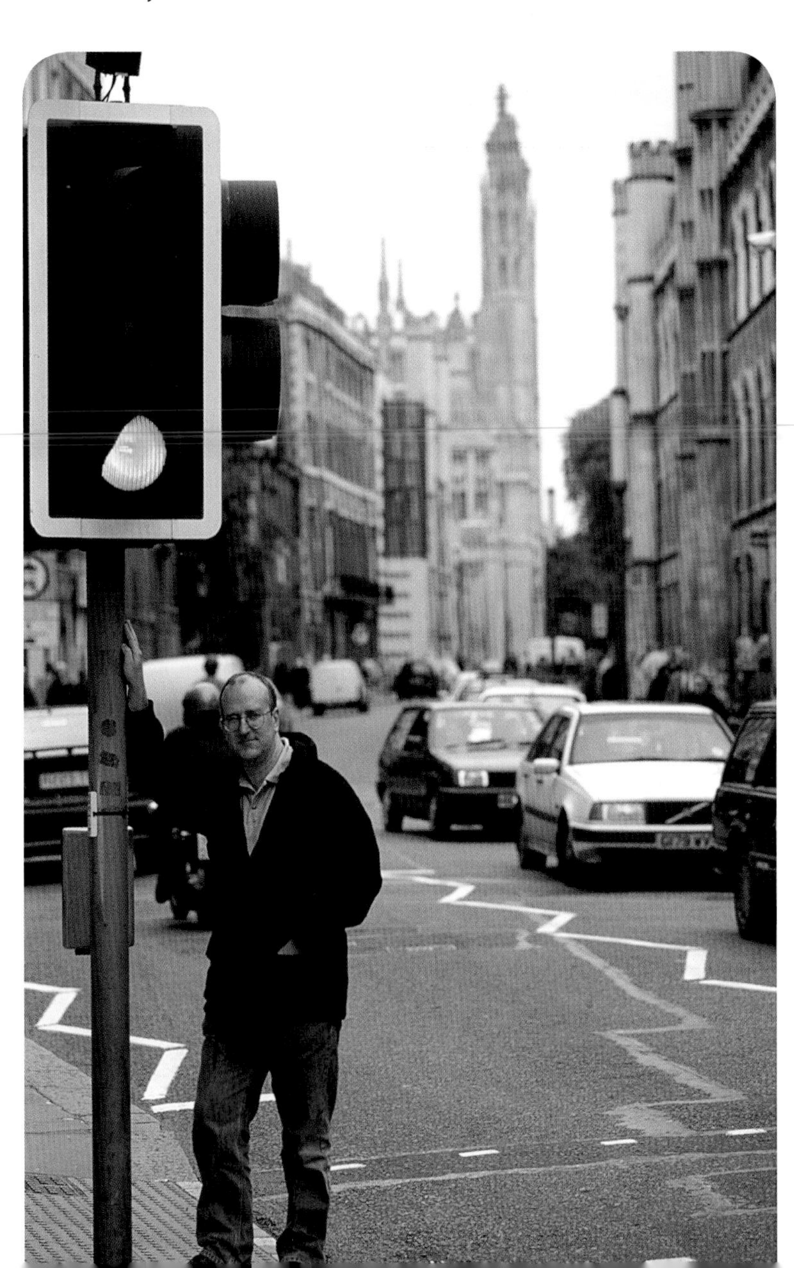

One of the areas that we are looking at is how we can come up with more sensible models of how to control congestion on the Internet. We've been working on an economic model that uses pricing to ease congestion. It would be very similar to the pricing of electricity, where home users are charged a certain rate while wholesale users and regional power providers pay a different rate. Under this plan, ISPs would have a way of charging each other in a sensible way. Today, they charge according to how many bytes they have sent to each other. But that doesn't reflect the fact that there may be peak-usage times that would cost more than low-usage times. A pricing model based on usage presents interesting challenges to traditional economists because they are not used to the very fine-grained changes in congestion that can be detected in a computer-controlled environment. On the Internet, price can be adjusted at the level of milliseconds.

When I was flying to visit Microsoft Research in Beijing, I sat next to a Boston University economics professor on the plane and we started talking about this. I learned a lot from him about how utility pricing grids work and what their limitations are. As a result of that discussion, we are now trying to bring together economists and statisticians around the world to think about the problem so we can begin to understand how we might solve it in the future.

Luca Cardelli, Researcher, Microsoft Research, Cambridge

Name: Luca Cardelli
Birthplace: Montecatini Terme, Italy
CLASSIFIED: Travels with a hard disk in his pocket—a backup of his laptop

When the Internet exploded, we were suddenly faced with the fact that the techniques that were developed for small-scale networks did not work where there was a lot more mobility of both hardware and software. When people are walking around with all kinds of gadgets and the programs running on them are transported from one place to another, these gadgets have to be aware of where they are and who they're communicating with. So the situation is extremely complex. There isn't much in the history of computing that has dealt with these kinds of problems.

All this is further complicated by the security component. Until recently, people tried to hide the differences between machines and between locations. But that makes sense only if you stay within the same company or institution. Now, we want devices that communicate across those walls. A typical example is a meeting where people from different companies want to interact using portable computers. On the one hand, they want to have a local context for communicating, but they don't want to completely merge their laptop data with others because that would make their IT people crazy. When I move outside the company, I'm no longer protected by the company's security system, so my laptop must provide its own protection from incursion by other networks connected to other devices.

Andy and I are using the ambient calculus to model this very complicated environment so we can structure software that can cope with all that complexity. The solution is to develop a way that people can carry a sort of security bubble around with them. And that bubble will be created by software. Then we need to develop an explicit operation that will allow people to enter and exit these security bubbles. Ambients work by defining a precise boundary around things. Right now, it's not clear where one system ends and another begins. But when you have a precise boundary, you'll know exactly what's inside and what's outside your personal network. You'll be able to designate parts of your information, encase them in a secure boundary or bubble, and move that entity from one place to another.

The same notion of security boundaries will also apply in your home. When you have guests over, you'll want to give them permission to use some of your systems, such as the CD player, but not others. So they'll have passwords that allow them to enter only certain parts of the network. These passwords will be difficult to tamper with because they'll use iris scanning or pulse rates to identify users.

I think that these kinds of things will start to emerge very soon in the consumer market because the world needs this kind of technology right away and because so many computer scientists are interested in it. The reason, of course, is that they're always traveling to conferences! Right now, because of security and connectivity problems, I live on my laptop. I carry my entire environment on my laptop. I don't rely on connectivity or availability of service, so I can always work wherever I am. It will be much easier when these mobility problems are solved.

Basically, there are two dueling visions of the future. One says that everybody will carry little mobile devices, and the other says that the devices will be everywhere and people will move among them using secure ways of identifying themselves. I imagine a combination. The problem with ubiquitous public computing is that it assumes perfect connectivity all the time. But if I'm in a tunnel or on an airplane or a space capsule and I have to rely on connectivity that's not there, I'm stuck. And I can't always be near a terminal, no matter how public they are. So I think we'll always need gadgets that are as portable and as powerful as possible. That's the kind of future I imagine.

Andy Gordon, Researcher, Microsoft Research, Cambridge

There will be lots of devices around—you know, computers in your fridge, PCs in your car. PCs, PDAs, and game machines will all connect to the Internet and become more and more clever. There will be a big revolution in hardware architecture that will enable all this ubiquitous computing, and there will also have to be a software revolution for programming those devices in a way that's both flexible and secure.

If your fridge is on the Internet, you can allow your supermarket to access it so they can make a shopping list of things you're running low on, but you won't want everyone else to be able to connect to your fridge and then show up to sell you more butter. Our work on the ambient calculus is intended as an approach to programming this networked mobile world of the future.

A few years ago, I was working on what we called the spi calculus, analyzing how cryptographic protocols are stitched together from atomic components to make data more secure. The name "spi" was a joke; the calculus is a secure version of the π calculus, a formalism for capturing the essence of concurrency that was developed in universities over the last decade. Luca Cardelli had been implementing a language called Obliq that was designed for enhancing mobility. We got together at a conference, and that led to our collaboration here on the ambient calculus.

Ambients are abstract models of both mobile software and hardware. An ambient is a boundary around various software objects and processes. It can have other ambients nested within it. The idea is that you can allow access to some parts of the hierarchy but not others. Within the calculus, you can express different kinds of access rights and decide which parts of your information you will allow others to look at and which you will protect.

In previous languages for mobility, it's been easy to move the whole running application from one place to another but harder to specify which logically related data structures to move as a unit. We're proposing the idea of an ambient as the unit of mobility so you can move flexibly defined subsets of information from one place to another. With all this wireless connectivity, security and flexibility will become big issues. So an ambient is both the unit of mobility and the unit of security. Combining the two keeps things simple.

What's great about doing research here is that we also have the opportunity to contribute to products. That experience, in turn, helps our research. We're constantly confronted with real problems that we can test our mathematical tools on, which isn't always the case in academic research labs. Among the other industrial research labs in Europe, some are actually much more product-focused than we are. The researchers there are often assigned to develop specific products in a strict time frame. The freedom we have here to do more long-term development is pretty unusual.

It's so dull to hear all this stuff about how working for Bill means you're working for the Evil Empire. Sometimes academic colleagues like to give us a hard time about that, but actually, they're extremely interested in what's happening here. I also think they're happy that a new programming languages group has emerged at Microsoft Research, because we're a source of collaboration for them. They're always surprised that we're encouraged to do so much theoretical work here. But we're betting that the work we do will turn out to have practical applications in the future.

Natasa Milic-Frayling, Researcher, Microsoft Research, Cambridge

I'm a mathematician who likes thinking about working systems. Ever since I started working with computers, I've wondered why we're stuck with the current desktop paradigm. We should be able to open up our workspace to create a more natural environment in which we can move freely and view various objects and types of information simultaneously. Each of us should be able to configure our environment in a way that suits us best—in particular, to maximize our comprehension and assimilation of information.

A prerequisite for building such environments is a good understanding of which user characteristics matter in the digital world. In essence, we need to build a model of the user of the future. I think of this as creating the digital DNA of a person. As you work in a computer environment, your personal patterns will be used to create your digital profile, and the environment will be gradually customized for you. In particular, computers will behave more like cooperative and attentive assistants that constantly adjust to your needs.

We are, in various ways, already making progress towards the digital DNA. I can see it being used in many different contexts. In particular, it will be perfect as support for e-commerce on the Internet. For example, right now I buy size 10 or size 12 jackets, and I'm more or less happy with the fit. In the future, I'll be able to release more details about my ideal fit to the clothing sites and purchase clothes that are custom-made for me. But the next big question is, who will have information about me and how can I control how it's used, assuming that much of the information will be more sensitive than my ideal jacket size?

Right now, there's a very lucrative business in sharing confidential information among sites, and that exchange is usually outside our control. This will change when we develop a way to store a person's digital DNA on a card or a similar device that can connect with computers, appliances, and services. Then I can share my information selectively, according to my wishes. This puts control of my own personal information back into my hands.

If I visit my physician, I may want certain parts of my digital DNA code to be available to her. When I'm shopping, I might select other information to release. I don't want my health status to be available to my bank. If I'm watching an interactive program on WebTV and I'm asked to volunteer personal information in exchange for a prize or a premium, it will be up to me to decide whether to release information and which information to release. Before this can happen, many interesting research and implementation issues have to be addressed—from how information will be collected, structured, coded, and updated to many extremely important security issues.

My futuristic project is gradually shaping up, at least in relation to the question of what an information management environment that optimizes a particular person's comprehension of information should look like and what the most natural setting is in which a person can assimilate information quickly and use it in problem solving.

I'm also working in a research area that's much better defined: automatic and human-aided classification of documents. For example, many Internet portals classify documents into categories to help us find things more easily. Reviewing documents and putting them into categories for intelligent searching requires a lot of time and work. Nobody is assuming that we can automate this process completely, but we'd like to perfect techniques and develop systems that help people make decisions about categories for a particular document quickly and accurately.

Accuracy is a real issue. When you ask two people how to classify a document, they might agree about 60 percent of time. If you ask three people, the agreement is likely to go down to 30 percent. So it's a growing disaster. I'm collaborating with researchers who are looking at machine-learning techniques to solve the document categorization problem. It will be interesting to see how traditional information retrieval techniques merge with machine-learning techniques to support more adaptive ways of classifying documents.

What I love about research is that I can go where my intuition leads me and I can work on the things that seem promising. Following an incremental path usually takes me only part of a way. What's often crucial is a change of perspective and a leap—an intuitive jump. I love conjectures. Math is all about conjectures and proving them. I am fascinated by the fact that the human mind can jump into the unknown and arrive at a correct answer to a puzzle, and yet the proof will be completely different from what was first envisioned. This manifestation of the mystery of the mind makes mathematics satisfying to me. It is very creative. It is an art.

"If I visit my physician,
I may want certain parts of my digital DNA code to be available to her.
When I'm shopping, I might select other information to release."

Jim Gray, Distinguished Engineer, Microsoft Research, Bay Area Research Center

As computing power gets cheaper, faster, and more readily available—as Moore's Law says it will—we're going to have very large databases running on very large computers. For example, astronomers have built an incredible telescope that's taking pictures of the northern half of the universe. It's called the Sloan Digital Sky Survey, and the bits have started arriving. Pretty soon, astronomers are going to have lots and lots of bits. They're already starting to ask, "What the heck are we gonna do with all these bits?" The Internet and big commodity servers make it possible for almost anybody in the world to have access to this data. So in the future, you'll be able to ask for all the information about a certain part of the sky, or a certain kind of object, or all the lights in a certain spectrum, and a computer will go all over the world and collect all the data that's been gathered on the topic and bring it to your desktop. There will still be a few astronomers pointing telescopes at the sky, but many more of them will be analyzing this data.

Imagine that all the information in the world is accessible to you. You ask a question, and a computer can provide an answer as quickly and as correctly as a human expert in the field. When you have great big, inexpensive computers, you can store and organize huge amounts of information and make that information accessible to more people to process and analyze.

For most of my career, I've worked on the problem of data storage, analysis, and visualization. Building supercomputers out of commodity components is one of our main areas of research at the MSR Bay Area Research Center (BARC).

The SQL Server team has migrated a lot of our ideas on very large database scalability into the SQL Server database. As proof of concept, we created TerraServer (terraserver.microsoft.com), a poster child for SQL scalability. TerraServer holds a giant data set of aerial photographs and satellite images of the earth—with detail down to individual parking spaces in many areas. It's been on the Web for two and a half years, and it's got a good record for being easy to manage and available all the time.

All this computing power and the ability to access any information in a split second puts us on the threshold of an era where computers become intelligent—where they're potentially sentient beings. There's concern that this may not be a good thing, and there will be negative aspects to it, but it will also bring very positive benefits. You could build computers that manage

"What the heck are we gonna do with all these bits?"

themselves and never fail. Computers that can't be hacked. Computers that program themselves. It will be possible to attack more diseases, to do a better job of feeding ourselves, to improve our quality of life. It's going to free people to do what they want to do.

Building accessible supercomputers will enable researchers to tackle the big challenges: how to build a computer that can see as well as people can see, that can understand and speak as well as you and me, that can record everything you see and hear and give it back to you on demand, and that will allow you to be here and there at the same time. At BARC, we're working to expand the boundaries of supercomputing and break the barriers of telepresence to help bring people closer to information and to each other.

The most precious resource in today's world is human attention. Our era has been marked by an explosion in computation, connectivity, and information—an explosion that stands in stark contrast to the constancy of our limited time and attention. We face a great challenge here, but also a fantastic opportunity for developing ways that people can take control of information and communications. I've been passionate about creating systems that try to learn your preferences and then work as intuitive, courteous personal assistants that relay information and provide the services that you really want, wherever you may be.

Our work in this area has led to the creation of the Notification Platform. The idea is to consider your activity and your current context and to offer information and services that are appropriate to what you're doing. It pools multiple pieces of information, such as your calendar, the time of day, your location, your interactions with PCs and mobile devices, and even vision and audio analysis. The system then "intuits" what your attention is focused on. And it does an ongoing cost-benefit analysis: What is the value of sending you additional information now? How much disruption might that cause? It considers such things as whether you're in a meeting, enjoying personal time, driving in a car, or sleeping. It's a cross-device experience that operates seamlessly whether you're sitting at a desk working on a desktop computer or on the move with a mobile device.

For example, I walk out of a meeting and down the hall. Noting that I'm likely out of the meeting already, the system pages me and sends me the messages that are most important—messages that were withheld from me during the meeting given the cost of bothering me during that time. I also receive information about the time and location of my next meeting. Because the Notification Platform serving me has access to my calendar, contacts, and a stream of events associated with my activity, it's in sync with my goals and what I'm likely thinking about.

We're hoping to mesh attention-sensitive notification technologies with designs that endow computers with the elegant manners of a refined butler, thereby creating what I like to call "courteous computing." Computers should understand enough about where your attention is to wait for the right time to say, "Excuse me, but you're needed."

"Computers should understand enough about where your attention is to wait for the right time to say, 'Excuse me, but you're needed.'"

There's a deep social side to this technology as well. A future wired family might set things up so that the kids will all know when Mom's home. Or, you might tell your system to let good friends in your proximity know that you're around and are available to get together. You might tell your system, "For this group of people, publish my presence here at the mall." If someone wants to hook up with you, you can coordinate by voice or instant messaging. You can let your imagination run wild with all sorts of scenarios.

Today, some of the building blocks for this technology have been adopted by our product teams. Our group created the reasoning abilities inside the Office Assistant that consider your recent activities and then understand your questions when you ask for assistance in natural language, as in, "How can I print an address on an envelope?" Working closely with Microsoft Product Support, we deployed a set of troubleshooters that help people to diagnose and repair problems with software and hardware. These are available on Microsoft.com. We also refined a technology called collaborative filtering that is now available in SiteServer. Collaborative filtering tracks the information-access or purchasing patterns of many thousands of people coming to a Web site and provides smart guesses about what particular users might be interested in when they interact with the site.

One of the most exciting things about being at Microsoft is our ability to have short-term as well as long-term influence on Microsoft products. I have always viewed Microsoft as providing an incredible opportunity to researchers to make people's lives better. That's what my work is all about.

Pierre de Vries, Director, Advanced Product Development

The long-term planning we do is not "long-term" in the way people outside the company seem to expect. Sometimes after someone has been here about three months, they'll ask where we keep "that big book that Bill wrote" with all the instructions for the future that says, "Now we do this. Now we do that," because, you know, Microsoft has it all figured out. Well, there isn't a book like that. When people think about Microsoft, they expect a fleshed-out ten-year technology vision, which doesn't exist, mostly because it's impossible to predict anything that far ahead. We're lucky if we have a three-year vision. I do try to think three years out, but I leave room for the essential unpredictability of the world.

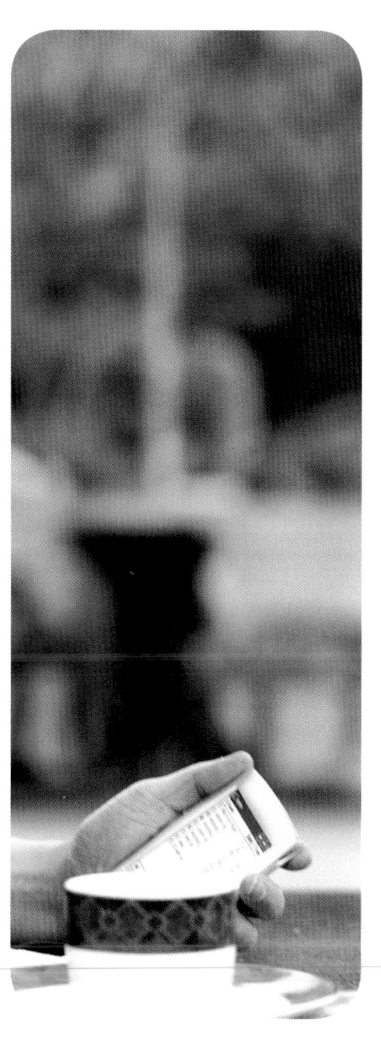

I once had a great conversation with Nathan Myhrvold about why vision is a simple but subtle thing. You don't need a lot of it. You just need a few smart, implausible ideas that you keep banging away at for a very long time. NT, I think, is the classic example. There were a few people, way back, who thought it was worth doing, and everybody else thought they were just crazy. Now half of the company is working on NT.

There have been just a few big long-term bets about the future. NT was one. Windows was one. And the whole MSN business. The fact that the Windows CE group exists at all is another of those long-term bets. I think we're in the same situation with television. A few people like Craig Mundie have believed for a long time that TV is going to be very important. This is backed up partly by some real knowledge and research, but it is also an act of faith.

If you want to imagine the future, you can be pretty sure that the desktop computer will not be the only place where you will use software. You're going to be computing in all sorts of other places. I've been trying to figure out how connected computing in public spaces can redefine our experience of computing in general. One intriguing scenario is "fuzzy encounters," where people can find out via their cell phone when they're within a block of each other, and arrange to meet up. We live such mobile, rapid lives, and this could help us connect with our friends more frequently face-to-face. Another trend is "seamless retail," where online and physical shopping blur. For example, let's say you find a shirt with some crazy colors you really like, but they don't have your size in the store. You can just scan the barcode on the shirt and your credit card, and have it delivered to your home directly from the warehouse. Computing won't be something you just do at a desktop anymore; it'll be a tool you can use anywhere you go.

One problem with our "future visions" is that they never seem exciting enough, since Hollywood sets the agenda with shows like *The Jetsons* and *Star Trek* and movies like *The Matrix*. So when Microsoft comes along and says, "We have the vision of ubiquitous wireless computing devices," it's no wonder that people say, "Who cares—show me some magic." The magic does happen, but it happens incrementally. What we do is deconstruct the utterly impossible into manageable pieces and work away on those until we make it happen.

"What we do is deconstruct the utterly impossible into manageable pieces and work away on those until we make it happen."

As the Internet magically dissolves most of the traditional barriers to human interaction, we're beginning to realize that community has always been a virtual thing. Proximity is one thing, but simpatico is the real glue in human communities—it's what gives our lives value and meaning. Now we can make distance irrelevant in our search for like-minded comrades, intellectual soul mates, and friends we never knew we had, and we can forge business and personal relationships that would have been impossible to imagine only 25 years ago. Research about how people build trust and community in the new world of online interaction is teaching us that although the rules have changed a bit, the game is still the same. And now everyone can join in and play.

Marc A. Smith, Research Sociologist, Microsoft Research

Cyberspace has become the world's largest petri dish for studying the emergence of groups. The Internet makes social groups more effective because of its capacity for anarchic order—you don't need a king, or even a moderator. You come to a state of order with one another through individual decisions, in a space where anyone can decide to leave. This creates an amazing amount of social support.

So why, in this environment, do people give you their knowledge for free? For example, I started writing software in PERL so I could statistically observe the Internet, and I had many questions about how to make it work. So, I would post them to a newsgroup, and I would get answers, great answers—and from more than one person. At the time, I was also hiring programmers for my project, so I knew that a PERL hacker's time started at $75 an hour. And I was getting advice for free? This demanded an explanation, or at least an investigation.

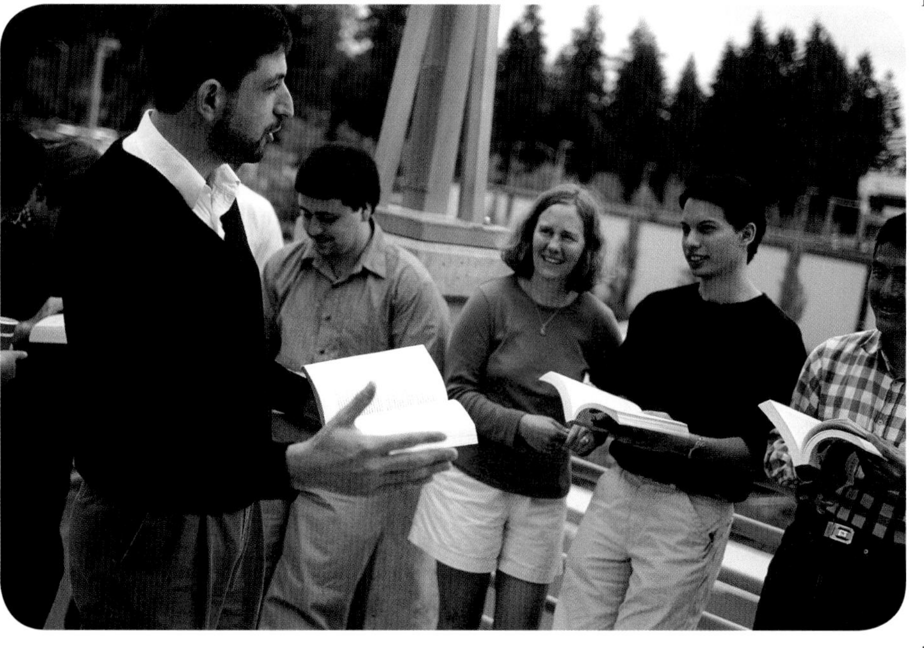

I built a program that Microsoft eventually became interested in, called NetScan, to help me gather data to help explain what was really going on inside these "social cyberspaces." With NetScan, we began to answer questions like: How big is this electronic community? Which groups are active? Which aren't? What's the difference between different kinds of groups? What NetScan provides is a profiling search engine that lets you say, "Well, I'm really interested in model railroading." And we'll tell you the activity of each model railroad group over the last six months, how many people and how many messages there were, and how many people return each month.

It's a little glib, but you could say that people are motivated by two things: intimacy and efficacy. People do something because it has an impact. If what they do has no impact, they stop doing it. People will give you their advice for free because in return they get status, power, recognition, and reciprocity. If you can let people know they're appreciated, you really motivate them. We're working to provide a new type of social accounting—a reputation system to make online communities more valuable.

Let's say you get great advice from me and you can specify, "When Marc posts, I want to know about it." Well, the number of people who point at me in this way are a remarkable measure of how valuable I am. And then when people have reciprocating ties, a note can pop up and say: "Did you know you're both on each other's lists? Maybe you should talk."

Imagine that your buddy list is eight people. To the extent that they're participating in a particular community, you can utilize their opinions. So it's collaborative filtering shrunk down. Most collaborative filtering techniques are based on the big filter in the sky that takes into account what everybody thinks or does. And you know, I don't really care what everybody who uses Amazon thinks about the books they've read. I care about what people like me think.

In the future, when physical reality is laminated with cyberspace, cyberspace will be more powerful. I think that every object will have an electronic aura, so you'll be able to click on it to learn more about it. Most objects already have a barcode. Every book I own has a barcode on it; your can of Coke has a barcode on it. Lamination is going to have more to do with social information than knowing that this thing is an A-15 sprocket manufactured in 2000. Wireless hand-helds will make the applications endless.

Imagine shopping, where you can click on a shirt and see who else likes it. Does Martha Stewart like this? What do people on my buddy list think about this? Or maybe you click to put in an order saying, "If this goes on sale for $50, buy it. And by the way, Diane was the one who recommended the shirt to me, so kick back a couple of bucks to her." All sorts of things become possible. In the future, Diane can merely click an item and say, "This is the thing you ought to buy" and let the e-commerce system she's embedded in pay her for driving other people's purchases. It's about being able to project your influence more effectively and to more efficiently use the influence of others, because everything we do is guided by the central force of society.

Microsoft Research is starting to see that social issues, collective action issues, are a big part of the future of computing. While MSR is a traditional computer science department that focuses on solving perfectly good, hard computing problems, some of these issues can be addressed more easily with a little sociology. I'm the only Research Sociologist here. And frankly, I think Microsoft is sitting back saying, "You know, we're big enough to take a risk. We'll see how that Marc guy works out." But if I were running this place, I would have four more of me in here before morning.

"I don't really care what everybody who uses Amazon thinks about the books they've read. I care about what people like me think."

Gordon Bell, Senior Researcher, Microsoft Research,
Bay Area Research Center

Telepresence is a technology that lets you be there without really being there. It's all about time and space shifting—something that the telephone and the Internet have given us a taste of. Basically, the Internet frees us of the limitations of time and space: we can go shopping anywhere in the world, anytime. We're trying to add the visual and audio aspect that will allow you to feel like you're really there—and allow others to feel your presence.

Telepresence will impact home and work. At work, people who toil in tiny cubicles can have wall displays that make them feel like they're anywhere: a sidewalk café in Paris, a beach in Jamaica, their own living room. Colleagues from all over the world can meet virtually, maybe holographically, in your office. You'll see them, hear them, feel their emotions—just like in person. For all practical purposes, they'll be there.

At home, you could have train-sized window displays in your dining room. While you eat dinner, you could watch the mountains of Greece or Turkey whiz by. It could be a great alternative to TV. It could be educational, interactive, or entertaining, but mostly it could provide ambience. Telepresence is all about being transported somewhere else without having to transport your physical self.

The concept of the *Star Trek* holodeck is not that far out. Whether we sit around in a meeting room and view holographic images of our colleagues or view them as life-size images on a wall display, we'll be interacting in a real space together, as if we were in the same space. The key will be the emotional connection—feeling present and having others feel that you are present. Our ultimate challenge is pure presence—to make it indistinguishable whether you're really there or not.

Today we have IP telephony, using the Internet as a telephone, and we have video conferencing. But to feel that someone is present, you'll really need to have life-size images or better, or the dynamics don't work well. Audio is another key—good stereo audio that is smart about where sounds are emanating from within a room. Telepresence is fundamentally a communications technology that needs bandwidth, low latency, hardware technologies, and of course plenty of software to make it a useful reality.

"Telepresence is a technology that lets you be there without really being there."

I believe that telepresence will be central to the future of computing. Personal telepresence gear will become standard office equipment, like telephones. This will have dramatic implications for how we work and play, where we work and play, and how we interact with others.

Peter Wong, Program Manager, Virtual Worlds, Microsoft Research

Melora Zaner-Godsey, Program Manager, Virtual Worlds, Microsoft Research

Russell Eames, Lead Developer, Virtual Worlds, Microsoft Research

Linda Stone, Vice President, Corporate and Industry Initiatives (Former Director and Cofounder, Virtual Worlds Group), Microsoft Research

Peter For several years, we've worked on a Virtual Worlds technology platform that allows us to experiment with virtual communities and online interaction. Virtual Worlds lets you create distributed, persistent, multi-user environments. What that means is that you can create an online 3-D space and share it with others. We've already made the source code for our platform available to the external research community. These developers now have the power to go in many different directions, and we can learn a lot from what they do.

Melora We've built an application on our platform called HutchWorld in conjunction with the Fred Hutchinson Cancer Research Center in Seattle. We're using it to help cancer patients extend their social support network because they're often physically isolated for treatment. HutchWorld offers communication services, information services, entertainment, and a chat room where patients can interact with each other using avatars in a three-dimensional space. An avatar is a graphical representation of yourself. In HutchWorld, the avatars are realistic-looking. But the platform also allows you to customize your appearance.

"You can create an online 3-D space and share it with others."

Russell A graduate student at MIT used our platform to build a similar project for kids who are undergoing long-term treatments, such as dialysis, which you have to do three times a week for 4 hours at a time. It gives them something creative and engaging to do during those hours of treatment. They can create their own custom environments, and there's even a little device that allows them to design artificially intelligent robots that talk to the people who enter their virtual world. One of the patients created a restaurant with a chef who would greet you, take your order, and serve meals.

A lot of people at MIT are interested in developing teaching-based projects on our platform. One physics professor wants to show students how the electromagnetic field lines as a magnet gets pushed through the conductor. You can't show that in real life because those field lines are not visible. But you can show them in a virtual world.

Linda Microsoft gave MIT $25 million over five years so students and faculty could submit I-Campus proposals for using technology in novel ways. Microsoft Research is spearheading this relationship, and there's quite a bit of interaction between us. They'll be using our code base and working with researchers here to create virtual learning projects.

Peter There's another project that British Telecom led the development on. It's called Ages of Avatar, and it's a digital version of the seven ages of man. Their intent was to investigate interactive content on line that could mix well with broadcast television. There are four ages of an avatar: you start with kindergarten, which is a playful world full of interactive things to do. Then you go through the various life stages, including adolescence and a career, until you finally end up in Nirvana.

Linda I've never made it to Nirvana.

Peter You have to attain the knowledge gradually. You can't just go straight to Nirvana.

Linda That's always been the problem with Nirvana, hasn't it?

SEAN There are so many ways to communicate in a virtual world. I'm particularly interested in studying multi-user environments because anyone who goes there can make changes to the environment, and these changes can instantly affect all the other people there. That's the basis of collaboration. These interactions can get very complex in a hurry, and dealing with that in your system is the challenge. You definitely get a much deeper sense of immersion in these environments than you do in chat rooms.

We've developed a world on our platform where all the visitors appear as wind-up toys. You have to depend on the goodwill of other people to give you energy by winding you up. If they don't, you slowly wind down until you can't function. Over time, anyone who doesn't give other people energy will get a reputation, and soon enough they won't get any back. To travel over long distances, you need to get a partner to go with you and wind you up from time to time. The whole thing can become pretty desolate without cooperation, so it rewards trust and relationship building. But the wind-ups can also compete and fight amongst themselves. A group of toys can over-wind a lone toy and break its springs, so there are both risks and rewards.

SEAN UBEROI KELLY, Developer, Virtual Worlds, Microsoft Resea

Shelly Farnham, Researcher, Virtual Worlds, Microsoft Researc

Shelly What's interesting to me is studying how people choose to represent themselves and build relationships in the virtual world. This helps us structure environments that foster trust and cooperation, because when you're not relating face-to-face, you need to develop new ways to communicate and establish trust.

These studies are also useful for designing shared online experiences such as shopping, where two or three people want to look at the same thing. We did some experiments to see if you can actually share that experience. One of the problems we discovered is that a tug-of-war can develop over who decides what everyone will look at. We're thinking about solutions where you might have a little box in the middle of the browser that everyone can see, even though they're visiting different sites. Then the participants can place items there for the others to look at.

Lili Cheng, Lead Program Manager, Virtual Worlds, Microsoft Research

Lili The things you consider when creating a virtual world are the same things you look at in the real world: how do you foster a sense of community, how do people gather, and how do you define the differences between a public space and a private space? In either world, architecture is about planning spaces and looking at how people move through those spaces and how they meet and interact.

One of the most complex areas in a virtual world is informal communication. It's something you take for granted in the real world, where you can get a lot of peripheral information just by walking around and you can filter out information that's not important to you. The user interface with a computer hasn't really succeeded at that. You're looking through this little window, and there's either too much information or not the right kind of information. So many of the essential things that you need in order to talk to people and filter information are not quite there yet. But they will be.

LINDA One of our goals from the beginning was to develop the platform technology and then hand it off. It has turned out to be a great research tool. Another goal is to be as useful to the rest of the company as we possibly can. We get very charged up when we can share our ideas with product groups. People in the games group are interested in our research related to online games and role-playing. We've been working with MSN on virtual communities, enhanced chat, and personal storytelling. We enjoy collaborating and sharing our research and advanced product development work. We've also been so blessed to have support from Bill and Steve on our collaboration with the Fred Hutchinson Cancer Research Center. With this project, we've been able to do great research on emerging user interface and community enhancing technologies and make a contribution to our community and beyond. We're just at the beginning of what Virtual Worlds has to offer, and we're only scratching the surface of what will be available in the future.

The virtual world exists in the stories we tell each other and in the games we play. In the future we never tire of imagining. That's one reason why people have embraced the Internet so enthusiastically—because we recognize it as the great compendium of our inner lives made visible and shared around the world.

But we have a ways to go before the line between the real world and the imagined actually blurs. We're working to transform complex digital information into images and objects that will enable us to engage each other's imaginations in vivid, three-dimensional, mind-boggling, reality-expanding color and form. And you'll be able to go there without ever leaving your seat.

Kai-Fu Lee, Managing Director, Microsoft Research, China

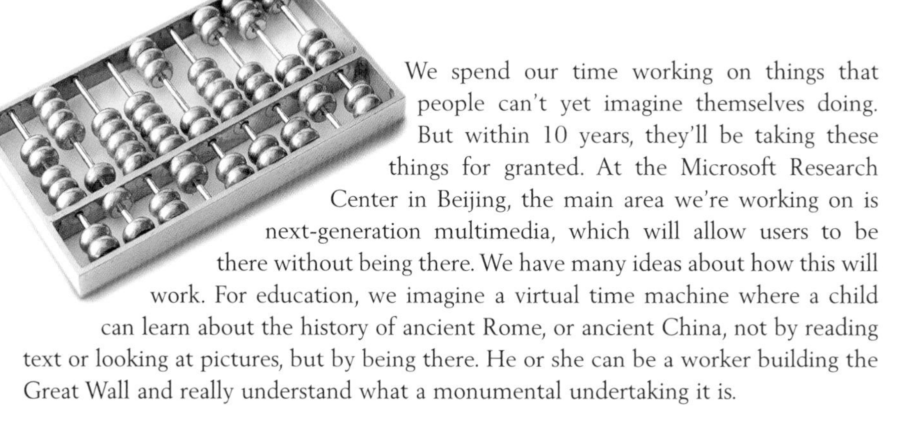

We spend our time working on things that people can't yet imagine themselves doing. But within 10 years, they'll be taking these things for granted. At the Microsoft Research Center in Beijing, the main area we're working on is next-generation multimedia, which will allow users to be there without being there. We have many ideas about how this will work. For education, we imagine a virtual time machine where a child can learn about the history of ancient Rome, or ancient China, not by reading text or looking at pictures, but by being there. He or she can be a worker building the Great Wall and really understand what a monumental undertaking it is.

Another application is virtual business conferences. They'll be much more realistic than the teleconferences we have now. Each participant should have access to the same peripheral vision that we experience in real life. There's plenty of evidence that display technology will be the smallest obstacle to achieving this.

Virtual shopping is another possible scenario. In the near future, you'll have a realistic 3-D model of yourself that can walk into a store, look at a rack of clothing, and try something on. Your spouse or a friend in another city will be able to shop virtually with you.

We believe that multimedia should be as realistic as high-definition digital video and as interactive as 3-D graphics. We believe it has to be as structured as a database, so you can search for videos, audio, and images as easily as you can search for text today. We believe it has to have the intelligence of computer vision so that it can automatically differentiate between a person, an object, and the background they're in. And we believe it all has to be transmitted over the network—using Internet and wireless protocols. We've brought in experts in each of these areas, and they're now collaborating to make all this happen.

One of our goals is to help Microsoft be there with the software when the display technology is ready. We're now assuming a 10-year time frame for mainstream adoption of these things. I don't think we're doing anything that couldn't be at least partially applied to our products within two years, although most will take five years to come to complete fruition.

Another of our missions is to make computers easier to use. The future computer interface ought to learn our language, instead of the other way around. And the interface metaphor should shift toward delegation instead of direct manipulation. Delegation is when you tell a computer the desired outcome, and it has the intelligence to figure out the rest. For example, if I tell my computer that I'm not coming to work this afternoon, it ought to have the intelligence to understand that it should cancel all my meetings. But if it sees that I have a meeting with Bill Gates, it should have the intelligence to say, "No. You are coming to work this afternoon."

This is no more than simple common sense applied to computing. I don't believe that we need to solve the entire artificial intelligence problem. When the computer understands meetings, scheduling, e-mail, investment management, and a few other things that I do, it will appear to exhibit some "intelligence," and that's good enough. I have lots of questions about whether we can duplicate human intelligence. I wouldn't say that it can't be done, but I do know that computers think very differently from the way people do. I also believe there are some things about the human spirit—our intelligence, our intuition, and our emotions—that may never be "computable" by computers. So, I'm not interested in doing research in that area. I'll let other people work on the full AI problem. I just hope our work can make a difference in people's lives.

If we want the computer to understand human language, it has to do speech recognition, speech synthesis, language understanding, handwriting recognition, and computer vision—all of the things we're working on here. We're fairly focused in this area because we have a unique opportunity to build a better user interface for Chinese people. We're trying to make it easier for Chinese people to read, write, and search for information because the need is much greater here. That's because the computer was invented in the West, so it's designed for languages that have an alphabet of 26 letters. In Chinese, there are about 6,700 commonly used characters. The way people input Chinese right now is by typing one phonetic syllable at a time. Each syllable corresponds to 17 different characters on average, so conversion errors are inevitable. Chinese people type at the equivalent of 13 words per minute. We figure that about a billion hours are wasted each year in China because we're typing three times as slow as Westerners. Only 1.5 percent of Chinese use a computer now—imagine the wasted time when 60 percent have PCs.

So how do we, at least in the short term, increase the speed at which Chinese people type? One thing we're looking at is a multi-modal user interface that combines a pen with speech recognition. The pen would be used for direct manipulation of screen elements, but the computer would also respond to simple spoken requests such as "I want to work on my budget" or "Cancel my meetings this afternoon." A solution like that could eventually change the way all Asian-language speakers compute.

I think that computer science is going to undergo the greatest revolution in the next 10 years and perhaps the 10 years beyond that. I feel fortunate that I can work in this field right now and that my children are growing up at a time when they'll enjoy the fruits of all of this accelerating innovation.

Ya-Qin Zhang, Assistant Managing Director, Microsoft Research, China

If you look at the progress that China has made in the last 10 years in the technology area, it has really closed the gap in a very significant way. PCs are pretty comparable to what you find in the U.S., and software products are catching up. Research, however, is still quite a bit behind Europe and the U.S.

I think Microsoft Research can play a role in strengthening this country using technology and science, in addition to its main task of making an impact on Microsoft's products. We're helping China retain some technology talent and are even returning some engineers and researchers to China from overseas. Our environment is unique because we can perform basic research and focus on some longer-term issues.

We're currently working on making multimedia more structured, networked, and realistic. We focus on three aspects of multimedia. The first is called Internet Media. We're looking at how we can effectively transmit video, data, images, and audio over the Internet, including wireless connections. The second area is structure extraction for easy browsing and fast searching. Multimedia is just exploding, but it's too hard to get the information you need. We're trying to structure information so you can browse, search, index, and retrieve information based on contents. For example, today you search a video by using rewind and fast-forward. That's not very efficient. We have some new methods of viewing video that give you a summary of the story so you can decide where to go. The third area is making information presentation more vivid and realistic. For example, we want to make the environment for virtual shopping as real as walking into a shopping mall.

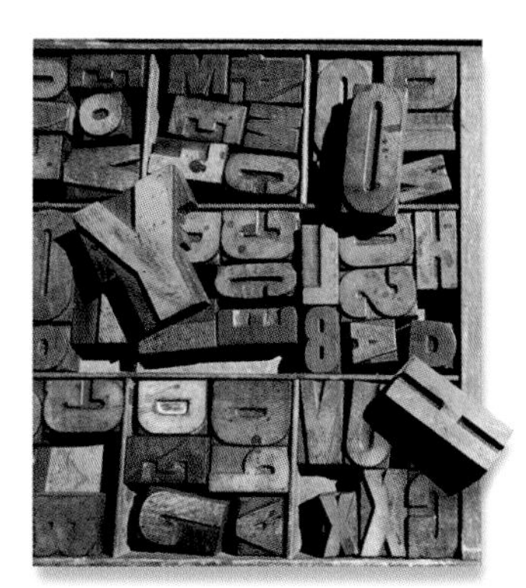

With these areas of research, we're hoping to make a difference in the future of multimedia. Ultimately, there's nothing more rewarding than sitting back and seeing your invention end up in a product that changes people's lives.

Microsoft Research has come to China at a time when we can really help enable the technological revolution. To develop a viable research base, the people here need access to equipment and software. In 1983, I met a Chinese student in my class at Carnegie Mellon who said he'd been programming on paper his whole life and that his professor debugged his programs just by reading them. The PC revolution that Microsoft helped create has changed that. Now, for the first time ever, every college student has easy access to a PC.

Another requirement is access to previous work from around the world, which is now becoming available through the Internet. For many years, the Chinese government limited access to developments in the outside world. Their vision was to just invent new technologies, build products for themselves, and remain isolated. It wouldn't matter if someone else had done speech recognition research in English. It would simply be done here for the Chinese. That attitude really began to change since Deng Xiaoping started the economic reforms. The change increased pace with the advent of the Internet. In terms of information technologies, the government is now very understanding and supportive. Students in China can look up all the technical reports and conference proceedings that are on line. There's still a language problem, because even though a quarter of the world's population speaks Chinese, most of the important information is stored in English. There's a great need for bilingual tools that allow access to all that information so you can translate a Web page into Chinese with the click of a button. And that is another technology we're working on.

I believe our mission at MSR in China is not just to do great work, but also to bring the most recent thinking and technology to the Chinese people. We talk to over 100,000 university students each year, and we empower them to teach others. And even more exciting than that, every morning we come to work, we know that our efforts have the potential to impact billions of lives.

– KAI-FU LEE

Imagine this: A helmeted superhero is skulking down a dark and ominous corridor. Suddenly, he turns to shoot: **NO, STOP! That's my face on the Gorgon monster!!**

If this game becomes a reality in the future, it will be due to our work in face recognition in Microsoft Research. I've been working on facial animation for over 12 years, first as part of my Ph.D. dissertation and then here for the past 5 years. There's a lot of engineering that you have to do to get a face that looks really good. You have to scan a face, and then, once you've got the raw data, you've got to make it move in some natural way. And people are extremely picky about faces. If you have the smallest error, it looks just terrible. If you're far away, you can get away with anything. But the closer you get, the pickier people are about faces.

We're creating a database of captured faces to help the computer recognize facial expressions. I actually put a bunch of colored dots on my face and tracked their motion using five cameras. We took tens of thousands of these images and constructed a database of expressions that can be used to render faces, making the face look good and making the deformations look good.

Brian Guenter, Senior Researcher, Graphics Group, Microsoft Research

Right now, we're creating a system that will let you construct a face interactively. You can make adjustments to what the computer puts forth by telling it something like, "No, I want thicker eyebrows and a stronger chin"—kind of like working with a sketch artist on a "Wanted" poster. Or you might be given 10 or 20 different faces and be asked to rank them. You'll be able to say, "I think this is closest to the one I want, and this one is the next closest." Then the program will automatically generate a face with all the functionality of expression built in.

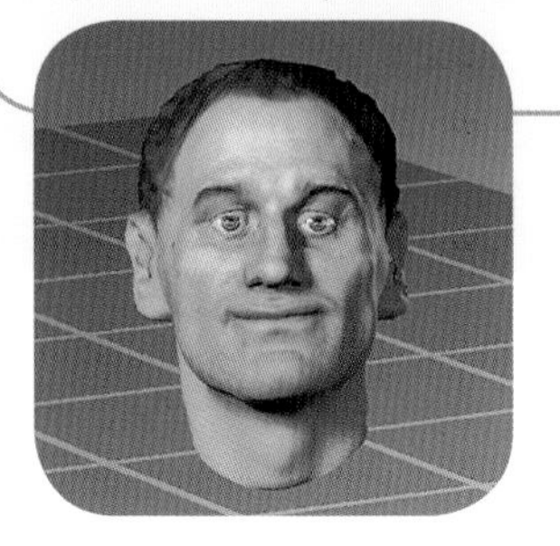

Eventually, this technology may work its way into Microsoft games. Or it could improve the process of making animated movies by recognizing the characteristics of live actors and converting them directly into digital form. Or, maybe your computer will recognize your mood by reading your facial expressions and adjust the user interface appropriately. I'm sure that the applications will be numerous—and some of them will go far beyond what we've even begun to imagine.

Harry Shum, Research Manager, Microsoft Research, China

We've developed a method for constructing a virtual environment that we can move around in and view from every angle. It's purely image based, so it's very different from traditional 3-D graphics methods. With previous panorama techniques for constructing 3-D environments, you can't move from the point where you took the pictures. But that's no longer the case with our new technique.

The environment actually moves with you as you move around. It's an inherently difficult problem in computer vision and almost impossible to model physically. But the way we achieve it is by taking a lot of pictures, putting them together, and then finding a way to interpolate them when you move. We start with a video camera mounted on an arm that swings around and collects images in a circle. This method is called concentric mosaics. We create a number of these mosaics from different areas in the environment and then combine them.

The idea came to me when I was talking to my intern at about 3 o'clock in the morning. We were talking about using multiple mosaics to do 3-D reconstruction, and I suddenly thought, "Wait a second. I don't need 3-D reconstruction. Why should I use 3-D at all? I'll just take all these pictures and then create a very tricky way to index them and reuse them as I need them." I worked with a couple of other researchers who pretty much refined the whole system and resolved some of the really important technical details. A number of people are working on compression for image-based rendering, and we've also developed some new ideas about sampling in order to determine how many images we need to capture before we get the best result.

We wrote a SIGGRAPH paper in 1997 that talked about how to build mosaics, and in 1999, we produced this concentric mosaics technique, which was a big step. Before we did that, no one was able to move around in virtual environments using an image-based approach. We were really the first, so it is pretty exciting.

David Salesin, Senior Researcher, Microsoft Research

I'm lucky in that I work on what I find fascinating. For the last seven or eight years, I've been doing a lot of work in a field that has come to be known as "non-photorealistic" or "artistic" rendering. The idea is to use ideas from the visual arts to improve how computers communicate. Artists make very careful and highly selective judgments about how to convey something in the most powerful way. To communicate complex things, we must learn to simulate what artists, designers, illustrators, and cinematographers do.

Like so much of computer graphics, what I work on is really just simulation, although in this case we're not simulating the dynamics of real objects or the physical transport of light in a real environment. Instead, we're figuring out how to simulate what artists do—which for me is every bit as interesting, or more so. Part of why it's so interesting is that, unlike in other areas of simulation, where you basically know the equations involved, simulating what artists do is not so obvious. Even artists themselves can have trouble articulating what it is they do and why. It's also much more open-ended, in an intriguing way.

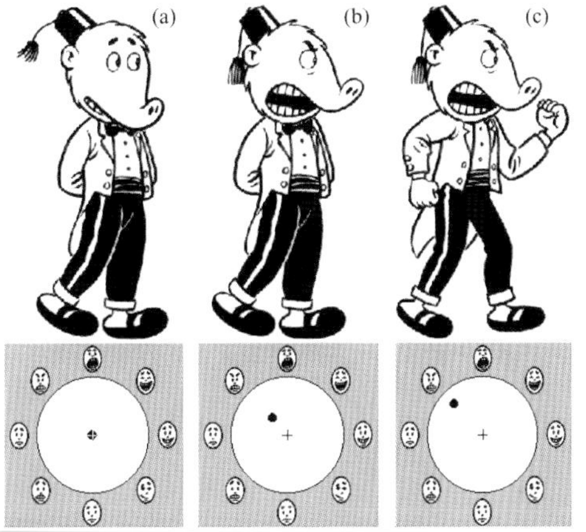

Figure 1. Emotion wheel and three bodies. a) a neutral pose; b) somewhat angry; c) very angry.

When I worked on enabling the computer to create watercolors properly, I wasn't so much interested in the scientific "how do you simulate accurate watercolor behavior?" as in making sure that whatever we did for watercolor had the same kinds of effects that watercolor artists try to achieve. I spent lots of time with artists and even paint suppliers to understand what qualities they needed to have. For example, we learned that, with watercolor, as the pigment dries it moves toward the edges of the stroke, and you get this kind of darkening around the edges. That's actually very important to watercolor artists because it gives a kind of luminous quality to the images—there's more light coming through in the center than at the edges. Learning from artists enabled us to make the best depiction of computerized watercolor to date.

Before I came to Microsoft as an employee, I consulted with some Microsoft researchers on a variety of projects. One of these was Comic Chat, which I worked on with David Kurlander and Tim Skelly. The idea was to augment a traditional chat room by participating in a conversation as comic strip characters, with little word balloons appearing overhead. As a society, we're very familiar with comics, so it turns out that it's a very natural way to represent a conversation.

In getting started on this project, we asked Jim Woodring—a very well-known comic artist who, fortunately for us, also happens to live very close to Microsoft—to take an actual transcript of a chat conversation and turn it into a comic strip. We told him, "Just pretend you're a computer and you don't really know about anything that's going on here. Maybe you can understand that 'I' means 'me' and 'you' means 'you' and that some simple words like 'hello' and 'good-bye' might mean the character should be waving and stuff. But other than that, you don't understand anything going on in the conversation. And yet you want to illustrate these people talking to each other."

He made panels from an actual chat-room transcript, with all the typos and everything in it. It was much more fun to read than the raw script! From there, it was basically a matter of reverse-engineering how he worked so that we could have a computer generate appropriate comics from the text on the fly. It was great fun, and Comic Chat launched with Internet Explorer 3, 4, and 5 and has had millions of users since then.

Currently, although I'm a regular Microsoft employee, I'm also on the faculty at the University of Washington, and I spend half my time over there. It's been very generous of Microsoft to allow me to spend my time in this way—which is really the way that I feel I can be the most productive all around. The arrangement has been working out wonderfully, both at Microsoft and at UW. In fact, my ties to both groups have led to a great deal of collaboration and innovation that otherwise might not have happened.

"To communicate complex things, we must learn to simulate what artists, designers, illustrators, and cinematographers do."

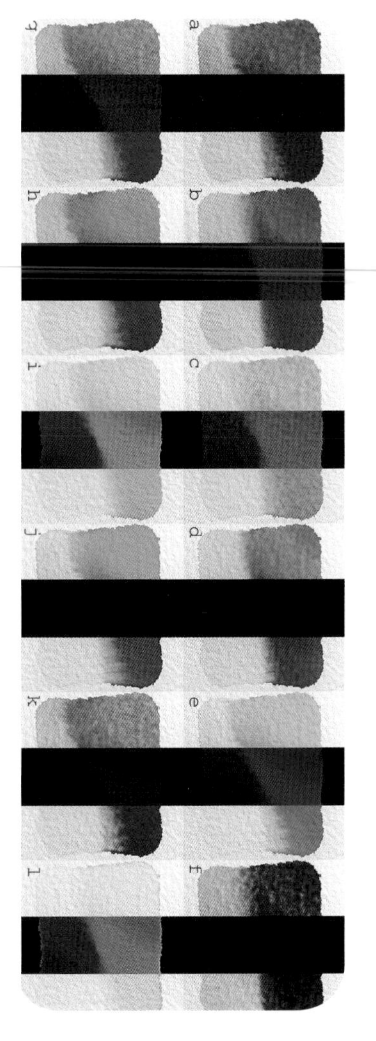

People really want to talk to computers. The urge is so strong that we aren't the least bit discouraged by the fact that right now, most of them can't hear or understand us. We talk to them anyway. And we wait in anticipation for when they will finally listen and do what we want them to do.

Xuedong "X. D." Huang, Senior Researcher and Founder of the Speech Technology Group, Microsoft Research

Imagine the world 20 years from now with a wireless communication infrastructure and speech recognition: life will be very different. People will laugh and ask, "Did everybody really have to type one letter at a time?!"

"People will laugh and ask, 'Did everybody really have to type one letter at a time?!'"

Speech recognition will bring an astounding boom in productivity. You can probably type at about 60 words per minute—100 words per minute, tops—if you're dashing an e-mail to a friend. But speaking—that's easily 100 words per minute, and fast conversation is 200 to 400 WPM. Compare that to 60 WPM! You'll double your productivity, at a minimum. This will be an amazing revolution for all people.

We see a gap between what people want and what we can deliver, but the gap is getting much smaller. I started this group in '93, and until we solve the problem, we'll keep at it. We have about 20 researchers and another 100 people in product groups working to get the technology we have today integrated into Microsoft products. We have technology in Windows 2000 and in Office, including an engine that can transfer text to speech.

Our job is a big challenge. For example, you might hear me say "Ford or Toyota" when in fact I'm saying "four-door Toyota." Language is remarkably ambiguous. And broad-swipe context doesn't matter. It takes a lot of cycles to solve that confusion. That's why it's so hard even after two decades of so many smart people all over the world working on this problem.

But we're taking steps in the right direction. I can take the best technology today and add some constraints to make it easily useful—mainly by combining modalities. For example, a user taps on a task on screen, and that bounds the problem so that there is a limited set of speech options that can follow. For example: we've created a Windows CE prototype device called MiPad that fully leverages both speech and pen. With MiPad, you can send a schedule request—you just tap the "To" field and say "Jack Arbogast," for example. Imagine salespeople placing orders from their Win CE devices by tapping "Products" and then saying "Shoe, Ferragamo, blue, 42." So as long as I can narrow the options for speech recognition, then today's technology becomes immediately useful.

We have a vision: to get information to you no matter where you are and to make using the Web easy enough for everyone. Even though we have a ways to go, the technology is already pretty exciting right now.

MiPad

David Weise, Project Leader, Natural Language Group

Everyone says, "We want to talk to the computer." And they've been saying it for 10 years. I wish people would stop saying it. I don't want to be able to talk to my computer—I talk to it all the time. I want the damn thing to listen!

When a computer program analyzes the meaning of sentences, it has no idea of "common sense" or how to recognize implied meaning. There are no sets of implications in a computer program that are anywhere near rich enough, or deep enough, or robust enough to handle the way we spew out our language.

It would be a lot easier on the computer if our sentence structure were more predictable. Most of the time, you start a sentence with a subject followed by a verb, as in "The dog bit the cat." But in English, it's not that rare to invert the two. When you ask the question "Are there people here?" the verb comes first. Or, using a subordinate clause, you say, "Had I known, I would have voted differently."

There's also a great deal of ambiguity in the language. Once I saw this really stupid sign that said, "Feeding deer prohibited." Wait a minute: if they're feeding, their heads are down, and they're certainly not going to read the sign. That's ambiguity.

When you analyze language, you discover that we understand it on three levels at once. We understand it at a syntactic level—how sentences are put together. We understand it at a semantic level—what objects belong to what. And we understand it at a pragmatic level, which means we can override the other two. The classic example is fairy tales. We realize that rocks do not talk, but in a fairy tale, rocks can indeed talk.

"I don't want to be able to talk to my computer—I talk to it all the time. I want the damn thing to listen!"

What we're doing at the very bottom of this "food chain" of natural language understanding is trying, at the very least, to get the computer to understand what the subject, verb, and modifiers are in a well-formed sentence and what the important part of the sentence is. An early example of this work is in the grammar checker in Word 97, which is based on full syntactical analysis of the sentence. It basically asks, "What could be wrong here?" Oh, look—subject-verb disagreement. You don't say, "The dog run down the street." You say, "The dog runs down the street" or "The dogs run down the street."

Ultimately, you want to be able to talk to your computer. We can already talk to computers for simple activities such as getting stock quotes or scheduling a flight, where the vocabulary is more constrained and the semantics of the situation can be clearly described. This is a conversational dialogue system that we call "command and control." The lovely thing about these dialogue systems is that since the machine "knows" the context, it can keep querying you for what it doesn't know. So, if you're booking a flight, it knows that there has to be a "from" city, a "to" city, a date, a time, a carrier, a fare, and so forth. It knows to listen for these things, and if it doesn't hear an item, it asks you for it. It gets harder if you want to say to Word, "Please make this text bold," or, if you want to say to your browser, "Please get me yesterday's headlines about the Pope and Bill Clinton and all the related jokes." But we're working on it.

We've also been able to improve informational retrieval by reading the documents. Most systems just retrieve documents based on the words they contain. But our system can do better because we know what's "going on" in a sentence. We know who did what to whom. So if you say, "Who killed President Kennedy?" it'll look for "SOMETHING killing Kennedy" rather than simply for "kill" and "Kennedy," which might turn up an item like "President Kennedy killed a cockroach on October 2, 1943."

Now, here's the science fiction part. What if the program could read the articles and merge them together, finding what's common and throwing away the redundant parts? Or what if it could look at even more Web sites and try to figure out who's right and who's wrong if there's some uncertainty? I also want to have a slider bar that lets you say, "I'm a sixth grader, so please show the information to me in terms I can understand" or "I'm college educated, so please reformat accordingly." My own personal slider bar goes from "Hemingway" to "Faulkner." Today, we can do syntactical analysis, and that's about it. We've done various things with summarization, which is next up the line. But what I just described is still at least 20 years out.

The Microsoft speech recognizer misinterprets the phrase "A land of milk and honey" as "A land of Milken Honey." It turns out that all speech recognition systems out there were trained on *The Wall Street Journal* from the 1980s, and Michael Milken was mentioned in it much more than milk was.

Verb particles are tough. Compare: "She backed up the mountain" with "She backed up the minister." Or "She threw up her dinner" with "She threw up her hands."

It is hard to determine the relationship of the object in all prepositional phrases. Think of: "I ate a tomato with salt" and "I ate a tomato with my mother" and "I ate a tomato with a fork."

Words ending in "-ing" are also not easy to deal with: "They were entertaining people."

Coordination is hard. Compare: "He washed and dried the dishes" with "He drank and smoked cigars." In the first case, the dishes are both washed and dried, but in the second case, the cigars are not drunk.

Consider: "The lamb was ready to eat." Was the lamb hungry and wanting some grass? Or were hungry people waiting for the lamb to come out of the oven? Of course, it's not just computers that find this ambiguous. We do, too!

Words with multiple meanings make information retrieval hard. Consider the word "bay." It can be a body of water, a type of window, a tree, a horse, or a color. Asking, "Is there a bay in Nantucket?" can lead to lots of answers if no "common sense reasoning" is applied.

— DAVID WEISE

Everything that we are doing to make it easier for human beings to operate computers is also making it easier for computers to operate human beings. — GEORGE DYSON, AUTHOR, *DARWIN AMONG THE MACHINES*

"Computers will understand tone of voice: 'Okay, that means Rico is stressed out, so don't bug him.'"

Rico Malvar, Senior Researcher, Signal Processing Group Manager, Microsoft Research

Signal processing means converting sounds and images to a bunch of numbers inside the computer. How do you do that in an efficient way, so you don't use too many resources and maintain fidelity? We've created a codec that encodes and decodes sound and images. We worked on the audio codec that's part of Windows Media Player. There was a lot of fuss around it because it actually produces better-quality audio than the standard MP3, and the files are half the size. So you get double the songs in the same space. We're also working on images with the Office folks, for PhotoDraw in particular. When you load an image into the computer, sometimes it looks funny—maybe it has scratches, or maybe it's a little blurry. We're working on new approaches to bring it back into great shape.

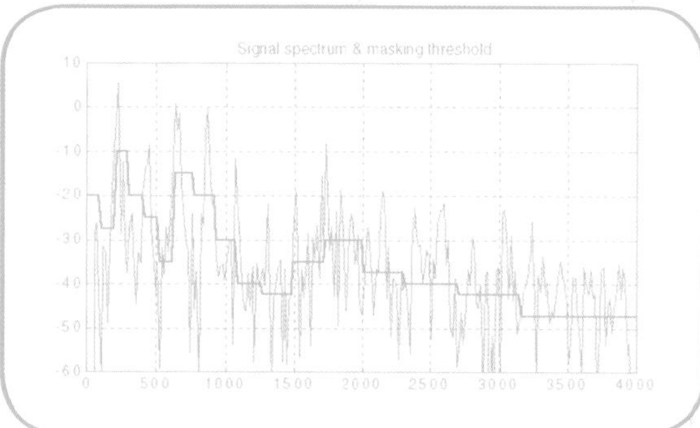

Our next-generation codecs will be even more exciting. They'll let you encode your content (audio, video, or still images) once for all kinds of users, in a smart way, in layers of importance. Say it's five layers, and using all five gives you maximum quality on a DSL modem. But if some of your viewers or listeners have a slower modem, the technology will be smart enough that only the two most critical layers are sent and received.

Our group is also working on classifying audio and visual information. For example, suppose you go out with your digital camera and you take a bunch of pictures. Suddenly, you have 2,000 pictures inside your computer. Oh, boy. How do you find what you want? How do you search for them? We're working on some interesting triggers that will classify information for you, that will group them into things that look or sound alike. They'll do a first pass of organizing images and sound without you having to do any work. And if you start instructing the engine, it will do an even better job of organizing. It's very important that our technology be able to learn from you.

So what about further into the future? In a world in which computers can listen and see, capturing audio and video will become even more important. The quality of the signal will have to be pretty clear. When I'm on the phone, even when the microphone is close to my mouth, there's a lot of background noise. Today, I can easily load the signal into the computer and, in a few minutes, take away the background noise. That's something the codec should be able to do for you automatically. You can imagine more, right? If you had the sniffles or a cough, you could run the sniffle filter and take that away. Or, better yet, if you're tired, it could take that out, too. You could use a "calm voice" when sending a message to your child even if you're really stressed out. Or, in my case, sometimes I'm too nice a person, and being at Microsoft, I occasionally need to be a little more convincing. Could I increase the assertiveness of my voice? Sure, it's all within the realm of things.

And, of course, you'll even be able to manipulate video signals. Imagine picking identities for yourself based on video records of you. You could just tell your video codec once: when I talk to Mom, I want you to use this image of me. Or, when I talk with my friends from college, can you paint me with a little more hair? I think all this technology will make contact through video images more creative and more fun.

We'll also have much smarter devices in the future. Computers will understand tone of voice: "Okay, that means Rico is stressed out, so don't bug him." Or a device can learn that "when Dad uses that tone of voice in a message, alert me right away." We're developing the technical foundation for all these things. Even further out, your device will have biometric sensors. It will be able to monitor your heart rate and other vital signs, and, on top of telling you to get to the doctor, it can become sensitive to your moods. It'll always be connected to the Internet and it will be proactive about making suggestions. If it knows you're anxious, it can tell you there is this nice, relaxing entertainment that just opened today—do you want to go? If the sensors indicate that you're mad, and you're driving, the device can switch to calming music. Or if it realizes that you're too hot, it can lower the temperature in the room. Of course, you can tell it to shut up as well. This little assistant will be kind of the equivalent of Pinocchio's Jiminy Cricket—it'll be by your side, watching you and helping you all the time.

Geoff Davis, Researcher, Microsoft Research

Audio is a big challenge. Let's say you're at a party, talking to me. There might be hundreds of other people talking, but you can filter all that out. It's not super well-understood how all that works, but we do know some things. For example, you've got two ears, and because you're relatively close to me, the timing of when my voice reaches each of your ears is slightly different. Based on that tiny difference in timing, you can tell where the sound of my voice is coming from. Then a mechanism in the brain decides, "Okay, let's focus on the sound coming from there." We need to give that ability to computers so they can interact with you properly. How can we tell the computer to listen only to the sound coming from the immediate left of the monitor—and filter out the overhead fan and the stereo? Now that's an interesting challenge.

Daniel C. Robbins, User Interface Designer, Microsoft Research

I am staring out my office window right now at a sun-drenched landscape. Coming advances in hardware and networking will allow me to write outside, sitting in that pleasant vista or on a distant mountaintop. What will the office of the future be like when work is less dependent on particular buildings and more tied to personal desires? Although no one has a crystal ball, our work at Microsoft Research will make business communication and information access more usable, useful, and desirable.

As a user interface designer, I try to figure out how people will use computers in the future and what I can do to make the user's experiences more satisfying. I'm using my background in fine art and sculpture to find new metaphors for representing information. Imagine, on your desktop PC, your files and e-mail shown as trees in a forest with clouds moving across the sky representing the flow of net traffic. Or imagine that the screen in front of us has been augmented with new devices, including something that responds to touch or casts different light patterns onto the office ceiling to show the status of incoming messages. This group is discovering basic perceptual and cognitive principles that will help guide the design of appropriate metaphors.

As you move around your world, this interface will change the way it presents information to best suit your current devices and environment. While a 3-D animated information landscape might look great on a wall-sized display, a different approach will be needed for a watch-sized device. The goal is to show the important information at the right time and in the right format.

Amazing new opportunities for design are opening up as our computing devices are freed from the wall socket and better integrated into our way of living and working. Information will be accessible from anywhere and in easier ways. And, I hope, many of us will be doing less work in more interesting places.

"I'm using my background in fine art and sculpture to find new metaphors for representing information."

Jian Wang, Research Manager, Microsoft Research, China

You shouldn't need any more training to use a computer than you do to sit in a chair. It should be that natural. So, we've started by basically questioning or throwing out everything we have today. For example, why do we have a desktop metaphor? You already have a desktop, so why shouldn't your computer just be part of that? You have a whiteboard and meetings in your office, so why can't both your handwriting and voice be recorded, sorted, and stored in some sensible fashion so you can call them up later? Why can't your office become your computer? Anything is possible.

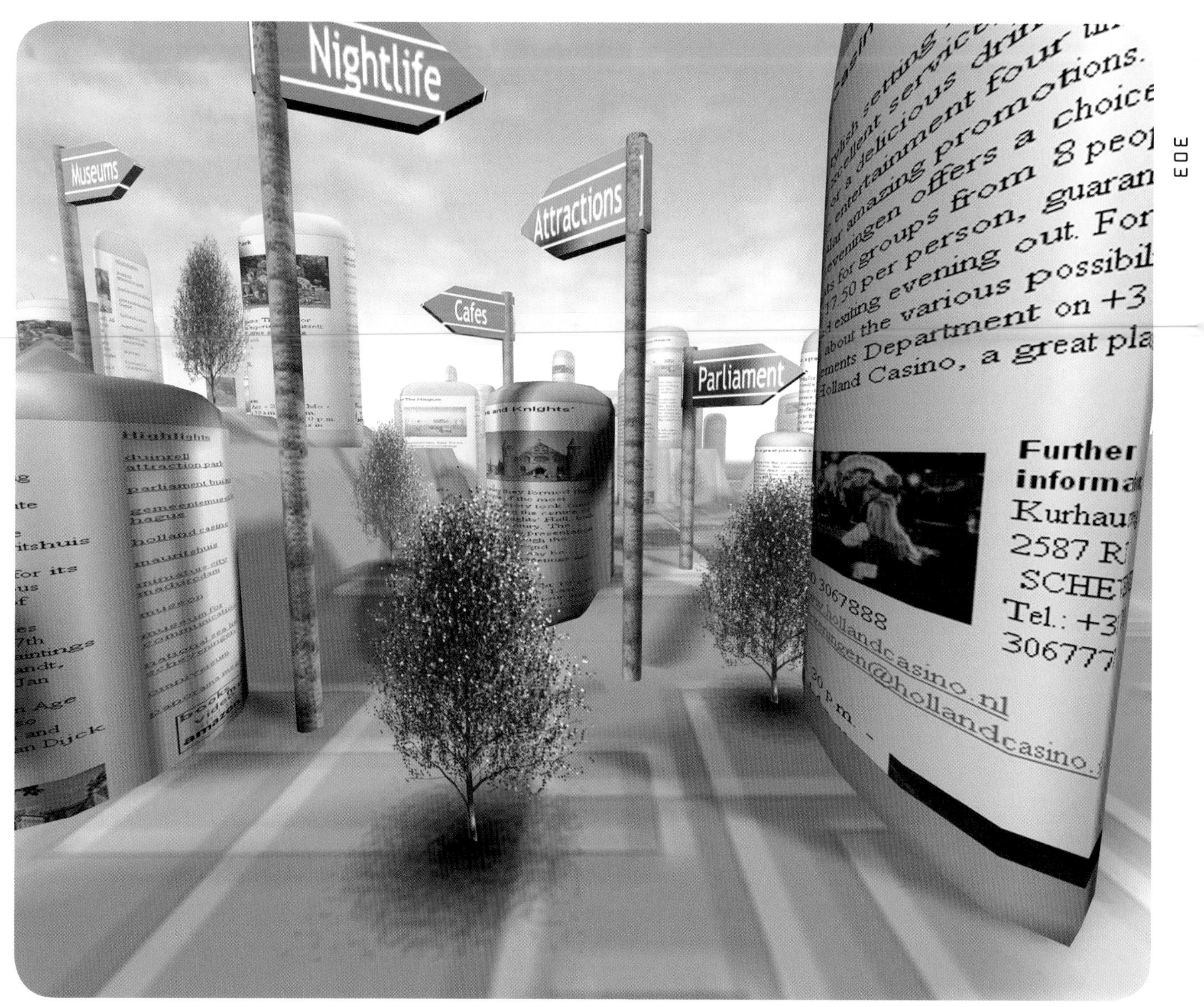

Osamu Adachi, Group Senior Manager, Japan

Japanese is a very complex language. There are three character types: Hiragana, Katakana, and Kanji. Both Hiragana, with 83 characters, and Katakana, with 86 characters, are phonetic, just like the English alphabet. But Kanji, which has approximately 12,000 characters, is ideographic. And many characters have more than one meaning. Typically, 70 percent of a Japanese sentence is made up of phonetic characters and 30 percent is ideographic characters.

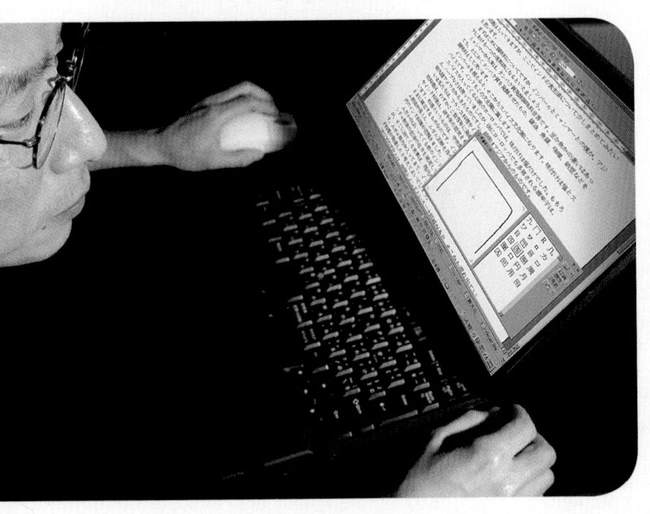

Imagine the challenges of entering Kanji characters from a keyboard using 26 English alphabet keys. The Japanese keyboard is almost the same, with just a few extra keys. For practical reasons, it's impossible to put 12,000 keys on a keyboard.

There are two steps to entering Kanji into a computer. First, the user types the phonetic spelling of the characters using the English alphabet. The sequence of 1 to 3 letters is then converted to a Hiragana phonetic character by Microsoft's Input Method Editor (IME). Then, after entering a couple of phrases or a whole sentence of phonetic characters, the user hits the "convert" key. The IME converts the phonetic character sequence to ideographic characters as appropriate.

This conversion is very complex and ambiguous. Written Japanese doesn't use spaces to separate words, so it's tough for the IME to break the phonetic spellings into words. An English equivalent to this problem would be "thereactor," which can be broken into "the reactor" or "there actor." The IME must pick the correct break point using its grammatical knowledge of the sentence, and then it has the challenge of dealing with the existence of homonyms—words with the same sound but different characters. It's like the problem in English of choosing between "I cooked chicken under the flower" and "I cooked chicken under the flour."

We're improving the IME in a number of ways. We've worked to increase our conversion accuracy so that a sentence is converted correctly 95 percent of the time. In addition, we've integrated a handwriting recognizer into our IME. You can begin writing a character with your mouse, and the recognizer will guess which character you'd like after you draw just a few strokes. The work we've done to add this handwriting recognition also enables you to plug in other input methods, like a speech recognizer, and to easily switch between methods. This technology is simplifying Japanese-language entry already and has great potential for making computing easier for people in the future.

Chang-Ning Huang, Research Manager, Microsoft Research, China

One of our goals is to help Chinese users write and read English text quickly and easily. We believe our mission is to overcome the language barrier in the Internet era, first for Chinese people and then for everyone.

It's very hard to input the Chinese language into a computer because there are many thousands of characters and the keyboard only has so many keys. So in China, we use the English alphabet to spell Chinese characters phonetically. This phonetic spelling system is called pinyin. When my team developed the phonetic Input Method Editor (IME), I named it the Microsoft PinYin IME (or MSPY).

A single phonetic spelling can correspond to as many as 10 to 20 different Chinese characters. So, in traditional pinyin-based IMEs, you typed the phonetic sound and then chose the correct character from a list of candidates. That's not a very natural way to type, which is why we wanted to develop natural language processing technology that would determine the correct character based on the context of the sentence. Part of what makes this difficult is that written Chinese has spaces between each character but doesn't use spaces to differentiate between words, which can be combinations of two or more characters. If you want to know the meaning of a sentence, the first thing you have to do is isolate each word or character. So a function called the "word breaker" is a fundamental part of Chinese natural language processing.

Using the word breaker, our IME analyzes word frequency and context to determine the meaning of Chinese words. We call it a bigram language model because it looks at the previous word to determine the most probable meaning of the next word. Kai-Fu Lee's research team is working on a trigram language model, which looks at the previous two words to determine the meaning of a word, so the accuracy is improved. This uses more disk space, but we expect that computers will soon have enough space and RAM to run it.

We created the technology for the word breaker and compiled the code for the engine, which is now part of Office 2000. Many other features in Office 2000 use the Chinese word breaker, including the spell checker, grammar checker, and even chunk selection, which allows you to highlight a word by double-clicking on it.

We are now working on IMEs that will integrate keyboard, handwriting, and speech recognition input to resolve Chinese input problems. The user can choose one input method or switch back and forth among them. We hope that in the near future, we'll have an integrated input environment for all Asian languages. For the handwriting recognition technology, we use the same interface as the Japanese IME. That has provided a great opportunity for cooperation between our team and MSKK in Japan, and I hope we can continue to share more resources.

It was a great day when Microsoft Research opened in Beijing because natural language processing technology is a new direction for research and needs a long-term commitment. Computers are moving toward natural language interfaces so that they can listen to, look at, and decipher requests stated in normal, human language. So simple requests such as "Save a file to my directory" or "Tell me how to use the program" can be spoken to the computer instead of having to be typed in.

We still have many problems to overcome, such as the importance of tones in Chinese. For example, the word for "eye" in Chinese sounds just like the word for "salt," except that it has a slightly different tone. We've been able to use context analysis to solve many of these problems, but funny things still happen. There's a developer here whose name has the same pronunciation as the word for "octopus." Whenever he typed his name, the IME interpreted it as "octopus." Since then, we've added some proper name identification, so we're glad to say that the IME no longer calls him an octopus!

"...Simple requests such as 'Save a file to my directory' or 'Tell me how to use the program' can be spoken to the computer instead of having to be typed in."

Li Dong, Group Manager, China

No More Business As Usual

When it comes to the way the world does business, we're never satisfied. Even with the incredible transformations that computer technology has already effected in the realm of commercial enterprise, we keep thinking that more opportunities have yet to be explored. We're not going to relax our efforts in research and product development until doing business is as easy—for both entrepreneurs and consumers—as logging on to the Web and saying hello to a world of possibilities. If that sounds like a lot of unnecessary exertion by a company that could probably coast along comfortably on the productivity tools it has already created, well maybe it is. But why coast when you can accelerate into the future and take a lot of other people along for the ride? As far as we're concerned, that's just good business.

Bob Muglia, Group Vice President, Business Productivity Group

The Internet, the PC, and a wide range of smart devices have a lot to offer to businesses and knowledge workers, but we have a lot of problems to solve before we'll really see the benefits they can provide.

In the world of business, we talk about how more and more transactions are being done on the Internet, but if we dig into what that really means, we realize it's not as flexible and efficient as it could be. If you have very complex relationships with your customers, partners, and suppliers, it's not as easy as it sounds to put those relationships into digital form. If you need a specific part or service at the right time and to the right specifications, most of the negotiation and coordination for that is still done off line. Only the most straightforward transactions are done over the Internet.

With Microsoft .NET, we're working to build the tools and services that will shift the rest of these interactions into the digital arena. First, we're making it easier for businesses to integrate their data and workflows with the companies they work with. Then, we're building applications like the BizTalk Application Designer that let them describe incredibly complex business relationships that build on that integration. Visual layout of the business process is used to automatically generate the code and implementation.

The same tools and services will also make it easier for businesses to interact with their customers. If you're a large business today, you probably spend millions of dollars to get people to pay attention to your Web site. But what you really want is for people to be able to find your business and your products when they need to. And when they do, they should be able to work with your Web site to make that purchase without a lot of unnecessary hassle. If you're a bookstore, for example, and someone clicks on the name of a book in a word processing document, they should be able to go straight to your store and order that book—no searching around for the Web site, learning to navigate your user interface, or typing in their payment and shipping information just for that purchase.

Microsoft .NET will also make it easier for knowledge workers—the people who make it all happen—to manage and balance the information they need. Knowledge workers typically deal with more and more complex information every day, in many different locations and formats, and from a wider range of devices. But their world is bifurcated. The PC has been wonderful for them in terms of being able to create documents, presentations, and spreadsheets, but it hasn't been helpful enough in terms of sharing and managing that information. They still have to deal with lots of handwritten notes and face-to-face meetings, and it's not as easy to share all that "offline" information in the same way you'd share a Word document. Also, as the richness of the PC becomes available on more and more devices, it's hard to keep track of where your information is stored, and it's even harder to make sure that the information is available when and where you need it.

Microsoft .NET will give people the power to create, browse, edit, and share information using one simple interface, and they'll also have powerful information-management tools at their disposal, no matter where they are or what device they're using. And because their documents will be structured with XML, that information can easily be found and used throughout the company or on the Internet. They'll be able to work collaboratively with coworkers, partners, and customers in more effective ways, and they won't have to worry about being out of touch with the information they need when they're on the road.

I've been at Microsoft for over 12 years, and I honestly think that Microsoft .NET is the most exciting thing we've ever done—it's going to transform the computing experience and change the way we do business in countless ways. To me, that's what Microsoft is all about.

Kathleen Hebert, Vice President, Small Business Division

Small businesses have difficulty taking advantage of technology to the same depth that larger businesses do. They don't have an IT staff to help them support and manage complex technology. But small businesses have more to gain from being on the Internet than just about anyone else—they need to interact with their customers, partners, and suppliers for everyday business transactions. Without technology, they're at a disadvantage.

If you want to understand what Microsoft .NET can do for small businesses, watch where Microsoft bCentral is going. Today, bCentral is a small business portal with Web site hosting and industry-leading marketing services, but we're transforming it into a comprehensive set of services that will allow small businesses to run their entire business on line. Everything from customer management to accounting to marketing can all be tightly integrated and easily managed through Microsoft .NET software and services. This is particularly useful with things like customer management systems, which are typically too costly and complex for small businesses. When small businesses have the same tools available to them that large companies have, that levels the playing field and opens up a whole new set of opportunities.

David Vaskevitch, Senior Vice President, Business Applications Division

During the next 10 years, the way the world does business will change. Along the way, both businesses and their customers—which is to say most of the population of the earth—will be affected. Our challenge and our core opportunity is to create the business application software that helps make that all happen, and to do it sooner, better, and more creatively than anyone else.

One fundamental implication of the Internet for businesses is that their customers can begin serving themselves. You can transfer money from one account to another, order a book, check on the status of your construction project, determine when you had your last tetanus shot, change the configuration of the computer being built for you, all without an intermediary, all without having to talk to another person. It's your computer talking to the business's computer.

At first, customers will just want 24x7 self-service. Later, they'll want not just self-service but real-time service. Why can't I have the funds deposited in my account the same day I sell a stock? Why should a loan approval not be instantaneous? Why can't you tell me immediately when that book will be shipped? Why does a restaurant have to be open for me to reserve a table? I want my insurance to go into effect immediately, not a week from now, and I certainly don't want to wait a week to even find out if I got the insurance, the loan, the book.

In industry, we're now discussing the architecture required to make real-time really happen, instead of arguing about Linux vs. NT, CORBA vs. COM, and Java vs. VB. Whoever does this first will gain a huge advantage.

The combination of self-service and real-time will form the basis for building true communities. Businesses will be able to include their customers—both consumers and other businesses—in an extended community. Historically, each business, each organization had a culture and a community within itself, but the communication, services, and sharing of information stopped at the organization's borders. Once we can offer customers and partners access to the same information and services, we can transform the very nature of customer/partner relationships.

In the consumer world, community will be implemented in the form of membership services. When I reserve my favorite table at my favorite restaurant, which I will be able to do at 3 a.m., the restaurant will automatically start working to get my favorite wines, and the chef will take customers' preferences into account when creating that evening's menu. My favorite flower shop will know that my wife likes unusual-colored roses and start looking for them two weeks before her birthday. Finding out the date of my last tetanus shot will be easy—I'll just access my doctor's site, and if necessary, I can schedule my shot by viewing the appointment book. All these and more are services that will be provided to me as a member of the business's extended community.

Manufacturers will start to plan production and inventory needs cooperatively with all their suppliers. Imagine a small custom bicycle shop: all the parts—tubes, crankshafts, seats, and so on—will appear just when they're needed. The server will be empowered to both request parts based on customer orders and negotiate special arrangements when necessary.

Taken together, all of these ideas will mean that over the next 10 years, most or all of the business application software in the world will need to be replaced. No business software today can implement these concepts. Our Business Applications Division is working to build and sell products and services that make this new vision a reality. Twenty-five years ago, Microsoft led the PC revolution. Today, we have an opportunity to lead the new business application revolution. What a great challenge for the next 25 years.

"During the next 10 years, the way the world does business will change. Along the way, both businesses and their customers—which is to say most of the population of the earth—will be affected."

"You shouldn't have to ask yourself, 'Am I doing a little bit of text but a lot of table, so I have to use Excel, or am I doing a little bit of table and a lot of text, so I need Word?'"

Brian MacDonald, Vice President, Knowledge Worker Services

When productivity applications were first developed, you couldn't assume that users already had a PC on their desk. You were really selling the application and the PC, and the easiest way to do that was to claim that your application was a better, more productive version of its real-world counterpart. For example, the word processor clearly was the computer version of the typewriter. The spreadsheet was clearly the computer version of the green and white paper that accountants used. And presentation software was the computer version of overhead transparencies.

Jumping forward 20 years, we can assume that users have a computer and we aren't required to position our products relative to some old-world counterpart. We have more freedom in how we design our products. In our work on advanced productivity software, we're trying to combine authoring applications using what we call a "universal canvas." You shouldn't have to ask yourself, "Am I doing a little bit of text but a lot of table, so I have to use Excel, or am I doing a little bit of table and a lot of text, so I need Word?" You shouldn't be forced into trade-offs as fallout from your choice of tool.

You also shouldn't have to choose a tool based on what you're going to do with your information once you're done working on it. Do you want to print your data in Word? Do you want to publish it to the Web using FrontPage? E-mail it? Initially, editing e-mail was a pretty primitive experience, but it has slowly evolved and now people have trouble deciding, "Should I write this in e-mail or in Word?" That's confusing. We're working on the idea of "universal transport"—allowing you to deliver your work in any number of ways after you've authored the information. The decision shouldn't force you into up-front trade-offs in terms of authoring capability.

And what about the problem of managing all of your information? Your inbox might handle your e-mail and scheduling, but there are lots of other means of notification—faxes, pager messages, voicemail, even instant messaging. Why can't you have everything in one place? We took a first step with Outlook, where we combined e-mail, scheduling, contact information, and tasks. You can do interesting things like drag someone's e-mail to your Contacts and create an address card with their contact information. But we need to take the Outlook shell one step further to manage all your information. Why isn't it managing your documents, too? Historically, there's been a technical reason: documents and e-mail have been in two different data stores. But why not put documents in the same store so they get replicated to a server and are automatically backed up for you? That's all goodness.

Let's add browsing the Web to the picture. The Web has been going in one direction and authoring tools in another. They have never looked like logical peers. We want to take all the unification we have in Outlook and add Web browsing. Soon you'll be able to move from your documents to Amazon.com, look up the weather, check a stock quote, browse your corporate HR site, and complete an expense report—all from one place, with one look and feel.

Today, all our document tools are geared toward the assumption that you're going to print your stuff in black and white on a piece of paper and hand it to someone. But 9 times out of 10, the recipient will consume your information on line. There's a huge opportunity for us to rethink our tools in light of the fact that information is being consumed in a digital world. The printed page is static, but a screen can convey dynamic, interactive, even personalized information. I can create a document that will be different if Bill Gates reads it than if one of my direct reports reads it. Knowing that information is consumed on line will change how we offer that information.

We're working to make the user's experience easier and more streamlined, even as the available tools and technologies become more powerful and sophisticated.

If I had to imagine where Microsoft is heading, I'd guess that probably within a few years we'll have a watch with a chip in it that's as powerful as a desktop computer. Or we might even have computer chips in our bodies, so that when you want to remember something, you can just talk out loud to yourself and it will be recorded for later. It would be even better if you could load all your presentations onto this chip so that whenever you had to do a presentation, you could give the internal chip a verbal command and it would all be there in your head. Maybe there will be a day when you won't have to study for eight years to become an engineer. You'll just download the knowledge and you'll be qualified! I think the future is going to be a very interesting place.

– FRANCISCO PEREZ, SMALL BUSINESS MANAGER, ECUADOR

Russell Stockdale, Vice President, Knowledge Worker Solution Group

We're the worldwide leader in making people more productive through software, but there's so much more we can do. We want to create a more natural interface that will enable people to make the technology work for them rather than having to adapt to the technology. We'll see handwriting and speech interfaces (first text-to-speech, then speech-to-text) become viable and move into a range of applications.

These smart clients will increasingly be complemented by Internet-based services that not only provide access to information but improve the device experience itself. Software will be delivered to the PC and other devices dynamically over the Internet, making time-consuming software installs unnecessary. And instead of interacting with only one Web site at a time, you'll be able to obtain information from multiple sites simultaneously.

You'll be able to work effectively with others not only within your company but also with customers and business partners over the Internet. You'll be able to work on important documents or business applications while communicating via text or voice-based discussions in real time.

Our software will give people more freedom to work when and where they want and also have control over the ever-increasing sea of information and communications available to them. You'll be able to choose from an ever-increasing range of devices and form factors, and you'll be able to specify who you want to hear from and how quickly. For instance, you'll be able to specify that communications from family members be routed to your mobile phone while certain business calls are routed to a colleague, and solicitors' calls are routed to a lower-priority, integrated e-mail and voicemail queue.

We've already improved the daily PC experience for millions of people, but we're looking at far, far more opportunity ahead than anything we've yet seen.

"We've already improved the daily PC experience for millions of people, but we're looking at far, far more opportunity ahead than anything we've yet seen."

Bobby Kishore, General Manager, ITG eCommerce

The business scenario of the future is software as a service. We'll no longer deliver physical media to customers—we'll deliver "e-stuff" when people need it, where they need it. I'm talking about digital downloads. People will buy access privileges to software and services that will be accessible via any device. We already have about 70 percent of what we need to deliver on this vision, and we're busy developing the rest.

To accomplish this goal, our product groups will need to move toward integrating with back-end technology and incorporate transactions. We'll need one portal for customer information so we can conduct real-time analysis of usage trends and quickly drive new features and create offers that are right for our customers. The challenges of this scenario are significant, but we're working on the software that will make this a reality.

To prove valuable, technology must either increase customer satisfaction or increase asset utilization. This is much more important than using technology to replace labor with capital. What good is a robotic controlled manufacturing facility if post-production inventory sits in the channel for 120 days? Tomorrow's marginal competitive advantage will be obtained by gathering perfect information about your customers, your distribution partners, and your suppliers, and thus tightening the supply chain. Information is what is powerful, not technology alone.

– J. WILLIAM GURLEY

The study of programming languages is the arcane science of the new age. In fact, programming languages have that mysterious whiff of alchemy about them because they let you create something very powerful and valuable from ordinary ingredients. Not only are computers and the programs they run getting smarter all the time, but so are programming languages. We're researching new methods of writing code that are more efficient, more powerful, and more self-correcting so we can get even better results with less time and effort. They're among the essential elements that will create the magic of the future.

"To really get the most out of the Web, you have to expose your data and your business processes in a way that's programmable... you need to provide a Web service, not just a Web site."

Paul Maritz, Group Vice President, Platforms Strategy and Developer Group

Today, when most people think of a Web site, they think of a static page that presents information to the user as an HTML page. But to really get the most out of the Web, you have to expose your data and your business processes in a way that's programmable—that allows your customers and partners to integrate their data with yours. In short, you need to provide a Web service, not just a Web site.

About half of the people who write software for a living use Visual Basic as their principal programming tool. We've worked very hard to take those experienced programmers into the Web services world, to bring the familiar "drag and drop" programming of Visual Basic and Visual Studio into developing complex Web services. We've even developed new languages like C# that are specifically designed for developing .NET software and services, and we've designed VisualStudio.NET to allow programmers to develop these solutions in just about any language they want.

Just as Visual Basic provided components that made writing software for Windows easy, VisualStudio.NET and Microsoft .NET core services take a lot of the dirty work out of building Web services. We provide calendaring, identity, messaging and notification, storage, personalization, dynamic software delivery, directory, and search so that developers can make a "buy or build" decision—to subscribe from us or develop on their own. We're building the platform so that other companies can build their own services for vertical markets or specific business needs.

Developing good Web sites today is very complicated. It's a lot like the early 1980s, when developers were struggling to build applications for the graphical user interface. It's a complicated new field, and it requires new skills and a new programming model. Tools like Visual Basic made it easier for a broader range of developers to write software for Windows, and that's what helped make Windows and the graphical user interface a success. Microsoft .NET, Visual Studio.NET, and the BizTalk Application Designer will do the same for next-generation Internet development.

Hoi Vo, Research Software Design Engineer, Programmers Productivity Research Center

My group produces tools that improve Microsoft software performance. We basically help Microsoft's software run faster. We created a tool called BBT, which stands for Basic Block Tools. It takes scenarios for Office and runs them with an instrumented version, which means we can watch what's happening. We put a probe inside the binary so we can log information as the program is working. Imagine a car racing through a city, with sensors on it to track where it's going. When the car turns right, you know that instead of being able to go straight from Point A to Point B, the car has to make a turn, which of course takes extra time. The BBT tool does the same thing with applications and then moves code around to make sure that for each common task the code can go from A to B in a straight line.

We've used this information to improve boot-up time for applications as well as speed up other CPU-intensive tasks. In a nutshell, we group functions together to make them run more efficiently. We help the program or operating system essentially pack together everything that should be used together. It's like putting all your camping gear in one place so that when you decide to go camping, it's all there, easily accessible.

In the future, we want to create environments that allow software to tune itself as it runs. Today, our instrumenting process slows down a program because we observe the program intensely and log everything. We're working toward a tool set based on our Vulcan technology that can go into a program while it's running, instrument selectively, and make it run faster for the tasks each user spends time on. Our future tools will allow software to optimize and adapt itself for the tasks you're actually doing. It's not clairvoyance, but it's a step closer.

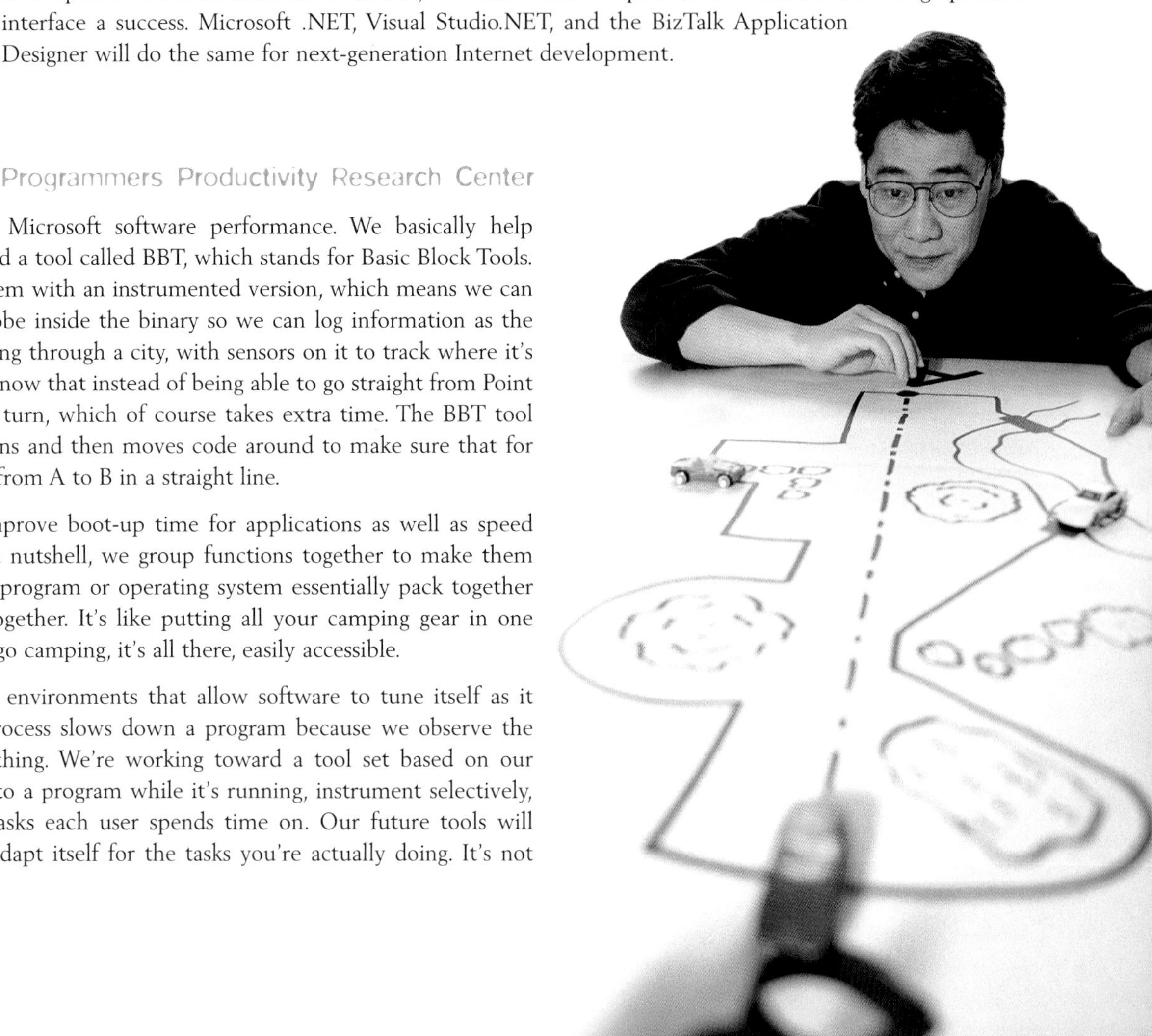

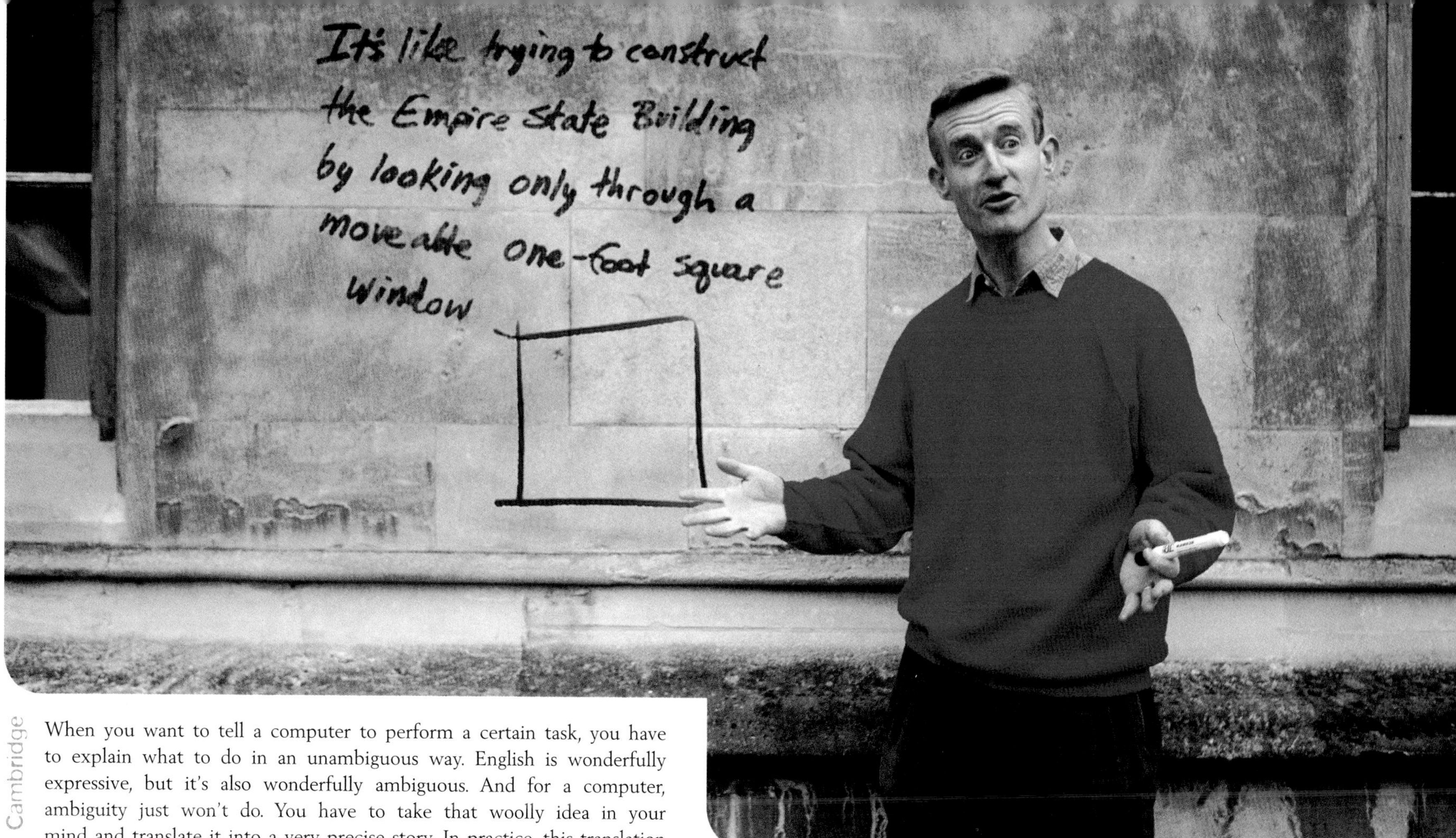

Simon Peyton-Jones, Researcher, Microsoft Research, Cambridge

When you want to tell a computer to perform a certain task, you have to explain what to do in an unambiguous way. English is wonderfully expressive, but it's also wonderfully ambiguous. And for a computer, ambiguity just won't do. You have to take that woolly idea in your mind and translate it into a very precise story. In practice, this translation happens in two stages. First, we describe what we want to do in a precise but expressive programming language. Then a program called a compiler translates what we've written into low-level machine instructions that the machine can execute.

The more a programming language lets you say in one "breath," the easier life is for the programmer and the harder it is for the compiler (which is as it should be). More sophisticated programming languages present a higher "level of abstraction." If we raise the level of abstraction—that is, give programmers a much richer vocabulary to work with—programmers can become more productive. There are actually hundreds of programming languages and they are all variations on themes. They're like music in that they can be as dramatically different as Shostakovich and Bach.

My particular research interest is functional programming languages because I believe they present a radical and elegant approach. Functional languages describe what you want done, not how you want to do it. You let the compiler figure out the "how." The approach is similar to how a spreadsheet works. In a spreadsheet, you don't say, "First do this and then do this." Instead, you say, "The value of this cell is the sum of this column." You don't have to tell a spreadsheet program to calculate the values in one column before calculating the value of another cell; it knows how to do that.

A functional program is rather like the textual form of a spreadsheet—text scales better to massive programs and is free of the rectangular-array model built into spreadsheets. You write your program as a collection of equations rather than as a sequence of commands (as you would in, say, Visual Basic). Spreadsheets have a rather specialized purpose, but functional programming languages are truly general-purpose and can be used for a variety of applications.

When you look at something physically large and substantial—like a suspension bridge—you know that it's a complicated structure and because of the complex web of dependencies, it can collapse if just one thing goes wrong. But software engineers grapple with systems of enormous complexity whose physical manifestation is very tiny. It's like trying to construct the Empire State Building by looking only through a movable one-foot square window. Every piece of code I've written in my life would fit in one tiny corner of a hard disk. We software engineers can only look at our gigantic creations through computer screens that show 50 lines of code at a time.

That's why it's difficult to appreciate the enormous complexity of the things that have been built by teams at Microsoft, one piece at a time. Each individual piece looks fine, but they all interact in infinitely complicated ways. I'm keen on functional programming because it makes the connections between the pieces much more apparent, and it's in the interactions between those pieces that things can go wrong. In addition, functional programming can help locate more problems while the program is being compiled instead of when it runs. A bug found at compile time costs a hundred times less to fix than the bug found at testing time—and a million times less than the bug found on some customer's computer.

One of the reasons I wanted to move from a university to a setting like Microsoft is that I have a better chance here of trying out functional languages in real applications. These languages have been nursed for years in research labs, where they've been considered mathematical curiosities. A whole bunch of us have worked hard to make functional programs as fast as anything else. Now, we're getting to the point where they're worth a try. I won't claim that functional programming is going to dominate the world. But it's definitely worth studying—and it's great fun.

Take a good look around you—because someday all this will be considered quaint. Everything we think of as so gee-whiz today, our children will take for granted. Most of the younger ones can't even identify a typewriter, but then, few of us can program our own VCR, which our children seem to have been born knowing how to do. Watching a kid mess around with a computer is like watching Tiger Woods swing a golf club. It comes so naturally—it's just a simple, easy-to-use tool in the hands of someone who knows exactly how it works. In the future, this relationship with computers will be even more seamless. Our kids will be living in a world filled with technological advances that we can barely imagine, much less predict. The amazing thing is that, although we're not quite sure what it will look like, we are creating that world right now.

Tammy Morrison, Group Product Manager, Knowledge Worker Solutions

The NetGen Lab is just one in a series of efforts we're making to understand how the so-called Internet Generation works, learns, lives, and uses technology. We rented a house in Seattle, filled it with a dozen college students for three weeks, and gave them the task of developing a dot-com venture. We provided each student with a computer, high-speed Internet access, scanners, video and digital cameras, and Pocket PCs. A group of people from Microsoft lived with them and watched them in action. The dot-com they created combined communication, commerce, and entertainment with other opportunities in a way that we'd never seen before.

We're interested in the Internet Generation for a couple of reasons. First, it's huge—about 79 million strong. It's the first generation whose members have grown up with computers, the Internet, cellular phones, and other technology. They were born digital. Going on line is as natural for them as opening the refrigerator.

Second, the way the Internet Generation uses technology provides insights into how everyone will want technology to perform in the future. Understanding how they use technology differently should help us develop ways for all people to work together more productively. Every generation sees inherent value in technology that the people who came before them didn't see. We'll use the knowledge we gained from NetGen Lab to ensure that our products and services keep pace with the evolution of our customers. The Internet Generation thinks of the Internet in a whole new way, and they are the ones who will figure out its future.

What is the Web?

TV Generation: **"What?"**

PC Generation: **"It's a tool."**

Internet Generation: **"The Web is oxygen."**

Who is Generation I?

There are close to 30 million teenage kids in the U.S., and over half of them are on line.

What does Generation I do?

They spend less time watching TV and more time on line.

They listen to music, downloading or burning CDs from titles on the Web.

Most prefer to look something up on line instead of in a book.

Almost all of them intend to shop on line by 2002.

"I don't know if all this parental control stuff will work. The kids who surf the Internet so much that their parents are trying to lock them out of it are the same kids who've already figured out how to lock their parents out of the computer. And they can hack around anything in 10 seconds."
– CHRIS JONES, VICE PRESIDENT, WINDOWS CLIENT TEAM

About 28.5 million kids will use the Internet in 2000. In two years, there will be 10 million more.

Richard Purcell, Director, Corporate Privacy

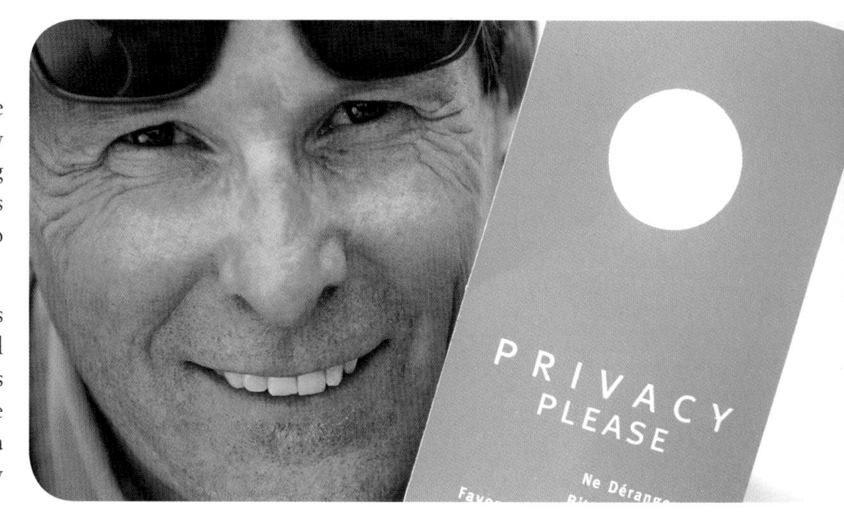

It's important to us that the Internet not only be useful to everyone, but also trusted. We are working on many levels to be at the leading edge of putting people in control of their privacy and personal information—by developing privacy-enabling technologies, implementing strong data policies, and offering educational opportunities. We're also providing parents with tools and information to support their efforts to protect their children from unwanted exposure to inappropriate materials and collection of personal information.

This is a tough challenge because the Internet is still new to many consumers, business models are still developing, and regulators are grappling with the complex business and social issues involved. Last year, we produced the Privacy Wizard, which helps Web site operators create privacy statements that are compliant with globally accepted practices. This year, we're improving on that effort by developing an updated version of this statement generator and a consumer tool used to express privacy preferences. We're committed to the idea that every Web site should have a privacy statement that commits to fair information practices.

Our goal is to make sure that individuals are in control of the information that companies have about them. For decades, companies have compiled massive databases of consumer information. With the advent of the Internet, there's increased sensitivity about the potential for abuse of this information.

Even in the real world, it's difficult to operate anonymously. You can walk into a store, pay cash, and walk out. But in fact, security cameras may videotape you, or your car's license number may be recorded. In many cities in the world, surveillance cameras in public areas watch for activities of interest to the police. This surveillance is an example of the conflict between security and privacy—the result may be crime reduction, but the trade-off is loss of privacy, even in public places.

We want to provide meaningful solutions to the complex issues of privacy and the collection and distribution of personal information. Our position in the industry demands that we take a leadership role in enabling people to make informed choices about how they use the Internet now and in the future.

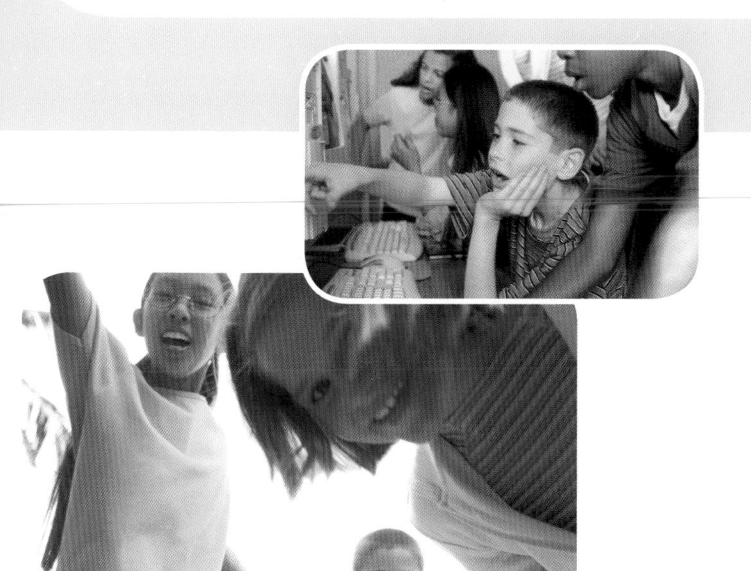

Chris Mitchell, Program Manager, Passport

I'm proud to work on a product that helps parents keep their kids' privacy safe on line.

Early in our development of Kids Passport, research showed that parents were worried about two aspects of their kids' surfing on the Net: the content their kids might be exposed to and how information was being collected about them. Since tools are already available to address the first problem, our first version provides a "parental control" tool that allows parents to view and edit the information stored on line about their kids.

We plan to add more functionality to Kids Passport in the future. With better integration with our affiliate Web sites, I see Microsoft providing a suite of great "kid-friendly" products for parents. We also hope to see stronger integration with other products like Hotmail and MSN Messenger so parents can set inbox filters or see who's on a child's buddy list. In the end, we'll continue to listen to what parents want and strive to provide a solution.

The best part of working at Microsoft is knowing that the work I do will make a difference in people's daily lives. Shipping Kids Passport on time and watching the number of registered kids grow proves that we're continuing to make a difference.

Mark East, Director, Small Business and Education, UK

I get to see Microsoft through the eyes of customers who are sometimes as young as five years old. Believe me, that vantage point offers a unique take on our products. When we imagine what the learning process will look like in another five years, we know that many children will have their own portable learning devices and will often work with their teachers and fellow students on line, connecting with wireless devices. They will learn as much in the home and during their leisure time as they will in school.

Learning devices will be personalized for each student. In another few years, we'll probably see computers that will recognize each student, adjust to individual learning styles, and make suggestions about how to make the best use of the technology. These learning-focused computers will also have speech recognition. One thing that prevents younger children from using computers is the keyboard, because they can't spell or type. But they can speak, so speech recognition technology is a great opportunity to start children on the path to learning at an even earlier age.

Twenty-seven years ago, when I was at school, we didn't have computers. This revolution has taken place very quickly. Most younger teachers know and appreciate how technology can support learning, and older teachers are gradually welcoming computers into the classroom as they see how computers can help them use their time and resources more efficiently and provide the right kind of help to each student. These days, when resources for education are at a premium, computers can make a big difference. They allow students to learn at their own rate in a way that makes them most comfortable. And when children are more comfortable with the learning process, they tend to learn faster.

In the education sector, we see our products being used in new and exciting ways. Children are very imaginative, and they use programs like Word in creative and surprising ways. To elementary school children, the best thing about Word is the spell checker. They don't have to slow down to worry about spelling while their ideas are flowing. When they're done, they can go back and look for the red squiggly lines so they can learn the correct spelling. Word is a great learning tool, but we don't think of it that way when we're selling it to our business customers.

We spend a lot of time visiting schools and universities so we can see how students of all ages are using technology. This encourages us to think in new ways. We are always challenging the conventional. We take nothing for granted. Although we're not a large revenue center for Microsoft, we bring new perspectives to the company about how our customers use the products. We're also doing something that benefits the community. We get to help children learn new technologies and see their motivation for learning increase because they're using computers.

"Imagine what a deeper cultural understanding of the world our kids will have of one another when their discussions include kids from all over the world."

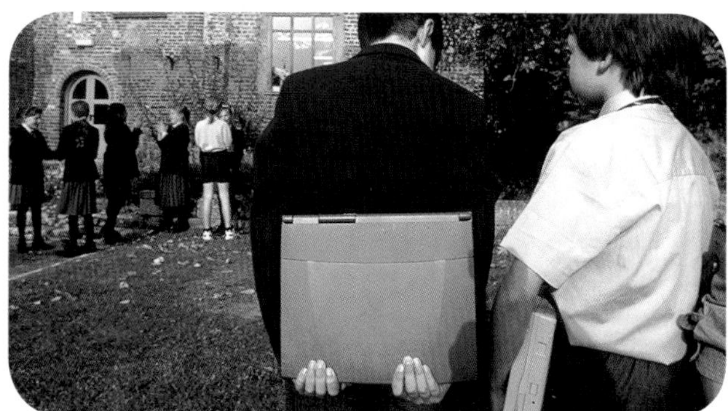

Kai Ichikawa, Product Manager, Collaboration Marketing

Imagine a world where going to the school bookstore to purchase your textbooks for the year means connecting to the Internet, selecting your titles on line, and having them downloaded to your book device. Better yet, you can then highlight, take notes on, and annotate all your textbooks in one place. Then you can sort, retrieve, and view all this with a touch of a button. Studying for tests will be so much easier than thumbing through your textbooks looking for the highlights and the notes you took in the margins. And even if you drop your eBook in a puddle, you can still get to your notes because you've got a digital backup on your PC.

Attending class will no longer mean having to be in the classroom. In fact, students from around the world will be part of your class. They'll just happen to be participating from Bangkok, Beijing, and Dubai instead of sitting in the room with you. Imagine what a deeper cultural understanding of the world our kids will have of one another when their discussions include kids from all over the world. Technology will help us remove the barriers of distance so that kids in rural areas can attend the same classes as kids in urban areas, making us all digital neighbors.

Using mobile devices, students will submit their homework electronically instead of on paper, which might be bad news for those who like to use the excuse "The dog ate my homework." Technology might also take the fun out of a sick day at home because you'll still be able to participate in the class from home. The potential impact of technology and the Internet on education is infinite—this is only the tip of the iceberg.

1975-2000